Jürgen Peter Schmied

SEBASTIAN HAFFNER

Jürgen Peter Schmied

SEBASTIAN HAFFNER

Eine Biographie

C. H. Beck

Für meine Eltern

Mit 49 Abbildungen

Gesetzt aus der Adobe Garamond Pro und der Walbaum
bei der Janß GmbH, Pfungstadt
Druck und Bindung: CPI – Ebner & Spiegel, Ulm
Gedruckt aus säurefreiem, alterungsbeständigem Papier
(hergestellt aus chlorfrei gebleichtem Zellstoff)
Printed in Germany
ISBN 978 3 406 60585 7

www.beck.de

INHALTSVERZEICHNIS

Einleitung 9

1. Bürgerlicher Hintergrund und ein ausgefallener Charakter (1907–1933) 15

2. Die totalitäre Herausforderung (1933–1938) 33

«Nicht gleichschaltbar» 34

Exil oder «innere Emigration»? 41

3. Rasante Karriere (1938–1945) 57

Die Geburt des politischen Journalisten – Von der *Geschichte eines Deutschen* zu *Germany: Jekyll and Hyde* 59

Sebastian Haffner macht von sich reden – *Offensive against Germany* und Redakteur bei der *Zeitung* 79

Aufstieg zum außenpolitischen Vordenker – In der Redaktion des *Observer* 97

4. Als Engländer im Kalten Krieg (1945–1953) 109

Visionär einer europäischen «dritten Kraft» 113

Kreuzzug für die NATO 122

«Die fleißigste Zeit meines Lebens» 140

Rochade Nr. 1 – Das Atompatt 154

5. Abschied in Raten (1954–1961) 173

Auf Entspannungskurs 176

Ausweichmanöver – Strategische und historische Studien 188

Rochade Nr. 2 – Das Chruschtschow-Ultimatum 199

Berufliche Seitensprünge – Bei *Christ und Welt* und der *Welt* 209

Bruch mit dem *Observer* 224

6. Von rechts nach links (1961–1963) 235

Auf der Suche nach einem neuen Standpunkt 236
Rochade Nr. 3 – Die *Spiegel*-Affäre 249

7. «Die Information als Provokation» oder die hohe Kunst der Glaubwürdigkeit (1963–1966) 261

«Die immer aufregende Wahrheit» – Sebastian Haffner beim *Stern* . 262
Der linke Nationalist 282
Die Bundesrepublik unter Beschuß I 290
Der ideologische Spagat – Churchill, Mao und die Emanzipation der Frau 299

8. «Der Besuch des liberalen Onkels bei den jungen Linken»? (1966–1969) 311

Die Bundesrepublik unter Beschuß II 313
Fürsprecher der APO 322
Lauter außenpolitische Enthaltsamkeitsappelle 336
Instrumentalisierte Geschichte – *Die sieben Todsünden des Deutschen Reiches, Der Teufelspakt, Der große Verrat* und *Der Selbstmord des Deutschen Reiches* 345

9. Aussöhnung mit der Wirklichkeit (1969–1975) 359

Auf den Pfaden der Außerparlamentarischen Opposition 361
Im Bann von Emanzipation, Planung und Wissenschaft 371
Verteidiger der Neuen Ostpolitik 380
Auf Stimmenfang für Willy Brandt 390
Mäßigung und Ernüchterung 395

10. Später Gipfel (1975–1999) 407

«Powerful stuff» – Die *Anmerkungen zu Hitler* 410
Restlose Ehrenrettung – *Preußen ohne Legende* 429
Apotheose der Staatsräson – Die *Überlegungen eines Wechselwählers* und andere Einlassungen 438
Ein Leben als Denkmal 451
Das konterkarierte Alterswerk – *Von Bismarck zu Hitler*, die deutsche Einheit und die letzten Jahre 465

Epilog 483

Dank 491

Anhang

Anmerkungen 497
Abkürzungsverzeichnis 647
Quellen- und Literaturverzeichnis 649
Bildnachweis 671
Register 675

EINLEITUNG

Sebastian Haffner war einer der ungewöhnlichsten deutschen Journalisten des 20. Jahrhunderts. Zweimal, zunächst in England und anschließend in der Bundesrepublik, gelang ihm eine beachtliche Karriere. Haffners politische Kommentare erschienen unter anderem in der angesehenen Wochenzeitung *The Observer*, später in der auflagenstarken Illustrierten *Stern*. Daneben verfaßte er Geschichtsdarstellungen, von denen einige, allen voran die 1978 vorgelegten *Anmerkungen zu Hitler*, zu Bestsellern wurden. Zusätzliche Aufmerksamkeit erregte er aufgrund seiner Vorliebe für polemische Zuspitzungen, ausgefallene Fragestellungen und kühne Prognosen, eine Neigung, die ihm leidenschaftliche Zustimmung ebenso wie heftigste Ablehnung eintrug. Aber selbst noch nach seinem Tod sorgte Haffner für Aufsehen. Die Erinnerungen, die der 1999 verstorbene Publizist Ende der dreißiger Jahre im englischen Exil geschrieben hatte, wurden im Sommer 2000 unter dem Titel *Geschichte eines Deutschen* mit großem Erfolg veröffentlicht, und im folgenden Jahr beförderte eine aufgeregte Debatte über die Datierung dieser Memoiren ihn noch einmal in die vordersten Schlagzeilen. Kurzum: Er war einer der Großen seiner Zunft.

Im Fall Haffner gehört zu einem originellen und facettenreichen Werk ein vielseitiger und faszinierender Autor. Bereits sein nationales Selbstverständnis war kompliziert: Er betrachtete Deutschland als seine Heimat, fühlte sich als Preuße und war stolz auf seinen britischen Paß. Auch sein Berufsweg verlief keineswegs geradlinig. Als junger Mann träumte Haffner von einer Karriere als Schriftsteller, studierte aber Jura und wurde schließlich Journalist. Geradezu berüchtigt war und ist er für die zahlreichen und tiefgreifenden politischen Meinungsänderungen, die er im Laufe seines langen Lebens vorgenommen hat. Galt er vor dem Bau der Berliner Mauer als «Kalter Krieger» und Konservativer, so setzte er sich seit Mitte der sechziger Jahre für eine internationale Entspannungspolitik ein und unterstützte später wortgewaltig die Außerparlamentarische Opposition. Die deutsche Teilung hat Haffner zunächst gefordert und befürwortet, dann über knapp zwei Jahrzehnte hinweg leidenschaftlich bekämpft und sie schließlich entschieden verteidigt – selbst als sie gar nicht mehr Bestand hatte. Auch für seinen Kollegen Peter Bender, der ihm vergleichsweise nahe stand, war er daher «die wohl irritierendste Gestalt der deutschen Nachkriegspublizistik».[1]

Über die Motive und Ursachen für Haffners drastische Positionswechsel ist bereits zu seinen Lebzeiten oft und ausgiebig spekuliert worden. Seine Kritiker, von denen es insbesondere während der sechziger Jahre viele gab, bezichtigten ihn entweder des Opportunismus oder warfen ihm vor, nur Aufsehen erregen zu wollen. Ein Zeuge seiner diversen Häutungen will sich etwa «beizeiten das Bon- oder auch Mauvais-mot» zurechtgelegt haben, daß man Haffners Wandlungen «vielleicht als Errungenschaft seiner angelsächsischen Karriere betrachten dürfe, von der er etwas Selling-promotion mitbrachte und seine Weltbilder auch nach mehreren Jahren wechselte, bevor sie ihre Anziehungskraft verloren, – wie auch die amerikanische Autoindustrie ihre Modelle wechselt».[2]

Anderen Einschätzungen zufolge wollte Haffner mit seinen Stellungnahmen zum Tagesgeschehen – so unterschiedlich sie auch ausfielen – übergeordnete Entwicklungen, etwa die Deutschlandpolitik, beeinflussen.[3] Aber vielleicht, so weitere Erklärungsversuche, lagen die Gründe für seine Wandlungen auch in seiner Persönlichkeit, in seinem künstlerischen Naturell oder in der spielerischen Veranlagung seines Intellekts.[4] Haffner selbst hat dagegen versichert, in seinen Kolumnen stets seine unmittelbaren Ansichten vertreten und mit seinen Meinungsänderungen nur auf die jeweiligen politischen Umstände reagiert zu haben. Uwe Soukup, Verfasser der ersten Biographie über Sebastian Haffner, hat sich dieser Sichtweise angeschlossen und Haffners grundlegenden Positionswechsel in den Jahren 1962 und 1963 mit «einer sehr pragmatischen Neubewertung der weltpolitischen Lage» erklärt.[5] War er also ein Journalist mit dem Kalkül eines Realpolitikers?

Trotz der tiefen Brüche in Haffners Biographie ist immer wieder versucht worden, seine eigentliche Weltanschauung zu ergründen. Auch wenn die meisten der zeitgenössischen Beobachter ihre Einschätzungen unter Vorbehalt formulierten, so hielten ihn doch die einen für einen Liberalen, der, ohne unmittelbar verfolgt zu sein, aus dem «Dritten Reich» emigriert war und später als Journalist immer wieder gegen die Bedrohung der Freiheit und die Einschränkungen demokratischer Grundrechte Einspruch eingelegt hat, während die anderen stärker die konservativen Facetten Haffners hervorhoben, sein persönliches Auftreten, seine bürgerliche Bildung sowie sein traditionelles Verständnis vom Staat, von der Politik und vom Verlauf der Geschichte. «Ein Konservativer ist er zweifellos», meinte Wilhelm von Sternburg, einen «Konservative[n] des Fortschritts», nannte ihn Peter Steinbach, einen «liberale[n] Konservative[n]» der *Stern*. «Er blieb im Grunde ein eigenwilliger Liberaler, der manchmal auch konservativen Neigungen huldigte», resümierte dagegen Volker Ullrich in seinem Nachruf. Aber auch auf die Ansicht, er sei «eigentlich ein im 19. Jahrhundert beheimateter Nationalist» gewesen, kann man in den unzähligen Artikeln, die über ihn verfaßt wurden, stoßen.[6]

«Vielleicht wird man Haffner am ehesten gerecht, wenn man vermutet, daß er gerne ein Konservativer gewesen *wäre*», lautet das Fazit, das Uwe Soukup am Ende seiner 2001 veröffentlichten Lebensbeschreibung gezogen hat, ein allerdings irrealer Befund, denn – so der Journalist, der Haffner noch persönlich gekannt hat, weiter – «wie sollte das gehen? In Deutschland? In diesem Jahrhundert?» Zu der Einschätzung, Haffner sei «politisch unbehaust» gewesen, ist auch Daniel Kiecol gekommen, der 2002 mit dem thematisch gegliederten Abriß *Haffner für Eilige* eine Art Ergänzungsband zu Soukups Biographie vorgelegt hat und der wie sein Vorgänger im Zusammenhang mit Haffners Meinungswechseln dessen realpolitische Denkweise betont, aber auch auf die Emotionalität des berühmten Journalisten verwiesen hat.[7] Ralf Beck schließlich, dessen umfassende wissenschaftliche Untersuchung zu Haffners deutschlandpolitischen Ansichten im Jahr 2005 erschienen ist, hat in ihm einen «konservativen Liberalen» gesehen und sein Engagement als eine Art journalistischen «Staatsdienst» gedeutet, zum «Nutzen des Staatsvolks und im Interesse der Staatsvernunft». Darüber hinaus liegen eine Reihe von Spezialstudien vornehmlich zu Haffners Exilzeit vor, unter denen die akribisch recherchierte Diplomarbeit Jutta Krugs aus dem Jahr 1990 herausragt.[8]

Warum also noch eine weitere Abhandlung? Zum einen, weil Daniel Kiecol und Uwe Soukup für ihre Bücher fast gar keine archivalischen Quellen herangezogen haben und auch Ralf Beck in seiner historischen Dissertation nur sporadisch auf Dokumente aus Haffners Nachlaß zurückgegriffen hat; zum anderen, weil sich Kiecol und Beck weitgehend auf eine rein werkimmanente Analyse beschränkt haben, ohne die Umstände von Haffners Einlassungen, geschweige denn dessen Persönlichkeit hinreichend zu berücksichtigen. Aber kann man den schillernden Journalisten wirklich verstehen, indem man allein seine Äußerungen, nicht aber deren vielfältige Voraussetzungen und Implikationen in den Blick nimmt?

Die klassische Biographenfrage «What made him tick?» ist im Fall Haffners also noch nicht hinreichend geklärt. Um den Antriebskräften seines Handelns auf die Spur zu kommen, sollen deshalb im folgenden seine Ansichten und Deutungen vor dem jeweiligen Zeithintergrund dargestellt werden. Nur so ist das zentrale Problem dieser Arbeit, nämlich ob Haffner ein Opportunist, ein vorsätzlicher Provokateur oder ein genuin eigenständiger Beobachter war, zu lösen, und nur im ständigen Vergleich mit seinem Umfeld kann das Besondere, mithin das im wahrsten Sinne des Wortes «Eigentümliche» dieses Menschen herausgearbeitet werden.

Des weiteren ist eine wesentliche Aufgabe der folgenden Seiten, das Ausmaß von Haffners verschiedenen Positionswechseln zu bestimmen und – *vice versa* – nach eventuellen Kontinuitäten seines Denkens zu fahnden. Außerdem wird das erwähnte Durcheinander in seiner nationalen Identität ein Thema sein, und immer wieder soll versucht werden, die Reichweite seines Einflusses zu taxieren. Insbesondere aber gilt es, Haffners Erfolgsgeheimnis zu lüften, namentlich, wie es ihm gelungen ist, im britischen Journalismus während des Zweiten Weltkrieges Fuß zu fassen und später über alle Rochaden und Meinungsexzesse hinweg seine Glaubwürdigkeit zu bewahren.

Schließlich birgt die verknüpfende Betrachtung von Individuum und Umfeld auch über den eigentlichen Gegenstand hinausweisende Erkenntnischancen, die zunehmend anerkannt werden und auch der Biographie, einem zeitweiligen Stiefkind der akademischen Geschichtsforschung, wieder zu wissenschaftlicher Salonfähigkeit verholfen haben. Denn gerade dieses Genre bietet die Möglichkeit, die Bedeutung kultureller und sozialer Phänomene anhand eines konkreten Einzelfalls zu studieren und vielleicht sogar zu allgemeinen Aussagen über ihren Wirkungsgrad zu gelangen.[9] Haffner wird also bisweilen zum Prüfstein, etwa für diverse generationsspezifische Thesen, die in den letzten Jahren für Aufsehen gesorgt haben.

Wie ihre Vorgängerstudien fußt auch diese Arbeit auf dem umfangreichen Œuvre Haffners, seinen Berichten, Kommentaren, Rezensionen, Essays und sonstigen Artikeln sowie – natürlich – auf seinen Büchern.[10] Sofern die veröffentlichte Urfassung eines Textes vorlag, diente sie in der Regel als Referenzquelle; in einigen Ausnahmefällen, wie bei Haffners Geschichtsserien im *Stern*, wurde auf die Buchausgaben zurückgegriffen, um die zahllosen Besitzer dieser Werke in die Lage zu setzen, den angegebenen Zitaten und Verweisen nachgehen zu können.

Das zweite Standbein stellt – es ist bereits angeklungen – Haffners

Nachlaß im Bundesarchiv Berlin-Lichterfelde dar, den der Verfasser erschlossen und ausgewertet hat. Außerdem war es dem Biographen erlaubt, Haffners Tagebücher aus dem gesperrten Teil der Hinterlassenschaften einzusehen,[11] eine ungemein wichtige Quelle für die Kinder- und Jugendjahre sowie für das Naturell des Journalisten im allgemeinen. Freilich sind solche persönlichen Quellenkonvolute immer auch ein Geschenk des Zufalls und von daher in ihrer Zusammensetzung oft willkürlich und ungleichmäßig. So enthalten Haffners Papiere aus einigen Lebensphasen wie den englischen Exiljahren beinahe überhaupt keine Dokumente, während aus der Zeit nach 1960 das Gros seiner Manuskripte, Akten und Korrespondenz vorliegt. Aber für diesen Abschnitt fehlen persönliche Briefwechsel fast völlig, und nur manchmal sind Haffners Antworten auf die an ihn gerichteten Schreiben überliefert.

Die Gründe für diesen Flickenteppich sind mannigfach. Ein Teil der Verluste ist sicherlich auf Haffners verschlungenen Lebensweg sowie auf seinen nicht besonders ausgeprägten Ordnungssinn zurückzuführen – letzterem Umstand hatte bis zu ihrem Tod immerhin seine erste Frau entgegengewirkt. Andere Ausfälle gehen auf das Konto der rapiden Technisierung im 20. Jahrhundert. War es bis in die dreißiger Jahre üblich, sich in Briefen ausführlich mitzuteilen und Verabredungen jeglicher Art per Postkarte zu treffen, so findet sich seit 1960 auf Einladungen oder Anfragen immer häufiger die handschriftliche Notiz «telefonisch abgesagt» oder einfach nur «erledigt» – bedauerlicherweise, denn selbst Absagebriefe können ungemein aufschlußreich sein, wie nicht zuletzt einige Exemplare aus Haffners Nachlaß belegen.[12]

Um die Überlieferungslücken zu schließen, wurde die Recherche auf weitere Bestände, insbesondere die Nachlässe von Weggefährten und Kollegen, ausgedehnt. Konnte auf diesem Wege unser Wissen über Haffners erste Lebenshälfte durch einige Trouvaillen aufgebessert werden, so ging die Erfolgsquote, was spätere Phasen seiner Laufbahn betraf, deutlich zurück, eine an und für sich vorhersehbare Ausbeute, dürfte doch so manches interessante Dokument, das jetzt noch auf entlegenen Dachböden, in irgendwelchen Schreibtischen oder Aktenschränken lagert, erst in Jahren oder Jahrzehnten an die Öffentlichkeit gelangen, wenn überhaupt. Aber bei einer Arbeit, die bis an die unmittelbare Gegenwart heranreicht, gehören solche Unwägbarkeiten nun einmal dazu.

Auf die Nutzung einer anderen potentiellen Quelle wurde hingegen bewußt verzichtet. Die Gespräche, die der Verfasser mit Weggefährten

Haffners geführt hat, sind nicht als konstitutive Grundlage dieser Abhandlung verwendet worden, sondern dienten nur dem Zweck, den Biographen mit Ideen und Anregungen zu versorgen. Wie problematisch solche Zeitzeugenbefragungen sind, läßt sich nicht zuletzt anhand der Interviews studieren, die Haffner als älterer Herr gegeben hat und in denen er aus der Distanz oft mehrerer Jahrzehnte teilweise zu Urteilen kam, die sich wesentlich von seinen zeitgenössischen Auffassungen unterschieden, wobei ihm keineswegs eine bewußte Manipulation unterstellt werden soll. Seine nachträglichen Äußerungen sind deshalb nur sehr sparsam und nach sorgfältiger Prüfung in den folgenden Text eingeflossen, und die Berichte und Erzählungen, die der Verfasser im Rahmen seiner Recherchen zu hören bekam, eben gar nicht. Schließlich hat Haffner selbst einmal bemerkt, daß ein Achtzigjähriger und ein Dreißigjähriger «zwei verschiedene Menschen» seien, «obwohl sie denselben Namen tragen».[13] Und warum sollte das, was er 1989 mit Blick auf seinen NS-belasteten Kollegen Werner Höfer festgestellt hat, nicht auch für andere gelten?

Abschließend noch ein Wort zur Strukturierung der Untersuchung. Gerade um die diversen Brüche in Haffners Biographie ausleuchten und ihre Tragweite möglichst exakt ausloten zu können, lag es nahe, sein Leben chronologisch zu beschreiben und so anhand der ganzen Breite der von ihm vorgelegten Veröffentlichungen Wandel und Kontinuität seines Denkens herauszuarbeiten. Berufliche Etappen oder bestimmte weltanschauliche Phasen des Protagonisten, zuweilen auch wichtige politische Ereignisse lieferten den gewissermaßen natürlichen Rahmen für die einzelnen Kapitel, die – zumindest wenn sie von äußerst produktiven Zeiten des Journalisten handeln – nach thematischen Gesichtspunkten untergliedert wurden.

1. BÜRGERLICHER HINTERGRUND UND EIN AUSGEFALLENER CHARAKTER (1907–1933)

Sebastian Haffner kam am 27. Dezember 1907 auf die Welt und erhielt von seinen Eltern, dem Berliner Gemeindeschullehrer Carl Louis Albert Pretzel und dessen Frau Wanda, den Namen Raimund Werner Martin. Das Pseudonym, unter dem er später Berühmtheit erlangte, hat er erst 1940 im englischen Exil angenommen, als er befürchten mußte, daß die von ihm verfaßten Artikel und Bücher seine in Deutschland verbliebenen Angehörigen gefährden könnten. Vielfältige Überlegungen gingen der Umbenennung voraus. Der gesuchte Deckname, hat Haffner zurückblickend berichtet, sollte leicht über englische Lippen kommen, zugleich aber auch vernehmlich an seine deutsche Herkunft erinnern. Außerdem habe er nicht als jüdischer Autor firmieren wollen. Von daher sei ihm Sebastian Haffner als eine besonders glückliche Wahl erschienen, zumal er gehofft habe, mit ihr Assoziationen an Johann Sebastian Bach sowie an die Haffner-Serenade und die Haffner-Sinfonie zu wecken, zwei bekannte Orchesterwerke Wolfgang Amadeus Mozarts, die der Komponist 1776 und 1782 für Mitglieder der Salzburger Patrizierfamilie Haffner geschrieben hatte.[1]

Die letzten Erwägungen lassen deutlich die bildungsbürgerlichen Verhältnisse anklingen, in denen Raimund Pretzel aufwuchs. Der elterliche Haushalt war mit einer umfangreichen Bibliothek, zahlreichen Musikinstrumenten sowie mit einem Dienstmädchen ausgestattet, und neben Darbietungen des Familienquartetts, das sich aus Raimund und seinen drei erheblich älteren Geschwistern zusammensetzte, gehörten Konzert- und Theaterbesuche sowie abendliche Vorlesestunden des Vaters zu den bevorzugten Freizeitbeschäftigungen.[2]

Die Pretzels waren Neuankömmlinge in dieser Gesellschaftsschicht. Wie aus undatierten und schon nach wenigen Seiten wieder abgebrochenen Aufzeichnungen von Haffners Vater hervorgeht, war seine Familie in dem pommerschen Dorf Großtychow beheimatet gewesen, das im Kreis Belgard, etwa 150 Kilometer nordöstlich von Stettin, liegt. Dort waren die Pretzels, die aller Wahrscheinlichkeit nach slawische Vorfahren hatten und aus der Danziger Gegend stammten, zwischen 1770 und 1790 ansässig geworden und hatten in der Folgezeit das erbliche Amt des Schulzen bekleidet beziehungsweise als freie Bauern und Handwerker ihren Lebensunterhalt verdient. Der 1830 geborene Friedrich Pretzel, Haffners Großvater, soll zuerst Tischler gewesen sein, ehe er auf dem zweiten Bildungsweg den Lehrerberuf erlernt hat, den er zunächst in seinem Heimatdorf, dann in einer benachbarten Ortschaft ausübte. Sein Sohn, Louis Pretzel, war 1864 noch in Großtychow zur Welt gekommen, und da er schon als Kind ein starkes Interesse an Literatur gezeigt haben soll, lag es nahe, daß er den Beruf des Vaters ergriff. Damit begann eine steile Karriere. Pretzels erste Stelle war zwar noch im pommerschen Lauenburg gewesen, doch 1893 wurde er an eine Berliner Gemeindeschule berufen, was eine Art von Beförderung bedeutete, schließlich fanden die Volksschullehrer in größeren Städten oft vergleichsweise vorteilhafte Bedingungen vor, von kleineren Klassen mit einer halbwegs einheitlichen Altersstruktur bis hin zu einem höheren Einkommen. 1908 stieg Haffners Vater zum Rektor einer Schule im Prenzlauer Berg auf, 1919 erhielt er eine Anstellung im Preußischen Kultusministerium, um an einer grundlegenden Reform des Volksschulwesens mitzuarbeiten, und 1922 avancierte er zum Leiter der Volksschulabteilung des Berliner Provinzialkollegiums. 1929 trat der Fünfundsechzigjährige im Dienstgrad eines Regierungsdirektors in den Ruhestand.[3]

So glänzend sich Pretzels Laufbahn von ihrem Ende her betrachtet ausnimmt, im Kaiserreich war sein Fortkommen doch eher ein Dutzendschicksal gewesen. Die Herkunft aus einer Handwerkerfamilie war für Volksschullehrer beinahe repräsentativ, und in den Jahrzehnten vor dem Ersten Weltkrieg hatte sein Berufsstand eine allgemeine und vielseitige Aufwertung erlebt, zumal in Preußen. Da die Bildung breiter Schichten allmählich als wichtiges Staatsziel erkannt wurde, stiegen die Einstellungszahlen deutlich an – auch im Verhältnis zur wachsenden Zahl der Schüler; und neben den dadurch eröffneten Karrieremöglichkeiten verbesserten sich die wirtschaftliche Lage und das Ansehen der Volksschullehrer. Der Wechsel in die pulsierende Reichshauptstadt war, im ganzen gesehen, gleichfalls ein Massenphänomen. Allein in den ersten dreißig Jahren des Kaiserreiches verdreifachte sich die Einwohnerzahl Berlins auf 2, 7 Millionen Menschen, und einer verbreiteten Redensart zufolge kam jeder echte Berliner aus Schlesien – oder eben aus einer anderen Provinz.[4]

Dennoch scheint sich Louis Pretzel durch Intelligenz, Begabung, Ehrgeiz und Fleiß vom Gros seiner Kollegen abgehoben zu haben. Sebastian Haffner hat seinen Vater mehrfach als einen außergewöhnlich klugen und gebildeten Mann porträtiert und als Musterbeispiel eines umsichtigen und abgeklärten preußischen Beamten beschrieben. Gleichermaßen rühmen die Artikel, die ihm zu diversen Anlässen gewidmet wurden, einhellig seinen Arbeitseifer, sein pädagogisches Fachwissen sowie seine ruhige, sachbezogene und stets rationale Argumentationsweise. Letztere attestierten ihm sogar seine schulpolitischen Kontrahenten. Er sei stets ein «aufrichtiger und ehrlicher Gegner gewesen», berichtete die der Zentrumspartei nahestehende Zeitung *Germania* im Oktober 1929, und zudem «gerecht und in jeder Hinsicht objektiv» in seiner Amtsführung.[5]

Unter Beweis stellen konnte Louis Pretzel seine beträchtlichen Fähigkeiten zunächst im «Deutschen Lehrerverein». In ihm übernahm er – wohl auch, weil im Kaiserreich seine beruflichen Aufstiegsmöglichkeiten begrenzt waren – alsbald eine Vielzahl von Aufgaben. Er gehörte beispielsweise fünfunddreißig Jahre dem geschäftsführenden Ausschuß an und gab zwischen 1913 und 1932 *Die deutsche Schule*, die fachwissenschaftliche Zeitschrift des Verbandes, heraus. Aus diesem Engagement rührten auch die Spannungen mit dem politischen Katholizismus. Der «Deutsche Lehrerverein» war nämlich fortschrittlich und reformerisch orientiert und betrachtete es als eines seiner Hauptanliegen, den kirchlichen Einfluß auf das Schulwesen, der vor allem in Preußen sehr ausgeprägt war, zurückzudrängen. Wie man sich denken kann, stießen derartige Pläne auf erbitterten Widerstand, insbesondere des katholischen Klerus, der auf dem bestehenden, konfessionell gegliederten Schulsystem und einem religiös fundierten Unterricht beharrte, was bis in die zwanziger Jahre immer wieder zu heftigen Auseinandersetzungen, ja nachgerade zu einem schulpolitischen Kulturkampf führte.[6]

Fortschrittlich, wenn nicht sogar modern waren auch Louis Pretzels pädagogische Ansichten. Sie stimmten weitgehend mit denen des Münchner Reformpädagogen Georg Kerschensteiner überein, der in die lebhafte erziehungswissenschaftliche Diskussion zu Beginn des 20. Jahrhunderts das Konzept der «Arbeitsschule» eingebracht hatte. Es sah vor, dem kindlichen Entdeckungsdrang größeren Freiraum zu gewähren und an Stelle des üblichen Auswendiglernens das selbständige Erarbeiten zu setzen. In eben diese Richtung zielte auch die von Louis Pretzel angestoßene Reform des preußischen Volksschulwesens. Wie er in einer begleitenden Broschüre erläuterte, sollte der zu vermittelnde Stoff nach Möglichkeit «innerlich erlebt und selbsttätig erworben» werden. Zu diesem Zweck empfahl er, den Unterricht mit didaktischen Spielen, Handarbeiten und Beobachtungen der Natur und des Alltagslebens zu bereichern und die «heimatliche Umwelt» der Schüler, beispielsweise ihren jeweiligen Dialekt, stärker in den Lernprozeß einzubeziehen.[7]

Allzu modern darf man sich Louis Pretzels Sicht auf die Welt indes nicht vorstellen. Als Neuankömmling im Bürgertum sowie als Verfechter einer progressiven Bildungsreform neigte er zwar linksliberalen Positionen zu, und wie viele führende Vertreter des «Deutschen Lehrervereins» hat er sich wahrscheinlich sogar den entsprechenden politischen Organisationen angeschlossen, zunächst der Fortschrittlichen Volkspartei, dann, in der Weimarer Republik, der Deutschen Demokratischen Partei (DDP), bei der auch der spätere Bundespräsident Theodor Heuss eingeschrieben war. Aber schon der griesgrämige Pessimismus, der ihn zum Leidwesen einiger Familienmitglieder des öfteren überfiel, war kaum mit der zukunftsfrohen liberalen Fortschrittsideologie vereinbar.[8]

Ähnlich verhielt es sich mit seinem preußisch-patriotischen Wertekorsett. Den Machtzuwachs des deutschen Parlaments, der in der zweiten Hälfte des Ersten Weltkrieges einsetzte, registrierte Louis Pretzel mit ärgerlicher Skepsis, da er befürchtete, daß der verstärkte parteipolitische Einfluß die Geschlossenheit der deutschen Gesellschaft aufbrechen könne.[9] Und nicht nur das. «Die Richtigkeit meiner Ansicht, daß die preußischen Junker immer noch etwas gerechter und milder regieren (abgesehen davon, daß sie das Regieren rein technisch besser verstehen) als die ‹Arbeiter›, zeigt sich übrigens jetzt schon in vollster Klarheit», schrieb er im Oktober 1917 seinem Sohn Ulrich an die Front, und ein halbes Jahr später beklagte er sich bitter über das neue politische Führungspersonal. «Es ist ein Elend, daß das Preußentum ausgestorben scheint», lamentierte er im März 1918. «Die Süddeutschen, die jetzt das Heft in der Hand haben, der Hesse Hertling, der Bayer Kühlmann, der Schwabe Payer, haben, wie's scheint kein Eisen im Blut, von dem Kurhessen Scheidemann und dem anderen Schwaben Erzberger, der es für seinen Beruf zu halten scheint, der Welt zu beweisen, daß die Schwabenstreiche doch kein leerer Wahn sind, ganz zu schweigen.»[10]

Jene spannungsvolle Mischung aus Liberalität, Vernünftigkeit und altpreußischem Idealismus hat Louis Pretzel anscheinend auch seinem Sohn Raimund mitgegeben, der im Rückblick nicht müde wurde zu betonen, wie bedeutsam sein Vater für seine geistige Entwicklung gewesen sei. Hinzu kam das bildungsbürgerliche Erbe. Louis Pretzel spielte Klavier und ließ seine Kinder mindestens ein Instrument erlernen;[11] vor allem aber war er ein ausgemachter Literaturliebhaber, was sich auch im Alltag vielfältig niederschlug. Wie aus den erhaltenen Briefen an seine Kinder hervorgeht, hat er seine Ausführungen gerne mit gelehrten Zitaten und Anspielungen dekoriert, und regelmäßig las er den anwesenden Familienmitgliedern aus ausgewählten Büchern vor. Im Frühjahr 1918 brachte er zum Beispiel allabendlich einige Seiten aus dem autobiographischen Abenteuer- und Schelmenroman *Ut mine Stromtid* des niederdeutschen Schriftstellers Fritz Reuter zu Gehör, was wohl «auf Raimunds inständiges Bitten» geschah.[12]

Derart angeleitet, entwickelte sich dieser bald selbst zu einem passionierten Leser, zumal seine intellektuellen Neigungen auch außerhalb der Familie reichlich gefördert wurden. Am Königsstädtischen Gymnasium, das er bis zum Herbst 1924 besuchte, bot ihm eine «Arbeitsgemeinschaft für deutsche Literatur» die Möglichkeit, mit interessierten Mitschülern über zeitgenössische Autoren wie Stefan George oder Franz Werfel zu diskutieren. Aber nicht nur dort konnte Raimund Pretzel «geistige Höhenluft» atmen.[13] Zusammen mit einem Lehrer hat er im März 1925 – inzwischen war er an das humanistische Schillergymnasium in Berlin-Lichterfelde gewechselt – eine Aufführung der antiken Tragödie *König Ödipus* von Sophokles inszeniert, und in zwei der insgesamt vier Vorstellungen wurde sogar der griechische Originaltext vorgetragen. Des weiteren hat er auch mit Freunden und Bekannten gerne hochfliegende Probleme gewälzt und sich beispielsweise «über die Zusammensetzung gut-schlecht und stark-schwach» unterhalten, wie man aus dem Tagebuch des Zwölfjährigen erfahren kann.[14]

Völlig ungewöhnlich war dergleichen freilich nicht. Das großstädtische bildungsbürgerliche Milieu, in dem er aufgewachsen ist, hat für Raimund Pretzel ausreichend gleichgesinnte Gesprächspartner in seinem Alter bereitgehalten, wobei erklärend hinzugefügt werden muß, daß nicht wenige seiner frühen Weggefährten sich später auf den unterschiedlichsten Feldern hervorgetan haben. Im Konfirmandenunterricht machte er die Bekanntschaft des künftigen SPD-Politikers Erich Klabunde, und jener Frank Landau, der von Haffner in der *Geschichte eines Deutschen* als «mein bester und ältester Freund» vorgestellt wird, hieß in Wirklichkeit Kurt Lewin und wurde nach dem Zweiten Weltkrieg ein hochrangiger israelischer Diplomat. Zu seinem Freundeskreis in Lichterfelde, wo die Pretzels seit 1924 wohnten, zählte Heinz Schwitzke, der in der jungen Bundesrepublik als Hörspiel-Experte reüssieren sollte. Während seines Jurastudiums und des sich anschließenden Referendariats verkehrte er mit Ernst von Caemmerer, einer späteren Kapazität auf dem Gebiet des Internationalen Privatrechts, und ein anderer Referendarskollege, Konrad Wolff, trat nach dem Krieg als Pianist und Klavierpädagoge hervor.[15]

Bei aller Wechselhaftigkeit seiner politischen Ansichten ist Pretzel denn auch dem bildungsbürgerlichen Hintergrund, dem er entstammte, immer treu geblieben, selbst noch in den entlegensten Winkeln seines Lebens. Als der Sechsundfünfzigjährige im Mai 1964 mit einer Besprechung von *Doktor Faustus* in der aufmüpfigen Studentenzeitschrift *Konkret* die Serie «Sebastian Haffners Monatslektüre» eröffnete, deutete er den berühmten Roman zunächst als eine Variation von Wilhelm Raabes *Akten des Vogelsangs*, wobei er hervorhob, daß Thomas Mann aus dem Vorgefundenen natürlich etwas Eigenes gemacht habe, ähnlich wie etwa Max Reger in seinen Variationswerken. Dann streifte er Friedrich Gundolf, Stefan George und Rudolf Borchardt, ehe er, ganz nach dem politischen Geschmack seines Publikums, «die Kombination von romantischer Sympathie mit dem Tode mit einem maßlos ausgreifenden, vitalen Willen zum Werk, zur Tat, zur Ordnung» zum Bindeglied zwischen den «hochgeistigen deutschen Edelfaschisten» und dem «Dritten Reich» erklärte.[16]

An seiner frühen Fixierung auf geistige Interessen dürfte es auch gelegen haben, wenn Wanda Pretzel einen vergleichsweise geringen Einfluß auf ihren jüngsten Sohn ausgeübt hat. Zu imposant war wohl die Persönlichkeit des Vaters, zu intellektuell die häusliche Atmosphäre, als daß Raimunds Mutter, die elf Jahre jünger als ihr Gatte gewesen ist, eine maßgebliche Rolle hätte spielen können. Jahrgang 1875, stammte sie ebenfalls aus einem Lehrerhaushalt. Ihr Vater Wilhelm Lehmann war 1846 in eine brandenburgische Handwerkerfamilie hineingeboren worden, hatte die Volksschullehrerausbildung durchlaufen und nach etlichen Stationen in der Provinz schließlich den beruflichen Sprung in die Reichshauptstadt geschafft.[17] Dort lernte seine älteste Tochter Mitte der neunziger Jahre Louis Pretzel kennen, und nach ihrer Heirat kamen in den Jahren 1897 bis 1899 die Kinder Bernd, Ulrich und Eva zur Welt. Als sie 1907 noch einmal unverhofft schwanger wurde, muß Wanda Pretzel zunächst eine Abtreibung ins Auge gefaßt haben, was ihr jedoch – sehr zu Sebastian Haffners nachträglicher Erleichterung – von ihrem Ehemann ausgeredet worden ist.[18]

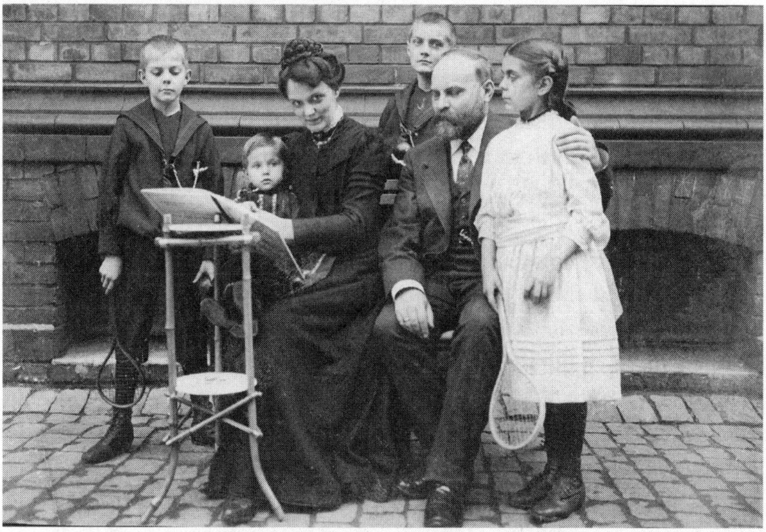

Abb. 1 Raimund Pretzel war, wie dieses mutmaßlich um das Jahr 1910 entstandene Foto zeigt, ein Nachzügler. Der große Altersabstand zu den übrigen Geschwistern gereichte ihm durchaus zum Vorteil. Nicht nur die Eltern Wanda und Louis Pretzel (Bildmitte), auch ihre Kinder Ulrich, Bernd und Eva (von links nach rechts) haben die Entwicklung des Jüngsten zumeist mit besonderer Anteilnahme begleitet.

Ganz wie es der bürgerlichen Rollenaufteilung entsprach, hat sich Wanda Pretzel anscheinend vor allem darauf konzentriert, den vielköpfigen Haushalt zu führen und dabei offensichtlich einiges Geschick bewiesen. In der milieutypischen Tugend der Sparsamkeit hat sie selbst ihren puritanischen Ehemann übertroffen, und in der *Geschichte eines Deutschen* hat Sebastian Haffner sehr anschaulich geschildert, daß die Familie nur dank der praktischen Ader seiner Mutter die wirtschaftlichen Turbulenzen der Inflationszeit halbwegs unbeschadet überstanden habe.[19] Ansonsten bildete sie einen beschwichtigenden, lebenszugetanen Gegenpol zu ihrem ernsten und pedantischen Gatten. «Na, nu laß», war eine von ihr häufig gebrauchte Wendung, und die Briefe, die sie in den dreißiger Jahren an ihren abwesenden Sohn Raimund schrieb, drehten sich um den jüngsten Familienklatsch, die Ungeschicklichkeiten des Dienstmädchens und die Neuerwerbungen für ihre Garderobe. Anders als es der erwogene Schwangerschaftsabbruch vermuten lassen könnte, hat Wanda Pretzel ihren Jüngsten mit rührender Liebe umsorgt, auch als er schon erwachsen war. Er solle doch unbedingt beizeiten die abgelegte Wäsche schicken, schrieb sie ihm im Herbst 1933 in das Jüterboger Lager, in dem Pretzel eine mehrwöchige militärische Ausbildung zu absolvieren hatte, und wenn er das Paket nicht alleine schnüren könne – was zu glauben, sie offensichtlich Anlaß hatte –, solle er sich von einem Kameraden helfen lassen.[20]

Sein emotionaler Bezugspunkt in der Familie, seine Vertraute, war jedoch die acht Jahre ältere Schwester Eva, genannt «Ev». Ihr offenbarte der Zwölfjährige seine «ketzerischen Ideen», sie war häufig die erste, die einige Jahre danach seine literarischen Versuche zu lesen bekam, und sie war es auch, die er – noch ein paar Jahre später – in seine erotischen Eskapaden einweihte. Aber auch sein Bruder Ulrich hat den Werdegang des Nachzüglers mit wohlwollender Anteilnahme begleitet und gefördert.[21]

Das alles lag freilich durchaus im Rahmen des Üblichen. Was Raimund Pretzel dagegen wirklich auszeichnete, war zuvorderst eine enorme Begeisterungsanfälligkeit, die sich in schwärmerischen Freundschaftserlebnissen und schwelgerischen Konzerteindrücken,[22] vor allem aber in seinen Begegnungen mit Büchern sowie in seinen politischen Stellungnahmen niedergeschlagen hat. Seine Tagebuchaufzeichnungen aus den Jahren 1919 bis 1927 liefern dafür unzählige Belege.

Von *Vor dem Sturm*, Theodor Fontanes mit Abstand längstem Roman, wünschte sich der gerade Vierzehnjährige zum Beispiel, «es hätte 10 Bände!» «Göttlicher Hölderlin!», jauchzte er ein anderes Mal; und schon im Sommer 1921 hatte er nach der wiederholten Lektüre von Josef Viktor von Scheffels *Ekkehard* ein allgemeines Beglückungsprogramm entworfen. «O, noch leben Milliarden Mitmenschen, die nicht Beethoven, nicht Goethe, nicht Böcklin, nicht Schubert, Mozart, Shakespeare und Keller, Raffael und Michelangelo fassen», notierte er am 24. Juni jenes Jahres in sein Tagebuch. Dies müsse sich schleunigst ändern, forderte er, damit «sie sich neu als Menschen, als Götter fühlen, – ein neues Menschentum gründen – mir taumelt!»[23]

Ähnlich exaltierte er sich in politischen Dingen. Wie in der *Geschichte eines Deutschen*, seinen 1939 verfaßten Jugenderinnerungen, geschildert, hat der junge Raimund Pretzel den Ersten Weltkrieg tatsächlich als fanatischer Heimkrieger durchlebt und den allgemeinen Enthusiasmus vom August 1914 bis in die letzten Tage des Waffenganges hinübergerettet, und das, obwohl seine beiden älteren Brüder an der Front waren und sein Vater die Lage zunehmend pessimistisch beurteilte.[24] Über den neuen Feldzugsplan «wird Dir denn ja wohl Raimund einen Vortrag halten, vielmehr Bericht erstatten; er ist selbstverständlich heute schon sehr begeistert», kündigte Louis Pretzel seinem Sohn Ulrich im Mai 1918 an. Aber nicht immer in den vergangenen Monaten war sein Jüngster so mitteilsam gewesen. «Raimund ist [...] heute nicht zum Schreiben gekommen», hatte der Vater im Februar erklärt, denn er habe «eine gewisse Sorge, die Zensur könnte an seinen Briefen Anstoß nehmen, da er am liebsten den verschärften Belagerungszustand noch verschärft haben möchte».[25]

In den ersten Nachkriegsjahren schwamm Pretzel noch eine Weile auf der nationalen Welle mit. Nachdem eine Gruppe von rechtsextremen Putschisten um den ostpreußischen Generallandschaftsdirektor Wolfgang Kapp und den General Walther von Lüttwitz am 13. März 1920 das Berliner Regierungsviertel besetzt hatte, war seine Stimmung «freudig erregt», was vielleicht zum Teil auch auf den Ausfall des Griechischunterrichts zurückzuführen war. Ein Jahr später trieben ihn dann die an das Reich gerichteten Entschädigungsforderungen um. Im Februar 1921 beschimpfte er die Kommunisten als «eine große Gemeinschaft von Verbrechern und Verrätern», weil sie sich nicht dem allgemeinen Widerstand gegen die Siegermächte anschließen wollten, und als am 10. Mai 1921 der Reichstag das Londoner Ultimatum, das die von Deutschland zu zahlende Reparationssumme auf 132 Milliarden Goldmark festlegte, schließlich doch annahm, war er außer sich: «Finis Germaniae! Küßt doch euren Mördern die Füße, leckt ihnen den Dreck ab, ihr Hunde, die nicht wert sind, Deutsche zu heißen! (Vielleicht wird es heißen: Ihr Deutschen, die nicht wert sind, Hunde zu heißen!) Die Deutschen sind die erbärmlichste Nation, die das Erdreich trägt. Schande über uns!»[26]

Bald darauf rückte er stark nach links. Hatte er die Maßnahmen gegen das rechte Lager, die von der Reichsregierung im Juni 1921, nach der Ermordung des führenden Zentrumspolitikers Matthias Erzberger, angekündigt worden waren, noch als «verständlich, aber dumm» abgetan, so äußerte er sich ein Jahr später schon ganz anders. Das Attentat auf Reichsaußenminister Walther Rathenau am 24. Juni 1922 rief in Pretzel tiefe Bestürzung und dieses Mal auch den Wunsch nach Strafe und Vergeltung hervor: «Mit den Deutschvölkischen wird hoffentlich aufgeräumt».[27] Bis 1924 hat er dann verschiedene linke Positionen förmlich durchprobiert. Eine Zeitlang erwärmte er sich für die gesellschaftspolitischen Visionen Walther Rathenaus, der über eine allgemeine Arbeitspflicht und die Auflösung der Klassen

Abb. 2 Mit Ausbruch des Ersten Weltkrieges wurde der kleine Raimund, hier im zeittypischen Matrosenanzug neben seinem uniformierten Bruder Ulrich, ein begeisterter Heimkrieger, und weder die zunehmend skeptischen Lagebeurteilungen des Vaters noch der Umstand, daß seine beiden Brüder an der Front waren, konnten daran etwas ändern.

nachgedacht hatte, und rund um seine Konfirmation im September 1922 schwärmte Pretzel für das Ideal der christlichen Nächstenliebe.[28] Am entschiedensten aber hat er sich dem Aktivismus verschrieben, einer damals hochaktuellen literarischen Strömung. «Wir jungen Menschen wollten durch die Mittel der Kunst überzeugen oder durch die Literatur», hat sich die Schriftstellerin Oda Schaefer dieser Tendenz erinnert, «auch ganz einfach durch eine neue Menschlichkeit, die dem Armen eine Würde zusprach und ein Recht der Mitsprache. Wir meinten mit dem Dichter Leonhard Frank, daß der Mensch gut sei.»[29]

Das glaubte auch Raimund Pretzel. «Immer diese Abkehr von der reinen Menschlichkeit. Wie ungesund ist dies: Ich bin sündig, ich bin verworfen, ich bin nur durch das Opfer eines anderen gerettet», klagte er im März 1923. Neben den bestehenden moralischen Konventionen lehnte er auch die fortschreitende Technisierung ab. Mitnichten habe Deutschland im Ersten Weltkrieg seinen Rang als Kulturnation verteidigen müssen, notierte er im Anschluß an die Lektüre von Thomas Manns *Betrachtungen eines Unpolitischen* in sein Tagebuch. Vielmehr sei der vierjährige Völkerkampf ein «wahnsinniges sich aus Toben [sic!] der Mechanisierung» und damit die «letzte Konsequenz des ‹Fortschritts›» gewesen.[30]

1925 lagen die Dinge schon wieder ganz anders. Seine aktivistische Periode war vorüber, und als er im Juni dieses Jahres mit einem Klassenkameraden über den Sozialismus diskutierte, verteidigte er zu seiner eigenen Verwunderung die «bourgeoise Kultur». Statt Weltverbesserungsideen nachzuhängen, übte sich Pretzel nun in der Pose des Dandys. Während einer längeren Eisenbahnfahrt, die er in den Sommerferien unternahm, fielen ihm in der vierten Klasse vor allem die ungepflegten Erscheinungen der Mitreisenden auf. «[W]elcher Mangel an Eitelkeit, die erst den Menschen macht!», echauffierte er sich. «Geltungstrieb, Eitelkeit – Anfang aller Schönheit und Kultur, aller Humanität und somit einziger Wert.»[31]

Im nachhinein hat Sebastian Haffner diesen Meinungswechsel mit der Veränderung seines Umfeldes erklärt, und in der Tat zog die Familie im Sommer 1924 aus dem Prenzlauer Berg an die südwestliche Peripherie Berlins, nach Lichterfelde. Habe er sich zunächst in einer kleinbürgerlichen Sphäre bewegt und viele jüdische Freunde gehabt – in unmittelbarer Nähe lag das überwiegend von Juden bewohnte Scheunenviertel –, so sei er Mitte der zwanziger Jahre in ein von Beamten- und Offiziersfamilien geprägtes Milieu eingetaucht, und dort hätten seine Kameraden, konträr zu seinem früheren Bekanntenkreis, politisch rechts gestanden.[32]

Zweifelsohne hat es mit diesen Angaben seine Richtigkeit. Viele der Familien, deren Kinder das Königsstädtische Gymnasium unweit des Alexanderplatzes besuchten, konnten das monatliche Schulgeld nicht aufbringen, und einige Jungen scheinen sogar an Mangelernährung gelitten zu haben, der durch ein kostenloses Milchfrühstück abgeholfen werden sollte. Wie das Schuljahrbuch des weiteren berichtet, setzte der von Raimund Pretzel besuchte Literaturzirkel im Sommerhalbjahr 1924 die «Behandlung der zeitgenössischen Lyrik» fort, wobei insbesondere «auf den Krieg und seine Auswirkungen, die Arbeiterdichter, die moderne Balladendichtung und die wichtigsten Vertreter des Expressionismus» eingegangen wurde, was seine nachträglichen Aussagen über das politische Klima zu bestätigen scheint.[33] Demgegenüber besaß Lichterfelde, das nach der Reichsgründung zunächst zu einer Villenkolonie hatte ausgebaut werden sollen und später zwei Kasernen beherbergte, einen sehr geringen jüdischen Bevölkerungsanteil, und zudem waren die Bürger der Gartenstadt überwiegend konservativer Gesinnung. Ein anderes Berliner Gewächs, der Publizist Wolf Jobst Siedler, hat sogar behauptet, die einschneidende Spaltung, die der Kalte Krieg seiner Vaterstadt auferlegen sollte, habe schon lange vor 1945 Bestand gehabt. Das bürgerliche Berlin, in dem seine Eltern und Großeltern zu Hause gewesen seien, habe «am östlichen, am Apothekerflügel des Stadtschlosses» geendet, und in die Gefilde jenseits dieser imaginären Grenze hätten die westlichen Bewohner kaum je einen Fuß gesetzt.[34]

So mächtig und nachhaltig die Einflüsse der verschiedenen Wohngegenden auch gewesen sein mögen, mindestens ebenso bedeutsam und prägend für Pretzels Persönlichkeit war der Berliner Hintergrund an sich. Neben ortsüblichen Tugenden wie «Nüchternheit, Vernunfthelle, Lakonie» und einem «Wirklichkeitssinn», der «den tausend Zumutungen des Lebens mit [...] kaltem Witz» begegnet,[35] besaß er ein gesteigertes Selbstbewußtsein, das in seiner geburtsbedingten Zugehörigkeit zu der deutschen Kapitale wurzelte und sich in einem Gestus des Bescheidwissens äußerte. «Man hat es hier eben immer noch mit der deutschen Hauptstadt zu tun», gab er etwa im August 1962 angesichts der zahlreichen Proteste kund, mit denen sich die westlichen Bewohner der Metropole gegen die grausame Teilung ihres Gemeinwesens auflehnten, während umgekehrt Bonn für den weltläufigen Journalisten stets den Inbegriff der Provinzialität verkörperte.[36]

Im übrigen bedurfte es weit weniger als eines Ortswechsels, um in dem impulsiven Jüngling einen grundlegenden Gesinnungswandel auszulösen. «Wenn man nur nicht stets fürchten müßte, unter irgendeinem Eindruck woandershin zu steuern», vertraute er Ende April 1924, als er seine aktivistische Einstellung durch romantische Anwandlungen bedroht sah, seinem Tagebuch an. Einen Tag später traf er einen alten Bekannten und bemerkte zu seinem eigenen Verblüffen, «wie ich vollständig, ganz und gar, umgekrempelt bin», was er zumindest teilweise dem Einfluß eines bewunderten Schulkameraden zuschrieb.[37]

Trotz seiner Wankelmütigkeit war der junge Pretzel zutiefst von seinen intellektuellen Fähigkeiten überzeugt, weshalb parallel zu den zahllosen Gefühlsausbrüchen eine ganz spezielle Mischung aus Selbstbewußtsein, Ehrgeiz und Geltungsbedürfnis seine jugendlichen Tagebuchaufzeichnungen durchzieht. Angeregt durch diverse Lektüreerfahrungen, wollte er zunächst Schriftsteller, genauer: Dramatiker, werden. Wie der Zwölfjährige im November 1920 festhielt, hatte er mehr als ein Dutzend historischer Themen, darunter «Catilina», «Die Grachen», und «Der Tod des Hannibal», als geeignete Vorlagen ins Auge gefaßt, aber da er an der konkreten

Umsetzung der Stoffe regelmäßig scheiterte, stellte er im April 1921 seine dramatischen Versuche vorläufig ein.[38]

Dennoch hatte er weiterhin Großes mit sich vor. «Von den Menschen, die nach oben streben, gibt es zwei Arten: Wisser und Könner», sinnierte Pretzel, als er dreizehn Jahre alt war. «Ich fühle und glaube fest, daß ich Könner bin. Nun will ich auch noch Wisser werden.» Er wandte sich jetzt der Geschichtsschreibung zu, erwog im Februar 1921 eine Geschichte des Gallischen Krieges zu schreiben und plante im Sommer des gleichen Jahres eine Abhandlung über den Ersten Weltkrieg. Sein Bruder Bernd sprach von «Größenwahn», manch anderer von «Selbstüberhebung». Aber davon ließ sich der junge Autor nicht beirren. «Ich glaube an meine Pflichten. Ich glaube an mein Werk.»[39] Immerhin, 1965 ist tatsächlich ein Buch aus seiner Feder über den Ersten Weltkrieg erschienen.

Noch als Abiturient träumte Pretzel davon, «berühmt und genial, kühn, gewaltig, ein Löwe, ein Genießender, ein Universalmensch – ein großer Dichter, ein großer Sportsmann, ein Leckerbissen für Biographen» zu werden. Angesichts solcher hochgesteckten Ziele waren Enttäuschungsanfälle vorprogrammiert. «Nichts geleistet, nichts genossen, nichts auch nur vorbereitet!», klagte er im September 1927. «Mit 16 wollte ich die Welt ändern, mit 18 eine grosse Biographie haben, mit 20 werde ich zufrieden sein, wenn ich Stellung und Geld für ein amüsantes Leben haben werde; mit 22 bin ich dann wahrscheinlich reif für den Amtsrichter in Oberschlesien.»[40]

Ganz und gar unbegründet waren seine «großmäuligen Hoffnungen»[41] indes nicht. Offensichtlich fiel es Pretzel leicht, im Unterricht, der in den Tagebuchnotizen bezeichnenderweise nur am Rande vorkommt, herausragende Leistungen zu bringen. «In der Schule habe ich heute meinen Vortrag gehalten», resümierte er im August 1920. «In der Kürze liegt die Würze. Na und ich hatte großen Beifall. [Lehrer] Fries sprach von ‹geborenem Redner› usw.» Ein halbes Jahr später bemerkte er lapidar: «Gestern Zensuren. Frieses Abschied sehr rührend. Primus geblieben», und zwei Wochen zuvor hatte er sich schon beklagt, «in der Klasse» sei ihm «jetzt alles zu kindisch». Vereinzelt bewertete Pretzel sogar die didaktischen Fähigkeiten der Pädagogen. «Homer ist herrlich! [...] Wenn doch diese durchnehmenden Lehrer wüßten, wie sehr sie im allgemeinen den Stoff verwässern!»[42]

Im Deutschunterricht muß er sogar brilliert haben. Angeblich wurden seine Aufsätze in anderen Klassen vorgelesen, was dazu geführt haben soll, daß ihm in Anlehnung an den indischen Philosophen und Literaturnobel-

Abb. 3 In der Schule erwies sich Pretzel, hinterste Reihe ganz rechts, als Überflieger, und auch in der Familie war man sich über seine überdurchschnittliche Begabung im klaren. Die Aufnahme stammt aus dem Jahr 1924.

preisträger Rabindranath Tagore der Spitzname «Raimundranath Pretzelore» verliehen wurde. Tatsächlich zeigte er schon früh ein erstaunliches Formulierungstalent. In Deutschland Sozialisierungsmaßnahmen durchzuführen, kam für den jungen Nationalisten nicht in Frage; das wäre ja, notierte er 1921 in sein Tagebuch, «als wenn man einem Sechsjährigen die Brust gibt». Denn «[j]eder Mensch», fuhr er fort, «muß gleiche Bedingungen haben für den Kampf (– den man auch Leben nennt –) [sic!] aber mit diesen muß der Kampf dann weitergeführt werden. Freilich ist dann die Ungleichheit bald wieder da. Sie aber dann aufs neue beheben, bedeutet eine Ungerechtigkeit».[43]

Derartige Ergüsse müssen ihm außerordentlich leicht aus der Feder geflossen sein. «Ich glaube übrigens, wenn ich nicht ganz verunglücke, werde ich ein Vielschreiber», hatte bereits der Dreizehnjährige bemerkt. Ein Jahr danach charakterisierte er dann sein «Nachdenken, insbesondere das Schriftliche», als eine «ununterbrochene Folge von Intuitionen, die mich geradezu beseligen».[44] Wenn seine Ansichten auch noch Aufsehen und Protest erregten, war ihm das um so lieber. «Als ich einmal ein kommunistisches Wahlkampfplakat herunterriß», vermerkte er 1921, im Vorfeld der preußischen Landtagswahlen, «bin ich mit folgenden schönen Zitaten belegt worden: ‹alter Tagedieb, hoher Schüler, Deutschnationaler (!) Lausebengel, werdender Sipohund (!!) und Verbrecher!› Auch nett. Ich empfinde direkt Wollust, wenn man sich so um mich aufregt.» Ähnliche Motive bestimmten ihn im August 1923, als die Inflation auf ihren Höhepunkt zusteuerte. «Sonst waren diese unruhigen Tage unterhaltsam», notierte Pretzel kurz nach dem Rücktritt des Kabinetts von Reichskanzler Wilhelm Cuno. «Es macht so viel Spaß, ruhig inmitten der Nervosität zu sein.» «[I]ch produzierte mich stundenlang», hielt er wenige Wochen später, im Anschluß an eine Sitzung des Literaturzirkels fest, und auf der Verlobungsfeier seines Bruders Bernd im April 1925 muß der Siebzehnjährige, wenn man seinen triumphierenden Tagebucharien glauben darf, seine Tischdame, eine Medizinerin, regelrecht schwindelig argumentiert haben.[45]

Eben jene Kombination aus Begabung und Geltungsverlangen ließ ihn schon früh zu einer eindrucksvollen, wenn auch etwas altklug-überspannten Persönlichkeit werden. Ein Gast im Hause Pretzel zeigte sich im April 1922 jedenfalls ziemlich verwundert über die zahlreichen kulturellen Aktivitäten des vierzehnjährigen Raimund, was dieser in seinem Tagbuch mit der Bemerkung quittierte: «Und daß ich mich statt mit Boxen, Radeln und Schularbeiten auch mit etwas anderem beschäftige – Ja – ist das so verwerflich?» In der Familie scheint man sich gleichfalls über seine überdurchschnittlichen Fähigkeiten im klaren gewesen zu sein. Schließlich hoben ihn sein Jurastudium und die anvisierte Karriere eines Verwaltungsbeamten erkennbar von seinen älteren Geschwistern ab, die alle drei ein Lehramtsstudium absolviert hatten. Zwar wurde Ulrich Pretzel später ein bekannter Ordinarius für Altgermanistik, aber es war Raimund, dem man offensichtlich zutraute, den sozialen Aufstieg fortzusetzen, den sein Vater so glanzvoll begonnen hatte.[46]

Außerdem traf es keineswegs zu, daß er ausschließlich anspruchsvollen Freizeitbeschäftigungen nachgegangen wäre. In den ersten Jahren nach dem Krieg hat sich der junge Raimund Pretzel mit all dem Eifer, zu dem er im Stande war, für Pferderennen begeistert, und Mitte der zwanziger Jahre kam er, ein regelmäßiger Ballbesucher und angehender Bohemien, häufig erst in den frühen Morgenstunden nach Hause. Etwa zur gleichen Zeit er-

Abb. 4 Mochte so manches Ansinnen auch reichlich vermessen sein, Raimund Pretzel, hier im Alter von sechzehn Jahren, entwickelte sich früh zu einer eindrucksvollen Persönlichkeit.

faßte ihn auch jenes Sportfieber, das er in der *Geschichte eines Deutschen* beschrieben hat. Vor allem die Leichtathletik hatte es ihm angetan, wobei er sich nicht mit der Rolle des Zuschauers und Enthusiasten begnügt, sondern auch selbst an Wettkämpfen teilgenommen hat. Zeitweise trainierte er an bis zu fünf Tagen pro Woche, und zuweilen wünschte er sich nichts sehnlicher, als die Fünfhundertmeterstrecke in weniger als eineinhalb Minuten bewältigen zu können.[47]

Trotz all dieser Ablenkungen bestand er im September 1925, an Michaelis, wie man damals sagte, glänzend das Abitur und nahm zum folgenden Wintersemester an der Berliner Friedrich-Wilhelms-Universität ein Jurastudium auf. Die Alma mater, repräsentativ Unter den Linden in der Stadtmitte gelegen, beanspruchte seit ihrer Gründung in der preußischen Reformzeit den akademischen Spitzenplatz in Deutschland, und selbstverständlich tat dies auch ihre rechtswissenschaftliche Abteilung, an der Koryphäen wie Rudolf Smend oder Martin Wolff wirkten.[48] Doch offensichtlich haben Raimund Pretzel weder sein Fach noch das neue Umfeld sonderlich behagt, was ihn freilich nicht daran hinderte, sein Studium bis

1929 zu beenden und im März 1930 das erste Staatsexamen mit «vollbefriedigend», also mit einer überdurchschnittlich guten Note, abzulegen. Kurz danach trat er in Rheinsberg das Referendariat an.[49]

Da seine Tagebuchaufzeichnungen mit Ende des Jahres 1927 versiegen, liegt diese Phase seines Lebens weitgehend im dunkeln, aber den spärlichen Hinweisen zufolge, die die *Geschichte eines Deutschen* und einige andere Quellen parat halten, ist Raimund Pretzel als Student und Referendar vor allem in seinen Freundschaften, diversen Liebesgeschichten und dem zerstreuungsreichen Leben einer großstädtischen *Jeunesse dorée* aufgegangen. In den Jahren 1926/27 verbrachte er einen Großteil seiner Zeit mit einigen künstlerisch ambitionierten jungen Leuten aus Lichterfelde, die sich zu einem «Club der Irren» zusammengeschlossen hatten; und etwas später war er häufiger Gast in einem international geprägten Tennisclub. Die Feuilletons, die er in den dreißiger Jahren verfaßt hat, weisen ihn zudem als eifrigen Kinogänger und erprobten Kostümfestbesucher aus sowie als findigen Connaisseur der verschiedensten Vergnügungen und Genüsse.[50]

Daneben widmete er sich seinen schriftstellerischen Versuchen, bei denen ihm nun erste Erfolge beschieden waren. 1927 erschien in der renommierten *Vossischen Zeitung* sein Gedicht «Trauriger Frühling», und bald darauf druckte ein Hamburger Blatt den Roman *Die Tochter*.[51] Ein wirklicher Durchbruch wollte ihm jedoch nicht gelingen. «Man hat überall das Wertvolle Ihres Romans anerkannt, vertritt aber im wesentlichen die Auffassung – refero –, dass der wirklich ‹große› Roman von Ihnen noch kommen wird», schrieb ihm sein Literaturagent Heinrich Auerbach im Januar 1932, nachdem er das Manuskript *Freundschaft mit Walter* «fast sämtlichen in Frage kommenden deutschen und oesterreichischen Verlegern» ohne Erfolg angeboten hatte. *Abschied*, *Sportfest* und *Tango-Ballade* erlitten das gleiche Schicksal.[52]

Bei aller Intelligenz, Bildung und Begabung war Raimund Pretzel für die politischen Herausforderungen, mit denen er sich ab 1933 konfrontiert sehen sollte, nicht unmittelbar gewappnet. Seine literarischen Hervorbringungen, die im gesperrten Teil seines Nachlasses verwahrt werden, kreisten, wie schon die aufgezählten Titel erahnen lassen, bevorzugt um Liebesgeschichten, familiäre Konflikte und das Lebensgefühl seiner Generation.[53] Die Anfang der dreißiger Jahre ausbrechenden staatlichen Turbulenzen fanden in dem dandyhaften jungen Mann dagegen einen seltsam unbestimmten Beobachter. «Es fiel mir sogar schwer zu entscheiden, ob ich, um nur die allerallgemeinste politische Grundtendenz festzulegen, ‹rechts› oder ‹links› sei», hat er zurückblickend die Einstellung beschrieben, die ihm damals, beim Ausbruch der nationalsozialistischen Revolution, zu eigen war.[54]

2. DIE TOTALITÄRE HERAUSFORDERUNG (1933–1938)

Im Anschluß an einen Vortrag, den der Schriftsteller und Publizist Manès Sperber im Mai 1960 in den West-Berliner Redaktionsräumen der Zeitschrift *Der Monat* gehalten hatte, wurde von den Zuhörern die Frage erörtert, welche sozialen Gruppen dem Nationalsozialismus anheimgefallen seien. Der Erzähler Wolfdietrich Schnurre vertrat dabei die Ansicht, Hitler habe sich vor allem auf das Bürgertum gestützt, eine Auffassung, die der ebenfalls anwesende Sebastian Haffner lebhaft bestritt. «Ja, wer denn [dann]?», warf Schnurre ein und erhielt von dem Journalisten die Antwort: «Leute wie Sie, die halbgebildet waren und glaubten, alles zu wissen.» «Ja, da muß ich Sie doch gleich in die Schnauze schlagen!», soll der Angesprochene auf die Beleidigung erwidert haben, und tatsächlich, als Haffner einige Minuten später die Versammlung verließ, eilte der aufgebrachte Schriftsteller ihm nach und verwirklichte seine Drohung, wodurch er, so die Meinung zweier Augenzeugen, Haffners Urteil auf das vortrefflichste bestätigte.[1]

Die Frage, die damals zu Handgreiflichkeiten führte, ist über die Jahre hinweg sehr unterschiedlich beantwortet worden. Lange war die Ansicht, der Nationalsozialismus sei in erster Linie ein «Mittelklassephänomen» gewesen, weit verbreitet, ehe die einsetzende wissenschaftliche Forschung diese pauschale Einschätzung zwar nicht aus der Welt geschafft, aber doch in verschiedener Hinsicht modifiziert hat. So herrscht mittlerweile weitgehend Konsens darüber, daß Hitler bis Mitte der dreißiger Jahre auch einen Großteil der deutschen Arbeiter für sich einnehmen konnte. Aber selbst vor 1933 hatten ihn nicht nur bürgerliche Kreise gewählt. Etwa sechzig Prozent der Stimmen für die NSDAP kamen aus der Mittelschicht und ungefähr vierzig Prozent aus dem proletarischen Milieu, vor allem aus der nichtorganisierten Arbeiterschaft.[2]

Solche Korrekturen haben jedoch die Tatsache, daß ein besonders hoher Anteil bürgerlicher Wähler für die Nationalsozialisten stimmte, nicht erschüttern können. Wie aus einer Detailanalyse für Berlin hervorgeht, lebten viele, die im Juli 1932 für Hitler votierten, in den gutsituierten Vororten der Reichshauptstadt, in Dahlem, Grunewald und insbesondere in Steglitz, wo die NSDAP mit 42,1 Prozent das mit Abstand beste Ergebnis aller Berliner Stadtbezirke erzielte. In Lichterfelde, einem Unterbezirk von Steglitz, der überwiegend von Angehörigen der gehobenen Mittelschicht bewohnt wurde, gaben immerhin 39,5 Prozent der Wahlberechtigten den Nationalsozialisten ihre Stimme.[3]

Insofern war Raimund Pretzels tiefe Abneigung gegen den Nationalsozialismus alles andere als selbstverständlich, zumal ihn, neben seiner sozialen Herkunft, auch seine Biographie für die Botschaften Hitlers hätte empfänglich machen können. Schließlich war er, genauso wie eine Reihe hochrangiger nationalsozialistischer Bürokraten, in der ersten Dekade des 20. Jahrhunderts geboren worden und gehörte damit einer Alterskohorte an, die man in den letzten Jahren als «Generation der Sachlichkeit» beziehungsweise als «Generation des Unbedingten» charakterisiert hat.[4] Demnach war die verbindendende Erfahrung der Heranwachsenden das in der Heimat erlebte Weltkriegsspektakel gewesen, und die unerwartete Niederlage sowie die folgenden Krisenjahre hatten die Jugendlichen zu außergewöhnlich kühlen und nüchternen Menschen erzogen, deren radikaler Pragmatismus selbst vor dem bestehenden Wertekodex und den Errungenschaften der Zivilisation nicht Halt gemacht habe. Sebastian Haffner hat in seinen Erinnerungen zwar ganz ähnliche Überlegungen angestellt, aber zugleich zeigt sein Beispiel, daß der geschilderte Erlebnishorizont allein nicht ausreichte, um einen Deutschen seiner Generation zum Nationalsozialisten werden zu lassen.[5]

«Nicht gleichschaltbar»[6]

Wenn Raimund Pretzel trotz seiner bürgerlichen Herkunft und trotz seiner ausgiebigen Erfahrungen als Heimkrieger gegen die Verführungskräfte Adolf Hitlers und des Nationalsozialismus immun war, dann verdankte er das zuvorderst seiner Intuition, seinem damaligen Lebensgefühl sowie seinem eingefleischten Widerspruchsgeist. Wie schon erwähnt, waren demgegenüber seine politischen Überzeugungen eher schwach ausgebildet. An einer Stelle der *Geschichte eines Deutschen* läßt er zwar gewisse Sympathien

Abb. 5 Als Schriftsteller und Dandy empfand Pretzel den Nationalsozialismus schon aus ästhetischen Gründen als Zumutung. Das Foto des eleganten jungen Mannes entstand im Jahr 1932.

für *Die Tat* durchscheinen, jene elitäre Zeitschrift, die in der Endphase der Weimarer Republik eine konservative Revolution propagierte.[7] Doch in erster Linie dürfte seine Wertschätzung intellektueller Art gewesen sein. Es wurde, erinnerte er sich an das in der Berliner Motzstraße herausgegebene Organ, «von einer Gruppe intelligenter und radikaler junger Leute geschrieben, schwelgte mit einer gewissen Eleganz in Weltenwende und Jahrtausendperspektive und war, selbstverständlich, viel zu vornehm, gebildet und tief, um irgendeiner Partei anzugehören – am wenigsten den Nazis».[8]

Die Skizzierung fällt vielsagend auf ihren Verfasser zurück. Halb Jurist, halb Schriftsteller; halb Beamter, halb Dandy dachte und empfand Raimund Pretzel vornehmlich in kulturellen und ästhetischen Kategorien. «[E]inen ziemlich ausgebildeten geistigen Geruchssinn», hat er sich in der *Geschichte eines Deutschen* zugeschrieben, «oder, anders ausgedrückt, ein Gefühl für die ästhetischen Valeurs (und Non-valeurs!) einer menschlichen, moralischen, politischen Haltung oder Gesinnung». Daher, hatte er bereits einige Seiten zuvor ausgeführt, habe ihn Hitler schon als Person abgestoßen, die «Zuhälterfrisur; die Talmieleganz; der Wiener Vorstadtdialekt; das viele und lange Reden überhaupt, das Epileptikergehaben dazu, die wilde Gestikulation, der Geifer, der abwechselnd flackernde und stierende Blick».[9]

Gleichermaßen muß sich Pretzel an dem totalen und allumfassenden Herrschaftsanspruch, den die Nationalsozialisten erhoben, gestört haben. «Die Weltanschauung rechtfertigt jede Geschmacklosigkeit; deswegen kann der Geschmackvolle keine haben. Der Geschmack rechtfertigt jede Prinzipienlosigkeit; deswegen kann der Prinzipienmensch keinen gebrauchen», heißt es in einer literarischen Taschenspielerei mit dem Titel «Kleines Credo», die er 1934 verfaßt hat. «Ob man lieber Geschmack haben soll oder eine Weltanschauung», fuhr er fort, «ist eine Geschmacksfrage; oder eine Weltanschauungsfrage». Welche Denkungsart zu bevorzugen sei, hat er sodann unmißverständlich dargelegt. «[U]nbescheiden, dickfellig, verbohrt, rechthaberisch, humorlos, dumm» kämen feste Überzeugungen daher, und sogar eine gewisse Verwandtschaft mit «Maggisuppen, Konfektion und Cookreisen» entdeckte er. Mit letzteren, fügte er schelmisch hinzu, hätten Weltanschauungen im übrigen noch «ihre anrüchige Herdenhaftigkeit» gemein.[10]

Läßt man einmal die ästhetische Einkleidung seiner Aversionen beiseite, dann belief sich Pretzels Abneigung im Kern auf eine Art von Ablehnung, die in bürgerlichen Kreisen nicht selten anzutreffen war und die einem intellektuellen Überlegenheitsgefühl und einem gewissen Standesdünkel entsprang. Joachim Fest hat beispielsweise berichtet, wie sehr seinem Vater das nationalsozialistische Prinzip der «Volksgemeinschaft» und die gleichmacherischen Tendenzen des 1933 installierten Regimes zuwider gewesen seien, und von Wolf Jobst Siedler ist überliefert, daß die «auftrumpfende [sic!] und mitunter vulgären Züge der neuen Herren» seinen Vater und dessen adelige Freunde regelrecht abgestoßen hätten.[11]

Neben den geschilderten Antipathien beunruhigte Raimund Pretzel, wie er im Rückblick zu Protokoll gegeben hat, die nach dem Reichstagsbrand vom 27. Februar 1933 einsetzende Erosion des Rechtsstaates, und derartige Bedenken verbanden und ergänzten sich mit den Sorgen und Befürchtungen, denen er in seinem persönlichen Umfeld reichlich begegnet ist. Sein Vater, 1933 noch die Hauptperson in Raimunds Leben, muß das «Dritte Reich» geradezu als persönliche Katastrophe empfunden haben. Die Zukunft seiner Kinder schien Louis Pretzel angesichts der veränderten politischen Verhältnisse unsicherer und ungewisser denn je, und die Schikanen und Demütigungen, denen er und seine ehemaligen Kollegen ausgesetzt waren, bedrückten ihn.[12] Um seine Pension weiter beziehen zu können, verlangte ihm das im April 1933 verabschiedete «Gesetz zur Wiederherstellung des Berufsbeamtentums» eine Rechtfertigung seiner früheren Tätigkeiten ab, und als er im Herbst 1933 vom Schicksal eines befreundeten Schulleiters erfuhr, gegen den wegen seines politischen Engagements ein Verfahren eingeleitet worden war, kommentierte er diesen Vorgang: «Das ist denn doch wohl wirklich dazu angetan, daß einem, wie der Berliner derb sagt, die Spucke wegbleibt.»[13]

Hinzu kam die Zerstörung seines Lebenswerkes. Die von Pretzel auf den Weg gebrachte Reform des preußischen Volksschulwesens wurde rückgängig gemacht, und im «Deutschen Lehrerverein» übernahmen immer mehr Nationalsozialisten die Führungspositionen. Schon 1932 hatte Louis Pretzel den so lange versehenen Posten als Schriftleiter der *Deutschen Schule* aufgeben müssen, was anscheinend nicht ganz freiwillig geschehen ist. «Sein beherrschendes Gefühl wurde: Ich habe umsonst gelebt», hat Sebastian Haffner zurückblickend berichtet.[14] In seinem Testament, das Louis Pretzel im Februar 1934 aufgesetzt hat, schlug sich seine ganze Verbitterung nieder. Nachdrücklich forderte er seine Angehörigen auf, Todesanzeigen erst nach der Bestattung zu versenden und auf gar keinen Fall jene Stellen und Organisationen, bei denen er sich engagiert hatte, von seinem Ableben zu benachrichtigen. «Ich will nicht, daß irgendwelche Leute genötigt werden, von meinem Abscheiden eine Teilnahme zu bezeigen, die Sie nach dem Verhalten, das sie bei meinen Lebzeiten mir gegenüber an den Tag gelegt haben, unmöglich fühlen können.» Anderthalb Jahre später, im September 1935, ist Louis Pretzel infolge eines schweren Magenleidens gestorben, und sein jüngster Sohn hat im nachhinein die Vermutung geäußert, daß der Tod des Einundsiebzigjährigen mit dem Ärger zu tun gehabt habe, der seine letzten Jahre überschattet hatte.[15]

Die übrigen Familienmitglieder scheinen, wenn man den verstreuten Andeutungen über ihre politische Haltung glauben darf, gegenüber den neuen Machthabern gleichfalls in kritischer Distanz verharrt zu sein. Raimunds älterer Bruder, Ulrich Pretzel, damals ein angehender Hochschullehrer, berichtete etwa im Mai 1934, er habe bei den kürzlich abgehaltenen Prüfungen «unseres germanistischen Nachwuchses [...] von 23 Herren nur 8 durchgelassen». Und mit erkennbarer Genugtuung fügte er hinzu: «Beim Politisieren lernt man eben kein Mittelhochdeutsch.»[16]

Abb. 6 und 7 Da erstaunlich viele seiner Bekannten oder Freunde einen jüdischen Hintergrund hatten, wurde Pretzel früh für den wahren Charakter des «Dritten Reiches» sensibilisiert. Besonders nahe standen ihm damals Gertrud Joseph, genannt «Teddy», die Haffner in seinen Erinnerungen als umschwärmte «Göttin» eines Tennisclubs geschildert hat, sowie Kurt Lewin alias Frank Landau, der in der Geschichte eines Deutschen *als «mein bester und ältester Freund» vorgestellt wird.*

Zusätzlich alarmiert wurde Raimund Pretzel durch seine zahlreichen jüdischen Freunde und Bekannten. Wie bereits geschildert, ist er zunächst im Prenzlauer Berg, einem Viertel mit besonders hohem jüdischen Bevölkerungsanteil, aufgewachsen; allein fünfundzwanzig bis dreißig Prozent der Schüler des Königsstädtischen Gymnasiums, das er bis 1924 besuchte, gehörten der mosaischen Religion an. Unter ihnen fand der bildungsbeflissene Raimund Gleichgesinnte und Freunde. «Diese feingebildeten, kulturellen, vornehm denkenden Juden sind mir hochsympathisch», hatte schon der Dreizehnjährige 1921 in sein Tagebuch notiert,[17] und auch der von ihm so geschätzte Literaturzirkel, zu dem er etwas später stieß, brachte ihn vornehmlich mit jüdischen Mitschülern zusammen. Als der Kreis im Februar 1924 Hugo von Hofmannsthals Theaterstück *Der Thor und der Tod* aufführte, sollen einige Gymnasiasten geplant haben, die Vorstellung mit Trillerpfeifen zu stören, um gegen die Mitwirkung der vielen Juden zu protestieren. Das Vorhaben konnte zwar noch einmal abgebogen werden, aber es ist doch bemerkenswert, daß Pretzel schon bei diesen ersten Vorboten der kommenden Konflikte auf jener Seite anzutreffen war, auf der er auch 1933 stehen sollte.[18]

In der Folgezeit bewahrte er sich eine starke Affinität zu den in Deutschland lebenden Juden, ja es ist nachgerade erstaunlich, wie viele der Menschen, die ihm Anfang der dreißiger Jahre nahestanden, einen jüdischen Hintergrund hatten. Da waren sein bester Freund Kurt Lewin alias Frank Landau und jene überaus charmante Gertrud Joseph, genannt «Teddy», die, wie in den Erinnerungen geschildert, ihm damals gewaltig den Kopf verdreht hat. Hinzu kamen sein akademischer Lehrer, der Jurist Martin Wolff, und Karla Bernhardt, die Charlie aus der *Geschichte eines Deutschen*, die 1933 für ein paar Monate seine Freundin war.[19] Durch diese Beziehungen wurde Pretzel früh für den wahren Charakter des «Dritten Reiches» sensibilisiert, zumal eine ganze Reihe seiner jüdischen Bekannten Deutschland bereits in der ersten Hälfte der dreißiger Jahre und mit den schlimmsten Befürchtungen verlassen hat. «Von dem, was ich etwa meinen ‹Freundeskreis› hätte nennen können», resümierte Pretzel wenige Jahre später, «war bis zum Herbst 1933 nichts mehr übrig».[20]

Und dennoch: Auch Raimund Pretzel war nicht völlig immun gegen den Nationalsozialismus und seine intrikaten Vereinnahmungsversuche. Als einstigem Heimkrieger und Sproß eines preußisch-patriotischen Elternhauses standen ihm durchaus verlockende Schleichwege in das «Dritte Reich» offen, wie sich besonders im Herbst 1933 zeigen sollte.

Damals mußte Raimund Pretzel im Rahmen der zweiten juristischen Staatsprüfung ein vierwöchiges Gemeinschaftslager absolvieren. Erst im Juni 1933 hatte der preußische Justizminister Hanns Kerrl die nahe der südbrandenburgischen Kleinstadt Jüterbog gelegene Einrichtung ins Leben gerufen, die offenkundig dazu dienen sollte, die nachrückenden Staatsbeamten und Anwälte auf ihre politischen Überzeugungen hin zu besehen und ihnen ein gerüttelt Maß nationalsozialistischer Gesinnung zu vermitteln. Auch ein für das «Dritte Reich» durchaus charakteristischer Antiintellektualismus mag dafür gesprochen haben, die Zeit zwischen den schriftlichen Klausuren und der abschließenden mündlichen Prüfung mit sportlichen beziehungsweise soldatischen Übungen auszufüllen und die Kandidaten einem SA-Sturmbannführer zu unterstellen.[21]

In der *Geschichte eines Deutschen* hat Raimund Pretzel den militärisch geprägten Lageralltag ausführlich geschildert, das ständige Marschieren,

Singen und Exerzieren sowie den fesselnden Vortrag über die Marneschlacht, mit dem die Referendare verabschiedet worden waren. Sein Hauptaugenmerk aber lag auf den psychologischen Implikationen. Eingehend beschrieb er, wie die einzelnen Teilnehmer ihre Individualität aufgaben und zu einer Gemeinschaft verschmolzen, in der Bedenken oder Skrupel gar nicht erst aufkommen konnten, von Protest oder Widerstandsbekundungen ganz zu schweigen. Der Geist der Kameradschaft habe «das Gefühl der Selbstverantwortung, so im bürgerlichen Sinne, und, schlimmer, im religiösen» völlig beseitigt, hat sich Pretzel an diese Wochen erinnert, und insofern schien ihm die Jüterboger Lagergemeinschaft «in einer Nußschale das ganze Dritte Reich» zu enthalten.[22]

Jener kritische Blick war jedoch erst das Ergebnis nachträglicher Reflexionen. In die «Falle der Kameradschaft», die er in der *Geschichte eines Deutschen* so beredt analysiert hat, ist er seinerzeit selbst geraten. Einem Bekannten muß er die Lagerwochen sogar als «hübsch» und das Examen als «harmlos» dargestellt haben, und auch seine Vorgesetzten fanden nichts an seinem Verhalten zu beanstanden.[23] Er habe «den Geist der Manneszucht in sich aufgenommen und im Umgang mit den übrigen Teilnehmern des Lehrgangs sowie den sonstigen Lagerinsassen, gleich welchen Standes, Kameradschaftlichkeit bewiesen», heißt es in dem standardisierten Zeugnis, das ihm Oberstaatsanwalt Spieler am 14. November 1933, drei Tage nach Beendigung des Kurses, ausgestellt hat. Außerdem wurde darin seine große Ordentlichkeit hervorgehoben, und die im Dienst erbrachte Leistung als «zufriedenstellend» bewertet.[24]

Vor allem die militärische Seite der Ausbildung hat Pretzel offensichtlich zugesagt, und das um so mehr, als die befürchtete nationalsozialistische Indoktrination ausblieb. «Wenn Du jetzt Interesse für Militärwissenschaft und Kriegsführung bekommen haben solltest, so kann ich Dir verraten, daß ich mir schon vor mehreren Monaten vorsorglich die ersten 5 Bände von Altens grossem Handbuch für Heer und Flotte [...] besorgt habe», schrieb ihm sein fronterfahrener Bruder Ulrich Anfang November 1933 nach Jüterbog und fuhr wenig später fort: «Ich freue mich schon nach Deiner Rückkehr Deinen Wortschatz um mir vertraut klingende Militarismen bereichert zu sehen; dann müssen wir auch mal wieder einen richtigen Männerskat kloppen!»[25]

Abb. 8 Im Herbst 1933 hatte Pretzel im Rahmen der zweiten juristischen Staatsprüfung ein vierwöchiges Gemeinschaftslager zu absolvieren. Der Lehrgang hatte einen militärischen Anstrich und ließ auch Pretzel in jene «Falle der Kameradschaft» tappen, die er wenige Jahre später so brillant analysiert hat.

Exil oder «innere Emigration»?

Wie wenig der raffinierte Appell an seine militärischen Neigungen auszurichten vermochte, belegt indes der Umstand, daß Pretzel schon 1933 entschlossen war, das nationalsozialistische Deutschland zu verlassen. Etwas erstaunlich ist dieses Ansinnen allerdings schon. Schließlich war er weder in irgendeiner Weise bedroht noch an politischen Angelegenheiten sonderlich interessiert, wie überhaupt damals nur sehr wenige Deutsche eine Emigration ernsthaft ins Auge gefaßt haben dürften, selbst dann, wenn sie so dachten und fühlten wie Pretzel. Würde es nicht – das war etwa auch die Generallinie in seiner Familie – möglich sein, sich den politischen Zudringlichkeiten zu entziehen?[26]

Aber nicht nur jene Mischung aus Hoffnung und Resignation sprach für ein Ausharren. In den Debatten, die vor und erst recht nach 1945 über Sinn und Möglichkeiten der «inneren Emigration» ausgetragen wurden, haben die in Deutschland verbliebenen Kritiker und Gegner des nationalsozialistischen Regimes sogar handfeste politische Argumente bemüht, um ihr Verhalten zu rechtfertigen. Daß er sein Vaterland in schwerer Stunde nicht verlassen habe, hat der Schriftsteller Frank Thiess sich und seinesgleichen kurz nach Kriegsende gegenüber dem emigrierten Thomas Mann zugute gehalten.[27] Auch die Journalistin Margret Boveri, die noch 1942 aus den Vereinigten Staaten nach Europa geeilt war, führte später ähnliche Motive an. «Die Frage lautete nicht: wohin? Sondern: ob überhaupt», berichtet sie in ihren Erinnerungen. «In Zürich habe ich sehr lange darüber gesprochen mit einem [...] Elsässer, der Franzose geworden war; der sagte: ‹Man bleibt. Man bewirkt mehr, wenn man bleibt.›» Außerdem glaubte sie, sich nur dann konstruktiv an dem ersehnten Neuanfang beteiligen zu können, wenn sie die vorangegangenen Entwicklungen aus eigener Anschauung kennengelernt hatte.[28]

Um so bemerkenswerter stellt sich Pretzels früher Emigrationsversuch dar, für den er 1939 Argumente angegeben hat, die denen der Thiess' und Boveris diametral entgegengesetzt sind. Einzig im Weggang, heißt es in der *Geschichte eines Deutschen*, habe er eine Möglichkeit gesehen, seinen Protest gegen das neue Regime zu artikulieren.[29] Daß Pretzel sich trotz seiner an und für sich unpolitischen Einstellung zu dem radikalen Schritt durchgerungen hat, verweist auf sein impulsives und kämpferisches Temperament, das uns auf den folgenden Seiten noch des öfteren begegnen wird, das aber, zumindest was die eigene Lebensführung anging, in der Regel von einem starken Realitätssinn eingehegt wurde. So war er offensichtlich auch 1933 klug und nüchtern genug, von Widerstandshandlungen abzusehen. Kein zeitgenössischer Hinweis liegt vor, der ihn mit umstürzlerischen Unternehmungen in Verbindung bringt,[30] und im Rückblick hat er von sich behauptet, schon damals von der vollkommenen Aussichtslosigkeit jeglichen zivilen Widerstands überzeugt gewesen zu sein. Als Pretzel im Februar 1981, inzwischen war er der berühmte Publizist Sebastian Haffner, zur Erinnerung an die Hinrichtung der Geschwister Hans und Sophie Scholl an der Universität München eine Vorlesung halten sollte, hat er diesen Antrag mit der Begründung abgelehnt, daß «bei meiner pragmatischen Politikauffassung» eine Würdigung der Weißen Rose «etwas beinahe Hypokritisches» haben würde. Denn, fuhr er fort, «um es ganz frei heraus zu sagen: Wenn mich die Scholls und ihre Freunde vor ihrer Flugblattaktion um Rat gefragt hätten, würde ich Ihnen gesagt haben: ‹Kinder, lasst es bleiben. Ihr richtet nichts aus und liefert Euch nur ans Schlachtmesser.›»[31]

Noch aus anderen, privaten Gründen kam für ihn ausschließlich die Emigration in Frage. Bei allem Ärger über die neuen Machthaber war es auch und vermutlich sogar in erster Linie die persönliche Unzufriedenheit mit seinem Berliner Dasein, die für ihn einen Weggang attraktiv machte, zumal er hoffen durfte, in Paris einige Menschen wiederzusehen, die ihm besonders nahestanden.[32] Und so brach Pretzel, nachdem er am 17. November 1933, übrigens wiederum mit der überdurchschnittlichen Note «vollbefriedigend», die Große Staatsprüfung abgelegt hatte, Ende des Jahres in die französische Hauptstadt auf, um dort seine Doktorarbeit über ein Thema aus dem Internationalen Privatrecht zu schreiben. Zu diesem Zweck hatte ihm die zuständige Behörde einen sechsmonatigen Urlaub bewilligt, aber eigentlich wollte der frisch ernannte Gerichtsassessor die Zeit nutzen, um eine Verdienstmöglichkeit zu finden, die es ihm erlauben würde, das nationalsozialistische Deutschland dauerhaft zu verlassen.[33]

Doch es kam ganz anders. In Paris eingetroffen, entwickelte sich der Emigrationsversuch rasch zu einem eskapadenartigen Ausbruch aus der ungeliebten Juristenexistenz sowie aus den bürgerlichen Zwängen seines Elternhauses. Wie Pretzel seinem Freund Lewin Mitte März 1934, also etwa zweieinhalb Monate nach seiner Ankunft in der französischen Hauptsstadt, anvertraute, wurde er zwar «von Geldsorgen zerfressen» und, da er noch nichts für seine Dissertation getan hatte, «von schlechtem Gewissen ein wenig gezwickt». Dennoch befinde er sich in Hochstimmung. Er habe, bilanzierte er, «3 Feuilletons, 1 Schlager, 1 kleine Geschichte, 1/4 grössere Geschichte» geschrieben und darüber hinaus eine «Unmasse Menschen» kennengelernt, insbesondere eine Emigrantin namens Tamara von Fritsch. Mit ihr verbringe er sehr viel Zeit, was «denn als die Hauptquelle meines trotz allem sehr grossen Glücks anzusprechen sein dürfte».[34] Das war wohl in der Tat so. Auch Konrad Wolff, mit dem er in jenen Monaten viel umging, wußte um die «grenzenlose Leidenschaft» seines Bekannten sowie um deren Grund und bemerkte einmal, «das ganze Bild, das die beiden gewaehren» würden – gemeint waren Pretzel und seine Eroberung, in Wolffs Worten «ein wirklich charmantes Aas» –, könne man sich «nach Clawdia Chauchat und Hans Castorp auf das deutlichste vorstellen».[35]

Überhaupt scheint sich Pretzel vorrangig unter Emigranten bewegt zu haben, an denen es in Paris keinen Mangel gab. So lernte er den damals noch kommunistischen Schriftsteller Arthur Koestler kennen, und daneben hat er in jenen Wochen so manches vertraute Gesicht wiedergesehen. Er traf «Teddy», Kurt Lewin schaute vorbei, und Pretzels erste Anlaufstelle war der bereits erwähnte Konrad Wolff gewesen, ein Jurist und angehender Pianist, den er aus Referendarstagen kannte. Zunächst wohnte Pretzel sogar im gleichen Hotel wie der Sohn seines Doktorvaters, dem *Foyot* nahe

Abb. 9 Offiziell als Doktorurlaub angemeldet, inoffiziell als Emigrationsversuch gedacht, entwickelte sich Haffners Parisaufenthalt zu einem Ausbruch aus der ungeliebten Juristenexistenz sowie aus den bürgerlichen Zwängen seines Elternhauses.

dem *Jardin du Luxembourg*, das sich auch schon Rainer Maria Rilke und Joseph Roth zur Herberge gewählt hatten, ehe er für die letzten Wochen seines Aufenthaltes ein Zimmer auf der *Île Saint-Louis* bezog, wo auch besagte Frau von Fritsch logierte.[36]

Angesichts der Emigrantenschwemme standen die Chancen, eine auskömmliche Verdienstmöglichkeit zu finden, indes äußerst schlecht. «Du kannst Dir nicht vorstellen, wieviel [sic!] Deutsche hier herumlaufen», hatte bereits im Mai 1933 Lilly Joseph, die Schwester der fabulösen «Teddy», Raimund gemeldet. «[A]ber es ist ganz unmöglich das [sic!] sie alle Arbeit finden». Schon bald mußte Pretzel diese Einschätzung teilen. Gegenüber Kurt Lewin bemerkte er Mitte März 1934, daß sich vielleicht mit dem Verfassen von Filmmanuskripten Geld verdienen ließe, obwohl er sogleich eingestehen mußte, weder über erforderliche Kenntnisse noch über geeignete Einfälle zu verfügen. «Jedenfalls ist dies so ziemlich das einzige an Chance, was ich hier allenfalls entdecken kann», fuhr er zerknirscht fort, «und so werde wohl wenigstens ich [...] doch wieder nolens volens nach Deutschland zurückkehren müssen».[37]

So ist es im Juni 1934 gekommen, sehr zu Raimunds Leidwesen, aber zum Wohlgefallen seines Vaters. «Nüchtern, wie ich die Dinge betrachte», hatte Louis Pretzel seinen jüngsten Sohn schon im Februar 1934 wissen lassen, «muß ich doch zu dem Ergebnis kommen, daß Du, um einen einigermaßen sicheren Halt im Leben, namentlich auch eine halbwegs sichere Grundlage für das wirtschaftliche zu gewinnen, sehen mußt, in ein irgendwie geartetes Amtsverhältnis zu kommen. Die Schriftstellerei allein deucht mir allzu wenig gesichert.»[38]

Raimund Pretzel mußte also wieder seinen «Hals in das Joch biegen», wie es seine stets mitfühlende Schwester Eva schon im Mai 1934 ahnungsvoll formuliert hatte, und am Amtsgericht Lichterfelde sowie am Berliner Kammergericht Dienst tun. Zudem hatte er seine Dissertation zu beenden, was ihm, da er in der zweiten Hälfte seines Parisaufenthaltes doch noch die Arbeit daran aufgenommen hatte, bis zum Ende des Jahres auch gelang. Am 7. Dezember 1934 konnte er seine Überlegungen zum Thema «Die Aufwertung von Fremdwährungsschulden» bei der Juristischen Fakultät der Berliner Universität einreichen.[39]

Den konkreten Hintergrund für seine Ausführungen bildeten die Wirtschafts- und Finanzkrisen der zwanziger und dreißiger Jahre, bei denen es bekanntermaßen zu gewaltigen Kurssprüngen gekommen war. Mit der Frage, ob und wie diese Ausschläge bei der Rückzahlung von Fremdwährungsschulden zu berücksichtigen seien, hat sich Pretzel über 350 Schreibmaschinenseiten hindurch auseinandergesetzt. Nach einem Überblick über die juristische Praxis in verschiedenen europäischen Ländern untersuchte er abschließend die deutsche Rechtslage, die er dahingehend interpretierte, daß nicht der nominelle Geldbetrag, sondern der ursprüngliche Wert einer ausstehenden Zahlung zurückerstattet werden müsse.[40]

Obwohl seinem Doktorvater Martin Wolff, einem renommierten Experten für Zivilrecht und Internationales Privatrecht, diese valoristische Gesetzesauslegung keineswegs einleuchtete, fand er doch, daß Pretzel «seinen Standpunkt mit Kenntnis, Ueberlegung und Geschick verteidigt» habe. Bemängelt hat Wolff allerdings – und wer will, kann in dem Tadel Vorboten späterer Tendenzen erblicken – «einige kleine Entgleisungen», namentlich, daß der Kandidat die «von ihm bekämpften Gegner in fast advokatorischer Weise» entstelle. Einige Seiten, die einen «rein journalistische[n] Ausfall gegen ein elastisches Recht» enthielten, seien sogar zu streichen. Dennoch, resümierte der Ordinarius, stehe die Arbeit über dem Durchschnitt, weshalb er sie mit «cum laude» bewertete, und mit eben dieser Note wurde Raimund Pretzel am 11. Februar 1935 promoviert.[41]

Ansonsten sah sich Pretzel, der als Gerichtsassessor darauf zu warten hatte, bis er eine frei gewordene Planstelle im höheren juristischen Dienst antreten konnte, zu einem Wanderleben durch die Berliner Behördenlandschaft verurteilt. In der zweiten Hälfte des Jahres 1934 hatte er am Amtsgericht der Reichshauptstadt die Staatsanwaltschaft zu unterstützen und am Amtsgericht Lichterfelde Pachtschutzsachen und Angelegenheiten des Gerichtsvollzieherwesens zu bearbeiten. Im Februar 1935 wurde er mit der Verwaltung einer Richterstelle beauftragt, wenig später übernahm er eine Anwaltsvertretung.[42]

Zurückblickend hat Sebastian Haffner versichert, daß er bei seiner juristischen Tätigkeit darauf bedacht gewesen sei, sich aus allen politisch infiltrierten Angelegenheiten herauszuhalten. Ein zeitgenössisches Dokument bestätigt das. Pretzel sei interessiert und fleißig und verfüge über «ein angemessenes Auftreten und gute Umgangsformen», heißt es in einer Beurteilung des Berliner Amtsgerichtspräsidenten vom 1. Januar 1935. Zugleich sei er «‹eine Natur, die nur wenig aus sich herausgeht›», weshalb es dem Beamten schwerfiel, ihn politisch einzuordnen. Pretzel zeige «gegenüber der nationalsozialistischen Bewegung betonte Zurückhaltung», befand der Gutachter, jedoch sei er «nach seiner Äußerung um die Eindringung in das nationalsozialistische Gedankengut bemüht».[43]

Anfang Juni 1936 ist Pretzel dann auf eigenen Antrag aus dem Reichsjustizdienst ausgeschieden, um sich fortan einzig seinen schriftstellerischen und journalistischen Ambitionen zu widmen. Die ursprünglich angestrebte Beamtenkarriere weiter zu verfolgen, war angesichts des zunehmenden nationalsozialistischen Einflusses auf die Rechtsprechung weder sinnvoll noch erfolgverheißend, zumal sich im preußischen Justizwesen ein erheblicher Assessorenüberschuß aufgestaut hatte, und er seine Amtstätigkeit weitgehend unentgeltlich ableisten mußte.[44] Außerdem hatten dem literarischen Metier ohnehin immer seine Neigungen gegolten, und die mahnende Autorität des 1935 verstorbenen Vaters, der stets dafür gesorgt hatte, daß sein Sprößling die eingeschlagene Beamtenlaufbahn nicht verlassen hatte, stand nun einem Berufswechsel nicht mehr im Wege. Mitglied im «Reichsverband Deutscher Schriftsteller», der zu dem nationalsozialistischen Kulturimperium von Propagandaminister Joseph Goebbels gehörte, war Pretzel seit Dezember 1933 sowieso schon.[45]

Berechtigt zu diesem Schritt hat ihn vor allem seine Mitarbeit an der renommierten *Vossischen Zeitung*. In ihrem Feuilleton hatte er im Sommer 1933 erste Unterhaltungsartikel veröffentlicht, stimmungsvolle Reisebeschreibungen, etwa über «Rheinsberg», sowie kleinere Glossen, wie «Vom Laster des Rauchens».[46] In Wolfgang von Einsiedel, einem verantwortlichen Redakteur, hatte Pretzel einen Fürsprecher gefunden, und so protegiert, stieg er bald zu einem regelmäßigen Beiträger auf.[47] Doch auch nachdem das traditionsreiche linksliberale Blatt Ende März 1934 eingestellt worden war, wurden seine Texte gedruckt, nahmen ihm *Die Neue Linie* und die *Deutsche Allgemeine Zeitung*, vor allem aber *Die Koralle* und *Die Dame*, zwei Unterhaltungsmagazine, die wie die *Vossische Zeitung* zum Ullstein-Konzern gehörten, seine teils humorigen, teils informativen Betrachtungen ab.

Nach und nach erweiterten sich die Palette und das Ausmaß seiner Aufgaben. 1935 beauftragte ihn ein exquisites Berliner Geschenkgeschäft, den hauseigenen Warenkatalog mit galanten Texten auszustatten, die den angebotenen Geburtstagstafeln, Bilderrahmen und anderen nützlichen Gegenständen gewidmet waren. «Die schönste Frau verliert in einem häßlichen Kleid; das schönste Bild in einem plumpen Rahmen», wußte er etwa zu berichten und empfahl deshalb allen Lesern den «Silberholzrahmen mit der mattierten, dämpfenden Glasscheibe».[48] Außerdem verfaßte er seit Mitte der dreißiger Jahre zahllose Buchbesprechungen, insbesondere für *Die Dame*. Die einzelnen Kritiken waren meistens sehr knapp gehalten und wurden dann unter reizenden Überschriften wie «Kleines Büchermenü für unterwegs» oder «Zauber der Geschichte» aneinandergereiht.[49]

Zum 1. März 1937 stellte der Ullstein-Konzern ihn schließlich fest an, zunächst «als stilistische[n] Berater, Lektor und Kritiker» für die Zeitschrift *Bazar*. Später muß Pretzel als Redakteur für die *Kleine Zeitung*, eine Beilage des Magazins *Neue Modenwelt*, tätig gewesen sein – und zwar angeblich auf einer Stelle, die in den zwanziger Jahren die Unterhaltungsschriftstellerin Vicki Baum, Verfasserin des Bestsellers *Menschen im Hotel*, innegehabt hatte.[50] Im Sommer 1938 wechselte er dann aushilfsweise zur *Berliner Illustrierten Zeitung*, einem sehr beliebten und auflagenstarken Blatt, für das Pretzel sich in jenen Jahren sogar noch einmal als Romanautor versucht hat.[51]

Doch während ihm der Durchbruch als Schriftsteller im großen und ganzen versagt blieb, zeigte er als Feuilletonist hinlängliches Talent, wohl auch, weil die literarischen Erfordernisse dieses Genres seinen stilistischen Fähigkeiten entgegenkamen. Er mußte sich keine Handlungen ausdenken und entfalten, sondern konnte sich ganz darauf konzentrieren, seine Leser mit treffenden Beschreibungen und effektvollen Pointen zu unterhalten. Vor allem aber leben seine Texte von der Gabe, dem Alltäglichen Außergewöhnliches abzugewinnen, wie überhaupt vieles, was den Feuilletonisten

Raimund Pretzel kennzeichnet, auch den späteren politischen Journalisten und historischen Essayisten Sebastian Haffner ausgemacht hat.

So bewies er bei seinen Erkundungen zwischenmenschlicher Vorgänge ein besonderes psychologisches Geschick, und gerade seine Einlassungen zum menschlichen Charakter sind häufig von entlarvendem Scharfblick sind. Feinsinnig und einfühlsam analysierte Pretzel in der Weihnachtsausgabe der *Koralle* von 1934 die «Kunst, sich beschenken zu lassen», die er sogar noch schwieriger einstufte als das Amt des Gebers, da die gebührende Würdigung des Überreichten in Sekundenschnelle erfolgen müsse.[52] «Alle Menschen zerfallen in Dränger und Trödler, Aufräumer und Rumliegenlasser, Frühaufsteher und Langschläfer, in Pünktliche und Zuspätkommer, in Fensteröffner und Fensterschliesser, in Freunde und Feinde Greta Garbos – in was zerfallen die Menschen nicht alles», philosophierte er in einem anderen Feuilleton, das dem Thema Ehekrach gewidmet war, und fuhr dann fort: «Die Entdeckung solcher Verschiedenheiten nährt vor der Ehe die Liebe; in der Ehe nährt sie den Krach».[53]

So harmlos und vergnüglich diese Beobachtungen dahinplätschern, häufig lag ihnen allerdings das skeptische Menschenbild des nüchternen Realisten, wenn nicht das des pessimistischen Konservativen zugrunde. Neujahrsvorsätze, lautete Pretzels schonungsloses Fazit vom Anfang des Jahres 1935, seien angesichts der menschlichen Willensschwäche ein völlig aussichtsloses Vorhaben und deshalb von Beginn an zum Scheitern verurteilt. Kaum weniger Achtung hatte er vor dem würdebedachten Gebaren der Theaterbesucher. Mochten sie auch noch so feierlich auftreten, nach Pretzels Dafürhalten gehörten sie allesamt zu einer wilden Meute, wie das Gerangel, das am Ende einer jeden Aufführung an der Garderobenschranke ausbreche, unfehlbar belege.[54]

Wenn Jahrzehnte später «die knappe, zupackende Sprache, die Lust an der brillanten Pointe und provokativ zugespitzten These, die Kunst, mit wenigen Strichen eine Situation oder eine Person zu charakterisieren»[55], als Sebastian Haffners Markenzeichen gerühmt worden sind, dann waren das zweifellos Eigenschaften, die er bei seiner Feuilletonistentätigkeit vielleicht nicht gerade erworben, aber doch weidlich erprobt hatte. Freilich mit wechselndem Glück. Während die Beobachtung, daß die Zeitung «der Schnuller des erwachsenen Mannes» sei, beinahe aphoristische Qualitäten besitzt, läßt seine Behauptung «Der Kaffee ist zuverlässig wie ein Hund, der Tee unberechenbar wie eine Katze», zumindest heutige Leser einigermaßen ratlos zurück.[56]

Am charakteristischsten und aufschlußreichsten für sein Gesamtwerk ist jedoch die in etlichen Feuilletons angewandte Methode, das genaue Gegenteil von bestimmten Allgemeinplätzen oder anderen gängigen Ansichten zu vertreten. «Aller Anfang ist leicht!», verkündete er zu Beginn des Jahres 1935 und bei anderen Gelegenheiten warb er dafür, das Wetter als lohnenden Gesprächsgegenstand anzusehen oder Eitelkeit als eine in erster Linie männliche Angewohnheit zu verbuchen. In dem Faschingsbeitrag «Deine Maske verrät Dich!», hat er sich sogar offen zu seiner umstürzlerischen Argumentationsstrategie bekannt: «Die meisten Gemeinplätze werden zu Wahrheiten, wenn man sie auf den Kopf stellt».[57]

Zuzeiten hat er seiner Fabulierlust jedoch allzu großzügigen Auslauf gewährt und nicht nur die eine oder andere abwegige These aufgestellt,[58] sondern auch Anspielungen formuliert, die allzu deutlich seine kritische Sicht auf die deutschen Verhältnisse zum Ausdruck brachten. Aus dem unzweideutigen «Kleinen Credo», einem 1934 entstandenen Text, der selbstverständlich unveröffentlicht geblieben ist, wurde bereits ausgiebig zitiert.[59] Daß «Die Fensteröffner und die Fensterschließer» lediglich als Typoskript vorliegen, dürfte ähnliche Gründe haben. Denn Pretzel schilderte in dem ebenfalls 1934 verfaßten Text nicht nur, wie die Auseinandersetzungen zwischen beiden Personengruppen «Emigranten» produzieren würden. Er erlaubte sich auch, den vitalistischen Kult des nationalsozialistischen Regimes anzusprechen, wenn er feststellte, daß die «Regel», der zufolge «die Schwachen, Kranken und Empfindlichen auf alle Fälle Schutz und Bevorzugung vor den Starken, Gesunden und Robusten verdienen, [...] heute keineswegs mehr so unangefochten dasteht wie noch vor einer gewissen Zeit».[60]

Weniger offensichtliche Sottisen finden sich auch in veröffentlichten Artikeln Pretzels, wobei die sorgfältige Tarnung der Anspielungen bewirkt haben dürfte, daß die versteckten Botschaften nur von einem Bruchteil der Leser verstanden wurden, eben jenen, die über ausreichend sprachliche Sensibilität verfügten.[61] «Wer führt, verliert ...?», ist etwa ein Beitrag vom Olympiasommer 1936 überschrieben, in dem es um Mittelstreckenläufe ging. Aber konnte, wer wollte, in dieser Schlagzeile nicht einen Seitenhieb gegen den «Führer» erkennen? In der *Vossischen Zeitung* vom 30. März 1934, einer ihrer letzten Ausgaben, hat Pretzel das mutige Verhalten junger Leute besungen, die sich, allen Gefahren zum Trotz, ihren eigenen Weg durch den brausenden Großstadtverkehr bahnen. Aber war es nicht möglich, «Das Leben der Fußgänger» als Allegorie auf den Alltag im «Dritten

Reich» zu deuten, als Lob auf all jene, die es wagten, sich der angeordneten Konformität zu entziehen?[62]

Für solche regimekritischen Zwischentöne war das Feuilleton, das in Journalistenkreisen als «Schutzwinkel» galt, besonders geeignet. Hier waren die Redakteure, was die Themenwahl betraf, sehr viel freier als die Kollegen anderer Ressorts, und im literarischen Duktus dieses Genres ließ sich die eine oder andere Doppeldeutigkeit sehr viel leichter verstecken als in einer politischen Meldung, die den Sprachregelungen des Propagandaministeriums zu gehorchen hatte.[63]

Das Verlagshaus Ullstein war zudem noch ein besonderer Fall. Zwar war der Konzern schon im Juni 1934 an ein den Nationalsozialisten genehmes Konsortium zwangsverkauft worden, aber allzu drastische Einschnitte in die Mitarbeiterstruktur blieben vorerst aus – noch im Juli 1941 soll nur rund ein Zehntel der über 5 000 Beschäftigten Mitglied der NSDAP gewesen sein –, und auch am Stil des Hauses änderte sich zunächst wenig. Am wenigsten bei den Frauenzeitschriften. *Die Dame*, deren Name Programm war, gefiel sich weiterhin in mondäner Vornehmheit, widmete ihre stets mit distanzierter Würde vorgetragenen Berichte den entlegensten Ländern, den exklusivsten Sportarten und den glänzendsten Celebrities und informierte darüber hinaus ihre Leserinnen eingehend über die neusten Entwicklungen in der Kosmetik und Haute Couture. Ebenso konnte damals die weit weniger snobistische *Koralle* noch ausführliche Reportagen über amerikanische Filmstars bringen, wie auch Raimund Pretzel ganz selbstverständlich den «letzte[n] Conrad» anpries, während er die «glasharten, metallisch funkelnden Verse» eines Friedrich Georg Jünger nur unter Vorbehalt empfahl, weil sie «ein gewisser ästhetisch-heroisch gefärbter Nihilismus» präge, «der von Nietzsche und Spengler herkommt».[64]

Auch privat bewegte sich Pretzel in solchen Grauzonen, wie sie wohl vor allem in den vielfach segmentierten Milieus der Großstädte noch geraume Zeit existiert haben. So verkehrte er damals mit einigen verbliebenen Mitgliedern der ehedem kommunistisch durchsetzten Berliner Künstlerkolonie, mit jungen Autoren wie Günter Eich, Peter Huchel, Horst Lange und Oda Schaefer, die allesamt Hitlers Diktatur ablehnten und den Rückzug ins Privatleben angetreten waren.[65] «Wir versuchten, die brutalen Vergewaltiger unserer jungen Jahre zu vergessen, die schauderhafte Begleitmusik der Märsche zu überhören, die Denunzianten zu übersehen», hat Oda Schaefer das beherrschende Gefühl jener Jahre beschrieben. Des weiteren zählten zu Pretzels gleichgesinnten Bekannten auch zwei Männer, die nach 1945 seine Verleger wurden, Kurt Kusenberg, den er über die Arbeit bei Ullstein kennengelernt hatte, sowie Helmut Kindler, der ihm 1938 als Redakteur bei der *Kleinen Zeitung* nachfolgte.[66]

Indes: Trotz all seiner Bemühungen, sich nicht politisch zu kompromittieren,[67] ist Sebastian Haffner viele Jahre später für seine Feuilletonistentätigkeit empfindlich angegangen worden. Dabei ergaben sich die befremdlichsten Allianzen. Im Sommer 1970 hielt das konservative *Deutschland Magazin* dem engagierten Fürsprecher Willy Brandts vor, er habe sich sehr viel stärker mit den Nationalsozialisten eingelassen, als er es gemeinhin darstelle. Genüßlich zitierte das Magazin aus Pretzels Aufnahmeantrag in den «Reichsverband deutscher Schriftsteller», insbesondere sein Bekenntnis, er sei «arischer Abstammung», sowie die Versicherung, «jederzeit für das deutsche Schrifttum im Sinne der nationalen Regierung einzutreten». Neun Jahre darauf hat Fritz J. Raddatz eine ganz ähnliche Anklage erhoben. Im Oktober 1979 veröffentlichte der linksgerichtete Feuilletonchef der *Zeit* ein ausführliches Dossier über bekannte Journalisten und Schriftsteller, die ihren Beruf auch im «Dritten Reich» ausgeübt hatten, ohne sich als dezidiert nationalsozialistische Autoren zu profilieren. Es fielen die Namen von Karl Korn und Friedrich Luft, ebenso diejenigen von Peter Huchel, Erich Kästner, Wolfgang Koeppen, Johannes Bobrowski, Günter Eich und vielen anderen, und einmal wurde auch Pretzel erwähnt. «‹Die Novelle lebt›, rief Sebastian Haffner in der ‹Dame›. Erich Mühsam war tot», polemisierte Raddatz, auf eine Sammelrezension Pretzels Bezug nehmend, ehe er einige Absätze später die aufgezählten Autoren pauschal attackierte. «Vielleicht klingt es überzogen pharisäisch. Aber ich möchte dauernd fragen: Pardon, wie war das eigentlich damals? Man trank gewiß auch mal Champagner, man ging aus, flirtete, – kein Mensch ist ja dauernd bedrückt; man gab wohl auch Parties, hatte elegante Häuser. Aber da fehlten doch ein paar Kollegen? Die früher dabei waren?»[68]

Haffner hat diese Anfechtungen zwar entschieden zurückgewiesen und sich bei seinen Rechtfertigungsversuchen vor allem auf die Notwendigkeit berufen, einen Lebensunterhalt verdienen zu müssen. Aber auch wenn er deswegen keine moralische Schuld anerkennen wollte, völlig unkritisch blickte er auf jene Jahre nicht zurück. Er gab zu, daß die Stellen, in die er und andere junge Journalisten 1933 aufgerückt waren, zuvor jüdische oder politisch linksgerichtete Kollegen innegehabt hatten, die, sofern sie nicht schon vorher aus Deutschland geflohen waren, kurz nach Hitlers Machtübernahme entlassen worden waren. Größen des Feuilletons, von Kurt

Tucholsky über Joseph Roth bis hin zu Siegfried Kracauer, mußten ersetzt werden, und davon profitierten aufstrebende Autoren wie Kurt Kusenberg, Dolf Sternberger oder eben Raimund Pretzel, der in diesem Zusammenhang einmal von «Nazi-Gewinnler[n]» gesprochen hat.[69]

Ebenso hat er später den Wert regimekritischer Anspielungen und einer unpolitischen Berichterstattung relativ gering eingeschätzt. Es sei gerade das Raffinierte der nationalsozialistischen Propaganda gewesen, daß sie, indem sie einen Teil der Presse und Unterhaltungsindustrie unangetastet gelassen habe, dem deutschen Publikum eine scheinbare Normalität vorgegaukelt habe, hat Sebastian Haffner in *Von Bismarck zu Hitler*, seinem letzten Buch aus dem Jahr 1987, ausgeführt. «Jeder, der unter Goebbels arbeitete, auch wenn er sich noch so sehr als Antinazi fühlte, spielte irgendein kleines Instrument in Goebbels' Orchester, in dem auch die Idylle, auch der altmodische Snobismus, alles, was zur sogenannten Normalität gehörte und dem Dritten Reich nicht direkt zuwiderlief, mitspielen mußte, so wie im Orchester eben auch die Piccoloflöte gebraucht wird.»[70]

Schließlich hat Haffner überhaupt die Möglichkeit einer «inneren Emigration» in Zweifel gezogen, und das nicht erst an seinem Lebensabend. Schon 1938 hat er psychologisch feinfühlig die Spirale des Mitmachens analysiert, in die so viele Deutsche geraten waren. «Sie alle haben zuerst nicht mehr gewollt als jeder Mensch wollen mag: in einer allgemeinen Deroute und Panik ihr kleines Privatidyll retten, ihre Familie, ihr Gärtlein, ihre Bücher oder ihre Tabakspfeife.» Man habe «ihnen einen Preis [...] gemacht», der dann sukzessive gesteigert wurde. «Dafür, dass sie weiter ihren Frauen Wirtschaftsgeld geben und abends daheim ihr Bier trinken, Skat spielen oder Goethe lesen durften, haben sie zuerst ihre politische Freiheit aufgeben müssen, dann ihre jüdischen Freunde, dann grosse Teile ihrer freien Zeit, dann ihre persönliche Würde, schliesslich immer mehr von ihrem Gewissen, ihrem Ich, ihrer moralischen Existenz», erklärte er in dem unveröffentlichten Manuskript und schloß mit der düsteren Einschätzung, daß «[j]eder einzelne Deutsche [...] heute ein gebrochenes Rückgrat» habe.[71]

Daß er die Rückzugsmöglichkeiten innerhalb Deutschlands so pessimistisch beurteilte, lag auch an Pretzels persönlichen Erfahrungen. Mitte der dreißiger Jahre, nicht allzu lange nach seiner Rückkehr aus Paris, hatte er Erika Schmidt-Landry kennengelernt, und wenig später war aus den beiden ein Paar geworden, womit, zumal für ihn, eine äußerst folgenreiche

Entwicklung in Gang kam.[72] Erika Hirsch, wie seine Freundin mit Geburtsnamen hieß, war im Februar 1899 in Berlin zur Welt gekommen, hatte in der Reichshauptstadt das Abitur abgelegt und dann Klassische Philologie, vergleichende Sprachwissenschaft und Slawistik studiert, zuletzt in München. In der dortigen Bohemienszene lernte sie Harald Schmidt-Landry kennen, der 1924 ihr erster Ehemann wurde. Nach Berlin zurückgekehrt, war sie seit 1926 als Bibliothekarin und Archivarin an der «Deutschen Hochschule für Politik» angestellt, während er als freier Journalist über philosophische Themen arbeitete, insbesondere für die *Vossische Zeitung*.[73]

Nach der nationalsozialistischen Machtübernahme geriet Erika Schmidt-Landrys Dasein gehörig aus den Fugen. Da sie aufgrund ihrer Großeltern, die im 19. Jahrhundert vom mosaischen zum christlichen Glauben konvertiert waren, als Jüdin galt, verlor sie im April 1933 ihre Beschäftigung an der «Deutschen Hochschule für Politik», wie überhaupt die linksliberale, demokratische Institution wenig später gleichgeschaltet wurde, und Ernst Jäckh, ihr Gründer und Rektor, aus Protest zurücktrat. Das Intellektuellenmilieu, in dem sie mit ihrem Mann verkehrt war, löste sich ebenfalls auf, und schließlich ging in jener Zeit auch noch ihre Ehe in die Brüche. 1935 wurde sie offiziell geschieden.[74]

Mit Erika Schmidt-Landry eine Beziehung einzugehen, brachte für Raimund Pretzel beträchtliche Verpflichtungen, ja Unannehmlichkeiten und Gefahren mit sich, ganz abgesehen von dem bemerkenswerten Umstand, daß seine Freundin neun Jahre älter war als er und daß der Verbindung mit einer geschiedenen Frau damals noch gewichtige bürgerliche Konventionen im Weg standen. Darüber hinaus hatte er auf einmal eine Familie zu versorgen. 1934 hatte Erika Schmidt-Landry zwar noch einmal eine Anstellung bei der Journalistin Margret Boveri gefunden, deren privates Zeitungsarchiv sie zu betreuen hatte, doch war dies nur eine vorrübergehende Tätigkeit gewesen. Zudem gab es aus erster Ehe einen Sohn, den 1931 geborenen Peter Schmidt, und der von chronischen Geldsorgen geplagte Vater des Kindes dürfte kaum in der Lage gewesen sein, zum finanziellen Unterhalt seines Nachwuchses Wesentliches beizutragen.[75]

Gravierender und heikler aber war der Umstand, daß gemäß den 1935 erlassenen «Nürnberger Gesetzen» die Liaison den Straftatbestand der «Rassenschande» erfüllte, und eben dieser Sachverhalt, daß er in seinem Privatleben gegen das herrschende Recht verstieß, dürfte Raimund Pretzels Entschluß, aus dem Justizdienst auszuscheiden, maßgeblich befördert

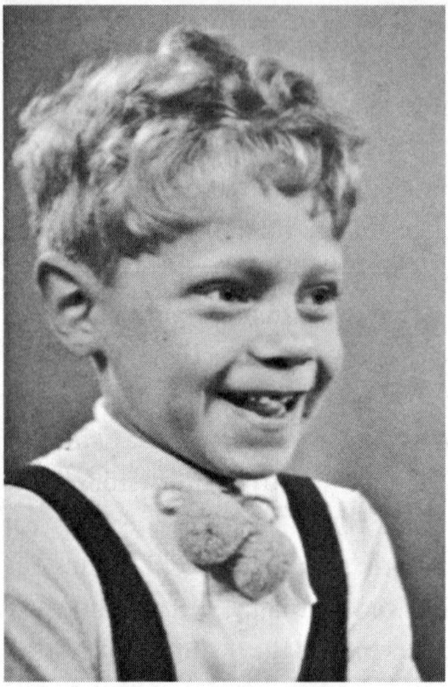
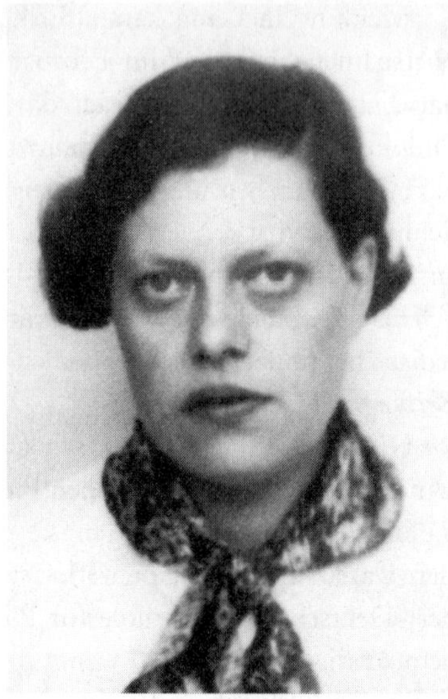

Abb. 10 und 11 Die Beziehung mit Erika Schmidt-Landry ließ Raimund Pretzel nicht nur in Konflikt mit den nationalsozialistischen Rassegesetzen geraten, sie machte ihn auch zum Stiefvater des 1931 geborenen Peter Schmidt. Aber weder Gefahren noch Verpflichtungen konnten ihn Mitte der dreißiger Jahre von der Liebe zu seiner späteren Frau abbringen.

haben.[76] Doch das war wohl noch eine eher nebensächliche Auswirkung angesichts der Tatsache, daß das Paar ständig eine Entdeckung zu befürchten hatte, wenn Pretzel seine Freundin in ihrer Wohnung in Berlin-Wilmersdorf aufsuchte. Wie Sebastian Haffner später berichtet hat, sei es ausgerechnet der Nazi-Blockwart gewesen, der sie gegen die Denunziationen der Nachbarn in Schutz genommen habe, eine paradoxe Episode, die allerdings keineswegs so einmalig war, wie es auf den ersten Blick scheinen mag. Auch im «Dritten Reich» blieben die Antriebe menschlichen Verhaltens komplex, konnten alte Loyalitäten wichtiger sein als die geltenden politischen Maßgaben.[77]

Dennoch war es ein Leben unter dem Damoklesschwert des Verrats, das dem Paar Sorgen, Ängste und allerlei Heimlichtuerei auferlegte. Nicht einmal seine Familie hat Raimund Pretzel in die Beziehung eingeweiht – vermutlich, weil er die zu erwartenden Einsprüche gegen die prekäre Verbindung gar nicht erst aufkommen lassen wollte. Seine spätere Frau hat die Kopfschmerzattacken und Depressionen, unter denen sie seit 1936 zu leiden hatte, auf die belastende Situation der damaligen Jahre zurückgeführt.[78] Trotzdem konnte offensichtlich keines der erwähnten Hindernisse der beiderseitigen Zuneigung etwas anhaben.

Neben den allgemeinen Reizen war es wohl vor allem ihre geistige Ausstrahlung, die den intellektuell anspruchsvollen Raimund Pretzel für Erika Schmidt-Landry eingenommen hat. «‹Kluges Mädel›, das enthält einen Konzessivsatz», hatte bereits der siebzehnjährige Schlaumeier in sein Tagebuch notiert, und später übten reife und gebildete Frauen auf ihn eine besondere Anziehungskraft aus.[79] «Vor vielen Jahren, in einer unserer ersten Unterhaltungen», hat sich Sebastian Haffner noch 1967 an den Beginn seiner Liebe erinnert, «entzückte mich meine spätere Frau mit der Bemerkung, wenn Freud und Marx sich begegneten, könnten sie sich nicht verständigen. Freud würde den Marxismus immer nur als Resultat von Marx' persönlichen Komplexen, Marx die Psychoanalyse immer nur als Ausgeburt von Freuds Klassensituation verstehen können.» Als Erika Pretzel zwei Jahre später, im Dezember 1969, starb, würdigte auch ihr Schwager Ulrich Pretzel in dem Kondolenzbrief an seinen Bruder die «wahrhaft großzügig immer über den Alltag erhabene, immer im geistigen Raum lebende Art» der Toten, weshalb «wir wohl ermessen, welchen Anteil sie daran hat, wenn wir auf Dich oft so recht stolz sind».[80]

Darüber hinaus hat Erika Pretzel die Unterlagen und die Korrespondenz ihres Ehemannes in Ordnung gehalten und ihm selbstverständlich auch den Haushalt geführt. Sie muß, hat ihre Tochter berichtet, eine gute Köchin gewesen sein, die Arme Ritter, Königsberger Klopse und Christstollen mit viel Geschick zuzubereiten verstand, und sogar die Elektroreparaturen hat sie angeblich erledigt, was in Anbetracht der praktischen Fähigkeiten ihres Gatten allerdings nicht allzu verwunderlich ist.[81]

Die Liebe zwischen Raimund Pretzel und Erika Schmidt-Landry bewährte sich auch 1938, als sie ein Kind erwartete und sich infolgedessen ihre Beziehung nicht länger verheimlichen ließ. Nachdem das Paar bereits im Herbst 1936, während eines Ferienaufenthaltes im Tessin, einen Emigrationsversuch unternommen hatte, der jedoch anscheinend an bürokratischen Hindernissen gescheitert war, wollte es nun nach England ausweichen, wo bereits mehrere Geschwister Erikas lebten. Vermutlich im Mai 1938, jedenfalls sobald sie die erforderlichen Papiere beisammen hatte, reiste die schwangere Frau mit ihrem Sohn aus Berlin ab, und Ende August folgte ihnen Raimund Pretzel, der sich einen offiziellen Auftrag des Ullstein Verlages hatte geben lassen, um möglichst viele Habseligkeiten und Vermögenswerte mit ins Exil nehmen zu können.[82]

Viele Jahre später hat der Schriftsteller Rudolf Krämer-Badoni Raimund Pretzels damaliges Verhalten gewürdigt, und zwar in einem Nachspiel zu der eingangs dieses Kapitels geschilderten Episode. Im Oktober 1961, also etwa anderthalb Jahre nach dem Eklat zwischen Sebastian Haffner und Wolfdietrich Schnurre, bemühte sich Krämer-Badoni, zwischen den beiden Streithähnen zu vermitteln, was freilich ein aussichtsloses Unterfangen war. «Dieser damals junge Mann, Nichtjude, nicht verheiratet, ist einer der wenigen, wahrscheinlich der einzige, der ohne jede voraus- und festliegende Nötigung alle Brücken abbrach und emigrierte», schrieb Krämer-Badoni seinem Kollegen Schnurre am 23. Oktober 1961, nachdem er einige Nachforschungen über Haffner angestellt hatte. Zahlreiche Deutsche, auch Literaten, fuhr er fort, hätten sich nicht zu einem solchen Schritt entschließen können. «Man arrangierte sich. Man liess jüdische Freunde und Freundinnen fallen. Manche liessen sich sogar scheiden, oft in beiderseitigem Einverständnis.» Um so bemerkenswerter sei Haffners Standhaftigkeit. Denn «die moralische Größe» beginne dort, «wo einer aus freien Stücken und ohne von den Nazis bedroht zu sein dieses Land und die Umwelt und die Gewohnheit und die Karriere und den gedeckten Tisch verliess».[83]

3. RASANTE KARRIERE (1938–1945)

Viele Schriftsteller und Journalisten emigrierten aus dem «Dritten Reich», aber nur wenige konnten den gewohnten Beruf auch in der Fremde ausüben. Manche fanden Verdienstmöglichkeiten bei deutschsprachigen Organen im Ausland, einzelne, wie Thomas Mann oder Lion Feuchtwanger, zehrten von ihrem internationalen Renomee, und einigen gelang es, sich in ihrem jeweiligen Gastland zu etablieren.[1] Zu letzteren zählte auch Raimund Pretzel. Bei Kriegsende besaß er nicht nur eine wirtschaftlich auskömmliche, sondern auch eine gesellschaftlich einflußreiche Stellung in Großbritannien und konnte auf einen erstaunlichen Aufstieg zurückblikken, wie er nur wenigen Schicksalsgenossen geglückt war.

Bei der Rekonstruktion der außergewöhnlichen Erfolgsgeschichte behindert den Historiker allerdings eine mißliche Quellenlage. «Leider habe ich alle meine Papiere aus dieser Zeit verloren», hat Sebastian Haffner schon um das Jahr 1950 seinem Steuerberater mitgeteilt, der ihn um Dokumente von vor 1945 angegangen war, und tatsächlich findet sich so gut wie nichts aus diesen Jahren in seinem Nachlaß. Darüber hinaus kann nur ein unbestimmter Bruchteil seiner Veröffentlichungen herangezogen werden. Denn Pretzel hielt es während des Krieges für geboten, seine Autorschaft nicht nur mit dem Hauptpseudonym Sebastian Haffner, sondern mit einer ganzen Reihe weiterer Decknamen wie Lambert Martin, Joachim Runge, «A Student of Europe» oder «Liberator» zu verschleiern. Aber selbst bei den derart gekennzeichneten Beiträgen ist es nicht immer möglich, sie zweifelsfrei unserem Protagonisten zuzuordenen, von der unbekannten Zahl seiner Artikel, die ohne jegliche Namensangabe erschienen sind, ganz zu schweigen.[2]

Not, Bedrängnis und existentielle Sorgen hatte freilich auch Pretzel kennengelernt, selbst wenn seine Ausgangssituation vergleichsweise komfortabel war, als er am 29. August 1938 in Cambridge eintraf. Offiziell reiste er nicht als Flüchtling ein, sondern als Reporter, der Recherchen über den Automobilfabrikanten Lord Nuffield anstellen wollte, ein keineswegs unwesentlicher Umstand, der ihm eine einigermaßen geordnete Übersiedlung ermöglicht hatte. So kam es, daß er und Erika Schmidt-Landry, die ihn in der englischen Universitätsstadt erwartete, im Spätsommer 1938 über ein beträchtliches Startkapital von mehr als 100 Pfund Sterling verfügten. Außerdem hatte er in Cambridge eine erste Anlaufstelle, da Kurt Hirsch, ein Bruder seiner künftigen Frau, an einem der ortsansässigen Colleges Mathematik unterrichtete.[3]

Die ersten Wochen verliefen äußerst ereignisreich. Drei Tage nach seiner Ankunft, am 1. September 1938, heiratete Pretzel Erika Schmidt-Landry, das Paar bezog ein Haus in Cambridge, und Ende Oktober kam ihr gemeinsamer Sohn zur Welt, der den Namen Oliver Robert Louis erhielt. Gleichzeitig begann sich Pretzel nach Verdienstmöglichkeiten umzusehen; schließlich hatte er nun für eine vierköpfige Familie zu sorgen, da natürlich auch Peter Schmidt, Erika Pretzels Sohn aus erster Ehe, seine Mutter ins Exil begleitet hatte.[4]

Die Arbeitssuche gestaltete sich überaus schwierig. Wie Sebastian Haffner später berichtet hat, zerschlugen sich seine Hoffnungen, an der Universität Cambridge eine Stelle als Jurist zu finden, in Kürze.[5] Aber auch sein zweites Metier, der Journalismus, war ihm vorerst versperrt. Mit der Reportage über Lord Nuffield scheint er überhaupt nicht begonnen zu haben – ohne nach Deutschland zurückzukehren, hätte er das Buch wohl kaum veröffentlichen können –, und einige feuilletonistische Englandberichte, die er der Redaktion der *Dame* anbot, wurden abgelehnt. Kontakte zur britischen Presse habe er bis jetzt keine auftun können, schrieb er am 4. Januar 1939 Kurt Kusenberg, einem Berliner Freund und früheren Kollegen, wie überhaupt «die Existenzgründung [...] noch nicht weit gediehen» sei.[6]

Daran änderte sich auch in den folgenden Monaten nur wenig, und so gingen im Frühjahr 1939 die wirtschaftlichen Reserven der Familie zur Neige. Die finanzielle Lage der Flüchtlinge wurde immer prekärer. Er fühle sich «dem aktuellen Hungertode näher als je», schrieb Pretzel Mitte Juni 1939 an Harald Landry, den ersten Ehemann von Erika Pretzel, der mit seiner neugegründeten Familie gleichfalls nach England gezogen war. Fünf Tage später wußte er nicht, wie er die nächste Miete zahlen sollte. «Was ich an Geld zurzeit einnehme, reicht nur eben für das allernackteste Leben, meine vielen Kleingläubiger bedrängen mich sowieso furchtbar», klagte er am 18. Juni 1939.[7]

Doch das waren keineswegs die einzigen Sorgen. Anfang Mai 1939 hatten die britischen Behörden Pretzels Aufenthaltsgenehmigung nicht ver-

Abb. 12 Bis sich ihm eine erste bescheidene Verdienstmöglichkeit eröffnen sollte, mußte Raimund Pretzel eine längere Strecke von Fehlschlägen zurücklegen. Dabei zeichnete er sich jedoch durch Unverzagtheit, Ehrgeiz, Fleiß und Ausdauer vor anderen Emigranten aus. Den noch in Deutschland gefaßten Plan, im Ausland als Fotograf ein Auskommen zu finden, hat er allerdings recht bald wieder fallenlassen.

längert, da der deutsche Journalist ihrer Ansicht nach ausreichend Zeit gehabt hatte, seine Recherchen über Lord Nuffield abzuschließen. Der drohenden Abschiebung konnte Pretzel im Juni noch einmal entgehen, nachdem das «German Emergency Committee», eine von den Quäkern getragene Wohltätigkeitsorganisation, bei der eine Schwester Erika Pretzels angestellt war, und der Verleger Fredric Warburg zu seinen Gunsten beim *Home Office*, dem britischen Innenministerium, interveniert hatten.[8]

Die Geburt des politischen Journalisten – *Von der* Geschichte eines Deutschen *zu* Germany: Jekyll and Hyde

Bis es ihm gelungen war, Warburg für sich einzunehmen und dessen Fürsprache zu gewinnen, hatte Pretzel eine längere Strecke von Mißerfolgen und Fehlschlägen zurücklegen müssen. Letztlich aber zeichnete er sich durch Unverzagtheit, Ehrgeiz, Fleiß, Produktivität und schriftstellerisches Talent aus, beispielsweise vor Harald Landry, der seinerzeit gleichfalls als Deutschland-Experte zu reüssieren versuchte. Denn natürlich bot es sich für literarisch versierte Emigranten an, ihr Wissen über das «Dritte Reich», das damals, Ende des Jahres 1938, bereits ganz Europa in Atem hielt, als potentielle Einnahmequelle zu betrachten. Peter de Mendelssohn etwa hat sich im englischen Exil ebenfalls vom Schriftsteller zum politischen Autor gewandelt, und auch Carl Zuckmayer fand nichts dabei, seine Kenntnisse über die in Deutschland verbliebenen Künstler und Intellektuellen 1943/44 dem amerikanischen Geheimdienst zur Verfügung zu stellen.[9]

Pretzel hat diesen naheliegenden Weg schon unmittelbar nach seiner Emigration eingeschlagen und im Oktober 1938 einen Aufruf «Im Namen des deutschen Volkes!» verfaßt, dessen genauer Verwendungszweck und weiteres Schicksal allerdings nebulös sind. Bald darauf dürfte er mit der Niederschrift seiner Erinnerungen, der späteren *Geschichte eines Deutschen*, begonnen haben. Gegenüber Kurt Kusenberg erwähnte Pretzel am 4. Januar 1939 «ein kleines Buch epischen Charakters», das er «vor einigen Wochen» angefangen habe, und auch von «ein paar indirekte[n] Beziehungen zu zwei hiesigen Verlegern» ist in seinem Schreiben die Rede.[10] Kontinuierlich konnte er sich dem neuen Vorhaben jedoch nicht widmen. Harald Landry zog ihn in den Wintermonaten zur Mitarbeit an einer Deutschlandanalyse heran, die der sozialistische Verleger Victor Gollancz bei ihm in Auftrag gegeben hatte. Obwohl das Manuskript im Sommer 1939 abgeschlossen war, ist es nie zur Drucklegung gekommen, und heute muß das «Democratic Manifesto» – so der vorläufige Titel – als verschollen gelten.[11]

Daneben trieb Pretzel sein eigenes Buchprojekt voran, das ihm bald einen ersten Erfolg bescherte. Am 17. Mai 1939 vermerkte ein Beamter des britischen Innenministeriums, der Emigrant stehe zur Zeit «in aussichtsreichen Verhandlungen mit dem Londoner Verlag Martin Secker & Warburg», und drei Wochen später verwandte sich der Verleger bei der Behörde für den bedrängten deutschen Journalisten.[12] Dieser hatte Fredric Warburg, dem Leiter des besagten Verlagshauses, bei dem auch die Werke Thomas Manns erschienen, seine Erinnerungen angeboten, und der eingereichte Entwurf hatte Warburg derart begeistert, daß er, obwohl selbst in finanziellen Schwierigkeiten, das Buch annahm und dem unbekannten Verfasser einen wöchentlichen Vorschuß von zwei Pfund Sterling gewährte. Zugleich wurde Pretzels Aufenthaltsgenehmigung im Juni 1939 um ein

Jahr verlängert, und das «German Emergency Committee» und der englische PEN-Club verpflichteten sich, den notleidenden Autor und seine Familie in dieser Zeit zu unterstützen.[13]

Warburgs Begeisterung über das ihm vorgelegte Exposé fand im Sommer 2000 ein verspätetes Echo, als Pretzels Erinnerungen unter dem Titel *Geschichte eines Deutschen* erstmals veröffentlicht und auf Anhieb zu einem gewaltigen Publikumserfolg wurden. Ein Grund für den außergewöhnlichen Zuspruch ist sicher in der glücklichen Anlage des Buches zu sehen, das die klassische Forderung, der zufolge Literatur dem Leser intellektuellen Nutzen und anregende Unterhaltung zu bieten habe, mustergültig erfüllt. Die gewählte Darstellungsform und das behandelte Thema ergänzen sich aber noch in anderer Hinsicht. Denn für das Vorhaben des Autors, anhand seiner privaten Erfahrungen die «seelischen Bewegungen, Reaktionen und Verwandlungen zu schildern, die in ihrer Simultanität und Massierung das Dritte Reich Hitlers erst möglich gemacht haben», eignete sich das Genre der Erinnerungen ganz vorzüglich.[14] Jenseits von solchen grundsätzlichen Erwägungen profitiert die *Geschichte eines Deutschen* bereits von jenen Eigenschaften, die ihrem Verfasser in späteren Zeiten nachgerühmt werden sollten: Einfühlungsvermögen, eine herausragende Darstellungskunst, ein hier und da aufblitzender Scharfsinn und ein ausgesprochener Mut zu originellen Thesen, der freilich auch damals schon mit einem Hang zu höchst einseitigen Urteilen und einer spezifischen Unduldsamkeit gegenüber den politischen Akteuren einherging.

Trotzdem war Pretzel 1939 noch nicht der, als der er später berühmt wurde. Eine politische Stoßrichtung ist in seinen Erinnerungen allenfalls andeutungsweise zu erkennen, und ganz nach Schriftstellerart bewegte er sich bevorzugt auf jenem schwer zu fassenden Terrain, das zwischen Geist und Seele, zwischen Psyche und Mentalität angesiedelt ist. Schon in seinem ausführlichen Prolog, der, beginnend mit dem Jahr 1914, die Zeit vor 1933 abdeckt, konzentrierte er sich auf jene Erfahrungen, die aus so vielen Mitgliedern seiner Generation hatte Nationalsozialisten werden lassen.[15]

Zwei Ereignisse griff er dabei als prägend heraus, den Ersten Weltkrieg und die Inflationszeit. Ausgehend von seinen persönlichen Erlebnissen schilderte er, wie viele seiner Altersgenossen den Krieg an der Heimatfront als ein großes, vierjähriges Spektakel erlebt hatten, das sie, erwachsen geworden, zurücksehnten. Nur einmal, in der Inflationszeit von 1923, habe sich jene aufregende Phase des kollektiven Nervenkitzels wiederholt. Während durch die Geldentwertung die bestehende Ordnung zunehmend außer Kontrolle geraten, und die Mehrheit der Gesellschaft der totalen Verarmung entgegengetrieben sei, hätten einige junge Leute durch Bank- und Börsengeschäfte ein Vermögen gemacht. In der aufgeputschten Atmosphäre dieser Monate, fuhr Pretzel fort, sei auch eine ausgelassene Vergnügungssucht aufgekommen, habe den Verfall der Währung eine rapide Auflösung der Konventionen und Moralvorstellungen begleitet.[16]

An jene beiden Erlebnisse hätten, so Pretzel, die Nationalsozialisten dann vor 1933 erfolgreich angeknüpft. «Jenseits der bloßen Demagogie und Propagandapunkte versprach er» – gemeint ist Adolf Hitler – «zweierlei: die Wiederherstellung des großen Kriegsspiels von 1914–18; und die Wiederholung des großen sieghaft-anarchischen Beutezuges von 1923», resümierte Pretzel, und dieser Rekurs habe dem Diktator «seine wirklichen Jünger, den Kern der eigentlichen Nazipartei» zugeführt. Neuere historische Forschungen scheinen diese Beobachtung zu bestätigen. Zumindest setzte sich die Führungsriege der SS, namentlich das sogenannte Reichssicherheitshauptamt, ganz überwiegend aus Angehörigen der Kriegsjugendgeneration zusammen, die von dem skizzierten Erfahrungshorizont geprägt waren.[17]

Und dennoch: Auch das genaue Gegenteil seiner Einschätzungen ist wahr. Millionen von Wählern haben für Hitler gestimmt, nicht weil sie die Turbulenzen der Inflationszeit noch einmal durchleben wollten, sondern um zu verhindern, daß solch chaotische Zustände jemals wiederkehren könnten. «Nichts», hielt beispielsweise Stefan Zweig in seinen Memoiren fest, «hat das deutsche Volk so erbittert, so haßwütig, so hitlerreif gemacht wie die Inflation.»[18]

Daß er durchaus in der Lage war, das Seelenleben breiter Bevölkerungsschichten bis in die verborgensten Beweggründe hinein auszuleuchten, bewies Pretzel in seiner Beschreibung jener mannigfaltigen Motive, die im Frühjahr 1933 viele Deutsche dazu bewogen hatten, sich entweder widerstandslos mit den neuen Machtverhältnissen zu arrangieren oder sich den Nationalsozialisten sogar *contre cœur* anzuschließen. Diese Entwicklung sei das Ergebnis eines «millionenfachen Nervenzusammenbruchs» gewesen, erinnerte er sich. Schiere Angst habe dabei eine wichtige Rolle gespielt, daneben der «Magnetismus der Masse», häufig auch ein gewisser Fatalismus und Opportunismus sowie, besonders bei Intellektuellen, der irrige Glaube, durch Überlaufen das Schlimmste verhindern zu können. «Bei den primitiver und massenartiger Empfindenden» schließlich habe wohl ein Vorgang stattgefunden, «wie er sich in mythischen Zeiten abgespielt haben mag, wenn ein geschlagener Stamm seinem offenbar ungetreuen Stammesgott abschwur und den Gott des siegreichen Feindesstamms zum Schutzherrn wählte. St. Marx, an den man immer geglaubt hatte, hatte nicht geholfen. St. Hitler war offenbar stärker. Zerstören wir also St. Marx' Bilder auf den Altären und weihen wir sie St. Hitler. Lernen wir beten: Die Juden sind schuld, anstatt: Der Kapitalismus ist schuld. Vielleicht wird uns das erlösen».[19]

Wenn Pretzel hier Nationalsozialismus und Kommunismus als politische Religionen beschrieb, dann verwendete er ein zukunftsweisendes Interpretationsmodell, das sich bis heute einer gewissen Beliebtheit erfreut. Freilich stand er mit dieser Einsicht schon damals nicht alleine da. Auch Eric Voegelin oder Raymond Aron haben in den dreißiger Jahren den Begriff der Religion herangezogen, um die beiden totalitären Großsysteme zu erklären.[20] Während aber die beiden politischen Denker zu dieser Erkenntnis in historisch und theoretisch fundierten Analysen gelangten, war Pretzels Deutung eher einer intuitiven Auffassungsgabe sowie einem besonders anschaulichen Stil geschuldet, und damit zwei Fähigkeiten, die ihn Zeit seines Lebens auswiesen.

Nicht minder charakteristisch waren die politischen Analysen, die er hier und da in seine persönlichen Schilderungen eingebaut hat, gerade in ihrem eigenartigen Nebeneinander von Polemik, Irrtum und Scharfsinn. Kaum etwas anderes als Häme und Verachtung hatte Pretzel für das politische Führungspersonal der Weimarer Republik übrig, in dessen Versagen und angeblicher Unzulänglichkeit er einen wesentlichen Grund für den Untergang des demokratischen Staatswesens erblickte. Einzig einer charismatischen Ausnahmeerscheinung wie Reichsaußenminister Walther Rathenau brachte er uneingeschränkte Bewunderung entgegen, Gustav Stresemann immerhin dankbaren Respekt,[21] ein Urteil, das die gestrengen Kriterien erahnen läßt, denen ein Politiker zu genügen hatte, wollte er Pretzels Anerkennung erringen.

Gemeinhin gefiel sich der Verfasser der *Geschichte eines Deutschen* denn auch in geifernder Polemik. Selbst die politische Elite des versinkenden Kaiserreiches blieb nicht von seinen Invektiven verschont, doch sein eigentlicher Zorn galt ihren Nachfolgern, und hier im besonderen den Sozialdemokraten, die seiner Ansicht nach wohl als erste dazu berufen gewesen wären, die Weimarer Republik zu verteidigen. Als «verlegene Biedermänner, längst alt und bequem geworden in den Gewohnheiten loyaler Opposition», charakterisierte er Friedrich Ebert und dessen Parteigenossen.[22] In den halbherzigen Maßnahmen, mit denen die Reichsregierung 1922 auf die Ermordung von Außenminister Walther Rathenau reagiert hatte, sah Pretzel dann nur noch eine «Bestätigung dessen, was schon 1918/19 gelehrt hatten: daß nichts, was die Linke tut, klappt.» Dennoch konnte es sich der deutsche Emigrant einige Seiten später nicht verkneifen, sowohl den Sozialdemokraten als auch den Kommunisten vorzuhalten, 1933 nicht entschieden genug Widerstand geleistet zu haben.[23]

Kritik an der sozialdemokratischen Politik seit 1918 hatte in Anbetracht der Katastrophe von 1933 schon das SPD-Mitglied Julius Leber geübt, sie war also durchaus berechtigt, was allerdings nichts daran ändert, daß die tucholskyartigen Ausfälle, die sich Pretzel herausnahm, in hohem Maße ungerechtfertigt waren. Denn offensichtlich hielt er es nicht für nötig, die zahlreichen Probleme und Sachzwänge, mit denen sich die politisch Handelnden in Deutschland konfrontiert sahen, in seinem Urteil zu berücksichtigen. Statt dessen ließ er bereits damals jene «Vorliebe für das Denken in sozusagen freier Luft und ohne die Kettengewichte der Realität an den Füßen» erkennen, die Joachim Fest später an ihm aufgefallen ist.[24]

Das bedeutet freilich keineswegs, daß er in der *Geschichte eines Deutschen* nicht auch zu treffenden Einschätzungen gelangt wäre. Scharfsinnig beschrieb er etwa das raffinierte Nebeneinander von revolutionären und legalen Elementen, das den Vorgang der «Machtergreifung» gekennzeichnet habe. Aber trotz des verheißungsvollen Beginns brach Pretzel im September 1939 nach vier Kapiteln und etwa 270 Manuskriptseiten die Arbeit an seinen Erinnerungen ab.[25] 1946, vermutlich im Zusammenhang mit seinem ersten Besuch in Deutschland, hat er sich dann anscheinend noch einmal mit dem beiseite gelegten Vorhaben beschäftigt und unter dem Titel «Tanz in der Löwengrube. Eine Chronik des Privatlebens in den dreißiger Jahren» den Grundriß für ein umfangreiches Memoirenbuch skizziert. Demnach sollten seine Erinnerungen die Zeit von 1933 bis 1938 umspannen und in fünf große Abschnitte gegliedert sein, deren erster, eine überarbeitete Fassung des vorhandenen Textes abzüglich des Prologs, die Erlebnisse des Jahres 1933 enthalten sollte. Das zweite Kapitel wollte er dann seinem Parisaufenthalt widmen.[26]

Offensichtlich ist es bei derlei Gedankenspielen geblieben, wie überhaupt Pretzel seinen politisch-historischen Erstling im ganzen mit stiefmütterlicher Nachlässigkeit behandelt hat. Letztlich nutzte er ihn als Textsteinbruch. Bereits 1942 hatte er die Passagen, in denen er das Ausbildungslager für juristische Referendare im brandenburgischen Jüterbog geschildert hat, dem deutschsprachigen Emigrantenblatt *Die Zeitung* überlassen und die Schreibmaschinenfassung dieser Kapitel, aus welchen Gründen auch immer, nicht zurückerhalten. Immerhin kann die Veröffentlichung, für die Pretzel das Pseudonym Joachim Runge wählte, herangezogen werden, um die 2001 geäußerten Zweifel an der Entstehungszeit der Erinnnerungen zu beseitigen, heißt es doch am Ende des redaktionellen Vorspanns: «*An den Aufzeichnungen, die vor dem Kriege niedergeschrieben worden sind, wurde nichts geändert.*»[27] Die Darstellung der Inflationszeit muß er später ebenfalls weggegeben haben, und seine Eindrücke vom ersten April 1933, dem Tag des «Judenboykotts», waren fünfzig Jahre nach dem beschriebenen Ereignis in der Illustrierten *Stern* zu lesen.[28]

An Stelle der Erinnerungen machte sich Pretzel im Herbst 1939 daran, für Warburg ein kürzeres und konkreteres Buch zu schreiben. Schon zuvor hatte er darüber geklagt, daß er zu langsam mit der Arbeit vorankomme, und wie sein Auftraggeber rekapituliert hat, wollte Pretzel, nachdem am 1. September 1939 der Krieg ausgebrochen war, nun etwas unmittelbar Politisches schreiben, um der veränderten Lage Rechnung zu tragen. Er denke sich sein neues Projekt, berichtete er am 6. Oktober 1939 Harald Landry, «als Abriss und Handbüchlein für englische Propagandisten, die mit Deutschland zu tun haben, sowie (natürlich) für the general reader. Im ganzen ziemlich ruhig und unpolemisch gehalten, ohne aus meinem Herzen eine Mördergrube zu machen».[29]

Zugleich war in jenen Wochen Pretzels politisches Denken gehörig durcheinandergewirbelt worden. Er sei, bekannte er in demselben Brief, wegen der nicht zustande gekommenen Veröffentlichung des «Demokratischen Manifests» inzwischen sogar erleichtert, da er «heute manches, was ich selbst im letzten Winter glühend und wütend geschrieben habe, als ziemlich knäbische Kannegiesserei» empfinde. *Eine* Meinungsverschiebung betraf das Vorgehen gegen Deutschland. Seit seiner Ankunft in England hatte Pretzel das Anliegen verfolgt, die Regierung in London von der Notwendigkeit eines stärkeren und entschiedeneren Engagements auf dem europäischen Kontinent zu überzeugen. Letzteres beabsichtigte er nun nicht mehr. Für die zurückhaltende Kriegführung der westlichen Alliierten, die auf den deutschen Einfall in Polen zunächst nur mit einer Seeblokkade und mit Flugblattaktionen reagierten, zeigte er Anfang Oktober 1939 Verständnis. «Es wäre unbillig (und unklug), von jemandem, der sofort erklärt, dass er die Sache als (mindestens) 3000meterlauf austragen will und auch ersichtlich alles hierauf anlegt, das Anfangstempo eines 100meterläufers zu verlangen», belehrte er den Freund, der sich offensichtlich einen entschlossenen Schlag gegen das «Dritte Reich» wünschte.[30]

Aber das war nur ein vergleichsweise nebensächlicher Aspekt seines Umdenkens. Zwar läßt sich, mangels geeigneter Quellen, sein weltanschauliches Profil in der zweiten Hälfte der dreißiger Jahre nur in groben Umrissen nachzeichnen, doch insgesamt rechnete sich Pretzel zu den «Demokraten und Linksleute[n]» und stand als solcher im Spanischen Bürgerkrieg, seinerzeit so etwas wie ein politischer Lackmustest, auf Seiten der sogenannten republikanischen Truppen, die auch von der Sowjetunion unterstützt wurden.[31] Von daher geriet für ihn, ebenso wie für Arthur Koestler, Manès Sperber, Heinrich Mann und viele andere europäische Intellektuelle, die deutsch-sowjetische Annäherung, die mit dem «Hitler-Stalin-Pakt» vom 23. August 1939 begonnen, sich mit dem Einmarsch der Roten Armee in Ostpolen am 17. September fortgesetzt und mit dem Abschluß des deutsch-sowjetischen Grenz- und Freundschaftsvertrages elf Tage später ihren vorläufigen Höhepunkt gefunden hatte, zu einem Damaskuserlebnis.[32]

In seinem Brief an Harald Landry vom 6. Oktober 1939 zog Pretzel die Konsequenzen aus den Geschehnissen der letzten Wochen und zeigte sich zugleich erstaunt, wie er und Landry sich überhaupt dermaßen in der Sowjetunion hatten täuschen können. Schließlich sei der gefährliche Charakter des Kommunismus bereits 1932 deutlich zu erkennen gewesen.

> «Damals hatten wir – auf der deutsch-innenpolitischen Skala – schon einmal erkannt, was wir jetzt auf der europäischen Skala vergessen oder verdrängt hatten: dass die entscheidende Front nicht zwischen links und rechts, sondern zwischen der Mitte und den Flügeln lief, dass der wahre Schlachtruf nicht Demokratie sondern Zivilisation hiess, und dass die Frage des Jahrhunderts die Erhaltung des Menschen und nicht die Erhaltung irgendwelcher Regierungs- und Verwaltungsformen war. Wir haben, aus wishful thinking und sträflicher Schwäche, uns selber vorgeredet, dass Russland ein diskutabler Partner in einem ‹demokratischen› Zivilisationsfeldzug wäre, wo wir doch die Moskauer Prozesse usw. erlebt hatten und eigentlich genau hätten wissen sollen, dass der wesentliche Zug, die Entmenschung, im Nazismus und Kommunismus völlig übereinstimmte, und dass es höchst gleichgültig war, ob als Deckengemälde über der Homunculus-Fabrik ein deutsch-jüdischer Denkspielquatsch wie der Marxismus oder eine deutsch-antisemitische Bierhausphantasie wie der Nazismus angebracht war.»[33]

Die intellektuelle Erregung, in die Pretzel seine Entdeckung versetzt hatte, katapultierte ihn weit in das liberal-konservative Spektrum. Das «‹demokratische› oder ‹linke› [Prinzip] mit seinen etwas beinern gewordenen Überstaats- und Überorganisationsidealen», dem er noch bis vor kurzem angehangen hatte, verwarf er nun, um sich statt dessen der «Vision der Tories» zu verschreiben, oder zumindest dem, was er dafür hielt, nämlich: «(i) die Erhaltung des englischen Gentleman, (ii) die Erhaltung Englands, (iii) wenn möglich die Wiederherstellung des alten [sic!] großen [sic!] vielgestaltigen [...] Europa». Dies sei, ließ er sich vollmundig vernehmen, wahrscheinlich das einzige Konzept, für das «ein kluger Mann in Europa heute sich entschliessen könnte, sein Leben hinzugeben». So sehr beseelte ihn diese neue Erkenntnis, daß sich ihm daraus das weitere Vorgehen mit folgerichtiger Unbedingtheit zu ergeben schien. Großbritannien, erläuterte Pretzel, müsse nun eine große, gegen das «Dritte Reich» und die Sowjetunion gerichtete Allianz schmieden und tunlichst auch Italien, Spanien und Japan als Verbündete gewinnen, um dann mit einem Schlag «die Liquidierung beider Regime» herbeizuführen.[34]

Am Rande flossen diese Einsichten auch in sein neues Buch ein. Zwar durchschaute er den «gegenwärtigen Ribbentrop-Molotow Pakt» als «rein taktische[s] Manöver», hielt aber trotzdem an seiner Auffassung fest, daß das «Dritte Reich» und die Sowjetunion einander zutiefst ähnlich seien, wobei er als verbindendes Wesensmerkmal hier wie dort die «Beseitigung der Freiheit» ausmachte.[35] Vor allem aber verschob sich im Vergleich zur *Geschichte eines Deutschen* Pretzels Erkenntnisinteresse und seine Herangehensweise. Hatte er in den Erinnerungen vornehmlich untersucht, wie aus gewöhnlichen Deutschen Nationalsozialisten geworden waren, so plante er im Herbst 1939 eine aktuelle Lageanalyse des «Dritten Reiches», die ursprünglich «Deutschland, ein Abriss» heißen sollte, für die Veröffentlichung aber von Fredric Warburg mit dem zugkräftigen Titel *Germany: Jekyll and Hyde* ausgestattet wurde.[36] Befreit von der Verpflichtung, die gestellten politischen Diagnosen in seine persönliche Geschichte einzubetten, konnte sich Pretzel jetzt ohne Umschweife jenen Fragen zuwenden, die damals die britische Öffentlichkeit beschäftigten.

Neben den unmittelbaren Erfordernissen der Kriegführung wurde von interessierten Kreisen erörtert, inwieweit Hitler die Deutschen vertrete beziehungsweise ob das «Dritte Reich» in der Kontinuität der deutschen Geschichte stehe oder nicht. Folgte die Bevölkerung tatsächlich geschlossen dem Diktator, wie es die nationalsozialistische Propaganda glauben machte? Oder gab es, so das gebräuchliche Schlagwort, ein «anderes Deutschland»?[37] Daß letzteres der Fall sei, war für lange Zeit feste Überzeugung der meisten Emigranten, wobei allerdings die Meinungen darüber auseinanderliefen, ob die beschworene Alternative politischer Natur sei oder sich im wesentlichen auf die kulturelle und geistige Sphäre beschränke. Aber auch im Ausland gab es Fürsprecher einer differenzierten Sichtweise. Der konservative Premierminister Neville Chamberlain versicherte noch am Abend des 1. September 1939, also im Angesicht des Krieges, vor dem britischen Unterhaus: «Wir haben keinen Streit mit den Deutschen, abgesehen von dem Umstand, daß sie sich von den Nationalsozialisten regieren lassen.»[38]

Zum schärfsten und mithin bekanntesten Kritiker solcher Ansichten avancierte der britische Diplomat Robert Gilbert, Lord Vansittart. Seit 1930 Staatssekretär im *Foreign Office*, dem britischen Außenministerium, hatte er bald nach der nationalsozialistischen Machtübernahme vor dem «Dritten Reich» und seinem Diktator gewarnt und später die beschwichtigende Politik Chamberlains verurteilt, was dazu führte, daß Vansittart 1938 entmachtet wurde. Zwei Jahre später veröffentlichte er seine deutschlandkritischen Thesen, zunächst über die *BBC* und *The Sunday Times*, ehe er sie 1941 unter dem vielsagenden Titel *Black Record* auch als Broschüre vorlegte. Für Vansittart hatten sich die Deutschen, denen er unterstellte, kriegslüstern, aggressiv, brutal, ständig auf Expansion bedacht sowie zu jedem Vertragsbruch bereit zu sein, im Nationalsozialismus gewissermaßen selbst verwirklicht. «Gewalt und Betrug, Betrug und Gewalt; das ist das altbekannte deutsche Prinzip», resümierte er nach einem Parforceritt durch die Geschichte, der ihn freilich ausschließlich an solchen Beispielen entlanggeführt hatte, die geeignet waren, seine Beschuldigungen zu stützen. In der Politik der spätmittelalterlichen Hanse erblickte er ein Vorbild für die Aktivitäten der nationalsozialistischen Auslandsorganisationen, und Friedrich den Großen stufte Vansittart als «genauso heimtückisch und aggressiv wie die Nazi-Banditen» ein.[39]

Je länger und erbitterter der Zweite Weltkrieg geführt wurde, desto größeren Anklang fand Vansittarts Verdikt in der englischen Gesellschaft, und auch unter der deutschen Exilprominenz gab es einige, die sich seine Ansichten zu eigen machten, etwa den bekannten Biographen Emil Ludwig, den berühmten Theaterkritiker Alfred Kerr oder Erika Mann. Britische Gegenstimmen kamen aus der *Labour Party*, aus kirchlichen Kreisen sowie von den einstigen Befürwortern der Appeasement-Politik. Von den

Emigranten waren es vor allem die Kommunisten, die bis zuletzt an die Unschuld des deutschen Volkes, namentlich der Arbeiter, glaubten. Bertolt Brecht wandte sich zum Beispiel noch um die Jahreswende 1943/44 entschieden gegen die Auffassung, «daß das Hitlerregime und Deutschland völlig gleichgesetzt werden».[40]

Mit seinem Buch, das er im Herbst 1939 begonnen und im darauffolgenden Sommer veröffentlicht hat, wollte Raimund Pretzel einen Beitrag zu der skizzierten Kontroverse leisten, ja am besten die Debatte um das «andere Deutschland» beenden, wie er im Vorwort zu *Germany: Jekyll and Hyde* angekündigt hat.[41] Zu diesem Zweck porträtierte er auf jeweils dreißig bis vierzig Seiten das Führungspersonal des «Dritten Reiches» sowie die verschiedenen Bevölkerungsgruppen, angefangen bei den Nationalsozialisten über die loyalen und illoyalen Deutschen bis hin zu den Oppositionellen und Emigranten. Außerdem nahm er nun das Pseudonym Sebastian Haffner an, mit dem er seine im «Dritten Reich» verbliebenen Angehörigen schützen wollte und das ihn über die erwähnten Anspielungen auf Johann Sebastian Bach und das Werk Wolfgang Amadeus Mozarts zugleich als Deutschen ausweisen sollte.

Gegenwärtig, vermutete Sebastian Haffner, wie man ihn wohl von nun an nennen muß, würden etwa sechzig Prozent der Bevölkerung Hitlers Herrschaft unterstützen, wobei er ungefähr ein Drittel davon zu den eigentlichen Nationalsozialisten rechnete und den Rest der Gruppe der loyalen Deutschen zuschlug, die er hauptsächlich im Kleinbürgertum sowie in der gehobenen Mittelschicht ländlicher Gegenden verortete. Jeder dritte Bürger stehe dem Regime kritisch gegenüber, schätzte Haffner weiter und schrieb diese Einstellung vor allem ehemaligen Mitgliedern der organisierten Arbeiterschaft, strenggläubigen Katholiken und Teilen der urbanen gehobenen Mittelschicht zu, ergänzte allerdings, daß «[z]wischen den beiden Extremen – drohender Revolte und loyaler Ergebenheit – [...] ein weites Feld» liege. Die restlichen rund fünf Prozent fielen der Opposition zu.[42]

Auch wenn diese Einschätzungen aus Mangel an aussagekräftigen Quellen nicht überprüft werden können, so war er bei der vorgetragenen Klassifizierung doch erkennbar um Ausgewogenheit und gerechte Urteile bemüht, zumal er verschiedentlich hervorgehoben hat, daß stärker als die Klassenzugehörigkeit oder die politischen Überzeugungen die individuelle Persönlichkeitsstruktur den Ausschlag gegeben habe und immer noch gebe, wie sich der einzelne Deutsche zum Nationalsozialismus verhalte.[43]

Bei seinen weiteren Überlegungen hat er dann allerdings wieder jene forsche Prononciertheit an den Tag gelegt, die ihn Zeit seines Lebens auszeichnete. Ausgangspunkt und bevorzugtes Gelände seiner Argumentationen war neben der menschlichen Psyche der Nationalcharakter der Deutschen, eine seinerzeit ausgesprochen beliebte Vorgehensweise. Nicht nur Haffner und Lord Vansittart erklärten den abgründigen Verlauf der deutschen Geschichte mit den mentalen Eigenheiten der Bevölkerung. 1937 legte der Schriftsteller Erich Kahler eine ausführliche Studie mit dem Titel *Der deutsche Charakter in der Geschichte Europas* vor, und kurz nach dem Krieg traten der Historiker Veit Valentin sowie Thomas Mann mit ähnlich angelegten Betrachtungen an die Öffentlichkeit. Nach jedermanns Geschmack war diese Methode allerdings nicht. Der Autor habe den sozialen und wirtschaftlichen Faktoren zu wenig Beachtung geschenkt, monierte etwa der Rezensent der New Yorker Emigrantenzeitung *Aufbau* in seiner Besprechung von *Germany: Jekyll and Hyde* und erhob damit erstmals einen Vorwurf, der Haffner im Laufe seiner Karriere noch des öfteren begegnen sollte.[44]

Haffners Deutsche waren an und für sich weltfremd, träumerisch und unpolitisch; ja viele seiner Landsleute würden das politische Geschäft sogar mit grundsätzlicher Abneigung betrachten, ergänzte Haffner, was sie seltsamerweise jedoch nicht daran hindere, zu einzelnen Staatsmännern hochgradig emotionale Bindungen zu entwickeln. Nicht selten ähnelten diese Beziehungen jenem obskuren Verhältnis, das «primitive Völker ihren Göttern gegenüber haben, welche sie schützen, ihnen den Sieg bescheren und gleichzeitig alle Schuld auf sich nehmen».[45] Politikervergötterung und Untertanengeist waren für Haffner denn auch der Schlüssel, um zu verstehen, warum so viele Deutsche Hitler Gefolgschaft leisteten. Immer wieder kam er im Laufe seines Buches auf diesen sicherlich relevanten Faktor zurück, vertrat ihn aber mit einem Nachdruck und einer Ausschließlichkeit, die ihn sowohl die im 19. Jahrhundert einsetzenden demokratischen Bestrebungen unterdrücken ließen als auch dazu führten, daß er es mit der Besonderheit des deutschen Falles doch etwas übertrieb.[46]

Gleich zu Beginn seiner Abhandlung hat er, ausgehend von der nationalsozialistischen Propagandaphrase «‹Hitler ist Deutschland, Deutschland ist Hitler›», sehr subtil zwischen der Person des Diktators und dem «Führer» unterschieden. Während eine Mehrheit der Bevölkerung Hitler fremd, grotesk und abstoßend finde, sei er als Politiker durchaus populär, berichtete Haffner seinen britischen Lesern. Er erklärte dies unter anderem damit, daß die Deutschen seit dem Mittelalter an autoritäre Herrschaft gewöhnt seien.[47] Aber waren diese Erfahrungen wirklich so verschieden von denen anderer europäischer Nationen?

Ein tief verwurzeltes Obrigkeitsdenken war es Haffner zufolge auch, das zahllose korrekte, kultivierte und freundliche Deutsche zu loyalen Bürgern des «Dritten Reiches» habe werden lassen, die ungeheuerliche Grausamkeiten dulden oder sogar selbst begehen würden. Um ihr widersprüchliches Verhalten zu erklären, griff er auf eine Romanfigur von Louis Stevenson zurück, jenen an und für sich integren Dr. Jekyll, der sich infolge eines medizinischen Selbstversuches Nacht für Nacht in den brutalen Frauenmörder Mr. Hyde verwandelt. Eine ganz ähnliche Veränderung bewirke bei vielen seiner Landsleute ihre übersteigerte Vaterlandsliebe, erläuterte Haffner, eine Art «Vaterlandsfixierung», «ein Gefühl, das die sittliche, geistige und ästhetische Verantwortung teilweise lähmt».[48]

Selbst die regimekritische Bevölkerung, das «andere Deutschland», zeichnete sich für den Autor von *Germany: Jekyll and Hyde* lediglich durch Zivilisation und Kultiviertheit aus, nicht durch eine demokratische, liberale oder gar revolutionäre Einstellung. Für zu tief verwurzelt hielt er die Tradition des Obrigkeitsstaates, für zu weit verbreitet den Wunsch, «nicht selbst zu regieren, sondern gut regiert zu werden». Schließlich, bemerkte Haffner bissig, seien sogar die Gewerkschaften und die SPD autoritäre Organisationen. «Wer aus Deutschland eine demokratische Großmacht machen möchte,» folgerte er deshalb, «der sucht an einem Rosenstrauch nach Äpfeln. Es gibt keine; und es wird nie welche geben.»[49] Von daher schien es ihm auch müßig, auf einen Umsturz des Regimes zu hoffen. Um überhaupt etwas gegen die Nationalsozialisten unternehmen zu können, müsse man Teil des Staatsapparates sein, berichtete er, und die Oppositionsparteien, die Organisationen und Bünde sowie die Bekennende Kirche, sie alle hätten ihre Chance, Hitler zu entmachten oder ihm wenigstens entgegenzutreten, ungenutzt verstreichen lassen. Auch eine Revolte der Armee schloß er aus. «Deutsche Offiziere sind nur auf dem Schlachtfeld mutig, zu Hause sind sie Feiglinge», resümierte Haffner und verwies auf den traditionellen Gehorsam der preußisch-deutschen Militärs gegenüber ihrer jeweiligen politischen Führung. Im übrigen würde die Generalität den Nationalismus und Expansionsdrang Hitlers weitgehend teilen.[50]

Von Privatpersonen erwartete er erst recht keinen Widerstand. «Der einzelne», versicherte Haffner, «hat nur die Wahl zwischen selbstgewähltem Märtyrertum, unkontrollierten Gefühlsausbrüchen und Widerspenstigkeit gegen den Blockwart, Zellenwart oder Werkmeister, die zu einer langjährigen Zuchthausstrafe führen kann.» Erschwerend komme eine spezifische Eigenart des nationalsozialistischen Repressionsapparates hinzu. Dieser beruhe, erläuterte er scharfsinnig, nicht nur auf einer mächtigen Geheimpolizei und einem ausgeklügelten Spitzelsystem, sondern auch auf zahlreichen Verbänden und Vereinen, denen sich selbst ein regimekritischer Bürger schlecht entziehen könne. Gerade die besondere «*Mischung von Despotie und Anarchie*» garantiere die große Stabilität von Hitlers Herrschaft, meinte Haffner, kombiniere doch das «Dritte Reich» in außerordentlich raffinierter Weise «Metternich *plus* Turnvater Jahn; Geheimpolizei *plus* Demagogie; Terror *plus* Propaganda; Organisation *plus* vorgeschriebene Unordnung», fordere der Staat, «nicht obligatorische[n] Gehorsam, sondern obligatorische Komplizenschaft; nicht obligatorische Loyalität, sondern obligatorische Begeisterung» ein, und eben dies sei «das Gift, gegen das bis jetzt noch kein Gegengift gefunden worden ist».[51]

Wenn Haffner dennoch die Mehrheit der Deutschen von dem Vorwurf freisprach, Nationalsozialisten zu sein, dann lag das vor allem an seiner Einschätzung, daß es sich bei den gegenwärtig Herrschenden und ihren überzeugten Gefolgsleuten im Grunde um Kriminelle handele, eine These, die er in seinem Buch ebenso resolut entwickelt hat wie diejenige von der Staatsvergottung seiner Landsleute. Hitler war für ihn lediglich «ein Schwindler in der Maske eines Staatsmannes», und die nationalsozialistischen Führungskader, meinte Haffner, seien ausschließlich an ihrem Machterhalt und ihrer persönlichen Bereicherung interessiert, benähmen sich wie eine «Räuberbande» beziehungsweise wie in «einem eroberten Land», das «rücksichtslos behandelt, mißbraucht und bis ins letzte ausgebeutet wird».[52]

Besonders gefährlich war seiner Ansicht nach, neben den überzeugten Mitgliedern der Hitler-Jugend, die Waffen-SS mit ihrem überwiegend jüngeren Personalbestand. Denn die in der ersten Dekade des 20. Jahrhunderts geborenen Deutschen – hier machte Haffner eine Anleihe bei seinen Erinnerungen – sei gekennzeichnet durch «unbändiges Selbstbewußtsein, Leichtsinn, eine Passion für Unordnung und Abenteuerlust», und gerade dem Bedürfnis dieser Generation nach Nervenkitzel trage das «Dritte Reich» ausgiebig Rechnung. «Nazismus, auf die kürzeste Formel gebracht», resümierte Haffner deshalb, sei möglicherweise «Nihilismus in Aktion, Weltherrschaft aus Langeweile – etwas ganz Neues in der Geschichte».[53] Aus solchen Motiven heraus machten sich die jüngeren Kader, anders als die bloßen Mitläufer, auch Hitlers extremen Antisemitismus zu eigen, allerdings nicht aus ideologischen Gründen, wie Haffner vermutete. Vielmehr sei «das Hauptziel des Antisemitismus», erstens «eine Art verborgenes Zeichen und wie ein ständiger Ritualmord ein bindendes Geheimnis» zu stiften sowie, zweitens, «das Gewissen der zweiten Nazigeneration abzutöten». Trotz der Ungeheuerlichlichkeit dieses Vorgangs erkannte Haffner mit dem psychologisch versierten Blick des Schriftstellers in den nationalsozialistischen Folterknechten und Mördern letztlich «sehr durchschnittlich[e], schwach[e], unbedeutend[e] Männe[r]» von «ungeheurer Gefühllosigkeit», und das lange bevor Hannah Arendt mit ihren Ausführungen über den Jerusalemer Eichmann-Prozess und die *Banalität des Bösen* Furore machen sollte.[54]

Allerdings war er so sehr auf das Seelenleben der Täter fixiert, daß ihm dabei die Bedeutung der nationalsozialistischen Weltanschauung entging, in der er allenfalls ein dürftiges Deckmäntelchen für den verbrecherischen Charakter der Bewegung erblickte. Gewiß, das «Dritte Reich» war ein vielseitiges und in manchem widersprüchliches Phänomen, und sicher hatte Haffner recht, wenn er schon 1940 auf die später so oft beschriebene Janusköpfigkeit Hitler-Deutschlands aufmerksam machte, auf jene

> «äußerst komplizierte Mischung von Unnachgiebigkeit, Grobheit, Disziplin, Zurückhaltung, Askese, Phrasendrescherei, Sensationsgier, Abenteuerdrang, Luxus und kollektiven Ausschweifungen; auf diese seltsame Kombination von hündischer Treue und Korruptheit, von altmodischer deutscher Schlichtheit und hypermoderner Organisation, von der ‹Zurück zum Boden›-Forderung und den stromlinienförmigen Autos und den tollen Flugzeugen, vom Herrenvolk und dem Stillgestanden sowie von den Lagerfeuern und den Belohnungen für Denunziationen.»[55]

Aber seine wiederholten Spekulationen, die Nationalsozialisten und die sowjetischen Kommunisten könnten zusammengehen oder sich gar vereinigen, waren dann wohl doch etwas voreilig, wenn auch überaus charakteristisch. Denn als realpolitischer Kopf neigte Haffner dazu, die Macht der Ideen und ihren Einfluß auf die Politik zu verkennen.[56] Seine Geringschätzung des Ideologischen zeigt sich insbesondere in seinem Porträt des deutschen Diktators. «Fast alle Biographen Hitlers haben den Fehler begangen zu versuchen, Hitler mit der Geistesgeschichte seiner Zeit in Verbindung zu bringen», bemerkte Haffner eingangs seines Abrisses. «Sie haben sich bemüht, ihn als ‹Produkt› oder ‹Exponenten› dieser oder jener Entwicklung abzustempeln.» Doch leider seien all diese Ansätze «nicht überzeugend».

Weder, führte er aus, sei der Tyrann das Werkzeug einer militärischen, wirtschaftlichen oder sonstigen Interessengruppe, noch habe er überhaupt irgendein konkretes Programm.[57]

Statt dessen setzte der Berliner Emigrant erneut auf eine radikal psychologisierende Analyse und erklärte die Politik des Diktators ausschließlich aus dessen Biographie. Frustriert und gedemütigt von dem sozialen Abstieg und den vielen Zurückweisungen, die er bis 1919 habe erdulden müssen, sei Hitler zu einem politischen Desperado geworden, für den Machterwerb und Machtausübung eine nachträgliche persönliche Genugtuung darstellen würden. Diesem Ziel, meinte Haffner, sei sein gesamtes Handeln untergeordnet. Unfähig zu tieferen menschlichen Regungen, ohne Weltanschauung und nur seinem egomanischen Machttrieb gehorchend, habe er im Inneren den Aufbau seiner Herrschaft betrieben, im Äußeren die Expansion des «Dritten Reiches». Letztlich aber seien sämtliche Erfolge nur «Ingredienzen seiner eigenen Biographie».[58]

Wieviel Richtiges die vorgetragene Deutung enthielt, bewies Haffner mit der Vermutung, daß der Diktator, sollte er scheitern, seinem Leben selbst ein Ende setzen werde. Zudem hatten nicht wenige seiner Einschätzungen rund vierzig Jahre später noch nichts von ihrer Gültigkeit verloren. Auch in den *Anmerkungen zu Hitler* von 1978 markiert das Jahr 1919 eine Wasserscheide im Leben des angehenden Politikers; auch in seinem berühmten Bestseller hat Haffner nachdrücklich auf die menschliche Öde in Hitlers Leben hingewiesen und darüber hinaus dem Diktator eine überragende Bedeutung für die Geschichte des «Dritten Reiches» zugeschrieben, so wie er es schon 1940 getan hatte. «Die Naziführer, einschließlich ihrer prominentesten Vertreter», hatte er sich damals überzeugt gezeigt, «werden nur in Hitlers Namen herrschen können, mag er lebendig oder tot sein. Sobald Hitler entmachtet ist, werden alle Goerings und Goebbels wie trockenes Laub von einem abgestorbenen Baum fallen.»[59] Die Behauptung, daß es keine nationalsozialistische Weltanschauung gegeben habe, hat Haffner 1978 dagegen fallen gelassen, was möglicherweise der veränderten Perspektive geschuldet war, lassen sich doch die Entwicklungen der vierziger Jahre, der Völkermord an den europäischen Juden und die Kriegführung im Osten, ohne den fanatischen Antisemitismus und das Lebensraumparadigma des Diktators schwerlich erklären.[60]

Im übrigen ist festzuhalten, daß Haffners Überlegungen zu Hitler und dem Nationalsozialismus 1940 keineswegs so neu waren, wie er es mit sensationsheischendem Gestus verkündet hat. Bereits 1935 war Rudolf Olden in seiner Biographie über den deutschen Diktator zu dem Ergebnis gelangt, daß im Zentrum der nationalsozialistischen Ideologie eigentlich Hitler stehe.[61] Kaum zu überschätzen dürfte schließlich der Einfluß von Hermann Rauschning und seinem 1938 erschienenen Buch *Die Revolution des Nihilismus* auf Haffners Gedankenbildung gewesen sein.

Rauschning, ein westpreußischer Konservativer, war 1931 der NSDAP beigetreten und 1933 Danziger Senatspräsident geworden, hatte aber, nachdem er in einem parteiinternen Machtkampf unterlegen und in Ungnade gefallen war, es 1935 für besser befunden, die von den Nationalsozialisten regierte Freie Stadt zu verlassen. Im Exil legte er dann eine Reihe von Büchern zum «Dritten Reich» vor, unter anderem *Die Revolution des Nihilismus.*[62] In dieser weit ausholenden Studie über «Kulisse und Wirklichkeit im Dritten Reich» bezichtigte er Hitler, ein reiner Machiavellist zu sein, der mit der Fassade einer Ideologie und mittels eines permanenten Aktionismus über den eigentlichen Kern seiner Herrschaft, einen destruktiven Nihilismus, hinwegtäusche. «Der Nationalsozialismus ist Bewegung schlechthin, Dynamik absolut gesetzt, Revolution mit wechselndem Nenner, jederzeit bereit, ihn zu vertauschen», heißt es an einer Stelle des Buches und dann: «Eines ist der Nationalsozialismus jedoch nicht: Weltanschauung und Doktrin.»[63]

Haffner hat in *Germany: Jekyll and Hyde* nicht nur diese Sichtweise übernommen und «eine Tüchtigkeit und Energie [...], die alle Rekorde überbietet» sowie einen «zynische[n] Nihilismus» zu den herausragenden Merkmalen der nationalsozialistischen Elite gezählt,[64] auch im kleinen bestehen bemerkenswerte Übereinstimmungen zwischen seinen Ansichten und den Ausführungen Rauschnings. In *Die Revolution des Nihilismus* findet sich eine Passage, die sich geradezu wie ein Fazit jener Beobachtungen liest, die Haffner in der *Geschichte eines Deutschen* im Zusammenhang mit seinem Jüterboger Lageraufenthalt geschildert hat. Genau wie Haffner hatte Rauschning schon 1938 das Marschieren «zur subalternsten, elementarsten, aber vielleicht wirksamsten und bezeichnendsten Beherrschungsmethode des Nationalsozialismus» erklärt, ja darin einen «Zauberritus» erkannt, «um die Volksgemeinschaft auf eine mechanische rituale Weise bis in die Sphäre des Unterbewußtseins gewohnt zu machen». Denn: «Marschieren lenkt ab. Marschieren tötet das Denken. Marschieren hebt die Individualität auf.»[65]

Obwohl er die Unterschiede zwischen Deutschen und Nationalsozialisten so trennscharf herausgearbeitet hatte, meinte Haffner letztlich aber doch, Spuren jener skrupellosen Machtpolitik, wie sie Hitler praktiziere, in der jüngeren Geschichte seines Heimatlandes entdecken zu können. Preußen war naturgemäß einer der Hauptverdächtigen. Sowohl unter den deutschen Emigranten als auch in der britischen Öffentlichkeit war die Vorstellung verbreitet, daß das «Dritte Reich» mit seinem ausgeprägten Militarismus und Expansionsdrang an Traditionen des Hohenzollernstaates anknüpfe, Hitler mithin in der Nachfolge Otto von Bismarcks und insbesondere eines Friedrich des Großen stehe. Haffner war in dieser Angelegenheit unentschieden. Er räumte zwar ein, daß «‹Preußen› als politische Idee [...] historisch eine wichtige Ursache der gegenwärtigen Katatstrophe» gewesen sei und daß landestypische Tugenden wie Tüchtigkeit und Gründlichkeit zu einem reinen Selbstzweck ohne ethisches Fundament verkommen seien. Restlos überzeugt war er von der populären These allerdings nicht. Hitlers pompöser Herrschaftsstil, sein Hang zum Hasard und die im «Dritten Reich» gängige Korruption verbaten es seiner Meinung nach, «die nationalsozialistische Führungsspitze als die Fortsetzung oder den Gipfel des preußischen Ideals anzusehen».[66]

Den preußischen Ministerpräsidenten und Gründer des Deutschen Reiches, Otto von Bismarck, beurteilte er dagegen um so ungnädiger. Ähnlich wie der linksliberale Rechtsanwalt Erich Eyck, der damals in einer mehrbändigen Biographie das rein machtpolitische Kalkül des Reichskanzlers kritisierte, entrüstete sich auch Haffner über die Waffengänge von 1864, 1866 und 1870/71– seines Erachtens handelte es sich um «drei der zynischsten und verbrecherischsten Kriege [...], welche die Geschichte kennt» – und attestierte Bismarck, zwar «einen scharfen Verstand» besessen zu haben, aber «kein tiefer Denker» gewesen zu sein. Von dessem späteren Generalverzicht auf Expansionen hielt er wenig. Ein Staat, der durch Gewalt und Eroberungen entstanden sei, könne nicht einfach für saturiert erklärt werden, behauptete Haffner.[67]

Diese Vorstellung bestimmte auch seine Vorschläge, wie es mit Deutschland nach dem Krieg weitergehen solle. «[E]s sind nur Nuancen, die das Dritte Reich und das Deutsche Reich voneinander unterscheiden», fand Haffner auf einmal im letzten Kapitel seines Buches. «Für die Welt sind sie im großen und ganzen identisch; der Geist der Aggression, der Drang nach Expansion und das Streben nach Weltherrschaft sind Mittel, Seele und Dämon dieses Staates.» Da er es aber für unmöglich hielt, Deutschland als ganzes in ein friedfertiges Gemeinwesen zu verwandeln, gab es aus seiner Sicht nur eine Lösung: «*Das Deutsche Reich muß ver-*

schwinden, und die letzten 75 Jahre der deutschen Geschichte müssen ausgelöscht werden. Die Deutschen müssen bis zu jenem Punkt zurückgehen, wo sie den falschen Weg eingeschlagen haben – bis zum Jahr 1866».[68]

Haffner regte deshalb an, Deutschland in acht Teilstaaten, Österreich, Bayern, Württemberg, Baden, das Rheinland, Niedersachsen, Sachsen-Thüringen und Preußen, aufzuteilen, die lediglich durch gemeinsame Wirtschaftsprojekte, beispielsweise eine Zollunion, verbunden sein sollten.[69] Von weiteren Strafmaßnahmen riet er allerdings ab; und auch sonst hatte er sich noch manches einfallen lassen, um seinem Vorschlag einen versöhnlichen Anstrich zu geben. Lebte nicht das jüdische Volk schon seit beinahe zweitausend Jahren ohne eigenen Staat? Das antike Griechenland glaubte Haffner ebenfalls als Vorbild anführen zu dürfen, habe sich doch dort ein Verbund von Kleinstaaten als die angemessene und geistig fruchtbarste Lebensform herausgestellt, während, ähnlich wie in Deutschland, der Gründung eines Großreiches der intellektuelle und kulturelle Niedergang gefolgt sei.[70]

Wie krude Haffners Plan trotz seiner findigen Drapierung war, zeigt der Umstand, daß in England 1940 nur einige *Tories* die Aufteilung des Reiches forderten, während bei einer Mehrheit der Briten solche Überlegungen auf Skepsis trafen. Würde die Zerschlagung einer so bedeutenden Wirtschaftsmacht letztlich nicht den gesamten Kontinent schädigen? Und würde der zu erwartende Revisionismus der einzelnen Teilstaaten nicht die Nachkriegsordnung von vornherein auf das schwerste belasten? Selbst ein erklärter Feind der Deutschen wie Robert Vansittart verlangte damals nicht die Spaltung des Reiches, sondern lediglich die gründliche Umerziehung der Bevölkerung; und sogar im Frühjahr 1945 sollten nicht mehr als vierzig Prozent der Amerikaner die permanente Teilung des beinahe besiegten Landes befürworten.[71]

Auf weitaus entschiedenere Ablehnung stieß Haffners «grobschlächtige Deutung» der deutschen Geschichte bei seinen Landsleuten.[72] Kritische Überlegungen zum deutschen Nationalstaat wurden, wenn überhaupt, im linksliberalen Milieu angestellt, etwa von dem Historiker Johannes Ziekursch, der schon in den zwanziger Jahren den Zusammenbruch des Kaiserreiches als eine unmittelbare Folge der Reichsgründung interpretiert hatte. Doch das war eine Außenseiterposition. Nicht nur konservative Kreise betrachteten den Nationalstaat als Endpunkt der deutschen Geschichte, auch viele Liberale und Linke wollten nicht hinter die Errungenschaften von 1871 zurück; und das galt auch für die emigrierten Sozialisten, Kommunisten und Gewerkschaftsvertreter, die es als selbstverständlich erachteten, daß ihnen beim Wiederaufbau Deutschlands eine führende Rolle zukommen werde.[73]

An ihrer Eignung, Deutschlands Zukunft erfolgreich zu gestalten, hegte Haffner allerdings die stärksten Zweifel, wobei er nun, anders als noch in der *Geschichte eines Deutschen*, die SPD von rechts attackierte. Unmöglich könnten die komplexen Verhältnisse des 20. Jahrhunderts allein mit der marxistischen Theorie erklärt werden, grantelte er in *Germany: Jekyll and Hyde*. Die emigrierten Parteifunktionäre hätten sich dieser offenkundigen Einsicht aber bisher verschlossen, und unter anderem deswegen, empörte sich Haffner, wirke die deutsche Opposition «wie ein Haufen hoffnungslos wirklichkeitsferner Spinner». Insbesondere das Schlagwort vom «Antifaschismus» laufe, auf Hitler-Deutschland angewandt, trotz einiger oberflächlicher Übereinstimmungen mit dem Italien Mussolinis ins Leere. Denn als «Form des radikalen Nihilismus» wende sich der Nationalsozialismus eben gegen «*alle* Werte [...], die kapitalistischen und bürgerlichen ebenso wie die proletarischen», führte Haffner aus und fügte hämisch hinzu, daß das «Dritte Reich» «der Verstaatlichung und der klassenlosen Gesellschaft ohne Zweifel näher gekommen» sei, «als es die Sozialdemokraten zu ihrer Zeit je fertiggebracht haben».[74]

Aber welche politischen Kräfte sollten dann den Neubeginn einleiten? Haffners Hoffnungen ruhten diesbezüglich vor allem auf den Liberalen. «Das Bild vom freien, wendigen, ungebundenen, die Welt erobernden Menschen ist ein Ideal, das immer noch Millionen von Menschen in Deutschland oder anderswo bewußt oder unbewußt haben», schwärmte er. «Millionen glauben immer noch an Wissenschaft, Technik und Fortschritt. Der Lebensstil der kosmopolitisch eingestellten gehobenen Mittelschicht ist in den Augen von Millionen immer noch der beste und erstrebenswerteste.» Ein konservativer Einschlag war bei seinen Zukunftsüberlegungen indes unverkennbar. «Es scheint klar zu sein», meinte Haffner geradezu prophetisch, «daß nach der jetzigen Krise sowohl in Deutschland als auch in Europa eine konservative Epoche kommen wird, wie es nach der Herrschaft Napoleons der Fall war: eine Zeit der Rehabilitation der alten und ältesten kulturellen Werte, eine Periode der Bewahrung, der Restauration und der Heilung».[75]

Sebastian Haffner macht von sich reden – Offensive against Germany *und Redakteur bei der* Zeitung

Auch ein kleiner Erfolg kann große Wirkung haben. Zwar hat Fredric Warburg, nachdem *Germany: Jekyll and Hyde* im Frühjahr 1940 erschienen war, von den 3000 gedruckten Exemplaren bis 1943 nur etwas mehr als 2500 absetzen können, aber diese Verkaufszahl genügte, um Haffners Namen in interessierten Kreisen bekannt zu machen.[76] Thomas Mann zum Beispiel, den Haffner «den größte[n] lebende[n] Deutsche[n]» genannt hatte, lobte die «vorzügliche Analyse», empfahl das Werk dem New Yorker Verlag Harper and Brothers und soll dem Buch angeblich manche Anregung für seinen Roman *Doktor Faustus* abgewonnen haben. Sogar der ehemalige Reichskanzler Heinrich Brüning nahm im fernen Harvard die amerikanische Ausgabe von Haffners Erstling, wenn auch deutlich weniger wohlwollend als der Literaturnobelpreisträger, zur Kenntnis.[77]

Die öffentliche Kritik reagierte zustimmend, ja euphorisch. Vernon Bartlett und Henry Wickham Steed, zwei der profiliertesten britischen Deutschlandkenner, warben auf dem Schutzumschlag für das Buch, und letzterer, ein Gesinnungsgenosse Lord Vansittarts, bezeichnete es als «die eingehendste und wichtigste Analyse des Hitlerismus und des deutschen Problems, die bis jetzt erschienen ist».[78] In seiner ausführlichen Besprechung rühmte Steed, immerhin ein ehemaliger Chefredakteur der *Times*, das Kapitel über Hitler als «derart gut geschrieben, daß die Freude an der literarischen Qualität Leser möglicherweise davon abhält, auch die psychologische Durchdringung des Diktators zu würdigen». Außerdem berichtete der Journalist, daß er den Autor getroffen und als einen Mann «von bemerkenswertem Scharfsinn» kennengelernt habe.[79] Darüber hinaus hat *Germany: Jekyll and Hyde* in einem ganz unmittelbaren Sinn in Haffners Leben eingegriffen. Das Buch war die Basis für seine journalistische Laufbahn in Großbritannien und hat ihm womöglich sogar das Leben gerettet.

Für Haffner müssen die Monate um die Jahreswende 1939/40 mit spannungsvoller Erwartung angefüllt gewesen sein, und das keineswegs nur wegen der Gewitterschwüle, die auf der weltpolitischen Bühne lastete. Er hatte an *Germany: Jekyll and Hyde* zu schreiben, das er anscheinend im Januar 1940, nach weniger als einem halben Jahr Arbeit, abschließen konnte, und seine Frau sah neuerlich einer Geburt entgegen. Aber als Ende Februar 1940 Margaret Pretzel, die sich als Malerin später Sarah Haffner

Abb. 13 Fredric Warburg, der auch die englischen Ausgaben der Bücher von Thomas Mann verlegt hat, war der erste Bewunderer der Geschichte eines Deutschen. *Er hat Haffner aber nicht nur aus den ärgsten finanziellen Nöten befreit, sondern sich auch immer wieder bei den britischen Behörden für seinen Autor verwandt. Möglicherweise hat er Haffner sogar das Leben gerettet. Dieser fühlte sich ihm jedenfalls noch lange zu Dankbarkeit verpflichtet.*

nennen sollte, auf die Welt kam, weilte ihr Vater nicht in Cambridge, sondern in einem britischen Internierungslager in der südwestenglischen Grafschaft Devon.[80]

Seit Kriegsausbruch stand die Regierung in London vor dem Problem, wie sie, angesichts der vielen zugereisten Deutschen und Österreicher, das Land vor Sabotageakten und Spionage schützen sollte. Relativ bald begann das *Home Office* deshalb Kommissionen einzurichten, die die etwa 73 000 Emigranten überprüften. Nur sehr wenige, nicht ganz 600, wurden von den Behörden als Sicherheitsrisiko eingestuft und interniert, darunter auch Sebastian Haffner. Bei seiner Vernehmung am 2. Februar 1940 in Cambridge hatte es sich nachteilig für ihn ausgewirkt, daß er die Gründe für seine Einreise anfänglich verschleiert hatte. «Ich glaube dieser Mann lebt von seiner Gewitztheit und ist auf gar keinen Fall vertrauenswürdig. Er kann sich aber durch die Verleger und seine Schwägerin, die Flüchtlingen beisteht, sehr gefährliche Kontakte verschaffen», faßte der Beauftragte des englischen Innenministeriums seine Eindrücke zusammen, und kurz darauf wurde der undurchsichtige Emigrant in Gewahrsam genommen.[81]

Wie es Haffner in Warner's Camp bei Seaton ergangen ist, läßt sich nicht mehr rekonstruieren. Zeitnahe Dokumente fehlen fast völlig, und der wütenden Kritik, die er unmittelbar nach seiner Freilassung an der britischen Praxis geübt hat, stehen die milden, beinahe bukolischen Schilderungen des Achtzigjährigen gegenüber. Ohnehin wurde Haffner, nachdem Warburg gegen die Inhaftierung seines Autors Einspruch erhoben hatte, bereits Mitte April wieder entlassen, allerdings nur, um vier Wochen später neuerlich interniert zu werden. Diesmal brachte man ihn auf die *Isle of Man* in der Irischen See, eine Maßnahme, die der britischen Regierung aufgrund einer befürchteten deutschen Invasion ratsam schien. Zudem stellte Haffner jetzt keinen Einzelfall mehr dar. Über 10 000 Emigranten wurden im Sommer 1940 festgesetzt, nun auch Erika Pretzel und die drei Kinder, die allerdings getrennt von ihrem Ehemann beziehungsweise Vater untergebracht waren.[82]

Wieder bemühte sich Warburg um die Freilassung seines Autors, aber nun, nach der Veröffentlichung von *Germany: Jekyll and Hyde*, schalteten sich auch offizielle Stellen ein. Am 23. Juli erkundigte sich der Abgeordnete John Parker im *House of Commons* bei einem Staatssekretär des Innenministeriums, wann der internierte Deutsche in Anbetracht «seiner bedeutenden Unterstützung der alliierten Kriegsanstrengungen» endlich freikomme. Zwei Wochen später fiel Haffners Name auch im *House of Lords.* George Bell, Lord Bishop of Chichester und einer der energischsten Fürsprecher der Emigranten, attackierte in einer langen Rede die Masseninternierungen und kam dabei gleich zweimal auf Haffner und seine Verdienste zu sprechen, um die Ungerechtigkeit und Sinnlosigkeit dieser Maßnahme zu illustrieren.[83]

Der Einsatz zahlte sich aus. Haffner wurde Ende August 1940 endgültig aus der Internierung entlassen und blieb Warburg, der ihm nach dem Krieg auch bei seiner Einbürgerung behilflich sein sollte, in Dankbarkeit verbunden. Noch 1969 war er bereit, für einen Vertragsabschluß mit dem englischen Verleger finanzielle Nachteile in Kauf zu nehmen, da dieser ihm, wie Haffner Rudolf Streit-Scherz gelegentlich anvertraute, seinerzeit «das Leben gerettet» habe.[84] Die Grundlage für diese Behauptung liefert das Schicksal einiger Internierter. Zahlreiche Insassen von Warner's Camp in Devon, in das Haffner ursprünglich verbracht worden war, gehörten zu den unglücklichen Passagieren der *Arandora Star*, die auf ihrem Weg in eines der britischen Dominions am 3. Juli 1940 von einem deutschen Torpedo versenkt wurde. Mehr als 600 Emigranten fanden den Tod, und von

Abb. 14 Nach der Geburt seiner Kinder Oliver und Margaret, hier auf einem Foto vom Anfang der fünfziger Jahre, hatte Sebastian Haffner den Lebensunterhalt für eine fünfköpfige Familie zu verdienen. Das war keine einfache Aufgabe. Um seine vielfältigen Arbeiten nicht unterbrechen zu müssen, soll Haffner sich sogar geweigert haben, bei Bombenalarm im Keller Zuflucht zu suchen.

daher bezieht Haffners Annahme, Warburg habe ihm das Leben gerettet, eine gewisse Berechtigung.[85]

Die Zeit nach seiner Entlassung am 26. August 1940 war von hektischer Betriebsamkeit geprägt. Während Haffner mit den Seinen, die erst im Oktober 1940 freikamen, «zunächst eine Weile als obdachlose Familienkarawane im Lande» herumziehen mußte, ehe die Pretzels im Februar 1941 südwestlich von London in Richmond eine dauerhafte Bleibe fanden, war der Verfasser von *Germany: Jekyll and Hyde* eifrig darum bemüht, sich in Form von Kontakten, Einnahmequellen und Einflußmöglichkeiten eine Dividende seines frisch erworbenen Ansehens auszahlen zu lassen. Wieder zeichnete sich Haffner durch Tatendrang, Fleiß, Unternehmungsgeist und Hartnäckigkeit aus und scheute sich auch nicht, eine bemerkenswerte Chuzpe an den Tag zu legen, wenn es galt, für seine Anliegen zu werben.

Selbst das Leben soll er aufs Spiel gesetzt haben und sich, um seine Arbeit nicht unterbrechen zu müssen, bei Bombenalarm geweigert haben, im Keller Zuflucht zu suchen.[86]

Schon am 9. September 1940 unterzeichnete er zusammen mit Hans Lothar, dem ehemaligen geschäftsführenden Direktor der *Frankfurter Zeitung*, eine Eingabe an das britische Außenministerium, die auf die Gründung einer deutschsprachigen Zeitung abzielte. *Die Zeitung*, wie der vorläufige Titel des Blattes lautete, sollte täglich erscheinen, vier Seiten umfassen und von der britischen Regierung mit einem auf fünf Jahre befristeten Kredit angeschoben werden. Die Redaktion wünschten sich die beiden Initiatoren möglichst unabhängig, ja, es sollte den Mitarbeitern sogar erlaubt sein, Kritik an der englischen Politik zu üben, was, wie sie versicherten, selbstverständlich «rein sachlich und taktvoll» geschehen werde. Vorbild für das anvisierte Projekt waren die Presseorgane anderer Exilantengruppen. Es gebe nicht weniger als acht ausländische Zeitungen in London, bemerkten Haffner und Lothar zu Beginn, um dann insbesondere auf das französische Beispiel einzugehen. «Die französischen Flüchtlinge etwa bilden in diesem Land eine beinahe kompakte Einheit und haben als homogene Gruppe keine Schwierigkeit, ein französisches Zentrum mit einer Zeitung zu unterhalten.» Etwas Vergleichbares schwebte auch den beiden Petenten vor. «Ein Ziel der Zeitung», heißt es an späterer Stelle des dreieinhalbseitigen Memorandums, «ist die politische und administrative Koordination [...] der Emigranten, die in Einklang mit den englischen Kriegsanstrengungen gebracht werden und eine politische und strategische Plattform für eine Revolution in Deutschland bilden sollen.»[87]

Die *British Broadcasting Company* war ein weiterer potentieller Arbeitgeber, den Haffner in den Wochen nach seiner Entlassung aus dem Internierungslager anging. Hergestellt hat den Kontakt zu dem Sender eine Schwägerin Haffners, die Schauspielerin und Kabarettistin Annemarie Hase, die bereits für die deutsche Abteilung der *BBC* tätig war und in der Rolle des Berliner Originals «Frau Wernicke» die deutsche Regierung lächerlich machte und ihren wahren Charakter dekuvrierte. «Mr. Haffner ist sehr begierig, mit der britischen Propaganda für Deutschland auf die eine oder andere Weise zusammenzuarbeiten», notierte die Angestellte der staatlichen Radiostation am 5. Oktober 1940, nachdem sie den Verfasser von *Germany: Jekyll and Hyde* kennengelernt hatte. Zwar dürfte sich für den Emigranten schon eine Verwendung finden lassen, vermerkte sie weiter, aber seine sonstigen Pläne, namentlich sein «großes Ziel», in England «ein aus deutschen Flüchtlingen zusammengestelltes Äquivalent zu der De Gaulle-Organisation» zu gründen, würden ein Vollzeitengagement wohl vorerst ausschließen.[88]

Immerhin ist Haffner Anfang des Jahres 1941 eingeladen worden, Vorschläge für eine Serie über die neuere deutsche Geschichte zu unterbreiten, die anscheinend für das englische Programm der *BBC* gedacht war.[89] In späteren Kriegsjahren hat er dann offensichtlich doch noch an der britischen Feindpropaganda mitgewirkt, auch wenn für diese Tätigkeit nur sehr wenige Anhaltspunkte vorliegen, von Hinweisen auf seine genauen Aufgaben ganz zu schweigen. Jedenfalls taucht Haffners Name in einem Register der DDR-Staatssicherheit auf, das etliche in der psychologischen Kriegführung beschäftigte Deutsche nennt, darunter so unterschiedliche Persönlichkeiten wie den nachmaligen CSU-Politiker Karl Theodor von und zu Guttenberg, die Sozialdemokraten Wenzel Jaksch, Waldemar von Knoeringen und Richard Löwenthal sowie Karl-Eduard von Schnitzler, den späteren Chefagitator der DDR. «1943 und 1944» sei er «eine Zeitlang Mitarbeiter des heutigen *Labour*-Abgeordneten Richard Crossman bei der deutschen BBC-Propaganda»[90] gewesen, hat Haffner 1964 in einem Lebenslauf berichtet. Dazu paßt auch, daß die britischen Geheimdienste, die den Berliner Emigranten seit seiner Einreise intensiv beobachteten, erwogen haben, ihn anzuwerben, und daß Haffner 1944 gegenüber mehreren Kollegen angedeutet haben soll, «daß er mit dem Nachrichtendienst des Auswärtigen Amtes in Verbindung stehe».[91] Zugleich war es ihm später wichtig, nie etwas mit jenen Tarnsendern zu tun gehabt zu haben, die von dem englischen Journalisten Sefton Delmer geleitet worden waren und in vorgeblich deutschen Programmen während der letzten Kriegsjahre Desinformationen verbreitet hatten.[92]

Über Fredric Warburg dürfte Haffner im Spätsommer 1940 außerdem mit den beiden sozialistischen Publizisten Tosco R. Fyvel und George Orwell zusammengekommen sein, und damit tat sich dem Emigranten ein weiteres Betätigungsfeld auf. Schon Ende September berichtete er Irene Landry, der zweiten Frau seines Freundes, daß er bis Mitte des nächsten Monats ein Manuskript abzuliefern habe, und Anfang des Jahres 1941 ist dann mit *Offensive against Germany* tatsächlich ein weiteres Buch von ihm erschienen. Es war zugleich der zweite Band der *Searchlight Books*, einer Reihe, die von Fyvel und Orwell herausgegeben wurde, und die letzterer mit *The Lion and the Unicorn. Socialism and the English Genius* eröffnet hatte.[93]

Das eilige Tempo seiner Entstehung ist *Offensive against Germany* durchaus anzumerken, und im hohen Alter hat sich Haffner von der pamphletartigen Broschüre nachdrücklich distanziert. Ohnehin präsentierte er darin kaum neue Ideen, sondern vertiefte im wesentlichen einen Gedanken, den er bereits in *Germany: Jekyll and Hyde* vorgetragen hatte. Schon dort hatte Haffner der Feindpropaganda überragende Bedeutung zugeschrieben. «Die Fähigkeit, einen Gegner geistig zu entwaffnen», behauptete er, «spielt in der modernen Kriegführung die gleiche Rolle wie der Überraschungseffekt plötzlicher Truppenbewegungen und eine raffinierte Strategie in früheren Kriegen.»[94]

Propagandistischer Art war denn auch die Offensive, die er Anfang des Jahres 1941 anpries. Nachdem Deutschland Polen und Frankreich blitzartig niedergeworfen, Belgien und die Niederlande erobert und weite Teile Skandinaviens besetzt hatte, war in der zweiten Hälfte des Jahres 1940 Großbritannien als Hitlers vorerst letzter Kriegsgegner übrig geblieben. Die Sowjetunion konnte noch als Verbündeter des «Dritten Reiches» gelten, ein Kriegseintritt der Vereinigten Staaten von Amerika stand dahin, und als wäre das nicht genug, kursierten in der englischen Öffentlichkeit Gerüchte über eine drohende Invasion der Deutschen. Er habe deshalb im Winter 1940/41 vornehmlich gegen die Mutlosigkeit und Resignation in der britischen Bevölkerung anschreiben wollen, hat Haffner später das politische Kalkül hinter seinem Buchprojekt umrissen.[95]

Tatsächlich schätzte auch er die Situation als ausgesprochen kritisch ein. Noch lange würden die Briten nicht in der Lage sein, auf dem europäischen Festland die militärische Initiative zu ergreifen, konstatierte er zu Beginn seiner Ausführungen, und auch die aktuelle Seeblockade und eine nächtliche Bombardierung Deutschlands sah er nicht als kriegsentscheidende Maßnahmen an. Auf die Friedensofferten aus Deutschland einzugehen, sei aber auch keine Lösung. «*Gegen Hitler einen Krieg nicht zu gewinnen, bedeutet, ihn und darüber hinaus auch das Leben zu verlieren*», bemerkte Haffner apodiktisch und warnte, daß jegliche Verständigung mit dem Diktator Großbritannien unweigerlich in jene mißliche Rolle drängen werde, die 1938 der Tschechoslowakei zugefallen war.[96]

Von daher gewann die Feindproganda für Haffner herausragende Bedeutung, und das, obwohl er doch erst vor kurzem lang und breit erklärt hatte, daß die obrigkeitshörige Mentalität der Deutschen und die raffinierte, engmaschige Unterdrückungsmaschinerie des «Dritten Reiches» ernstzunehmenden Widerstand gegen das Regime nicht erwarten ließen.

In *Offensive against Germany* aber war alles anders. Großbritannien stehe in einem «*totalen Krieg*», befand Haffner zwei Jahre vor Joseph Goebbels berüchtigter Sportpalastrede, und müsse daher alle verfügbaren Mittel ausschöpfen. Außerdem entdeckte er nun eine weitere Eigenschaft der Deutschen, eine ausgeprägte Schicksalsergebenheit, eine geradezu wagnerianische Untergangslust, die sie dafür anfällig mache, sich frühzeitig in Niederlagen zu fügen.[97]

Konkret plädierte er für den Bau von zwölf riesigen Radiosendern, die ihre Botschaften in das «Dritte Reich» und die besetzten Länder ausstrahlen sollten, sowie für verstärkte Anstrengungen, Flugblätter, Zeitungen und politische Bücher nach Deutschland einzuschleusen. Am besten sollte eigens zu diesem Zweck ein Ministerium geschaffen werden, dessen Leiter – Haffner nannte als potentiellen Kandidaten den Schriftsteller John B. Priestley – einen Platz im Kriegskabinett erhalten solle. Von derlei Maßnahmen verprach er seinen Lesern wahre Wunder. Wenn es gelänge, über sechs Monate eine erstklassige Zeitung in Deutschland zu verteilen, wäre das «so entscheidend wie ein militärischer Sieg». Spätestens hier wird deutlich, daß solche großspurigen Verheißungen nicht ganz selbstlos gewesen sein dürften. Schon in *Germany: Jekyll and Hyde* hatte der arbeitsuchende Familienvater Wert darauf gelegt, daß die schwierige Aufgabe, die Moral der deutschen Bevölkerung zu unterwandern, am besten Emigranten übertragen werden solle.[98]

Die weiterführenden Forderungen scheint Haffner dann unmittelbar seinem persönlichen Wunschzettel entnommen zu haben. In *Offensive against Germany* kritisierte er erneut die gleichgültige Haltung der französischen und britischen Regierung gegenüber den Flüchtlingen aus dem «Dritten Reich», und die vorgenommenen Internierungen geißelte er als «Menschenjagd», «mit der England nicht nur Hitlers Methoden kopierte, sondern sich auch an dessen Opfern verging». Statt dessen schlug er vor, alle Emigranten in ihren jeweiligen Gastländern einzubürgern und es ihnen zu ermöglichen, das «andere Deutschland» auch institutionell zu repräsentieren. Die britische Regierung solle exilierte Politiker zu den Planungen für die Nachkriegszeit hinzuziehen, geflohene Wissenschaftler und Künstler könnten an einer eigenen Universität beziehungsweise Akademie unterrichten, deutsche Soldaten an der Seite der alliierten Verbände kämpfen. Womöglich, schwärmte Haffner, würden ortskundige Spezialeinheiten sogar in der Lage sein, einen Guerillakrieg gegen Einrichtungen der Gestapo und Waffen-SS aufzunehmen.[99] Während eines Mittagessens mit dem unabhängigen Unterhaus-Abgeordneten Commander Stephen King-Hall soll er sich im März 1941 dafür ausgesprochen haben, eine Fallschirmtruppe aus Emigranten zusammenzustellen und als Selbstmordkommando über Deutschland abspringen zu lassen. Koordinieren, meinte er in seinem Buch, könnte solche Aktionen eine «Freie Deutsche Regierung, die in London als Teil eines europäischen Kabinetts handelt und dem Britischen Kriegskabinett verantwortlich ist».[100]

Diese Vorschläge gingen nahtlos in Haffners Konzept für die internationale Nachkriegsordnung über. Anders als 1940, als er noch ausdrücklich festgestellt hatte, daß europäische Einigungsideen «kaum verlockend auf die Deutschen wirken», trat er in seinem neuen Buch für die Gründung eines «new Commonwealth of Europe» unter britischer Führung ein, um einen Rückfall in die instabilen politischen Verhältnisse der zwanziger und dreißiger Jahre zu verhindern. Nach Ende des Krieges sollte dann eine in London ansässige und mit umfangreichen Kompetenzen ausgestattete europäische Regierung sämtliche industriellen Ressourcen des Kontinents lenken und den Aufbau einer gemeinsamen Armee organisieren, was seiner Meinung nach sogar die Teilung Deutschlands zu einem überflüssigen Ansinnen machen würde.[101]

So herbeigeholt Haffners Ratschläge teilweise wirken – in eher linken Kreisen, so etwa von der Feministin und unabhängigen Unterhausabgeordneten Eleanor Rathbone, wurden sie begeistert aufgenommen.[102] Nicht ohne Grund. Denn in der *Labour Party* und in den verschiedenen Gruppen der emigrierten Sozialdemokraten kursierten unzählige Entwürfe für ein geeintes Europa, und sozialistische Intellektuelle drangen darauf, den kriegführenden Völkern als Anreiz für die zu leistenden Entbehrungen den Aufbau einer Planwirtschaft in Aussicht zu stellen. Zudem war in jenen Zirkeln die Bereitschaft, den Emigranten eine politische Rolle zuzubilligen, sehr viel stärker ausgeprägt als bei konservativen Politikern, die, wie Winston Churchill, im Kampf gegen Hitler-Deutschland weitgehend auf militärische und diplomatische Mittel vertrauten. Der von Haffner gewiß nicht zufällig ins Spiel gebrachte John B. Priestley und der Verleger Edward Hulton etwa betrachteten den gegenwärtigen Konflikt als internationalen Bürgerkrieg, der totale Maßnahmen erfordere, so den massiven Einsatz von Propaganda oder Guerillatruppen.[103]

Es gab freilich auch Leser, die von Haffners Überlegungen keineswegs angetan waren; und geradezu ein Verriß seines Buches findet sich in der Akte, die der britische Geheimdienst während des Zweiten Weltkrieges über den Emigranten angelegt hat. Für den anonym gebliebenen Verfasser geriet *Offensive against Germany* vor allem durch die «masslose Ueberschätzung der Opposition» und die «masslose Ueberschätzung der Propaganda» sowie aufgrund der Vision eines «europäischen Commonwealth unter englischer Führung» zu einem wahrhaft «phantastischen Buc[h]». Außerdem störte den Unbekannten, in welch «überheblicher Form» Haffner «Europa seine Ratschläge» erteile. Selbst Nachsicht vemochte das Resümee kaum zu mildern. «Haffner», heißt es da, sei «weltfremd, nicht bösartig».[104]

Immerhin richtete die britische Regierung 1941 tatsächlich ein «Amt für Politische Kriegführung» ein, um die bereits angelaufenen Aktivitäten der Feindpropaganda zu koordinieren und auszubauen.[105] Aber nicht nur deswegen waren die dargelegten Herabsetzungen kaum geeignet, Haffners öffentliches Ansehen zu beschädigen. Ein Beamter des britischen Außenministeriums, der seine beiden Bücher gelesen hatte, schätzte ihn als «anregenden und intelligenten Autor», und ein Journalist des *Daily Telegraph* nannte ihn in einem Atemzug mit Thomas Mann, weil Haffner ohne unmittelbare Bedrohung seine Heimat verlassen und eine sicherlich glänzende Karriere im «Dritten Reich» ausgeschlagen habe. Auch erste Kontakte zur englischen Presse bahnten sich nun an. Im März 1941 brachte Edward Hultons *Picture Post* einen Beitrag von ihm, und zwei Monate später, im Mai 1941, sollen ihn diverse berühmte englische Kollegen konsultiert haben, um seine Meinung zu Rudolf Heß' mysteriösem Schottlandflug einzuholen.[106]

Wichtiger aber war zunächst, daß das Projekt einer deutschsprachigen Zeitung, nachdem es durch das britische Informationsministerium und das *Foreign Office* sorgfältig geprüft worden war, Anfang des Jahres 1941 bewilligt wurde und am 12. März *Die Zeitung*, wie das Blatt nun tatsächlich hieß, erstmals erscheinen konnte. Die Abnehmer der etwa 20 000 gedruckten Exemplare waren in erster Linie Emigranten und Kriegsgefangene. Da viele der ausgewanderten oder geflohenen Deutschen in bedrängten finanziellen Verhältnissen lebten, mußte die britische Regierung das Unternehmen allerdings massiv bezuschussen, und diese finanzielle Belastung sollte einige Monate später einen wesentlichen Grund dafür liefern, *Die Zeitung* im Januar 1942 von einer täglichen auf eine erweiterte wöchentliche Ausgabe umzustellen.[107]

Um es der nationalsozialistischen Propaganda bei ihren erwarteten Angriffen auf das Blatt nicht allzu leicht zu machen, hatten die englischen Behörden darauf geachtet, die Redaktion nicht ausschließlich mit linken oder jüdischen Presseleuten zu besetzen. Hans Lothar hatte den Posten des Chefredakteurs inne, Haffner war für Politik zuständig, und daneben ergänzten unter anderem der ehemalige preußische Ministerialbeamte Dietrich Mende, der Journalist Julius Reichenheim, der Schriftsteller Wolfgang von Einsiedel und der Wirtschaftsexperte Hans Uhlig die in London ansässige Redaktionsmannschaft. Außerdem war bei den Sitzungen ein Beauftragter des Informationsministeriums anwesend, der über die politische Linie des Blattes wachte. Darüber hinaus gab es eine große Zahl freier Mitarbeiter und gelegentlicher Beiträger, darunter Erika Mann, Kurt Hiller, Winston Churchill oder Henry Wickham Steed, und für die erste Ausgabe steuerte kein Geringerer als Thomas Mann ein Grußwort bei.[108]

Während Haffner etwa zweieinhalb Jahre nach seiner Ankunft in England eine feste, wenn auch bescheidene Existenzgrundlage gefunden hatte, ist er mit dem Vorhaben, eine politische Vertretung der deutschen Emigranten ins Leben zu rufen, ebenso schnell wie gründlich gescheitert. Nicht ganz zu Unrecht hat er seinen Plan im Rückblick als «größenwahnsinnige Idee» verworfen. Daß aus seinen Ambitionen nichts werden würde, zeigte sich bereits Ende März 1941, als er in der *Zeitung* einen Artikel über «Die Verantwortung der deutschen Emigration» veröffentlichte, in dem er seine geflohenen Landsleute aufforderte, nach Kriegsende in ihre Heimat zurückzukehren und den politischen Neubeginn in die Hand zu nehmen. «England und Amerika brauchen keine neuen Einwanderer», meinte Haffner, «England und Amerika brauchen Deutsche, die willens und imstande sind, Deutschland wieder in die gesittete Völkergemeinschaft der Welt zurückzuführen – und denen sie trauen können».[109]

Viele Emigranten dachten ganz anders. Vor allem jüdische Flüchtlinge schlossen eine Rückkehr in ihre alte Heimat aus und bemühten sich um eine rasche Integration in die Gesellschaft ihres jeweiligen Gastlandes. Daneben wurden weitere Einwände erhoben. Einer der zahlreichen Leser, der sich über Haffners Artikel empörte, rekurrierte auf das Recht zur freien Wahl des Wohnsitzes, und Hans Lothar fürchtete, daß die Daheimgebliebenen die Emigranten als Verräter ansehen könnten, was ja in der Tat einigen von ihnen, Willy Brandt etwa oder Marlene Dietrich, widerfahren ist.[110]

Besonderen Anstoß erregte jedoch Haffners radikale Kritik an der innerdeutschen Opposition. Sie habe, so sein Vorwurf, auf ganzer Linie versagt, da sie während der *drôle de guerre*, also dem Zeitraum zwischen Herbst 1939 und Frühjahr 1940, als ein Großteil der Bevölkerung schon bewaffnet, aber noch nicht in Kampfhandlungen verwickelt gewesen war, auch die letzte Chance, einen Aufstand zu organisieren, habe verstreichen lassen. Von daher, meinte Haffner, seien alle im «Dritten Reich» verbliebenen Gegner Hitlers diskreditiert und kämen nach Kriegsende für einen glaubwürdigen Neuanfang nicht in Frage.[111] Diese These war nicht nur äußerst problematisch, weil Haffner um die Schwierigkeiten, gegen das nationalsozialistische Regime Widerstand zu leisten, aus eigener Erfahrung wußte und im übrigen selbst nur aus einer zufälligen privaten Konstellation heraus Deutschland verlassen hatte. Sie rührte außerdem empfindlich am Selbstverständnis der emigrierten Vertreter der linken Parteien und Gewerkschaften, dem zufolge diesen Organisationen – und insbesondere jenen Mitgliedern, die im Untergrund gegen die braune Diktatur kämpften – nach Kriegsende eine maßgebliche politische Rolle zustehe.[112]

Insofern stellten Haffners Forderungen für die in London versammelte SPD-Spitze, die SOPADE, eine unverschämte Anmaßung dar. Mochten die emigrierten Parteimitglieder und Gewerkschaftsfunktionäre auch heillos untereinander zerstritten sein, einig waren sie sich darin, den Führungsanspruch eines politischen Nobody entschieden zurückzuweisen, noch dazu wenn es sich um einen bürgerlichen Journalisten handelte, der sich unterstanden hatte, sie mit den infamsten Diffamierungen zu überziehen. Entsprechend heftig fielen die Reaktionen auf seinen Artikel aus. Mit welchem Recht, ereiferte sich ein anonym gebliebener Autor in der Gewerkschaftszeitung *Die Arbeit*, erlaube sich «der Mann aus der Beamtenfamilie», über die Zukunft Deutschlands zu befinden. Um einmal politische Verantwortung übernehmen zu können, sei es notwendig, «dass man nicht nur neuerdings über Politik schreibt, nachdem das mit der Beamtenkarriere nicht geklappt hat, sondern auch, dass man über eine politische Basis, politische Erfahrungen und den Nachweis einer früheren politischen Aktivität» verfüge. Außerdem warf der unbekannte Verfasser Haffner Wankelmütigkeit vor. «Er wird sich korrigieren, so wie er in seinem zweiten Buch (*Offensive against Germany*) sein erstes kritisiert hat, so wie er unberührt von Grundsätzen eigener Erkenntnis die Spalten seines Blattes füllen wird.»[113]

Damit begann die langjährige Fehde zwischen der *Zeitung* und der linken Emigration. Haffner und Lothar wurden wegen ihrer bürgerlichen Gesinnung angegriffen, und man machte ihnen ihren späten Weggang – Lothar hatte 1936 Deutschland verlassen – zum Vorwurf. Die im März 1941 gegründete «Union deutscher sozialistischer Organisationen in Großbritannien», ein Dachverband verschiedener linker Exilgruppen, hielt ihre Mitglieder sogar zu einem Boykott des Blattes an, der erst 1944 aufgehoben wurde. Haffner stand im Mittelpunkt der Attacken. Gefragt, ob er sich die Mitwirkung eines Unions-Vertreters bei der *Zeitung* vorstellen könne, erklärte der emigrierte SPD-Politiker Walter Auerbach im April 1941, «dass meines Wissens kein Sozialist mit einem Haffner zusammenarbeiten würde».[114]

Die englischen Behörden haben die Querelen um Haffner und *Die Zeitung* mit der landestypischen Gelassenheit beobachtet. Ein Londoner Polizist vermerkte im April 1941, daß Haffners Tätigkeit «als unmittelbarer Beitrag zur Stärkung der britischen Kriegsanstrengungen betrachtet werde». Einige Monate später stellte ein Mitglied des *Foreign Office* mit angelsächsischem Pragmatismus fest: «Die Leute, die *Die Zeitung* leiten, haben eine gewisse Zahl von aktiven Kritikern und Gegnern unter den deutschen Flüchtlingen, aber ich denke, das gleiche könnte von jeder anderen deutschen Flüchtlingsgruppe gesagt werden, und nicht einmal nur von den deutschen!» Was der Beamte allerdings bedauerte, war der Umstand, daß das Blatt bei vielen Emigranten als «langweilig und farblos» gelte.[115]

An Haffner lag das gewiß nicht, passierten doch in seinen Artikeln die ungeheuerlichsten Dinge. Als Ende März 1941 der britische Botschafter Edward Frederick Lord Halifax in New York mit dem amerikanischen Präsidenten Franklin D. Roosevelt die Gemeinschaft der angelsächsischen Staaten beschwor, wertete Haffner das Treffen als «einen der größten weltgeschichtlichen Vorgänge», und in der Rede des ehemaligen englischen Außenministers entdeckte er «Nebensätze […], die historische Ereignisse sind». «Die Keimzelle des geeinten Europa», glaubte er im Frühjahr 1942, «wird der Historiker wahrscheinlich später in dem Beschluss der zweiten St. James-Konferenz vom 24. September 1941 erblicken, ein Büro in London einzurichten, das alle Massnahmen zur Nahrungsbeschaffung für den Kontinent nach der Einstellung der Feindseligkeiten koordiniert.» Die Nationalsozialisten hatten dagegen beständig mit Mißlichkeiten zu kämpfen. Unmittelbar nach dem ominösen Schottlandflug von Hitlers Stellvertreter Rudolf Heß im Mai 1941 stellte Haffner den «Zusammenbruch der deutschen Inlandspropaganda» fest und einige Monate später, im August, diagnostizierte er den Zerfall der nationalsozialistischen Führungsspitze und behauptete, jetzt habe sich auch Hermann Göring von der Politik zurückgezogen.[116]

Seine militärischen Analysen folgten dem gleichen Strickmuster. Während Haffner den englischen General Archibald Wavell noch für seinen Rückzug aus dem nordafrikanischen Bengasi als «Meisterstratege[n]» feierte, stand für ihn umgekehrt schon am 13. August 1941, nachdem der Vormarsch der Heeresgruppe Mitte Ende Juli vorläufig zum Erliegen gekommen war, fest, daß sich das Schlachtenglück zugunsten der Alliierten gewendet hatte. «Hitler», war er sich sicher, «hat, mit seinem Einfall in Russland, eine Saugpumpe an den Körper seiner Armeen gesetzt, die stromweise das Blut aus ihnen herauspumpt.» Dabei zeugen Haffners Kommentare, trotz aller offenkundig propagandistischen Absichten, von militärstrategischem Sachverstand. Im Oktober 1941 warnte er in einem klugen Artikel über den Faktor Zeit davor, das englische Expeditionskorps allzu bald auf den europäischen Kontinent zu entsenden. Denn während Hitler die Ressourcen des Reiches bereits vollständig mobilisiert habe und mit zunehmender Dauer des Krieges Erschöpfungs- und Verschleißerscheinungen gewärtigen müsse, verhalte es sich mit dem Kräftepotential seiner Gegner genau umgekehrt. Der deutsche Diktator befinde sich, so brachte es Haffner auf den Punkt, «in der üblen Lage eines Schachspielers [...], der zwei Züge auf einmal machen müsste».[117]

Brach in solchen und anderen Analysen unverkennbar die einstige Schuljungenbegeisterung für den Krieg durch, so hat eine andere Passion, seine ausdauernde Verehrung Winston Churchills, in dieser Zeit ihren Anfang genommen. «Die Persönlichkeit dieses einen Mannes, sein politischer Instinkt, sein Mut, seine Macht als Redner haben Hitlers Zersetzungsoffensive zerschmettert», hatte Haffner schon in *Offensive against Germany* geschwärmt, und in der *Zeitung* bejubelte er das «hinreissende Pathos» und «den Fanfarenklang Churchillscher Kampfesreden».[118] Außerdem war er sich mit dem britischen Premierminister einig, daß der Krieg gegen das nationalsozialistische Deutschland bis aufs äußerste geführt werden müsse, daß Kompromisse mit einem Hitler nicht möglich seien. Gemäß «den Maßstäben des 19. Jahrhunderts, die Mr. Chamberlain leiteten», sei das Münchner Abkommen zweifellos «ein Meisterstück» gewesen, hatte es schon in *Offensive against Germany* geheißen. Doch angesichts der verbrecherischen Mentalität Hitlers wirkten auf Haffner jene Realisten, die nach wie vor glaubten, zu einem rational begründeten Interessenausgleich mit dem Diktator gelangen zu können, wie «Farbenblinde», wie «Leute, die stolz darauf zu sein scheinen, daß sie grün für rot halten».[119]

Da Hitler also *à tout prix* niedergerungen werden mußte, legte Haffner großen Wert auf die Entschlossenheit der kriegführenden Nationen. An dem amerikanischen Leih- und Pachtgesetz, das Präsident Franklin D. Roosevelt am 11. März 1941 unterzeichnet hatte, um die Lieferung von Rüstungsprodukten nach Großbritannien zu ermöglichen, war ihm die Stärkung des englischen Widerstandswillens das wichtigste. «Die unmittelbare kriegswirtschaftliche Bedeutung des amerikanischen Hilfsgesetzes [...] ist gross», resümierte Haffner in einem seiner ersten Artikel für *Die Zeitung*, aber «[s]eine moralische Bedeutung ist grösser. Es bedeutet einen Wechsel der Weltatmosphäre.»[120]

Noch sehr viel Erstaunlicheres ließ er geschehen. Am 14. August 1941 hatten Churchill und Roosevelt die Atlantik-Charta verkündet, und einige Wochen danach signalisierte die Sowjetunion, daß sie mit den Grundsätzen der Erklärung, dem Selbstbestimmungsrecht der Völker und einem generellen Verzicht auf Annexionen, einverstanden sei. Haffner war selig. Gewiß, frohlockte er am 8. Oktober 1941, werde der «grösste Machtblock der Weltgeschichte» Deutschland in kurzer Zeit niederwerfen. Darüber hinaus war er überzeugt, daß die drei Staaten ihre militärische, wirtschaftliche und politische Kooperation auch nach dem Krieg fortsetzen würden, um auf der Basis gemeinsamer Ideale Weltpolitik zu betreiben.[121] Davon, daß er nach dem Hitler-Stalin-Pakt «die Liquidierung beider Regime» gefordert hatte, daß ihm in *Germany: Jekyll and Hyde* die Versicherung wichtig gewesen war, er sei «der Letzte, der den Ernst der bolschewistischen Gefahr und die Notwendigkeit von Bollwerken gegen sie ignoriert», und davon, daß auch *Die Zeitung* «grundsätzlich antibolschewistisch» sein sollte, war nun keine Rede mehr. «[M]an müsste blind sein», fand Haffner, «um die grundlegenden Wandlungen zu übersehen, die sich in der Stalin-Periode [...] vollzogen haben», und

> «dass der ‹Bolschewismus› von 1941 mit dem von 1917 kaum mehr als den Namen gemeinsam hat. Die Rückkehr zum Patriotismus in Russland ist selbst der harthörigen Welt der dreissiger Jahre nicht entgangen; die Rückkehr zur Familie ist ebensowenig übersehbar. Und glaubt irgendjemand wirklich, die Verfassung von 1936 – eine in allen Grundzügen demokratische Verfassung – sei nur so zum Spass eingeführt worden und bezeichne nicht zum mindesten ein staatlich festgelegtes und ‹geplantes› Entwicklungsziel?»[122]

Ob dieses Szenario allein seinem Enthusiasmus über die «Die große Allianz» entsprungen ist, oder ob er bei seiner grandiosen Fehleinschätzung irgendeiner obskuren Vorlage aufgesessen ist, läßt sich nicht mehr ermitteln. Immerhin befand sich Haffner – soviel ist gewiß – mit seiner bedenkenlosen Euphorie tendenziell im Einklang mit der Stimmung in seinem Gastland, die sich infolge des deutschen Einfalls in die Sowjetunion rasch zugunsten des neuen Leidens- und Bundesgenossen entwickelt hatte. Bereits in den Monaten vor dem überraschenden Angriff waren die Aversionen gegen das kommunistische Riesenreich in dem Maße zurückgegangen, in dem das nationalsozialistische Problem die Herzen und Köpfe der Inselbewohner in Beschlag genommen hatte. Als sich dann die Hauptlast der Kriegführung im Juni 1941 plötzlich nach Osten verlagerte, kamen die Briten nicht nur in den Genuß einer unverhofften Atempause; in der Folgezeit sollte sich ihre Dankbarkeit häufig sogar zu bewundernder Sympathie auswachsen, je mehr sich die Rote Armee als ernstzunehmender Gegner der Wehrmacht entpuppte.[123]

Während es in diesem Fall also denkbar wäre, daß sich Haffner vom Strom der öffentlichen Meinung hat mitreißen lassen, so ist gemeinhin die Genese seiner Ansichten kaum zu rekonstruieren. Wie er es zeitlebens halten sollte, hat er auch in den Kriegsjahren nur selten zu erkennen gegeben, auf welche Quellen er seine Ausführungen stützte. Gelegentlich nannte er Bücher, die er konsultiert hatte, und manchmal berief er sich auf ausländische Meldungen oder Berichte aus dem «Dritten Reich».[124] Natürlich waren bei dieser Art von Recherche selbst einem so findigen Leser wie Haffner Grenzen gesetzt, weshalb er es gerne gesehen hätte, auf inoffizielle Nachrichtenkanäle zugreifen zu dürfen. Möglicherweise ist ihm das sogar geglückt, waren doch 1944 selbst Mitarbeiter des englischen Geheimdienstes überrascht, wie gut der Emigrant in manchen Angelegenheiten informiert war.[125] Von dem Völkermord an den europäischen Juden scheint er jedoch nichts gewußt zu haben. In seinen Artikeln findet sich dazu kein Hinweis, und 1993 hat er eingeräumt, daß er «das, was man jetzt hier den Holocaust nennt, [...] als solchen in England nie wahrgenommen» habe.[126]

Angesichts seiner Wankelmütigkeit ist es jedenfalls kein Wunder, daß die britischen Nachrichtendienste eine außergewöhnliche Fülle von Meinungen über ihn zusammengetragen haben. Auf einem Personalbogen des Informationsministeriums vom Februar 1941 werden Haffner «linksgerichtete Tendenzen» zugeschrieben, während ein längerer Bericht, der keine zwei Monate später entstanden ist, davon ausgeht, «daß ein Politiker wie Stresemann sein Führer gewesen wäre». Einer anderen Quelle zufolge sympathisierte Haffner mit der Sowjetunion. Auf einer Redaktionssitzung der *Zeitung* soll er vorhergesagt haben, daß nach dem Untergang des «Dritten

Reiches» ein faschistisches England unter Führung des gegenwärtigen Arbeitsministers Ernest Bevin gemeinsam mit den anderen kapitalistischen Ländern einen Krieg gegen das bolschewistische Rußland beginnen werde. Wie um das ideologische Tableau zu vervollständigen, muß ein Zuträger namens «Kurt» Haffner im September 1941 als «knallharten Reaktionär, in mancher Hinsicht sogar noch reaktionärer als die Nazis», eingestuft haben.[127]

Eine gewisse politische Inkonsistenz – zumindest dies läßt sich zu Haffners Verteidigung anführen – wurde durch die Burgfriedenstimmung jener Jahre gefördert. *Die Zeitung* werde keine Parteilinie verfolgen, hatten Haffner und Lothar schon in ihrem Gründungsprotokoll angekündigt, sondern für «die Möglichkeit einer Synthese von dem wiederentdeckten, verjüngtem europäischen Konservatismus, Sozialismus und Liberalismus» eintreten.[128] Dennoch steht natürlich außer Frage, daß er über einen außergewöhnlichen Reichtum an Meinungen gebot. Seine Beiträge für die *Zeitung*, heißt es in einer Aktennotiz des *Foreign Office* vom Januar 1943, zeigten «eine starke Verworrenheit und ein Schwanken von einem Extrem ins andere»; und noch 1946 fand ein Mitarbeiter des britischen Inlandsgeheimdienstes M.I.5: «Unsere Unterlagen zu Raimund PRETZEL sind bemerkenswert für ihre Unstimmigkeit über seine politischen Ansichten.»[129]

Geschadet hat ihm seine Sprunghaftigkeit indes kaum. In Emigrantenkreisen schlug Haffner zwar ein gewisser Argwohn entgegen – Alfred Kerr sprach sich etwa im Herbst 1941 «aufgrund der politisch undurchsichtigen Haltung seiner Zeitung» gegen eine Aufnahme Haffners in den deutschen PEN-Club in London aus[130] –, aber in Großbritannien scheint seine politische Vielseitigkeit eher geeignet gewesen zu sein, ihm zu einer möglichst großen Schar von Anhängern zu verhelfen. Mit *Germany: Jekyll and Hyde* hatte er einen Vansittartisten wie Henry Wickham Steed beeindruckt, sein Plädoyer für einen Propagandakrieg und seine Forderung, die deutschen Emigranten in die britischen Bemühungen einzubinden, war in linken Kreisen positiv aufgenommen worden, während er sich zugleich als Bewunderer des konservativen Premierministers Winston Churchill profilierte.

Auf diese Weise gediehen, wie bereits angedeutet, auch seine Kontakte zur englischen Presse. Im Sommer 1941 erhielt er die Gelegenheit, für den *Observer*, eine der renommiertesten bürgerlichen Zeitungen des Landes, einen Beitrag über Massenpolitik zu schreiben, und im August 1942 druckte der *World Review* einen Artikel von ihm. Die darin vorgetragenen

Überlegungen, wie Deutschland nach dem Krieg befriedet und in die europäische Staatenlandschaft integriert werden könne, sorgten zwar nicht in England, dafür aber in seiner Heimat für Schlagzeilen, nachdem schon seine Gedanken über «Die Verantwortung der deutschen Emigration» im Auswärtigen Amt auf reges Interesse gestoßen waren.[131]

Ausgehend von der Auffassung, der zufolge der Nationalsozialismus in erster Linie eine antizivilisatorische Ideologie sei, trat Haffner im August 1942 dafür ein, daß die Siegermächte nach dem Ende des «Dritten Reiches» für eine Wiederbelebung humanistischer und christlicher Werte Sorge tragen müßten. Deswegen schien ihm insbesondere ein verstärktes Engagement der Kirchen wünschenswert. Darüber hinaus sollten die kriminellen Elemente des Regimes ausgeschaltet werden, als deren Sammelbecken Haffner die Waffen-SS ansah. «Dabei handelt es sich um eine harte, grausige Angelegenheit», räumte er ein. «Aller Wahrscheinlichkeit nach läuft es auf die Tötung von mehr als 500 000 Männern hinaus, entweder durch ein summarisches Kriegsgericht [...] oder sogar ohne eine solche Zeremonie.» Alternativ könnte man die SS allenfalls in «ein mobiles Zwangsarbeiter-Heer zur internationalen Verfügung umwandeln, was allerdings kaum etwas anderes bedeuten würde, als daß die lebenslang Dienstverpflichteten gewissermaßen lebendig begraben würden.» Trotz seiner Grausamkeit hielt Haffner die Umsetzung dieses Plans für unausweichlich. «Es wäre kriminelle Sentimentalität, würde man die Terroristen am Leben und im Ausland lassen, wenn der teuer erkaufte Sieg es letztlich ermöglichen würde, sie zu beseitigen. Millionen sollen nicht in diesem Krieg gegen den Nazismus sterben, damit am Ende [...] die Nazis womöglich am Leben bleiben, um den Frieden zu vergiften und den nächsten Krieg zu planen.»[132]

«Ich kriegte wieder einen Anfall von wildem Deutschenhass»[133], hatte er schon in einem privaten Brief vom Januar 1941 bekannt, und ähnliche Gefühle dürften Haffner auch beim Schreiben des erwähnten Artikels die Feder gelenkt haben, wenn nicht wieder einmal seine Angewohnheit, einen eingeschlagenen Gedankengang bis an sein drastisches Ende zu durchlaufen, für den schauerlichen Vorschlag verantwortlich war. In jedem Fall hat er sich in unübersehbare Widersprüche verheddert. Wie etwa sollte die von ihm angemahnte Rückbesinnung auf zivilisatorische Werte gelingen, wenn an ihrem Anfang ein Akt von alttestamentarischer Grausamkeit stehen würde? Und hatte er nicht selbst im März 1941 gegenüber Kommander King-Hall darauf gedrängt, daß sich die britische Regierung unbedingt von den Plänen eines Vansittart distanzieren müsse, sollten nicht alle Hoffnungen auf eine Revolte gegen die Nationalsozialisten vergeblich sein?[134]

Der *Völkische Beobachter* hat den Artikel denn auch weidlich ausgebeutet und sich auf die Motive Haffners einen eigenen Reim gemacht. «Alle SS-Männer müssen ausgerottet werden», lautete die Schlagzeile der Ausgabe vom 11. Dezember 1942, und im folgenden bediente sich der Verfasser aus dem reichhaltigen Arsenal an Feindbildern und Schmähungen, über das die Nationalsozialisten geboten. Haffner wurde als «Verköperung menschlicher Verworfenheit» und «Wortführer seiner jüdisch-amerikanischen Zuhälter» bezeichnet, und seine Forderung als neuerlicher Beweis für «die verbrecherischen Instinkte des Judentums» sowie für den «Vernichtungswillen des modernen Pharisäertums angelsächsischer Prägung» ausgelegt.[135]

Aufstieg zum außenpolitischen Vordenker – In der Redaktion des Observer

Damals, Ende des Jahres 1942, war Haffner bereits Mitarbeiter des *Observer*. Anfang Juli hatte er seinen letzten Artikel für *Die Zeitung* geschrieben und war bald darauf zu der renommierten Sonntagszeitung gewechselt, an der er zuvor schon gelegentlich mitgewirkt hatte.[136] Damit war ihm eine enorme berufliche Verbesserung gelungen, zunächst wohl weniger finanziell[137] als was das Prestige seines Arbeitgebers und seine potentiellen Einflußmöglichkeiten betraf. Schließlich erschien das älteste englische Wochenblatt in einer Auflagenhöhe von 250 000 Exemplaren, und ein Gutteil der politischen und intellektuellen Elite des Königreiches gehörte zu seinen regelmäßigen oder gelegentlichen Autoren, darunter der bekannte Sozialpolitiker Sir William Beveridge und George Orwell.[138] Nimmt man noch hinzu, daß Haffners Interesse an der *Zeitung* sich merklich abgekühlt haben dürfte, nachdem seine Hoffnungen, eine Exilregierung zu bilden, an der grimmigen Ablehnung der anderen Emigranten zerschollen waren, dann sollte ihn der Abschied von seiner Gründung nicht weiter geschmerzt haben.

Entgegengekommen waren ihm bei seinem gewaltigen Karrieresprung gleich mehrere glückliche Umstände. Im Februar 1942 waren die seit längerem schwelenden Meinungsverschiedenheiten zwischen Lord William

Waldorf Astor, dem Eigentümer des *Observer*, und James Louis Garvin eskaliert, und der langjährige Chefredakteur hatte die Zeitung verlassen müssen. Die Lücke, die Garvin hinterließ, war groß. Seit 1908 hatte er, lediglich unterstützt von einem kleinen Mitarbeiterstab, die politische Linie des Blattes bestimmt.[139] Die Suche nach Ersatz – Astor wollte seiner konservativ ausgerichteten Zeitung ein neues, unabhängiges Profil geben – erwies sich jedoch als unerwartet schwierig. Viele Journalisten waren zum Kriegsdienst eingezogen worden, so daß, wie David Astor, der zweite Sohn von Lord Waldorf Astor, einmal gesagt haben soll, als Mitarbeiter lediglich alte Männer, Frauen und Ausländer in Frage gekommen seien. Beim *Observer* hielt man sich vor allem an letztere, und so sollte Haffner in den Redaktionsräumen des Blattes unter anderem dem polnischen Trotzkisten Isaac Deutscher und dem aus der Schweiz stammenden Militär-Experten Jon Kimche begegnen.[140]

Noch ein weiterer Umstand gereichte ihm zum Vorteil. Die Astors, die von Bewohnern des kleinen Ortes Waldorf in der Nähe von Heidelberg abstammten, waren ausgesprochen deutschfreundlich eingestellt. Lord William Waldorf Astor und seine Frau Nancy hatten in den dreißiger Jahren die Appeasement-Politik der englischen Regierung unterstützt und sogar eine Gruppe von gleichgesinnten Politikern, einflußreichen Beamten und Journalisten um sich gesammelt, das sogenannte Cliveden-Set, das seinen Namen dem bevorzugten Treffpunkt des Kreises, einem Landsitz der Astors in Buckinghamshire, verdankte. Zu Haffners eigentlichem Fürsprecher aber wurde David Astor, der sich Deutschland ebenfalls verbunden fühlte, wenn auch auf etwas andere Weise als seine Eltern. 1912 geboren, hatte der Sohn des *Observer*-Eigentümers Anfang der dreißiger Jahre, während des Studiums in Oxford, den etwas älteren Adam von Trott zu Solz kennengelernt und sich mit ihm angefreundet. Trott, der Hegel lesende Jura-Student, stieg bald zum Idol seines englischen Kommilitonen auf und vermachte diesem seine entschiedene Ablehnung des Nationalsozialismus, in dem der deutsche Adelige, der 1944, weil er in den gescheiterten Staatsstreich gegen Hitler verwickelt war, hingerichtet werden sollte, schon früh eine zivilisatorische Katastrophe erkannt hatte.[141]

Von daher war Astor nicht nur für Haffners Ansichten empfänglich, der schüchterne und geistige Anlehnung suchende Engländer, der Oxford ohne Abschluß verlassen hatte, war ganz allgemein nicht abgeneigt, sich der intellektuellen Führung eines Deutschen anzuvertrauen. Tatsächlich sollte Haffner, den Astor irgendwann Anfang der vierziger Jahre kennenge-

Abb. 15 Entscheidend für Haffners Einstieg beim Observer *war die Bekanntschaft mit David Astor (rechts). Dieser fühlte sich seit seinen Oxforder Studententagen zu Beginn der dreißiger Jahre dem deutschen Adeligen Adam von Trott zu Solz (links) verbunden und war von daher prinzipiell nicht abgeneigt, sich der intellektuellen Führung eines Deutschen anzuvertrauen.*

lernt haben muß, später zeitweise eine ähnliche Bedeutung zuwachsen, wie sie einst Adam von Trott besessen hatte. Doch zunächst einmal vermittelte Astor, der seinem Vater bei der Neustrukturierung der familieneigenen Zeitung behilflich war, den Emigranten an den *Observer*.[142]

Trotz der diversen Umstände und Faktoren, die Haffners Eintritt in die *Observer*-Redaktion begünstigt haben, stellte der Wechsel zu der angesehenen Sonntagszeitung für den deutschen Journalisten einen herausragenden persönlichen Erfolg dar. Neben dem erworbenen Renommee als Deutschland-Experte und origineller Kopf kam ihm bei seinem rasanten Aufstieg ein beachtliches Sprachtalent zugute. Zwar hatte Haffner bereits im Januar 1941 einen Brief an Irene Landry nahezu komplett auf Englisch abgefaßt, und einige Wochen später flossen in eine weitere Nachricht an die Frau seines Freundes Wendungen wie «Worryen Sie nicht zu sehr wegen der

Invasion» ein, die Haffner im übrigen für ziemlich unwahrscheinlich hielt.[143] Dennoch mußte er im Sommer 1942 noch lernen, wie ein englischer Journalist zu schreiben, was ihm, so Haffner in verschiedenen Rückblicken, innerhalb weniger Wochen gelungen sei. «Ich sagte mir jeden Satz, den ich schrieb, innerlich nicht dreimal, [sondern] zehnmal auf», hat er 1993 berichtet, «und horchte hin [...], klingt der so, wie ein englischer Satz in einer englischen Zeitung klingt» – ein offensichtlich überaus taugliches Lernkonzept, bescheinigte doch schon im Juni 1944 später ein Mitarbeiter des britischen Inlandsgeheimdienstes Haffner «eine außergewöhnlich gute Beherrschung der englischen Sprache».[144]

Wie heikel die Mitarbeit eines ehemaligen feindlichen Ausländers an derart prominenter Stelle war, zeigen die allseitigen Bestrebungen, das wahre Ausmaß von Haffners Engagement zu vertuschen. Er selbst hat den Behörden lediglich angegeben, daß er seit dem 16. Juli 1942 als «freier Journalist» tätig sei, und die Verantwortlichen des *Observer* führten ihn als Beiträger.[145] Von seinen Artikeln sind ohnehin nur die wenigsten, in der Regel Rezensionen, unter Pretzels eigentlichem Pseudonym erschienen. Die politischen Analysen zeichnete Haffner mit «A Student of Europe», in den militärstrategischen Kolumnen nannte er sich «Liberator», was allerdings auch einige Kollegen taten, und sämtliche Kommentare und Porträts, von denen er Dutzende geschrieben haben soll, wurden ohne jegliche Namensangabe veröffentlicht.[146] Jedenfalls gab es genug für ihn zu tun. Wie David Astor in einem Brief vom 9. Dezember 1942 berichtete, hatte sein Schützling während der ersten Monate zahlreiche Meldungen bearbeitet und gelegentlich Sonderartikel und einige Editorials verfaßt. Spezielles Geschick habe er jedoch beim Erstellen der sogenannten «Profiles» bewiesen, jener eingehenden, allerdings ohne Autorenangabe publizierten Porträts, mit denen der *Observer* allwöchentlich aufwartete.[147]

Auch wenn sich aus dem erwähnten Pensum nur sehr wenige Beiträge mit Sicherheit Haffner zuordnen lassen, so bestand ein Schwerpunkt seiner Tätigkeit fraglos darin, die im «Dritten Reich» stattfindenden Entwicklungen, Vorgänge und Ereignisse zu analysieren.[148] Zweifelsohne war er für diese Aufgabe in hohem Maß geeignet. Durchaus zu Recht deutete er etwa in dem ersten Artikel, der nachweislich aus seiner Feder stammt, die Ernennung der SS-Chargen Otto Thierack und Karl Brandt zum Reichsjustizminister beziehungsweise zum Reichskommisar für das Sanitäts- und Gesundheitswesen als den vorläufigen Abschluß eines langfristigen Prozesses. Nach und nach, so «A Student of Europe» am 30. August 1942, seien jene konservativen Politiker und Beamten, die man 1933 in ihren Positionen belassen hatte, durch radikale Nationalsozialisten, insbesondere durch Mitglieder der Schutzstaffeln, ersetzt worden. Haffner, der bekanntlich große Worte liebte, wollte in diesem Vorgang sogar «Deutschlands zweite Revolution» erkennen, wobei ihm allerdings insgesamt das Bemühen nicht abgesprochen werden kann, den forschen und zuweilen pathetischen Ton sowie die überschwengliche Meinungsfreude, die er sich in seinen Artikeln für die *Zeitung* gestattet hatte, an seinem neuen Arbeitsplatz merklich zu dämpfen.[149]

Ohnehin waren die zeitweilig so sorgsam gepflegten Hoffnungen, eine Revolution könnte der nationalsozialistischen Herrschaft ein rasches Ende bereiten, schlagartig erloschen, spätestens seitdem Haffner das Emigrantenblatt verlassen hatte.[150] Das sollte bis zum Ende des Krieges so bleiben, und auch gegenteilige Anzeichen ließ Haffner nicht gelten. «Es wäre töricht zu hoffen, daß diese mutigen, vereinzelten Gruppen von Widerständlern und Rebellen in Deutschland die Gestapo besiegen können», bemerkte er im Mai 1943, als er von der Zerschlagung der studentischen Widerstandsgruppe «Weiße Rose» berichtete. Ebenso tat er den mißlungenen Anschlag vom 20. Juli 1944 als «amateurhafte Angelegenheit» ab.[151]

Das Schreiben solcher Meldungen war für Haffner inzwischen zu einer zweitrangigen Routineangelegenheit geworden, hatte er doch in erstaunlich kurzer Zeit eine redaktionsinterne Stellung erlangt, die es ihm erlaubte, die außenpolitische Linie des *Observer* mitzubestimmen. Zwar ist im Dezember 1942 anscheinend erwogen worden, ihn zu entlassen, aber David Astor hielt damals die Hand über den von ihm entdeckten Journalisten und verwies auf die geringen Kosten, die Haffner verursache. Ein paar Monate später, im März 1943, wurde er dann schon einer Gehaltserhöhung für würdig befunden.[152] Sein Aufstieg gewann an Fahrt.

Bereits im November 1942 hatte David Astor im Anschluß an ein Gespräch mit Haffner, das um die Optionen der britischen Außenpolitik gekreist war, anerkennend festgehalten, daß der Deutsche «mit seiner staatsmännischen und europäischen oder vielleicht sogar weltumspannenden Sichtweise diesen großen Themenkomplex äußerst intelligent angegangen» sei. Drei Wochen später hatte Astor dann jedoch einschränkend bemerkt, außenpolitische Kommentare von der Güte, wie sie die Analysen der *Times* besäßen, könnten von dem Emigranten wohl nicht erwartet werden.[153] In den folgenden Monaten gelang es Haffner, derlei Bedenken zu zerstreuen. Er und Jon Kimche hätten sehr wohl «den Verstand», um als

Leitartikler zu reüssieren, glaubte David Astor im März 1943. Allerdings fehle ihnen «der Status, um mit I. B.» – gemeint war der Chefredakteur, Ivor Brown, der übrigens ein gelernter Theaterkritiker war – «von gleich zu gleich zu reden». Doch schon Mitte Juni 1943 berichtete ein offenkundig stolzer David Astor an Thomas Jones, C. H., ein Mitglied des Aufsichtsrates, daß «beinahe jegliche politische Staatskunst + jegliche politische Linie, die das Blatt aufweist, ausschließlich auf Haffner (meinen Protegé) + mich zurückgehen».[154]

Astor wurde nun zu einem regelrechten Jünger seines einstigen Schützlings. Als der Sohn des Zeitungsbesitzers am 10. November 1944 über die Zukunft des *Observer* nachdachte, schätzte er von den gegenwärtigen Redakteuren lediglich zwei, Isaac Deutscher und Sebastian Haffner, als «absolut erstklassige Journalisten» ein. «Beide haben ein immenses Wissen, sind große Leser und generell sehr interessiert, sie sind hervorragende Autoren und haben im Prinzip den richtigen Standpunkt», meinte Astor, dem in seiner Begeisterung völlig entgangen zu sein scheint, daß die beiden Auserwählten sich damals «furchtbare Schlachten» über die Neuordnung Europas lieferten und wohl kaum in irgendeiner wesentlichen politischen Frage übereinstimmten.[155]

Allerdings war nicht nur David Astor von Haffners Fähigkeiten angetan. Ein Memorandum zu einer künftigen globalen Friedensordnung, das Haffner vermutlich im Oktober 1943 verfaßt hat, scheint Lord Waldorf Astor derart eingeleuchtet zu haben, daß er die sechsseitige Denkschrift bald als seine eigene ausgab.[156] Im Frühjahr 1944 hat man im Umfeld des *Observer* dann sogar erwogen, Haffners Thesen gemeinsam mit zwei weiteren Beiträgen zu einer Broschüre zusammenzufassen, die in politisch interessierten Kreisen verbreitet werden sollte. Aber nach einigem Hin und Her wurde das Vorhaben fallengelassen, unter anderem auch, weil Haffner anscheinend nicht in der Lage war, seinen mächtigen Eigensinn in die Schranken zu weisen und den inhaltlichen Vorgaben seiner Auftraggeber nachzukommen.[157]

Gleichwohl besitzen seine ursprünglichen Gedanken eine bestechende Plausibilität, insbesondere die einleitenden Überlegungen:

«1. Der eigentliche Grund für jeden Krieg ist die Existenz verschiedener Herrschaften. Es ist die Anarchie beziehungsweise die Abwesenheit einer Regierung, die, was die internationalen Angelegenheiten betrifft, Kriege möglich und wahrscheinlich machen.
2. Sicheren Frieden – also eine politische Situation, in der Krieg unwahr-

scheinlich und beinahe unmöglich ist – gibt es nur innerhalb eines Staates, z. B. in einem Gebiet, in dem eine Regierung das Gewaltmonopol besitzt.

3. Sicheren Frieden kann es deshalb auf der ganzen Welt nur geben, wenn ein Weltstaat geschaffen wird, dessen Regierung in allen Teilen der Welt das Gewaltmonopol besitzt.

[...]

5. Die Schaffung eines Weltstaates ist heute technisch möglich; (die Römer schufen und verwalteten, was damals ein ‹Weltstaat› war, mit unendlich viel bescheideneren technischen Mitteln); aber sie ist nicht politisch möglich angesichts des gegenwärtigen Zustands der Welt».

Immerhin hielt Haffner im weiteren Verlauf seiner Ausführungen wenn schon nicht einen Weltstaat, dann doch «einen pragmatischen Frieden von, sagen wir, 50 Jahren» für erreichbar, und zwar, wenn es gelingen würde, «ein Konzert der Mächte» einzurichten, das «auf einem Kräftegleichgewicht zwischen ihnen basieren» müßte. Das, was 1648 der Westfälische Frieden, 1713 der Frieden von Utrecht und 1815 der Wiener Kongreß im europäischen Rahmen geleistet hatten, sollte, so Haffners Vorstellung, nach dem Krieg auf globaler Ebene angestrebt werden. Seine abstrakten Überlegungen und die angeführten historischen Vorbilder ließen ihn dann im zweiten Teil des Memorandums mit scheinbar unaufhaltsamer Zwangsläufigkeit erneut zu der Forderung gelangen, Europa müsse geeinigt werden. Dieses Ziel erachtete Haffner für unerläßlich, sollte das anvisierte Gleichgewicht der Kräfte stabil sein. Denn richtig sah er voraus, daß die Vereinigten Staaten von Amerika und die Sowjetunion aus dem gegenwärtigen Konflikt als «Mächte erster Klasse» hervorgehen würden, denen gegenüber nur «die U. S. E. (United States of Europe)» als ebenbürtiger Faktor auftreten könnten.[158] Um die Details des Einigungsprozesses zu erläutern, hat Haffner im wesentlichen auf Überlegungen zurückgegriffen, die er schon in früheren Büchern und Artikeln ausprobiert hatte. Wie in *Offensive against Germany* sollte eine gemeinsame europäische Regierung unter britischer Ägide für die Außen-, Verteidigungs-, und Wirtschaftspolitik zuständig sein. Ebenso erneuerte Haffner nun seinen Vorschlag, Deutschland nach dem Krieg zu teilen, von dem er 1941 noch abgerückt war, und trat im übrigen für etwas ein, was man die Regionalisierung Europas nennen könnte.[159]

Neben der quasilogischen Präsentation seiner Argumente dürfte Haffner bei den Astors zugute gekommen sein, daß sein Entwurf zahlreiche

Gedanken aufwies, die ihnen bereits von Philip Kerr geläufig waren. Kerr, ein Angehöriger des Cliveden-Sets und darüber hinaus mit der Familie Astor befreundet, hatte bis zu seinem frühen Tod 1940 die verschiedensten öffentlichen Ämter innegehabt und war zuletzt britischer Botschafter in Washington gewesen. Den zunehmenden Machtverlust des *Empires* registrierte der 11th Marquess of Lothian, wie sich Kerr seit 1930 nennen durfte, mit großer Besorgnis und trat deshalb für den Aufbau eines internationalen Sicherheitssystems ein. *Pacifism is not enough* lautete der programmatische Titel einer aufsehenerregenden Rede, in der sich Kerr 1935 für eine möglichst weitgespannte Föderation und für ein enges Zusammenwirken mit den USA aussprach.[160]

Für außenpolitische Masterpläne hatten die Astors also ein Faible, selbst wenn die gleichsam am Reißbrett entworfenen Strategien oft keineswegs so zwingend waren, wie es auf den ersten Blick scheinen mochte. Auch Haffner hat in einem nüchternen Moment eingeräumt, daß die Einigung Europas nicht «einer Formel bloßer Macht-Arithmetik» entspringen könne, sondern letztlich auf jenen gemeinsamen «europäischen Ideen» beruhen müsse, «die auf die römische und christlich-mittelalterliche Einheit» zurückgingen.[161]

Doch ohnehin sollten Haffners Vorschläge schon bald Makulatur werden. Obwohl auch der britische Premierminister Winston Churchill lange für eine ähnliche Europakonzeption wie Haffner eingetreten war, gelang es den Sowjets im Laufe des Jahres 1944 immer mehr, den westlichen Verbündeten die Zustimmung zu den weit nach Europa ausgreifenden territorialen Forderungen Moskaus abzutrotzen. Haffner entging diese Entwicklung nicht. «Europa ist in Zonen eingeteilt worden, in denen Rußland, Großbritannien beziehungsweise die USA die maßgebliche Macht sein werden», stellte er Ende des Jahres 1944 fest.[162]

Schon lange vorher hatte ihn die Begeisterung für die Sowjetunion, die ihn im Oktober 1941, nach der Zustimmung des Kremls zur Atlantik-Charta, so plötzlich überkommen hatte, wieder verlassen und war von einer schnell wachsenden Besorgnis ersetzt worden. Einen ersten Hinweis darauf enthält ein Brief David Astors vom 17. Juni 1943, in dem der spätere Herausgeber des *Observer* die «Ob – Haffner – D. A. Politik gegenüber Rußland» darlegte.[163] Demnach vertraten Astor und sein deutscher Freund die Ansicht, daß die Sowjetunion nach dem Krieg unbedingt aus den europäischen Angelegenheiten herausgehalten werden müsse. Wenn der Kontinent endlich Frieden finden solle, müsse die Nachkriegsordnung auf dem

Selbstbestimmungsrecht der Völker beruhen, nicht auf dem Machtkalkül des Kremls. Unumstritten war diese Position keineswegs. Wie Astor in seinem Schreiben weiter berichtete, sei der marxistische Historiker Edgar Hallett Carr, der damals als stellvertretender Chefredakteur der *Times* fungierte, zu großzügigen territorialen Zugeständnissen bereit, wenn dadurch die britische Allianz mit Moskau langfristig gefestigt werden könnte; und auch die öffentliche Meinung sollte Ende des Jahres 1943, im Umfeld der Konferenz von Teheran, noch einmal eine Hochphase waffenbrüderlicher Verbundenheit durchleben.[164]

Haffner ließ sich davon jedoch nicht beirren und kritisierte von 1944 an die sowjetische Außenpolitik auch in seinen Artikeln. Mit Andeutungen wie «[d]er Kreml verhält sich nie amateurhaft» oder, über Stalin, «es sähe ihm so gar nicht ähnlich, wenn er seine Trümpfe nicht ausspielen würde», warnte er vor einer allzu arglosen Einstellung gegenüber dem Verbündeten. Manchmal wurde er noch deutlicher. Anfang des Jahres 1944 vermutete er etwa, daß der Beschluß des Kremls, für alle Sowjetrepubliken eigene Außen- und Verteidigungskomissare zu ernennen, vor allem dem Zweck dienen solle, die UdSSR scheinbar in einen Staatenbund zu verwandeln und dadurch die Integration neuer Mitglieder zu erleichtern.[165]

Als Bestätigung für derartige Absichten faßte Haffner den Freundschafts- und Beistandspakt auf, den Edvard Beneš, der exilierte Staatspräsident der Tschechoslowakei, am 12. Dezember 1943 mit dem sowjetischen Außenminister Wjatscheslaw Molotow geschlossen hatte. Dieser Vertrag sehe nicht nur ein außenpolitisches Bündnis vor, sondern auch eine enge wirtschaftliche und soziale Zusammenarbeit, erläuterte Haffner; kurzum: Er mache aus der Tschechoslowakei einen Satelliten der Sowjetunion. Daß weitere Staaten, Polen, eventuell auch einige deutsche Republiken, sich in eine ähnliche Abhängigkeit von Moskau begeben könnten, hielt der deutsche *Observer*-Mitarbeiter für möglich, wenn nicht für wahrscheinlich. «Was sollte», fragte er seine Leser, «an einem russischen Plan sonderbar sein, die Entstehung eines geeinten Europas an seiner Flanke und unter fremder Kontrolle zu vereiteln, indem der Kreml so viel wie möglich von Europa an sich bindet?» Dabei werde Stalin nicht einmal Gewalt anwenden müssen. Hatte nicht die Sowjetunion zuletzt großes militärisches Prestige erworben und eindrucksvoll die Leistungsfähigkeit ihres Wirtschaftssystems demonstriert? Besaß sie nicht darüber hinaus die uneingeschränkte Unterstützung aller kommunistischen Parteien in Europa? Und verfügte sie nicht über «den strengen Realismus, die Furchtlosigkeit und den Pragmatismus, die überall auf der Welt die Grundlage jeglicher Machtpolitik bilden»?[166]

Haffners moskaukritische Linie wurde jedoch keineswegs von allen Mitarbeitern des *Observer* geteilt, und im Laufe des Jahres 1944 scheinen über diese Angelegenheit in der Redaktion regelrechte Fronten entstanden zu sein, mit David Astor und Haffner auf der einen und dem Chefredakteur Ivor Brown, Isaac Deutscher und Jon Kimche auf der anderen Seite. «Ich glaube nicht, daß Haffner diese Woche überhaupt etwas schreiben wird *and he may be unhappy for that reason*», berichtete Brown in einem Brief vom 1. Dezember 1944, versprach aber, sich nach anderen Themen für den Deutschen umzusehen, nämlich solchen, «mit denen er sich beschäftigen kann, ohne seinen Ausführungen jene antirussische Tendenz zu geben, zu der er so oft neigt».[167]

Aber schon eine Woche später, in der Ausgabe vom 10. Dezember 1944, wurde der redaktionsinterne Streit auf der Meinungsseite des Blattes ausgetragen. Unmittelbar nebeneinander, in zwei großen, doppelspaltigen Artikeln, diskutierten die beiden Hauptkontrahenten, Haffner und Deutscher, die Frage, ob sich die britische Regierung in den heraufziehenden griechischen Bürgerkrieg einmischen dürfe. Sollten, wie Churchill es angekündigt hatte, die englischen Truppen gegen die kommunistischen Partisanenverbände, die eine Besetzung Athens planten, vorgehen oder nicht? Während der Trotzkist Deutscher das Recht auf Selbstbestimmung hervorhob und sich strikt gegen eine Intervention aussprach, verteidigte Haffner die Haltung des Premierministers. «Dieser Krieg würde nicht die Sache der Demokratien befördern», argumentierte er, «wenn wir es zuließen, daß die rechten Tyranneien einfach durch linke ersetzt werden».[168]

Aus diesem Befund ergaben sich weitreichende Konsequenzen. Denn je mehr sich für ihn die Sowjetunion zu einer ernsthaften Bedrohung auswuchs, desto unsinniger muß es auf Haffner gewirkt haben, den Krieg gegen das «Dritte Reich» bis zur vollständigen Niederwerfung Deutschlands fortzusetzen und dadurch dem Kreml die Gelegenheit zu bieten, seinen Machtbereich immer weiter nach Westen auszudehnen. Tatsächlich liegen einige Hinweise vor, daß Haffner das Konzept der bedingungslosen Kapitulation, das Roosevelt und Churchill im Januar 1943 während ihres Treffens im marokkanischen Casablanca für Deutschland beschlossen hatten, in den letzten Kriegsjahren kritisiert hat.[169] War also er jener anonym gebliebene Verfasser, der im *Observer* vom 2. April 1944 nachdrücklich dafür geworben hat, von der Strategie des «Unconditional Surrender» abzurücken? Auch wenn diese Frage nicht mit Sicherheit beantwortet werden kann, fest steht, daß Haffner sich in den ersten Nachkriegsjahren verschiedentlich abwertend über Churchills Vorgehen geäußert hat. Wissentlich habe der Premierminister darauf hingewirkt, Deutschland als Machtfaktor zu beseitigen und den Einfluß der Sowjetunion entsprechend zu vergrößern, erläuterte er im März 1946. Als ihm Ende desselben Jahres ein deutscher Gesprächspartner seine Verwunderung darüber mitteilte, «daß Großbritannien entgegen all seinen Traditionen im [letzten] Krieg bis zum bitteren Ende gekämpft habe, anstatt ihn zu beenden, als ein Gleichgewicht [der Kräfte] erreicht war», konnte der *Observer*-Journalist dem nur zustimmen.[170]

Erhärtet werden diese Vermutungen durch den Umstand, daß Haffner, nachdem er im Februar 1944 die Möglichkeit an die Wand gemalt hatte, die Sowjetunion könne einige deutsche Teilstaaten zu ihren Satelliten machen, seine Bedenken gegen einen deutschen Nationalstaat anscheinend wieder einmal aufgegeben hat. Bestrebungen Hitlers, in seinem verbliebenen Herrschaftsbereich eine politische *tabula rasa* zu hinterlassen, registrierte er im Juli 1944 jedenfalls mit ernstem Kopfschütteln. Denn allzu leicht könnten die Maßnahmen des Diktators zu einer Desintegration des Deutschen Reiches führen und die liege nun einmal nicht im Interesse der Alliierten.[171]

Wie er sich die Alternative zu einer bedingungslosen Kapitulation konkret vorgestellt hat, bleibt allerdings sein Geheimnis. Immerhin hat Haffner Anfang Februar 1945 darüber spekuliert, ob nicht eine deutsche Gegenregierung, insbesondere das im Juli 1943 bei Moskau gegründete «Nationalkomitee ‹Freies Deutschland›» mit Generalfeldmarschall Friedrich Paulus an der Spitze, die Kampfhandlungen vorzeitig beenden könnte. Aber schon bald ließ er derlei Überlegungen wieder fallen. Zu groß schien ihm das Risiko, daß Paulus oder der von Hitler zum Reichskanzler bestimmte Großadmiral Karl Dönitz versuchen könnten, die Alliierten gegeneinander auszuspielen – Dönitz den Westen gegen den Osten, und Paulus, der nach der Schlacht um Stalingrad in Kriegsgefangenschaft geraten war, die Sowjets gegen die Briten und Amerikaner.[172]

Nein, seiner Meinung nach sollten die Siegermächte die frei werdende Herrschaft übernehmen, zumal für Haffner ohnehin zunächst der Wiederaufbau des völlig zerstörten Landes im Mittelpunkt stand. «Was das frühere Deutschland betrifft, wird es in der nahen Zukunft nicht um Politik gehen», erläuterte er am 1. April 1945, «sondern nur um Verwaltung – die größte Verwaltungsaufgabe seit Menschengedenken. Geschichte wird dieses Mal nicht durch Verhandlungen und Verträge gemacht werden, sondern indem man in dem gegenwärtigen Chaos Ordnung herstellt.» Erst danach werde sich, langsam und auf lokaler Ebene, politisches Leben entwickeln.[173]

4. ALS ENGLÄNDER IM KALTEN KRIEG (1945–1953)

Irgendwann während des Zweiten Weltkrieges hatte Sebastian Haffner zu einem britischen Standpunkt gefunden. «Wir kämpfen diesen Krieg, um die Anarchie in Europa zu beenden», hatte er im Dezember 1942 festgehalten und bereits einige Wochen zuvor war bei ihm von «unserem Außenministerium» die Rede gewesen.[1] Zweifellos waren solche Formeln mehr als höfliche beziehungsweise unvermeidliche Lippenbekenntnisse, beurteilte er doch auch die politische Entwicklung im allgemeinen zunehmend aus einer englischen Warte. Die seit 1941 immer wieder ventilierte Forderung, daß nach dem Ende des Waffengangs unbedingt die Einigung Europas betrieben werden müsse, sollte ja nicht nur der Friedenssicherung dienen, sondern zunehmend dem Zweck, den gefährdeten Weltmachtstatus des Königreiches zu konsolidieren.[2]

Einen Rest an Verbundenheit zu dem Land, aus dem er stammte, hatte er sich indes bewahrt. Während die Beschlüsse der Konferenz von Potsdam im Sommer 1945 im großen und ganzen Haffners Billigung fanden, da sie, wie er meinte, den Deutschen annehmbare Perspektiven eröffneten, kritisierte er die Verschiebung der polnischen Grenzen nach Westen und die daraus resultierende Vertreibung der Deutschen auf das schärftste, zum einen aus humanitären Gründen, zum anderen, weil er überzeugt war, daß die sich abzeichnenden Gebietsverluste in Deutschland, gewiß aber in Preußen, einen unversöhnlichen Revanchismus hervorrufen würden. Am 20. Mai 1945 riet Haffner deshalb dringend von jeglichen territorialen Veränderungen, sei es auf Kosten Deutschlands, Italiens oder Österreichs, ab. «Jede Grenze ist ursprünglich eine Wunde, die allmählich zu einer Narbe wird und, nach einer langen Zeit, nicht mehr gefühlt wird», führte er zwei Wochen nach der deutschen Kapitulation aus. «Das ist der Grund, warum die schlechteste alte Grenze besser ist als die beste neue. Alter ermöglicht einer Grenze, als selbstverständlich hingenommen und allmählich vergessen zu werden; und vergessen zu werden, ist das allerbeste, was einer Grenze passieren kann».[3]

Ebenso warnte er davor, die deutsche Bevölkerung mit überzogenen Strafen zu belegen. Als passionierter Musikliebhaber mißbilligte Haffner im Dezember 1945 das Aufführungsverbot, das über Künstler verhängt worden war, die, wie der Dirigent Wilhelm Furtwängler oder der Pianist Walter Gieseking, im «Dritten Reich» ihren Beruf ausgeübt und so *nolens volens* das Ansehen des nationalsozialistischen Regimes aufpoliert hatten. Nicht einmal die reaktionäre Wiener Aristokratie habe seinerzeit einem politischen Freigeist wie Ludwig van Beethoven ihre Patronage entzogen, gab er den Lesern des *Observer* zu bedenken, und das, obwohl der Komponist ein glühender Verehrer Napoleons und ein leidenschaftlicher Anhänger der Ideen der Französischen Revolution gewesen sei.[4]

Wenn Haffner allen Sympathiebekundungen zum Trotz in den ersten Nachkriegsjahren anscheinend nicht daran gedacht hat, nach Deutschland zurückzukehren, dann hatte das zuvorderst berufliche Gründe. «Das Büro war so gemütlich; das menschliche Verhältnis so angenehm; die Arbeit so interessant; warum sollte ich weg, wenn es mir so gut ging?», erinnerte er sich 1953, und noch an seinem Lebensabend rechnete er die Jahre von 1942 bis 1948 «zu den glücklichsten meines Berufslebens».[5] Die sprachliche Assimilation war ihm ebenfalls gelungen. Als Haffner 1946 erstmals nach Deutschland reiste, verfaßte er seine Notizen wie selbstverständlich auf englisch, und früheren Bekannten, die er bei dieser Gelegenheit wiedersah, hat er sich als «anglisiert» ins Gedächtnis eingeprägt. Aber auch die Unterhaltungen im heimischen Familienkreis müssen auf Wunsch der beiden jüngeren Kinder in der Landessprache stattgefunden haben, in der sich Haffner allerdings zeitlebens durch einen starken Akzent auswies. Nur bei Wutausbrüchen und wenn er mit seiner Frau Persönliches zu bereden hatte, fiel er regelmäßig ins Deutsche zurück.[6]

Hinzu kam, daß die Option, eine wichtige Aufgabe in der Verwaltung oder beim Wiederaufbau Deutschlands zu übernehmen, keineswegs so naheliegend war, wie man vielleicht vermuten könnte. Zumindest im allgemeinen war der Regierung in London an derartigen Arrangements nicht gelegen. Einerseits befürchteten die englischen Planungsstäbe, daß die deutsche Bevölkerung den Remigranten mit Mißtrauen oder Ablehnung begegnen würde; andererseits argwöhnten die britischen Verantwortlichen, daß die ehemaligen Flüchtlinge zu Eigenmächtigkeiten neigen und die Kompetenzen der Besatzungsmacht unterwandern könnten.[7]

Wie der alttestamentarische Joseph richtete sich Haffner also in seinem Zufluchtsland ein, zumal sich auch die anderen Familienmitglieder in die

Abb. 16 Als Sebastian Haffner 1946 erstmals nach Deutschland zurückkehrte und neben seiner Familie viele alte Bekannte wiedertraf, trug er eine britische Militäruniform und wirkte vielleicht auch deswegen auf die Schriftstellerin Oda Schaefer «anglisiert». Zugleich empfand sie es als «wohltuend, seine kühle, gefaßte Haltung zu beobachten». Dabei hatte Pretzel keineswegs nur beruhigende Neuigkeiten anzubieten. «Für Europa», hat sich die Weggefährtin aus den dreißiger Jahren weiter erinnert, «sagte er finstere Dinge voraus, gelassen wie ein Diagnostiker.»

englischen Verhältnisse gefunden hatten. Im März 1946 erwarb er ein Haus im Londoner Vorort Wimbledon, 1948 nahm er zusammen mit seiner Frau die britische Staatsbürgerschaft an, und, abgesehen von den ersten Monaten nach Kriegsende, kreisten die Kommentare des «Diplomatic Correspondent», wie er sich seit 1945 nennen durfte, um die internationale Großwetterlage und das Wohl und Wehe der englischen Außenpolitik.[8]

Er hätte sich kaum eine bewegtere und unübersichtlichere Zeit für diese Aufgabe aussuchen können.[9] Daß die Allianz zwischen Großbritannien, den Vereinigten Staaten von Amerika und der Sowjetunion nur noch mühsam und unter erheblichen Anstrengungen zusammengehalten wurde, hatten aufmerksame Beobachter bereits lange vor Ende des Zweiten Weltkrieges registriert. Wie sich das Verhältnis zwischen den Mächten entwickeln würde, nachdem das verbindende Element, der Kampf gegen das «Dritte Reich», weggefallen war, stand indes dahin. Würden sich die ungleichen Partner arrangieren oder drohte, unmittelbar nach dem Sieg über Deutschland, schon der nächste Konflikt auszubrechen? Weitere Unbekannte stellten die USA und die neugegründeten Vereinten Nationen dar. Beabsichtigte Washington, so fragten interessierte Zeitgenossen, sich wie in den zwanziger Jahren hinter den Atlantik zurückziehen und die Europäer ihrem Schicksal zu überlassen? Und würde es der 1945 ins Leben gerufenen Organisation gelingen, sich als Faktor der Staatenwelt zu etablieren? Offenkundig war hingegen der eklatante Machtverlust Großbritanniens. Formal gehörte das Königreich zwar zu den «Großen Drei», aber mit seinen Verbündeten, die über geradezu kontinentale Ausmaße geboten, konnte es auf Dauer nicht mithalten, und folglich hatte sich England, als das schwächste Mitglied der Allianz, im Krieg am stärksten verausgabt. Premierminister Clement Attlee übernahm im Juli 1945, nach dem Sieg seiner *Labour Party* bei den Parlamentwahlen, ein Land, das wirtschaftlich zerrüttet, finanziell ruiniert und dessen Infrastruktur schwer beschädigt war.

Aber noch in manch anderer Hinsicht entpuppte sich der Ausgang des Zweiten Weltkrieges als Pyrrhussieg für Großbritannien. Nachdem die Vereinigten Staaten mit den Bombenabwürfen auf Hiroshima und Nagasaki der Welt die Überlegenheit von Kernwaffen vorgeführt hatten, standen die anderen Großmächte rüstungstechnisch unter Zugzwang. Zwar konnten die Sowjetunion und, unter großen Anstrengungen, auch England 1949 beziehungsweise 1952 eigene Atomsprengköpfe herstellen. Aufzuholen war der amerikanische Vorsprung, zumindest für das Vereinigte Königreich, allerdings nicht mehr.[10] Der fortschreitende Machtverlust beschleunigte zudem den Zerfall des *Empires*. Im Juli 1947 sollte die *Labour*-Regierung, teils aus ideologischen Gründen, vor allem aber, um sich der immensen Verwaltungsaufgaben zu entledigen, die Kronkolonie Indien in die Unabhängigkeit entlassen. Birma und Ceylon folgten 1948, und zwanzig Jahre später war das britische Kolonialreich auf eine lose Sammlung verstreuter Stützpunkte zusammengeschmolzen.[11]

Diese Entwicklungen lagen 1945 noch in einer ungewissen Zukunft, wie überhaupt damals die außenpolitischen Weichen Großbritanniens keineswegs in diese oder jene Richtung gestellt waren. Ein Zusammengehen mit der Sowjetunion erwog, sieht man einmal von einigen radikalen *Labour*-Abgeordneten ab, zwar niemand. Aber auch der Gedanke, das Bündnis mit den Vereinigten Staaten fortzusetzen und womöglich zu vertiefen, war mitnichten populär. Sowohl der britischen Öffentlichkeit als auch den verantwortlichen Politikern fiel es schwer, den Verlust des Weltmachtstatus anzuerkennen und vielleicht sogar in die Rolle eines Juniorpartners zu schlüpfen, nachdem es sich London in der zweiten Hälfte des 19. Jahrhunderts noch hatte leisten können, auf internationalem Parkett vornehme Zurückhaltung an den Tag zu legen.[12] Die ersten Nachkriegsjahre waren deshalb geprägt von Erwägungen und Versuchen, Englands Unabhängigkeit auf die eine oder andere Weise zu bewahren – sei es durch die Bildung eines westeuropäischen Machtblocks, sei es durch eine Restauration des *Empires*, sei es durch eine Begrenzung des auswärtigen Engagements.

Tatsächlich aber war der Handlungsspielraum des Königreiches stärker eingeschränkt, als viele es wahrhaben wollten. Den Krieg gegen Deutschland hatte London seit dem Inkrafttreten des amerikanischen Leih- und Pachtgesetzes im März 1941 ausschließlich durch Kreditaufnahmen finanziert, so daß sich im Sommer 1945 die englischen Staatsschulden auf etwa 4,7 Milliarden Pfund Sterling beliefen. Großbritannien stand, wie es Regierungsberater John Maynard Keynes formulierte, vor einem «finanziellen Dünkirchen»[13] und blieb in den nächsten Jahren wirtschaftlich auf die Vereinigten Staaten angewiesen.

Visionär einer europäischen «dritten Kraft»

Angesichts der problematischen Gesamtlage hielt Sebastian Haffner zunächst an den während des Krieges entwickelten Rezepten fest.[14] «Wenn die Welt eine neue Balance und Stabilität und dadurch eine Aussicht auf dauernden Frieden und Wohlstand erhalten soll, muß Westeuropa ein integriertes Ganzes werden, um es mit Amerika, Rußland und China aufnehmen zu können»[15], verkündete er Mitte September 1945 im *Observer*.

Mit diesen Vorstellungen lag er ganz im Trend der Zeit. Die Idee, Europa solle eine «dritte Kraft» bilden, um sich gegen die USA und die UdSSR behaupten zu können, erfreute sich in der zweiten Hälfte der vierziger Jahre einer außergewöhnlichen Beliebtheit, und das nicht nur in Großbritannien. Insbesondere in Frankreich, Belgien, den Niederlanden, Deutschland und Italien engagierten sich vor allem sozialistische und sozialdemokratische Parteien für den Zusammenschluß des Kontinents, und teilweise unterstützten auch christliche oder konservative Politiker das Integrationsprojekt. Freilich gewann jede Richtung dem Konzept der «dritten Kraft» andere Seiten ab. Während die Vertreter der Linken hauptsächlich eine länderübergreifende Planwirtschaft errichten und den angestrebten Block gegen den Expanisionsdrang der Vereinigten Staaten abschirmen wollten, führten ihre bürgerlichen und rechten Gegenspieler in erster Linie machtpolitische, aber auch kulturelle und ökonomische Gründe an, wenn sie sich dafür aussprachen, das Potential der westeuropäischen Staaten zu bündeln.[16]

Obwohl es Haffner in erster Linie darum zu tun war, die internationale Position Großbritanniens zu stärken, hat er in typischer Manier sich mehr oder weniger alle Argumente angeeignet, die zugunsten einer Einigung Europas im Umlauf waren.[17] Dabei stand die drängelnde Ungeduld, mit der er auf dahingehende Schritte pochte, in einem seltsamen Kontrast zu der Verschwommenheit, die seine Ausführungen kennzeichnete, sobald er sich über die geographischen Umrisse der anvisierten Union äußerte oder sich der Frage widmete, wie die angestrebte Integration eigentlich zuwege gebracht werden sollte.

Schon unmittelbar nach Ende des Krieges hatte er mit dem Vorschlag aufgewartet, eine englisch-französische Entente zum «Eckstein» einer «Westeuropäischen Gemeinschaft» zu machen.[18] Hier allerdings begannen die praktischen Probleme. Denn der provisorische französische Regierungschef Charles de Gaulle dachte nicht im mindesten daran, die neugewonnene Souveränität seines Landes beschneiden zu lassen und sich in eine Juniorpartnerschaft mit Großbritannien zu begeben. Wenn überhaupt, sollte das gesamteuropäische Vorhaben der Größe Frankreichs dienen. Eben wegen seines nationalen Standpunkts, aber auch, weil sie dem General unterstellten, in Wahrheit ein Faschist zu sein, hegten die Familie Astor und der *Observer* schon während des Krieges einen inständigen Groll gegen den nach London emigrierten Militär, und in der zweiten Hälfte der vierziger Jahren sollte Haffner noch mehrfach Anlässe finden, sich über de Gaulle und dessen «Halsstarrigkeit, Unberechenbarkeit» und «Verdrehtheit» zu empören, auch wenn der so Gescholtene bereits im Januar 1946 von allen Regierungsämtern zurückgetreten war.[19]

Aber auch unabhängig von dem General mit dem «unausrottbaren antiangelsächsischen Spleen»[20], besaß Haffner, was die Umrisse der Weltmacht *in spe* betraf, nur undeutliche Vorstellungen. Ein mögliches Verteidigungsbündnis, dem lediglich kleinere Staaten wie Belgien, die Niederlande und Dänemark angehören würden, müßte eine immense Schwächung der britischen Position mit sich bringen, überlegte er Anfang des Jahres 1946, wäre doch der englische Generalstab gezwungen, in seinen Planungen die strategisch vorteilhafte Insellage aufzugeben, ohne einen nennenswerten Zugewinn an militärischer Schlagkraft verbuchen zu können. Die Aufnahme mächtiger Nationen wie Frankreich und Deutschland in die europäische Allianz würde dagegen eine ernsthafte Herausforderung für die britische Vormachtstellung bedeuten, vermutete Haffner, der letztlich wohl doch eine möglichst ausgedehnte westeuropäische Union favorisierte, die sich, nach einem Regimewechel in Spanien, vom Nordkap bis zur iberischen Halbinsel erstrecken sollte.[21]

Noch vager waren indes seine Ansichten, wie die propagierte Integration eigentlich zustande kommen sollte. Am eingehendsten hat er sich mit der vertrackten Frage in einem gedankenreichen Essay auseinandergesetzt, der 1946 in der ersten Ausgabe der von Arthur George Weidenfeld herausgegebenen *Contact*-Serie erschienen ist und in dem sich Haffner der Causa Europa aus universalgeschichtlicher Perspektive genähert hat. Wie sich dabei zeigte, wußte er sehr wohl, daß sein Ansinnen mit historischem Gegenwind zu rechnen hatte. «Die europäische Zivilisation», erklärte er, «unterscheidet sich (mit einer Ausnahme) scharf von allen anderen Zivilisationen durch den Umstand, daß sie niemals ein Imperium ausgebildet hat.» Lediglich die Deutschen, ergänzte Haffner, hätten nach dem Zerfall des karolingischen Machtblocks im 9. Jahrhundert an der Reichsidee festgehalten, während das übrige Europa sich in Nationalstaaten organisiert habe. Der weltgeschichtliche Normalfall seien indes Imperien. Einzig das antike Griechenland habe Mitte des ersten vorchristlichen Jahrtausends ein multilaterales System ausgeformt, wie es später in Europa entstanden sei.[22]

Verlauf und Ausgang des Zweiten Weltkrieges hatten dann, so sah es jedenfalls Haffner, die eingespielte europäische Ordnung nachhaltig zerstört. Die blitzartige Niederwerfung großer Flächenstaaten wie Polen oder Frankreich bewies ihm, daß unter den Bedingungen moderner Kriegführung eine wirkungsvolle Verteidigung nur in kontinentalen Räumen möglich sei, und auch die bedingungslose Kapitulation, die die Alliierten Deutschland aufgezwungen hatten, wertete er als gravierenden Verstoß gegen die jahrhundertelang praktizierten Gepflogenheiten. Gleichzeitig beobachtete er eine erstaunliche Renaissance des Reichsgedankens, wobei Haffner es sich nicht entgehen ließ, auf den delikaten Sachverhalt hinzuweisen, daß 1945

> «die Sieger vollständig die Schüler ihrer besiegten Feinde wurden; daß das, was als Verteidigungskrieg von drei europäischen Nationen gegen den deutschen Imperialismus und im Namen der europäischen zwischenstaatlichen Spielregeln begann, mit dem Triumph des Imperialismus endete (wenn auch nicht des deutschen Imperialismus) sowie mit der vollständigen Aufgabe der europäischen zwischenstaatlichen Spielregeln.»[23]

Im großen und ganzen hatte es mit Haffners Diagnosen wohl seine Richtigkeit, auch wenn ein historisch versierter Pedant mit Blick auf die Teilungen Polens im 18. Jahrhundert und die napoleonischen Ambitionen zu Beginn des 19. Jahrhunderts fragen könnte, ob jene imperialistischen Tendenzen, die er allein für die zurückliegenden Jahre reserviert hat, tatsächlich so neu waren, wie es der thesenfreudige Publizist wahrhaben wollte. Immerhin, jenes berühmte Diktum des Historikers Hermann Heimpel, dem zufolge der Umstand, «daß es Nationen gibt, [...] historisch das Europäische an Europa» sei, hat Haffner in gewisser Weise vorweggenommen, wenn er formulierte: «Europa kann die Welt zu einem größeren Europa machen, wenn es aufhört, Europa zu sein».[24] Unbestreitbar lag sein Plädoyer für eine Großraumordnung, trotz der anrüchigen intellektuellen Nachbarschaft zu den Plänen Hitlers, auch im Zug der Zeit. So hat der Philosoph Alexandre Kojève, der seit Ende des Krieges als Beamter im französischen Wirtschaftsministerium wirkte, im August 1945 für Charles de Gaulle ein Memorandum ausgearbeitet, das ebenfalls auf der Annahme basiert, daß «der moderne Staat nicht wirklich ein Staat ist, wenn er nicht ein Imperium ist».[25]

Gerade weil aber auch Haffner die Nationen als europäisches Spezifikum und als «außergewöhnlich solide [...] Gemeinschaften» ansah, fiel es ihm schwer, konkrete Wege aufzuzeigen, wie die in Jahrhunderten gewachsenen Strukturen überwunden werden könnten. Politisch regte er ein Abkommen an, das eine Verständigung zwischen den Kriegsparteien des Jahres 1939 herbeiführen sollte, und darüber hinaus trat er für eine Vertiefung der innereuropäischen Wirtschaftsbeziehungen ein. Sein Trumpfargument aber war ideologischer Art. Könnte nicht jene «Idee einer politischen und sozialen Demokratie», die zur Zeit in mehreren europäischen Ländern im Aufwind sei und gleichermaßen eine Alternative zum amerikanischen wie zum sowjetischen Staatsmodell verkörpere, zum geistigen Fundament des geeinten Kontinents werden? Haffner wußte diesen Gedanken auf unnachahmliche Weise anschaulich zu machen:

> «Leute müssen nicht denselben Glauben, dieselben Gewohnheiten oder denselben Geschmack haben, um ordentliche und erfolgreiche Geschäfte miteinander abschließen zu können; aber sie brauchen eben diese Gemeinsamkeiten, wenn sie heiraten wollen; und in der Tat, kann eine diesbezüglich ausgeprägte Verwandtschaft sie vielleicht dazu *bewegen*, zu heiraten. Genauso ist es mit Staaten. Sie brauchen für eine erfolgreiche Allianz oder andere diplomatische Geschäfte keine gemeinsame Ideologie; aber sie brauchen

sie, wenn sie eine dauerhaftere und vertrautere Gemeinschaft anstreben; und eine gemeinsame Ideologie ist an und für sich ein Anreiz für solch eine politische Union.»[26]

In sachlicher Hinsicht sind diese Überlegungen allerdings ziemlich verblüffend, denn gemeinhin stellte der ideologische Faktor in Haffners außenpolitischen Einlassungen eine *quantité negligeable* dar, und das ganz bewußt, aus Überzeugung. Während etwa der französische Soziologe und Publizist Raymond Aron in seinen Analysen davon ausging, daß der Missionsauftrag zur Weltrevolution dem Expansionsdrang des Kremls eine gefährliche Dynamik verleihe,[27] sah Haffner im Kalten Krieg einen machtpolitischen Konflikt, der sich, von den globalen Ansprüchen der Kontrahenten einmal abgesehen, von früheren Auseinandersetzungen kaum unterschied. Für gewöhnlich weigerte er sich, in der Sowjetunion etwas anderes als Rußland zu erkennen, und Streitigkeiten innerhalb des kommunistischen Blocks, wie sie Ende der vierziger Jahre etwa zwischen Moskau und Belgrad aufflammen sollten, waren ihm stets ein willkommener Anlaß, die überragende Bedeutung der nationalen Interessen und den geringen Einfluß der weltanschaulichen Disposition festzustellen.[28]

Dabei handelte es sich um eine typisch britische Sichtweise. Daß die Außenpolitik eines Landes vorwiegend interessengeleitet sei, haben Experten auf dem Feld der internationalen Beziehungen wie Edgar Hallett Carr, Herbert Butterfield oder Martin Wight wieder und wieder betont; und auch die Bevölkerung und die politische Elite des Königreiches neigten im Umgang mit der Sowjetunion eher zu pragmatischer Unbefangenheit, gerade im Vergleich zu den angelsächsischen Brüdern auf der anderen Seite des Atlantiks.[29]

«Für uns ist der Kommunismus als solcher, mit seinen ideologischen und konspiratorischen Implikationen, nicht von großer Bedeutung», bemerkte Haffner folglich im Januar 1951, kurz nachdem er in den Vereinigten Staaten eingetroffen war, deren Bevölkerung damals von den tatsächlichen und angeblichen kommunistischen Umtrieben, die der republikanische Senator Joseph McCarthy aufzudecken suchte, in Angst und Schrecken versetzt wurde. Die Briten glaubte Haffner gegen derlei politische Neurosen gefeit. «Wir fühlen uns in unserem Alltag nicht unmittelbar bedroht, wenn sich der Kommunismus im Ausland verbreitet», resümierte er, «genauso wie wir es nicht als Gefahr für unsere Monarchie empfinden, wenn andere Länder Republiken werden.»[30]

Unter Umständen konnten die Dinge aber ganz anders liegen. Als Haffner im Mai 1949 über die Erfolgsaussichten einer weltumspannenden Föderation nachdachte, äußerte er mit selbstverständlicher Beiläufigkeit, daß es heute nur einen Staat in der Welt «mit dem Willen zu imperialer Weltherrschaft und einer fertigen Vorlage für sie (eine neue säkularisierte Spielart des theokratischen Modells, das Byzanz und das Kalifat entwickelt haben)» gebe, und das sei «die Sowjetunion», die er nun ausnahmsweise einmal so bezeichnet hat. «Ihr zielgerichteter und entschlossener Imperialismus macht sie so schrecklich, verleiht ihr aber auch ihre geheime Anziehungskraft», fuhr er fort, «insbesondere auf verzweifelte europäische Intellektuelle, die die Sinnlosigkeit des traditionellen europäischen Nationalismus wahrnehmen und bereit sind, der Welteinheit und dem Weltfrieden zuliebe das *sacrificium intellectus* zu erbringen, sich der barbarischen und grausamen säkularen Religion des Marxismus-Leninismus zu unterwerfen.»[31]

Ob die Außenpolitik der Sowjetunion ideologisch motiviert war – und, wenn ja, inwieweit – haben auch Historiker immer wieder erörtert und sind dabei zu sehr unterschiedlichen Ergebnissen gelangt, was zum Teil auch auf die schlechte beziehungsweise undurchsichtige Quellenlage zurückzuführen ist. Dennoch hat sich weitgehend die Meinung durchgesetzt, der zufolge den weltanschaulichen Prämissen eine große Bedeutung für die außenpolitische Strategie Moskaus zukam. John Lewis Gaddis, einer der führenden Historiker des Kalten Krieges, hat dementsprechend 1997 unter Berufung auf sowjetische Quellen festgestellt, «daß Ideologie häufig das Verhalten marxistisch-leninistischer Regime *bestimmte*: Sie war nicht einfach eine Rechtfertigung für bereits entschiedene Handlungen.»[32]

Wenn Haffner in der überwiegenden Mehrzahl seiner Kommentare die ideologische Konstante der sowjetischen Außenpolitik ignoriert hat, bedeutete das jedoch nicht, daß er die Entschlossenheit Stalins, die Macht des Kremls zu mehren, unterschätzt hätte. Im Gegenteil. Über den Zerfall der Anti-Hitler-Koalition unmittelbar nach Kriegsende machte er sich keine Illusionen. Bereits im Juni 1945 glaubte er nicht mehr, daß sich die Alliierten auf eine gemeinsame Militärverwaltung für Deutschland einigen würden. Ende des Jahres sah er dann seine schlimmsten Befürchtungen bestätigt. Den Verlauf und die Ergebnisse der Moskauer Außenministerkonferenz vom Dezember 1945 wertete er als «erstes offenes Zeichen einer weiteren Verengung des Zirkels der echten Großmächte von den ‹Großen Drei› zu den ‹Großen Zwei›». Noch deutlicher wurde er im

Abb. 17 Die Entwicklungen in der sowjetischen Besatzungszone beunruhigten Haffner zutiefst. Wie ernst es ihm mit seinen Warnungen vor dem Machtstreben der Kommunisten war, verdeutlicht der Umstand, daß er 1946 seine in Berlin verbliebenen Familienangehörigen, darunter seine Mutter und seine Schwester, am liebsten in eine der westlichen Besatzungszonen transferiert hätte.

März 1946. Der Kreml, bemerkte Haffner, führe seit 1945 «einen ‹kalten Krieg›» gegen das britische Königreich und lasse sich durch Nachgiebigkeit nicht davon abbringen.[33]

Mit besonderer Sorge beobachtete er die Vorgänge in der sowjetischen Besatzungszone. Aufmerksam registrierte Haffner Anfang des Jahres 1946 den anstehenden Zusammenschluß der Sozialdemokraten und Kommunisten, die drakonischen Strafen gegen ehemalige Nationalsozialisten und die einsetzende Unterdrückung der Opposition. «Insgesamt scheint es so», konstatierte er, «daß die russische Zone von Deutschland nun eine manipulierte Revolution erlebt, die in der Errichtung eines Regimes des osteuropäischen Typs enden soll.» Nicht minder beunruhigten Haffner die möglichen Konsequenzen dieser Entwicklung. Im Frühjahr 1946 vermutete er, daß die sowjetischen Machthaber ihre Zone «offen als Kernland eines kommunistischen Gesamtdeutschland» betrachten würden, und einige Monate später, nachdem er sich vor Ort über die Verhältnisse informiert hatte, malte er den Lesern des *Observer* die umstürzenden weltpolitischen Folgen aus, die zu gewärtigen seien, sollten Berlin und Deutschland unter kommunistische Kontrolle geraten.[34]

Der sowjetische Expansionsdrang veranlaßte Haffner denn auch zu immer eindringlicheren Rufen nach einer westeuropäischen Union, zumal er durchaus zu Recht annahm, daß die Briten auch ihren zweiten wichtigen Verbündeten, die Vereinigten Staaten, verloren hätten. In den USA interessiere man sich für Europa nur insofern, als es einen Absatzmarkt für amerikanische Waren darstelle, bemerkte er in seinem *Contact*-Aufsatz verdrossen. Konstruktive Hilfe sei von der andereren Seite des Atlantiks deshalb nicht zu erwarten, denn ein Europa unter amerikanischer Vorherrschaft, prophezeite Haffner, «würde zweifellos zu einem politischen und wirtschaftlichen Hinterland werden, zu einem bloßen Riesenmuseum und einer Touristen-Hochburg».[35]

Mitte März 1946 sollte Haffner die transatlantischen Beziehungen allerdings schon sehr viel freundlicher bewerten, selbst wenn er nicht daran glauben mochte, daß jene amerikanisch-britische Allianz, die Winston Churchill ein paar Tage zuvor in einer aufsehenerregenden Rede vor den Mitgliedern des Westminster Colleges in Fulton (Missouri) beschworen hatte,[36] in absehbarer Zeit realisiert werden könne. Zwar war auch Haffner wie der Kriegspremier davon überzeugt, daß die Sowjetunion nur durch robuste Maßnahmen von ihrem aggressiven Kurs abgebracht werden könne. Doch die Voraussetzungen für eine weitreichende Kooperation zwischen Großbritannien und den USA schienen dem *Observer*-Journalisten schlichtweg nicht gegeben. Die gegenwärtige Mächtekonstellation, meinte er vielmehr, spiegele ungefähr die europäische Situation der dreißiger Jahre wider: Die Sowjetunion sei an die Stelle des auf Expansion bedachten Deutschen Reiches getreten, ein eingeschüchtertes und verängstigtes England finde sich in der damaligen Rolle Frankreichs wieder, und die Vereinigten Staaten nähmen heute eine ähnlich abwartende Haltung ein wie seinerzeit Großbritannien. Dies werde sich nur im Fall einer unmittelbaren Bedrohung ändern. Zunächst aber sei das Königreich auf sich selbst verwiesen. Erst wenn es den Briten gelänge, erklärte er, «den Respekt potentieller Freunde und potentieller Feinde zu gewinnen oder zurückzugewinnen, den Aggressor abzuschrecken und Herren unseres eigenen Schicksals zu bleiben», würden sich auch die Aussichten verbessern, «daß eines Tages der Traum einer vollständigen politischen Vereinigung der westlichen Zivilisation vielleicht doch noch auf beiden Seiten des Atlantiks wahr wird».[37]

Angesichts der pessimistischen Nüchternheit, die ihn meistens beherrschte, ist es kaum verwunderlich, daß Haffners Erwartungen in die Vereinten Nationen ebenfalls nur gering waren. Bereits im September 1945, also gerade drei Monate nach ihrer Gründung, befand er, daß «wir höchst unverantwortlich handeln würden, wenn wir von nun an sozusagen alles auf die Karte der Vereinten Nationen setzen würden».[38] In den folgenden Jahren sollte sich seine Skepsis zu spöttischer Verachtung auswachsen. Als Haffner im Dezember 1948 unter dem vielsagenden Titel «Der Palast der Worte» über eine UN-Vollversammlung in Paris berichtete, schilderte er die wohlgeordnete und routinierte Betriebsamkeit, die einschläfernde Langweiligkeit nahezu aller Redner sowie die Vergeblichkeit sämtlicher Bemühungen. «Man bekommt bald das Gefühl», bilanzierte er seine Eindrücke, «daß es genauso unangebracht wäre, bei den Vereinten Nationen nach politischen Endergebnissen zu fragen als wenn man man in einem geschäftigen und wohlgeordneten Hauptstadtgericht nach göttlicher Gerechtigkeit fragen würde.»[39]

Wenige Wochen später, im Januar 1949, vervollständigte Haffner diese Gedanken durch einige grundsätzliche Überlegungen. Warum, fragte er, gelinge es einem Bundesstaat wie der Schweiz, das Prinzip der kollektiven Sicherheit erfolgreich umzusetzen, während größere Zusammenschlüsse, etwa der Völkerbund oder die Vereinten Nationen, in ihren entsprechenden Anstrengungen regelmäßig scheiterten? Eine effektive Verteidigungsgemeinschaft, lautete seine Antwort, könne nur in einem überschaubaren Rahmen funktionieren. Nehme ein Verbund zu umfassende Ausmaße an, verringere sich automatisch seine Handlungsfähigkeit. Hier lag nach Haffners Auffassung der entscheidende Konstruktionsfehler der UN. Denn «[d]ie Außenpolitik von Staaten», belehrte er seine Leser, «wird nicht von abstrakten Prinzipien, sondern von konkreten Interessen geleitet; und keine freiwillige internationale Organisation [...] kann darauf hoffen, im Ernstfall zusammenzuhalten, wenn sie nicht auf andauernden gemeinsamen Interessen basiert, wie es bei der Schweiz der Fall war und ist, bei Europa vielleicht der Fall sein wird, und bei den Vereinten Nationen eben nicht».[40]

Kreuzzug für die NATO

Im Laufe des Jahres 1946 fiel in Haffners privatem Kosmos ein immer günstigeres Licht auf die Vereinigten Staaten, während sich seine Einschätzung der Sowjetunion stetig verfinsterte. An Josef Stalins skrupellosem Willen, in Osteuropa kommunistische Marionettenregime zu installieren, konnten kaum mehr Zweifel bestehen, ebenso wie an den expansiven Absichten des Diktators, die sich zunächst auf den Iran und die Türkei richteten. Zugleich waren in China und in Griechenland kommunistische Guerillaarmeen auf dem Vormarsch, und der Umstand, daß es den vier Siegermächten auf den acht Außenministerkonferenzen, die sie bis 1949 abhielten, nicht gelingen wollte, sich auf eine gemeinsame Deutschlandlösung zu verständigen, war wenig geeignet, das geschwundene Vertrauen der Westmächte in die sowjetische Führung wiederherzustellen.[41]

Haffner hat das Machtstreben Stalins mit Argusaugen verfolgt. Am 18. August 1946 forderte er eindringlich, der Türkei gegen den massiven Druck beizustehen, den der Kreml seit Kriegsende auf das Land am Bosporus ausübte und der, wie schon zu Zeiten der Zaren, vor allem darauf abzielte, die Kontrolle über die strategisch bedeutsamen Dardanellen zu erlangen. Die von den Sowjets vorgeschlagene Regelung, daß Moskau und Ankara die Wasserstraße zwischen Schwarzem Meer und Mittelmeer gemeinsam kontrollieren sollten, alarmierte Haffner. «Sollten russische Stützpunkte in der Meerenge eingerichtet werden, würde die Türkei in Kürze zu einem russischen Vassallen degradiert werden und wie die Kegel würden Griechenland, Syrien und der Irak sofort mit einer ähnlichen Situation konfrontiert sein», prognostizierte Haffner, der sich hier als ein früher Verfechter der Dominotheorie präsentierte, die der amerikanische Präsident Dwight D. Eisenhower 1954 zu einer maßgeblichen außenpolitischen Doktrin seines Landes ausrufen sollte, und die dann im darauffolgenden Jahrzehnt die intellektuelle Begründung für das störrische Blutvergießen der Amerikaner in Vietnam geliefert hat.[42]

Die Lage in Zentral- und Westeuropa beunruhigte Haffner nicht weniger. Wenn es zweiundzwanzig Monate nach Kriegsende, trotz aller Geduld und Nachgiebigkeit der Westmächte, immer noch keinen Frieden gebe, liege das zweifelsohne am Kreml, meinte er im März 1947, unmittelbar vor Beginn der Moskauer Außenministerkonferenz. Ihr Scheitern bestätigte ihn in der Überzeugung, daß Stalin nicht mit den anderen Besatzern zusammenarbeiten wolle, sondern danach strebe, die sowjetische Einflußsphäre bis an den Rhein, womöglich sogar darüber hinaus auszudehnen. In Anbetracht der schlechten wirtschaftlichen Lage in Frankreich, Italien und Deutschland und der mächtigen Agitation der kommunistischen Parteien in diesen Ländern sah Haffner den Kreml bald am Ziel seiner Absichten angekommen. «Wenn Amerika diesen Sommer nicht nutzt», prophezeite er im Mai 1947, «wird der nächste Winter Rußlands Werk vollenden.»[43]

Schon im August 1946, als er sich um die Zukunft der Dardanellen gesorgt hatte, war ihm ein verstärktes amerikanisches Engagement im östlichen Mittelmeer als einziger Ausweg aus der drohenden Katastrophe erschienen, und dementsprechend erleichtert zeigte sich Haffner einige Monate später, nachdem Washington den Ansprüchen Moskaus in der Region Einhalt geboten hatte. Vor allem imponierte ihm die «neue Stetigkeit der amerikanischen Außenpolitik», weshalb er das Jahr 1946 kurzerhand zu «America's Year» erklärte. Anders als nach dem Ersten Weltkrieg hätten sich die USA nicht von der internationalen Bühne zurückgezogen, sondern seien in Europa, aber auch in Persien, einem traditionell britischen Einflußgebiet, als der eigentliche Gegenspieler der Sowjets aufgetreten.[44]

Mitte März 1947 wurde der von Haffner festgestellte Strategiewechsel auch offiziell und auf höchster Ebene bestätigt. Nachdem sich die britischen Verantwortlichen außerstande gesehen hatten, die Wirtschaftshilfen für die bedrohten Regierungen der Türkei und Griechenlands fortzusetzen, sprang Washington für London in die Bresche und übernahm es, die antikommunistischen Kräfte in Südosteuropa zu unterstützen. Als Präsident Harry S. Truman am 12. März 1947 den Kongreß bat, die notwendigen Mittel zu bewilligen, führte er auch prinzipielle Erwägungen an, die als Truman-Doktrin in die Geschichte eingehen sollten. Demnach seien die Vereinigten Staaten dazu verpflichtet, «den freien Völkern zu helfen, ihre demokratischen Institutionen und ihre nationale Integrität gegen aggressive Bewegungen, die ihnen totalitäre Regime auferlegen wollen, zu bewahren».[45]

Da auch eine Mehrheit der Abgeordneten dieser Ansicht war, konnte Haffner schon vier Tage später, im *Observer* vom 16. März 1947, den angekündigten amerikanischen Beistand begrüßen. Dennoch blieb er beunruhigt. Zu umständlich und schwerfällig schien ihm die Umsetzung der amerikanischen Politik, zu halbherzig und unentschlossen das Engagement Washingtons in Westeuropa. Entsprechend euphorisch reagierte Haffner auf das «European Recovery Program», das George C. Marshall am 5. Juni

1947 präsentierte. Damit Europa wirtschaftlich und politisch nicht in Elend und Chaos versinke, stellte der seit Januar 1947 amtierende Außenminister der Vereinigten Staaten erhebliche wirtschaftliche Hilfen in Aussicht, und tatsächlich sollten zwischen dem Frühjahr 1948 und dem Ende des Jahres 1952 etwa zwölf Milliarden Dollar an siebzehn europäische Staaten fließen.[46]

Bereits vier Tage nach Marshalls wegweisender Rede lobte Haffner den vorgestellten Plan als «simpel, raffiniert und genial», was ihn jedoch nicht davon abhielt, sich auch in den folgenden Monaten um die Nachhaltigkeit der amerikanischen Außenpolitik zu sorgen. Der Kurswechsel «vom Appeasement Rußlands zur Eindämmung Rußlands, vom Morgenthau-Plan zum Marshall-Plan», den Washington zwischen 1945 und 1947 vollzogen habe, beruhe eher auf einzelnen tagespolitischen Entscheidungen, denn auf einem tatsächlichen und langfristigen Umdenken, bemängelte er am 16. November 1947. Das weitere Verhalten der USA schien ihm daher völlig ungewiß, zumal Haffner die Amerikaner, im Gegensatz zu den Russen, die «logische and skrupellose Denker» seien, als «alles andere als das» einschätzte.[47]

Zweifel an der amerikanischen Entschlossenheit, der Sowjetunion Paroli zu bieten, waren Ende des Jahres 1947 eigentlich nicht mehr am Platz, hatte sich doch in Washington weitgehend die Erkenntnis durchgesetzt, daß nur man selbst in der Lage sein würde, ein veritables Gegengewicht zu der östlichen Hegemonialmacht zu bilden. Schon im Februar 1946 hatte der amerikanische Diplomat George F. Kennan eindringlich auf die aggressive Dynamik der sowjetischen Außenpolitik hingewiesen und wenig später als geeignete Reaktion auf diese Herausforderung die Strategie «einer langfristigen und geduldigen, aber festen und wachsamen Eindämmung der expansiven Bestrebungen Rußlands» empfohlen. Seiner Analyse war durchschlagender Erfolg beschieden, und bald galt, wie ein Kenner der Washingtoner Szene bemerkt hat, Kennans Aufsatz über «The Sources of Soviet Conduct» in Diplomatenkreisen geradezu «als Bibel der Politik».[48]

Auf weitaus größeren Widerstand stieß Haffners Werben für eine enge transatlantische Partnerschaft indes in seiner Wahlheimat. Insbesondere der linke Flügel der *Labour Party* warnte die Regierung eindringlich, sich mit den Vereinigten Staaten allzu sehr einzulassen. Für einen überzeugten Sozialisten wie den Unterhaushinterbänkler Richard Crossman, der 1943/44 mit Haffner in der politischen Kriegführung zusammengearbeitet hatte und in den sechziger Jahren, unter Premierminister Harold

Wilson, das Amt des Wohnungsbauministers versehen sollte, waren die USA aufgrund ihres aggressiven Kapitalismus an der gegenwärtigen Konfrontation nicht weniger schuld als die Sowjets, weshalb Crossman und seine Mitstreiter noch im Mai 1947 dafür eintraten, Europa mittelfristig als «dritte Kraft» zu etablieren und aus dem Kalten Krieg herauszuhalten.[49]

Haffner hat derlei Überlegungen bereits Ende des Jahres 1946 als «völligen Wahnsinn»[50] beiseite geschoben, und auch die wissenschaftliche Forschung geht nach einem jahrzehntewährenden Hin und Her der Schuldzuweisungen inzwischen mehrheitlich davon aus, daß zwar die weitreichenden Eroberungspläne, die nach 1945 der Sowjetunion zugeschrieben wurden, zumindest in den ersten Nachkriegsjahren wohl gegenstandslos gewesen waren, daß es aber doch im wesentlichen Stalin gewesen sei, der mit seiner unnachgiebigen Haltung und seinem skrupellosen Machtstreben den Konflikt zwischen den beiden Blöcken hervorgerufen habe.[51]

Es waren allerdings mitnichten nur die sogenannten *Labour*-Rebellen, die vor einem allzu forschen Vorgehen gegen Moskau warnten. Auch Premierminister Clement Attlee glaubte noch Anfang des Jahres 1947, daß eine Verständigung mit den Sowjets in Reichweite liege, und wandte sich deshalb gegen Truppenverlegungen in den Mittleren Osten, die im Kreml als Drohgebärden oder gar als Kriegsvorbereitungen aufgefaßt werden könnten. Darüber hinaus war die Meinung weit verbreitet, daß das Vereinigte Königreich keine allzu engen Verbindungen mit anderen Mächten eingehen dürfe, nicht mit den Vereinigten Staaten und schon gar nicht mit dem europäischen Festland. Vielmehr betrachtete ein Großteil des politischen Establishments, trotz des indischen Rückschlags, den britischen Kolonialbesitz im Nahen und Mittleren Osten sowie in Afrika als aktive Ressourcen des Königreiches und hing beinahe parteiübergreifend dem «‹three circles› concept» an. Demnach besaß Großbritannien eine international einzigartige Stellung, unterhielt es doch besondere Beziehungen sowohl zur angelsächsischen Welt als auch zu Europa sowie, über das *Commonwealth* und das *Empire*, zu Staaten der übrigen Erdteile. Gerade der Glaube an diese Scharnierfunktion erlaubte es den Engländern, ihren eigentlich nicht mehr gedeckten Großmachtanspruch aufrechtzuhalten, und lieferte ihnen zugleich eine willkommene Entschuldigung, wenn es galt, allzu vereinnahmende Avancen der einen oder anderen Seite abzuwehren.[52]

Von daher war der Marshall-Plan anfangs keineswegs populär in Großbritannien, zumal der amerikanische Außenminister die angekündigten

Finanzhilfen mit der Auflage verknüpft hatte, daß die Europäer eine gemeinsame organisatorische Plattform bereitstellen müßten. Zwar waren sich die Mitglieder der politischen Klasse in London weitgehend einig, daß ein langfristiges Engagement der USA in Europa wünschenswert, ja unabdinglich sei, aber schon der Umstand, daß Großbritannien als ein gewöhnlicher Empfänger unter vielen an dem Wiederaufbauprogramm teilnehmen sollte, war für die *Labour*-Regierung schwer erträglich, erst recht für konservative Imperialisten, die es als tiefe Demütigung empfinden mußten, wenn die einstige Kolonie das vormalige Mutterland wie jeden beliebigen Staat des zerstörten Kontinents behandelte. Sämtliche Einigungspläne waren daher illusorisch. Das Königreich in einer Föderation aufgehen zu lassen, zog wohl niemand, der in London politische Verantwortung trug, ernsthaft in Betracht, und selbst die ausgesprochen europafreundlichen Einlassungen, zu denen sich Winston Churchill in den vierziger Jahren gelegentlich hinreißen ließ, erwiesen sich spätestens 1951, als der konservative Parteiführer wieder in *Downing Street Nr. 10* einzog, als wohlfeile Lippenbekenntnisse eines kritikfreudigen Oppositionspolitikers.[53]

Ganz hatte Haffner die kontinentaleuropäische Denkweise also noch nicht abgestreift, spielten doch das englische Sonderbewußtsein und das *Empire* in seinen Überlegungen eine eher marginale Rolle, gerade im Vergleich zu seinem beharrlichen Werben für eine westeuropäische Union. Ein «Leitartikler wie Haffner, der eine Menge über Europa weiß, aber wenig über die USA, würde noch sehr viel besser werden, wenn er für einige Monate in die USA geschickt werden könnte, dann wohl über den Fernen Osten zurückreisen würde und dabei von überall, wo er war, Artikel beisteuern würde», hatte David Astor schon 1944 bemerkt, und tatsächlich sollte Haffner 1951 eine solche Reise antreten, wenn auch mit einem reduzierten Programm.[54]

1947 aber versteifte er sich vorerst, ermutigt durch Marshalls Forderungen, auf seine ambitionierten Westeuropapläne. «‹Amerika oder Europa› war immer eine falsche Alternative für Großbritannien», meinte er schon wenige Tage nach den sensationellen Ankündigungen des amerikanischen Außenministers. Jetzt aber ergebe sich für die britische Diplomatie endlich «die Chance, an der Verwirklichung des jahrhundertealten Traums europäischer Staatsmänner mitzuarbeiten: an der Einigung Europas.» Angesichts solcher Behauptungen scheint es durchaus plausibel, daß das positive Echo des *Observer* auf den Marshall-Plan in Großbritannien als «äußerst revolutionär» wahrgenommen wurde, auch wenn diese Einschätzung von dem

Journalisten William Clark stammt, der nicht gerade für seine Bescheidenheit bekannt war.[55]

Haffner jedenfalls zog noch einmal alle proeuropäischen Register. «Der europäische Wiederaufbau bedarf, um erfolgreich zu sein, der wirtschaftlichen Einheit Europas», behauptete er am 27. Juli 1947, «und die wirtschaftliche Einheit bedarf, um stabil zu sein, einer gemeinsamen Außen- und Verteidigungspolitik; und diese wiederum bedarf einer föderalen Einheit.» «Die Geschichte lehrt, daß eine Fusion die einzige absolute und unfehlbare Versicherung gegen Krieg ist», glaubte er drei Wochen später; und Anfang des Jahres 1948 nahm er neuerlich eine universalgeschichtliche Perspektive ein. So wie im 19. Jahrhundert die nationalstaatliche Formierung auf der historischen Agenda gestanden habe, sei es im 20. die europäische Einigung, denn «[d]amit eine Massenproduktion florieren kann, braucht sie größere Märkte; größere Mobilität erfordert zur Gewährleistung der eigenen Sicherheit größere Verteidigungsräume: Ohne Sicherheit gibt es keine Freiheit».[56]

Befeuert wurden solche Forderungen von einem immer noch wachsenden Mißtrauen gegenüber der Sowjetunion. Als Wjatscheslaw Molotow am 2. Juli 1947 den Marshall-Plan für sein Land ablehnte, weil man im Kreml nicht ganz zu Unrecht befürchtete, daß die amerikanischen Finanzhilfen mit massiven Einmischungen in die inneren Angelegenheiten der teilnehmenden Staaten einhergehen würden, zerstörte er auch Haffners letzte Hoffnungen auf eine irgendwie geartete Zusammenarbeit mit Moskau. Dementsprechend war für ihn die brüske Zurückweisung durch Stalins Außenminister «ein historischer Wendepunkt», auch wenn sich Haffner vorübergehend noch der Illusion hingab, der kommunistische Hegemon werde den wirtschaftlich gebeutelten Staaten Osteuropas die dringend benötigten Subventionen nicht verwehren können.[57]

Deutschland war ein anderes, äußerst sensibles Thema. Ob ihm der wirtschaftliche Wiederaufbau gestattet und eine Reintegration in die Staatengemeinschaft in Aussicht gestellt werden durften, oder ob es weitere Demontageaktionen über sich ergehen lassen und unter Kontrolle der Siegermächte verbleiben sollte, war umstritten. Freilich sprach auf den ersten Blick mehr dafür, Englands langjährigen Rivalen und zweimaligen Kriegsgegner auf absehbare Zeit niederzuhalten. Zudem waren die Siegermächte 1945 in Potsdam übereingekommen, sich um ein weiteres gemeinsames Vorgehen in Deutschland zu bemühen. Würde es da nicht die ohnehin schlechten Beziehungen zu Moskau unnötig belasten, wenn die Briten zu einer eigenständigen Politik übergingen? Für konstruktive Maßnahmen ließ sich dagegen ins Feld führen, daß die materielle Not der Bevölkerung in der britischen Besatzungszone erdrückend war, ja daß, um wenigstens eine rudimentäre Grundversorgung der mit mehreren Millionen Flüchtlingen vollkommen überfüllten Landstriche zu gewährleisten, London Lebensmittel und andere Güter über den Kanal schicken mußte, die zu Hause fehlten. Und würde eine Erholung Westeuropas ohne den Wirtschaftsfaktor Deutschland überhaupt möglich sein? Geradezu einen Zankapfel stellte in diesem Zusammenhang das Ruhrgebiet dar, das als Kraftquelle des untergegangenen Reiches in einem beinahe sagenhaften Ruf stand und dessen Potential ebenso gefürchtet wie begehrt war. Jahrelang forderten die Sowjets den Zugriff auf das riesige Industriegebiet ein, das zur britischen Besatzungszone gehörte, und auch die Franzosen waren daran interessiert, die reiche Region von Deutschland abzulösen und wenn möglich zu kontrollieren. Doch würde ein solches Vorgehen nicht den unversöhnlichen Widerstand der Deutschen hervorrufen?[58]

Wiederum war es Winston Churchill, der als einer der ersten umdachte. Schon am 5. Juni 1946 erklärte der Kriegspremier und Mann des «Unconditional surrender» im britischen Unterhaus, daß nicht mehr die Deutschen, sondern die sowjetischen Aktivitäten in Osteuropa die größte Bedrohung für den europäischen Frieden darstellten, und wenige Monate später gestand er auch dem großen Verlierer von 1945 einen Platz in einer künftigen europäischen Union zu. Die amtierende britische Regierung tat sich dagegen naturgemäß schwerer. Obwohl auch Außenminister Ernest Bevin und führende Beamte des *Foreign Office* frühzeitig erkannt hatten, daß es unabdingbar sei, die von London verwaltete Besatzungszone politisch und vor allem wirtschaftlich zu entwickeln, hatte der britische Chefdiplomat auf französische Befürchtungen Rücksicht zu nehmen und sowjetischen Vorwürfen auszuweichen und nicht zuletzt auch den innerparteilichen Bedenken gegen einen endgültigen Bruch mit Moskau Rechnung zu tragen, so daß das englische Lavieren bis Ende des Jahres 1947 anhielt.[59]

Haffner, der von solch taktischen Beweggründen schwerlich zu beeindrucken war, preschte dagegen wie gewohnt vor. Bereits Ende März 1946, ein halbes Jahr bevor der amerikanische Außenminister Byrnes in einer vielbeachteten Rede die Gründung eines westdeutschen Staates in Aussicht stellen sollte, warb er dafür, die drei westlichen Zonen zu vereinen und dem so entstandenen Gebilde auch politische Rechte zuzugestehen.[60]

Wie es seine Art war, hat sich Haffner in der Folgezeit aller erdenklichen Argumente bedient, die für einen forcierten Wiederaufbau sprachen. «Ob man es zugibt oder nicht, das Rennen zwischen dem Osten und dem Westen Deutschlands hat begonnen», bemerkte er am 4. August 1946 im *Observer* und wies darauf hin, daß die Angelsachsen ihren anfänglichen Popularitätsvorsprung gegenüber den Sowjets inzwischen beinahe eingebüßt hätten. Ein halbes Jahr später drang er erneut auf ein autonomes Vorgehen der Westmächte. «Potsdam», erklärte er im März 1947 mit Blick auf das anderthalb Jahre zuvor sehr niedrig festgesetzte industrielle Produktionsniveau, «nimmt den Deutschen durch seine territorialen Bestimmungen die Möglichkeit, von der Landwirtschaft zu leben, und durch seine Reparationsregelungen die Möglichkeit, von der Industrie zu leben; und es gibt nichts Drittes, von dem ein Volk leben kann.» Aber auch die ehemaligen Kriegsgegner, in erster Linie Frankreich und Großbritannien, würden von einer Erholung der deutschen Wirtschaft profitieren, versicherte Haffner, da eine schnelle Regeneration Westeuropas ohne den einstmals so potenten Industriestandort und Handelspartner nicht zu bewerkstelligen sei. Als im Herbst 1947 neuerliche Demontageaktionen der Westmächte avisiert wurden, war Haffner geradezu entsetzt. Der Abtransport weiterer Industrieanlagen würde nur eine dauerhafte Aussöhnung mit den Deutschen verhindern, warnte er Anfang Oktober 1947 und erinnerte an die verhängnisvollen Auswirkungen, die 1923 die Besetzung des Ruhrgebiets gezeitigt habe. Die Franzosen, so sein düsteres Memento, «erreichten nur, daß Deutschland sich im Widerstand gegen sie [...] vereinigte; sie schufen eine Stimmung der Verzweiflung und gaben den ersten Schuß zu einem erneuten Krieg ab».[61]

Ungewöhnlich war eine Beschwörung solcher Gefahren nicht. Vielmehr beruhten Haffners Analysen häufig auf skeptisch-pessimistischen Einschätzungen, aus denen er ebenso drastische wie spektakuläre Schlußfolgerungen zu ziehen liebte. Sein Leser zu sein, war eine aufregende Angelegenheit. Schon Artikelüberschriften, wie «Caution that Kills», «Strange Adventure» oder «Some Truths are Dangerous», verhießen Unheil und Gefahr, und tatsächlich lauerte an der nächsten Ecke des Weltgeschehens meistens ein Krieg, mindestens aber eine bedrohliche Krise, die nur mit heldenhaftem Mut und äußerster Entschlossenheit verhindert beziehungsweise entschärft werden konnten. «Die Spannungen, die die künstliche Teilung Europas hervorruft, [...] sind in der Welt des Langstreckenbombers und der Atombombe derart aufgeladen mit den wechselseitigen Befürchtungen von Amerika und Rußland, daß sie schließlich in einen Weltkrieg münden müssen», hatte er beispielsweise am 29. Juni 1947, im Vorfeld der europäischen Verhandlungen über den Marshall-Plan, ausgeführt und so seine Leser darauf vorbereitet, was sie zu gewärtigen hätten, sollten die anstehenden Sondierungen scheitern.[62]

Seine Neigung zu einer gehobenen Panikmache paßte gut in das Gesamtkonzept des *Observer*. Denn obwohl die angesehene Sonntagszeitung zahlreiche Korrespondenten in aller Welt unterhielt, beruhte das Renommee des Qualitätsblattes weniger auf seiner Berichterstattung oder spektakulären Recherchen als vielmehr auf «dem Knüller *qua* Deutung»[63], wie es ein Redaktionsmitglied einmal formuliert haben soll. Allerdings waren die atemberaubenden Thesen des deutsch-britischen *Scaremongers* nicht nach jedermanns Geschmack. John Pringle, ein späterer Mitarbeiter des *Observer*, hat Haffner rückblickend zwar «die seltene Gabe, politische Ideen und Kombination für andere Leute spannend zu machen», attestiert. Einschränkend fügte er jedoch hinzu: «Das Problem mit Raimund war, daß er gewissermaßen zu brillant war.» Noch weitaus härter urteilte Isaac Deutscher, ein anderer Kollege Haffners. Im April 1946 beklagte sich der polnische Emigrant bei David Astor über den unsteten politischen Kurs der Sonntagszeitung und hob als besonders unerfreulich «eine übermäßige politische Nervosität» sowie fehlenden «Sinn für Balance und Proportionen» hervor. Kaum vorstellbar, daß der marxistische Publizist, der noch im selben Jahr den *Observer* verlassen sollte, diese Kritik nicht auch auf seinen redaktionsinternen Widersacher bezogen hat.[64]

Fürs erste konnte sich Haffner jedoch weiter seinen Exaltationen überlassen. Am 4. Januar 1948 war es wieder einmal der griechische Bürgerkrieg, der ihn in helle Aufregung versetzte, erwartete er doch für den Fall einer kommunistischen Machtübernahme in Athen erneut nichts Geringeres als den Zusammenbruch des *Empire*. Sollten die revolutionären Einheiten Griechenland erobern, argumentierte er, würde Großbritannien mittelfristig auch die Kontrolle über den östlichen Teil des Mittelmeers verlieren. Die Türkei werde dann zwangsläufig unter sowjetischen Einfluß geraten, ebenso die Dardanellen. Damit aber wäre der Iran, ja die gesamte arabische Halbinsel vom Westen abgeschnitten, Moskau hätte freien Zugriff auf die instabile Staatenwelt Vorderasiens und Nordafrikas, ein Szenario, das Haffner zu dem martialischen Resümee veranlaßte: «Der Fall Griechenlands würde die Kehle des Britischen Commonwealth von einem Ohr zum anderen durchschneiden.»[65]

Drei Wochen später sah die Welt schon wieder ganz anders aus. Anlaß für Haffners überschäumende Zuversicht war eine Rede Ernest Bevins, der am 22. Januar 1948 erklärt hatte, Großbritannien verstehe sich als Teil Westeuropas und wolle in Zukunft entsprechend handeln. Haffner feierte diese Erklärung als «Revolution der britischen Außenpolitik», mahnte allerdings ein gemeinsames Vorgehen auf allen Politikfeldern an, nicht nur auf diplomatischer Ebene. Unter dem Eindruck des kommunistischen Staatsstreichs in der Tschechoslowakei im Februar 1948 verdüsterten sich seine Ansichten jedoch wieder, weshalb er am 7. März die Nationen Westeuropas ultimativ aufforderte, sich zusammenzuschließen und auch vor einer Preisgabe der nationalen Souveränität nicht zurückzuschrecken. Haffner verglich ihre Lage mit der eines Mannes, der sich im obersten Stockwerk eines brennenden Hauses befindet und den nur der waghalsige Sprung in die Tiefe retten kann: «Es ist eine Situation, in der Vorsicht tödlich ist, und Kühnheit die einzige Rettung darstellt».[66]

Der Brüsseler Vertrag, in dem sich am 17. März 1948 Großbritannien, Frankreich und die Benelux-Staaten zu einem militärischen Beistandspakt verbanden, war geeignet, Haffner zu beruhigen, wohl auch, weil er sich dazu entschieden hatte, in dem Abkommen den Rahmen für «eine dauerhafte Union Westeuropas» sowie den ersten Schritt hin zu einer «Renaissance unserer humanistischen Kultur»[67] zu erblicken. Indes, auch die folgenden Monate sahen einen optimistisch gestimmten Haffner. Deutschland rückte wieder in den Vordergrund seines Interesses, und ausnahmsweise war es dem Gang der Ereignisse einmal vergönnt, die hochgesteckten Erwartungen des *Observer*-Journalisten zu erfüllen, wenigstens einigermaßen.

Schon am 4. April 1948 muß Haffner sich dafür ausgesprochen haben, eine Luftbrücke nach Berlin einzurichten, sollten die Sowjets ihre gegenwärtigen Schikanen zu einer permanenten Blockade der Land- und Wasserwege in die alte Reichshauptstadt ausweiten, wie es dann ja tatsächlich gekommen ist.[68] Anfang September 1948, nachdem er vor Ort die Wahlen zum Nürnberger Stadtparlament und die Durchführung der Währungsreform beobachtet sowie einen Abstecher in das belagerte Berlin unternommen hatte, sah er die Hoffnungen, die er in die Gründung eines westdeutschen Staates gesetzt hatte, voll und ganz bestätigt. «Niemals ist eine Politik schneller und brillanter durch Ergebnisse gerechtfertigt worden als die neue deutsche Politik» der Allierten, jubelte Haffner, appellierte aber zugleich an die Initiatoren, den eingeschlagenen Weg nicht zu verlassen. «Es ist nie zuvor vorgekommen und wird vielleicht nie wieder passieren», schloß er seinen Artikel, «daß beide, Frankreich und Deutschland, gleichzeitig eine Einigung Westeuropas anstreben. Wenn wir diese Gelegenheit, von der niemand zu träumen wagte, verpassen, könnte die historische Chance an uns vorüberziehen.»[69]

Gegen Ende des Jahres 1948 zogen jedoch wieder Wolken über der internationalen Szenerie auf. Der von den französischen Kommunisten organisierte Streik weckte in Haffner die schlimmsten Befürchtungen; und wenig später lenkte der unaufhaltsame Vormarsch der von Mao Tse-tung geführten Einheitsfront Haffners nervöses Interesse nach Zentralasien. Schon am 6. Februar 1949 – die offizielle Proklamation der Volksrepublik China sollte erst ein halbes Jahr später erfolgen – zweifelte er nicht mehr am endgültigen Sieg der revolutionären Verbände und malte seinen Lesern auch gleich die Möglichkeit eines kommunistischen Großreiches aus, das sich von Mitteleuropa bis an die Grenzen Indiens und die Küsten Australiens erstrecken werde.[70] In Anbetracht solcher Gefahren plädierte er zum widerholten Mal dafür, koloniale Ambitionen hintanzustellen. «Was auch immer das Für und Wider dieser Kämpfe sein mag», äußerte er mit Blick auf die verlustreichen Kriege, die die Niederländer in Indonesien und die Franzosen in Indochina, dem heutigen Vietnam, führten, «die Gefahr ist augenscheinlich, daß sich letztlich beide Parteien in das kommunistische Netz verstricken – die Asiaten zuerst und kurz darauf die Europäer. ‹Koloniale› Methoden», fügte er, grundsätzlich werdend, hinzu, «sind ein mörderischer Luxus, und das dringendste Gebot der Stunde ist, die Beziehungen des Westens zu Asien auf eine neue, nicht-imperialistische Basis zu stellen», eine Einschätzung, die insbesondere David Astor gefreut haben dürfte, der 1948 offiziell die Leitung des *Observer* übernommen und bald darauf eine Kampagne gegen den britischen Kolonialismus eröffnet hatte.[71]

Haffners Kampf aber galt zuvorderst dem sowjetischen Imperialismus. Unter dem Titel «Die amerikanische Gefahr» sorgte er sich am 20. Februar 1949, daß die Vereinigten Staaten, abgelenkt und geschwächt durch ihr Engagement in China, die Verteidigung Westeuropas vernachlässigen könnten. Für besonders gefährlich hielt er die Vorgehensweise Washingtons, jeweils erst *nach* einer erfolgten Aggression militärisch aktiv zu werden. Sollten die Amerikaner ihre Strategie nicht ändern, fürchtete Haffner, daß im Fall eines Angriffs der Roten Armee auf Westeuropa jede Unterstützung zu spät kommen werde. Eben darum mahnte er verstärkte Rüstungsanstrengungen im konventionellen Bereich an, empfahl, auch «Deutsche und Italiener» in die diesbezüglichen Planungen miteinzubeziehen, und forderte darüber hinaus eine massive Stationierung amerikanischer Truppen «an der östlichen Grenze Westeuropas und an der Küste des Pazifik. Denn das sind jetzt militärisch gesehen die ureigenen Grenzen der Vereinigten Staaten selbst.»[72]

Entsprechend enthusiastisch reagierte Haffner, als im März 1949 die Gründung der «North Atlantic Treaty Organization» publik wurde. Nie um eine vollmundige Einschätzung verlegen, verglich er das neue Verteidigungsbündnis mit der englisch-französischen *Entente cordiale* von 1904 und der eilig improvisierten Friedensallianz von 1939, um sodann festzuhalten, daß der gegenwärtige Pakt diese «in den Schatten stellt wie eine Kathedrale eine Reihe baufälliger Cottages». Vorausgegangen sei dem Abkommen, fuhr Haffner begeistert fort, «eine unvergleichliche Doppelrevolution der internationalen Beziehungen». Die Amerikaner hätten ihre isolationistische Tradition, die Europäer ihre jahrhundertelange Uneinigkeit überwunden. Wenn der Aufbau und die Koordination der Streikräfte zielstrebig vorangetrieben würden, könne die westliche Hemisphäre einen Grad an Sicherheit erreichen, «den sie seit einem halben Jahrhundert nicht gekannt hat».[73]

Waren seine Einordnungen, insbesondere was den einschneidenden Kurswechsel in der amerikanischen Außenpolitik anging, diesmal sogar einigermaßen am Platz,[74] so ließ ihn die Hochstimmung über die Gründung der NATO wenige Wochen später zu reichlich kühnen Gedankenflügen ansetzen. Unter der Überschrift «Der neue Horizont» sah er am 1. Mai 1949 eine neue Epoche der Weltgeschichte anbrechen. In deren bisherigem Verlauf, erklärte Haffner, seien im wesentlichen zwei verschiedene Organisationsformen aufgetreten, zum einen der Clan, der Stamm beziehungsweise die Nation, zum anderen das Imperium. Erstere würden auf einem kollektiven Zusammengehörigkeitsgefühl beruhen, letzterem liege das Schema von Herrschaft und Unterwerfung zugrunde. In, universalhistorisch gesehen, jüngster Zeit habe sich dann mit der amerikanischen Revolution noch ein dritte Alternative herausgeschält, nämlich «das föderale Modell, das mehrere Staaten zu einem verschmilzt, ohne sowohl ihre innere Freiheit als auch ihre Identität zu zerstören», ein Prinzip, auf dem auch «die britische Idee vom Commonwealth of Nations» basiere.[75]

Die Entwicklungen der letzten Jahre, die Integration Westeuropas, seine enger werdenden Verbindungen zu den USA sowie der Verbleib Indiens im *Commonwealth*, stimmten Haffner hoffnungsfroh, daß sich das föderale Prinzip in Zukunft noch weiter verbreiten werde. Könnten, spekulierte er abschließend, nicht doch einmal die guten Seiten der menschlichen Natur in der Politik die Oberhand gewinnen? Und würde von einer Einigung der Welt im Atomzeitalter nicht sogar das Fortbestehen der Menschheit abhängen?[76] Ein gutes Jahr später kam Haffner dann noch einmal auf seinen Plan zurück. «In diesem Jahrhundert steht die Vereinigung der Welt auf der Tagesordnung», behauptete er am 25. Juni 1950, «und der Kernpunkt, um den die Einheit der Welt feste Formen annehmen kann, darf nichts Geringeres sein als eine atlantische Gemeinschaft, die Nordamerika und Westeuropa vereint und sie durch die Panamerikanische Union mit Südamerika und durch das Commonwealth mit Afrika, Asien und Australasien verbindet.»[77]

Mit dieser Vision befand sich Haffner in überaus illustrer Gesellschaft. Die Idee der «One World» hatte 1943 der republikanische Politiker Wendell Wilkie, der drei Jahre zuvor in den amerikanischen Präsidentschaftswahlen Franklin D. Roosevelt unterlegen war, in einem vielgelesenen Buch propagiert, dessen Thesen auch in Washingtoner Regierungskreisen Anklang finden sollten.[78] Die vielfältigen Implikationen der Moderne, die nach möglichst großen politischen Einheiten zu verlangen schienen, sowie der verzweifelte Wunsch, Kriege in Zukunft unmöglich zu machen, sorgten nach 1945 dafür, daß der Gedanke an einen Weltstaat sich in den unterschiedlichsten Köpfen einnisten konnte. Der amerikanische Publizist James Burnham, ein – wie man in diesem Fall wohl sagen darf – intellektueller Abenteurer, der als Katholik geboren wurde, zum Trotzkismus konvertierte und sich schließlich zu einem antikommunistischen Hardliner entwickelte, sah darin eine geeignete Alternative zu der von Moskau angestrebten Weltrevolution; und in England existierte sogar ein eigenes «British Parliamentary Committee of the Crusade for World Government», dem etwa der berühmte Sozialpolitiker Lord William Beveridge angehörte.[79]

Die Wechselfälle des Tagesgeschehens rissen Haffner freilich immer wieder unsanft aus seinen Weltstaatsträumen heraus. Der ergebnislose Verlauf der Pariser Viermächteverhandlungen im Mai/Juni 1949 war nicht dazu angetan, Haffners Argwohn gegen die Sowjetunion zu dämpfen. Im Gegenteil. Die Verfestigung der europäischen Spaltung und die sich abzeichnende unbestimmte Fortdauer des Ost-West-Konfliktes gereichten seiner Einschätzung nach eher Stalin zum Vorteil, denn während Demokratien dazu neigten, in ihrer Wachsamkeit und Verteidigungsbereitschaft nachzulassen, sobald keine akute Gefahr mehr bestehe, blieben totalitäre

Abb. 18 Als außenpolitischer Meisterdenker reüssierte Haffner, hier auf einem Foto aus der Zeit um 1950, in der zweiten Hälfte der vierziger Jahre und erschloß mit kühnen Gedankenflügen manch spektakulären Horizont.

Staaten stets militant und kriegsbereit. Immerhin, James Burnhams Forderung, der Westen solle die gleichen Praktiken anwenden wie die Sowjetunion, wies Haffner 1950 entschieden zurück. Auch wenn er sich der «wohlbekannten Nachteile der freien Staaten im Kampf um ihr Überleben» bewußt sei, fand er doch, daß «totalitäre Methoden nur von totalitären Staaten eingesetzt werden können».[80]

Die Gründung der Bundesrepublik, die mit den Wahlen und der Regierungsbildung vom August beziehungsweise September 1949 ihren vorläufigen Abschluß gefunden hatte, ließ Haffner ungeduldig auf weitere europäische Integrationsanstrengungen pochen. «[M]it einem wieder existierenden Deutschland und einem wie immer nichtexistenten Europa befinden wir uns erneut auf dem Weg, der zu zwei Weltkriegen geführt hat», warnte er am 11. September 1949 und warb deshalb wenige Wochen später, daß man, «großzügig und politisch vorausschauend, Deutschland nicht länger als unversöhnlichen Feind oder auf Bewährung Verurteilten sehen» dürfe, «sondern als potentiellen Freund und Partner von morgen». Ansonsten rechnete er mit ernsthaften Problemen, trotz der momentanen Sympathien Bonns für den Westen. Die «Stimmung in Deutschland [wird] kippen», prophezeite er düster, «sein Nationalismus wird sich wieder regen, es wird wieder einmal hauptsächlich nationale Ziele verfolgen, indem es abwechselnd seine West- und seine Ostkarten ausspielt, und der Zweite Weltkrieg wird genauso sinnlos gewesen sein wie der Erste».[81]

Doch schon bald geriet wieder die Sowjetunion in das Fadenkreuz seines hypersensiblen Mißtrauens. Als im Herbst 1949 die Spannungen zwischen dem Kreml und Josip Tito, dem auf nationaler Unabhängigkeit beharrenden Diktator Jugoslawiens, zunahmen und nach Haffners Meinung sogar ein sowjetischer Einmarsch in den renitenten Balkanstaat zu befürchten stand, plädierte er für ein entschiedenes Eingreifen der freien Welt. Stalin müsse klar gemacht werden, daß eine Aggression gegen Belgrad automatisch die USA und Großbritannien auf den Plan rufen werde, forderte er am 23. Oktober 1949. «Wieder einmal, wie schon in den Mittdreißiger Jahren», begründete Haffner seine harte Haltung, «haben wir die Chance, den Frieden zu gewinnen, wenn wir bereit sind, einem Krieg ins Auge zu sehen; und wir sollten eines Krieges sicher sein, und zwar eines Krieges unter hoffnungslosen Bedingungen, wenn wir uns vor der Sache drücken und den Angriff hinnehmen.»[82]

Nachdem die jugoslawische Krise abgeebbt war, fiel es Haffner freilich nicht schwer, etwas anderes zu finden, über das er sich beunruhigen konnte. «Bis 1949 war die Hauptbühne des Weltkampfes Europa gewesen», stellte er in seinem Jahresrückblick fest, doch «1949 hat der Kreml, mit der typischen Plötzlichkeit totalitärer Regime, seine Offensive nach Asien verlegt». Darauf habe die westliche Allianz noch nicht angemessen reagiert. «Südasien», erklärte Haffner, «muß als fast sicherer Verlust angesehen werden, wenn nicht westliche Macht und westlicher Reichtum in die Waagschale geworfen werden und zwar in einem Maßstab, der sogar den Marshall-Plan in den Schatten stellt.» Schließlich sei ihre ökonomische Potenz der entscheidende Vorteil der freien Welt, aber «[e]rneut», kritisierte er, «wird vielleicht ein Kontinent verloren gehen, wenn die Staatsräson nicht über wirtschaftliche Erwägungen gestellt wird».[83]

Die ersten Monate des folgenden Jahres verliefen allerdings vergleichsweise geruhsam. Am 14. Mai 1950 bestritt Haffner sogar, daß sich trotz der gegenwärtigen Unmöglichkeit, Frieden zu schließen, die Spannungen zwischen Ost und West notwendigerweise in einem Krieg entladen müßten. Auch die Sowjetunion sei im Moment nicht auf einen großen, weltumspannenden Eroberungszug vorbereitet, meinte er, und überhaupt könne das Verhältnis zwischen den beiden Blöcken wohl weniger an den einschlägigen Erfahrungen gemessen werden, die die Geschichte der europäischen

Nationalstaaten anbiete, sondern an den Beziehungen zwischen Christentum und Islam im 9. oder 10. Jahrhundert, «als es weder einen formal abgesicherten Frieden noch Krieg gab».[84]

Seine relative Gelassenheit basierte in erster Linie auf dem Vertrauen, das er sowohl in die Strategie des *Containements* als auch in die amerikanische Entschlossenheit, diese umzusetzen, gefaßt hatte. In der Tat arbeiteten Außenminister Dean Acheson und der Erfinder der Eindämmung, George F. Kennan, zielstrebig darauf hin, die freie Welt in jeder Hinsicht unangreifbar zu machen, um so den Sowjets die Vergeblichkeit ihrer Offensiven vor Augen zu führen und sie zu einem Einlenken zu bewegen. Erst wenn sie eine eindeutige Position der Stärke aufgebaut haben würden, wollten die Amerikaner an den Verhandlungstisch zurückkehren.[85]

Winston Churchill war da anderer Meinung. Die gesamte zweite Hälfte der vierziger Jahre hindurch plädierte der konservative Staatsmann dafür, Gespräche mit der Sowjetunion aufzunehmen und zu einer umfassenden Regelung der internationalen Verhältnisse zu gelangen. Diese Forderung beruhte auf der Einschätzung, daß der Westen den Höhepunkt seiner militärischen Überlegenheit erreicht habe, und dem kaum verblümten Kalkül, daß das amerikanische Atomwaffenmonopol, solange es Bestand habe, genutzt werden müsse, um Stalin unter Druck zu setzen, die Rote Armee aus Deutschland, vielleicht sogar aus ganz Mittel- und Osteuropa herauszudrängen und so das unbefriedigende Ergebnis des Zweiten Weltkrieges zu korrigieren, wobei der ehemalige Premierminister selbstverständlich souverän darüber hinwegging, daß allein Washington die Verantwortung für den heiklen Erpressungsversuch zu tragen gehabt hätte.[86] Nicht nur deswegen hat Haffner in dieser Angelegenheit seinem Idol ausnahmsweise nicht zugestimmt. Als er am 26. Februar 1950 die Strategien Kennans und Churchills diskutierte, äußerte er sich zwar für seine Verhältnisse zurückhaltend, neigte letztlich aber doch der Einschätzung zu, daß Gespräche mit Moskau nach den bisherigen Erfahrungen nicht nur aussichtslos, sondern auch riskant seien. Ein erneutes Scheitern der Verhandlungen, warnte er, könnte die Ost-West-Beziehungen weiter verschlechtern, und sogar «eine internationale Explosion»[87] hielt er für möglich.

Zwei Monate später war Haffner sich dann ganz sicher. Noch einmal mit den Sowjets zu verhandeln, schien ihm zwecklos, weshalb er den Staaten der freien Welt eine «bahnbrechend[e]» Doktrin empfahl, die «dem gesamten traditionellen und anerkannten System der internationalen Beziehungen» zuwiderlaufe. «Um Frieden und Sicherheit zu erlangen», führte er am 14. Mai 1950 aus, «müssen wir nämlich unseren Teil der Welt so stark machen, daß er nicht angegriffen, und so robust, daß er nicht geschwächt werden kann. Wenn wir das schaffen, wenn unser Erfolg andere mitreißt und unser Beispiel Schule macht, kommt die Einigkeit der Welt am Ende vielleicht doch noch zustande.» Dementsprechend wiederholte er die bekannten Forderungen, appellierte an die Mitglieder der transatlantischen Gemeinschaft, «zunehmend wie ein einziger Staat [zu] denken und handeln»,[88] und warnte vor europäischen Alleingängen. «Eine nicht mit Amerika zusammenarbeitende westeuropäische Föderation» wäre lediglich ein «wehrloses Ziel russischer Eroberungsgelüste», konstatierte er am 25. Juni 1950 und tat sämtliche neutralistischen Vorstellungen als «schlichtweg selbstmörderisch» ab. Daß den USA innerhalb des westlichen Bündnisses die Rolle der Führungsmacht zukomme, stand für ihn außer Frage. «Darüber ist schon vor einhundertundfünzig Jahren entschieden worden», erläuterte Haffner, «als die Amerikanische Revolution siegte und die Französische scheiterte; als Alexander Hamilton Amerika vereinigte, während Napoleon Bonaparte das gleiche in Europa nicht schaffte.»[89]

Eben an jenem Sonntag im Juni 1950, an dem Haffner die Leser des *Observer* mit seinen spektakulären weltgeschichtlichen Thesen zu unterhalten suchte, fielen Soldaten des kommunistischen Nord-Korea im südlichen Teil des Landes ein und eroberten ihn in den folgenden zwei Monaten beinahe vollständig. Die überraschende Offensive löste in der westlichen Welt, die sich in der Sicherheit ihrer atomaren Überlegenheit gewiegt hatte, einen tiefen Schock aus, der in dem aufregungsanfälligen Haffner einen besonders schrillen Widerhall erzeugte. Er mahnte drastische Aufrüstungsanstrengungen im konventionellen Bereich an und richtete, nachdem er 1949 Asien zum entscheidenden Schauplatz des Ost-West-Konfliktes erklärt hatte, sein Augenmerk wieder auf Europa, wo sich seines Erachtens jederzeit ein ähnlicher Vorgang wiederholen konnte.[90]

Wie stets, wenn er im Bann einer Gefahr stand, zog Haffner seine Schlußfolgerungen mit radikaler Konsequenz. Verflogen waren alle die Bundesrepublik betreffenden Ängste, die er noch im vergangenen Herbst so beredt geschürt hatte. Statt dessen trat er schon in seinem ersten Kommentar nach Kriegsbeginn dafür ein, neben Jugoslawien und Japan auch Westdeutschland aufzurüsten. In den folgenden Monaten kreisten seine Beiträge um die Frage, wie der junge Staat am besten verteidigt werden könne, ein Problem, das seiner Meinung nach über die Maßen drängte, rechnete er doch mit einem unmittelbar bevorstehenden Angriff der ostdeutschen Volkspolizei auf West-Berlin und Westdeutschland. Am 3. September regte Haffner deshalb an, in den nächsten Wochen vergleichbare Einheiten in der Bundesrepublik aufzustellen, damit die alliierten Streitkräfte die befürchtete Aggression nicht alleine abwehren müßten, was ein ungünstiges Licht auf die Besatzungsmächte werfen könnte. Acht Tage später hatte er sich dann anders besonnen. Die Lage, argumentierte er nun, sei zu angespannt, um den langwierigen Aufbau einer Armee abzuwarten. Angesichts der akuten Bedrohung müßten Truppen des westlichen Verteidigungsbündnisses den Schutz der innerdeutschen Grenze übernehmen.[91]

Daß sich in Deutschland ähnliches ereignen könnte, wie es die Bewohner der fernöstlichen Halbinsel erlebt hatten, war zwar eine verbreitete Befürchtung, gerade in der Bundesrepublik; doch einer sofortigen Wiederbewaffnung des jungen Staates standen vor allem in Frankreich, aber auch in Großbritannien erhebliche Bedenken im Wege. Gewiß, vorausblickenden Strategen des Vereinigten Königreiches war der Gedanke, die Deutschen zur Verteidigung Westeuropas heranzuziehen, nicht fremd, und erklärte Gegner der Sowjets, wie Winston Churchill oder Sebastian Haffner, hatten sogar schon 1949 öffentlich dazu aufgerufen, die geplante europäische Armee mit deutschen Soldaten zu verstärken.[92] Die britische Regierung tat sich allerdings sehr viel schwerer, ihr Umdenken in demselben rasanten Tempo zu vollziehen, das sich diejenigen leisten konnten, die nur Ratschläge zu erteilen brauchten. So hatte es Außenminister Bevin noch im März 1950 vor dem Unterhaus nachdrücklich abgelehnt, die Bundesrepublik aufzurüsten, und dabei nicht nur auf die Proteste, Verstimmungen und möglichen Gegenmaßnahmen hingewiesen, zu denen ein solcher Schritt Paris und Moskau Gelegenheit bieten würde, sondern auch ein tiefsitzendes Mißtrauen gegenüber den Deutschen offenbart. Dabei zeigte sich Bevin noch vergleichsweise pragmatisch. Hugh Dalton, ein anderes Kabinettsmitglied der *Labour*-Regierung, hatte noch Ende der vierziger Jahre ein wiederbewaffnetes Deutschland als die größtmögliche Gefahr für den Weltfrieden hingestellt.[93]

Haffner hat diese Vorbehalte nach Kräften bekämpft. Ob eine aufgerüstete Bundesrepublik eines Tages wieder eine Bedrohung darstellen werde, schien ihm am 24. September 1950 nicht nur völlig unabsehbar, sondern angesichts der unmittelbaren Gefahr, die von der Sowjetunion ausgehe, auch relativ nichtig. Fest stand für ihn dagegen, daß ohne einen westdeutschen Verteidigungsbeitrag ein militärisches Gleichgewicht in Europa nicht zu erreichen sein werde; und darauf kam es ihm nun einmal an, wie immer man die Absichten Moskaus auch einschätzen mochte. «Es ist keine Antwort darauf», belehrte er Leser, die an der Gefährlichkeit des Kremls zweifelten, «zu sagen, daß es keinen Beweis gibt, daß Rußland Westeuropa angreifen wird. Es gibt sicherlich keinen Beweis, daß es das *nicht* tun wird, und es wäre höchst unverantwortlich, unsere Sicherheit ausschließlich auf das Vertrauen in die guten Absichten einer ausländischen Macht zu gründen, noch dazu in eine, die sich so eroberungsbegierig gezeigt hat wie Rußland». Zwei Monate später legte er nach. Daß Gesten der Stärke die sowjetische Führung zu einem Präventivschlag herausfordern könnten, wie es insbesondere in linken Kreisen befürchtet wurde, glaubte Haffner nicht. «Die größte Kriegsgefahr», führte er am 26. November 1950 aus, sei vielmehr, «daß solche Fehlkalkulationen Rußland eines Tages veranlassen können, es zu weit zu treiben. Es ist ein tragischer Gedanke», fügte er hinzu, «daß diese Gefahr wieder und wieder durch aufrichtige und weichherzige Leute in diesem Land erhöht wird, die nichts Böses wollen und sich nie würden träumen lassen, daß ihre gutgemeinten Worte die Welt in Flammen setzen können».[94]

«Die fleißigste Zeit meines Lebens»[95]

Neben der nervenaufreibenden Tätigkeit als außenpolitischer Kommentator fand Haffner noch hinreichend Zeit, sich anderen Gegenständen zu widmen. Vor allem in den ersten Nachkriegsjahren will er eine besonders breite Palette von Themen abgedeckt haben, was zweifellos zutrifft, auch wenn seine nachträgliche Aussage, daß er, von der Sportseite einmal abgesehen, seinerzeit allwöchentlich in jedem übrigen Teil des *Observer* vertreten gewesen sei, wohl etwas übertrieben sein dürfte.[96]

Zu wirtschaftlichen Angelegenheiten etwa hat er sich nur sehr sporadisch geäußert, und dann natürlich auch nicht zu irgendwelchen Detailproblemen, sondern zu den großen, richtungsweisenden Fragen. Hinzu kam, daß seine diesbezüglichen Einlassungen meistens im Schatten politischer Erwägungen standen. Im Oktober 1945, also zu einer Zeit, als er noch für das Konzept der «dritten Kraft» eintrat, begrüßte er die von der *Labour*-Regierung eingeleiteten Verstaatlichungen wichtiger Industriezweige sowie generell «den Entschluß, die sozialen und wirtschaftlichen Verantwortlichkeiten des Staates radikal auszudehnen», mit dem Argument, daß «[d]ieser Sozialismus [...] der größte gemeinsame Nenner im heutigen Europa» sei.[97] Allerdings hielt seine Begeisterung für den britischen Sozialismus auch an, als sich die wirtschaftlichen Ordnungen auf dem Kontinent in eine andere Richtung entwickelten. «Großbritannien etablierte sich als gefestigter protestantischer Staat, gerade als die Gegenreformation in Europa vor dem Triumpf stand», rechtfertigte er 1947 den englischen Sonderweg. «Es köpfte seinen König, als in Europa die Monarchien gerade absolutistisch wurden. Heute ist es die stabilste Monarchie unter Republiken. Lange Zeit war es der Vorkämpfer des Freihandels gegen die Staatswirtschaft», fuhr er fort und fragte abschließend: «Warum sollte es nicht jetzt für eine Weile der Vorkämpfer der Staatswirtschaft gegen den Freihandel, nun Schwarzmarkt genannt, werden?»[98]

Doch auch abseits solcher Gedankenspiele fanden die Reformen der *Labour*-Regierung Haffners Beifall, und das trotz seiner heftigen Aversionen gegen die Sowjetunion und obwohl er gerade in der ökonomischen Überlegenheit der freien Welt einen entscheidenden Vorteil des Westens im Kalten Krieg erblickte. Seine Vorbehalte gegenüber dem Ostblock waren eben nur zum geringsten ideologischer Art, und zudem sah er gerade in massiven staatlichen Interventionen ein probates Mittel, um ein Land gegen wirtschaftliche Krisen zu immunisieren. Schließlich dürfte das sozialistische Wirtschaftsmodell auch mit jenem Grundvertrauen in die gestaltende Kraft der menschlichen Vernunft harmoniert haben, das Haffner verschiedentlich an den Tag gelegt hat, so im November 1950, als er die Hoffnung äußerte, daß eines Tages «die Ideologien durch die Verbreitung von wissenschaftlichem Zweifel und Wissensdrang ausgemerzt werden».[99]

Des weiteren trat er regelmäßig als Rezensent hervor. Er stritt sich mit James Burnham über die richtige Strategie des Westens im Kalten Krieg, erging sich kritisch über die Ansichten des späteren amerikanischen Außenministers John F. Dulles, rekurrierte in seinem Plädoyer für eine britische Berufsarmee auf den berühmten englischen Strategen Basil Liddell Hart, und vertraute sich, was die Umtriebe der Kommunisten in aller Welt anging, dem Urteil des Soziologen Franz Borkenau an.[100] Auch historische Studien besprach er gelegentlich, und so hat sich Haffner gleich zweimal, 1948 und 1952, mit Publikationen des Historikers Lewis B. Namier auseinandergesetzt, der in jenen Jahren mehrere Bücher zum «Dritten Reich» und der Vorgeschichte des Zweiten Weltkrieges veröffentlicht hat und der zu sehr entschiedenen Parteinahmen in dieser Angelegenheit neigte. Haffner hat denn auch Namiers Darstellung über die diplomatischen Wechselfälle der Jahre 1938/39 zwar «etwas von dem Reiz einer erstklassigen Detektivgeschichte»[101] bescheinigt, ansonsten aber dessen Voreingenommenheit kritisiert, insbesondere die leidenschaftlichen Attacken gegen die Appeasement-Politik. Obwohl er in den dreißiger Jahren die Nachgiebigkeit Neville Chamberlains selbst verurteilt hatte, verteidigte Haffner den konservativen Premierminister nun energisch. Angesichts des britischen Machtverlustes und des schwindenden Vertrauens in die Pariser Friedensordnung sei dessen Kurs «zumindest verständlich, vielleicht unvermeidlich» gewesen, meinte er, zumal ja auch «Hitler's unappeasableness» damals noch nicht erwiesen gewesen sei. Ganz und gar verwarf Haffner jedoch Namiers Vorschlag, die englische Regierung hätte 1938 ein Bündnis mit Moskau eingehen sollen, um das «Dritte Reich» rechtzeitig in die Schranken weisen zu können. Schließlich habe es sich mittlerweile hinlänglich gezeigt, argumentierte er, daß es sich bei der Sowjetunion mitnichten um eine friedliche Macht handele. Die Untersuchung des «zornigen Historikers», resümierte Haffner deshalb 1952, scheine ihm eher «geschrieben, um den Zweck eines polemischen und rachsüchtigen Pamphlets zu erfüllen als der historischen Gerechtkeit und Einsicht zu dienen», eine Ausrichtung, die «dem Buch, zumindest aus Sicht dieses Rezensenten, einen seltsam unerfreulichen Charakter verleiht».[102]

In den sechziger Jahren sollte Haffner dann selbst das eine oder andere historische Traktat im Stil «eines polemischen und rachsüchtigen Pamphlets» schreiben, und ganz ausgeschlossen ist es nicht, daß er auch mit seiner Kritik an Namier gewisse Nebenabsichten verfolgt hat. Denn jede Verteidigung Chamberlains bedeutete eine automatische Rechtfertigung des *Observer*-Kurses in der zweiten Hälfte der dreißiger Jahre, als die Familie Astor und das von ihr initiierte Cliveden-Set die Appeasement-Politik tatkräftig unterstützt hatten. Ein ähnlicher Verdacht ist auch bezüglich seiner beiden Aufsätze über den Staatsstreich vom 20. Juli 1944 anzumelden, die Haffner dazu genutzt hat, um, sozusagen über Bande, einige Lieblingsansichten von ihm beziehungsweise David Astor in Szene zu setzen. In dem Artikel «Die Geheimnisse der Verschwörung des 20. Juli», der zwei Jahre nach dem fehlgeschlagenen Attentat auf Hitler im *Observer* erschien, ging Haffner ausführlich auf die politischen Ideen der Verschwörer ein und hob insbesondere das Visionäre ihrer Vorstellungen hervor, wodurch er auch Adam von Trott, einen der außenpolitischen Experten des Widerstandskreises, in ein günstiges Licht rückte. Eine solche Würdigung war damals keineswegs selbstverständlich, zumal in England, wo die Lauterkeit des umtriebigen deutschen Adeligen vielfach bezweifelt wurde, was wiederum David Astor in den folgenden Jahrzehnten zu erheblichen Anstrengungen veranlassen sollte, um seinem einstigen Busenfreund ein strahlendes Andenken zu sichern.[103] 1947 hat Haffner dann in einem umfassenden Beitrag die Entscheidung der britischen Regierung erörtert, sämtliche Verbindungen zum deutschen Widerstand zu kappen, und in diesem Zusammenhang auch noch einmal das Für und Wider der «Unconditional Surrender»-Strategie diskutiert; und obwohl er sich insgesamt durchaus abwägend äußerte, hatte natürlich sein alter Einwand, daß eine vollkommene Ausschaltung Deutschlands die Sowjetunion unverhältnismäßig stärken werde, mittlerweile erheblich an Gewicht gewonnen.[104]

Darüber hinaus verfaßte Haffner, der damals ausgedehnte Streifzüge durch Europa und insbesondere durch Deutschland unternahm, Reisereportagen, wobei es vor allem die «besonders kafkaeske Atmosphäre» in seinem Herkunftsland war, die seine Schriftstellerinstinkte gereizt und ihn zu einfühlsamen Betrachtungen inspiriert hat. Im Spätsommer 1946 versetzte er sich etwa in die kuriose Lage der Wiener und Berliner Bürger:

> «Sie leben ständig am Rande einer Hungersnot; sind durch die Folgen der Bombardierungen und Beschlagnahmen gezwungen, im schlimmsten Elend dahinzuvegitieren; sie haben sich schon lange angewöhnt, sich nach jedem alliierten Zigarettenstummel und jedem alliierten Pferdeapfel zu bücken; für eine Schachtel Zigaretten verkaufen sie ihre letzten Wertsachen und ihr Gewissen obendrein; und trotz allem wissen diese grauen, gedemütigten Gestalten, die schon lange nicht mehr Herren ihres eigenen Schicksals sind, ganz genau, daß ihre allmächtigen Aufseher um sie kämpfen, wie Gott und der Teufel in den mittelalterlichen Legenden um die Seele eines armen Sünders».[105]

Mit dem gleichen psychologischen Scharfblick widmete er sich den Entwicklungen in der amerikanischen Besatzungszone. Das surreale Nebeneinander von deutscher Kultur und *American Way of Life*, von jahrhundertealten Stadtbildern und uniformen, mit Jazz-Musik beschallten Snackbars, hat Haffner im Spätsommer 1947 zwar mit offenkundigem Befremden wahrgenommen, aber zugleich imponierte ihm «das römische Selbstbewußtsein», mit dem die Siegermacht in Süddeutschland ein «Miniatur-Amerika» errichtet habe. Ebenso fand das Zutrauen, das die Besatzer bei der Bevölkerung erworben hatten, seinen Respekt und stieß in ihm weiterführende Überlegungen an. «Mehr als einmal ist mir der Gedanke in den

Abb. 19 Sein bildungsbürgerliches Erbe erlaubte es Haffner, 1945 kurzzeitig das vakante Amt des Musikkritikers beim Observer *zu übernehmen. Im Januar 1934, als dieses Foto entstand, mußte das Pretzelsche Familienquartett allerdings ohne ihn auskommen. Es spielte in der Besetzung: Johanna Pretzel (Ehefrau von Bernd Pretzel), Ulrich Pretzel, Bernd Pretzel und Eva Wißmann, geb. Pretzel (von links nach rechts).*

Sinn gekommen, daß Westdeutschland am Ende das erste europäische Land sein könnte, das einen festen Platz in der wachsenden amerikanischen Weltordnung findet und dadurch einen entscheidenden Vorteil gewinnen könnte», berichtete Haffner gegen Ende seiner Reportage. Und auch er selbst hatte sich den Verlockungen der Neuen Welt nicht völlig entziehen können. «Man fängt an, Coca-Cola zu trinken, das man noch nie im Leben getrunken hat», gestand er an einer Stelle, «und beginnt fast, es zu mögen, weil man einfach irgendwie nicht anders kann.»[106]

Die Kehrseite jener kulturellen Reserve, die in seinem Beitrag deutlich mitschwingt, war eine alteuropäische Bildungsbeflissenheit, die es Haffner erlaubte, sich in jenen Jahren sogar als Musikkritiker zu versuchen, und so hat er vom November 1945 an, als dieser Posten beim *Observer* vakant wurde, die Leser des Blattes über die jüngsten Ereignisse und neuesten

Tendenzen informiert. Alle vierzehn Tage berichtete er, als «Martin Raymond» getarnt, über Konzerte, neue Bücher und institutionelle Vorgänge, bis er im Sommer 1946 das unterhaltsame Amt wieder abgeben mußte.[107]

Haffners Geschmack war – wie könnte es in Anbetracht seines bekenntnishaften Pseudonyms auch anders gewesen sein – ausgesprochen traditionell, ja, von einer Klassizität geprägt, die selbst in seiner Generation schon für altmodisch gegolten haben dürfte. Die Meister des 18. Jahrhunderts waren seine unangefochtenen Favoriten, und nahmen – rechnet man Ludwig van Beethoven kulanterweise noch hinzu – in seiner umfangreichen Plattensammlung eine beherrschende Stellung ein, wobei er, den Erinnerungen seiner Tochter zufolge, das zweite Brandenburgische Konzert und das Italienische Konzert von Johann Sebastian Bach damals besonders geliebt haben soll. «Es ist ein Fluch, der Erbe der Perfektion zu sein», räsonierte er einmal in einem eher grundsätzlich gehaltenen Beitrag, «und die Frage, wie man nach Bach und Mozart komponieren soll, wird wohl noch jahrhundertlang jeden aufsteigenden Musiker plagen.»[108]

Robert Schumann und Johannes Brahms, Richard Wagner und Hugo Wolf sowie die anderen deutschen Größen des 19. Jahrhunderts hat Haffner zwar ebenfalls noch gelten lassen,[109] aber schon Peter Tschaikowsky und Sergei Rachmaninoff, den seinerzeit unbestrittenen Lieblingen des englischen Publikums, stand er skeptisch gegenüber. Daß der Schöpfer der «Pathétique» in Paris bei weitem nicht die gleiche Popularität genieße wie in London, sei «a holiday for the critic»[110], meinte Haffner im Mai 1946, während eines Besuchs in der französischen Hauptstadt. Einige Wochen danach deutete er erneut Vorbehalte an. Den jungen Leuten, die sich für die Werke der beiden schwelgerischen Russen begeistern würden, gehe es lediglich um «Emotionen» und nicht um «geistige und intellektuelle Befriedigung», obwohl doch eben darin «das höchste, was symphonische Musik geben kann», zu sehen sei.[111]

Demgegenüber begegnete er einem Teil der Avantgarde mit bemerkenswerter Aufgeschlossenheit. Von den radikalen Experimenten der zweiten Wiener Schule hielt er zwar überhaupt nichts, und angeblich soll er sich in späteren Jahren sogar mit dem Gedanken getragen haben, einen Essay über das Ende der Musik zu schreiben, das für ihn Gustav Mahler und Richard Strauss markiert hätten. Nach dem Krieg aber war seine Ablehnung weit weniger entschieden. Als er 1946 in Paris die Orgelwerke Olivier Messiaens kennenlernte, zeigte sich Haffner insgesamt nicht uninteressiert, bezweifelte aber, ob die «religiös inspirierten großformatigen Leinwände» des aufstrebenden katholischen Komponisten auch jenseits des Kanals Anklang finden würden. Messiaens Werke, setzte er seinen Lesern auseinander, verbreiteten «eine Weihrauchatmosphäre, die unseren protestantischen Instinkten zuwider ist».[112]

Daß er sich überhaupt auf derartige Fachsimpeleien einlassen konnte, lag zum einen an seinem Selbstbewußtsein, das nun auch beim *Observer* zu strotzender Überfülle angewachsen war, zum anderen an der bildungsbürgerlichen Imprägnierung, die er in seinem Elternhaus erhalten hatte; und so war das Musikhören zu einem seiner Haupthobbys geworden. Dem «beliebtesten musikalischen Gesellschaftsspiel», etwa «‹[Thomas] Beecham's Mozart› mit ‹Bruno Walter's Mozart› oder ‹Toscanini's Fünfte Symphonie› mit ‹Furtwängler's Fünfter Symphonie›» zu vergleichen, gebe auch er sich oft genug hin, bekannte er einmal, auch wenn es letztlich «ein irgendwie irrelevantes und sogar dekadentes Spiel» sei. In jedem Fall war es ein mühseliges Geschäft. Denn Haffner besaß hauptsächlich alte Schellackscheiben mit 78 Umdrehungen pro Minute, so daß er bis zu zehn Mal – und häufig sogar mitten im Satz – aus seinem Sessel aufspringen und die Platten wechseln mußte, bevor das Ende einer Symphonie oder eines Streichquartettes erreicht war, von den leidigen Tüfteleien mit der Grammophonnadel ganz zu schweigen.[113]

Bildungsbürgerlicher Geist und klassische Vorlieben blieben indes nicht auf die Welt der Noten beschränkt. Etliche Stadtansichten, ein Druck von Daniel Chodowiecki, mehrere Repliken von Jan Vermeer sowie zwei Schlachtengemälde schmückten anscheinend die Wände des Pretzelschen Heims in Wimbledon, und die Moderne war durch einige Bilder des Bauhauskünstlers Albrecht von Fritsch alias Georg René Halkett, einem Freund Harald Landrys aus den zwanziger Jahren, vertreten.[114] Selbstverständlich prägte die kulturell durchtränkte Atmosphäre auch die Kinder des Hauses. Oliver lernte Cellospielen, während Peter Schmidt, Erika Pretzels Sohn aus erster Ehe, zu malen begann, eine Beschäftigung, in der ihm seine Halbschwester bald nacheifern sollte und die schließlich für beide zum Beruf wurde. Gleichzeitig herrschte ein liberaler, aufgeklärter Geist. Aus der elterlichen Bibliothek durfte sich der Nachwuchs freizügig bedienen, was für beträchtliche Irritationen seitens der streng katholischen Schulleitung gesorgt haben soll, als die zwölf- oder dreizehnjährige Margaret im Lateinunterricht beim Lesen einer Dostojewski-Biographie erwischt wurde. Manche Anregung kam auch direkt von Haffner. Sein siebzehnjähriger Stiefsohn, der für längere Zeit das Bett hüten mußte, bekam die

Abb. 20 Nicht immer ging es in der Familie Pretzel so harmonisch zu wie auf dem abgebildeten Foto, das 1950 in Wimbledon entstanden ist.

Buddenbrooks zu lesen, und ein anderes Mal soll er seine halbwüchsigen Sprößlinge mit der Frage konfrontiert haben, was wichtiger sei: «Im Leben glücklich zu sein oder nach dem Tod berühmt?»[115]

Für Haffner allerdings hat es sich bei diesen Alternativen wohl nur bedingt um Gegensätze gehandelt, ist er doch damals völlig in seiner Arbeit aufgegangen. Gewiß, es gab die andächtigen Musiksitzungen, die sporadischen Ausflüge zum nahegelegenen Renaissanceschloß *Hampton Court* und gesellige Sonntagnachmittage mit selbstgebackenem Kuchen und Tischtennispartien im Garten. Allzu harmonisch darf man sich das Familienleben der Pretzels allerdings nicht vorstellen. Des öfteren stieß der leicht aufbrausende Haffner insbesondere mit seiner aufmüpfigen Tochter zusammen; und in späteren Jahren muß es zu regelrechten intellektuellen Schlachten gekommen sein. «Es war eine Familie von Rechthabern», hat sich Sarah Haffner erinnert. Oft hätten sie sich während der Nachspeise in gewaltige Diskussionen verstrickt, doch, um den Kampf um die interne Meinungshoheit nicht ausufern zu lassen, sei pro Mahlzeit nur ein Buch zugelassen gewesen.[116] Aber auch mit Erika Pretzel scheint Haffner sich nach dem Krieg auseinandergelebt zu haben. «Kurios wie in einer nichtlegalisierten Verbindung der Mann dominant ist, in einer regulären Ehe dagegen die Frau», kommentierte er im Dezember 1946 das gockelhafte Gebahren seines Kollegen Isaac Deutscher gegenüber dessen Lebensgefährtin und späteren Frau, Tamara Frimer.[117]

Daß er völlig unter dem Regiment seiner Angetrauten gestanden hätte, wird man allerdings nicht sagen können, dafür war Haffner erstens viel zu selten zu Hause, und zweitens scheint er, was seine Ehe anging, an den hergebrachten Rollenmustern festgehalten zu haben. So blieb Erika Pretzel, während ihr Mann Karriere machte, eine umtriebige Journalistenexistenz führte und regelmäßig zu ausgedehnten Reisen aufbrach, mit den Kindern in Wimbledon zurück, wo sie einen großen Haushalt zu versorgen und – vermutlich daraus resultierend – mit gesundheitlichen Problemen zu kämpfen hatte. Ihr beträchtliches Wissen und ihre intellektuellen Fähigkeiten konnte sie nur noch darauf verwenden, jeden Sonntag das anspruchsvolle *Observer*-Rätsel zu lösen. Gelegentlich leisteten ihr zwar Verwandte Gesellschaft, was aber offensichtlich nicht verhindert hat, daß sie, so die Erinnerungen ihrer Tochter, damals oft niedergedrückt war.[118]

Haffner konnte seine häufige Abwesenheit immerhin damit rechtfertigen, daß er den traditionellen Part des Ernährers vorbildlich ausfüllte und seine Betriebsamkeit der Familie einen gehobenen Lebensstandard ermöglichte, nachdem seine Kinder in den ersten Nachkriegswintern noch ungeheizte Schlafzimmer und Frostbeulen an den Füßen hatten kennenlernen müssen.[119] In der Tat waren jene 1 600 Pfund Sterling, die ihm 1947 und 1948 der *Observer* jährlich zahlte, ein überaus großzügiges Einkommen. 1949 wurde Haffners Gehalt sogar auf 2 500 Pfund, und damit auf nachgerade fürstliche Dimensionen, aufgestockt, lag doch 1951/52 das Durchschnittseinkommen pro Haushalt und vor Steuern bei 424 Pfund.[120] Zusätzlich rundeten diverse Nebeneinkünfte seine Einnahmen ab. So war er in den vierziger Jahren für das «Central Office of Information», eine Art staatliche Medienagentur, und das Verteidigungsministerium tätig, und seit 1951 arbeitete Haffner regelmäßig für die Deutschlandabteilung der *BBC* und informierte in der Sendung «Week in Westminster» die Hörer jenseits des Kanals über die britische Politik.[121]

Was Haffner beruflich so völlig vereinnahmt hat, obwohl es sich beim *Observer* doch nur um eine Wochenzeitung handelte, waren, neben seinem Ehrgeiz, Fleiß und guten Willen sowie der ihm eigenen Vielseitigkeit, auch die spezifischen Arbeitsbedingungen. Wie John Pringle, ein späterer Mitarbeiter des Blattes, in seinen Erinnerungen berichtet hat, ging in der Londoner Presseszene das Gerücht um, «daß *The Observer* von einem Haufen Intellektueller herausgegeben wurde, die jede Sonntagsausgabe von Dienstag bis Freitag ohne Unterlaß diskutierten, um dann ins Wochenende zu gehen und das Blatt einer kleinen Zahl von professionellen Journalisten zu überlassen [...], die nun einrückten und die Zeitung produzierten, ohne auf irgendetwas Bezug zu nehmen, das während der vergangenen vier Tage entschieden worden war». Mochten solche kaustischen Szenarien auch übertrieben sein – daß die *Observer*-Equipe mit zahlreichen originellen Geistern bestückt war, ja, zuzeiten einem «intellektuellen Tollhaus» glich, dürfte eine durchaus glaubwürdige Beschreibung sein. Ebenso ist die diskussionsfreudige Atmosphäre, die in den Redaktionsräumen in der *Tudor Street*, einer Parallelstraße zur *Fleet Street* unweit der *St. Paul's Cathedral*, geherrscht haben soll, mehrfach verbürgt. John Pringle zufolge ähnelten die Konferenzen häufig «einem basisdemokratischen Experiment oder sogar einer Maoistischen Kommune. Jede Entscheidung wurde diskutiert, und zwar unendlich und von jedermann».[122]

Zumindest in den ersten Nachkriegsjahren hat Haffner jenseits des allwöchentlichen Diskussionsmarathons auch noch diverse redaktionelle Geschäfte erledigt. Im November 1947 wandte er sich etwa an «Dear Koestler», wie es im kollegialen Jargon hieß, um den Publizisten und berühmten Autor von *Darkness at Noon* zu fragen, ob er für den *Observer* eine Reise durch Deutschland unternehmen wolle, aus der eine persönlich gehaltene Artikelserie hervorgehen solle. Sechs Tage später erhielt «Dear Haffner» dann allerdings eine abschlägige Antwort, verbunden, immerhin, mit einer vagen Einladung nach Wales, um «die Sache zu bereden».[123]

Des weiteren führte er ungezählte Hintergrundgespräche, im Verwaltungsjahr 1950/51 allein über 150. Diese Zahl hat Haffner zumindest gegenüber seinem Steuerberater genannt, denn nach der spektakulären Anhebung seiner Bezüge von 1949 mußte er alle im Inland anfallenden Aufwendungen selbst begleichen. Um sie von der Steuer absetzen zu können, fertigte Haffner Anfang der fünfziger Jahre eine Aufstellung seiner Termine an, die erklären sollte, wie die stolze Summe von 367 Pfund, die er für den Posten «entertainment»[124] veranschlagt hatte, zustande gekommen sei. Sofern die damit einhergehenden finanziellen Interessen seine Erinnerungen nicht zusätzlich angeregt haben – immerhin war er 1950 schon einmal ermahnt worden, «sehr vorsichtig beim Einreichen Ihrer Zahlen»[125] zu sein – hat er in dem erwähnten Zeitraum 116 Gewährsleute zum Lunch beziehungsweise Dinner getroffen, darunter Angehörige diverser Botschaften, britische Beamte, durchreisende Diplomaten und Politiker sowie ausländische Kollegen, wie zum Beispiel Walter Lippman. Außerdem will er knapp vierzig weitere Einladungen für mehrere Personen ausgesprochen und überdies drei Hausparties veranstaltet haben.[126]

Zwischen dem 15. und 21. Mai 1950, «einem Monat mit heftigen diplomatischen Aktivitäten in London», habe er fünf Geschäftsessen zu bestreiten gehabt, präzisierte Haffner seine Angaben. Ihnen zufolge aß er am 15., einem Montag, mit einem Angehörigen der burmesischen Botschaft zu Mittag, um ein Gespräch mit dem Premierminister des ostasiatischen Landes zu arrangieren, der zu einem Staatsbesuch in England erwartet wurde. Am Tag darauf hatte er eine Verabredung zum Lunch mit dem Leiter des Wirtschaftsressorts im französischen Außenministerium sowie mit einem weiteren Beamten dieser Behörde, die sich beide wegen eines Treffens des Atlantikrates in der britischen Hauptstadt eingefunden hatten. Aus dem gleichen Grund nach London gekommen waren auch zwei französische Kollegen, von *Le Monde* beziehungsweise von *Le Figaro*, mit denen er sich am Donnerstagmittag austauschte. Abends dinierte er dann mit einem Beamten des *Foreign Office*. Am Sonntag, dem 21. Mai, waren schließlich U Nu, der burmesische Ministerpräsident, und dessen Finanzminister Haffners Gäste, der beinahe fünf Pfund in diese Einladung investiert haben will, vermutlich um sich für das Interview erkenntlich zu zeigen, das Nu dem *Observer* gegeben hatte.[127]

Sebastian Haffner, der, je älter er wurde, solche Termine zunehmend unwilliger und immer seltener absolvierte,[128] hat später für britische Journalisten sehr viel größere politische Einflußmöglichkeiten reklamiert als sie ihren deutschen Kollegen offenstünden. In einem undatierten Manuskript – vermutlich handelt es sich um Aufzeichnungen für einen Vortrag oder eine Diskussion – behauptete er, daß zumindest die Mitarbeiter der englischen Qualitätszeitungen nicht ausschließlich auf die Rolle eines Regierungskritikers festgelegt seien, sondern regelmäßig mit Ministern, Abgeordneten und Beamten zusammenkämen, um sich nach dem Prinzip des «Give and take» auszutauschen. Derart habe beispielsweise der *Observer* die offizielle Haltung zum Marshall-Plan, zur Berlin-Blockade sowie zur Gründung der NATO maßgeblich beeinflußt.[129]

Tatsächlich hat Haffner in der Bundesrepublik keine ähnlich ausgedehnten Kontakte zu den Mächtigen des Landes unterhalten.[130] Ob die englischen Journalisten aber wirklich einen informellen Einfluß auf die staatlichen Entscheidungsträger ausübten oder von der Politik vielleicht doch eher nur benutzt wurden, um bestimmte Positionen zu lancieren beziehungsweise deren Popularität zu testen, wie es beispielsweise ja auch Konrad Adenauer in seinen Teegesprächen getan hat, scheint zumindest bedenkenswert. Haffner etwa veröffentlichte am 8. Oktober 1950 einen seiner seltenen Artikel zur britischen Haushaltspolitik. «[E]s ist eine heroische Polik», erläuterte er die gestrengen Konsolidierungsbemühungen der Regierung, die jedoch besser kommuniziert werden müßte, denn sie würde «eine heroische Gemütsverfassung des britischen Volkes» erfordern; und das war nun eine Einschätzung, mit der gewiß auch jener Beamte des Finanzministeriums, den Haffner drei Tage zuvor zum Mittagessen getroffen hatte, sehr zufrieden gewesen sein dürfte.[131]

Aber auch unabhängig von der delikaten Frage, wie es um die Einflußmöglichkeiten der Presse auf die Politik bestellt war, besaßen die Zusammenkünfte mit den Mächtigen für Journalisten ihren eigenen Reiz, gab es in der Szene so etwas wie eine «Strichliste mit den getroffenen Großen»[132]; und auch beim *Observer* scheint man dieser Beschäftigung zuzeiten mit sportivem Ehrgeiz nachgegangen zu sein. Ende Januar 1952 statteten David Astor, William Clark und Sebastian Haffner der französischen Hauptstadt eine vierundzwanzigstündige Stippvisite ab, während der «die drei bedeutendsten Burschen des Observer» das UN-Viertel besuchten und mit Philip Jessup, dem amerikanischen Botschafter bei den Vereinten Nationen, dinierten. «Der wahre Grund für ihren Besuch», berichtete Nora Beloff, die Frankreich-Korrespondentin des Blattes, sei jedoch «ein privates Gespräch (ohne mich) mit General Eisenhower», dem damaligen Oberkommandierenden der NATO-Streitkräfte.[133]

So illuster ging es jedoch nicht immer zu. Während seiner Expeditionen durch das zerstörte Deutschland hat Haffner durchaus einen ernsthaften Rechercheeifer an den Tag gelegt, auch wenn er die ausgedehnten Streifzüge durch sein Herkunftsland dazu genutzt hat, um seine Familie zu unterstützen und alte Bekannte, wie Horst Lange und Oda Schaefer, wiederzusehen. «War [...] etwas beunruhigt wegen meiner Arbeit für den Observer», vermerkte er am 10. Dezember 1946, wenige Tage, nachdem er in der britischen Besatzungszone eingetroffen war, in seinem Tagebuch, «aus all meinen Interviews gehen bislang keine harten Fakten hervor». Ein anderes Mal klagte er über «die enorme Schwierigkeit, heutzutage Nachrichten in ein Raster zu bringen, aus ihnen eine zusammenhängende und unterhaltsame Fortsetzungsgeschichte zu machen».[134] Widrigkeiten noch ganz anderer Art erwarteten ihn in Deutschland. Abends bewegte sich Haffner in der sterilen, beinahe surrealen Welt der britischen Casinos, die ausschließlich von Militärs, Besatzungsbeamten und Journalisten bevölkert wurde, während er tagsüber mit den bedrückenden Lebensverhältnissen der Einheimischen in Berührung kam, so etwa Ende des Jahres 1946, als er sich in der Gegend von Herford, Minden und Ohligs umsah. «Der größte Schock war das Badezimmer, das gleichzeitig auch die Behausung eines Schweins (das, wie man mir sagte, nächsten Sonntag geschlachtet werden soll) und einiger Kaninchen bildet», heißt es in den stichpunktartigen Notizen, die er nach dem Besuch einer Privatwohnung angefertigt hat.[135]

Im Laufe seines Amerikaaufenthaltes während der ersten Hälfte des Jahres 1951 sollte Haffners Erkundungsdrang jedoch merklich erlahmen. Mindestens die Hälfte der von David Astor ausgestellten Empfehlungsschreiben habe er nicht verwendet, gestand Haffner dem umtriebigen William Clark am 14. Juni 1951 und begründete seine Zurückhaltung mit «einer irgendwie neurotischen Abneigung, mich mit Leuten zu treffen, die [...] mich mit so etwas wie einem Seufzer empfangen und im besten Fall denken, daß ich ihnen die Zeit stehle». So habe er weder Vizeverteidigungsminister Robert A. Lovett noch Luftfahrtminister Thomas K. Finletter gesehen, berichtete Haffner, und statt dessen «durchweg mit kleinen Fischen in Verbindung gestanden, Leuten wie Dean Rusk und (einmal) [John F.] Dulles, um meine hochfliegendsten Kontakte zu nennen».[136]

Immerhin hat Haffner, wenn schon nicht die Ansichten der politischen Elite, so doch die räumlichen Dimensionen der Vereinigten Staaten zur Gänze ausgelotet, und neben Washington, das ihm als Hauptquartier diente, New York und Kalifornien besucht, mutmaßlich auch den Mittleren Westen, und auf der Heimreise legte er sogar einen Halt im kanadischen Ottawa ein.[137] Dennoch vermochte er nicht, in seine Einschätzungen eine gewisse Stabilität zu bringen, was allerdings keineswegs verwunderlich ist, denn warum sollte ihm in bezug auf die USA gelingen, worin er schon im europäischen Maßstab Schwierigkeiten hatte. Das Auf und Ab des Koreakrieges sowie die Auseinandersetzungen zwischen Präsident Truman, der in Fernost gemäßigte Ziele verfolgte, und dem selbstherrlichen und sehr viel angriffslustigeren General Douglas MacArthur taten ein übriges, um Haffner hin und her zu reißen, von der aufgeheizten Stimmung im Land ganz zu schweigen.[138]

Zu Beginn seines Aufenthaltes muß die Entschlossenheit der Regierung in Washington, den Süden Koreas mit Waffengewalt von den nordkoreanischen und inzwischen auch chinesischen Invasoren zu befreien, Haffner geradezu erschreckt haben, und obwohl in seinen Beiträgen weiterhin von «unseren amerikanischen Freunden» die Rede war, befremdete ihn der militante Antikommunismus, dem ein Großteil der Bevölkerung anhing, erkennbar. Doch diese Eindrücke wurden zunehmend verwischt. Im März 1951 distanzierte sich Haffner ausdrücklich von dem Vorwurf, die USA würden einen ideologischen Kreuzzug führen; schließlich kooperierten sie mit so unterschiedlichen Staaten wie Spanien oder Jugoslawien, und ihr engster Verbündeter sei das «sozialistisch regierte Großbritannien». Mitte Mai 1951, nach der Abberufung MacArthurs aus Korea, befürchtete er dann sogar ein Erstarken isolationistischer Tendenzen. Sollte die gegenwärtige internationale Krise allzu leicht überwunden werden, könne es durchaus zu einer radikalen Abkehr von der bisherigen außenpolitischen Strategie kommen, argwöhnte er am 20. Mai 1951.[139]

Genauso schwankte er in seiner Beurteilung des amerikanischen Machtpotentials. In Washington angekommen, war Haffner sich zunächst sicher, daß die Vereinigten Staaten innerhalb der nächsten zwei Jahre zur alleinigen Weltmacht aufsteigen würden, vor allem, wenn das ambitionierte Aufrüstungsprogramm, das die Truman-Administration aufgelegt hatte, tatsächlich umgesetzt werden sollte. Die Sowjetunion würde dann unweigerlich zu einem zweitrangigen Faktor der internationalen Politik herabsinken, meinte Haffner, von Großbritannien oder Frankreich ganz zu schweigen.[140] Ganz anders äußerte er sich in seinem letzten Artikel aus den USA. Zwar warb er am 17. Juni 1951 unter der Überschrift «Die zwei Zentren der Welt» einerseits für «besondere Beziehungen auf höchster Ebene, die gewährleisten, daß eine «britische-amerikanische» Politik im vorhinein entworfen wird», doch andererseits hob er hervor, daß auch das Vereinigte Königreich über ein beträchtliches Eigengewicht in der Staatenwelt verfüge. Zwei Wochen später, nachdem er «einen der einflußreichsten Männer in Ottawa» gesprochen hatte, hätte er der westlichen Mächteordnung beinahe noch einen dritten Pfeiler hinzugefügt, so beeindruckt zeigte er sich von der Entwicklung Kanadas seit dem Zweiten Weltkrieg.[141]

Rochade Nr. 1 – Das Atompatt

Als Sebastian Haffner im Sommer 1951 nach Großbritannien zurückkehrte, hatte sich an seiner Beurteilung der Weltlage so gut wie nichts geändert. Noch immer plädierte er für eine Einigung Westeuropas und forderte deshalb die britische Regierung auf, sich an der geplanten Europäischen Verteidigungsgemeinschaft zu beteiligen; und nach wie vor trat er energisch für einen Ausbau der transatlantischen Beziehungen ein. «Sollten wir versuchen, Amerikas Weg mit einer eigenständigen Außenpolitik zu kreuzen, spielen wir mit einer Katastrophe», warnte er Anfang des Jahres 1952. Die einzige realistische Option für das Königreich bestehe vielmehr darin, «mit Amerika und anderen in einer Atlantischen oder Ozeanischen Gemeinschaft zu verschmelzen, und somit einen Anteil an der Führung der Welt zu behalten. Wenn das mißlingt», prophezeite er, «müßten wir unseren Platz als eine zweitrangige Macht in einem amerikanischen System finden. *Tertium non datur.*» Wie eh und je lehnte er jegliche Kompromißbereitschaft gegenüber dem Kreml ab. «Die Vergangenheit hat gezeigt, daß die sowjetische Zusammenarbeit nicht erkauft werden kann», befand er am 11. November 1951 und ergänzte, daß die während des Krieges mit Stalin getroffenen Vereinbarungen nur «dazu dienten, den Landhunger der Sowjets zu vergrößern».[142]

Ebenso waren die machtpolitischen Rezepte die gleichen geblieben. Ausgehend von der Einschätzung, daß sich die freie Welt einer akuten Bedrohung durch die Sowjetunion ausgesetzt sehe, redete Haffner, der Anfang des Jahres 1951 das Pseudonym «A Student of Europe» abgelegt hatte, massiven konventionellen Rüstungsmaßnahmen das Wort. Sie sollten, gemäß «[d]er Idee eines ‹Friedens durch Stärke›», die demokratische Hemisphäre unangreifbar machen, und zuzeiten gab er sich sogar der Hoffnung hin, die NATO werde die Sowjetunion demnächst in ihre Grenzen zurückdrängen können. «[D]ie dauerhafte Mobilisierung der Macht des Westens und die gleichermaßen dauerhafte Integration aller entwickelten Länder der Welt – außer Rußlands – in ein politisches, militärisches und ökonomisches System, das mit der Zeit die Züge eines Superstaates annehmen muß», schien ihm im November 1951 jedenfalls unabdingbar.[143]

Vielleicht haben sich seine transatlantischen Erfahrungen aber doch in einem Punkt niedergeschlagen. Zumindest hat Haffner nach seiner Rückkehr aus den Vereinigten Staaten besonders die idealistische Komponente der amerikanischen Außenpolitik hervorgehoben, gerade im Vergleich zur Sowjetunion. Washingtons «Absicht war, und ist, weltweit Recht und Ordnung durchzusetzen», betonte er im Januar 1952, und eben diese Sichtweise ließ ihn wenige Wochen später mit George F. Kennan aneinandergeraten. Daß der ansonsten von ihm hochgeschätzte Diplomat in seinem jüngsten Buch eine stärker interessengeleitete Außenpolitik der USA einforderte, erregte Haffners heftigen Widerspruch. «Mr. Kennan liegt falsch», lautete sein Fazit am 24. Februar 1952. Die Maxime des nationalen Interesses, auf die sich Kennan berufe, sei «ein äußerst schwer bestimmbares Konzept, nicht zurückführbar auf erste Prinzipien, völlig undefinierbar rein theoretisch und höchst anfechtbar im konkreten Einzelfall», argumentierte Haffner, ohne freilich zu registrieren, daß dieser Einwand sich gegen jegliche Überlegungen zu dem schwierigen Gegenstand vorbringen ließe, mithin auch gegen seine eigenen. So hätten zum Beispiel, fuhr er unverdrossen fort, sowohl die französischen Staatsmänner in den zwanziger Jahren als auch Mussolini und Hitler in der darauffolgenden Dekade ihre Länder ins Verderben geführt, obwohl sie meinten, gerade in deren Interesse zu handeln. Nein, eine auf festen Grundsätzen fußende Außenpolitik zog Haffner einem System der internationalen Beziehungen vor, das allein durch den Faktor der Stärke reguliert werde, zumal wenn das Verhältnis von Macht und Moral gut austariert sei. Eben dies schien ihm beim gegenwärtigen Kurs Washingtons, der sowohl «höchst aufgeklärt» als auch «ein völlig realistischer» sei, gewährleistet. Im übrigen, fügte er hinzu, stelle «[d]ie Herrschaft des Rechts» wohl «die beste Lebensversicherung» dar, «die eine neu ‹arrivierte› Hegemonialmacht in den internationalen Angelegenheiten abschließen kann (ähnlich wie ein neu installiertes Regime in einem Staat)».[144]

Drei Monate später, Mitte Mai 1952, setzte Haffner noch einmal zu ähnlichen Gedankenflügen an, jetzt allerdings im Zusammenhang mit Überlegungen des britischen Geschichtsphilosphen Arnold Toynbee und nun sozusagen aus der umgekehrten Argumentationsrichtung kommend. Die westlichen Demokratien hätten, angetrieben von einer «verfrühten Humanisierung», nach 1918 und nach 1945 jeweils den gleichen Fehler begangen, indem sie den Krieg als Mittel der Politik geächtet und erst dadurch eigentlich unterlegenen Mächten die Möglichkeit geboten hätten, zu expandieren. Diese verhängnisvolle Strategie müsse unbedingt aufgegeben werden, forderte Haffner und richtete seine mahnenden Worte insbesondere an die westeuropäischen Sozialisten, die heute schon wieder bereit seien, sich um des lieben Friedens willen mit Stalin zu arrangieren. «Weltweit Recht und Ordnung durchzusetzen, erfordert mehr, nicht weniger Machtausübung seitens der Leute, die daran glauben», setzte er seinen Lesern auseinander.[145]

Von daher ist es wenig erstaunlich, daß Haffner eine Einigung über Deutschland, wie sie Josef Stalin im März 1952 den westlichen Alliierten angeboten hat, nachdrücklich ablehnte. Ob die Vorschläge des Diktators, die unter anderem Wahlen zu einer gesamtdeutschen Regierung, den Aufbau einer nationalen Armee, eine Neutralisierung des Landes sowie den Abzug aller ausländischen Streitkräfte innerhalb eines Jahres vorsahen, tatsächlich ernst und aufrichtig gemeint waren, wird bis heute leidenschaftlich diskutiert. Bedeutete die Zurückweisung der sowjetischen Offerte, daß man eine echte Einigungschance ohne ausreichende Prüfung hatte verstreichen lassen, wie es seinerzeit die sozialdemokratische Opposition, aber etwa auch der konservative Publizist Paul Sethe beklagte? Oder handelte es sich bei der Stalin-Note lediglich um eine machtpolitische Finte des kommunistischen Alleinherrschers mit dem Ziel, die Westintegration der Bundesrepublik zu sabotieren, die NATO existenzbedrohend zu schwächen und mittelfristig ganz Deutschland in den sowjetischen Einflußbereich hinüberzuziehen?[146]

Haffner entschied sich am 20. April 1952 für die letztere und insgesamt wohl plausiblere Deutung.[147] In Stalins Angebot sah er in erster Linie ein Störmanöver, das die bevorstehende Wiederbewaffnung der Bundesrepublik und ihre Integration in die westlichen Bündnissysteme verhindern sollte, und im übrigen räumte er freimütig ein: «*Zum jetzigen Zeitpunkt* sind gesamtdeutsche Wahlen nicht im Interesse des Westens.» Das war natürlich ein überaus heikles Eingeständnis. Um dem naheliegenden Vorwurf entgegenzuwirken, die Verbündeten würden die Wiederherstellung eines deutschen Nationalstaates hintertreiben, riet Haffner denn auch der britischen Regierung, von Moskau zunächst einen vollständigen Rückzug aus Ostdeutschland sowie eine Entmachtung des Ost-Berliner Regimes zu verlangen. Erst dann könnten wirklich freie Wahlen stattfinden, und an der Reaktion des Kremls auf diese Forderung werde sich schon erweisen, wie ernst das sowjetische Angebot gemeint sei. Zwei Gründe waren es, die seines Erachtens den Ausschlag für diese nicht ganz unproblematische Taktik gaben. «Nur wenn die westliche Gemeinschaft», erklärte er seinen Lesern, «mit den fünfzig Millionen Deutschen der Bundesrepublik verstärkt wird, kann sie das Gleichgewicht der Macht in Europa entscheidend verändern und durch politischen Druck Rußland veranlassen, auf seine Vorherrschaft in Ostdeutschland und Osteuropa zu verzichten.» Aber nicht nur der Erfolg der westlichen Strategie insgesamt stand für ihn auf dem Spiel, auch das vielversprechende Verhältnis, das sich zwischen Bonn auf der einen und Washington, Paris und London auf der anderen Seite entwickelt hatte, wäre durch eine Neutralisierung, so seine Mutmaßungen, stark gefährdet. Ja, mehr noch: Würde ein geeintes und ungebundenes Deutschland in Verhandlungen, etwa über seine Grenze zu Polen, nicht automatisch versucht sein, Ost und West gegeneinander auszumanövrieren, so wie es dem Reich in der Zwischenkriegszeit schon einmal gelungen war?[148]

Solche hypothethischen Sorgen bedeuteten indes nicht, daß Haffner der jungen Bundesrepublik grundsätzlich mißtraut hätte. Im Gegenteil. Schon im Dezember 1951 hatte er Konrad Adenauer mit der Einschätzung, «de[r] hervorragendst[e] Staatsmann, der seit Bismarck an der Spitze Deutschlands steht», ein verschwenderisches Kompliment gemacht, dessen Genese sich allerdings aus der beiderseitigen Präferenz für eine Westbindung der Bundesrepublik leicht erklären läßt. Außerdem hatte Haffner die Regierungen in London und Paris ermahnt, sich ehrlich und mit allen Mitteln, abgesehen von Waffengewalt, für die deutsche Einheit zu engagieren, während sich Bonn im Gegenzug zu «einem wie auch immer gearteten territorialen Kompromiß mit Polen» bereitfinden müsse.[149]

Im Herbst 1952 setzte dann bei Haffner ein Umdenken ein, das sich zunächst weniger auf Deutschland als auf die internationale Großwetterlage bezog. Während einer Reise durch verschiedene Staaten Westeuropas hatte er den Eindruck gewonnen, daß sich die Beziehungen zwischen den Blöcken stabilisiert hätten, das Kriegsrisiko zurückgegangen sei. Die Sowjetunion, konstatierte Haffner am 5. Oktober 1952, habe in diesem Jahr darauf verzichtet, weitere Krisen heraufzubeschwören, und im Westen ringe man sich allmählich zu der Einsicht durch, daß alle Versuche, die Kräfteverhältnisse zu den eigenen Gunsten zu verändern, in absehbarer Zukunft vergeblich sein würden. War, spekulierte er, aus dem bisherigen «kalten Krieg» ein «kalter Frieden» geworden?[150]

Während des darauffolgenden Jahreswechsels erlebten die Leser des *Observer* dann einen merkwürdig ambivalenten Haffner. Schon in seinen «hoffnungsvollen Spekulationen» vom Oktober hatte er sich hinter dem refrainartigen Hinweis verschanzt, er referiere lediglich auf dem Kontinent verbreitete Stimmungen und Ansichten. Nun aber, in «Das Ende von sieben Jahren», fielen seine Einschätzungen seltsam zwiespältig aus. Einerseits betonte er erneut, daß die Sowjetunion momentan offensichtlich keinen militärischen Angriff plane und eine Normalisierung der Lage eingetreten sei. Andererseits stimmte er in seiner weitschweifigen Analyse vom 28. Dezember 1952 die alten Mahnungen an. Ein «falsches Sicherheitsgefühl» breite sich diesseits der Elbe aus, ja, seines Erachtens schickten sich die Nationen des Kontinents an, «ein mehr oder minder normales Leben auf einem gigantischen Pulverfaß zu führen». Nach wie vor drohe Westeuropa «die Gefahr einer russischen Invasion», orakelte Haffner an einer anderen Stelle und warb deshalb für fortgesetzte Anstrengungen, eine wirkliche Einheit des Westens herbeizuführen, nach Möglichkeit sogar eine festgefügte Weltordnung. Daß solche Ziele utopisch seien, störte ihn wenig. «Die Tatsache, daß Perfektion wie die Wahrheit unerreichbar ist, entbindet uns nicht von der Pflicht, nach ihr zu streben», ließ er das *Crescendo* seiner Schreckensszenarien enden, «und es scheint eine merkwürdige historische Gesetzmäßigkeit zu sein, daß diejenigen, die ihre Ideale aufgeben, um ihr Leben zu retten, am Ende mit dem Verlust des Lebens bestraft werden».[151]

Einige Monate später, im Frühjahr 1953, entpuppte sich Haffners befremdliche Unentschiedenheit als Durchgangsstadium eines radikalen politischen Kurswechsels. Am 26. April 1953 stellte er im *Observer* zwei verschiedene Strategien vor, wie in Anbetracht des bestehenden Patts eine Verständigung zwischen den Blöcken aussehen könnte. Entweder müßten die Konfliktparteien versuchen, ihre lokalen Gegensätze in Korea, Deutschland und Österreich jeweils auf diplomatischem Weg beizulegen; oder sie sollten, das war die von Haffner skizzierte Alternative, einen umfassenden Friedensvertrag anstreben, der «die Auflösung der kommunistischen Internationale und des russischen Satellitensystems einerseits, der NATO andererseits; die Abschaffung des Eisernen Vorhangs; eine Weltatomaufsicht und effektive Abrüstungsgarantien» nach sich ziehen würde. Letzteres war, das wußte auch Haffner, ein äußerst kühner, aber vielleicht nicht völlig aussichtsloser Vorschlag. «Unsere Welt ist derart zusammengeschrumpft und die Zerstörungskraft der atomaren und anderer moderner Waffen derart gestiegen», gab er, ein bekanntes Pamphlet gegen das nukleare Wettrüsten zitierend, zu Bedenken, «daß unter den Bedingungen des 20. Jahrhunderts unsere einzige Wahl lautet: ‹One World or none›».[152]

Die Fürchterlichkeit der in Aussicht gestellten Gefahren legt die Vermutung nahe, daß Haffner die zuletzt aufgezeigte Option favorisierte, und in der Tat schrieb er am 5. Mai 1953 David Astor, seinem Freund und Vorgesetzten:

> «Wenn ich zurückblicke, glaubte ich und glaube noch immer, daß es richtig war, 1939 in den Krieg zu ziehen; falsch, ihn nach 1943 bis zur bedingungslosen Kapitulation fortzusetzen; richtig, 1941 die Allianz mit Rußland zu schließen; falsch, sie nach 1943 fortzusetzen; richtig, nach 1945 Rußland Widerstand entgegenzubringen und den ‹Kalten Krieg› anzunehmen; falsch, den Kalten Krieg jetzt über das erzielte Patt hinaus fortzusetzen; richtig, 1948 dem amerikanischen Bündnis und der NATO beizutreten – ich werde es immer als einen Höhepunkt meiner journalistischen Karriere betrachten, daß ich geholfen habe, die NATO zu ‹erfinden› – falsch, sie jetzt in einen Staatenbund oder Bundesstaat zu entwickeln.»

«Patt», das dürfte, nachdem die Sowjetunion zu atomarer Satisfaktionsfähigkeit gefunden hatte, das entscheidende Stichwort gewesen sein, und wie so häufig bei Haffner war die neugewonnene Einsicht geeignet, alles Vorherige außer Kraft zu setzen, und wenn nicht das, so doch zumindest die Welt in ein anderes Licht zu tauchen, in dem sich die UdSSR weniger bedrohlich ausnahm als zuvor, während es nun umgekehrt an den Vereinigten Staaten so manches auszusetzen gab. Ein antikommunistischer Kreuzzug war jedenfalls das, was sich Haffner in der gegenwärtigen Situation am allerwenigsten wünschte. Vielmehr wollte er eine Phase der Entspannungspolitik propagieren, und zwar mit aller Macht, fühle er sich doch, «wie das Kriegspferd beim Klang der Trompete, ungeduldig, einer neuen Etappe britischer Politik den Weg zu bahnen, wie ich einer vor fünf Jahren den Weg bahnen durfte».[153]

Astor machte diesen Richtungswechsel allerdings nicht mit; und daraus ergab sich eine Fülle von Problemen. Vor allem in den Wochen, die Haffners Schreiben vorangegangen waren, muß es in der *Observer*-Redaktion zu heftigen Auseinandersetzungen gekommen sein, so daß Astor und Haffner es für angebracht hielten, die Wogen brieflich zu glätten. Konfliktfördernd scheint sich insbesondere Astors Führungsstil ausgewirkt zu haben, jenes «System der Leitung durch Konferenzen»[154], in dem die Mitarbeiter eine Art Diskussionswettstreit um die Zustimmung des Chefredakteurs austrugen und in dem Haffner, dank einer herausragenden Überzeugungskraft und eines immensen Durchsetzungsvermögens, zehn Jahre lang den Sieg davongetragen hatte, zunächst noch unter der formalen Ägide von Ivor Brown, dann unter Astor, der 1948 offiziell die Leitung der Zeitung übernommen hatte. Als William Clark 1947 erstmals an einer Konferenz des *Observer* teilnahm, erlebte er Haffner denn auch als «den brillantesten und einsichtigsten der Gruppe. Er hatte seine Vorschläge bis zu ihrem Ende durchdacht und drückte seinen Standpunkt in einer bemerkenswert klaren und eindrucksvollen Prosa aus.» John Pringle, ein anderer Kollege, hat Haffner als «den dominantesten» in der Redaktion beschrieben, und Cyril Dunn, seit 1948 bei dem Sonntagsblatt, erinnerte sich: «Haffner [...] legte in den Redaktionskonferenzen die Dinge mit gottgleicher Autorität dar».[155]

Astor hatte seinem deutschstämmigen Mitarbeiter im Frühjahr 1953 offensichtlich den Rat gegeben, «etwas taktvoller zu sein, etwas weniger in den Konferenzen zu reden und sich etwas behutsamer auf vermintem politischen Gelände zu bewegen», und Haffner räumte ein, möglicherweise «ungebührlich unliebenswürdig» gewesen zu sein. Allerdings, rechtfertigte er sich, sei «mehr und mehr seiner Bürozeit und Nervenkraft durch viele und verlängerte Konferenzen über alle möglichen Themen beansprucht worden, von den Unterausschüssen und einzelnen Diskussion, die durch diese hervorgerufen wurden, ganz zu schweigen». Seine eigentliche Arbeit habe er häufig in seiner Freizeit oder sogar zu nachtschlafender Stunde erledigen müssen, und womöglich sei er deswegen allzu leicht reizbar gewesen. Aber auch Haffner hatte gelitten. In dem Brief an David Astor vom 5. Mai 1953 ist von «meinem traumatischen Zustand während der letzten Tage der vergangenen Woche» die Rede, ein Phänomen, das in den vornehmen Räumen des *Observer* wohl des öfteren anzutreffen war. «Es gab ein Menge Unstimmigkeiten und ziemlich viele verletzte Gefühle, meine eigenen eingeschlossen, wenn wir keinen Erfolg hatten», berichtete beispielsweise William Clark, seit Mai 1949 Redaktionsmitglied, in seinen Erinnerungen.[156]

Clark übrigens, der damals zusammen mit Astor und Haffner die zeitungseigene «Version ‹der drei Musketiere›»[157] bildete, scheint der Hauptgegenspieler unseres Protagonisten gewesen zu sein, und das nicht nur aufgrund von politischen Differenzen. Der englische Journalist, der vor seinem Engagement bei der Sonntagszeitung Herausgeber der *Encyclopædia Britannica* gewesen war und der 1955 Pressesprecher des konservativen Premierministers Anthony Eden werden sollte, besaß eine exaltierte Persönlichkeit und verfügte, neben Verbindungen zu höchsten Stellen, über einen ausgeprägten Hang zur Schwatzhaftigkeit und Wichtigtuerei. Von ihm wird berichtet, daß er einmal auf die Bitte, das ständige *namedropping* doch zu unterlassen, entgegnet habe, das sei ja merkwürdig, das Gleiche habe

Abb. 21 William Clark bildete Anfang der fünfziger Jahre zusammen mit Sebastian Haffner und David Astor die Führungstrias des Observer *und entwickelte sich 1953 zu Haffners redaktionsinternem Hauptwidersacher. Neben den politischen Meinungsverschiedenheiten trennten die beiden Streithähne auch höchst unterschiedliche Charaktere, pflegte doch Clark gerne die Pose des brillanten Scherzbolds und sorgte gelegentlich sogar durch spontane Kopfstandeinlagen für Aufsehen.*

ihm die Königinmutter gestern auch gesagt. Außerdem muß er in der Redaktion regelmäßig durch spontane Kopfstandeinlagen für Aufsehen gesorgt haben, alles Angewohnheiten, die ihm kaum die Sympathien des ernsthaften Haffner eingetragen haben dürften. Clark jedenfalls hegte gegenüber seinem Kollegen eine herzliche Abneigung. «Wie Du weißt, habe ich häufig mit ihm [Haffner] heftig im Streit gelegen», vertraute er im Dezember 1953 einem Bekannten an, «aus persönlichen wie aus politischen Gründen, wobei die politischen Zwistigkeiten ehrenvoller und weniger häufig waren als die Eifersüchteleien.»[158]

Anlaß zu Eifersucht gab insbesondere Haffners herausgehobene Stellung innerhalb der Redaktion, sein Posten als Astors «Generalstatthalter» ohne fest umschriebenen Aufgabenbereich, der in erster Linie auf seiner Freundschaft mit dem Herausgeber beruhte. Eigentlich als Bevorzugung gedacht, hatte diese Konstellation für Haffner dennoch zuweilen einen unangenehmen Beigeschmack. «Zuzeiten kommt mir der Gedanke, daß ich eher die widerliche Rolle des Hoffavouriten spiele als die respektable eines verantwortlichen Ministers», gestand er seinem Vorgesetzten im Mai 1953, und nachdem sich ihr politisches und persönliches Verhältnis getrübt hatte, sei seine exklusive Position noch weniger zu halten denn je.[159]

Wie eng ihre Beziehung allerdings immer noch war, zeigt eine Passage in Haffners bereits vielzitiertem Brief, in der er auf Astors Anregung, sich in der Redaktion etwas zurückzunehmen, einging und dabei mit einer Offenheit über sich Auskunft gab, die für seine Verhältnisse geradezu exhibitionistisch ist:

> «Ich gehöre – anders als alle Frauen und Schauspieler, die meisten Künstler sowie viele Politiker – zu jenem Typ von Menschen, die nur gut funktionieren, wenn sie sich völlig unbefangen benehmen können. Normalerweise fällt es mir leicht, Unbefangenheit zu erreichen. Aber in unserer Beziehung wird es mir nun – sicherlich für einige Zeit – schwer fallen, mich nicht sozusagen gespiegelt in Deinen Augen zu betrachten. Vielleicht meinst Du, daß ich darum umso besser sein werde, und in mancher Hinsicht ist das wohl richtig. Ich aber weiß, daß das, was ich dadurch vielleicht an guten Manieren und Selbstkontrolle gewinne, ich an Unmittelbarkeit und geistiger Leistungsfähigkeit verlieren werde. Darüber hinaus weiß ich leider, daß etwas in mir, das ich ich nicht unterdrücken kann, es übelnimmt, zur Befangenheit gezwungen zu werden und sich über die Person ärgert, die den Zwang ausübt. Aus diesem Grund bat ich Dich so, eine persönliche und psychologische Diskussion zwischen uns zu vermeiden. Es gibt traurigerweise einige frühere Freundschaften in meinem Leben, deren Grabstein die berühmte Inschrift trägt: ‹Mir ging es gut, ich wollte, daß es mir besser geht, und nun bin ich hier›.»[160]

Offensichtlich zeigte Haffners Appell Wirkung, denn in den Wochen danach ließ man ihn gewähren. Schon am 10. Mai 1953, also nur wenige Tage, nachdem er sein «Kündigungsschreiben aus lauter Umarmungen»[161], wie David Astor den Brief einmal bezeichnet haben soll, verfaßt hatte, erschien im *Observer* ein anonymer Kommentar unter dem vielsagenden Titel «Waffenstillstand», der ganz auf seiner neuen Linie lag. «Wie der Koreakrieg», heißt es darin, «hat auch der weltweite kalte Krieg für alle Beteiligten nicht in Sieg und Niederlage geendet, sondern in einem Patt.» Dieser Zustand könne nur in Verhandlungen und durch beiderseitige Zugeständnisse überwunden werden. «Der Übergang von Krieg, oder kaltem Krieg, zu einem ausgehandelten Frieden stellt die Staatskunst vor schwierigste Aufgaben», befand der ungenannte Autor weiter und fuhr fort: «Man kann nicht sagen, daß die westliche Staatskunst diesen Test zur Zeit gut besteht.» Nur der britische Premierminister Winston Churchill wurde von dieser Kritik ausgenommen. «Der Staatsmann, der in diesen Wochen kein falsches Wort gesagt hat, ist Sir Winston Churchill. Wieder einmal, wie während einer anderen Krise vor dreizehn Jahren, sind die Anforderungen, die an seine Stärke und Weisheit gemacht werden, wahrhaft herkulisch.»[162]

Im nachhinein wirken diese Sätze beinahe wie eine Ankündigung. Denn am 11. Mai 1953, einen Tag nach dem Erscheinen des Artikels, trat der Premierminister mit einem spektakulären Vorschlag an die Öffentlichkeit. In einer aufsehenerregenden Rede vor dem Unterhaus warb er für einen Neubeginn in den Ost-West-Beziehungen, regte ein baldiges Gipfeltreffen an und brachte den Locarno-Vertrag, jenes Sicherheitsabkommen von 1925, als wegweisendes Konzept für eine europäische Friedensordnung ins Spiel. «Er basierte auf der einfachen Bestimmung», erinnerte er an den Pakt aus der Zwischenkriegszeit, «daß, wenn Deutschland Frankreich angreifen würde, wir an der Seite der Franzosen stehen sollten, und wenn Frankreich Deutschland angreifen würde, wir auf der Seite der Deutschen stehen sollten.» Etwas Ähnliches, glaubte Churchill, könne das Königreich, oder besser: er selbst, nun zwischen einem geeinten Deutschland und der Sowjetunion in die Wege leiten.[163]

Die Initiative stellte beinahe einen völligen Alleingang dar. Weder die Verbündeten noch die Mitglieder des Kabinetts hatte Churchill im vorhinein über seine Rede informiert, das *Foreign Office* nur unzureichend. Während sich in Washington, Paris und Bonn sowie unter den britischen Diplomaten beträchtlicher Unmut über den britischen Regierungschef entlud, reagierten das Parlament und die englische Öffentlichkeit überaus positiv. Die Zustimmung im Unterhaus war groß – bezeichnenderweise in der Opposition etwas größer als in Churchills eigenen Reihen –, und einer Gallup-Umfrage zufolge sympathisierten siebenundsiebzig Prozent der Briten mit dem Vorschlag, möglichst bald eine Gipfelkonferenz einzuberufen.[164] Haffner muß nachgerade begeistert gewesen sein. William Clark, ein zugegebenermaßen nicht ganz unvoreingenommener Beobachter, meinte ein halbes Jahr später: «Haffner schluckte Churchill's Rede vom 11. Mai mit Haut und Haaren. Obwohl ich weit mehr Bedenken hatte als er, war das meines Erachtens seine letzte vernünftige Handlung. Von da an entschied er, daß er und nur er (möglicherweise noch Churchill) den Schlüssel zum Weltfrieden besaß.»[165]

In der Tat betätigte sich Haffner in den folgenden Monaten einmal mehr als Lobredner des britischen Staatsmannes.[166] Ansonsten aber war wieder einmal alles ganz anders, als es noch bis vor kurzem gewesen war. So weckte der Aufstand vom 17. Juni 1953 in Haffner die kühnsten Erwartungen, und das, obwohl sich die Lage in Ostdeutschland nach der blutigen Intervention der Roten Armee bald wieder beruhigt hatte und das entschlossene Vorgehen der Sowjets wenig geeignet war, Hoffnungen auf eine irgendwie geartete Kompromißbereitschaft seitens des Kremls Auftrieb zu geben. Haffners Zuversicht war indes durch nichts zu erschüttern. «Einerlei, was noch passiert – in Zukunft kann niemand mehr diese Regierung ernst nehmen», war er sich am 21. Juni 1953 mit Blick auf die Machthaber in Ost-Berlin sicher.[167]

Eine Woche darauf trat er dann nachdrücklich für eine deutsche Einigung ein, die er vierzehn Monate zuvor, im Zusammenhang mit der Stalin-Note, noch entschieden abgelehnt hatte, und alle Einwände gegen ein derartiges Unterfangen waren nun zu Nebensächlichkeiten verkümmert. Jegliche Befürchtungen vor einer wiedererstarkten Großmacht in der Mitte Europas, vor einem möglichen deutsch-sowjetischen Bündnis oder einer Schwächung der NATO bagatellisierte er nun nach Kräften. «Das Recht auf politische Einheit», verkündete er am 28. Juni 1953, «ist ein natürliches Recht jeder Nation, und es kann keine gesunde und dauerhafte Beziehung mit irgendeinem Teil Deutschlands geben, die offen oder heimlich darauf basiert, dieses Recht den Deutschen vorzuenthalten.» Außerdem, glaubte Haffner, könnten alle Siegermächte von einem Abzug aus Deutschland profitieren. Der Auftakt zu einer Ära der «Entflechtung» wäre gemacht, und «die großen Machtzentren Rußlands und des Westens» würde ein «vielfältiges Puffersystem aus europäischen Nationen» trennen.[168]

Im Sommer 1953 scheint sich «eine emotionale Komponente»[169], wie es David Astor in einem Brief ausgedrückt hat, in die Meinungsverschiedenheiten zwischen ihm und William Clark auf der einen sowie Haffner auf der anderen Seite eingeschlichen zu haben. Clark wurde da deutlicher: «Die Haffner-Episode ist lächerlich und ziemlich komisch», berichtete er einige Monate später. «David verlor nie seine Ruhe oder wurde grob, aber er blieb sehr standhaft und redigierte Haffners Texte umfassend. Er bemerkte recht bald, daß Haffner jegliche Vernunft hatte fahren lassen und sich seiner verletzten Eitelkeit gegen David und mich hingab.»[170] Immerhin durfte der ins Abseits geratene Kollege im Auftrag des Verlages noch einen Sammelband mit Porträtskizzen zusammenstellen, die während der vergangenen Jahre im *Observer* erschienen waren. Wie angespannt die Stimmung in der Redaktion allerdings gewesen sein muß, wird aus Astors Entscheidung ersichtlich, Haffner im September, unmittelbar nach Clarks Rückkehr aus dem Urlaub, auf eine längere Reise durch Europa zu schikken, sowie aus den behutsamen Sondierungen des Chefredakteurs, ob sein deutschstämmiges Sorgenkind im Interesse des Betriebsklimas nicht vielleicht eine Weile außerhalb der zeitungseigenen Räume arbeiten wolle.[171]

Haffner muß ob dieser Entwicklungen zutiefst beunruhigt gewesen sein. Er fühle sich, gestand er seinem Vorgesetzten, wie der grundlos Angeklagte K., die Hauptperson in Franz Kafkas Roman *Der Prozeß*. Außerdem fürchtete er um seinen Arbeitsplatz. David Astor, von Natur aus ein warmherziger und großzügiger Mensch, bemühte sich in einem Brief vom 21. September 1953, derartige Sorgen zu zerstreuen und seinen verstörten Mitarbeiter mit einigen Komplimenten aufzumuntern, die freilich erahnen lassen, wie sehr der gegenwärtige Konflikt an den Fundamenten ihrer Beziehung rührte:

> «Ich betrachte Dich als das wertvollste Mitglied der Firma und bin bereit, alles zu tun, um eine harmonische und gute Arbeitsbeziehung zu ermöglichen. Als Person (also nicht als Redaktionsmitglied) habe ich die höchste Bewunderung sowohl für Deinen Mut und Deine Integrität als auch für Deinen Intellekt und Deine künstlerische Gabe und habe keine Illusionen, daß Du Deinen Erfolg mir schuldest – Du verdankst mir nur die Mittel und den Platz, um jenen Erfolg zu haben, den Du ohnehin irgendwo gehabt hättest.»[172]

In der Tat hat es Astor dann sehr viel guten Willen abverlangt, das Ergebnis von Haffners Tour durch Europa, eine dreiteilige Artikelserie über Schweden, Deutschland und Österreich, zu drucken. Denn in «Zwischen den Fronten des Kalten Krieges», so der Titel der Reihe, die von Ende November 1953 an im *Observer* erschienen ist, griff Haffner einen Gedanken auf, den er bereits vor seiner Abreise verschiedentlich hatte anklingen lassen. Könnte eine Neutralisierung Mitteleuropas nicht geeignet sein, die Spannungen zwischen den Blöcken abzubauen und den festgefahrenen Konflikt beizulegen?[173]

Selbstverständlich war Haffner eben dieser Auffassung und dementsprechend zeichnete er, nachdem er «mit mehreren prominenten Schweden (einschließlich Mr. [Arne] Lundberg, dem Generalsekretär des Außenministeriums, einem eloquenten Vertreter der offiziellen Neutralitätspolitik,)»[174] gesprochen haben soll, die außen- und sicherheitspolitische Situation des skandinavischen Königreiches in den rosigsten Farben. Wie die staunenden Leser des *Observer* erfuhren, verfüge Stockholm über die drittgrößte Luftwaffe in Europa und könne innerhalb von fünf Tagen 700 000 komplett ausgebildete Soldaten mobilisieren. Außerdem hätten die Bewohner des Landes, dank eines gut ausgebauten Bunker- und Tunnelsystems, schon in naher Zukunft die weltweit besten Chancen, einen atomaren Angriff zu überleben, fügte Haffner hinzu und resümierte, daß «für einen rein lokalen Defensivkrieg Schweden nun womöglich besser ausgerüstet ist als jedes andere Land der Erde». Ebenso begeistert äußerte er sich über die Diplomatie des Dreikronenstaates, insbesondere seine bündnispolitische Zurückhaltung. Sie habe sich segensreich für ganz Skandinavien ausgewirkt, erläuterte Haffner, denn ihr sei es im wesentlichen geschuldet, wenn der Kalte Krieg Nordeuropa bis jetzt noch nicht erfaßt habe. Auch in der relativen Eigenständigkeit, der sich Finnland trotz des Freundschaftsvertrages mit der Sowjetunion gegenwärtig erfreue, wollte er in erster Linie ein Verdienst der schwedischen Neutralitätspolitik erkennen. Sollten dagegen NATO-Truppen in Skandinavien stationiert werden, argwöhnte Haffner, würde das den Einmarsch sowjetischer Verbände in Finnland zur Folge haben, weshalb «verantwortliche Schweden wenig Zweifel daran lassen, daß sie die Frage der NATO-Stützpunkte in Norwegen und Dänemark gegenwärtig als die schwerste Gefahr für Skandinavien betrachten».[175]

Für die österreichische Politik, die damals auf eine Neutralisierung des Alpenstaates, also gewissermaßen auf schwedische Verhältnisse, zusteuerte, war Haffner gleichfalls voll des Lobes. «Historisch gesehen», schrieb er, «scheint mir, ist Österreich im Moment dem Rest Europas um fünfundzwanzig Jahre voraus (mit Ausnahme Schwedens, das um einhundertfünfzig Jahre voraus ist).» Neben der erstaunlichen Zusammenarbeit von Sozialisten und Konservativen in der Wiener Regierung und neben dem wirtschaftlichen Aufschwung, den er für noch weitaus bemerkenswerter hielt als denjenigen der Bundesrepublik, imponierte ihm vor allem der große Spielraum, den sich die Diplomaten vom Ballhausplatz seit Kriegsende erobert hätten. «So unglaublich es klingt», erläuterte er, «Wien ist heute die einzige Hauptstadt in Europa, die furchtlos und eigenständig weltpolitische diplomatische Initiativen ergreift – die Art eigenständiger Initiative, die London, Paris und Rom an Washington, Warschau, Prag und Budapest an Moskau abgegeben haben.» Und mit einer seltenen Spitze gegen Winston Churchill, der auch aus Rücksichtnahme auf die mißtrauischen Verbündeten das angestrebte Gipfeltreffen mit der sowjetischen Führung noch nicht realisiert hatte, fügte Haffner hinzu, daß «der österreichische Kanzler heute, ohne daß er jemanden um Erlaubnis bitten muß, freie und ungehinderte Kontakte zu Rußland unterhalten» kann, «während die Regierungschefs anderer und größerer Länder solche diplomatische Freiheit nicht genießen».[176]

Deutschland allerdings wollte sich nicht recht in die von Haffner propagierte Linie einfügen, und so blieb ihm am 13. Dezember 1953 nichts anderes übrig, als zumindest die Dauerhaftigkeit des gegenwärtigen Bonner Kurses zu bezweifeln. Namentlich in dem klaren Sieg der Unionsparteien bei den Bundestagswahlen drei Monate zuvor erblickte er keineswegs ein unmißverständliches Votum für die Westintegration, sondern lediglich ein Zeichen der Dankbarkeit, mit dem sich die immer noch weitgehend auf materielle Belange fixierte Mehrheit der Bevölkerung für den wirtschaftlichen Aufschwung der letzten Jahre erkenntlich gezeigt habe. Aber das könne sich rasch ändern. Schon in wenigen Jahren, war Haffner sich sicher, werde die Wiederherstellung der nationalen Einheit «einziges und vorrangiges Ziel aller Deutschen» sein, weshalb er den Alliierten mit Nachdruck empfahl, die deutsche Frage vorher selbst anzugehen. «Wenn sich herausstellt, daß die Großmächte sie nicht lösen können, werden die Deutschen es eines Tages auf eigene Faust versuchen, und zu den dringlichsten Interessen der Welt gehört es, dafür zu sorgen, daß es am Ende nicht doch wieder mit Blut und Eisen geschieht.»[177]

Haffners Überlegungen, insbesondere seine Ausführungen über Schweden, sorgten für beträchtlichen Wirbel. Roger B. Stevens, der britische Botschafter in Stockholm, fühlte sich durch sie veranlaßt, einen mehrseitigen Bericht an Außenminister Eden zu schreiben, sei doch Haffners Artikel von der Presse vor Ort eingehend besprochen und in politisch und militärisch interessierten Kreisen lebhaft diskutiert worden. Abgesehen von einigen kleineren faktischen Mängeln, habe Haffner die Politik der Regierung zwar im großen und ganzen korrekt widergegeben, erläuterte Stevens, sich dabei aber «völlig unkritisch die schwedischen Einschätzungen ihrer Verteidigungsanstrengungen und der Konsequenzen ihrer bündnisfreien Politik» zu eigen gemacht. So sei zumindest zweifelhaft, ob die von Haffner treuherzig referierten Planungen des schwedischen Generalstabes im Kriegsfall tatsächlich umgesetzt werden könnten. Des weiteren entbehre die Behauptung, daß dank des schwedischen Geschicks Nordeuropa bislang nicht in den Kalten Krieg hineingezogen worden sei, angesichts der NATO-Mitgliedschaft Dänemarks und Norwegens jeder Grundlage – tatsächlich unterhielten sogar die Militärs in Stockholm geheime Kontakte zu der westlichen Verteidigungsallianz –, und Haffners These, der zufolge die Einrichtung von Militärbasen des transatlantischen Bündnisses in Westskandinavien eine schwerwiegende Bedrohung der finnischen Sicherheit darstellen würden, nannte Stevens sogar «offensichtlich absurd».[178]

Das war keineswegs die einzige ablehnende Reaktion auf Haffners Artikel. Die liberale, regierungskritische Zeitung *Dagens Nyheter* muß seinen Beitrag mit den lakonischen Worten kommentiert haben, «daß auf Mr. Haffner ‹offensichtlich bestens aufgepaßt wurde, während er Schweden besucht hat›»; und der Presseattaché der norwegischen Botschaft in London bat William Clark um einige Informationen zu dem Verfasser des umstrittenen Artikels, weil er vorhersah, daß dessen Einschätzung, es existiere «so etwas wie ein skandinavischer Commonwealth, mit Schweden in einer ähnlichen Rolle wie Großbritannien», in Norwegen und Finnland «not [...] very popular» sein dürfte. Sogar bis zu Dag Hammarskjöld soll Haffners Beitrag vorgedrungen sein, aber auch der Generalsekretär der Vereinten Nationen «hielt eher wenig von ihm», behauptete zumindest William Clark.[179]

Die größte Aufregung dürfte Haffners Artikelserie indes innerhalb der *Observer*-Redaktion hervorgerufen haben, wirkten seine Ansichten doch schon auf einen externen Beobachter wie «eine außergewöhnliche Revolution».[180] Schließlich hätte, nach dem jahrelangen Werben der Zeitung für ein amerikanisches Engagement in Westeuropa, eine Neutralisierung Gesamtdeutschlands womöglich den Rückzug der US-Streitkräfte hinter den Atlantik zur Folge gehabt, während die Rote Armee gerade einmal hinter die polnische, vielleicht auch nur hinter die deutsche Ostgrenze verlegt worden wäre. Aber auch abgesehen von solchen Bedenken war Deutschland, anders als Österreich oder Schweden, strategisch, politisch und ökonomisch schlichtweg zu bedeutsam, als daß man ihm ein Dasein im Windschatten der Weltpolitik hätte gestatten können.[181]

Dennoch hat sich David Astor dafür entschieden, Haffners obstruktive Beiträge in voller Länge zu drucken. Die bisherige Zusammenarbeit fortzusetzen, war jedoch unmöglich geworden, und so erhielt Haffner Mitte Dezember vier Wochen Urlaub, ehe er als Korrespondent des *Observer* nach Deutschland zurückkehren sollte, während Richard Löwenthal, der diese Position bis dato bekleidet hatte, den frei gewordenen Platz in der Londoner Redaktion einnehmen würde. «Der letzte der großen Recken hat aufgegeben und ist ins Exil gegangen», jubelte William Clark, räumte aber zugleich ein, daß es fraglich sei, «ob David den nötigen Nachdruck und die erforderliche Nachdenklichkeit in das Blatt bekommt. Eine Zeitlang», fügte Haffners siegreicher Widersacher hinzu, «wird es uns vielleicht an Ansehen mangeln».[182] Allerdings handelte es sich – in Clarks Triumphgeheul klang es bereits an – bei den geschilderten Verwerfungen mitnichten um einen Einzelfall, sondern um einen Vorgang, der sich zwischen Astor und seinen Mitarbeitern wiederholt abgespielt haben muß. Den Erinnerungen von John Pringle zufolge begegnete der Herausgeber des *Observer* immer wieder

> «Intellektuellen, viele von ihnen eher kontinentaleuropäisch als britisch, und wurde häufig von ihrer Brillanz und Virtuosität mitgerissen. Eine Zeitlang würde ein Mann sein auserwählter Berater sein, dem eifrig der Hof gemacht und zugehört wurde, bis eines Tages David jemand anderen von ähnlicher Brillanz, aber mit unterschiedlichen Ansichten treffen würde, der dessen Platz einnahm. Der erste Berater, obwohl niemals unsanft fallengelassen, sondern höflich zur Seite gesetzt, würde sich oft verletzt und zurückgewiesen fühlen. Das war ein Verhaltensmuster, das von Zeit zu Zeit für ein gerütteltes Maß an Ärger beim *Observer* sorgte.»[183]

Immerhin hat Haffner seine Vorzugsstellung über etwa zehn Jahre und damit über eine verhältnismäßig lange Strecke behaupten können, beispielsweise im Vergleich zu Isaac Deutscher, der bereits 1946 den *Observer* hatte verlassen müssen; ganz abgesehen von der Tatsache, daß es 1952/53 ja Haffner war, den es zu neuen Ufern drängte, und nicht nur politischen. «Es gibt ein deutsches Sprichwort, das lautet: ‹Wenn es am besten schmeckt, soll man aufhören›», hatte er bereits in seinem Brief vom 5. Mai 1953 an David Astor bemerkt und im folgenden eine Reihe von Gründen angeführt, die für eine berufliche Veränderung sprächen. Waren die Auseinandersetzungen der letzten Wochen nicht ein sicheres Anzeichen, daß seine Erfolgskurve beim *Observer* ihren Höhepunkt überschritten hatte? Würde er «in zehn oder fünfzehn Jahren» innerhalb der Redaktion nicht vielleicht die Rolle eines «zunehmend unhandlichen und veralteten Büromöbelstücks» einnehmen, «das jüngeren Leuten im Weg steht»? Schließlich will er zuzeiten daran gezweifelt haben, «ob es der beste und verantwortungsvollste Gebrauch war, den ich von meinem Leben machen konnte, ein Journalist zu sein und meine Tage in der komfortablen Routine des *Observer*-Büros zu verleben, in das die Wechsel- und Zufälle von Hitler und dem Zweiten Weltkrieg mich so freundlich deponiert haben». Wenn er sich aber tatsächlich noch einmal umorientieren wollte, dann durfte er, ein Mann von fünfundvierzig Jahren, nicht allzu lange warten.[184]

Besonders einschneidend fiel der Neubeginn dann jedoch nicht aus. Haffner blieb sowohl dem Metier als auch seinem Arbeitgeber treu und ging ansonsten dahin zurück, von wo er 1938 aufgebrochen war. Nun, in der beruflichen Krise, zeigte sich, daß er außerhalb des *Observer* in England kaum Wurzeln geschlagen hatte und daß auch der britische Patriotismus, dessen er sich später gerne gerühmt hat,[185] eine vergleichsweise oberflächliche Attitüde war, die sich im wesentlichen aus einer impulsiven Dankbarkeit und der eingefleischten Affinität, in nationalstaatlichen Kategorien zu denken, zusammengesetzt haben dürfte. Tatsächlich scheint er in Großbritannien keine rein persönlichen Bekanntschaften, geschweige denn Freundschaften unterhalten zu haben.[186] Wie seine Tochter berichtet hat, wurde der Alltag im Hause Pretzel weitgehend von deutschen Gepflogenheiten geprägt. Man aß von Holzbrettchen, und auf den Tisch kamen vor allem deutsche Gerichte, sogar Sauerkraut, das Erika Pretzel in einem großen Faß herstellte. Vielleicht spielte bei dem Entschluß, nach Deutschland zurückzukehren, also auch jenes «*Chez nous*-Syndrom» eine Rolle, das es, so die Schriftstellerin Hilde Spiel, Emigranten selbst unter den günstigsten Umständen unmöglich mache, an ihren ausländischen Zufluchtsorten wirklich heimisch zu werden.[187]

Für die übrigen Familienmitglieder nahm sich die Lage allerdings etwas anders aus. Oliver Pretzel soll dem Umzug in ein ihm fremdes Land zwar gespannt entgegengeblickt haben, aber seine Schwester Margaret und ihre Mutter Erika Pretzel standen dem Ortswechsel skeptisch gegenüber. Vor allem Haffners Frau muß nach den leidvollen Erfahrungen der dreißiger Jahre über die Rückkehr nach Deutschland sehr unglücklich gewesen sein, zumal ihre Verwandten inzwischen mehrheitlich in Großbritannien lebten und ihr Sohn aus erster Ehe in England zurückbleiben würde. Freilich hatte sie sich den beruflichen Plänen ihres Mannes unterzuordnen; und vermutlich wurden ihre Aversionen nicht einmal thematisiert, lag doch, wie sich Sarah Haffner erinnert hat, im Haus ihrer Eltern eine «kühle Stille» über allen persönlichen Befindlichkeiten.[188]

Auch gegenüber dem *Observer* konnte Haffner sich durchsetzen. Nicht in Bonn, wie es für einen ausländischen Korrespondenten wohl üblich gewesen wäre, sondern in Berlin, wo seine Mutter und sein ältester Bruder lebten, ließ er sich nieder, und so bezogen die Pretzels im Sommer 1954, nachdem das Haus in Wimbledon verkauft worden war, eine Wohnung im südwestlich des Zentrums gelegenen Lichterfelde.[189] Für Haffner war es also eine Rückkehr an die Stätte seiner Jugend. Wie es ihm gelungen war, seinen Arbeitgeber dafür zu gewinnen, hat er viele Jahre später gesprächsweise durchblicken lassen. Die Stadt an der Frontlinie des Kalten Krieges, will er argumentiert haben, werde bald zum Schauplatz einer internationalen Krise werden, weshalb die Anwesenheit eines Berichterstatters vor Ort wünschenswert sei;[190] und tatsächlich sollte der sowjetische Staatschef Nikita Chruschtschow fünf Jahre darauf, im November 1958, mit seiner ultimativ an die Westmächte gerichteten Forderung, Berlin innerhalb der nächsten sechs Monaten zu räumen, dafür Sorge tragen, daß Haffners eigennützige Einschätzung einen realen Hintergrund erhielt.

5. ABSCHIED IN RATEN
(1954–1961)

Als Sebastian Haffner im Januar 1954 in Berlin eintraf, hatte er die Vision eines geeinten und neutralisierten Deutschlands im Gepäck, das zusammen mit anderen Staaten einen Puffer zwischen den feindlichen Blöcken bilden und auf diese Weise den Kalten Krieg entschärfen sollte.[1] Aber ging es ihm tatsächlich nur um eine Entspannung der internationalen Lage, oder verbarg sich hinter dem kühnen Ansinnen auch der Wunsch, die Teilung seines Vaterlandes zu überwinden? Und selbst wenn er seine Position ursprünglich im britischen Interesse entwickelt hatte, lag es nicht nahe, daß Haffner nach und nach in seinen politischen Analysen einen deutschen Standpunkt einnahm? Bedauerlicherweise fehlt es an Quellen, die geeignet wären, diese Fragen eindeutig zu beantworten. In seinen Artikeln für den *Observer* hatte Haffner als Brite aufzutreten, persönliche Dokumente aus dieser Zeit liegen so gut wie nicht vor, und seine nachträglichen Aussagen sind widersprüchlich. Mündliche Äußerungen schließlich, die als besonders authentisch gelten könnten, sind kaum überliefert. «Wir Engländer», etikettierte er sich zum Beispiel während eines Vortrages im Oktober 1955, was er jedoch sogleich durch ein «wenn ich komischerweise so sagen darf» relativierte.[2]

Die Voraussetzungen für eine Wiederannäherung waren jedenfalls günstig. Von Vorwürfen oder Anfeindungen, wie sie Thomas Mann nach dem Krieg oder Willy Brandt in den sechziger Jahren erdulden mußten, blieb Haffner anscheinend verschont, ja, im Rückblick hat er sogar einhellig versichert, man habe ihn seinerzeit in Deutschland sehr freundlich aufgenommen. Dabei dürfte ihm der Umstand zugute gekommen sein, daß er im Gegensatz zum Gros der etwa 30 000 Remigranten sein berufliches und politisches Wirkungsfeld bis auf weiteres im Ausland hatte,[3] mithin einer breiten Öffentlichkeit als Engländer galt. «Sibästchian Häffner» will der Essayist Jean Améry seinen Namen ausgesprochen haben, wenn er dem musikalisch inspirierten Pseudonym in den Spalten des *Observer* begegnete; und damit unterschied Haffner sich von vielen anderen Rückkehrern, etwa von dem Historiker Golo Mann, der über seinen berühmten Vater nicht nur als Deutscher eingeführt war, sondern bei seinen Versuchen, einen Lehrstuhl an einer bundesrepublikanischen Universität zu bekommen, auch unweigerlich in ein Konkurrenzverhältnis mit heimischen Bewerbern trat.[4]

Erleichtert wurde Haffners Eingewöhnung des weiteren durch den Umstand, daß er in seinem neuen, alten Umfeld auf eine bunte Schar von Gleichgesinnten traf,[5] gab es doch Anhänger eines neutralisierten Gesamtdeutschlands in fast allen Parteien und unter Journalisten beinahe jeder Couleur. Kurt Schumacher und, nach ihm, Fritz Erler auf Seiten der SPD, Jakob Kaiser bei der CDU und Thomas Dehler in den Reihen der FDP – sie alle traten dafür ein, der Bonner Außenpolitik eine nationalere Ausrichtung zu geben, ein Anliegen, das auch den späteren Bundespräsidenten Gustav Heinemann umtrieb, der seine politische Nachkriegskarriere bei der CDU begonnen hatte, 1952 die Gesamtdeutsche Volkspartei gründete und schließlich 1957 zur SPD wechseln sollte. Daß die nationale Idee ideologisch sozusagen neutral war und mit allen möglichen Weltanschauungen kombiniert werden konnte, ließ sich auch in der westdeutschen Presselandschaft studieren, in der so unterschiedliche Protagonisten wie der linksliberale Herausgeber des *Spiegel*, Rudolf Augstein, und Paul Sethe, zwischen 1949 und 1955 Mitherausgeber der konservativen *Frankfurter Allgemeinen Zeitung*, sich als Vorkämpfer der deutschen Einheit profilierten.

Erhebliche Divergenzen zwischen den verschiedenen «Vereinigungsmatador[en]»[6] konnten da nicht ausbleiben. Bildeten für die einen die bedrückenden Verhältnisse der Ostdeutschen das zentrale Motiv ihres Engagements, fühlten sich andere in erster Linie der Wahrung beziehungsweise Wiederherstellung der nationalen Einheit verpflichtet, und wieder anderen ging es vornehmlich darum, Deutschland aus dem Kalten Krieg herauszuhalten. Doch das waren nicht die einzigen Unterschiede. Während viele Neutralisten nach der angestrebten Einigung die demokratisch-marktwirtschaftliche Ordnung der Bundesrepublik beibehalten wollten, sollte nach der Überzeugung von Jakob Kaiser Deutschland eine Brückenfunktion zwischen den Lagern einnehmen, und zwar nicht nur außenpolitisch, sondern auch wirtschaftlich und gesellschaftlich. Uneinig war man sich schließlich in der Frage, wieviel Vorsicht in den Verhandlungen mit Moskau geboten sei. Paul Sethes Überlegungen kreisten immer wieder um dieses Problem, das beispielsweise für die beherrschende Figur des soge-

Abb. 22 Nationalorientierte Journalisten unter sich – Haffner im Gespräch mit Paul Sethe (Bildmitte), allerdings erst in den sechziger Jahren.

nannten Nauheimer Kreises, den Historiker Ulrich Noack, der freilich schon in den zwanziger Jahren mit einer abenteuerlichen Kritik an der Außenpolitik Otto von Bismarcks hervorgetreten war, gar nicht zu existieren schien.[7]

Was die zusammengewürfelte Truppe über alle ideologischen und sonstigen Gräben hinweg verband, war indes die Überzeugung, daß der von Konrad Adenauer zielstrebig verfolgte Kurs der Westintegration die innerdeutsche Spaltung vertiefen und von der nationalen Einheit wegführen müsse. Ganz gleich ob sie den Machthabern im Kreml mißtrauten oder nicht, durchweg traten die Neutralisten dafür ein, gegenüber der Sowjetunion Verständigungsbereitschaft zu signalisieren und die Bundesrepublik nicht vorschnell weltpolitisch zu verankern.

Einige aus der heterogenen Gruppe waren bereits auf ihren deutsch-britischen Gesinnungsgenossen aufmerksam geworden. Als «wahrhaft hervorragende Artikel» lobte der FDP-Bundestagsabgeordnete und ehemalige Diplomat Karl Georg Pfleiderer «Zwischen den Fronten des Kalten Krieges», als er im Januar 1954 vor dem Bundesvorstand der Liberalen seine außenpolitischen Vorstellungen vortrug. Ähnlich begeistert äußerte sich Margret Boveri. «So weit ich es beurteilen kann, sind Sie der erste ausländische Korrespondent, dem es gelingt, sowohl die Schwierigkeiten als auch die Möglichkeiten der zwei (oder sollte man sagen drei) deutschen Länder im Kern darzulegen», teilte die deutsch-amerikanische Journalistin Haffner in ihrem überschwenglichen Glückwunschbrief vom 15. Januar 1954 mit, in dem die leidenschaftliche Patriotin den Verfasser der dreiteiligen Serie sogar zu einem Ideengeber für sich und ihresgleichen erhob.[8]

Auf Entspannungskurs

Mit der ebenfalls in Berlin lebenden Publizistin Boveri, einer Bekannten Erika Pretzels aus den dreißiger Jahren, muß Haffner in der Folgezeit zwar in Kontakt getreten sein, aber sein eigentliches Publikum, das er zu beeinflussen und zu überzeugen wünschte, war vorerst die englische Öffentlichkeit. Zudem bescherten ihm die Außenminister der vier Siegermächte, die zwischen dem 25. Januar und 18. Februar 1954 in der ehemaligen Reichshauptstadt zusammenkamen, um in einem neuerlichen Anlauf die deutschen Verhältnisse zu entwirren, gleich zu Beginn seines Korrespondentendaseins ein internationales Großereignis, das es Haffner noch einmal erlaubte, den inzwischen gewohnten Platz am Bühnenrand des Weltgeschehens einzunehmen.[9] Allerdings zeigte sich bereits jetzt, daß die neue Aufgabe für seinen überbordenden politischen Gestaltungswillen zu eng bemessen war. Obwohl er lediglich Berichte zu schreiben hatte, gelang es ihm mehr schlecht als recht, sich mit seiner persönlichen Meinung zurückzuhalten. «Friedenskonferenz-Atmosphäre in Berlin», hieß es verheißungsvoll in seinem Beitrag über den Auftakt des Treffens und eine Woche darauf konnte man im *Observer* lesen: «Rußland akzeptiert Prinzip der freien Wahlen. Eden antwortet auf Kritik an Deutschlandplan. Gemäßigte Hoffnungen in Berlin» sowie «Eden kommt Rußland auf halbem Weg entgegen. Ausgesprochen realistischer Schachzug».[10]

Auch seine ostentative Zuversicht konnte indes nicht verhindern, daß die Konferenzteilnehmer bereits zweieinhalb Wochen später, Mitte Februar 1954, ohne Einigung auseinandergingen. Vielmehr handelte es sich dabei um das von Beginn an wahrscheinlichste Ergebnis. Denn schon im vorhinein hatten sich die Vertreter der USA, Großbritanniens und Frankreichs auf eine gemeinsame Verhandlungsposition verständigt, der zufolge die Verschmelzung der beiden Staaten mit freien, gesamtdeutschen Wahlen eingeleitet werden sollte. Ein solches Vorgehen – darüber waren sich alle Beteiligten im klaren – würde die Beseitigung der DDR zur Folge haben. Die Ablehnung der Offerte durch den sowjetischen Außenminister Wjatscheslaw Molotow kam also keineswegs überraschend; und auch, daß die westlichen Verbündeten dessen Gegenvorschlag, Repräsentanten der beiden deutschen Staaten über die Wiedervereinigung beraten zu lassen, nicht akzeptieren würden, war alles andere als erstaunlich. Von daher endete das Berliner Treffen in der vorhersehbaren Sackgasse, war es doch während der fast vierwöchigen Gespräche ohnehin das Hauptaugenmerk der teilnehmenden Mächte gewesen, der jeweils anderen Seite die Schuld am Scheitern der Konferenz und damit an der fortdauernden Teilung Deutschlands zuzuschieben.[11]

Im Fall Haffners waren es die Sowjets und ihr deutscher Satellit, die einen psychologischen Vorteil aus den abgebrochenen Berliner Verhandlungen davontrugen. Der *Observer*-Korrespondent sah eine lange Phase des Stillstands auf Deutschland zukommen und wies der Bundesregierung die Hauptverantwortung hierfür zu. Die Bonner Politiker müßten aufpassen, warnte er im Februar 1954, die bestehende Spaltung nicht unnötig zu vertiefen, indem sie alle Vorschläge aus Ost-Berlin ablehnten. Im April legte er noch einmal nach und verwies auf die angebliche Kompromißbereitschaft der ostdeutschen Regierung.[12]

Damit ist zugleich das Raster seiner Berichterstattung in den nächsten viereinhalb Jahren umschrieben, in denen Haffner wieder und wieder eine einfache und stringente Lösung für eine Situation anmahnte, die von zahlreichen Ressentiments und Ängsten überschattet wurde. Zwar hat Konrad Adenauer tatsächlich die deutsche Einheit dem Ziel untergeordnet, die Bundesrepublik in die westliche Staatengemeinschaft zu integrieren, aber in dieser Absicht traf er sich durchaus mit den Interessen der drei demokratischen Siegermächte. Insbesondere in Frankreich und Großbritannien standen einer Neutralisierung Deutschlands beträchtliche Befürchtungen im Weg, genügte doch schon das Stichwort Rapallo, also der Name jenes beschaulichen Städtchens an der italienischen Riviera, in dem das Deutsche Reich und die Sowjetunion im April 1922 hinter dem Rücken der Westmächte ein Kooperationsabkommen geschlossen hatten, um in Pariser und Londoner Diplomatenkreisen eine Lawine des Mißtrauens loszutreten. Ein mindestens ebenso großer Argwohn hatte sich in den vergangenen Jahren auch gegenüber dem Kreml aufgestaut, so daß alle Beteiligten, die Westdeutschen ebenso wie ihre Schutzmächte, davor zurückschreckten, die bestehende, mühsam aufgebaute Position gegen eine ungewisse Zukunft einzutauschen, in der ein von Moskau abhängiges Gesamtdeutschland die keineswegs unwahrscheinlichste Option darstellte.[13]

Für Haffner war das skizzierte Sammelsurium an Befürchtungen mehr eingebildet als real, und so machte er weiter gegen die fortschreitende Westbindung der Bundesrepublik Front. Im Februar 1954 kritisierte er scharf das Vorhaben, die Deutschen im Rahmen der geplanten Europäischen Verteidigungsgemeinschaft wiederzubewaffnen, indem er auf die massiven Vorbehalte hinwies, die dieses Projekt in Frankreich hervorrufen würde.[14] Unberechtigt waren seine Warnungen nicht. Nachdem eine Reihe von Krisen die *Grande Nation* erschüttert hatte, steigerte sich das Land in eine regelrechte Panik, die im August 1954 dazu führte, daß die Nationalversammlung dem Projekt einer westeuropäischen Armee eine endgültige Absage erteilte. Allerdings einigten sich die westlichen Alliierten und Bonn in erstaunlich kurzer Zeit auf eine alternative Lösung. In den Pariser Verträgen vom Oktober 1954 erhielt die Bundesrepublik weitreichende Souveränitätsrechte sowie die Erlaubnis, eigene Streitkräfte aufzubauen, die dem Kommando der NATO unterstellt sein würden. Diverse Zugeständnisse der Bundesregierung, langfristige Sicherheitsgarantien Großbritanniens und amerikanischer Druck hatten schließlich den französischen Widerstand gegen eine Aufrüstung des ungeliebten Nachbarn gebrochen, während sich die drei Siegermächte im Gegenzug verpflichteten, die Wiedervereinigung Deutschlands nach Kräften zu unterstützen.[15]

Selbstverständlich tat Haffner zwischen dem Herbst 1954 und dem Inkrafttreten der Pariser Vereinbarungen im Mai des folgenden Jahres sein Möglichstes, um den Lesern des *Observer* den gefaßten Beschluß zu vergällen. Deutschland, sagte er im Oktober 1954 voraus, werde «als ein innerlich gespaltenes Land, dessen Regierungsopposition die Westbindungen unter den jetzigen Umständen ablehnt», der NATO beitreten.[16] Außerdem warnte er mehrfach davor, daß der Kreml ein vergleichbares Bündnis gründen werde, sollte die westliche Allianz bis an die Elbe ausgedehnt werden;[17] und so ist es dann in der Tat auch gekommen: Nur wenige Tage nach dem NATO-Beitritt der Bundesrepublik schlossen sich die Länder des Ostblocks, inklusive der DDR, zum Warschauer Pakt zusammen, und im September proklamierte die sowjetische Führung die Souveränität des ostdeutschen Staates.

Infolge dieser Weichenstellungen konnte sich zwar auch Haffner nicht mehr der Einsicht verweigern, daß seine Neutralisierungspläne vorerst obsolet geworden waren, was ihn freilich nicht davon abhielt, weiterhin für eine Politik der Bewegung zu werben. Nachdem die beiden deutschen Staaten etabliert seien, erklärte er am 19. Oktober 1955 vor den Mitgliedern des Rhein-Ruhr-Klubs, müsse der Versuch, der Sowjetunion die Wiedervereinigung abzutrotzen, endgültig als gescheitert angesehen werden. Er plädierte deshalb für eine schrittweise Annäherung. Schon um die Lebensumstände der DDR-Bevölkerung zu verbessern, sollten die Regierungen in Bonn und Ost-Berlin miteinander ins Gespräch kommen und in wirtschaftlichen und kulturellen Fragen zusammenarbeiten. Später könnten dann gemeinsame Institutionen entstehen.[18]

Damit hatte sich Haffner im wesentlichen Positionen zu eigen gemacht, wie sie auch die UdSSR und ihre ostdeutschen Satrapen unter der Losung «Deutsche an einen Tisch!» verfochten. In Westdeutschland rührten seine Vorschläge dagegen an einem Tabu. Denn die Bundesrepublik begriff sich als alleinige Nachfolgerin des Deutschen Reiches, und schon Gespräche mit den sozialistischen Machthabern an der Spree würden, so die offizielle und weithin akzeptierte Linie, diesen Rechtsstandpunkt gefährden. Im September 1955 hatte Konrad Adenauer den sogenannten «Alleinvertretungsanspruch» noch einmal bekräftigt. Sollte irgendein Land diplomatische Beziehungen mit Ost-Berlin aufnehmen, würde dies als massiver Verstoß gegen deutsche Interessen gewertet und hart sanktioniert werden, verhieß die damals formulierte Doktrin, die maßgeblich auf Walter Hallstein, den Staatssekretär im Auswärtigen Amt, zurückging.[19]

Er werde «einige, vielleicht schockierende oder provozierende Meinungen» vortragen und versuchen, «eine lebhafte Diskussion in Gang zu setzen», hatte Haffner deswegen vorsichtshalber zu Beginn seines Referats im Rhein-Ruhr-Klub angekündigt, und zweifellos dürfte es ihm im Lauf seiner Rede gelungen sein, das gegebene Versprechen einzulösen. So bemühte er sich eingangs, die gegenwärtige Teilung als «Normalzustand» darzustellen. Schon immer sei die deutsche Geschichte keine «Nationalgeschichte» wie etwa die englische oder französische gewesen; vielmehr hätten die Deutschen seit jeher als das «Volk des Reichs und der Spaltung [...] in partikulare Gebilde» gegolten. Ein anschließender Parforceritt durch die Vergangenheit sollte diese Deutung bestätigen. Während die Kaiser des Mittelalters ihren Einfluß weit über die Grenzen ihres eigentlichen Territoriums ausgedehnt hätten, sei Deutschland infolge des «große[n]

Rückschlag[s] nach dem 16. Jahrhundert» zu einem Objekt auswärtiger Mächte geworden. Insbesondere wies Haffner darauf hin, «dass die beiden langdauerndsten Friedensregelungen und Regelungen des deutschen Staatswesens, nämlich der Westfälische Friede 1648 und die Wiener Kongressakte 1815, vollkommen internationale Regelungen» gewesen seien, «in denen die Hauptfaktoren die Interessen der damaligen Großmächte [...] waren und nicht etwa irgendwelche innerdeutschen politischen [...] Bewegungen oder Strömungen.»[20]

Freilich dürfte er die auf den ersten Blick so bestechende These vor allem ihres Sensationseffektes wegen entwickelt haben, kam er sich mit seinem historischen Abriß doch letztlich selbst in die Quere. Denn eigentlich wollte Haffner ja einer weitreichenden Kooperation der beiden deutschen Staaten das Wort reden, womöglich sogar einer Überwindung der Teilung. Daß «eine de facto Anerkennung der DDR-Regierung die deutsche Spaltung versteiner[n] und vertief[en]» würde, war seines Erachtens jedenfalls «ein völliges Mißverständnis». Immerhin sei die «deutsche Spaltung» bereits gegeben, «und sie versteinert und vertieft sich durch jedes Jahr, [d]as sie länger dauert». Dagegen würde die Bundesrepublik all ihre Vorteile, also ihre größere Bevölkerungszahl, ihren Reichtum, ihre Freiheit und ihre guten Verbindungen in die Welt, erst in einer umfassenden Zusammenarbeit mit der DDR richtig ausspielen können.[21]

Auch seine britischen Leser suchte er unverdrossen in diese Richtung zu beeinflussen. Bereits im September 1955 hatte Haffner den Verantwortlichen in London nahegelegt, diplomatische Beziehungen mit der DDR aufzunehmen, was einen eklatanten Bruch der Pariser Verträge dargestellt hätte; und als im Mai 1957 eine Visite des britischen Premierministers Harold Macmillan in Bonn anstand, nutzte der Deutschland-Korrespondent des *Observer* dieses Ereignis, um über die unflexible Haltung der Bundesregierung zu lamentieren. Adenauer, lautete sein Hauptvorwurf, blockiere nicht nur eine Lösung des Deutschlandproblems, sondern auch den Abschluß eines allgemeinen Friedensvertrages, dem – so war es 1954 in der französischen Hauptstadt vereinbart worden – eben eine Regelung der deutschen Angelegenheiten vorauszugehen hatte. Damit aber hintertreibe Bonn jegliche Entspannungsbemühungen. «Denn über eine solche Übereinkunft verhandeln wir nicht aus einer Position der Überlegenheit heraus», erläuterte Haffner am 5. Mai 1957, «sondern aus einer, in der beide Partner gleich stark sind, und es geht dann auch nicht um einseitige Zugeständnisse und Rückzüge, sondern nur noch um Kompromisse.» Die «deutsche Position» aber lasse «keinen Spielraum für Kompromisse», fuhr Haffner fort, was umso bedauerlicher sei, als das chronisch überlastete Königreich dringend einer Reduzierung seines internationalen Engagements bedurft hätte. Und stellte nicht, so Haffner einige Monate später in einem Briefentwurf an David Astor, die kritische Situation zwischen den beiden deutschen Staaten eine schwerwiegende Dauerbedrohung für den Weltfrieden dar?[22]

Wie sehnlich er eine Entkrampfung der internationalen Lage herbeiwünschte, zeigen auch die voreiligen Erwartungen, die die zaghaften Entspannungsinitiativen der Bundesregierung regelmäßig in Haffner aufkommen ließen. Adenauers vielbeachtete Moskaureise im September 1955 fand etwa den uneingeschränkten Beifall des *Observer*-Korrespondeten. Die Befürchtungen britischer Diplomaten, der Staatsbesuch könne einer weitreichenden Verständigung zwischen der Bundesrepublik und der Sowjetunion dienen, wurden von Haffner ganz und gar nicht geteilt; vielmehr war er erkennbar darum bemüht, derartige Bedenken zu zerstreuen. Auch der Vorwurf, daß Adenauer zu nachgiebig verhandelt und der Aufnahme diplomatischer Beziehungen vorschnell zugestimmt habe, wollte ihm am 18. September 1955 keineswegs einleuchten. Schließlich habe der Bundeskanzler die Befreiung der letzten 30 000 deutschen Kriegsgefangenen und Internierten erwirkt und seine Politik dem gegenwärtig vorherrschenden internationalen Klima angepaßt.[23]

Daß es Haffner vorrangig darauf ankam, auf eine Beendigung des Kalten Krieges hinzuwirken, während demgegenüber Empfindungen für das Land seiner Herkunft, wenn überhaupt, nur eine untergeordnete Rolle spielten, geht auch aus seinen Einlassungen zur sogenannten «Saarfrage» hervor, die seit 1949 das Verhältnis zwischen der Bundesrepublik und Frankreich belastete. Um die sich anbahnende Aussöhnung zwischen den beiden Ländern nicht zu gefährden, akzeptierte Adenauer in den Pariser Verträgen den Vorschlag, das rohstoffreiche und wirtschaftlich lukrative Saarland endgültig von Deutschland abzutrennen und ihm einen europäischen Sonderstatus zu verleihen, was *de facto* einer verkappten Annexion durch Frankreich gleichgekommen wäre.[24] Ganz wie der Bundeskanzler und die separatistisch gesinnte Regierung in Saarbrücken wollte auch Haffner in dieser Regelung vor allem einen Beitrag sehen, um die deutsch-französische Verständigung zu fördern, und entsprechend verstört zeigte er sich über die Woge nationaler Solidarität, die im Vorfeld der entscheidenden Volksabstimmung am 23. Oktober 1955 sowohl das Saarland als auch die Bundesrepublik durchlief. Zwei Wochen bevor die umworbenen Bewohner des Grenzgebietes über das anvisierte Modell befinden sollten, fürchtete er sogar, das Saarland könne zu einem «europäischen Zypern»[25], also zum Schauplatz eines Guerillakrieges werden, sollte die Bevölkerung das «Europäische Statut» ablehnen. Ganz so schlimm kam es dann allerdings nicht. Zwar sprach sich eine Mehrheit der Bürger tatsächlich dagegen aus, die Region endgültig von Deutschland abzulösen, aber in den folgenden Verhandlungen konnten sich Bonn und Paris dahingehend einigen, daß das umstrittene Territorium zum 1. Januar 1957 in die Bundesrepublik eingegliedert wurde.

Ergänzt hat Haffner seine Kritik am Kurs der westdeutschen Diplomatie durch eine überwiegend negative Berichterstattung, wenn es sich um die inneren Verhältnissen der Bundesrepublik handelte, wobei viel dafür spricht, daß die düstere Sicht auf die Binnenentwicklung des jungen Staates vornehmlich ein Nebenprodukt jenes abgrundtiefen Grolls gewesen sein dürfte, den die in Bonn betriebene Außenpolitik in ihm schürte. Durchweg akzentuierte er jedenfalls die rückwärtsgewandten Tendenzen der Epoche. Bereits 1955 beanstandete der Korrespondent «das ganze ‹ungesunde politische Klima› Westdeutschlands», dann wieder beschrieb er den Geist der Bundesrepublik als «die höchst sonderbare Mischung aus einem irgendwie imitierten, aber recht leistungsfähigen Amerikanismus und einem anrühend nostalgischen Rückfall […] in die deutsche Biedermeierkultur von vor einhundert Jahren».[26] Verschiedentlich prangerte er auch den nachsichtigen Umgang mit Schärgen des NS-Regimes an. So kritisierte er im September 1956 den Entschluß, ehemalige SS-Offiziere in die Bundeswehr aufzunehmen, sah er doch in diesem Vorgehen nur einen weiteren Beleg dafür, daß die alten Seilschaften zwischen den staatlichen Eliten und einstigen nationalsozialistischen Kadern immer noch intakt seien. «[N]ach ihrer Wiederherstellung seit 1948», erklärte er einen Monat später, «hat diese Gesellschaft nicht die moralische Kraft gefunden, dieses Krebsgeschwür herauszuschneiden.»[27]

Mit dieser Kritik stand Haffner keineswegs alleine da. Viele linke Intellektuelle, darunter die katholischen Publizisten Walter Dirks und Eugen Kogon, teilten seine Einschätzung und beklagten die rückschrittlichen Verhältnisse der frühen Bundesrepublik. Tatsächlich kehrte die westdeutsche Gesellschaft, wie im übrigen die meisten Gemeinwesen Westeuropas, zu den bürgerlichen Werten und Vorstellungen aus der Zeit vor 1933 zurück, und ein traditioneller Patriotismus prägte das politische Klima. Allerdings übersahen die Verfechter der sogenannten «Restaurationsthese» die modernen Neuansätze in Staat und Ökonomie, was nicht selten damit zusammengehangen haben mag, daß sich ihre Unzufriedenheit aus einer grundsätzlichen Ablehnung der marktwirtschaftlichen Ordnung speiste. Gleichwohl waren es die fünfziger Jahre, in denen sich die Westdeutschen in einem stabilen demokratischen und rechtsstaatlichen System einzurichten begannen und in denen eine dynamische Wirtschaftsentwicklung, gepaart mit gesteigerter gewerkschaftlicher Einflußnahme, einen bisher nicht gekannten Massenwohlstand entfaltete.[28] An dieser prinzipiellen Tendenz konnte schließlich auch der Umstand nichts ändern, daß ehemalige Mitglieder der NSDAP und anderer nationalsozialistischer Verbände zahlreiche Positionen in Justiz, Verwaltung, Wirtschaft und Wissenschaft – in einem geringeren Maße auch in der Politik – besetzten, und teilweise eine problematische Kulanz geübt wurde. Dennoch war sich der Schweizer Journalist Fritz René Allemann schon 1956 sicher, daß die Bundesrepublik gegen einen Rückfall in die Probleme und Malaisen der zwanziger Jahre gefeit sei, wie der Titel seines vielgelesenen Buches *Bonn ist nicht Weimar* erkennen ließ.[29]

Haffner bezweifelte das. Für ihn waren die Veränderungen, die sich seit 1945 vollzogen hatten, von fassadenartiger Oberflächlichkeit. Ähnlich wie er es schon in seiner Rede vor dem Rhein-Ruhr-Club unternommen hatte, erklärte er auch in einem 1959 entstandenen Manuskript die erstaunliche Wandelbarkeit der Deutschen mit der großen Abhängigkeit des Landes von den Konstellationen der Staatenwelt. So seien die deutschen Angelegenheiten nicht nur 1648, 1815 und 1945–1949 von fremden Mächten geregelt worden; auch viele interne Vorgänge hatten seines Erachtens den entscheidenden Anstoß von außen erhalten. Die preußische Reformära etwa sei eine Reaktion auf die Niederlage gegen das napoleonische Frankreich gewesen, die Reichsgründung ein Ergebnis Hohenzollernscher Machtpolitik und die Weimarer Republik eine Folge des verlorenen Ersten Weltkrieges. Nicht viel anders verhalte es sich nun mit der Bundesrepublik, deren gegenwärtiger Zustand eben auch nur «die deutsche Antwort auf eine spezifische Situation» sei.[30]

Freilich mußte es nicht immer so sein. Denn selbst Haffners spektakulärste Gedankenflüge waren in der Regel mit der kurzen Halbwertzeit eines Geniestreichs behaftet und konnten von ihrem Schöpfer jederzeit unvermittelt fallengelassen werden, sei es, daß sie ihm gerade nicht in die Argumentationslinie paßten, sei es, daß sie von einer noch brillanteren Eingebung verdrängt wurden. Im Gegensatz zur englischen und französischen Geschichte, die eher einer Symphonie ähnelten, gleiche diejenige Deutschlands einem Solokonzert, verkündete Haffner etwa im Juni 1957. Die vergangenen rund hundert Jahre ließen sich beispielsweise «ohne größere Verzerrungen» zu «einer Folge von einem halben Dutzend politischer Biographien»[31] zusammenfassen, erläuterte er und nannte die Namen Otto von Bismarcks, Gustav Stresemanns, Adolf Hitlers und Konrad Adenauers.

Allerdings war der im westlichen Ausland hochangesehene Adenauer in seinen Augen eine bestenfalls mediokre Persönlichkeit. Als «einen würdigen, kompetenten, hart arbeitenden und schlauen, aber irgendwie beschränkten Politiker» charakterisierte Haffner den Bundeskanzler im Sommer 1957, und historische Größe wollte er ihm schon gar nicht zugestehen. «Vielleicht gab es einen Moment – so um 1953», räsonierte er, «in dem ein Bismarck an der Spitze der westdeutschen Regierung der damaligen internationalen Konstellation die deutsche Wiedervereinigung abgejagt hätte». Doch insgesamt, räumte er ein, seien die Gestaltungsmöglichkeiten in der Außenpolitik begrenzt gewesen. Anders im Inneren. Hier habe der CDU-Vorsitzende seinen Handlungsspielraum vor allem dazu genutzt, um traditionelle Kräfte zu fördern, nörgelte Haffner, der sogar an Adenauers «völliger Passivität» während des «Dritten Reiches» etwas auszusetzen fand.[32]

Selbst ihre vielbewunderte ökonomische Entwicklung vermochte Haffner nicht für die Bundesrepublik einzunehmen. Überzeugt von den Vorzügen jenes Sozialismus, wie er in Großbritannien praktiziert wurde, sah er die Wirtschaft der Bundesrepublik in regelmäßigen Abständen auf eine ernsthafte Krise zusteuern; und bereits im Dezember 1955 rief er, reichlich verfrüht, «[d]as Ende des Wirtschaftswunders» aus. Außerdem witterte er in der relativen Freiheit, über die die westdeutschen Konzerne verfügten, unrühmliche Reminiszenzen an die Vergangenheit. «Die Bonner Republik» habe zwar «nicht konstitutionell den Hitler-Staat, die Weimarer Republik oder das Kaiserreich» restauriert, wußte Haffner Anfang des Jahres 1955 zu berichten, «aber in sozialer Hinsicht hat sie die Macht der reichen Industrie- und Geschäftsklassen über jedes seit 1918 bekannte Maß wiederhergestellt».[33]

Demgegenüber waren seine gelegentlichen Berichte über die DDR vornehmlich in freundlichen Farben gehalten, und namentlich auf das Ost-Berliner Kulturleben wußte er wahre Elogen anzustimmen. Schon 1955 hatte Haffner die von Bertolt Brecht geleitete Bühne am Schiffbauerdamm, an der auch eine Schwester seiner Frau als Schauspielerin gewirkt haben muß, mit hymnischen Komplimenten bedacht. Daß er damals die Skala seiner Belobigungen keineswegs ausgeschöpft hatte, zeigte sich am 19. August 1956, als der *Observer* Haffners Nachruf auf den Autor der *Dreigroschenoper* veröffentlichte. «Brechts Dramen», heißt es dort, «besitzen eine derart elementare Kraft und radikale Eindringlichkeit, ein solch vehementes Tempo, zum Kern der Sache vorzustoßen, daß einem Ibsen und Shaw im Vergleich dazu wie Verfasser von harmlosen Boulevardstücken vorkommen.» Kein anderer deutscher Dramatiker, legte Haffner, nun richtig in Fahrt kommend, nach, wohl nicht einmal ein Friedrich Schiller oder ein Heinrich von Kleist, reiche an Brecht heran; und selbst den Vergleich mit William Shakespeare brauche der Verstorbene nicht zu scheuen. Beide Männer seien schließlich dem Doppelberuf des Theaterschriftstellers und Schauspieldirektors nachgegangen, und wie dem berühmten Dichter aus Stratford upon Avon habe auch Brecht eine ungewöhnlich vielfältige Sprache und ein außerordentliches Talent, Charaktere und Figuren zu erschaffen, zu Gebote gestanden.[34]

Zweifelsohne verfolgte Haffner mit solch üppigen Komplimenten den Zweck, die im Westen verbreiteten Berührungsängste gegenüber allem und jedem, das aus der Sowjetunion und ihren Satellitenstaaten kam, abzubauen. Wie hysterisch die Befürchtungen vor einer kommunistischen Infiltration gerade in seinem unmittelbaren Umfeld waren, belegt nicht zuletzt die Episode, der zufolge Haffners Tochter Mitte der fünfziger Jahre in ihrer West-Berliner Schule einen Verweis erhalten haben soll, nachdem sie im Deutschunterricht Brechts «Lied von der Mutter Courage» vorgetragen hatte.[35]

Ganz so harmlos, wie Haffner es sich zurechtgelegt hat, waren die Kommunisten indes nicht. Schon die sogenannte «Tauwetterperiode»[36], die in einigen Ländern des Ostblocks Mitte der fünfziger Jahre angebrochen und durch die öffentliche Stalinschelte Nikita Chruschtschows vom Februar 1956 scheinbar bestätigt worden war, hatte mit der Niederwerfung des Ungarnaufstandes im Oktober desselben Jahres ein blutiges Ende gefunden. Obwohl der Kreml damals unmißverständlich zu verstehen gegeben hatte, wie eng bemessenen der Spielraum war, den die Sowjets ihren Marionetten einzuräumen gedachten, glaubte Haffner ein halbes Jahr später, auf die Reformvorschläge des SED-Intellektuellen Wolfgang Harich, die auf einen gemäßigten Sozialismus und, mittelfristig, auf eine Einigung der beiden deutschen Staaten abzielten, die schönsten Hoffnungen gründen zu dürfen. Selbst der Umstand, daß Harich verhaftet und im März

1957 mit zehn Jahren Zuchthausstrafe belegt wurde, konnte die Zuversicht des *Observer*-Korrespondenten nicht erschüttern. «Die Ansichten der Harich-Gruppe», prognostizierte er wenige Tage nach der Urteilsverkündung, «spiegeln derart genau diejenigen vieler Polen und Ungarn wider – ganz zu schweigen von der neuen russischen Generation – daß diese Denkweise als der Kommunismus der Zukunft betrachtet werden kann.»[37]

Dem gleichen Schema folgten schließlich auch Haffners Beurteilungen der beiden Supermächte, in denen er es ebenfalls nicht für nötig hielt, die fundamentalen Unterschiede zwischen Demokratie und Diktatur zu berücksichtigen.[38] Vielmehr verblaßten alle moralischen Kriterien angesichts der drohenden Gefahr eines Atomkrieges. Folglich galten seine Sympathien ausnahmslos der immer wieder Gesprächsbereitschaft signalisierenden Sowjetunion, während die Amerikaner, deren republikanischer Präsident Dwight D. Eisenhower zumindest offiziell nach wie vor das Ziel ausgab, den welpolitischen Gegner aus seinen Stellungen in Europa und Asien herausdrängen zu wollen, von Haffner mit sehr viel weniger freundlichen Einschätzungen bedacht wurden.[39]

Was ihn zusätzlich aufbrachte, war die amerikanische Verteidigungsdoktrin. Denn das Konzept der «massive retaliation» sah vor, daß die USA alle Angriffe auf sich oder einen ihrer Verbündeten mit Atomwaffen beantworten würden, ganz gleich, ob die vorangegangene Aggression konventioneller oder nuklearer Art gewesen war. Aus Sicht des Pentagons bot diese Strategie beträchtliche Vorteile. Schließlich besaßen die Vereinigten Staaten in der ersten Hälfte der fünfziger Jahre noch einen atomaren Rüstungsvorsprung, während, was die Truppenstärken anging, die NATO dem Warschauer Pakt eindeutig unterlegen war. 1956 wurden sogar Überlegungen des amerikanischen Admirals Arthur W. Radford öffentlich, denen zufolge es sich die USA in den nächsten Jahren leisten könnten, viele ihrer Kontingente aus Übersee abzuziehen, würden doch ohnehin unmittelbar nach Ausbruch eines europäischen oder asiatischen Krieges Kernwaffen zum Einsatz kommen.[40]

Die kompromißlose Ausrichtung der amerikanischen Verteidigungsstrategie auf das Paradigma der Abschreckung beunruhigte allerdings nicht nur unseren Protagonisten. Auch bei den Verbündeten der USA rief die Doktrin der «massiven Vergeltung» ein latentes Gefühl der Verunsicherung hervor, wußte doch niemand mit Bestimmtheit zu sagen, ob Washington seine fürchterliche Drohung unter allen Umständen verwirklichen würde. So kam es, daß das amerikanische Beispiel Schule machte. Der britische

Verteidigungsminister Duncan Sandys legte im April 1957 seiner Regierung nahe, gleichfalls ein abschreckungstaugliches Atomwaffenarsenal aufzubauen, etwa zur gleichen Zeit intensivierte auch Frankreich seine Bemühungen, in den Besitz von Kernwaffen zu gelangen, und sogar Konrad Adenauer und sein Verteidigungsminister Franz Josef Strauß äußerten dahingehende Begehrlichkeiten.[41]

Parallel dazu setzte eine gegenläufige Tendenz ein, und so wurde die zweite Hälfte der fünfziger Jahre zu einer Hochzeit diverser Entspannungsinitiativen. Der Kreml bot 1957/58 den Westmächten verschiedentlich Gespräche über einen Nichtangriffspakt sowie über allerlei Abrüstungsmaßnahmen an, und große öffentliche Aufmerksamkeit zog der Vorstoß des polnischen Außenministers Adam Rapacki auf sich, der seit dem Oktober 1957 mehrfach die Bildung einer atomwaffenfreien Zone in Mitteleuropa anregte. Ungefähr zur gleichen Zeit forderte der inzwischen von allen diplomatischen Ämtern zurückgetretene George F. Kennan den Abzug der amerikanischen und sowjetischen Truppen aus Europa, und bereits im März 1957 hatte Hugh Gaitskell, der Vorsitzende der britischen *Labour Party*, die Vision eines neutralen mitteleuropäischen Länderblocks entworfen, dem – neben dem wiedervereinten Deutschland – Polen, Ungarn und die Tschechoslowakei angehören sollten. Im Vereinigten Königreich waren solche Überlegungen sehr populär. Schließlich verursachten Truppenstationierungen im Ausland immense Kosten, und viele Briten sahen nicht ein, warum sie diese Belastungen tragen sollten, noch dazu um die Sicherheit eines Landes zu gewährleisten, das ihnen erst kürzlich einen verlustreichen Krieg aufgezwungen hatte. Und barg die Allianz mit der Bundesrepublik darüber hinaus nicht die Gefahr, wegen der deutschen Wiedervereinigung eines Tages in ein atomares Duell verwickelt zu werden?[42]

Haffners Ideen hatten also Konjunktur, und auch beim *Observer* scheinen die Bedenken gegen den bisherigen Konfrontationskurs allmählich die Oberhand gewonnen zu haben. In der ersten Hälfte des Jahres 1958 vollzog das Blatt eine außenpolitische Kehrtwende, so daß Haffner in dem bereits mehrfach erwähnten Briefentwurf an David Astor seine Freude darüber ausdrücken konnte, «daß wir, was die Generallinie angeht, wieder Seite an Seite stehen».[43]

Ausweichmanöver – Strategische und historische Studien

Allen Ängsten vor einer atomaren Apokalypse zum Trotz waren die diversen Abrüstungs- und Entspannungsentwürfe in den westlichen Gesellschaften doch eher ein Anliegen von nachgeordneter Bedeutung, mit dem sich oppositionelle Kräfte zu profilieren versuchten – meistens allerdings erfolglos.[44] Unterdessen diskutierte, größtenteils fernab einer breiten Öffentlichkeit, eine illustre Schar von Strategen und politischen Beobachtern, darunter so rege Geister wie der spätere amerikanische Außenminister Henry Kissinger oder der französische Denker Raymond Aron, wie Kriege, an denen Atommächte beteiligt sein würden, begrenzt werden könnten. Gab es Mittel und Wege, um effektive Rüstungsbeschränkungen durchzuführen? Könnten, so ein weiterer Problemkreis, taktische Atomwaffen lokal eingesetzt werden, ohne ein globales Armageddon auszulösen? Oder war, wie etwa der Amerikaner Paul Nitze meinte, ein atomarer Schlagabtausch zwischen den verfeindeten Blöcken für den Westen sogar zu gewinnen?[45]

Angesteckt von den grassierenden Befürchtungen sowie inspiriert von zwei politischen Aufsätzen der Physiker Hans Thirring und Carl Friedrich von Weizsäcker,[46] hat sich auch Sebastian Haffner in die Debatte über die Folgen des Atompatts eingeschaltet und in einem ausführlichen Essay versucht, mögliche Wege aus der prekären Lage aufzuzeigen. Die Einmischung erfolgte nicht ganz unerwartet. Schließlich übte der Themenkomplex Krieg, und hier vor allem seine strategische Seite, auf ihn von Kindesbeinen an eine starke Faszination aus, und darüber hinaus kam die höchst theoretisch angelegte Debatte über Rüstungskontrollen und die unterschiedlichsten Schlachtenszenarien einer tief verwurzelten Neigung entgegen, sich abstrakten beziehungsweise spekulativen Gedankenspielen hinzugeben.

Das genaue Schicksal seiner Abhandlung, eines mehr als fünfzig Seiten umfassenden maschinenschriftlichen Manuskripts, das aus der zweiten Hälfte des Jahres 1957 stammen dürfte, liegt allerdings weitgehend im dunkeln. Fest steht, daß Haffner in drei aufeinanderfolgenden Kapiteln den «Atomkrieg» und seine Implikationen, eine «Begrenzung des Krieges» und die Chancen für eine «Abschaffung des Krieges» analysiert hat, während ein vierter Abschnitt mit dem Titel «Realpolitik von heute» Fragment geblieben oder verlorengegangen ist. Zu welchem Zweck er den Text verfaßt hat, und ob die Ausführungen jemals veröffentlicht wurden, ließ sich ebenfalls nicht ermitteln.[47]

Beherrschendes Moment seiner Überlegungen war jedenfalls das enorme Zerstörungspotential moderner Kernwaffen, wie es Henry Kissinger in seiner Studie *Nuclear Weapons and Foreign Policy* detailliert beschrieben hatte. Es implizierte für Haffner eine Revolution der internationalen Beziehungen, denn seitdem sich das sogenannte «Gleichgewicht des Schreckens» ausgebildet habe, sei der Krieg, zumindest zwischen den beiden Supermächten, seiner ureigenen Funktion beraubt worden. Schließlich habe ein Waffengang die Aufgabe, zwischenstaatliche Konflikte zu entscheiden, nur solange erfüllen können, wie sich zumindest eine Seite ernsthafte Chancen auf einen Sieg ausrechnen durfte. Das aber war nach Haffners fester Überzeugung nicht mehr der Fall, mußte doch ein Schlagabtausch zwischen Atommächten seines Erachtens zwangsläufig in der vollständigen Vernichtung der Kontrahenten enden. Die Crux bestand für ihn nun darin, daß der Krieg als Mittel der Konfliktlösung zwischen den Supermächten zwar ausscheiden müsse, es aber weiterhin eine Fülle von internationalen Krisen und somit an potentiellen Gründen gebe, einen Waffengang zu riskieren. Die Menschheit, erklärte Haffner eingangs seiner Abhandlung, befinde sich in einer ähnlichen Situation, wie jene Figur, die in einem Roman von Agatha Christie zu Tode kommt, nachdem die Medizin, zu der das Mordopfer täglich greift, durch eine Flasche mit Gift ersetzt worden ist.[48]

Um die drohende Gefahr eines Atomkrieges abzuwenden, warb Haffner, der von der Unmöglichkeit, die Rüstung der erdteilgroßen Kontrahenten effektiv zu kontrollieren, überzeugt war, zunächst für die von den Sowjets verschiedentlich angeregte «Ächtung der Bombe», das heißt, «eine ausdrückliche und glasklare internationale Vereinbarung, auf den Gebrauch von Kernwaffen zu verzichten, [...] die gestützt wird durch die Gewißheit, daß die Partei, die sie zuerst bricht, mit einer automatischen Vergeltung zu rechnen hat». Außerdem forderte er, obwohl offensichtlich kein radikaler Verächter der Abschreckungslogik, die Staaten der NATO auf, im konventionellen Bereich mit dem Ostblock gleichzuziehen. Nur so, rechtfertigte er die den westlichen Demokratien aufgebürdete Herkulesaufgabe, könnten die Amerikaner von der gefährlichen Strategie der «massive retaliation» abrücken, die für sie im Kriegsfall lediglich die «Alternative von demütigendem Rückzug und sicherem Selbstmord» bereithalte.[49]

Allerdings waren auch jene «begrenzten Kriege», die ein konventionelles Gleichgewicht ermöglichen sollte, nach Haffners Auffassung nicht geeignet, internationale Konflikte zu lösen, hätten sie doch «eine ihnen innewohnende, beinahe unüberwindliche Tendenz, in einem Patt und der Akzeptanz des status quo ante zu enden».[50] Schließlich würde jede Atommacht im Angesicht der Niederlage versucht sein, alle verfügbaren Mittel, also auch Kernwaffen, einzusetzen, weshalb eingeschränkte Kriege unweigerlich auf eine Bestätigung der ursprünglichen Verhältnisse hinauslaufen müßten, und natürlich ließ Haffner es sich nicht entgehen, in diesem Zusammenhang auf den Koreakrieg zu verweisen, der im Juli 1953 mit eben diesem Ergebnis beigelegt worden war. Spätestens der Vietnamkrieg sollte dann zwar seine Erwägungen widerlegen, aber ohnehin ging es Haffner in seinem Traktat um mehr, nämlich um nichts geringeres als eine «Abschaffung des Krieges». Dabei setzte er seine Hoffnungen vor allem auf eine dauernde Verständigung der beiden Supermächte sowie auf eine Stärkung der Vereinten Nationen, die letztlich auf eine Art Weltregierung hinauslaufen sollte, wie er sie schon in seinem Memorandum vom Oktober 1943 projektiert hatte, damals freilich noch *à trois*.[51]

Der alte Hohn und die langjährige Skepsis, mit denen Haffner in der Zwischenzeit auf derartige Ansinnen herabgeblickt hatte, waren noch nicht völlig aus seinem Bewußtsein geschwunden, und so hat er sich 1957 hauptsächlich darauf verlegt, seine Ausführungen gegen den Vorwurf des Utopismus zu verteidigen. Konnte nicht seit der Suezkrise im Herbst 1956, als Amerikaner und Sowjets gemeinsam ein britisch-französisches Vorgehen gegen Ägypten vereitelt hatten, die prinzipielle Kooperationsfähigkeit der beiden Giganten als bewiesen gelten? Vor allem aber baute Haffner auf die Kraft der Vernunft. Irgendwann, glaubte er, würden die Politiker in Washington schon einsehen, daß es sehr viel vorteilhafter wäre, im Verbund mit der Sowjetunion die Weltpolitik zu regeln, als sich dem permanenten Risiko auszusetzen, in einen alles vernichtenden Atomkrieg hineingezogen zu werden.[52]

Offenbar waren die amerikanischen Machthaber von den guten Absichten der Sowjets jedoch weit weniger überzeugt als Haffner, der sich in typischer Manier von allen früheren Befürchtungen, und mochten sie auch noch so entsetzlich gewesen sein, kurzerhand getrennt hatte, nachdem er in den Bann einer neuen Gefahr geraten war. Immerhin muß zu seinen Gunsten angemerkt werden, daß auch die Strategiepapiere, die 1958 und 1961 während der Amtszeit des konservativen Premierministers Harold Macmillan entstanden sind, die Bildung einer Weltregierung als ein langfristiges Ziel der britischen Außenpolitik proklamierten; und mit dem berühmten Geschichtsphilosophen Arnold Toynbee, der Mitte der fünfziger Jahre die

Existenz der Atombombe zum Anlaß genommen haben soll, um die unabdingbare Notwendigkeit einer globalen Autorität herzuleiten, befand sich Haffner anscheinend sogar ganz auf einer Linie.[53]

Unbestreitbar ist auch, daß Haffners Manifest auf sorgfältigem Nachdenken beruhte und er streckenweise zu rhetorischer und intellektueller Hochform auflief. Einmal verglich er etwa die Gefahr für Atommächte, in einen Waffengang verwickelt zu werden, mit derjenigen von Bluterkranken, sich zu verletzen; und um zu zeigen, daß es keineswegs aussichtslos sei, auf eine völlige Abschaffung des Krieges zu spekulieren, erinnerte er an einer anderen Stelle daran, daß im Verlauf des menschlichen Zivilisationsprozesses auch Einrichtungen wie der Kannibalismus, das Menschenopfer und die Sklaverei weitgehend tabuisiert worden seien.[54] Wieder ein anderes Mal vermochte er, vermittels argumentativer Schneidigkeit zu brillieren:

> «Realpolitik ist eine Politik, die erreichbare Ziele mit geeigneten Mitteln verfolgt. Welche Ziele erreichbar und welche Mittel für ihr Erreichen geeignet sind, hängt von Umständen ab, die sich andauernd ändern, und was Realpolitik unter einer Reihe von Umständen ist, mag deshalb höchst unrealistisch und selbstzerstörisch unter anderen Umständen sein. Kaiser Friedrich II. ruinierte seine Dynastie und sein Reich, indem er im 13. Jahrhundert eine Politik verfolgte, die die Tudors und Bourbonen mit glänzendem Erfolg im 16. und 17. Jahrhundert verfolgten. [...] Weit häufiger sind [jedoch] die Beispiele für den gegenteiligen Fehler, nämlich heute mechanisch das als realistisch zu betrachten, was gestern realistisch war. Der Zusammenbruch Spaniens im 17. Jahrhundert ist das klassische Beispiel für die Folgen solch eines blinden Konservatismus, aber es gibt noch viele andere.»[55]

Doch wozu das alles? Wollte sich Haffner mit seinen gedankenreichen Analysen für höhere Aufgaben empfehlen? Hoffte er, der Essay könnte ihm zu einem Comeback als außenpolitischer Kommentator beim *Observer* verhelfen? Auch wenn diese Fragen nicht vorbehaltlos bejaht werden können,[56] so weist doch der Umstand, daß er mit seinem Korrespondentendasein haderte, in eine ähnliche Richtung. Der Arbeit eines Reporters ging Haffner zweifellos mit wachsender Unlust nach. Lediglich zwei Mal reiste er im Laufe des Jahres 1957 nach Bonn, und im Kollegenkreis scheint er eine gewisse Berühmtheit dafür erlangt zu haben, daß man Meldungen auch nur aufgrund von Zeitungslektüre verfassen könne. Im Sommer 1959 begann sich allerdings in der *Observer*-Redaktion Unmut über «Raimund's Rechercheabneigung» auszubreiten, die es erforderlich machte, zeitweise einen weiteren Mitarbeiter nach Deutschland zu entsenden, und das,

Abb. 23 Nachdem ihm in den vierziger Jahren ein geradezu fabelhaft anmutender beruflicher Aufstieg gelungen war, hielt die folgende Dekade für Haffner eine Phase des Abschwungs und der Enttäuschungen bereit. Müde, abgekämpft und auch etwas resigniert sieht er auf einem Foto aus, das in der ersten Hälfte der fünfziger Jahre entstanden sein dürfte.

obwohl doch mit Haffner bereits «ein hochbezahltes und offensichtlich unterbeanspruchtes Belegschaftsmitglied» vor Ort weilte.[57]

Im Frühjahr des Jahres 1956 war es schon einmal zu Zwistigkeiten mit dem *Observer* gekommen, die Haffner sogar über berufliche Veränderungen hatten nachdenken lassen; und obwohl sich die Wogen bald darauf wieder glätteten, trug er sich auch in der Folgezeit mit der «Absicht, allmählich vom englischen Journalismus zur deutschen Literatur hinüberzuwechseln». Wie Haffner am 15. August 1956 Kurt Kusenberg, seinem Bekannten aus alten Feuilletonistentagen, der inzwischen als Lektor beim Rowohlt Verlag tätig war, anvertraute, habe sich bei ihm «in den letzten Monaten etwas ganz Wahnsinniges in den Vordergrund geschoben, nämlich ein Romanplan». Allerdings müsse er «erst selbst einmal sehen», bremste Haffner voreilige Erwartungen, «wie es sich ausnimmt, wenn etwas davon auf dem Papier steht», sei es doch «über 22 Jahre her, dass ich mich zuletzt mit der Herstellung erlogener Geschichten abgegeben habe».[58] Allzu ermutigend dürften seine Versuche dann jedoch nicht ausgefallen sein, jedenfalls ist von dem Vorhaben ansonsten keine Rede mehr.

Ein ähnliches Schicksal erlitten auch andere Buchprojekte. Die Johann Sebastian Bach-Biographie, die Kusenberg im Juli 1958 bei Haffner in Auftrag gegeben hatte, sei ihm «unterderhand zum Alterswerk geworden», gestand der säumige Autor dem Herausgeber der rororo-Monographien im November 1959, und auch der verschiedentlich geäußerte Plan, eine deutsche Geschichte von 1871 bis 1945 zu schreiben, ist trotz des Interesses verschiedener Verlagshäuser im geschäftigen Alltag des Journalisten versickert.[59]

Dennoch hat Haffner Ende der fünfziger Jahre erste Kostproben seines Könnens als historischer Essayist abgeliefert. Auf der Suche nach neuen Betätigungsfeldern, verfaßte er für den *Observer* im Sommer 1958 eine kritische Würdigung zum dreihundertsten Todestag Oliver Cromwells und erinnerte einige Wochen später in einem zweiteiligen Beitrag an das Münchner Abkommen von 1938. 1959 analysierte er, warum Franco den Spanischen Bürgerkrieg gewonnen hatte, und widmete sich, vierzig Jahre nach dem Abschluß der Pariser Vorortverträge, der Frage: «Was lief schief in Versailles?»[60] Bereits an den Reaktionen auf diese frühen Arbeiten läßt sich das später so häufig zu beobachtende Muster von entschiedener Ablehnung und begeisterter Bewunderung studieren, das Haffners Karriere als historischer Publizist begleiten sollte, wobei schon damals der Beifall eindeutig überwog. «Denke Dein Cromwell superb Stop Viel Glück mit München Stop», kabelte ihm David Astor am 27. August 1958. «Ich wünschte, ich hätte so einen scharfen Verstand wie Du!», gratulierte ihm ein Mitglied der *Observer*-Redaktion zu seinem Essay über den Spanischen Bürgerkrieg, und zwei Verleger und ein Literaturagent waren von dem Artikel derart angetan, daß sie Haffner baten, ein Buch über dieses Thema zu schreiben.[61]

In einem der Absagebriefe vom Frühjahr 1959 begründete Haffner seine abschlägige Antwort mit dem Hinweis, daß er «eher ein analytischer als ein beschreibender Autor» sei, und, falls er sich doch irgendwann einmal «der langwierigen Arbeit des Bücherschreibens» unterziehen sollte, werde er wohl eher «irgendeinen größeren historischen und politischen Komplex» behandeln, «als ein historisches Ereignis nachzuerzählen». Gegenüber Fredric Warburg hat sich Haffner im April 1960 dann noch detaillierter über seine Ambitionen ausgelassen. Sollte er jemals eine Darstellung der deutschen Geschichte zwischen 1871 und 1945 verfassen, erläuterte er dem Verleger, «würde es in hohem Maß ein literarisches, persönliches, in gewisser Weise fast romanartiges Buch für das gebildete breite Publikum sein – die Art historischer Darstellung, die mit Namen wie Macaulay und Carlyle, Belloc und Churchill, A. J. P. Taylor und Hugh Trevor-Roper verbunden wird».[62]

Das waren keine leeren Ankündigungen. Bereits in den Arbeiten aus den Jahren 1958/59 hat sich Haffner auf einzelne Leitfragen konzentriert, die ihm einen besonders analytischen Zugriff auf den jeweiligen Themenkomplex erlaubten, und in der Regel war er bestrebt, die dramatische Dimension eines Lebens oder Ereignisses freizulegen, hierin vielleicht eher einem Bühnenschriftsteller als einem Romanautor vergleichbar. In einem Beitrag hat Haffner den Bezug zum Theater sogar explizit hergestellt, wenn er bemerkte, daß «die Wirklichkeit des Spanischen Bürgerkrieges [...] nicht einfach die eines moralischen Lehrstücks, sondern die einer klassischen Tragödie» sei, nämlich «komplexer, menschlicher und weitaus interessanter».[63]

Zugute kam den Texten des weiteren, daß Haffner es meisterhaft verstand, komplexe Sachverhalte sprachlich auf den Punkt zu bringen. «Hitler», erklärte er das Sträuben des Diktators, auf die großzügigen britischen Appeasement-Vorschläge einzugehen, war «in der Position eines Gangsterbosses [...], dem eine gut bezahlte Stellung in einer Stadtverwaltung angeboten wird. Das Angebot mag verlockend klingen [...], aber für ihn bedeutet es nichts. Es ist überhaupt nicht das, worauf er aus ist.» Gerne benutzte er auch aktuelle Bezüge oder andere eingängige Parameter, um historische Probleme zu veranschaulichen. «Heute werden wir vielleicht wieder zuversichtlich argumentieren, Mao sei nicht Hitler», führte er in dem Essay über das Münchner Abkommen aus. «Was man verstehen muß, ist, daß 1937 und 1938 viele Leute ebenso gehofft haben, daß Hitler nicht Hitler sei.» Den strenggläubigen Puritaner Cromwell verglich Haffner indes mit Lenin. «Man ersetze den ‹Herrn› und die ‹göttliche Vorhersehung› durch die ‹Geschichte› und die ‹historische Notwendigkeit› und man findet im Kern Cromwell in dem großen Bolschewiken wieder», räsonierte er in seinem Aufsatz vom August 1958.[64]

Neben derlei vollmundigen Urteilen, in denen ihm freilich nicht jeder Leser folgen wollte,[65] waren historische Axiome ein weiteres Element, mit dem Haffner seine Aufsätze angereichert hat. «Die großen Männer, die

Geschichte ‹machen›, sehen sich letzten Endes womöglich von ihr in die Schranken gewiesen», lautete zum Beispiel die Lektion, die seines Erachtens das Leben Cromwells bereithielt. Denn «[d]er wahre Geist der Geschichte, wie immer man ihn auch nennen möchte, scheint ein Geist tiefer, unergründlicher Ironie zu sein». Diese Einsicht hinderte Haffner selbstverständlich nicht daran, seinerseits die eine oder andere historische Gesetzmäßigkeit zu entdecken. Der Versailler Vertrag, befand er etwa, sei «ein Dokument, das sich, selbst heute noch, in vielen Teilen wie ein Strafurteil liest. Jedoch: Wen man als Verbrecher behandelt, der wird leicht einer – und das gilt für Nationen ebenso wie für den einzelnen; während die Pose des Richters sich im internationalen Verkehr nie lange aufrechterhalten läßt.»[66]

Aber nicht nur solche Allgemeinplätze, auch ganz konkrete Lehren für die Gegenwart wußte Haffner der Vergangenheit abzugewinnen. Insbesondere seine neuerliche Ehrenrettung der britischen Appeasement-Politik war, als er sie im Herbst 1958 veröffentlichte, von großer tagespolitischer Brisanz. Schließlich hatten sich die westlichen Demokratien wiederum mit einem aggressiv auftretenden Diktator auseinanderzusetzen, und das offenkundige Scheitern der Bemühungen Neville Chamberlains war eines der wichtigsten und am häufigsten vorgetragenen Argumente, das gegen eine Verständigung mit Chruschtschow angeführt wurde. Haffner warnte indes nachdrücklich vor einer pauschalen Verurteilung aller Versuche, mit den Sowjets eine Übereinkunft zu erzielen. «Die einzige Schlußfolgerung, die sich sicher aus München ziehen läßt», meinte er, «ist, daß Appeasement kein Allheilmittel ist.» Aber, fuhr er fort, «[e]s ist ein Mittel der Diplomatie, das von Nutzen sein kann».[67]

Von den aktuellen Problemen Europas zumindest inspiriert, war auch jenes faszinierende Gedankenexperiment, das Haffner in den Ausführungen über die Pariser Friedensordnung von 1919 angestellt hat. Was wäre geschehen, spekulierte er Ende Juni 1959, wenn die Reichsregierung den Versailler Vertrag nicht unterzeichnet hätte? Wie Haffner glaubte, wären in diesem Fall die Ententemächte in Deutschland einmarschiert, ein Vorgang, an den er die schönsten Hoffnungen knüpfte:

> «Von unserem gegenwärtigen geschichtlichen Aussichtspunkt können wir erkennen, daß eine deutsche Zurückweisung des alliierten Ultimatums aller Wahrscheinlichkeit nach den Zweiten Weltkrieg verhindert hätte, und zwar dadurch, daß die Situation von 1945 bereits 1919 eingetreten wäre – aber mit dem Unterschied, daß Deutschland unzerstört und ungeteilt unter alliierte

Besatzung und Verantwortung gefallen wäre, daß die Konfrontation der Westmächte mit den Bolschewisten nicht mitten in Deutschland und Europa, sondern an der russischen Grenze erfolgt wäre, und schließlich, daß die Bolschewisten damals noch nicht die Regierung einer siegreichen Großmacht waren, sondern nur eine Seite in einem russischen Bürgerkrieg, den sie noch verlieren konnten.»[68]

In Anbetracht solcher Spekulationen, die allerdings nur wenig mit den Realitäten und Möglichkeiten des Jahres 1919 zu tun hatten,[69] sowie seiner auch sonst ganz und gar unkonventionellen Vorgehensweise war es fast unvermeidlich, daß Haffner irgendwann mit der universitären Geschichtsforschung aneinander geraten mußte. Der absehbare Streit entzündete sich schließlich an einer Besprechung von A. J. P. Taylors Buch *The Origins of the Second World War*. Obwohl er die These des britischen Historikers, daß keine der beteiligten Mächte, auch nicht Deutschland, im August 1939 an einem Krieg interessiert gewesen sei, völlig abwegig fand, konnte Haffner den Stil, die Darstellung und die ganze Machart des Buches nicht genug loben. «Dies ist ein fast fehlerloses Meisterwerk», jubelte er im *Observer* vom 16. April 1961 und feierte Taylor als «einen großen, vielleicht den größten Könner seines Fachs». In einer ähnlichlautenden Rezension, die zwei Wochen später die westdeutsche Wochenzeitung *Christ und Welt* veröffentlichte, fühlte sich Haffner noch gemüßigt, für die Seriosität der Studie einzustehen. Taylor, versicherte er, arbeite «mit streng wissenschaftlichen Mitteln, ohne feuilletonistische Effekte und ohne Sensationshascherei».[70]

Mit dieser Behauptung rief Haffner die akademische Geschichtsschreibung in Person von Gerhard Ritter auf den Plan. In einem ausführlichen Leserbrief wies der konservative Emeritus zunächst darauf hin, daß es politisch höchst fragwürdig sei, ein Buch, das Hitler von seiner Verantwortung für den Zweiten Weltkrieg entlaste, derart anzupreisen. Vor allem aber stellte er die Wissenschaftlichkeit Taylors in Abrede. Der Brite sei, so Ritter, keineswegs ein ernstzunehmender Historiker, sondern «ein schriftstellerisch sehr gewandter Autor», der sich hauptsächlich auf dem «Gebiet der höheren Journalistik» bewege. Unverkennbar lege er es darauf an, «unter allen Umständen als ‹non-conformist› aufzufallen, das heißt, die biedere Durchschnittsmeinung des englischen Publikums zu verblüffen und zu erschüttern». Mal falle er durch dezidiert antideutsche Einlassungen auf, dann wieder verharmlose er den Nationalsozialismus. Im übrigen sei es nicht weiter schwer, Hitler eine relative Unschuld am Kriegsausbruch zuzuschreiben, wenn man alle Gegenbeweise unterdrücke. Man müsse nur, schimpfte Ritter, «die nötige Keckheit [...] für eine solche Tendenzhistorie besitzen und einen entsprechenden ‹brillanten› Stil, der um so brillanter wirkt, je mehr der Autor seine Leser durch Bestimmtheit seines Ausdrucks zwingt, an seine Unfehlbarkeit zu glauben».[71]

Ritters vehemente Kritik dürfte Haffner indes nicht davon abgehalten haben, Taylor weiterhin als «meinen Lieblingshistoriker» anzusehen. Denn «Taylor», so ein Zeitzeuge, «liebte es durchweg, wider den Stachel [...] ‹herrschender Lehrmeinungen› zu löcken, war mal konservativ, mal liberal, mal beinahe sozialdemokratisch [...], mal ein Bewunderer von Macht- und Realpolitik [...], mal ein Pazifist, mal anti-totalitär», also, kurzum, ein echter Geistesverwandter Haffners, der sich denn auch in späteren Jahren ganz ähnlichen Vorwürfen ausgesetzt sehen sollte, wie sie Gerhard Ritter im Mai 1961 gegen Taylor erhoben hat.[72]

Freilich war Haffners nimmermüder Widerspruchsgeist schon in seinen historischen Beiträgen vom Ende der fünfziger Jahre unübersehbar am Werk, am auffallendsten zweifellos in jener Rezension, die er im Februar 1960 für den *Observer* verfaßt hat und in der er es sich nicht nehmen ließ, Joseph Goebbels zu einer überaus eindrucksvollen Persönlichkeit zu stilisieren. «Beginnend als reiner Karrierist, Agitator und Werbefachmann, wuchs er während der Jahre der Bombardierung und Niederlage in eine Rolle hinein, die einem ernsthaften Vergleich mit derjenigen Churchills von 1940 standhält», behauptete Haffner von Hitlers Propagandaminister und fügte noch bewundernd hinzu, «und er krönte das alles mit einem heroischen Freitod». Um die ungeheuerliche Würdigung plausibel zu machen, hob Haffner im wesentlichen auf die menschliche und berufliche Entwicklung des nationalsozialistischen Chefpropagandisten ab. Goebbels habe sich am Ende seines Lebens «in einen Charakter nicht ohne eine gewisse Faszinationskraft» verwandelt. Als Liebhaber sei er von einem kaltherzigen, abstoßenden Schürzenjäger zu «einem Virtuosen zärtlicher Gallanterie» gereift, literarisch habe er, nach kümmerlichen Anfängen, in den letzten Jahren seines Lebens über «eine meisterhafte Prosa» geboten, und als einziger von Hitlers Paladinen sei er mit den angehäuften Reichtümern einigermaßen stilvoll umgegangen.[73]

Ein gutes Jahr später hat Haffner seine verwegene Deutung dann noch einmal indirekt gerechtfertigt. «Im Grunde ist Geschichte keine Wissenschaft, sondern ein Zweig der Literatur», bemerkte er wiederum im *Observer* und bestand darauf, daß «das Verdienst eines historischen Buches nach dem künstlerischen Genuß und dem intellektuellen Gewinn bemessen werden muß, die es für den Leser und Forscher bereithält». Ausgehend von der Unmöglichkeit, absolute Objektivität zu erreichen, propagierte er daran anschließend einen radikalen erkenntnistheoretischen Relativismus. «Kein Historiker kann mehr als ausgewählte Aspekte der Wahrheit einfangen», erläuterte Haffner und deshalb gelte: «Je unvorhergesehener, origineller und anregender die Aspekte, die er zu fassen bekommt, desto höher sein Rang.»[74]

Tiefere Einblicke in sein Selbstverständnis als Historiker hätte Haffner wohl kaum gewähren können, war es doch offenkundig eines seiner vorrangigsten Anliegen, die Leser zu verblüffen, wenn nicht zu provozieren, und das keineswegs nur in seiner erstaunlichen Eloge auf Joseph Goebbels. Zumindest in die Pose des Aufklärers hat er sich auch geworfen, wenn er 1958 die inzwischen weithin verpönte Appeasement-Politik verteidigte oder im März 1959 unter dem bezeichnenden Titel «Spanien – Legende und Wirklichkeit» Vorstellungen zu korrigieren beabsichtigte, wie sie insbesondere unter «Liberalen mittleren Alters» verbreitet seien. Denn nicht Demokraten und Faschisten hatten, so Haffners Berichtigung, in dem drei Jahre währenden Ringen einander gegenübergestanden, sondern zwei revolutionäre Gruppen, die beide ein autoritäres Regime errichten wollten. Vor allem die erste, ausgesprochen blutige Phase des Konfliktes, die er von Mitte Juli 1936 bis zur Bildung der Volksfrontregierung anderthalb Monate später ansetzte, bestätigte ihn in dieser Einschätzung:

> «In beidem, in seiner Grausamkeit und seiner Würde, schien der Krieg in diesem frühen, rein spanischen Stadium eher dem 16. als dem 20. Jahrhundert anzugehören. Tatsächlich waren die zwei größten und blindwütigsten Parteien auf beiden Seiten, die Anarchisten und die *Requetés*, verkappte Brüder, beide zutiefst antimodern bis in ihre Doktrinen und Programme hinein, voller Haß auf die Industrialisierung und die Massengesellschaft, Verächter von Komfort und Umgangsformen, selbstlose und fanatische Diener von gegensätzlichen, aber verwandten Visionen von der Bestimmung und Stellung des Menschen auf der Erde.»[75]

Rochade Nr. 2 – Das Chruschtschow-Ultimatum

Etwas erstaunlich ist dieses Urteil schon, denn die stramm antikommunistische Haltung, die in den zitierten Zeilen vom März 1959 mitschwingt – angeblich soll sogar die regimenahe spanische Presse Haffners Artikel zustimmend zitiert haben[76] –, wollte zu einem Advokaten einer umfassenden Verständigungspolitik nicht recht passen. Tatsächlich hatte Haffner Ende des Jahres 1958 abermals einen drastischen Meinungswechsel vollzogen. Ausgelöst worden war die Kehrtwende durch das «Berlin-Ultimatum» Nikita Chruschtschows, der am 27. November 1958 die drei westlichen Siegermächte aufgefordert hatte, ihre Truppen aus Berlin abzuziehen und die ihnen unterstellten Sektoren in eine «Freie Stadt» umzuwandeln. Sollten sich die Regierungen in Washington, London und Paris diesem Plan verweigern, würde Moskau, so Chruschtschows Drohung, der DDR die Kontrolle über die Verkehrswege zwischen West-Berlin und der Bundesrepublik übertragen. Dann müßten sich die Alliierten eben mit den Vertretern des SED-Regimes verständigen, das für sie bis dato nichtexistent gewesen war.[77]

Die damit verbundene Aufkündigung des Viermächtestatus, den die Sieger des Weltkrieges für die ehemalige Reichshauptstadt vereinbart hatten, begründete der Vorsitzende der KPdSU mit den intensiven Spionagetätigkeiten, die von Berlin ihren Ausgang nehmen würden, ein Vorwurf, der ebenso berechtigt wie scheinheilig war, stand es doch den Sowjets, was das heimliche Auskundschaften betrifft, schlecht an, für sich das Bild von der bedrängten Unschuld zu reklamieren. Daß der Kreml mit seiner Initiative weiterreichende Absichten verfolgt hat, liegt also auf der Hand, wobei eine Stabilisierung und Aufwertung der DDR so etwas wie ein Minimalziel der östlichen Hegemonialmacht gewesen sein dürfte. Schließlich hatte der SED-Staat Ende der fünfziger Jahre mit immensen inneren Problemen zu kämpfen, die sich, wenn nichts geschah, zu einer existenzbedrohenden Krise ausweiten mußten. Mehr als 100 000 Ostdeutsche wanderten jährlich in den Westen ab; und Berlin kam in diesem Kontext eine Schlüsselrolle zu. Zum einen fungierte der westliche Teil der Stadt als wichtigstes Schlupfloch durch den Eisernen Vorhang, zum anderen konnten hier die Bürger des «Arbeiter- und Bauernstaates» Freiheit und Wohlstand der Bundesrepublik unmittelbar erleben, weshalb bald vom «Schaufenster» West-Berlin die Rede war. Mit seinem Ultimatum dürfte Chruschtschow bezweckt haben, diesen «ständigen Dorn» im Staatskörper der DDR zu beseitigen, hätte doch die propagierte «Freie Stadt» die versprochene Eigenständigkeit wohl kaum längere Zeit gegenüber dem SED-Regime behaupten können. Darüber hinaus standen womöglich weitere westliche Konzessionen, etwa ein definitiver Bonner Verzicht auf Atomwaffen, eine internationale Anerkennung der sowjetischen Einflußsphäre, vielleicht sogar die Herauslösung der Bundesrepublik aus der NATO, auf dem Wunschzettel des Diktators, der sich – wie das Muster der Erfahrungen mit solchen Herren lehrt – gewiß eher mehr als weniger herausgenommen hätte, wenn es ihm von der Gegenseite gestattet worden wäre.[78]

Haffner war Mitte November, nach einer ersten Drohgebärde Chruschtschows, zunächst noch unentschieden, wie der Westen auf die sowjetische Herausforderung reagieren solle. Würden Washington, London und Paris die DDR offiziell anerkennen, könnte die Bundesrepublik möglicherweise aus der NATO ausscheren; zeigten sich die Verbündeten dagegen in der Berlin-Frage unnachgiebig, wären alle Hoffnungen auf eine Entspannung zwischen den Blöcken vorerst zunichte. Bald stand für ihn jedoch fest, daß ein Nachgeben des Westens nicht in Frage kam. «Ich bin, wie Sie wissen, kein Kreuzfahrer und habe den Konflikt mit Russland stets nüchtern betrachtet, mit der Bereitschaft, jede einigermaassen [sic!] erfolgversprechende Verhandlungs- und Lösungsmöglichkeit wahrzunehmen», erläuterte er Erich Müller-Gangloff, dem Leiter der Evangelischen Akademie in West-Berlin, am 21. Februar 1959 seine Position. Daran, fuhr Haffner fort, habe «sich nichts geändert». Es sei «aber ein Unterschied, ob man mit einem verhandlungsbereiten Gegner sachlich verhandelt, oder ob man einem aggressiven Gegner einseitige Zugeständnisse anbietet. Weichwerden unter Drohungen, Selbstaufgabe, inneres Ueberlaufen zur anderen Seite sind meiner Meinung nach keine diskutable Politik und sind es nie gewesen.»[79]

Wie ernst es ihm damit war, zeigen die schroffen Worte, die er im Februar 1959 fand, um seinem einstigen politischen Kompagnon Müller-Gangloff die Zusammenarbeit aufzukündigen. «Ich muss Ihnen offen sagen, dass ich Ihre gegenwärtige öffentliche Wirksamkeit für verderblich halte», teilte Haffner dem Kirchenvertreter rundheraus mit, mache er, Müller-Gangloff, sich in seinem jüngsten politischen Memorandum doch «zum Advokaten eines mächtigen und listigen Gegners». Zugleich las Haffner aus der Stellungnahme des Schriftstellers «ein Element des Exzessiven, Schadenfrohen und Ressentimentalen» heraus. «Wenn Sie Bonn mit dem

Hitlerstaat und Berlin mit Stalingrad (dem Stalingrad der Deutschen, nicht etwa dem der Russen) vergleichen, so kann ich Ihnen nicht folgen», erklärte er und fügte hinzu, daß solche Vergleiche «nicht nur schief», sondern auch «giftig» seien. Das von Müller-Gangloff «geforderte ‹Bekenntnis unseres Volkes zu seiner Niederlage›» empfand Haffner sogar als «Obszönität». «Sehen Sie denn nicht, was Sie mit solchen Flagellantenformeln anrichten können?», fragte er gegen Ende seines Briefes. «Haben Sie nie darüber nachgedacht, wieviel Mitschuld an der Hitlerkatastrophe den antideutschen Maasslosigkeiten [sic!] gewisser deutscher Linksintellektueller der zwanziger Jahre zukommt?»[80]

Seiner neuen Linie entsprechend hatte er bereits am 1. Februar 1959 jenen Entwurf eines Friedensvertrages als völlig inakzeptabel verurteilt, mit dem Chruschtschow drei Wochen zuvor an die internationale Öffentlichkeit getreten war und der vorsah, daß die beiden deutschen Staaten in ihren bestehenden Grenzen anerkannt und militärisch neutralisiert werden sollten. Den sowjetischen Vorschlag, alle ausländischen Truppen innerhalb eines Jahres abzuziehen und dann einer Konföderation, bestehend aus Bundesrepublik und DDR, den Wiedervereinigungsprozeß zu überlassen, lehnte Haffner *a limine* ab. Solch ein Abkommen, war er nun überzeugt, «würde Deutschland in ein Pulverfaß verwandeln».[81]

Statt dessen riet er den Alliierten zu einer Politik des Abwartens, zumal sich auch seine einstigen Ängste vor einer atomaren Katastrophe inzwischen auf wundersame Weise verflüchtigt hatten. Daß von der verfahrenen Situation in Deutschland eine akute Kriegsgefahr ausgehe, konnte Haffner jedenfalls nicht mehr erkennen. Die angespannte Lage in der Mitte des Kontinents bestehe schließlich schon seit einigen Jahren, ohne daß daraus ein bewaffneter Konflikt erwachsen sei, argumentierte er Mitte April 1959 gegenüber einem besorgten englischen Kollegen. Ebenso waren mit einem Mal alle Zweifel an der Logik der atomaren Abschreckung verstummt. Keineswegs habe der Westen zwischen friedlicher Koexistenz und globaler Vernichtung zu wählen, führte Haffner im Juni 1960 aus. Vielmehr werde sich das weltpolitische Gehakel wie bisher fortsetzen, würden die «nächsten fünfzig Jahre» durch «zunehmende Machtstreuung, wechselnde Kombinationen und begrenzte Kriege für begrenzte Ziele» gekennzeichnet sein, wobei er für seine Leser wenigstens die tröstliche Einschätzung bereithielt, daß «ein universaler Selbstmord höchstwahrscheinlich vermieden werden wird».[82]

Die politisch Verantwortlichen in London beurteilten die Lage allerdings etwas anders. Seit seinem Regierungsantritt im Januar 1957 hatte sich Premierminister Harold Macmillan mehr als alle anderen westlichen Staatsmänner daran interessiert gezeigt, eine Entspannung zwischen den Blöcken herbeizuführen, und auch wenn der Vorsitzende der *Tories* einen Abzug der britischen Streitkräfte aus Berlin ausschloß, so kam für ihn doch in Betracht, mit Repräsentanten der DDR zu verhandeln und das SED-Regime anzuerkennen. Ende Februar 1959 reiste Macmillan deshalb nach Moskau, um die sowjetische Position auszuloten und, wenn möglich, ein Gipfeltreffen zu arrangieren. Doch obwohl seine Gespräche mit Chruschtschow weitgehend ergebnislos verliefen, und der Premierminister sogar einige Demütigungen über sich ergehen lassen mußte, genügten dessen ostentativen Verständigungsgesten, um Konrad Adenauer zutiefst zu beunruhigen.[83] Haffner teilte die Bedenken und Sorgen des Bundeskanzlers. Das Vereinigte Königreich müsse seine Verpflichtungen aus den Pariser Verträgen, denen zufolge London weder die DDR noch den europäischen Status quo anerkennen dürfe, unbedingt erfüllen, forderte er am 12. April 1959. Schließlich habe Adenauer dem Ziel der Westintegration sogar die nationale Einheit untergeordnet, und letztlich sei es doch auch im Interesse Großbritanniens, daß die Bundesrepublik ein verläßliches Mitglied der NATO bleibe.[84]

Der überwiegende Teil der britischen Öffentlichkeit begleitete indes das Vorgehen Macmillans mit beifälliger Zustimmung. Die Entspannungsbemühungen des Premierministers stellten schließlich so etwas wie einen letzten Anlauf dar, eine ganz und gar eigenständige britische Außenpolitik zu betreiben. Schon der Begriff «summitry» (Gipfeltreffen) weckte auf der Insel schönste Hoffnungen, weil sich die Repräsentanten des moribunden *Empires* im Tête-à-tête mit den neuen Herren der Welt noch einmal ihres rasch dahinschwindenden Großmachtstatus vergewissern konnten. Die alten Ressentiments gegenüber den Deutschen sowie kursierende Ängste vor einem Atomkrieg trugen ein übriges dazu bei, um Macmillans Kurs hohe Popularitätswerte zu sichern. Die linke und liberale Opposition, die der Sowjetunion naturgemäß aufgeschlossener begegnete als die Konservativen, war sogar zu noch größerem Entgegenkommen bereit. Offen wurde für die Anerkennung der DDR und für einen vollständigen Rückzug aus Berlin geworben; und sogar die Idee, alle Einwohner des Westteils der Stadt in die Bundesrepublik zu transferieren, wollte manchem Beobachter als ideale Lösung des Problems einleuchten.[85]

Nach dem erwähnten außenpolitischen Kurswechsel war man auch in der Redaktion des *Observer* mit den Ansichten Haffners keineswegs einverstanden, und so kam es, daß Haffners Leitartikel vom 12. April 1959 in einer nebenstehenden Glosse gegenkommentiert wurde. Im Kern äußerte der Autor jene Kritik an der Strategie des deutschen Bundeskanzlers, die Haffner zwischen 1954 und 1958 wieder und wieder vorgebracht hatte. Danach waren unter den gegebenen Umständen Westbindung und Wiedervereinigung miteinander unvereinbare Ziele. Adenauers starrsinnige Außenpolitik rückte nach Ansicht des anonym gebliebenen Redakteurs jedoch nicht nur die deutsche Einheit in weite Ferne, sie entwickelte sich auch mehr und mehr zu einer Belastung für die Verbündeten.[86]

In einem Brief an John Pringle, den Verfasser des Kommentars, ist Haffner dieser Auffassung energisch entgegengetreten. Die Strategie des Bundeskanzlers, verteidigte er sich, sei keineswegs widersprüchlich, sondern sogar vergleichsweise «einfach und geradlinig». Zumindest halte er den Plan, die Bundesrepublik zunächst in die westlichen Bündnissysteme zu integrieren und erst danach die Wiedervereinigung anzustreben, nach wie vor für erfolgversprechend, argumentierte Haffner, selbst wenn der eingeschlagene Kurs für den Augenblick in eine Sackgasse geführt habe. Aber hatten nicht auch die Regierungen in Washington, London und Paris diese Politik 1954 gutgeheißen? Und warum sollte sich die NATO auf lange Sicht nicht doch als die stärkere Allianz erweisen? Haffner schien ein letztendlicher Triumph des Westens jedenfalls nicht ausgeschlossen. Gegenüber Pringle nannte er im April 1959 drei Schwachstellen des sowjetischen Imperiums, nämlich die latente Unzufriedenheit der unterjochten mittel- und osteuropäischen Nationen, den potentiellen Gegensatz zwischen Moskau und Peking – auch hierin erwies sich Haffner als geistiger Gefolgsmann des Bundeskanzlers – sowie die sowjetische Verfassung, die keine Nachfolgeregelung vorsehe und deshalb das Riesenreich bei einem Führungswechsel krisenanfällig mache. Die Londoner Konzilianz gegenüber dem Kreml bewertete er um so kritischer. Die britische Außenpolitik «mit ihrer übertriebenen ‹Flexibilität›» schwebe in der Gefahr, «ein zahnloser Tiger zu werden», monierte Haffner im April 1959. Außerdem erlaubte er sich, seinem Kollegen eine grundsätzliche Lektion zu erteilen. «Ich denke, Du machst den Fehler, der üblicherweise den ‹logischen Franzosen› zugeschrieben wird – nämlich auf politische Fragen die abstrakte Logik des Gerichtssaals oder der exakten Wissenschaften anzuwenden», belehrte er Pringle. Das sei jedoch unsinnig. Denn kein Politiker, erläuterte Haffner, der bei diesen Ausführungen allerdings im sprichwörtlichen Glashaus mit Steinen warf, «kann immer völlig widerspruchsfrei sein, und jeder muß bis zu einem gewissen Grad immer alles wollen».[87]

Zwar erhielt Haffner drei Tage darauf ein versöhnlich gehaltenes Antwortschreiben des Kritisierten, das allerdings nicht verhindern konnte, daß die bestehenden Meinungsverschiedenheiten ein halbes Jahr später erneut aufflammten. Unter dem Titel «Die Adenauer-Sichtweise» legte Haffner am 15. November 1959 die außenpolitischen Positionen des Bundeskanzlers dar und pflichtete ihm dahingehend bei, daß es sowohl in der Deutschland- als auch in der Berlin-Frage keinen Verhandlungsspielraum gebe. Weder eine irgendgeartete Anerkennung der DDR noch eine Demilitarisierung Mitteleuropas, «dieser alte Lieblingsgedanke der britischen Politik», sei für Bonn annehmbar. Die Redaktion war da anderer Ansicht. «Für die Jahre, die unmittelbar vor uns liegen, glauben wir, daß eine Interimslösung über Berlin notwendig sein wird, da niemand zu einem großen neuen Handel bereit ist», hieß es in einer Glosse, die wiederum direkt neben Haffners Beitrag plaziert war; und im übrigen plädierte der unbekannte Verfasser für eine Neutralisierung Mitteleuropas nach schwedischem beziehungsweise finnischem Vorbild, also delikaterweise für eben jene Lösung, auf die Haffner bereits 1953 verfallen war und die ihn seinerzeit in einen so tiefen Gegensatz zu seinen Kollegen hatte geraten lassen.[88]

1960 spitzten sich die Differenzen weiter zu. Am 6. März dieses Jahres erging sich Haffner in scharfen Attacken gegen die englische Presse und warnte davor, eine der erstaunlichsten Errungenschaft der Nachkriegsjahre, nämlich die Existenz eines demokratischen, mit dem Westen verbündeten deutschen Staates, durch einen Bruch der Pariser Verträge leichtfertig aufs Spiel zu setzen. Noch im Laufe desselben Monats muß es dann während eines Kurzbesuches von David Astor in Berlin zu einer offenen Aussprache gekommen sein. Zurück in London fühlte sich Astor jedenfalls bemüßigt, seinem einstigen Meisterdenker zu versichern, «daß alles zwischen Dir und der Redaktion völlig glatt gehen kann für so viele Jahre, wie Du es Dir wünschst», eine Beteuerung, die freilich das, was sie zu bekräftigen vorgab, zugleich in Frage stellte, war doch der so nachdrücklich beschworene Sachverhalt offenkundig nicht mehr selbstverständlich.[89]

Womöglich war es eine Geste der Kompromißbereitschaft und des guten Willens, wenn Haffner kurze Zeit später, am 10. April 1960, unter dem bezeichnenden Titel «Ein Plan für Preußen» einen eventuellen Ausweg aus der internationalen Krise skizzierte. Da auf absehbare Zeit nicht vorstellbar sei, wie eine Wiedervereinigung zustande kommen könne, regte er die Gründung eines eigenständigen ostdeutschen Staates mit der Hauptstadt Berlin an, dessen Verfassung und Regierung in freien Wahlen ermittelt werden sollten, sobald sich die vier Siegermächte auf den Abzug aller ausländischen Truppen geeinigt und den restaurierten Borussenstaat zu strikter Neutralität verpflichtet hätten. Vorteilhaft an dieser Lösung erschien Haffner vor allem, daß beide Seiten etwas aufzugeben hätten, die Deutschen den Anspruch auf nationale Einheit, die Sowjets einen Satelliten, wenn auch einen überaus problematischen. Dennoch bezweifelte er, ob die beteiligten Parteien in der Lage sein würden, die erforderliche Nachgiebigkeit aufzubringen; und in der Tat hatte Konrad Adenauer bereits im März 1958 den sowjetischen Botschafter in Bonn mit ähnlichen Überlegungen konfrontiert, ohne daß dem geheim gebliebenen Vorschlag weiterführende Schritte gefolgt wären.[90]

Spätestens im September 1960, als die DDR-Führung versuchte, sich der Kontrolle über die Zugangswege nach West-Berlin zu bemächtigen, konnten die Leser des *Observer* dann wieder einen kämpferischen Haffner erleben. Den jüngsten Schachzug des Regimes, der offenkundig darauf abzielte, den Massenexodus aus Ostdeutschland zu stoppen, und der die sozialistischen Potentaten zudem in die Lage versetzt hätte, mißliebige westliche Besucher aus der ehemaligen Reichshauptstadt fernzuhalten, deutete er als einen «konkrete[n] Akt der Aggression and Annexion mit gewaltigen menschlichen wie politischen Konsequenzen», der scharf zu ahnden sei. Britische Befürchtungen, entschiedene Gegenmaßnahmen könnten eine Eskalation der Krise provozieren, wiegelte Haffner ab. «Manchmal wird die Frage gestellt: Ist Berlin einen Krieg wert?», konterte er am 25. September 1960 derartige Einwände und ergänzte: «Die Antwort kann nur lauten: Wenn nicht Berlin, was dann?» Es gebe sogar noch eine weitere Antwort, fügte er hinzu: «Wenn Berlin uns keinen Krieg wert ist, warum sollte es den Russen einen wert sein?»[91]

Aber nicht nur seine Meinungen zur Deutschlandpolitik waren infolge des Chruschtschow-Ultimatums gehörig durcheinandergewirbelt worden, auch Haffners Sicht auf die Bundesrepublik hatte sich mit Ausbruch der Berlin-Krise schlagartig verändert; und wer seine Berichte von 1955 oder 1956 neben diejenigen aus den Jahren 1959 oder 1960 hält, könnte nachgerade den Eindruck gewinnen, Haffner beschreibe ein anderes Land.

Die innige Verschränkung von außenpolitischer Strategie und Deutschlandperzeption war indes mitnichten eine Spezialität des *Observer*-Korrespondenten, vielmehr entsprach der Popularität, die in Großbritannien allen Entspannungsbemühungen zuteil wurde, eine wachsende Abneigung gegen den westdeutschen Verbündeten. Beide Phänomene standen in einer schwer entwirrbaren Wechselbeziehung. Einerseits erwachten Ansichten, wie sie einst die britische Kriegspropaganda tief in das kollektive Bewußtsein der Inselbevölkerung eingegraben hatte und denen zufolge die Deutschen mehr oder weniger Nationalsozialisten seien, zu neuem Leben, seitdem die Bundesrepublik in rasanter Fahrt zu einem ernstzunehmenden Faktor der Staatenwelt aufgestiegen war. Andererseits hing, zumal in gebildeten Kreisen, die Wahrnehmung Deutschlands auf das engste mit der jeweiligen Einschätzung der Sowjetunion zusammen. Haffner hat diese seltsame Verquickung im Mai 1961 beleuchtet, als er einem westdeutschen Publikum den Standpunkt der angelsächsischen «nichtkommunistischen Linken» auseinandersetzte, «die vor zwanzig Jahren hundertprozentig gegen Hitler und vor zehn Jahren hundertprozentig gegen Stalin waren, aber heute zu einer gewissen gefühlsmäßigen Neutralität zwischen Deutschland und Rußland neigen und bereit sind hinzuhören, wenn Chruschtschow die Deutschen als Militaristen und Revanchisten anschwärzt».[92] Kaum vorstellbar, daß er bei diesen Worten nicht auch an seine Londoner Kollegen vom *Observer* gedacht hat, deren hartnäckiger Entspannungsoptimismus eben vor allem auf einer vergleichsweise freundlichen Beurteilung der östlichen Supermacht beruhte. «[E]s scheint mir, dass David [Astor] in einer teils schwarzen, teils rosigen Privatwelt lebt, die mit der Wirklichkeit der Weltpolitik nur noch wenig gemein hat und dass Edward [Crankshaw] ihm ein dafuer adaequates, ebenso privates Rußland erdichtet», hatte Richard Löwenthal, selbst ein ausgewiesener Osteuropa-Experte, schon Anfang des Jahres 1960 in einem Brief an Haffner gelästert.[93]

Von daher war es keineswegs erstaunlich, wenn die von Haffner geschilderte Bundesrepublik all ihre soeben noch eifrig beschworenen Mängel mit einem Mal verlor. Seit dem Chruschtschow-Ultimatum hielt er ein Wiederaufleben des Nationalsozialismus für höchst unwahrscheinlich; und selbst als um die Jahreswende 1959/60 die Kölner Synagoge und einige andere Gebäude der rheinischen Metropole mit Hakenkreuzen und nationalsozialistischen Parolen beschmiert wurden, sah Haffner, im Gegensatz zu weiten Teilen der britischen Presse, lediglich «eine Art politische Partisanenbewegung» am Werk. «Heute ist der Nazismus in Westdeutschland in jedem Fall eine Erfindung der kommunistischen Propaganda», versicherte er den Lesern des *Observer* Ende April 1960. Wenn es in dieser Hinsicht überhaupt etwas auszusetzen gebe, konzedierte Haffner, dann sei das der Umstand, daß die Geschichte des «Dritten Reiches» sowohl im Schulunterricht als auch von der historischen Forschung vernachlässigt werde.[94]

Auch sonst wußte er die Bundesrepublik weitgehend frei von allen ihr gelegentlich zugeschriebenen Übeln. «[E]s gibt nichts von der alten weit verbreiteten Begeisterung für die Armee», beteuerte Haffner in einer Analyse der westdeutschen Verhältnisse, die die englische Sonntagszeitung am 24. April 1960 abdruckte. Neunzig Prozent der Deutschen würden einen Krieg um der Wiedervereinigung willen ablehnen, erklärte er weiter, schloß aber nicht aus, daß die Stimmung umschlagen könnte, sollte in der DDR ein Volksaufstand losbrechen. Selbst Franz Josef Strauß, den westdeutschen Verteidigungsminister, der aufgrund seiner nuklearen Ambitionen in Großbritannien als gefährlicher Kriegstreiber, wenn nicht als Wiedergänger Hitlers galt, wollte Haffner von dieser Einschätzung nicht ausnehmen. «Strauss ist kein Mann des Krieges», erläuterte Haffner seinen Lesern im Mai 1961, «er besitzt nur den festesten Glauben aller Deutschen in die Abschreckung».[95]

Noch euphorischer urteilte er inzwischen über den ökonomischen Erfolg der Bundesrepublik. «Die Leistungen der westdeutschen Industrie seit 1948 – nicht nur in bloßer Produktion, sondern auch in der technologischen Planung, im Marketing und den sozialen Beziehungen» seien «über jedes Lob erhaben», meinte Haffner im Frühjahr 1960. «Es scheint», fuhr er fort, «als ob die deutsche Befähigung zur Exzellenz, die von einem Gebiet zum anderen wandert, sich jetzt, in der Nachfolge von Musik, Wissenschaft und Militär, der Industrie zugewandt hat.»[96]

Zu der Auffassung, daß der Kanzler und maßgebliche Gestalter dieses so bemerkenswerten Staates «zweifelsohne der fähigste deutsche Politiker dieses Jahrhunderts» sei, war Haffner bereits im April 1959 gelangt, und auch das peinliche Hin und Her Adenauers im Vorfeld der Bundespräsidentenwahl – als der CDU-Vorsitzende zunächst überraschend seine Kandidatur erklärte, sie dann aber ebenso unvermittelt wieder zurückzog – konnte seiner prinzipiellen Wertschätzung nichts anhaben.[97]

Ende des Jahres 1959 hatte Haffner erneut einen Auftritt als Adenauers englischer Fürsprecher, nun mit Blick auf dessen Europapolitik. Das war durchaus erforderlich, denn in London, das der 1957 gegründeten Europäischen Wirtschaftsgemeinschaft (EWG) ferngeblieben war, wurden die hochfliegenden europäischen Bestrebungen von Frankreichs Staatspräsident Charles de Gaulle mit wachem Argwohn verfolgt, und angesichts des guten persönlichen und politischen Einvernehmens, das sich damals zwischen dem französischen Staatschef und dem deutschen Bundeskanzler entwickelte, geriet letzterer zunehmend in den Verdacht, ein willfähriger Trabant, wenn nicht ein Komplize des Generals zu sein. Haffner bekämpfte diese Einschätzung nach Kräften. Im November 1959 wies er zum Beispiel darauf hin, daß Frankreich und die Bundesrepublik mit dem Einigungsprojekt unterschiedliche Ziele verfolgten. Während Paris Weltpolitik betreiben wolle und es darauf anlege, die Vereinigten Staaten herauszufordern, suche Adenauer in erster Linie einen verläßlichen Partner, der ihm helfe, eine ungünstige Lösung der deutschen Frage zu verhindern.[98] Insofern könne London die künftige Entwicklung durchaus beeinflussen. Wie weit die deutsch-französische Freundschaft gehen werde, meinte Haffner im Dezember 1959, «hängt letzten Endes von der amerikanischen und britischen Politik ab. Die weitere Behandlung der Berliner Angelegenheiten», präzisierte er seine Ansicht, «könnte dafür gut zum Prüfstein werden».[99]

Beinahe spiegelbildlich zu seiner stürmischen Annäherung an die Bundesrepublik hatte sich Haffners Bild von der DDR verfinstert, wobei diese Entwicklung nicht vollkommen symmetrisch verlaufen war, da er schon 1957, lange vor Ausbruch der Berlin-Krise, begonnen hatte, zunehmend kritischer über die Vorgänge jenseits des Eisernen Vorhangs zu berichten. Genau wie im Fall der Bundesrepublik traf seine gewandelte Sichtweise allerdings auf eine öffentliche Meinung, die in eine andere Richtung driftete, was nicht heißen soll, daß die DDR im Vereinigten Königreich populär gewesen wäre. Aber viele Briten, sofern sie sich überhaupt für das kleine Land interessierten, hatten den Eindruck gewonnen, der ostdeutsche Staat sei hinlänglich etabliert, und in linken Kreisen besaßen einzelne Facetten der sozialistischen Ordnung, etwa die Sozial- und Kulturpolitik oder das Erziehungswesen, sogar gute Aussichten, als Errungenschaften wahrgenommen zu werden.[100]

Haffner, der die Verhältnisse in der DDR offensichtlich von eigenen Exkursionen her gekannt hat,[101] ist der herrschenden Gleichgültigkeit und den latenten Sympathien, die in der britischen Bevölkerung anzutreffen waren, leidenschaftlich entgegentreten. Wut, Empörung und Polemik prägten seit Ausbruch der Berlin-Krise seine Berichterstattung. Schon Anfang Dezember 1958 erschien im *Observer* ein geharnischter Artikel über Walter Ulbricht, der auf den Deutschland-Korrespondenten zurückgegangen sein dürfte. Der Erste Sekretär des Zentralkommittees der SED wird darin als «sowjetischer Gauleiter in Ostdeutschland» beschrieben, der sich nicht im geringsten um das Wohlergehen der Bevölkerung kümmere, sondern dem es einzig und allein auf den persönlichen Machterhalt und das dafür erforderliche Einvernehmen mit der Moskauer Parteizentrale ankomme.[102]

«Ostdeutschland», legte Haffner am 1. Mai 1960 in einem ausführlichen Beitrag über den sowjetischen Satelliten nach, sei lediglich «ein Scheinstaat. Er hat eine liberale Verfassung, zu der er sich verhält, als ob sie nicht existiert, eine Regierung, die nicht regiert, sondern Befehle ausführt, ein Parlament von Jasagern, wie es der Reichstag der Nationalsozialisten war, ein halbes Dutzend nicht-kommunistischer Parteien, die immer wieder Säuberungen unterzogen wurden, bis sie zu Zweigstellen der herrschenden Sozialistischen (kommunistischen) Einheitspartei geworden sind». Ulbricht, setzte er den Reigen einschlägiger Vergleiche fort, übe eine «Ein-Mann-Herrschaft Stalinistischer Prägung» aus, weshalb sein Regime keinen Rückhalt in der Bevölkerung habe, und wohl auch nie haben werde. Das Kulturleben Ost-Berlins schien ihm nun weitgehend unter einer «abstumpfende[n] politische[n] und künstlerische[n] Bevormundung» zu stehen, «wie sie der späte Shdanow betrieb»; und die frühkindliche Erziehung durch den Staat sei lediglich «ein Beispiel für den unheilvollen ‹chinesischen› Touch der jüngsten Entwicklungen in Ostdeutschland». Übertroffen wurden diese Schrecklichkeiten allerdings noch von dem anmaßenden Gebahren der sozialistischen Machthaber in der Berlin-Frage. «Ostdeutschland, nicht Berlin», hatte Haffner bereits am 10. April 1960 orakelt, «ist das potentielle Sarajewo für einen dritten Weltkrieg, den niemand will.»[103]

Berufliche Seitensprünge – Bei Christ und Welt *und der* Welt

Je mehr er sich von den Vorstellungswelten der britischen Öffentlichkeit entfernte, und je länger die politischen Hakeleien mit der *Observer*-Redaktion andauerten, desto attraktiver wurde es für Haffner, sich anderweitig zu betätigen, auch und gerade in seinem neuen Umfeld, das ihm bekanntermaßen so fremd nicht war. Auftritte als Redner und Diskussionsteilnehmer standen am Anfang der Wiederannäherung. In den ersten Jahren nach seiner Rückkehr gastierte er bei den sogenannten «Königswinter-Konferenzen», einem mehrtägigen Gedankenaustausch, zu dem sich deutsche und britische Eliten alljährlich in der Nähe von Bonn einfanden, bei der Evangelischen Akademie Berlin, später auch beim «Kongress für kulturelle Frei-

Abb. 24 Wie kein anderes Forum hat der Internationale Frühschoppen *in den fünfziger Jahren Millionen von Bundesbürgern mit Sebastian Haffner (zweiter von rechts) bekannt gemacht. Der Titel der überaus populären Sendung, die allsonntäglich von Werner Höfer (vierter von rechts) geleitet wurde, war im übrigen ganz wörtlich zu verstehen. Wein- und Tabakkonsum gehörten seinerzeit noch selbstverständlich dazu, wenn «sechs Journalisten aus fünf Ländern» das Weltgeschehen erörterten.*

heit», einem vom amerikanischen Geheimdienst subventionierten Intellektuellenforum, sowie bei einer ungewissen Zahl weiterer Einrichtungen.[104] Am wichtigsten dürfte jedoch die regelmäßige Mitwirkung im *Internationalen Frühschoppen* gewesen sein. Die Rundfunk- und Fernsehsendung, in der wöchentlich «sechs Journalisten aus fünf Ländern» unter der Leitung von Werner Höfer aktuelle Themen erörterten, war eine Institution und nach Aussage des Publizisten Klaus Mehnert, eines gelegentlichen Mitstreiters, «Bestandteil des Sonntagsablaufs in Millionen Haushalten» sowie «von unschätzbarer Bedeutung für die außenpolitische Bildung der Deutschen».[105]

Nachdem er sich hin und wieder auch in der westdeutschen Presse zu Wort gemeldet hatte,[106] wurde Haffner mit Beginn des Jahres 1960 fester Mitarbeiter bei *Christ und Welt*, wo er den Posten des Berlin-Korrespondenten übernahm. Ein Großteil der Beiträge, die er in den nächsten drei

Jahren für die in Stuttgart ansässige Wochenzeitung schreiben sollte, hatte jedoch nicht die ehemalige Reichshauptstadt zum Gegenstand, sondern die Entwicklung in der DDR, und gelegentlich machte Haffner seine Leser mit den jüngsten Tendenzen der britischen Politik vertraut.[107] Anders als beim *Observer* fand er hier überaus günstige Voraussetzungen vor, um mit seinen kämpferischen Ansichten durchdringen zu können. Zum einen war *Christ und Welt* mit über 100 000 gedruckten Exemplaren die auflagenstärkste Wochenzeitung des Landes, zum anderen durfte Haffner in dem protestantisch-konservativen Milieu, das die eigentliche Klientel des Blattes bildete, auf ein natürliches Interesse an den Berliner und ostdeutschen Verhältnissen rechnen. Denn der gemeinsame Glaube stellte ein starkes Band zwischen den evangelischen Christen diesseits und jenseits des Eisernen Vorhangs dar, und die grenzüberschreitenden Versammlungen der Landeskirchen gehörten zu den letzten verbliebenen Institutionen, die regelmäßig Angehörige der beiden unterschiedlichen Staaten zusammenbrachten. Diese Kontakte zeitigten weitreichende politische Konsequenzen. So beurteilten evangelische Bundesbürger die Westbindung ihres Landes gemeinhin skeptischer als Katholiken, und bezeichnenderweise waren es aktive Mitglieder der EKD, zunächst Gustav Heinemann, später die Bundestagspräsidenten Hermann Ehlers und Eugen Gerstenmeier, die als parteiinterne Kritiker Adenauers ein stärkeres Engagement für die Wiedervereinigung anmahnten.[108]

Im März 1960 ergänzte Haffner sein Arrangement mit dem Wochenblatt durch eine ähnliche Verbindung zur *Welt*. Er verpflichtete sich, für die Tageszeitung aus dem Hause des Hamburger Medienunternehmers Axel Springer zweimal monatlich einen weltpolitischen Kommentar zu schreiben und auch für kürzere Beiträge, wie Zwischenrufe oder Glossen, zur Verfügung zu stehen. Diese sehr vage gehaltene Vereinbarung scheint sich allerdings nicht bewährt zu haben, so daß Haffner, wohl weil er seine Artikel allzu tröpfelnd geliefert hatte, im März 1961 einen festen Platz zugewiesen bekam, in Form einer vierzehntäglichen Kolumne. Ebenso veränderte sich der Charakter seiner Ausführungen. Hatte er zunächst vor allem zu politischen Causerien, beispielsweise über das «Schimpfen in der Politik» geneigt, so nahm mit der Zeit auch die Ernsthaftigkeit seiner Beiträge zu.[109]

Die gleichen Gründe, die Haffner zu *Christ und Welt* gelockt hatten, sprachen auch für sein zweites berufliches Standbein in der Bundesrepublik. Wiederum verdingte er sich bei dem führenden Organ des Landes, war doch die von den britischen Besatzern initiierte *Welt* mit über 200 000 verkauften Exemplaren das damals meistgelesene Qualitätsblatt in Westdeutschland; und wie im Fall der protestantischen Wochenzeitung befand er sich mit den Verantwortlichen in schönster Übereinstimmung, ja, Axel Springer hatte kürzlich sogar einen ganz ähnlichen Kurswechsel vollzogen wie Haffner. Geraume Zeit war der Konzernchef für eine Entspannungspolitik eingetreten, und Anfang des Jahres 1958 hatte sich der sendungsbewußte Großverleger sogar dazu verstanden, im Dienste der Wiedervereinigung bei Chruschtschow vorstellig zu werden. Nach der Blamage der Moskaureise und erst recht nach dem sowjetischen Ultimatum ein halbes Jahr später schwenkte Springer auf eine antikommunistische Linie um und verordnete seinen bis dahin politisch nicht sonderlich festgelegten Blättern ein scharfes weltanschauliches Profil.[110]

Vor allem aber machte sich Springer, der in jenen Jahren dabei war, den Schwerpunkt seines Konzerns von Hamburg nach Berlin zu verlagern, zum Sprachrohr der ehemaligen Reichshauptstadt, in deren westlichen Sektoren damals eine ganz eigene Befindlichkeit gedieh. Hier wurden Grausamkeit und Unrecht des SED-Staates, nicht zuletzt durch die zahllos durchreisenden DDR-Flüchtlinge, sehr viel genauer wahrgenommen als in der weiträumigen Bundesrepublik, und spätestens seitdem Chruschtschow seine diplomatische Offensive begonnen hatte, war hier das Gefühl, akut bedroht zu sein, mehr als irgendwo sonst zu Hause. Die Wut über das sozialistische Regime in der unmittelbaren Nachbarschaft verband sich mit der Furcht vor einem sowjetischen Übergriff zu einem besonders kämpferischen Antikommunismus. Springer hat denn auch verschiedentlich für eine Lösung der Berlin-Krise und der deutschen Frage geworben und vor allem wieder und wieder die Verhältnisse in Ostdeutschland angeprangert, so sehr, daß ihm später vorgehalten wurde, die groß aufgemachten Veröffentlichungen der neuesten Flüchtlingszahlen in seinen Blättern hätten die sozialistischen Machthaber erst auf die Gefahren aufmerksam gemacht, die ihnen aus dem massenhaften Exodus erwachsen konnten. In den Jahren vor dem Mauerbau aber wurden seine Ansichten in West-Berlin zumindest *au fond* beinahe allgemein geteilt, so etwa auch von dem sozialdemokratischen Regierenden Bürgermeister der Frontstadt, Willy Brandt.[111]

Nachdem es Haffner immer schwerer fiel, seinen ganz und gar Berliner Standpunkt im *Observer* zu artikulieren, war es ihm nun wenigstens in den Artikeln für *Christ und Welt* und *Die Welt* vergönnt, seine Meinungen geradeheraus zu äußern, ein Vorzug von kaum zu überschätzender Bedeutung, zumal für einen Mann des *forte fortissimo.* Darüber hinaus bot ihm die Position bei der *Welt* die Annehmlichkeit, «die gegenwärtige Fadheit und Normalität Deutschlands»[112] hinter sich zu lassen und in die internationale Politik und die großen Fragen der Zeit einzutauchen, wie er es in den glücklichen Tagen vor 1954 getan hatte. Keineswegs unerheblich war schließlich auch die finanzielle Seite seiner Nebentätigkeit. 1 600 DM, also ungefähr das Dreifache dessen, was ein westdeutscher Industriearbeiter 1960 im Durchschnitt nach Hause trug, überwies allein der Axel Springer Konzern Monat für Monat auf Haffners Konto, der mit seinem großzügig bemessenen britischen Gehalt ohnehin schon zu den Wohlhabenden in der jungen Bundesrepublik zählte. Völlig exorbitant waren seine Bezüge indes nicht. Der Journalismus konnte seinerzeit ein überaus einträgliches Geschäft sein und soll etwa Werner Höfer, dem Gastgeber des *Internationalen Frühschoppen*, ein geschätztes Monatssalär von 8 000 DM eingebracht haben.[113]

Dennoch war die Liaison mit den beiden westdeutschen Zeitungen nicht unproblematisch, und das in zweierlei Hinsicht. Eigentlich verbot nämlich Haffners Kontrakt mit dem *Observer* ein Engagement bei anderen Blättern, auch bei ausländischen, da der Londoner Redaktion eine Nachrichtenagentur angegliedert war, die Beiträge der Mitarbeiter in alle Welt verkaufte. Jede Woche hatte Haffner anscheinend einen allgemeinen Bericht über die Situation in Deutschland zu geben, und gelegentlich wurde er auch um speziellere Artikel gebeten, die dann beispielsweise in *The Scotsman* aus Edinburgh, *The New York Herald Tribune*, *The Montreal Star*, *The Jerusalem Post*, aber ebenso in nicht englischsprachigen Gazetten wie *Asaki Shienbun* aus Tokio oder dem dänischen *Yüllands Posten* erschienen.[114] «Ich muß gestehen, ich war etwas verärgert», teilte der Leiter des *Observer Foreign News Service* Haffner deshalb im Juli 1961 mit, nachdem er auf Umwegen von dessen vertragswidriger Kolumnistentätigkeit für *Die Welt* erfahren hatte. Einen zusätzlich unangenehmen Beigeschmack erhielt die Angelegenheit noch durch den Umstand, daß der Deutschland-Korrespondent in letzter Zeit mehrere Anfragen seines Hauptarbeitgebers wegen angeblicher Überlastung zurückgewiesen hatte, ein etwas zweifelhaftes Gebaren, das freilich keineswegs so erstaunlich war, wie es auf den ersten Blick scheinen mag. Denn natürlich war Haffner niemand, der sich durch extreme Skrupulosität von einem Vorteil abbringen ließ oder von Unternehmungen, die ihm sein Ehrgeiz diktierte.[115]

Zumindest bemerkenswert ist des weiteren, in welche Gesellschaft sich

Haffner damals begab, war sie doch ganz und gar nicht von der Art, wie man es bei einem ehemaligen Emigranten vermuten würde. Sowohl Hans Zehrer, der Chefredakteur der *Welt*, als auch Giselher Wirsing, sein Pendant bei *Christ und Welt*, hatten Anfang der dreißiger Jahre zum Redaktionsstab der *Tat* gehört, jener anspruchsvollen Zeitschrift, die gegen das verachtete parlamentarische System zu Felde zog, eine ganz neuartige Elitenherrschaft propagierte und die niemals ausprobierten Staatsstreichspläne unterstützte, die der konservative Reichswehrgeneral Kurt von Schleicher seinerzeit schmiedete.[116]

Im «Dritten Reich» trennten sich dann die Wege der einst so verschworenen *Tat*-Mitarbeiter. Während Hans Zehrer sich kurz nach dem Sieg der Nationalsozialisten von seinem Herausgeberposten zurückziehen mußte und in den folgenden Jahren vergleichsweise ein Nischendasein fristete,[117] stand der ehrgeizige Giselher Wirsing vor einer glänzenden Karriere. Sechsundzwanzigjährig übernahm er die vakant gewordene Führungsposition bei der *Tat* und avancierte, inzwischen Mitglied im Sicherheitsdienst der SS, 1938 zum Hauptschriftleiter der *Münchner Neuesten Nachrichten*. In *Der maßlose Kontinent*, wie der programmatische Titel seines 1942 erschienenen Buches über die Vereinigten Staaten lautet, verklärte er den laufenden Feldzug zu einem Verteidigungskrieg gegen das nach der Weltherrschaft greifende Amerika und kam dabei auch immer wieder auf angebliche obskure Machenschaften jüdischer Hintermänner zu sprechen, was Joseph Goebbels so gut einleuchtete, daß er Wirsings Œuvre in einer Schriftenreihe des Propagandaministeriums nachdrucken und massenhaft verbreiten ließ.[118]

Nach dem Krieg bekannten sich die politischen und moralischen Bankrotteure zu einem geläuterten Konservativismus und stiegen, nachdem sie geraume Zeit im öffentlichen Abseits verbüßt hatten, Mitte der fünfziger Jahre erneut in einflußreiche Stellungen auf. 1953 wurde Zehrer, ein alter Freund Axel Springers, Chefredakteur der *Welt*, bald darauf konnte auch Wirsing die Leitung von *Christ und Welt* antreten, und selbstverständlich begegneten die beiden Routiniers an ihren neuen Wirkungsstätten diesem oder jenem Weggefährten aus früheren Tagen. Mit seinem Vorgänger Klaus Mehnert und dem Kollegen Bernd Höpker hatte Wirsing beispielsweise schon vor 1945 eng zusammengearbeitet, und der Wirtschaftsexperte und ehemalige *Tat*-Journalist Ferdinand Fried, der 1937 die einschlägige Studie *Der Aufstieg des Juden* vorgelegt hatte, durfte zehn Jahre nach Kriegsende schon wieder *Die Welt* mit seinen ökonomischen Analysen beliefern.[119]

Abb. 25 Haffners deutsche Bundesgenossen Anfang der sechziger Jahre waren häufig ganz und gar nicht von der Art, wie man es bei einem ehemaligen Emigranten vermuten würde. Insbesondere der Chefredakteur von Christ und Welt, *der ehrgeizige Giselher Wirsing, hatte sich im «Dritten Reich» eindeutig kompromittiert, was aber rund zehn Jahre nach Kriegsende nicht mehr so schlimm war. Unser Bild zeigt den politischen Bankrotteur in den fünfziger Jahren vor der Münchner Berufungskammer.*

Die anrüchige Vergangenheit, die einige seiner westdeutschen Mitstreiter aufwiesen, scheint Haffner allerdings nicht weiter gestört zu haben, jedenfalls nicht so sehr, daß ihm eine Zusammenarbeit mit den bekehrten Übeltätern unmöglich gewesen wäre. Ihm deswegen vorzuwerfen, er habe einem prinzipienlosen Pragmatismus gehuldigt, wäre jedoch voreilig. Hatte er, bürgerlicher Intellektueller, der er war, sich nicht selbst Ende der dreißiger Jahre durchaus wohlwollend über *Die Tat* geäußert? Und befürwortete er inzwischen nicht auch in seinen Artikeln einen kulanten Umgang mit früheren Nationalsozialisten?[120] Am wichtigsten aber war wohl die schlichte Tatsache, daß seine momentanen politischen Überzeugungen weitgehend mit den retouchierten Auffassungen der Zehrers und Wirsings übereinstimmten, ja, daß sein Haß auf alles, was kommunistisch oder auch nur entfernt dessen verdächtig war, ihn zum natürlichen Bundesgenossen jener Kreise machte. Im übrigen war Haffner keineswegs das einzige Beispiel dafür, daß ein akutes, mächtiges Feindbild in der Lage sein kann, selbst die tiefsten Gräben der Vergangenheit zuzuschütten. Mit Ernst J. Cramer stieß Ende der fünfziger Jahre sogar ein jüdischer Remigrant, dessen Familie von den Nationalsozialisten ermordet worden war, zum Axel Springer Verlag, wo er zunächst als stellvertretender Chefredakteur der *Welt*, später als einer der engsten Mitarbeiter des Konzernleiters reüssierte.[121]

Exemplarisch zeigt sich die Verschränkung von Antikommunismus und einer prinzipiellen Generosität, was das Tun und Lassen einzelner Deutscher zwischen 1933 und 1945 anging, in einem Manuskript Haffners, das im Frühjahr 1961 entstanden sein muß, nachdem das westdeutsche Fernsehen einen kritischen Film über Hans Globke ausgestrahlt hatte. Der Staatssekretär im Bundeskanzleramt, der seinerzeit als Referent des Reichsinnenministeriums einen Kommentar zu den berüchtigten Nürnberger Rassegesetzen von 1935 verfaßt hatte, sah sich damals heftigen Angriffen aus der DDR ausgesetzt. Haffner stellte sich im Mai 1961 nicht nur schützend vor den Attackierten, der «jener weitverbreiteten vorsichtigen Beamtenopposition in den Ministerien des Dritten Reiches» angehört habe, «die ständig versuchte, das Schlimmste zu verhüten und inmitten einer totalitären Revolution eine Art Rechtsstaatlichkeit zu bewahren, in Globkes Fall sogar den Hitlerschen Antisemitismus zu zähmen». Er bezeichnete es auch als «Segen», daß die Bundesrepublik «sachlich und personell» an diverse «gerettet[e] Traditionsbestände deutschen Beamten- und Soldatentums [...] wieder angeknüpft» habe. «Blütenweisse Engel», setzte er wenig später hinzu, «wird man in einem Land, das nun einmal zwölf Jahre lang von einem genialen Verbrecher regiert worden ist, nicht finden, anderswo aber im übrigen auch nicht.» Um so schärfer kritisierte er dagegen die aus öffentlichen Geldern finanzierten Journalisten, die «sich freiwillig zum Transmissionsriemen der zur Zeit zentralen kommunistischen Propagandakampagne gegen die Bundesrepublik» gemacht und ihr, «gratis, eine Resonanz» verschafft hätten, «die die Kommunisten [...] noch nicht einmal für viele Millionen hätten erzielen können». Haffners Zorn richtete sich aber nicht nur gegen die Kollegen, die mit ihrem Beitrag die von der DDR verbreiteten «Skurrilitäten und durchsichtigen Klitterungen» so ungeheuer aufgewertet hätten. Abschließend empörte er sich auch über den Staatssekretär, da dieser «den unbegreiflichen faux pas» begangen habe, vor der Kamera zu den gegen ihn erhobenen Vorwürfen Stellung zu nehmen. Damit, schimpfte Haffner, habe er nicht nur den kommunistischen Anschuldigungen eine unverdiente Würdigung zuteil werden lassen, sein Verhalten sei sogar geradezu «ungehörig», weil Globke gegen den «elementare[n] Grundsatz jedes Rechts- und Verfassungsstaates» verstoßen habe, dem zufolge «Beamte, im Gegensatz zu Ministern und Politikern, in der Oeffentlichkeit» nicht «auf Angriffe antworten dürfen».[122]

Aber auch unabhängig von solchen konkreten Anlässen fand Haffner in seinen deutschsprachigen Beiträgen reichlich Gelegenheiten, sich als glühender Antikommunist zu profilieren, was insbesondere der DDR nicht gut bekommen sollte. Anfang des Jahres 1960, also gleich zu Beginn seiner Korrespondententätigkeit für *Christ und Welt*, berichtete er in mehreren Artikeln über die Berlin-Brandenburgische Provinzialsynode der evangelischen Kirche und schilderte insbesondere die Restriktionen und Schikanen, mit denen sich die protestantische Geistlichkeit in der DDR konfrontiert sehe. «Machtwahn eines Landvogts» lautete wenig später die Überschrift, unter der Haffner über die Kollektivierungsmaßnahmen in der ostdeutschen Landwirtschaft berichtete und in diesem Zusammenhang vor allem auf den Psychoterror einging, dem selbständige Bauern ausgesetzt seien. Allerdings war es nicht nur das sozialistische Regime, das er Mitte März 1960 wegen seiner brutalen Politik kritisierte. Haffner rügte auch die «Apathie und defaitistische Tatenlosigkeit der Bundesrepublik», und vielleicht kam er aus diesem Grund Ende des Jahres 1960 noch einmal auf die «menschenschinderische Grausamkeit» der Enteignungen und «die brechreizerregende Verlogenheit [ihrer] offiziellen Darstellung» zurück.[123]

Nicht minder eifrig bekämpfte Haffner die Vorstellung, die DDR sei ein stabiler und gefestigter Staat, eine Lektion, die wie die ausführlichen Greuelberichte darauf abzielte, jegliche Konzessionsbereitschaft gegenüber Ost-Berlin im Keim zu ersticken. So befolgte Haffner selbstverständlich die amtliche Sprachregelung Bonns, nach der die DDR als sowjetische Besatzungszone, kurz: «Zone», zu apostrophieren sei; und die völlige Berechtigung der herabsetzenden Wortwahl immer neu zu beweisen, war offenkundig ein Hauptanliegen seiner *Christ und Welt*-Beiträge. Haffner informierte die Leser eingehend über die neuesten Flüchtlingszahlen, die aktuellen Versorgungsengpässe und diverse gescheiterte Wirtschaftspläne.[124] Er schimpfte Walter Ulbricht einen «Meister im Aufbau potemkinscher Dörfer», dessen Staat, ein «Schein- und Kümmergebilde», nur dank der zahlreich präsenten «russischen Bajonette» existieren könne – und so noch vieles. Mit einem wirklich gefährlichen Gegner hatte man es jedoch nicht zu tun. «Man hält die Diktatur oft für ein Ordnungsprinzip», führte Haffner Ende des Jahres 1960 aus. Doch dieser Eindruck täusche. In Wirklichkeit sei sie «ein Prinzip der Anarchie, das stärkste bekannte

Zersetzungsmittel für Dauerordnungen und feste Einrichtungen. Wenn sie [...] eine momentane Kräftesteigerung bewirkt, dann nach Art jener Drogen, für deren kurze aufpeitschende Wirkung man mit langer Erschöpfung, vielleicht mit Kollaps, bezahlt.»[125]

Genau dem gleichen Schema folgten auch seine Einlassungen zur internationalen Politik, in denen die West-Berlin bedrängenden Sowjets zwar stets als verschlagene und gefährliche, aber keineswegs übermächtige Gegner auftraten, weshalb die demokratischen Staatsmänner ihnen durchaus mit Standhaftigkeit und Härte begegnen konnten und dies sogar ausdrücklich sollten. Von Zugeständnissen jeglicher Art hielt Haffner dagegen überhaupt nichts, gerade nach den katastrophalen Erfahrungen der dreißiger Jahre, an deren beispielhaften Charakter es inzwischen nichts mehr zu zweifeln gab. Als er Mitte Mai 1960, im Vorfeld eines in Paris anberaumten Gipfeltreffens, seinen ersten regulären Artikel für *Die Welt* schrieb, erinnerte Haffner deshalb an die Konferenzen von München und Teheran und kleidete seinen Unmut über den offensichtlichen Mangel an Lernfähigkeit seitens der Demokratien in beißenden Sarkasmus:

> «Keine Gipfelkonferenz ohne ‹letzte territoriale Forderung› des teilnehmenden Diktators! Jedesmal ist seine Haltung dieselbe. Jedesmal sagt er im Effekt: ‹Morgen wollen wir, vielleicht, nein, ganz sicher, zusammen Brüder und Vegetarier sein, aber vorher müßt ihr mir heute noch einmal, ein letztes Mal, ein Stück lebendiges Menschenfleisch zu fressen geben, zum Abgewöhnen und zur Besiegelung unserer Freundschaft. Es handelt sich nur um den Geringsten und Häßlichsten eurer Verbündeten, einen Staat, der nie hätte geschaffen werden sollen, oder um die Beseitigung einer anormalen Situation. Einmal noch Machtpolitik – und zu meinen Gunsten! Einmal noch Unterwerfung – danach für immer Befriedung, Einigkeit, Entspannung!›
>
> Und jedesmal reagiert der Westen mit einem hypnotisierten Blick und einem ängstlich-eiligen Konklave und internen Getuschel, aus dem es etwa so herausklingt: ‹Könnten wir ihm nicht wirklich etwas geben? Irgend etwas? Natürlich nicht alles, was er haben will, natürlich nicht alles ganz direkt, aber doch irgend etwas irgendwie? Es könnte doch sein, daß dann wirklich alles gut wird. Übrigens sind die Tschechen (oder Polen, oder Deutschen) ja wirklich nicht die angenehmsten Zeitgenossen.›»[126]

Völlig haltlos waren diese Vorwürfe nicht. Zwar hat die Kritik, er wandle auf den Spuren Neville Chamberlains, Harold Macmillan, einen einstigen Gegner der Appeasement-Strategie, nie unberührt gelassen, ohne allerdings den konservativen Premierminister auch nur ansatzweise zu einer Revision seines geschmeidigen Kurses bewegen zu können. Neben den verständigungseifrigen Briten erwog jedoch auch der amerikanische Präsident Dwight D. Eisenhower, die alliierten Truppen aus Berlin abzuziehen, und sein demokratischer Nachfolger John F. Kennedy, der seit Anfang des Jahres 1961 im Weißen Haus residierte, weigerte sich zwar beharrlich, die amerikanische Stellung in der ehemaligen Reichshauptstadt zu räumen, war aber zugleich stärker als sein Vorgänger daran interessiert, mit den Sowjets zu einem Ausgleich zu gelangen. Einzig der um die westdeutsche Gefolgschaft buhlende Charles de Gaulle lehnte jegliche Konzessionen gegenüber Moskau oder Ost-Berlin ab.[127]

Dem neuen *Welt*-Mitarbeiter wäre es daher am liebsten gewesen, wenn man ganz auf Verhandlungen über West-Berlin verzichtet hätte, und das nicht nur wegen der notorischen Unzuverlässigkeit einiger Verbündeter, sondern auch, weil er sich sicher war, daß es bei Gesprächen weder etwas zu gewinnen noch zu verlieren gab, mochte der sich mal berserkerhaft, mal kameradschaftlich gerierende Chruschtschow diesen Eindruck auch allzu gern erwecken. Für Haffner hatte das wechselhafte Gebahren des kommunistischen Staatschefs freilich Methode und war Teil einer gezielten «Verwirrungsdiplomatie», mit der Moskau – Atompatt hin, unbedingte Friedenspflicht her – seine ausgreifenden Ambitionen zu verwirklichen gedachte. Als konstruktive Lösungsvorschläge seien die Offerten des Diktators indes nicht anzusehen, und diese Neubewertung des östlichen Hegemons ließ unseren Protagonisten auch ein sowjetisch-amerikanisches Weltkondominium in weite Ferne rücken, ja beinahe war es ihm unbegreiflich, wie man angesichts des unverblümten Machtstrebens des Kremls dergleichen überhaupt ernsthaft in Betracht ziehen konnte.[128]

Haffners erbitterter Kampf galt damals allerdings nicht nur den außenpolitischen Ränken Chruschtschows, sondern auch dem Gesellschaftssystem, das in den Ländern des Ostblocks errichtet worden war. «[W]as ich zum Beispiel gegen den Kommunismus habe», führte er im Oktober 1961 im westdeutschen Fernsehen aus, «ist die Gotteslästerung, die darin liegt», nämlich «der Anspruch, daß man durch irgendwelche materiellen Verbesserungen», gegen die er, wie er versicherte, nichts habe, aber «daß man damit den Menschen zu einer Art Gott macht», das, beteuerte er nach einer kurzen Pause, «das ekelt mich an»[129]. Haffner sprach schnell während seiner Verdammung, beinahe atemlos, mit blitzenden Augen, den kalten Blick direkt in die Kamera gerichtet. Wer ihn aber genauer beobachtete, der konnte bemerken, wie wenig Erregung in seiner hohen Stimme schwang, wie entspannt sich Haffner in seinen Stuhl zurücklehnte und wie er am Ende ein schüchternes Lächeln aufsetzte; und all das verriet dann doch, daß das furiose Verdikt wohl nicht ganz ohne Berechnung zustande gekommen war. Dem imposanten Gesamteindruck tat das Quantum kalkulierter Provokation indes keinen Abbruch; manch einer soll ihn damals sogar «Sebastian der Schreckliche»[130] genannt haben.

In der Tat war Haffner unter den antikommunistischen Hardlinern der bundesdeutschen Presselandschaft einer der grimmigsten. Anscheinend wollte er nicht einmal hinter dem jüdischen Remigranten William S. Schlamm zurückstehen, der damals mit einem Waffengang gegen das verhaßte Reich im Osten liebäugelte. Zwar präsentierte sich Haffner gemeinhin als entschiedener Verfechter der Abschreckungslogik, aber offensichtlich glaubte auch er an die Möglichkeit, daß der Westen aus einem atomaren Schlagabtausch mit der Sowjetunion als Sieger hervorgehen könnte. Die Frage, ob «Krieg (begrenzter oder unbegrenzter Krieg) als Mittel der Politik noch rational anwendbar» sei, wollte er im Januar 1961 zumindest nicht vorschnell beantwortet wissen.[131]

Waren solche verwegenen Gedankenexperimente eine Spezialität radikaler und streitbarer Naturen, so befand sich Haffner doch zumindest grundsätzlich mit der überwältigenden Mehrheit der Westdeutschen im Einklang. Denn der Antikommunismus, seit den Tagen der Weimarer Republik fest im deutschen Bürgertum verankert, hatte im «Dritten Reich» einen wesentlichen Bestandteil der Staatsdoktrin ausgemacht und war dann aufgrund der Erfahrungen des Zweiten Weltkrieges und der daran anschließenden Jahre auch in das geistige Inventar der Bundesrepublik übergegangen, wo nur eine winzige Minderheit, vor allem Vertreter der literarischen und intellektuellen Avantgarde, mit den Staaten des Ostblocks und dem Marxismus sympathisierte.[132]

Die relativ kleine Zahl linker Intellektueller hinderte Haffner jedoch nicht daran, gegen sie mit der gleichen Inbrunst zu polemisieren, die er auch in seinen Tiraden gegen die kommunistischen Herrscher für angebracht hielt. «Was heute die Armen satt macht, ist die Technik, die nach Rechts und Links nicht fragt», wies er etwa am 15. Juli 1961 all jene zurecht, die sich von tiefgreifenden Reformen eine bessere Welt erhofften. «Ein westeuropäischer Arbeiter unserer Zeit», erklärte er, «hat bekanntlich – dank der Technik, nicht dank irgendeiner politischen oder sozialen Revolution – einen höheren Lebensstandard als ein Renaissancefürst, der ja weder Wasserklosett noch Aspirin, weder schmerzfreie Operation noch

Fernsehen, weder Tiefkühlkost noch auch nur einen lumpigen Motorroller zur Verfügung hatte.» Selbstverständlich kostete Haffner auch den Triumph aus, daß die Arbeiter in den kapitalitischen Demokratien des Westens ein viel angenehmeres Leben führen könnten als das angeblich regierende Proletariat in den Ländern des Ostblocks; und als wäre das nicht genug, hängte er den Kritikern der Bundesrepublik noch eine unliebsame Geistesverwandtschaft an, und zwar ausgerechnet mit jenen Kräften, die den Aufbegehrenden am meisten verhaßt waren:

> «Wenn ich mir die linken Studenten und jungen Literaten ansehe, die sich heute so massenhaft und bereitwillig über die Sünden ihrer Väter entrüsten (ohne eine Ahnung von den Konflikten und Versuchungen, in die auch anständige Leute damals geraten konnten), dann fühle ich mich unwillkürlich an meine eigenen Altersgenossen erinnert, die jungen Leute von vor dreißig Jahren, die damals, voll ähnlich leichterregter Entrüstung, scharenweise in die SA gingen. Dieselben unkritischen jungen Gesichter, dieselbe naive Unbescheidenheit und Überheblichkeit, dieselbe Bereitschaft sich als Weltenrichter aufzuspielen; vor allem dieselbe etwas subalterne Unfähigkeit, das Böse auch dann zu bemerken, wenn es sich auf der eigenen Seite und in der eigenen Sache einschleicht.»[133]

Die englische Neue Linke blieb gleichfalls nicht von seinen Invektiven verschont, und das keineswegs nur, weil die britischen Ostermarschierer und die *angry young men*, wie sozialkritische Künstler vom Schlag eines John Osborne oder Harold Pinter genannt wurden, ganz ähnliche Vorbehalte gegen die Bundesrepublik hegten wie das Fähnlein der Grundunzufriedenen in Westdeutschland. Auch in einer anderen Angelegenheit herrschte Zwietracht zwischen Haffner und den progressiven Kreisen auf der Insel, und das war die Dekolonisation.[134] Bereits Mitte Februar 1960 wies Haffer in *Christ und Welt* auf die Gefahr hin, daß die bevorstehende Emanzipation etlicher Kolonien aus dem afrikanischen Kontinent eine große Krisenregion nach Art des Balkans machen könnte. Und würde es, so sein Einwand einige Wochen später, überhaupt möglich sein, die widerstreitenden Interessen der einstigen Kolonisatoren und der indigenen Bevölkerung dauerhaft auszutarieren?[135] Letztlich aber war es das dem ganzen Vorgang zugrundeliegende Verhaltensmuster von Rückzug, Machtverlust und Abdankung, das dem Machiavellisten in ihm nicht gepaßt hat, und so kam Anfang des Jahres 1961 die Sowjetunion in den seltenen Genuß, von Haffner gelobt zu werden, weil sie «als einzige der großen weißen Kolonialmächte die Unabhängigkeitsbewegung der Kolonialvölker bisher glatt unterlaufen» habe. Zugleich verschaffte er sich mit seiner Polemik gegen die «große dynamische Weltbewegung und Weltmode der zweiten Nachkriegszeit» die Genugtuung, nun einmal seinerseits gegen ein Lieblingsprojekt der Londoner Kollegen zu Felde zu ziehen, wenn auch auf fremdem Terrain. Schließlich gehörten David Astor und seine Redakteure zu den ersten und, als Mitglieder des Establishments, auch zu den einflußreichsten Verfechtern eines freien Afrika in Großbritannien.[136]

Und dennoch: Trotz seines leidenschaftlichen Antikommunismus, trotz seines Eintretens für eine fortgesetzte Kolonialherrschaft in Afrika und obwohl er damals in *Christ und Welt* ganz gegen seine sonstige Einstellung über den sonntäglichen «Dauerjahrmarkt mit seinen fröhlich-vulgären Harmlosigkeiten, seinen Bedenklichkeiten und seinen Greueln» und mit seinen «entleerten Kirchen» geklagt hat, wehrte sich Haffner energisch dagegen, als konservativ eingestuft zu werden. «Ich bin weder Nazi noch exkommunistischer Renegat noch schwarzer Katholik noch deutscher Parteipolitiker irgendwelcher *couleur*. Ich bin nicht einmal Analphabet», führte er sich im Januar 1961, zu Beginn eines launigen Essays, ein, und in einem anderen Beitrag machte Haffner darauf aufmerksam, daß sich über den Grabenkämpfen des Kalten Krieges die politischen Maßstäbe verschoben hätten, daß nämlich

> «die immer noch fortschreitende liberale, bürgerlich-individualistische und nationalistische Revolution von 1776 und 1789 ihren alten Gegner, den autoritären Macht- und Zwangsstaat, heute plötzlich nicht mehr rechts, sondern links von sich vorfindet, daß dieser Gegner sozusagen die Rochade vollzogen hat und, als Kommunismus und Sozialismus auftretend, der freiheitlichen, humanistisch-optimistischen ‹Linken› heute ihr altes Revolutionspathos zu stehlen, sie in die Rolle einer konservativ-ängstlichen ‹Rechten› zu drängen sucht.»[137]

Wenn es in der Tat schwerfällt, Haffner einen festen Platz im Parteienspektrum der frühen sechziger Jahre zuzuweisen, dann liegt das allerdings weniger an den beschriebenen Verschiebungen im politischen System als an einigen seiner Standpunkte, die sich nur schwerlich in sein damaliges Weltbild einfügen lassen. Das gilt insbesondere für Haffners Haltung in der Kanzlerfrage. Denn Nachfolger des hochbetagten Adenauer sollte seines Erachtens nicht der überaus populäre Wirtschaftsminister Ludwig Erhard werden, der gemeinhin als erster Anwärter auf das hohe Amt gehandelt wurde, und den der *Observer*-Korrespondent einmal als «the lucky mascot»[138] der Bundesregierung bezeichnet hat, und auch nicht irgendein hochrangiger Unionspolitiker, sondern der Sozialdemokrat Willy Brandt.

Vor dem Hintergrund seiner sonstigen Ansichten war das zweiffellos eine ungewöhnliche Präferenz, die allerdings (und durchaus typisch für Haffner) in erster Linie auf einem altmodischen Persönlichkeitskult beruhte. Denn wenn er die christdemokratische Führungsriege durchging, besaß nach seinem Dafürhalten keiner der möglichen Kronprinzen, von Verteidigungsminister Franz Josef Strauß einmal abgesehen, das Format und das Charisma des Amtsinhabers. Da sich Haffner jedoch auch für den cholerischen Bayern nicht aussprechen wollte, blieb als einziger westdeutscher Politiker «von – zumindest potentiell – demselben Rang und derselben Klasse wie Dr. Adenauer» nur der Regierende Bürgermeister von Berlin übrig.[139]

Weitere Motive kamen hinzu. Ein Sieg bei den Bundestagswahlen 1961 sollte die Sozialdemokraten für ihre programmatische Annäherung an die innen- und außenpolitische Verortung der Bundesrepublik belohnen und zudem fand Haffner, daß es im Interesse des «politischen Organismus» sei, wenn die Opposition einmal an die Regierung komme. Schließlich dürfte bei seinem Eintreten für Brandt auch ein gerüttelt Maß Lokalpatriotismus im Spiel gewesen sein. Denn der junge, dynamische und sympathisch wirkende Regierende Bürgermeister, der sich im Herbst 1958 entschieden gegen die sowjetischen Forderungen verwahrt und bei den kurz darauf stattfindenden Wahlen zum Abgeordnetenhaus die absolute Mehrheit errungen hatte, war in kürzester Zeit zur wichtigsten Symbolfigur des Berliner Freiheitswillens geworden. Sein kometengleicher Aufstieg weckte in Haffner die schönsten Hoffnungen. Sollte Brandt bei den Bundestagswahlen im September 1961 den Sieg davontragen, mußte der Sozialdemokrat seiner Meinung nach auch Regierender Bürgermeister bleiben, damit Berlin zumindest eine Art Nebenhauptstadt werden könne.[140]

Zwar hat auch Axel Springer über die Berichterstattung seiner Zeitungen den Aufstieg Brandts zu einer bundespolitischen Größe maßgeblich befördert, aber für die konservative Klientel von *Christ und Welt*, wo Haffners unumwundenen Sympathiebekundungen bezeichnenderweise besonders häufig anzutreffen waren, muß seine Parteinahme eine gehörige Provokation bedeutet haben. Das «Bekenntnis von Herrn Sebastian Haffner [...] zu Willy Brandt» habe ihn sehr irritiert, beklagte sich ein Leser am 24. Februar 1961, da es «so außerhalb der sonstigen Linie» der Sonntagszeitung liege, «daß es doch wohl besser wäre», in Zukunft «ein derartiges Schwimmen gegen den Strom nicht zuzulassen».[141]

Dennoch sollte sich Haffner nur zwei Wochen später erneut den Unmut der *Christ und Welt*-Gemeinde zuziehen, diesmal allerdings mit seinen Ansichten zu den deutschen Ostgebieten. Während die Bundesrepublik offiziell nicht nur die Vereinigung mit der DDR anstrebte, sondern auch die Rückgabe jener Landstriche östlich von Oder und Neiße, die 1937 zum Deutschen Reich gehört hatten,[142] plädierte Haffner Anfang März 1961 dafür, daß Bonn vom zweiten Teil dieser Forderung zurücktreten solle. Eine ganze Staffette einleuchtender Argumente wußte er hierfür aufzubieten. Ein Wiedererwerb Schlesiens und der anderen preußischen Provinzen, erläuterte er, könne, wenn überhaupt, nur im Einvernehmen mit der Sowjetunion gelingen, würde dann jedoch voraussichtlich am Veto der westlichen Alliierten scheitern. Vor allem aber sollte eine Verzichtserklärung die Chancen für die Wiedervereinigung erhöhen. Schließlich würde ein geeintes Deutschland mit einer strittigen Ostgrenze automatisch zu einem internationalen Krisenherd werden, was keine Siegermacht akzeptieren könne, und zudem erwartete Haffner, daß eine Geste der Kompromißbereitschaft sich günstig auf das internationale Ansehen der Bundesrepublik auswirken werde, gerade bei den verständigungsversessenen Angelsachsen. «Die Propaganda der Vertriebenenverbände, obwohl sie wahrscheinlich gar nicht anders ist, als sie immer war, klingt plötzlich in der ganzen Welt sehr laut und auffällig – so wie ein falscher Ton, den jemand in einem Orchester bläst, eben sehr laut und auffällig klingt», verdeutlichte Haffner diesen Punkt. «Was hilft es, dagegen vorzubringen, daß es ja derselbe Ton ist, den man, ohne Anstoß zu erregen, seit Jahr und Tag gespielt hat? Das Orchester spielt eben jetzt ein anderes Stück.» Doch alle Anschaulichkeit und alle Sachlichkeit waren vergebens. Sämtliche der von *Christ und Welt* veröffentlichten Leserbriefe, darunter Stellungnahmen des Vertriebenenfunktionärs Herbert Hupka und des französischen Militärexperten Ferdinand Otto Miksche, verurteilten Haffners Ansinnen; nur der Grad der Empörung variierte.[143]

Bruch mit dem Observer

Wenig später sollten allerdings wieder die Berliner Angelegenheiten in den Mittelpunkt des öffentlichen Interesses rücken. Während des Gipfeltreffens, das Nikita Chruschtschow und der seit kurzem die Vereinigten Staaten regierende John F. Kennedy am 3. und 4. Juni 1961 in Wien abgehalten hatten, waren die Positionen der beiden Supermächte unvermittelt und für jedermann ersichtlich aufeinandergeprallt. Der kommunistische Staatschef hatte seine Entschlossenheit bekundet, bis zum Jahresende einen Friedensvertrag abschließen zu wollen, notfalls auch nur mit der DDR, der dann alle sowjetischen Ansprüche einschließlich der Zugangsrechte nach West-Berlin überschrieben werden sollten. Der demokratische Präsident hatte hingegen erklärt, daß er einen Rückzug aus der alten Reichshauptstadt nicht akzeptieren könne, und daher, falls den Amerikanern ihre Anwesenheit in Berlin streitig gemacht werde, ein Krieg unvermeidlich sei.[144]

Gemäß der Einsicht, daß die Diplomatie im Zeitalter des Atompatts nicht mehr nur eine «Alternative zum Krieg» darstelle, sondern auch «als eine Art Ersatz für Krieg» angesehen werden müsse, empfahl Haffner den Westmächten, nun selbst in die Offensive zu gehen und den Sowjets ihrerseits einen Friedensvertrag zu unterbreiten. Die Vorteile eines solchen Vorgehens hat er in einem fünfseitigen Memorandum erläutert, das unmittelbar nach der unbefriedigenden Wiener Veranstaltung entstanden sein muß. Es komme darauf an, erklärte Haffner in dem wie immer sehr schlüssig aufgebauten Manuskript, eine Lösung der deutschen Frage zu finden, «die mehr Sinn ergibt als diejenige, die die Sowjets vorschlagen», um so letztlich «die Last des Friedensbruchs in Deutschland» der Gegenpartei zuschieben zu können. Konkret schwebte Haffner eine internationale Konferenz in Berlin vor, an der alle Staaten, die zu der Koalition gegen das «Dritte Reich» gehört hatten, teilnehmen sollten.[145]

Axel Springer verschaffte den Überlegungen seines Kolumnisten ein großes Publikum. Der rührige Verleger, der gern persönlich an politische Entscheidungsträger herantrat, ließ das Memorandum an Mitglieder des amerikanischen Senats verschicken, und daneben sorgte *Die Welt* dafür, daß die Idee eines Friedenskongresses öffentlich diskutiert wurde. «Brandt: Konferenz mit 52 früheren Weltkriegsmächten erwägenswert», titelte die Zeitung am 8. Juli 1961, vier Tage nachdem Haffner seinen Plan den Lesern des Blattes erläutert hatte. Da, wie erwähnt, Bundestagswahlen anstanden, ließ die Replik aus dem Regierungslager nicht lange auf sich warten. «Adenauer: Abrüstung wichtiger als ein Friedensvertrag. [...] Gegen ‹Super-Friedenskonferenz›»lautete denn auch der Aufmacher zwei Tage später, und damit war das Thema erst einmal erledigt.[146]

Ganz anders gestaltete sich Haffners Verhältnis zu seinem Hauptarbeitgeber. Mit der Eskalation der Krise um die ehemalige Reichshauptstadt verhärteten sich auch die Gegensätze zwischen der Redaktion und dem Deutschland-Korrespondenten, und im *Observer* vom 9. Juli 1961 sind die unterschiedlichen Ansichten wieder einmal ganz unmittelbar aufeinandergetroffen. Haffner schilderte in einem Bericht die angespannte Lage in Ostdeutschland und umwarb seine englischen Leser mit Durchhalteparolen, während ein anonym gebliebener Redakteur die Meinung vertrat, daß es angesichts der Gefahr eines Atomkrieges dringend geboten sei, «als Gegenleistung für ein Berlin-Abkommen über die Anerkennung der DDR zu verhandeln [...] Wir könnten dann für die Freiheit West-Berlins einstehen von einer Position, die politisch wie moralisch unanfechtbar wäre», argumentierte der unbekannte Kommentator, «und zudem würde der Weltfrieden auf einer sehr viel sicheren Grundlage stehen.»[147]

Haffner muß über diese Ansichten regelrecht entsetzt gewesen sein. Chruschtschow, so hat er wiederholt in deutschen Zeitungen ausgeführt, gehe es doch nur am Rande um Berlin; in erster Linie strebe der Kremlchef eine völkerrechtliche Anerkennung der DDR und letztlich eine Bestätigung der nach dem Zweiten Weltkrieg geschaffenen Machtverhältnisse an. «Sie wollen also das Huhn schlachten, um das Ei zu retten, und sie kommen sich dabei noch wunder wie klug vor», hatte sich Haffner deshalb schon am 4. Juli 1961 über jene Kräfte in Großbritannien und den USA aufgehalten, die, genau wie seine Londoner Kollegen, für eine Anerkennung des SED-Regimes plädierten, um die Freiheit West-Berlins verteidigen zu können.[148]

Ende Juli 1961 zog er aus den fortwährenden Querelen die Konsequenzen und kündigte seine Stellung beim *Observer*. Anlaß für den Bruch nach beinahe zwanzigjähriger Zusammenarbeit war ein Leitartikel von Robert Stephens, dem «Diplomatic Correspondent», der am 30. Juli noch einmal den Standpunkt der britischen Sonntagszeitung in der Berlin-Frage dargelegt hatte. Um die leidige Krise dauerhaft zu entschärfen, schienen ihm eine Garantie der Oder-Neiße-Grenze, die Einrichtung einer demilitarisierten Zone in Mitteleuropa, die Begrenzung der Streitkräfte in der alten Reichshauptstadt und ein Berlin-Abkommen, an dem auch die DDR teilhaben solle, ein angemessener Preis zu sein. Haffner sah das bekanntermaßen ganz anders. Am nächsten Tag, dem 31. Juli 1961, teilte er deshalb in einem knappen Schreiben dem Chefredakteur und Besitzer des *Observer* sein Ausscheiden aus der Zeitung mit und rechnete vor, daß die dreimonatige Kündigungsfrist aufgrund des Urlaubs, der ihm noch zustehe, weitgehend hinfällig werde. Abschließend unterzeichnete er kühl mit Raimund Pretzel.[149]

David Astor fand dagegen sehr verbindliche Worte, als er Anfang September, nach seiner Rückkehr aus dem Sommerurlaub, auf die Kündigung reagierte. Er hoffe, bemerkte der Chefredakteur, daß ihre persönliche Beziehung von den politischen Meinungsverschiedenheiten so weit wie möglich unberührt bleibe, und er stellte es Haffner anheim, gelegentlich Beiträge für den *Observer* zu schreiben. Abschließend versicherte er ihm, daß «ich Dir immer sehr dankbar sein werde für Deine Freundschaft + die vielen großen Dienste für diese Zeitung. Und ich werde niemals an meiner Arbeit so großen Gefallen finden wie auf dem Höhepunkt Deiner Karriere.» Ähnlich hatte sich zuvor bereits das Redaktionsmitglied John Pringle geäußert. «Was auch immer geschieht, ich hoffe, daß es nicht unsere Freundschaft beendet», hatte er Haffner am 2. August 1961 wissen lassen und beteuert: «Es gibt niemanden beim ‹Observer›, der nicht dasselbe sagen würde.»[150]

Für Haffner war der Bruch jedoch irreparabel und die Verstimmung endgültig. Noch mehr als ein Vierteljahrhundert später konnte er sich nicht enthalten, Astor darauf hinzuweisen, daß «wir nicht als Freunde auseinandergegangen sind», und auch Joachim Fest, der sich in den neunziger Jahren bemüht haben will, den Kontakt zwischen den beiden, mittlerweile hochbetagten Herren wiederherzustellen, muß bei Haffner auf eine Mauer aus Schweigen und Ablehnung gestoßen sein. Was die Ursache für den tiefen Groll bildete, blieb den anderen Beteiligten indes schleierhaft.[151]

Dabei entsprach sein unversöhnliches Verhalten einem lebenslang befolgten Muster. Das Zerwürfnis mit David Astor war zwar in gewisser Weise einzigartig, aber nur, weil sie sich eine Zeitlang außergewöhnlich nahegestanden hatten und Haffner dem Briten manches verdankte. Als Vorgang an sich stellte der drastische Bruch jedoch durchaus keinen Einzelfall dar. Mehr als einmal nahm Haffner politische Divergenzen zum Anlaß, um eine Bekanntschaft oder Freundschaft abrupt zu beenden. Erich Müller-Gangloff hat diese leidige Erfahrung gemacht, und Joachim Fest mußte nach eigener Aussage in den sechziger und frühen siebziger Jahren ebenfalls aufpassen, daß die scharfen Meinungsverschiedenheiten, die sie damals trennten, nicht auf ihr persönliches Verhältnis abfärbten.[152]

Das menschliche Rüstzeug, um über eine Verletzung leicht hinweggehen zu können, fehlte Haffner. «Ich bewundere zutiefst Dein schnelles Einlenken und Deine Wärme und Menschlichkeit, die ich so wenig erwidern kann», hatte er David Astor schon im Mai 1953 wissen lassen, als ihre Beziehung erstmals durch massive Unstimmigkeiten getrübt wurde und

Haffner sogar eingeräumt hatte, «daß ich, in einem bestimmten Licht und aus einem bestimmten Blickwinkel betrachtet, ein unhöflicher, anmaßender, dickfelliger und kaltherziger Preuße bin».[153] Darüber hinaus sind im Fall Astor die erlittenen Enttäuschungen durch die beruflichen Implikationen potenziert worden. «Ich habe mich mit dem ‹Observer› überworfen, und das verfolgt mich heute noch manchmal im Traum. Dem habe ich sehr angehangen», hat Haffner Ende der achtziger Jahre einmal gesprächsweise bekannt und dann bemerkenswert freimütig hinzugefügt: «David Astor war eine Weile jemand, den zu beeinflussen mir ein Herzensanliegen war. Als es mir nicht mehr gelang, war ich eines großen Teils meines Lebensinhalts beraubt.»[154]

Ihn habe «die Politik gepeinigt und befeuert [...] wie nichts», hat Christa Rotzoll einmal über Sebastian Haffner geäußert, und die turbulenten Ereignisse des Sommers 1961 scheinen den Befund seiner zweiten Frau zu bestätigen.[155] Dennoch blieb Haffner ein Mann der tiefen und unüberbrückbaren Gegensätze, nicht nur in seinen politischen Ansichten, sondern auch seinem Wesen nach. Der schalkhafte Widerspruchsgeist, der in vielen seiner Kommentare aufflackert, läßt sich kaum mit dem keine Konsequenz scheuenden Ernst seiner politischen Einschätzungen vereinbaren, und umgekehrt kontrastiert die Leidenschaftlichkeit seiner Einlassungen scharf mit der distanzierten Kühle, die er im persönlichen Umgang walten lassen konnte.

Die heißblütige Seite seines Temperaments trat dann, ganz wie es der Charakterisierung durch seine zweite Frau entsprach, wieder in den Vordergrund, als am 13. August 1961, exakt zwei Wochen nach seiner Kündigung, Kampfgruppen der SED, Einheiten der Volkspolizei und Verbände der Nationalen Volksarmee die Sektorengrenze zwischen Ost- und West-Berlin mit Stacheldraht abriegelten und in den folgenden Wochen die Teilung der Stadt durch den Bau einer Mauer zementiert wurde. Obwohl der Eingriff, der vorerst den Fortbestand der DDR sicherte, gegen den Viermächtestatus und gegen die 1949 noch einmal bestätigte Freizügigkeit des innerstädtischen Verkehrs verstieß, beließen es die westlichen Alliierten bei lauen Protesten gegen diesen Schritt, sehr zur verzweifelten Empörung der meisten West-Berliner. Die aufgebrachte Bevölkerung befürchtete weitere Maßnahmen Chruschtschows und Ulbrichts, vielen, darunter auch dem Regierenden Bürgermeister Willy Brandt, kamen Erinnerungen an die Appeasement-Politik der dreißiger Jahre, und Axel Springer machte sich einmal mehr zum Lautsprecher der Berliner Stimmung, wenn er seine *Bild*-Zeitung titeln ließ:

«Der Westen tut *Nichts*!
Präsident Kennedy schweigt ...
Macmillan geht auf die Jagd ...
... und Adenauer schimpft auf Willy Brandt»[156].

Passend zu der legendären Schlagzeile hatte Haffner bereits tags zuvor, am 15. August 1961, in der *Welt* ein unheilvolles weltpolitisches Panorama entworfen. Mit spürbarer Erleichterung, entrüstete er sich, habe die Regierung in Washington der Absperrungsmaßnahme zugesehen, und das stimmte auch. Genaugenommen hatte Kennedy sogar bereits im vorhinein indirekt sein Einverständnis mit einer Abriegelung des östlichen Stadtteils signalisiert, als er Ende Juli 1961 öffentlich erklärte, daß die Amerikaner lediglich gegen Veränderungen der West-Berliner Verhältnisse einschreiten würden, weshalb für aufmerksame Beobachter der Mauerbau keineswegs ein völlig unerwartetes Ereignis darstellte.[157] Haffners Diagnose lautete indes auf Verrat und veranlaßte ihn zu einigen düsteren Mutmaßungen. Enttäuscht über die Untreue der Alliierten – Haffner reduzierte nun das westdeutsche Kalkül beim Abschluß der Pariser Verträge ausschließlich auf die Erlangung der nationalen Einheit –, würde sich die Bundesregierung womöglich von der NATO abwenden und versuchen, die Wiedervereinigung im Einvernehmen mit der Sowjetunion zu erreichen. Zudem spekulierte er, daß Chruschtschow und Ulbricht, ermutigt durch den unerwartet leichten Erfolg vom 13. August, zu weiteren Coups dieser Art ermuntert worden seien und deshalb auch das Kriegsrisiko erheblich zugenommen habe. Denn «[a]lle Großmachtpolitik» beruhe darauf, «daß jeder seine Rechte und seinen Vorteil an jedem strittigen Punkt bis aufs äußerste wahrnimmt», setzte er den Lesern der *Welt* auseinander. «Wenn aber eine Großmacht plötzlich hier, da und dort ihre Rechte und Interessen um des lieben Friedens willen preiszugeben beginnt, [...] dann zerstört sie die einzige Grundlage, auf der in dieser harten und unvollkommenen Welt Frieden möglich ist. Der Gegner wird unwiderstehlich verführt, die weichende Macht weiter und weiter zu drängen, bis dorthin, wo schließlich weiterer Rückzug unmöglich und Widerstand und Krieg unvermeidlich wird.»[158]

Ende August, als sich die westdeutsche Bevölkerung allmählich beruhigte,[159] hat Haffner seine grenzenlose Empörung auch der britischen Öffentlichkeit mitgeteilt. «Deutschland, Rußland und der Westen» war seine Abrechnung mit der angelsächsischen Berlin-Politik überschrieben, die in der Oktobernummer des englischen Magazins *Encounter* erschien und mit einem cartoonartigen Dialog begann:

> «*Chruschtschow* (*plötzlich*): Gebt mir Berlin!
> *Die westlichen Alliierten*: Nein, nein! Niemals.
> *Chruschtschow*: In Ordnung, dann gebt mir Deutschland.
> *Die Alliierten* (*verblüfft, zögernd, ein wenig stotternd*): Hm, Hmm ... in Ordnung.»

In diesem polemischen Tonfall hat Haffner sodann noch einmal die vielfach erprobten Argumente der vergangenen Wochen und Monate ins Feld geführt. Er begründete, warum ein deutsch-sowjetisches Zusammengehen nunmehr unausweichlich sei, und natürlich durften einige spektakuläre Querverweise auf das Münchner Abkommen nicht fehlen. Weil die Regierung in Washington sich dazu bereit erklärt hatte, Aktionen, die von der SED-Führung als Provokation aufgefaßt würden, zu unterbinden, verstieg er sich dazu, die amerikanischen Besatzungstruppen als potentielle «Gefängniswärter ‹West Berlins›» zu bezeichnen. Aber am schlechtesten kam doch, auch dies keine Überraschung, die englische Presse weg. «Die erhabensten Organe unserer öffentlichen Meinung», und dazu zählte er gewiß auch den *Observer*, «benehmen sich trotz all ihrer langerprobten Routiniertheit und ihres gesunden Menschenverstandes in diesem Sommer 1961 nicht wie vernünftige Menschen im Vollbesitz ihrer Urteilskraft. Sie erinnern den Leser vielmehr an einen zu Tode erschrockenen Mann, der genau in das hineinrennt, wovor er eigentlich davonlaufen wollte».[160]

Daß die derart Attackierten Haffners «Wutausbruch» nicht kommentarlos hinnehmen würden, war zu erwarten. Ende September, Anfang Oktober 1961 bezogen *The Economist* und *The Sunday Times* zu den geharnischten Thesen ausführlich Stellung, die *Neue Zürcher Zeitung* und *Le Figaro* berichteten über die Kontroverse in der britischen Presse, und sogar in Downing Street Nr. 10 hielt man es für nötig, sich mit seinen Vorwürfen auseinanderzusetzen. «[O]bwohl Mr. Haffner offensichtlich seine Sache übertreibt, präsentiert er ein starkes Argument und bringt, vermute ich, einen Großteil der Überlegungen vor, die zur Zeit in Präsident de Gaulle's Kopf vorgehen», bemerkte der Privatsekretär des britischen Premierministers in einem geheimen Memorandum, das er, zusammen mit dem *Encounter*-Artikel, Harold Macmillan Anfang November 1961 vorgelegt hat.[161]

«Die Argumentation gegen eine irgendwiegeartete Anerkennung der DDR – die von Mr. Sebastian Haffner in der aktuellen Ausgabe des

Encounter höchst geschickt dargelegt wird – kann nicht ohne weiteres abgetan werden», räumte auch der besonnene Kommentator des *Economist* ein, machte aber zugleich zwei berechtigte Einwände gegen die alarmistischen Einschätzungen seines Kollegen geltend. Selbst eine mögliche Anerkennung der DDR bedeute nicht, meinte der unbekannt gebliebene Verfasser, daß die Westmächte vom Ziel der Wiedervereinigung abrücken würden, vielmehr gehe es darum, eine andere Methode anzuwenden, nachdem der Versuch, den Kollaps des sowjetischen Satellitenstaates durch internationale Ächtung herbeizuführen, gescheitert sei. Außerdem, gab er zu Bedenken, habe man in Bonn die Westanbindung immer auch und vor allem unter wirtschaftlichen und sicherheitspolitischen Gesichtspunkten betrachtet, nicht nur als bloßes Vehikel, um die nationale Einheit zurückzugewinnen. «Es ist schwer zu glauben», schlußfolgerte Haffners Kritiker deshalb, «daß die deutschen Geschäftsleute und Politiker diese Vorteile aufgeben werden, um statt dessen in einem Wutanfall eine gefährliche Verpflichtung gegenüber Rußland einzugehen.»[162]

Zeitgleich, während sich Haffner zum Ende seiner britischen Karriere noch einmal ein Maximum an öffentlicher Aufmerksamkeit verschaffte, stieg er auch in der Bundesrepublik und in West-Berlin zu einer journalistischen Berühmtheit auf. Freilich nicht mit einem Mal. Bereits im April 1960 hatte Giselher Wirsing, der Chefredakteur von *Christ und Welt*, Haffner mitgeteilt, daß zu der vor kurzem erschienenen Sonderausgabe über die DDR außerordentlich viele Leserbriefe eingegangen seien, darunter auch solche von Ministern, und daß in manchen dieser Schreiben Haffners Beitrag ausdrücklich gewürdigt werde. Dem Bundeskanzler sollte er ebenfalls bald auffallen, und Egon Bahr, damals Pressesprecher des Berliner Senats, gratulierte Haffner im November 1960 zu einem «Meisterstück des politischen Journalismus».[163] Hans Paeschke überschlug sich schließlich geradezu, als er im Dezember 1960 dem *Observer*-Korrespondenten huldigte: «Woche um Woche bringt ‹Christ und Welt› Ihre Berichte, mit denen Sie, soweit ich sehe, als einziger in Deutschland den so bedrückenden Ring des Schweigens, der Verlegenheiten und des tendenziösen Verredens, den wir um die Zone gelegt haben, durchbrechen. Das ist, so wie die Dinge liegen, mehr als ein nur journalistisches, es ist ein nationales Verdienst.» Ganz ohne Hintergedanken dürfte der Herausgeber des *Merkur* das pathetische Lob allerdings nicht gespendet haben, legte er es doch darauf an, Haffner als Autor für seine Zeitschrift zu gewinnen.[164]

Die dramatischen Ereignisse vom Sommer 1961 bescherten ihm dann einen zusätzlichen Publicityschub. Axel Springer hielt es am 15. August für geboten, den Bundeskanzler, Außenminister Heinrich von Brentano, Verteidigungsminister Franz Josef Strauß, den amerikanischen Botschafter Walter C. Dowling sowie weitere maßgebliche Politiker auf Haffners Kassandrarufe in der *Welt* hinzuweisen, da sie «nur der sehr vorsichtige und indirekte Ausdruck einer starken Unruhe» seien, «die sich in weiten Bevölkerungsteilen auszubreiten beginnt», wie es gleichlautend in den Telegrammen an die einzelnen Politiker hieß.[165] Als wenig später seine Kündigung vom *Observer* bekannt wurde, zollten ihm Willy Brandt und Axel Springer Respekt. «Ihr Bekenntnis zu Grundsätzen, die jenseits möglicher politischer Überzeugungen und Bindungen in Berlin seit Jahr und Tag zum Maßstab des Wollens geworden sind, hat in dem Kreis derer, die Sie als Schriftsteller und Kommentator zu schätzen wissen, ein vielfaches Echo gefunden. Als Regierender Bürgermeister dieser Stadt möchte ich Sie wissen lassen, daß sie mich zu diesem Kreis zählen dürfen»[166], formulierte Brandt, während der Verleger sich an das Jahr 1933 erinnert fühlte und dem freigewordenen Journalisten eine erweiterte Zusammenarbeit anbot, die bald darauf auch zustande kommen sollte. Ab Oktober war Haffner allwöchentlich, nicht mehr nur vierzehntäglich, mit einer Kolumne in der *Welt* vertreten. Ende des Jahres 1961 fühlte er sich sogar schon wieder überlastet, so gefragt war er offensichtlich; und in der Tat legte selbst Bundespräsident Heinrich Lübke Wert auf seine Gesellschaft, als er vier Monate nach dem Mauerbau einige ausgewählte Publizisten zu einem zwanglosen Meinungsaustausch empfing.[167]

Es wäre jedoch falsch, aus dieser Erfolgsgeschichte zu schließen, Haffner sei allein der Karriere wegen in der Bundesrepublik geblieben. Gewiß, einstweilen mochte er für ein breites Publikum als Engländer figurieren. Werner Höfer etwa redete ihn als «Mr. Haffner» an, und auch *Die Welt* stellte ihn bis weit in den Sommer 1962 hinein als britischen Journalisten vor.[168] Das Foto, das seine Kolumnen in der als angelsächsisch geltenden Tageszeitung begleitete, unterstrich diesen Eindruck noch, zeigte es doch einen Herrn im schwarzen Dinnerjacket, eine wuchtige Fliege quillt aus dem weißen Hemdkragen, während die beiden ernst dreinblickenden Augen zusammen mit dem schnurgeraden Mund und dem streng zurückgekämmten Haar den Betrachter unmißverständlich auf die schreckliche Tragik der Weltpolitik vorbereiten, die ihn in dem nebenstehenden Artikel erwartet. Gelegentlich unterliefen ihm in den ersten Jahren auch merkwürdige Anglizismen, wie «epitomisieren» oder «impressiv», und schließlich

DIE WELT - Nr. 176 - Seite 3

Größerer Spielraum

Von SEBASTIAN HAFFNER

Der Berliner Korrespondent der britischen Zeitschrift „Observer", der an dieser Stelle alle zwei Wochen seine persönliche Meinung wiedergibt, zieht heute die Folgerungen aus Kennedys Rede vom letzten Mittwoch.

Vor Kennedys Rede konnte man oft hören – und bei Leuten, die die Rede nicht genau gelesen haben, kann man es auch jetzt noch hören –, daß die einzige Alternative in Berlin Kapitulation oder Atomkrieg sei. Auch jetzt sind diese beiden Möglichkeiten nicht etwa völlig ausgeräumt. Als extreme Möglichkeiten existieren sie nach wie vor. Und wenn es nach der englischen Beschwichtigungspresse gehen sollte, würden wir eine Kapitulation, wenn es nach einer Kombination

beschränkten Konventionalkrieges sogar unter Umständen etwas ausgesprochen Verlockendes haben. (Was noch nicht heißt, daß sie ihn unbedingt gewinnen müßten.)

Zweitens: Die Hauptlast der künftigen konventionellen Verstärkung des Westens in Europa wird unvermeidlich auf Deutschland fallen, weil Deutschland an Ort und Stelle liegt, und übrigens auch, weil es bei jeder bewaffneten Auseinandersetzung in Europa in erster Linie um Deutschlands eigene Sache gehen würde. Außerdem sind einem amerikanisch-russischen Wettaufmarsch in den beiden Teilen Deutschlands in Friedenszeiten viel engere Grenzen gesetzt als einer direkten deutschen Rüstungs- und Mannschaftsverstärkung. Mit dieser Verstärkung würde freilich auch das Gewicht Deutschlands in der westlichen Allianz wachsen.

Hier klafft nun einstweilen ein gewisser Widerspruch, denn mit der zugleich von Kennedy angebotenen Be-

Abb. 26 Auch die Art, wie Haffner den Lesern der Welt *vorgestellt wurde, trug dazu bei, daß der gebürtige Berliner lange Zeit vielen Bundesbürgern als Engländer galt. Noch im Oktober 1961 fand es ein Leser höchst erstaunlich, daß der vermeintlich britische Journalist sehr viel patriotischere Positionen vertrat als die meisten Deutschen.*

war auch die ganze Art seiner Kolumnen, die in den nächsten anderthalb Jahrzehnten unverkennbar auf die Provokation der Leser abzielen sollten, eigentlich eine englische Spezialität.[169]

Dennoch waren die Voraussetzung für eine auch innerliche Wiederannäherung Haffners an das Land, aus dem er stammte, überaus günstig. Der wilden Abneigung, die in ihm die britische Politik und öffentliche Meinung entfachten, stand schließlich der völlige Gleichklang namentlich mit den Berliner Empfindungen gegenüber. Den Mauerbau hat er offenkundig nicht wie ein unbeteiligter ausländischer Beobachter erlebt und auch nicht wie der demonstrative Gleichgültigkeit zur Schau stellende

Adenauer, sondern geradeso wie die meisten Bürger der krisengeschüttelten Metropole, die Haffner erst wenige Wochen zuvor zur «Hauptstadt unserer Epoche»[170] ausgerufen hatte. Zudem ließ er eine erstaunliche Anteilnahme am Schicksal der DDR-Bevölkerung erkennen. Die zutreffende Prophezeiung, Bonn werde sich nach dem Mauerbau der Sowjetunion zuwenden, sowie die allzu drastische Prognose, der zufolge sogar ein Ausscheren aus der NATO denkbar sei, beruhten ja vor allem auf der Einschätzung, daß es den Westdeutschen unmöglich sein werde, tatenlos mitanzusehen, «wie die eigenen Landsleute im versperrten Nebenzimmer ohne Hoffnung auf Entgegenkommen gefoltert werden». Sicherlich war ein solches Mitgefühl ausgesprochen wohlfeil, weil Haffner seinen an die Alliierten gerichteten Vorwürfen dadurch eine anrührende Note verleihen konnte. Aber vermutlich waren die patriotischen Bekundungen doch nicht nur taktisch begründet. Richard Löwenthal wollte sich zumindest 1978 erinnern, daß es die Jahre der Berlin-Krise gewesen seien, in denen Haffner «von den Deutschen wieder in der ‹Wir›-form zu sprechen» begonnen habe.[171]

6. VON RECHTS NACH LINKS (1961–1963)

Mit dem Bau der Berliner Mauer war die westdeutsche Wiedervereinigungspolitik vorerst gescheitert. Die Möglichkeit, aus einer Position der Stärke heraus die nationalstaatliche Einheit zu erlangen, schien nicht mehr gegeben, nachdem die SED-Führung das letzte Schlupfloch Berlin geschlossen und der weiteren Aushöhlung der DDR einen steinernen Riegel vorgeschoben hatte. Parallel dazu setzte ein weltpolitischer Umbruch ein. Hatte Dwight D. Eisenhower, aller *roll back*-Rhetorik zum Trotz, *de facto* an der Politik der Eindämmung festgehalten, so zeigte sich sein Nachfolger John F. Kennedy gerade in Europa daran interessiert, eine umfassende Verständigung mit dem Kreml zu erreichen. Auch zu Gesprächen über mögliche Rüstungsbeschränkungen fand sich der westliche Hegemon nun bereit; und darüber hinaus suchte der amerikanische Präsident den direkten Kontakt zum Kreml und neigte von daher dazu, die Belange, Anliegen und Bedürfnisse der europäischen Schutzbefohlenen weniger zu berücksichtigen als seine Vorgänger.[1]

Angesichts dieser Entwicklungen stellte man in der Bundesrepublik den bisherigen außenpolitischen Kurs mehr und mehr auf den Prüfstand. Zwar wurde das Land nach den Bundestagswahlen vom September 1961 weiterhin von Konrad Adenauers Christdemokraten regiert – allerdings nicht mehr mit absoluter Mehrheit –, und auch die Westbindung an sich wollte, von einigen Außenseitern an den politischen Rändern einmal abgesehen, niemand wirklich kappen. Aber Sozialdemokraten, Liberale und einige Christdemokraten, allen voran der neue Außenminister Gerhard Schröder, begannen bald nach dem Mauerbau über eine flexiblere Politik gegenüber den Staaten des Ostblocks nachzudenken. Zudem entbrannte innerhalb der Unionsparteien ein Streit darüber, ob die Allianz mit den USA weiterhin Priorität genießen solle oder ob, gerade in Anbetracht schwindender amerikanischer Rücksichtnahme, das Bündnis mit dem Frankreich Charles de Gaulles auszubauen und zu vertiefen sei.[2]

Auf der Suche nach einem neuen Standpunkt

Vor dieser Kulisse hat Haffner in seinen wöchentlichen *Welt*-Kolumnen die jeweils jüngsten diplomatischen Ereignisse und Entwicklungen kommentiert; sei es, daß er sich mit den unmittelbaren Details der Berlin-Frage auseinandersetzte, sei es, daß er mögliche Neuansätze der Bonner Außenpolitik diskutierte, sei es, daß er versuchte, einzelne Winkelzüge der beiden Supermächte zu ergründen. Innenpolitische Fragestellungen interessierten ihn dagegen kaum.[3] Wie sehr ihn indes die internationale Großwetterlage in Atem hielt, zeigt auch das hektische Hin und Her, das nach dem 13. August in seinen Gedankengängen einsetzte, genügten doch schon geringfügigste Anlässe, um Haffners Ansichten erdbebenartig zu erschüttern.

Seine nervöse Orientierungslosigkeit, die ihn so leichtfüßig von einer Position zur anderen schwanken ließ, rührte von der extrem angespannten Situation in West-Berlin, wo der Schock über die grausame Abriegelungsaktion besonders tief saß. Etwa eine halbe Million Menschen hatte bis zum August 1961 tagtäglich die Grenze passiert, bevor die vollständige Absperrung des östlichen Sektors Familien auseinanderriß, Freunde und Bekannte trennte und zahllose Arbeitsverhältnisse beendete. Während die Menschen jenseits des Eisernen Vorhangs sich in ihr Schicksal fügen mußten, entrüsteten sich die Bewohner des westlichen Stadtteils sowohl über den Willkürakt des sozialistischen Regimes als auch über die Untätigkeit der Alliierten, und einige ganz Verzweifelte unternahmen sogar Sprengstoffanschläge gegen die verhaßte Barriere. Der allgemeinen Wut war aber auch ein Gutteil Angst beigemischt, hegten doch viele Berliner ernsthafte Zweifel, ob ihre verständigungswilligen Schutzmächte sie im Fall einer sowjetischen Aggression genauso entschieden verteidigen würden wie während der großen Blockade von 1948/49.[4]

Haffner hat diese Hysterie geteilt und sogar noch geschürt. Vor allem in seinen *Christ und Welt*-Beiträgen ist er wieder und wieder auf das bedrückende Los der alten Reichshauptstadt eingegangen und beharrlich forderte er, daß die widernatürliche Teilung der Metropole zurückgenommen werden müsse. Dabei argumentierte er von einem streng legalistischen Standpunkt. Da das nach wie vor geltende Viermächtestatut den Berlinern «freien Verkehr innerhalb ihrer Stadt» garantiere, war für Haffner die Mauer mitnichten eine «Staatsgrenze», sondern nur «eine illegal innerhalb eines einheitlichen Stadtgebietes aufgestellte Menschenfalle». Noch schärfer verurteilte er den Schießbefehl. «Wenn auf einen Menschen geschossen wird, der die Spree durchschwimmt, dann ist das ebenso Mord, als wenn auf einen Menschen geschossen wird, der die Isar durchschwimmt», konstatierte er im Juni 1962 unter der Überschrift «Auf der Flucht erschossen», die auf die fadenscheinigen Exkulpationen anspielte, mit denen zunächst die rechtsextremen Freikorps, später die Nationalsozialisten ihre politischen Morde bemäntelt hatten.[5]

Das Etikett «Berlin Trommler [sic!]» haftete ihm also verdientermaßen an, zumal Haffner seine Mitbürger gelegentlich in üppigen Lobreden hochleben ließ. «Die Zeit von 1945 bis jetzt und noch ein bißchen über das jetzt hinaus – das wird für immer die große Zeit Berlins gewesen sein; die Zeit, von der man noch in ein paar tausend Jahren reden wird; die Zeit, die dieser Stadt keiner wegnimmt», schwärmte er einmal und sogar «unbesungene [...] Helden» hat er in seinem modernen Troja ausgemacht. Jenen Fluchthelfern, die auf geheimen Schleichwegen DDR-Bürgern in die Freiheit verhalfen, bescheinigte er «die reinste Form von Heldentum, die es auf Erden gibt – Tapferkeit im Dienste der Menschlichkeit».[6]

Daß solche Aktionen im Westen auf Gleichgültigkeit, ja Ablehnung stießen, erbitterte ihn. In bösen Momenten schimpfte Haffner deshalb nicht nur auf die amerikanischen und britischen Patrouillen, die an der Mauer für Ruhe und Ordnung sorgten, sondern auch auf die eigenen Landsleute, die «Verbalpatrioten» und all jene, «die den freien 17. Juni als einen ‹sozialen Besitzstand› betrachten»[7] würden. Spätestens seit der vollständigen Absperrung der DDR war unbedingte Solidarität mit den Ostdeutschen für ihn das oberste Gebot der Stunde. Im Oktober 1961 wollte Haffner die «Wiederherstellung der deutschen Einheit» beziehungsweise die «Befreiung der Zonenbevölkerung» sogar «mit einer Dringlichkeit» angegangen sehen, «mit der bisher eigentlich nur gewisse arabische, asiatische oder afrikanische Staaten die Sache ihrer nationalen Einheit und Freiheit betrieben haben». Guerillakrieg in Deutschland? Freischärlerverbände für Berlin? In seiner Empörung hielt Haffner solche Maßnahmen offensichtlich für angebracht; schließlich sei es unzumutbar, sich damit abzufinden, «wie die eigenen Verwandten im Nebenzimmer [...] gefoltert werden».[8]

Trotzdem wollte Haffner, wenn er Anfang Oktober 1961 bei den Barsinghausener Gesprächen mit solch spektakulären Appellen hervortrat, nicht einem neuerlichen «Hurrapatriotismus» das Wort reden, sondern einer rational begründeten Interessenpolitik, wie sie auch die Verbündeten der Westdeutschen praktizieren würden. «Es gibt ‹den Westen› nicht, ausser als einen vagen geographischen Begriff», dozierte Haffner bei dieser Gelegenheit und brachte damit wieder einmal zum Ausdruck, daß er Werte und Ideologien in den internationalen Beziehungen für unerheblich hielt.[9]

Jenem ausschließlich machtpolitischen Denken verpflichtet, zog Haffner knapp zwei Monate nach dem Mauerbau eine kritische Bilanz der westdeutschen NATO-Mitgliedschaft. Er wies darauf hin, daß sich das Verhältnis zwischen der Bundesrepublik und ihren angelsächsischen Partnern seit dem endgültigen Beitritt 1955 kontinuierlich abgekühlt habe – ein Umstand, der ihn zu der lakonischen Bemerkung, «[e]ine Braut wird mehr geliebt als eine Gattin», veranlaßte –, und darüber hinaus stellte er die Bilanz des Verteidigungsbündnisses als ziemlich dürftig dar. Um sein abwertendes Urteil plausibel zu machen, hat er freilich einen äußerst ambitionierten Vorgabenkatalog als Meßlatte angelegt, der ihn dann um so problemloser zu einer negativen Gesamteinschätzung gelangen ließ. Die Vertiefung zu einer politischen Gemeinschaft sei ebenso gescheitert wie die Eindämmung der Sowjetunion, nörgelte Haffner, ganz zu schweigen von der anvisierten Zurückdrängung der Bolschewisten in ihre eigenen Grenzen. Unter dem Strich blieben so nur wenige Errungenschaften übrig. Auf der Habenseite der Bundesrepublik verbuchte er die Wiederbewaffnung und den Schutz durch den amerikanischen Atomschirm, der ihr als Alliierter der westlichen Supermacht zustehe.[10]

Dennoch gab es für Haffner keine Alternative zum westdeutschen Verbleib in der NATO. Schon am 3. Oktober 1961, als er in seiner *Welt*-Kolumne die verschiedenen Optionen der Bonner Außenpolitik durchgespielt hatte, war er zu dem Ergebnis gelangt, daß, sollte der amerikanische Verständigungseifer nur ein vorübergehendes Phänomen sein, ein neujustiertes Bündnis mit der westlichen Supermacht immer noch die vorteilhafteste Lösung darstelle. Zu einer Kooperation mit den Sowjets waren ihm dagegen nur eindringliche Warnungen eingefallen, und einige Tage später, bei den Barsinghausener Gesprächen, hat Haffner «eine solche Panikreaktion» sogar als «das Törichtste und Selbstmörderischste» bezeichnet, «was man in Deutschland tun könnte».[11]

Es sollte indes nicht lange dauern, bis sein Zorn auf die Westmächte von neuem entflammte. Den Anlaß bildeten Überlegungen Washingtoner Regierungskreise, die verfahrenen Deutschland- und Berlinverhandlungen durch eine Anerkennung der DDR und die Einrichtung gesamtdeutscher Ausschüsse zu entschärfen. Dabei leitete die Amerikaner das Kalkül, daß bei einer Kooperation der beiden ungleichen Staaten die überlegene Anziehungskraft des westlichen Systems besser zur Geltung kommen werde als im Rahmen der gegenwärtigen vollständigen Kontaktsperre. Haffner war über diese Vorschläge entsetzt. «Das ist so kindlich gedacht», echauffierte er sich am 17. Oktober 1961 in der *Welt*, und an einer anderen Stelle war sogar von «politische[m] Schwachsinn» die Rede, sollten doch in seinen Augen die «verwundbaren deutschen Demokraten» wehrlos und gedemütigt «den Panzerkolonnen der Zonenkommunisten» ausgeliefert werden, noch dazu von den eigenen Verbündeten.[12]

Anfang des Jahres 1962 wollten ihm derartige Pläne dann schon nicht mehr ganz so abwegig erscheinen. Am 27. Dezember 1961 war Hans Kroll, dem bundesdeutschen Botschafter in Moskau, ein Memorandum übergeben worden, in dem der Kreml Bonn direkte Verhandlungen über die deutsche Frage anbot. Während viele Beobachter das Manöver lediglich als Finte auffaßten, mit der die sowjetische Führung einen Keil in die ohnehin schon belasteten deutsch-amerikanischen Beziehungen zu treiben versuche, knüpfte Haffner an Chruschtschows Offerte weitreichende Erwartungen. In der *Welt* spekulierte er über eine Ablösung Ulbrichts, über einen Verzicht auf Terrormaßnahmen und über eine Zulassung der westdeutschen Parteien in der DDR als Gegenleistungen für einen Friedensvertrag und einen Ausbau der deutsch-deutschen Handelsbeziehungen. Insbesondere von letzterem versprach er sich viel. Eine «wirtschaftliche Annäherung», malte er Mitte Januar 1962 seinen Lesern aus, würde «eine Befreiung des Personenverkehrs» und langfristig «gewisse Rechtsangleichungen und Annäherungen der Sozialsysteme» nach sich ziehen.[13] Bis Ende Februar nährte er diesbezügliche Hoffnungen. In dem routinemäßigen Antwortschreiben von Außenminister Gerhard Schröder entdeckte er eine ganz neue Aufgeschlossenheit der Bundesregierung, und freudig kolportierte er Gerüchte über «ein sensationelles Paketangebot» der Sowjets, das das folgende Arrangement enthalten sollte: «Ersetzung Ulbrichts durch Stoph, Beseitigung der Mauer, Inkorporation Westberlins samt exterritorialem Korridor in die Bundesrepublik; dafür Anerkennung der ‹DDR› und Friedensvertrag mit zwei deutschen Staaten.»[14]

Aber auch dieser Optimismus verglühte so rasch, wie er über Haffner gekommen war. Einige Wochen später äußerte er sich schon wieder sehr viel skeptischer über die Aussichten, durch intensive Ost-West-Kontakte die DDR zu unterminieren. «Was man dabei übersieht», argumentierte er am 13. März 1962 vor westdeutschen Unternehmern, «ist der merkwürdig ungleiche Wettkampf zwischen einem freien und einem unfreien Staat, einer freien und einer unfreien Gesellschaft, nämlich die Möglichkeit der unfreien Gesellschaft, alle diese Einwirkungsmöglichkeiten, sowie sie gefährlich werden [sic!] abzubinden, während die freie Gesellschaft, ohne daß sie ihren eigenen Charakter aufgibt, solche Möglichkeiten nicht hat.»[15]

Letztlich war seine Wahrnehmung der Welt, insbesondere aber diejenige des Ostblocks, aus höchst disparaten Mosaiksteinchen zusammengesetzt, die kein kohärentes Bild ergeben wollten, so daß sich Haffner immer wieder in Widersprüche verwickelte. Mal warnte er – und zwar ausgerechnet im Februar 1962, also zu einer Zeit, als er weitreichende Pläne für eine deutsch-deutsche Zusammenarbeit schmiedete – vor einer «Eroberung der Bundesrepublik» durch die Nationale Volksarmee.[16] Gut zwei Monate später war es dann Walter Ulbricht, der Haffner zufolge kein Interesse an einvernehmlichen Beziehungen der beiden deutschen Staaten haben konnte, weil er für diesen Fall eine Unterwanderung der DDR gewärtigen müsse; und von Mai 1962 an berichtete er mit einer Mischung aus Süffisanz und Anteilnahme, die er, streng geschieden, auf den sozialistischen Machtapparat und die ostdeutsche Bevölkerung verteilte, über die aktuellen Versorgungsengpässe jenseits der Elbe.[17]

Eine Konstante stellte hingegen Haffners kritische Beurteilung der Kennedy-Administration dar, die bald nach dem Mauerbau gewissermaßen die Nachfolge der britischen Regierung angetreten hatte und zur bevorzugten Zielscheibe seiner Invektiven geworden war. Mitte April 1962 erreichte Haffners Einschätzung der USA ihren vorläufigen Tiefpunkt. Damals wurde durch eine gezielte Indiskretion der Bundesregierung das Verhandlungsangebot des amerikanischen Außenministers Dean Rusk öffentlich, der, um mit den Sowjets zu einer Übereinkunft in der Berlin-Frage zu gelangen, vorgeschlagen hatte, ein Abkommen zur Nichtverbreitung von Atomwaffen und einen Nichtangriffspakt abzuschließen sowie eine international besetzte Behörde einzurichten, die den Verkehr von und nach Berlin regeln sollte. Konkret sah das Papier vor, daß jeweils fünf westliche und fünf östliche Repräsentanten, darunter einer der DDR, sowie drei Vertreter neutraler Staaten in dem neu zu schaffenden Gremium mitwirken würden.[18]

Politik und Öffentlichkeit der Bundesrepublik verurteilten das amerikanische Ansinnen einhellig, und namentlich Konrad Adenauer schlug in den folgenden Wochen gegenüber Washington einen außerordentlich scharfen Ton an. Aber wohl kaum jemand dürfte in seinen Schlußfolgerungen so weit gegangen sein wie Sebastian Haffner. Für ihn lief Rusks

Plan darauf hinaus, daß die Vereinigten Staaten «in deutschland nicht mehr aufgrund eines vertrages mit deutschland, sondern wieder aufgrund eines vertrages mit rußland stehen, nicht mehr, um deutschland militärisch zu stärken, sondern um seine atomare wehrlosigkeit zu garantieren, nicht mehr, um seine wiedervereinigung zu betreiben, sondern um seine teilung aufrechtzuerhalten». Diese Zielsetzung sei, so Haffner weiter, kein Versehen, sondern typisch für Kennedys Außenpolitik, der «neutrale freundlich, feinde neutral, und verbündete feindlich» behandele. Wäre es dann aber nicht vernünftiger und sehr viel vorteilhafter, wenn sich die Bundesrepublik von den USA lossagen und den blockfreien Staaten oder der Sowjetunion anschließen würde?[19] *Die Welt*, für die diese Ausführungen gedacht waren, druckte Haffners Kolumne allerdings nicht, offiziell aus «technischen Gründen». Aber damit war die Angelegenheit noch nicht beendet. Im November 1962 trat der spätere Vorsitzende der NPD, Adolf von Thadden, an Haffner heran, weil er den unveröffentlichten Artikel, der ihm unter mysteriösen Umständen zugespielt worden war, für die Zeitung *Reichsruf* gewinnen wollte, was der Verfasser jedoch nachdrücklich verweigert hat.[20]

Gemeinhin hat ihm sein ungestümes Darauf-Losdenken indes nicht geschadet. Im Gegenteil. Haffner erhielt in den Jahren 1961/62 ungewöhnlich viel prominenten Beifall, der freilich hauptsächlich aus dem konservativen Lager kam. «Ihr Aufsatz ‹Der Weg ist noch weit› in der ‹Welt› vom 24. April trifft den Nagel auf den Kopf. Herzlichen Glückwunsch», telegraphierte ihm 1962 Bundesaußenminister Schröder, und zu Beginn des Jahres hatte schon Franz Josef Strauß bekannt gemacht, daß er Haffners Kolumnen «immer mit großem Interesse und meistens mit Zustimmung» lese. Selbst der Bundeskanzler erachtete im Sommer 1962 einen Beitrag Haffners zur Strategie der NATO für so bedeutsam, daß er ihn umgehend seinem Verteidigungsminister zukommen ließ, verbunden mit der Bitte um «baldige Stellungnahme».[21]

Wie angesehen er war, belegen auch die zahlreichen Einladungen zu Vorträgen und Podiumsdiskussionen, die in seinem Nachlaß erhalten geblieben sind. Haffner referierte im Rahmen der «Pyrmonter Unternehmergespräche» und vor der «Bundesvereinigung der Deutschen Arbeitgeberverbände» in Baden-Baden, aber er nahm auch weniger lukrative Termine wahr, wie etwa beim «Haus der Jugend» in Charlottenburg oder bei diversen Berliner Hochschulgruppen. Ähnlich gefragt war er als Gastautor, und das sogar in einem Maße, daß er die anfallende Post gar nicht mehr bewältigen konnte.[22] «Ich habe keine Sekretärin, und meine Korrespondenz ist mir in den letzten Monaten über den Kopf gewachsen», entschuldigte sich Haffner im Dezember 1961 bei einem Redakteur, den er über Gebühr auf eine Antwort hatte warten lassen, und im Frühjahr 1962, als er erneut säumig geworden war, klagte er gegenüber einem anderen Interessenten: «Vor vier oder sechs Wochen habe ich mir ein Tonbandgerät gekauft in der verzweifelten Hoffnung, nun meine Korrespondenz zu diktieren, aber das Ding ist so grauenvoll kompliziert und erschreckend, dass ich schon sehe, ich werde es nie benutzen. Dringende Angelegenheiten werden meistens schliesslich per Telephon erledigt, und der Rest meiner Korrespondenz geht eben leider unter».[23]

Und nicht nur sie. Das lose Engagement, das Haffner 1961 mit dem *Sunday Telegraph* eingegangen war, ließ er bald wieder einschlafen, und auch aus der ursprünglichen Absicht, wöchentlich eine englische Nachrichtenagentur mit einem Artikel zu beliefern, scheint nichts geworden zu sein. Ebenso verlor sich das ambitionierte Projekt einer deutschen Geschichte, das er nach dem Weggang vom *Observer* neuerlich in Angriff genommen hatte, im geschäftigen Alltag des Journalisten, und das, obwohl Haffner für *Das 20. Jahrhundert und die Deutschen*, wie das geplante Buch heißen sollte, bereits mit dem Ullstein Verlag einen Vertrag, einschließlich eines erklecklichen Vorschusses, ausgehandelt hatte. «Journalismus und Schriftstellerei sind sehr schwer zu verbinden», entschuldigte er sich in einem Briefentwurf vom Juli 1962 an einen anderen vorstellig gewordenen Verleger, «das Buch zieht gegenüber dem jeweils fälligen Artikel oder Vortrag fast immer den kürzeren».[24]

Anfang des Jahres 1962 hatte er auch noch den Tod seiner Mutter zu bewältigen,[25] aber in der Regel waren es wohl tatsächlich die Wechselfälle der Tagespolitik, die ihn die Ruhe zu größeren Produktionen nicht finden ließen. Denn Haffner entsetzte sich nicht nur über die amerikanische Haltung in der Deutschland-Frage, in ganz ähnlicher Weise trieben ihn auch die strategischen und militärischen Planungen des Pentagons um. Dabei teilte er an und für sich die Grundannahme Kennedys und seines Verteidigungsministers Robert McNamara, daß «[d]ie beiden Großen [...] bei Todesstrafe nicht mehr aneinander heran» können, wie Haffner es im Frühjahr 1962 ausgedrückt hat.[26]

Während Kennedy und sein Stab die Zahl der Streitkräfte erhöhten, damit die westliche Supermacht im Konfliktfall die Waffen wählen konnte und nicht sofort mit einem Atomschlag zu drohen brauchte, lehnte Haffner sowohl die neue Strategie der «flexible response»[27] als auch die von den Amerikanern angeregten Rüstungsbeschränkungen, ein Teststoppabkommen und einen Atomwaffensperrvertrag, ab. Die akute Glaubwürdigkeitskrise der NATO war seines Erachtens nur dadurch zu beheben, daß auch die Staaten Westeuropas über den Einsatz von Kernwaffen mitbestimmen durften – sei es unter dem Dach der NATO, sei es im Rahmen eines europäischen Projekts –, könne man doch keinem Land zumuten, sich für einen bereits ausgelöschten Verbündeten in den atomaren Selbstmord zu stürzen. «Jeder stirbt für sich allein», insistierte Haffner, neben Franz Josef Strauß und dem Journalisten Adelbert Weinstein einer der dezidiertesten westdeutschen Verfechter einer nuklearen Aufrüstung, deshalb im Juni 1962. Aber war es nach den Erfahrungen der vergangenen Jahrzehnte nicht irrsinnig, den Deutschen, noch dazu einer nichtsaturierten Nation, derart gefährliche Waffen anzuvertrauen? Und würde eine Erweiterung des Kreises der Atommächte das Risiko eines dritten Weltkrieges nicht erheblich steigern? An Haffner prallten solche Bedenken, wie sie von so manchem Bundesbürger, erst recht aber natürlich im Ausland gehegt wurden, völlig ab. «Jeder weiß heute», führte er im Juni 1962 aus, «daß Atomwaffen nicht zum Gebrauch, sondern zur Abschreckung da sind. Man schafft sie sich nicht an, um sie selbst zu benutzen, sondern um zu verhindern, daß andere sie benutzen.»[28]

Aus eben diesen Gründen kämpfte er auch unentwegt gegen das «Irrlicht des Versuchsverbots» an. Anfang März 1962 verbreitete er sich in der *Welt* über einen angeblich beträchtlichen sowjetischen Rüstungsvorsprung, der den Kreml zu einem Angriff auf Westeuropa verleiten könnte, so daß Haffner weitere amerikanische Atomtests als eine unerläßliche Maßnahme hinstellen konnte, sollte die Wirksamkeit der Abschreckungsdoktrin gewährleistet bleiben. Gegen Ende seiner Kolumne verstieg er sich sogar dazu, ein Einstellen der geplanten Versuchsreihen als «Verbrechen gegen die Menschlichkeit» zu bezeichnen, eine Behauptung, die angesichts der Tatsache, daß bei solchen Experimenten beträchtliche Mengen radioaktiver Strahlung freigesetzt wurden, heftigen Widerspruch hervorrief.[29]

Den Nährboden für solche forschen Auftritte bereitete neben seinem regen Argwohn gegenüber dem Kreml Haffners tiefer Glaube an den wissenschaftlichen Fortschritt und die schrankenlosen Möglichkeiten der modernen Technik, der ihn jederzeit mit einer militärischen Revolution rechnen ließ. Im Frühjahr 1962, vor der «Bundesvereinigung der Deutschen Arbeitgeberverbände», berichtete er von bereits projektierten «Multimegatonnen-Bomben», die «einen kosmischen Feuersturm» verursachen können, «in dem alle anfliegenden Körper verglühen müssen, und dies auf einer so ungeheuer breiten Ausdehnung, daß es auf Treffsicherheit und auf das Funktionieren der elektronischen Steuerungsgeräte gar nicht mehr unbedingt ankommt».[30] Darum war es ihm auch so wichtig, die amerikanische Waffenforschung nicht ins Hintertreffen geraten zu sehen, da der erste Besitzer eines derart fabelhaften Abwehrsystems natürlich einen entscheidenden Vorteil gegenüber seinem weltpolitischen Kontrahenten gewonnen hätte.

Im Spätsommer 1962 waren es dann wieder die leidigen Berliner Verhältnisse, die Haffner voll und ganz in Beschlag nahmen. Den Anlaß für sein ungeteiltes Augenmerk bildete der Tod des achtzehnjährigen Bauarbeiters Peter Fechter, der am Vormittag des 17. August 1962 bei einem Fluchtversuch von DDR-Grenzpolizisten angeschossen worden und dann, wenige Meter vom westlichen Territorium entfernt, elendig verblutet war. Zahlreiche Bürger wurden Zeugen seines einstündigen Todeskampfes und der Untätigkeit, in der die herbeigeeilten amerikanischen Wachposten ebenso wie die anwesenden West-Berliner Schutzmänner verharrten. Ähnlich wie nach dem Mauerbau durchlief eine Welle der Empörung die Stadt. Es kam zu Demonstrationen und Protestaktionen, die sich nicht allein gegen das sozialistische Regime richteten, sondern gegen alle, die als Garanten des Status quo galten, also sowohl gegen die Besatzungsmächte als auch gegen die West-Berliner Verantwortlichen, einschließlich des Regierenden Bürgermeisters.[31]

Auch Haffner war außer sich. Mehr noch als der Schießbefehl und seine Vollstreckung schockierte ihn die Tatsache, daß dem Schwerverletzten der Anspruch auf Hilfe versagt worden war, der in jedem Krieg dem verwundeten Feind zustehe. Diese Praxis, schrieb er in der *Welt* vom 21. August 1962, enthülle erneut die «reine Bestialität» des ostdeutschen Regimes, dem jegliche «Zivilisation und Menschlichkeit» abgehe. Beinahe ebenso scharf ging er auch mit den westlichen Besatzungsmächten ins Gericht, die Haffner der Mordduldung, ja, der Mordhilfe bezichtigte. Ende des Monats, nachdem die Sowjetunion das Amt des Ost-Berliner Stadtkommandanten formal an die DDR übertragen hatte, legte er in *Christ und Welt* noch einmal nach. Sträflich, schimpfte Haffner am 31. August 1962, habe man die Lehre «Wehret den Anfängen!» vernachlässigt und es versäumt, der schrittweisen Aushöhlung des Viermächteabkommens Einhalt zu gebieten. «Berlin», so lautete sein Fazit, «ist heute eine bedrückte Stadt. Es ist nicht heiter, mit seiner ganzen Existenz von Mächten abzuhängen, bei denen es im Kopfe fehlt».[32]

Ernst J. Cramer, der stellvertretende Chefredakteur der *Welt*, war entsetzt über diese Zeilen. «Das ist unter Ihrer Würde», schrieb er Haffner noch am Erscheinungstag des Artikels und fuhr dann fort: «Ich bin sehr für Kritik, sogar für scharfe Kritik. Aber ich bin ein Gegner von Schlägen unterhalb des solar plexus, und das nicht nur, wenn es sich um Nationen handelt, auf deren *good will* wir auf Gedeih und Verderb angewiesen sind.» Außerdem warf der jüdische Remigrant Haffner vor, mit seiner Beleidigung der westlichen Alliierten «psychologisch die falschen Gruppen in Deutschland» anzusprechen, eine Befürchtung, die, wie die erwähnte Anfrage Adolf von Thaddens zeigt, durchaus begründet war.[33]

Zugleich verweist der energische Widerspruch gegen Haffners Ausfälle auf einen Prinzipienstreit im konservativen Lager. Natürlich dachte auch ein Mann wie Cramer gesamtdeutsch-patriotisch, und selbstverständlich war Axel Springer gleichfalls über den tragischen Tod Peter Fechters bestürzt, so tief sogar, daß er an der Sterbestelle, die ganz in der Nähe der entstehenden Konzernzentrale lag, ein Mahnmal errichten ließ. Zudem hatte *Bild* noch am 25. August 1962 Auszüge aus Haffners jüngstem *Christ und Welt*-Artikel gebracht, in dem sich dieser pikanterweise auf Bertolt Brecht berufen hatte – «Wenn in einer Stadt ein Unrecht geschieht, muß ein Aufruhr sein» –, um einer europäischen Revolution «gegen das Erbe von 1945 in Ost und West» das Wort zu reden, mit West-Berlin als Brandfackel.[34]

Allerdings war bereits jenes «unglaubliche Haffner-Elaborat», so Springers Vertrauter Hans Wallenberg, hausintern höchst umstritten gewesen, band doch der entschiedene Antikommunismus, zu dem er Ende der fünfziger Jahre gefunden hatte, den Verleger und seine Leute an die angelsächsischen Mächte und zügelte letztlich auch deren deutschlandpolitische Bestrebungen. Für den Pressemagnaten war die Westbindung der Bundesrepublik ein außenpolitisches Axiom, für Haffner nicht, der im übrigen keineswegs nur von den transatlantisch gesinnten *Welt*-Leuten reglementiert wurde.[35] Selbst die konservativen Herren von *Christ und Welt*, die, was das Bündnis mit den Westmächten anging, nicht so penibel waren wie die Kollegen im Hause Springer, müssen einmal – «in freundlichster Form», versteht sich – einen Artikel von ihm zurückgewiesen haben, in dem Haffner den Bundesbürgern den nicht ganz ungefährlichen Gang nach Moskau nahegelegt hat, weil er darin die einzige Chance sah, das Los der schwer gebeutelten Ostdeutschen etwas zu lindern.[36]

Nicht einmal der Verlauf der Kuba-Krise vom Oktober 1962 konnte das ramponierte Ansehen, in dem die Vereinigten Staaten bei Haffner standen, nachhaltig aufbessern. Während diesseits des Eisernen Vorhangs Kennedy, der Chruschtschow gezwungen hatte, die auf der sozialistischen Karibikinsel installierten Raketen wieder abzubauen, gemeinhin zum Sieger des nervenaufreibenden Kräftemessens erklärt wurde, war Haffner erkennbar darum bemüht, diesen Eindruck bei seinen Lesern zu verwischen. Hinter dem überraschenden Einlenken der Sowjets vermutete er ein zweifaches Kalkül. Einerseits, glaubte Haffner, werde Chruschtschow als Gegenleistung für seinen Rückzieher auf vergleichbare Zugeständnisse in der Türkei, möglicherweise aber auch in anderen europäischen NATO-Staaten insistieren. Andererseits habe der Diktator den Präsidenten weiter in dem trügerischen Glauben belassen wollen, daß der Kalte Krieg vorüber und die Sowjetunion eine friedliche Macht sei. In der Tat sollten sich beide Einwände als berechtigt erweisen. Unmittelbar nachdem die Krise am 28. Oktober 1962 beigelegt worden war, begannen die Amerikaner mit der Demontage ihrer in der Türkei stationierten Atomwaffen, und auch die Abrüstungsgespräche mit dem Kreml wurden bald wieder aufgenommen.[37]

Ein Gutteil seiner ostentativen Skepsis dürfte freilich dem unbändigen *esprit de contestation* geschuldet gewesen sein, der ihn so oft regierte. So schlüpfte Haffner in demselben Artikel vom 30. Oktober 1962, in dem er Kennedys Erfolg nach Kräften geschmälert hat, auch in die Rolle des kaltblütigen Strategen, wiederum in scharfer Abgrenzung zur öffentlichen Meinung. Das weltweite Nervenflattern auf dem Höhepunkt der Krise fand er angesichts des hinlänglich etablierten Atompatts geradezu lächerlich. All jenen, die eine sowjetische Gegenaktion in Berlin befürchtet oder sogar vor einem dritten Weltkrieg gezittert hatten, bescheinigte er, «geistig im Jahr 1914» zu leben, obwohl er selbst drei Wochen zuvor zumindest eine lokale Vergeltungsmaßnahme nicht ausgeschlossen hatte. Doch das hielt Haffner natürlich nicht davon ab, sich nach dem glücklichen Ausgang der Konfrontation über «[d]ie etwas seltsam anmutenden Anrufungen Gottes in den Leitartikeln sonst sehr weltlicher und agnostischer Presseorgane»[38] zu mokieren.

Wenn der von den USA zutiefst enttäuschte Journalist in jenen rastlosen Monaten darüber nachdachte, mit welcher außenpolitischen Strategie es der Bundesrepublik gelingen könnte, die Misere der Ostdeutschen zu kurieren, dann erwog er allerdings nicht nur die riskante Hinwendung zu den Sowjets. Gelegentlich fiel er auch auf die Idee eines westeuropäischen Staatenbundes zurück, jenes Projekt, für das er sich seit 1941 immer wieder einmal begeistert hatte. Bereits Anfang des Jahres 1962, als sich das Ende des Algerienkrieges abzeichnete, war Haffner zuversichtlich, daß sich Frankreich nun vorrangig um die europäische Einigung und die Allianz mit Deutschland kümmern werde. Für diesen Fall, mahnte er, dürften der Integrationsprozeß im allgemeinen und die Annäherung zwischen Bonn und Paris im besonderen keinerlei Restriktionen, etwa seitens der NATO, unterliegen. Vielmehr müsse Europa bestrebt sein, sich aus dem Ost-West-Konflikt auszuklinken und «als eigenständige Macht» zu etablieren, «und zwar, in den Worten de Gaulles, ‹als die erste Macht der Welt in politischer, wirtschaftlicher, kultureller und militärischer Hinsicht›».[39]

Die wachsende deutsch-französische Verbundenheit, wie sie insbesondere im Sommer 1962, während eines perfekt inszenierten Staatsbesuches von Konrad Adenauer in Frankreich, zu besichtigen war, nährte zwar Haffners europäischen Optimismus, aber dazwischen mischten sich immer wieder Momente der Skepsis. Schon im Januar 1962 hatte er auf den merkwürdigen Trugschluß hingewiesen, der in der Vorstellung liege, daß der ökonomischen Einigung Europas automatisch auch die politische folgen werde. Das sei doch «ein merkwürdig marxistisch anmutender Gedanke», fand Haffner.[40] Ein halbes Jahr später wertete er die Gleichgültigkeit, ja Häme, mit der viele Europäer und sogar die Pariser Linken auf den erzwungenen Abzug der französischen Siedler aus Algerien reagierten, als untrügliches Indiz, daß die alten nationalen Egoismen unvermindert fortwirken würden. «Selbst das Kleinsteuropa, das aus Deutschland und Frankreich bestünde, wird in Wahrheit erst geboren werden», schimpfte Haffner, «wenn das Elend der Zone den Franzosen, das Elend der Algerien-Franzosen den Deutschen den Schlaf raubt.» Das waren wohl etwas hochgesteckte Erwartungen, aber im Kern bewegte sich Haffner, was seine europäischen Ambitionen betraf, durchaus in Gedankengängen, die einem Charles de Gaulle und zunehmend auch einem Konrad Adenauer vertraut waren.[41]

Der Gleichklang mit dem Bundeskanzler blieb allerdings nicht nur auf das kontinentale Einigungsprojekt beschränkt. In vielem hat Haffner die Einschätzungen des CDU-Vorsitzenden geteilt und sich folglich beinahe ausschließlich positiv über ihn geäußert, trotz des vorläufigen Scheiterns seiner Wiedervereinigungspolitik und obwohl den inzwischen Sechsundachtzigjährigen immer häufiger Krankheiten von den Regierungsgeschäften fernhielten. Nichtsdestotrotz war er Haffners unangefochtener Favorit, denn der Glaube, daß ein Willy Brandt oder ein Franz Josef Strauß eines

Tages einen adäquaten Ersatz für den gewieften Bonner Machtpolitiker abgeben würden, war dem um Deutschland tiefbesorgten Journalisten mittlerweile abhanden gekommen.[42]

Ansonsten wurden seine innenpolitischen Erwägungen von dem Gedanken beherrscht, daß die Bundesrepublik angesichts ihrer schwierigen internationalen Situation eines restriktiven Krisenmanagements, womöglich sogar einer alle Parteien umfassenden «[n]ationale[n] Notstandskoalitio[n]»[43], bedürfe, wie sie vor beziehungsweise nach den Bundestagswahlen vom September 1961 im Gespräch gewesen war. Zudem äußerte Haffner verschiedentlich Sympathien für ein Zweiparteiensystem, worin man wohl weniger ein englisches Mitbringsel zu sehen hat als den Wunsch, das Moment der Staatsräson zu stärken. Denn idealtypisch schwebten ihm Verhältnisse vor, in denen «beide Parteien sich nicht in erster Linie als Vertreter einer Ideologie oder eines bestimmten Bevölkerungskreises fühlen, sondern als alternative Regierungsmannschaften, die auswechselbar sind»; und Programme, die bei der Durchsetzung des Vernünftigen womöglich hinderlich sein konnten, hielt er dementsprechend für «ganz überflüssig».[44]

Komplementär dazu forderte Haffner im Frühjahr 1962, als er vor der Bundesvereinigung der Deutschen Arbeitgeberverbände referierte, die anwesenden Unternehmer auf, sich nicht nur ihren wirtschaftlichen Interessen zu verschreiben, sondern als Elite des Landes auch dazu bereit zu sein, dem Staat zu dienen. An dieser Verpflichtung, ergänzte Haffner, habe auch die unrühmliche Geschichte des «Dritten Reiches» nichts geändert. Vielmehr gehöre zur vielbeschworenen «Bewältigung der Vergangenheit» neben einer «Wiedergutmachung» und der «Verfolgung wirklicher Verbrechen» gerade auch «die Besinnung auf patriotische Werte und Tugenden, die lange da waren, ehe sie von Hitler mißbraucht wurden, die durch diesen Mißbrauch nicht aufgehört haben, Werte und Tugenden zu sein, und ohne die kein Volk, auch das friedliebendste nicht, in dieser Welt auf die Dauer existieren kann».[45]

All jenen, die sich dem strengen Diktat der Staatsräson nicht unterwerfen wollten, war Haffners innige Feindschaft hingegen weiterhin gewiß. Mal polemisierte er gegen die Mitglieder der Friedensbewegung, die «sich in de[n] Kinderglauben verkrallt» hätten, «daß eigene Atomversuche und eigene Atomrüstung der Weg zum Atomtod seien», dann bezichtigte er die Vorkämpfer der Dekolonisation, einer Doppelmoral anzuhängen: «Sie sind für die Freiheit und Selbstbestimmung noch des letzten und obskursten hinterindischen Zwergstammes, aber sie sind ebenso für eine gemeinsame russisch-amerikanische Weltherrschaft, der man solche Kleinigkeiten wie 17 Millionen Deutsche […] selbstverständlich unterordnen muß.» Gerade auf Verharmlosungen der DDR reagierte Haffner besonders allergisch. Die westdeutschen Befürworter einer interventionistischen Wirtschaftspolitik ließ er im Mai 1962 wissen, «daß Sozialismus nicht nur Götzendienst ist, sondern auch Kurpfuscherei: daß er wirklich, selbst nur ganz nüchtern als Wirtschaftssystem betrachtet, etwas grundsätzlich und im Ansatz Falsches, Verfehltes und Menschenfeindliches» sei, und am 21. August 1962, wenige Tage nach dem Tod Peter Fechters, empörte er sich, daß

> «ganz normale und anständige Deutsche die Anerkennung Ulbrichts diskutieren – so wie sie damals gerade im Augenblick der vollen Selbstenthüllung Hitlers oft den Beitritt zur Partei diskutierten. Woran es in diesem Lande fehlt, das ist moralischer Geruchssinn: […] [Man] ereifert sich über Strauß und will Ulbricht schlucken! Und zwar tun das gerade die Leute, die sich im übrigen an ihrem billigen nachträglichen Antinazismus nicht genug tun können.»[46]

Rochade Nr. 3 – Die Spiegel-*Affäre*

Dann jedoch ereignete sich die *Spiegel*-Affäre. An ihrem Anfang stand der Artikel «Bedingt abwehrbereit», in dem beträchtliche Sicherheitsdefizite der Bundesrepublik im Fall eines sowjetischen Angriffs sowie die bestehenden deutsch-amerikanischen Meinungsverschiedenheiten in strategischen Fragen ausgebreitet wurden. Bald nach der Veröffentlichung des Beitrags am 10. Oktober 1962 begann die Bundesanwaltschaft unter Mitwirkung des Verteidigungsministeriums zu prüfen, ob der *Spiegel* geheime militärische Informationen bekannt gemacht und somit Landesverrat begangen habe.[47]

In der Nacht vom 26. Oktober 1962 wurden die Hamburger Redaktion und weitere Büros des Nachrichtenmagazins durchsucht und der Herausgeber Rudolf Augstein sowie einige seiner Mitarbeiter verhaftet. Verschiedene Begleitumstände, wie die Tatsache, daß Conrad Ahlers, der Autor des inkriminierten Artikels, auf das persönliche Geheiß von Franz Josef Strauß in Spanien aufgegriffen worden war, warfen ein schlechtes Licht auf die Aktion, und weil Räume des Nachrichtenmagazins wochenlang polizeilich gesperrt blieben, drängte sich zudem der Verdacht auf, daß der Verteidigungsminister, der in den vergangenen Jahren immer wieder scharf von

Augstein attackiert worden war, das Erscheinen eines mißliebigen Organs verhindern und sich an einem Intimfeind rächen wolle.

Wie kein Ereignis zuvor mobilisierten die Maßnahmen gegen den *Spiegel* die westdeutsche Öffentlichkeit, und wenn auch nicht die gesamte Gesellschaft, so doch einige ihrer potentesten Akteure. Professoren und tausende Studenten protestierten gegen die Festsetzung Augsteins. Journalisten verbündeten sich mit den inhaftierten Kollegen, verlangten ihre sofortige Freilassung und mahnten eine lückenlose Aufklärung des Geschehens an; und für zahlreiche Mitglieder der Gruppe 47 stand sogar bereits fest, daß die verdächtigten Medienvertreter zu Unrecht im Gefängnis saßen, entspreche doch, so Uwe Johnson, Martin Walser und Hans Magnus Enzensberger, «die Unterrichtung der Öffentlichkeit über sogenannte militärische Geheimnisse» geradezu «eine[r] sittliche[n] Pflicht».[48]

Erstaunlicherweise hat sich auch Sebastian Haffner in das Lager der Regierungskritiker geschlagen. Vier Punkte waren es, die er in einem Kommentar, den das Fernsehmagazin *Panorama* am 4. November 1962 ausgestrahlt hat, mit grimmiger Miene beanstandete. Es hatte eine «offensichtlich generalstabsmäßig vorbereitete, polizeiliche große Nacht-und-Nebel-Operation» stattgefunden, der zuständige Justizminister war, möglicherweise sogar absichtlich, nicht informiert worden, und noch immer stehe eine offizielle Begründung der Aktion aus. Schließlich werde offenkundig versucht, die weitere Produktion des *Spiegel* zu erschweren oder gar unmöglich zu machen. Zum Schluß ließ er seine Anklage in einen dramatischen Appell gipfeln: «[W]enn die deutsche Öffentlichkeit sich das gefallen läßt, wenn sie nicht nachhaltig auf Aufklärung drängt, dann adieu Pressefreiheit, adieu Rechtsstaat, adieu Demokratie.»[49]

Das war nicht nur so dahergesagt. Den Erinnerungen Joachim Fests zufolge schwelgte Haffner in jenen aufgewühlten Tagen «in präzeptoralem Zorn»[50], und auch seine Arbeitgeber sollten bald zu spüren bekommen, daß ihr deutsch-englischer Mitstreiter seinen Ansichten zuliebe bereit war, beträchtliche Unannehmlichkeiten heraufzubeschwören. Wie aus einer Aktennotiz des Chefredakteurs der *Welt*, Hans Zehrer, hervorgeht, hatte Haffner bereits während einer Besprechung am 2. November darauf gedrungen, in seiner nächsten Kolumne die *Spiegel*-Affäre behandeln zu dürfen. Zehrer und sein Stellvertreter, Ernst J. Cramer, hatten das skizzierte Verdikt jedoch abgelehnt, was Haffner nicht daran gehindert hat, drei Tage später dennoch einen geharnischten Kommentar zu dem strittigen Thema vorzulegen, verbunden mit der Ankündigung, den Artikel, falls

Abb. 27 Mit Hans Zehrer geriet Haffner während der Spiegel-*Affäre aneinander, und einige Wochen später gingen die beiden Männer völlig getrennte Wege. Aber schon im Frühjahr 1962 hatte der Chefredakteur der* Welt *einen Artikel des Kolumnisten aussortiert, weil er die von Haffner vorgeschlagene deutschlandpolitische Umorientierung gen Moskau für nicht opportun hielt.*

Die Welt den Abdruck verweigern sollte, mit einer entsprechenden Erklärung andernorts veröffentlichen zu wollen.[51]

Wirklich erschien Haffners Kolumne nicht an ihrem angestammten Platz, sondern am 8. November 1962 in der *Süddeutschen Zeitung.* Der Skandal, so stellte er gleich zu Beginn heraus, sei nicht der etwaige Landesverrat des *Spiegel* – darüber werde endgültig die Justiz befinden –, sondern der willkürliche Mißbrauch der Staatsgewalt. Dann forderte er die Bundesbürger erneut auf, gegen die Anmaßungen der Regierung Widerstand zu leisten, wobei er es sich nicht nehmen ließ, seinen Mahnungen durch einige Hinweise auf das Jahr 1933 maximale Durchschlagskraft zu verleihen. Aber auch aus Staatsräson war der begangene Rechtsbruch seines Erachtens nicht zu entschuldigen. «[D]em Staat zur Abwehr einer behaupteten Gefahr jede Flunkerei durchgehen [zu] lassen und jede Gewalttat [zu] erlauben», sei gerade «das Gegenteil von Patriotismus», schärfte er seinen Lesern ein, nämlich «das Verhalten des Untertans, nicht des verantwortlichen Staatsbürgers und Staatsträgers».[52]

Zweifellos hatte Haffner damit den *nervus rerum* getroffen. Letztlich ging es in der *Spiegel*-Affäre tatsächlich um einen Prinzipienstreit, der darum kreiste, ob in der Bundesrepublik rechtsstaatliche Grundsätze Priorität genießen sollten oder die von der Regierung definierten nationalen Interessen. Wie sich der einzelne in dieser Frage entschied, hing von den politischen Überzeugungen des Betrachters ab, aber mindestens ebensosehr von dem ideellen Kompaß, über den die unterschiedlichen Alterskohorten der Gesellschaft verfügten. Während die meisten Deutschen, die noch im Kaiserreich aufgewachsen waren, mehrheitlich einer patriotischen Sichtweise zuneigten, fanden viele jüngere Bundesbürger, daß der Einhaltung der verfassungsgemäßen Spielregeln unbedingter Vorrang einzuräumen sei.[53]

Haffner profilierte sich also im Herbst 1962 einmal mehr als ein eher unkonventionelles Exemplar seiner Generation, ganz im Gegensatz zu dem genau gleichaltrigen Giselher Wirsing. Für den Chefredakteur von *Christ und Welt*, der schon rund dreißig Jahre zuvor politisch ganz anders optiert hatte als Haffner, war es am 9. November 1962 keine Frage, daß das Interesse des Staates in dem aktuellen Konflikt bedeutsamer sei als der Anspruch auf freie Meinungsäußerung; ja, Wirsing ging sogar so weit, jene «Leute, die Geheimnisverrat als durchaus verzeihliches Kavaliersdelikt ansehen und nicht begreifen wollen, daß es keine Pressefreiheit gibt, die über den allgemeinen Gesetzen rangiert», als «verderblich für die Demokratie» einzustufen.[54] Haffner, der seit Januar 1962 der *Christ und Welt*-Redaktion angehört hatte, verlangte bald darauf, daß sein Name unverzüglich aus dem Impressum gestrichen werde, und stellte mit sofortiger Wirkung seine Mitarbeit ein. «Ich habe natürlich immer gewusst, dass Sie und Höpker [Wirsings Stellvertreter] Nationalsozialisten gewesen sind», heißt es in einem seiner verschiedenen Kündigungsentwürfe an Wirsing, «aber ich hatte das bisher für Vergangenheit gehalten. Nun sehe ich, dass sich nichts geändert hat; dass Sie auf den zweiten Reichstagsbrand genau so reagieren wie auf den ersten; dass für Sie der innenpolitische Gegner immer noch jemand ist, nicht mit dem man streitet, sondern der vernichtet werden muß; und dass es für Sie immer noch eine ‹Nebensache› (Höpker) ist, wenn dabei Anstand, Recht und Freiheit zum Teufel gehen.»[55]

Mittlerweile war infolge des öffentlichen Drucks allerdings auch die politische Szenerie in Bewegung geraten. Im Zuge der parlamentarischen Untersuchungen mußte Franz Josef Strauß, der zunächst jegliche Verantwortung für die Festnahme von Conrad Ahlers abgestritten hatte, sein eigenmächtiges Handeln eingestehen. Daraufhin traten am 19. November 1962 die fünf Bundesminister der FDP zurück. Zwar konnte Konrad Adenauer dank einer geschickten Verhandlungsführung schon Mitte Dezember der Öffentlichkeit eine leicht veränderte Regierungsmannschaft vorstellen – ohne den disqualifizierten Strauß natürlich. Aber auch der hochbetagte Kabinettschef, der sich zu Beginn der Affäre noch lautstark über einen «Abgrund von Landesverrat» empört hatte, war aus der heiklen Angelegenheit beschädigt hervorgegangen und hatte für das folgende Jahr das Ende seiner Amtszeit versprechen müssen. Rechtlich blieb die Affäre dagegen für alle Beteiligten folgenlos, selbst wenn Rudolf Augstein erst im Februar 1963, als letzter der inhaftierten Journalisten, das Gefängnis verlassen durfte, nachdem sich der Vorwurf des Landesverrats nicht erhärtet hatte. Ebenso endeten Jahre später alle anhängigen Prozesse mit Freisprüchen, einige Verfahren wurden sogar nicht einmal eröffnet, wie auch das Bundesverfassungsgericht eine Beschwerde des *Spiegel* abwies.[56]

Trotz des juristischen Remis kam der Ausgang der Affäre im wesentlichen einem Sieg für die Verteidiger der Pressefreiheit gleich, denen es gelungen war, das öffentliche Interesse auf die Causa Strauß zu lenken, während die Frage, ob das Nachrichtenmagazin mit seinem mitteilsamen Beitrag die nationale Sicherheit gefährdet hatte, in den hohen Wellen der allgemeinen Entrüstung unterging.[57] Haffner dürfte diese Entwicklung durchaus mitbeeinflußt haben. Mehrfach wurde sein dramatischer Abgesang auf die westdeutsche Demokratie in anderen Medien zitiert, und durch gelegentlich eingestreute Verweise auf seinen englischen Hintergrund sowie auf den Umstand, daß er an und für sich ein Gegner Augsteins und von dessen Ansichten sei, scheint er sich ein Höchstmaß an Autorität und Glaubwürdigkeit gesichert zu haben. Sogar der FDP-Vorsitzende Erich Mende zögerte nicht, in den Verhandlungen mit den Spitzen der Union Haffners Einschätzung anzuführen, der zufolge sich ein wortbrüchiger Minister wie «Strauß in England keine 24 Stunden mehr halten könne».[58]

Der letztendliche Rücktritt des Verteidigungsministers bewirkte indes nicht, daß Haffner in die alten Geleise zurückgekehrt wäre. Vielmehr hatte er sich, nach ungefähr einjährigen Geburtswehen, endgültig zu einem neuen politischen Standpunkt durchgerungen. Wieder einmal war nichts mehr so wie zuvor, und wenn Haffner einige Monate später die *Spiegel*-Affäre mit «einem Schuß in einer winterlichen Gebirgslandschaft» verglich, «der zwar sein Ziel verfehlt, aber eine Lawine auslöst», dann war das weniger eine adäquate Bestandsaufnahme der politischen Ereignisse als eine sehr anschauliche Beschreibung dessen, was in ihm selbst vorgegangen war.[59]

Schon am 13. November 1962 plädierte Haffner aus außenpolitischen Erwägungen dafür, in Bonn eine große, von Gerhard Schröder und Willy Brandt geführte Koalition zu bilden, und eine Woche später sprach er sich, nun im Zusammenhang mit der *Spiegel*-Affäre, für einen Rücktritt Adenauers aus. Der Sechsundachtzigjährige sei inzwischen zu einem politischen Unsicherheitsfaktor geworden, meinte Haffner.[60] Doch eigentlich wollte er auf sehr viel grundlegendere Neuerungen hinaus, die er freilich in der *Welt*, für die er nach wie vor schrieb, nicht propagieren konnte. Anfang Dezember 1962, nur vier Wochen nach den Zwistigkeiten über Haffners Kommentar zur *Spiegel*-Affäre, hat es Hans Zehrer nämlich erneut abgelehnt, einen Artikel des Kolumnisten zu drucken. «[N]achdem wir gerade mit ausserordentlicher Vorsicht und Verantwortung die WELT durch die innenpolitische Krise gesteuert haben, wird,» so der Chefredakteur gegenüber Axel Springer, in Haffners jüngstem Text Strauß «als Verfassungsverräter angeklagt und soll hinter Gitter (wenn wir daraufhin verklagt werden, trifft es nicht Haffner mit seinem ausländischen Pass, sondern die WELT darf ihren Kopf hinhalten, weil sie ihm Raum gegeben hat), und dem Bundeskanzler wird bescheinigt, daß die Mitwisserschaft gottlob nicht strafbar sei». Das sei aber nicht «das Allerschlimmste», setzte Zehrer sein Lamento fort, denn Haffner werbe sogar noch für «eine SPD-FDP-Regierung [...], die ich persönlich bis aufs Letzte bekämpfen würde und Sie wahrscheinlich doch auch». Vor allem dieser quertreiberische Eigensinn war es, der den Leiter der *Welt*-Redaktion aufbrachte, sei es doch, «gelinde gesagt, eine hanebüchene Unverschämtheit in der WELT gegen die WELT zu schiessen und etwas zu propagieren, was wir nun bestimmt niemals vertreten würden». Immerhin konnten sich beide Seiten offensichtlich noch einmal verständigen, und so erschien, wenn auch einen Tag später als üblich, ein begeisterter Artikel Haffners über den gegenwärtigen Linksschwenk in Europa.[61]

Daß sich seine außenpolitischen Ansichten ebenfalls fundamental geändert hatten, war bereits am 13. November 1962 deutlich geworden. Ganz anders als zwei Wochen zuvor, als er an Kennedys Strategie in der Kuba-Krise noch allerhand auszusetzen gefunden hatte, wertete Haffner nun die Schritte Washingtons als wegweisend und sah eine Phase amerikanisch-sowjetischer Zusammenarbeit anbrechen. Auch in der Berlin-Frage, glaubte er, würden sich die Supermächte demnächst verständigen, und zwar vermutlich auf eben jenes Modell, das Außenminister Rusk bereits im vergangenen Frühjahr vorgelegt hatte. Ein seinerzeit heftig angefochtener Eckpunkt der Regelung, «die Zugangsbehörde mit gleichberechtigter Beteiligung der Zone», sei jetzt «bereits fast offiziell akzeptiert», behauptete Haffner, der hier freilich etwas vorschnell von sich auf die Bonner Regierung schloß. Doch ohnehin, brachte er seinen Lesern bei, werde es zwecklos sein, gegen solche Konzessionen aufzubegehren, da die verstärkte Kooperation der beiden Großen unvermeidlich mit einem erheblichen Bedeutungsverlust für die Verbündeten der Vereinigten Staaten einhergehen werde.[62]

Bald darauf wollte Haffner auch von den nuklearen Ambitionen der Westdeutschen nichts mehr wissen. Besser wäre es, führte er in der *Welt* vom 11. Dezember aus, wenn sie sich nach dem vorläufigen Ende der Berlin-Krise wieder dem Schutz der amerikanischen Abschreckung anvertrauen und, wie von Washington gefordert, ihre konventionellen Streitkräfte aufstocken würden, anstatt sich in eigenen Atomprojekten zu verrennen. Anfang des Jahres 1963 schlug Haffner schließlich auch in der Deutschlandpolitik neue Töne an. «Soll man die Zähne zusammenbeißen und sich angewöhnen, mit der Mauer zu leben und ‹die da drüben› abzuschreiben, wie der Fuchs, der ein Bein in der Falle läßt und auf drei Beinen in die Freiheit humpelt?», fragte er am 22. Januar. «Oder soll man alles daransetzen, die Mauer ‹durchlässig› zu machen und ihre schlimmsten Folgen zu mildern, auch wenn man dabei seinen Stolz herunterschlucken, eine Niederlage anerkennen und vielleicht Rechtspositionen aufgeben muß?» Haffner favorisierte spürbar letztere Option. Daß Willy Brandt Mitte Januar auf Druck der Berliner CDU die Einladung, Chruschtschow zu treffen, nicht wahrgenommen hatte, mißbilligte er. Schließlich gebe es heute, anders als noch vor einigen Monaten, «kaum [eine] unmittelbare Gefahr», begründete Haffner seine plötzliche Verständigungsbereitschaft, «dafür aber ein quälendes Problem: wie man mit der Mauer fertig werden soll.»[63]

Die Redaktion der *Welt* hat sich von diesen Äußerungen in ungewohnter Nachdrücklichkeit distanziert; und dennoch waren es nicht die bestehenden politischen Meinungsverschiedenheiten, die schon zwei Wochen später Haffners endgültigen Bruch mit der Tageszeitung auslösten. Bereits Mitte Dezember 1962 hatte er mit Henri Nannen, dem Chefredakteur des *Stern*, Kontakt aufgenommen, und Ende Januar wurde Haffner den Lesern der Illustrierten als neuer Kommentator präsentiert, der von nun an im vierzehntäglichen Turnus seine Ansichten kundtun sollte. Beim Axel Springer Verlag war man über dieses zusätzliche Engagement alles andere als erfreut. Wie Hans Zehrer den Kolumnisten wissen ließ, werde seine Tätigkeit für die bunte Zeitschrift als unvereinbar mit einer weiteren Mitarbeit bei der *Welt* angesehen.[64]

In seinem Antwortschreiben hat Haffner argumentiert, er habe sich lediglich einen Ersatz für die eingestellte Beschäftigung bei *Christ und Welt* gesucht, und im übrigen wende er sich im *Stern* an ein völlig anderes Publikum als in der *Welt.* Das stimmte zwar, aber die beiderseitigen Animositäten waren insgesamt schon zu weit gediehen und die Reserven guten Willens offenkundig zu erschöpft, um noch eine gütliche Lösung des Konfliktes herbeiführen zu können. Bereits Anfang Dezember 1962 hatte der über Haffners politische Ansichten erboste Hans Zehrer Axel Springer versichert, daß er den Kolumnisten «lieber heute als morgen» die *Welt* verlassen sähe, und diesem Verdikt noch ein trotziges «Ich weine ihm keine Träne nach» hinterhergeschickt.[65]

Aber auch aus Haffners Sicht sprach alles dafür, der *Welt* den Rücken zu kehren. Ein Ultimatum, wie Zehrer es ihm gestellt hatte, war unvereinbar mit seinem beruflichen Selbstverständnis als freier Kolumnist, ganz zu schweigen von seinem persönlichen Stolz. Hinzu kamen praktische Erwägungen. Beim *Stern* sollte Haffner mehr als das Doppelte dessen verdienen, was ihm der Axel Springer Verlag zahlte, und darüber hinaus war absehbar, daß er seine neugewonnenen Einsichten bei der weitgehend unpolitischen Illustrierten sehr viel problemloser würde artikulieren können als in der *Welt*, die über ein eigenes weltanschauliches Profil verfügte.[66]

In der Tat sollte innerhalb weniger Wochen nach seinem Abschied von der *Welt* das ganze Ausmaß seines Positionswechsels offensichtlich werden. Bereits in seiner zweiten *Stern*-Kolumne, die am 10. Februar 1963 erschien, kritisierte Haffner die mangelnde Konsequenz der Westdeutschen im Umgang mit NS-Verbrechern. Zwei Wochen später warf er dann seinen Landsleuten vor, einem übertriebenen und törichten Antikommunismus zu frönen, und als er sich Mitte März über die deutsche Außenpolitik verbreitete, ließ er es auch auf diesem Gebiet nicht mehr an Deutlichkeit fehlen: «Jedes Kind kann heute sehen, daß Deutschland 1955 die falsche Kurve genommen hat, daß die Politik des amerikanischen Bündnisses gegen Rußland im wörtlichsten Sinn gegen eine Mauer geführt hat und daß, wer diese Politik heute noch weiterführt, wiederum im wörtlichsten Sinn mit dem Kopf durch die Wand will».[67]

Abb. 28 Mit seinem drastischen Meinungsschwenk nach der Spiegel-*Affäre hat sich Haffner den erbitterten Zorn des konservativ-bürgerlichen Lagers zugezogen. Ein besonders beliebtes Mittel der Kritik war der Hinweis auf seine früheren Ansichten. Auch der Karikaturist Oskar (eigentlich Hans Bierbrauer), der hauptsächlich für die* Berliner Morgenpost *arbeitete, hat ihn auf diese Weise zu denunzieren versucht.*

Kein Wunder also, daß Haffners spektakulärer Frontwechsel Anfang des Jahres 1963 reichlich Gesprächsstoff bot. Bundestagsabgeordnete aller drei Parteien verwahrten sich öffentlich gegen seine Thesen, und im April durfte er seinen neuen Standpunkt sowie die Gründe für sein Umdenken sogar im Fernsehen erläutern.[68] Äußerst positiv war dagegen – wie könnte es anders sein – die Resonanz in der DDR. Auf einer ganzen Seite wurde Haffners im Mai 1963 vorgelegtes Plädoyer für eine Konföderation der beiden deutschen Staaten im *Neuen Deutschland* diskutiert, und erfreut vermerkte Günter Kertzscher, der stellvertretende Chefredakteur des SED-

Organs, «daß [auch] ein realistisch denkender bürgerlicher Geist zu einem Punkt gelangen muß, wo eine Verständigung zwischen uns möglich wird». Die konservative Presse in Westdeutschland überzog ihn dagegen mit den schärfsten Attacken. Ein Mitarbeiter des *Kurier* wies ihm Mitte April 1963 genüßlich die ganze Bandbreite seines Meinungswechsels nach, beschuldigte ihn, sich dem Zeitgeist anzubiedern, und bedauerte abschließend, daß Haffner «seine Gescheitheit und sein klares Urteil an der Garderobe der Illustrierten abgegeben hat, für die er jetzt als ‹Star-Kolumnist› schreibt».[69]

Auch nachträglich ist in Haffners Rochade viel hineingeheimnist worden. Nicht nur Opportunismus hat man ihm vorgeworfen, sogar über pekuniäre Zuwendungen und über politische Hintergründe, insbesondere über eine Einflußnahme der DDR, wurde spekuliert.[70] Konkrete Indizien für solche Antriebskräfte liegen allerdings nicht vor, geschweige denn Beweise, und ein derart fremdgesteuertes Verhalten will auch nicht recht zu einem Menschen passen, der gerade erst demonstriert hatte, wie wichtig ihm seine Meinungsfreiheit und Unabhängigkeit waren.

Er selbst ist im übrigen eine doppelgleisige Strategie gefahren, um seinen rasanten Kurswechsel zu begründen. *Zum einen* war Haffner darum bemüht, die Tragweite seines Meinungsschwenks herunterzuspielen. «Ich kann nur sagen, ich bin derselbe bürgerliche, liberale, vielleicht sogar eher liberal-konservative Mensch, der ich immer gewesen bin», beteuerte er im April 1963, «[m]eine persönlichen Sympathien gehören dem Westen, für den Kommunismus habe ich nichts übrig, und die Mauer hier in meiner Vaterstadt macht mich ganz krank, heute nicht weniger als vor anderthalb Jahren.»[71] Zum anderen hat er seinen Umschwung, der natürlich trotz des Festhaltens am Ziel der Wiedervereinigung kaum größer hätte ausfallen können, als verspätete Reaktion auf den Mauerbau und das damit verbundene Scheitern der westdeutschen Wiedervereinigungspolitik hingestellt. Das war gewiß kein leeres Gerede, hat doch der 13. August 1961 gerade viele West-Berliner dazu gezwungen, ihre Ansichten zu überdenken.[72] Das ganze Ausmaß seiner Kehrtwende läßt sich indes mit der veränderten deutschlandpolitischen Lage nicht hinreichend erklären. Mochte sich Haffner in seinen Ausführungen auch noch so gerne auf einen Großmeister der Realpolitik wie Otto von Bismarck berufen,[73] im Herbst 1962 hat er sich wieder einmal von seinen überschießenden Emotionen mitreißen lassen, und zwar zu jenen weit entfernten Vorstellungen am anderen Ende des politischen Spektrums, die er bereits zwischen 1954 und 1958 verfochten hatte.

Schließlich waren es wohl auch die katalytischen Kräfte jener Jahre, die auf Haffner eingewirkt und ihn besonders weit nach links befördert haben. «Die gegenwärtige Staatskrise», schrieb ihm der konservative *Christ und Welt*-Mitarbeiter Armin Mohler in einem Brief vom 11. November 1962, habe «ja das Gute, dass sie trennt, was nicht zusammengehört, und zusammentreibt, was meinte [sic!] nichts miteinander zu tun zu haben.»[74] Dieser Befund läßt sich leicht auf die gesamte Spätphase der Ära Adenauer ausdehnen. Schon vor Haffner hatten beispielsweise die Redakteure Gert von Paczensky und Gösta von Uexküll den Axel-Springer Verlag verlassen und sich einem betont staatskritischen Journalismus verschrieben, während umgekehrt die Verteidiger der bestehenden Verhältnisse einen immer rigideren Kurs steuerten. Peter von Zahn etwa, beileibe kein Linker, hatte bereits im April 1962 seinen Kolumnistenposten bei der *Welt* aufgegeben, weil er die ständigen Bevormundungen durch die Redaktion nicht länger hinnehmen wollte. Kurzum, in einem kleinen Segment der Gesellschaft begannen schon damals jene Fronten sichtbar zu werden, die dann in der zweiten Hälfte der Dekade so erbittert aufeinanderprallen sollten.[75]

Der feinfühlige Haffner hat diesen Gezeitenwechsel sehr früh wahrgenommen. «Was die deutschen Angelegenheiten betrifft», prognostizierte er im März 1963, «versprechen die sechziger Jahre so schroff und bewegt zu werden, wie die fünfziger Jahre milde und schläfrig waren.»[76]

7. «DIE INFORMATION ALS PROVOKATION»[1] ODER DIE HOHE KUNST DER GLAUBWÜRDIGKEIT (1963–1966)

«Eine politische Meldung zu schreiben, ist verhältnismäßig einfach», erläuterte Henri Nannen, der Chefredakteur des *Stern*, 1964 in einem Interview, «ein allgemeinverständliches Geseire zu machen, ist auch verhältnismäßig einfach; aber Informationen so darzubieten, daß sie für den Kenner wegen ihrer nachrichtlichen Substanz noch interessant sind, aber auch für den Leser, der sich nicht gerade jeden Tag mit Politik beschäftigt, verständlich und interessant sind, das ist sehr schwer.» Entsprechend diffizil sei es, fuhr Nannen fort, dafür geeignete Journalisten zu finden. «[W]issen Sie, da geht es dem Chefredakteur dann oft so: Er sucht eine Kuh, die diese Milch geben soll, tritt in der Abenddämmerung hinter sein Haus, der Nebel ist über den Wiesen, und hier und da ragt aus dem Nebel ein Horn heraus, und dann greift er zu, zieht's rein, und dann war es ein Ochse. Und dann muß man eben wieder weitersuchen, bis man die Kuh findet.»[2]

Mit Sebastian Haffner hatte Nannen zweifelsohne einen hervorragenden Griff getan, entwickelte sich doch eine überaus ersprießliche Zusammenarbeit, die zwölf Jahre dauern sollte – und damit sehr viel länger als manch anderes prominentes Engagement beim *Stern*, etwa das des Publizisten William S. Schlamm oder auch das des stellvertretenden Chefredakteurs Gert von Paczensky.[3] Daß Haffners Auftritt in der schillernden Illustrierten ein solch anhaltender Erfolg beschieden sein würde, war 1963 nicht vorhersehbar gewesen. Zum einen war seine Glaubwürdigkeit mit der erheblichen Hypothek des jüngsten Meinungswechsels belastet, der – dafür sollten seine einstigen Mitstreiter schon sorgen – dem westdeutschen Publikum immer wieder in Erinnerung gerufen wurde. Zum anderen war Haffner, nachdem er zwei Jahrzehnte für ausgesuchte Qualitätszeitungen geschrieben hatte, nun an ein Massenblatt geraten, das eine sehr viel breitere und bodenständigere Klientel bediente, als es seine bisherigen Arbeitgeber getan hatten. *Vice versa* wurde hinter den Kulissen der populären

Zeitschrift ein unverblümterer, um nicht zu sagen hemdsärmeligerer Komment gepflegt, als ihn Haffner von seinen früheren beruflichen Stationen kannte. Wie aber würde sich ein eingefleischter Bürger in diesem Kollegium mit seiner berühmt-berüchtigten Freikorpsmentalität zurechtfinden?[4]

«Die immer aufregende Wahrheit»[5] *– Sebastian Haffner beim* Stern

Wenn der *Stern* 1964 in einer Auflage von über 1,6 Millionen Exemplaren erschienen ist, und mehr als ein Drittel der westdeutschen Bevölkerung über vierzehn Jahren angab, regelmäßig das in Hamburg erscheinende Journal zu lesen, dann war das in erster Linie das Verdienst Henri Nannens. Der hochgewachsene, stattliche Ostfriese hatte die Illustrierte im Sommer 1948 gegründet und dank eines in der Branche vielbewunderten Gespürs für die Wünsche der Leser auf die beschriebenen Höhen der Publikumsgunst geführt. Auch daß politische Fragen bald wieder in der Lage sein würden, die Massen zu bewegen, war Nannen frühzeitig, nämlich Ende der fünfziger Jahre, aufgegangen und hatte ihn veranlaßt, sein ursprünglich reines Unterhaltungsblatt mit entsprechenden Beiträgen anzureichern. Als Haffner 1963 seinen Kolumnistenposten antrat, überwogen im *Stern* jedoch noch die herkömmlichen Inhalte: Kriminalreportagen, intime Enthüllungen, Berichte über nationale und internationale Prominente sowie alle möglichen Rührstücke.[6]

Konservativen war der *Stern* deshalb suspekt. Einen «Vergnügungsdampfer» nannte Carl Gustaf Ströhm, Redakteur bei *Christ und Welt*, die Illustrierte und tat die darin präsentierte «Mischung von Demagogie, Striptease, Klatsch, Erotik und Leichen» als «geschmacklos und dumm» ab. Henri Nannen verwies in solchen Fällen auf die breitgestreuten Interessen der Leser und, letztlich, auf die Vielfalt des Lebens. «Gehört der Popo der Brigitte Bardot, den ich auch ganz gerne ansehe, nicht genauso dazu wie die Frage, ob Schröders Außenpolitik richtig oder falsch ist?», verteidigte er 1964 die zugkräftige Mixtur seiner Zeitschrift. Indes, auch einem distinguierten Zeitgenossen wie Haffner war ein solch ungenierter Populismus nicht ganz geheuer. Er habe sich «eine lässigere, wenn Sie wollen zynischere Einstellung zu dem, was außer meiner Kolumne im ‹Stern› erscheint» angewöhnt, rechtfertigte er sein Arbeitsumfeld im Oktober 1966 vor dem Philosophen Ernst Bloch. «Eine Illustrierte ist nun einmal eine Art Zirkus, in dem mit allen möglichen Schaustellungen, auch solchen zweifelhafter Art, die Menge angelockt wird. Und diejenigen, die zur Menge sprechen wollen, müssen sich damit abfinden, daß ihre Umgebung alles andere als ein Elfenbeinturm ist».[7]

Neben der Möglichkeit, seine Vorstellungen einem großen Publikum zu unterbreiten, und neben der exzellenten Vergütung seiner Artikel dürfte Haffner vor allem die große Meinungsfreiheit geschätzt haben, die man ihm nach einigen anfänglichen Reibereien bei seinem neuen Arbeitgeber eingeräumt hat. Solche ungewöhnlichen Lizenzen zu gewähren, fiel dem *Stern* seinerzeit leicht, war doch die Illustrierte weltanschaulich nicht allzu sehr festgelegt, jedenfalls bis Mitte der sechziger Jahre.[8]

Haffner fand sich daher zunächst in einem politisch ziemlich gescheckten Autorenensemble wieder, da Nannen, um die Aufmerksamkeit der Leser nicht nur für den «Popo der Brigitte Bardot», sondern auch für weniger aufregende Themen zu gewinnen, bei der Auswahl seiner Kommentatoren vor allem auf deren Wortgewalt geachtet hatte. Prominenz oder zumindest ein gewisses Renommee waren weitere unabdingbare Referenzen. Diesem Kalkül gehorchend, war 1959 der glühende Antikommunist William S. Schlamm Kolumnist des *Stern* geworden. Der aus Galizien stammende Remigrant hatte damals dank Nannens tatkräftiger Unterstützung mit dem Buch *Die Grenzen des Wunders*, in dem er unter anderem über einen Atomschlag gegen die Sowjetunion sinnierte, beträchtliches Aufsehen erregt und daraufhin die Gelegenheit erhalten, seinen leidenschaftlichen Kreuzzug gegen den Ostblock und alles irgendwie Linke in der vielgelesenen Illustrierten fortzusetzen.[9] Mit Erich Kuby, allseits bekannt als Verfasser des erfolgreich verfilmten Bestsellers *Rosemarie. Des deutschen Wunders liebstes Kind*, und Gert von Paczensky, zuvor Leiter des Fernsehmagazins *Panorama*, stießen 1962 beziehungsweise 1963 zwei linksorientierte Journalisten zu Nannens Mannschaft. Ein weiterer gelegentlicher Mitarbeiter, Paul Sethe, der frühere Herausgeber der *Frankfurter Allgemeinen Zeitung*, verfocht dagegen konservative Positionen, und eine zeitlang durfte Mitte der sechziger Jahre sogar der CSU-Vorsitzende Franz Josef Strauß seine Meinung im *Stern* kundtun, obwohl ihm die Redakteure der Illustrierten ansonsten nicht gerade wohlgesonnen waren.[10]

Was die meisten dieser Autoren verband, war eine kritische Einstellung zur bundesdeutschen Ostpolitik. Gemäß der Hallstein-Doktrin unterhielt Bonn noch immer keine offiziellen Beziehungen zu den Ländern des kommunistischen Blocks – mit Ausnahme der Sowjetunion –, und die Staatlichkeit der DDR wurde beharrlich bestritten. Darüber hinaus weigerte sich die Bundesregierung, die Oder-Neiße-Linie anzuerkennen, und auch die Opposition gab sich in dieser Hinsicht unnachgiebig, schon um Millionen Heimatvertriebener nicht hoffnungslos gegen sich aufzubringen.[11]

Aber waren die erhobenen Ansprüche fast zwei Jahrzehnte nach Kriegsende nicht schlichtweg unrealistisch? Und wäre es nicht klüger, mit Moskau, Warschau und Ost-Berlin über die strittigen Punkte ins Gespräch zu kommen, anstatt der Sowjetunion und ihren Satelliten mit unverhohlener Feindseligkeit zu begegnen? Diese Fragen beschäftigten zunehmend auch den *Stern*, der insbesondere die offensichtliche Perspektivlosigkeit der westdeutschen Strategie immer wieder herausstellte. Derart angefaßt, entfaltete auch das vertrackte Thema Ostbeziehungen einen massentauglichen Reiz, zumal wenn der politische Tabubruch von prominenter Seite begangen wurde, wie etwa im Juli 1964, als kein geringerer als der berühmte Historiker Golo Mann für eine Anerkennung der Oder-Neiße-Linie plädierte.[12]

Die Speerspitze in Henri Nannens erklärtem «Kampf gegen die verlogene Als-Ob-Politik»[13] war jedoch Sebastian Haffner. Als der neueingestellte Kolumnist im März 1963 den Lesern des *Stern* seine Ansichten zur Deutschland-Frage vortrug, hielt er sich mit Detailabwägungen, ob, wie und auf welcher Ebene man mit Repräsentanten der DDR sprechen dürfe, gar nicht erst auf. Statt dessen empfahl er seinen einstigen Landsleuten, kurzerhand jenen Friedensvertrag anzunehmen, den Nikita Chruschtschow am 10. Januar 1959, also zu Beginn seiner Berlin-Offensive, vorgelegt hatte. Während alle Bemühungen Washingtons, die deutsche Frage zu regeln, darauf hinauslaufen würden, die gegenwärtige Teilung festzuschreiben, eröffne der sowjetische Entwurf zumindest realistische Chancen auf eine Wiedervereinigung, argumentierte Haffner. Schließlich könnten die beiden deutschen Staaten, einmal aus ihren jeweiligen Bündnissen entlassen, ihre Kontakte intensivieren, eine Konföderation bilden und langfristig auf einen Zusammenschluß hinwirken.[14]

Wie radikal diese Vorschläge waren, zeigt die entschiedene Ablehnung, auf die Haffners Gedankenspiele selbst bei Willy Brandt trafen. Der Regierende Bürgermeister West-Berlins, an und für sich ein Vorreiter der Entspannungspolitik, bezeichnete in einer Replik, die er auf den vieldiskutierten Artikel Haffners verfaßt hat, «ein vertrauensvolles Verhältnis zu den Vereinigten Staaten» als «das A und O unserer Politik». Die Befürchtung, die Amerikaner würden einen «Teilungsvertrag» anstreben, hielt das Stadtoberhaupt hingegen für absolut unbegründet. Gleichermaßen irritierten

Brandt die übergroßen Hoffnungen, die Haffner in die Sowjets setzte. «[A]n dem Willen des Kremls, die Zone in seiner Gewalt zu behalten», sei «jedenfalls im Augenblick nicht zu zweifeln», stellte der SPD-Politiker fest und bekräftigte, daß die Bundesrepublik zwar ihre Beziehungen zur Sowjetunion neu gestalten müsse, aber selbstverständlich nur in Absprache und Übereinstimmung mit ihren westlichen Verbündeten.[15]

Nun, Brandt mußte es wissen. Bereits Anfang des Jahres 1959 hatte ihm der Außenminister der Vereinigten Staaten, John F. Dulles, zu verstehen gegeben, daß eine Neutralisierung Deutschlands unter keinen Umständen in Betracht komme. «Die Russen und wir mögen uns über tausend Dinge uneinig sein», hatte der todkranke Amerikaner dem späteren Bundeskanzler versichert. «Doch über eines gibt es zwischen uns keine Meinungsverschiedenheit: Wir werden es nicht zulassen, daß ein wiedervereinigtes, bewaffnetes Deutschland im Niemandsland zwischen Ost und West umherirrt.»[16]

Mindestens ebenso sehr wie Haffners Sicht auf die Supermächte verblüffte der grenzenlose Optimismus, mit dem der *Stern*-Kolumnist einer Zusammenarbeit der beiden deutschen Staaten entgegensah. Befürchtungen, daß die Ost-Berliner Kommunisten ihre Macht über das ganze Land ausdehnen könnten, teilte er nicht. Vielmehr mußte seines Erachtens «die Überlegenheit der Bundesrepublik unvermeidlich zutage treten», sollten die Sowjets und Amerikaner Deutschland eines Tages verlassen. «Denn die Bundesrepublik ist groß», begründete er seine Zuversicht, «die Zone klein, die Bundesrepublik reich, die Zone arm, die Bundesrepublik wird vom deutschen Volk so, wie sie ist, im großen ganzen akzeptiert, die Zone nicht.»[17]

Anfang Mai 1963 ließ er sich noch einige weitere Argumente einfallen, um die in der Bundesrepublik verbreiteten Berührungsängste gegenüber den sozialistischen Machthabern jenseits der Elbe abzubauen. Konkurrierten nicht in den meisten westeuropäischen Demokratien, etwa in Frankreich oder Belgien, Kommunisten und Nichtkommunisten friedlich um die Stimmen der Wähler? Und wie menschlich gingen selbst erbitterte politische Gegner im «Land Don Camillos und Peppones» miteinander um! Sogar in Polen, Ungarn und Jugoslawien, behauptete er, herrsche eine größere ideologische Gelassenheit als in Deutschland, gebe es dort nicht «diese gegenseitige Totschlagsfurcht und Totschlagsbereitschaft wie bei uns». Von solchen Unsitten müßten sich die Deutschen schleunigst frei machen, forderte Haffner, richtete seine Ermahnung aber in erster Linie an die Bundesbürger. Schließlich seien es zunächst die Antikommunisten gewesen, die in der Anfangsphase der Weimarer Republik und dann im «Dritten Reich» die extreme Linke verfolgt und viele ihrer führenden Kader getötet hätten, und deshalb werde man den Vertretern der SED wohl auch «ein paar Vorgaben zugestehen müssen», wenn «sie sich aus ihrem ummauerten Schutzpark wieder in die freie Wildbahn gesamtdeutscher demokratischer Politik hinauswagen sollen».[18]

Das war dann doch etwas zu viel, und so wurde Haffner kurz darauf von dem liberal-konservativen Publizisten Matthias Walden in der Illustrierten *Quick*, einem Hauptkonkurrenten des *Stern*, zur Rede gestellt. Eine irgendwie geartete Synthese aus Demokratie und Diktatur, die ja wohl das Endergebnis des von Haffner skizzierten deutsch-deutschen Annäherungsprozesses sein solle, hielt der Chefkommentator des *Sender Freies Berlin* für utopisch. «‹[E]in bißchen Freiheit›», erklärte er in seinem Artikel gebe es ebensowenig «wie ein bißchen Schwangerschaft», unter anderem deshalb, «weil der Kommunismus in der Freiheit, die wir meinen, nicht einen Tag politisch überleben könnte». Daß die sozialistische Nomenklatura für Haffner eine schutzbedürftige Minderheit darstellte, die man mit Sonderrechten ausstatten müsse, brachte Walden, der seine ersten journalistischen Erfahrungen in der DDR gesammelt hatte, besonders auf, eröffnete ihm aber zugleich die Gelegenheit, sich eingehend über das Ost-Berliner Regime und seine jüngsten Schandtaten zu empören, und zwar ähnlich emphatisch, wie es sein kritisierter Kollege zwischen 1958 und 1962 so gerne getan hatte.[19]

Dieser eilte indes unverdrossen von Eklat zu Eklat. Ende Juni 1963 handelte sich Haffner ein Ermittlungsverfahren wegen des Verdachts auf Verächtlichmachung der Rechtsbehörden ein, weil er es für angemessen gehalten hatte, «das deutsche Justizsystem» als ein «Schreckens- und Folterinstrument des Obrigkeitsstaates»[20] zu bezeichnen. Drei Wochen später, Mitte Juli 1963, sorgte dann Haffners Kommentar zur Berlin-Visite des amerikanischen Präsidenten für einen öffentlichen Skandal. Mit seinem pathetischen Bekenntnis zu der ummauerten Stadt hatte John F. Kennedy am 26. Juni 1963 die Menge vor dem Schöneberger Rathaus zu Begeisterungsstürmen hingerissen, und zwei Tage später war auch Nikita Chruschtschow, dem Ersten Sekretär der KPdSU, in Ost-Berlin ein euphorischer Empfang bereitet worden. Haffner grämte sich über dieses Gebaren. Zu sehr erinnerte es ihn an den kollektiven Taumel, der seine Landsleute im August 1914, im März 1933 und – wie er fälschlicherweise meinte – auch

Abb. 29 Die bisherige Deutschlandpolitik der Bundesrepublik sei «gescheitert, die hat zur Mauer und zum Schießbefehl geführt», klärte Sebastian Haffner im Januar 1964 die Zuschauer des ZDF auf, und mußte dafür harte öffentliche Kritik einstecken. Daß er die Aufregung um seine Person allerdings auch ein wenig genossen hat, wird man angesichts seines schelmischen Grinsens wohl annehmen dürfen.

im September 1939 erfaßt hatte. Die Deutschen, schimpfte er im *Stern*, «können einer Gelegenheit, in Jubel auszubrechen, nun einmal nicht so leicht widerstehen, ob es nun ein Kriegsausbruch ist, oder die Machtübernahme eines heimischen Diktators, oder der Einzug eines fremden Eroberers».[21] Derartige Schmähungen konnten nicht unerwidert bleiben. *Bild* bemühte sich, Haffner unter Verweis auf seinen kürzlich vollzogenen Positionswechsel lächerlich zu machen, der Berliner Bürgermeister und Stellvertreter Willy Brandts, Heinrich Albertz, legte im *Stern* ein gutes Wort für die Bewohner der geteilten Stadt ein, und Gerd Bucerius, der Verleger und Mehrheitseigentümer der Illustrierten, distanzierte sich von einigen besonders polemischen Äußerungen seines Kolumnisten.[22]

Haffner ließ sich von solchen Ermahnungen jedoch nicht beirren. Als er am 22. Januar 1964 in der *ZDF*-Fernsehdiskussion *Zur Sache* mit Matthias Walden, Egon Bahr und dem CSU-Bundestagsabgeordneten Karl Theodor Freiherr von und zu Guttenberg die Optionen der Bonner Ostpolitik durchging, regte er erneut deutsch-deutsche Gespräche an, die seines Erachtens unverzüglich und möglichst auf Ministerebene geführt werden sollten. Daß dadurch das ostdeutsche Regime eine unverdiente

Aufwertung erfahren würde, fand Haffner nicht; vielmehr wollte er in den geforderten Verhandlungen eine Chance für die Bundesrepublik erkennen, sich «von einer lästigen Fessel», nämlich dem bislang erhobenen Alleinvertretungsanspruch, elegant zu befreien. Vorleistungen der Sozialisten, beispielsweise eine Aufhebung des Schießbefehls an der Mauer, hielt er deshalb nicht für angebracht. «Wenn man eine Mauer baut, muß man auch einen Schießbefehl geben, sonst wäre die Mauer nur ein Witz», erklärte Haffner trocken und fuhr dann fort: «Jeder Mensch und jeder Staat, jede Regierung [...] hat einen Selbsterhaltungstrieb; und da zeigt sich eben, was bei der Politik der Bundesregierung gegenüber der DDR herausgekommen ist: Die alte Politik ist gescheitert, die hat zur Mauer und zum Schießbefehl geführt.»[23]

«Sehen Sie, meine Damen und Herren, hier werden Ursache und Wirkung in den richtigen Zusammenhang gestellt», freute sich der Chefkommentator des DDR-Fernsehens, Karl-Eduard von Schnitzler, als er in einer Folge seines *Schwarzen Kanals* auf Haffners Ausführungen einging. In Westdeutschland wurden seine Einlassungen dagegen weniger freundlich aufgenommen. «Man kann nicht mit einem Mann diskutieren, dem man erst einmal den Unterschied zwischen einem Laubfrosch und einem Klavier erklären muß», echauffierte sich etwa der Autor eines Artikels, der mit den Worten «Lieber ohne Haffner» überschrieben war. *Die Zeit* reagierte demgegenüber nachsichtiger. Die Hamburger Wochenzeitung, bei der Theo Sommer und Marion Gräfin Dönhoff ebenfalls, wenn auch mit weniger Aplomb, auf einen ostpolitischen Kurswechsel hinarbeiteten und die ohnehin über den gemeinsamen Eigentümer Bucerius mit dem *Stern* gut stand, stellte die Ansichten Haffners neben diejenigen seines Hauptkontrahenten Guttenberg und überließ es dem Leser, sich eine Meinung zu bilden. Hans Zehrer indes hielt «diese Clique, die sich da um Bucerius gesammelt hat, [sogar] für bedeutend gefährlicher als Rudolf Augstein und seine Leute». Der *Spiegel*, teilte der inzwischen entmachtete Chefredakteur der *Welt* Ende Februar 1964 Axel Springer mit, sei demgegenüber «schon zu einem konservativen Blatt geworden».[24]

In den folgenden Monaten riß die öffentliche Kritik an Haffners deutschlandpolitischen Thesen nicht ab, und irgendwann wurde es auch Henri Nannen zuviel. Zwar hatte der Chefredakteur des *Stern* im Dezember 1962, als er Haffner einstellte, diesen ausdrücklich aufgefordert, den Lesern nicht nur «ein gewisses politisches und staatsbürgerliches ‹Koordinatensystem› zu vermitteln», sondern möglichst auch «die Informationen als Provokation zu verkaufen», gemäß der Devise: «die immer aufregende Wahrheit». Im Mai 1964 hielt Nannen allerdings den Zeitpunkt für gekommen, um mäßigend auf seinen Kolumnisten einzuwirken. Er entwickle sich, hielt der berühmte Blattmacher ihm vor, immer mehr zu einem «‹Anti-Schlamm›», was «der Durchschlagkraft [sic!] Ihrer Kolumnen schadet». Außerdem befasse er sich zu sehr mit Ostpolitik. Haffner erinnere, zitierte Nannen einen Leserbrief, an einen «Pastor, der jeden Sonntag über die gleiche Stelle aus dem Evangelium predigt. Damit verjagt er schließlich seine Gemeinde».[25]

Der Chefredakteur, gewohnt, in den Räumen des *Stern* zu walten, hatte seinen Tadel auch sonst in jovialen Wendungen abgefaßt und Haffner bis hin zu Abschiedsgedanken gekränkt. «Wenn Sie mich behalten wollen, dann müssen Sie mich jetzt vorsichtig behandeln»[26], heißt es warnend in einer Antwortskizze des Kritisierten, und in einem anderen Briefentwurf hat Haffner seinen Vertrag mit der Illustrierten sogar ohne weiteres gekündigt. Doch letztlich arrangierten sich die beiden unterschiedlichen Männer. Gravierende Einmischungen oder Themenvorgaben scheinen in den folgenden Jahren die Ausnahme geblieben zu sein, und die nächsten Schreiben, die Haffner von seinem Arbeitgeber erhielt, waren ausgesucht verbindlich. «Wir sind froh, Sie als Stein des Anstosses in unserem Garten zu haben», versicherte Nannen dem Starkolumnisten im Dezember 1964.[27]

Das unerfreuliche Renkontre vom Mai 1964 war allerdings nicht die erste Querele beziehungsweise Machtprobe gewesen, die Haffner seit seiner Ankunft bei der Hamburger Illustrierten hatte bestehen müssen. So war er in der Anfangsphase – abgesehen von einigen organisatorischen Problemen – mehrfach mit seinem Kolumnistenkollegen William S. Schlamm zusammengestoßen. Bereits bei seiner Premiere im *Stern* hatte Haffner den konservativen Journalisten wegen dessen obrigkeitsstaatlicher Haltung in der *Spiegel*-Affäre zurechtgewiesen, und der Attackierte mochte es als eine Art Revanche betrachten, wenn er seinerseits einige Wochen später gegen den blattinternen Widersacher zu Felde zog. In der Ausgabe vom 21. April 1963 berichtete Schlamm zunächst von einem österreichischen Invaliden, der nach dem Ersten Weltkrieg mit dem Ruf «Halt's mi z'ruck! I bin a Kopfschüßler – i bin unzurechnungsfähig!» politische Versammlungen gesprengt habe. Ähnlich, insinuierte er wenig später, verhalte es sich mit Haffners kürzlich vorgestellten Neutralisierungsplänen. «Man ruft einfach in eine hysterisierbare deutsche Situation ein paar erregte Worte hinein. Also etwa ‹raus mit den Amerikanern – rin in die rote Grütze!› Man hat ja einen Jagdschein.» Und da die Deutschen bekanntermaßen zu Überspanntheiten neigten, genüge solch «ein kräftiges ‹Halt's mi z'ruck!› – und schon macht man Eindruck».[28]

Henri Nannen hat sich daraufhin bei Haffner umgehend entschuldigt. Gewiß, es liege in seiner Absicht, im *Stern* «verschiedene Meinungen aufeinanderprallen zu lassen», führte der Chefredakteur in seinem Besänftigungsschreiben aus. Allerdings schwebe ihm «eine sachliche und ressentimentlose Auseinandersetzung» vor, nicht ein «persönliches Anpöbeln», wie Schlamm es sich geleistet habe. Er werde jedenfalls in Zukunft persönlich dafür Sorge tragen, daß solche Entgleisungen sich nicht wiederholten, versicherte der allmächtige Blattmacher Haffner und ließ diesem Versprechen offenbar sofort entschiedene Taten folgen. Noch am gleichen Tag muß Nannen nämlich auch seinem ausfällig gewordenen Kommentator, mit dem er zuvor schon verschiedentlich gehadert hatte, mitgeteilt haben, daß er den im September auslaufenden Kolumnistenvertrag nicht verlängern wolle. Den ohrfeigenartigen Höhepunkt der Abstrafung bildete jedoch erst das Öffentlichmachen der delikaten Vorgänge. Zwei Wochen später, Anfang Mai 1963, verbreitete sich *Der Spiegel* unter der Überschrift «Friede seiner Masche» genüßlich über die Entlassung des bekannten Antikommunisten, und es dürfte wohl kaum Schlamm gewesen sein, der das Nachrichtenmagazin mit den nötigen Informationen versorgt hatte.[29]

Im Zuge der Schlamm-Affäre hatte Nannen Haffner zwar noch einmal ausdrücklich bestätigt, daß er von nun an wöchentlich im *Stern* vertreten sein solle, aber das endgültige Ausscheiden seines konservativen Widerparts beschwor im Spätsommer 1963 neue Mißhelligkeiten herauf. Nun ging es um Journalisteneitelkeiten, genauer, um einen vorderen und deshalb prominenteren Platz innerhalb der Illustrierten, wo bis dahin Haffners Kolumnen anzutreffen gewesen waren, wo aber jetzt – ohnehin stand ja eine Restrukturierung des Blattes an – Gert von Paczensky gerne seine Zwischenrufe gesehen hätte. Die Aussicht, «sich hinten unter ‹ferner liefen› tummeln» zu müssen, während Nannen, sein Vertreter und Anneliese Friedmann, allseits bekannt unter dem Pseudonym «Sibylle», mit ihren Kommentaren auf den prestigeträchtigen ersten Seiten angesiedelt sein sollten, fand Haffner dann doch allzu degradierend, so daß er im August 1963 anbot, entweder zu dem ursprünglich vereinbarten vierzehntäglichen Turnus zurückzukehren oder seine Mitarbeit ganz einzustellen; und anscheinend genügte diese Drohung, um seinen Anspruch auf eine Premium-Position zu behaupten.[30]

Durchgesetzt hat er sich schließlich auch in dem viel schwererwiegenden Konflikt vom Frühjahr 1964. Damals monierte Nannen nicht nur Haffners vorrangig außenpolitische Themenwahl, er erhob auch Einspruch gegen dessen Absicht, regelmäßig an der Zeitschrift *Konkret* mitzuwirken, ein Vorhaben, das der Illustriertenchef gleich aus mehreren Gründen mißbilligte. Die neue Betätigung, lautete ein Einwand, verletzte die exklusiven Verwertungsrechte des *Stern*. Zwar gestatte der geschlossene Vertrag Haffner Publikationen in politischen Monatsheften, aber im Fall von *Konkret* witterte Nannen dennoch ein potentielles Konkurrenzprodukt, werbe doch die Zeitschrift für sich als «Illustrierte für Interessierte». Daß Haffners Beiträge als Buchkritiken firmierten, konnte die Bedenken seines Hauptarbeitgebers gleichfalls nicht zerstreuen. Nachdem die erste Folge von «Sebastian Haffners Monatslektüre» Mitte Mai 1964 erschienen war, beanstandete Nannen, daß es sich bei der angekündigten Rezension letztlich um einen politischen Kommentar gehandelt habe; und das stimmte auch. In aller Regel war der besprochene Titel für Haffner kaum mehr als eine intellektuelle Startbahn, von der er zu weitschweifigen Überlegungen in alle möglichen Gefilde aufbrach.[31]

Daß ihm bei seinen allmonatlichen Gedankenflügen anscheinend keinerlei Restriktionen auferlegt waren, muß für Haffner einen wesentlichen Reiz des so hart erkämpften Arrangements ausgemacht haben, zumal angesichts des für seine Verhältnisse äußerst bescheidenen Honorars von zunächst nur 200 DM pro Artikel.[32] Dafür durfte er in *Konkret* ungehindert seinen altmodischen literarischen Vorlieben frönen oder auch die eine oder andere besonders radikale These aufstellen, wie im April 1966, als er die kommunistische Deutung des Nationalsozialismus übernahm und Hitler als einen «Vertreter des kapitalistischen Industriefeudalismus in seiner extremsten Form» bezeichnet hat. Manchmal geriet er auch schlichtweg ins Schwadronieren. «Das englische politische Weltbild besteht vorwiegend aus Küsten», erläuterte Haffner im Juli 1965, «das Innere der Kontinente ist fremd, fern, komisch-unheimlich. Suez, Kapstadt und Singapore liegen, von London aus gesehen, um die nächste Straßenecke; Prag und Budapest sind weit weg».[33]

Der zweite Grund für das von Nannen eingelegte Veto war politischer Natur. Er sei sich mit Gerd Bucerius einig, ließ der Chefredakteur Haffner am 12. Mai 1964 wissen, «dass Sie sich durch die Mitarbeit bei ‹Konkret› in einer Weise abstempeln, die der Durchschlagskraft Ihrer Kolumnen im STERN schaden muss». In der Tat war die Zeitschrift für Politik und

Abb. 30 Als Sebastian Haffner 1964 fester Mitarbeiter von Konkret *wurde, war die von Klaus Rainer Röhl (links) geführte Zeitschrift ein etwas zwielichtiges Nischenprojekt am äußersten linken Rand des politischen Spektrums. Nur wenige Jahre später war die aufmüpfige Illustrierte zum Kultblatt der Studentenbewegung aufgestiegen, und die* Konkret-*Kommentatorin Ulrike Meinhof zu einer landesweit bekannten Journalistin geworden. Sebastian Haffner durfte sich zumindest einmal mehr sein Gespür für künftige Entwicklungen zugute halten.*

Kultur, die wenige Jahre später zum «Kampfblatt der Studentenbewegung» avancieren sollte, damals ein etwas zwielichtiges Nischenprojekt am äußersten linken Rand des politischen Spektrums. Ihr Gründer und Leiter, Klaus Rainer Röhl, gehörte zwischen 1956 und 1964 der illegalen KPD an und ließ sein Magazin bis zum Sommer 1964 von der DDR subventionieren. Entsprechend war der Inhalt. «Sind Vertriebene Nazis?» fragte ein Artikel in eben jener Ausgabe, in der Haffner mit seiner «Monatslektüre» debütierte. Der unbestrittene Star des Blattes war jedoch Ulrike Meinhof, die damalige Ehefrau Röhls. Ebenso wie die Kommentare Haffners kennzeichnete auch ihre Beiträge eine «drastische Sicherheit des Urteils», die es ihr erlaubte, die eigenwilligsten Ansichten als unumstößliche Gewißheiten zu präsentieren. «Seitdem es in der Bundesrepublik keine parlamentarische Opposition mehr gibt, sondern nur eine übrig gebliebene Partei, die von den Regierungsgeschäften ausgeschlossen ist, geht der Streit um die Zukunft der deutschen Politik quer durch die Parteien und Ministerien», legte sie etwa in ihrer Kolumne vom Mai 1964 los.[34]

Haffner indes beharrte auf seinen vertraglich zugesicherten Rechten und ließ sich von einer Mitarbeit bei der aufsässigen Studentenzeitschrift durch keines der vorgetragenen Argumente abbringen. Daß Henri Nannen in den spannungsreichen Maitagen des Jahres 1964 nicht nur in Sachen *Konkret* einlenkte, sondern auch Haffners Vorschlag annahm, für den *Stern* eine historische Serie über den Ersten Weltkrieg zu schreiben, komplettierte dessen Triumph, der im wesentlichen seinem seltenen Ruhm und damit einhergehenden Marktwert geschuldet gewesen sein dürfte. Nannen hätte sich anhand der tausenden, überwiegend positiven Zuschriften leicht davon überzeugen können, daß er die Leser keineswegs langweile, verwahrte sich Haffner gegen die herablassenden Belehrungen aus Hamburg. Auch die von Infratest ermittelten Daten würden die Popularität seiner Einlassungen belegen. Im Rückblick füllte die an die Illustrierte gesandte Post sogar ganze Schränke. Zwei Damen des Verlages hätten ihm bei ihrer Bearbeitung zur Seite stehen müssen, erinnerte sich Haffner 1987.[35]

Zu Hause gestaltete sich die Bewältigung der Brief-Fluten für Haffner, den selbsterklärten «Ein-Mann-Betrieb», allerdings schwieriger. «Es haben sich bei mir, von meiner Frau in einem halben Dutzend Mappen wohlgeordnet, einige hundert unbeantwortete Briefe angesammelt, die als Dauerbelastung meines Gewissens fungieren, im übrigen aber leider langsam verschimmeln», teilte Haffner im November 1963 einem Gleichgesinnten mit, den er über Gebühr auf eine Antwort hatte warten lassen.[36] Doch immerhin konnte sich auch eine ganze Reihe von Lesern über Erwiderungen freuen. Die überschwengliche Bewunderin, die ihn zu ihrem «politische[n] Seelsorger» erkoren hatte, erhielt ebenso eine persönliche Replik wie jener Herr aus Gütersloh, der so überaus dankbar war, daß Haffner «den Deutschen einen Ausweg in möglicher Richtung Frieden, Wiedervereinigung in Freiheit, Überleben, Aussöhnung, usw.» weise; und selbst der neunmalkluge Student aus Gießen, der von Haffner wissen wollte, ob West-Berlin bis zur endgültigen Regelung der deutschen Frage nicht ein amerikanischer Bundesstaat werden könne, wurde mit einigen lehrreichen Zeilen bedacht.[37]

Wie sehr er inzwischen im Rampenlicht des allgemeinen Interesses stand, brachte im Mai 1963 ausgerechnet sein politischer Erzfeind Matthias Walden zum Ausdruck, der, als er in der Illustrierten *Quick* Haffners Wiedervereinigungspläne zerpflückte, es nicht einmal für nötig hielt, den ermahnten Widersacher namentlich zu erwähnen. Lediglich ein Zitat am Rand des Textes verwies auf den bekannten Kollegen. Aber auch in gebildeten Kreisen, unter Ärzten, Rechtsanwälten und Geistlichen, erfreute sich Haffner eines beachtlichen Ansehens. Einer Studie des Instituts für Demoskopie in Allensbach zufolge war er für vierzehn Prozent der befragten Akademiker Mitte der sechziger Jahre eine orientierungstiftende Instanz, und damit belegte er, zwar hinter Eugen Kogon, Paul Sethe, Heinrich Böll und Marion Gräfin Dönhoff, aber noch vor Rudolf Augstein und sogar deutlich vor Henri Nannen, den siebten Platz des ermittelten Klassements.[38]

Gewiß, sein ungewöhnlicher Lebenslauf und das kuriose Image als der «Publizist aus England mit der Leidenschaft für Deutschland» mögen Haffner beim Kampf um die Köpfe und Herzen der Westdeutschen zugute gekommen sein sowie seine Emigrantenvergangenheit, die er als Mittel der Autoritätssteigerung allerdings nur sparsam eingesetzt hat. Möglicherweise trug auch das unterhaltsame Umfeld, in dem er sich zu Wort meldete, zur Eingängigkeit seiner Äußerungen bei, dürfte doch, wer sich zuvor bei einer illustrierten Geschichte aus der Welt der Reichen und Schönen entspannt hatte, Haffners drastische politische Thesen geneigter zur Kenntnis genommen haben, als das in einer Tages- oder Wochenzeitung der Fall gewesen wäre.[39]

Entscheidend für Haffners Erfolg aber war zweifellos seine überragende Argumentations- und Formulierungsgabe, die immer wieder bemerkt worden ist, insbesondere von Berufsgenossen, die seine politischen Ansichten nicht teilten. «Haffner ist ein Markenartikel», schrieb beispielsweise im April 1964 ein Kollege vom *Kurier*, der einen Vortrag des *Stern*-Kolumnisten zum Thema Wiedervereinigung besucht hatte. «Wenn sein Name auf dem Programmzettel steht, gibt es volle Häuser. Da ist einer, der aufräumt, denken die Leute, da ist einer, der die Wahrheit sagt. Die Geschichte der letzten fünfzehn Jahre in Klarsichtpackung, es ist alles so einfach. Man streiche die deutsche Politik (wenn es sie gab), Irrtum von Bonn, und nehme Haffner, denn Haffner macht's möglich.» Einige Zeilen tiefer kippte die Polemik endgültig in Bewunderung um. «Es ist erstaunlich», heißt es da, «wie populär Haffner, der manchen gesamtdeutschen Schutthaufen brillant zu entrümpeln versteht, mit seinen Argumenten ist, die anders ausgesprochen jedem Politiker im Wahlkampf das Rückgrat brechen würden.»[40]

Völlig unvorhersehbar ist ihm die Gunst des Publikums freilich nicht zugefallen. Schließlich beherrschte Haffner gerade für das Illustriertengeschäft wichtige Fähigkeiten wie das Zuspitzen, Vereinfachen und Anschaulichmachen seit längst vergangenen Feuilletonistentagen, und die damals trainierten Schreibstrategien erlaubten es ihm nun, seine Kolumnen mit einem Höchstmaß an Drastik und Eingängigkeit auszustatten. Der redensartliche «Blinde mit Krückstock» tauchte jetzt in seinen Beiträgen ebenso auf wie die «Schweinerei». Manche saloppe Wendung ging allerdings auf die Redaktion zurück. «Dünngemacht» lautete etwa die endgültige Überschrift eines Artikels, den Haffner zunächst mit «Und nun endlich ein wahres Wort über ‹Disengagement›» betitelt hatte.[41]

Solche Zugeständnisse an die Millionenleserschaft des *Stern* bedeuteten indes nicht, daß Haffner auf das bildungsbürgerliche Schmuckwerk verzichtet hätte, mit dem er seine Artikel für gewöhnlich verzierte. Im Gegenteil. Goethe-Worte, Bismarck-Zitate und unzählige Sentenzen vermittelten nach wie vor eine Aura von Belesenheit, Seriosität und Glaubwürdigkeit. Allzu *sophisticated* wollte Haffner allerdings auch nicht erscheinen, und so spielte er dann und wann den Naiven. «Ich muß wohl dümmer sein als der Durchschnitt», kokettierte er einmal: «Fast jedem scheint der Fall ‹Panorama› jetzt ganz klar zu sein, aber mir ist er absolut nicht klar. Man geniert sich natürlich, so als einziger in der Klasse den Finger zu heben: ‹Bitte, Herr Lehrer, ich verstehe das nicht.› Aber auch wir Dümmeren möchten ja gern verstehen, was im Staate vorgeht».[42]

Daß er sich derart nach Belieben verbreiten konnte, ließ beim Bundesnachrichtendienst Erwägungen aufkommen, seine öffentliche Desavouierung zu betreiben. Haffner fungiere «mit seinen Artikeln im ‹Stern› (Reichweite 10–12 Millionen Leser) als ‹Vorbeter› und ‹Themen-Tipper› für eine ganz Reihe BRD-feindlicher Publizisten, Rundfunk- und Fernsehkommentatoren, [...] usw.», heißt es in einem internen Dossier, das vom 31. August 1966 datiert. Spekulationen, er stehe mit dem SED-Regime im Bunde, ließen Haffner in den Augen des anonym gebliebenen Informanten sogar zum veritablen Hochverräter anwachsen, der «unter dem Schutzmantel der Presse-‹Narren›-Freiheit» in West-Berlin «prächtige Gelegenheit zu ungehinderten Umtrieben» habe. Um diesem Mißstand abzuhelfen, wollte dem um das Staatswohl besorgten Agenten sogar eine gezielte Diskreditierungskampagne statthaft erscheinen. «Man muß H. als unglaubwürdigen, opportunistischen, querulanten [sic!] Schreiberling darstellen», forderte der Verfasser, wie so viele Mitarbeiter des westdeutschen Geheimdienstes mutmaßlich ein Mann mit nationalsozialistischer Vergangenheit, und schlug zu diesem Zweck vor, die deutsche Öffentlichkeit über dessen außergewöhnlich reichhaltige Meinungspalette aufzuklären. Es gelte, Haffner bei seinem Arbeitgeber möglichst so gründlich in Verruf zu bringen, daß «ihm die publizistische und wirtschaftliche Basis beim ‹Stern› zerstört» wird.[43]

Tatsächlich haben Haffners Gegner seine drastische Neuorientierung intensiv ausgeschlachtet. Haffner wechsle die Meinung wie Frauen die Mode, schimpfte im April 1963 ein Kollege; seine «Ansichten schwanken wie ein haltloses Schilfrohr im Winde», war im *Mittag* vom 23. Mai 1966 zu lesen.[44] Wie seine ungebrochene Popularität zeigt, war der Erfolg solcher Nachreden allenfalls begrenzt, während umgekehrt Haffners Entlastungsstrategie, sich als realpolitischer Kopf zu inszenieren, offensichtlich in ausreichendem Maße verfing. Friedrich Rückerts Sinnspruch, wonach «die Weisen [...] durch den Irrtum zur Wahrheit reisen», während «die Narren im Irrtum verharren», hat er – *honni soit qui mal y pense* – mehr als einmal zitiert. Bei erklärten Bewunderern schlug ihm der offensive Umgang mit seiner Vergangenheit sogar zum Besten aus. «Herr Haffner gehört zu den ganz seltenen Menschen, und den mutigen Menschen und Persönlichkeiten, die bereit sind zu sagen, ich habe mich auch einmal geirrt», meinte Hermann Schwann, Vorsitzender der Splitterpartei «Vereinigung Deutsche Nationalversammlung», als er im April 1964 seinen Starredner ankündigte.[45]

Weitaus gefährlicher für Haffners Renommee waren indes die hin und wieder gestreuten Verdächtigungen, er werde von Ost-Berlin ferngesteuert. «Es scheint so, als ob H. seine Direktiven vom S[E]D-[P]ropagandachef NORDEN erhält. Möglich ist auch, daß er selbst die SED-Agitation anregt», mutmaßte der übereifrige Zuträger des BND in seinem Dossier.[46] Beweise für eine derartige Zusammenarbeit existieren allerdings nicht. Vielmehr scheint Haffner auf einen gewissen Mindestabstand zu dem sozialistischen Regime bedacht gewesen zu sein, das er seit der *Spiegel*-Affäre so wohlwollend zu beschreiben liebte und dessen Medien ihn im Gegenzug mit beifälligen Artikeln überhäuften. Zwar traf er sich gelegentlich mit sowjetischen Journalisten und Diplomaten, aber den Vorschlag, öffentlich mit dem stellvertretenden Chefredakteur des *Neuen Deutschland* über Wege zur Wiedervereinigung zu diskutieren, lehnte Haffner ab. «Ich würde damit nur denen Material liefern, die meine Unabhängigkeit und Glaubwürdigkeit anzweifeln – selbst dann, wenn das Gespräch, wie es wahrscheinlich genug wäre, ein Streitgespräch werden würde», begründete er der hoffnungsfrohen Planerin einer solchen Veranstaltung im Juli 1963 seine Absage. Auf eine Einladung Karl-Eduard von Schnitzlers reagierte Haffner ebenfalls zurückhaltend. Er komme nur selten nach Ost-Berlin, teilte er dem Leiter des *Schwarzen Kanals* am 16. April 1964 mit, aber vielleicht könne man sich einmal im Westteil der Stadt verabreden, zum Beispiel «in der Maison de France», «auf sozusagen neutralem Boden».[47]

Wenn Haffner sich wider alle Feindseligkeiten, Anfechtungen und Verdächtigungen behaupten konnte, dann lag dies auch an dem Umstand, daß das westdeutsche Meinungsklima zumindest teilweise in dieselbe Richtung tendierte, in die der *Stern*-Kolumnist seinen Zeitgenossen enteilt war. Der Regierungswechsel am Ende der sechziger Jahre beruhte jedenfalls auf verbreiteten Einstellungsveränderungen. Hatten 1964 nur wenig mehr als zehn Prozent der Bundesbürger eine Anerkennung der DDR befürwortet, so waren es 1969 schon über vierzig Prozent; und auch der Anteil derjenigen Deutschen, die eine Anerkennung der Oder-Neiße-Linie für unvermeidlich hielten, sollte im Laufe des Jahrzehnts von fünfundzwanzig auf mehr als fünfzig Prozent ansteigen.[48]

Ganze Kohorten von Journalisten und Intellektuellen hatten den Gesinnungswandel angestoßen, gefördert und vorangetrieben. Namentlich der *Stern, Die Zeit* und *Der Spiegel* – es ist schon verschiedentlich angeklungen – wirkten Mitte der sechziger Jahre gemeinsam auf eine aktivere Ostpolitik sowie auf neue Bonner Machtoptionen hin, trotz ihrer zuweilen mehr als nur latenten geschäftlichen Rivalitäten und obwohl die drei Organe, was Stil und Berichterstattung betraf, sich natürlich erheblich unterschieden. Wichtige Verbündete der «Hamburger Kumpanei», wie der leicht despektierliche Sammelbegriff für die drei auflagenstarken, in der norddeutschen Hafenmetropole erscheinenden Blätter lautete, arbeiteten in den politischen Redaktionen der *ARD* oder rekrutierten sich aus der Szene der Kulturschaffenden.[49]

Dieses Milieu bildete sozusagen Haffners soziales Biotop, wobei er auf den glanzvollen Parties, wie sie gerade Hamburgs intellektuelle Hautevolee damals zu veranstalten liebte, wohl nur eher selten zu Gast war, wenn über-

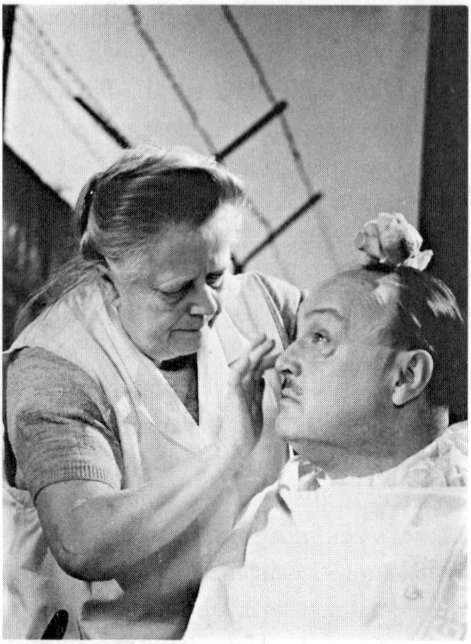

Abb. 31 So häufig war er zuletzt in der ARD *und ihren Regionalprogrammen zu sehen gewesen, daß man Haffner Anfang des Jahres 1966 bat, seine zahlreichen Auftritte etwas zu streuen. Das Foto von ihm in der Maske entstand aber bereits im Januar 1964.*

haupt. Einer wild tanzenden Ulrike Meinhof, die es bei solchen Gelegenheiten bisweilen zu besichtigen gab, dürfte Haffner, der sich einmal, anläßlich einer Absage, als «kein Gesellschaftsmensch»[50] charakterisiert hat, jedenfalls nicht allzu häufig begegnet sein. Beruflich sollte die Zugehörigkeit zu der illustren Medienszene ihm indes eine Reihe neuer Betätigungsfelder eröffnen, von denen eines, *Konkret*, schon bekannt ist.

Die diversen politischen Programme in Funk und Fernsehen waren weitere Bühnen, auf denen er ein gefragter Akteur war, und Haffner hat gerade von der rasant zunehmenden Möglichkeit, seine Meinungen den Bundesbürgern in ihren Wohnzimmern von Angesicht zu Angesicht mitzuteilen, gerne und ausgiebig Gebrauch gemacht. Im *Westdeutschen* und im *Norddeutschen Rundfunk*, bei *Radio Bremen* und beim *Sender Freies Berlin* war er bald kommentierend, bald diskutierend, bald rezensierend präsent. Anfang des Jahres 1966 bat man ihn sogar, seine zahlreichen Gastspiele etwas zu streuen. Zu gedrängt sei er zuletzt in der *ARD* und ihren Regionalprogrammen zu sehen gewesen.[51]

Seit Herbst 1965 verfügte er nämlich über einen allmonatlichen Soloauftritt im *Sender Freies Berlin*. Jeweils für etwa fünf Minuten war die

Kamera ausschließlich auf Haffner gerichtet, der einen dreiteiligen Anzug trug, eine Zigarre rauchte und vor einem geöffneten Fenster stand und redete. Es ging dann häufig zunächst um Abseitiges, um die Aushebung eines West-Berliner Callgirlrings oder um die merkwürdige Leidenschaftslosigkeit, zu der die Interpreten klassischer Musik neuerdings neigten. Doch von den anfänglichen Nebensächlichkeiten kam Haffner stets zielsicher auf aktuelle Fragen der Politik zu sprechen, die er gewohnt souverän abhandelte, um dann sein öffentliches Sinnieren mit einigen tuschartigen Thesen auslaufen zu lassen.[52] Der plauderhafte Vortragsstil, dessen er sich bediente, sowie die eigentümlich hohe, nicht gerade Todernsthaftigkeit verbreitende Stimme standen in einem seltsamen Gegensatz zu seinen meistens überaus gestrengen Urteilen, taten aber dem Gesamteindruck wenig Abbruch. Wolf Jobst Siedler hat sogar einmal bemerkt, sein helles Organ habe Haffner unverwechselbar gemacht.[53] Doch mehr noch ist es wohl ein zusätzliches Indiz für seine überwältigenden argumentativen Fähigkeiten, da er offensichtlich nicht auf eine besonders ehrfurchtgebietende Artikulation angewiesen war, um die Eindringlichkeit seiner Reden zu gewährleisten.

Eine weitere Plattform trug Haffner die Bekanntschaft mit Gert von Paczensky ein, der so etwas wie ein Schicksalsgefährte war. «Pacz»[54], wie Haffner ihn nennen durfte, hatte 1960 aufgrund von Meinungsverschiedenheiten *Die Welt* verlassen und war bald darauf als Gründer des Fernsehmagazins *Panorama* hervorgetreten, eine allerdings ebenfalls äußerst nervenbelastende Tätigkeit, da Paczenskys dezidiert regierungskritische Kommentare regelmäßig für heftigste Kontroversen sorgten. Zu allem Überfluß trug er einen Spitzbart, in den Augen seiner Gegner ein bezeichnendes Zitat östlicher Diktatorenmode. Haffner indes hat Paczensky, der ihm im November 1962 zu seinem aufsehenerregenden *Panorama*-Auftritt verholfen hatte, von der damaligen Zusammenarbeit her geschätzt, und so unterstützte er den jüngeren Kollegen auch, als dieser Mitte der sechziger Jahre ein eigenes Magazin gründete. Als eine «Zeitschrift, die man heutzutage gelesen haben muß», pries er das *Deutsche Panorama* einmal im *Stern* an, nehme doch das neue Organ «mehr und mehr den Platz ein, den der ‹Spiegel› seit der ‹Spiegel›-Affäre geräumt hat». Noch kritischer als Augstein, das war wirklich Paczenskys Anspruch. Man wolle den «Lesern helfen», hat er in der ersten Ausgabe seines Blattes vom Februar 1966 angekündet, «durch die Nebel offizieller Propaganda hindurch die Tatsachen zu erkennen», weshalb «auf amtliche Götzenbilder keine Rücksicht» genommen werden solle. Um diese Aufgabe anzugehen, standen einige eingeführte Journalisten bereit. Gösta von Uexküll und Bernt Engelmann, der später allerdings als Kollaborateur der Stasi enttarnt werden sollte, waren in der Redaktion tätig, und als Beiträger konnte Paczensky auf Eugen Kogon, Dieter Hildebrandt oder eben Sebastian Haffner zurückgreifen, was allerdings auch nicht verhindert hat, daß das aufwendig produzierte Journal im Mai 1967 wieder eingestellt werden mußte.[55]

Die Grundunzufriedenheit mit den bestehenden Verhältnissen verband Haffner auch mit vielen Mitgliedern der Gruppe 47, über deren Jahrestagung im Herbst 1963 er einen ausführlichen Dokumentarfilm vorgelegt hat. In die politisch Aktiven des Kreises setzte Haffner große Hoffnungen. Autoren mit regen Ostkontakten, Günter Grass etwa oder Hans Magnus Enzensberger, traute er 1965 sogar zu, die Wiedervereinigung anbahnen zu können, die dann allerdings unter dem Dach der DDR stattfinden werde. Kein Wunder, daß er selbst bald als ein Hauptexponent der linksintellektuellen Szene galt.[56]

Allen Anfeindungen zwischen den Lagern zum Trotz, konnten die politischen Kontrahenten außerhalb der öffentlichen Diskussionsarenen zuweilen ganz höflich und sogar freundlich miteinander umgehen. Matthias Walden etwa, ein geborener Baron von Saß, hat Haffner im Mai 1964 seines persönlichen Wohlwollens versichert und auf das verbindliche Schreiben anscheinend eine nicht minder chevalereske Antwort erhalten. Mit William S. Schlamm wollte Haffner dagegen nach Möglichkeit nichts mehr zu tun haben. Aber auch gegen manche Mitglieder des eigenen Lagers hegte er Vorbehalte, wie etwa gegen die *Zeit*-Redakteurin Marion Gräfin Dönhoff, deren Ansichten ihm wohl zu ätherisch waren.[57]

Obwohl es Haffner also scheinbar mühelos gelungen war, in kurzer Zeit seine alten Verbindungen durch ein ganzes Geflecht neuer geschäftlicher Beziehungen zu ersetzen, einen gewissen Preis hatte er für sein ungestümes Vorpreschen doch zu entrichten. Die Zeiten, in denen ihn Minister und andere Regierende hofiert hatten, waren erst einmal vorbei. Allenfalls deutschlandpolitische Spezialisten wie Egon Bahr oder der CDU-Bundestagsabgeordnete Johann Baptist Gradl vermochten den kühnen Thesen des Illustriertenkolumnisten etwas abzugewinnen. Aber schon ein so umgänglicher und aufgeschlossener Mann wie Willy Brandt vergaß im Oktober 1965, als er sich bei Haffner für die Unterstützung im zurückliegenden Bundestagswahlkampf bedankte, nicht zu erwähnen, daß sich «[i]m Laufe der letzten Jahre […] unsere Auffassungen zu wichtigen Fragen der deutschen und internationalen Politik beträchtlich auseinanderentwickelt» haben.[58]

Dagegen waren diverse Splitterparteien, Aktionsbündnisse und andere Initiativen um so emsiger darum bemüht, den prominenten Journalisten als Fürsprecher, Redner oder gar Mitglied zu gewinnen, und zwei größeren neutralistischen Organisationen ist es immerhin gelungen, den Vielbeschäftigten für sich zu interessieren. Große politische Schnittmengen waren in beiden Fällen gegeben. Sowohl die «Vereinigung Deutsche Nationalversammlung» (VDNV), die der nationalliberale Bundestagsabgeordnete Hermann Schwann 1961 gegründet hatte, als auch ihr linkes Pendant, die pazifistische «Deutsche Friedens-Union» (DFU), setzten sich nachdrücklich für gleichberechtigte Verhandlungen zwischen Bonn und Ost-Berlin ein, wie sie ja auch Haffner seit 1963 unablässig forderte. Aber obwohl er Mitte April 1964 auf der Jahreshauptversammlung der VDNV in Berlin und knapp zwei Monate später auf dem «Forum für eine deutsche Politik der Mitte und der Verständigung», das die DFU in Frankfurt veranstaltete, als Hauptredner auftrat, konnte sich Haffner nicht dazu entschließen, einer der randseitigen Gruppierungen beizutreten, trotz der werbenden Briefe, die insbesondere Schwann an ihn richtete.[59]

Für seine letztlich unerschütterliche Reserve dürfte es mehrere Motive gegeben haben. Als freier Kolumnist war Haffner zumindest auf eine formale Unabhängigkeit bedacht,[60] und speziell unter einer Mitgliedschaft in der DFU hätte seine hart erkämpfte Glaubwürdigkeit erheblich gelitten. Denn die vor allem im protestantischen Akademikermilieu beheimatete Bewegung, bei der sich etwa Renate Riemeck, die Pflegemutter Ulrike Meinhofs, engagierte, firmierte in weiten Kreisen Westdeutschlands unter «Die Freunde Ulbrichts», was eine nicht völlig unbegründete Verunglimpfung war, gehörten doch mit dem ehemaligen CDU-Politiker Karl Graf von Westphalen und dem Verleger Manfred Pahl-Rugenstein zwei Mitarbeiter der ostdeutschen Staatssicherheit zum Führungszirkel der seit 1960 bestehenden Partei.[61]

Des weiteren stellte Haffner den Nutzen solcher Sekten in Frage. Zwar hatte er selbst im Frühjahr 1963 mit dem Gedanken gespielt, eine Wiedervereinigungspartei zu gründen, aber bald war er von diesem Vorhaben wieder abgekommen. In absehbarer Zeit räume er einem solchen Projekt keine Erfolgschancen ein, ließ er im November 1963 einen Bewunderer wissen, der ihn zu einem direkten politischen Engagement überreden wollte. Außerdem zweifelte Haffner an seiner Eignung. «Es erscheint mir [...] aussichtsreicher,» vertraute er im Februar 1964 einem Gleichgesinnten an, «direkt auf die öffentliche Meinung einzuwirken (was mir persönlich, von

Anlage und Temperament her, sowieso mehr liegt) und zu hoffen, dass die Bewegung in der öffentlichen Meinung dann doch, über Meinungsforschung usw., auf die bestehenden Parteien weiterwirkt.»[62] All jenen aber, die sich unmittelbar in die öffentlichen Angelegenheiten einmischen wollten, riet er, dies «durch die politischen Parteien tun». Entsprechend hat er sich vor der 1965 anstehenden Bundestagswahl geäußert. Zwar verlor er einige anerkennende Bemerkungen zugunsten der DFU, dieser «vielverleumdeten, hochachtbaren Pastoren- und Professorenpartei», doch letztlich schwor Haffner im April 1965 die Leser von *Konkret* darauf ein, die SPD zu wählen.[63]

Der linke Nationalist

Seine Sympathien für die politische Linke sollten allerdings niemanden darüber hinwegtäuschen, daß sich Haffners Engagement wesentlich aus nationalen Motiven speiste. Hellhörigen Zeitgenossen blieb das nicht verborgen. «Er ist [...] in nationalstaatlichen Kategorien groß geworden. Ihm erscheint die Einheit als Ziel an sich», hat sich ein Kollege im März 1964 über ihn ausgelassen; «[i]n die Verharmlosung der Kommunisten mischt Haffner verdächtige nationalistische Züge», bemerkte wenig später ein anderer Beobachter. Allerdings hat auch er selbst sich zu der vergleichsweise altmodischen Idee bekannt. In ihr erblickte er, im Gegensatz zu allen ideologisch oder sonstwie inspirierten Verbünden, etwas Natürliches. «[I]m ganzen scheint mir ‹Nation› ein gesundes und heute fast unvermeidliches Prinzip, sozusagen die Aussenseite von Demokratie und der Komplementärbegriff zu Imperialismus», führte Haffner in einem Briefentwurf vom Mai 1964 aus.[64]

Ganz so eigenwillig, wie es auf den ersten Blick scheinen mag, war Haffners ideologische Melange freilich nicht. Daß Nationalismus keineswegs eine Sache der Konservativen und Rechten sein mußte, hatte sich schon im 19. Jahrhundert gezeigt, als es eben die Liberalen jedweder Couleur waren, die sich die nationale Einigung und nach 1871 eine ausgreifende Außenpolitik auf ihre Fahnen geschrieben hatten. In den Gründungsjahren der Bundesrepublik war es dann der SPD-Vorsitzende Kurt Schumacher gewesen, der entschiedener für die Einheit Deutschlands eintrat als Konrad Adenauer. Einer zeitgenössischen Einschätzung von Franz

Josef Strauß zufolge lag Haffners Kombination sogar eine gewisse Zwangsläufigkeit zugrunde. «Jeder, der nach rechts in Richtung der nationalstaatlichen Restauration schielt», warnte der CSU-Vorsitzende im Sommer 1965, «rutscht unweigerlich nach links aus».[65]

Allerdings war innerhalb von Haffners eigenem Lager, der linken oder linksliberalen Intellektuellenszene, seine nationale Emphase nicht überall wohlgelitten. In den Augen der «geschätzten Kollegin Gräfin Dönhoff», so Haffner 1965, sei der Nationalstaat ein Auslaufmodell und habe mithin etwas Provinzielles. Für Erich Müller-Gangloff, den Leiter der Evangelischen Akademie West-Berlin, der sich 1964 um eine Wiederbelebung der abgebrochenen Beziehung zu Haffner bemühte, war der Begriff der Nation sogar ein historischer Irrtum und deshalb «nur im Bewußtsein der notwendigen Überwindung» zu gebrauchen. Aber auch das breite Publikum zeigte sich zuweilen irritiert. Haffner, beschwerten sich einige Berliner Zuschauer seines Fernsehbeitrages «Ist der Nationalstaat überholt?», habe nichts aus der deutschen Geschichte im 20. Jahrhundert gelernt und verkenne die ideologisch begründete Herrschaft der Sowjetunion über Osteuropa auf sträfliche Weise. Lediglich der Vorsitzende einer Hilfsorganisation für ehemalige SS-Männer muß von seinen Ansichten begeistert gewesen sein und als Reaktion auf die Anfang des Jahres 1966 ausgestrahlte Sendung dem einstigen Emigranten sogar die Ehrenmitgliedschaft in seinem Verein angetragen haben.[66]

Wie viele unterschiedliche Anknüpfungspunkte sein Nationalismus bereithielt, verdeutlicht insbesondere Haffners mehrfach bezeugte Bewunderung für Ernst Niekisch. In einem 1966 entstandenen *Konkret*-Artikel feierte er den politischen Publizisten als einen «der größten Charakter- und Querköpfe» Deutschlands, und einigen seiner Bücher wollte Haffner sogar «mehr Erkenntnisse und Einsichten als irgendeinem andern heute Lebenden» verdankt haben, «und auch mehr intellektuelle Hochgenüsse». Als wäre das des Lobes noch nicht genug, würdigte er den Nationalbolschewisten etwas später als «Hitlers wirkliche[n] Gegenspieler» sowie als den «wahre[n] Theoretiker der Weltrevolution», sei doch sein «Grundgedanke, daß nationale Befreiung und sozialistische Revolution dasselbe sind [...], die gemeinsame Maxime der Taten Maos und Ho Chi Minhs, Fidel Castros und Che Guevaras».[67]

Der derart Ausgezeichnete war, nachdem er in der Münchner Räterepublik von 1919 kurzzeitig eine führende Rolle gespielt hatte, in der Tat vor allem als Architekt politischer Großkonzeptionen hervorgetreten. Um das

Reich aus seiner damaligen Misere zu befreien, empfahl Niekisch den Deutschen in den zwanziger Jahren ein enges Zusammengehen mit der Sowjetunion sowie den radikalen Bruch mit den Garantiemächten des Versailler Vertrages. Parallel dazu lehnte er Liberalismus, Demokratie und die Verflechtung Deutschlands in die internationale Wirtschaft ab und propagierte einen nationalen Bolschewismus, den er mit einigen Versatzstücken preußischer Provenienz, darunter Disziplin und Askese, ausstaffierte. Umzusetzen gedachte Niekisch sein revolutionäres Programm mit Hilfe der deutschen Arbeiterschaft, gegen das von ihm verachtete Bürgertum.[68]

Obwohl die Hochzeiten für politische Erlösungskonzepte, die zwanziger Jahre nämlich, bereits weit zurücklagen, übten die Niekischen Ideenwelten auch in der jungen Bundesrepublik eine gewisse Faszinationskraft aus. Einerseits wußten sich einige altkonservative Zeitgenossen wie Paul Sethe, Margret Boveri oder Karl Korn, der Feuilleton-Herausgeber der *Frankfurter Allgemeinen Zeitung*, dem antiwestlichen Denker verbunden, der nach einem gescheiterten Versuch, in der DDR Fuß zu fassen, seit Mitte der fünfziger Jahre in West-Berlin lebte und dort 1967 verstarb. Andererseits ähnelte aber auch die fundamentale Kritik an dem Bonner Gemeinwesen, zu der sich mehr und mehr linke Intellektuelle berufen fühlten, den Planspielen der Weimarer Nationalrevolutionäre, so daß sich Haffner letztlich doch nicht allzu weit von seiner neuen politischen Heimat entfernt hat.[69]

Ohnehin konnte kein Einwand und keine noch so dubiosen Mitstreiter ihn von seinen Überzeugungen abbringen. Er weigere sich, die Nation «als ein neurotisches Monstrum» zu verdammen, hatte Haffner bereits Ende des Jahres 1963, während einer Diskussion über die Zukunft der Europäischen Wirtschaftsgemeinschaft, erklärt und noch hinzugefügt, daß der «saturierte Nationalstaat, der sich als eine Nation ohne fremde und ohne eigene Irredenta fühlt», seines Erachtens «normalerweise ein friedliches Wesen» sei. Ebensowenig hielt er von der Ansicht, die moderne Technik und das Atomzeitalter würden große räumliche Einheiten unabdingbar machen. Vor allem aber bestritt er beharrlich, daß der Kalte Krieg die Welt in zwei feindliche Lager teile. «Zwanzig Jahre nach dem Zweiten Weltkrieg gibt es ‹den Osten› und ‹den Westen› außerhalb Deutschlands nicht mehr», behauptete Haffner in seiner im *Stern* vom 10. Januar 1965 erschienenen «Neujahrsrede an die deutsche Nation».[70]

Immerhin, Anzeichen für «Blockzerfall und Polyzentrismus» lagen tatsächlich vor, man denke nur an das Ausscheren Frankreichs aus der Militärstruktur der NATO oder den sowjetisch-chinesischen Gegensatz, begreiflicherweise ein Vorzugsthema Haffners.[71] Weil er aber von Natur aus dazu neigte, beim Erstellen seiner Thesen mit robuster Gründlichkeit vorzugehen, gab es wohl keine größere internationale Allianz, Organisation oder Vereinigung, deren Ende Haffner in jenen Jahren nicht ausgerufen hätte. Da war, im September 1965, von der «totgeborenen ‹Atlantischen Gemeinschaft›» die Rede, und beinahe gleichzeitig sah er im Gefolge des indisch-pakistanischen Krieges den Zusammenbruch der Vereinten Nationen bevorstehen. Daß die europäische Einigung gescheitert sei, hatte für ihn schon zwei Jahre zuvor festgestanden. Mit besonderer Inbrunst aber proklamierte Haffner den Untergang des *Commonwealth*. Ein «Bastard aus Schuld und Vernünftigkeit», sei der Verbund ehemaliger Kolonien «ein Mühlstein um Großbritanniens Hals», variierte er im März 1963 eine berühmte Phrase Benjamin Disraelis. In Europa liege Englands Zukunft aber auch nicht. Entweder, war Haffner überzeugt, werde das Vereinigte Königreich ein Bündnis mit den anderen angelsächsischen Staaten anstreben oder – und das hielt er für das Angemessenere – sich in eine selbstgewählte Isolation begeben, als «a greater Switzerland of the seas».[72]

Die bei weitem größte Energie verwandte er freilich auf den Kampf gegen die verbreitete Auffassung, der Kreml lenke die Politik der Ostblockstaaten und schmiede darüber hinaus Weltrevolutionspläne. «Jede echte und erfolgreiche kommunistische Revolution ist bisher eine nationale, keine internationale Revolution gewesen», meinte dagegen Haffner im Oktober 1964 im *Stern* und gelangte mit Blick auf die Befreiungsbewegungen der dritten Welt sogar zu der Einschätzung, daß der Kommunismus das nationale Prinzip, «vielleicht sogar wider Willen, eher noch schärfer herausgearbeitet» habe. Allenfalls Rot-China traute er zu, eine Präzeptorenrolle ausfüllen zu können. «Es wird immer wahrscheinlicher», räsonierte er im Mai 1965, «daß das letzte Drittel des zwanzigsten Jahrhunderts von dem Weltkampf zwischen dem angelsächsischen Spätimperialismus und der nationalen Freiheitsbewegung der ‹unterentwickelten› farbigen Südkontinente unter chinesisch-kommunistischer Führung beherrscht sein wird.» Haffners Sympathien in diesem Konflikt waren eindeutig verteilt. Zwar sei es von existentieller Bedeutung, die Bundesrepublik und Europa aus dem gefährlichen Ringen herauszuhalten, aber wie in Deutschland so räumte er auch auf der Südhalbkugel der nationalen Selbstbestimmung unbedingte Priorität vor jeglichen ideologischen Präferenzen ein.[73]

Indes: Weder Mao Tse-tung noch Ho Chi Minh und auch nicht den politisch glücklosen Ernst Niekisch hat Haffner den Verantwortlichen in Bonn zum Vorbild empfohlen, sondern den französischen Staatspräsidenten Charles de Gaulle. Der General, den er in den vierziger Jahren wegen seines Nationalismus mit beinahe schrankenloser Verachtung gestraft hatte, war inzwischen auf seiner persönlichen Beliebtheitstabelle weit nach vorne gerückt. Ja, er sei «Gaullist», bekannte Haffner im August 1964, worunter er freilich etwas ganz anderes verstand als jene Unionspolitiker gleicher Bezeichnung, die, wie Konrad Adenauer oder Franz Josef Strauß, ein engeres Bündnis mit Frankreich anstrebten. Was Haffner sich wünschte, war eine originalgetreue Kopie des konservativen Staatschefs, der einmal den Nationalstaat «einen Endpunkt der Geschichte» genannt haben soll und der die Westdeutschen Mitte der sechziger Jahre ob ihrer Anhänglichkeit an die Amerikaner verhöhnt hat: nämlich einen Politiker, der dem Ziel der Wiedervereinigung alle sonstigen Absichten unterordnen sollte und der daher auch keine Hemmungen haben würde, mit Andersdenkenden zusammenzuarbeiten.[74] Gemeinhin war der General damals allerdings eher ein Idol konservativer Kräfte, und so teilte Haffner die Sehnsucht nach einem «‹deutschen de Gaulle›» bezeichnenderweise mit einem William S. Schlamm oder einem Armin Mohler. Doch von dieser skurrilen Gesinnungsgemeinschaft einmal abgesehen, war es natürlich höchst unrealistisch, der militärisch besetzten und an der Frontlinie des Kalten Krieges gelegenen Bundesrepublik einen ähnlich obstinaten Kurs zu verordnen, wie ihn sich die von de Gaulle gelenkte Sieger- und Atommacht Frankreich herausnahm.[75]

Dabei war Haffner ansonsten gerade bestrebt, sich in scharfer Abgrenzung vom westdeutschen Establishment als rigoroser Realist zu profilieren. Fünfzehn Jahre Existenzverleugnung hatten weder die DDR, noch die anderen sozialistischen Regime aus der Welt schaffen können; nun war es an der Zeit umzudenken, und eben dieser Rekurs auf die Macht des Faktischen ließ die Deutschlandpolitik zum «Lieblingsthema» Haffners und gleichgesinnter Kollegen werden. Die Politiker in Bonn rangen sich dagegen nur sehr allmählich zu der Einsicht durch, daß die bisherige Strategie, auf eine Beseitigung der DDR hinzuwirken, vorerst gescheitert war, und beinahe noch schwerer fiel es ihnen, die so lange verfemten Diktatoren im Osten als Verhandlungspartner anzuerkennen. Jenseits allen persönlichen Stolzes und aller moralischen Bedenken gab es jedoch auch sachliche Einwände gegen einen außenpolitischen Richtungswechsel. War es nicht unklug, die behaupteten Ansprüche aufzugeben, ohne dafür konkrete und vor allem irreversible Gegenleistungen zu erhalten? Und würde ein allzu eilfertiges Entgegenkommen gegenüber Moskau nicht das mühsam erworbene Vertrauen der westlichen Verbündeten erschüttern?[76]

Haffner ließ solche Überlegungen ebenso wie die bekannten Legitimitätsvorbehalte nicht gelten. Sie betreibe wissentlich «Fiktionspolitik», warf er der Bundesregierung vor und forderte, ohne weitere Vorbedingungen in Gespräche mit der ostdeutschen Führung einzutreten. Aber nicht nur das. Im Dienste des nationalen Zusammenhalts wollten Haffner auch Zugeständnisse und Subventionen gerechtfertigt erscheinen. Nachdem Hunderttausende von West-Berlinern im Dezember 1963 das erste sogenannte «Passierscheinabkommen» zu Besuchen im Ostteil der Stadt genutzt hatten, stellte Haffner den Lesern des *Stern* die Rückkehr zu einer landesweiten Reisepraxis in Aussicht – sogar in beide Richtungen. Unmöglich sei das nicht, behauptete er. Wenn sich Bonn verpflichten würde, alle Gäste wieder zurückzuschicken, und wenn mit Hilfe eines «innerdeutsche[n] Marshallplan[s]» die Wirtschaftslage jenseits der Elbe derjenigen in der Bundesrepublik angeglichen werden könnte, dann, so Haffner im Januar 1964, wäre gewiß auch das sozialistische Regime bereit, seinen Bürgern größere Bewegungsfreiheit einzuräumen.[77]

Angesichts solcher Gedankenspiele mußten Haffner die außenpolitischen Innovationen der Gegenwart notwendigerweise unzureichend vorkommen. Die Ostpolitik von Außenminister Gerhard Schröder, der die Beziehungen zu Ländern wie Polen, Ungarn oder Rumänien intensivierte, lobte er zwar, hielt sie aber zugleich für halbherzig und, aufgrund der angestrebten Isolierung der DDR, sogar für gefährlich. «Der Versuch, durch Einwirkung auf Bukarest, Budapest oder Prag Moskau zum Rückzug aus Deutschland zu zwingen», bilanzierte er einige Jahre später, «hatte von vornherein etwas Groteskes – etwa wie der Versuch, einen Elefanten durch ein Bombardement mit Tennisbällen in die Flucht zu schlagen».[78]

Das bevorzugte Ziel seiner Attacken war jedoch eindeutig der westdeutsche Alleinvertretungsanspruch, und der Gang der Ereignisse wollte es, daß die Hallstein-Doktrin, dieses Panier des Bonner Ehrgeizes, sich Mitte der sechziger Jahre zu einer beträchtlichen Bürde entwickelte. Als im Herbst 1964 bekannt wurde, daß die Bundesrepublik Israel mit Panzern belieferte, reagierte die arabische Welt mit offener Empörung, und der selbstbewußte ägyptische Staatspräsident Gamal Abd el-Nasser kündete sogar an, offizielle Beziehungen mit Ost-Berlin aufnehmen zu wollen, sollten die westdeutschen Waffengeschäfte mit dem verhaßten Anrainer fortgesetzt werden. Ende Februar 1965, als Walter Ulbricht, der Staatsratsvorsitzende der DDR, an den Nil reiste, trieb die Krise ihrem Höhepunkt entgegen. Während die Bundesregierung mit ansehen mußte, wie der verabscheute Diktator in Kairo mit allen Ehren empfangen wurde, bot für Haffner das diplomatische Debakel einen willkommenen Anlaß, um im *Stern* vom 28. Februar mit brillanter Verve gegen den Bonner Eigensinn zu polemisieren:

> «Die Bundesrepublik ist mit der Hallsteindoktrin in der Lage einer strengen Gouvernante, die ursprünglich vorhatte, das Mädchen DDR von jedem männlichen Verkehr abzusperren, aber längst ohnmächtig zusehen muß, wie die Jungen dort ein- und ausgehen, und längst weiß, daß dabei ständig alles mögliche passiert, nur das Letzte nicht; und nun zittert sie vor dem Tag, wo auch das Letzte geschehen wird, denn sie weiß, daß sie in Wirklichkeit auch das nicht mehr verhindern kann.»[279]

Das «Letzte» ist dann allerdings doch nicht geschehen. Denn auch wenn die seit 1963 amtierende Bundesregierung von Ludwig Erhard, was den Panzerhandel mit Israel betraf, einlenkte und damit ihre Erpreßbarkeit eingestand – ganz so wehrlos, wie Haffner es wollte, war die Bundesrepublik nicht. Selbst als im Mai 1965 Bonn und Tel Aviv volle diplomatische Beziehungen aufnahmen, beriefen zehn arabische Staaten zwar ihre am Rhein stationierten Botschafter ab, aber die Abhängigkeit dieser Länder von westdeutschen Wirtschaftshilfen ließ es ihnen nicht ratsam erscheinen, statt dessen diplomatische Vertretungen an der Spree zu eröffnen. Haffner hatte freilich schon im März mit dem Schlimmsten gerechnet. Nachdem die Bundesregierung als Protest gegen den Besuch Ulbrichts ihre Fördergelder für Ägypten gestrichen hatte, sah er «den Weltfrieden» und «die Existenz Deutschlands» bedroht.[80]

Das war ziemlich häufig der Fall, obwohl Haffner den Kalten Krieg doch eigentlich als beendet ansah. Wenn sich in seinen Kolumnen dennoch regelmäßig gefährliche Situationen ergaben, dann war dafür in der Regel die Bundesrepublik verantwortlich, während die beiden Supermächte an den diversen Krisen und Kalamitäten keinen Anteil hatten und nach seinem Dafürhalten sogar einer vertieften Kooperation entgegengingen. «[W]enn sie [die Deutschen] sich nicht in Ost und West ihren Besiegern und Besatzern ständig an die Stiefel würfen und klammernd ‹Bitte, bitte hierbleiben› weinten: Sie wären längst alle fort», meinte Haffner im November 1963.[81] Aber was hätte dazu ein ostdeutscher Dissident gesagt?

Nun war der Befund, daß Amerikaner und Sowjets verstärkt zusammenarbeiteten, insofern zutreffend, als die Krisen um Berlin beziehungsweise Kuba allen Beteiligten unmißverständlich vor Augen geführt hatten, daß an eine friedliche Veränderung des Status quo in Europa vorerst nicht zu denken war und daß, darüber hinaus, auch eine begrenzte Kooperation zwischen Moskau und Washington wünschenswert sei, wenn sich die beiden Giganten nicht eines Tages in einen dritten Weltkrieg verstrickt sehen wollten. Zusätzlich förderte das ständig wachsende militärische Engagement in Vietnam das Interesse der Vereinigten Staaten an leidlichen Beziehungen zum Kreml. Das bevorzugte Terrain, auf dem sich die Annäherung abspielte, war die Rüstungspolitik. Zunächst einigten sich die Supermächte im August 1963 mit den Briten, auf bestimmte Atomtests zu verzichten, und im Sommer 1968 kam nach jahrelangen Verhandlungen auch der sogenannte Atomwaffensperrvertrag zustande, der den nuklearen Ambitionen anderer Staaten einen Riegel vorschieben sollte und daher für das Einvernehmen zwischen den globalen Kontrahenten nur einen begrenzten Aussagewert hatte, ging das getroffene Arrangement doch im wesentlichen zu Lasten Dritter, nämlich jener Länder, die auf Dauer zu militärischer Zweitklassigkeit verpflichtet wurden. Konflikte innerhalb der Bündnisse waren daher vorprogrammiert. Auch die Bundesrepublik sollte sich nach dem Willen des demokratischen US-Präsidenten Lyndon B. Johnson dem vorherrschenden Trend zur Deeskalation anschließen, sehr zum Ärger etwa Konrad Adenauers, der die Amerikaner sogar der heimlichen Komplizenschaft mit den Sowjets bezichtigt hat.[82]

Haffner hat die entspannungspolitischen Tendenzen dagegen emphatisch begrüßt. Das Teststoppabkommen sei nicht nur die «entscheidende Wendung [...] zur Beendigung des Kalten Krieges», sondern auch «zur Wiederherstellung der Großen Allianz zwischen den drei Siegermächten des Zweiten Weltkriegs», versicherte er im *Stern* vom 18. August 1963; und sogar eine «Achse Washington-Moskau» glaubte er einige Monate später am Horizont des Weltgeschehens sichten zu können.[83] Vor diesem friedlichen Panorama konnte Haffner den westdeutschen Kurs um so verhängnisvoller, ja, halsbrecherischer erscheinen lassen. Daß Bonn sich weigerte, auf Grundlage der bestehenden Verhältnisse mit der Sowjetunion einen Friedensvertrag zu schließen und statt dessen an dem Anspruch festhielt, das Deutsche Reich in den Grenzen von 1937 wiederherstellen zu wollen, hat er wahlweise als «lebensgefährliche[n] Wahnsinn» und «selbstmörderisch» kritisiert, zumal ihn der sich verschärfende Vietnamkrieg verschiedentlich über einen amerikanischen Rückzug der westlichen Schutzmacht aus Europa spekulieren ließ.[84] So war es immer. Sollten sich Frankreich und die Sowjetunion aus dem fernöstlichen Konflikt heraushalten, könnte ein «eurasiatische[r] Friedensbloc[k]» entstehen, hat Haffner im Mai 1965 den Lesern des *Stern* eröffnet, während eine Einmischung der beiden Atommächte unweigerlich in «den dritten Weltkrieg und die Menschheitskatastrophe» führen würde. Abstufungen kannte seine grobkörnige Wahrnehmung der internationalen Beziehungen nicht, was insbesondere der kleinen Bundesrepublik zum Nachteil gereichte und sie letztlich zu grenzenloser Gefügigkeit verpflichtete. «Wer sich einmal darauf eingelassen hat», ist Haffners Alles-oder-Nichts-Denkweise Jahre später einmal kritisiert worden, daß es im deutsch-sowjetischen Verhältnis nur die «Alternative Krieg oder Frieden» gibt, «gerät [...] fast unentrinnbar auf einen Weg, an dessen Ende eine Politik des appeasement um nahezu jeden Preis steht».[85]

Die Bundesrepublik unter Beschuß I

Ähnlich unduldsam wie mit der Bonner Außenpolitik ging Haffner mit der westdeutschen Gesellschaft und ihren Institutionen ins Gericht. Überall entdeckte er seit der *Spiegel*-Affäre unerfreuliche Relikte, die sich aus der nationalsozialistischen Epoche oder gar dem Kaiserreich erhalten hatten. Mit dieser Diagnose stand er keineswegs alleine da. Eine ganze Riege vor allem jüngerer Journalisten übte damals eine zunehmend scharfe und immer grundsätzlichere Kritik an den in der Bundesrepublik waltenden Verhältnissen und kam nicht selten zu dem Schluß, daß die westdeutsche Demokratie in ähnlichen Gefahren schwebe wie die Weimarer Republik zu Beginn der dreißiger Jahre, eine Einschätzung, die auch in der, gewissermaßen von Natur aus, staatskritischen Intellektuellenszene reichlich Anklang und Unterstützung fand.[86]

Warum aber kam es auf einmal zu einem solchen Unmut, wie zu solch harschen Urteilen? Erst vor kurzem ist die These herausgearbeitet worden, die Wahrnehmungswende sei im wesentlichen auf einen partiellen Generationswechsel zurückzuführen. Eine Garde jüngerer Journalisten und Intellektueller, vornehmlich in der Mitte der zwanziger Jahre geboren und daher nur bedingt den überlieferten politischen Vorstellungswelten verhaftet, habe anderthalb Jahrzehnte nach Kriegsende mehr und mehr einflußreiche Positionen besetzt und dem tradierten Staatsverständnis einen erbitterten Kampf angesagt.[87] Allerdings hatten manche der kritischen Beobachter, etwa Gert von Paczensky oder Rudolf Augstein, bereits in den fünfziger Jahren an wichtiger Stelle gewirkt, während umgekehrt einige ältere Zeitgenossen ebenfalls als Propagandisten oder Wegbereiter des neuen Geistes in Erscheinung traten. Sebastian Haffner, Eugen Kogon oder Marion Gräfin Dönhoff waren allesamt schon in der ersten Dekade des Jahrhunderts zur Welt gekommen, Erich Kuby und Henri Nannen immerhin noch vor dem Ersten Weltkrieg, ganz zu schweigen von dem Philosophen Karl Jaspers, der, Jahrgang 1883, in seinem Buch *Wohin treibt die Bundesrepublik?* dem westdeutschen Gemeinwesen 1966 ein bedrückendes Zeugnis ausgestellt hat.[88]

Daß eine kritische Haltung sozusagen Mode wurde, dürfte also noch andere Ursachen gehabt haben. Nachdem nicht nur die meisten Schutthalden abgetragen und die dringendsten materiellen Bedürfnisse gestillt waren, sondern die Bundesrepublik auch einen erstaunlichen Wohlstand erwirtschaftet und einen festen Platz in der Staatenwelt eingenommen hatte, war erstmals ein zumindest potentieller Resonanzboden vorhanden, um ein größeres westdeutsches Publikum erfolgreich mit selbstkritischen Fragen zu konfrontieren, zumal eine Reihe von Ereignissen die öffentliche Aufmerksamkeit ohnehin auf die Schandflecken der Vergangenheit lenkte. Die Diskussionen um Bundesvertriebenenminister Theodor Oberländer und seine Rolle in der nationalsozialistischen Judenverfolgung, der Jerusalemer Eichmann-Prozeß von 1961, die seit 1963 in Frankfurt laufenden Verfahren gegen Mitarbeiter des Vernichtungslagers Auschwitz und die zwei Jahre später stattfindende Debatte um die Verjährungsfrist für NS-Verbrechen – all diese Vorgänge führten den Bundesbürgern die leidigen Altlasten der jüngeren deutschen Geschichte vor Augen. Darüber hinaus nährten sie ein generelles Mißtrauen gegenüber Staat und Gesellschaft. Waren nicht viele Leute, die dem «Dritten Reich» gedient hatten, auch heute noch in maßgeblichen Positionen aktiv? Konnte ein Rückfall in die unsäglichen Schrecken und Verbrechen, die kaum zwanzig Jahre zurücklagen, wirklich ausgeschlossen werden, gerade in einem Land, das unter eher traditionellen Vorzeichen gegründet worden war und in anderthalb Jahrzehnten keinen wirklichen Regierungswechsel erlebt hatte?[89]

Haffner bezweifelte das und hat deshalb die vorhandenen Kontinuitäten in Politik, Justiz und Verwaltung wieder und wieder angeprangert.

Während er, was die strafrechtliche Verfolgung der zwischen 1933 und 1945 begangenen Verbrechen betraf, sich vergleichsweise kulant gab und sogar nichts gegen eine weitgehende Amnestie einzuwenden hatte, fielen seine Forderungen um so entschiedener aus, sobald die gegenwärtigen Einflußmöglichkeiten früherer Nationalsozialisten das Thema waren. Im Juni 1963 ließ er sich über «den Dauerskandal der Hitlerschen Blutrichter» aus, auch wenn, wie er selbst einräumte, er mit diesem Fanal eine Parole der DDR-Propaganda aufgriff.[90] Angesichts der erschreckenden Fakten war die fragwürdige Herkunft der Anklage seines Erachtens indes unerheblich. Alle Beamten, die bereits im «Dritten Reich» gearbeitet hatten, seien zu entlassen, lautete sein wiederholt vorgetragenes Plädoyer, das auf einen gewaltigen Personaltransfer hinauslief, waren doch, Schätzungen aus dem Jahr 1962 zufolge, allein zwei Drittel bis drei Viertel der westdeutschen Richter schon im nationalsozialistischen Justizsystem tätig gewesen.[91]

Aber auch abgesehen von solchen Auswüchsen einer oberflächlichen Entnazifizierung betrachtete Haffner nach den Erfahrungen der *Spiegel*-Affäre Staat und Regierung als tendenziell antidemokratische Einrichtungen, denen mit unermüdlichem Mißtrauen zu begegnen war. Im Rahmen seiner argwöhnischen Inspektionen hat er zwar so manchen berechtigten Kritikpunkt benannt, seine Beschwerden dann jedoch regelmäßig derart mit Bedeutung aufgeladen, daß die Bundesrepublik schließlich ziemlich verunstaltet dastand und als demokratischer Rechtsstaat kaum noch zu erkennen war.

«Das Stück Obrigkeitsstaat, das im deutschen Justizwesen stehengelassen worden ist, hat in der letzten Zeit krebsartig zu wuchern angefangen», diagnostizierte Haffner im Juni 1963 und stellte die düstere Prognose: «Wenn die deutsche Demokratie es nicht beizeiten abschafft, wird sie daran zugrunde gehen.» Seinem Plädoyer, endlich das aus dem Kaiserreich stammende Strafrecht zu liberalisieren, ließ er einige Monate später die dringliche Warnung vor einer drohenden «Willkürherrschaft unkontrollierbarer Geheimbürokratie» folgen – eine Sorge, die angesichts der beim BND erwogenen Maßnahmen gegen den *Stern*-Kolumnisten nicht ganz unbegründet war –; und im Frühjahr 1965, als das seit der *Spiegel*-Affäre schwebende Verfahren gegen Rudolf Augstein wieder aufgerollt wurde, verstieg Haffner sich zu der Auffassung, daß es den «Begriff ‹Staatsgeheimnis›» in einer Demokratie, in der doch das Volk formal der Souverän sei, eigentlich gar nicht geben dürfe. Doch waren all diese Erscheinungen letztlich nur Symptome einer politisch kranken Gesellschaft. «Autorität, die sich hinter Tabus verschanzt; [...] Verketzerung der abweichenden Meinung; Wegbeißen des unbequemen Außenseiters oder Kritikers; [...] ein störrisch-behagliches Sicheinwühlen in den Mief des alten, liebgewordenen Vorurteils; und eine schreckliche Bereitschaft zur Gewalt, wenn man darin gestört wird», das seien, so Haffner im November 1964, die Mentalitätsgebrechen der Bundesbürger.[92]

Ihren einstweiligen Höhepunkt erreichten Haffners Attacken im Zusammenhang mit der Notstandsgesetzgebung, die im Frühjahr 1965 erneut diskutiert wurde. Dabei ging es um eine Regelung, was im Fall eines inneren oder äußeren Ausnahmezustandes zu geschehen habe, ein äußerst langwieriges Problem, waren doch erste Anläufe, die erforderliche Verfassungsänderung vorzunehmen, schon 1960 und 1963 am Widerstand der SPD gescheitert. Während die Befürworter der Notstandsgesetze darauf verwiesen, daß ähnliche Bestimmungen auch in den meisten anderen westlichen Demokratien existierten, störten sich viele Sozialdemokraten an einigen besonders weitreichenden Kompetenzen, die der Exekutive zugestanden werden sollten, zum Beispiel an massiven Eingriffsmöglichkeiten in das Streikrecht. Grundsätzlicher Widerstand regte sich jedoch in Teilen der Gewerkschaften, im Sozialistischen Deutschen Studentenbund (SDS), in kirchlichen und universitären Kreisen sowie im Intellektuellenmilieu. Hier wurde befürchtet, die Notstandsgesetze könnten auf ähnlich fatale Weise mißbraucht werden wie der prekäre Artikel 48 der Weimarer Reichsverfassung oder wie Hitlers Ermächtigungsgesetz vom März 1933.[93]

«Es ist wieder 1932», orakelte auch Haffner am 6. Juni 1965. Wie die drei Bonner Fraktionsführer, Rainer Barzel, Fritz Erler und Knut von Kühlmann-Stumm, hinter verschlossenen Türen über Details der Notstandsgesetzgebung berieten, das erinnere doch allzu deutlich an die geheimen Verhandlungen, die Franz von Papen, Kurt von Schleicher und einige andere im letzten Jahr der Weimarer Republik geführt hatten. Bereits eine Woche zuvor hatte er in grellen Farben ausgemalt, was demnächst auf den gemeinen Bundesbürger zukommen werde: «Täglich soll er sich um den Zustand der Verbandskästen und Feuerlöschgeräte kümmern [...], täglich soll er seine Kinder fragen: ‹Hast du auch deine Erkennungsmarke bei dir?› In den Häusern sollen wieder Luftschutzkeller gebaut werden, und im Zivilschutzkorps soll der gute Bürger sonntags Katastropheneinsatz üben.» Vielleicht, so spekulierte Haffner weiter, würden die vorgesehenen Erkennungszeichen gar allen Deutschen in die Haut gebrannt, wie seinerzeit den Insassen der Konzentrationslager. Solche unheilvollen Prophezeiungen verfehlten nicht ihre Wirkung. «Wenn uns die Notstandsgesetze überrumpeln, dann – gute Nacht!», ängstigte sich ein Leser des *Stern*, der keineswegs das einzige Opfer von Haffners Schwarzmalereien war. Allerdings rief seine schreckenverbreitende Kampagne auch Einwände hervor, die in dem Wunsch gipfelten, der Querulant möge doch ausgewiesen werden.[94]

Insgesamt jedoch und auf lange Sicht durften Haffner und seine Mitstreiter bei ihrem Feldzug gegen Hierarchien und Autoritäten jedweder Art durchaus auf Zustimmung hoffen, und das nicht nur aufgrund der historisch begründeten Verunsicherung der westdeutschen Gesellschaft. In der erstaunlich komfortablen Situation, in der sich die Demokratien Westeuropas keine zwei Jahrzehnte nach dem von Hitlers «Drittem Reich» angerichteten Desaster wiederfanden, bot es sich geradezu an, die Emanzipation des Individuums, dieses neuzeitliche Großprojekt, voranzutreiben, und auch das Gros der *Stern*-Leser durfte sich von einer breit angelegten Nivellierungsoffensive letztlich wohl mehr Vor- als Nachteile versprechen.[95]

Aber das waren, wie erwähnt, langfristige Perspektiven, die nicht unbedingt die auf den nächsten Wahltag fixierten Überlegungen der Parteien bestimmen mußten. Die SPD hat sich denn auch auf Betreiben ihres stellvertretenden Parteivorsitzenden Herbert Wehner damals eher den Unionsparteien angenähert, um durch eine Koalition mit den Christdemokraten ihre Regierungstauglichkeit zu beweisen. Dem auf tiefgreifende Reformen drängenden Haffner konnte diese Entwicklung natürlich nicht gefallen, mangels Alternativen hat er die Sozialdemokraten aber dennoch unterstützt, zumal er an ihnen immer noch mancherlei Erfreuliches zu entdekken vermochte.[96] Die vergleichsweise flexible Politik gegenüber der DDR mußte Haffner automatisch für den Berliner Regierenden Bürgermeister Willy Brandt einnehmen, der seit 1964 auch seiner Partei vorstand; und neben der antikommunistischen und christlich geprägten Union machte sich die SPD für den aufklärerisch gesinnten Haffner geradezu wie ein Hort der Vernunft aus. Sie habe «etwas Grundsolides, Grundanständiges, Unverwüstliches, übrigens auch sehr Deutsches, etwas von dem Deutschtum Dürers und Bachs», wußte er im April 1965, im Vorfeld der Bundestagswahlen, zu berichten. Energisch verteidigte er auch kurz vor der Abstimmung den abermaligen Kanzlerkandidaten Brandt gegen jene häßlichen Anspielungen auf dessen Emigrantenvergangenheit, die einige Unionspolitiker im Wahlkampf für opportun gehalten hatten.[97]

Haffner seinerseits war freilich keineswegs zimperlich, wenn es galt, die Unionsparteien zu diffamieren. In *Konkret* vom April 1965 subsumierte er sie einfach unter den «windigen Einheitsparteien des deutschen Bürgertums, die ständig bereit sind, Namen und Gesicht zu wechseln: vorgestern nationalliberal, gestern NSDAP, heute CDU/CSU».[98] Mit einzelnen Spitzenpolitikern der Christdemokraten ging er hart ins Gericht. Bundesinnenminister Hermann Höcherl, der öffentlich eingeräumt hatte, daß der ihm unterstehende Bundesverfassungsschutz Briefe geöffnet und Telefongespräche abgehört hatte, sollte seiner Ansicht nach wegen Verfassungsbruchs ins Zuchthaus, gegen Heinrich Lübke regte er ein Ermittlungsverfahren wegen Landesverrats an, nachdem der Bundespräsident angekündigt hatte, im Ernstfall könne sich die Bonner Regierung die Notstandsgesetze auch von den alliierten Besatzungsmächten genehmigen lassen, und als Konrad Adenauer im Oktober 1963, von allgemeinem Wohlwollen begleitet, zurücktrat, fällte Haffner über seine vierzehnjährige Amtszeit ein vernichtendes Urteil. Ähnlich wie Kaiser Wilhelm II. oder Adolf Hitler sei auch der erste Bundeskanzler nach einem erfolgreichen, ja, glanzvollen Beginn am Ende furchtbar gescheitert. Mit seiner Außenpolitik habe er die Wiedervereinigung verspielt, Bonn die Feindschaft Moskaus zugezogen und zuletzt auch das Verhältnis zu den Verbündeten schwer belastet. Im Inneren hinterlasse er einen «heimliche[n] Staat im Staate, weitgehend mit alten Nazis besetzt, und wenn nicht neonazistisch, so doch neofaschistisch –‹autoritär› – in Gesinnung und Praxis».[99]

Wenn er sich dennoch einmal positiv über den ersten Bundeskanzler geäußert hat, dann nur, um dessen Nachfolger um so schneidender zu kritisieren. «Der Adenauer hatte recht», war ein Kommentar Haffners kurz vor der Bundestagswahl 1965 überschrieben, in dem er dem weithin beliebten Ludwig Erhard Naivität in der Außenpolitik, Hilflosigkeit in der Innenpolitik und Unfähigkeit in der Wirtschafts- und Finanzpolitik unterstellte. Im Sommer 1966 wurde er sogar ausfällig. «[A]uch heute noch kommen, wenn er den Mund aufmacht, Gedanken heraus; nicht Blähungen», hob Haffner den Altkanzler von dem Amtsinhaber ab. Ebenso ließ er sich allerlei historisch inspirierte Injurien einfallen. Man müsse «schon bis zu den Tagen des Reichkanzlers Michaelis zurückgehen, um ein Beispiel für soviel Konzeptionslosigkeit, Entschlußschwäche und schiere Unzulänglichkeit zu finden», hatte Haffner Erhard im November 1964 vorgeworfen. Zwei Jahre später reihte er ihn dann allerdings in ganz andere Zusammenhänge ein, nämlich unter die «offensichtlichen Pfuscher und Unheilsfiguren», Männer wie «Wilhelm II., Hindenburg, Hitler», die in einem politisch so unvernünftigen Land wie Deutschland eben «immer populär» gewesen seien.[100]

Dabei hat Haffner jenseits aller aufgeplusterten Polemik die tatsächlichen Schwachstellen von Erhards Kanzlerschaft mit sicherem Instinkt erkannt, und das schon relativ frühzeitig. Denn daß der vormalige Bundeswirtschaftsminister im Vertrauen auf seine allgemeine Beliebtheit sowie auf die menschliche Einsichtsfähigkeit in das Vernünftige Parteien und Interessenverbände eher geringschätzte und sogar glaubte, auf Verbündete weitgehend verzichten zu können, machte ihn für Kritik aus den eigenen Reihen besonders anfällig, zumal dort ohnehin eine beträchtliche Zahl ambitionierter Rivalen auf Ausrutscher des Regierungschefs lauerte. Bereits im November 1963, nur einen Monat nach Erhards Amtsübernahme, hatte Haffner den Begründer der Sozialen Marktwirtschaft deshalb einen «Kanzler ohne Opposition» genannt und seine gefährlichsten Widersacher in der CDU/CSU verortet. Der Vorwurf, es fehle Adenauers Nachfolger an Durchsetzungsvermögen, avancierte bald zu seinem Lieblingslamento. «In der Regierung Erhard geht es ja zu wie in einer Schulklasse, wo Knallfrösche und Stinkbomben durch die Luft fliegen und Schüler dem Lehrer Tinte ins Chemisett schütten», ereiferte sich Haffner etwa im Juni 1964.[101]

Seine maßlosen Attacken gegen die Bundesrepublik und ihre langjährige Regierungspartei dienten allerdings nicht nur dem Zweck, das Wahlvolk umzustimmen, sondern waren auch ein konstitutives Element von Haffners deutschlandpolitischen Forderungen. Hatte er, wenn er auf eine sofortige Anerkennung der DDR drängte, die Macht des Faktischen unbestreitbar auf seiner Seite, so standen dem angemahnten Schritt doch weitverbreitete Bedenken entgegen, die der moralischen Legitimität des Ost-Berliner Regimes galten. Angesichts der von Haffner so inbrünstig beschworenen Defizite der Bundesrepublik schrumpfte der Unterschied zwischen West- und Ostdeutschland dann jedoch regelmäßig zu Marginalien zusammen. «Es gibt überhaupt keinen Staat in der Welt, der chemisch rein, vollkommen und wundervoll ist», erklärte er etwa im April 1964 vor der «Vereinigung Deutsche Nationalversammlung». «Völkerrechtlich und politisch» aber sei es nun einmal so, «daß die Staaten auf der Welt mit all ihren großen und groben Fehlern einander solange als Staaten behandeln, wie sie funktionieren». Wesentliche Unterschiede bestünden zwischen den Systemen ohnehin nicht. Wirtschaftlich laufe der «welterschütternde Gegensatz zwischen Kapitalismus und Sozialismus» auf den «Gegensatz zwischen einem Mercedes und einem Fiat» hinaus, wofür Haffner, wie das Protokoll vermerkt, mit «Heiterkeit» und «Beifall» belohnt wurde. Gleichermaßen bagatellisierte er die politischen Abweichungen. Während «in den kommu-

Abb. 32 Die überaus positive Sicht auf die DDR und die Sowjetunion war wohl der schwächste Punkt in Haffners neuem politischen Weltbild und insofern ein beliebtes Angriffsziel seiner Gegner. Bei dieser Karikatur von Wolfgang Hicks, die am 30. September 1967 in der Welt *erschienen ist, handelt es sich vermutlich um eine Vergeltungsaktion für eine scharfe Attacke Haffners gegen den Springer-Konzern, die wenige Tage zuvor der* Stern *gebracht hatte. Zugleich belegt die Zeichnung Haffners feste Verortung in der linksintellektuellen Szene.*

nistischen Ländern nur eine Partei» existiere, gebe es «in den kapitalistischen Ländern – wenigstens in den meisten – mehrere Parteien und, sagen wir, begrenzt freie Wahlen». Als dieser Befund Gemurmel auslöste, präzisierte Haffner seine Einschätzung: «Ich sage, begrenzt frei, weil es ja mit dem Einfluß, den der einzelne Wähler hat, auch in den westlichen Ländern hapert.» «Sehr richtig!», schallte es ihm daraufhin aus dem Publikum entgegen.[102]

Vor der «Vereinigung Deutsche Nationalversammlung» hat er sich noch vergleichsweise zurückgehalten. Denn der Wunsch, dem landläufigen Antikommunismus und den verbreiteten Aversionen gegen das SED-Regime und den Ostblock entgegenzuwirken, ließ Haffner gelegentlich wahre Elogen auf die DDR anstimmen. Im März 1966, nun in *Konkret*, behauptete er, Walter Ulbricht habe den Beweis erbracht, «daß eine intelligent geleitete sozialistische Planwirtschaft nicht weniger leistungsfähig ist als eine kapitalistische Marktwirtschaft». Außerdem verfüge die DDR über ein «brillant konzipiertes, hochmodernes Bildungssystem»; und angesichts dieser phantastischen Erfolge sei jeglicher Widerstand in der Bevölkerung erloschen. Haffner sparte deshalb nicht mit Beifall für die Ost-Berliner Parteiführung:

> «Sie hat immerhin einen brandneuen Staat geschaffen, dem vor 15 Jahren kaum irgend jemand in West *und* Ost eine ernsthafte Lebenschance gegeben hat und der heute außer durch eine universale Katastrophe nicht mehr aus der Welt zu schaffen ist; und sie hat ein ebenfalls für Deutschland völlig neues Wirtschafts- und Gesellschaftssystem auf die Beine gestellt, das heute bereits stabiler wirkt als das traditionelle, restaurierte der Bundesrepublik.»[103]

An diesen zynischen Argumentationsstrang hat Haffner einige Monate später noch einmal angeknüpft, als er, wiederum in *Konkret*, Ulbricht den «erfolgreichste[n] deutsche[n] Politiker seit Bismarck» genannt und dem Diktator darüber hinaus einen «einzigartigen Ausdauer- und Zähigkeitsrekord»[104] bescheinigt hat, der durch keine Erwähnung der Berliner Mauer oder der undemokratischen Verhältnisse jenseits des Eisernen Vorhangs getrübt wurde. Wenn er ausnahmsweise doch einmal etwas an der DDR zu beanstanden hatte, wie im Frühjahr 1964, als der SED-Politiker Robert Havemann wegen seiner Reformvorschläge bestraft wurde, war die Bundesrepublik für die harte Haltung der sozialistischen Parteiführung mitverantwortlich, da die permanenten Anfechtungen und Herausforderungen, denen sich Ost-Berlin ausgesetzt sehe, einen toleranteren Kurs nicht zulassen würden. All jene, die den Grund für den eklatanten Mangel an Freiheit in der Staatsideologie vermuteten, belehrte Haffner eines Besseren. Keineswegs, klärte er die Leser des *Stern* am 5. April 1964 auf, sei «der Kommunismus von Hause aus, in seiner Grundidee und in seinem Endziel, freiheitsfeindlich [...] Die klassenlose Gesellschaft, das Absterben des Staates, die Abschaffung der Ausbeutung des Menschen durch den Menschen: Das sind ja alles äußerst freiheitliche Gedanken.»[105]

Der ideologische Spagat – Churchill, Mao und die Emanzipation der Frau

Obwohl Haffner die politische Rochade von 1962/63 mit der für ihn typischen Radikalität vollzogen hatte, war es neben dem Wiedervereinigungsanliegen einigen weiteren älteren Ansichten vergönnt, in gewissen Nischen seiner neueingerichteten Ideenwelt ein ungestörtes Eigenleben zu fristen. Meistens handelte es sich dabei um Residuen seiner bürgerlichen Herkunft, seltener auch um Überzeugungen, die er auf seinem späteren Lebensweg angenommen hatte.

Den zweifellos markantesten Fremdkörper in seinem progressiven Weltbild stellt die 1966 entstandene Churchill-Biographie dar, die in weiten Teilen das Werk eines Konservativen ist, schon wegen ihres bewundernden Grundtons. Der britische Premierminister habe ihn neben seinem «Vater und vielleicht Thomas Mann am meisten von allen Menschen, mit denen ich gelebt habe, beeinflußt»,[106] hat Haffner einmal bemerkt, und selbst wenn diese nachträgliche Referenz etwas überschwenglich ausgefallen sein sollte, so zeigt allein die Tatsache, daß der Vielbeschäftigte neben den historischen *Stern*-Serien, die er damals verfaßte, überhaupt wieder ein Buch begonnen und diesmal auch zu Ende gebracht hat, wie sehr ihn das behandelte Thema gereizt haben muß. Denn die Niederschrift war äußerst mühselig. Projekte dieser Art «nehmen eine unverhältnismäßige Zeit und Anstrengung in Anspruch, weil ich sie ja ständig in kleinen, der Tagesarbeit abgerungenen Zeiträumen schreiben muß»[107], teilte er Anfang Juli 1966 einem Verleger mit, der ihn für ein anderes Vorhaben gewinnen wollte. Zu diesem Zeitpunkt, neun Monate nach Vertragsabschluß, war die Abgabefrist bereits verstrichen, und das Manuskript noch nicht fertig. Aber schon ab Oktober 1966 erschienen seine Ausführungen als Vorabdruck im *Deutschen Panorama*, und im April 1967 kam sein Porträt als reich bebilderter Band der Reihe Rowohlts Monographien auf den Markt.[108]

Gründe, von Churchill fasziniert zu sein, gab es für Haffner wahrlich genügend. Schon als ehemaliger Emigrant war er dem konservativen Premierminister, der Hitler so standhaft getrotzt hatte, zu bewundernder Verbundenheit verpflichtet, wie ja auch der Schicksalsgenosse Peter de Mendelssohn, obwohl eher im politisch linken Spektrum beheimatet, dem britischen Staatsmann ein respektvolles, wenngleich unvollendetes Porträt gewidmet hat.[109] Über die biographischen Zufälligkeiten hinaus hatten

Churchill und Haffner – der eine handelnd, der andere schreibend – zwischen 1940 und 1953 sich meistens den gleichen Projekten verschworen, zunächst dem tödlichen Duell mit Hitler, dann dem energischen Kampf gegen den sowjetischen Imperialismus und schließlich, seit 1953, einem Ausgleich mit dem Kreml. Die parallele Meinungsentwicklung ist freilich nicht das einzige Indiz dafür, daß zwischen dem Staatsmann und dem Journalisten so etwas wie eine Seelenverwandtschaft vorlag. Schließlich hat Churchill im Laufe seiner langen politischen Karriere zweimal die Partei gewechselt, von den Konservativen zu den Liberalen und wieder zurück, ein außergewöhnlicher Vorgang, der allerdings gerade bei Haffner auf eine verständnisvolle Aufnahme rechnen konnte. Zwar war, wenn er auf die spektakulären Übertritte einging, auch von Opportunismus und schrankenlosem Ehrgeiz die Rede, aber solche kritischen Betrachtungen waren stets eingebettet in ehrfürchtig gestimmte Ausführungen über das ungewöhnliche Ausmaß an Tatkraft, Energie und politischem Genie, das sich in den wagemutigen Seitenwechseln offenbart habe.[110]

Die sonstigen Widersprüche und Ungereimtheiten, die das Leben des britischen Aristokraten bereithält, hat Haffner aus den sich verändernden Umständen erklärt sowie mit Churchills Neigung, sich den jeweiligen Aufgaben mit rücksichtsloser Ausschließlichkeit zu widmen. Als er 1908 Wirtschaftsminister wurde, sei es ihm opportun erschienen, gemeinsam mit dem liberalen Schatzkanzler David Lloyd George einen britischen Wohlfahrtsstaat aufzubauen. Drei Jahre später, inzwischen Marineminister, habe er dann seinen ganzen Ehrgeiz daran gesetzt, ein größeres Budget für die Flotte bewilligt zu bekommen. Um Churchills schwankende Wahrnehmung der Sowjetunion zu rechtfertigen, ging der gewissermaßen mitangeklagte Haffner sogar ins Grundsätzliche. «[D]ie Werke der Staatskunst» seien eben nicht «wie andere Kunstwerke, harmonisch abgeschlossen und fertig in sich ruhend in starrer Vollendung», erläuterte er. Vielmehr sei Politik «Bewegung» schlechthin, und «die Dinge in Bewegung bringen und die Bewegung dorthin lenken, wo man sie haben will, ist alles».[111]

Als die herausragende Eigenschaft seines Protagonisten hat Haffner jedoch Churchills Talent als «Krieger» ausgemacht und in ihm, dem Nachfahren des berühmten englischen Feldherrn Lord Marlborough, vor allem eine Persönlichkeit vom Schlage eines «Gustav Adolf, Cromwell, Prinz Eugen, Fridericus, Napoleon» gesehen, also die seltene Kombination aus einem «Strategen, Politiker und Diplomaten».[112] Mit dieser Deutung betrat Haffner ein Terrain, auf dem er sich, wie man weiß, von Kindesbeinen an gerne bewegt hat. Ganz automatisch gerieten ihm die Kapitel über den Ersten und Zweiten Weltkrieg zu den ausführlichsten und mitreißendsten des Buches; und schon die abenteuerliche Flucht des jungen Kriegsberichterstatters aus einem burischen Gefangenenlager im Dezember 1899 gestaltete er zu einer ebenso leuchtenden wie spannenden Episode. Die Entdekkung des zwanzigjährigen Churchill, quasi für das Militär geboren worden zu sein, hat er mit einer Emphase geschildert, die Armin Mohler, Haffners Mitstreiter aus einstigen *Christ und Welt*-Tagen, in seiner Rezension zu der Einschätzung gelangen ließ, daß dieser «Wortführer unser radikalen Intelligenz [...] in der Tiefe seines Herzens ein Konservativer» sei, «der sich selbst vergewaltigt».[113]

So plausibel es einerseits ist, Churchill in erster Linie als «a man of war»[114] zu begreifen, so befremdlich nimmt sich andererseits Haffners Kriegsenthusiasmus vor seinem sonstigen Ideenhorizont aus. Während etwa Rolf Hochhuth in seinem 1967 uraufgeführten Theaterstück *Soldaten* den Bombenkrieg gegen Deutschland und namentlich Churchill scharf verurteilt hat, enthielt sich Haffner, obgleich ansonsten ein Verteidiger des sozialkritischen Dramatikers, jeglicher moralischen Entrüstung. Für ihn handelte es sich bei den massiven Luftoffensiven mit ihren zahllosen zivilen Opfern lediglich um eine strategische «Fehleinschätzung» – noch dazu um eine, die der Premierminister «mit aller Welt» geteilt habe. Das dahinter stehende Kalkül, die deutsche Bevölkerung kriegsmüde zu machen und sich einen verlustreichen Einmarsch zu ersparen, sei eben nicht aufgegangen, stellte er ebenso lapidar wie nüchtern fest. Ganz wollte Haffners damalige politische Gesinnung aber auch in diesem so traditionell gehaltenen Werk nicht verstummen, und dementsprechend hat er etwa zur Mitte seiner Abhandlung behauptet, daß zumindest «[d]er Sache nach [...] der Churchill der zwanziger Jahre ein Faschist» gewesen sei; «nur seine Nationalität verhinderte, daß er es auch dem Namen nach wurde», eine etwas merkwürdige Einschätzung, denn der englischen Faschistenpartei des Oswald Mosley ist der leidenschaftliche Antikommunist Churchill ja nie beigetreten.[115]

Das Faible für «Kriegsspiele im Sandkasten»[116], wie Margret Boveri das einmal genannt hat, sowie die ehrfürchtige Bewunderung für geschichtsmächtige Persönlichkeiten brachen allerdings nicht nur in der Biographie über den britischen Premierminister durch. Neben Churchill und Charles de Gaulle durfte sich auch der chinesische Revolutionsführer Mao Tse-tung Haffners uneingeschränkter Hochachtung erfreuen. Als der Rowohlt

Verlag im Sommer 1966 einen Band mit Texten des «Großen Vorsitzenden» zur «Theorie des Guerillakrieges» veröffentlichte, hat Haffner in einem einleitenden Essay dessen strategische Schriften «zu den Schlüsselbüchern dieses Jahrhunderts» erklärt, und es als «eine von Maos weltverändernden Entdeckungen» gewürdigt, «daß Krieg eben nicht ein völlig eigengesetzlicher, sich immer gleich bleibender Vorgang» sei, «sondern daß jede Gesellschaft ihre eigene Art von Krieg hervorbringt, die allein sie führen kann und gegebenenfalls führen muß». Einige Seiten später nannte er den chinesischen Bürgerkrieg dann sogar «wahrscheinlich das bisher größte Ereignis des ereignisreichen 20. Jahrhunderts», eine Auszeichnung, deren Wert allerdings nicht überschätzt werden sollte, war doch bereits ein Jahr zuvor der Oktoberrevolution dieses sozusagen maximale Kompliment zuteil geworden.[117]

Trotz mancher revolutionären Momente finden sich in Haffners Mao-Essay auch die erwähnten Spuren althergebrachten Denkens. «Die staunende Bewunderung großer geschichtlicher Abenteurer caesarschen oder auch hitlerschen Typs, eine amoralische Bewunderung, die ihren Sitz nicht im Herzen hat und schon gar nicht im Kopf, sondern im Zwerchfell» – sie komme den Deutschen heute «nicht mehr so schnell wie unseren Vätern und Großvätern», hat Haffner zwar einmal, Anfang der achtziger Jahre, bemerkt, aber dabei wohl doch mehr einen Wunsch als eine Tatsache formuliert – zumindest was ihn selbst betraf. Denn seine Ausführungen über den Sieger des chinesischen Bürgerkrieges sind tief von eben jener Faszination durchdrungen, genauso wie die Lobreden auf Walter Ulbricht, Churchill oder Josef Stalin.[118]

Gleichermaßen ist die preußische Liebe zu allem Militärischen, die in der Biographie über den britischen Premierminister unverkennbar mitschwingt, auch in Haffners Guerillaenthusiasmus spürbar. So eindringlich, ja, hysterisch er in jenen Jahren vor einer Eskalation der schwelenden internationalen Konflikte gewarnt hat, so hingebungsvoll konnte er sich umgekehrt über die Unterschiede zwischen den Maßgaben Mao Tse-tungs und den Überlegungen eines Carl von Clausewitz' ergehen, während er die Grausamkeiten des jahrzehntelangen innerchinesischen Gemetzels mit ein paar nüchternen Bemerkungen beiseite schob.[119] Auch sonst ist Haffner dem blutigen Thema ohne die Befangenheiten späterer Generationen begegnet. Ganz selbstverständlich griff er etwa, wenn er im *Stern* die steigende Zahl westdeutscher Verkehrstoten illustrieren wollte, auf Gefallenenstatistiken des Zweiten Weltkrieges zurück, und selbst in *Konkret* ging er seinem altmodischen Faible unverdrossen nach. Als er dort im Juni 1966 Andreas Hillgrubers opulente Studie zu Hitlers Strategie in den Jahren 1940/41 besprach, war Haffner erkennbar in seinem Element. Er habe das umfangreiche Œuvre, «trotz Muskelkater im Handgelenk, in drei Nächten, in denen ich wenig geschlafen habe, verschlungen», berichtete er zu Beginn seiner Ausführungen, um sodann in eine eifrige Debatte über die Frage einzutreten, welche Motive und Kalküle den Diktator zu seinen abenteuerlichen Kriegserklärungen bewegt haben könnten. Lediglich am Ende des Artikels verließ Haffner den bis dahin verfolgten Pfad konventionell gehaltener Erwägungen. Der Feldzug gegen die Sowjetunion sei «nicht nur Hitlers Wahnsinn» gewesen, kam er seinem tageskritischen Publikum entgegen, sondern «der Wahnsinn der gesamten deutschen bürgerlichen Elite», und zwar eben «derselben Elite, die heute die Bundesrepublik regiert».[120]

Ein anderes Reservat für traditionelle Einstellungen bildete das Gebiet der Literatur, auf dem, wie die Leser von *Konkret* bei gleich mehreren Gelegenheiten erfahren durften, nach wie vor Thomas Mann Haffners unangefochtener Favorit war.[121] Der literarischen Avantgarde stand er dagegen mit kaum verhüllter Distanz gegenüber, und das, obwohl doch einige ihrer bekanntesten Vertreter zu seinen politischen Mitstreitern zählten und er, wie erwähnt, 1964 sogar mit einem Film über die Gruppe 47 hervorgetreten ist. Der subjektive Blick auf die Welt, den so viele jüngere Schriftsteller kultivierten – er war indes Haffners Sache nicht. «Wer Erbauung oder geistliche Vergrämung sucht, wird Böll vorziehen, wer auf Symbolik und sogenannte Tiefe aus ist, Frisch, wer phantastisch unterhalten und ein bißchen schockiert werden will, dessen Mann ist Grass, und wer gern Kreuzworträtsel löst, wird bei Johnson seine Befriedigung finden», spöttelte er in der *Konkret*-Ausgabe vom Februar 1965. Außerdem präsentierte er sich bei dieser Gelegenheit als Feind jeglicher formalen Experimente. Er habe «an Romanautoren gute Manieren gern», erläuterte Haffner seinen Standpunkt, und von daher möge er «es nicht besonders, wenn man mir das Verständnis absichtlich schwerer als nötig macht, überlegen und geheimnisvoll tut, mich langweilt oder mich einschüchtert». Kurzum, sein Ideal war der Gesellschaftsroman des 19. Jahrhunderts, was Haffner auch ohne Umschweife zugegeben hat, allerdings nur, um anschließend um so furioser gegen die diversen Verfechter des Neuen zu Felde zu ziehen. Die Rechten, höhnte er, würden die alte Art und Weise ablehnen, weil der Realismus ja auch im Ostblock Konjunktur habe – «lieber quält man sich damit ab, im Namen der Freiheit unverständliche und langweilige Bücher gut zu finden» –, während für die fortschrittlichen und revolutionären Geister die hergebrachte Darstellungsform ebenfalls inakzeptabel sei, «weil der schlimmste Vorwurf, den man sich auf der Linken zuziehen kann, ja bekanntlich der ist, ‹im neunzehnten Jahrhundert steckengeblieben zu sein›».[122]

Weitere konservative Einsprengsel auf Haffners politischer Landkarte waren seinem stets auf dem Sprung befindlichen Geist geschuldet. Gerade noch war er für höhere Löhne, kürzere Arbeitszeiten und allgemeinen Wohlstand eingetreten,[123] schon fühlte er sich berufen, vor den unerfreulichen Folgen des Massenkonsums zu warnen. Zunächst nahm er sich nur das Auto vor, dieses Lieblingssymbol westdeutscher Prosperität. «Es ist nachgerade keine Übertreibung», führte Haffner im August 1965 mit Blick auf die immer volleren Straßen und die permanent steigenden Unfallzahlen aus, «daß jeder Autofahrer in Deutschland einen Fuß im Krankenhaus und den anderen im Gefängnis hat», was angesichts der vielen Reparaturrechnungen, die er auch für andere Verkehrsteilnehmer zu übernehmen hatte, aber vielleicht doch eher eine subjektive Einschätzung war.[124] Neun Monate später legte Haffner indes nach. Auf breiter Linie sinnierte er in Gert von Paczenskys *Deutschem Panorama* über «unsere[n] sinkende[n] Lebensstandard». Er führte eine beredte Klage über zu kleine Wohnungen, die Schwierigkeiten, fähiges Hauspersonal zu finden, sowie den schlechten Service bei der Post. In einigen Jahren, prophezeite er, werde man seine Briefe selbst auf dem Amt abholen müssen, wahrscheinlich zu penibel festgelegten Stunden. So ging es munter weiter. «Ich will durchaus nicht Goethe und Thomas Mann für mich allein haben, ich wünschte, jeder läse sie», beteuerte Haffner, und «daß dank dem Grammophon und dem Radio heute wirklich Millionen mit Bach und Mozart vertraut» sind, sei wirklich «wunderbar»[125]. Autos und Urlaube an südlichen Stränden wollte er dagegen für eine kleine Minderheit reserviert wissen, da sie, von jedermann genutzt, nun einmal erheblich an Qualität verlören. Nur wie eine solche Güterverteilung realisiert werden sollte, blieb sein Geheimnis.

Überhaupt hat er seinen Lesern damals so manches spektakuläre, aber unausgegorene Gedankenspiel vorgesetzt. Vielleicht war dergleichen unvermeidlich, bedenkt man seinen immensen Artikelausstoß, ganz zu schweigen von Haffners notorischem Originalitätszwang. Gewiß jedoch spiegelten die gelegentlichen Schnellschüsse sein immenses Selbstbewußtsein sowie seinen öffentlichen Status wider, der es ihm gestattete, sich unbeschadet die eine oder andere Meinungspanne leisten zu können. «Alle weißen Südafrikaner nach Amerika, alle schwarzen Amerikaner nach Südafrika!», forderte er etwa in einer *Stern*-Kolumne vom September 1965; und da er offensichtlich heftigste Einwände voraussah, hat Haffner gleich mehrfach versichert, wie ernst es ihm mit diesem Vorschlag angesichts der beängstigenden Rassenunruhen in den Vereinigten Staaten sei. Um so schockierter zeigte sich das Publikum. «[A]bsurd» und «unmenschlich» nannte ein Leser Haffners Plan und wies darauf hin, daß solche megalomanen Umsiedlungsprojekte nur realisiert werden könnten, «wenn die Welt wieder von einem Hitler oder einem Stalin regiert würde». Ein anderer Kommentator unterstellte ihm sogar Rassismus. Seine Idee lehne sich unverkennbar an die Gedankenwelten des Ku-Klux-Klan und der *Black Muslims* an, die ja ebenfalls davon überzeugt seien, daß die unterschiedlichen Hautfarben unter keinen Umständen zusammenleben könnten. Haffner hatte es freilich schon vorher gewußt. «[D]en Weitblick, die Einsicht und die Tatkraft», die seine Lösung erfordere, «gibt es im Westen heute nicht», war er sich bereits in seinem Artikel sicher gewesen.[126]

Eine gewisse Ambivalenz kennzeichnet schließlich auch Haffners Ansichten zu den sich wandelnden Geschlechterverhältnissen, über die er sich seit 1966 zunächst in reichbebilderten Aufsätzen für das *Deutsche Panorama* Gedanken gemacht hat. Vordergründig focht er auch auf diesem Gebiet für fortschrittliche Auffassungen. Unter anderem prangerte Haffner das rigide bundesdeutsche Strafrecht an, das die neue in der Luft liegende Freizügigkeit mit traditioneller Strenge ahnde und nach wie vor «Eltern wegen ‹Kuppelei› ins Gefängnis» schicke, «wenn sie auf Reisen gehen und ihre erwachsenen Kinder nicht aus der Wohnung sperren».[127]

Seine anhaltendsten und heftigsten Attacken aber galten dem herkömmlichen Eheverständnis. Um die Kindererziehung zu bewältigen, hielt er die urwüchsige Institution zwar immer noch für unentbehrlich, sie als lebenslange Einrichtung zu begreifen, sei jedoch ein grausamer Anachronismus, denn allzu häufig würden «Resignation, Enttäuschung und Verzicht» die späteren gemeinsamen Jahre überschatten. Sogar als Vorkämpfer der Emanzipation hat sich Haffner in diesem Zusammenhang hervorgetan und im Juli 1966 ein staatliches Gehalt sowie besondere berufliche Rücksichtnahmen für Mütter angeregt, um so die traditionelle finanzielle Abhängigkeit der Frauen von ihren angeheirateten Männern zu beseitigen. 1968 nahm er seine Kampagne noch einmal auf. «Die Ehe heutiger Prägung», befand er im *Stern*, sei «nächst dem Krieg die größte existierende

Unglücksquelle, und zwar gerade deswegen, weil sie jetzt als obligatorische Glücksquelle, als Liebes- und Lebenserfüllung deklariert ist». Dauerhafte Monogamie «als allgemeine Norm aufzustellen» aber heiße, «jedem Menschen eine Weltrekordleistung zumuten». Es sei deshalb durchaus vorstellbar, prognostizierte er an anderer Stelle, «daß noch in der jetzigen jüngeren Generation, um das Jahr 2000 herum, in weiten Kreisen der Schritt zur sukzessiven Polygamie getan wird, wie sie jetzt in Hollywood herrscht – und damit das [...] letzte Stadium in der inneren Wandlung der Ehe erreicht wird, das ihrer Abschaffung vorangeht».[128]

Auch an dieser Front kämpfte er also für die Emanzipation des Individuums, genauso wie er es in dem verwandten Konflikt mit dem Staat getan hat; und wie bei dem Aufbegehren gegen die bestehenden Obrigkeiten hatte er auch, was die Überwindung der traditionellen Moralvorstellungen betraf, eine Mehrheit der Bevölkerung auf seiner Seite, zumindest auf lange Sicht. Vor allem die nachgerade prophetischen Vorhersagen zum «Sterben der Ehe» belegen diesen Sachverhalt auf eindrucksvolle Weise. Dennoch fällt es schwer, hinter seinen Einlassungen nicht auch persönliche Motive zu vermuten. Zu eindringlich, zu überzeugt und zu selbstgewiß war Haffners Tonfall, wenn er die Tristesse des fortgeschrittenen Ehelebens beschrieb oder verkündete: «Unglückliche Frauen sind etwas Schreckliches, und es gibt immer noch viel zu viele davon. Daß die zweite Lebenshälfte der Frau unglücklich ist, sieht man immer noch als normal und unvermeidlich an».[129]

In der Tat hat sich in den Jahren, die der Rückkehr nach Berlin folgten, die Bindung an seine Frau weiter gelockert, und in der Tat ist Erika Pretzels letzter Lebensabschnitt eher freudlos verlaufen. Ohnehin war sie 1954 ihrem Mann nur widerwillig nach Deutschland, dem Land ihrer Demütigung und Verfolgung, nachgekommen. «Ich fürchte, ich mag das neue Berlin nicht annähernd so sehr wie ich das alte mochte. Ich fühle mich hier nicht mehr zu Hause und freue mich, einmal nach England zurückzukehren», hatte sie bereits im Januar 1959 einem alten Bekannten anvertraut und bedauernd hinzugefügt, daß sie nach den Verwerfungen von Krieg und Diktatur kaum einen der alten Kontakte zu ehemaligen Mitarbeitern der «Deutschen Hochschule für Politik», ihrer Wirkungsstätte in den glücklicheren Tagen vor 1933, habe erneuern können.[130] Bald darauf verließen die beiden jüngeren Kinder das Haus, um eigene Familien zu gründen, und auch Haffner brach Mitte der sechziger Jahre, nachdem er sich in der Bundesrepublik etabliert hatte, oft für mehrere Wochen zu Vortrags- und

Diskussionsreisen nach Westdeutschland auf, während seine Frau meistens in Berlin zurückblieb. Dort, im gehobenen Stadtteil Dahlem, nahe der Freien Universität, hatten der erfolgreiche Journalist und die Seinen 1957 eine geräumige sechseinhalb Zimmerwohnung im obersten Stock eines repräsentativen Mietshauses bezogen, und dort verlebte Erika Pretzel ihre letzten Jahre, bis sie im Dezember 1969 verstarb.[131]

Trotz der Entfremdung der Eheleute hat Haffner seine neun Jahre ältere Frau nicht verlassen, obwohl er bereits damals mit seiner späteren zweiten Gemahlin, der Journalistin Christa Rotzoll, gut bekannt war.[132] Aber vielleicht war er im Innersten doch stärker den überlieferten Konventionen verhaftet, als er es gemeinhin zu erkennen gegeben hat. «[D]er Mann, wenn er ein anständiger Mann ist», hat er immerhin einmal bemerkt, «wird» seine alternde Frau «nicht fallen lassen wollen», und auch sonst kam, fast wie auf einer mehrfach bemalten Leinwand, unter seinen fortschrittlichen Gesinnungen bei näherem Hinsehen die eine oder andere altmodische Ansicht zum Vorschein. «[D]ie Frau ist in der Liebe zu Hause, der Mann [nur] zu Gast», wußte er beispielsweise in einem Beitrag für das *Deutsche Panorama* vom März 1966 zu berichten, in dem er sich mit der weiblichen Emanzipation beschäftigt hat. Haffner beurteilte sie eher kritisch. Die zunehmende Gleichberechtigung der Frauen, diagnostizierte er, habe viele Männer verunsichert, ja, in eine Krise gestürzt, verwandt derjenigen «der alten europäischen Großmächte, die plötzlich haben entdecken müssen, daß sie keine Großmächte mehr sind, und daß ihnen sogar ihre ehemaligen Kolonien auf der Nase herumtanzen können – so wie dem Mann von heute sogar seine Söhne oder, noch schlimmer, seine Töchter».[133]

Eine andere Frage ist indes, was ihn bewogen hat, sich derart eindringlich über den Ehealltag zu beschweren, mußte sich doch Erika Pretzel von seinem Lamento sowohl persönlich gekränkt als auch öffentlich bloßgestellt fühlen. Unbedachte Taktlosigkeit? Auf die Spitze getriebene Berliner Nüchternheit? Generelle Unsensibilität? Jedenfalls war Haffner in der Lage, die Reserviertheit, Distanz und Kühle, die er bei seinen öffentlichen Auftritten ausstrahlte, auch in seinem Privatleben walten zu lassen. Als seine Tochter ihm Mitte der fünfziger Jahre klagte, wie sehr sie ihre neue Schule verabscheue, tat er ihre Unzufriedenheit knapp als «Selbstmitleid» ab. Später hat er sie zwar als alleinerziehende Mutter finanziell unterstützt, ihre Malerei aber immer mit Skepsis betrachtet. «Ich war nicht die Tochter, die sich mein Vater vorgestellt hat, eine Juristin oder Ärztin mit drei goldigen Kindern schwebte ihm wohl eher vor, nicht eine aufmüpfige Künst-

Abb. 33 Der Meister der «Knallfrösche» auf einem Schnappschuß von Gabriele Pée aus dem Jahr 1966 oder 1967.

lerin», hat sich Sarah Haffner erinnert. Dabei ist Sebastian Haffner 1966 durchaus als Verteidiger alternativer Lebensentwürfe in Erscheinung getreten. Gerade der Protest gegen die Konformität der westdeutschen Wohlstandsgesellschaft könne «auf sehr achtbaren und ernst zu nehmenden Motiven und Instinkten beruhen», hat er damals seinen Lesern eingeschärft und sich dabei sogar auf Johannes den Täufer berufen.[134]

Hatte er sich hier im Eifer der Polemik zu Ansichten verstiegen, die ihm letztlich fremd waren? War am Ende womöglich so manche provokante Meinungsäußerung nicht ernstgemeint? Zumindest der Kernbestand seiner Auffassungen, die Kursänderung in der Ostpolitik, die inneren Reformen und der Regierungswechsel, lagen ihm – daran kann kein Zweifel bestehen – wirklich am Herzen. Schließlich hat er seinen Überzeugungen zuliebe nicht nur zum wiederholten Mal den Arbeitgeber gewechselt, sondern, wie berichtet, im Frühjahr 1963 sogar eine Parteigründung erwogen.

Die kühnen Analogien, die gewagten Thesen und die verwegenen Appelle lassen sich *so* jedoch nicht hinreichend erklären. Vielmehr hielt Haffner die prägnante Zuspitzung zum einen für ein probates Mittel, um die Durchschlagskraft seiner Artikel zu steigern und auf diese Weise politischen Einfluß auszuüben.[135] Zum anderen kam es ihm eingestandenermaßen auf das Provozieren und Aufsehenerregen an. «Am Donnerstag mußte ich einen Knallfrosch abliefern», hat er im Rückblick seine Kolumnistentätigkeit für den *Stern* geschildert. «Das tat ich ganz gerne, das muß ich zugeben, die Versuchung war groß.» Manchmal konnte man es ihm sogar regelrecht ansehen, wenn der Widerspruchsgeist am Wirken war. In meiner «Schmähpost ist das Alleralltäglichste, was ich schon gar nicht mehr lese, immer der Vorschlag, ich möchte mich doch zu meinem Freund Ulbricht ‹rüberbegeben›», führte er 1966 im *Berliner Fenster* aus und ergänzte mit funkelnden Augen: «Nun ist dieser bedeutende und erfolgreiche deutsche Staatsmann gar nicht mein Freund. Persönlich kenn' ich ihn nicht und politisch würde ich mich wahrscheinlich nicht sehr mit ihm vertragen».[136]

Entlarvend in dieser Hinsicht ist auch, daß er seine Einschätzungen mit Blick auf das jeweilige Publikum variiert hat und Haffner sogar, wenn es nur der Provokation diente, Standpunkte einnehmen konnte, die er ansonsten bekämpfte. Nirgends hat er damals so eindringlich vor einem überzogenen Antiamerikanismus gewarnt wie in *Konkret*, und niemals hat er die Außenpolitik Adenauers so vehement verteidigt wie im Juni 1964, als er vor den Mitgliedern der DFU sprach. Das Polarisieren wurde nachgerade zu einer persönlichen Spezialität. «Ich suche [...] die harte, provozierende Meinung, und ich muß zugeben, daß ich mir gerade von Ihrer Meinung viel verspreche», schrieb ihm Peter Merseburger, damals Redakteur beim *NDR*, als er im Sommer 1965 potentielle Beiträger für eine neugeschaffene Sendung suchte.[137]

Von daher konnte sich Haffner privat erstaunlich gelassen, ja geradezu optimistisch zu Fragen äußern, auf die er öffentlich mit so viel Entrüstungspathos einzugehen pflegte. «[D]ie Wucht der internationalen Entwicklung» werde «die existierenden deutschen Parteien, ob sie wollen oder nicht, zu einer Art Anpassungspolitik zwingen», schrieb er einem Leser im November 1963, und ein anderes Mal sinnierte er derart verständnisvoll über das in Bonn übliche Lavieren, wie man es von dem angriffslustigen Publizisten niemals erwartet hätte. «Parteien handeln taktisch, nicht moralisch», setzte er im Herbst 1963, diesmal einer Verehrerin, auseinander. «Nichts Menschliches ist vollkommen, und im politischen Bereich ist das Allzumenschliche noch mehr zu Hause als anderswo [...] und ich respektiere den Politiker, der das unvermeidliche Böse [...] nicht allzu leichten Herzens [...] in Kauf nimmt».[138]

8. «DER BESUCH DES LIBERALEN ONKELS BEI DEN JUNGEN LINKEN»[1]? (1966–1969)

Peter Glotz, Ende der sechziger Jahre ein junger Hochschuldozent, war über die massiven studentischen Proteste, die damals die Bundesrepublik erschütterten, irritiert. «Gerade hatten die Russen die Tschechoslowakei überrannt», berichtet er in seinen Erinnerungen, da wurde in Westdeutschland «die DKP gegründet, eine orthodox kommunistische Partei. Manche Freunde sympathisierten mit ihr, die Straßenkämpfer waren teils für diese neue Partei, teils waren sie noch radikaler.» Daß auch einige prominente Vertreter des bürgerlichen Establishments – Professoren, Journalisten, Pastoren – die Aufrührer und Extremisten verteidigten, habe ihn, den aufstrebenden Sozialdemokraten, seinerzeit zusätzlich verunsichert. «Ich lebte», rekapitulierte Glotz, «im Widerspruch zu vielen Älteren, die ich bewunderte, von Karl Jaspers über Eugen Kogon, dem hessischen Generalstaatsanwalt Fritz Bauer bis zu Sebastian Haffner oder Martin Niemöller.» Als er 1987 auf sein Leben zurückblickte, konnte sich Haffner indes nicht erinnern, jemals dem Marxismus, geschweige denn der extremen Linken, Sympathien entgegengebracht zu haben. «Allein schon der Stil der Kommunisten, ihre vermeintliche Allwissenheit, das Verbot der sogenannten Fraktionsbildung – all das» sei ihm stets «zutiefst zuwider» gewesen, versicherte er kurz vor seinem achtzigsten Geburtstag und fügte noch hinzu, «immer den Liberalen am nächsten» gestanden zu haben.[2] Hat sich Glotz also geirrt?

Was es so schwierig macht, Haffner in der zweiten Hälfte der sechziger Jahre weltanschaulich zu verorten, ist der januskopfige Charakter der Revolte von 1968.[3] Denn *einerseits* engagierten sich die demonstrierenden Studenten in Deutschland, aber auch in Frankreich, Italien oder den Vereinigten Staaten für eine Liberalisierung der bestehenden Verhältnisse. Die vorgefundenen Hierarchien, sei es in der Familie, sei es in öffentlichen Institutionen wie der Universität oder dem Justizapparat, wurden durchweg als «repressiv» beziehungsweise «autoritär» denunziert, und nicht selten gipfelten solche Überlegungen in dem Vorwurf, sämtliche westliche Gesellschaften seien, zumindest tendenziell, «faschistisch».

Andererseits hegten die Mitglieder der Studentenbewegung eine unverkennbare Affinität zum Kommunismus, die sich etwa in ausgiebigen Sympathiebekundungen für die Revolutionsführer Mao Tse-tung, Ho Chi Minh und Ernesto Ché Guevara äußerte. Da die beiden letzteren in Vietnam respektive Lateinamerika auch als antikoloniale Befreiungskämpfer in Erscheinung traten, waren sie geradezu prädestiniert, von den europäischen Linken als Lichtgestalten verehrt zu werden. Am deutlichsten aber zeigte sich die Orientierung der rebellierenden Jugend auf der ideologischen Ebene. Ganz selbstverständlich beriefen sich die unzufriedenen Hochschüler auf die Klassiker des Sozialismus, auf Karl Marx und Wladimir Iljitsch Lenin, auf Leo Trotzki und Rosa Luxemburg. Weitere Ideengeber waren die noch lebenden Vertreter der «Kritischen Theorie», namentlich die Philosophen Theodor W. Adorno, Max Horkheimer und Herbert Marcuse. Sie hatten die Thesen von Marx weiterentwickelt und für eine Deutung der Gegenwart nutzbar zu machen versucht, indem sie – so etwa Marcuse – psychologische Erklärungsmodelle heranzogen oder – hier ist vor allem Adorno zu nennen – das Phänomen der nationalsozialistischen Herrschaft in ihren Konzepten und Analysen berücksichtigten.

Widersprüchlichkeit kennzeichnete schließlich auch die Methoden und die – freilich äußerst vage umrissenen – Ziele der protestierenden Studenten, die mal radikaldemokratisch und libertär, mal autoritär und rigoros auftraten. Untereinander wurde endlos diskutiert, während man sich gegenüber mißliebigen Instanzen, beispielsweise dem Gros der Professoren, ein rüdes, zum Teil sogar aggressives Verhalten herausnahm. Entsprechend umstritten ist bis heute, auf was die fehlgeschlagene Revolte eigentlich hinauslaufen sollte: auf die Errichtung einer Diktatur oder auf eine fundamentale Demokratisierung der westdeutschen Gesellschaft?[4]

Abgesehen von dieser wohl nie endgültig zu klärenden Frage, machte die völlige Ablehnung der vorgefundenen Verhältnisse Haffner und die revoltierenden Hochschüler zu natürlichen Verbündeten. Jenseits der gemeinsamen Neuerungswut legte der mächtige Aufschwung der Außerparlamentarischen Opposition (APO) dem *Stern*-Kolumnisten allerdings eine politische Prüfung auf. Würde Haffner, der erklärte Liberale, der im «Dritten Reich» und gegenüber diversen Arbeitgebern immer wieder seine Unabhängigkeit behauptet hatte, sich auch auf die extremistischen Seiten der Studentenbewegung und ihre ideologischen Extravaganzen einlassen, oder würde er gegen die Auswüchse des Zeitgeistes immun sein?

Die Bundesrepublik unter Beschuß II

Die Empörung, mit der Haffner auf das Zustandekommen der Großen Koalition im Dezember 1966 reagiert hat, bewegte sich noch in den bekannten Bahnen, hatte er doch bereits im März 1963 eine solche Regierungskonstellation in dem ihm eigenen Katastrophenton als «die größte Gefahr» bezeichnet, «die es heute für Deutschland gibt». Entsprechend entsetzt war er, als das befürchtete Ereignis eintrat, was sich auch in seiner Wortwahl niederschlug, die in bislang ungekannte Dimensionen abglitt. In seiner *Stern*-Kolumne vom 18. Dezember 1966 erinnerte Haffner daran, wie die SPD im August 1914 den deutschen Kriegskrediten zugestimmt hatte, wie Friedrich Ebert und Gustav Noske im Winter 1918/19 eine durchgreifende Revolutionierung Deutschlands mit Hilfe der reaktionären Freikorps unterdrückt hatten und wie die sozialdemokratische Reichstagsfraktion noch im Mai 1933 «den hoffnungslosen Versuch machte, in Hitlers Arsch zu kriechen». Doch all diese Fehlleistungen, befand Haffner, würden durch die gegenwärtigen Vorgänge noch übertroffen. «Sie», damit meinte er die neue Regierungspartei, «hat das fulminanteste Selbsttor ihrer an Selbsttoren wahrhaftig nicht armen Parteigeschichte geschossen».[5]

Seine grenzenlose Wut war vor allem das Resultat enttäuschter Hoffnungen. Denn nachdem die FDP aus dem Bündnis mit den Unionsparteien ausgeschert war, hätte die SPD rechnerisch auch mit den Liberalen die Regierungsgeschäfte übernehmen können. Stattdessen zog die Parteispitze die Juniorpartnerschaft in einer CDU-geführten Koalition vor, eine Entscheidung, die nicht nur der *Stern*-Kolumnist, sondern viele nach Veränderungen lechzende Zeitgenossen mit entgeistertem Kopfschütteln quittierten. Herbert Wehner, der stellvertretende Parteivorsitzende und maßgebliche Architekt des neuen Bündnisses, konnte sich – von der Tatsache einmal ganz abgesehen, daß er seit langem auf ein Zusammengehen mit den Christdemokraten hingearbeitet hatte – indes auf das nüchterne Kalkül berufen, dem zufolge eine sozial-liberale Allianz über keine solide Grundlage verfügt hätte. Zu knapp wäre die parlamentarische Mehrheit einer solchen Koalition gewesen, zu unzuverlässig wirkte der von innerparteilichen Richtungskämpfen zerrüttete potentielle Partner, und zu schwierig waren die Aufgaben, die das neue Kabinett erwarteten.[6]

Mit der Wirtschaftsrezession und den Haushaltsproblemen, die das Land bedrückten, hat sich Haffner in seinen *Stern*-Kolumnen allerdings kaum aufgehalten. Stattdessen kreisten seine Analysen immer häufiger um das politische System der Bundesrepublik, um dann regelmäßig in düsteren Befunden zu enden. Überall entdeckte er demokratische Defizite. Im Mai 1968, kurz bevor die Notstandsgesetze verabschiedet werden sollten, stellte er eine «Verkalkung und Entartung des Parlaments» fest, das nur noch als «Echo und Lautsprecher» der Regierung fungiere. «Wenn das Parlament das Herz einer parlamentarischen Demokratie ist, dann leidet die Bundesrepublik an einem Herzinfarkt», lautete seine letztendliche Diagnose. Im Zusammenhang mit den Notstandsparagraphen, die er nach wie vor erbittert bekämpfte, hat Haffner den Bundesbürgern sogar die DDR als Vorbild empfohlen. Während in Bonn die Beratungen über die umstrittene Grundgesetzänderung nahezu unter Ausschluß der Öffentlichkeit stattfänden, hätten die Ostdeutschen über die neue Verfassung, die sie vor kurzem erhalten hatten, abstimmen dürfen, berichtete er Ende April 1968. Zwar räumte Haffner ein, daß «die öffentliche Diskussion in der DDR [...] mehr scheinbar als real [...] und auch die Volksabstimmung nicht gerade das Ideal einer freien Entscheidung» gewesen sei. Aber immerhin hätten rund 400 000 DDR-Bürger gegen die Verfassung votiert, und man habe «nicht gehört, daß irgendeinem von ihnen etwas passiert wäre».[7]

So überzogen heute derlei Kommentare wirken mögen, eine grundsätzliche politische Unzufriedenheit war seinerzeit weit verbreitet und hatte zumal die Kaste der professionellen Beobachter fast gänzlich erfaßt. Selbst ein Joachim Fest, der sich im nachhinein immer zugute gehalten hat, den Neurosen der Epoche getrotzt zu haben, blickte 1968 mit kaum verhüllter Abscheu auf das westdeutsche Gemeinwesen, auf den «Popanzcharakter» der «bestehenden Autoritäten», das «Schindluder mit den Institutionen, die Indolenz der Bürokratie, [...] die Prellereiversuche mit Wahl- und Notstandsgesetzen [und] die Unfähigkeit unserer Politiker, der politischen und moralischen Herausforderung der deutschen Situation zu genügen». Auch der spätere Herausgeber der *Frankfurter Allgemeinen Zeitung* prangerte die anmaßende Attitüde an, mit der das Bonner Parlament die kontroversen Notstandsartikel verabschiedete, und kam in seiner Lageanalyse zu dem Ergebnis, daß das «gegenwärtige Regime der Parteien, dem Anschein nach, auf Stagnation und Versteinerung» zugehe.[8]

Das meinte auch Haffner. «Eine wirkliche Wahl zwischen klaren politischen Alternativen hat der Wähler heute bei den Wahlen in der Bundesrepublik ebensowenig wie bei den Einparteienwahlen im Dritten Reich oder bei den Blockwahlen in der DDR», hatte er schon im April 1967 in *Konkret* behauptet und auch im *Stern* hat er seinen Unmut über die unübersehbare Annäherung geäußert, die sich, sowohl im Programmatischen als auch im alltäglichen Politikbetrieb, zwischen den beiden Regierungsparteien ergab, ja, mit einer gewissen Zwangsläufigkeit ergeben mußte, wobei seine Verurteilungen in der Illustrierten nicht immer das Maß an Unverfrorenheit erreichten, das er sich in der aufmüpfigen Studentenzeitschrift geleistet hat.[9]

Gegen die damals diskutierte Einführung eines relativen Mehrheitswahlrechts, das nach allgemeiner Einschätzung das politische System der Bundesrepublik auf zwei Parteien reduzieren würde, hat Haffner denn auch vehement Einspruch erhoben, war es doch eines seiner Hauptanliegen, einer alternativen Politik zu dem momentanen «CDU-SPD-Eintopf»[10] zum Durchbruch zu verhelfen. Sein suchender Blick fiel dabei zunächst auf die FDP als die einzige im Bundestag vertretene Oppositionspartei. Allerdings verfochten die Liberalen mitnichten in jeder Hinsicht die Gegenposition zu den Auffassungen der Regierung. Henri Nannen hatte deshalb schon im Januar 1967 den Parteivorsitzenden Erich Mende in dessen Privathaus aufgesucht und ihm die Unterstützung einiger maßgeblicher Medien zugesichert, sollte die FDP auf dem Gebiet der Ostpolitik für einen Kurswechsel, also für eine Anerkennung der bestehenden Grenzen, plädieren. Da der gebürtige Schlesier und Exponent des rechten Parteiflügels sich weigerte, auf die Offerte einzugehen, entfachten *Stern* und *Spiegel* im Frühjahr 1967 eine Kampagne gegen die Parteiführung, an der sich auch Sebastian Haffner beteiligt hat. In einer Kolumne, die am 2. April, kurz vor dem anstehenden FDP-Parteitag in Hannover, erschienen ist, forderte er die Mitglieder auf, sich von ihrem nationalliberalen Personal, einschließlich ihres Spitzenmannes Mende, zu trennen, um fortan glaubwürdig eine radikale Kehrtwende in der Ostpolitik propagieren zu können. Doch erst Anfang des nächsten Jahres setzte sich der progressive und reformorientierte Flügel der FDP durch und wählte Walter Scheel zum Vorsitzenden; und als ein weiteres Jahr darauf die Liberalen dem Sozialdemokraten Gustav Heinemann bei der Bundespräsidentenwahl zum Sieg verhalfen, war der Richtungswechsel auch auf bundespolitischer Ebene vollzogen.[11]

Wie weit Haffners Sorge um die Meinungsvielfalt in der westdeutschen Politik ging, verrät der Umstand, daß er sich – anders als man es vielleicht hätte erwarten dürfen – nachdrücklich gegen ein Verbot der NPD aussprach, die bis zum April 1968 in sieben Landtage gewählt worden war und daraufhin zu einem Hauptfeind der APO avancierte. Parteiverbote, erläuterte er Mitte Oktober 1968 im *Stern*, seien in einer parlamentarischen Demokratie «systemfremd; sie sind eine Waffe aus dem Arsenal des Totalitarismus. Ja, man könnte sagen, daß eine parlamentarische Demokratie, die nur ihren eigenen Anhängern Legalität und politische Betätigungsfreiheit zubilligt, selber einen totalitären Zug annimmt». Und als hätte es die Weimarer Republik und ihren folgenschweren Untergang nie gegeben, ließ er auch den Einwand «Keine Freiheit für die Feinde der Freiheit!» nicht gelten. Das sei «in Wahrheit das Ende der Freiheit», argumentierte Haffner, «es bedeutet Selbstmord aus Furcht vor dem Tode».[12]

Daß er sich damals auch für eine Wiederzulassung der KPD eingesetzt hat, ist angesichts seines ausgedehnten Freiheitsbegriffs kaum erwähnenswert, wohl aber der Umstand, daß er sein radikales Verständnis von Volksherrschaft dazu genutzt hat, um die Bundesrepublik in manch unerfreuliche Nachbarschaft zu zerren. «[I]n gewissem Sinne» zähle der junge Staat zu jenen Ländern, die «noch nicht einmal die bürgerliche Revolution geschafft haben, wie Portugal und Spanien», sinnierte Haffner im Februar 1967, als er in *Konkret* für einen kulanteren Umgang mit den Kommunisten warb, die er, zumindest in Westeuropa, als zwar «radikal in Worten», aber «revisionistisch in der Sache» einstufte – darin vergleichbar den deutschen Sozialdemokraten in der wilhelminischen Ära. «Daß sie in der Bundesrepublik trotzdem verboten und verfolgt sind», zeige nur, wieweit dieses Gemeinwesen «in Liberalität, Toleranz und Modernität hinter das Reich Wilhelms II., ja selbst hinter das Bismarckreich des Sozialistengesetzes zurückgefallen» sei. Solche Verdikte hielten Haffner indes nicht davon ab, Westdeutschland zwei Monate später und an gleicher Stelle in die Nähe der DDR zu rücken. In beiden Systemen, so sein Vorwurf, würden die maßgeblichen Parteien ihre Politik hauptsächlich an den Interessen des Staates ausrichten, nicht an den Bedürfnissen der Bürger. Die CDU hatte seines Erachtens diese Haltung in besonderem Maße verinnerlicht. Sie sei, bemerkte er im April 1967, «in der Bundesrepublik bereits die Staatspartei schlechthin geworden»; ihre Rolle entspreche «fast genau der der SED in der DDR».[13]

Nicht viel besser schnitten die westdeutsche Bevölkerung und ihre Repräsentanten ab. Die Bundestagsabgeordneten hätten sich in vollkommene intellektuelle Abhängigkeit von den Parteiapparaten begeben und

Abb. 34 Passend zu der unverblümten Arroganz seiner Thesen hat sich Haffner damals in Konkret *mit diesem Foto als verachtungstrotzender Dandy inszeniert, dem keiner etwas anhaben konnte.*

seien zu eigenständigem Denken schlichtweg unfähig, meinte Haffner, als er im August 1968 der bescheidenen Frage «Warum sind Politiker dümmer?» – man ergänze: als Journalisten – nachging. Die Gesellschaft der Bundesrepublik setzte sich dagegen, was die Älteren betraf, im wesentlichen aus ehemaligen Nationalsozialisten zusammen, während die Jüngeren, die das «Dritte Reich» als Kinder und Jugendliche erlebt hatten, mitnichten besonders skeptisch seien, wie es der Soziologe Helmut Schelsky in einer bekannten Studie herausgefunden haben wollte, sondern, ganz im Gegenteil, nach Haffners Dafürhalten politisch völlig lethargisch waren:

> «Diese Generation hat immerhin das Wirtschaftswunder produziert – und in seinem Gefolge die Freß-, Auto-, Wohn-, Reise-, Edelfreß- und Sexwelle. Politisch aber ist dies die unfruchtbarste, denkfaulste und tatenärmste deutsche Generation seit Menschengedenken geblieben. Die alliierte Vormundschaft kam ihr ganz gelegen. Als man diese Vormundschaft – ohne ihr Zutun – teilweise aufhob, flüchtete sie in die neue Vormundschaft einer

Urgroßvaterfigur. Der ersten Vormundschaft verdankt sie einen formalen Staatsanstrich; der zweiten die Restauration der gesellschaftlichen Normalität von vor 1914.»[14]

Passend zu der unverblümten Arroganz seiner Thesen hat sich Haffner damals als verachtungstrotzender Dandy inszeniert. Zurückgelehnt, die Haare über dem wohlgenährten Gesicht streng nach hinten gekämmt, die Mundwinkel tief heruntergezogen, eine angebrannte Zigarette in der erhobenen Hand – so blickte er den Lesern von *Konkret* allmonatlich entgegen. Ihm konnte keiner etwas anhaben, das bringt das besagte Foto deutlich zum Ausdruck, und zugleich verrät es etwas von dem «Auftrittsverlangen»[15], das in ihm wohnte.

Erst als es auf die Bundestagswahlen im Herbst 1969 zuging, stellte Haffner die ins Grundsätzliche zielenden Attacken ein und entdeckte seine Sympathien für die Sozialdemokratie wieder, die ja nach wie vor für einen Politikwechsel unerläßlich war. Nur eine SPD-geführte Regierung könne die revolutionäre Jugend in die westdeutsche Gesellschaft integrieren und den angeblich bevorstehenden Klassenkampf verhindern, ließ er die Leser des *Stern* kurz vor der Wahl wissen, und nachdrücklich sprach er sich für jene verbraucherfreundliche Aufwertung der D-Mark aus, wie sie der sozialdemokratische Bundeswirtschaftsminister Karl Schiller befürwortete.[16]

In dem Bestreben, für die SPD möglichst viele Stimmen einzuwerben, traten die Sozialdemokraten mal als Sachwalter des Bestehenden, mal als potentielle Wegbereiter längst fälliger Reformen in Erscheinung. Nachdem er der altehrwürdigen Partei 1968 vorgeworfen hatte, nicht mehr «die wirkliche Heimat der deutschen Linken» zu sein, empfahl Haffner dem abermaligen Kanzlerkandidaten Willy Brandt im Juli 1969 dem Beispiel seiner schwedischen Parteifreunde zu folgen und, wenn er denn schon den Kapitalismus akzeptiere, sich wenigstens stärker von der konservativen Konkurrenz abzugrenzen. Was Haffner vorschwebte, war «eine Friedenspolitik der Tat, nicht der Phrase; ein radikaler Wohlfahrtsstaat; und ein ebenso radikaler, ja aggressiver kultureller Liberalismus und Modernismus». Anderweitig hat er dann das Gemäßigte und Bodenständige einer möglichen SPD-FDP-Koalition herausgestellt. Beide Parteien, bemerkte er eine Woche vor der Wahl, seien «Mittelparteien» und stünden «heute ungefähr da, wo vor zwanzig Jahren die CDU stand».[17]

Vor allem aber hat er die SPD durch wütende Attacken gegen die CDU/CSU zu unterstützen versucht, die sämtlich darauf abzielten, die

Unionsparteien an den rechten Rand des politischen Spektrums zu verbannen. Nachdem bei der Wahl des Bundespräsidenten im März 1969 der unterlegene christdemokratische Kandidat Gerhard Schröder die Stimmen der NPD-Wahlmänner erhalten hatte, glaubte Haffner, daß aus der nächsten Bundestagswahl eine Regierungskoalition aus bürgerlichen und rechtsextremen Kräften hervorgehen könnte. Hatten sich nicht im Oktober 1931 die Deutschnationale Volkspartei, der Veteranenverein «Stahlhelm» und die Nationalsozialisten zur «Harzburger Front» verbunden? Eine Neuauflage jener unheilvollen Allianz hielt Haffner zumindest nicht für ausgeschlossen. «Die CDU/CSU», erklärte er in seinem Kommentar zur Wahl Heinemanns, sei «praktisch eine Fusion der ehemaligen Deutschnationalen mit dem ehemaligen Zentrum – das sich 1932 ebenfalls, allerdings erfolglos, um eine Koalition mit der NSDAP bemüht hatte. Was damals die NSDAP war, ist heute die NPD.» Gut zwei Monate später hat er die CDU/CSU sogar zur «besten NPD, die es je gab», erklärt.[18]

Bundeskanzler Kurt Georg Kiesinger war indes schon 1968 in Haffners Schußlinie geraten. Einerseits attackierte der *Stern*-Kolumnist den CDU-Vorsitzenden wegen der Maßnahmen, die der Staat gegen die demonstrierenden Studenten ergriff, andererseits warf er ihm wiederholt seine nationalsozialistische Vergangenheit vor. 1933 war Kiesinger, damals ein achtundzwanzigjähriger Jurist, in die NSDAP eingetreten und 1940, um dem drohenden Kriegsdienst zu entgehen, in die Rundfunkabteilung des Außenministeriums ausgewichen, zu deren stellvertretenden Leiter er drei Jahre später aufstieg. Obwohl es ihm 1948 gelungen war, vollständig entnazifiziert zu werden, wurde Kiesingers steile Nachkriegskarriere immer wieder von Zweifeln an seiner Unbescholtenheit überschattet, so auch im November 1966, als sich der baden-württembergische Ministerpräsident um das wichtigste politische Amt der Bundesrepublik bewarb.[19]

Haffner hatte damals ebenfalls Bedenken gegen die Kandidatur eines ehemaligen Nationalsozialisten angemeldet, in der Folgezeit dem ausgleichend und konziliant auftretenden Schwaben, der sich, ein eloquenter Bildungsbürger, erkennbar von seinem volkstümlichen Vorgänger Erhard unterschied, ein gewisses Wohlwollen entgegengebracht. 1968 war davon allerdings nichts mehr übrig. Im Sog der studentischen Empörung hat Haffner seine Forderung erneuert, alle früheren Parteigänger Hitlers aus wichtigen politischen Positionen zu entfernen, und im November 1968, nachdem die deutsch-französische Journalistin Beate Klarsfeld den CDU-Vorsitzenden wegen seiner belasteten Vergangenheit öffentlich geohrfeigt hatte, Kiesinger ins Visier genommen. Zwar halte er die Attacke für unangemessen, schrieb Haffner im *Stern*, ansonsten aber teile er die «Meinung, daß ein prominenter Altnazi nicht ins Kanzleramt gehört». Im folgenden nutzte er die Reaktion des Angegriffenen, um diesen möglichst gründlich zu beschädigen. Vor allem dessen Andeutung, Klarsfeld bediene sich bei ihrer Kampagne «‹östliche[r] Quellen›», wirkte sich inspirierend auf Haffner aus. «Die glitschige, glibberige Art, wie hier Nebel und gleich nebenbei noch ein bißchen antirussisches Gift gespritzt wird» – das sei nun wirklich, fand er, «Goebbels' Stil in klassischer Ausprägung. So etwas lernte sich nur im Dritten Reich, in den hohen Regionen der Propagandakünste, in denen Kiesinger jahrelang zu Hause war.» Freilich fielen diese Vorwürfe weitgehend auf ihn selbst zurück, da Haffner, auch ohne im journalistischen Dienst des nationalsozialistischen Staatsapparates gestanden zu haben, durchaus über fortgeschrittene Kenntnisse in der Kunst der Rabulistik verfügte. Schließlich war Kiesinger unter Hitler weder prominent noch ein unmittelbarer Mitarbeiter des berüchtigten Propagandaministers gewesen, ganz zu schweigen von dem mittlerweile erwiesenen Sachverhalt, daß Klarsfeld bei ihren Bemühungen, den Bundeskanzler zu desavouieren, tatsächlich von der DDR unterstützt wurde.[20]

Aber beruhte der grobschlächtige Angriff überhaupt auf echter Entrüstung, oder steckte hinter den geschichtsmächtigen Insinuationen lediglich das Kalkül, mit einem effektvollen Argument einem mißliebigen Politiker zu schaden? Gewiß hat sich Haffner von der überschäumenden Empörung der Studentenbewegung, die ja gerade aus der Furchtbarkeit der nationalsozialistischen Verbrechen ihre moralische Autorität ableitete, anstecken lassen. Auffällig ist allerdings auch, daß es ausschließlich konservative Zeitgenossen waren, die er für ihre politischen Machenschaften in den Jahren zwischen 1933 und 1945 namentlich angeprangert hat, während Sozialdemokraten, Karl Schiller etwa oder Wohnungsbauminister Lauritz Lauritzen, trotz ihrer Mitgliedschaft in der NSDAP beziehungsweise SA ungescholten blieben. Die einseitige Verteilung der Beschuldigungen legt dann doch die Vermutung nahe, daß hinter den Attacken gegen den Bundeskanzler weniger ein eisernes Gerechtigkeitsempfinden waltete als der Wunsch, einen Regierungswechsel herbeizuschreiben, und dieses Ziel ließ Haffner eben zu jedem verfügbaren Vorwurf greifen, ganz so wie es die Eigenlogik journalistischer Kampagnen verlangte. Aufgefordert, zu einem besonders polemischen Vergleich Stellung zu beziehen, hat er sich denn auch einmal mit dem Hinweis herausgeredet, es handle sich um «rhetorisch[e] Hyperbolik», «die aber seit Demosthenes als legitimes Stilmittel» gelte.[21]

Tatsächlich war Haffner, wenn er über die Verstrickungen von Zeitgenossen in das nationalsozialistische Räderwerk urteilte, gemeinhin weit entfernt von altväterlicher Prinzipienstrenge, und das nicht nur in den konservativen Jahren um den Bau der Berliner Mauer. Mit Henri Nannen ist er jahrelang ausgekommen, obwohl auch der Gründer des *Stern* im letzten Kriegsjahr an einem SS-Propagandaunternehmen mitgewirkt hat, aus dessen Produktion einige Flugblätter mit antisemitischen Anspielungen stammen. Werner Höfer, den langjährigen Diskussionspartner, hat Haffner sogar ausdrücklich in Schutz genommen, nachdem der Moderator des *Internationalen Frühschoppens* 1987 unter öffentlichen Beschuß geraten war, weil er sich im «Dritten Reich» durch einige linientreue Beiträge hervorgetan hatte. «Ich bin ein Anhänger der Verjährung», erklärte Haffner nun und erinnerte an Höfers Verdienste um die westdeutsche Demokratie. Im übrigen hätten doch wir «alle irgendwann einmal etwas geschrieben, über das man später denkt, hätte ich das doch besser nicht geschrieben», und auch sich selbst wollte er im Februar 1989 von diesen kritischen Betrachtungen nicht ausgenommen wissen.[22]

Seiner menschenfreundlichen Generallinie folgend, hat Haffner sogar Bundespräsident Heinrich Lübke entlastet, der in den sechziger Jahren von Albert Norden, dem Chefpropagandisten der SED, bezichtigt wurde, 1944 die Baracken für das Konzentrationslager Neu-Staßfurt entworfen zu haben. Haffner hielt im Februar 1966 die wahrscheinlich erfundene Beschuldigung zwar für glaubhaft, konnte in Lübkes damaliger Tätigkeit allerdings nicht mehr als «das normale Verhalten des machtlosen kleinen Mannes im Dritten Reich» erkennen, «der weder zum Nazi noch zum Märtyrer werden wollte». «[W]enn man den Stab darüber brechen wollte», führte er im *Stern* aus, «müßte man den Stab über 78 von damals 79 Millionen Deutschen brechen.»[23] An der groß angelegten Kampagne, mit der die SED und Teile der westdeutschen Presse, Henri Nannen an der Spitze, 1968 den ungeschickt agierenden Bundespräsidenten in die Enge trieben und schließlich zu einem vorzeitigen Rücktritt veranlaßten, hat sich Haffner denn auch nicht beteiligt – vielleicht, weil ihn zu diesem Zeitpunkt bereits fundamentalere Probleme in Atem hielten. «Wenn man es überspitzt, aber deutlich sagen will», hatte er schon im Oktober 1967 die Leser des *Stern* über die Verhältnisse in ihrem Land aufgeklärt: «An die Stelle der Wahl zwischen Regierung und Opposition tritt die Wahl zwischen Faschismus und Revolution.»[24]

Fürsprecher der APO

Zwar hatte Haffner bereits 1966 den studentischen «Protest gegen mächtige Manifestationen des fortlebenden faschistischen Geistes in der Welt von heute und im Deutschland von heute» gewürdigt, aber daß der Zustand der Bundesrepublik derart problematisch einzuschätzen sei, war doch eine neuere Entdeckung, die im wesentlichen auf die Ereignisse vom 2. Juni 1967 zurückging. An jenem Tag hatten der Schah von Persien, Reza Pahlewi, und seine Frau Farah Diba West-Berlin einen offiziellen Besuch abgestattet, wo die politische Stimmung ohnehin schon seit geraumer Zeit am Gären war. Während sich die meisten Bürger der ummauerten Stadt den USA besonders verbunden fühlten, störte viele Studenten der ansässigen Universitäten sowohl die eilfertige Ergebenheit gegenüber den Vereinigten Staaten als auch der dezidierte Antikommunismus, der hier gepflegt wurde. Entkräftete nicht der grausam geführte Vietnamkrieg, aber auch die autoritäre Herrschaft, die der Schah mit amerikanischer Unterstützung über Persien aufrechterhielt, die gängige Auffassung, der zufolge die westliche Supermacht ihrem weltpolitischen Gegner, der Sowjetunion, moralisch überlegen sei? Um gegen die Mißstände in dem nahöstlichen Polizeistaat zu demonstrieren, versammelten sich am Abend des 2. Juni mehrere tausend Angehörige der Außerparlamentarischen Opposition an der Berliner Oper, wo der hohe Gast eine Aufführung der *Zauberflöte* besuchte. Nachdem bereits einige Stunden zuvor Anhänger des Schahs deutsche Demonstranten angegriffen hatten, eskalierte nun die Situation in einer Straßenschlacht zwischen den Teilnehmern der Kundgebung und der zahlreich anwesenden Polizei, bei der die Ordnungshüter mit außergewöhnlicher Brutalität vorgingen. Ein Student, der sechsundzwanzigjährige Benno Ohnesorg, wurde dabei von einem Beamten erschossen.[25]

Der tragische Vorfall wirkte wie ein Fanal. Die Vertreter der APO sahen sich in dem Eindruck bestätigt, daß in der Bundesrepublik eine autoritäre Gewaltherrschaft ausgeübt werde – dabei stand, wie man heute weiß, der Todesschütze Karl-Heinz Kurras delikaterweise auch im Sold der ostdeutschen Staatssicherheit –, und die Agitation gegen die Notstandsgesetze erhielt ebenfalls neuen Zulauf, hatten doch Polizei und Verwaltung in den Augen der Studenten einen Vorgeschmack auf jene Verhältnisse gegeben, die nach der geplanten Verfassungsänderung in der Bundesrepublik herrschen würden. Zusätzlich geschürt wurde die Empörung durch die einseitigen

Schuldzuweisungen mancher Behörden sowie durch die Beschimpfungen, mit denen die Zeitungen des Axel Springer Verlages die Demonstranten überzogen. Völlig uneinsichtig waren die Amtsträger indes nicht, wie der Regierende Bürgermeister Heinrich Albertz und Polizeichef Erich Duensing bewiesen, die schließlich als Konsequenz aus dem überharten Einsatz an der Oper zurücktraten.[26]

In West-Berlin prallten die unterschiedlichen Positionen mit besonderer Heftigkeit aufeinander, und die polarisierende Dynamik, die sich im Gefolge des Schah-Besuchs entfaltete, erfaßte auch Haffner. Für ihn hatte, wie er im *Stern* vom 25. Juni 1967 ausführte, gut drei Wochen zuvor «ein systematischer, kaltblütig geplanter Pogrom, begangen von der Berliner Polizei an Berliner Studenten» stattgefunden, war es in der einstigen Kapitale zu «Greuel» gekommen, «wie sie außerhalb der Konzentrationslager selbst im Dritten Reich Ausnahmeerscheinungen gewesen» seien. Derart war der gesamte Artikel. Die Demonstranten, die Haffner mehrfach mit den im nationalsozialistischen Deutschland verfolgten Juden verglich, traten ausschließlich in der Rolle des unschuldigen Opfers auf, während die Verantwortlichen in Politik, Administration, Justiz und Presse sich durchweg als staatstragende Verbrecher wiederfanden, wobei er es besonders darauf anlegte, die «Schreibtischtäter mit manikürten Händen» zu entlarven. Albertz wende die gleiche infame Methode an, die schon Hermann Göring nach der «Reichskristallnacht» erprobt habe, schimpfte Haffner und warf dem Sozialdemokraten vor, gemeinsam mit Axel Springer, «dem eigentlichen Herrn des gegenwärtigen West-Berlin», «die alte faschistische Spirale von Lüge und Gewalt» wieder in Gang gesetzt zu haben. Abschließend spielte er auf Ernst Reuters berühmten Appell aus der Zeit der Berlin-Blockade an und bemerkte: «Heute können Springer und Albertz von Glück sagen, daß die Welt Dringenderes zu tun hat, als auf ihre Stadt zu blicken. Wer es aber doch tut, kann sich nur abwenden, um sich zu erbrechen.»[27]

Das Echo, das Haffners Philippika provozierte, war, wie nicht anders zu erwarten, gewaltig. Bis in den August hinein erschienen im *Stern* Briefe von Lesern, die sich insgesamt gesehen zwiespältig, mehrheitlich aber zustimmend äußerten. «Natürlich ist Herrn Haffners Artikel an einigen Stellen etwas übertrieben», meinte ein Kommentator, «aber was bleibt einem engagierten Journalisten [übrig], wenn das einfache Faktum dieser Ungeheuerlichkeit fast nirgendwo Eindruck macht? Nicht durch Flüstern, nur durch Schreien kann man eine weitere Ausbreitung dieser Exzesse verhindern.»[28] Die geschmähten Amtsträger waren freilich anderer Meinung, und der Vizepräsident der Berliner Polizei sowie einige Beamte stellten sogar einen Strafantrag wegen Beleidigung. Kritik an einzelnen Vorgängen sei durchaus angebracht, bemerkte der Berliner Bundestagsabgeordnete Klaus-Peter Schulz in einer besonnenen, vom *Stern* abgedruckten Stellungnahme, aber es müsse klar «zwischen Institutionen und Personen, zwischen politischen Prinzipien und ihrem Versagen in einer Entscheidungssituation» unterschieden werden. Den von Haffner formulierten Faschismusvergleich fand er deshalb abwegig. In Diktaturen, führte der Sozialdemokrat aus, könnten Demonstrationen gar nicht stattfinden, geschweige denn, daß Polizeiaktionen öffentlich diskutiert würden. Im übrigen agiere die Staatsgewalt keineswegs so geschlossen, wie von dem *Stern*-Kolumnisten behauptet. Sei nicht der Polizeichef auf eigenen Wunsch vom Dienst suspendiert und ein parlamentarischer Untersuchungsausschuß eingesetzt worden? Aber auch die Studenten waren, so Schulz weiter, an den vorgefallenen Ausschreitungen keineswegs schuldlos. Zumindest ein Teil von ihnen praktiziere «seit Jahr und Tag das Prinzip chronischer Unruhestiftung» und habe es auf eine brutale Reaktion der Polizei regelrecht angelegt.[29]

Weit weniger behutsam kritisierten die Organe des Axel Springer Konzerns ihren ehemaligen Mitarbeiter, wobei unter ihnen allerdings Uneinigkeit darüber herrschte, wie die Ausfälle des früheren Kollegen zu erklären seien. Während für die *Berliner Morgenpost* «die schreienden, hysterischen Auslassungen Haffners weniger auf einen kriminellen denn auf den klinischen Tatbestand der Unzurechnungsfähigkeit» hindeuteten, wertete Felix von Eckardt, Adenauers einstiger Pressechef, in der *Welt am Sonntag* den Artikel als ein «Verbrechen im Bereich der Publizistik», und ein Redakteur derselben Zeitung ging sogar so weit, den Kolumnisten mit Roland Freisler, dem fanatischen Präsidenten des nationalsozialistischen Volksgerichtshofes, zu vergleichen.[30]

Wie radikal Haffners Ansichten waren, verdeutlicht auch der Umstand, daß sich selbst der *Stern* beziehungsweise dessen Verleger Gerd Bucerius von den schärfsten Attacken distanziert hat. «Vergleiche mit Pogromen, SS, Faschismus, Auschwitz und Schreibtischtätern halten wir in diesem Zusammenhang für ganz und gar abwegig», hieß es in einem Vorspann zu der umstrittenen Kolumne, die allerdings keineswegs eine unüberbrückbare Meinungskluft von der Berichterstattung der Illustrierten trennte. Unter dem Titel «Ein Kopfschuß im freien Teil der Stadt» war der *Stern* schon in seiner Ausgabe vom 18. Juni 1967 auf den Tod Benno Ohnesorgs eingegangen, hatte die brutale Vorgehensweise der Berliner Polizei in den Mittelpunkt seines Berichtes gestellt und, ähnlich wie Haffner, «die Zeitungen von Berlins heimlichem Herrscher, Axel Cäsar Springer», für die «vergiftet[e] Atmosphäre zwischen Berliner Polizei und protestierenden Studenten» verantwortlich gemacht.[31]

Diese Frontstellung hat der *Stern* in den folgenden Jahren beibehalten, mochte die Parteinahme zugunsten der Studenten auch den ein oder anderen gemeinen Leser verschrecken. Wirklich erstaunlich ist die eindeutige Positionierung allerdings nicht. Zwar waren die Mitglieder der Protestbewegung in Teilen der Bevölkerung als Krawallmacher und kommunistische Rädelsführer verschrieen, aber sich mit ihnen zu solidarisieren, bot umgekehrt etliche Vorteile, zumal für eine regierungskritische Illustrierte. Genau wie die Demonstranten wollten ja auch Henri Nannen und seine Redaktion einen grundlegenden Politikwechsel initiieren, und darüber hinaus lieferten die dramatischen Ereignisse der späten sechziger Jahre den Stoff für zahlreiche, seien es spannende, seien es anrührende Geschichten. Schließlich gab auch der Bruch mit bürgerlichen Moralvorstellungen, den etwa die Berliner Kommune 1 öffentlichkeitswirksam inszenierte, allein wegen seiner kitzelnden Mischung aus Sex und Politik ein äußerst massentaugliches Thema ab.[32]

Vor diesem Hintergrund durfte auch Haffner seine schweren Vorwürfe verschiedentlich erneuern, was ihm fortan sogar ohne reglementierende Zeilen der *Stern*-Verantwortlichen gestattet war. «Faschismus», erläuterte er am 10. März 1968, sei «sozial konservativ», «entschlossen, jede Grundsatzopposition mit Gewalt zu unterdrücken», und «demagogisch, er mobilisiert mörderische Mob-Instinkte und steuert sie nach Belieben gegen unliebsame Minderheiten», eine Definition, die zwar wiederum das politische System ignorierte, dafür aber um so genauer auf jene Ereignisse paßte, die sich kurz zuvor tatsächlich in West-Berlin zugetragen hatten. Dort war es während einer vom Senat organisierten Großkundgebung, die einen Kontrapunkt zu dem vorangegangen Vietnam-Kongreß der APO bilden sollte, zu Ausschreitungen gekommen. Demonstrationsteilnehmer, berichtete Haffner, hatten «Bürger verprügelt und fast gelyncht [...], weil sie Bärte oder randlose Brillen oder rote Schlipse trugen oder nicht genügend Beifall klatschten oder Hochdeutsch statt Berlinerisch sprachen», und selbst die anwesenden Ordnungshüter hätten nichts unternommen, um die Angegriffenen zu schützen.[33]

Maßgeblich zu der haßerfüllten Stimmung gegen die Studenten beigetragen hatte aus Haffners Sicht der Axel Springer Verlag, dessen Zeitungen mit Schlagzeilen wie «Dutschke Volksfeind Nr. 1» *(Bild)* oder den zitierten Schmähungen gegen mißliebige Journalisten in der Tat derartige Emotionen in der Bevölkerung schürte und damit auch den ursprünglich zurückhaltenden Haffner zunehmend aufbrachte. Noch im Sommer 1966, als ihn das Satiremagazin *Pardon* um einen Beitrag zum Thema Pressekonzentration angegangen war, hatte er seine abschlägige Antwort mit schierer Ratlosigkeit begründet. «Alle denkbaren gesetzlichen Regelungen haben den Nachteil», hatte er seine Unentschiedenheit erläutert, «daß sie sehr leicht umgangen werden können und außerdem doch immer einer Einengung der Pressefreiheit sehr nahe kommen würden.»[34]

Bis zum August 1967 hatte er es sich dann anders überlegt. Kurz nach den Unruhen anläßlich des Schah-Besuchs war die Berliner Sektion des «Sozialistischen Deutschen Studentenbundes» mit der Parole «Enteignet Springer!» auf den Plan getreten, einer Forderung, die anscheinend ihren geheimen Ursprung in der DDR hatte, der sich in der Folgezeit aber eine ganze Reihe prominenter Journalisten und Intellektueller anschloß, darunter Ulrike Meinhof, Manfred Bissinger, Rudolf Augstein und selbstredend auch Sebastian Haffner. Im Gegensatz zu vielen Mitstreitern stützte letzterer seine Argumentation allerdings weniger auf den gewaltigen Umfang des Springerschen Zeitungsimperiums, das etwa ein knappes Drittel der westdeutschen Presse umfaßte, als auf die politischen Botschaften, die von den Blättern des Konzerns verbreitet wurden. Der Feldzug des Großverlegers gegen den Ostblock bedrohe den äußeren, die Polemik gegen die Studenten den inneren Frieden der Bundesrepublik, stellte Haffner im *Stern* vom 2. Oktober 1967 fest und überlegte im folgenden, ob Springers Machenschaften nicht justitiabel seien. Zumindest den Straftatbestand der «Gefährdung des Gemeinwohls» und das Delikt der «Volksverhetzung» könnten sie erfüllen, spekulierte der *Stern*-Kolumnist, der sich durch derartige Erwägungen freilich keineswegs veranlaßt sah, seinerseits auf größtmögliche Sachlichkeit zu achten. «Wenn ein knäbischer Unheilstifter mit einer Atombombe herumspielt», lautete vielmehr sein Fazit in der heiklen Expropriationsfrage, «dann muß man sie ihm aus der Hand nehmen, auch wenn sie ihm zufällig gehört. [...] Wenn es um die Verhinderung von Krieg und Bürgerkrieg geht, dann muß das Eigentum weichen.»[35]

Doch auch diese Attacken waren noch zu steigern. Nachdem am 11. April 1968 der rechtsextreme Anstreicher Josef Bachmann ein Attentat auf Rudi Dutschke verübt hatte, das der redegewandte Führer der Protestbewegung nur knapp überlebte, belagerten tausende Studenten, Schüler und Arbeiter in der Überzeugung, daß Axel Springer mit seiner Kampagne gegen die Demonstranten der Anstifter zu dem Mordanschlag gewesen sei, Gebäude des verhaßten Verlagshauses. In West-Berlin stürmten die Entrüsteten sogar das Konzerngelände und steckten Firmentransporter in Brand. Das Eingreifen der Polizei führte während der Ostertage vielerorts zu erbitterten Straßenschlachten, bei denen es zahlreiche Verletzte, einen beträchtlichen Sachschaden sowie zwei Tote – diesmal offensichtlich Opfer studentischer Gewalt – zu beklagen gab. Haffner war außer sich. «Man hat tatenlos zugesehen, wie Springer aus den Studenten die neuen Juden gemacht hat», schimpfte er am 5. Mai 1968 und schrieb dem mißliebigen Verlagschef einen ähnlichen Einfluß zu, wie ihn dereinst Joseph Goebbels besessen hatte, während ihn das Aufbegehren der jungen Leute an jenen verzweifelten Aufstand erinnerte, den die Juden des Warschauer Ghettos im April und Mai 1943 gegen ihre nationalsozialistischen Peiniger unternommen hatten. «Hier wie dort», erläuterte Haffner seinen Vergleich, «der getretene Wurm, der sich krümmt, die verfolgte Minderheit, die sich ohnmächtig, mit rührend unzulänglicher Gewalt gegen ihren übermächtigen Verfolger aufbäumt».[36]

Obwohl auch andere westdeutsche Medien mit ähnlichen Attacken gegen den Springer Verlag aufwarteten, Haffners scharfe Polemik also mitnichten ein Einzelfall war, sorgte der Artikel für heftige Reaktionen des *Stern*-Publikums. So wünschte sich ein Leser, daß der unmißverständliche Kommentar allen Bundestagsabgeordneten sowie dem Kanzler und dem Bundespräsidenten zugestellt würde, am besten «per Eilbrief». «Miesling Haffner regt mich auf», meinte dagegen ein Berliner, «an diesen Parasiten ist die Weimarer Republik kaputtgegangen.» Ein anderer Beschwerdeführer fand den «Vergleich der Studentenkrawalle mit dem Warschauer Ghetto-Aufstand [sogar] pervers in höchster Potenz, und nur ein Berufsopportunist wie Haffner bring[e] diesen verkommenen Zynismus auf. Hoffentlich», setzte der Kläger vom Niederrhein hinzu, «begegnet diesem geistig Entarteten ein Überlebender des Warschauer Ghetto-Aufstandes und poliert ihm die Fresse dafür.»[37]

So weit kam es zwar nicht, aber immerhin geriet Haffner, nachdem er in der Ausgabe des *Berliner Fensters* vom 25. April 1968 ganz ähnliche Ansichten vorgetragen hatte, mit dem Intendanten des *Senders Freies Berlin* aneinander. Schon am Tag nach der strittigen Sendung hatte Franz Barsig seinem Mitarbeiter vorgeworfen, unhaltbare Assoziationen hergestellt zu haben, und sich dabei insbesondere auf den Vergleich der Studentenunruhen mit dem Warschauer Ghettoaufstand bezogen. Wie zu erwarten, verbat sich Haffner derlei Einwände energisch. «Ein Vergleich ist keine Gleichsetzung», belehrte er seinen Kritiker, und im übrigen habe er das in diesem Zusammenhang erforderliche «tertium comperationis [...] klar und deutlich herausgearbeitet», nämlich «dass in beiden Fällen verzweifeltes und gewaltsames Aufbegehren von Verfolgten gegen ihre Verfolger als Rechtfertigung noch härterer Verfolgung betrachtet worden ist».[38] Überzeugen konnte Haffner den sozialdemokratischen Funktionär mit solchen argumentativen Feinheiten allerdings nicht. Nach einem geharnischten Briefwechsel erhielt er Ende Mai 1968 zwar noch einmal die Gelegenheit, sich vor laufender Kamera gegen die Beschuldigungen Barsigs zu verteidigen. Doch fortan mußten die Zuschauer des *Berliner Fensters* auf Haffners wortgewaltige Auftritte verzichten.

Viele andere Institutionen waren indes toleranter, und so reüssierte der Skandaljournalist weiterhin als Redner, Diskutant und Rundfunkmitarbeiter, und diente darüber hinaus seinem Hauptarbeitgeber als intellektuelles Aushängeschild. Er selbst hat ohnehin stets darauf bestanden, als Liberaler zu gelten, ein Etikett, das ihn offensichtlich davor bewahren sollte, das Vertrauen der bodenständigen *Stern*-Klientel zu verlieren. Während die «Revolution, von der die neue Linke spricht», lediglich «ein zartes, gebrechliches Pflänzchen» sei, stelle der «Faschismus [...] wieder eine ausgewachsene, unmittelbar bedrohliche Macht in Deutschland» dar, versicherte Haffner im März 1968 den Lesern der Illustrierten und mochte hoffen, nach diesem beunruhigenden Lagebericht möglichst viele Anhänger für die von ihm ausgegebene Devise: «Frieden mit der neuen Linken, Kampf dem Faschismus!» zu gewinnen.[39]

Das war keine völlig ausgefallene Sichtweise; in vielem teilte sie sogar ein deutlich weniger heißblütiger Zeitgenosse wie Joachim Fest. «[W]eitaus beunruhigender» als der Aufruhr der Nachwuchsakademiker sei jedenfalls «das Verhalten der betroffenen Öffentlichkeit», fand Haffners durch und durch bürgerlicher Kollege, das Gebaren «der entlarvten Pseudoautoritäten, eines Teils der Presse und neuerdings der Justiz oder auch der Leute von der Straße mit dem berüchtigt gesunden Volksempfinden, die tief im traditionellen Bewußtsein die Überzeugung hegen, daß oppositionelles Verhalten so gut wie jede Widersetzlichkeit im Grund strafwürdiges Verhalten ist.» «Landauf, landab weck[e] die Protestbewegung autoritäre Reflexe», klagte Fest des weiteren, rufe der Radikalismus der Studenten «einen

Abb. 35 Allen Meinungseskapaden zum Trotz gehörte Haffner zu Beginn der siebziger Jahre nach wie vor zu den gefragtesten Kommentatoren des Landes und fungierte für seinen Hauptarbeitgeber sogar als intellektuelles Aushängeschild, wie bei dieser Werbeanzeige in der Zeit *vom 27. März 1970.*

Ordnungssinn auf die Szene, der fatale und nicht selten mörderische Erinnerungen beschwört».[40] War das nicht eine Light-Version der Haffnerschen Suaden?

In zweierlei Hinsicht unterscheidet sich Haffners Kritik dann aber doch von den Vorwürfen, die Fest und andere Beobachter formuliert haben, und eben diese beiden Aspekte sind es auch, die erhebliche Zweifel aufkommen lassen, ob sich das Engagement des *Stern*-Kolumnisten tatsächlich noch als Dienst an der westdeutschen Demokratie verstehen läßt. Da sind zum einen die schrillen Obertöne, die seine Brandmarkungen wie eh und je begleiteten. Sie mögen zur damaligen Politisierung der westdeutschen Gesellschaft beigetragen haben, aber sie bargen unverkennbar auch das Risiko einer weiteren Eskalation der Lage, zumal – die aggressiven Leserreaktionen deuten es an – radikale Meinungsäußerungen oft extreme Abwehrreflexe hervorgerufen haben.[41] Zum anderen war es die völlig uneingeschränkte Solidarisierung mit den Studenten, die Haffner wenig liberale Pfade einschlagen ließ. Von der radikalen Seite des Protests wollte er nichts wissen, obwohl das Problem, ob und inwieweit man im Kampf gegen das bestehende System handgreiflich werden dürfe, von den Unzufriedenen breit diskutiert wurde, ja so etwas wie die Gretchenfrage jener Tage darstellte. Zumindest der antiautoritäre Flügel der Bewegung hielt denn auch Gewalt, insbesondere wenn sie sich gegen Sachen richtete, für ein legitimes Mittel der politischen Auseinandersetzung, weshalb der Philosoph Jürgen Habermas, der ursprünglich ein Sympathisant und Mentor der revolutionär gestimmten Hochschüler gewesen war, bereits 1967 vor der Gefahr eines «linken Faschismus» gewarnt hat.[42]

Der kompromißlose Haffner ist solchen Anfechtungen energisch entgegengetreten. Ende Februar 1968 hat er nicht nur die durchaus verbreitete Auffassung, nach der der SDS im Grunde eine autoritäre Bewegung sei, entschieden zurückgewiesen, sondern auch den Vandalismus der Demonstranten explizit verteidigt. «[A]ls ob es nicht Deutschlands ewige Schande wäre, daß vor dreißig Jahren die Scheiben der Stürmerkästen uneingeworfen blieben», konterte er die zahlreichen Stimmen öffentlicher Entrüstung, die sich erhoben hatten, nachdem bei Protesten einige Fenster von Filialen des Axel Springer Verlages zu Bruch gegangen waren. Zwei Wochen später, im März 1968, übernahm er von den Studenten sogar jenen selbstgerechten Zirkelschluß, dem zufolge es ein Verdienst ihres Engagements sei, «den bisher versteckten Faschismus in Deutschland zur Selbstenthüllung gereizt zu haben», ein Argument, das nicht nur im Stile einer *selffulfilling prophecy* das, was es zu beweisen vorgab, voraussetzte, sondern auch eine behauptete Gefahr dazu nutzte, der eigenen Seite einen politischen und rechtlichen Freibrief auszustellen. Haffner war allerdings durch nichts von dem verqueren Standpunkt abzubringen. Den jungen Rebellen auch nur eine Teilschuld zuzuschreiben, konnte für vermittlungsbemühte Gemüter schlecht ausgehen. Marion Gräfin Dönhoff, die in «der hochgebildeten ‹Zeit›» Staat und Hochschüler gleichermaßen für die fortschreitende Spirale der Gewalt an den westdeutschen Universitäten getadelt hatte, wurde daraufhin im *Stern* scharf zurechtgewiesen. «Ich fürchte, meiner geschätzten Kollegin ist hier der Sinn für Proportionen abhanden gekommen», richtete Haffner im Februar 1969.[43]

Ein weiterer Aspekt, der Haffner von etlichen an und für sich geistesverwandten Kollegen wie Rudolf Augstein schied, war sein eingehender Rekurs auf kommunistische Theorien alter wie neuer Provenienz. Während der *Spiegel*-Chef bei aller grundsätzlichen Sympathie für die Veränderungswünsche der heranwachsenden Generation den undeutlichen Zielen der jungen Leute und namentlich ihren ideologischen Vorlieben mit Skepsis begegnet ist, hat es Haffner diesbezüglich häufig genug an jeglicher Reserve fehlen lassen, zumal in *Konkret*. Hier hat er über den «*Totalitarismus* der Plutokratie» gefachsimpelt, Rosa Luxemburg zu einer christusähnlichen Gestalt erhoben und «eine als Großbetrieb zum ausschließlichen Vorteil einer immer noch ständig schrumpfenden Zahl monopolistischer Privatkapitalisten formierte faschistische Gesellschaft» an die Wand gemalt. Auch für Herbert Marcuse, dessen Kritik an den kapitalistischen Gesellschaften damals großen Anklang fand, schwärmte er eine Weile. Gegenüber Joachim Fest soll Haffner den in Kalifornien lehrenden Philosophen sogar über Immanuel Kant, Georg Wilhelm Hegel und Arthur Schopenhauer gestellt haben, dann von dieser These, zumindest was Kant anging, aber wieder abgerückt sein.[44]

Die Mitte der sechziger Jahre ausgerufene Kulturrevolution Mao Tsetungs besaß in Haffner ebenfalls einen begeisterten Fürsprecher, wiederum in Übereinstimmung mit weiten Teilen des akademischen Nachwuchses, der, wenn es um realexistierende Vorbilder für die eigenen politischen Pläne ging, in aller Regel dem dynamischen China den Vorzug vor den bleiern wirkenden Systemen Osteuropas einräumte, ohne sich allerdings um die brutalen Verwerfungen zu kümmern, die aus den verheißungsvollen Aufbruchparolen des chinesischen Kommunistenführers resultierten. Haffners Plädoyer bewegte sich denn auch in rein theoretischen Sphären.

Seit der Reformation und den Bauernkriegen, erklärte er in «Die Welt von 1967», einer *Stern*-Kolumne, die zu Beginn eben dieses Jahres erschienen ist, sei die historische Entwicklung auf eine zunehmende Gleichberechtigung der Menschen hinausgelaufen. Im 20. Jahrhundert, setzte er seinen furiosen Parforceritt durch die neuzeitliche Geschichte fort, habe dieser Prozeß mit der Oktoberrevolution, der Dekolonisierung und der Frauenemanzipation noch einmal einen gewaltigen Schub erhalten. Als Krönung betrachtete er jedoch die Kulturrevolution. «In China, das heute an der Spitze der Weltrevolution steht und wo sich also die eigentliche Weltgeschichte unserer Tage abspielt, versucht man jetzt die Wurzel aller menschlichen Ungleichheit auszureißen: die Spezialisierung», belehrte er seine Leser, und damit schlug der Essay, der als brillante historische Analyse begonnen hatte, endgültig in eine höchst zweifelhafte Zeitdiagnose um. Denn im Vergleich zum maoistischen China, in dem damals mehrere Millionen Menschen den marodierenden Roten Garden zum Opfer fielen, schienen Haffner die beiden deutschen Staaten hoffnungslos rückständig, die Bundesrepublik noch mehr als die DDR. «Historisch gesehen», meinte er resigniert, stehe «der eine [deutsche Staat] jetzt beim Jahre 1917, der andere beim Jahre 1789».[45]

Kein Wunder, daß ihn die Mitglieder der Außerparlamentarischen Opposition als Gleichgesinnten anerkannten, und da er zudem über ein prominentes Forum verfügte, war er eine entsprechend umworbene Figur. Ulrike Meinhof richtete im Februar 1968, unmittelbar nach den Ausschreitungen um das Axel Springer Verlagshaus, einen flammenden Hilferuf an ihn; und einige der unzähligen sozialistischen und kommunistischen Splittergruppen, die damals entstanden, bemühten sich, den bekannten Publizisten für sich zu gewinnen – meistens allerdings ohne Erfolg. «Am STERN ist seit Jahren das einzig Wichtige das, was Sie schreiben», versicherte Peter Schilinski, Koordinator der «Initiative Republikanische Union», Haffner im Januar 1969. Doch trotz solcher Komplimente war der Belobigte nicht bereit, mit Vertretern der APO über «gesellschaftlich wirksame Einrichtungen» zu diskutieren, «die eine Usurpation des geistig–kulturellen Freiheitsraumes durch Kapitalmächte verhindern können». «Schließlich bin ich ältere Generation», entschuldigte sich Haffner, «und obwohl ich versuche, die Bestrebungen der neuen Linken zu verstehen und ihnen in vieler Hinsicht mit Sympathie und Hoffnung gegenüber stehe, fühle ich mich ein bißchen als Außenstehender.»[46]

Abb. 36 Daß Haffner sich aktiv an den Protesten der Studentenbewegung beteiligt hat, kam zwar nur äußerst selten vor, wie hier 1968 zusammen mit Bischof Kurt Scharf auf dem Kürfürstendamm. Gleichwohl stand er wie kaum ein anderer Kollege der älteren Generation auf der Seite der aufgebrachten jungen Leute.

Er blieb also, wie eh und je, ein bindungsscheuer Einzelkämpfer, was jedoch nicht bedeutete, daß er über keinerlei Kontakte in die Studentenbewegung verfügt hätte. Im Gegenteil. Mit seiner Tochter, die in die Organisation des West-Berliner Vietnam-Kongresses im Februar 1968 involviert war und an etlichen Demonstrationen teilgenommen hat, besaß er sogar eine Familienangehörige *on the spot*, so daß man hinter Haffners Wutausbrüchen über brutale Polizeieinsätze auch die Empörung eines aufgebrachten Vaters wird vermuten dürfen. Zudem wandte er sich als Autor direkt an die politisch bewegte Jugend. Haffners Aufsatz über Mao Tse-tungs *Theorie des Guerillakrieges* ist, wie die Schriften Rudi Dutschkes oder des Schah-Kritikers Bahman Nirumand, in der einschlägigen Reihe der rororo aktuell Taschenbücher erschienen und wurde über 100 000mal verkauft.[47] Die meiste Beachtung dürfte ihm indes sein allmonatlicher Buchessay in *Konkret* eingetragen haben, dessen Auflage Mitte der sechziger Jahre auf 150 000 emporgeschnellt war, und in den Hochzeiten der Studentenbewegung sollen teilweise sogar über 200 000 Exemplare abgesetzt worden sein. Garant für den rasanten Aufstieg waren die diversen erotischen Beigaben, die die radikalen Kommentare von Ulrike Meinhof und die geistreichen Aufsätze eines Sebastian Haffner einrahmten und die zunächst nur dem Zweck dienen sollten, die bloße Existenz der Zeitschrift zu sichern, nachdem die DDR, verschiedener politischer Unbotmäßigkeiten des Herausgebers halber, 1964 ihre finanziellen Zuwendungen für die randseitige Studentenpostille eingestellt hatte. Immer spärlicher bekleidete Damen dekorierten bald darauf die Titelseiten, während im Heftinneren die Leser «Alles über Sexpartys» erfuhren, über die «Pille für eine Nacht» informiert wurden oder eine ausführliche Antwort auf die Frage «Machen Miniröcke dumm?» erhielten.[48]

Daß Sebastian Haffner sich in diesem frivol-albernen Umfeld zu Wort meldete, wirkt auf den ersten Blick wie eine surreale Verirrung. Schließlich war er ein Herr in reifen Jahren, der nach wie vor auf bürgerliche Konventionen hielt. «Eine Frau, die einen Mann ohrfeigt, um ihn zu beleidigen, ohrfeigt einen Wehrlosen, und die Beleidigung fällt auf sie selbst zurück», wies er zum Beispiel im November 1968, ganz Kavalier alter Schule, Beate Klarsfeld zurecht, nachdem diese gegenüber dem Bundeskanzler handgreiflich geworden war. Ansonsten war Haffner jedoch durchaus bereit, sich auf manche Gepflogenheiten der aufbegehrenden Jugend, etwa ihren Grobianjargon, einzustellen. «Momentweise kann ich nicht umhin zu denken: ‹Er spinnt›», schrieb er einmal über einen Buchautor, und bei einer anderen Gelegenheit führte er sich, eine damals übliche Bezeichnung für ältere Sympathisanten aufgreifend, als «alter liberaler Scheißer» ein.[49]

Gut möglich, daß er, wie Klaus Harpprecht vermutet hat, Ende der sechziger Jahre von einem «bürgerlichen Selbstha[ß]»[50] heimgesucht wurde beziehungsweise mit einer drastischen Jugendlichkeit gegen das eigene Älterwerden rebellierte, eine Erklärung, die Haffner immerhin selbst in Betracht gezogen hat. «Ich erinnere mich», notierte er 1975 mit Blick auf die APO-Zeit, «damals manchmal gedacht zu haben: Vielleicht haben diese Jungen wirklich etwas, was Du nicht hast.»[51] Dieses Gefühl beschlich auch andere. Der Journalist Günter Gaus, obwohl erheblich jünger als Haffner, hat sich von dem forschen Idealismus der Studentenbewegung ebenfalls beeindrucken lassen. «Nicht einmal die zwei Tomaten und das rohe Ei, die seinerzeit Daniel Cohn-Bendit aus der zweiten Reihe des Audimax der Frankfurter Universität auf mich warf (die zwei Tomaten gingen fehl), haben meine Aufgeschlossenheit ein für allemal beendet», hat Gaus in seinen Memoiren berichtet. «Man hatte zu unterscheiden zwischen dem Hochsinnigen der Wohlstandskinder, aus denen fast alle 68er sich rekrutierten, und ihrem rüpelhaften Benehmen.»[52]

Letztlich war Haffner aber wohl das Opfer seines überschäumenden Temperaments geworden. Die für ihn charakteristische Mischung aus Empörung und Polemik hatte ihn dazu verleitet, die knapp bemessene Toleranz der Westdeutschen, insbesondere der West-Berliner, zusammen mit einigen weiteren Kritikpunkten zu dem schlagkräftigen Faschismusvorwurf aufzubauschen; nun trieb ihn die Wucht der eigenen Argumente, gleichsam wie einen Gummiball, in die entgegengesetzte Richtung und ließ ihn ein um das andere Mal weit über die politische Mitte hinausschießen. Entsprechend selbstkritisch zeigte sich Haffner, als er im Oktober 1975 in einem Abschiedsbeitrag, den der *Stern* nie veröffentlicht hat, auf seine Tätigkeit für die Illustrierte zurückblickte. «Wenn ich an gewisse Kolumnen der Apozeit zurückdenke, wird mir schon etwas mulmig zumute», verriet er, was er jedoch ausdrücklich nicht als nachträgliche Billigung manch harter Polizeiaktion verstanden wissen wollte. Vielmehr habe man sein damaliges Engagement als Korrektiv aufzufassen. «Man muss sich nach links legen können, wenn das Boot nach rechts zu kentern droht, und nach rechts, wenn es Schlagseite nach links bekommt», paraphrasierte er Thomas Mann. Außerdem sei es immer sein Anspruch gewesen, «mit Journalismus Politik zu machen». «Als Kolumnist will man das ja», bekannte Haffner in dem handschriftlichen Manuskript. «Eine Kolumne», fuhr er fort, «ist nicht einfach eine Denkübung. Sie soll etwas bewirken, sei es als Schock, sei es als steter Tropfen.» Völlig war er dennoch nicht mit sich im reinen. «[M]isshandelte junge Leute in Schutz nehmen, ist eine Sache», räumte er ein, «[d]as Heil von ihnen erwarten, ist eine andere. Das ist mir 1967/68 manchmal passiert; es hätte mir in meinem Alter nicht mehr passieren dürfen.»[53]

Ganz und gar hat sich Haffner allerdings auch schon damals nicht vom revolutionären Zeitgeist vereinnahmen lassen. Selten zwar, aber doch hin und wieder lieferte er einen Beweis seiner intellektuellen Eigenständigkeit. Diese Querschüsse waren vor allem das Produkt seines Provokationstriebes, der ihn zu dem einen oder anderen Seitenhieb gegen die ideologischen Kapriolen des aufmüpfigen Nachwuchses ausholen ließ, freilich nur in *Konkret*, wo er fest auf den Widerspruch der Leserschaft rechnen durfte. In solchen Anfällen von Nüchternheit warf Haffner der theoretisierenden Jugend vor, eine typisch deutsche «Verbindung von Unklarheit und Dogmatismus»[54] zu kultivieren, oder er mokierte sich über die «Ikarusflüge nach Utopia», zu denen die selbsterklärten Weltverbesserer aufbrechen würden – so etwa im Januar 1968, als er die Neue Linke unsanft aus ihren heroischen Träumen zu reißen versuchte:

> «Sozialismus ist überhaupt etwas Prosaisches. Es ist der Irrtum – scheint mir – vieler Revolutionäre, ihn für etwas Begeisterndes und Aufregendes zu halten. Der Kapitalismus ist viel aufregender, viel abenteuerlicher und unterhaltender. Er produziert ständiges Auf und Ab, Krisen, Überraschungen und Sensationen, allerdings auch manchmal Katastrophen. Der Sozialismus ist nüchtern, solide, schwerfällig, vernünftig und spießbürgerlich.»[55]

Lauter außenpolitische Enthaltsamkeitsappelle

Er brauchte dieses Argument nur ein wenig anders zu nuancieren, um Assoziationen herzustellen, die hervorragend dazu geeignet waren, auch ein bürgerliches Publikum zu erschrecken, und selbstverständlich ließ sich ein leidenschaftlicher Provokateur wie Haffner eine solche Gelegenheit nicht entgehen. Schon im Frühjahr 1967 hat er in seiner Fernsehkolumne, über die er damals noch verfügte, die Sowjetunion zu einem «Hort des Konservatismus» erklärt, da im Vergleich zu der avantgardistischen Filmkunst, mit der Volker Schlöndorff, Alexander Kluge oder Werner Herzog in der Bundesrepublik von sich Reden machten, die realistischen Beiträge sowjetischer Regisseure geradezu wie die «Apotheose von Opas Kino» wirkten. Von hier schlug Haffner den waghalsigen Bogen zur Außenpolitik. Alexei Kossygin, der sowjetische Ministerpräsident, verkörperte für ihn den Kabinettspolitiker *par excellence.* Ein «bißchen traurig, bißchen pessimistisch, sehr vorsichtig, sehr bedachtsam jeden Schritt ausdenkend» sei er ganz «der alte Staatsmann», wie aus einem Bilderbuch des 18. Jahrhunderts.[56]

In einer Würdigung, die er sechs Monate später, zum fünfzigsten Jahrestag der Oktoberrevolution, verfaßt hat, hielt es Haffner dann allerdings für geboten, die modernen Seiten der Sowjetunion hervorzukehren. Dank seiner Diktatoren, vermeldete er, sei «Rußland aus der schwächsten und wurmstichigsten der europäischen Mächte zur stärksten und stabilsten geworden, aus dem zurückgebliebensten Land Europas zum fortgeschrittensten, aus dem barbarischsten zum gebildetsten». Von den humanitären Kosten dieser angeblichen Erfolge war allerdings wieder einmal wenig die

Rede. Zwar erwähnte er am Rande auch die «Furchtbarkeiten», die die «beispiellose ‹success story›» des östlichen Imperiums begleitet hätten, aber nur, um sich anschließend um so ausgiebiger über die «unbegreifliche Undankbarkeit» zu wundern, mit der Funktionäre und Bevölkerung früherer Machthaber gedenken würden. «Ist es nicht zum Lachen», bemerkte er abschließend, «daß die Ehrenrettung der großen Sowjetführer von gestern und vorgestern heute in den Händen westlicher Schriftsteller liegt?»[57]

Auch Haffner, sofern man ihn denn zu den Schriftstellern rechnen will, hat sich an diesem zweifelhaften Projekt beteiligt, und zwar keineswegs nur mit Blick auf die bolschewistischen Gewaltherrscher der Vergangenheit. Die gegenwärtige Moskauer Regierung kam ebenfalls in den Genuß, von ihm mit seinem ganzen journalistischen Können unterstützt zu werden, was um so bemerkenswerter war, als im Zuge der Prager Verwerfungen der despotische Charakter der östlichen Supermacht deutlich zu Tage trat. Haffner indes wiegte noch im Sommer 1968, als die Warnungen des Kremls gegen jene Reformen, die der Anfang des Jahres an die Spitze der tschechoslowakischen Kommunisten gewählte Alexander Dubček eingeleitet hatte, immer vernehmlicher und drohender wurden, die Leser des *Stern* in Ruhe und Sicherheit. «An einen nackten Eroberungskrieg möchte man nicht glauben», äußerte er Anfang August, so etwas sei «nicht sowjetischer Stil». Selbst nachdem kurz darauf die Rote Armee zusammen mit Truppen weiterer Warschauer-Pakt-Staaten in der Tschechoslowakei einmarschiert war und dem Prager Frühling ein gewaltsames Ende gesetzt hatte, weigerte sich Haffner, seine Einstellung zur Sowjetunion grundsätzlich zu überdenken. Ein paar Monate später hielt er die blutige Niederwerfung der Reformbewegung sogar schon für nicht mehr erwähnenswert. «Auch die Russen spielen in der Tschechoslowakei ein höchst vorsichtiges, heikles und tastend vieldeutiges Spiel», orakelte er im *Stern* vom 5. Januar 1969. «Sie vermeiden brutale Unterdrückung ebenso sorgfältig, wie die Tschechen im Frühling offene Herausforderung zu vermeiden suchten», wußte er zu berichten, und «trotz allem, was geschehen» sei, wollten «offenbar beide Seiten Verbündete bleiben».[58]

Für die Bundesrepublik und ihre Bürger fand er dagegen um so härtere Worte. Obwohl sich die westdeutsche Diplomatie weitgehend aus den tschechoslowakischen Verwicklungen herausgehalten hatte, nahm Haffner im September 1968 die sowjetische Aggression zum Anlaß, um der Bundesregierung gründlich die Leviten zu lesen. «[U]m des lieben Lebens willen», ereiferte er sich, solle Bonn «endlich aufhören [...], den russischen

Bären zu reizen», ein Vorwurf, der vor allem auf die beharrlich erhobene Wiedervereinigungsforderung abzielte. Außerdem rügte er die öffentliche «Entrüstungsorgie». Westliche Sympathiebekundungen, glaubte Haffner, hätten den Kreml noch zusätzlich aufgestachelt; und im Mai 1969 ging er allen Ernstes so weit, Dubčeks Rücktritt, der das endgültige Scheitern des Prager Frühlings markierte, auf den «Todeskuß westdeutschen Beifalls» zurückzuführen, so wie es schon seit dem August des Vorjahres die sowjetische Propaganda tat.[59]

Nach wie vor operierte Haffner also mit den bekannten ungleichen Maßstäben. Bewertete er die interne Entwicklung kommunistischer Diktaturen unter der Prämisse einer nihilistischen Staatsräson, so nahm er, wenn er die westdeutschen Verhältnisse analysierte, bevorzugt einen radikaldemokratischen Standpunkt ein, und während er den machtpolitischen Interessen der Ostblockländer ein erstaunliches Verständnis entgegenbrachte, mahnte er bei den westlichen Regierungen eine Außenpolitik des Verzichts, des Rückzugs und der Selbstbescheidung an.

Exemplarisch zeigt sich diese schiefe Sicht der Dinge in Haffners Einlassungen zu jenen deutsch-deutschen Plänkeleien, die sich 1967 zwischen Bonn und Ost-Berlin ergaben. Im April dieses Jahres signalisierte der neugewählte Bundeskanzler Kurt Georg Kiesinger im Bundestag die Bereitschaft seines Landes, mit der DDR über ein neuerliches Reiseabkommen sowie über einen Ausbau der wirtschaftlichen und kulturellen Beziehungen zu verhandeln. Willi Stoph, der seit 1964 amtierende ostdeutsche Ministerpräsident, schlug in seinem Antwortschreiben ein Außenministertreffen vor und bekräftigte im übrigen die überkommene Position des ostdeutschen Regimes. Erst nach einer völkerrechtlichen Anerkennung der DDR wolle man sich über Wege und Möglichkeiten der Zusammenarbeit unterhalten. Da diese Forderung allerdings auch für die Große Koalition inakzeptabel war, versandete die Initiative in den folgenden Monaten.[60]

Während Teile der westdeutschen Gesellschaft, zumal die Hardliner in der CDU/CSU-Bundestagsfraktion, Kiesingers Verständigungsbereitschaft als Sündenfall auffaßten, war Haffner, für den die Anerkennung der DDR eine selbstverständliche Formalie darstellte, von den vorsichtigen Sondierungen des Bundeskanzlers enttäuscht. «Dürftige Antwort aus Bonn», kommentierte er den ersten offiziellen Kontakt zwischen den beiden deutschen Staaten seit ihrer Gründung, und einige Monate später rechnete er schonungslos mit der Bundesregierung ab. «Ich kann das nicht finden», widersprach er dem Vorwurf, Ost-Berlin habe «Maximalforderungen» erhoben. Die «Maximalforderung der DDR wäre doch wohl eine kommunistische Bundesrepublik». Auch auf einen NATO-Austritt, auf Ausgleichszahlungen für die an Moskau geleisteten Reparationen sowie auf eine Wiederzulassung der KPD habe die SED-Führung, so der *Stern*-Kolumnist weiter, großzügigerweise verzichtet. Das Angebot Kiesingers schien ihm dagegen völlig unzumutbar. Kein Staat der Welt könne schließlich auf eine Offerte eingehen, die auf seine eigene Auslöschung abziele. Der Kanzler, höhnte Haffner, spreche gewissermaßen «wie der Menschenfresser zu den Kindern im Märchen: ‹Kommt, Kinderchen, wir wollen es uns jetzt gemütlich machen; und zum Abendbrot sollt ihr mir schmecken.›»[61]

Dabei war die angemahnte völkerrechtliche Anerkennung der DDR auch für Haffner kein reiner Selbstzweck, sondern nur die erste einer ganzen Serie von Maßnahmen. Immer wieder forderte er die Bundesregierung auf, die bestehenden europäischen Grenzen, also auch die Oder-Neiße-Linie, zu bestätigen, dem Atomwaffensperrvertrag beizutreten, einen generellen Gewaltverzicht zu unterschreiben und, als Krönung dieses Prozesses, mit der Sowjetunion Frieden zu schließen. Davon erhoffte er sich eine grundlegende Entspannung, mittelfristig eine teilweise Öffnung der innerdeutschen Grenzen und, eines Tages, vielleicht die Wiedervereinigung.[62]

Allerdings hat Haffner den entspannungspolitischen Optimismus, den er so gerne verbreitete, häufig genug selbst unterminiert. Denn um seinen außenpolitischen Forderungen eine größere Dringlichkeit zu verleihen, entwarf er regelmäßig eine östliche Drohkulisse, die nicht so recht in das gefällige Bild passen wollte, das er gemeinhin von der Sowjetunion und der DDR gezeichnet hat. Insbesondere die Position West-Berlins stufte er immer wieder als stark gefährdet ein. Die schikanöse Entscheidung der SED, im Sommer 1968 eine Paß- und Visumspflicht für die Einreise in die geteilte Metropole einzuführen, nahm Haffner zum Anlaß, neuerlich die Anerkennung des so unfreundlichen Regimes zu fordern. Bonn habe allen Grund, sich mit den verhaßten Machthabern gut zu stellen, gab er den Lesern des *Stern* zu bedenken, könne doch Ulbricht, sollte er sich die vollständige Kontrolle über die Verbindungswege aneignen, einen derartigen Druck auf West-Berlin ausüben, daß dem freiheitlichen Rumpfgebilde «bei völlig unangefochtener Präsenz der Amerikaner, Briten und Franzosen ganz still und undramatisch die Lebensluft ausgeht».[63]

Ergänzend zu jener beinahe bedingungslosen Willfährigkeit, die Haffner Bonn gegenüber Moskau und Ost-Berlin verordnete, wollte er den Westdeutschen eine generelle außenpolitische Zurückhaltung auferlegen.

«Hände weg vom Nah-Ost-Konflikt!», warnte er beispielsweise im Juni 1967, als Israel in einem kurzen Feldzug Ägypten, Syrien und Jordanien eine gründliche Niederlage beibrachte und bedeutende Gebietsgewinne erzielen konnte. Während sich die Bundesrepublik in ihren öffentlichen und offiziellen Bekundungen ganz auf die Seite des jüdischen Staates schlug, plädierte Haffner für strikte Neutralität. «Der Konflikt zwischen Israel und den Arabern ist kein Konflikt zwischen Recht und Unrecht», argumentierte er im *Stern*, «[e]r ist ein Konflikt zwischen Recht und Recht». Insofern habe keine Partei Anspruch auf moralische Unterstützung. Aber auch aus politischen Erwägungen heraus lehnte Haffner, der sich wie so oft darin gefiel, das Schlimmste auch als das Wahrscheinlichste anzunehmen, eine westdeutsche Einmischung in den Sechstagekrieg ab, und sei sie nur rhetorisch. Schließlich würden die nahöstlichen Kontrahenten von den beiden Supermächten protegiert, so daß der Konflikt jederzeit leicht auf Europa überspringen könne.[64]

Es zeugt einmal mehr von Haffners bemerkenswertem Einfallsreichtum, daß es ihm gelang, die machtpolitische Enthaltsamkeit, zu der er die Bundesbürger aufforderte, als verheißungsvolle Chance auszugeben. Den Auslöser für seinen neuerlichen Abstinenzappell bildete im Juli 1969 die Mondlandung des Amerikaners Neil Armstrong. Unter dem Eindruck dieses spektakulären Ereignisses empfahl er den Deutschen und allen anderen europäischen Nationen, sich aus dem harten Wettbewerb der Staatenwelt zurückzuziehen, da sie den beiden Supermächten, und eines Tages vielleicht auch China, ohnehin militärisch und technisch hoffnungslos unterlegen seien. Anlaß zur Sorge war ihm das jedoch nicht. «Beneidenswertes Europa!», jubilierte er vielmehr, «[e]s braucht weder Hunger zu leiden noch Sterne zu entzaubern». Ja, es könne im Windschatten der amerikanisch-sowjetischen Hegemonie zu einer «Schweiz der Welt» werden und als solche die Menschheitsaufgabe angehen, einen «Ausgleich von Technik und Humanität» beziehungsweise eine «Anpassung vorwissenschaftlicher Humanwerte an die versachlichte Wissenschaftswelt» herbeizuführen, glaubte Haffner, und in der Tat war es wohl eben dieses zivilisatorische Projekt, dem die expandierenden Sozialstaaten in Westdeutschland und anderswo verschrieben waren.[65]

Lediglich gegenüber den Vereinigten Staaten befürwortete Haffner ein entschiedenes Auftreten der Bundesrepublik, vor allem, was das amerikanische Engagement in Fernost betraf. Denn nach wie vor versuchten die USA den Süden Vietnams gegen eine Eroberung durch das kommunistische Regime zu verteidigen, das den Norden des Landes beherrschte. Doch obwohl der demokratische Präsident Lyndon B. Johnson die Truppenzahl in der Region beständig erhöhte und obwohl die amerikanischen Einheiten immer brutalere Methoden einsetzen, um die Machthaber in Hanoi zum Einlenken zu zwingen, versank die Südhälfte des Landes zunehmend in Chaos und Gewalt. Parallel dazu verschärfte sich die öffentliche Kritik am Vorgehen der Supermacht, auch im eigenen Land, wo das Fernsehen die Greuel des Krieges in bislang ungekannter Anschaulichkeit in die Wohnzimmer transportierte.[66]

In der Bundesrepublik wurde der Vietnamkrieg gleichfalls mit wachsender Heftigkeit erörtert. Während Bonn den Vereinigten Staaten mit der Entsendung des Lazarettschiffs Helgoland moralisch den Rücken stärkte und viele Westdeutsche jegliche Kritik an ihrem wichtigsten Verbündeten als Verrat empfanden, prangerte die politisierte Jugend die Grausamkeit der amerikanischen Kriegführung an, forderte den sofortigen Rückzug aller US-Streitkräfte, möglichst auch gleich aus Europa, und erklärte offen ihre Sympathien für Ho Chi Minh, den nord-vietnamesischen Diktator. Am unversöhnlichsten stießen die unterschiedlichen Ansichten wieder einmal in West-Berlin zusammen. Hier fühlten sich viele Menschen den USA besonders verbunden und brachten ihre Solidarität beispielsweise dadurch zum Ausdruck, daß sie Angehörige gefallener GIs mit Miniaturmodellen der Berliner Freiheitsglocke bedachten. Die Studenten der geteilten Stadt ergriffen dagegen, so eindeutig wie nirgendwo sonst in Deutschland, Partei für das kommunistische Regime in Hanoi und schreckten auch vor Beschädigungen amerikanischer Einrichtungen nicht zurück.[67]

Haffner unterstützte sie natürlich auch hierin. Es sei jetzt die vornehmste Aufgabe der Partner Amerikas, erklärte er, Washington von seinem falschen Kurs abzubringen, und dementsprechend hat er die antiamerikanischen Proteste gegen den Vietnamkrieg als transatlantische Freundschaftsdienste verstanden wissen wollen. Anders als das bei vielen Mitgliedern der Protestbewegung der Fall war, entsprang Haffners Kritik am fernöstlichen Engagement der USA jedoch keineswegs einem tiefsitzenden Haß auf die Vereinigten Staaten oder einem prinzipiellen moralischen Rigorismus – jedenfalls nicht nur. Die gängige Auffassung, der zufolge die Freiheit West-Berlins in Vietnam verteidigt werde, hat er denn auch wieder und wieder mit der nüchternen Begründung zurückgewiesen, daß die USA, je länger sie ihre Kräfte im asiatischen Dschungel verpulverten, desto weniger in der Lage sein würden, ihre europäische Stellung zu halten, sollte es einmal darauf ankommen.[68]

Aber Haffner wäre nicht Haffner, hätte er es bei dieser einfachen Machtarithmetik belassen. Schon Ende des Jahres 1965 hatte er es für angemessen befunden, die spontanen Manifestationen westdeutscher Bündnistreue mit dem willfährigen Gehorsam der DDR gegenüber der Sowjetunion zu vergleichen, und die geschilderte Berliner Solidaritätsaktion wertete er als eine höchst unnötige, womöglich sogar gefährliche Provokation der Sowjetunion. Im Sommer 1966 ernannte er dann Heinrich Lübke kurzerhand zu «Wilhelm III.», nur weil der Bundespräsident seinem amerikanischen Amtskollegen Johnson moralischen Beistand zugesichert hatte, eine Geste, die Haffner für ähnlich unbedacht hielt wie das berüchtigte Krüger-Telegramm, jene tolpatschige Glückwunschdepesche an die siegreichen Buren, mit der am Ausgang des 19. Jahrhunderts der letzte Hohenzollernkaiser die Briten düpiert und beträchtlichen außenpolitischen Schaden angerichtet hatte.[69]

Im übrigen hielt Haffner die amerikanische Intervention ohnehin für aussichtslos. Die historische Erfahrung lehre, führte er im September 1967 aus, daß die Truppen der Supermacht, so groß ihre technische Überlegenheit auch sein mochte, gegen die nord-vietnamesischen Guerillaarmeen nicht ankommen konnten. Für Haffner basierte diese Einschätzung auf einem strategischen Axiom,[70] das er für die Leser des *Stern* in ein einprägsames Bild übertrug. Die gegenwärtige Auseinandersetzung glich demnach dem «Krieg eines Großraubtiers gegen einen Hornissenschwarm: Der Tiger kann noch so wild mit seinen furchtbaren Tatzen um sich schlagen und noch so viele Hornissen töten, am Ende wird er an tausend Stichen verenden, und der dezimierte Stamm wird weiterleben.»[71]

Nun läßt sich trefflich darüber spekulieren, ob die USA im Frühjahr 1968 nicht doch eine realistische Chance gehabt hätten, das kommunistische Regime zu besiegen oder zumindest an den Rand einer Niederlage zu bringen. Zwar hatten zu Beginn des Jahres, im Rahmen der sogenannten Tet-Offensive, Guerillaverbände zusammen mit regulären Truppen einige Städte im Süden eingenommen und waren sogar bis in das Zentrum Saigons vorgedrungen, doch in den folgenden Monaten konnten amerikanische und süd-vietnamesische Einheiten die feindlichen Kräfte zurückwerfen und dabei den Partisanen, denen sie erstmals in offener Schlacht begegneten, erhebliche Verluste zufügen. Der möglicherweise entscheidende Schlag gegen Hanoi blieb allerdings aus. Die zusätzlichen militärischen Mittel, die er erfordert hätte, waren angesichts der verbreiteten Kriegsmüdigkeit in der amerikanischen Bevölkerung nicht zu rechtfertigen – dieser Meinung war zumindest Präsident Johnson –, und auch ein so kühler Verwalter amerikanischer Interessen wie der Politikwissenschaftler Hans J. Morgenthau riet den USA, den Kampf gegen den Vietcong so bald wie möglich einzustellen, und das nicht erst seit der Tet-Offensive.[72]

Ebenfalls zutiefst von der Sinnlosigkeit des amerikanischen Vorgehens überzeugt, hat Haffner im September 1967 die fortgesetzte Bombardierung Nord-Vietnams «ein intellektuelles Armutszeugnis» genannt, anderweitig aber auch Verständnis für das uneinsichtige Verhalten der Washingtoner Regierung bekundet. «Was [Friedensverhandlungen] im Wege» stehe, sei «die gekränkte Großmacht-Eitelkeit der Amerikaner», erläuterte er Anfang März 1968 den bisher ausgebliebenen Sinneswandel. «Je größer die Macht, desto schwerer fällt die Erkenntnis, daß auch der größten Macht Grenzen gesetzt sind. Immer kommt der Gedanke dazwischen: Mit noch etwas mehr Gewalt muß es doch noch zu schaffen sein!» Um so erfreuter kommentierte Haffner dann den Entschluß des scheidenden Präsidenten, die Luftangriffe auf Nord-Vietnam einzuschränken und Verhandlungen mit den Vertretern Hanois zu beginnen. «Daß die Amerikaner sich immerhin fähig gezeigt haben, mit einem erfolglosen Verbrechen aufzuhören, statt sich immer tiefer darin zu verrennen», hebe «sie vorteilhaft von vielen anderen Nationen» ab, lobte er den rückzugswilligen Giganten im Dezember 1968. Seine Euphorie war nun so grenzenlos wie zuvor seine Empörung. «Hanoi und Washington ziehen plötzlich am gleichen Strang», jubelte Haffner und sah «die entscheidende Kurve vom Krieg zum Frieden genommen». Sogar ein gegen China gerichtetes Bündnis der jetzigen Gegner hielt er im Dezember 1968, als noch mehr als vier Jahre voller Metzeleien und zäher diplomatischer Gespräche bis zur endgültigen Einstellung der Feindseligkeiten vergehen sollten, für möglich.[73]

Dieser Zick-Zack-Kurs war indes kein versehentliches Mißgeschick, sondern ein Produkt seiner kontrastarmen Optik, die außer Feindschaft und Freundschaft so gut wie keine weiteren Schattierungen zwischenstaatlicher Beziehungen kannte. Dementsprechend glaubte Haffner auch im März 1969 angesichts der Verständigungssignale, die der neugewählte Präsident der Vereinigten Staaten, der Republikaner Richard Nixon, aussandte, die schon verschiedentlich angekündigte «*Pax Americano-Sowjetica*» endlich anbrechen zu sehen. Eine umfassende Allianz der Supermächte schien ihm jedenfalls das einzig Naheliegende. Gemeinsam könnten die beiden Kolosse die Weltpolitik kontrollieren, ohne sich von kleineren Nationen gegeneinander ausspielen zu lassen. «Sie müßten wirklich blind sein», meinte Haffner, «wenn sie [...] darauf beharren [sollten], sich gegenseitig zu paralysieren, statt ein Kartell der Macht zu bilden.»[74]

Aber auch diese Vorhersage wird man eher als zeitweilige Eingebung begreifen müssen, wurde seine entspannungspolitische Zuversicht doch regelmäßig durch aufgeregte Warnungen vor einem möglichen Konflikt zwischen den beiden Supermächten unterbrochen.[75] Schließlich hat Haffner – und auch damit konterkarierte er seine hochfliegenden Erwartungen in bezug auf den west-östlichen Annäherungsprozeß – die Bedeutung des amerikanischen Bündnisses gerade für die Sicherheit der Bundesrepublik wieder und wieder unterstrichen. Die 1967 akut gewordene Frage, wie sich Bonn zu dem Londoner Beitrittsgesuch in die Europäische Wirtschaftsgemeinschaft stellen solle, wollte er vor allem mit Blick auf das transatlantische Verhältnis entschieden wissen, weshalb sich Haffner für eine rückhaltlose Unterstützung des britischen Antrages ausgesprochen hat, selbst wenn Charles de Gaulle, der sich einer Aufnahme des Inselreiches energisch widersetzte, einen solchen Kurs mit politischen Avancen gegenüber Moskau, Warschau oder Ost-Berlin abstrafen sollte. Solange die Bundesrepublik als Vorposten im Kalten Krieg fungiere, seien gute Beziehungen zu den angelsächsischen Staaten mit ihrem überlegenen Potential für die Westdeutschen ungleich wichtiger als die französische Freundschaft, insistierte Haffner im Juni 1967. Aus dem gleichen Kalkül heraus trieb ihn beständig die Sorge um, die von Rassenunruhen, einer ernsthaften Wirtschaftskrise und nicht zuletzt durch den Vietnamkrieg gebeutelten Vereinigten Staaten würden ihre Aufgabe als europäische Schutzmacht bald nicht mehr wahrnehmen können; und natürlich waren ihm solche Szenarien auch ein willkommener Anlaß, um eine Aussöhnung mit der Sowjetunion anzumahnen.[76]

Instrumentalisierte Geschichte – Die sieben Todsünden des Deutschen Reiches, Der Teufelspakt, Der große Verrat *und* Der Selbstmord des Deutschen Reiches

Die meisten seiner politischen Anliegen und insbesondere die Forderung, sich mit der Sowjetunion endlich ins Einvernehmen zu setzen, hat Haffner auch in diverse Geschichtsdarstellungen eingeflochten, die er damals, üblicherweise in Verbindung mit bestimmten Gedenktagen, für den *Stern* verfaßt hat. Schon im Herbst 1964, fünfzig Jahre nach Ausbruch des Ersten Weltkrieges, hat er in *Die sieben Todsünden des Deutschen Reiches* die Fehler der wilhelminischen Regierung in dem großen Waffengang analysiert und in diesem Zusammenhang auch manch tadelnden Seitenblick auf die Bundesrepublik geworfen. Im Herbst 1967, ein halbes Jahrhundert nach der Oktoberrevolution, legte er mit *Der Teufelspakt* eine Geschichte der deutsch-sowjetischen Beziehungen vor, 1968 folgte *Der Große Verrat*, Haffners kritische Bilanz der deutschen Umwälzungen von 1918/19, und ein Jahr darauf beschäftigte er sich unter dem Titel *Der Selbstmord des Deutschen Reiches* mit den Kontinuitäten deutscher Außenpolitik im 20. Jahrhundert.[77]

Wie die von Schuld, Unheil und Katastrophe kündenden Titel andeuten, trat Haffner auch den Regierenden der Vergangenheit als unerbittlicher Richter entgegen. Vermessenheit, Militarismus, Selbstüberschätzung und Selbstgerechtigkeit, Realitätsverlust, mangelndes diplomatisches Gespür und Unvernunft lautete etwa das Sündenregister, das er, jeweils illustriert anhand eines konkreten Beispiels, in seinen Ausführungen zum Ersten Weltkrieg der Reichsleitung eröffnete. Allerdings war, ähnlich wie in seinen tagespolitischen Verurteilungen, auch in *Die sieben Todsünden des Deutschen Reiches* nicht jeder Anklagepunkt völlig stichhaltig. Gewiß, die Kritik an Wilhelm II., der mit einem ambitionierten Flottenprogramm die Seemacht Großbritannien herausgefordert hatte, obwohl Deutschland bereits mit Frankreich und Rußland um die Vorherrschaft über das europäische Festland konkurrierte, ist plausibel und berechtigt. Die von Haffner mit größter Selbstverständlichkeit skizzierten Alternativen waren dagegen reichlich theoretisch. Um halbwegs unbehelligt das ehrgeizige maritime Projekt verfolgen zu können, hätte sich das Reich mit Rußland und Frankreich arrangieren müssen und notfalls auch den österreichischen Verbündeten opfern beziehungsweise auf Lothringen und das Elsaß verzichten sollen, führte Haffner aus – und selbst letzteres hat er anscheinend ernst gemeint.[78]

Andere kontrafaktische Überlegungen waren ebenfalls problematisch, trotz des apodiktischen Tons, den Haffner dabei gerne anschlug. Daß Großbritannien dem Krieg ferngeblieben wäre, wenn Deutschland die belgische Neutralität im August 1914 nicht verletzt hätte, ist jedenfalls keineswegs so sicher, wie er beteuert hat.[79] Nicht minder fragwürdig ist schließlich auch Haffners Hauptthese, der zufolge die wilhelminischen Untugenden in der Bundesrepublik des Jahres 1964 fortexistierten. «Die Politik Hitlers», heißt es im bilanzierenden Schlußkapitel der *Sieben Todsünden des Deutschen Reiches*, sei «eine unerträgliche Vergröberung der falschen Politik des Kaiserreichs» gewesen, während «die Politik Adenauers eher eine Verfeinerung» bedeutet habe. Aber «[i]m Grunde» stellte Haffner klar, «war sie trotzdem dieselbe Politik». Mochten die von Bonn erhobenen Ansprüche auf die deutschen Grenzen von 1937 Mitte der sechziger Jahre in der Tat zunehmend illusorisch erscheinen, so waren doch umgekehrt die fundamentalen Unterschiede zur Situation des Kaiserreiches nicht zu übersehen. «Adenauers Verdienst», hat ein Kritiker des Buches bemerkt, bestehe doch gerade darin, Deutschland «aus der gefährlichen Mittellage herausgeführt» und durch «die Freundschaft mit Frankreich, durch die Beteiligung an der Europäischen Gemeinschaft» darauf hingewirkt zu haben, «daß alle zwischenstaatlichen Konflikte in Westeuropa mit friedlichen Mitteln ausgetragen werden können».[80]

Trotz solcher Einwände zeugen auch *Die sieben Todsünden des Deutschen Reiches* von den großen analytischen und rhetorischen Fähigkeiten ihres Autors, waren mithin ein echter Haffner. «Imponierend» nannte ein Rezensent seine «Gabe, aus der Fülle der Quellen und vor allem der Sekundärliteratur in einer einfachen und doch differenzierten Sprache Zusammenhänge zu erläutern». Darüber hinaus hat Haffner von seinem Talent, das Interessante, Spannende und Außerordentliche eines Ereignisses zu erfassen und in wenigen Zeilen zu entfalten, reichlich Gebrauch gemacht: «Was hier zu erzählen bleibt, ist das Drama von Brest-Litowsk und das noch phantastischere Drama der deutschen Ostpolitik nach dem Brest-Litowsker Frieden. Es sind zwei Kapitel vergessener Geschichte – vergessen, aber von unheimlicher Faszinationskraft; faszinierend als Beispiele tragischer Verblendung und Selbstüberhebung, der die Strafe auf dem Fuße folgte», heißt es zu Beginn seines Kapitels über den deutsch-sowjetischen Friedensvertrag von 1918. Als «ein alfresco-Gemälde, in dem die großen

Umrisse mit scharfen Strichen, die Flächen in leuchtenden Farbtönen sichtbar werden», hat denn auch Margret Boveri Haffners Darstellung gelobt, allerdings auch den Hang des Verfassers beanstandet, «geschichtlich ungenaue Feststellungen zu machen».[81]

Selbstbewußt, wie er war, hat sich Haffner von solchen und anderen Anfechtungen nicht beeindrucken lassen, sondern vielmehr seine Vorgehensweise zum allgemeinen Maßstab erhoben. Geschichtsschreibung sei «in erster Linie eine Kunst», die «wie jede Kunst [...] hauptsächlich im Weglassen» bestehe, hat er im September 1964 den Lesern von *Konkret* verraten und es darüber hinaus zur Aufgabe des Historikers erklärt, «Extrakte und Resultate zu liefern, und zwar in pointierter, griffiger Form». Von akademischer Genauigkeit und Ausgewogenheit wollte er erneut nichts wissen. Hinter den umfänglichen Apparaten wissenschaftlicher Arbeiten vermutete er 1968 lediglich «eine Art Einschüchterungstrick», «der den Leser vergessen machen solle, daß der Gesamteindruck, den allein er zum Schluß zurückbehält, schließlich doch nur die persönliche Vision und Deutung des Autors ist».[82]

Deutsche Historiker hatten es daher schwer, Haffners Wohlwollen zu gewinnen. Sie würden, hat er 1964 beklagt, fast ausnahmslos «überdokumentierte, unlesbare Wälzer» produzieren, und zudem vermißte er in ihren Werken jene analytische Prägnanz, über die ihre englischen und französischen Kollegen gebieten würden. Als «Journalisten des Gestern» hat er sie deshalb gelegentlich verspottet; und selbst wenn er sich doch einmal anerkennend über das Buch eines deutschen Wissenschaftlers geäußert hat, dann war in sein Lob stets der erwähnte Tadel gemischt.[83]

Zuweilen hat sich Haffner allerdings doch von den Ergebnissen der universitären Forschung inspirieren lassen, zumal wenn sie ihm in die Argumentationslinie paßten. So haben *Die sieben Todsünden des Deutschen Reiches* zweifellos von der eingehenden Untersuchung der deutschen Kriegsziele zwischen 1914 und 1918 profitiert, die der Historiker Fritz Fischer unter dem spektakulären Titel *Griff nach der Weltmacht* 1961 vorgelegt hatte. Schon der Hamburger Ordinarius war in seiner neunhundertseitigen Abhandlung zu dem Ergebnis gekommen, daß eine «permanente Verkennung der Realitäten» die deutsche Politik im, aber auch schon vor dem Waffengang geprägt habe, und wie Haffner schrieb auch Fischer der Reichsleitung «einen erheblichen Teil der historischen Verantwortung für den Ausbruch des allgemeinen Krieges» zu. Dessen Referenz an den Wissenschaftler fiel im September 1964 allerdings ziemlich mißgelaunt aus.

Abb. 37 Fast alle Geschichtsbeiträge Haffners aus den sechziger Jahren standen unter dem Leitstern seiner tagespolitischen Intentionen, so auch im August 1965, als er für die Reihe «Interview mit der Geschichte» gemeinsam mit dem Historiker Karl Bosl und der Kabarettistin Hannelore Kaub Karl den Großen befragte. Dabei verwahrte sich Haffner dagegen, von Moderator Jam Brede (zweiter von rechts) mit dem Abendland in Verbindung gebracht zu werden; das klinge doch zu sehr nach «Edelfaschismus».

«Ich habe [...] jetzt [...] den fetten, von Wiederholungen und Zitaten überquellenden, ständig aus allen Nähten platzenden ‹Griff nach der Weltmacht› von Fritz Fischer gelesen», berichtete Haffner in *Konkret.* Zweifelsohne sei es «ein in seiner Art verdienstvolles Buch», fuhr er fort, «aber es wäre doppelt so gut, wenn es viertel so lang wäre».[84]

Dennoch hat der Forscher mit seiner schwergängigen Studie ausnahmsweise einmal mehr ausgerichtet als der Journalist mit seiner populären Darstellung. Denn während die 1965 erschienene Buchversion von Haffners Weltkriegsabhandlung lediglich bescheidene Verkaufszahlen erzielte,[85] rief die Veröffentlichung von *Griff nach der Weltmacht* innerhalb der deutschen Historikerszene, aber auch darüber hinaus großes Aufsehen hervor, und heute gilt die «Fischer-Kontroverse» als wegweisender Meilenstein in der Nachkriegsgeschichte der Zunft. Was die Fronten damals verhärtet hat, waren – von sachlichen Differenzen einmal abgesehen – wie so oft politische Motive, rührte doch die Debatte an grundsätzlichen Überzeugungen, und folglich schien es ähnlich wie während der *Spiegel*-Affäre manchem Konservativen geradezu eine patriotische Pflicht, dem vorgeblichen Angriff auf deutsche Interessen mit allen Mitteln entgegenzuwirken. So ist es im Fall Fischer geschehen, dem auf Betreiben des Historikers Gerhard Ritter bereits zugesagte Reisegelder wieder entzogen wurden. Aber auch Haffner sah sich dem Vorwurf ausgesetzt, in seiner Weltkriegsserie «Unterstellungen und Verleumdungen» zu verbreiten. Rudolf Augstein, der bereits im März 1964 erklärt hatte, daß die Deutschen am Ersten Weltkrieg nicht weniger schuldig seien als am Zweiten, hatte damals solchen Angriffen vorzubauen versucht, indem er eingangs bemerkte: «Ich muß mal wieder das eigene Nest beschmutzen.»[86]

Haffner hätte sich die süffisante Devise des Kollegen gut zu eigen machen können, ging er doch in *Der Teufelspakt*, *Der große Verrat* und *Der Selbstmord des Deutschen Reiches* mit den Regierenden der Vergangenheit gleichfalls hart ins Gericht. Außerdem standen auch seine Essays aus der zweiten Hälfte der sechziger Jahre unter dem Leitstern seiner tagespolitischen Intentionen und waren darüber hinaus von jener «Mischung [aus] Scharfblick und Einseitigkeit» geprägt, die nach Richard Löwenthal Haffners damalige Geschichtsdarstellungen kennzeichnen. So arbeitete er 1969 in *Der Selbstmord des Deutschen Reiches*, seinem (nach dem *Teufelspakt* von 1967) zweiten historisch angelegten Plädoyer für eine westdeutsche Verständigung mit der Sowjetunion, ein neuartiges Moment des nationalsozialistischen Imperialismus präzise und anschaulich heraus, nämlich

> «daß Hitler einem europäischen Land das furchtbare Schicksal zudachte, das bisher nur außereuropäischen Völkern zugemutet worden war – grob gesprochen, daß er einen der bisherigen Gäste an der imperialistischen Tafel dazu bestimmte, selber verspeist zu werden. Aber vom moralischen Standpunkt war die Kolonisierung uralter Kulturvölker wie etwa Indiens durch England oder Indochinas durch Frankreich nichts Besseres als Hitlers beabsichtigte Kolonisierung Rußlands. Aller Imperialismus hat einen kannibalischen Zug, und das hat ja lange Zeit seine Nutznießer nicht ernstlich gestört.»[87]

Von daher sei aber auch klar gewesen, fügte Haffner diesen Überlegungen an, daß die Deutschen, sollte ihr grausames Vorhaben scheitern, mit einer furchtbaren Gegenreaktion zu rechnen gehabt hätten. Dennoch war die sowjetische Vergeltung, folgt man Haffners ausgiebigen Abwägungen im

Teufelspakt, vergleichsweise glimpflich ausgefallen. Während die Pläne Hitlers darauf hinausgelaufen seien, die Sowjetunion zu zerschlagen und die russische Bevölkerung dauerhaft zu unterjochen, hätten die Greuel der Roten Armee, so furchtbar sie auch gewesen seien, nur ein vorübergehendes Phänomen dargestellt. Ausgelöscht werden sollte Deutschland nie.[88]

Schon derartige Schuldkalkulationen dürften, obwohl ihre unsentimentale Plausibilität schwer zu bestreiten ist, für viele Bundesbürger eine arge Provokation dargestellt haben. Aber Haffner ging noch weiter. Sogar die Verantwortung für die brutal durchgeführte Industrialisierung der Sowjetunion und den stalinistischen Terror in der zweiten Hälfte der dreißiger Jahre hat er den Deutschen beziehungsweise Hitler zugeschoben. Nur um für den erwarteten Angriff des «Dritten Reiches» gewappnet zu sein, habe der sowjetische Diktator sein Land mit rücksichtsloser Härte modernisiert, behauptete er 1967, und nur weil er den befürchteten Krieg habe hinauszögern wollen, sei Stalin das tollkühne Bündnis mit Hitler eingegangen und habe, um diese verwegene außenpolitische Volte vollziehen zu können, alle potentiellen Widersacher im vorhinein ausschalten müssen. Auch für die Zeit nach 1945 hat Haffner Recht und Unrecht in bewährter Manier verteilt. «Die seit mehr als dreißig Jahren eingefressene Feindschaft zwischen dem Deutschen Reich, später der Bundesrepublik, und der Sowjetunion geht klar und eindeutig von Deutschland aus», konstatierte er in *Der Teufelspakt*. «Die Sowjetunion hat in den fünfzig Jahren ihres Bestehens niemals Deutschland mit Krieg überzogen oder mit Krieg bedroht. Sie hat nie etwas anderes von Deutschland verlangt als Freundschaft oder wenigstens Neutralität und normale wirtschaftliche Zusammenarbeit.»[89] Die Spaltung seines Vaterlandes führte er daher zwei Jahre später, in *Der Selbstmord des Deutschen Reiches*, keineswegs auf das Machtstreben des Kremls zurück, sondern ausschließlich auf den antisowjetischen Komplex der Deutschen, und auch was den Kalten Krieg betraf, hatte Haffner Moskau nichts vorzuwerfen. «Die Initiative lag durchweg bei Amerika», befand er 1969.[90]

Solche Stellungnahmen dürften dazu beigetragen haben, daß *Der Selbstmord des Deutschen Reiches* in der Sowjetunion erscheinen konnte, als einziges von Haffners Büchern, wie sein Biograph Uwe Soukup hervorgehoben hat. In der Bundesrepublik war der Streitschrift dagegen eine dürftige Karriere beschieden. Bezeichnenderweise ist sie im Gegensatz zu seinen übrigen Nachkriegswerken niemals neu aufgelegt worden, weder in den achtziger Jahren, als Haffner auf dem Höhepunkt seines Ruhmes stand, noch nach dem posthumen Erfolg der *Geschichte eines Deutschen*. Das hat seine Gründe. Zweifellos ist *Der Selbstmord des Deutschen Reiches* eines von Haffners schwächeren Büchern, wenn nicht das schwächste überhaupt. Seine Schlüsselthese, daß im Prinzip «Hitlers außenpolitische Konzeption [...] zwanzig Jahre lang [...] die Außenpolitik der Bundesrepublik beherrscht» habe «und noch heute für die außenpolitischen Vorstellungen und Zielsetzungen weiter Kreise Westdeutschlands maßgebend» sei, ist dann doch zu aberwitzig, um überzeugend vertreten werden zu können. Sogar ein begnadeter Argumentationskünstler wie Haffner ist an diesem Vorhaben gescheitert. Denn selbst wenn man die vollkommen unterschiedlichen Ursachen und Absichten außer acht läßt, die den antisowjetischen Kurs des «Dritten Reiches» und der Bundesrepublik motivierten – das Verhältnis der beiden deutschen Staaten zu den Westmächten gestaltete sich von Grund auf anders.[91]

Der Teufelspakt erlebte dagegen 1988 eine, allerdings gekürzte, Neuauflage. Zwar ist auch dieses Buch nicht frei von Ungenauigkeiten und Übertreibungen, doch steht solchen kleineren Fehlern Haffners große erzählerische Leistung gegenüber, zu der ihm sogar Henri Nannen gratuliert hat. «Sie haben aus einem Sumpf von Wirrnis und Widerspruch wirklich das Äußerste an Klarheit herausgefiltert. Und das in einer brillanten Sprache, von der ich als Journalist nur sagen kann: Ich beneide Sie», schrieb der Chefredakteur des *Stern* seinem Kolumnisten, nachdem er die ersten Folgen der noch ungedruckten Serie gelesen hatte.[92]

Dabei hat Haffner das Wechselvolle und Ungereimte der deutsch-sowjetischen Beziehungen keineswegs unterdrückt, sondern ganz nach Schriftstellerart eher noch akzentuiert. «[A]ufregender als jeder Roman» sei das Verhältnis der beiden Nationen, die er mit «zwei Menschen» verglich, «die einander verfallen sind und in Haß und Liebe voneinander nicht loskommen».[93] Ebenso hat er mit untrüglichem Gespür für die operettenhaften Züge der Geschichte immer wieder den paradoxen Sachverhalt hochgespielt, daß die deutschen Partner der Sowjets in der Regel Konservative oder Reaktionäre waren, jedenfalls auf irgendeine Weise rechts standen, von Kaiser Wilhelm II. über die Generäle der Reichswehr bis hin zu Adolf Hitler – übrigens sehr zum Ärger einiger sowjetischer Diplomaten, die, wie Henri Nannen im November 1967 genüßlich zu berichten wußte, die eingehende Schilderung der wilhelminischen Mithilfe an der Oktoberrevolution als perfide Verleumdung Lenins aufgefaßt hatten. Angeblich wurde die Herabsetzung des Staatsgründers sogar geahndet. Nannen zufolge mußte der Bonner Chefkorrespondent des *Stern* in der Botschaft der östlichen Supermacht jedenfalls einen kräftigen Wutanfall, zu dem auch ein fortgeschleudertes Feuerzeug gehört haben soll, über sich ergehen lassen.[94]

War es vor allem der Reiz des Kuriosen, der Haffner immer wieder die Unterschiedlichkeit der deutsch-sowjetischen Kooperationspartner betonen ließ, so hat er ein vergleichbares Zweckbündnis, nämlich das der SPD mit den Freikorps während der deutschen Revolution von 1918/19, mit unermüdlicher Empörung verurteilt. Damals, in den Wochen und Monaten unmittelbar nach Ende des Ersten Weltkrieges, hatte Friedrich Ebert, der Vorsitzende der gemäßigten Mehrheitssozialdemokraten und neuernannte Reichskanzler, den Übergang zu einer parlamentarischen Demokratie in die Wege geleitet, ansonsten die vorgefundenen Verhältnisse jedoch kaum angetastet. Weder wurden Zweige der Wirtschaft verstaatlicht, noch gelang es den im ganzen Reich gebildeten Arbeiter- und Soldatenräten, sich eine dauerhafte Machtposition aufzubauen. Als seit Januar 1919 diverse linksextreme Gruppierungen eine tiefergreifende Revolutionierung mit Gewalt durchzusetzen versuchten, stellte die provisorische Reichsregierung aus heimkehrenden Soldaten paramilitärische Einheiten zusammen und ließ die Aufstände niederwerfen.[95]

Sebastian Haffner hat sich dieser Thematik im Herbst 1968 in einer weiteren *Stern*-Serie angenommen und unter dem Titel *Der große Verrat* mit den Sozialdemokraten, namentlich mit Friedrich Ebert und Reichswehrminister Gustav Noske, abgerechnet. Sie hätten, indem sie die Umwälzungsbestrebungen der Räte unterdrückten und die alten monarchistischen Eliten in ihren einflußreichen Funktionen beließen, eine wirkliche Demokratisierung Deutschlands verhindert, lautete seine wütende Anklage. Daß sich die linke Regierung dabei auf die weitgehend rechten, teilweise sogar rechtsextremen Freikorps gestützt hatte, brachte Haffner zusätzlich auf. Blanker Haß sprach aus ihm, wenn er Ebert als «ein[en] kleine[n] Dicke[n], kurzbeinig und kurzhalsig, mit einem birnenförmigen Kopf auf einem birnenförmigen Körper» porträtierte und Noske einen «primitive[n] Gewaltmensch[en]» nannte, «der seiner ganzen Mentalität nach besser in die NSDAP als in die SPD gepaßt hätte». Jedwede Rechtfertigung ihres Verhaltens lehnte er ab. «Die ‹bolschewistische Gefahr›», mit der die Maßnahmen der Reichregierung gemeinhin begründet worden sind, war «im Herbst 1918 [...] eine Vogelscheuche, keine Realität».[96]

Vollkommen Unrecht hatte er damit nicht. Schließlich gehörte, wie der Historiker Eberhard Kolb bereits Anfang der sechziger Jahre zeigen konnte, eine Mehrheit der Arbeiter- und Soldatenräte der gemäßigten SPD an, während die Kommunisten nur eine verschwindend geringe Minderheit darstellten. Ganz und gar aussichtslos war ihre Situation indes nicht. Daß die Dynamik einer erfolgreichen Revolution die radikalen Kräfte begünstigt und vielleicht sogar an die Macht gespült hätte, war zumindest eine der verschiedenen Optionen, die der Winter 1918/19 bereithielt, und keineswegs die unwahrscheinlichste.[97] Schließlich war auch die sowjetische Oktoberrevolution das Werk einer kleinen Schar von Revolutionären.

Noch ein weiterer Umstand, auf den Kolbs Fachkollege Heinrich August Winkler aufmerksam gemacht hat, kann zu Eberts Entlastung angeführt werden. Wenn sich der spätere Reichspräsident dafür entschied, der Wahrung der öffentlichen Ordnung Priorität einzuräumen, handelte er durchaus im Interesse und Auftrag der Bevölkerung. Denn so umsturzversessen, wie Haffner behauptet hat, waren die Deutschen im allgemeinen nicht, nicht einmal die Arbeiter. Anders als im Rußland von 1917 hatten im Reich von 1918 selbst die unteren Schichten etwas zu verlieren. Immerhin war Deutschland ein Rechtsstaat, in dem zumindest alle Männer wählen durften; und darüber hinaus mußte das universelle Chaos, das mit Revolutionen einherzugehen pflegt, eine industrialisierte Gesellschaft sehr viel härter treffen als eine agrarische.[98]

Zudem hätten andauernde innere Kämpfe wohl unweigerlich das Ausland auf den Plan gerufen. «Kein längerer Bürgerkrieg in einem größeren Land geht ohne irgendeine auswärtige Intervention vorüber», hat Haffner selbst einmal bemerkt und diese Aussage sogar in den Rang eines «Axioms der internationalen Politik» erhoben. Aber auch konkrete Gründe sprachen für eine Einmischung von außen. Über seine Westgrenze hätten die Truppen der Entente leicht in das Reich einmarschieren können und dazu, weil noch kein Friede geschlossen war, nicht einmal einer förmlichen Kriegserklärung bedurft. Vor allem dem traumatisierten Frankreich wäre eine solche Gelegenheit wahrscheinlich höchst willkommen gewesen, um das Land, das ihm in den vergangenen vier Jahren so gewaltig zugesetzt hatte, langfristig zu schwächen. Ebenso dürfte die sowjetische Führung trotz ihrer damals noch angefochtenen Machtposition versucht haben, die Entwicklung in ihrem Sinn zu beeinflussen, galt doch den Kommunisten die Revolutionierung Deutschlands seit langem als Initialzündung für die erwartete Weltrevolution.[99]

Die Brisanz von Haffners Ausführungen beschränkte sich jedoch nicht nur auf die Vergangenheit und ihre nicht zum Zuge gekommenen Entwicklungsmöglichkeiten; vielmehr weckte *Der große Verrat*, als er im Herbst 1968 erschien, eine Reihe von tagespolitischen Assoziationen, die erhebliche Sprengkraft besaßen. Wie nach dem Ersten Weltkrieg kooperierten die Sozialdemokraten Ende der sechziger Jahre mit den Vertretern des bürgerlichen Establishments, neuerlich war eine revolutionäre linke Bewegung in Deutschland aufgekommen, und wiederum wurden mit dem Rätemodell weitreichende politische Hoffnungen verknüpft, wenn auch nur in den geschlossenen Zirkeln der Außerparlamentarischen Opposition. Zwar hat sich Haffner von dieser Regierungsform, die er schlichtweg für untauglich hielt, anderweitig distanziert. Daß seine gallige Kritik an Ebert und Noske auch auf die SPD in der Großen Koalition abzielte, steht dagegen außer Frage.[100]

Seine ostentative Unbekümmertheit, was die Gefahr einer kommunistischen Machtergreifung anging, stellte ein weiteres Politikum dar. «Diese Serie läßt an Verlogenheit und übler Hetze gegen jene Männer, die Deutschland vor 50 Jahren vor dem Bolschewismus gerettet haben, nichts zu wünschen übrig», empörte sich ein Stabsoffizier aus Süddeutschland gegenüber Henri Nannen. «Aber die Feinde Deutschlands von 1918 leben noch in den Menschen wie Ihnen und Herrn Haffner, und sie wollen nicht ruhen, bis sie ihr Ziel erreicht haben: die Sowjetrepublik Deutschland.» Dergleichen dürfte Haffner, der ja vom demokratischen Potential der Rätebewegung überzeugt war, entschieden bestritten haben, und dennoch lagen solche Vorhaltungen auf der Hand, gehört doch der Topos vom Verrat, den die SPD an der deutschen Arbeiterschaft verübt haben soll, zum festen Repertoire der kommunistischen Geschichtsschreibung. Zwar ist diese Anschuldigung hauptsächlich mit Blick auf den August 1914 erhoben worden, als die Sozialdemokraten geschlossen die deutschen Kriegskredite bewilligt hatten, zuweilen allerdings auch in bezug auf den Winter 1918/19. Bereits 1935 hatte der marxistische Althistoriker und ehemalige Reichstagsabgeordnete der KPD, Arthur Rosenberg, der zugleich Haffners wichtigster Gewährsmann war, Friedrich Ebert unterstellt, die Chance einer wirklichen Demokratisierung verpaßt zu haben, und ganz ähnlich hat kurz nach Kriegsende Alexander Abusch argumentiert, der spätere Kultusminister der DDR.[101]

Gleichwohl wäre es falsch, Haffners Verdikt ausschließlich seinen ideologischen und politischen Launen anzulasten, weist es doch insgesamt eine erstaunliche Langlebigkeit auf. «Man wird mir sagen, daß die Erneuerung doch mit der Revolution gekommen ist. Nein! Die Revolution war etwas durchaus äußerliches; (weswegen auch die Deutschnationalen, die für den vorrevolutionären Staat sind, sich ihr Geschrei sparen könnten) die Revolution hat die Parteienherrschaft, die seit Bismarcks Abgang herrschte, nicht aufgehoben, sondern nur die Koalition verschoben», hatte schon der dreizehnjährige Schüler 1921 in sein Tagebuch notiert. Als er knapp zwei Jahrzehnte später in seinen Erinnerungen das Ende des Kaiserreiches schilderte, hat Haffner die «neuen Machthabe[r]» dann bereits als «verlegene Biedermänner» charakterisiert und der gesamten Umbruchphase ein «Aroma von Verrat» zugeschrieben; und noch 1997 ärgerte er sich darüber, daß er 1984 auf die Frage, welche historischen Gestalten er am meisten verachte, nicht Ebert und Noske angegeben hatte.[102]

Eine Ursache für seinen anhaltenden Furor dürfte in einem deterministischen Geschichtsverständnis und einer Analysetechnik zu sehen sein, die vor allem darauf ausgerichtet war, historische Entwicklungslinien offenzulegen. Von daher war für Haffner das verhängnisvolle Ende der Weimarer Republik gewissermaßen vorprogrammiert, seitdem man es an ihrem Anfang versäumt hatte, die konservativen Eliten in Staat und Gesellschaft zu ersetzen. Hätte Ebert nicht versagt, so die verlockend einfache Formel, wäre den Deutschen und der Welt Hitler erspart geblieben.[103] Den tieferen Grund für seinen geradezu «pathologische[n] Haß» bildete aber wohl Haffners bürgerlicher Horizont, vor dem sich die revolutionsscheuen Sozialdemokraten eben als «verlegene Biedermänner» ausnahmen. Einmal abgesehen von dem standesbedingten Dünkel, der in solchen und anderen Formulierungen mitschwingt,[104] entsprachen Ebert und Noske aber vor allem nicht dem Ideal des geschichtemachenden Staatsmannes, das Haffner bekanntermaßen zeitlebens hochgehalten hat und das ihn auch in dieser eigentlich so fortschrittlich gestimmten Phase für Churchill und de Gaulle, Lenin, Stalin und Mao, Friedrich den Großen und Metternich schwärmen ließ. Angesichts dieser bunten Heldengalerie ist es jedenfalls nicht weiter verwunderlich, daß der erste Reichspräsident der Weimarer Republik seinen Ansprüchen nicht genügt hat, wie es auch keineswegs ausgeschlossen ist, daß Haffners Unzufriedenheit mit der unspektakulär arbeitenden Großen Koalition in den von ihm betriebenen Heroenkult eine geheime Wurzel besaß.[105]

Wie immer bei Haffner konnten die Dinge zuweilen jedoch auch ganz anders liegen. So überrascht an den *Preußischen Porträts*, die er damals zunächst für das Fernsehen verfaßt hat, daß eine politisch inspirierte Kritik nur vergleichsweise gedämpft zu vernehmen ist.[106] Schlichtweg verblüffend aber ist seine durchweg positive Skizze über Kaiser Wilhelm II., der doch in seinen Kolumnen zuweilen einen unrühmlichen Auftritt hatte, wenn es galt, führende Politiker der Bundesrepublik zu diffamieren. In dem Porträt des letzten Hohenzollernkaisers ist von solchen Manövern nichts zu spüren, und auch die eingefleischte Bewunderung für energische Tatmenschen kam diesmal nicht zum Zuge. Stattdessen hob Haffner hervor, daß Wilhelm in Anbetracht seiner großen Popularität ein «ungewöhnlich erfolgreicher Repräsentationsmonarch» hätte sein können, wenn das seine Aufgabe gewesen wäre. «Wer heute von der wilhelminischen Zeit und vom wilhelminischen Stil spricht, denkt nicht an das schreckliche Ende», behauptete er deshalb, und auch nicht «an die Auswüchse, Prahlereien und Geschmacklosigkeiten». Vielmehr erinnere man sich vor allem daran, «daß die meisten Deutschen sich unter Kaiser Wilhelm II. ein Vierteljahrhundert lang äußerst wohl und glücklich gefühlt haben – wohler und glücklicher als in irgendeiner Zeit vorher oder nachher».[107]

Trotz solcher Widersprüche und obwohl er die Vergangenheit zuweilen wie einen reichhaltigen Fundus behandelt hat, aus dem er sich die gerade benötigten Argumente nach Belieben zusammensuchte, war Haffner von der Qualität seiner historischen Arbeiten zutiefst überzeugt. «Ich [...] bilde mir ein, dass ich etwas mache und kann, was in Deutschland kein anderer macht und kann (ausser vielleicht in gewisser Art Golo Mann [...]): nämlich seriöse Geschichte oder Zeitgeschichte auf eine Art zu behandeln, die sie für ein grosses Lesepublikum aufschliesst und aktualisiert, sie lesbar, vielleicht sogar spannend und aufregend macht», schrieb er Mitte Oktober 1968 Fritz J. Raddatz, dem Cheflektor des Rowohlt Verlages. «Ich bilde mir auch ein», fuhr er wenig später fort, «dass diese meine Spezialität eigentlich einen grossen potentiellen Markt haben müsste; und was ich brauche und suche, ist ein Verleger, der dies Gefühl von sich aus teilt, [...] der sich für meine Sachen persönlich interessiert, etwas daran findet und sie mit Überzeugung gross herausbringt».[108]

Aber auch nachdem Haffner den Rowohlt Verlag, bei dem er seine Fähigkeiten unterschätzt und sich nicht ausreichend gefördert glaubte, verlassen hatte, blieb der erhoffte Erfolg aus. Vor allem sein Image erwies sich nun als Handikap. Trotz aller Bemühungen, Haffners Text für eine historisch interessierte Klientel herzurichten, lief der Vorverkauf von *Die verratene Revolution*, wie der Buchtitel letztlich lautete, nur schleppend an.

Der Leiter des Scherz Verlages, zu dem Haffner gewechselt war, erklärte die geringe Aufmerksamkeit mit dem zurückliegenden Vorabdruck sowie mit der großen Zahl «chauvinistischer und von Wunschdenken behafteter Buchhändler, die einem kritischen und realpolitisch denkenden Autor mit Skepsis begegnen» würden. Auch sei, ergänzte Rudolf Streit-Scherz, dessen Programm unter anderem mit den Namen von Arthur Koestler, Robert Jungk oder Arthur M. Schlesinger jr. aufwartete, nach wie vor «die idiotische Auffassung» verbreitet, der zufolge ein seriöser Historiker ein «Gelehrtenstuben-Dasein» führen müsse und nicht für Blätter wie *Stern* oder *Konkret* schreiben dürfe.[109]

Immerhin, völlig aussichtslos war die Situation womöglich auch im Lichte der unerquicklichen Marktanalyse nicht. Konnte Haffners Karriere als Buchautor nicht vielleicht doch noch in Gang kommen, wenn er das Umfeld, in dem er Ende der sechziger Jahre veröffentlichte, eines Tages hinter sich ließ?

9. AUSSÖHNUNG MIT DER WIRKLICHKEIT (1969–1975)

Heinrich Jaenecke konnte es kaum fassen. «Ich bin bestürzt», teilte der Reporter des *Stern* am 3. Oktober 1975 dem geschäftsführenden Redakteur Manfred Bissinger mit, «umso tiefer, als ich Sebastian Haffner als einen der schärfsten Analytiker schätze, die wir in diesem Lande haben. Diesmal aber fällt es schwer zu glauben, daß Haffner im Ernst meint, was er zu Spanien schreibt. Er geht weiter als die konservativsten Kommentatoren dieser Tage, ja seine Argumente unterscheiden sich kaum noch von denen des spanischen Regimes – ich bitte sehr um Verzeihung für diese Bemerkung.» Gegenstand des Anstoßes war ein von Haffner eingereichter Artikel. In «Finger weg von Spanien!» kritisierte er die ausländischen Proteste gegen die Hinrichtungen von fünf baskischen Terroristen, die der Separatistenorganisation ETA beziehungsweise der maoistischen Miliz FRAP angehört hatten. Haffner empfand das internationale Aufheben um die Urteile der franquistischen Militärjustiz als Heuchelei. «Wer sich über Unterdrückung und Grausamkeit in Spanien empört», gab er zu Bedenken, «müßte sich über dasselbe in vielen anderen Ländern empören». Im übrigen, setzte er hinzu, sei es jedem Staat überlassen, wie er den Terror im eigenen Land bekämpfe.[1]

Beim *Stern* sah man das anders. Erst in der letzten Ausgabe hatte Jaenecke den Lesern in einem reichbebilderten Beitrag die Brutalität des Madrider Regimes vor Augen geführt und das persönliche Schicksal der Hingerichteten und ihrer Hinterbliebenen eingehend geschildert. Mustergültig verband der Artikel, der mit der Überschrift «Brennt morgen Spanien?» versehen worden war, die branchenübliche Anteilnahme am Leid der Welt mit jenem Antifaschismus, der in fortschrittlich gesinnten Medien wie dem *Stern* den einstigen Antitotalitarismus abgelöst hatte. Haffners Ansichten liefen denen der Redaktion beinahe diametral entgegen. Hatte Jaenecke ein düsteres Bild von den Verhältnissen in Spanien gezeichnet, so zog Haffner eine anerkennende Bilanz der jahrzehntelangen Alleinherrschaft. Schwer fiel ihm das nicht. Er mußte sich nur auf jene nihilistisch infizierte Nüchternheit zurückbesinnen, mit der er in den sechziger Jahren die Diktaturen des Ostblocks beschrieben hatte. «Spanien», räsonierte er, sei «in den 36 Jahren unter Franco nicht schlecht gefahren». «Politische Freiheit» habe es zwar nicht gegeben, dafür aber «technische Modernisierung und wirtschaftlichen Fortschritt, ganz ähnlich wie in Rußland unter Stalin».[2]

Des weiteren erwartete er, ebenfalls in offenem Gegensatz zur *Stern*-Redaktion, daß das Ergebnis eines Umsturzes ein kommunistisches oder anarchistisches Spanien sein würde. Ein solches Regime, befürchtete Haffner, könnte sich für Westeuropa als sehr viel schwerere Hypothek erweisen als das gegenwärtige; und so wollte er auch aus diesem Kalkül heraus Francos repressive Politik nicht allzu scharf kritisiert sehen. Bei seinen Kollegen lösten derartige Überlegungen Kopfschütteln aus. «Ich kann nicht glauben, daß Sebastian Haffner dies geschrieben hat», entsetzte sich Heinrich Jaenecke in seiner Hausmitteilung vom 3. Oktober 1975. «Es muß ein Versehen sein. Sebastian Haffner kann nicht die rechtsradikale Dialektik ‹Franco oder die Terroristen›, ‹Franco oder die Kommunisten› übernehmen. Es ist Franco selbst, der dies seit 40 Jahren predigt, der mit dieser Scheinargumentation zuerst den Bürgerkrieg entfesselt, dann eine Million Spanier umgebracht und seit 36 Jahren dem Rest den Maulkorb umgehängt hat.»[3]

Ganz so eindeutig, wie Jaenecke behauptete, war die Lage allerdings nicht. Gewiß spielte Haffner den Mangel an politischer Freiheit und die Repressalien, denen die spanische Bevölkerung ausgesetzt war, auf kritikwürdige Weise herunter; und natürlich gab es eine gemäßigte Opposition, die nach dem Tod des Diktators die Macht übernehmen sollte. Aber bekanntlich hat der Terrorismus extremistischer und separatistischer Kräfte Francos Regierungszeit überdauert, und daß der Übergang zur Demokratie so reibungslos gelingen würde, wie es dann geschehen ist, ließ sich 1975 nicht unbedingt vorhersehen. Vor allem aber war in den dreißiger Jahren ein kommunistisches Spanien mitnichten eine von der autoritären Rechten kreierte Chimäre gewesen, hatte doch in dem grausamen Bürgerkrieg, aus dem die Faschisten schließlich als Sieger hervorgingen, am Ende keine Seite mehr für Freiheit und Demokratie gekämpft.[4]

Erstaunlich bleibt Haffners Intervention zugunsten des spanischen Diktators allenthalben. War für ihn in der zweiten Hälfte der sechziger Jahre nicht gerade der Faschismus, den er damals sogar in der Bundesrepublik ausmachte, zum drängendsten Problem der Epoche aufgestiegen? Und hat er sich seinerzeit nicht voll schwärmerischer Begeisterung über Partisanenkriege und Guerillastrategien ausgelassen, ohne an den kommunistischen Überzeugungen, denen die Untergrundkämpfer der dritten Welt und ihre Kommandeure in aller Regel anhingen, irgendeinen Anstoß zu nehmen? Damit war es offensichtlich vorbei. Was aber hatte ihn diesmal bewogen, seine Meinungspalette derart gründlich auszuwechseln?

Auf den Pfaden der Außerparlamentarischen Opposition

Daß seit dem Herbst 1969 eine sozial-liberale Koalition die Bundesrepublik regierte – Kanzler war zunächst Willy Brandt, dann, ab 1974, Helmut Schmidt – hat sich zwar mäßigend auf Haffners Gedankenbildung ausgewirkt, eine veritable Kehrtwende löste der sogenannte «Machtwechsel» von 1969 jedoch nicht aus.[5] Nur die schwersten Anklagepunkte, nämlich daß die Bundesrepublik keine Demokratie und die westdeutsche Gesellschaft faschistisch sei, hat er nach dem Amtsantritt Brandts weitgehend fallenlassen, wobei gerade die Leichtigkeit, mit der Haffner die gewichtigen Vorwürfe beiseite legte, einmal mehr darauf verweist, wie wenig seine Überzeugungen im Grundsätzlichen wurzelten und wie sehr sie von emotionalen Befindlichkeiten und taktischen Erwägungen gesteuert wurden.

Das Gros von Haffners Einschätzungen hat den Regierungswechsel jedoch unbeschadet überstanden. Wie viele Köpfe, die als modern gelten wollten, bewahrte er sich eine prinzipielle Aufgeschlossenheit für den Marxismus; und nach wie vor tat er sich bei seinen Abstechern ins Ideologische durch eine herausfordernde Unbefangenheit hervor. Mit seiner Revolutionsprognose habe sich Marx zwar zeitlich verschätzt, räsonierte er im Juni 1971, dennoch stelle seine Weltdeutung eine «historische Vision von beinah unheimlicher Hellsichtigkeit und Plausibilität» dar. Deshalb, fuhr Haffner fort, sei es «kein Wunder und kein Zufall, daß er fast ein Jahrhundert lang die Geister mit einer gewissen Unwiderstehlichkeit gepackt und gebannt» habe.[6]

Der Clou seiner Überlegungen bestand jedoch erst in der These, daß es gerade das Bürgertum gewesen sei, das die Marxschen Vorhersagen besonders ernst genommen habe. «Der bürgerliche Faschismus», führte er aus, «war ja nichts anderes als die wortwörtliche, wie hypnotisierte Erfüllung der Marxschen Prophetie», sei doch sein eigentlicher Zweck und Grund gewesen, die angeblich bevorstehende proletarische Revolution abzuwehren. Damit aber war noch keineswegs der Gipfel des Paradoxen erreicht.

Haffner deutete nämlich die von Hitler und Mussolini errichteten Diktaturen als Versuch, die streng gestaffelte Gesellschaftsordnung des Mittelalters wiederherzustellen – also kurioserweise jenes hierarchische System, das das Bürgertum in den vorangegangenen Jahrhunderten mühevoll beseitigt hatte. Allerdings, so Haffner weiter, sei das Unternehmen von vornherein zum Scheitern verurteilt gewesen, schon aufgrund seiner eklatanten Unzeitgemäßheit, denn

> «ein ‹Führer› oder ‹Duce› war eben doch nur ein schlechter Ersatz für einen Kaiser oder König von Gottes Gnaden. Eine Ideologie hatte nicht die Kraft einer Religion, eine Partei hatte nicht dieselbe Herrschaft über die Gemüter wie eine Kirche, und der Gauleiter als neuer Feudalherr: das war eine lächerliche Imitation: ‹der Bürger als Edelmann›. Immerhin – daran ist nichts abzustreiten – das Bürgertum der faschistischen Epoche benahm sich strikt marxistisch.»[7]

Selbst wenn man annimmt, daß der Nationalsozialismus tatsächlich gegen die Moderne gerichtet war – ganz so einfach, wie Haffner die Dinge sah, lagen sie nicht. Schließlich zielte insbesondere Hitler darauf ab, mit dem Konzept der «Volksgemeinschaft» Klassengegensätze einzuebnen und die Arbeiterschaft in den Staat zu integrieren. Insofern kann von einer beabsichtigten Rückkehr zu der straffen mittelalterlichen Ständeordnung ebenso wenig die Rede sein wie von einem genuin bürgerlichen Projekt. Vor allem aber gingen die Ambitionen des deutschen Diktators, namentlich sein mörderischer Antisemitismus und sein maßloses Eroberungsprogramm, weit über eine bloße Umsturzprävention hinaus, wie es ja überhaupt höchst problematisch ist, eine genuin rassistische Weltanschauung wie den Nationalsozialismus unter dem Faschismusbegriff zusammenzufassen, der auf ökonomischen, gesellschaftlichen oder geistigen Kategorien beruht.[8]

Daß es ihm in erster Linie auf das Aufsehenerregen und Provozieren ankam, verraten auch die verschiedenen Überlegungen, die Haffner im Frühjahr 1970 anläßlich des einhundertsten Geburtstags von Wladimir Iljitsch Lenin angestellt hat. So entwarf er in *Konkret* ein überwiegend kritisches Bild von dem Begründer der Sowjetunion. In der grundsätzlichen Auseinandersetzung mit dem im April 1922 zum Generalsekretär der KPdSU aufgestiegenen Josef Stalin, die Lenins letzte Lebensjahre überschattete, ergriff Haffner bedingungslos Partei für den Jüngeren. Lenins Bedenken gegen die fortschreitende Machtkumulation bei der Bürokratie und seine Einwände gegen den absoluten Herrschaftsanspruch, den Moskau über die nicht-russischen Sowjetrepubliken erhob, tat er als idealistische Verirrungen eines vom Tod gezeichneten Mannes ab. Dagegen habe Stalin mit seinem entschlossenen Pragmatismus die Sowjetunion konsolidiert und Lenins Erbe gerettet. «[D]ie Sowjetunion, wie sie heute dasteht, ist sein [Stalins] Werk mindestens so sehr wie Lenins; und in dem Kampf zwischen dem sterbenden Lenin und Stalin war Stalin der bessere Leninist.» In Anlehnung an ein bekanntes Diktum Max Horkheimers fügte Haffner wenig später noch mokant hinzu «Wer nicht von Stalin reden will, soll auch von Lenin schweigen».[9]

Das war eine durchaus zutreffende Beobachtung; schließlich hatte auch Lenin Terror und gewaltsame Unterdrückung als legitime Herrschaftsinstrumente betrachtet und, etwa während der Bauernaufstände von 1921, bedenkenlos eingesetzt. Dennoch nahmen viele *Konkret*-Leser Haffners Leninkritik übel auf, galt doch der Initiator der Oktoberrevolution in linken Kreisen als unbescholtene Lichtgestalt, gerade im Vergleich zu Stalin, dessen Ansehen infolge der Massenliquidationen der dreißiger Jahre stark gelitten hatte. Entsprechend entschieden war der Einspruch gegen Haffners Einlassungen. Josef Schleifstein, Mitglied der DKP, der belgische Trotzkist Ernest Mandel sowie Harry Ristock, der dem linken Flügel der SPD angehörte, versuchten in ausführlichen Leserbriefen, Haffners Ansichten zurechtzurücken, und so unterschiedlich ihre Beanstandungen auch ausfielen, sie zielten sämtlich darauf ab, den kommunistischen Theoretiker zu rehabilitieren, damit sich die westliche Jugend unvoreingenommen mit seinen Ideen beschäftigen könne.[10]

Einige Wochen später präsentierte Haffner den Hörern der Sendung «Gedanken zur Zeit» einen ganz anderen Lenin. Nun, in dem Programm des *Norddeutschen Rundfunks*, das er einmal als «eine Art weltliches Wort zum Sonntag [...] für den gebildeten bürgerlichen Mittelstand»[11] charakterisiert hat, nahm Haffner das gesamte Leben des russischen Revolutionärs in den Blick und wies vor allem auf die welthistorische Dimension seiner Leistungen hin. Lenin, führte er aus, sei gelungen, «was keinem vor ihm gelungen war», nämlich «der Totalsieg einer Revolution». Vor seiner Zeit seien alle Umstürze, zumindest auf lange Sicht, gescheitert, und Revolutionen stets als das, was «gewaltig anfing und traurig endete»[12], in die Geschichte eingegangen. Lenin habe das geändert. Seine Revolution, legte Haffner dar, habe sich gegen die Beharrungskräfte des Bestehenden vollständig durchzusetzen vermocht. Erstmals sei «ein großes Reich, seine herrschende Klasse, sein Staatsgefüge, sein Wirtschafts- und Gesellschaftssystem mitsamt seiner ganzen Mythologie und Ideologie eingeebnet, [...] zum erstenmal eine Tabula rasa geschaffen» worden, «auf der dann – allerdings nicht von Lenin, sondern von Stalin – ein völlig neuer Bau errichtet werden konnte».[13]

Ebenfalls in diametralem Gegensatz zu den in *Konkret* angestellten Überlegungen rühmte Haffner im *NDR* Lenins politischen Pragmatismus, und mehrfach verglich er ihn sogar mit Otto von Bismarck, auch wenn als *tertium comparationis* zunächst nur ihre gemeinsame Vorliebe für die *Appassionata*, jene besonders abgründige Klaviersonate Ludwig van Beethovens, herhalten mußte. Dennoch maß er Lenins Fähigkeit, sich in das Notwendige zu fügen, fundamentale Bedeutung bei. Nur «weil er als erster aller Revolutionäre zugleich ein Realpolitiker» gewesen sei, «und zwar», wie Haffner genüßlich hervorhob, «ein Realpolitiker von hohen Graden, mit einem Tatsachensinn, der dem eines Bismarck oder Napoleon nicht nachstand», habe er den totalen und dauerhaften Umsturz herbeiführen können. Das derart Erreichte aber sei, wie alles Menschengemachte, notwendigerweise unzulänglich gewesen. Zwar habe Lenin bewiesen, «dass auch die Revolution siegen» könne, resümierte Haffner deshalb, aber eine weitere Lehre seines Triumphs sei, «dass auch der Sieg der Revolution nichts ändert». Lenins «Schöpfung ist die Sowjetunion, ein großartiges Machtgebilde», unter dessen «Fundamenten eine Menschheitshoffnung begraben» liege.[14]

Solche ernüchternden Erkenntnisse hielten ihn jedoch nicht davon ab, revolutionären Untergrundbewegungen weiterhin eine an Sympathie grenzende Aufgeschlossenheit entgegenzubringen. Damit lag Haffner ganz auf der Linie des *Stern*. Anfang der siebziger Jahre versorgte die Illustrierte ihre Leser mit ständig neuen Berichten über das aufregende Leben ausländischer Terroristen, etwa der palästinensischen Flugzeugentführerin Leila Khaled, die – wie eine bezeichnende Überschrift besagte – «Bomben statt Männer» liebte. Gewiß, es war zu einem Gutteil die branchenübliche Sensationsgier, die derartige Geschichten für den *Stern* so attraktiv machte, doch häufig kippte Einfühlung in Verständnis um, und nicht selten kam es vor, daß sich anerkennende oder gar bewundernde Zwischentöne in die abenteuerlichen Reportagen einschlichen.[15]

Eben diese Einstellung leitete auch Haffner, als er sich im Sommer 1970 vornahm, zum einhundertsten Jubiläum der Reichsgründung eine Serie über den Deutsch-Französischen-Krieg und seine Folgen zu schreiben, die allerdings, abgesehen von einem größeren Bruchstück, nie veröffentlicht worden ist – vielleicht, weil er die Terminvorgaben nicht einzuhalten vermochte.[16] Er plante jedenfalls eine ungewöhnliche Schwerpunktsetzung. Anders als üblich wollte Haffner vor allem die Entwicklung in Frankreich in den Blick nehmen, namentlich die Versuche, im Herbst 1870 eine «Volksfront» aufzubauen, sowie den Aufstand der Pariser Kommune im darauffolgenden Frühjahr. Neben der Absicht, die hinlänglich bekannten Ereignisse neu zu beleuchten, waren es vor allem die Parallelen zur Gegenwart, die den gewählten Blickwinkel rechtfertigten. «Feldzüge wie die Kampagne von Sedan» seien «durch die Atombombe ins kriegsgeschichtliche Museum verbannt» worden, behauptete Haffner im Vorspann zu der geplanten Serie. Dagegen habe der Krieg der Franktireurs «seither brennende Aktualität gewonnen», und die revolutionäre Pariser Kommune weise sogar noch über unsere Zeit hinaus. «Es ist, als ob Leute mitten im 19. Jahrhundert mit Kernenergie herumexperimentiert und aus Versehen eine kleine Atombombe gezündet hätten», meinte er an einer anderen Stelle.[17]

Immerhin, seine Faszination kannte Grenzen, die scharf hervortraten, als einige Radikale versuchten, auch in der beschaulichen Bundesrepublik einen Guerillakrieg zu entfachen. Nachdem Mitglieder der Außerparlamentarischen Opposition, darunter Ulrike Meinhof sowie die vorbestraften Kaufhausbrandstifter Andreas Baader und Gudrun Ensslin, 1970 in den Untergrund gegangen waren, um von dort den westdeutschen Staat und seine Gesellschaft zu bekämpfen, wollte Haffner von revolutionärem Heroismus und politischem Schick nichts mehr wissen. «Baader, ein deutscher Mao?», fragte er belustigt im *Stern* vom 20. Februar 1972, um gleich darauf die Antwort zu geben: «Eher ein deutscher Mackie Messer». Daß die selbsternannte «Rote Armee Fraktion» (RAF) mit den Raubüberfällen und Urkundenfälschungen, die sie bis dahin begangen hatte – auch ein Polizist war bereits erschossen worden –, ernstzunehmende politische Absichten verfolge, bestritt er energisch; und um den ausschließlich kriminellen Tathintergrund der Terroristen zu unterstreichen, bezeichnete er die Gruppe, übrigens in ungewohntem Einklang mit der *Bild*-Zeitung, durchweg als «Bande».[18]

Selbstverständlich war solch eine entschiedene Distanzierung nicht. Trotz des Regierungswechsels von 1969 hegten viele Linksintellektuelle, zu denen sich ja auch Haffner nach wie vor zählte, ein grundsätzliches Mißtrauen gegenüber dem westdeutschen Staat beziehungsweise gegenüber dem «System», wie die Bundesrepublik in diesen Kreisen gerne genannt wurde. Von daher, aber auch aus alter Verbundenheit, fanden die Terroristen in einem bestimmten bildungsbürgerlichen Milieu, bei Journalisten, Schriftstellern, Hochschullehrern und Pfarrern, Verständnis. Ihr prominentester Fürsprecher war Heinrich Böll. In einem vieldiskutierten Artikel, der im *Spiegel* vom 10. Januar 1972 erschien, kritisierte der Vorsitzende des internationalen PEN-Clubs die populistische Berichterstattung der *Bild*-Zeitung, forderte, man möge Ulrike Meinhof «freies Geleit» anbieten, und machte sogar einige Parallelen zwischen den Aktivitäten der RAF und dem Widerstand gegen die nationalsozialistische Diktatur aus.[19]

Häufig genug artete die politische Sympathie in konkrete Unterstützung aus. «Ich habe selbst in den letzten beiden Jahren bis zum Überdruß das Gesellschaftsspiel mitspielen müssen, das mit der Frage beginnt: ‹Was würden Sie tun, wenn Ulrike plötzlich an Ihrer Tür klingelt?›», berichtete Haffner im Februar 1972: «Und die meisten Leute reagieren auf diese Frage geschmeichelt und irgendwie gekitzelt: ‹Nun, ein Nachtlager und ein Frühstück würde ich ihr wohl schon geben.›» Tatsächlich existierte eine ausreichend große Szene, die den Mitgliedern der RAF Unterschlupf gewährte und andere Hilfsdienste leistete – sehr zum Ärger Haffners. Nichts sei besser geeignet, um die westdeutschen Linken zu diskreditieren, schimpfte er im *Stern*, und sogar den mühsam in Gang gebrachten Reformprozeß glaubte er in Gefahr, sollten solche Unbedachtheiten nicht aufhören.[20]

Von einem regelrechten Frontwechsel wird man allerdings nicht sprechen können, dazu gab es nach wie vor auch an den Sachwaltern des Bestehenden zu viel auszusetzen. So bezichtigte Haffner im Juli 1972, kurz nachdem die führenden Mitglieder der RAF verhaftet worden waren, die westdeutsche Polizei, bei den abgeschlossenen Ermittlungen rigoroser vorgegangen zu sein als seinerzeit die Gestapo.[21] Sein Lieblingssündenbock blieb indes Axel Springer. Obwohl er für sich selbst bekanntermaßen weitreichende interpretatorische Freiheiten beanspruchte, fand Haffner die reißerischen und zuweilen unseriösen Darstellungen, mit denen sich die Zeitungen seines ehemaligen Arbeitgebers im Anti-Terrorkampf profilierten, höchst ärgerlich. In diesem Punkt traf er sich dann wieder mit anderen linken Intellektuellen, namentlich mit Heinrich Böll, der die Methoden des mächtigen Verlegers sogar in einem eigenen Roman angeprangert hat. Wie der Verfasser von *Die verlorene Ehre der Katharina Blum* sah auch Haffner in dem Pressetycoon letztlich einen Verursacher der staatsfeindlichen Gewalt. Als im Mai 1972 bei einem Bombenanschlag auf das Hamburger Springer-Hochhaus siebzehn Verlagsmitarbeiter verletzt wurden, wies er dem Konzernchef eine Mitschuld zu, habe er doch mit seinen Kampagnen die Studentenbewegung erst in die Verzweiflung, dann einige ihrer Mitglieder in den Untergrund getrieben. Zudem entdeckte er bei Springer und den Attentätern ein verwandtes Persönlichkeitsprofil. Hier wie dort «dieselbe blind um sich schlagende Entrüstung, dieselbe Freude am Indianerspiel und Bereitschaft zum Verbrechen, derselbe totale Mangel an politischem Denken» sowie «ein knäbischer Unernst».[22]

Ebensogut hätte Haffner freilich die Verantwortung für die Anschläge bei sich suchen können. Denn bei dem Schritt, in die Illegalität zu gehen, mögen hier und da persönliche Gründe eine Rolle gespielt haben, entscheidend aber war der Glaube, bei der Bundesrepublik handle es sich um einen faschistischen Staat, ließ doch erst diese Einschätzung jeglichen Widerstand, auch den äußersten, legitim erscheinen. Letztlich zogen Meinhof, Ensslin und die anderen die praktischen Konsequenzen aus jener verleumderischen Diagnose, die Ende der sechziger Jahre von vielen Mitgliedern der Außerparlamentarischen Opposition, aber auch von Journalisten wie Haffner gestellt worden war. Mag sein, daß so mancher den geschichtsträchtigen Kampfbegriff weniger aus Überzeugung denn aufgrund seiner argumentativen Durchschlagskraft verwendet hat – der RAF diente der konstruierte Vorwurf jedenfalls zur Rechtfertigung ihrer Gewalttaten. Diesen Zusammenhang belegt nicht zuletzt der Umstand, daß sich kein geringerer als Rudi Dutschke bereits 1967/68 als Vordenker des Terrorismus betätigt hat, auch wenn der charismatische Studentenführer es schließlich anderen überließ, das von ihm propagierte Konzept der Stadtguerilla zu erproben.[23]

Die überwältigende Mehrheit der Protestgeneration, die den Weg in den Untergrund nicht angetreten hatte, besaß in Haffner jedoch weiterhin einen eifrigen Fürsprecher, der sich vor allem darum bemüht hat, die landläufigen Vorbehalte gegen die kritischen jungen Leute zu zerstreuen. Weder, so hat er mehrfach versichert, wollten die Studenten eine Revolution initiieren, noch beabsichtigten sie, den Kommunismus einzuführen. Einmal in Fahrt, strich Haffner gerne die bürgerlichen Facetten der Aufrührer heraus, was ihm, sowohl in *Konkret* als auch bei einem gemäßigten Publikum, Aufsehen und Widerspruch eintragen mußte. Aus seiner Sicht ging es den jugendlichen Rebellen lediglich darum, jene Emanzipation des Individuums, die mit den demokratischen Revolutionen des 18. und 19. Jahrhunderts einen mächtigen Schub erhalten hatte, fortzuführen und auf bislang unangetastete Gebiete auszudehnen. Daß eine Änderung

Abb. 38 Nach dem Machtwechsel von 1969 war sich Haffner mit den unzufriedenen jungen Leuten der Bundesrepublik weiterhin in vielen Punkten einig. Ob er die «Kronprinzen des bürgerlichen Establishments» auch im Januar 1971, als er in einem Düsseldorfer Gymnasium mit Regierungssprecher Conrad Ahlers über Massenmedien diskutierte, für seine Ansichten gewinnen konnte, ist allerdings nicht bekannt.

der Wirtschaftsordnung angestrebt werde, bestritt er hingegen energisch. Nicht in Fabriken und Betrieben, gab er zu Bedenken, sondern in «Schulen und Universitäten, in der Justiz und – vor allem möchte ich sagen – in den Familien» lägen die wesentlichen Aktionsfelder der Protestbewegung, die sich im übrigen hauptsächlich aus Studenten, also den «Kronprinzen des bürgerlichen Establishments», zusammensetze.[24]

Auch ein historisches Lehrstück wußte Haffner für den von ihm geforderten Verständigungskurs anzuführen, den Pariser Kommuneaufstand von 1871, über den er im *Stern* im Frühjahr 1971 berichtete. Zugleich konnte er mit der fünfteiligen Serie «Paris brennt» dem Publikum zumindest einen Ausschnitt seiner ursprünglich umfangreicher konzipierten Geschichte des Deutsch-Französischen-Krieges vorlegen.[25] Denn der Aufstand der Kommune war so etwas wie das innenpolitische Fieber gewesen, das auf den Schock der militärischen Niederlage gefolgt war. Nach dem Debakel von Sedan und der sich unmittelbar anschließenden Abdankung Napoleons III. war in der Hauptstadt die Dritte Republik ausgerufen worden, und Anfang des Jahres 1871 hatten die Franzosen eine neue Nationalversammlung gewählt. Dem betagten Regierungschef Adolphe Thiers, einem konservativen Republikaner, den Haffner allerdings als reaktionären Finsterling zeichnete, oblag die schwierige Aufgabe, mit den siegreichen Preußen Frieden zu schließen und das Land aus dem Kriegszustand in geordnete Verhältnisse zu überführen. Gegen beides widersetzte sich ein Teil der Bewohner von Paris. Weder wollten sie das Elsaß und Lothringen an das Reich abtreten, noch waren sie dazu bereit, die seit September 1870 gestundeten Mieten und Zinsen nachträglich zu bezahlen. Gestützt auf die Nationalgarde, übernahm Mitte März 1871 eine Gruppe aus Arbeitern, kleinbürgerlichen Handwerkern und Intellektuellen die Macht in der Hauptstadt und leitete eine Fülle von teilweise umstürzenden Reformen ein. Die allgemeine Wehrpflicht wurde abgeschafft und die kommunale Selbstverwaltung proklamiert, die Hinterbliebenen gefallener Kommunarden bekamen eine Rente zugesprochen, Betriebe, die von ihren Besitzern verlassen worden waren, erhielten eine staatliche Leitung, und der kirchliche Einfluß auf Politik und Gesellschaft wurde radikal beschnitten.[26]

Haffner kaprizierte sich in seinen Ausführungen vor allem auf das Zukunftsweisende dieser Maßnahmen. Vieles von dem, was damals in Paris auf der Tagesordnung gestanden habe, sei erst nach dem Zweiten Weltkrieg in den bürgerlichen Demokratien Westeuropas umgesetzt worden, und manches, etwa die zaghaft begonnene Frauenemanzipation oder die Autonomie der Städte, werde heute noch diskutiert. Außerdem insistierte er – wobei er sich allerdings auf den kommunistischen Philosophen Henri Lefebvre berief –, daß die Kommune kein sozialistisches Projekt gewesen sei, sondern «radikaldemokratisch – wenn man will: sozialdemokratisch».[27]

Völlig unumstritten ist diese Einordnung nicht. Denn letztlich handelte es sich bei dem Pariser Aufstand um ein schillerndes, heterogenes Phänomen, ähnlich den deutschen Arbeiter- und Soldatenräten von 1918/19 oder der Studentenrevolte in der zweiten Hälfte der sechziger Jahre. Da alle diese Initiativen niedergeschlagen wurden beziehungsweise versandeten – auch die Kommune existierte kaum länger als zwei Monate –, läßt sich nicht mit endgültiger Sicherheit sagen, welche ideologische Richtung im Fall einer längerfristigen Machtübernahme die Oberhand gewonnen hätte. Fest steht jedoch, daß sich zumindest ein Teil der

Kommunarden später der extremen Linken anschloß und daß das Pariser Ereignis einen Ehrenplatz in der kommunistischen Geschichtsschreibung erhielt. Marx und Lenin würdigten es als erstes politisches Lebenszeichen des Proletariats, mithin sogar als Wetterleuchten der Weltrevolution.[28]

Haffner, wie gesagt, wollte von kommunistischen Tendenzen auf Seiten der Aufständischen nichts wissen. Vielmehr hat er erst in der grausamen Niederwerfung der Bewegung eine wichtige Ursache für die Radikalisierung der Linken gesehen. Nachdem die französische Armee auf Geheiß Thiers und der Nationalversammlung die Hauptstadt innerhalb weniger Wochen zurückerobert hatte, wurden Ende Mai 1871, während der sogenannten *semaine sanglante*, etwa 10 000 Kommunarden getötet. Erst diese Massenliquidierungen, führte Haffner aus, hätten «der sozialen Revolution in aller Welt ihren Mythos gegeben», erst die Brutalität der bürgerlichen Reaktion habe künftige Revolutionäre, Lenin etwa, zu unerbittlicher Härte und Entschlossenheit angetrieben.[29]

Diese These besaß gleichfalls eine tagespolitische Konnotation, diente Haffner das Schicksal der Kommune doch als mahnendes Exempel, um vor überzogenen Maßnahmen gegen die westdeutsche Demonstrantenszene zu warnen. Er beließ es allerdings nicht dabei, das energische und manchmal überharte Vorgehen der Polizei zu kritisieren, sondern setzte sich auch für einen toleranten Umgang mit den mittlerweile in unzählige linksradikale Splitterorganisationen versprengten Mitgliedern der Protestbewegung ein. Daß schon die bloße Zugehörigkeit zur DKP oder zu einer der sogenannten «K-Gruppen» ausreichen sollte, um einen Lehrer oder Hochschuldozenten für den Staatsdienst zu disqualifizieren, wollte ihm nicht einleuchten. Eben darauf zielten aber jene «Grundsätze für die Mitgliedschaft von Beamten in extremen Organisationen» ab, auf die sich der Bundeskanzler und die Ministerpräsidenten im Januar 1972 verständigten. «Darf ein Staat, der die Freiheit als seine Grundordnung proklamiert, in seinem eigensten Bereich die Freiheit einschränken?», fragte Haffner im *Stern* vom 12. März 1972, noch bevor die jahrelangen Kampagnen gegen den sogenannten «Radikalenerlaß» und das angebliche «Berufsverbot» angelaufen waren. Trotz des abschreckenden Beispiels der Weimarer Republik wollte der *Stern*-Kolumnist das Grundgesetz großzügig ausgelegt sehen. «Meiner Meinung nach müssen Marxisten bei uns Lehrer und Universitätsprofessoren werden können, nicht weil sie Liberale wären, sondern weil wir Liberale sind», heißt es zum Ende seiner Ausführungen.[30]

Ein Jahr zuvor hatte er bereits die ideologischen Abgrenzungsbemühungen der Sozialdemokraten von der DKP und anderen linksextremen Splittergruppen kritisiert. Daß dergleichen notwendig geworden war, lag an der großen Zahl marxistisch geschulter Studenten, die nach dem Zerfall der APO in die SPD oder in eine ihrer Nachwuchsorganisationen geströmt waren. Während es für die Neuankömmlinge zum politischen Alltag gehörte, mit Kommunisten zusammenzuarbeiten, waren die meisten alteingesessenen Sozialdemokraten entschiedene Gegner einer solchen Öffnung, zumal die Regierungspartei aufgrund ihres Verständigungskurses gegenüber dem Ostblock ohnehin bei manchem Kritiker in Verdacht stand, alte sozialistische Neigungen wiederentdeckt zu haben. Ende Februar 1971 untersagte der Parteirat deshalb jegliche Bündnisse mit radikalen Gruppierungen. Haffner bedauerte auch diesen Schritt. Politische Berührungsängste gegenüber der DKP und den Jungsozialisten waren aus seiner Sicht völlig unbegründet. Beide stünden auf dem Boden des Grundgesetzes, hätten sich also dazu verpflichtet, ihre Ziele mit «konventionellen parlamentarisch-demokratischen Mitteln» zu verfolgen, und die Jungsozialisten bejahten außerdem noch das Godesberger Parteiprogramm, «das heißt, sie akzeptieren mehr oder weniger sogar den Kapitalismus», eine Einschätzung, die angesichts der zerreißprobenartigen Auseinandersetzungen mit den frisch hinzugekommenen Akademikern bei vielen langjährigen Parteimitgliedern zumindest beträchtliches Stirnrunzeln hervorgerufen haben dürfte. Jenseits solcher Bagatellisierungen hielt Haffner die Abgrenzungsstrategie der SPD allerdings auch für politisch unklug. Der Zeitgeist wehe nun einmal von links, bemerkte er abschließend, der CDU stürben Jahr für Jahr die Anhänger weg, während junge Bundesbürger überwiegend linke Parteien wählten.[31]

Im Bann von Emanzipation, Planung und Wissenschaft

Nachdem er mit dem politischen System der Bundesrepublik einstweilig Frieden geschlossen hatte, und auch der langersehnte Machtwechsel Realität geworden war, schlüpfte Haffner vom Fundamentalopponenten wieder zurück in die Rolle des Radikalreformers, die er bereits nach der *Spiegel*-Affäre für einige Jahre ausgefüllt hatte. Der Wegfall verschiedener maßgeblicher Anliegen erlaubte es ihm, nun verstärkt allerlei emanzipatorische

Projekte in seinen Forderungenkatalog aufzunehmen, wobei er in der Regel mit der neuen Regierung an einem Strang zog, wenn auch sehr viel kräftiger als es die meisten politischen Akteure taten. Alte liberale und aufklärerische Bestrebungen verschmolzen mit dem mächtig aufkommenden Trend zur Selbstverwirklichung, aber auch so mancher Verirrung des Zeitgeists, etwa derjenigen, Kindern die Sexualität von Erwachsenen zuzuschreiben.[32]

Vorbehaltlos befürwortete Haffner Euthanasie und Sterbehilfe, und ein anderes Mal sprach er sich dafür aus, abgesehen vom Ersten Weihnachtstag sämtliche Feiertage zu streichen. Statt dessen solle jeder Bundesbürger einige zusätzliche Urlaubstage erhalten, über die er frei verfügen könne. Auch das Sexualstrafrecht wollte er gelockert, womöglich sogar abgeschafft sehen. Er sei «für eine liberale Sex-Politik», ließ er die Leser des *Stern* vom 8. November 1970 wissen, und deshalb fordere er eine Legalisierung «nicht nur der vor- und außerehelichen» Liebe, sondern «auch der gleichgeschlechtlichen, auch der kindlichen und jugendlichen (das Märchen von der kindlichen Unschuld gehört zusammen mit dem Märchen vom Klapperstorch), auch der käuflichen, meinetwegen auch der geselligen».[33]

Daneben trat Haffner, obwohl privat eher ein Patriarch alter Prägung, für die Emanzipation der Frau ein, und das bedeutete zu Beginn der siebziger Jahre vor allem, sich gegen das strikte Abtreibungsverbot zu engagieren, das der Paragraph 218 des Strafgesetzbuches festlegte. Ohnehin machte der *Stern*, tatkräftig unterstützt von der Feministin Alice Schwarzer, bei der einsetzenden Kampagne für eine Legalisierung von Schwangerschaftsabbrüchen den Anfang. «Wir haben abgetrieben!», bekannten in der Ausgabe vom 6. Juni 1971 374 Frauen, darunter viele Prominente, etwa die Schauspielerinnen Romy Schneider, Vera Tschechowa und Senta Berger.[34]

In der folgenden sich jahrelang hinziehenden Diskussion um eine Neuregelung des angefochtenen Gesetzes übernahm Haffner durchweg die Positionen der Frauenbewegung und zögerte auch nicht, sich der einschlägigen Kampfbegriffe zu bedienen. Schon eine Woche nach der Veröffentlichung der aufsehenerregenden Geständnisse verlangte er im *Stern* die ersatzlose Streichung des Paragraphen 218, was er noch als «maßvolle Forderung» betrachtete, sei er doch bereit, auf eine «Strafandrohung für die Propagandisten des Gebärzwangs» zu verzichten. Die weitere Argumentation war nicht minder geharnischt. Eingangs der Kolumne hatte Haffner bereits hervorgehoben, daß er, «wie jeder anständige Mann», selbstverständlich bereits mehrere Schwangerschaftsabbrüche arrangiert habe, und kurz danach konnte er wieder einmal nicht der Versuchung widerstehen, die Bundesrepublik mit dem «Dritten Reich» gleichzusetzen. Das geltende Abtreibungsverbot sei um «keinen Deut weniger unsittlich als das Liebesverbot der Hitlerschen Rassengesetze». Ansonsten hat er, was es an sachlichen Gründen für eine Legalisierung von Schwangerschaftsabbrüchen geben mochte, zusammengetragen und dramatisch aufbereitet. Er verwies auf die vielen ungewollten Kinder, «die, vernachlässigt und verwahrlost, in Prügelheimen für das Verbrechen und das Gefängnis herangezüchtet werden» und «genauso Opfer des Paragraphen 218» seien «wie die Frauen, die auch heute noch täglich auf Küchentischen unter Kurpfuscherhänden verbluten». Außerdem stelle das geltende Abtreibungsverbot einen maßgeblichen Emanzipationsblockierer dar, «die eigentliche Schranke», «die die Frauen von beruflicher Laufbahn und wirtschaftlicher Selbständigkeit aussperrt».[35]

Obwohl sich Haffners Einlassungen, sowohl der Sache als auch der Wahl der Argumente nach, im weiten Rahmen des bei ihm Üblichen bewegten, erhält das bedenkenlose Eintreten für das Selbstbestimmungsrecht der westdeutschen Frauen doch eine bemerkenswerte Note, sobald man es im Lichte seiner persönlichen Situation betrachtet. Denn einmal mehr offenbart der rigorose Feldzug jene Kühle, die in vielen menschlichen Angelegenheiten zu Haffners Wesen gehörte. Daß seine Mutter ihn eigentlich nicht zur Welt bringen wollte und er das Leben nur der Fürsprache seines Vaters verdankte,[36] scheint ihn jedenfalls nicht im mindesten angefochten zu haben, ganz im Gegensatz etwa zu Willy Brandt. Der Bundeskanzler, der als uneheliches Kind zumindest dem potentiellen Risiko ausgesetzt gewesen war, abgetrieben zu werden, hat sich eingedenk seiner eigenen Geburtsumstände lange schwer damit getan, Schwangerschaftsabbrüche legalisieren zu lassen.[37] Aber während Brandt als der notorische Gemütsmensch, der er war, sentimentale Neigungen nur zu gut kannte, dürften Haffner mit seinem preußisch regulierten Gefühlshaushalt derartige Regungen eher fremd gewesen sein.

Von daher fiel es ihm auch leicht, einer fortschreitenden Individualisierung das Wort zu reden, die ja gleichfalls ein Signum der Moderne ist. Die diversen Emanzipationsprozesse, die damals das überlieferte Familienverständnis aufzuweichen begannen, fanden seine prinzipielle Zustimmung. Ohnehin war der vier-, maximal fünfköpfige Haushalt das von Haffner propagierte Leitbild. Nur «das Lumpenproletariat» pflanze «sich hemmungslos fort». Im übrigen waren beide Ehepartner berufstätig und erledigten gemeinsam die Hausarbeit – «ein Fertiggericht aufwärmen kann der Mann abends ebensogut wie die Frau» –, während die Kinder in ganztägigen Betreuungseinrichtungen versorgt wurden. «[W]ie lange wird es dauern», fragte Haffner, «bis auch für die Dreijährigen der Kindergarten oder Kinderladen ihr eigentliches Heim geworden ist?» Mittel- beziehungsweise langfristig würden die überkommenen Strukturen sowieso aussterben. «Ich habe keinen Zweifel, daß sich die westlichen Stadt- und Industriegesellschaften allesamt in dieser Richtung bewegen», verkündete er im März 1971 in *Konkret*, «also in Richtung auf eine ehe- und familienlose Gesellschaft von selbstversorgenden männlichen und weiblichen Individuen, deren kürzere oder längere Liebesbeziehungen reine Privatsache sind.» Anschließend wurde er nachgerade prophetisch. «Ich denke, im Jahre 2000 werden die neuen Lebensformen ungefähr gleich verbreitet und gleich respektiert neben den alten stehen; und im Jahre 2100 wird es andere kaum mehr geben».[38]

Typisch Haffner war dann wieder, daß er ausgerechnet in *Konkret* die Schattenseiten dieser Entwicklung herausgestellt hat. «Freiheit ist nicht dasselbe wie Glück», belehrte er im März 1971 seine jungen Leser, «und jede Befreiung bringt auch Verluste, zum Beispiel den Verlust von Geborgenheit, die ja nun einmal das Gegenteil von Freiheit ist.» Einige Zeilen tiefer dozierte er: «Die Dinge werden in Wahrheit niemals besser oder schlechter, nur eben anders. Die Summe des Glücks und Unglücks auf Erden ist unveränderlich; aber ihre Verteilung wird von Zeit zu Zeit veränderungsbedürftig», ein Gedankengang, der ihm rund zwei Jahrzehnte später die vorwurfsvolle Frage eintragen sollte, ob er denn ein Reaktionär sei, was Haffner auch prompt nicht verneinen wollte.[39]

Gemeinhin war jedoch keine Einrichtung und keine Institution vor seiner Neuerungswut sicher, und so machte im Sommer 1973, als Haffner zunächst im Radio und dann noch einmal im *Stern*[40] Vorschläge für eine Bildungsreform unterbreitete, sein bilderstürmerischer Eifer auch vor keinem literarischen Denkmal Halt. Die Lektüre von Klassikern im Schulunterricht tat er als unzeitgemäß und überflüssig ab, wenigstens nicht ohne hervorzuheben, daß er das Lesen guter Bücher selbstverständlich für eine lohnende Freizeitbeschäftigung halte.[41] Den meisten Zeitgenossen dürften derlei Ansichten bekannt vorgekommen sein. Während aber einige sozialdemokratische Kultusminister damals daran gingen, die herkömmlichen Lehrinhalte durch emanzipatorisches beziehungsweise marxistisches Gedankengut zu ersetzen und über das Konzept der Gesamtschule die unterschiedlichen Bildungsniveaus einzuebnen, huldigten Haffners Anregungen einem radikalen Nützlichkeitsdenken. Er wollte nicht, wie es etwa die umstrittenen Rahmenrichtlinien des hessischen Kultusministers Ludwig von

Friedeburg vorgaben, Goethe und Schiller durch Marx und gesellschaftskritische Sprachanalysen ausgetauscht, sondern den Deutschunterricht komplett abgeschafft sehen, das Lesen- und Schreibenlernen einmal ausgenommen.[42]

Die meisten übrigen Fächer rechnete er ebenfalls zum «Sperrmüll» in den Schulen. Nur was in einem ganz unmittelbaren Sinn der Lebensvorbereitung diene, wollte er im Unterricht behandelt wissen, also etwa Maschineschreiben sowie Gesundheits- und Rechtskunde. Vor allem aber sollten die Schüler einen möglichst anschaulichen Einblick in die unterschiedlichen Berufswelten gewinnen, *idealiter* am jeweiligen Arbeitsplatz. Dieses reduzierte Pensum könnte, so Haffner, ohne weiteres bis zum vierzehnten Lebensjahr absolviert werden, vielleicht bleibe sogar noch Zeit für einen längeren Auslandsaufenthalt. Danach stehe die Berufswahl an, damit mit zwanzig oder einundzwanzig die Lehre beziehungsweise das Studium abgeschlossen sei und die jungen Leute in das Erwerbsleben eintreten könnten. Später sollten die Bundesbürger dann in regelmäßigen Abständen die Möglichkeit erhalten, für ein oder zwei Semester an die Universität zurückzukehren, um ihre fachlichen Kenntnisse aufzufrischen, was angesichts der rasanten Entwicklungen in Wissenschaft und Technik ohnehin von Vorteil sei.[43]

Seine nüchtern-pragmatische Sicht auf die Welt korrespondierte mit einer tiefen Wissenschaftsgläubigkeit, die in jenen Jahren ebenfalls weit verbreitet war. Als ein Zeitgenosse, der sich ohnehin einer aufklärerisch-rationalistischen Tradition verpflichtet fühlte, war Haffner besonders anfällig dafür, von den spektakulären Erfindungen und Leistungen der Epoche, etwa der Entwicklung der Antibabypille oder den immer neuen Rekorden der Raketentechnik, beeindruckt zu sein. «Wissenschaftlich und technisch unmöglich ist ja wohl eigentlich überhaupt nichts mehr», bemerkte er denn auch im März 1970.[44] Einige Zeit später unternahm er es dann, seinen Befund in größere Zusammenhänge einzuordnen. Weder die «Politik», wie Napoleon gesagt hatte, noch die «Wirtschaft», wie es Rathenau erschienen war, sondern die Wissenschaft sei das «Schicksal», meinte Haffner Anfang des Jahres 1972. Denn «[w]as möglich wird, was machbar wird», das entscheide «sich nicht mehr in den Fabriken und schon gar nicht in Kontoren oder Ministerien, sondern in den Laboratorien». Dafür sprächen auch die Erfahrungen der letzten Jahrzehnte. «Der Computer, die Bombe und die Pille», behauptete Haffner bei einer anderen Gelegenheit, «haben die Welt des zwanzigsten Jahrhunderts tiefer verändert als die beiden Weltkriege und die russische und chinesische Revolution zusammengenommen.»[45]

Aber würden sich die Triumphe des forschenden und erfindenden Geistes auch segensreich auswirken? In dieser Frage schwankte Haffner. Zunächst neigte er einer gewissen Skepsis zu. Ende des Jahres 1969 war es für ihn nichts Geringeres als eine der dringlichsten Menschheitsaufgaben, Politik, Wirtschaft, Gesellschaft und Kultur an die sich rapide verändernden Umstände anzupassen, um zu verhindern, daß «der Fortschritt der Wissenschaft, der nicht aufzuhalten ist, unsere Zivilisation vernichte[t]»[46]. 1972 stellte er dann einen ungebremsten Enthusiasmus zur Schau. Selbst Kriege und Revolutionen sollten, ging es nach Haffner, bald der Vergangenheit angehören, «in einer Welt, in der Wissenschaft Überfluß für alle möglich macht».[47] Als ob innere und äußere Konflikte nur aus wirtschaftlichen Gründen ausbrächen …

Doch auch über diesen Einwand hinaus, war der Primat der Wissenschaft ein höchst fragwürdiger, was Haffner, dessen Leben von den Wechselfällen der Politik in völlig unvorgesehene Bahnen gelenkt worden war, eigentlich hätte wissen müssen. Sicher, das Atompatt hat den Handlungsspielraum der Supermächte und ihrer freiwilligen und nicht ganz so freiwilligen Trabanten eingeschränkt und einen Waffengang als *ultima ratio* der Konfliktlösung ausscheiden lassen, zumindest unmittelbar zwischen den beiden Giganten. Aber die Entscheidung für oder gegen einen Atomkrieg lag bei den Machthabern im Weißen Haus und im Kreml. Und galt dieser Vorbehalt nicht auch schon für die Phase der technischen Entwicklung? Was erforscht, was realisiert und was eingesetzt wurde, war und blieb doch offensichtlich eine Angelegenheit der Politik, und selbst die Frage, ob und inwieweit der Staat die ihm zustehenden Kontrollrechte wahrnehmen konnte, entschied sich letztlich auf dieser Ebene.[48]

Wie sehr ihn seine Wissenschaftseuphorie zeitweilig im Griff hatte, verrät die (wenn auch) strohfeuerartige Emphase, die Haffner für den damals in der Bundesrepublik aufkommenden Trend zeigte, die Vergangenheit mit sozialwissenschaftlichen Methoden zu erforschen. Daß die neue Richtung nicht mehr die politischen Akteure, sondern, hierin Karl Marx folgend, die wirtschaftlichen und gesellschaftlichen Umstände als die maßgeblichen Triebkräfte der Geschichte ansah, hat ihm jedenfalls auf das Vortrefflichste eingeleuchtet. Als er im Dezember 1970 Hans-Ulrich Wehlers Studie über die Kolonialpolitik Otto von Bismarcks besprach, würdigte Haffner nicht nur dessen Ergebnisse – Wehler zufolge war der

Reichskanzler von bürgerlichen *pressure groups* zu den außereuropäischen Erwerbungen der Jahre 1884/85 gedrängt worden. Er lobte auch die Bemühungen des aufstrebenden Historikers und späteren Begründers der sogenannten «Bielefelder Schule», «seine Geschichtsforschungen der exakten Wissenschaft so weit wie irgend möglich anzunähern».[49]

Daß dies gelingen könne, hat Haffner allerdings zunächst bezweifelt,[50] dann energisch bestritten. Nur jene Disziplinen, die sich der Erforschung der Natur widmeten, ließ er im November 1971 als Wissenschaften gelten. Je stärker der Mensch in den Mittelpunkt eines Faches rücke, desto mehr gerate das Ganze hingegen zur «Spekulation». Geschichte und Ökonomie, Soziologie und Psychologie schienen Haffner deshalb ebenso wenig exakte Wissenschaften zu sein wie Philosophie oder Theologie. Den kategorialen Grundbegriffen Sigmund Freuds bescheinigte er den gleichen Wahrheitsgehalt wie «Grimms Märchen». Das «Überich, das Ich, das Es, der Ödipuskomplex und der Todestrieb», sie alle, befand er, seien «Mythen und Symbole wie Dornröschen und Schneewittchen, voll ahnungsvoll-poetischen Tiefsinns, aber ohne jeden wissenschaftlichen Erkenntniswert».[51]

Alles in allem stellten solche wissenschaftsskeptischen Betrachtungen jedoch einen eher unpassenden Flicken in seinem Gedankenteppich dar, denn auch auf dem Feld der Ökonomie präsentierte sich Haffner als Verfechter einer von langer Hand ausgetüftelten und weitreichenden Reformpolitik und lag damit wiederum ganz im Trend der Zeit. Schon die Große Koalition hatte tiefer in die Entwicklung des Landes eingegriffen als es die Vorgängerkabinette getan hatten, und nach dem Regierungswechsel von 1969 erhielt diese Tendenz noch einmal einen kräftigen Schub. Mittels der sogenannten «Globalsteuerung» glaubte der zuständige Minister Karl Schiller, die unergründlichen Wirtschaftsgesetze von Auf- und Abschwung aushebeln zu können. Eine dauerhafte Konjunktur und ein stetig steigender Massenwohlstand schienen möglich.[52]

Haffner hat sich, von parteitaktisch begründeten Manövern abgesehen, dem herrschenden Machbarkeitsoptimismus bedingungslos verschrieben, und manche seiner Vorschläge gingen weit über das hinaus, was im Rahmen einer keynesianischen Interventionspolitik üblich ist. «Ohne Plan geht es nicht», meinte er im Oktober 1970, und ein Jahr später, kurz nach dem Zusammenbruch des Weltwährungssystems, regte er sogar den Übergang zu einer «Gemeinwirtschaft» an, da eine schwere Krise auf die exportorientierten Unternehmen der Bundesrepublik zukomme. Wie einst unter der Ägide des nationalsozialistischen Wirtschaftsministers und Reichsbankpräsidenten

Hjalmar Schacht solle nun die Regierung Arbeitsplätze in ausreichender Zahl bereitstellen. Genug zu tun gebe es für den Staat ja ohnehin.[53]

Zum Nutzen der Bundesregierung konnten die Dinge zuweilen jedoch auch anders liegen. Es handle sich um eine systemimmanente Krise der Marktwirtschaft, Wachstum und Konsum seien nach fünfundzwanzigjährigem Anstieg eben an eine Grenze gelangt, erklärte Haffner den Lesern des *Stern* Ende November 1971, und ausdrücklich nahm er die Politik von der Verantwortung für den sich andeutenden Abschwung aus.[54] Im Herbst 1972, als er sich intensiv für eine Wiederwahl der sozial-liberalen Koalition einsetzte, war dann von einer zyklisch bedingten Rezession keine Rede mehr. Die seit 1949 beinahe ununterbrochen andauernde Konjunktur sei eine «Leistung», versicherte Haffner den Lesern des *Stern*, und weil sie «eine Leistung ist und kein Himmelsgeschenk, glaube ich, daß [sie] sich auch weiter aufrechterhalten läßt – wenn man will».[55]

Ansonsten profilierte er sich gerne als Anwalt der unteren Bevölkerungsschichten und entsprach damit ganz dem Wunsch Henri Nannens, der *Stern* solle das «Reichsgericht des kleinen Mannes» sein.[56] Haffner trat als Gegenspieler der «deutschen Großkapitalisten» und der übermächtigen «Unternehmerpresse» auf und tat sich als Vorkämpfer für «das gute alte Gemeinwohl» hervor, das nach zwanzig Jahren «totaler Marktwirtschaft» völlig heruntergekommen sei. Im September 1970 thematisierte er die steigenden Mieten. Ein freier Wohnungsmarkt, fand er, sei ein «Verbrechen» und wenn nicht bald etwas geschehe, würden «die Vorstädte von Elendsquartieren, die etwa den südamerikanischen Städten heute wie ein Aussatz ankleben», bald auch zur westdeutschen Realität gehören, weshalb er die Rückkehr zu einer staatlichen Wohnungsbewirtschaftung anmahnte und die Sozialisierung von Baugelände erwog.[57]

Solche Ansichten im besonderen, wie die ganze emanzipatorische und planerische Grundrichtung seiner Überlegungen im allgemeinen, erleichterten es Haffner, ein positives Bild von der DDR zu entwerfen und den ostdeutschen Staat sogar gelegentlich als beispielhaft darzustellen, wie es unter linken Intellektuellen und Journalisten der Bundesrepublik seit jeher üblich war. «Auf fast allen Gebieten hat man drüben bereits geschafft, was man sich hier erst gerade vorzunehmen begonnen hat», äußerte er im November 1969, kurz nach dem Regierungsantritt der sozial-liberalen Koalition. «[W]irkliche Frauenemanzipation und -gleichberechtigung», ein «modernes Bildungswesen für alle; eine ohne Subventionen funktionierende, blühende Landwirtschaft; eine demokratische Justiz; erfolgreiche

Verbrechensbekämpfung, tatsächliche Resozialisierung der Vorbestraften; vorbildliche betriebliche Mitbestimmung: Punkt für Punkt eins zu null für die DDR». Daß die Bildungschancen von der politischen Willfährigkeit des einzelnen abhingen, daß sich Subventionen in einer Planwirtschaft mit staatlich festgelegten Preisen weitgehend erübrigen oder daß die Rechtsprechung politischen Vorgaben zu folgen hatte, davon war in seinem *Konkret*-Artikel freilich keine Rede.[58]

Aber auch in anderer Hinsicht stimmte Haffner mit den sozialistischen Machthabern überein. Voll Anerkennung äußerte er sich etwa im August 1973 über die Berliner Mauer, die entscheidend zur Beruhigung und Stabilisierung der Lage vor Ort beigetragen habe, und auch die gelegentlichen Todesfälle an der innerdeutschen Grenze vermochten sein Urteil kaum zu trüben. «Man ist», gab er vielmehr den *Stern*-Leser zu Bedenken, «auf unserer Seite mit dem Ruf ‹Mord› ein bißchen schnell bei der Hand.» Noch schlimmer war es allerdings, die DDR in die Nähe des «Dritten Reiches» zu rücken, wie es der CSU-Politiker Karl Theodor Freiherr von und zu Guttenberg in einer Fernsehdiskussion mit Haffner gewagt hatte. In dieser Beziehung legte der Kolumnist Wert auf differenziertes Argumentieren. Schließlich habe auch die Bundesrepublik einiges mit dem nationalsozialistischen Deutschland gemein – Haffner verwies auf «den bis vor kurzem noch ganz schön militanten Antikommunismus» –, doch sei dies, räumte er im September 1970 treuherzig ein, ja noch lange kein Grund, «sie mit dem Dritten Reich gleichzusetzen».[59]

Er selbst nahm sich freilich alle möglichen interpretatorischen Freiheiten heraus und behauptete im übrigen wieder einmal alles und jedes. «Sicher gibt es gewisse Unterschiede zwischen kapitalistisch und sozialistisch organisierten Industriestaaten», führte er im *Stern* vom 18. Juni 1972 aus, «aber im Leben großer Massen, also der Arbeiter und Angestellten, auch der Manager, muß man diese Unterschiede mit der Lupe suchen.» Reisefreiheit? Ein höherer Lebensstandard? Eine größere Warenvielfalt? Alles Petitessen fand der gutsituierte britische Staatsbürger. Einen echten Vorteil sah er «nur bei der kleinen Klasse der Intellektuellen, die im kapitalistischen System Narrenfreiheit haben und im sozialistischen nicht». «Dort ist der Staat viel stärker als hier, und die einzelnen, einschließlich der einzelnen Arbeiter, sind viel, viel ärmer als hier», schilderte er dann im Oktober 1972 die Lebensverhältnisse in Ostdeutschland, allerdings nur, um drei Wochen später zu erklären, «daß dort der Sozialismus dieselben Hochleistungen zustande bring[e] wie der Kapitalismus».[60] Einmal hatte der ostdeutsche Etatismus sogar «etwas Hochrespektables, Ehrenhaftes und Strenges, sozusagen Altpreußisches» an sich. Dies meinte Haffner – offensichtlich ein Adept Oswald Spenglers, des Verfassers von *Preußentum und Sozialismus* – im Oktober 1972, und wenig später verstieg er sich zu der Auffassung, daß die «sozialistischen Länder» heutzutage «das konservative Element in der Welt» verkörperten; «vom Puritanismus bis zum Parademarsch findet der konservative Bürger dort alles, woran sein Herz hängt». Von dieser Einschätzung war es dann nur noch ein intellektueller Katzensprung zu jener Sichtweise, die sich Haffner und seine spätere Frau, die Journalistin Christa Rotzoll, 1973 zu eigen machten, als sie den verdutzten Zuschauern des *NDR* «Die heile Welt der DDR» präsentierten.[61]

Verteidiger der Neuen Ostpolitik

Wie schon in den sechziger Jahren fungierten solche Verklärungen ganz wesentlich als Flankenschutz für alle Bemühungen, einen Ausgleich der Bundesrepublik mit den Staaten des Ostblocks herbeizuführen, nur daß anders als in der abgelaufenen Dekade ein solcher Kurswechsel nicht mehr nur auf dem Wunschzettel von Journalisten wie Haffner stand, sondern auch auf der Agenda der neugewählten Regierung.[62]

Wenn die Bundesrepublik zwischen 1970 und 1973 in einer Serie von Grundlagenverträgen die bestehenden Verhältnisse jenseits des Eisernen Vorhangs anerkannte – darunter auch, um die umstrittensten Entscheidungen zu nennen, die polnische Westgrenze und die Regierung der DDR –, dann war mit diesem Schritt ein Paradigmenwechsel verbunden. Nicht mehr ein moralischer Rigorismus, aus dem heraus man die von der Sowjetunion oktroyierte europäische Ordnung mit allen diplomatischen Mitteln abgelehnt hatte, sondern eine pragmatische Sichtweise bestimmte nun den westdeutschen Kurs. Erst einmal, so lautete das neue, von Bonn verfolgte Kalkül, wollte man sich auf die vorgefundenen Umstände einlassen, um sie später im eigenen Sinn zu verändern.

Mit großem Schwung gingen Brandt und sein Außenminister, der FDP-Vorsitzende Walter Scheel, an die schwierige Aufgabe heran. Schon wenige Wochen nach Amtsantritt unterzeichnete der Bundeskanzler den Atomwaffensperrvertrag, um auf diese Weise die prinzipielle Verständigungsbereitschaft seiner Regierung zu signalisieren. Kurz darauf begannen in Moskau die Verhandlungen mit den Sowjets über ein Gewaltverzichtsabkommen, die auf westdeutscher Seite von Januar 1970 an Egon Bahr, der Staatssekretär und persönliche Vertraute Brandts, führte, so daß Repräsentanten beider Staaten bereits am 12. August desselben Jahres einen umfassenden Katalog mit Erklärungen unterschreiben konnten, den sogenannten Grundlagenvertrag. Neben dem erwähnten Gewaltverzicht, zu dem sich beide Länder verpflichteten, akzeptierte die Bundesrepublik darin den Status quo in Europa sowie die sowjetische Vorherrschaft über den östlichen Teil des Kontinents. Außerdem versprach sie, die DDR, wenn auch nicht als eigenständige Nation im Sinne des Völkerrechts, so doch als gleichberechtigten Staat anzuerkennen. Daß man trotzdem am Ziel der Wiedervereinigung festhielt, dokumentierte Bonn in einem dem Vertragswerk beigefügten Brief. Ergänzend verhandelte die Bundesregierung mit den Machthabern in Warschau, Ost-Berlin und Prag, um entlang den in Moskau vereinbarten Regelungen entsprechende Abkommen mit den sowjetischen Satellitenstaaten zu schließen. Schon im Dezember 1970 wurde ein Grundlagenvertrag mit der Volksrepublik Polen unterzeichnet, zwei Jahre später einer mit der DDR und ein weiteres Jahr darauf, im Dezember 1973, rundete eine ähnliche Übereinkunft mit der Tschechoslowakei die diplomatische Großinitiative ab.

Dafür, daß die Bundesrepublik von jener konfrontativen Strategie abrückte, die über zwanzig Jahre nicht die erhoffte Wirkung gezeitigt hatte, und Ansprüche aufgab, die in der langen Zeit ihrer Nichterfüllung zunehmend theoretischer geworden waren, gewann sie – neben einigen Verbesserungen humanitärer Art – vor allem eine größere außenpolitische Bewegungsfreiheit. Bonn mußte fortan nicht mehr einen beträchtlichen Teil der diplomatischen Anstrengungen darauf verwenden, die internationale Isolierung der DDR aufrechtzuerhalten, und im September 1973 wurden die beiden deutschen Staaten in die Vereinten Nationen aufgenommen. Der wichtigste und greifbarste Erfolg für die westdeutsche Regierung bestand indes in dem Viermächte-Abkommen über Berlin, das man zur Bedingung für eine Ratifizierung des Moskauer Vertrages gemacht hatte. Unter dieser Maßgabe einigten sich die Siegermächte im September 1971 darauf, die ungeklärten Verhältnisse in der alten Reichshauptstadt zu regeln. Der Kreml garantierte die Zufahrt nach West-Berlin und erkannte auch die besonderen Beziehungen zwischen der Bundesrepublik und dem freien Teil der Stadt an, wobei allerdings bewußt unklar blieb, wie eng die Verbindungen zu der westlichen Exklave gestaltet werden durften.

Trotz solcher Errungenschaften spaltete Brandts Politik, insbesondere die *de facto* Anerkennung der Oder-Neiße-Linie und die Zugeständnisse an die DDR die westdeutsche Gesellschaft. Wieder und wieder warf die Opposition im Bonner Bundestag den politischen Akteuren vor, überstürzt zu verhandeln und Rechtspositionen vorschnell aufzugeben, eine noch vergleichsweise moderate Kritik, zumindest in Anbetracht der pauschalen Ablehnung, die der neue Kurs seitens der Vertriebenenverbände oder des CSU-Vorsitzenden Franz Josef Strauß erfuhr. Aber auch im verbündeten Ausland wurde das selbstständige oder – wie manche Beobachter gar meinten – eigenmächtige Vorgehen der Bundesregierung von Befürchtungen begleitet, zumal in Paris und London, wo deutsch-sowjetische Verständigungen seit den zwanziger Jahren Mißtrauensreflexe auslösten.[63]

Wie nicht anders zu erwarten, hat Haffner die diversen Bedenkenträger entschieden bekämpft und die einen zu widerlegen, die anderen zu beruhigen versucht. Rhetorisch wie argumentativ zog er alle Register. So hielt er sich kaum damit auf, die von der Opposition vorgebrachten Einwände zu entkräften oder in das Reich der Spitzfindigkeiten zu verweisen. Statt dessen warb er im *Stern* dafür, daß Brandt die Sondierungen mit dem Ostblock entschiedener und zügiger angehe solle, oder kritisierte die Bemühungen Bonns als zu halbherzig. Reichlich vermessen fand er es zum Beispiel, für die längst überfällige Bestätigung des Status quo auch noch Gegenleistungen zu erwarten, eine Sichtweise, der sich auch das *Neue Deutschland* gerne anschloß.[64]

Ähnlich suggestiv argumentierte Haffner, was die Partner der Westdeutschen betraf, etwa, indem er der Neuen Ostpolitik die erstaunlichsten Nebenwirkungen zuschrieb. Nachdem die unionsgeführten Bundesregierungen eine politische Integration Europas blockiert hätten, werde der Einigungsprozeß dank der gegenwärtigen Entspannungsbemühungen wieder in Gang kommen, prophezeite Haffner den Lesern des *Stern* im Juni 1970. Denn nun bräuchten «die westlichen Nachbarn der Bundesrepublik» nicht länger Angst zu haben, «durch eine engere politische Verbindung mit ihr in die ungelösten deutschen Konflikte hineingezogen und vor den Karren westdeutscher Revisionswünsche gespannt zu werden». Die Sorgen und Befürchtungen der Verbündeten kamen dagegen in seinen *Stern*-Beiträgen nicht vor. Bonn füge sich endlich in den allgemeinen Entspannungsprozeß ein, erläuterte Haffner seinen deutschen Lesern die internationale Großwetterlage, und das war gewiß richtig, aber eben doch nur eine Seite der Wahrheit.[65] In seine Berichte für den britischen *New Statesman* streute er hingegen sehr wohl Bemerkungen ein, die erkennbar darauf angelegt waren, Vorbehalte und Bedenken zu beseitigen oder, besser noch, gar nicht erst aufkommen zu lassen. «Brandt ist nicht weniger dem Westen verbunden, als es Adenauer war», versicherte Haffner in der Ausgabe vom 6. März 1970. «Auch er möchte, daß die Bundesrepublik fest im Westen verankert bleibt.» Völlig unproblematisch war aber auch diese Einschätzung nicht. Für den Bundeskanzler traf sie zwar weitgehend zu, für Egon Bahr, seinen neutralistisch gesinnten Chefunterhändler, allerdings schon nicht mehr.[66]

Ansonsten verliefen Haffners Argumentationen in den bekannten Bahnen. Wenn er, was er regelmäßig tat, die Gefahren und Risiken der vor 1970 beschrittenen Außenpolitik beschwor, mußten sich die friedenssichernden Leistungen der sozial-liberalen Koalition um so eindrucksvoller ausnehmen. Darüber hinaus verpflichtete ihn sein Berliner Hintergrund zu besonderer Dankbarkeit. Schließlich gehörten die Bewohner der geteilten Metropole zu den Hauptprofiteuren der Ostverträge auf westlicher Seite, und mehrfach hat der *Stern*-Kolumnist darauf hingewiesen, wie viel sicherer die Lage des ummauerten Vorpostens dank der Bonner Entspannungspolitik geworden sei.[67]

Doch auch eine wachsende Zahl von Bundesbürgern befürwortete Brandts Außenpolitik. Nicht *wie*, sondern *daß* die Bundesregierung ihre Beziehungen zum Ostblock regelte und normalisierte, war für viele Westdeutsche entscheidend. Das Nachlassen der internationalen Spannungen, die verminderte Kriegsgefahr, die verbesserten Besuchsmöglichkeiten in der DDR, all diese Neuerungen wurden mit dankbarer Erleichterung registriert. Hinzu kam die auratische Persönlichkeit des Kanzlers, die den schnöden diplomatischen Paragraphen einen ideellen Mehrwert verlieh. Schon allein die Tatsache, daß mit Willy Brandt ein ehemaliger Emigrant die Staatsgeschäfte ausgerechnet jenes Landes leitete, das sich in der Nachfolge des Deutschen Reiches sah, löste in der hochmoralischen Achtundsechzigergeneration Begeisterung aus. Brandt seinerseits trug diesem Zug der Zeit besondere Rechnung, indem er die ethische Dimension seiner Außenpolitik betonte. Es gehe ihm darum, Frieden und Versöhnung zu stiften, hat er wieder und wieder hervorgehoben und mit seinem berühmten Kniefall vor dem Denkmal für die ermordeten Juden des Warschauer Ghettos diesen Anspruch eindrucksvoll versinnbildlicht. Das Großzügige und Noble, das, für jedermann nachvollziehbar, darin liegt, Schuld anzuerkennen und lange gehegte Ambitionen aufzugeben, trugen ihm auch über den Kreis seiner eigentlichen Anhänger hinaus Sympathien und Achtung

Abb. 39 Zwei alte Kampfgefährten tauschen sich aus. Als dieses Foto mit Egon Bahr entstand, mutmaßlich in den achtziger Jahren, lagen die erbittert geführten Auseinandersetzungen über die Neue Ostpolitik schon lange zurück. Aber es waren denkwürdige Zeiten gewesen. Schließlich hatten damals beide, jeder auf seiner Position, ihr Möglichstes getan, um Brandts Versöhnungspolitik zum Durchbruch zu verhelfen.

ein. Das Land durfte sich gewissermaßen kollektiv geläutert fühlen, zumal Brandts Versöhnungswerk auch international Anerkennung fand, wie nicht zuletzt die Auszeichnung mit dem Friedensnobelpreis von 1971 belegte.[68] Der *Stern*, der schon seit Jahren für eine Versöhnung mit dem Ostblock geworben hatte, unterstützte den Kurs des Bundeskanzlers nach Kräften. Wie es sich für eine Illustrierte gehört, war die Berichterstattung über die Neue Ostpolitik mitteilsam und emotional. Vom ersten und im übrigen völlig ergebnislos verlaufenen Besuch eines westdeutschen Regierungschefs in der DDR, der im März 1970 unter beträchtlichem Medieninteresse stattfand, erfuhren die Leser des *Stern* beinahe jedes Detail, einschließlich der genauen Speisenfolge des Mittagessens, und als am Nachmittag im Konzentrationslager Buchenwald das Deutschlandlied gespielt wurde, wußte es in der ausführlichen Reportage «nur Willy Brandt [...], ob es der Wind war, der ihm die Tränen in die Augen trieb».[69]

Für solche Sentimentalitäten hatte Haffner zwar nur wenig Sinn – bei aller Exaltiertheit, zu der er sich in seinen Einschätzungen hinreißen ließ, benutzte er doch vorzugsweise die nüchternen Geleise der Realpolitik –, und dementsprechend war der eingeschlagene Verständigungskurs aus seiner Sicht auch weniger eine moralische Pflicht als ein Gebot der Vernunft. Gleichwohl lag auch für ihn die Bringschuld eindeutig auf Seite der Westdeutschen. Verantwortlich für das gespannte Verhältnis zwischen der Bundesrepublik und den Staaten des Ostblocks war nicht der Imperialismus des Kremls, der halb Europa und ein Viertel der deutschen Bevölkerung unterjocht hatte, sondern der westdeutsche Revisionismus. Ebenso argumentierte er hinsichtlich der deutschen Teilung. Sie sei nicht der Sowjetunion anzulasten und auch nicht der gegenwärtigen Bundesregierung, meinte Haffner, vielmehr gehe sie auf Entscheidungen der fünfziger Jahre zurück, als Bonn alle Einigungsofferten aus Moskau zurückgewiesen habe.[70]

Parallel zu den Beschönigungen der inneren Verhältnisse in der DDR war in Haffners Kolumnen viel von der Konzessionsbereitschaft und Gutwilligkeit des Kremls sowie der anderen kommunistischen Machthaber die Rede. Sicher, die Neue Ostpolitik wurde vielerorts von zuversichtlichen Erwartungen begleitet, aber bei Haffner hatten sie, charakteristischerweise, das Stadium der Hoffnung bereits vollständig hinter sich gelassen und waren zu Gewißheiten geworden. «Zum erstenmal hat die Bundesrepublik aus Moskau keinen Gegenwind mehr», jubelte der *Stern*-Kolumnist schon im Juli 1970, und angesichts eines solchen Enthusiasmus mußten die parlamentarischen Scharmützel um einen ausdrücklichen Hinweis auf das Selbstbestimmungsrecht der Völker und andere von der Opposition beanstandete Facetten der Vereinbarungen wie kleinkarierte Wortklaubereien erscheinen.[71] Dennoch lag damals noch eine lange Wegstrecke mühsamer Verhandlungen vor den bundesdeutschen Diplomaten und ihren Verbündeten; und selbst nach der Ratifizierung der Grundlagenverträge blieb die Bundesregierung auf amerikanische Unterstützung angewiesen, etwa als es 1974 galt, die DDR dazu zu veranlassen, jene Behinderungen des Transitverkehrs einzustellen, zu denen sich das ostdeutsche Regime zeitweilig entschlossen hatte.[72]

«Die DDR ist jetzt ein Partner», war sich Haffner hingegen schon am 24. Dezember 1972, also nur drei Tage nach der Unterzeichnung des Grundlagenvertrages zwischen den beiden deutschen Staaten, sicher gewesen, und in der Folgezeit hat er immer wieder einen rücksichtsvollen Umgang mit den sozialistischen Diktatoren angemahnt.[73] Nicht einmal die Enttarnung des ostdeutschen Spions Günter Guillaume, der seit 1970 im Palais Schaumburg angestellt gewesen war, veranlaßte Haffner, dessen Berliner Auftraggebern die Leviten zu lesen, und das, obwohl der Skandal doch den Rücktritt des von ihm so hochgeschätzten Bundeskanzlers auslöste. Haffner indes schob im Mai 1974 die Verantwortung für Guillaumes unerfreuliche Aktivitäten in erster Linie dem Bundesverfassungsschutz zu, weil der Abwehrdienst – und das stimmte auch – den Bundeskanzler seit längerem als «Spionenköder» benutzt habe. Außerdem spielte er den Vorteil herunter, den die DDR aus ihren geheimen Erkundungen gezogen habe, wobei die Frage offen bleiben muß, ob die dabei zu Tage tretende Naivität echt oder vorgeblich war. «Politische Spionage», behauptete er jedenfalls, «ist, im Gegensatz zur militärischen, fast immer Hochstapelei». Schließlich sei die offizielle Politik in Friedenszeiten sowieso für jedermann über die Medien einsehbar, und zu einer echten Einflußnahme auf westdeutsche Entscheidungen dürfte Guillaumes Macht ja kaum gereicht haben.[74]

Dabei wäre es doch jetzt, nachdem die Ostverträge unter Dach und Fach gebracht waren, möglich gewesen, zu einer realistischeren Betrachtungsweise zurückzukehren. Nun aber verselbständigten sich die kosmetischen Beschreibungen der osteuropäischen Verhältnisse. Je länger der einigermaßen auskömmliche Verkehr mit den kommunistischen Herrschern andauerte, desto mehr geriet in Vergessenheit, wie tief die moralischen Abgründe waren, die sich hinter den Mienen der neuen politischen Geschäftspartner verbargen. Als der russische Atomphysiker und Bürgerrechtler Andrej Sacharow im Herbst 1973 als Kandidat für den Friedensnobelpreis gehandelt wurde, hat Haffner, um ein besonders extremes Beispiel der Schönrednerei anzuführen, diesen Vorschlag als «böswilligen Unfug» abgetan und statt dessen angeregt, Leonid Breschnew die renommierte Auszeichnung zuteil werden zu lassen, und zwar gemeinsam mit dem amerikanischen Präsidenten Richard Nixon und dessen Außenminister. Schließlich habe der sowjetische Staatschef mit den Berlin-Vereinbarungen vom September 1971 und dem Abkommen zur Verhinderung eines Atomkrieges vom Juni 1973 einen wichtigen Beitrag zum Weltfrieden geleistet. Daß es sich bei dem Empfohlenen um einen Diktator handelte, noch dazu um einen besonders repressiven, war aus Haffners Sicht zweitrangig. Der Friede, meinte er, sei wichtiger als die Freiheit, zumal im Atomzeitalter. Zumindest den Mitarbeitern des KGB scheint diese Argumentation vorzüglich eingeleuchtet zu haben, denn als Sacharow zwei Jahre später dann doch der Friedensnobelpreis zugesprochen wurde, erwog man in Moskau, den *Stern*-Kolumnisten um einen vergleichbaren Kommentar anzugehen.[75]

Abb. 40 Sebastian Haffner war nicht der einzige westliche Journalist, der es an kritischer Distanz zu den Moskauer Allmächtigen fehlen ließ. Ein seinerzeit aufsehenerregendes Foto zeigt Henri Nannen, lässig am Schreibtisch Breschnews lehnend. Das war, 1973, für beide Seiten ein guter Handel. Der Diktator wurde dem westlichen Publikum als nahbarer und menschlicher Staatsmann präsentiert, während der Illustriertenchef der Öffentlichkeit einmal mehr vorführen konnte, daß er selbst zu höchsten Stellen beste Beziehungen unterhielt. Mit dabei im Kreml waren auch (von links nach rechts) ein Dolmetscher sowie die Stern*-Redakteure Manfred Bissinger und Peter Koch.*

Wirklich verwunderlich war und ist die intransigente Haltung, auf die sich insbesondere der SED-Staat versteifte, jedoch nicht. Haffner selbst hatte ja im Dezember 1972 erkannt, daß «die Öffnung nach Westen [...] für die DDR sogar noch ein größeres Abenteuer [darstelle] als für die Bundesrepublik die Öffnung nach Osten». Entsprechend benahm sich das sozialistische Regime. Die unabsehbaren Risiken, die eine Annäherung an den anderen deutschen Staat mit sich bringen mußte, wollte es so wenig wie möglich eingehen, und den Wandel – um auch die zweite Komponente von Egon Bahrs berühmter Formel «Wandel durch Annäherung» aus dem Jahr 1963 aufzugreifen – nun, den wollte es schon gar nicht.[76]

Haffner hingegen zeigte sich davon überzeugt, daß auch die DDR auf den gewünschten Verständigungskurs einschwenken werde, sofern man ihr beziehungsweise der Sowjetunion nur weit genug entgegenkomme. Von daher war es nur konsequent, wenn er allmählich dafür eintrat, das Ziel der nationalen Einheit aufzugeben. Dieser Meinungswechsel, der sich, für ihn eher ungewöhnlich, schleichend vollzog, stellte einen gravierenden Einschnitt in seiner Gedankenbildung dar, rückte er doch von einer Position ab, die er seit Mitte der fünfziger Jahre, also über einen für seine Verhältnisse sehr langen Zeitraum, vertreten hatte. Auf seine sonstigen Wandlungen anspielend, hat er sich 1965 sogar einmal als einen «unverbesserliche[n] Wiedervereiniger» bezeichnet. Damit war es jetzt vorbei. «Statt ‹Wiedervereinigung› heißt das Ziel heute ‹Normalisierung›», erklärte Haffner Ende Oktober 1972 im *Stern*, und natürlich hatte er für diese Erkenntnis auch eine einleuchtende Begründung parat. «Niemand kann sich mehr so recht vorstellen, wie ein wiedervereinigtes Deutschland eigentlich aussehen und wie es mit sich selbst zurechtkommen könnte; und was man sich nicht mehr vorstellen kann, das kann man auch gar nicht mehr ernstlich wollen».[77]

Sein neuer Standpunkt hatte sich da schon seit längerem angekündigt. Vor allem während der Gedenktage rund um die hundertjährige Wiederkehr der Reichsgründung war Haffner immer wieder auf das Unheilvolle und prinzipiell Verfehlte der Entwicklung, die Deutschland seit 1870/71 genommen hatte, zurückgekommen, und dabei stand, mal mehr, mal weniger offensichtlich, immer auch die Schlußfolgerung im Raum, daß in Anbetracht der im 19. und 20. Jahrhundert gesammelten Erfahrungen die Restauration eines deutschen Nationalstaates nicht wünschenswert sei. Gewissermaßen schloß sich nun ein Kreis, war doch Haffner wieder zu jener These zurückgekehrt, die er schon 1940, in *Germany: Jekyll and Hyde*, verfochten hatte. Dementsprechend betonte er auch jetzt wieder die Kontinuitäten der deutschen Geschichte zwischen 1871 und 1945 und erweckte dadurch den Eindruck, das schreckliche Ende des Reiches sei vorprogrammiert gewesen. «Es tut einem Volk nicht gut, seine Einigung der Demütigung eines Nachbarvolkes zu verdanken», erklärte Haffner etwa im *Stern* vom 17. Januar 1971. «Und es tut einem Staatswesen nicht gut, wenn sein Gründungsmythos ein siegreicher Krieg ist. Ein solcher Staat hat es schwer, sich je ein anderes Ziel zu setzen als immer mehr Krieg und Sieg; und genau daran ist das Deutsche Reich ja auch nach seiner kurzen, stürmischen und tragischen Geschichte zugrunde gegangen».[78]

Immerhin, mit Bundespräsident Gustav Heinemann wußte sich der *Stern*-Kolumnist diesbezüglich weitgehend einig. «Hundert Jahre Deutsches Reich – dies heißt eben nicht einmal Versailles, sondern zweimal Versailles, 1871 und 1919, und das heißt auch Auschwitz, Stalingrad und bedingungslose Kapitulation», bemerkte das Staatsoberhaupt am 17. Januar 1971, dem Vorabend des Reichsgründungstages, in einer Fernsehansprache, die heftigste Proteste von konservativer Seite hervorrief. «Glaubt der Bundespräsident wirklich, daß unter Bismarck der Erste Weltkrieg ausgebrochen wäre?», empörte sich etwa der Bundesverfassungsrichter Fabian von Schlabrendorff, der seinerzeit zu den Verschwörern gegen Hitler gehört hatte, in der *Welt*.[79]

Es war nicht das erste Mal, daß Heinemann für einen geschichtspolitischen Eklat gesorgt hatte. Bestrebt, das demokratische Bewußtsein der Bundesbürger zu stärken, hatte er schon im Februar 1970, ein halbes Jahr nach Amtsantritt, mit der Forderung von sich reden gemacht, in Zukunft nicht mehr nur siegreicher Kriege zu gedenken, sondern auch freiheitliche Bestrebungen, wie die Bauernaufstände der Reformationszeit oder die Revolution von 1848, in den Mittelpunkt der öffentlichen Erinnerung zu rücken. Diese geschichtspolitischen Anstöße waren, da sie die Frage der nationalen Identität berührten, letztlich auch mit der Kontroverse über die sozial-liberale Ostpolitik verknüpft. Ein regelrechtes Knäuel von Streitfragen entstand. Sollte die nationale Einheit partout das oberste Ziel der westdeutschen Außenpolitik bleiben, oder durfte der Versöhnung mit dem Ostblock Priorität eingeräumt werden? Sollte die Bundesrepublik weiterhin den Tag der Einheit begehen und alljährlich den Wiedervereinigungsanspruch erneuern, oder war es an der Zeit, andere Formen der Selbstvergewisserung zu finden? Sollten der Staat und die Erfolge von Herrschern, Kanzlern und Feldherren einen herausgehobenen Platz im kollektiven Gedächtnis einnehmen oder die zumeist gescheiterten Vorkämpfer für Freiheit und Demokratie? Kurzum: Sollte die Identität der Bundesbürger auf bestimmten politischen, mithin moralischen Vorstellungen beruhen, oder war der Bezug zur Nation unverzichtbar?[80]

Die Fronten in diesen vielfältigen und doch ineinander verflochtenen Auseinandersetzungen waren meistens die gleichen, und so befürwortete Haffner, der unermüdliche Vorkämpfer für die Neue Ostpolitik, nicht nur die geschichtspolitischen Reformvorschläge des Bundespräsidenten,[81] sondern stand einige Jahre später auch in einer verwandten Angelegenheit ganz auf der Seite der sozial-liberalen Koalition. Dabei handelte es sich um die Idee, den 23. Mai – 1949 war an diesem Tag das Grundgesetz verkündet worden – zum Staatsfeiertag zu erheben, an Stelle des 17. Juni. Unverkennbar zielte auch der «Verfassungspatriotismus», wie das griffige, 1979 von dem Politikwissenschaftler Dolf Sternberger kreierte Schlagwort lautete, darauf ab, eine an Werte gebundene Identität zu etablieren, selbst wenn sich die Begründungen und Zielsetzungen der einzelnen Befürworter mitunter beträchtlich voneinander unterschieden. Vor allem 1974, im fünfundzwanzigsten Jubiläumsjahr der westdeutschen Verfassung, intensivierte die Bundesregierung, unterstützt von vielen prominenten Publizisten wie Kurt Sontheimer oder eben Sebastian Haffner, ihre diesbezüglichen Bemühungen, scheiterte mit dem Sinnstiftungsvorhaben aber am Widerstand des unionsgeführten Bundesrates.[82]

Wenn man dennoch nicht einfach feststellen kann, daß Haffner seinen Schwenk mit letzter Konsequenz vollzogen habe, dann lag das an seinen grundsätzlichen Überzeugungen, die, was die Gesetze der internationalen Politik anging, von dem deutschlandpolitischen Meinungswechsel erstaunlicherweise völlig unberührt blieben. Ganz im Gegensatz zu vielen Gesinnungsgenossen betrachtete Haffner den Nationalstaat an sich keineswegs als Auslaufmodell, und er teilte auch nicht die voreilige Begeisterung darüber, daß Deutschland mit dem Abschied von dieser Organisationsform eine Vorreiterrolle eingenommen habe. In dieser Hinsicht erwies er sich als Realist. Wohl erklärte er im Oktober 1972, daß in «einer Welt, die reißend eins wird, und in der sich die Menschheit vor nie gekannte Probleme gestellt sieht, deren keines im nationalen Rahmen lösbar ist», der «Nationalismus auch für die älteren Nationen ein Anachronismus und eine Fessel» sei. Aber das war unverkennbar ein Gelegenheitsargument. Schon eine Woche später, nun im Zusammenhang mit der EWG, behauptete Haffner das genaue Gegenteil. Daß aus den Mitgliedsländern jemals ein Bundesstaat entstehen könne, hielt er für ausgeschlossen. Dazu seien die nationalen Regierungen nun einmal zu sehr auf ihre Selbständigkeit und ihren Machterhalt bedacht, und auch in vielen anderen Beiträgen hat er sich zu der vergleichsweise altmodischen Sichtweise bekannt.[83]

Auf Stimmenfang für Willy Brandt

Sein unermüdliches und vielseitiges Engagement für die Ostpolitik der sozial-liberalen Koalition fand eine Fortsetzung in Haffners parteipolitischen Einlassungen, die ganz und gar darauf ausgerichtet waren, die Bundesregierung an der Macht zu halten und die Ratifizierung der Ostverträge sicherzustellen – dies um so mehr, als beides akut gefährdet war. Denn von Anfang an verfügten SPD und FDP im Bundestag lediglich über einen Vorsprung von zwölf Stimmen, der sich während der kontrovers geführten Debatten über die verschiedenen Grundlagenverträge weiter verringerte. 1972 überschlugen sich dann die Ereignisse. Ende April glaubte Rainer Barzel, der christdemokratische Oppositionsführer, genügend liberale und sozialdemokratische Abgeordnete auf seine Seite gebracht zu haben, doch der Versuch, mittels eines konstruktiven Mißtrauensvotums an die Macht zu kommen, scheiterte. Zwar konnte das westdeutsche Parlament im Mai die Ratifizierung der Verträge mit Moskau und Warschau beschließen, weil sich die meisten Mitglieder der CDU/CSU-Fraktion, um eine internationale Isolierung der Bundesrepublik zu verhindern, ihrer Stimme enthielten. Angesichts der unklaren Mehrheitsverhältnisse, die sich im Laufe der nächsten Wochen und Monate weiter zuungunsten der Regierung entwickelten, waren Neuwahlen jedoch unvermeidlich. Nach einigem Hin und Her wurden sie schließlich für den 19. November festgesetzt.[84]

Haffner hat das Dahinschmelzen der Regierungsmehrheit mit Sorge und Ärger beobachtet und die Opposition sowohl wegen ihrer Ansichten als auch für ihre parlamentarische Zermürbungsstrategie mit wütenden Angriffen überzogen. Dabei bediente er sich aller Argumente, derer er habhaft werden konnte. Mal stand die CDU im Bunde mit der SED – schließlich würden sich beide Parteien vehement gegen eine Verbesserung der innerdeutschen Beziehungen sperren –, dann wieder herrschten bei den Christdemokraten rechtsextreme Tendenzen vor. Im Zentrum seiner Kritik stand jedoch die Strategie der Unionsfraktion. Was der CDU nach Haffners Dafürhalten not tat, war eine grundlegende Neubesinnung und, daraus resultierend, ein weitgehendes Einschwenken auf den Regierungskurs – vor allem natürlich was die Außenpolitik betraf.[85] Um so verhängnisvoller mußte sich für ihn Barzels Versuch ausnehmen, die parlamentarische Mehrheit mit Hilfe von Überläufern umzukehren, eine Absicht, die Haffner nicht nur der politischen Folgen wegen abgelehnt, sondern auch als schwere Verletzung der demokratischen Spielregeln gebrandmarkt hat.

Nicht die Fraktionswechsel an sich waren jedoch problematisch – sie bewegten sich durchaus im Rahmen dessen, was in einer repräsentativen Demokratie, wie es sie in der Bundesrepublik nun einmal gibt, legitim und möglich ist. Allenfalls die Umstände, unter denen die Desertionen stattfanden, waren vielleicht nicht über alle Zweifel erhaben, hielt sich doch hartnäckig das Gerücht, daß bei einigen Übertritten finanzielle Anreize im Spiel gewesen seien. Haffner freilich hat das Vermutete als Tatsache ausgegeben und sich wortreich über den «Wahlbetrug», über die «Heuchelei in Bonn» und über die «Vertrauenskrise des Parlamentarismus» verbreitet. Als dann 1973 öffentlich wurde, daß die SPD einen Bundestagsabgeordneten der CDU regelrecht bestochen hatte, um Barzels Mißtrauensvotum scheitern zu lassen, war das für ihn allerdings nur noch «[s]chmutzige Wäsche von gestern».[86]

Völlig abwegig war es also nicht, wenn die oppositionsnahe Presse den *Stern* als eines «der wichtigsten Lob- und Preisorgane zum Ruhme Willy Brandts und seiner Links-Regierung» einstufte oder Haffner als «eine ziemlich säuerliche Kassandra» bezeichnete, «bis auf seine enthusiastische Feder-Führung für die gegenwärtige Bundesregierung». Das konnte man so sehen. Als Haffner im Juli 1971, nach der knappen Hälfte der Legislaturperiode, Bilanz zog, bewertete er die wirtschaftliche Situation als «gut, fast zu gut». Eine «milde Inflation» präge das Geschäftsklima, doch sei das ein alles in allem «erträgliches Übel, über das man nur beinah wohlig hin und wieder ein bißchen stöhnt wie über allzuviel Sommerhitze und Sonnenschein». Auch die Außenpolitik war für ihn «ein glänzender Erfolg». Nie seit Stresemann und Bismarck habe ein deutscher Staatsmann «rund um den Kompaß so viel Respekt, Einfluß und guten Willen für sich und sein Land errungen [...] wie Brandt in diesen zwei Jahren». Im Wahlkampf des Jahres 1972 übertraf der Kanzler dann sogar den legendären Reichsgründer, weil er, wie Haffner den *Stern*-Lesern am 1. Oktober, sieben Wochen vor dem Wahltermin, bedeutete, als «erste[r] deutsche[r] Staatsmann» seinem Land «die optimale Position verschafft hat, die seine Lage erlaubt», und die bestehende «Freundschaft nach Westen» um die «Aussöhnung nach Osten» ergänzt habe. Das sei, setzte er hinzu, «eine einmalige Leistung, fast so etwas wie die Quadratur des Kreises».[87]

Diese Einschätzung war verbreitet, aber noch wichtiger war wohl die Stimmung, die sie hervorrief. Die Kritiker, die monierten, daß Brandts Versöhnungskurs im wesentlichen auf Verzicht und Konzessionen beruhe, sie gerieten mehr und mehr ins öffentliche Abseits. Die Regierung hatte Frieden gestiftet, dieser Aspekt rückte zunehmend in den Vordergrund. Dafür sorgte nicht zuletzt eine ganze Schar von Prominenten, vom kritischen Heinrich Böll bis zur mütterlichen Inge Meysel, und bald galt es in weiten Kreisen als schick, sich zu «Willy» zu bekennen. Das lag auch an der

Abb. 41 Freundlich sind sich Sebastian Haffner und Willy Brandt schon im Januar 1966 bei einem Empfang im Schöneberger Rathaus für Asher ben-Natan, den ersten Botschafter des Staates Israel in der Bundesrepublik (ganz rechts), begegnet. Die Phase des schönsten Einvernehmens lag aber noch vor ihnen. Anfang der siebziger Jahre avancierte Haffner zu einem der wortgewaltigsten Unterstützer der sozial-liberalen Koalition, und kurz vor den Bundestagswahlen von 1972 übertraf Brandt für ihn sogar den legendären Reichskanzler Otto von Bismarck.

ausgeprägten moralischen Dimension des Wahlkampfs. Brandt oder Barzel, diese Frage besaß, zumal unter vielen Anhängern des Amtsinhabers, etwas von dem ewigen Ringen zwischen Gut und Böse. Haffner erwarb sogar, eigens um an der Abstimmung teilnehmen zu können, die deutsche Staatsbürgerschaft zurück, und auch die Leser des *Stern* erfuhren von diesem Schritt.[88]

Bemerkenswerter als die Einbürgerung an sich war jedoch die wie ausgewechselte Einstellung zur Bundesrepublik, die Haffner im Vorfeld der Wahlen, insbesondere in der Serie «Deutschland, deine guten Seiten», an den Tag legte. Fraglos diente auch die fünfteilige Inspektion der westdeutschen Verhältnisse, die der *Stern* von Anfang Oktober 1972 an veröffentlichte, dem Zweck, die Wiederwahl der sozial-liberalen Koalition sicherzustellen; schon die offensichtliche Kongruenz mit Willy Brandts Wahlkampfslogan, «Deutsche, wir können stolz sein auf unser Land», verriet diese Absicht deutlich.[89] Zugleich ließ das gewählte Thema Haffner allerdings auch zu nicht für möglich gehaltenen Einschätzungen gelangen. «Mit all seinen Mängeln und Unvollkommenheiten ist das Deutschland von 1972 das beste von allen, die ich erlebt habe», bekannte er etwa im Prolog zu seiner Bestandsaufnahme, die einmal als eindrucksvoller Beleg für «die Spannweite der politischen Urteils- und der journalistischen Überzeugungskraft dieses Autors» gewertet worden ist.[90]

In der Tat: Die nationalsozialistischen Tendenzen, die Haffner noch wenige Jahre zuvor überall ausgemacht hatte, sie waren wie über Nacht verschwunden. «Das westliche Deutschland mag seine Vergangenheit ungenügend bewältigt, bereut, gesühnt haben – es hat sich aber, mit einer Leichtfüßigkeit, die ihm niemand zugetraut hätte, von ihr entfernt», konstatierte er am 8. Oktober 1972. Autoritärer Obrigkeitsstaat? Muffiger Untertanengeist? Alles passé, meinte Haffner. «Die Polizei hat hier, in der Zeit der großen Demonstrationen, geprügelt, das ist nicht schön», räumte er ein. «Man hat aber nie gehört, daß sie gefoltert hätte. Anderswo im selben Kulturkreis hat man durchaus davon gehört.» Auch das gesellschaftliche Klima habe sich, so der *Stern*-Kolumnist, spürbar gewandelt. «Die heutige Bundesrepublik Deutschland ist ein nüchternes, modernes, geschäftstüchtiges, ‹amerikanisiertes› Land, in dem es sich bei weitem bequemer lebt als früher», befand er und wies sogar auf Schattenseiten dieser Entwicklung hin: «Die Atmosphäre ist liberaler und toleranter geworden, aber das ‹deutsche Gemüt› ging dabei irgendwie verloren».[91]

Gleichermaßen sprach er die Bundesrepublik von jeglichem Nationalismus frei. In der EWG und der NATO, in der Entwicklungshilfe und in internationalen Währungsfragen, seit neuestem auch in der Ostpolitik, stets hätten sich die Bonner Regierungen äußerst großzügig und kulant verhalten, und in Europa hätten die Westdeutschen sogar die Erfahrung machen müssen, daß sie mit ihrer Bereitschaft, nationale Kompetenzen an einen möglichen Staatenbund abzutreten, alleine dastünden. Ausdrücklich bezog er die Bevölkerung in die beschriebene Entwicklung mit ein. «Die gutmütige Nüchternheit, mit der sich die Deutschen heute in ihrer Zweistaatlichkeit häuslich einrichten, ist der letzte und stärkste Beweis, daß sie wirklich keine Nationalisten mehr sind», bemerkte Haffner und setzte zufrieden hinzu: «Aus einem kriegerischen, ehrgeizigen, nationalistischen Volk ist ein friedfertiges, bescheidenes, weltbürgerliches geworden.» Nicht einmal die Aktivitäten der Vertriebenenverbände vermochten seine Bilanz zu trüben. «Was immer man ihnen vorwerfen mag, Flugzeuge haben sie nie entführt, Bomben haben sie nie gelegt, und Geiseln haben sie nie ermordet», und das, so Haffner weiter, hebe sie doch auf erfreuliche Weise von ihren palästinensischen Schicksalsgenossen ab.[92]

Selbst die Vergangenheit profitierte von der aufgeräumten Nachsichtigkeit, die Haffner so plötzlich überkommen hatte. Adenauer sei, wie Bismarck, Kaiser Wilhelm II., Hindenburg oder Hitler, eine Vaterfigur gewesen, führte er an einer Stelle aus, aber im Gegensatz zu seinen Vorgängern sei er ein demokratischer Patriarch gewesen und habe die Deutschen an diese Staatsform gewöhnt. Despektierlich war das nicht gemeint; schließlich kannte er auch keine Scheu, Willy Brandt mit dem ersten Bundeskanzler in Verbindung zu bringen. Der Sozialdemokrat sei, innen- wie außenpolitisch, der eigentliche Nachfolger Adenauers, behauptete Haffner am 22. Oktober 1972, der wohl nicht wollte, daß das nach wie vor große Prestige des ersten Bundeskanzlers dem christdemokratischen Herausforderer zufallen würde.[93]

Und das tat es auch nicht. Die sozial-liberale Koalition ging aus den Wahlen am 19. November 1972 als eindeutiger Sieger hervor, und dank ihres populären Spitzenkandidaten gelang es der SPD erstmals, mehr Stimmen auf sich zu vereinen als die Unionsparteien. Das Ergebnis war zweifellos ein Ereignis von historischen Ausmaßen, auch wenn man nicht unbedingt so weit zurückzugehen brauchte wie Haffner, der die Weichenstellung des Jahres 1972 mit derjenigen von 1871 verglichen hat, wertete er doch den Sieg Brandts als endgültige Abkehr von der Reichstradition. «Sie [die Bundesrepublik] hat sich für den Frieden, und damit für die Zweistaatlichkeit entschieden», verkündete er am 31. Dezember 1972 und das war, zumindest was das letztere betraf, vielleicht doch etwas voreilig geurteilt. Aber auch ohne solche allzu weitreichenden Schlußfolgerungen war der Wahlausgang mit den ihm zugrunde liegenden politischen und sozialen Veränderungen bemerkenswert genug; da hatte Haffner schon Recht.[94]

Mäßigung und Ernüchterung

Mochte die überraschende Liebeserklärung an die Bundesrepublik auch zu einem Gutteil wahltaktisch motiviert gewesen sein, in den Part des skandalträchtigen Querkopfs fand Haffner fortan nicht mehr richtig zurück, so sehr er auch im Vorspann zu «Deutschland, deine guten Seiten» versichert hatte, er werde trotz der unverhofften Lobeshymne ein wachsamer Kritiker der Bundesrepublik bleiben.[95] Aber irgendwie war es doch, als hätte er einen Schalter umgelegt, der so ohne weiteres nicht in die alte Stellung zurückspringen wollte.

Gewiß, im Juni 1973, anläßlich des achtzigsten Geburtstags von Walter Ulbricht, hat Haffner noch einmal eine ungetrübte Eloge auf den ehemaligen Staatsratsvorsitzenden verfaßt; und auch als Willy Brandt am 6. Mai 1974 im Gefolge der erwähnten Spionageaffäre zurücktrat, blitzte der Kampfgeist früherer Tage noch einmal auf. Keineswegs sei der erste sozialdemokratische Bundeskanzler gescheitert, wies er die hämischen Kommentare der Opposition zurück. Vielmehr habe der SPD-Vorsitzende die sinkende Zustimmung zu seiner Politik registriert und sich, weil er eben, im Gegensatz zu einer «Herrschernatur wie Adenauer», ein echter Demokrat sei, dafür entschieden, das hohe Amt niederzulegen. Gemeinhin war seine Angriffslust jedoch merklich zurückgegangen, und das nicht ohne Grund. Die großen Aufgaben, die er seit 1963 in schrillen Tonlagen angemahnt hatte, konnten spätestens mit der Wiederwahl Brandts als erledigt betrachtet werden. «Der Berliner Mauerbau war der Vater dieser Kolumne, die Spiegelaffaire ihre Mutter», hat sich Haffner einmal, auf seine *Stern*-Zeit zurückblickend, erinnert und hinzugefügt: «Der erste überzeugte mich, dass wir eine Ostpolitik, die zweite, dass wir einen Regierungswechsel brauchten».[96] Beides war inzwischen geschehen, und nun gingen ihm – bitter für einen passionierten Polemiker – die Mißstände aus. Zwar hatte er noch manches an der Bundesrepublik auszusetzen, aber vieles bejahte er auch, und so kam es, daß er sich immer häufiger zum Verteidiger der vorgefundenen Verhältnisse aufschwang und zuweilen sich sogar in der Rolle des staatstragenden Konservativen wiederfand.

Das politische System der Bundesrepublik, einst von ihm heftig befehdet, konnte er Mitte der siebziger Jahre nicht genug loben. Weder an der repräsentativen Ausprägung der westdeutschen Demokratie, noch an der engen Verflechtung der Parteien mit dem Staat, noch an der Möglichkeit, radikale Gruppierungen zu verbieten, hatte er in seinem Essay über den «Erfolg des Grundgesetzes» vom Mai 1974 etwas zu beanstanden. Auch die Bundesbürger kamen nun auf einmal in den Genuß, von Haffner mit unvermuteten Komplimenten bedacht zu werden. Mal bejubelte er ihre Opferbereitschaft – «[j]ede englische und französische Regierung – von der italienischen zu schweigen – kann die Regierung in Bonn um die Gutwilligkeit und Selbstdisziplin ihrer Staatsbürger nur beneiden» –, dann wieder bescheinigte er ihnen außenpolitisches Augenmaß. «[A]ufs Ganze gesehen» seien die Deutschen doch «ein tüchtiges, fleißiges und tapferes Volk [...], auch kein so dummes, wie manche Leute denken», räsonierte er Anfang des Jahres 1975.[97]

Mit Blick auf die westdeutsche Parteienlandschaft äußerte er sich zumindest versöhnlicher. Ausdrücklich würdigte er im Februar 1974 die Verfassungstreue der Unionsparteien. Gerade darin liege ein wesentlicher Unterschied zur Weimarer Republik, meinte Haffner, daß es in der Bundesrepublik eine demokratische bürgerliche Rechtspartei gebe. Schon weil CDU und CSU die von ihm angemahnte ostpolitische Kurskorrektur nicht vollziehen wollten, gehörten Haffners Sympathien allerdings weiterhin uneingeschränkt der SPD. Bereits im Juni 1974 stand für ihn zum Beispiel fest, daß Helmut Schmidt, der gerade Willy Brandt als Bundeskanzler ersetzt hatte, sich jedem potentiellen Herausforderer als überlegen erweisen werde.[98] Bei alledem war eine Hinwendung zum Gemäßigten und Pragmatischen, kurzum, die Neigung, sich zur Mitte hin zu orientieren, nicht zu übersehen; und auch diese Tendenz kam dem neuen Regierungschef zustatten, der im Gegensatz zu seinem visionären Vorgänger als Realist, Macher und zupackender Krisenmanager galt. Anders als noch zu Beginn der siebziger Jahre unterstützte Haffner Schmidt nun auch in den parteiinternen Grabenkämpfen mit dem linken Flügel der SPD und warnte vor jeglichen ideologischen Eskapaden. Wenn die Sozialdemokraten an der Macht bleiben wollten, dann müßten sie in Zukunft alle marxistischen Gedankenspielereien unterlassen, riet er, denn sozialistisch seien «in Deutschland zur Zeit [zwar] die meisten Literaten, viele Akademiker, manche Staats- und Kommunalbeamte und vielleicht einige Gewerkschaftsführer; aber nicht die Arbeitermassen».[99]

Die Verlierer seines jüngsten Gesinnungswandels waren die gewohnheitsmäßigen Kritiker der Bundesrepublik, die Mitglieder der Studentenbewegung und APO etwa, deren Engagement und Ideen Haffner nun zunehmend kritisch beurteilte. «Ich muß gestehen, die neue Linke gefällt mir immer weniger, je mehr sie sich selbst gefällt, und macht mich immer skeptischer, je glaubensfester sie wird», hatte Haffner schon in «Deutschland, deine guten Seiten» bemerkt. Ein Jahr später, 1973, legte er nach. Jene älteren Professoren und Journalisten, die nun ihre Publikationen aus der NS-Zeit vorgehalten bekämen, täten ihm leid, berichtete er in einem Aufsatz, der das Verhältnis der Deutschen zum Nationalsozialismus behandelte. «[I]ch frage mich», fuhr er fort, «was ihre jungen Verfolger wohl damals geschrieben hätten, wenn sie hätten schreiben können – denn von Symptomen milden Kollektivfiebers sind auch sie nicht immer frei; jede Zeit entwickelt ja ihr eigenes».[100]

Am eindringlichsten zeigte sich Haffners Identifikation mit der Bundesrepublik jedoch in seinen Einlassungen zur RAF. Zwar waren im Sommer 1972 die wichtigsten Terroristen, Andreas Baader, Ulrike Meinhof, Gudrun Ensslin und einige andere, festgesetzt worden, die Umstände und Bedingungen ihrer Haft sorgten jedoch für jahrelange Diskussionen, zumal in jenem linksintellektuellen Milieu, das auf Verfehlungen des westdeutschen Staates lauerte. Das dort beheimatete Mißtrauen machten sich die Gefangenen und ihre Anwälte zunutze. Mit allen erdenklichen Mitteln versuchten sie, die Angeklagten zu Opfern eines unmenschlichen Strafvollzugs zu stilisieren – die Trennung der Anstaltsinsassen im Hochsicherheitstrakt von Stuttgart-Stammheim wurde als «Isolationsfolter» ausgegeben, der freiwillige Hungertod von Holger Meins als «Justizmord» deklariert –, und tatsächlich gewannen ihnen diese Manöver einige prominente Fürsprecher, darunter Heinrich Böll und Jean-Paul Sartre.[101]

Haffner verurteilte die Kritik an der westdeutschen Rechtsprechung mit verblüffender Schärfe. Ausdrücklich bekundete er seine Hochachtung für den Staat, der von Ausnahmeregelungen absehe und selbst auf seine erbittertsten Gegner die gegebenen Vorschriften anwende, und gelegentlich bezweifelte er sogar, ob die herkömmlichen Bestimmungen und Praktiken für eine effektive Terrorismusbekämpfung ausreichend seien. Schließlich handle es sich nicht um gewöhnliche Straftäter, sondern um Menschen, die die herrschende Ordnung unterwandern und zerstören wollten. Das gab er auch ihren Sympathisanten zu bedenken. «Ich möchte wirklich wissen, was meine liberalen Freunde [...] selbst an Stelle der Richter und Gefängnisbeamten tun würden», fragte er im November 1974 und gelangte abschließend zu einer Einsicht, die man wenige Jahre zuvor nicht für möglich gehalten hätte:

> «Es gehört zu den taktischen Zielen der Baaders und Meinhofs, unseren heutigen Liberalismus zum Umkippen in einen neuen Faschismus zu provozieren. Möge kein Liberaler ihnen dabei helfen, indem er selber vom Liberalismus wie vom Faschismus redet. Möge keiner Grund haben, dem Liberalismus, den er bei seiner Verteidigung gegen den linken Terror im Stich ließ, eines Tages nachzuweinen, wenn statt seiner der rechte Terror gegen den linken antritt.»[102]

So erstaunlich sich die neuerliche Volte ausnimmt, sie stellte mitnichten ein singuläres Phänomen dar. Denn auch einige andere Beobachter, politisch engagierte Universitätsprofessoren vor allem, die in den sechziger Jahren als Vorkämpfer einer neuen Ostpolitik, als Fürsprecher innerer Reformen oder auch als Verteidiger der Protestbewegung in Erscheinung getreten waren, gingen nach 1970 auf Distanz zu jenen Kräften, die sie einst unterstützt hatten. Nicht immer wurde der Sinneswandel durch den Terrorismus und das fragwürdige Verhalten der Sympathisantenszene ausgelöst. Es konnte auch die Ideologisierung der Achtundsechziger, ihr wachsender Einfluß auf die SPD, der Aufstieg des Marxismus zur akademischen Leitdoktrin oder manch kühner Reformanlauf, wie die bereits erwähnten Hessischen Rahmenrichtlinien, sein, die Zeitgenossen, wie den Soziologen Erwin K. Scheuch, den Philosophen Hermann Lübbe, die Politikwissenschaftler Karl Dietrich Bracher, Kurt Sontheimer und Wilhelm Hennis oder die Historiker Thomas Nipperdey und Golo Mann, zum Umdenken bewegten. Unterschiedlich war aber auch das Ausmaß, in dem sich die «‹liberale[n] Sezessionisten›» neu orientierten. Während Haffner den Sozialdemokraten verbunden blieb, bildeten Lübbe und Hennis ein liberal-konservatives Profil aus, und Golo Mann sollte 1980 sogar an der Seite von Franz Josef Strauß in den Bundestagswahlkampf ziehen. Zunächst einmal aber waren sich die Abtrünnigen in dem Wunsch einig, die Bundesrepublik vor weiteren Umkrempelungen zu bewahren.[103]

Wie es seine Art war, hat sich Haffner hin und wieder sogar für eine Stärkung der Staatsgewalt ausgesprochen. Gerne hätte er etwa eine allgemeine Dienstpflicht eingeführt gesehen, die auch für Frauen gelten sollte. Vor nicht allzu langer Zeit hätte er ein solches Ansinnen wohl noch mit wüsten politischen Schmähungen belegt, nun hieß es, ein obligatorisches soziales Jahr sei schon deshalb geboten, um die explodierenden Personalkosten der öffentlichen Haushalte in den Griff zu bekommen. Überhaupt war Haffner inzwischen sehr fürs Maßhalten. Als die westdeutschen Gewerkschaften, allen voran der ÖTV-Vorsitzende Heinz Kluncker, Anfang des Jahres 1974 Tariferhöhungen verlangten, die deutlich im zweistelligen Prozentbereich lagen, nannte er diese Forderungen «Wahnsinn». «Eigentlich», so Haffner weiter, «müßten die Löhne jetzt gesenkt werden».[104]

Die plötzlichen Bescheidenheitsappelle hatten ihren vorrangigen Grund in der Ölkrise des Jahres 1973 und deren wirtschaftlichen Auswirkungen. Am 6. Oktober, dem Tag des jüdischen Jom-Kippur-Festes, hatten Ägypten und Syrien einen überraschenden Angriff auf Israel unternommen, um zumindest jene Gebiete zurückzuerobern, die Tel Aviv seit dem Sechstagekrieg von 1967 besetzt hielt. Nach einigen militärischen Anfangserfolgen wendete sich das Schlachtenglück jedoch rasch zugunsten der überlegenen israelischen Streitkräfte. Daraufhin entschlossen sich alle erdölexportierenden arabischen Länder zu massiven Wirtschaftssanktionen, um den jüdischen Staat international zu isolieren. Mitte Oktober wurden die Ölpreise deutlich erhöht, die Fördermengen drastisch reduziert und diverse Embargos verhängt, von denen zunächst nur die USA und die Niederlande, schon bald aber alle westeuropäischen Länder betroffen waren.[105]

Die eingeleiteten Maßnahmen erwiesen sich als überaus wirkungsvolles Druckmittel. Insbesondere die westeuropäischen Industrienationen, deren Wirtschaften und Lebensstandards in hohem Maße von den arabischen Energielieferungen abhingen, waren an einer verwundbaren Stelle getroffen, und entsprechend nervös fielen die Reaktionen aus. Die meisten Regierungen erließen Fahrverbote und Geschwindigkeitsbegrenzungen – die Bundesbürger mußten beispielsweise an vier Sonntagen im November und Dezember ihre Autos stehen lassen –, und vielen Tankstellen ging das Benzin zur Neige, nicht nur wegen des arabischen Boykotts, sondern auch, weil viele Fahrzeughalter, getrieben von panischer Sorge, umfangreiche Vorratskäufe getätigt hatten. Selbst wenn die Lieferembargos nach Westeuropa innerhalb weniger Wochen wieder aufgehoben wurden, die Energiekosten blieben hoch – der Preis für das Faß Rohöl hatte sich von Oktober 1973 bis Januar 1974 mehr als verdreifacht –, und der Schock, den die Krise ausgelöst hatte, saß tief. In der Bundesrepublik wurde der Einschnitt als besonders drastisch empfunden. Der hochfliegende Optimismus und die Fortschrittsgewißheit der Reformära schlugen in Defätismus und Verunsicherung um, zumal apokalyptische Zukunftsprognosen, wie sie damals etwa der «Club of Rome», ein internationales Expertengremium, öffentlichkeitswirksam vorstellte, den allgemeinen Aufschwung des Pessimismus noch beförderten. Im Rückblick erscheint daher manchem Beobachter die Tendenzwende von 1973 als die wichtigste Zäsur der bundesrepublikanischen Geschichte bis 1989, gravierender noch als der Machtwechsel von 1969 und das politische Rumoren der vorangegangenen Jahre.[106]

Tatsächlich hat die Explosion der Ölpreise Haffner, diesen hochempfindlichen Seismographen des Zeitgeschehens, tief und unmittelbar erschüttert, jedenfalls in seinen Kolumnen, in denen es ihm nun auch wieder möglich war, in opulenten Katastrophenszenarien zu schwelgen. «Es wird ernst», verkündete er also im November 1973, warnte vor einer internationalen Wirtschaftsflaute und drohender Massenarbeitslosigkeit und bereitete die Bundesbürger darauf vor, «daß Öl in Zukunft nur noch tropfenweise fließt und daß sein Preis ständig und unberechenbar steigt». «Die Krise fängt erst an», versicherte Haffner dann Ende Januar 1974 den Lesern des *Stern* und zog allen Ernstes Parallelen zur Situation Großbritanniens im Winter 1939/40. Anfang des Jahres 1975 sah er die rohstoffarme Bundesrepublik schließlich sogar eine «persische oder arabische Kolonie» werden.[107]

Doch so bedrückend die Folgen der Ölkrise auch sein mochten, daß sich die Bonner Regierung, um einiger vermeintlicher wirtschaftlicher Vorteile willen, auf diplomatische Experimente einlassen sollte, hat Haffner entschieden abgelehnt, wie seine Einlassungen zur europäisch-amerikanischen Kraftprobe der Jahre 1973/74 zeigen. Diese war gewissermaßen ein Nebenprodukt der Ölkrise. Der Ausbruch des Jom-Kippur-Krieges hatte sofort die Vereinigten Staaten auf den Plan gerufen, die im Nahen Osten vielfältige Interessen verfolgten. Zum einen wollten die USA ihrem Verbündeten Israel zur Seite stehen, zum anderen war Präsident Nixon und seinem Außenminister Henry Kissinger daran gelegen, die amerikanische Vormachtstellung in der Region zu festigen und eventuelle sowjetische Vermittlungsversuche abzublocken. Trotz des kühnen Anspruchs, als Partei auch Schiedsrichter sein zu wollen, ist den Amerikanern beides weitgehend gelungen. Zu Verstimmungen kam es allerdings mit den europäischen Partnern. Ohnehin seit geraumer Zeit auf eine größere Eigenständigkeit bedacht, hatten diese sich ursprünglich aus dem Nahost-Konflikt heraushalten wollen und waren daher über das eigenmächtige Vorgehen der USA – unter anderem hatten die Amerikaner ungefragt europäische Stützpunkte genutzt, um ihre umfangreichen Waffenlieferungen an Israel abzuwickeln – ziemlich verärgert. Allerdings: Je lebhafter die Europäer, allen voran die Franzosen, ihre Neutralität beteuerten, um so mehr wirkten ihre Versicherungen wie eine versteckte Parteinahme für die arabische Seite, zumal es ihnen in Anbetracht des Ölboykotts überaus angelegen sein mußte, sich mit den Staaten am persischen Golf gut zu stellen. Washington verbat sich solche Extratouren energisch. Als sicherheitspolitische Schutzmacht forderten die Vereinigten Staaten wirtschaftliche Kooperation ein und bestanden darauf, daß die westlichen Industrienationen bei Verhandlungen mit den erdölfördernden Ländern geschlossen auftraten, was die Mitglieder der EWG, einschließlich der gewissermaßen zähneknirschenden Franzosen, Mitte des Jahres 1974 akzeptierten.[108]

Haffner hatte freilich schon vor dem Hauskrach in der westlichen Allianz mehrfach davon geschwärmt, wie überaus vorteilhaft sich die außenpolitische Lage der Bundesrepublik derzeit ausnehme. Mit der einen

Supermacht verbündet, mit der anderen versöhnt, besser, meinte er im Frühjahr 1973, könne sich Bonn gar nicht positionieren. Insofern war es nur konsequent, wenn er die französische Fronde gegen Washington verurteilte und eindringlich vor einem Zerwürfnis mit den Vereinigten Staaten warnte. Das Bündnis mit den USA stelle «eine unentbehrliche und unersetzliche Grundlage unserer Existenz» dar, betonte Haffner im März 1974. Da die Bundesrepublik nun einmal von Atommächten umgeben sei, ohne solche Waffen selbst zu besitzen, bedürfe sie der größtmöglichen Sicherheit, zumal als «reiches Land mit hohem Beutewert». Zwei Wochen später wartete er mit einem weiteren Argument auf. «Sich selbst überlassen, wäre Europa ohne Zweifel auch heute noch eine Kampfarena wie eh und je. Aber durch die Nato und den Warschauer Pakt ist Europa unversehens unter den Friedenszwang des amerikanisch-sowjetischen Atompaktes geraten», führte er in einem Artikel über die westliche Verteidigungsallianz aus, der in Anlehnung an den bekannten Werbeslogan für ein altbewährtes Heiltonikum mit der Parole «Nie so wertvoll wie heute» überschrieben war.[109]

Seitdem er den Wert Washingtons als Verbündeter erkannt hatte, hellte sich auch sein Bild von den Vereinigten Staaten merklich auf. Obwohl gerade die Watergate-Affäre genügend Anlässe geboten hätte, sich über Moral und Sitten in den USA zu entrüsten, hat Haffner, der noch drei Jahre zuvor verkündet hatte, «daß ein bestimmter Typ von besonders frechen, besonders herausfordernden Gewaltverbrechen» in Amerika «fast schon zum Alltag» gehöre, 1974 Richard Nixon bis zuletzt verteidigt und trotz dessen Geständnis seinen Rücktritt bedauert.[110] Ebenso wollte ihm nun das internationale Engagement Washingtons in einem günstigeren Licht erscheinen. «Jetzt um Gottes willen keinen Antiamerikanismus», schärfte Haffner den Lesern des *Stern* im April 1975 ein, als nord-vietnamesische Truppen, entgegen den Vereinbarungen des im Januar 1973 geschlossenen Waffenstillstands, auch den Süden des Landes vollständig unter ihre Kontrolle brachten. Zwar seien «Amerikas Versuche, auf Asien missionarisch einzuwirken, auch die gutgemeinten, fast immer daneben gegangen», erläuterte er seine Maßgabe, aber in Europa habe die Weltmacht «von der Waffenhilfe für das bedrängte England und vom Sieg über Hitler, vom Marshallplan und der Berliner Luftbrücke bis zum heutigen Tage, im ganzen erfolgreich und auch segensreich gewirkt».[111]

Ernüchterung befiel ihn dagegen, was die Sowjetunion und die Aussichten auf eine nachhaltige internationale Detente betraf – allerdings erst

1975. Nachdem noch 1974 der Gedanke an ein Weltkondominium mehrfach in seinen Kolumnen aufgetaucht war, hat er dieses Projekt zu Beginn des folgenden Jahres für gescheitert erklärt, und bald sollte sich seine Einschätzung der internationalen Lage weiter verdüstern.[112] In Portugal, einem Gründungsmitglied der NATO, drohte, nicht zuletzt dank der tatkräftigen Unterstützung des Kremls, eine kommunistische Machtergreifung, und wenig später mußte sich Haffner über eine Moskauer Note an die Vereinten Nationen ärgern, in der die Sowjets die gemeinsame Verantwortung der vier Siegermächte für Ost-Berlin bestritten. «Ostberlin ist rechtlich ebensowenig ein Bestandteil der DDR wie Westberlin ein Bestandteil der Bundesrepublik», insistierte Haffner am 28. Mai 1975 im *Stern*, womit er zu jener streng legalistischen Sichtweise zurückkehrte, die er zu Zeiten des Mauerbaus so leidenschaftlich verfochten, seit 1963 aber nicht minder vehement bekämpft hatte.[113]

Anfang Oktober 1975 hat er dann seine Verteidigung zugunsten des spanischen Diktators Francisco Franco verfaßt, die, wie eingangs des Kapitels geschildert, in der *Stern*-Redaktion auf entsetzte Ablehnung traf. «Finger weg von Spanien!» wurde denn auch nicht gedruckt. Der Artikel verstoße gegen die Richtlinien des seit 1969 geltenden Redaktionsstatuts, in dem sich alle Mitarbeiter der Illustrierten «zur freiheitlich-demokratischen Grundordnung und zu fortschrittlich-liberalen Grundsätzen» bekannt hatten, meinte der geschäftsführende Redakteur Manfred Bissinger, der damals als Nachfolger Henri Nannens gehandelt wurde.[114] Haffner nahm die Kontroverse zum Anlaß, seine wöchentliche Kolumne einzustellen. Schon in den vergangenen Monaten war, insbesondere bei akutem Platzmangel, so mancher Artikel von ihm nicht erschienen, und gelegentlich hat man ihn anscheinend sogar zum Pausieren aufgefordert. Hinzu kamen die politischen Differenzen mit der Redaktion. «Möglich, dass ich mich etwas nach rechts entwickele, der Stern eher nach links», räumte der zensierte Kolumnist gegenüber Henri Nannen ein.[115]

Beides war zweifellos richtig, zumal Haffner die politische Lage eigentlich noch pessimistischer einschätzte, als es in seinen Artikeln zum Ausdruck kam. «Erreichte Ziele, erfüllte Wünsche – das sind nur andere Ausdrücke für Enttäuschungen», bemerkte er in seiner nie veröffentlichten Abschiedskolumne vom Oktober 1975. «Die Ostpolitik hat wenig eingebracht», resümierte er, «[d]ie Russen bleiben schwierig und manchmal bedrohlich, die DDR hat sich sogar verhärtet, seit wir nett zu ihr sind.» Ähnlich skeptisch beurteilte er die Innenpolitik: «[D]ie Regierungskünste der SPD kann man nicht geradezu berauschend nennen. Ein Saustall ist die Bundesrepublik auch unter der SPD nicht geworden. Aber sie war schon manchmal in besserem Zustand als heute.» «Bereue ich also?», fuhr er fort. «Bin ich mal wieder so weit, das Gegenteil von allem zu schreiben, was ich gestern geschrieben habe?» Das wiederum nicht. «Die Ostpolitik war nötig, und auch der Regierungswechsel war nötig».[116]

Der *Stern* indes sympathisierte eindeutig mit der Regierung, und vor allem jene Redakteure, die Teilnehmer oder Befürworter der Studentenproteste gewesen waren, traten offen für eine linke Politik ein. Die Situation war für Haffner nicht neu. Wieder einmal, wie schon beim *Observer*, bei *Christ und Welt* und der *Welt*, verfocht er andere Auffassungen als sein Arbeitgeber. Doch inzwischen war ihm, ähnlich wie in politischen Dingen, auch in beruflichen Angelegenheiten die Streitlust vergangen. Von daher hat er die Frage, ob die Redaktion berechtigt sei, ihm, dem freien Kolumnisten, Meinungsvorgaben zu machen, gar nicht erst vertieft. Altersmilde und mit seinen bald achtundsechzig Jahren ohnehin reif für den Ruhestand, bemühte sich Haffner um eine einvernehmliche Trennung, zumal er sowohl an einer Betriebsrente als auch an einer weiteren Zusammenarbeit interessiert war; und auf beides konnte er sich mit Henri Nannen einigen.[117]

Im übrigen war es unübersehbar, daß seine Popularität sank, die Lesergunst zurückging. 1975 tauchte sein Name in der vom Allensbacher Institut für Demoskopie ermittelten Rangliste der angesehensten westdeutschen Journalisten gar nicht mehr auf. Ebenso war das *enfant terrible*-Image allmählich verblaßt. Die aufgebrachten Leserbriefe, einst Legion, wurden seltener, und die öffentliche Kritik an seinen Äußerungen verschwand in zunehmend konservative und randseitige Medien. Schließlich stellte er anscheinend nur noch für die rechtsextreme *Deutsche National Zeitung*, die sich Ende des Jahres 1974 in mehreren aus Dichtung und Wahrheit zusammengesetzten Artikeln mühte, Haffner als einen der «maßgeblichen Umerziehungsautoren in unserem Staat» zu diffamieren, ein wirkliches Ärgernis dar.[118] Unterdessen hatte er auch seine publizistischen Nebenaktivitäten verlagert. Schon im Januar 1972 war Haffners letzter Beitrag in *Konkret* erschienen. An den regelmäßigen Gastauftritten bei den «Gedanken der Zeit», jener bildungsbürgerlichen Sendung des *NDR*-Hörfunks, hielt er dagegen fest, und gelegentlich druckte nun der *Vorwärts*, die Parteizeitung der Sozialdemokraten, einen Radioessay von ihm ab.[119]

Er selbst, aber auch das veränderte politische Klima waren an diesem

Wandel beteiligt gewesen. Während die gesellschaftlichen Entrüstungsschwellen stiegen beziehungsweise neue Tabus errichtet wurden, mäßigte Haffner seine Ansichten, und gelegentlich fiel er sogar in den arglosen Plauderton des Feuilletonisten zurück, der nur verblüffen, aber nicht empören will. Fußball sei, was den Gefühlshaushalt der Nationen angehe, zu einer Art Kriegsersatz geworden, räsonierte er in einem Radiobeitrag, der im Sommer 1974, anläßlich der Weltmeisterschaft in der Bundesrepublik, entstanden ist. Dabei handele es sich, so Haffner weiter, um einen zivilisatorischen Fortschritt, wie seinerzeit «der Übergang vom Menschenopfer zum Tieropfer oder von der Witwenverbrennung zur Mitgabe von Waffen und Schmuck ins Grab des toten Königs. Auch damals wurden Gefühle, von denen man nicht lassen konnte und wollte, gerettet, indem man ihnen einen neuen, weniger grausamen Gegenstand sozusagen unterschob».[120]

Geistreich unterhalten wollte Haffner auch mit jenem fiktiven Gespräch zwischen Johann Wolfgang von Goethe und Otto von Bismarck, das er im gleichen Jahr für einen von Werner Höfer herausgegebenen Sammelband verfaßt hat. Nach einigen einleitenden Plänkeleien über Zigarren, Brillen und Hunde ließ er den Reichskanzler sein Erstaunen darüber zum Ausdruck bringen, daß es «immer die großen Menschenschlächter» seien, «die am meisten geliebt und bewundert werden», worauf der Geheimrat einwarf: «Alles, auch das sittlich Abnormste, bietet aber eine Seite dar, von wo es als groß erscheinen kann.» Aus diesen Stellungnahmen folgerte Haffner, daß, anders als gemeinhin vermutet, Goethe sich möglicherweise auch für Hitler begeistert hätte, Bismarck dagegen nicht. Daran schloß sich ein Gedankenaustausch über den deutschen Partikularismus und die soziale Frage an, ehe der Moderator die Unterredung auf die russischen Nihilisten lenkte, hinter denen der Leser getrost die Mitglieder der Studentenbewegung vermuten darf. Von einem freiheitlichen Sozialismus wollten allerdings beide Gesprächspartner nichts wissen. «Der reine wahre Despotismus entwickelt sich aus dem Freiheitssinne», meinte Goethe, «ja, er ist selbst der Freiheitssinn mit dem Gelingen. Der Freiheitssinn strebt ins Unbedingte, er will herrschen, ohne daß er's immer imstande ist und werden kann. Nun kommt bei einem das Gelingen hinzu, und so ist der Despot fertig», und Bismarck sekundierte: «Ja, meiner Erfahrung nach versteht jeder unter Freiheit nur die Freiheit für sich selbst und nicht die für andere, sowie die Verpflichtung der anderen, sich jeder Beschränkung der Freiheit des Empfindenden absolut zu enthalten.»[121]

Abb. 42 Wenn ein Kommentator «zu häufig merkt, dass jede Sache zwei Seiten hat, taugt er nichts mehr für die Rolle – oder die Rolle nichts mehr für ihn». 1975 stellte Haffner seine Kolumnistentätigkeit für den Stern *ein. Das Foto von dem in sich ruhenden Journalisten, hier in seiner Dahlemer Wohnung, ist aber wohl schon in den sechziger Jahren entstanden.*

Angesichts von so viel gelassener Altersweisheit war Haffner für den Part des Unruhestifters, den er so lange und erfolgreich gegeben hatte, nicht mehr geeignet. Auch er selbst wußte das. «Ein Kolumnist soll ‹engagiert› sein», hat er 1975 festgestellt. «Wenn er skeptisch wird, auch gegen die eigene Meinung, wenn er zu häufig merkt, dass jede Sache zwei Seiten hat, taugt er nichts mehr für die Rolle – oder die Rolle nichts mehr für ihn.»[122]

10. SPÄTER GIPFEL (1975–1999)

Als Sebastian Haffner am 2. Januar 1999 starb, trauerte die Öffentlichkeit um einen bedeutenden Historiker. «Haffner war der schlagkräftigste, phantasievollste und scharfsinnigste deutsche Geschichtsessayist», schwärmte Gustav Seibt in der *Berliner Zeitung*, in der *Zeit* erinnerte Volker Ullrich an «den großen Stilisten und begnadeten Geschichtserzähler», und der *Stern*, Haffners langjähriges Publikationsorgan, vermeldete den «Tod eines großen Historikers».[1] Es war nicht nur antike Höflichkeit, die den Verfassern der Nachrufe jedes kritische Wort über den Verstorbenen verbat. Schon zu Haffners neunzigstem Geburtstag am 27. Dezember 1997 hatten die großen und kleineren Blätter des Landes den Jubilar mit eingehenden Würdigungen bedacht, und unter den postalischen Gratulanten war viel Prominenz gewesen. Kollege Augstein ehrte ihn als «den besten politischen Erzähler, den wir in Deutschland haben», und Bundeskanzler Helmut Kohl beglückwünschte den «herausragenden Publizisten, der durch seine historischen Analysen und Darstellungen einem großen Publikum Zusammenhänge der neueren und neusten deutschen Geschichte erschlossen und der Fachwelt wichtige Anregungen gegeben hat».[2] Konnte man umfassenderes Ansehen erlangen?

Daß ausgerechnet Haffner, der notorische Querdenker, am Ende von allen Seiten nur Lob und Zuspruch erntete, soll zuzeiten sogar ihn selbst mit Erstaunen und Widerwillen erfüllt haben. Hatte er es nicht zeitlebens darauf angelegt, das Publikum zu provozieren? Grundlage seines nahezu grenzenlosen Erfolges war die mit dem Eintritt in den Ruhestand getroffene Entscheidung, sich in erster Linie der Geschichte zuzuwenden und damit einem Terrain, das zwar manche Reibungsfläche bot, im ganzen aber doch unverfänglicher war als die Tagespolitik. Im übrigen näherte sich Haffner dem neuen Tätigkeitsfeld keineswegs als Novize. Die Vergangenheit hatte schließlich seit jeher eine Schlüsselrolle in seinen Argumentationen gespielt, schon häufiger war er mit Geschichtsdarstellungen hervorgetreten, und bereits früher – so in der zweiten Hälfte der fünfziger Jahre, als sich der Deutschland-Korrespondent des *Observer* auf einem beruflichen Abstellgleis wähnte – hatte er mit der Existenz eines historischen Schriftstellers geliebäugelt. Zwar war seinerzeit vieles bloß Absicht geblieben, aber wie das geschilderte Zerwürfnis mit Fritz J. Raddatz aus dem Jahr 1968 zeigt, besaß Haffner, was seine diesbezüglichen Fähigkeiten betraf, einen ausgewachsenen Ehrgeiz.[3]

Anders als in den sechziger Jahren unterstanden die nach 1975 verfaßten Geschichtsessays jedoch keiner politischen Mission. Nur noch gelegentlich zog Haffner, um die Gewichtigkeit seiner Ausführungen zu erhöhen, diese oder jene Lehre für die Gegenwart, und bei dem ersten größeren Projekt, das er sich nach seinem Rückzug vom *Stern* vornahm, verzichtete er sogar ganz auf solche Schlenker; zu sehr war er offensichtlich von der Sache selbst, der Schlacht an der Marne am Anfang des Ersten Weltkrieges, fasziniert. Erstaunlich ist das nicht. Wie man weiß, war die Lektüre der täglichen Heeresberichte für den aufgeweckten Schuljungen Raimund Pretzel zum Lebenselixier geworden, und in seinen Erinnerungen hat Haffner beschrieben, mit welch selbstquälerischem Eifer die Deutschen – und offenkundig auch er selbst – bis weit in die Zwischenkriegszeit hinein mit den strategischen Entscheidungen vom September 1914 gehadert hätten:

> «Denn damals, so will es die Geschichtslegende, hat man den raschen und glorreichen Endsieg, den man schon in der Hand hatte, um Haaresbreite verpaßt durch Mißverständnisse, Konfusion und lächerliches kleines Organisationsmalheur. Und das ist unerträglich. Fast jeder Deutsche trägt die Kartenskizze mit dem Stand der Armeen am 5. und 6. September 1914 vor seinem geistigen Auge, und fast jeder hat schon verzweifelt an den schwarzen Linien ein bißchen herumgewirkt: Nur diese Schwenkung der 2. Armee – nur diese winzige Bewegung der Reserven – und der Krieg wäre gewonnen gewesen! Warum wurde sie nicht vorgenommen? Immer noch diskutiert man, wer nun eigentlich schuld an dem verhängnisvollen, überflüssigen Rückzugsbefehl war. Moltke, Oberst Hentsch, Generaloberst Bülow ...»[4]

Nachdem die Fesseln des Berufslebens von ihm abgefallen waren, hat sich Haffner jener alten, offensichtlich gut konservierten Passion gewidmet, ein für Neuruheständler keineswegs untypischer Vorgang. Zwar sind weder «Zwei Schlachten» noch «Zwei Kriege», jene beiden Titel, über die er im Dezember 1975 mit dem Paul List Verlag einen Vertrag abgeschlossen hat, jemals erschienen. Statt dessen lag bereits im Sommer 1976 das von ihm verfaßte Drehbuch für *Generale. Anatomie der Marneschlacht* vor, und im folgenden Frühjahr konnte der gleichnamige Film ausgestrahlt werden.[5]

Wer am 29. April 1977 um 20.15 Uhr das *ZDF* eingeschaltet hatte, sah sich abwechselnd zur deutschen, französischen und englischen Heeresleitung zurückversetzt und zuweilen auch in die Generalsquartiere an der Front. Helmuth von Moltke, der überumsichtige Generalstabschef, beratschlagte sich mit seinen Mitarbeitern, der ruhmbegierige Führer der ersten deutschen Armee, General Alexander von Kluck, rechtfertigte seine unplanmäßigen Vorstöße, während der französische Oberkommandierende, der schweigsame und herrische General Joseph Joffre, seine einsamen Entscheidungen fällte und den weltmännischen englischen Feldmarschall John French für neuerliche Initiativen zu gewinnen suchte. Zwischendurch erhielt auch immer wieder der Autor das Wort. Mit gewohnt kamerafestem Blick und der markanten hohen Stimme kommentierte Haffner, hinter einem bücherbedeckten Schreibtisch sitzend, den Fortgang der Ereignisse, und dann und wann erläuterte er, an einer Wandkarte hantierend, die Stellungen der Armeen.[6]

Seine Spannung bezieht das Kammerspiel indes nicht nur aus der Frage, ob den Deutschen der anvisierte und dringend benötigte «Blitzsieg» gelingen würde, sondern auch und vor allem aus den Konflikten innerhalb der Linien. Insbesondere die Divergenzen zwischen Moltke und Kluck nehmen breiten Raum ein, und es ist Haffners schärfster, wenn auch unausgesprochener Vorwurf an den deutschen Generalstabschef, daß er nicht entschiedener gegen den eigenmächtigen Armeeführer durchgegriffen hat. Den vieldiskutierten Rückzug der ersten und zweiten deutschen Armee vom 9. September 1914 hat er dagegen nicht beanstandet. Verfahren wie die Lage nun einmal gewesen sei, fand Haffner es richtig, daß Moltke die erste Armee nicht dem wahrscheinlichen Risiko einer Vernichtung ausgesetzt hatte, auch wenn er dafür den ursprünglichen Feldzugsplan aufgeben mußte.[7]

Überhaupt hat er sich mit viel einfühlender Sympathie des blutigen Themas angenommen. Eine seiner Hauptsorgen während der Dreharbeiten war, die Schauspieler könnten ihre Figuren karikieren. «Antimilitaristisches Kabarett wäre absolut tödlich für den Film», warnte Haffner am 15. Juli 1976 Franz Peter Wirth, den verantwortlichen Regisseur. «Es ist ja keine Verherrlichung, und ich habe nicht im geringsten im Sinne gehabt, Heldendenkmäler zu errichten. Der Film könnte, meiner Ansicht nach, geradezu heißen: ‹Generäle sind auch (nur) Menschen›». Dennoch ist seine Sicht auf das folgenschwere Geschehen nicht unproblematisch, da Haffner die Grausamkeit des Krieges wieder einmal fast völlig ausgeblendet hat.

Und nicht nur das: Das unbekümmerte Vergnügen, mit dem er die Armeen auf der Landkarte hin- und herschob, und die leuchtenden Augen, mit denen er von den legendären «Marnetaxis» berichtete – der französische Generalstab hatte, weil er nicht über ausreichend eigene Transportmittel verfügte, Truppen per Taxi in Stellung bringen lassen –, künden nachdrücklich von der scheinbaren Harmlosigkeit der Ereignisse, fast als handele es sich vielleicht doch nur um ein Zinnsoldatenmassaker.[8]

«Powerful stuff»[9] *– Die* Anmerkungen zu Hitler

Ein emotionsbeladenes Thema mit sachlichem, ja, unterkühltem Blick zu analysieren, das war offensichtlich eine Spezialität Haffners, die er, wie wir wissen, auch schon an Goebbels, Stalin, Ulbricht und zuletzt an Franco erprobt hatte. 1978 wendete er dieses Verfahren auch auf Hitler an. Gewiß haftete einer solchen Vorgehensweise etwas Aufreizendes und Frivoles an, zumal wenn sich Haffner, wie in seiner *Stern*-Zeit, eine befremdliche Gleichgültigkeit gegenüber den Verbrechen und Grausamkeiten der erwähnten Regime leistete und die Schrecken der Wirklichkeit herunterspielte oder gar verschwieg. Gerade das war jedoch in den *Anmerkungen zu Hitler* nicht der Fall. Hier verband der Autor, jedenfalls über weite Strecken, äußerste Nüchternheit mit gewissenhafter Wahrheitsliebe.

Möglicherweise hängt seine erstaunliche Abgeklärtheit auch mit dem Umstand zusammen, daß der entscheidende Anstoß, die *Anmerkungen zu Hitler* zu schreiben, von außen kam. Helmut Kindler, der mit Haffner seit den dreißiger Jahren vage bekannt war, will 1977 dem pensionierten Publizisten vorgeschlagen haben, ein kleines Buch über den deutschen Diktator zu verfassen. Auslöser war, erinnerte sich 1990 der Verleger, seine, also Kindlers, tiefe Enttäuschung über den Dokumentarfilm «Hitler – eine Karriere» von Joachim Fest und Christian Herrendoerfer, der im Juli 1977 Premiere gehabt hatte. Gleich am Morgen nach dem unersprießlichen Kinobesuch, fährt Kindler in seinen Memoiren fort, sei er mit Haffner in Kontakt getreten, und jener habe sich sofort bereit erklärt, eine entsprechende Studie zu beginnen. Offensichtlich benötigte er nicht viel länger als ein halbes Jahr für sein berühmtes Hitler-Buch, das bereits im Frühjahr 1978 erschien und einer der größten Erfolge des Verlages werden sollte.[10]

Abb. 43 Die Verbindung mit Helmut Kindler war für beide Seiten ersprießlich. Haffner wurde dadurch nicht nur zu seinem wohl bedeutendsten Werk animiert, sondern fand, nach manchem Ärger und diversen Wechseln, auch endlich zu einem Verlag, bei dem er heimisch wurde. Für Kindler waren die Anmerkungen zu Hitler *einer der größten Erfolge seines Unternehmens. Aber weder die damit verbundenen Einnahmen noch das erworbene Prestige konnten verhindern, daß er Anfang der achtziger Jahre seinen Verlag verkaufen mußte.*

Daß Haffner in so kurzer Zeit ein profundes Werk über ein gut erforschtes Thema zu Papier bringen konnte, lag neben seiner schriftstellerischen Routine an seiner langjährigen und kontinuierlichen Beschäftigung mit dem Nationalsozialismus. Schon *Germany: Jekyll and Hyde* aus dem Jahr 1940 enthält ein kluges Porträt Hitlers, 1969 hatte er sich in der *Selbstmord des Deutschen Reiches* eingehend mit der Außenpolitik des Diktators auseinandergesetzt, und zwischendurch war ihm in Artikeln, Essays und Rezensionen der leidige Gegenstand immer wieder untergekommen. Und nicht nur das. Ende der sechziger, Anfang der siebziger Jahre hatte Haffner seinem Kollegen Fest bei der Arbeit an dessen umfassender Hitler-Biographie beratend zur Seite gestanden, in diesem Zusammenhang weitere Einblicke erhalten, offenbar aber auch schon damals einen kompetenten Gesprächspartner abgegeben.[11]

Darüber hinaus hatte Haffner schon seit langem die wesentlichen Thesen seiner *Anmerkungen zu Hitler* beisammen. Bereits in *Germany: Jekyll and Hyde* war er von der zentralen Bedeutung Hitlers für das «Dritte Reich» überzeugt gewesen und hatte unter anderem die Ansicht vertreten, daß der Diktator «dem Ziel absoluter Macht noch näher gekommen» sei «als sonst irgend jemand vor ihm». Zugleich wandte er sich 1940 entschieden gegen alle Versuche, den obersten Nationalsozialisten als Marionette dieser oder jener Interessengruppe beziehungsweise als das Produkt einer bestimmten Zeitströmung zu begreifen. «All das ist nicht überzeugend», befand der Emigrant. Dieser Deutung verhaftet, entwickelte Haffner früh eine tiefe Skepsis gegenüber strukturellen Interpretationsansätzen. Als er 1943 jene berühmte Studie des nationalsozialistischen Herrschaftsgefüges besprach, die der Soziologe Franz Neumann unter dem Titel *Behemoth* veröffentlicht hatte, zeigte sich Haffner von der Originalität und Detailgenauigkeit des Werkes beeindruckt. Gleichwohl monierte er, daß der Leser das Buch mit mehr offenen Fragen aus der Hand lege, als er zu Beginn der Lektüre gehabt habe. Dies sei jedoch nicht der Fehler des Autors, sondern «die Kapitulation jener spezialisierten, blutarmen und saftlosen Disziplinen, Soziologie und Ökonomie, vor einem Phänomen, das ihr enges Blickfeld bei weitem übersteigt». Die Aufgabe, «eine erschöpfende, wohl proportionierte, gerechte und dabei vernichtende Darstellung des Nazi-Experiments zu schreiben», bleibe somit bestehen, resümierte Haffner, aber fraglos bedürfe es dazu «eines Historikers großen Stils».[12]

In einem Artikel aus Anlaß von Hitlers achtzigstem Geburtstag tauchen weitere maßgebliche Ideen auf, die Haffners Bestseller prägen. Daß die nach 1945 entstandene Weltordnung in hohem Maße ein, wenn auch unbeabsichtigtes Ergebnis von Hitlers imperialen Ambitionen sei und daß der selbsternannte «Führer» nicht aufgrund seiner moralischen Verworfenheit, sondern wegen seiner ideologischen Verblendung und seines daraus resultierenden Größenwahns gescheitert war – all das hat er schon 1969 im *Stern* dargelegt. Ebenso hatte er bereits damals das dramaturgische Konzept im Kopf, das dem späteren Bestseller zugrunde liegt. «Wäre Hitler mit dreißig Jahren gestorben, hätte buchstäblich keine Menschenseele davon Notiz genommen», spekulierte Haffner, und selbst mit vierzig Jahren sei er «noch mehr lächerlich als fürchterlich, eine nicht ganz ernst zu nehmende Randerscheinung am Grenzbereich von Politik und Klamauk» gewesen. «Hätte er das Glück gehabt, mit fünfzig Jahren zu sterben» – hier griff Haffner ein berühmtes Gedankenexperiment Joachim Fests auf –, «so stände er in der Geschichte da als der zwar nicht sympathischste, aber genialste Politiker, den Deutschland je hervorgebracht hätte.» Doch als Hitler 1945 Selbstmord beging, setzte Haffner seine Überlegungen fort, sei es «unter den Flüchen der ganzen Welt» geschehen, und auch die Deutschen hätten zu diesem Zeitpunkt nur noch eines gewollt: «ihn vergessen zu dürfen».[13]

Trotzdem hätte Haffner noch wenige Jahre zuvor die *Anmerkungen zu Hitler* vermutlich nicht so geschrieben, wie er es dann getan hat, und das vor allem aus ideologischen Gründen. Ganz ging es zwar auch in seinem 1978 erschienenen Buch nicht ohne politische Rempeleien ab, aber sie unterliefen ihm gewissermaßen beiläufig, ohne den Gesamteindruck zu stören.

Das war 1973, als er Joachim Fests Hitler-Biographie rezensierte, noch anders gewesen. Wohl hat Haffner die literarische Qualität des ebenso opulenten wie imposanten Werkes gewürdigt und den Autor für seine Analyse der Person Hitlers gelobt, zugleich aber dem Kollegen vorgeworfen, daß er zu wenig Stellung beziehe und zu sehr versuche, das Für und Wider seiner Deutungen auszuloten. «Fests Lieblingswort ist ‹gleichwohl›», mokierte sich Haffner und meinte, das ständige Abwägen führe dazu, «dass der Leser, obwohl immer geistreich unterhalten, zum Schluß nicht klüger ist als zuvor».[14] Die übrigen Beanstandungen rührten im wesentlichen von Haffners politischen Präferenzen, wie ja überhaupt seine Forderung, jeder Historiker müsse einen Standpunkt einnehmen, in erster Linie auf ein weltanschauliches Bekenntnis abzielte. Auf dieser Ebene hat er Fest, trotz dessen angeblicher Meinungsscheu, denn auch heftig attackiert. Seine kritische Sicht auf die Weimarer Republik, insbesondere auf ihre Entstehungsphase, resultiere aus Fests konservativer Gesinnung, monierte Haffner, der sich ganz gegen seine Gewohnheit plötzlich dazu aufschwang, Hitlers frühe Kontrahenten zu verteidigen. Des weiteren paßte ihm nicht, daß der Biograph den Diktator als «Revolutionär» charakterisiert und ihm, anknüpfend an eine These Ralf Dahrendorffs, zugeschrieben hatte, egalisierend auf die deutsche Gesellschaft eingewirkt zu haben.[15] Es war eben erst 1973.

Fünf Jahre später, in den *Anmerkungen zu Hitler*, hat Haffner solche politischen Vorbehalte leichtfüßig hinter sich gelassen. Ganz selbstverständlich rechnete er den Erfinder des Nationalsozialismus zu den «großen Revolutionäre[n]» von Cromwell bis Mao und ausdrücklich hob er hervor, daß wesentliche Komponenten der Moderne, wie die zunehmende Egalisierung der Gesellschaft, die Lockerung der Sexualmoral und die Frauenemanzipation, im «Dritten Reich» ungebremst weitergelaufen seien. Seine veränderte Einstellung zur Geschichte blieb nicht unbemerkt. «Hier wird kein tagespolitischer Zweck mehr verfolgt, keine Sache mehr geführt – hier gilt nur das Ziel, den nachkommenden Generationen ein zugleich eindringliches und wahrheitsgetreues Bild des einzigartigen Phänomens zu geben», wußte der Politikwissenschaftler Richard Löwenthal Haffners neue Sachlichkeit zu würdigen.[16]

Ein weiterer Garant für den Erfolg der *Anmerkungen zu Hitler* war jenes bereits vorgestellte «Leiter-Schema», dem zufolge Aufstieg und Fall des Diktators jeweils einen außergewöhnlich steilen Verlauf nahmen.[17] Haffner soll es schon Joachim Fest für seine Studie offeriert haben; aber da dieser es sich nicht zu eigen machen wollte, konnte Haffner 1977 auf das ungenutzte Konzept zurückgreifen und es als Gliederungsprinzip für das bei ihm in Auftrag gegebene Buch verwenden. Leben, Leistungen, Erfolge, Irrtümer, Fehler, Verbrechen, Verrat – unter diesen sieben Stichworten beleuchtete er das Phänomen Hitler.

Neben dem dramenartigen Aufbau, der einmal mehr auf Haffners verschüttete Schriftstellerexistenz hinweist, eröffnete ihm der gewählte Ansatz einen ausgesprochen analytischen Zugang zu seinem Untersuchungsgegenstand, und deswegen ist das Buch auch zu Recht als «Geniestreich» gewürdigt worden. Denn auf diese Weise entstand zwar keine Biographie, dafür war Haffners nach wenigen Stichpunkten gegliederter Abriß zu fragmentarisch, wohl aber eine Serie scharfsinniger Essays. Sie waren das Ergebnis altrömischer *brevitas* sowie einer strikten Konzentration auf wenige Leitfragen. Man dürfe sich bei der Darstellung nicht zu sehr an der Chronologie der Ereignisse orientieren und mit allzu vielen Details aufhalten, hat Haffner 1982, als er in das Beratergremium für einen mehrteiligen Film über den Zweiten Weltkrieg eingeladen worden war, sein Erfolgsrezept umrissen. Statt dessen, empfahl er, müsse jede Folge auf einige Grundgedanken hinauslaufen, und dazu sei es unerläßlich, daß die Autoren aus dem zusammengetragenen «Riesenmaterial [...] wahnsinnig streng das Allerprägnanteste herausholen».[18]

An diese Maßgaben hat sich Haffner in seinen *Anmerkungen zu Hitler* wahrlich gehalten. Das ganze Buch umfaßt kaum mehr als zweihundert Seiten; und Leben und Persönlichkeit des Diktators werden nur im ersten Kapitel kurz abgehandelt. Dabei machte Haffner auf den Umstand aufmerksam, daß es den Privatmenschen Hitler nicht gegeben habe, weil dieser, ein politischer Monomane, zu tieferen menschlichen Beziehungen außer Stande gewesen sei. Das unterscheide ihn, so Haffner, von Napoleon, Bismarck, Lenin oder Mao und erkläre zudem seine ständige Selbstmordbereitschaft. Sodann erfährt der Leser, wie Hitler in die Politik ging, er sein Rednertalent entdeckte, der «Führer» wurde und schließlich zu der fixen

Überzeugung gelangte, zu seinen Lebzeiten das gesamte nationalsozialistische Programm verwirklichen zu müssen. Letztlich faßte er den «Entschluß», resümierte Haffner, «Geschichte der Autobiographie unterzuordnen, Staats- und Völkerschicksale dem Lebenslauf; ein Gedanke von wahrhaft atemberaubender Verkehrtheit und Übertreibung».[19]

Als nächstes beschrieb und analysierte er Hitlers Leistungen, sein großes Organisationstalent, die wohldosierte Mischung aus Terror, Vereinnahmung und Normalität in der Anfangsphase seiner Herrschaft, die unglaublich rasche und gründliche Senkung der Arbeitslosenzahlen sowie die militärische Aufrüstung, bei der Haffner besonders auf die innovative Einführung eigenständiger Panzereinheiten abhob. Dies alles habe die überwältigende Mehrheit der Deutschen zu seinen Anhängern werden lassen.[20] Dennoch war der Verfasser der *Anmerkungen zu Hitler*, anders als Joachim Fest, nicht der Meinung, daß der Diktator, wäre er 1938 gestorben, einen Ehrenplatz in der deutschen Geschichte erhalten hätte. Zum einen wären seine kriegerischen Absichten nicht unentdeckt geblieben, zum anderen, und das war Haffners Hauptargument, hätte Hitler bei seinem Tod kein funktionierendes Staatswesen hinterlassen und Deutschland somit in ein gewaltiges Chaos gestürzt.[21]

Hitlers rätselhafte Erfolgskurve, die, beinahe wie aus dem Nichts kommend, seit 1930 steil anstieg, um seit dem Ende des Jahres 1941 ebenso schroff wieder abzufallen, erklärte Haffner mit der wechselnden Stärke seiner Widersacher und den sich verändernden Gestaltungsmöglichkeiten. Das Weimarer System sei seit 1930 marode und überlebt gewesen, das Durchsetzungsvermögen seiner innenpolitischen Kontrahenten schwach und die Widerstandsbereitschaft der übrigen Parteien gering. Diese Konstellation habe sich, führte Haffner aus, nach 1933 auf internationaler Ebene wiederholt. Zu jener Zeit sei die 1919 etablierte Friedensordnung nur noch ein morsches, schon ziemlich ausgehöhltes Gebilde gewesen, und die verantwortlichen Politiker in Paris und London hätten weder den Willen noch die Kraft besessen, Hitlers entschiedenen Revisionsbestrebungen und seinem Expansionsdrang Einhalt zu gebieten. Erst als der Diktator sich mit Winston Churchill, Josef Stalin und Franklin D. Roosevelt auseinandersetzen mußte, hatte er es wieder, wie schon in den zwanziger Jahren, mit ebenbürtigen, wenn nicht übermächtigen Gegnern zu tun.[22]

Im Kapitel «Irrtümer» widmete sich Haffner Hitlers Weltanschauung und arbeitete sowohl deren immanente Widersprüche als auch die ihr innewohnenden Fehleinschätzungen heraus. So kollidiere, um nur die bedeutendste Unstimmigkeit herauszugreifen, das von Hitler angenommene Ringen der Rassen um die Weltherrschaft mit seinem radikalen Antisemitismus, der für ihn die unterschiedlichen Völker zu unbedingter Solidarität im Kampf gegen die Juden verpflichtet habe. Hinzu kam seine entstellte Sicht auf die Wirklichkeit. Daß er die Rassen als das maßgebliche Moment der Geschichte ansah, daß er den Krieg als Normalzustand auffaßte, daß er den Staat für eine *quantité négligeable* erachtete, daß für ihn der Wohlstand eines Volkes entscheidend von der zur Verfügung stehenden Bodenfläche abhing, daß er tatsächlich glaubte, die Deutschen könnten die ganze Welt erobern, und schließlich seine paranoide Idee von einer jüdischen Weltverschwörung – all das rechnete Haffner zu Hitlers Irrtümern.[23]

Darüber hinaus habe der Diktator aber auch beträchtliche Fehler begangen. Obwohl das Vorhaben, Europa und womöglich sogar die ganze Welt zu unterwerfen, schon abenteuerlich genug gewesen sei, habe sich Hitler mit seinem Vernichtungsfeldzug gegen die Juden noch eine zusätzliche Belastung aufgeladen, kritisierte Haffner. Außerdem habe er zweimal, nämlich 1938 und 1940, die Chance verstreichen lassen, eine deutsche Vorherrschaft über den europäischen Kontinent zu begründen, wobei allerdings höchst fraglich ist, ob die von Haffner angenommenen Optionen tatsächlich bestanden. Wie dem auch sei, es mangelte Hitler, worauf Haffner bei dieser Gelegenheit abermals hinwies, an staatsmännischer Konstruktivität und Imaginationskraft. Vielmehr habe er 1941 die Potenzen des Reiches erneut überschätzt, als er trotz des andauernden Konfliktes mit Großbritannien erst der Sowjetunion und im Dezember auch den Vereinigten Staaten von Amerika den Krieg erklärte. Zu diesem Zeitpunkt, mutmaßte Haffner, habe Hitler nicht mehr an die Möglichkeit eines deutschen Sieges geglaubt, sondern sich ganz auf sein zweites Ziel, die Vernichtung des europäischen Judentums, konzentriert.[24]

Diesen Ausrottungsversuch wollte Haffner scharf getrennt wissen von den übrigen nationalsozialistischen Vergehen. Weder das Gros der von der Wehrmacht begangenen Greuel noch der Zweite Weltkrieg an sich könnten moralisch mit dem an Hunderttausenden von Kranken, Sinti und Roma sowie Millionen von Polen, Russen und Juden verübten Genozid gleichgesetzt werden, legte er in dem Kapitel «Verbrechen» dar. Hitler sei nicht einfach nur ein grausamer Herrscher gewesen, wie es sie immer wieder gegeben habe, hob er gleich zu Beginn seiner Ausführungen hervor, sondern schlichtweg ein Massenmörder, der, um sein Vernichtungsbedürfnis ausleben zu können, auch diplomatische und militärische Erwägungen hintangestellt habe.[25]

Wie sich der Diktator schließlich gegen die Deutschen gewandt habe, schilderte Haffner unter dem Titel «Verrat». Demnach unternahm Hitler nicht nur alles, um seine vorzeitige Ablösung zu verhindern; mit einer letzten Offensive in den Ardennen vom Dezember 1944 habe er auch den von der Bevölkerung ersehnten Einzug der Amerikaner und Briten aufhalten und den Vormarsch der allseits gefürchteten Roten Armee begünstigen wollen, behauptete Haffner, der die verwegene und freilich höchst irreale Hoffnung Hitlers, die Allianz seiner ungleichen Gegner doch noch sprengen zu können, vielleicht etwas vorschnell als mögliches Motiv für dessen strategische Entscheidung abgetan hat. Dennoch wird seine Verratsthese spätestens durch die im März 1945 erlassenen «Führer»-Befehle, die darauf abzielten, die Existenzgrundlage der Deutschen zu zerstören, zweifelsfrei bestätigt. «[Z]um Schluß handelte Hitler wie ein jähzorniger enttäuschter Rennstallbesitzer, der sein bestes Pferd zu Tode prügeln läßt, weil es nicht imstande gewesen ist, das Derby zu gewinnen», bemerkte Haffner, der mit diesem Resümee einen von ihm schon 1940 benutzten Vergleich aufgegriffen hat.[26]

Selbst diese Zusammenfassung ist allerdings noch höchst unvollständig in Anbetracht der Fülle von bestechenden Formulierungen, originellen Beobachtungen und atemverschlagenden Argumentationen, die Haffner in den *Anmerkungen zu Hitler* aufgeboten hat. Zur Illustration seien einige Beispiele allein aus dem ersten Kapitel angeführt. Hitlers herausragendes agitatorisches Talent erklärte Haffner mit der Fähigkeit, seine Zuhörer «in eine homogene, knetbare Masse zu verwandeln, diese Masse erst in eine Art Trancezustand zu versetzen und ihr dann etwas wie einen kollektiven Orgasmus zu bereiten». Seinen Haß auf die Juden habe «Hitler von Anfang an wie einen angeborenen Buckel mit sich herum[getragen]», schrieb Haffner an einer anderen Stelle und schuf damit ein eindrucksvolles, seinerzeit bewundertes Bild, das allerdings seinen realen Hintergrund verloren hat, seitdem die Historikerin Brigitte Hamann nachweisen konnte, daß Hitler bis 1914 kein Antisemit war.[27]

Die öffentliche Kritik, die sein schlankes Werk auslöste, fiel denn auch fast durchweg positiv bis euphorisch aus. «Ein geistvolles, durchaus originelles und klärendes Buch», lobte Golo Mann im *Spiegel* und schickte den Wunsch hinterher, die *Anmerkungen zu Hitler* sollten in allen deutschen Schulen gelesen werden. «Zur Aufklärung der Nachgewachsenen [sic!], ziemlich lesefaulen Generation, aber auch zur Reflektion [sic!] derjenigen, die ‹dabeigewesen› sind, gibt es in dieser Kürze, dieser Dichte nichts Besseres», jubelte Peter Diehl-Thiele in der *Süddeutschen Zeitung*, und Joachim Fest meinte in der *Frankfurter Allgemeinen Zeitung*, Haffner verbinde «äußerste Nüchternheit mit hoher intellektueller Originalität» und lasse mit seinem schmalen Band viele umfangreiche Darstellungen hinter sich.[28]

Mit dieser Einschätzung spielte Fest auf die jüngste Flut von Veröffentlichungen an. Im Gefolge seiner eigenen 1973 erschienenen Biographie waren eine Unmenge von Büchern zu dem lukrativen Thema auf den Markt gekommen. Bald darauf machte das Wort von der «Hitler-Welle» die Runde. Daß Haffners Beststeller tatsächlich aus der zahlreich angetretenen Konkurrenz herausragte, haben die vergangenen drei Jahrzehnte eindrucksvoll bewiesen, in denen die *Anmerkungen zu Hitler* zum Klassiker heranreiften, während die einstmals hochgehandelten Titel eines John Toland, Rudolph Binion oder David Irving nur noch wissenschaftlichen Experten oder den sektiererischen Mitgliedern rechtsextremer Zirkel etwas sagen.[29]

Obwohl Haffner alle wissenschaftlichen Gepflogenheiten mißachtet, keine Fußnoten gesetzt und nur ausnahmsweise seine Gewährsleute angeführt hatte, zollten ihm sogar manche Vertreter der deutschen akademischen Geschichtsschreibung Anerkennung und Bewunderung, freilich vor allem solche, die in den Ende der siebziger Jahre tobenden Debatten über die Rolle und Bedeutung des Diktators im nationalsozialistischen Herrschaftsgefüge ähnliche Positionen vertraten wie der Autor der *Anmerkungen zu Hitler*. Klaus Hildebrand verfaßte eine eingehende und würdigende Besprechung in der renommierten *Historischen Zeitschrift*, und als Haffner 1983 den Historikerpreis der Stadt Bad Wurzach erhielt, übernahm Andreas Hillgruber das Amt des Laudators. Seinem Hitler-Buch, meinte der Kölner Ordinarius, liege eine «der fachwissenschaftlichen Einzelforschung gleichrangige [...] Leistung» zugrunde, mit der sich Haffner, «auch wenn er dies selbst in der ihm eigenen Bescheidenheit zurückweisen dürfte», in «die erste Reihe der Zeithistoriker» gestellt habe.[30]

Trotz dieser überwältigenden Zustimmung sind drei grundsätzliche Einwände gegen Haffners Band erhoben worden. Mannigfaltige Kritik löste erstens seine Fixierung auf die Person Hitlers aus. Zweitens wurde die politische Tendenz des Buches beanstandet, insbesondere die wiederholte Verortung des Nationalsozialismus in der Nähe des Kommunismus, und zusätzlichen Anstoß erregte drittens, daß Haffner über weite Strecken seinen Untersuchungsgegenstand vollkommen wertfrei analysiert und sich teilweise sogar anerkennend über den Diktator geäußert hat.

Daß Hitler in Haffners Buch eine überragende Bedeutung für das zukam, was zwischen 1933 und 1945 in Deutschland geschehen war, rief in der bundesdeutschen Wissenschaft ein streng geteiltes Echo hervor, stieß aber auch auf politisch motivierten Protest. Völlig zuwider lief seine Interpretation des Nationalsozialismus zum Beispiel der marxistischen Geschichtsschreibung, deren Vertreter das «Dritte Reich» als einen faschistischen Staat und den «Führer» als eine Marionette der Finanzwelt und Großindustrie begriffen. «War Hitler kein Diener der Oberklasse?», hieß es im Rundfunk der DDR, wo Haffners Studie auf empörte Ablehnung stieß. Aber nicht nur dort. Gösta von Uexküll, in den sechziger Jahren noch ein publizistischer Mitstreiter Haffners, meinte in der DKP-nahen *Deutschen Volkszeitung*, die *Anmerkungen zu Hitler* trügen nichts zur Aufklärung über den Nationalsozialismus bei, da der Verfasser die Machenschaften der Wirtschaft außer acht gelassen habe, die seinerzeit zum Aufstieg des Diktators geführt hätten.[31]

Des weiteren wurde Haffner vorgeworfen, indem er sich ausschließlich auf Hitler konzentriere, enthebe er die Deutschen ihrer Verantwortung für die nationalsozialistischen Verbrechen. «Haffner betreibt gewissermaßen Generalamnestie für das deutsche Volk», ärgerte sich der Rezensent der *Deutschen Zeitung*. «Allein dies macht sein Buch für viele sympathisch und lesbar, die genug haben von den ständigen Selbstanklagen, den Bezichtigungen und Denunziationen einzelner oder politisch-wirtschaftlicher Gruppen.» Ähnlich äußerte sich Jean Améry in der *Zeit*. «Von ihnen lesen wir so gut wie gar nichts», bemerkte der österreichische Intellektuelle mit Blick auf Hitlers Schergen und fügte sarkastisch hinzu, «sie waren ja ihrerseits Opfer der Diktatur».[32]

In der Tat hatte sich Haffner einige kühne Thesen zugunsten der Deutschen einfallen lassen. «Es ist eine interessante, aber merkwürdigerweise wenig beachtete Tatsache, daß Hitler keineswegs *den* Völkern den größten Schaden zugefügt hat, an denen er seine größten Verbrechen verübt hat», behauptete er zu Beginn des letzten Kapitels und erklärte dann mit zelebrierter Nüchternheit, warum die Sowjetunion, Polen und sogar die Juden vom Nationalsozialismus profitiert hätten. Die UdSSR sei nach dem Zweiten Weltkrieg zur Supermacht aufgestiegen, die polnische Bevölkerung lebe seit 1945 wieder in einem kompakten Nationalstaat, und die Juden hätten erstmals seit fast zweitausend Jahren wieder ein eigenes Territorium zugesprochen bekommen. Dagegen habe etwa Großbritannien, fuhr Haffner fort, als Folge des Krieges sowohl seine Kolonien als auch seinen Weltmachtstatus verloren. «Bei weitem am meisten aber hat Hitler, ganz objektiv betrachtet, Deutschland geschädigt», führte er aus, denn trotz gewaltiger Opfer hätten die Deutschen große Gebietsverluste, die Auslöschung des Reiches, die Teilung ihres Landes und die Zerstörung ihrer Städte hinnehmen müssen, von der allgemeinen Not nach 1945 ganz zu schweigen.[33]

Betont wohlwollend war auch seine Einschätzung, was das Verhältnis der Deutschen zum Nationalsozialismus betraf. Genau unterschied Haffner zwischen «Führergläubige[n]», «Hitleranhänger[n]» und überzeugten «Nationalsozialisten», und mehrfach legte er Wert darauf, daß die Deutschen mitnichten radikale Antisemiten gewesen seien, sondern es allenfalls darauf abgesehen hätten, den Einfluß der Juden im öffentlichen Leben zurückzudrängen. Hitlers Ausrottungsantisemitismus sei ein «osteuropäisches Gewächs» gewesen, meinte Haffner, und als er seine mörderischen Absichten in die Tat umsetzte, habe der Diktator dies vor den Deutschen verheimlichen müssen. Deswegen sei es auch den meisten von ihnen möglich gewesen, nichts von dem Genozid zu wissen. Zu guter Letzt erklärte Haffner den Schöpfer des «Dritten Reiches» noch zu einem veritablen Fremdkörper innerhalb der deutschen Geschichte. «Hitler kam für die Deutschen immer von weither», fand er, ja stets sei er ihnen wie «ein unerklärlich von außen Hereingeschneiter» erschienen. Völlig zu Recht hat er in diesem Zusammenhang auf den tiefen Einschnitt hingewiesen, der mit der Erhebung eines vorzeitlichen Rassedogmas zur herrschenden Doktrin verbunden war. Aber gab es nicht auch Momente der Kontinuität, etwa jenen tiefverwurzelten Antiparlamentarismus, der Hitlers Aufstieg entscheidend begünstigt hat?[34]

Seine «Neigung zum Widerspruch, zur effektvoll getrimmten Pointe» mag *ein* Motiv für Haffners nachsichtige Interpretation der Geschichte des «Dritten Reiches» gewesen sein, pädagogisches Kalkül ein *anderes*. Man müsse den Deutschen die verbrecherischen Aspekte des Zweiten Weltkrieges «homöopathisch beibringen», hat Haffner 1982 in einer Unterredung bemerkt, «so daß sie darauf nicht mit Trotz und Ablehnung reagieren. Man muß ihnen einiges vorgeben, sie haben auch gelitten, sie haben tapfer gekämpft. [...] Aber es muß auch trotzdem ein bißchen drin sein: Aber was habt ihr denn da für einen grauenvollen Krieg geführt, und was habt ihr euch alles auch noch Überflüssiges zuschulden kommen lassen?»[35]

Fragwürdige Vereinnahmungen konnten bei dieser Vorgehensweise nicht ausbleiben. So freute sich Albert Speer, daß Haffner die enorme suggestive Wirkung herausstellte, die der Diktator zu entfalten vermocht hatte,[36] und der Publizist Armin Mohler hatte bereits 1979 in seiner Rezension der *Anmerkungen zu Hitler* mit einer unverkennbaren Spur von Neid festgestellt: «Es bedurfte schon eines Mannes mit sehr viel Narrenfreiheit, um dieses Büchlein zu schreiben – ohne daß sein Verleger vom Meinungskartell aufgefordert wird, die Schrift aus dem Handel zu ziehen». Mit dieser Behauptung spielte der ultrakonservative Mohler auf den Eklat um den Historiker Hellmut Diwald an, der sich einer massiven öffentlichen Kritik ausgesetzt sah, nachdem er in seiner 1978 im Propyläen Verlag erschienenen *Geschichte der Deutschen* die nationalsozialistischen Verbrechen relativiert, wenn nicht gar geleugnet hatte.[37]

Sicherlich war Haffner, schon aufgrund seiner Emigrantenvergangenheit, aber natürlich auch wegen seines in den sechziger Jahren erworbenen politischen Rufs, einigermaßen dagegen gefeit, apologetischer oder rechtsextremer Tendenzen verdächtigt zu werden. Zudem hatte er mit Helmut Kindler einen ehemaligen Komintern-Agenten zum Verleger, der, neben umfangreichen lexikalischen Projekten, auch kommunistische Schriftsteller wie Louis Aragon oder Ilja Ehrenburg im Programm hatte. Dennoch waren es in erster Linie sachliche Gründe, die Haffner von einem Hellmut Diwald unterschieden. Denn während letzterer in wolkigen Formulierungen den planmäßig durchgeführten Massenmord an den europäischen Juden in Frage stellte, hat Haffner nicht nur die Fakten dieses schrecklichen Ereignisses gewohnt unumwunden dargelegt, er hat auch den verbrecherischen Charakter des Holocausts hervorgehoben, indem er ihn von «gewöhnlichen» Kriegsgreueln abgrenzte. Nicht ohne Grund existiert eine rechtsextreme Schmähschrift gegen die *Anmerkungen zu Hitler*, die in dieser Hinsicht für die Dignität von Haffners Einschätzungen bürgt.[38]

Den Diktator derart in den Mittelpunkt zu stellen, wie es Haffner getan hat, wirkte allerdings auch auf viele Wissenschaftler herausfordernd. Zwar sind inzwischen auch prominente Gesellschaftshistoriker zu der Einsicht gelangt, daß die Schreckensbilanz des Jahres 1945 «ohne die charismatische Herrschaft Hitlers» nicht vorstellbar sei; seinerzeit aber wurde die Frage, welche Bedeutung dem Diktator für die deutsche Politik zwischen 1933 und 1945 zukomme, bis zur Verbitterung diskutiert.[39] Der Trend, nicht mehr Personen, sondern Strukturen als die entscheidenden Faktoren der historischen Entwicklung zu betrachten, hatte auch die Forschung über das «Dritte Reich» erfaßt und kulminierte in Hans Mommsen vielzitierter

Behauptung, bei Hitler habe es sich um einen «entscheidungsunwilligen, häufig unsicheren, ausschließlich auf Wahrung seines Prestiges und seiner Autorität bedachten, aufs stärkste von der jeweiligen Umgebung beeinflußten, in mancher Hinsicht schwachen Diktator» gehandelt. Für den amerikanischen Historiker Norman Rich konnte man dagegen gar nicht genug betonen, daß Hitler «master in the Third Reich» gewesen sei, und wenig später warf der Politikwissenschaftler Karl Dietrich Bracher das Schlagwort vom «Hitlerismus» in die Debatte.[40]

Haffner hat sich vorbehaltlos der letzteren Position angeschlossen, zumindest in den *Anmerkungen zu Hitler.* «Unmöglich kann ein seriöser Historiker behaupten, daß ohne Hitler die Weltgeschichte des zwanzigsten Jahrhunderts genauso verlaufen wäre, wie sie verlaufen ist», führte er aus und ergänzte: «Die Welt von heute, ob es uns gefällt oder nicht, ist das Werk Hitlers. Ohne Hitler keine Teilung Deutschlands und Europas; ohne Hitler keine Amerikaner und Russen in Berlin; ohne Hitler kein Israel; ohne Hitler keine Entkolonisierung, mindestens keine so rasche, keine asiatische, arabische und schwarzafrikanische Emanzipation und keine Deklassierung Europas.» Insofern bewies aus Haffners Sicht «gerade ein Phänomen wie Hitler», daß die strukturalistische Geschichtsschreibung «auf einem Holzweg ist – ebenso übrigens wie die Phänomene Lenin und Mao, deren unmittelbare Wirksamkeit sich aber immerhin auf ihre eigenen Länder beschränkt, während Hitler die ganze Welt in eine neue Richtung gestoßen hat – freilich in eine andere, als er beabsichtigte; das macht seinen Fall so kompliziert und so interessant».[41]

Entscheidende Bedeutung kam in den erwähnten Diskussionen dem nationalsozialistischen Herrschaftsgefüge zu. Interessanterweise war seinerzeit unumstritten, daß zwischen den einzelnen nationalsozialistischen Ministerien, den diversen Behörden und den zahlreich geschaffenen Sondergremien ein erbittertes Kompetenzgerangel geherrscht habe. Erst jüngst hat der britische Historiker Michael Burleigh bezweifelt, ob die Konkurrenzsituation in der Verwaltung des «Dritten Reiches» tatsächlich so außerordentlich gewesen sei wie bislang angenommen. In den siebziger Jahren hat dagegen die Frage, welche Schlußfolgerungen aus dem Chaos im NS-Staat zu ziehen seien, die Forschung beschäftigt. Während etwa Karl Dietrich Bracher und Klaus Hildebrand die Ansicht vertraten, die Meinungsverschiedenheiten und Eifersüchteleien zwischen den einzelnen Ämtern hätten Hitler als der letztendlichen Entscheidungsinstanz eine besondere Machtfülle verliehen, waren beispielsweise Martin Broszat und Hans

Mommsen zu dem Ergebnis gelangt, daß die Bürokratie des «Dritten Reiches» gerade aufgrund der vorhandenen Rivalitäten eine beträchtliche Eigendynamik entfaltet habe.[42]

Entlang dieser Frontlinien wurden sämtliche Politikfelder durchpflügt, wobei insbesondere die nationalsozialistische Rassenpolitik das Terrain für unzählige Spekulationen bereitstellte. Da eine schriftliche Anordnung Hitlers für die sogenannte «Endlösung der Judenfrage» nicht vorliegt, geht eine ganze Reihe von Experten davon aus, daß es einen entsprechenden «Führer»-Befehl nie gegeben hat. Für Hans Mommsen war der millionenfache Judenmord das Ergebnis bürokratischen Übereifers, und Martin Broszat hat die Auffassung vertreten, das entsetzliche Verbrechen habe im wesentlichen auf Improvisation beruht. Nachdem der Krieg gegen die Sowjetunion Ende des Jahres 1941 nicht gewonnen worden war, habe auch die ursprünglich geplante Umsiedlung der Juden nach Sibirien nicht realisiert werden können, und erst in dieser Situation sei die Ermordung der Deportierten gängige Praxis geworden. Der britische Forscher David Irving machte 1977 sogar mit der spektakulären These von sich reden, der Reichsführer SS, Heinrich Himmler, habe die Vernichtung der Juden bis 1943 auf eigene Verantwortung und ohne das Wissen Hitlers betrieben.[43]

All diese Erklärungsversuche konnten Haffner nicht überzeugen. Für ihn stand fest, daß das Durcheinander der Institutionen im «Dritten Reich» die Autorität und Verfügungsgewalt Hitlers auf ein menschenmögliches Höchstmaß gesteigert habe und zu eben diesem Zweck eingerichtet worden sei. Insofern war es nur folgerichtig, wenn er auch den Massenmord an den europäischen Juden dem Autokraten zuschrieb und die erwähnte These David Irvings entschieden ablehnte, wie dies übrigens auch alle Fachhistoriker getan haben. Hitler in einer solch gewaltigen Aktion zu hintergehen, sei schlechterdings undenkbar gewesen, argumentierte Haffner. Außerdem habe der Diktator 1942 gleich mehrfach auf das mörderische Unternehmen angespielt und darüber hinaus schon seit den zwanziger Jahren die Vernichtung der Juden propagiert.[44]

Mit dieser Einschätzung positionierte sich Haffner zugleich in einer weiteren Kontroverse, denn ob Hitler ein Programm besaß und inwieweit er sich davon leiten ließ, war und ist Gegenstand heftiger Debatten. Nachdem lange die Meinung vorgeherrscht hatte, Hitler sei mehr oder weniger ein Opportunist gewesen, hatte der Historiker Eberhard Jäckel 1969 Hitlers Weltanschauung aus den Reden und Schriften des Diktators herausdestilliert und ihre entscheidende Relevanz für die nationalsozialistische Politik nachgewiesen. Dennoch blieb dieser Punkt umstritten, und vor allem jene Forscher, die eine starke Eigenmächtigkeit der Umstände annahmen, haben die Bedeutung des Ideologischen gemeinhin niedrig veranschlagt.[45]

Haffner hat in den *Anmerkungen zu Hitler* indes der nationalsozialistischen Weltanschauung einen überragenden Stellenwert beigemessen und ihr ein eigenes Kapitel eingeräumt. Gleich zu Beginn jenes Teilstücks hob er hervor, daß der Beherrscher des «Dritten Reiches» «keineswegs nur ein politischer Pragmatiker» habe sein wollen, «sondern ein politischer Denker und Zielsetzer, ein ‹Programmatiker›», also «gewissermaßen nicht nur der Lenin, sondern auch der Marx des Hitlerismus». Ein paar Seiten später legte er nach. Was Kommunismus und Nationalsozialismus verbinde, sei der «Anspruch, die gesamte Weltgeschichte aus einem Punkte zu erklären», nämlich aus einem immerwährenden Klassenkampf beziehungsweise aus einem ewigen Ringen der Rassen. Gerade dieser Pauschalität, so Haffner weiter, verdankten beide Ideologien ihre große Anziehungskraft. «Das Verworrene wird einfach, das Schwierige leicht. Sie geben dem, der sie willig akzeptiert, ein angenehmes Gefühl von Aufgeklärtheit und Bescheidwissen», weshalb man «bei überzeugten Marxisten» ebenso wie «bei überzeugten Hitleristen» eine eigentümliche «Mischung von Überlegenheitsdünkel und Unduldsamkeit» beobachten könne. «Aber natürlich», stellte Haffner klar, «ist es ein Irrtum, daß ‹alle Geschichte› dies oder das sei».[46]

In Anbetracht der marxistischen Renaissance an den westdeutschen Universitäten und des bemüht freundlichen Blicks auf die Sowjetunion, der seit Anfang der siebziger Jahre in der Bundesrepublik gepflegt wurde, bargen solche Äußerungen ein beträchtliches Provokationspotential, wodurch sie für Haffner nur noch reizvoller geworden sein dürften.[47] Jedenfalls hat er an anderer Stelle die polarisierende Gleichsetzung noch einmal aufgegriffen und in diverse Richtungen vertieft. So sah er inzwischen auch nicht mehr etwas Verwerfliches darin, die Gemeinsamkeiten zwischen dem nationalsozialistischen Deutschland und der DDR herauszustellen, wo heute noch die bereits von Hitler betriebene «‹Sozialisierung der Menschen›» fortbestehe und die Bürger wie seinerzeit im «Dritten Reich» von Kindheit an in staatliche Organisationen eingebunden seien. Bei einer anderen Gelegenheit verortete Haffner Hitler sogar explizit im linken Teil des politischen Spektrums. Dieser stehe «in der Reihe der Diktatoren des zwanzigsten Jahrhunderts irgendwo zwischen Mussolini und Stalin», meinte er, «und zwar, bei genauerem Hinsehen, näher bei Stalin als bei

Mussolini. Haffner verwies unter anderem auf «die terminologische Identität» von «Stalins ‹Sozialismus in einem Lande›» und «Hitlers ‹Nationalsozialismus›» und akzentuierte «die Unterschiede zum klassischen Faschismus Mussolinis», nämlich: «keine Monarchie, daher keine Absetzbarkeit und Auswechselbarkeit des Diktators, keine feste Hierarchie in Partei oder Staat, keine Verfassung (auch keine faschistische!), kein wirkliches Bündnis mit den traditionellen Oberklassen, am wenigsten irgendwelche Hilfsdienste für sie».[48]

Wie man sich vorstellen kann, verursachten diese Ausführungen einen beträchtlichen Wirbel. Im ostdeutschen Staats-Radio wurde die Gleichsetzung der DDR mit dem «Dritten Reich» «als Beleidigung» gewertet und als «glatte Lüge» abgetan. Aber auch in der Bundesrepublik stieß Haffners überdrehte These auf Kritik. Das Phänomen der verordneten Vergemeinschaftung beziehungsweise der «Geborgenheit in der Unfreiheit» verbesserte ihn der Politikwissenschaftler Richard Löwenthal, sei «weder ‹rechts› noch ‹links›, sondern nur mit neuen Kategorien zu begreifen»; und Joachim Fest, der nun wirklich weit außerhalb jedes Verdachts steht, den Kommunismus weißwaschen zu wollen, hat in seiner Rezension der *Anmerkungen zu Hitler* eine ganze Reihe von Aspekten aufgezählt, die der Nationalsozialismus mit faschistischen Bewegungen gemein gehabt habe: «die pessimistisch-defensive Grundhaltung insbesondere, ferner die vergangenheitsorientierte, romantizistische Stimmung, [...] die wütende Abwehrhaltung gegen den Emanzipationsprozeß oder den exzessiven, feindselig nach außen gekehrten Nationalismus».[49]

Daß er das «Dritte Reich» auf seiner politischen Landkarte tatsächlich in unmittelbarer Nachbarschaft zu den Systemen des Ostblocks eingezeichnet hat, war wohl nicht zuletzt Bestandteil seines unermüdlichen Feldzugs gegen die potentielle Langeweile der Leser. Denn so umstritten die Frage ist, in welchem Verhältnis die diversen Diktaturen des 20. Jahrhunderts zueinander standen, selbst die Totalitarismustheorie und das Konzept der politischen Religion, die beide das Verbindende zwischen sowjetischem Kommunismus und Nationalsozialismus herausstellen, heben auf die Wirkungsweise, die Mechanismen und den Herrschaftsgrad moderner Tyranneien ab, nicht auf deren weltanschaulichen Gehalt. Haffner hatte anscheinend gleichfalls mehr die verwandten politischen Praktiken als die ideologischen Gemeinsamkeiten im Auge. Anderweitig hat er Marxismus und Nationalsozialismus durchaus als «Ersatzreligionen» bezeichnet und 1983 seine ursprüngliche These sogar ganz fallengelassen. Daß die konservative Kamarilla um Reichspräsident Paul von Hindenburg sich in der Endphase der Weimarer Republik mit Hitler und seiner Massenbewegung verbündet habe, fand Haffner nur folgerichtig, da letztere, wie er mit selbstverständlicher Beiläufigkeit vermerkte, «ja auch ‹rechts›» gewesen sei.[50]

1978, in den *Anmerkungen zu Hitler*, aber hat es Haffner ein spürbares Vergnügen bereitet, gegen linke Ansichten zu polemisieren. Daß die einzige, zumindest potentiell aussichtsreiche Opposition gegen das nationalsozialistische Regime von rechts gekommen sei, während der linke Widerstand nicht mehr als Symbolcharakter gehabt habe, führte er mit süffisanter Nachdrücklichkeit aus. Der gleiche aufreizende Realismus kennzeichnet auch seine Überlegungen zum Thema Krieg. Ihn prinzipiell zum Verbrechen zu erklären, wie es damals unter nicht wenigen Zeitgenossen üblich war, hielt Haffner für unsinnig. «Ebensogut wie den Krieg könnte man den Stuhlgang zum Verbrechen erklären.» Und damit nicht genug. Da eine dauerhafte und stabile Ordnung nur von Imperien gewährleistet werde, fuhr Haffner wenige Seiten später fort, hätten «die erfolgreichen Eroberer und Weltreichsgründer, zu denen ja Hitler zu gehören wünschte, […] in der Geschichte mehr für den Frieden bewirkt als alle papierenen Kriegsverzichtserklärungen».[51] Hitler, ein potentieller Friedensfürst? Angesichts solcher politischer Frivolitäten war es kein Wunder, daß im Dezember 1978, als Haffner den Heine-Preis der Stadt Düsseldorf erhielt, eine lokale Bürgerinitiative gegen die Verleihung protestierte, weil der Geehrte, wie seine Einlassungen zum Thema Krieg belegten, eine «fatalistische, geschichtliche Tatsachen leugnende Philosophie» vertrete.[52]

Schließlich hat der Umstand, daß Haffner, was Hitler betraf, sich über weite Strecken moralischer Wertungen enthielt und dessen Leistungen, Erfolge, Fehler und Irrtümer isoliert von den Verbrechen des Diktators abhandelte, eine Reihe von Lesern irritiert. Golo Mann etwa ging diese Nüchternheit entschieden zu weit. Es sträube sich etwas in ihm, wenn Haffner Hitlers Antisemitismus als Fehler einstufe, der sich politisch und militärisch nachteilig ausgewirkt habe, schrieb er im *Spiegel*. Ebenso kritisierte er, daß Haffner die nationalsozialistische Weltanschauung eingehend auf ihre Stichhaltigkeit prüfe, ohne deren Unmenschlichkeit zu erwähnen. «Hat die Zergliederung Sinn?», fragte Mann. «Hitler war [doch] nicht ein hochbegabter Politiker und nebenher ein Massenmörder».[53] Nicht ausgeschlossen, daß Haffner auch in dieser Angelegenheit seinem ausgeprägten Provokationsbedürfnis gefolgt ist, aber vor allem brachte ihm die kritisierte Methode ein hohes Maß an analytischer Trennschärfe ein. Denn indem er

Hitlers megalomane Eroberungspläne zeitweilig ausblendete und ihm die Möglichkeit unterschob, zum Begründer einer neuen europäischen Ordnung zu werden, konnte Haffner überzeugend herausarbeiten, daß dem Diktator jegliche staatsmännische Qualitäten abgingen; und indem er sich vorbehaltlos auf Hitlers Gedankenbildung einließ, konnte er das Pervertierte und Verbrecherische der nationalsozialistischen Weltanschauung vom Gewöhnlichen und Allgemeingültigen scheiden. Letzteres war ihm besonders wichtig. «Daß Hitler falsch gerechnet hat, schafft die Zahlen nicht ab», gab Haffner seinen Lesern an einer Stelle zu Bedenken, und mehrfach warnte er davor, alles und jedes, was der Diktator gesagt und getan hatte, pauschal zu verdammen.[54]

Das war erneut eine Spitze gegen eine Strömung des Zeitgeists, die in Hitler allzugern eine Inkarnation des Bösen erkennen wollte. Beispielhaft für diese Tendenz ist jener offene Brief von Jean Améry an Sebastian Haffner, den der *Merkur* im August 1978 abgedruckt hat. «Sie kommen zu früh mit Ihrer Objektivität», rief Améry dem Autor der *Anmerkungen zu Hitler* entgegen und forderte, daß, solange Täter und Opfer noch am Leben seien, den Zeitzeugen die Deutungshoheit über die Vergangenheit zukommen und «Hitler der *Mythos des Bösen* bleiben» müsse. «Erlebte Geschichte ist wirklicher als historiographisch niedergelegte», begründete Améry seine Auffassung, und deshalb sei eine subjektive Darstellung des Nationalsozialismus einer objektiven vorzuziehen: «Wir, die Gelernten, werden dann bessere Lehrer sein als die Gelehrten.» Daß für Améry, der als österreichischer Jude und Mitglied eines kommunistischen Widerstandszirkels 1943 verhaftet worden war, der verschiedene Konzentrationslager, darunter auch Auschwitz, überlebt und nach 1945 eine Karriere als Publizist und Schriftsteller eingeschlagen hatte, eine emotionslose Sicht auf das «Dritte Reich» unerträglich war, ist nur allzu verständlich, zumal angesichts der – im wahrsten Sinne des Wortes – existentiellen Bedeutung, die seine Erinnerungen für ihn besaßen. «Wir müssen vulnerabel bleiben, wieder und wieder heimgesucht vom Alptraum, dann handeln wir auch jenen zunutze, die unschuldig sind ganz und gar», hatte er noch im August 1978 an Haffner appelliert, wenige Wochen, bevor er sich das Leben nahm.[55]

Und dennoch: Persönliche Erfahrungen und Betroffenheit sind nicht die einzigen Schlüssel zu historischer Erkenntnis. Unverzichtbare Aufklärungsdienste leisten auch Überblick, Vergleich und intellektuelle Durchdringung – kurzum, all jene Instrumente, die Martin Broszat im Sinn hatte, als er sich 1985 für eine «Historisierung des Nationalsozialismus» aussprach, freilich nicht ohne auf die Gefahren der Relativierung oder gar Rechtfertigung hinzuweisen, die der einordnende Betrachter in diesem Fall zu gewärtigen hat.[56]

Haffner, zweifellos ein Pionier dieses Programms, hat Broszat in seinem Plädoyer dagegen nicht erwähnt; und das ist symptomatisch. Von wenigen Ausnahmen abgesehen, ignoriert die heutige universitäre Forschung die *Anmerkungen zu Hitler*, gilt ihr Autor den allermeisten Experten als unseriös, als nicht satisfaktionsfähig. Selbst als Ende der neunziger Jahre drei Spezialisten unabhängig voneinander zu einem ähnlichen Ergebnis gelangten wie Haffner 1978, nämlich daß es einen unmittelbaren Zusammenhang gebe zwischen Hitlers Kriegserklärung an die Vereinigten Staaten und dessen Entschluß, die europäischen Juden systematisch zu ermorden, haben die vermeintlichen Entdecker es *unisono* nicht für nötig erachtet, ihren bekannten Vorläufer auch nur mit einer Fußnote zu würdigen.[57] Nicht einmal die englischen Historiker Ian Kershaw, Michael Burleigh und Richard Evans, die in den letzten Jahren mit monumentalen Darstellungen zum «Dritten Reich» hervorgetreten sind, haben dem Erfolgsbuch von 1978 eine Bedeutung beigemessen. Offensichtlich ist jener britische Traditionsstrang der Geschichtsschreibung, auf den sich Haffner zeitlebens so gerne berufen hat, allmählich abgerissen, haben sich weite Fachkreise der Insel mittlerweile neuen Paradigmen verschrieben.[58]

Der verbreiteten Ablehnung durch die Fachwelt stand indes der überragende Erfolg gegenüber, den das Werk beim breiten Publikum verzeichnet hat. Über 280 000 Exemplare wurden allein in der Bundesrepublik bis zum November 1979 verkauft, vom Juli 1978 bis zum Mai 1979 rangierten die *Anmerkungen zu Hitler* beinahe ununterbrochen an der Spitze der *Spiegel*-Bestsellerliste für Sachbücher, ehe sie von Christiane F.'s Drogenstory *Wir Kinder vom Bahnhof Zoo* verdrängt wurden, und als man im April 1980 Haffner mitteilte, daß ein mexikanischer Verlag die Rechte an seinem Œuvre erworben habe, handelte es sich bereits um die elfte verkaufte Auslandslizenz. Was die *Anmerkungen zu Hitler* jedoch von vielen anderen Erfolgstiteln abhebt, ist die seltene Mischung von populärer Eingängigkeit und intellektuellem Anspruch. Unzählige Leserbriefe von den unterschiedlichsten Absendern trafen bei Haffner ein; und zu dem, wenn auch etwas zweifelhaften Lob, das ihm etwa die *Bunte* spendete, gesellte sich die Wertschätzung etlicher gebildeter Zeitgenossen, von Ernst Jünger über den Pianisten Alfred Brendel bis hin zu dem früheren Vorsitzenden des NATO-Militärausschusses, General Johannes Steinhoff, der es sich 1979 nicht nehmen ließ, Henry Kissinger, dem ehemaligen amerikanischen Außenminister, ein Exemplar des gefeierten Buches zu besorgen.[59]

Restlose Ehrenrettung – Preußen ohne Legende

Während die *Anmerkungen zu Hitler* noch in die Bücherregale von in- und ausländischen Prominenten einzogen, hatte Haffner in Deutschland bereits mit einem neuen Werk von sich reden gemacht. Ende 1978, also noch im Erscheinungsjahr seines Hitler-Buches, legte er mit *Preußen ohne Legende* eine weitere, äußerst erfolgreiche Veröffentlichung vor. Erschienen ist der aufwendig gestaltete Quartband im *Stern* Verlag, und den Usancen des Hauses entsprechend wurde er mit zahlreichen Abbildungen von herausragender Qualität bestückt. Zwei Jahre soll Ulrich Weyland auf die Illustrierung verwandt und dabei auch langwierige Recherchen in Österreich, der DDR und in Polen nicht gescheut haben, bis er die vielen Fotos von Gemälden, Stichen, Dokumenten und Originalschauplätzen beisammen hatte. Schon der Aufmachung nach handelte es sich um ein äußerst repräsentatives Produkt, etwas für Liebhaber. Der preußische Adler ist in den Einband geprägt, und eine doppelseitige Aufnahme der Burg Hohenzollern im Gegenlicht der Morgensonne nimmt den Leser beim Aufschlagen des Buches bedeutungsvoll in Empfang.[60]

Daß Haffner in so kurzer Zeit mit einer zweiten umfangreichen Publikation hervortreten konnte, lag wiederum an seiner beinahe lebenslangen Beschäftigung mit dem gewählten Thema. Anders als sein Hitlerbild hatte sich seine Einstellung zu Preußen über die Jahre jedoch mehrfach und grundlegend verändert. Obwohl er als Angehöriger des Hohenzollernstaates auf die Welt gekommen und entsprechend sozialisiert worden war und obwohl er dieses Erbe – man denke nur an seinen hartnäckigen Enthusiasmus für alles Militärische – in vielem angenommen, verinnerlicht und hochgehalten hat, fällte er während des Zweiten Weltkrieges verschiedentlich ein vernichtendes Urteil über sein Herkunftsland. «Preußen» sei «das Krebsgeschwür Deutschlands» gewesen, schrieb Haffner 1940 und deutete, wie es damals auch viele britische Kommentatoren taten, Hitlers kriegerische Expansionspolitik als Fortsetzung eines schon von Friedrich dem Großen eingeschlagenen und dann von Otto von Bismarck weitergeführten Kurses. Ebenso legte er wenige Tage nach dem mißglückten Attentat

Abb. 44 «Staatsangehörigkeit: Preußisch» stand noch in Sebastian Haffners ersten Papieren, preußisch war auch mancher Wesenszug an ihm, und immer wieder hat er sich im Laufe seiner Karriere mit dem untergegangenen Hohenzollernstaat auseinandergesetzt. 1962 unternahm er für den NDR *sogar eine Zeitreise in das friderizianische Preußen, zu der auch eine entsprechende Kostümierung gehörte. Trotz dieser Umstände dürfte ihm das damals aufgezeichnete Interview mit dem großen König Freude gemacht haben. Friedrich II. sei, hat Haffner zumindest 1978 bemerkt, in etwa das gewesen, «was die Engländer einen ‹acquired taste› nennen: abstoßend beim ersten Kosten; aber wenn man sich auf ihn einläßt, verfällt man ihm».*

vom 20. Juli 1944 etwas voreilig Wert darauf, daß keiner der bislang bekannt gewordenen Verschwörer «der eigentlichen ‹Militärkaste› angehört – den preußischen Junkern».[61] In den sechziger Jahren hellte sich sein Preußenbild dann merklich auf. Als Rudolf Augstein 1968 den Deutschen die anhaltende Verehrung für Friedrich den Großen austreiben wollte, hat Haffner den schillernden Monarchen gegen die beabsichtigte Demontage energisch verteidigt. Manches freilich war ihm nach wie vor suspekt. Otto von Bismarck stand er weitgehend kritisch gegenüber, und auch das Preußen der Restaurationszeit war, wie einem Abriß von 1968 zu entnehmen ist, ganz und gar nicht nach seinem Geschmack.[62]

Obwohl während der Arbeit an *Preußen ohne Legende* jener zehn Jahre alte Aufsatz ihm als willkommenes Gedankenreservoir dienen sollte – eine Rückbesinnung, die übrigens die wortwörtliche Übernahme einzelner Passagen mit einschloß –, so fiel auf seinen Untersuchungsgegenstand nun doch noch einmal ein günstigeres Licht. Im Gegensatz zu 1919 hätten die «Siegermächte von 1813/15 [...] die Weisheit besessen», die unterlegene Partei «als gleichberechtigten und gleichgeachteten Teilhaber in das europäische System, das sie errichteten, aufzunehmen und einzuordnen», fand Haffner 1978; und darüber hinaus hätten sie, anders als es 1945 geschehen war, «ihre kriegerische Einigkeit in den Frieden hinübergerettet und sogar ideologisch verfestigt, so daß dieser Friede Europa nicht teilte wie der heutige, sondern einigte». Gleichermaßen wollte ihm mittlerweile die Religiosität des romantischen Preußens wie der «verspätete Wunsch eines Kunststaats» erscheinen, «sich um der Staatsräson willen eine Seele zu geben».[63] Damit ist bereits eine wesentliche Facette von Haffners Interpretation angeklungen. Preußen stellte sich ihm vor allem als «Staat ohne Eigenschaften» dar, es besaß keine nationale, ethnische, religiöse oder ideologische Identität, sondern war, wie Haffner anderweitig formuliert hat, «ein Staatskunstwerk; ein sinnreich konstruiertes Regierungs-, Verwaltungs- und Militärsystem, das sich wie ein Zelt hin- und hertragen und verschiedenen Stämmen, sogar verschiedenen Völkern überstülpen ließ». Von daher lehnte er entschieden jene Auffassung ab, die im 19. Jahrhundert etwa von den Historikern Heinrich von Treitschke und Gustav Droysen vertreten worden war und der zufolge die Gründung des Deutschen Reiches die historische Mission der Hohenzollern gewesen sei.[64]

In bewußter Abkehr von jener «goldenen Preußenlegende» kam Haffner immer wieder auf den künstlichen Charakter seines Gegenstandes zurück. Schon im ersten Kapitel über «[d]as lange Werden» hob er hervor, daß die im 12. und 13. Jahrhundert durchgeführte Christianisierung und Kolonisierung sich im preußischen Ordensstaat wesentlich von derjenigen in Pommern und Schlesien unterschieden habe und in Brandenburg noch einmal ganz anders verlaufen sei. Das Fehlen einer genuinen Staatsidee war dann im 18. Jahrhundert allerdings zur entscheidenden Voraussetzung für Preußens rasanten Aufstieg geworden. Gerade dieses ideologische Defizit habe es den berühmten Hohenzollernkönigen ermöglicht, sich in hohem Maße von nüchternen Zweckmäßigkeitserwägungen leiten zu lassen und als gemeinschaftsstiftendes Band ein strenges Pflichtethos zu etablieren, erläuterte Haffner. Auf diese Weise sei es ihnen gelungen, ihr geographisch zersplittertes und von unterschiedlichen Volksstämmen bewohntes Herrschaftsgebiet nicht nur zusammenzuhalten, sondern es zu arrondieren und beträchtlich zu erweitern. Profitiert habe Preußen dabei auch von einer «besonderen Elastizität» und einer «gummiartigen Ausdehnungsfähigkeit» sowie von den allgemeinen Umständen. «Dieser Vernunftstaat paßte ins Zeitalter der Vernunft wie bestellt», resümierte Haffner am Ende seines Kapitels über «[d]ie kleine Großmacht», wobei er um das preußische Einverleibungstalent wohl etwas zuviel Aufhebens machte. Polen, beispielsweise, wurde ja nicht nur von den Hohenzollern zerlegt.[65]

Zu Beginn des 19. Jahrhunderts, in der anbrechenden Ära des Nationalismus, sei der borussische «Zweivölkerstaat», dieser «Rationalstaat» ohne natürliche Wurzeln, unweigerlich in die Defensive geraten, berichtete Haffner, und die Einigung Deutschlands unter preußischer Ägide sei nur noch so etwas wie eine Flucht nach vorn gewesen, im Rückblick jedoch ein höchst unnatürlicher, ja, geradezu paradoxer Vorgang. «Preußen als Reichsgründer», fand er, das sei, «wenn man es historisch betrachtet, eine beinahe so phantastische Vorstellung wie Luther als Papst». Die Kaiserproklamation im Spiegelsaal von Versailles habe denn letztlich auch den «Anfang von Preußens Ende» bedeutet, behauptete Haffner, und von 1871 habe es auch nicht mehr allzu lange bis zu dessen vollständigem Untergang gedauert. Daß die Hohenzollernherrscher mit den verhängnisvollen Entwicklungen der deutschen Geschichte im 20. Jahrhundert, mit den Eroberungsgelüsten und mit den militaristischen Tendenzen, nichts zu tun gehabt hätten, stand für ihn jedenfalls außer Frage. Bismarcks Philosophie der Selbstbescheidung sei noch den alten Idealen verpflichtet gewesen, argumentierte Haffner, der allerdings schon im 1879 geschlossenen Zweibund mit der Donaumonarchie einen scharfen Bruch mit den Potsdamer Traditionen erblickte. Anders als das «Dritte Reich» sei Preußen außerdem ein Rechtsstaat gewesen; fast durchweg hätten seine Könige und Staatsmänner einen nüchternen politischen Stil gepflegt; und was andere Völker und Kulturen anging, sei man in dem «rauhe[n] Vernunftstaat» äußerst tolerant verfahren.[66]

Solche Überlegungen durchziehen das ganze Buch – und das nicht ohne Grund, war es doch Haffners erklärte Absicht, nicht nur mit «der goldenen», sondern auch mit «der schwarzen Preußenlegende» aufzuräumen, die den Staat der Hohenzollern als Inbegriff eines «räuberischen Militarismus» verunglimpfe «und in Friedrich und Bismarck heute noch Vorläufer Hitlers» erkenne. Haffner mußte daher eine doppelgleisige Strategie verfolgen. Während er einerseits das Unnatürliche und Maschinelle an Preußen akzentuierte, um es vor Vereinnahmungen durch die borussische Nationalgeschichtsschreibung zu bewahren, hob er andererseits die europäische Normalität des Hohenzollernreiches hervor, sofern er nicht gerade die ausgesprochene Fortschrittlichkeit des untergegangenen Gemeinwesens beschwor. Völlig neu war seine Sichtweise allerdings nicht. Daß Preußen sich vor allem durch eine künstliche Staatlichkeit ausgezeichnet habe, war schon 1915 von dem Historiker Otto Hintze, dem Autor des monumentalen Opus *Die Hohenzollern und ihr Werk*, festgestellt worden, und kein geringerer als der Wissenschaftler und Publizist Hans-Joachim Schoeps hatte seit der Mitte des 20. Jahrhunderts Preußen immer wieder als Rechtsstaat beschrieben sowie die Reichsgründung von 1871 als Fehlentwicklung eingestuft. Nebenbei bemerkt, handelte es sich bei solchen Übergehungen um ein durchaus häufiger praktiziertes Verfahren Haffners. Wer am Ende als Aufklärer oder gar als strahlender Legendentöter dastehen wollte, tat schließlich gut daran, den aktuellen Forschungsstand nicht allzu ausführlich auszubreiten.[67]

Um dem Image des ruchlosen Freibeuterstaates entgegenzuwirken, prägten also Gewöhnlichkeit und Modernität das Gesicht des klassischen Preußens, wie Haffner es 1978 gezeichnet hat. Was dessen innere Angelegenheiten betraf, referierte er zwar getreulich das Für und Wider, wußte aber in der Regel, dem Geschilderten einen gefälligen Anstrich zu geben. Gewiß, die preußische Armee war in Relation zur Bevölkerung übermäßig groß gewesen, und sicher, die Hohenzollernherrscher hatten beinahe ihre gesamte Politik dem Ziel untergeordnet, die militärische Macht ihres Staates zu vergrößern. Aber wenigstens habe die Generalität nie Einfluß auf die Regierungsgeschäfte ausgeübt, immerhin hätten der Soldatenkönig Friedrich Wilhelm I. und sein Nachfolger Friedrich II. auf die damals übliche verschwenderische Hofhaltung verzichtet, und schließlich habe die energisch vorangetriebene Heeresvermehrung durchaus menschenfreundliche Nebenwirkungen gezeitigt. Flüchtlinge und Emigranten aus ganz Europa seien in Preußen willkommen gewesen und zukunftsweisende Wirtschaftszweige großzügig gefördert worden, schon der benötigten Steuereinnahmen halber. Die Rechtsstaatlichkeit habe unter Friedrich dem Großen sogar einen nie gekannten Stand erreicht, und die religiöse Toleranz sei derart fortschrittlich gewesen, daß sie viele Untertanen überfordert habe.[68]

Die preußische Expansionspolitik habe sich dagegen im Rahmen des Üblichen bewegt, wurde Haffner insbesondere im Zusammenhang mit den Eroberungen Friedrichs II. nicht müde zu betonen, wobei es ihm, wie könnte es anders sein, vor allem auf die Causa Schlesien ankam. Im Dezember 1740 hatte der junge preußische König die momentane Schwäche der gerade inthronisierten Habsburgerregentin Maria Theresia genutzt, um in die österreichische Provinz einzufallen, die er in drei Kriegen und mit viel Glück behaupten konnte. 1763 wurde ihm der Besitz endgültig bestätigt, aber noch bis zum Ende des Jahrhunderts dauerten die Revisionsbemühungen Wiens an. Präzedenzloser Sündenfall oder brillanter machtpolitischer Coup? Zwischen diesen beiden Polen oszillierte schon die von den Zeitgenossen geführte Debatte, die bis heute andauert. Zum Teil hingen Wohl oder Wehe davon ab, ob die Einschätzung von einem Preußen oder Österreicher stammte, aber nicht minder wichtig war und ist die Frage, als wie bedeutsam die Rolle der Moral in der internationalen Politik veranschlagt wird, sei es generell und im Prinzip, sei es speziell im 18. Jahrhundert. So rechnete, um eine extreme Position zu benennen, der englische Historiker George Peabody Gooch den «Raub Schlesiens» zu «den sensationellsten Verbrechen der Geschichte der Neuzeit». Aber auch Johannes Kunisch, einer der letzten Biographen Friedrichs, ist der Ansicht, daß sich der König von Preußen mit seinem Husarenstück über alle Normen und Konventionen einer, was eine rigorose Interessenpolitik anging, ohnehin sehr freizügigen Epoche hinweggesetzt habe.[69]

Nicht so Haffner. Für ihn war die Zeit zwischen 1648 und 1789 «das Pubertätsalter der europäischen Machtpolitik», das heißt, «ein Alter der wilden Triebe und der tollen Streiche.» Wie «in einem Spielsaal» sei es damals zugegangen. «Ständig wurde irgendwo Krieg geführt. [...] Daß Provinzen und Länder ihre Herrschaft wechselten», sei folglich «nichts Besonderes» gewesen, «ebensowenig, daß neue Mächte aufkamen und alte absanken», ganz zu schweigen von Annexionen auf Kosten des Alten Reiches, das doch seit dem Westfälischen Frieden nur noch «ein lebender Leichnam» gewesen sei. Von daher bewertete er die Eroberung Schlesiens als einen zwar höchst unmoralischen, im übrigen aber ziemlich normalen Vorgang. Schließlich habe 1741 nicht Maria Theresia internationale Unterstützung gefunden, sondern der Aggressor Friedrich; und 1772, als sich Rußland, Österreich und Preußen in einer ersten gemeinsamen Aktion größere Teile Polens einverleibten, sei dann auch die Kaiserin mit von der Partie gewesen.[70]

An dieser nahezu ungetrübten Deutung entzündete sich im wesentlichen die Kritik an Haffners Buch, und zwar vornehmlich an zwei Gesichtspunkten, die der *Economist* im August 1980, nachdem die englische Übersetzung von *Preußen ohne Legende* erschienen war, mit britischer Prägnanz zusammengefaßt hat. Zum einen, meinte der anonym gebliebene Rezensent, unterschlage Haffner die aus heutiger Perspektive bedenklichen Seiten der preußischen Geschichte, «den Drill, die Vorurteile der Junker, die manipulierte Verfassung, den Antisemitismus und den Rest». Zum anderen aber, «weiche Mr. Haffner, indem er das ‹wahre› Preußen mit der Reichsgründung von 1871 verschwinden lasse, geschickt der vertrackten Frage aus, wie viel von Preußen in die Existenz des wilhelminischen und Hitlerschen Deutschland eingegangen ist».[71]

Mit ähnlichen Vorwürfen ist Haffner wiederholt konfrontiert worden, und es stimmt ja, daß etwa die von ihm so innig beschworene Toleranz und Rechtsstaatlichkeit des klassischen Preußen ihre Grenzen hatte. Die jüdische Bevölkerung beispielsweise sah sich gerade unter Friedrich dem Großen erheblichen Benachteiligungen ausgesetzt. Solche eher punktuellen Einwände sind von einigen westdeutschen Historikern ins Grundsätzliche gesteigert worden. Sie beanstandeten, daß Haffners einziger Bewertungsmaßstab das Kalkül der Staatsräson sei, daß er fast ausschließlich die Herrschenden in den Blick nehme und darüber die «Frage nach den sozialen Kosten» vernachlässige. In diesem Zusammenhang wurde auch Kritik an seiner traditionellen Vorgehensweise geübt. «[D]a Haffner das differenzierte methodische Handwerkszeug moderner Sozial- und Verfassungsgeschichte nicht anrührt, versagt er sich und dem Leser die Auseinandersetzung mit der Schwerkraft der materiellen Bedingungen», bemängelte Michael Stürmer. Hans-Ulrich Wehler, der in dem Hohenzollernstaat ein Paradebeispiel an Rückständigkeit und Unterdrückung sah, meinte gar, Haffners Buch müßte «im Hinblick auf das Ancien Régime» eigentlich «‹Preußen als Legende› heißen».[72]

Zwar war Haffner, was die einstigen Leiden breiter Bevölkerungsschichten anging, bekanntermaßen mit robuster Nonchalance ausgestattet; unerwähnt ließ er das Fehlen eines Sozialstaates in seinem Buch deshalb aber nicht. Da es sich jedoch um ein länderübergreifendes Defizit gehandelt habe, lehnte er es ab, sich über die fürsorgelosen preußischen Verhältnisse zu entrüsten. «Es ist ohnehin unfair genug, wenn auch natürlich nicht zu ändern, daß immer nur die Gegenwart die Geschichte der Vergangenheit schreiben kann und niemals die Vergangenheit die heutige Geschichte», merkte er an anderer Stelle an. «Ein Preuße des 18. Jahrhunderts, mit der deutschen Geschichte des 20. konfrontiert, würde über vieles den Kopf schütteln – und über manches die Hände ringen».[73]

Hingen die diesbezüglichen Ansichten letztlich auch vom politischen Standpunkt des Betrachters ab, so stieß Haffners These, 1871 habe das «lange Sterben» Preußens begonnen, auf eine breite Front der Ablehnung.

Mehrere Experten haben dagegen die Ansicht vertreten, daß der größte deutsche Teilstaat noch mindestens bis Anfang der dreißiger Jahre als relativ selbständiges Gebilde fortexistierte, und Forscher wie Hans Ulrich Wehler oder Hans-Jürgen Puhle, die in ihren Untersuchungen die gesellschaftlichen Verhältnisse in den Mittelpunkt rückten, haben dem preußischen Element sogar großen Einfluß auf die deutsche Geschichte zugeschrieben. Namentlich die ostelbischen Junker mit ihrem tief konservativen Standesbewußtsein hätten dank ihrer mächtigen Bastionen in Politik, Verwaltung und Armee die Geschicke des Reiches bestimmt und den verhängnisvollen Untergang der Weimarer Demokratie betrieben.[74]

Gewiß haben die erwähnten Gegebenheiten Hitlers Aufstieg begünstigt, aber diese Voraussetzungen mußten wahrgenommen werden, sie waren keine Selbstläufer ins Verderben. Völlig fern der Realität ist Haffners Sichtweise also nicht, zumal erst jüngst der australische Historiker Christopher Clark sogar einen «absoluten Gegensatz» zwischen Preußen und dem Nationalsozialismus ausgemacht und unserem Protagonisten auch in vielen anderen Punkten beigepflichtet hat.[75] Für echte Preußen war Haffners Blickwinkel bereits seinerzeit ohnehin der einzig richtige. «[V]iel hat es schon für sich, die Dinge so zu sehen, und mehr Argumente lassen sich für die nach 1871 einsetzende ‹Verreichung Preußens› als für die ‹Verpreußung des Reichs› herbeischaffen», meinte Wolf Jobst Siedler in der *Frankfurter Allgemeinen Zeitung*. Die treuesten Anhänger des Hohenzollernstaates wiesen sich allerdings dadurch aus, daß sie zwar mit der Grundtendenz der Ausführungen übereinstimmten, zugleich aber die zahlreichen Fehler und Ungenauigkeiten insbesondere in den Bildtexten bemängelten.[76]

Die kontroverse Beurteilung von Haffners Buch hat indes nicht nur etwas mit den unterschiedlichen politischen Überzeugungen der Rezensenten zu tun, sondern auch mit der Tatsache, daß es von einem außergewöhnlich schillernden Gegenstand handelt. Das Hohenzollernreich ließ sich beinahe für alles und jedes vereinnahmen, wie gerade die Preußenrenaissance zeigt, die Ende der siebziger Jahre in Deutschland ausbrach, und zwar in beiden seiner Teile. Sowohl die DDR als auch die Bundesrepublik fühlten sich in seltsamer Synchronität bemüßigt, das Andenken an den untergegangenen Staat hochzuhalten, ja, wetteiferten regelrecht darum, das preußische Erbe für sich reklamieren zu können. Ein auf beiden Seiten des Eisernen Vorhangs vorhandenes Bedürfnis nach historischer Selbstvergewisserung spielte bei der merkwürdigen Konkurrenz zweifelsohne eine Rolle, zumal Preußen als übernationales Gemeinwesen sowie als Gründer eines Nationalstaates zum identitätsstiftenden Vorbild geradezu prädestiniert war.[77]

Höhepunkt der westdeutschen Preußeneuphorie war die großangelegte Ausstellung «Preußen – Versuch einer Bilanz», die 1981 in West-Berlin gezeigt wurde und in deren Vorfeld und Gefolge eine Flut von Veröffentlichungen auf den Markt kam. Zwar waren sich die meisten Autoren dahingehend einig, daß das gefeierte Land inzwischen Geschichte sei; in der Frage, was den versunkenen Staat eigentlich ausgemacht habe, liefen die Einschätzungen jedoch weit auseinander, zum Teil sogar quer durch die politischen Lager, so daß das preußische Motto *Suum cuique* noch einmal auf ganz unvermutete Weise mit Leben erfüllt wurde. Für den einen war Preußen in erster Linie eine Idee, für den anderen vor allem ein autoritärer und ausbeuterischer Obrigkeitsstaat, für einen Dritten wiederum ein «Land der unbegrenzten Möglichkeiten», wobei sich der Propagator dieser These, der Publizist Bernt Engelmann, vornehmlich auf das «rote Preußen» Friedrich Engels und Ferdinand Lassalles, Kurt Tucholskys und Ernst Niekischs kaprizierte, im Einklang mit der ostdeutschen Traditionspflege übrigens, und dorthin, das heißt zur Staatssicherheit der DDR, unterhielt Engelmann bekanntermaßen auch beste Kontakte.[78]

Haffner, dessen Publikation zu Beginn der Preußen-Welle erschienen war, hat sich gegen die zahllosen Mitbewerber um die Gunst des Publikums hervorragend behauptet. Trotz des vergleichsweise hohen Preises belegte *Preußen ohne Legende* auf Anhieb vordere Plazierungen in den Sachbuch-Ranglisten der Republik, und bis zum Sommer 1981 will der *Stern* über 100 000 Exemplare verkauft haben. Mit seinem «glänzend formulierte[n] und hervorragend konzipierte[n]» Werk, hieß es in einem Bericht des *Kölner Stadt-Anzeiger* vom August 1981, habe Haffner «in der politischen Kultur der Bundesrepublik eine Rehabilitierung Preußens ohnegleichen» eingeleitet und spiele «seitdem eine maßgebliche Präzeptoren-Rolle». Der Erfolg war indes nicht unerwartet gekommen. «Auch im Hinblick auf Preußen werden von ihm nur ‹Anmerkungen› gemacht, bleibt Haffner ein Kolumnist im Großformat, dem es weniger um Wissensvermehrung als um Geländeorientierung, weniger um Detailversenkung als um Begriff und Überblick» gehe, hatte der Kritiker des Berliner *Tagesspiegel* schon im Januar 1979 die Parallelen zu seinem Hitler-Bestseller aufgezeigt; und selbst die Konkurrenz konnte nicht umhin, die Qualität des Werkes anzuerkennen. «Eigentlich ist das eine Frechheit», beschwerte sich Christian Graf von Krockow, seines Zeichens selbst ein intimer Kenner der borussischen Geschichte, mit halb gespielter Eifersucht in der *Zeit* vom 2. März 1979. «Für 1981 wird eine große Preußen-Ausstellung geplant, eine Art Preußenjahr steht ins Haus [...] Und plötzlich ist ein Buch auf dem Markt, das die Schau stiehlt, das fast alles schon vorwegnimmt und womöglich in den Schatten rückt».[79]

Apotheose der Staatsräson – Die Überlegungen eines Wechselwählers *und andere Einlassungen*

Was Haffner an Preußen vor allem bewundert hat, war das perfekte Funktionieren der Staatsmaschinerie, ein Gesichtspunkt, der in der zweiten Hälfte der siebziger Jahre auch außerhalb seiner Beschäftigung mit dem untergegangenen Hohenzollernreich zum beherrschenden Kriterium seines Denkens aufstieg. Das Geregelte, Vernünftige und Realistische am Wirken Otto von Bismarcks und Gustav Stresemanns konnte er inzwischen nicht genug loben, und wie man weiß, hat er dem Umstand, daß Hitler jegliche staatsmännische Qualität abgegangen war, 1978 große Bedeutung beigemessen.[80]

Besonders deutlich zeigte sich das neue Profil seines Denkens in der zehnteiligen Fernsehserie *Dokumente deutschen Daseins*, die das *ZDF* zwischen September 1977 und Mai 1979 ausgestrahlt hat und die die deutsche Geschichte von den spätmittelalterlichen Bauernunruhen bis zum Ende des Zweiten Weltkrieges behandelte. Eingeflochten zwischen darstellende Passagen und Originalbeiträge waren Dispute zwischen Haffner und dem Historiker Hellmut Diwald, den wir bereits im Zusammenhang mit den *Anmerkungen zu Hitler* kennengelernt haben. Wohl auch aufgrund der Schlagabtausche dieses Gespanns wurde die Sendung ein Erfolg, und zuletzt sollen die Einschaltquoten annähernd zwanzig Prozent erreicht haben. Jedenfalls war das öffentliche Interesse groß genug, daß 1980 ein Buch zur Serie erscheinen konnte.[81]

Verfasser der Reihe war ein langjähriger Bekannter Haffners, Wolfgang Venohr, dem es mit den *Dokumenten deutschen Daseins* darum ging, den Gedanken der nationalen Einheit wachzuhalten. Schon der pathetische Stil und das exaltierte Schriftbild, die ihm für seine Äußerungen angebracht schienen, lassen den revolutionären Eifer erahnen, mit dem der Chefredakteur der Produktionsgesellschaft *Stern TV* für seine Ziele stritt. «Es wird hohe Zeit, um mit Ulrich von Hutten und Friedrich Engels zu sprechen, den Deutschen wieder Mut, sprich: National*stolz* einzuflößen! Es ist der Augenblick gekommen, ihnen die aufrüttelnden, die begeisternden Beispiele der Vergangenheit vor Augen zu führen», verkündete Venohr im Vorwort der Dokumentation, das er mit dem Bekenntnis abschloß: «Der Autor wünscht, daß diese Publikation der revolutionären SACHE DES DEUTSCHEN VOLKES, sprich: der Einheit Deutschlands diene.» Die Ansichten Hellmut Diwalds stimmten mit denen Wolfgang Venohrs weitgehend überein, so daß es Haffner mit gleich zwei Vertretern einer nationaldemokratischen Denkweise zu tun hatte, einer auch schon in der Bundesrepublik von 1980 ziemlich ausgefallenen politischen Antiquität aus dem 19. Jahrhundert, die freilich die staatstragende Attitüde Haffners um so schärfer hervortreten ließ, zumal ihn sein Widerspruchsgeist veranlaßt haben dürfte, so manche Meinung pointierter in die Debatte zu werfen, als es ihm von sich aus in den Sinn gekommen wäre.[82] Wo Diwald auf das Selbstbestimmungsrecht der Nation und den Freiheitsdrang der Menschen pochte, verfocht Haffner das Kalkül der Realpolitik und der Staatsräson; wo ersterer leidenschaftlich plädierte, argumentierte letzterer mit engagierter Nüchternheit.

Bereits in der ersten Sendung, in deren Mittelpunkt die Reformation und die Bauernkriege gestanden hatten, sind die unterschiedlichen Prämissen offensichtlich geworden und die jeweiligen Positionen hart aufeinandergeprallt. Während Diwald ganz auf Seiten der unterdrückten Aufständischen und des sozialrevolutionären Predigers und Agitators Thomas Münzer stand, verteidigte Haffner die bestehende Ordnung und Martin Luther, der sich seinen religiösen und kirchenpolitischen Zielen zuliebe mit der Obrigkeit verbündet hatte. Dabei wurde er grundsätzlich. «Beruht die Ehre und Glorie einer Nation in ihren Revolutionen? Sind Revolutionen eigentlich etwas Gutes?», fragte Haffner, der einstige Dutschke- und Mao-Bewunderer, um direkt im Anschluß die Antwort zu geben: «Revolutionen sind doch genau wie Kriege zunächst einmal immer ein großes Unglück.» Sogar Edward Gibbons rabenschwarze Ansicht, der zufolge die «Geschichte einfach der Katalog der Verbrechen und Irrtümer der Menschheit» sei, fand er nicht ganz abwegig. Er halte sie für eine zwar «sehr pessimistische, aber vielleicht nicht ganz unrealistische Auffassung», bekannte Haffner.[83]

Dennoch war für ihn Krieg nicht gleich Krieg. «Ich würde zwischen Friedrich, Bismarck und Hitler keine Linie ziehen wollen», entgegnete er Hellmut Diwald, der mit Blick auf die Schlesischen Kriege eben dies getan

Abb. 45 Er war immer für eine Überraschung gut. In der zweiten Hälfte der siebziger Jahre präsentierte sich der einstige Dutschke- und Mao-Bewunderer Haffner in der Fernsehserie Dokumente deutschen Daseins *als entschiedener Anwalt der Staatsräson sowie als konservativer Widerpart zu dem Historiker Hellmut Diwald, der wiederum – wie um die politische Verwirrung auf die Spitze zu treiben – bald darauf in das Lager der Neuen Rechten abdriftete.*

hatte. «Aber haben nicht alle großen Mächte in irgendeiner Zeit ihrer Geschichte, auf die sie stolz sind, Angriffskriege geführt?», hielt Haffner dagegen. «Ist England jemals von Indien angegriffen worden?» Wichtig war ihm allerdings nicht nur der Erfolg an sich, sondern auch das, «was der Sieger aus dem gewonnenen Krieg» mache. Der Expansionsdrang Friedrichs des Großen, meinte Haffner, sei für Preußen sogar überlebensnotwendig gewesen, da es als Mittelmacht eine kritische Größe gehabt und vor der Alternative Aufstieg oder Untergang gestanden habe. Israel, setzte er hinzu, befinde sich heute in einer ähnlichen Situation. Hellmut Diwald widersprach dieser Einschätzung energisch. «Isolierte Staatsräson ist grundsätzlich Verneinung des Völkerrechts», wandte er ein.[84]

Das Delikate an dieser Rollenverteilung war, daß Diwald, der sich in den

Dokumenten Deutschen Daseins durchweg links von Haffner positioniert hatte, damals – es wurde bereits erwähnt – aufgrund einiger grob beschönigender Äußerungen über das «Dritte Reich» in politischen Verruf geriet. Seit den achtziger Jahren verkehrte er zunehmend in den sektiererischen Kreisen der Neuen Rechten, ehe er, ein weithin Geächteter, 1993 verstarb.[85]

Haffner, der unerbittliche Anwalt der Staatsräson, knüpfte dagegen an einen völlig anderen Ideenstrang des rechten politischen Spektrums an, sofern von einer solchen Verbindung überhaupt ernsthaft die Rede sein kann, profilierte sich doch seinerzeit auch die SPD, allen voran Bundeskanzler Helmut Schmidt, als pragmatische und staatstragende Kraft, so daß es Haffner keine spektakulären politischen Verrenkungen kostete, 1980 eine Wahlempfehlung zugunsten der Sozialdemokraten abzugeben. Im Sommer, rechtzeitig vor den Bundestagswahlen im Oktober, kamen seine *Überlegungen eines Wechselwählers* in den Handel, an deren Ende sich Haffner für eine Fortsetzung der sozial-liberalen Koalition aussprach. Vorausgegangen war dem Wahlvorschlag jedoch nicht nur eine sorgfältige Abwägung der vorhandenen politischen Optionen. In den ersten beiden der insgesamt drei Essays, die das wiederum im Kindler Verlag erschienene Buch versammelt, stellte er eine Fülle von grundsätzlichen Betrachtungen an, und insbesondere beschäftigte ihn die Frage, wie eine Demokratie beschaffen sein müsse, um bestmöglich zu funktionieren. Kurzum: Es ging ihm auch in diesem Band um das Moment der Staatsräson, nun unter den Bedingungen der Volksherrschaft.[86]

Wie also sah das ideale Gemeinwesen aus? Haffner zufolge kam es vor allem darauf an, daß die Parteien sich nicht nur als Weltanschauungsvertretungen verstanden, sondern pragmatische und handlungsfähige Gruppierungen waren. «Demokratie», gab er an einer Stelle den Lesern zu bedenken, heiße «ja nicht Abschaffung von Regierung, von ‹Obrigkeit›», und deswegen sei es die wichtigste Aufgabe der Parteien, als «Pflanzschulen für Politiker» zu dienen. Daraus leitete Haffner in ausgedehnten historischen und ländervergleichenden Betrachtungen die Konsequenz ab, «daß die richtige Zahl von Parteien in einer funktionsfähigen Demokratie zwei ist, und nicht mehr; was darüber ist, das ist vom Übel.» Eine solche Konfiguration, argumentierte er, gewähre einerseits dem Bürger eine echte Wahlmöglichkeit, garantiere aber andererseits der Regierung ein Maximum an Stabilität und Handlungsfähigkeit. Zugleich warnte er vor allzu viel Programmatik. «Die Wirklichkeit relativiert jedes Programm», meinte Haffner, und was der «bundesrepublikanische Wähler» im Grunde wolle, sei «eine Regierung und eine Reserveregierung, zwei Parteien [...], die sich ohne harten Bruch in der Regierung ablösen können».[87]

Daß die Bundesrepublik dem beschriebenen Ideal ziemlich nahe kam, machte, so sah es zumindest Haffner, gerade ihr Erfolgsgeheimnis aus, und er war sogar bereit, da, wo der westdeutsche Staat nicht so ganz seinen Maximen entsprach, ein wenig nachzuhelfen. Die FDP, deren hartnäckige Existenz seine Bestandsaufnahme notwendigerweise trüben mußte, schlug er jedenfalls kurzerhand der SPD zu, und das, obwohl bereits 1980 erste Risse in dem Bündnis mit den Sozialdemokraten erkennbar geworden waren. Haffner ließ sich davon jedoch nicht beirren. «Ihre Macht, den Koalitionspartner zu wechseln, gleicht dem Stich der Biene – schmerzhaft für den Gestochenen, aber tödlich für die Stecherin», behauptete er in seinen Einlassungen zur FDP, wo er im übrigen die Meinung vertrat, daß die beiden gegenwärtigen Regierungsparteien «fast so unzertrennlich geworden» seien «wie die CDU und CSU».[88]

Potentielle Eindringlinge in das Establishment der westdeutschen Parteien sahen sich von daher den wütenden Attacken des Publizisten ausgesetzt, gleich welcher Couleur sie auch sein mochten. Ursprünglich hatte Haffner dem Thema «Braun, Rot und Grün» sogar einen eigenen Abschnitt seines Buches widmen wollen. Daraus ist dann zwar nichts geworden, aber eingangs des letzten Kapitels nutzte er doch die Gelegenheit, den Lesern entschieden von der Wahl einer links- oder rechtsextremen Partei abzuraten, von einem Votum für die GRÜNEN ganz zu schweigen.[89]

Die Umweltvereinigung war im Januar 1980, nach einigen Wahlerfolgen auf kommunaler Ebene, als Bundespartei ins Leben gerufen worden, und damit hatte – so stellt es sich zumindest im Rückblick dar – ein langjähriger Formierungsprozeß seinen Abschluß gefunden. Denn zweifelsohne atmete die neue Gruppierung viel von dem emanzipatorischen Geist, den basisdemokratischen Idealen und dem spielerischen Politikstil der Achtundsechziger. Auch die Nähe zu akademischen Kreisen und fehlende Berührungsängste gegenüber dem Kommunismus – vor allem in ihrer Gründungsära erhielten die GRÜNEN reichlichen Zulauf aus den entsprechenden Zellen – wären als verbindende Momente zu nennen sowie nicht zuletzt der dogmatische und vereinzelt sogar gewaltbereite Zug, der die Aktivisten anfänglich auszeichnete. Andere Elemente waren später hinzugekommen. Die siebziger Jahre hatten ökologischen, pazifistischen und feministischen Bewegungen einen beträchtlichen Aufschwung beschert, groß genug, um ein spezifisches und dennoch vielfach segmentiertes alternatives Milieu entstehen zu lassen, aus dem schließlich die GRÜNEN erwuchsen, ein Sammelbecken unterschiedlichster Strömungen, in dem zu Beginn sogar einige besonders umweltbewußte Christdemokraten Aufnahme fanden.[90]

Für Haffner kam der Aufstieg der neuen Kraft einer politischen Katastrophe gleich. Die GRÜNEN seien eine «reine Protest- und Störpartei», schimpfte er in den *Überlegungen eines Wechselwählers*, «nichts könnte sie in größere Verlegenheit versetzen, als wenn ihnen plötzlich 51 Prozent der Wähler ihre Stimme gäben». Außerdem warf er ihnen Fundamentalismus vor. Letztlich würden die Umweltaktivisten nichts Geringeres als das Ende der Industriegesellschaft fordern, und darüber, «daß das nicht möglich und auch nicht wünschbar» sei, könne «man mit den Grünen so wenig diskutieren, wie man vor fünfzig Jahren mit den Nazis über die Juden diskutieren konnte». Aber auch von den Beweggründen der jungen Partei hielt er nichts. Die ureigentliche Motivation der Ökologiebewegung sah er mehr einer «Gemütsverfassung» denn einem «Denkmodell» entspringen – so etwas wie dem «‹Unbehagen an der Kultur›», um mit Sigmund Freud zu sprechen; und folglich bestehe ihr Programm aus einer «seltsame[n] Mischung aus Nostalgie und Apokalypse». Haffner, der Erzrationalist, zog es dagegen vor, bei der Lösung der Ressourcenprobleme auf den technischen Fortschritt zu vertrauen.[91]

Erklärungsbedürftig bleibt sein abgrundtiefer Haß auf die GRÜNEN, die bei den Bundestagswahlen 1980 gerade einmal 1, 5 Prozent der Stimmen erhalten sollten, jedoch allenthalben. Trat in ihm die natürliche Abneigung eines älteren Herrn gegen das Neue zu Tage? Hatte der Umstand, daß Haffner in einem subkulturellen Biotop wie West-Berlin lebte, seinen Widerspruch gegen alternative Lebensentwürfe, etwa gegen «diese schrecklichen ‹Frauenkneipen›», zu unversöhnlicher Heftigkeit anschwellen lassen? Befremdete Haffner, dessen Analysen seit jeher um die traditionellen Probleme von Krieg und Frieden, Freiheit und Diktatur gekreist waren, der etwas andersgeartete Themenkanon der GRÜNEN? Oder fiel seine Ablehnung deshalb so scharf aus, weil sich in ihr ein gerütteltes Maß enttäuschter Sympathien verbarg, jenes längst verflossene Wohlwollen, das er einst den Radikalreformern der sechziger Jahre entgegengebracht hatte?[92]

So berechtigt diese Mutmaßungen im einzelnen auch sein mögen, entscheidend für Haffners Furor war wohl einmal mehr sein Abgrenzungsbedürfnis, sein Feindbildbedarf, der angeborene Hang zur Polemik. Es sei heute üblich, dieses und jenes an der Bundesrepublik auszusetzen, hatte er schon im Dezember 1978 erklärt, als er mit dem Heine-Preis der Stadt Düsseldorf ausgezeichnet wurde, und eben deshalb wolle er seine Dankesrede nutzen, um einmal etwas zugunsten des so übel beleumundeten Landes zu sagen, das er inzwischen sogar als den «beste[n] aller heute denkbaren deutschen Staaten» ansah. Nun war die Bundesrepublik beim Gros der Bürger durchaus nicht so schlecht angeschrieben, wie es der aufsehenheischende Haffner insinuierte. Aber es stimmte schon. Ein Teil des linksintellektuellen Milieus verharrte wie eh und je in grundsätzlicher Opposition zu dem westdeutschen Gemeinwesen, ja war in seiner ablehnenden Haltung vielleicht sogar eher noch verhärtet, da sich zur prinzipiellen Unzufriedenheit inzwischen auch erbitterte Enttäuschung gesellte. Nach der Aufbruchstimmung der späten sechziger Jahre und den hoffnungsvollen Anläufen der Ära Brandt war dessen pragmatischer Nachfolger Helmut Schmidt zu einem nüchterneren Stil und einer maßvollen Reformpolitik zurückgekehrt. Und bewiesen das entschiedene Vorgehen gegen die RAF sowie die immer noch geltende Verordnung, Mitgliedern kommunistischer Vereinigungen die Verbeamtung zu verweigern, nicht unzweifelhaft, daß das anhaltende Mißtrauen gegen den Staat nur allzu berechtigt war?[93]

Keineswegs, meinte Haffner 1978. Vielmehr habe die Bundesregierung 1977, auf dem vorläufigen Höhepunkt der terroristischen Gewalt, trotz der massiven Bedrohung des Landes durch die RAF erfreulicherweise an den bewährten rechtsstaatlichen Standards festgehalten. Ebenso unsinnig wollte ihm nun, anders als noch zu Beginn der siebziger Jahre, die Kampagne gegen die sogenannten «Berufsverbote» erscheinen. «‹Berufsverbote›», führte Haffner in den *Überlegungen eines Wechselwählers* aus, seien doch «das entscheidende Merkmal gerade einer kommunistischen [...] Wirtschaft», in der die «Berufe des Kaufmanns, des Industriellen, des Bankiers, sogar des selbständigen Handwerkers oder Landwirts» grundsätzlich von niemandem ausgeübt werden dürfen. «Aber kann man es ‹Berufsverbot› nennen», fuhr er fort, «daß zum Beispiel ein Protestant nicht katholischer Priester werden kann – und, ganz entsprechend, der Angehörige einer totalitären Partei nicht Beamter eines demokratischen Staats?» Auch die westdeutsche Gesellschaft nahm er erneut gegen pauschale Anfeindungen in Schutz. «Es ist Unsinn, daß die 13 Millionen Naziwähler von 1932, um nur von diesen zu reden, bewußt für Krieg und Kriegsgreuel, Konzentrationslager und Judenmord stimmten», sinnierte er 1980 und ergänzte, «daß derartiges dabei herauskommen würde, ahnten höchstens die wenigen, die ‹Mein Kampf› gelesen hatten, und die noch wenigeren, die das wilde Buch ernstnahmen. Ebensowenig wählten die 6 Millionen KPD-Wähler den Archipel Gulag».[94]

Mehr noch: Verschiedentlich sah es so aus, als ob er sich eigentlich einen stärkeren Staat, etwas mehr Recht und Ordnung und eine Rückbesinnung auf genuin konservative Wertvorstellungen gewünscht hätte. Womöglich seien Regierung und Exekutive zu nachgiebig und milde, merkte Haffner 1978 an, nachdem bei einer Demonstration in Frankfurt Polizisten brutal verprügelt worden waren; und bereits 1976 hatte er bedenkliche Parallelen zwischen dem gegenwärtigen Zustand Westeuropas und demjenigen des untergehenden weströmischen Reiches ausfindig gemacht, namentlich «moralische Verweichlichung, politische Passivität, Traditionsverlust, Bildungsverachtung und Abdankungsbereitschaft». «Materieller Wohlstand und Zivilisation verfallen rasch, wenn ihr geistiger Kern abstirbt», hatte sein abschließendes Fazit gelautet, dem er noch die sybillinische Warnung hinzufügte: «Wofür man nicht zu kämpfen bereit ist, das verliert man».[95]

Hin und wieder liebäugelte er sogar mit anderen Regierungsformen. «Wie das Staatsinteresse und die Interessen des einzelnen Bürgers am besten ausbalanciert werden, das ist ein weites Feld; und es gehört sicher zu den Schwächen der Demokratie, daß in ihr das Staatsinteresse in Friedenszeiten wirklich manchmal zu kurz kommt», konstatierte Haffner in den *Überlegungen eines Wechselwählers*, eine seinerzeit keineswegs singuläre Kritik, diagnostizierten doch auch eher konservative Politikwissenschaftler seit Mitte der siebziger Jahre eine zunehmende «Unregierbarkeit» der Bundesrepublik. Profitiert von Haffners Etatismus, dieser neuen Dominante seiner Gedankenwelt, hat jedoch auch die Monarchie. Die Volksherrschaft sei «nicht unbedingt die beste aller denkbaren Staatsformen», ließ er die Leser seines Buches zur Bundestagswahl 1980 wissen, vielmehr habe es «aristokratische und monarchische Staaten gegeben, gerade in Europa, die bessere Politik gemacht und höhere Kulturleistungen hervorgebracht haben als die modernen Demokratien». Schon vier Jahre zuvor hatte er sich in einem *Stern*-Artikel eingehend über die stabilisierende Rolle verbreitet, die ein Königshaus in demokratischen Gemeinwesen spielen könne. Die Bundesrepublik, räumte er bei dieser Gelegenheit ein, sei zwar auch ohne Monarchie bisher ganz gut zurechtgekommen, aber manchmal habe man doch den Eindruck, «daß im Staatsbewußtsein der Bundesbürger etwas fehlt – etwas wie ein Vitamin».[96]

Im Namen der Staatsräson sprach sich Haffner in den *Überlegungen eines Wechselwählers* dann auch für eine Wiederwahl der sozial-liberalen

Koalition aus. Innenpolitisch gebe es zwar so gut wie keine Unterschiede zwischen Sozial- und Christdemokraten, meinte er, ja, die sich in der Bevölkerung ausbreitende Reformmüdigkeit würde eher sogar einen Regierungswechsel nahelegen.[97] Daß er letztlich aber doch der SPD den Sieg wünschte, war zwei Faktoren geschuldet, dem Kanzlerkandidaten und den ostpolitischen Positionen der Sozialdemokraten.

Als Haffner gegen Ende seines Essays Amtsträger Helmut Schmidt und Herausforderer Franz Josef Strauß gegenüberstellte, war er zwar erkennbar darum bemüht, sich durch eine maßvolle Kritik an dem bayerischen Ministerpräsidenten von den eifernden Kassandrarufen abzusetzen, wie sie dessen entschiedene Gegner anzustimmen liebten. «Strauß ist gewiß kein neuer Hitler», betonte Haffner, und im übrigen hätten der CSU-Vorsitzende und der amtierende Kanzler eine ganze Menge gemeinsam, «Intellekt, Energie, Ehrgeiz, Willenskraft, kämpferisches Temperament, Durchsetzungsvermögen, eine gewisse Rücksichtslosigkeit, auch Hochmut und Scharfzüngigkeit». Einen wesentlichen Unterschied sah er allerdings hinsichtlich ihres Naturells. Schmidt wirke integrierend, Strauß polarisierend, und während der Kanzler kühl und sachlich vorgehe, habe sich sein Kontrahent als impulsiv und aufbrausend erwiesen, zumal wenn er attackiert werde. Im übrigen seien die Westdeutschen «mit Schmidt am Steuer nun immerhin schon sechs Jahre lang bei stürmischer See nicht schlecht gefahren», befand Haffner, auf das Lotsenimage des Kanzlers anspielend, und ergänzte: «Er hat eigentlich, wenn man es recht besieht, in sechs Jahren nichts wirklich falsch gemacht. Er hat auch keine Heldentaten vollbracht [...] Aber die Zeit für Heldentaten ist, jedenfalls für die Bundesrepublik, [ohnehin] vorbei».[98]

Ein gemäßigter, ausgewogener Kurs war Haffner um so wichtiger, als die vorangegangenen Monate einen Klimasturz in den Ost-West-Beziehungen gebracht hatten. Im Dezember 1979 war die Rote Armee in Afghanistan einmarschiert, und die USA unter ihrem demokratischen Präsidenten Jimmy Carter zeigten sich entschlossen, auf diese Aggression eine entschiedene Antwort zu geben. Schließlich waren während der letzten Jahre in einer Reihe von Dritte-Welt-Ländern, Angola und Äthiopien etwa, kommunistische Regime errichtet worden, eine Entwicklung, bei der Moskau, um es vorsichtig zu formulieren, nicht die Rolle eines unbeteiligten Zuschauers innegehabt hatte. Einen weiteren Konfliktherd, dessen Streitpotential sich freilich erst nach den Bundestagswahlen von 1980 voll entfalten sollte, schuf der NATO-Doppelbeschluß vom Dezember 1979. Er sah die Stationierung von zusätzlichen amerikanischen Mittelstreckenraketen in Westeuropa, insbesondere in der Bundesrepublik, vor, um dem beunruhigenden militärischen Übergewicht etwas entgegenzusetzen, das die Sowjets letzthin jenseits des Eisernen Vorhangs aufgebaut hatten. Parallel dazu – und daher rührte der Name Doppelbeschluß – sollten Abrüstungsgespräche mit Vertretern der östlichen Supermacht geführt werden.[99]

Im Kern war das Problem, vor dem die Bundesrepublik stand, immer dasselbe. Sie hatte zu wählen zwischen einer Fortsetzung der Entspannungspolitik und einem neuerlichen Konfrontationskurs, zwischen der Solidarität gegenüber ihrer Schutzmacht auf der einen und dem Erhalt der halbwegs leidlichen Beziehungen, die Bonn seit Anfang der siebziger Jahre zu Moskau entwickelt hatte, auf der anderen Seite. Während die Unionsparteien vorbehaltlos ihre Bündnistreue beteuerten, fürchtete die außerparlamentarische Friedensbewegung, die sich aus Protest gegen den NATO-Doppelbeschluß formierte, vor allem um die Beziehungen zu Moskau und warnte vor einer Rückkehr in die Hochzeit des Kalten Krieges, selbst wenn dadurch das deutsch-amerikanische Verhältnis ramponiert würde. Aber auch Sozialdemokraten wie Egon Bahr oder Willy Brandt sahen es ungern, daß ihre entspannungspolitischen Errungenschaften aufs Spiel gesetzt werden sollten. Vor diesem Hintergrund versuchte sich der Bundeskanzler an einem Kompromiß. Schmidt trat einerseits als Initiator und entschiedener Befürworter des NATO-Doppelbeschlusses in Erscheinung, zeigte sich aber andererseits darum bemüht, von dem bestehenden Einvernehmen mit den Ostblockstaaten zu retten, was zu retten war.[100]

Haffner scheint Schmidt hierin gefolgt zu sein. Bei der geplanten nuklearen Nachrüstung gehe es nicht darum, die Sowjetunion herauszufordern, hat er schon im Sommer 1979 erläutert, sondern darum, in dem schicksalhaften Wettlauf mit dem technischen Fortschritt, von dem nun einmal das Gleichgewicht des Schreckens und letztlich der Weltfriede abhänge, nicht den Anschluß zu verlieren. Zu diesem Zweck wollte er selbst die demokratischen Kontrollrechte hintangestellt sehen. «[R]outinemäßig, und ohne daß darüber groß diskutiert» werde, solle das, was militärisch «jeweils notwendig» sei, umgesetzt werden, empfahl Haffner, der auf diese Weise inländische Proteste und auswärtige Beschwerden gar nicht erst aufkommen lassen wollte. Ein Jahr später, in den *Überlegungen eines Wechselwählers*, hat er sich dagegen im Rahmen seines Plädoyers für Schmidt weitgehend darauf beschränkt, den außenpolitischen Standpunkt der Unionsparteien zu kritisieren, die sich zu sehr an den antisowjetischen Kurs Washingtons anhängen würden.[101]

Aufgrund der ausdrücklichen Wahlempfehlung war es unvermeidlich, daß sein Buch in erster Linie als Beitrag zum Bundestagswahlkampf verstanden und entsprechend, also je nach dem politischen Geschmack des Rezensenten, aufgenommen wurde. Als «gezielte SPD-Wahlkampfhilfe» qualifizierte Paul Wilhelm Wenger das Werk ab, und Rainer Barzel, der Haffners Essay in der *Welt* besprach, resümierte: «Zu schnell huschte eine flüchtige Feder über die Blätter. Die Wucht seiner früheren Kolumnen ist nicht zu finden. So kann man sich nicht einmal an Polemik ergötzen. Schade.» Der Politikwissenschaftler Kurt Sontheimer war indes von seinen Ausführungen begeistert, zeigten sie doch «von neuem die Fähigkeit dieses Autors, eine komplexe Wirklichkeit auf ihre wesentlichen Züge zu reduzieren und wichtige, in der öffentlichen Diskussion zumeist umstrittene Fragen klar zu beantworten». «Irrtümer eines Wechselwählers» titelte dagegen der *Vorwärts*, dessen Rezensent, der aufstrebende Sozialdemokrat Hermann Scheer, vor allem Haffners Auffassung nicht teilen mochte, der zufolge den Parteien und ihren Programmen heute eine immer geringere Bedeutung zukomme.[102]

An seiner Programmfeindlichkeit störten sich auch andere. Haffners Postulat, die CDU/CSU müsse, bevor sie an die Regierung kommen könne, auf die ostpolitische Linie der sozial-liberalen Koalition einschwenken, forderte den lebhaften Protest eines Lesers heraus. Wen, so fragte der aufgebrachte Mann, sollten die Millionen Heimatvertriebenen und all jene Bundesbürger, die sich mit dem Verlust der ehemaligen Ostgebiete nicht abfinden wollten, dann seiner Ansicht nach wählen? Etwa rechtsextreme Parteien? Haffner hat sich in einem Interview von 1989 indirekt gegen derlei Einwände verteidigt. Der Staat sei vor allem dazu da, «daß man in ihm sicher, ruhig und in Ordnung [...] leben» könne, führte er aus, aber nicht dazu, «daß man nun gerade seine besonderen politischen Privatansichten mit allen Mitteln durchsetzt, selbst mit legalen Mitteln.» Hindenburg habe einmal gesagt: «‹Für den Staat alles, für die Parteien nichts›», fuhr Haffner fort und diese Einstellung, die so etwas wie sein «preußisches Erbe» sei, könne er «in gewisser Hinsicht noch nachempfinden».[103]

Freilich war es mit der Staatsräson so eine Sache. Denn was das Gebotene, das Vernünftige im einzelnen war, darüber ließ sich trefflich streiten, zumal in einem nur bedingt kalkulierbaren Metier wie der Politik. Hatte Haffner nicht selbst einmal die Maxime des nationalen Interesses als «ein äußerst schwer bestimmbares Konzept» beschrieben, das «nicht zurückführbar auf erste Prinzipien, völlig undefinierbar rein theoretisch und höchst anfechtbar im konkreten Einzelfall» sei? Insofern ließ sich auch der von ihm empfohlene außenpolitische Spagat zwischen Bündnistreue zu den Vereinigten Staaten und Wohlverhalten gegenüber der Sowjetunion nicht so ohne weiteres umsetzen. Vielmehr hatte die Bundesrepublik zu wählen. Die verschärfte Feindseligkeit zwischen den beiden global agierenden Konkurrenten zu Beginn der achtziger Jahre konnte auch für das strategisch bedeutsame Frontland nicht ohne Folgen bleiben, und so drohte der Kreml – vorausschauende Beobachter hatten es kommen sehen –, die im Rahmen der Entspannungspolitik erzielten Verbesserungen zurückzunehmen, sollte die beschlossene Nachrüstung planmäßig durchgeführt werden. Bonn entschied sich, zumal seit der Machtübernahme durch die Christdemokraten 1982, eindeutig für den NATO-Doppelbeschluß und das transatlantische Bündnis und wurde dafür mit einer mehrjährigen sowjetischen Ächtung belegt.[104]

Schon 1981, als die inneren Proteste gegen den NATO-Doppelbeschluß immer stärker anschwollen, hatte Haffner deutlich gemacht, daß auch er dafür war, an den vereinbarten Aufrüstungsmaßnahmen, koste es, was wolle, festzuhalten. In allen Parteien herrsche «ein überwältigendes Friedensbedürfnis, ja, eine gewisse Friedensängstlichkeit» vor, stellte er nun fest; und wenn es zur Zeit eine ernsthafte Gefahr für die Bundesrepublik gebe, dann gehe sie von der politischen Linken und von ihrem «utopischen und auf neue Art auch wieder realitätsblinden Pazifismus» aus. «Auch Friedenspolitik», ergänzte er, lasse «sich nicht durch bloßes Davonlaufen machen», vielmehr sei sie «eine schwere Kunst» und wolle «gelernt sein».[105] 1982 legte Haffner nach. Zwar warnte er vor diplomatischen Abenteuern außerhalb des nordatlantischen Bündnisgebietes, aber Gedankenspiele über eine Neutralisierung Westdeutschlands, wie sie sowohl bei Mitgliedern der Friedensbewegung als auch zunehmend bei Vertretern des linken SPD-Flügels Anklang fanden, wies er nachdrücklich zurück. Gewiß, die Bundesrepublik werde zur Zeit nicht von der kommunistischen Supermacht bedroht, bemerkte Haffner, aber das gelte «mit Sicherheit eben nur unter den obwaltenden Bedingungen, das heißt, solange das westliche Bündnis existiert und solange ein Krieg der Sowjetunion gegen die Bundesrepublik für sie auch Krieg gegen Amerika» bedeuten würde.[106]

Folglich hat er den Regierungswechsel vom Herbst 1982 ohne aufgeregte Zwischenrufe verstreichen lassen, ja, sich sogar eher beschwichtigend geäußert. «Auch eine CDU-Regierung würde heute hinter die Ostverträge von 1970/71 nicht mehr zurückgehen», war Haffner sich bereits 1981 sicher gewesen und hatte dieser Einschätzung noch die zutreffende Prognose hinzugefügt, daß die «Außenpolitik einer Regierung Kohl-Genscher» sich kaum von derjenigen «der Regierung Schmidt-Genscher» unterscheiden würde. In mehreren Beiträgen, die er im Vorfeld der Bundestagswahlen vom März 1983 verfaßte, ging Haffner außerdem auf den fünfzig Jahre zurückliegenden Untergang der Weimarer Republik ein, um sodann die Unterschiede zur damaligen Situation herauszuarbeiten, insbesondere daß es in der Bundesrepublik gebe, «was die Weimarer Republik niemals hatte: eine staatstreue demokratische Rechte».[107]

Beunruhigt zeigte er sich hingegen nach wie vor wegen der GRÜNEN, die Haffner der prinzipiellen «Ablehnung des Staates oder zumindest des politischen Systems, in dem sie leben», bezichtigte. Deshalb sagte er auch für den Fall, daß die Umweltpartei in den Bundestag einziehen und die FDP an der Fünfprozenthürde scheitern sollte, eine schwere Regierungskrise voraus, sehr zum Verdruß einiger *Stern*-Leser. «Diese Republik wird sich kaputtfunktionieren», schimpfte ein Kritiker seines Artikels und hatte damit, was die Prämissen von Haffners Denken anging, nicht einmal Unrecht.[108] Denn wie nebensächlich politische Inhalte für ihn in der Tat geworden waren und welch hohen Stellenwert er einem reibungslosen Ablauf der Staatsgeschäfte beimaß, belegen nicht zuletzt seine Einlassungen zur FDP. Die Liberalen, die er noch 1980 als bloßes Anhängsel der SPD betrachtet hatte, deklarierte Haffner nach dem erfolgreichen Mißtrauensvotum gegen Helmut Schmidt vom 1. Oktober 1982 kurzerhand zur «‹Gelenkpartei›» um, deren Aufgabe und Existenzberechtigung im wesentlichen darin bestehe, Regierungswechsel zu ermöglichen und abzufedern. Im übrigen, meinte Haffner, der sonst so entschiedene Sachwalter von Demokratie und Fortschritt, hätten sie ihre historische Mission erfüllt. Heute sei es schlichtweg nicht mehr erforderlich, sich in erster Linie für die Freiheitsrechte der Bürger einzusetzen, und wenn die FDP dies dennoch ab und zu tue, handle es sich in der Regel um «Grenzgefechte, bei denen der Liberalismus» in der Gefahr stehe, «querulatorisch aus Mücken Elefanten zu machen».[109]

Ein Leben als Denkmal

So eigenwillig manche Einschätzung Haffners nach wie vor sein mochte, nie zuvor war sein Ansehen größer, die Anerkennung seiner Arbeit breiter gewesen als in jenen Jahren. Zu seinem 75. Geburtstag im Dezember 1982 gratulierten ihm zahlreiche Prominente aus Medien und Politik, darunter der seit kurzem amtierende Bundeskanzler Helmut Kohl und Bundespräsident Karl Carstens. «Besonderer Dank gebührt Ihnen für Ihre historischen Arbeiten, die zu dem neuerwachten Interesse an unserer Geschichte beigetragen haben», bekam Haffner von letzterem zu lesen, und wer will, kann in dem Versehen, daß der Glückwunsch des Staatsoberhauptes rund ein Dutzend Tage vor der Zeit hinausging, einen Beleg dafür erblicken, wie frisch sein Ruhm unter den Würdenträgern des Landes noch war.[110]

Wichtigster Grund für die plötzliche Wertschätzung des einstigen Unruhestifters waren – die Worte des Bundespräsidenten deuten es an – die *Anmerkungen zu Hitler*, die ihrem Verfasser bereits einen Schweif von Ehrungen eingetragen hatten. Schon im Dezember 1978, also noch im Erscheinungsjahr seines Bestsellers, verlieh ihm die Stadt Düsseldorf den Heine-Preis. 1979 folgte das Große Bundesverdienstkreuz, das ihm einige Jahre zuvor noch verwehrt worden war; 1980 erkannte ihm die renommierte «Deutsche Akademie für Sprache und Dichtung» den Johann-Heinrich-Merck-Preis für literarische Kritik und Essay zu, weil er, Haffner, «mit seinen kritischen Schriften zur Zeitgeschichte den literarischen Rang und die geistige Würde des politischen Essays in Deutschland von neuem befestigt» habe; und im November 1983 bekam er für sein Hitler-Buch den erstmals vergebenen «Literaturpreis der Stadt Bad Wurzach» überreicht, mit dem in späteren Jahren Autoren wie Golo Mann, Helmut Schmidt, Joachim Fest oder Heinrich August Winkler ausgezeichnet werden sollten.[111]

Der Anerkennung von offizieller Seite entsprachen die ehrerbietigen Bekundungen, die Haffner zuhauf aus der Bevölkerung zugingen: Beglückwünschungen, Danksagungen, Anfragen, Kommentare. Mehrere prall gefüllte Mappen mit solcher Fanpost lagern in Haffners Nachlaß, ein eindrucksvolles Zeugnis seines schichten- und generationenübergreifenden Ruhmes. Unter den zahllosen Autogrammgesuchen finden sich das Schreiben eines Chefarztes im Ruhestand und die Bitte eines 22jährigen Steuerfachgehilfen, aber auch eine französische Studentin wollte gerne Haffners handschriftlichen Namenszug erhalten ebenso wie ein Schüler, der damit seinem Geschichtslehrer ein Abschiedsgeschenk bereiten wollte. Allerdings warteten wohl viele Anhänger vergeblich auf eine Antwort, hat doch der von den Briefflluten offenkundig überforderte Haffner etliche Anfragen als «verschimmelt» deklariert.[112]

Seinen Marktwert hatten die jüngsten Erfolge in ungeheuere Höhen getrieben, und von daher war es kein Wunder, daß sich Haffner immer wieder Avancen aus der Buchbranche ausgesetzt sah. Manchmal konnte ein Beitrag aus seiner Feder darüber entscheiden, ob ein Band veröffentlicht wurde oder nicht, und wie es bei dem umstrittenen *Stern*-Kolumnisten der sechziger Jahre undenkbar gewesen wäre, versuchten inzwischen auch Verlagshäuser, deren Namen für Solidität und Gediegenheit bürgten, ihn als Autor zu gewinnen. Wolf Jobst Siedler, obwohl seit langem mit Haffner bekannt, mühte sich allerdings vergebens, ihn zu einem gemeinsamen Projekt zu überreden; und auch Ulrich Frank-Planitz gelang es erst «nach beharrlicher Werbung», Haffner dazu zu bewegen, «eine Sammlung seiner weit verstreuten und nicht mehr zugänglichen Arbeiten der DVA anzuvertrauen».[113]

Besonders intensiv hat Anfang der achtziger Jahre auch der Gustav Lübbe Verlag um Haffner angehalten. Zustande gekommen war der Kontakt zu dem vor allem für seine Groschenromane bekannten Buchkonzern vermutlich über Wolfgang Venohr, der 1980 die Leitung der firmeneigenen Fernsehproduktion übernommen hatte. Schnell wurden weitreichende Pläne entworfen. So war man in Bergisch Gladbach sehr daran interessiert, einige ältere Werke des berühmt gewordenen Schriftstellers als Taschenbücher wieder aufzulegen und ihn als Herausgeber (und am liebsten auch als Autor) einer Serie zum Thema Deutschland und seine Nachbarn zu verpflichten, die begleitend im Fernsehen gezeigt werden sollte. Nach einigem Hin und Her erklärte sich der Verlag sogar bereit, Haffner von allen anstrengenderen Arbeiten zu befreien. Sein Name, das macht die drängelnde Offerte deutlich, war inzwischen zu einer gewinnträchtigen Marke geworden. Entsprechend groß war der von Gustav Lübbe betriebene Aufwand, Haffner an sein Haus zu binden. Offenbar hat sich der Konzernchef, wenn auch erfolglos, darum bemüht, dem Autor der *Anmerkungen zu Hitler* den Friedenspreis des Deutschen Buchhandels zu verschaffen, und als im August 1981 *Die sieben Todsünden des Deutschen Reiches im Ersten Weltkrieg* auf den Markt kamen, stellte der Verlag für die Buchpremiere im Bonner Presseclub eine illuster besetzte Diskussionsrunde zusammen.[114]

Abb. 46 Obwohl es sich lediglich um die Neuauflage eines sechzehn Jahre alten Buches handelte, das Haffner mit einem aktuellen Nachwort ausstaffiert hatte, stellte der Gustav Lübbe Verlag – der Verleger ist auf dem Foto als erster von links zu sehen – für die Buchpremiere von Die sieben Todsünden des Deutschen Reiches im Ersten Weltkrieg *im August 1981 eine illuster besetzte Diskussionsrunde zusammen, zu der unter anderem die Publizisten Joachim Fest und Wolfgang Venohr, der Historiker Andreas Hillgruber und der prominente DDR-Flüchtling und Jurist Wolfgang Seiffert (von links nach rechts) gehörten. Kein Wunder also, daß Haffner noch im folgenden Jahr davon geschwärmt hat, wie überaus angenehm sich die Zusammenarbeit mit dem Lübbe Verlag gestaltet habe.*

Abgesehen von einer randständigen Veröffentlichung blieb diese Kombination jedoch Episode. Das lag vor allem an der entschiedenen Einmischung Helmut Kindlers, der eifersüchtig über Haffners Schaffenskraft wachte und darüber hinaus inständig fürchtete, der Starschriftsteller könne zu einem anderen Verlag abwandern. Bastei Lübbe sei nun wirklich nicht die richtige Adresse für ihn, argumentierte Kindler Ende Oktober 1980 gegenüber seinem Erfolgsautor, und im übrigen sei er doch ohnehin schon überlastet. Er habe sich deshalb für ihn «einen Absagetext abgequält», teilte der Verleger mit, «und hoffe», daß Haffner standhaft bleiben werde und «sich nicht verführen» lasse. Dieser war zwar über die Bevormundung, die Kindler sich herausgenommen hatte, ziemlich verärgert, versicherte ihm jedoch, er «habe wirklich nicht vor, Ihnen abzugehen».[115]

Kindlers Hoffnung, Haffner werde in Bälde ein neues Buch schreiben, erfüllte sich indes nicht. Wohl hat er dieses und jenes erwogen, aber weder die «Wilhelminischen Miniaturen», über die er mit Wolf Jobst Siedler gesprochen hat, noch jene «Verteidigung des Kapitalismus», zu der ihn Kindler animieren wollte, haben jemals seinen Schreibtisch verlassen. Für das letztere Vorhaben fühle er sich im Moment nicht hinlänglich inspiriert, meinte Haffner Ende des Jahres 1980. Ebenso waren die Projekte, die er Kindler bei einem Arbeitsessen im September 1982 unterbreitet hat, wohl nur Gedankenspielereien. Die zusammenhängende Betrachtung der beiden Weltkriege, die Abhandlung über vernünftige und unvernünftige Konflikte und die Geschichte des deutschen Nationalismus – sie alle blieben ungeschrieben. Selbst das Buch mit dem Arbeitstitel «Meine Zeit», in dem er die allgemeinen Tendenzen und Entwicklungen der von ihm erlebten Epoche aufzeigen wollte, kam über das Planungsstadium nicht hinaus, obwohl ihm Kindler und einige Bekannte lebhaft zu diesem Vorhaben rieten.[116] Doch mal klagte Haffner über das Nachlassen der Schreibkraft, gesundheitliche Probleme und Schlaflosigkeit, die ihn von größeren Unternehmungen abhalten würden, und obwohl derlei Einwände häufig als vorgeschützt aufgefaßt wurden, kann es doch sein, daß Haffner, dem bis dahin immer alles sehr leicht gefallen war, die Malaisen des Alters als besonders drückend empfunden hat. Dann wieder war es das Gezerre mit den Verlagen, das ihm die Arbeit verleidete. Und so noch vieles.[117]

Ganz waren sein Ehrgeiz und das Bedürfnis, im Gespräch zu sein, freilich noch nicht erloschen, und so hat er sich weiterhin öffentlich zu Wort gemeldet, allerdings bevorzugt mit solchen Beiträgen, für die nicht allzu viel Aufwand und Kreativität erforderlich waren, wie etwa als Ratgeber bei Fernsehproduktionen, als Kritiker, als Diskussionsteilnehmer oder eben mit früheren Hervorbringungen. Gerade, weil es ihm im Moment an befeuernden Ideen mangele, schrieb Haffner 1980 an Helmut Kindler, halte er die Aussicht um so verlockender, «etwas Altes neu herzurichten»; und das hat er in den folgenden Jahren denn auch ausgiebig getan.[118]

Schon 1979 hatte der Kindler Verlag sein altes Revolutions-Buch unter einem weniger polemischen Titel neu herausgebracht, und Haffner hatte ein reuiges Nachwort angefügt, in dem er unter anderem bekannte, daß in der einstigen *Stern*-Serie für seinen «heutigen Geschmack zuviel Entrüstung» liege. Trotzdem war dem Band noch eine ansehnliche Karriere als Rowohlt Taschenbuch beschieden; mehr als 40 000 Exemplare wurden zwischen 1981 und 1988 verkauft. 1980, als die *Überlegungen eines Wechselwählers* erschienen, haben Haffner und Wolfgang Venohr dann bei Athenäum ihre *Preußischen Profile* vorgelegt, wofür sie im wesentlichen auf eine Reihe älterer Porträtskizzen zurückgriffen.[119] 1981 folgte, wie erwähnt, *Die sieben Todsünden des Deutschen Reiches im Ersten Weltkrieg*, und im nächsten Jahr schob der Gustav Lübbe Verlag in einer Art von Verzweiflungsakt noch *Das Wunder an der Marne* nach, eine Buchadaption von Haffners Film *Generale*, die es nicht von ungefähr nur auf eine einzige Auflage bringen sollte. Im gleichen Jahr, 1982, erschien bei Kindler *Zur Zeitgeschichte*, eine Broschüre mit überarbeiteten *Konkret*-Artikeln, für die Haffner sinnigerweise ein Motto aus Goethes *Maximen und Reflexionen* ausgewählt hatte: «Es ist mit Meinungen, die man wagt, wie mit Steinen, die man voran im Brette bewegt; sie können geschlagen werden, aber sie haben ein Spiel eingeleitet, das gewonnen wird.» Unter dem Titel *Im Schatten der Geschichte* versammelte 1985 die Deutsche Verlags-Anstalt rund zwei Dutzend historische Beiträge und politische Feuilletons, und nach dem großen Erfolg dieses Bandes – allein im Erscheinungsjahr wurden sechs Auflagen und 70 000 Exemplare gedruckt – kam 1988 bei Manesse *Der Teufelspakt* auf den Markt, der allerdings um die politisch heiklen Kapitel zum Zweiten Weltkrieg und den deutsch-sowjetischen Beziehungen nach 1945 bereinigt worden war.[120]

Zumindest bis 1982 ist Haffner auch immer wieder zu ausgedehnten Lesereisen aufgebrochen, die ihn bis nach Walsrode in der Lüneburger Heide, ins ostfriesische Aurich oder nach Osterode im Harz führten, wo teilweise mehrere hundert Leute zusammenkamen, um ihn zu hören. «Gekleidet ist er wie ein Herr. Im grauen Anzug mit feinen Nadelstreifen», schilderte die Lokalpresse seinen Dortmunder Auftritt im Oktober 1981. «Gebeugt geht er langsam auf die Bühne, vorsichtig setzt er sich an den zierlichen Tisch unter der Lampe. Für den herzlichen Beifall dankt der 74jährige mit einem zaghaften Lächeln.» Sodann, fährt der Bericht fort, habe er in «der charakteristischen hohen Stimmlage, die man kennt und sogleich wieder vergißt, wenn er zu formulieren beginnt», zu lesen angefangen, zunächst aus *Preußen ohne Legende*, danach aus *Die sieben Todsünden des Deutschen Reiches im Ersten Weltkrieg*. Zweifelsohne hat Haffner an solchen Auftritten seine eigene Freude gehabt, denn wie verschiedentlich bemerkt worden ist, muß er sowohl bei den Lesungen als auch bei den sich üblicherweise anschließenden Fragerunden außergewöhnlich engagiert und mit besonderer Lebhaftigkeit zu Werke gegangen sein. «Und *wie* Sie geschaltet und gewaltet haben!», schwärmte eine Verehrerin von einem Abend in der Kölner Stadtbücherei, den sie als wahres «Spektakel» in Erinnerung behalten hatte.[121]

Seine rhetorischen Fähigkeiten machten ihn auch zu einem geschätzten Diskussionsteilnehmer, und da er zudem eine breite Palette historischer und politischer Themen abdecken konnte, war er auf allen möglichen Podien ein gern gesehener Gast. Im Juli 1978 nahm er an den vielbeachteten Aschaffenburger Gesprächen über Hitler teil, und im Oktober 1979 stritt er sich vor den Kameras des *Westdeutschen Rundfunks* mit Bernt Engelmann und Heinrich August Winkler über das Verhältnis von Nationalsozialismus und Sozialismus. Selbst die CDU-nahe Konrad-Adenauer-Stiftung wollte auf seine brillant vorgetragenen Kommentare nicht verzichten, und so nahm Haffner, der keine zehn Jahre zuvor die Christdemokraten noch in die Nähe der NSDAP gerückt hatte, im August 1979 zwischen Alois Mertes, dem sicherheitspolitischen Sprecher der Unionsfraktion im Deutschen Bundestag, und den Historikern Andreas Hillgruber und Klaus Hildebrand Platz, um mit ihnen die Lage des Kalten Krieges zu erörtern.[122]

Diese Annäherung war keineswegs ein Einzelfall oder Versehen. «Es gibt ein Maß, vor dem Kritik verstummt und nur noch Raum bleibt für Anerkennung, Achtung, Verehrung», hat Peter Bender einmal mit Blick auf Haffners letzten Karriereabschnitt bemerkt, und in der Tat waren dem Verfasser der *Anmerkungen zu Hitler* alle früheren Beleidigungen und Eskapaden vergeben. Auch Axel Springer, den Haffner zu Beginn des Jahrzehnts noch mit den Terroristen der RAF verglichen hatte, knüpfte nun gelegentlich, als wäre nichts geschehen, an die alten Zeiten ihrer Zusammenarbeit an. Im März 1982 bat ihn Helmut Kohl, damals noch Oppositionsführer im Deutschen Bundestag, um ein Gespräch, das einige Wochen später auch stattgefunden haben muß, und wenn sich der CDU-Vorsitzende ihm als ein «intensiver Leser Ihrer Bücher» vorstellte, dann war das mehr als nur eine *captatio benevolentiae*. Drei Jahre später, als die *Bild*-Zeitung unter der Überschrift «Immer trockene Brötchen» wissen wollte, was der Bundeskanzler während seiner Abmagerungskur in Bad Hofgastein alles unternommen habe, berichtete der Gefragte, daß er sich mit dem neuen Buch von Sebastian Haffner beschäftigt habe. Der christdemokratische Bundestagspräsident Philipp Jenninger war offensichtlich ebenfalls bestens mit seinen Schriften, namentlich mit den *Anmerkungen zu Hitler*, vertraut, so sehr, daß er in seiner vielgescholtenen Rede anläßlich der fünfzigjährigen Wiederkehr des Judenpogroms vom 9. November 1938 einige gedankliche Anleihen bei Haffner gemacht hat, was sich jedoch, in Kombination mit einer Reihe von Ungeschicklichkeiten, als folgenschwerer Fauxpas erweisen sollte, der zum Rücktritt des Amtsträgers führte.[123]

Sogar als möglicher Entlastungszeuge für Leute mit NS-Vergangenheit wurde Haffner inzwischen in Betracht gezogen, ein Umstand, den er sich wohl vor allem mit seinen kulanten Bemerkungen über das Verhalten der deutschen Bevölkerung im «Dritten Reich» eingehandelt haben dürfte. Hans Filbinger, der aufgrund der Urteile, die er gegen Kriegsende als Marinerichter gefällt hatte, aber auch, weil er jegliche Einsicht in seine Schuld vermissen ließ, 1978 als baden-württembergischer Ministerpräsident zurücktreten mußte, glaubte jedenfalls, in ihm einen potentiellen Fürsprecher zu haben. Obwohl das Werben des CDU-Politikers um den bekannten Publizisten letztlich erfolglos blieb, zeigt die Episode doch, wie tiefgreifend sich das politische Image des einstigen *Stern*-Kolumnisten in den vergangenen Jahren gewandelt hatte. Schließlich war sein vormaliger Arbeitgeber bei der Pressekampagne gegen Filbinger einer der schärfsten Ankläger des Ministerpräsidenten gewesen.[124]

Die Avancen und Vereinnahmungsversuche aus dem bürgerlich-konservativen Lager schadeten Haffner indes nicht, sondern waren vielmehr ein Beweis für die neue, beinahe grenzenlose Reichweite seines Ansehens. Die renommiertesten Publikationsorgane der Republik, die *Zeit*, der *Merkur* und die *Frankfurter Allgemeine Zeitung*, standen ihm nun für seine Beiträge offen, und am 20. April 1989, aus Anlaß von Hitlers hunderstem Geburtstag, brachte sogar *Die Welt*, von der er einst in Unfrieden geschieden war, ein zweiseitiges Interview mit ihm, das womöglich auch Rudolf Augstein gerne für den *Spiegel* gehabt hätte. Und nicht nur das. Seinem Urteil wurden die bedeutendsten historisch-politischen Neuerscheinungen der frühen achtziger Jahre anvertraut, darunter Arnulf Barings Darstellung über den *Machtwechsel* von 1969 und Christian Meiers Buch über Julius Cäsar; und Lothar Galls Bismarck-Biographie hat Haffner nicht nur besprochen, sondern auch 1980 im Rahmen der offiziellen Präsentation vorgestellt.[125]

Nach Einschätzung eines Regionalblattes war er «der im Moment bekannteste und meistgelesenste Historiker in der Bundesrepublik», und so konnte es, sehr zu Haffners Mißfallen, vorkommen, daß er auf der Straße von fremden Passanten angesprochen wurde. Wenn er aber Bekannten wie Joachim Fest einzureden versucht hat, daß die Ehrungen der letzten Zeit ihn verlegen machen oder sogar betrüben würden, dann dürfte es sich um wohlkalkulierte Bescheidenheitsoffensiven gehandelt haben, wie sie ihm als einem höflichen und distinguierten Mitbürger anstanden. «Denken Sie an alle diese Staatsmänner», hat er gesprächsweise einmal bemerkt, «die immerfort sagen, wie gerne würden sie angeln gehen und sich von ihrem Amt zurückziehen! Die meisten schwindeln oder kokettieren nur.» Bei ihm dürfte es nicht viel anders gewesen sein.[126]

Indes: Eine typische Berliner Abneigung gegen alles Prätentiöse muß ihm wohl gerechterweise bescheinigt werden, so deutlich anderweitig auch sein Geltungsverlangen hervortritt. Sorgsam pflegte Haffner bis ins hohe Alter seine öffentliche Erscheinung zu inszenieren, was ihm am eindrucksvollsten auf dem Schutzumschlag seines letzten Buches, *Von Bismarck zu Hitler*, aus dem Jahr 1987 gelungen ist. Starr und aus großen Augen schaut Haffner, eine Hand an den fast kahlen Schädel gelegt, dem Betrachter entgegen, sein Blick ist durchdringend, und der tiefschwarze Hintergrund steigert die Wirkung des Fotos von Isolde Ohlbaum ins Gespenstische. Immerhin, dem Absatz des Buches soll das bleiche Leidensantlitz durchaus förderlich gewesen sein.[127]

Angesichts seines Erfolges und des medialen Wirbels, der um seine Person veranstaltet wurde, konnten mißgünstige Kommentare von Kollegen nicht ausbleiben. «‹Der neue Haffner ist da›, heißt es mittlerweile vereinfachend, und das bedeutet – fast automatisch – den Spitzenplatz im Bestsellergerangel. Das bedeutet, daß der Verlag biographische Angaben zum Autor selbstverständlich gar nicht mehr einzufügen braucht. Das bedeutet selbstverständlich, daß der neue Haffner des Jahres 1980 trotz geringeren Umfangs um so manche Deutsche Mark teurer ist als der des Jahres 1978», grantelte jener Mitarbeiter der *Stuttgarter Zeitung*, der die *Überlegungen eines Wechselwählers* zu besprechen hatte und der mit seiner Kritik nicht alleine dastand. Daß der Verlag mit Hilfe eines extrem großzügigen Satzes Haffners dünnen Essay zu einem verkäuflichen Buch herausgeputzt hatte, wurde auch anderweitig vermerkt, und jemand lamentierte sogar, Haffner

Abb. 47 In die Pose des dämonischen Denkers hat sich Sebastian Haffner im Laufe seiner langen Karriere immer wieder geworfen. Besonders eindrucksvoll ist ihm das 1987 auf dem Schutzumschlag für Von Bismarck zu Hitler *gelungen, und dem Absatz seines letzten Buches soll das bleiche Leidensantlitz auch durchaus förderlich gewesen sein.*

sei so etwas wie «der Mann mit dem goldenen Füllfederhalter oder der goldenen Schreibmaschine», denn «während politische Bücher [...] nicht mehr ‹gehen›» würden, seien die «*Überlegungen eines Wechselwählers* vom Kindler Verlag gleich mit 40 000 Exemplaren aufgelegt» worden.[128]

In den unzähligen Artikeln und Besprechungen, die im Gefolge der Haffner-Welle erschienen, wurden allerdings auch andere Einwände vorgebracht. Manch gestrenger Rezensent fand, seine Urteile seien zu pauschal und apodiktisch, ja irrig; und verschiedentlich wurde Haffner in den Interviews, die er – zur Berühmtheit aufgestiegen – mehr und mehr geben mußte, auf seine diversen Positionswechsel angesprochen. In der Regel wählte er eine mittlere Verteidigungslinie. Meinungsänderungen und polemische Entgleisungen räumte er ein, aber als wankelmütig oder gar prinzipienlos wollte er nicht gelten. «Ich habe immer nur geschrieben, was ich in dem Moment für richtig hielt», betonte er 1989, und bei einer anderen Gelegenheit gab er zu Protokoll, er habe sich stets den Liberalen besonders verbunden gefühlt. Dennoch war er sich der Problematik solcher Aussagen bewußt. «Man kann sehr leicht gegen mich polemisieren», bemerkte er einmal, und eben deshalb habe er «keine Lust», sein Leben, auf das er in vielem «fast ein bißchen stolz» sei, «zu beschreiben und es jedem zum Fraße vorzuwerfen».[129]

Zunehmend gingen die Einsprüche jedoch unter in den Lobeshymnen, die allenthalben über ihn zu lesen waren, wobei insbesondere sein stilistisches Vermögen und die Fähigkeit, selbst noch das Abwegige plausibel und einleuchtend zu machen, gerühmt wurden – auch und gerade von prominenten Berufsgenossen. «Haffner-Sucht» diagnostizierte etwa Christian Graf von Krockow nach der Lektüre von *Im Schatten der Geschichte* bei sich. «Hier ist einer, der schreiben kann, genau und lapidar, lebendig, geradeaus, glanzvoll einfach [...] Man möchte sich anschleichen, dem Kollegen über die Schulter schauen, begierig lernen: Wie macht er das?», schwärmte der Publizist in der *Zeit* und berichtet ein paar Zeilen später: «Immer oder jedenfalls oft genug möchte man zum Zwischenrufer werden: Hört, hört! Unerhört! [...] Aber dann liest man die Begründung, schüttelt den Kopf, stutzt, stimmt beinahe schon zu.» Arnulf Baring äußerte sich in der *Frankfurter Allgemeinen Zeitung* ganz ähnlich, und der *Tagesspiegel* urteilte schlicht: «Seine Eloquenz ist bestechend».[130]

Unter den Universitätshistorikern blieb Haffner dagegen, von wenigen Ausnahmen abgesehen, Zeit seines Lebens ein Außenseiter. Gewiß, Größen des Fachs wie Theodor Schieder, Lothar Gall oder Hans-Peter Schwarz haben, wenn sie sich bei ihm für Besprechungen eigener Bücher zu bedanken hatten, ihre Briefe mit einigen würdigenden Zeilen angereichert. Ihre «eigenwilligen, in keine der akademischen Schulen einzuordnenden großen Essays haben mich vielfach mehr angeregt als viele allseits ausbalancierte, fußnotenschwere und pedantisch geschriebene Hervorbringungen der verehrten Herren Fachkollegen», schrieb ihm Schwarz 1981, aber eben das Unorthodoxe, Einseitige und Pointierte seiner Arbeiten war es dann wieder, das andere Wissenschaftler mißbilligten.[131] Im akademischen Milieu stand er weiterhin im Geruch des Unseriösen, intellektuell Halbseidenen, und folglich lehnte es das Friedrich-Meinecke-Institut der Freien Universität Berlin in den achtziger Jahren ab, dem gefeierten Autor die Ehrendoktorwürde verleihen. Allenfalls eine prägnante Wendung wie diejenige von der «ungeschickte[n] Größe» des Deutschen Reiches hat es auch in Expertenkreisen zu einer gewissen Beliebtheit gebracht.[132]

Aufgrund seiner Sonderstellung, vielleicht auch aufgrund seines öffentlichen Renommees, war es Haffner jedoch vergönnt, in die erbitterten Lagerkämpfe der Historikerzunft nicht allzu tief hineingezogen zu werden. Trotz seiner abweichenden Interpretation des Nationalsozialismus hat sich Hans Mommsen anerkennend über die *Anmerkungen zu Hitler* geäußert, und Hans-Ulrich Wehler, obwohl in vielem völlig anderer Meinung als Haffner, lobte *Preußen ohne Legende* ausdrücklich als ein überaus lesenswertes Werk, «das – gescheit, kritisch und blendend geschrieben – die Berufshistoriker beschämt». Es konnte jedoch auch anders kommen. Eckart Klessmann, der wie Wehler den Hohenzollernstaat als ein zutiefst rückständiges und reaktionäres Gebilde betrachtete, lästerte 1980 über «Haffners vielgelesen[e] Legendensammlung, die er witzigerweise ausgerechnet ‹ohne Legende› nennt», und weigerte sich sogar, die von Haffner und Wolfgang Venohr vorgelegten *Preußischen Profile* zu besprechen. Denn «[h]ier», schimpfte der Historiker, «wird immer noch Geschichte vom Feldherrnhügel aus betrachtet und dargestellt, und jene ‹linke› Schickeria davongescheucht, die sich von der Heldenverehrung nicht beeinflussen läßt».[133]

Haffner seinerseits ist der Wissenschaft mit der für ihn charakteristischen Mischung aus Selbstbewußtsein und Bescheidenheit begegnet. Das Etikett Historiker lehnte er für sich ab – lieber wollte er als «Volksschullehrer» gelten –, zugleich war er aber selbstsicher genug, um auch ausgewiesenen Experten in die Parade zu fahren, und einmal hat er während einer Podiumsdiskussion einem bekannten Hitler-Forscher vorgehalten, «daß er zuviel nach Regenwürmern» grabe – nur eine von zahllosen Bemerkungen, mit denen sich Haffner zum souverän waltenden Aufklärer stilisiert hat, der über das Kleinklein der Professoren erhaben ist.[134] Gleichwohl war ihm an der Anerkennung der Fachwelt gelegen. Sein letztes Buch, *Von Bismarck zu Hitler*, hat er an nahezu alle Neuzeithistoriker von Rang und Namen verschicken lassen, und als er 1981 eingeladen wurde, einen Beitrag für die Festschrift zum sechzigsten Geburtstag von Andreas Hillgruber zu schreiben, hat Haffner diesen «so ehrenvollen Auftrag» gerne angenommen.[135]

Auch wenn er den versprochenen Aufsatz schließlich doch nicht abgeliefert hat, ist seine spontane Einwilligung angesichts der vielen Absagen, die er in jenen Jahren erteilt hat, bemerkenswert genug. Denn finanziell unabhängig, rechnete es Haffner zu den «Annehmlichkeiten des höheren Alters», sich nur noch mit solchen Dingen zu beschäftigen, «die einen wirklich etwas angehen».[136] Bei Gedenkfeiern oder ähnlichen Anlässen aufzutreten, hat er beinahe prinzipiell abgelehnt – so ehrenvoll, lukrativ oder interessant die an ihn gerichtete Anfrage auch sein mochte. «Ich bin kein Festredner, bin es nie gewesen», schrieb er Nikolaus Lobkowicz, dem Präsidenten der Universität München, der ihn gebeten hatte, im Februar 1981 die Gedächtnisvorlesung anläßlich der Hinrichtung von Hans und Sophie Scholl zu halten. «[M]ir mangelt, mit Fontane zu sprechen, der Sinn für Feierlichkeit», ergänzte Haffner, «[w]as ich zu sagen habe, ist immer skeptischer, realistischer (um nicht zu sagen: pessimistischer) Natur.» Ebenso hatte sich Peter Glotz nach einem Ersatzredner umzusehen. Selbst «wenn ich der SPD alles in allem in meinen Anschauungen näher stehe als der CDU, habe ich doch immer Wert darauf gelegt, mich nicht im strengeren Sinne parteipolitisch festzulegen oder zu betätigen», begründete Haffner dem SPD-Geschäftsführer im August 1981 seinen abschlägigen Bescheid. «Mein letztes Buch heißt ja ‹Überlegungen eines Wechselwählers›, und ich würde mich selbst desavouieren, wenn ich nun plötzlich bei SPD-offiziösen Veranstaltungen aufträte.» Doch wie auch immer die Entschuldigung im einzelnen lauten mochte, mangelndes Interesse beziehungsweise Unlust scheint bei seinen Verweigerungen eine Rolle gespielt zu haben; schließlich hat sich Haffner in Ausnahmefällen durchaus zu einem Engagement herbeigelassen, etwa 1982, als er den Familientag der Bismarcks mit einem Vortrag bereicherte.[137]

Für Interviews unterschiedlichster Art war er dagegen noch lange leicht zu gewinnen. Sie verursachten wenig Mühe und stellten ihn auch nicht vor lästige, womöglich sogar kompromittierende Erwartungen. Und war nicht der Umstand, daß ihm ohne besonderen Anlaß ganze Fernsehsendungen eingeräumt wurden, ein weiterer schmeichelhafter Beweis für seine Berühmtheit? Zugleich avancierte er mit voranschreitendem Alter mehr und mehr zur historischen Gestalt. Im Juni 1988 berichtete er zusammen mit Egon Bahr und Gerd Bucerius im *NDR*-Fernsehen über seine Erinnerungen an die Berliner Luftbrücke, deren Beginn nun vierzig Jahre zurücklag, und zuweilen wandten sich auch Wissenschaftler an ihn, um ihn zu seinen Exilerfahrungen und anderen Lebensstationen zu befragen.[138]

Im Gegensatz zu dem großen öffentlichen Interesse, das um seine Person herrschte, war es in Haffners Privatleben eher still. Das Verhältnis zu seinen Kindern und deren Familien war distanziert, und Freunde hat er nach eigener Aussage jenseits der Schuljahre nicht mehr gehabt. Zwar meldeten sich einige alte Weggefährten bei dem berühmt gewordenen Publi-

Abb. 48 Freunde hat Haffner nach eigener Aussage in seinem späteren Leben nicht gehabt, dafür aber immerhin eine Reihe von Bekannten, die vornehmlich aus dem «Berufsdorf» stammten. Zu ihnen gehörte auch der Literaturkritiker Marcel Reich-Ranicki, der im Januar 1988, als Haffner mit dem Titel «Professor ehrenhalber» ausgezeichnet wurde, an der Verleihungszeremonie teilgenommen hat. Trotz ihrer unterschiedlichen Arbeitsgebiete waren sich die beiden Herren als Journalisten im übrigen ziemlich ähnlich – sowohl in ihrem ausgeprägten Hang zur Polemik, als auch was die Fähigkeit betraf, ihre Urteile mit einem Höchstmaß an Drastik und Eingängigkeit auszustatten.

zisten, aber ein intensiverer Kontakt hat sich daraus selten ergeben, dem stand schon Haffners notorische Brieffaulheit im Wege. Immerhin, die in den dreißiger Jahren abgerissene Beziehung zu dem ehemaligen Referendarskollegen Konrad Wolff, der inzwischen als Pianist und Dozent für Klavierspiel in den Vereinigten Staaten lebte, hat er kurzzeitig wieder aufgenommen, wobei der Reiz, sich mit einem kompetenten Gesprächspartner über Emil Gilels, Walter Gieseking und andere seiner Favoriten austauschen zu können, der Erneuerung der Bekanntschaft förderlich gewesen sein dürfte.[139] Ansonsten verkehrte er wie eh und je mit seinesgleichen, mit Joachim Fest und Wolf Jobst Siedler, gelegentlich auch mit Marcel Reich-

Ranicki, und bis zuletzt sahen ihn Arnulf Baring und – vor allem – Peter Bender. Besonders eng waren diese Beziehungen, in denen man selbstverständlich beim «Sie» blieb, allerdings nicht. Er «war viel Kopf und wenig Körper», hat Bender den Privatmenschen Haffner geschildert. «Er war berühmt, aber einsam: er hatte viele gute Bekannte, aber keine Freunde – der Preis für Unabhängigkeit. Er war ein schwieriger Mann – der Preis für hohe Konzentration und große Leistung. [...] Er war dickköpfig – der Preis für den Mut, gegen den Strom zu schwimmen».[140]

Um so herzlicher muß das Verhältnis zu seiner zweiten Frau gewesen sein. Christa Rotzoll, Jahrgang 1921 und in erster Ehe mit einem Mitarbeiter des *Spiegel* verheiratet, stammte ebenfalls aus dem «Berufsdorf». Sie hatte noch an der nationalsozialistischen Aushängezeitung *Das Reich* mitgewirkt und später als Feuilletonistin hier und dort geschrieben. Zuletzt war sie für den Kulturteil der *Frankfurter Allgemeinen Zeitung* tätig. Eine typisch Berliner Mischung aus Charme, Humor und unsentimentaler Nüchternheit müssen ihr Wesen ausgemacht haben. Der «junge Mann» hat sie Haffner gerne gerufen, und verschiedene Quellen berichten einhellig von ihrem ausgeprägten Hang zum Gerede. «[S]ie war stets begierig, Neuigkeiten über unsere Zeitgenossen zu erfahren, sie klatschte gern, zumal in langen und niemals langweiligen Telefongesprächen», erinnerte sich Marcel Reich-Ranicki, dessen Beschreibung auch der Leser der Frauenporträts, die sie 1987 in Buchform veröffentlichte, nicht abwegig finden wird.[141]

Als sie 1982 heirateten, waren Haffner und Rotzoll seit langem befreundet; bis in die fünfziger Jahre reichte ihre Bekanntschaft zurück. Dennoch war die späte Verbindung mehr als eine bloße Zweckgemeinschaft gegen die Einsamkeit des Alters. Helmut Kindler nahm von einem Treffen mit Haffner den Eindruck mit, die neue Ehe habe diesen regelrecht verjüngt, und er selbst nannte es 1984 das größte Unglück, das ihm widerfahren könne, wenn «meine Frau vor mir stürbe». Sogar zu kleinen Ungebührlichkeiten riß ihn seine Neigung hin. Da er den Ernst-Robert-Curtius-Preis für Essayistik, der ihm 1988 zugedacht worden war, krankheitshalber nicht annehmen konnte, brachte er die Autorin des Bandes *Frauen und Zeiten* als Ersatzkandidatin ins Spiel. Doch die Jury vereitelte den rührenden Liebesbeweis und entschied sich für einen ähnlich arrivierten Publizisten wie Haffner, nämlich François Bondy.[142]

Das konterkarierte Alterswerk – Von Bismarck zu Hitler, *die deutsche Einheit und die letzten Jahre*

Häusliches Glück und öffentlicher Ruhm wurden jedoch durch das Nachlassen der Kräfte und eine herannahende Diabeteserkrankung getrübt, und so konnte Haffner sein letztes Werk, die Gesamtbetrachtung der deutschen Geschichte zwischen 1871 und 1945, nicht mehr selbst zu Papier bringen. Er bedurfte zweier «Geburtshelfer», des Politologen und Publizisten Arnulf Baring und dessen Mitarbeiters Volker Zastrow. An rund einem Dutzend Nachmittagen im September 1985 besuchten die beiden Wissenschaftler Haffner in seiner großzügigen Dahlemer Wohnung, dieser legte seine Gedanken zu den einzelnen Epochen dar, es wurden Baumkuchenspitzen, Mürbteiggebäck und Kaffee in Zwiebelmustertassen kredenzt, und nach jedem Referat hatte der zart und schmächtig gewordene Publizist die Einwände seiner Gäste zu parieren. Volker Zastrow hat dann die Mitschnitte dieser Sitzungen in ein druckfertiges Manuskript verwandelt, und im Herbst 1987, drei Monate vor Haffners achtzigsten Geburtstag, lag *Von Bismarck zu Hitler* in allen westdeutschen Buchhandlungen aus.[143]

Daß er ein ganzes Buch über ein derart weitläufiges Thema gewissermaßen aus dem Stegreif diktieren konnte, lag an seiner andauernden Beschäftigung mit der jüngeren deutschen Vergangenheit und den umfangreichen Vorarbeiten, die er, über die Jahre verstreut, geleistet hatte. Richard Löwenthal hat den «Untergang des Deutschen Reiches» 1978 sogar als Haffners «zentrales Problem» markiert, ein Befund, den dieser in seiner Replik nachdrücklich bestätigt hat, verbunden sogar mit dem für ihn inzwischen höchst ungewöhnlichen Bekenntnis, er «trauere dem Deutschen Reich ehrlich nach».[144] Neben der persönlichen Teilnahme hat ein weiteres, sozusagen artistisches Moment sein Interesse beflügelt. Schon 1960, als er erstmals mit dem Gedanken umgegangen war, eine Darstellung, sei es «Von Bismarck zu Hitler», sei es «Von Bismarck zu Adenauer», zu schreiben, hatte er gegenüber dem Verleger Fredric Warburg die dramatischen Qualitäten des Stoffes gepriesen:

> «Es ist eine ungeheure Geschichte. Wie aus Deutschland, dem Prügelknaben Europas, plötzlich seine stärkste Macht wurde, wie diese Entwicklung den Charakter des Landes sowohl zum besseren wie zum schlechteren änderte; wie Deutschland, indem es in den ersten Krieg stolperte, beinahe Europa eroberte, wie es nach der Niederlage gewissermaßen die Sinne verlor, sich

dann berserkerartig aufrappelte, und zum zweiten Mal und nun in einem bewußten Anlauf, Europa tatsächlich eroberte – nur, um sofort von Rußland und Amerika zerschmettert zu werden; wie es für ein paar Jahre fast zu existieren aufhörte; und wie es aus dieser völligen Katastrophe wieder hervorging, verkleinert und geteilt zwar, aber milde und plötzlich normal, als ob nichts passiert wäre. Das ist zweifellos ein fantastischer Gegenstand für einen historischen Essay.»[145]

In *Von Bismarck zu Hitler* hat Haffner sogar noch weiter ausgeholt und seine Erzählung mit dem Aufkommen der deutschen Nationalbewegung im napoleonischen Zeitalter einsetzen lassen. «Das soll uns nie wieder passieren dürfen!» und «Das wollen wir auch einmal können!», so charakterisierte er die seltsame Faszination, die der französische Siegeszug auf viele Deutschen ausgeübt habe. Anschließend schilderte Haffner, wie sich um die Mitte des Jahrhunderts das an und für sich zutiefst unnatürliche Bündnis zwischen Preußen und der Nationalbewegung angebahnt habe, in dem der Hohenzollernstaat stets der zurückhaltendere und passivere der beiden Partner gewesen sei, gerade auch im Vorfeld der Reichsgründung.[146]

Die folgende Geschichte des Kaiserreiches zerfiel für Haffner in zwei Phasen. Vor 1890 sei die innenpolitische Stimmung gedrückt gewesen, setzte er seinen Lesern auseinander, aber spätestens mit der 1895 beginnenden wirtschaftlichen Konjunktur sei sie in ein verbreitetes Hochgefühl umgeschlagen. Parallel dazu habe ein außenpolitischer Kurswechsel stattgefunden. Während Otto von Bismarck die äußeren Geschäfte gewohnt vorsichtig und besonnen erledigt habe, seien seine Nachfolger, getragen von einer Woge nationaler Begeisterung, zu einer sehr viel wagemutigeren Politik übergegangen. Wenn Haffner später in einer Besprechung für die Fähigkeit gelobt worden ist, «die großen geschichtlichen Konfigurationen in wenigen Strichen zu zeichnen», dann dürfte der Rezensent, Michael Stürmer, solche eindrucksvollen Sichtachsen im Blick gehabt haben.[147]

Allerdings hat Haffner seine couragierte Aufteilung selbst unterlaufen, indem er das Scheitern der deutschen Außenpolitik bereits in die zweite Hälfte der siebziger Jahre verlegte. Nach dem Berliner Kongreß von 1878, auf dem Bismarck das russische Wohlwollen verspielt habe, sei die Annäherung zwischen Paris und St. Petersburg nur noch eine Frage der Zeit gewesen, führte er unter Berufung auf George F. Kennan aus, und das trotz aller auf deutscher Seite waltenden Vorsicht. Auch das 1881 geschlossene Dreikaiserbündnis habe die vorhandenen Gegensätze nur notdürftig kaschiert, erklärte Haffner, der im Einklang mit einigen namhaften Historikern sogar fand, die späte Bismarcksche Außenpolitik habe insgesamt «etwas virtuosenhaft Gewolltes, fast Frivoles» gehabt.[148]

Als dann unter Kaiser Wilhelm II. die einstige diplomatische Zurückhaltung abgelegt wurde und die deutschen Kanzler Weltpolitik betrieben, mußte dieser Kurs aus Haffners Sicht notwendigerweise verhängnisvolle Konsequenzen zeitigen, obwohl das Reich, wie er selbst zugab, mit seinen imperialen Ambitionen lediglich dem allgemeinen Trend der Epoche gefolgt war. Dennoch trat Deutschland, wenn Haffner die diversen internationalen Krisen und Konflikte der Vorkriegsära schilderte, vornehmlich als unsympathischer Störenfried in Erscheinung, auftrumpfend und mit einem überbordenden Kraftgefühl. Das alles stimmt zwar im großen und ganzen, war im kleinen und in Teilen aber zuweilen etwas überzogen. Schon seiner Gesamtthese zu Gefallen hat Haffner die Friedfertigkeit der anderen Mächte zu hoch veranschlagt. So zeigte er sich in dem Abschnitt über den Ausbruch des Ersten Weltkrieges davon überzeugt, daß das Vereinigte Königreich zunächst neutral geblieben wäre, wenn Deutschland, entgegen dem Schlieffen-Plan, nur im Osten angegriffen hätte. Gegen diese Einschätzung hat schon Arnulf Baring in den Nachgesprächen mit Haffner protestiert. England, wandte der Kollege ein, habe sich unabhängig von der deutschen Westoffensive für eine Intervention entschieden, und so wird es auch von der neueren historischen Forschung gesehen.[149]

Bei den nächsten Etappen seiner Abhandlung, dem Ersten Weltkrieg und dem politischen Umbruch von 1918/19, hielt sich Haffner wesentlich an seine essayistischen Vorlagen aus den sechziger Jahren, wobei er allerdings auf das seinerzeit so verschwenderisch eingesetzte Entrüstungspathos verzichtete. Anstatt sich in Schuldzuweisungen an die Reichsleitung zu ergehen, rückte er nun die Unvermeidlichkeit der deutschen Niederlage in den Vordergrund. Da ein echter Durchbruch durch die feindlichen Linien letztlich für beide Seiten nicht zu bewerkstelligen gewesen sei, hätten die europäischen Nationen an der Westfront einen Ermattungskrieg führen müssen, in dem sich die Ententemächte dank ihres größeren Potentials mit einer gewissen Zwangsläufigkeit durchgesetzt hätten, zumal nach dem Kriegseintritt der USA. Selbst gegenüber Friedrich Ebert ließ Haffner nun Milde walten. Sachlich und ganz *sine ira et studio* berichtete er über die Berliner Vorgänge im Winter 1918/19, und in den Disputen mit Arnulf Baring und Volker Zastrow hat er sich sogar dazu durchgerungen, sein früheres Verdikt zurückzunehmen und – in Anbetracht der «fürchterlichen Lage», in der er damals steckte – «Ebert zu entschuldigen».[150]

Seine Darstellung der Weimarer Republik fußte in weiten Teilen ebenfalls auf früheren Arbeiten, die er jedoch, da sie vielfach jüngeren Datums waren, nicht von polemischen Auswüchsen bereinigen mußte. Auffallend ist auch hier sein Mut zu beherzten Konturierungen. Haffner grenzte die einzelnen Entwicklungsphasen der ersten deutschen Demokratie scharf voneinander ab, die von politischen und wirtschaftlichen Wirren gekennzeichneten Anfangsjahre bis 1924 von den darauffolgenden sogenannten «Goldenen Zwanzigern» und diese wiederum von der 1929/30 einsetzenden Epoche des Niedergangs. Außerdem wartete er mit der zunächst verblüffenden, letztlich aber einleuchtenden These auf, der zufolge sich die internationale Lage des Reiches um 1920 vorteilhafter ausgenommen habe als in der Vorkriegsepoche. Es besaß, «wie man im Schachspiel sagt, jetzt eine stärkere Position [...], weil sich um Deutschland herum so vieles zu seinen Gunsten geändert hatte». An Stelle der alten Pentarchie habe es mit Frankreich und Großbritannien nur noch zwei weitere Großmächte gegeben, die ringsum geächtete Sowjetunion sei so etwas wie ein Verbündeter im Wartestand gewesen, und die neugeschaffenen Staaten Ostmitteleuropas hätten ohnehin zum Reich gravitiert.[151]

Das «Dritte Reich» hat Haffner dann über weite Strecken aus der Sicht des Zeitzeugen geschildert und sich vorrangig bestimmten Aspekten des Alltagslebens gewidmet. Womöglich lag dem unvermittelten Perspektivenwechsel das Bedürfnis zugrunde, den Lesern nach den *Anmerkungen zu Hitler* noch einige Neuigkeiten zu bieten, und denkbar ist auch, daß er diese Gelegenheit, sei es bewußt oder unbewußt, dazu genutzt hat, um doch noch die eine oder andere persönliche Erfahrungen weiterzugeben, trotz des selbstauferlegten Memoirenverzichts. Jedenfalls gewährte er einige unverkennbar autobiographische Einblicke in den nationalsozialistischen Medienbetrieb, diskutierte die Möglichkeiten einer inneren Emigration und betonte, daß auch die Gegner des Regimes mit irgendeiner Tätigkeit ihren Lebensunterhalt hätten verdienen müssen, worin man eine camouflierte Antwort an Fritz J. Raddatz sehen kann, der Haffner 1979 vorgeworfen hatte, erst im fünften Jahr nach der sogenannten «Machtergreifung» emigriert zu sein.[152]

Was man Haffner trotz solcher alltagsgeschichtlicher Einsprengsel vorgehalten hat, ist, daß er die Außenpolitik des Deutschen Reiches isoliert von den parallel laufenden inneren Entwicklungen betrachtet habe. «Von großen Männern und großen Entscheidungen ist bei Haffner viel, von materiellen und traditionellen Strukturen (zu) wenig die Rede», monierte

Rudolf Augstein, Fritz Fischer vermißte dagegen einen stärkeren Rekurs auf geistesgeschichtliche Aspekte. Der inzwischen emeritierte Ordinarius fand, Haffner habe die mentalen und ideologischen Eigenheiten der Deutschen, von Luthers Gehorsamslehre über Hegels Staatsidee bis hin zu einer notorischen Selbstüberschätzung, zu wenig berücksichtigt, und Christian Graf von Krockow argumentierte in die gleiche Richtung.[153]

Wie diese geballten Beanstandungen vermuten lassen, war Haffner mit seinen Thesen mitten in eine heftige Forschungskontroverse hineingeraten. Welche Faktoren für die unglückliche Geschichte des Deutschen Reiches im 19. und 20. Jahrhundert verantwortlich gewesen seien, wurde in der Tat seit den sechziger Jahren intensiv erörtert, und da die Diskussion unweigerlich die grundsätzliche und zudem noch politisch aufgeladene Frage berührte, welche Triebkräfte den Gang der Ereignisse bestimmen würden, nahm sie zuzeiten den Charakter eines Glaubenskrieges an. Grob gesagt, standen sich zwei Richtungen gegenüber. Während tendenziell konservative Historiker die Ansicht vertraten, eine verfehlte Außenpolitik habe den deutschen Nationalstaat in sein Verderben geführt, und dabei zu betonen pflegten, daß die diplomatischen Entscheidungsfindungen weitgehend unabhängig von internen Einflüssen erfolgt seien; sah die andere, politisch eher links orientierte Seite in seinen inneren Dispositionen die wesentlichen Gründe für das blutgetränkte Scheitern des Reiches, wobei insbesondere das obrigkeitsstaatliche Gefüge, die militaristische Tradition Preußen-Deutschlands, die überlange Vorherrschaft einer aristokratischen Elite, die überschießende wirtschaftliche Dynamik sowie die Veränderungsangst des Bürgertums in den Blick genommen wurden. Der führende deutsche Sozialhistoriker Hans-Ulrich Wehler hat in seiner 1973 veröffentlichten Geschichte des Kaiserreiches sogar einen dezidierten Zusammenhang zwischen inneren Verhältnissen und äußerer Politik hergestellt und die auswärtigen Aktivitäten der deutschen Regierung in erster Linie als den Versuch gedeutet, von den schwelenden gesellschaftlichen Konflikten abzulenken. Ein solcher «Sozialimperialismus» war es nach Wehlers Überzeugung auch gewesen, der das Reich in den Ersten Weltkrieg getrieben hatte. Angesichts der Wahlerfolge der Sozialdemokratie und eines zunehmenden Reformbedarfs hätten sich die Verantwortlichen in Berlin im besonderen sowie die deutschen Eliten im allgemeinen um politische Entlastung bemüht und in dem Bestreben, auf internationalem Parkett zu reüssieren, auch das Risiko eines Waffengangs nicht gescheut.[154]

Schon in den vorangegangenen Jahren hatte Haffner immer wieder die

Gegenposition zu diesen Ansichten bezogen und etwa 1982 Andreas Hillgruber als den «Führer der Opposition» innerhalb der deutschen Historikerzunft mit überschwenglichen Lobeshymnen bedacht. In *Von Bismarck zu Hitler* blieb er dieser Linie treu. Ihn überzeuge weder die These, der zufolge Preußen für die unrühmliche Geschichte des deutschen Nationalstaates zwischen 1871 und 1945 verantwortlich sei, erklärte Haffner bereits einleitend, noch der Gedanke, daß die Industrialisierung oder der Kapitalismus das Reich in den Untergang getrieben habe. Schließlich sei der Hohenzollernstaat 1871 an die Grenzen seiner Ausdehnungsfähigkeit gelangt, und die Binnenstruktur Deutschlands habe sich von derjenigen vieler anderer europäischer Staaten nicht allzu sehr unterschieden. Im übrigen merke man «[e]inigen Erklärungsmodellen» an, schob er mit leisem Sarkasmus hinterher, «daß sie von einem bestimmten ideologisch-politischen Standpunkt herrühren und eigentlich ausgedacht sind, um diesen Standpunkt zu beweisen». Sogar *a limine* zurückgewiesen hat Haffner die sozialgeschichtliche Sicht auf die Vorkriegsepoche. Innere Spannungen? Eine drohende Staatskrise? Womöglich akute Revolutionsgefahr? Von alledem wollte er nichts wissen. «Frankreich mit seiner Dreyfus-Affäre, England mit seinen auch damals schon bürgerkriegsdrohenden irischen Problemen, Rußland mit seiner Revolution von 1905, Österreich mit seinem Nationalitätenproblem: zu allem», fand er, gab «es im damaligen Deutschen Reich nichts Vergleichbares». Vielmehr, setzte er hinzu, sei es doch ein Übermaß an Kraftgefühl und Stärke gewesen, das die Deutschen zu ihrem gefährlichen Expansionskurs verleitet habe.[155]

Daß er die sozialen und politischen Konflikte der Vorkriegsära derart gering veranschlagt hat, ist Haffner berechtigterweise angekreidet worden – und keineswegs nur von dezidierten Vertretern der Sozialgeschichtsschreibung. Ob er die Verhältnisse im wilhelminischen Deutschland nicht zu harmonisch gezeichnet habe, hat schon Arnulf Baring Haffner im Anschluß an ihre Sitzung über das Kaiserreich zu Bedenken gegeben. Dabei konnte es in den Gesprächen mit seinen beiden «Geburtshelfern» durchaus passieren, daß Haffner, wenn er sich dieses oder jenes Einwandes zu erwehren hatte, auf die problematische Militarisierung der Gesellschaft oder auf die Fundamentalopposition der SPD zurückgekommen ist. Bei seiner ausgesprochen positiven Lagebeschreibung dürfte ihn vor allem das Anliegen geleitet haben, die überwiegend kritischen Betrachtungen zu korrigieren, die in den vorangegangenen Jahren zu dieser Epoche veröffentlicht worden waren, wobei ihn wie eh und je nichts daran hinderte, die Plausibilität seiner Einlassungen mittels einiger wirkungsvoller Retuschen noch zu erhöhen.[156]

Ausschlaggebend für den wechselhaften Verlauf der deutschen Geschichte waren die innenpolitischen Verhältnisse seines Erachtens ohnehin nicht. Von Anfang an seien es die Beziehungen zur Staatenwelt ringsum gewesen, von denen Wohl und Wehe des Reiches abgehangen hätten, hob Haffner bereits zu Beginn seines Buches hervor, und geradezu schicksalhaft, das machte er bei dieser Gelegenheit ebenfalls deutlich, habe sich die geopolitische Situation ausgewirkt. Haffners Bemerkung zielte aber nicht nur auf die ungünstige Mittellage ab. Darüber hinaus, fuhr er fort, habe Deutschland «eine ungeschickte Größe» besessen; es sei zu mächtig gewesen, um sich in das europäische Gleichgewicht einzufügen, und zu schwach, um eine wirkliche Vormachtstellung erlangen zu können.[157]

Neu war diese These freilich nicht, auch wenn Haffner, fußnotenscheu und geltungsbeflissen, durchaus versucht hat, diesen Eindruck zu erwecken. Schon Kurt Georg Kiesinger ist 1967, als er vor den versammelten Bundestagsabgeordneten seine Ansprache zum Tag der deutschen Einheit hielt, auf die «kritische Größenordnung» eingegangen, die ein wiedervereinigtes Deutschland haben würde. Um 1980 erlebten geopolitische Erklärungsversuche sogar eine kleine Konjunktur. David P. Calleo, ein amerikanischer Historiker, hat 1978 der Tatsache, daß der deutsche Nationalstaat seit seiner Gründung zwischen anderen Ländern eingeklemmt gewesen war und sich in keiner Richtung hatte ausdehnen können, große Bedeutung beigemessen, und auch für Andreas Hillgruber, der zwei Jahre später seine Skizze über *Die gescheiterte Großmacht* veröffentlicht hat, war das Reich aufgrund seiner zentralen Lage in einem stärkeren Maße als andere Nationen bedroht gewesen. Haffners Grundthese zähle inzwischen «zum Standardrepertoire der neuen Nationalgeschichtsschreibung» und klinge «arg strapaziert», ärgerte sich denn auch ein Kritiker. Sehr viel freundlicher hat Ignaz Miller, der beschlagene Rezensent der *Neuen Zürcher Zeitung*, den gleichen Umstand beschrieben, wenn er Haffner attestierte, «die in Deutschland seltene Kunst der Haute Vulgarisation perfekt» zu beherrschen.[158]

Immerhin konnte Haffner für sich in Anspruch nehmen, schon relativ früh, nämlich 1970 mit seiner Interpretation aufgewartet zu haben. Anders als berufsmäßige Historiker, die in der Regel darum bemüht sind, die Reichweite ihrer Thesen genau zu taxieren, hat Haffner mit der ihm eigenen Radikalität den Topos von der «ungeschickten Größe» zum alles entscheidenden Faktor der deutschen Geschichte zwischen 1871 und 1945 ausgerufen. Den vielkritisierten Expansionsdrang der Wilhelminer wertete er bekanntermaßen als europäischen Normalfall, da es, wie er einleitend erläuterte, nun einmal so etwas wie «einen Großmachtinstinkt, noch größer zu werden», gebe. Blieb als spezifische Unglücksursache nur noch das geographische Handikap. Im Zusammenhang mit Bismarcks Außenpolitik machte Haffner das ganz deutlich. Selbst dieser überaus fähige Staatsmann habe «bei bestem Willen und größter politischer Kunstfertigkeit» Deutschland nicht vor «gefährlichen Verstrickungen» bewahren können, führte er aus, und insofern lege «gerade die Geschichte der Bismarckzeit den Gedanken nahe, daß sein Reich von Hause aus eine unglückliche, möglicherweise eine nicht zu rettende Gründung war».[159]

In seinem Nachwort hat Haffner die Konsequenzen aus dieser Diagnose gezogen. Wie bereits 1940, als er in *Germany: Jekyll and Hyde* gefordert hatte, das «*Deutsche Reich muß verschwinden*», erklärte er nun, die Geschichte des Reiches sei ein für allemal beendet, eine Wiedervereinigung auf absehbare Zeit nicht vorstellbar. Wie sollte sie angesichts der Stabilität der beiden deutschen Staaten und ihrer festen Verankerung in zwei feindlichen Militärbündnissen auch zustande kommen? Aber selbst abgesehen von derlei praktischen Erwägungen war Haffner überzeugt – und er konnte sich dabei auf eine dekuvrierende Aussage des italienischen Außenministers Giulio Andreotti berufen –, daß der Versuch, einen deutschen Nationalstaat zu errichten, auf die entschiedene Ablehnung der übrigen europäischen Länder stoßen mußte, die an einem neuerlichen Unruheherd in ihrer Mitte schwerlich interessiert sein konnten. Er selbst war es im übrigen auch nicht. Insofern, das hatte er schon in den zurückliegenden Jahren immer wieder deutlich gemacht, schien ihm der gegenwärtige Zustand akzeptabel, und weder das Wiedervereinigungsgebot des Grundgesetzes noch das bedrückende Los der Ostdeutschen konnten den unweit der Mauer im exklusiven West-Berliner Stadtteil Dahlem ansässigen Haffner hierin beirren.[160]

Er stand mit dieser Auffassung auch keineswegs alleine da. Daß die deutsche Frage durch die Entwicklungen der letzten Jahrzehnte beantwortet sei, war eine Überzeugung, die viele meinungsbildende Persönlichkeiten in der Mitte des politischen Spektrums sowie links davon vertraten. Wie Haffner dachten zum Beispiel Theo Sommer und Marion Gräfin Dönhoff von der *Zeit*, aber auch im *Spiegel*, im *Stern* oder in der *Süddeutschen Zeitung* konnte man des öfteren lesen, daß an der Teilung des Landes besser nicht gerührt werden solle. Die immer noch genährte Wiedervereinigungshoffnung sei die «Lebenslüge der zweiten deutschen Republik», bemerkte

Willy Brandt in der zweiten Hälfte der achtziger Jahre. Und sprach nicht tatsächlich alles für diese Einschätzung in einer Zeit, in der selbst der christdemokratische Bundeskanzler Helmut Kohl den Staatsratsvorsitzenden der DDR, Erich Honecker, mit beinahe allen Ehren empfing, die einem auswärtigen Staatsgast gebühren?[161]

Im einzelnen unterschieden sich die Überlegungen der Status quo-Befürworter jedoch beträchtlich. Die von Haffner vorgebrachten Gründe gegen eine Wiedervereinigung, nämlich die Stabilität der beiden deutschen Staaten sowie der zu erwartende Widerstand des Auslandes, gehörten gewissermaßen zum Standardrepertoire. Neben dieser Resignation vor der scheinbaren Macht des Faktischen kursierten noch eine Reihe weiterführender Erwägungen, die in der Regel darauf hinausliefen, die gegenwärtige Situation als das zwangsläufige Ergebnis der Geschichte oder sogar als historische Errungenschaft zu interpretieren. Sich mit der deutschen Teilung abzufinden, bedeutete für Peter Bender, Egon Bahr und andere Theoretiker der Entspannungspolitik, den zu Beginn der siebziger Jahre eingeschlagenen Kurs fortzusetzen. Nach der offiziellen Anerkennung der DDR sollte der ostdeutsche Staat nun auch innerlich akzeptiert werden. Ein anderer Argumentationsstrang basierte auf der Annahme, daß der Nationalstaat im Zeitalter der westeuropäischen Integration ein Auslaufmodell sei, mithin die Bundesrepublik an der Spitze eines zivilisatorischen Prozesses marschiere. Oskar Lafontaine, der führende Repräsentant der SPD-Linken, hat an diesem Gedanken bis in das Jahr 1990 festgehalten, aber auch viele Historiker wie Heinrich August Winkler oder Hans Mommsen zeigten sich davon überzeugt, daß die Zukunft anderen politischen Organisationsformen gehören werde als den bestehenden. Eine dritte Begründung war schließlich moralischer Art. Günter Grass hat im Februar 1990 die sich anbahnende Wiedervereinigung rigoros abgelehnt, weil die Deutschen als das Tätervolk des Holocausts auf immer verwirkt hätten, in einem Staat zusammenzuleben. Oder waren die Deutschen am Ende gar keine Nation, es nie gewesen? Auch diese Auffassung konnte man in den damaligen Debatten antreffen, ebenso wie die These, der zufolge Bundesrepublik und DDR sich zu völlig eigenständigen, in sich abgeschlossenen Gemeinwesen entwickelt hätten.[162]

Haffner war sich hingegen schon 1975 sicher gewesen, daß die Deutschen «eine Nation» seien, «eben die deutsche», und hatte dieser Einschätzung sogar noch den bekräftigenden Zusatz folgen lassen, daß es an dieser Tatsache «nichts herumzudeuteln» gebe. Obwohl sich seine Einschätzungen also vergleichsweise gemäßigt ausnahmen, blieben sie nicht unwidersprochen. Von einem Nationalisten wie Wolfgang Venohr bekam er sogar eine geharnischte Rezension zu lesen, und Volker Zastrow hob in seinen Einwänden zum einen auf den Umstand ab, daß die deutsche Teilung mitnichten von den Siegermächten intendiert, sondern eine Folge des Kalten Krieges sei; und zum anderen verwies er auf den Freiheitswillen der unterdrückten Völker jenseits des Eisernen Vorhangs, der die kommunistischen Diktaturen jederzeit erschüttern könne.[163]

Neben den politischen Anfechtungen sind Haffners Ansichten zur deutschen Frage auch aus einer Reihe von grundsätzlichen Erwägungen heraus angezweifelt worden, die bei aller Unterschiedlichkeit letztlich in dem Vorwurf zusammenliefen, seine Interpretation der jüngeren deutschen Geschichte sei zu deterministisch angelegt. Es gebe «eigentlich nur wenig ‹Unvorstellbares›», kritisierte der Historiker Rainer Zitelmann Haffners abschlägige Wiedervereinigungsprognose in der *Süddeutschen Zeitung* und ergänzte: «Nur die Annahme eines andauernd statischen Zustandes, die erscheint unvorstellbar.»[164] Haffner war für derartige Einsprüche nicht unzugänglich. Seines Erachtens, bemerkte er einmal, werde «die deutsche Frage» erst dann «auf die internationale Tagesordnung kommen», wenn «sich im Verhältnis der beiden Groß- oder Supermächte etwas Grundsätzliches ändert». Doch damit rechne er nicht vor der Mitte des nächsten, also des 21. Jahrhunderts.[165]

Seine Annahme, die deutsche Geschichte habe bestimmten geopolitischen Gesetzmäßigkeiten gehorcht, kollidiere mit dem personenbezogenen Geschichtsbild, dem er sich gemeinhin und auch über weite Strecken seines neuen Buches verpflichtet zeige, lautete ein weiterer Kritikpunkt. Letzten Endes seien die beiden Sichtweisen aber nicht kompatibel. Denn wenn das zweite Reich tatsächlich von Anfang an dem Untergang geweiht gewesen sei, komme den politischen Akteuren nur eine eingeschränkte Bedeutung zu. Vermutlich dürfte Haffner nicht im Stande gewesen sein, diesen Widerspruch aufzulösen. Zu sehr war er einerseits daran gewöhnt, den Gang der Ereignisse anhand der maßgeblichen Personen nachzuzeichnen, und zu verlockend war andererseits die Möglichkeit, aus dem Verlauf der Vergangenheit allgemeingültige Regeln abzuleiten.[166]

Darüber hinaus verführte ihn seine Hauptthese zu diversen kleineren Verzeichnungen, die auf den ersten Blick für sich stehen, letztlich aber ein Auswuchs der Gesamtkonzeption sind. Denn um die auf dem Buchdeckel behauptete Kontinuität von Bismarck zu Hitler plausibel zu machen, war

Haffner zum einen darauf angewiesen, bestimmte Tendenzen der deutschen Geschichte übermäßig zu akzentuieren, während er zum anderen dazu neigte, alternative Entwicklungsmöglichkeiten zu unterschätzten oder herunterzuspielen. So ist zumindest zweifelhaft, ob der «Weg des Deutschen Reiches in den Ersten Weltkrieg» tatsächlich wie von ihm behauptet schon mit dem Berliner Kongreß von 1878 und den daraus resultierenden deutsch-russischen Verstimmungen begonnen hat.[167]

Der neuralgische Punkt seiner Argumentation aber war ein anderer. Ob und inwieweit das Jahr 1933 eine Zäsur in der Geschichte des deutschen Nationalstaates darstellt, gehört zu den vertracktesten und umstrittensten Fragen der Historikergemeinde in Deutschland, auf die in unzähligen Untersuchungen zahllose Antworten gegeben worden sind. Besonders kontrovers gerieten auch in dieser Debatte die sechziger und siebziger Jahre, und zwar wieder einmal entlang der bereits bekannten Frontlinien. Nachdem, wie erwähnt, Fritz Fischer 1961 eine große Übereinstimmung zwischen den deutschen «Denkformen und Zielsetzungen» von 1914 und denjenigen von 1939 ausgemacht hatte, rückten alsbald auch die Vertreter der Strukturgeschichtsschreibung das Verbindende, bestimmte wirtschaftliche, gesellschaftliche und obrigkeitsstaatliche Tendenzen vor allem, in den Vordergrund ihrer Untersuchungen. «In der Anfälligkeit für autoritäre Politik; der Demokratiefeindschaft im Bildungs- und Parteiwesen; im Einfluß vorindustrieller Führungsgruppen, Normen, Wunschbilder; in der Zähigkeit der deutschen Staatsideologie, im Mythos der Bürokratie, in der Überlagerung von ständischem Gefälle und Klassengegensätzen; in der Manipulation des politischen Antisemitismus» erblickte beispielsweise Hans-Ulrich Wehler «eine[n] lange[n] Katalog schwerer historischer Belastungen», nicht nur für das Kaiserreich, sondern für die deutsche Geschichte bis 1945 und in Teilen sogar darüber hinaus. Demgegenüber hat Andreas Hillgruber die ideologisch bedingten Eigenheiten von Hitlers Außenpolitik herausgestellt und dabei insbesondere auf die neuartigen Endziele verwiesen, die sich aus dem Blut-und-Boden-Programm des Diktators ergeben hätten. Klaus Hildebrand hat den revolutionären Charakter der nationalsozialistischen Bewegung auch in innenpolitischer Perspektive betont. Obwohl die konservativen Eliten des Landes den Aufstieg Hitlers maßgeblich gefördert hätten, habe der totalitäre Machthaber letztlich das bestehende Klassensystem einebnen wollen, und entsprechend beträchtlich seien die gesellschaftlichen Nivellierungsprozesse gewesen, die zwischen 1933 und 1945 eingesetzt hätten.[168]

Haffner hat sich begreiflicherweise vor allem auf jene Argumentationen kapriziert, die geeignet waren, um die Geschichte des Deutschen Reiches als eine zusammenhängende Epoche erscheinen zu lassen. Einzig Hitlers Antisemitismus, räumte er ein, sei ein weitgehend fremdes Phänomen gewesen, das sich nicht recht mit dem Vorherigen in Verbindung bringen lasse. Doch ansonsten überwogen seines Erachtens die Konstanten. «Hitler übernahm [...] die ‹Weltmacht oder Niedergang›-Alternative des späten Kaiserreichs und des Ersten Weltkriegs und trieb sie auf die Spitze», resümierte er in mutmaßlicher Anlehnung an die Arbeiten Fritz Fischers.[169] Ebenso entdeckte Haffner im Inneren einige durchgängige Entwicklungsstränge, auch wenn er natürlich zugeben mußte, daß Deutschland bis 1933 keine Diktatur gewesen war. Dennoch, fand er, hätten starke Führungspersönlichkeiten seit den Tagen Otto von Bismarcks eine ungewöhnliche Anziehungskraft auf die Bürger des Landes ausgeübt, und zweifelsohne sei dieser antiparlamentarische Reflex Politikern wie Hindenburg oder Hitler zugute gekommen. Schließlich stützten auch die Exkurse über das Alltagsleben im «Dritten Reich» seine Gesamtdeutung, hat doch Haffner in den offensichtlich autobiographisch gefärbten Passagen vor allem darauf abgehoben, wie normal die Verhältnisse noch lange nach 1933 gewesen seien, und wie leicht man sich dem Zugriff des Regimes habe entziehen können.[170]

Trotz dieser Überzeugungsanstrengungen ist Haffner mehrfach vorgeworfen worden, daß er die revolutionäre Seite des «Dritten Reiches» nicht hinlänglich berücksichtigt habe. Tatsächlich hat er das Neuartige von Hitlers rassisch motivierter Innen- und Außenpolitik in seiner Darstellung unterbewertet, wobei die Vergröberungen und Verzerrungen, die ihm sein Deutungskorsett auferlegte, nirgends eklatanter hervortreten als in seiner ausweichenden Bilanz der gesellschaftlichen Veränderungen, die sich seit Mitte der dreißiger Jahre in Deutschland abgespielt hatten. So konstatierte er zwar die politische Entmachtung der alten Eliten, mehr als einen «Wandel in Kontinuität» wollte er in diesem Einschnitt jedoch nicht erkennen. Gleichermaßen zerredete er die im «Dritten Reich» forcierte Entwicklung hin zur Aufsteigergesellschaft. Sie habe bereits in der Weimarer Republik eingesetzt, meinte Haffner, und sei dann im übrigen auch nach 1945 ungebremst weitergelaufen. Das ist zwar zweifellos richtig, aber einen wichtigen Bruchpunkt in der deutschen Geschichte zwischen Bismarck und Hitler stellen diese Tendenzen allenthalben dar.[171]

Ja, mehr noch: Als Volker Zastrow einmal seine Bedenken gegen die stramm bis zum Jahr 1945 durchgezogene Linie vorgetragen hat, provozierte er damit Haffner, der 1978 noch behauptet hatte, Hitler sei für die Deutschen immer «ein unerklärlich von außen Hereingeschneiter» gewesen, zu der Bemerkung, daß der Diktator «1933 nicht irgendwie von außen auf die Deutschen herabgeregnet», sondern «an der Spitze einer ungeheuer starken Volksbewegung» an «die Macht gekommen» sei.[172] Und das war keineswegs die einzige Inkohärenz. Hatte für Haffner in den *Anmerkungen zu Hitler* die Ähnlichkeit zwischen dem «Dritten Reich», der Sowjetunion und der DDR nicht groß genug sein können, so betonte er 1987 die Unterschiede zwischen dem nationalsozialistischen Führerstaat und den kommunistischen Diktaturen. Auch dieser Positionswechsel diente letzten Endes dazu, seine Grundthese zu untermauern. Hitlers Deutschland sei «kein eigentlich totalitärer Staat» gewesen, führte Haffner im offenen Widerspruch zu seinen früheren Ansichten aus. Statt dessen habe es, «mehr als je zuvor im Deutschen Reich, eine große Zahl von Staaten im Staate» gegeben.[173]

Solche Meinungsrochaden stellten indes keineswegs eine Ausnahme dar und waren mehr als nur eine spontane Finte in argumentativer Bedrängnis. Denn auch in seinen späten Geschichtsbeiträgen hat Haffner eine außerordentliche Wendigkeit an den Tag gelegt, und es ist nachgerade unglaublich, wie wenig bei ihm Überzeugung war und über wie viele zentrale Aspekte er mal dies, mal jenes äußerte. Freilich ist in seiner bemerkenswerten Flexibilität eine entscheidende Komponente seines Erfolgsrezeptes zu sehen. Da er die historische Wahrheit immer so einzurichten verstand, wie er es für die jeweilige Gedankenführung brauchte, fiel es ihm leicht, die Leser für sich einzunehmen, zumal Haffner das natürliche Schillern der Wirklichkeit und die Relativität jedweder empirischen Einschätzung virtuos in seinem Sinn auszunutzen wußte.

Von den zahlreichen Brüchen und nicht wenigen Widersprüchlichkeiten, die sein historisches Œuvre durchziehen, war in den Rezensionen und Kommentaren zu *Von Bismarck zu Hitler* nur wenig Rede. «Daß die Lust an der brillanten Pointe, am provozierenden Aperçu ihn manchmal über das Ziel hinausschießen läßt, zu fragwürdigen Thesen und kühnen Spekulationen verführt», sei nebensächlich, hieß es beispielsweise in der *Zeit*. «Denn Haffner will ja keine Ex-cathedra-Wahrheiten verkünden, sondern Denkanstöße geben, nicht Einverständnis, sondern Einspruch bewirken, aus dem die Einsicht wächst»; und selbst Rudolf Augstein pries Haffner als «geschichtsmächtigen Zauberer» und «geniale[n] Geist», hatte aber ansonsten an dessen Werk allerhand auszusetzen. Dem Erfolg schadete das nicht.

Etwa ein halbes Jahr nachdem *Von Bismarck zu Hitler* erschienen war, durchbrach die Auflage die Grenze von 100 000 verkauften Exemplaren, und bereits zuvor waren diverse Lizenzverträge mit ausländischen Verlagen und deutschen Buchgesellschaften abgeschlossen worden. Haffner stand nun im Zenit seines Ruhmes. Kurz nach der Veröffentlichung des Buches beging er seinen achtzigsten Geburtstag, zu dem ihn die Qualitätspresse mit ausführlichen Beiträgen bedachte; und im Januar 1988 verlieh ihm Eberhard Diepgen, der Regierende Bürgermeister West-Berlins, den Titel «Professor ehrenhalber». Fast schien es, als habe auch er jenen «Menschheitstraum» verwirklicht, «der Natur zum Trotz ein Leben zu haben, das sich dauernd steigert», so wie es Haffner einmal von Thomas Mann behauptet hat.[174]

Doch schon zu dieser Zeit schritt der körperliche Verfall, forciert durch seine schwere Diabeteserkrankung, voran. «Ich habe in den letzten Monaten den Gebrauch meiner Füsse und Beine so ziemlich verloren, bin nicht mehr reisefähig und weiß auch nicht, ob ich eine etwa zweistündige feierliche Sitzung noch durchhalten würde», begründete Haffner im Februar 1988 seine Ablehnung des Ernst-Robert-Curtius-Preises.[175]

Nur für Gespräche stand er weiterhin zur Verfügung, und der Fall der Berliner Mauer im November 1989 und die sich anbahnende Wiedervereinigung bescherten ihm sogar ein kurzes Comeback als politischer Kommentator. Noch einmal schlüpfte Haffner in seine Paraderolle, die der Kassandra, die er über Jahrzehnte so gerne und passioniert gegeben hatte und die er schon seit langem abgelegt zu haben schien. Im Augenblick des historischen Umbruchs erfaßte ihn, aber auch Golo Mann, jedoch der alte Katastrophenkoller. «Ich sehe das Ende des 40jährigen Friedens», erschreckte Haffner die Leser des *Stern* vom 5. April 1990. Deutschland, erläuterte er in dem ausführlichen Interview mit der Illustrierten, habe als geteiltes Land «das große Glück gehabt, daß es nicht mehr allgemein gefürchtet wurde». Nun aber könnten sich seine Nachbarn durch das schiere Machtgewicht des neuen Staates unweigerlich bedroht fühlen, während die Deutschen, aus Angst vor Einkreisung und internationaler Isolierung, wieder zu einem leicht reizbaren und auftrumpfenden Verhalten neigen würden. «Da ist so eine böse Dialektik am Werk.» Bereits im Dezember 1989 hatte Haffner, zu den Vorgängen in Deutschland befragt, die Grundthese seines letzten Buches in die Gegenwart verlängert. Er fühle sich dem englischen Gleichgewichtsdenken verpflichtet, ließ er die Journalisten einer Schweizer Illustrierten wissen, und es sei «nun mal was ziemlich Unglückliches, dass

Nationen sehr verschieden gross sind». Deswegen sei «das rein nationale Prinzip nicht unbedingt das beste Ordnungsprinzip für einen Kontinent wie Europa».[176]

Auch sonst entdeckte Haffner allerlei Häßliches und etliche Gefahren. Er befürchtete einen Anschluß Österreichs und territoriale Revisionsforderungen an die polnische Regierung und machte sich Sorgen über das Aufkommen der Republikaner, Wahlerfolge der NPD sowie über die Zersplitterung des Parteiensystems. Während der Serie von Brandanschlägen, die rechtsradikale Jugendliche zu Beginn der neunziger Jahre auf die Häuser von Ausländern und Asylsuchenden verübten, will er sogar an eine neuerliche Auswanderung gedacht haben. Ähnlich drastisch äußerte er sich über den regierenden Bundeskanzler. «[I]ch muß wirklich sagen, die Art, wie Kohl mit [dem DDR-Ministerpräsidenten Hans] Modrow in Bonn umgesprungen ist, hat mich unwillkürlich an die Art erinnert, wie Hitler 1938 mit dem österreichischen Bundeskanzler Schuschnigg umgesprungen ist», schimpfte Haffner 1990 im *Stern*, räumte aber immerhin ein, daß Kohl nicht Hitler sei. Dennoch hat er im August 1991 noch einmal derartige Parallelen gezogen. Die feierliche und aufwendig inszenierte Umbettung Friedrichs des Großen von der württembergischen Stammburg der Hohenzollern nach Potsdam verurteilte Haffner in einer allerletzten *Stern*-Kolumne auf das schärfste. Kohl knüpfe mit diesem symbolischen Akt an den «Tag von Potsdam», den 21. März 1933, an, als sich die Nationalsozialisten zu Sachwaltern des Preußentums stilisiert hatten, empörte er sich; und schließlich weckte auch die öffentliche Meinung, etwa zur damals einsetzenden Zerbröckelung Jugoslawiens, in ihm manch böse Reminiszenz. «1914 hieß ein populärer Wahlspruch in Deutschland ‹Serbien muß sterbien›. Über diesen Wahlspruch fallen mir die gegenwärtigen Leitartikel der ‹Frankfurter Allgemeinen› ein, die nichts anderes als Variationen zu diesem Thema sind», lautete seine düstere Diagnose im Sommer 1991.[177]

Den bei der Mehrheit der Deutschen so beliebten Generalsekretär der KPdSU, Michael Gorbatschow, hat Haffner ebenfalls scharf getadelt und ihn, wenn auch weniger mit Empörung als mit Verachtung gestraft. Schon in einem Gespräch, das anscheinend noch aus der Zeit vor dem Zerfall des Ostblocks datiert, hatte der Publizist, auf den amtierenden Parteichef Bezug nehmend, Leonid Breschnew als «den bisher besten aller sowjetischen Generalsekretäre» gelobt, da sich unter seiner Herrschaft «die Lage in der Sowjetunion ungeheuer normalisiert und beruhigt» habe. Dem aktuellen Liberalisierungskurs des Kremls stand er indes kritisch gegenüber. «[O]b man ein so kompliziertes riesiges Machtgebilde auf diese Weise zusammenhalten kann, weiss ich nicht», bemerkte er Ende des Jahres 1989 und ergänzte: «Vielleicht wird sich Gorbatschow als eine Art Totengräber der Sowjetunion herausstellen.» Irgendeinen Nutzen konnte Haffner darin nicht erkennen, im Gegenteil. «Freiheit bedeutet fast immer auch Instabilität», warnte er wenige Wochen nach dem Mauerfall und ein paar Monate später orakelte er, «wenn Großmächte zu gutmütig werden, bedeutet das Gefahr für den Frieden».[178]

Da kam sie noch einmal zum Vorschein, seine auf die Spitze getriebene realpolitische Denkungsart und die eklatante Geringschätzung der Freiheit, die um so befremdlicher wirkt bei jemandem, der das Leben in einer Diktatur aus eigener leidvoller Erfahrung gekannt hat. Trotz und Unmut des Düpierten mögen den Ärger noch zusätzlich angefacht haben, war es doch nach eigener Aussage seine «größte Blamage» gewesen, daß sich die Geschichte so wenig an die in *Von Bismarck zu Hitler* getroffene Prognose gehalten hatte. In dem Nachwort, das er 1990 seinem jüngsten Buch anfügte, bekannte sich Haffner unumwunden zu seinem Irrtum. Gleichwohl gab er zu Bedenken, daß das Problem, wie sich Europa und ein deutscher Nationalstaat arrangieren würden, heute sehr viel aktueller sei als noch vor einigen Jahren, und auch die Frage, ob die wirtschaftlich ruinierte DDR die Bundesrepublik zugrunde richten werde, warf er auf.[179]

Nach diesem letzten Aufbäumen verstummte er allmählich. Die Interviews wurden seltener, langsam verschwand er aus dem öffentlichen Leben, und wenn an besonderen Geburtstagen an ihn erinnert wurde, dann war bereits fast von einem Abwesenden die Rede. Doch selbst jetzt noch gewann er neue Anhänger. Eigens um sein vergriffenes Buch über die Revolution von 1918/19 herauszubringen, entschloß sich ein begeisterter Leser, einen Verlag zu gründen. Uwe Soukup sorgte aber nicht nur für die Neuerscheinung der einstigen *Stern*-Serie. 1996 legte er auch eine deutsche Übersetzung von Haffners politischem Erstling *Germany: Jekyll and Hyde* vor, so daß auf den schon halb Vergessenen noch einmal etwas Aufmerksamkeit fiel.[180]

An der Präsentation des Buches nahm Haffner allerdings nicht mehr teil. Zu seiner Diabeteserkrankung waren noch eine Reihe anderer Altersleiden gekommen und hatten ihn immer weiter abmagern, ja, regelrecht zusammenschrumpfen lassen. Er wurde hinfällig, schon die Strecke vom Arbeits- ins Wohnzimmer bedeutete für ihn eine anstrengende Reise, und in dem Bedürfnis, seine Gebrechlichkeit nicht ausstellen zu wollen, muß er sich Mitte der neunziger Jahre, zusammen mit seiner ebenfalls leidenden

Abb. 49 Auf die Frage, was für ihn «das größte Unglück» wäre, gab Sebastian Haffner 1984 die Antwort: «Wenn meine Frau vor mir stürbe». Auch die harmoniegeladenen Porträts, die das Paar in den achtziger Jahren von sich aufnehmen ließ, lassen erahnen, wie eng seine Bindung an Christa Rotzoll gewesen ist, und wie groß dementsprechend Haffners Schmerz gewesen sein muß, als das so befürchtete Ereignis elf Jahre später eintrat.

Frau, weitgehend abgekapselt haben. Ende Dezember 1995, nur einen Tag nach seinem achtundachtzigsten Geburtstag, verdüsterte der Tod Christa Rotzolls Haffners Dasein noch mehr, wobei die tragischen Umstände ihres Ablebens den Schmerz über den Verlust noch vertieft haben dürften. Sie sei gestürzt, hat er 1997 der *Zeit*-Journalistin Marlies Menge anvertraut, er selbst habe seiner Frau nicht helfen können, und als die Feuerwehr auf seinen zweiten Anruf hin endlich kam, sei es zu spät gewesen.[181]

Von der Senilität, vor der es ihm ebenfalls gegraut hatte, blieb er indes verschont. Im Gegensatz zu vielen anderen alten Menschen sei es in seinem Fall der Körper, der den Geist im Stich lasse, nicht umgekehrt, soll er an seinem neunzigsten Geburtstag gesagt haben. In der Tat scheint eine breitgefächerte Lektüre neben dem Musikhören seine Hauptbeschäftigung gewesen zu sein, und gelegentlich empfing er sogar wieder Besuch. So kam es, daß

Marlies Menge im Sommer 1997 auf einen wohlinformierten Sebastian Haffner traf, der über Chile und Rußland Bescheid wußte, das jüngste Werk des englischen Historikers Eric Hobsbawm kannte und noch einmal *Die Standarte* lesen wollte, einen Roman des österreichischen Schriftstellers Alexander Lernet-Holenia aus den dreißiger Jahren. Mit dem geeinten Deutschland hatte er sich inzwischen versöhnt. Kohl habe viel geleistet, meinte er gegenüber der *Zeit*-Journalistin, und Edmund Stoiber schien ihm, von seiner bayerischen Herkunft einmal abgesehen, ein akzeptabler Nachfolgekandidat. Aber dann winkte er ab. Ohnehin werde wohl die SPD die nächste Bundestagswahl gewinnen.[182]

Schließlich, Ende des Jahres 1998, wurde er bettlägerig. Sarah Haffner, seine Tochter, kam nun täglich und brachte Schallplatten mit, Mozart, Bach und Beethoven. Haydn, erzählte sie später, habe er nicht gemocht. Vielleicht war die Musik ein Ersatz für den religiösen Trost, zu dem er als ganz und gar säkularer Mensch keinen Zugang hatte. «Ich bin kein Christ, um Gottes willen», hat er noch 1993 bekannt. Aber auch ohne Hoffnung auf ein Leben im Jenseits muß der Tod für ihn eine Erlösung gewesen sein. In den letzten Wochen habe sich Haffner sehr gequält, hat Peter Bender berichtet. Dann, am 2. Januar 1999, wenige Tage nach seinem einundneunzigsten Geburtstag, verstarb er.[183]

EPILOG

Es sollte keine zwei Jahre dauern, da war Sebastian Haffner wieder in aller Munde. Ursache der unverhofften Renaissance war das posthume Erscheinen jener autobiographisch angelegten Zeitdiagnose, die er 1939 im englischen Exil begonnen, aber bald zugunsten von *Germany: Jekyll and Hyde* abgebrochen hatte. Im Sommer 2000 brachte die Deutsche Verlags-Anstalt das Manuskript, das seine Kinder im Nachlaß entdeckt hatten, unter dem Titel *Geschichte eines Deutschen. Die Erinnerungen 1914 bis 1933* heraus und landete bei Presse und Publikum einen Sensationserfolg.[1] Haffners Versuche, den Briten zu erklären, wie ein an und für sich zivilisiertes Volk den Nationalsozialisten anheimfallen konnte, stießen ein halbes Jahrhundert nach Kriegsende bei seinen Landsleuten, die in ihrer Mehrheit die Genese des «Dritten Reiches» nicht erlebt hatten, aber immer noch von der Frage umgetrieben wurden, wie es eigentlich zu Hitlers Schreckensregiment gekommen war, auf lebhaftes Interesse. Dazu beigetragen hat sicherlich auch der Nimbus des geheimnisumwobenen Fundstücks sowie die Aura des unvollendeten Geniestreichs, die den Text umgaben; und nicht zuletzt profitierten die Memoiren von Haffners stilistischen und analytischen Fähigkeiten, die sich bereits in dem historisch-politischen Erstling unverkennbar niedergeschlagen hatten.

Für Volker Ullrich waren die Erinnerungen daher «vielleicht sein bestes» Buch. Jedenfalls werde das Frühwerk, so der *Zeit*-Redakteur, «selbst notorische Haffner-Bewunderer in Erstaunen versetzen. Denn der Autor präsentiert sich hier nicht als ein Anfänger, der sich tastend seiner Möglichkeiten zu vergewissern sucht, sondern in frühvollendeter Virtuosität – stilsicher, temperamentvoll und immer anregend.» Franziska Augstein war ebenfalls voll des Lobes. «Die Hellsichtigkeit» der 1939 entstandenen Analyse, sei – «viele soziologische Studien und zeitgeschichtliche Darstellungen später – immer noch unerreicht», konstatierte sie in der *Frankfurter Allgemeinen Zeitung*. Selbst die Wissenschaft – gemeinhin, was Haffner betraf, eher ein Hort der Reserve – zeigte sich angetan. Die *Geschichte eines Deutschen* sei «ein brillant geschriebenes, tiefschürfendes und verständnisförderndes Buch», das trotz gewisser Einseitigkeiten und Übertreibungen zu «einem klassischen Text werden dürfte», urteilte der Historiker Andreas Wirsching.[2]

Das lesende Publikum war nicht minder begeistert. Mehr als eine halbe Million Exemplare fanden in weniger als zwei Jahren einen Abnehmer, und als im Frühjahr 2002 die deutsche Taschenbuchausgabe erschien, geriet die *Geschichte eines Deutschen* noch einmal in die Schlagzeilen: Ein weiteres Kapitel war in Haffners Nachlaß aufgetaucht, eine kritische Bilanz seiner militärischen Ausbildung im Herbst 1933, die sogar das Interesse der *Bild*-Zeitung erregte. Hatte der Faktor Kameradschaft, in dem der einstige Rekrut ein wichtiges Instrument nationalsozialistischer Herrschaftssicherung erkannt haben wollte, nicht auch seine guten Seiten gehabt?[3]

Schon vorher hatte, ähnlich wie nach dem Siegeszug der *Anmerkungen zu Hitler*, eine wahre Haffner-Welle das Land erfaßt. Bald lagen beinahe sämtliche seiner Werke in den Buchhandlungen aus, *peu à peu* ergänzt durch einige Neuveröffentlichungen, darunter zwei Bände mit *Observer*-Artikeln, eine Edition seiner Feuilletons aus den dreißiger Jahren sowie mehrere Darstellungen über den gefeierten Publizisten. Zeitweilig stiegen die *Geschichte eines Deutschen* und ihr Autor sogar zu einer Chiffre für moralische Integrität und politische Klugheit auf. Für Bundesaußenminister Joschka Fischer war «dieses wunderbare, großartige, zauberhafte Buch» so etwas wie «die Epistel deutscher Leitkultur», und auch Bundespräsident Johannes Rau machte, als er im Januar 2001 vor dem Bundestag der Opfer des Nationalsozialismus gedachte, eine würdigende Anleihe bei dem Bestseller.[4]

Allerdings mischten sich in den allgemeinen Jubel auch kritische Stimmen. Im August 2001 meinten der Kunsthistoriker Jürgen Paul und der Historiker Henning Köhler nachweisen zu können, daß das Erfolgsbuch ganz oder in Teilen nach dem Krieg entstanden sei, und Köhler schwang sich sogar zu der These auf, Haffner habe «bewußt» den überlieferten Durchschlag «in den letzten Jahren seines Lebens als posthumes Werk, als Überarbeitung und Ausweitung des ursprünglichen Textes konzipiert» und scharfsinnig wirkende Passagen in das Manuskript eingefügt. Eine Analyse des Bundeskriminalamtes, von Haffners Erben und dem Verlag in Auftrag gegeben, erbrachte jedoch keinerlei Anhaltspunkte für die kühne Verschwörungstheorie, die durch die hier erstmals vorgestellte Teilveröffentlichung der Erinnerungen im Frühjahr 1942 noch weiter entkräftet wird. Bereits unmittelbar nach den geschilderten Anfechtungen hatten freilich etliche Beobachter die dürftig begründeten Zweifel zerpflückt und den Verstorbenen gegen alle persönlichen Anfeindungen in Schutz genommen. Haffner, konnte man etwa in der *Welt*, die es wahrlich nicht immer leicht mit dem eigensinnigen Journalisten gehabt hatte, nachlesen, sei mit seiner Hellsicht «für Deutschland ein Glücksfall gewesen».[5]

In eben dieser durch nichts getrübten Bewunderung, die nach den einhelligen Elogen der achtziger Jahre allerdings mitnichten eine überraschende Erscheinung war, dürfte *ein* Motiv für die Angriffe auf den posthumen Bestsellerautor zu sehen sein. Schon Henning Köhler hatte seinen Beitrag mit der Mahnung ausklingen lassen, Haffner sei «kein Weiser» gewesen und man solle «ihn nicht zum Weisen stilisieren». Ähnlich argumentierten auch andere Kommentatoren. Er habe im Laufe seiner Karriere «vom Grundrecht des Geistes auf Irrtum reichlich Gebrauch gemacht», hieß es in der *Frankfurter Allgemeinen Zeitung* über Haffner, und im *Spiegel* war zu lesen, der Verfasser der *Geschichte eines Deutschen* sei in erster Linie ein «wendiger Infotainer» gewesen.[6] Kurzum, vor dem Hintergrund des Gesamtwerkes, so die Kritiker, stelle der aktuelle Beifall nichts Geringeres als eine maßlose Glorifizierung dar.

Zweifelsohne waren die erhobenen Einsprüche nicht ganz unberechtigt, aber zunächst bleibt doch festzuhalten, daß Haffner selbst für seine erbittertsten Gegner nur deshalb eine lohnende Zielscheibe abgeben konnte, weil er sich mit einigen fraglos herausragenden Büchern ein langandauerndes öffentliches Interesse an seiner Person erschrieben hat. Geht man einmal die Journalisten durch, die um 1970 zusammen mit dem damaligen *Stern*-Kolumnisten zu den prominentesten Zeitdeutern gehörten, ein Gerhard Löwenthal, ein Werner Höfer, ein Thilo Koch, ein Dieter Gütt, ein Peter von Zahn, so sind ihre Namen vier Jahrzehnte später nur noch in vergleichsweise blasser Erinnerung, ein Schicksal, das wohl auch Haffner erwartet hätte, wären da nicht seine Erfolge als historischer Essayist. Ohne die *Anmerkungen zu Hitler*, so könnte man diesen Sachverhalt in Abwandlung eines bekannten Haffner-Diktums resümieren, keine nachträgliche Kontroverse über seinen Rang.[7]

Obwohl der Journalismus, wie Haffner wußte, gemeinhin keinen «Weg zur Unsterblichkeit»[8] (und *vice versa* eben auch keine allzu weitreichenden Berufsrisiken) bereithält, so ist dem engagierten Kommentator des *Observer*, der *Welt* und des *Stern* als Meinungsmacher doch gelungen, was in diesem Metier möglich ist. Regelmäßig fanden seine Einlassungen, angefangen von *Germany: Jekyll and Hyde* über den 1953 vorgelegten Plan für ein neutrales Mitteleuropa, über seine Proteste gegen die alliierte Politik in der Berlin-Krise bis hin zu seinem Auftritt in der *Spiegel*-Affäre, Beachtung an maßgeblichen oder höchsten Stellen, wenn auch – das versteht sich von selbst – mitnichten immer Berücksichtigung. Der radikale Illustriertenkolumnist kam für die Mächtigen der Republik zwar nicht mehr als potentieller Ratgeber in Betracht, war aber deshalb keineswegs ohne Einfluß. Von vielen Bundesbürgern nach wie vor geschätzt, hat Haffner – zumindest soviel läßt sich festhalten – früh und vor einem Millionenpublikum in Richtungen gewiesen, in die sich mit einer gewissen Verzögerung auch öffentliche Meinung und Politik bewegen sollten. Genauso legen die wütenden Attacken seiner Gegner nahe, daß er nicht völlig bedeutungslos war.

Eben darum ging es ihm erklärtermaßen. Haffner wollte politisch wirken, er war, wie Arnulf Baring bemerkt hat, auch «ein energischer Machtmensch», gerade in seiner mittleren Schaffensperiode, den fünfziger und sechziger Jahren. Um seine Artikel mit maximaler Durchschlagskraft auszurüsten, war ihm vielleicht nicht jedes, aber doch so manches fragwürdige Mittel recht. Selbst wer geneigt ist, Haffners halb entschuldigend gemeintem Hinweis beizupflichten, dem zufolge «‹Ausgewogenheit› [...] keine Kolumnistentugend» sei, wird an dem Befund nicht vorbeikommen, daß seine Einschätzungen häufig nur wenig mit der Realität zu tun hatten. Allzu oft hat er – die Beispiele sind Legion – seine Polemiken zu drastischen Entstellungen gesteigert und nicht selten für die kompliziertesten Fragen der Zeit verblüffend einfache Lösungen entworfen, deren Plausibilität durch kein Problem und keine Einschränkung gestört wurde. Aber waren, um einen besonders eklatanten Fall der Tatsachenverdrehung herauszugreifen, die kommunistischen Diktatoren wirklich die harmlosen Verhandlungspartner, als die Haffner sie jahre-, wenn nicht jahrzehntelang gezeichnet hat? Indes, so zweifelhaft seine Methoden waren, sie trugen entscheidend zu Haffners Erfolg bei. Erst die Souveränität, mit der er Fakten und Bewertungen handhabte – wie man weiß, waren selbst in seinen späten Geschichtsbüchern erstaunlich viele Ansichten nur argumentative Verfügungsmasse –, ermöglichte es ihm, seine Wortmeldungen mit einem Höchstmaß an Drastik und Eingängigkeit auszustatten, das nur wenige Kollegen erreicht haben, vielleicht noch Marcel Reich-Ranicki, den Haffner denn auch für «die Unumwundenheit, mit der er seine Meinung sagt», bewundert hat.[9]

In welcher Weise Haffner auf die Zeitläufe eingewirkt hat, läßt sich hingegen nur schwer ermitteln, zumal wenn die Bilanz grundsätzlicher Art sein und über eine Aufzählung einzelner Erfolge hinausgehen soll. Es sind vor allem zwei Probleme, die dem Buchhalter seiner Leistungen zu schaffen machen. Zu unterschiedlich waren die Stoßrichtungen von Haffners Interventionen; und zu diffizil, wenn nicht unmöglich ist es, die genaue Bedeutung seiner Stimme im Chor der zahllosen Einflußfaktoren zu ermessen. Darüber hinaus hängt ein Gesamturteil unweigerlich vom Standpunkt des Betrachters ab. So wird, wer der Auffassung ist, daß Sachlichkeit, Kühle und Ausgewogenheit zu den unabdingbaren Eigenschaften eines politischen Analysten gehören sollten, dem aufbrausenden Kommentator und seinen aufpeitschenden Einlassungen kein günstiges Zeugnis ausstellen. Aber auch den Freunden Haffners sei ihre Wertschätzung unbenommen. Die Bundesrepublik ist schließlich nicht an seinen kühnen Thesen zugrunde gegangen, sondern hat, vor allem in den sechziger und siebziger Jahren, einen Demokratisierungs- und Liberalisierungsschub erlebt, den unser Protagonist mitangestoßen hat, zum Teil ganz unmittelbar durch entsprechende Forderungen, etwa während der *Spiegel*-Affäre; zum Teil aber auch indirekt, indem er für eine außergewöhnliche Meinungsvielfalt gesorgt hat, die den Bundesbürgern einiges abverlangte, nicht zuletzt Toleranz.

Daß Haffner in erster Linie ein Liberaler gewesen sei, wird man indes nicht behaupten können. Vielmehr war er, um noch einmal Arnulf Baring zu zitieren, zunächst einmal «durch und durch ein Bürger». Das Vermächtnis seiner Herkunft ist unübersehbar. Ein konservativer Musik- und Literaturgeschmack, ein traditionelles Verständnis von politischen Vorgängen und eine anhaltende Bewunderung für die großen Figuren in Geschichte und Gegenwart bildeten zusammen mit einigen weiteren klassen- beziehungsweise milieuspezifischen Erbteilen den Grundstock von Haffners Weltanschauung und waren in aller Regel fest genug in seiner Persönlichkeit verankert, um selbst den rasantesten Kehrtwendungen zu trotzen. Der bürgerliche Hintergrund lieferte aber auch den ideologischen Rahmen, der seine weit auseinanderliegenden politischen Standpunkte einfaßte, den «radikale[n] Liberalismus», der ihn bedingungslos für die protestierenden Studenten Partei ergreifen ließ, ebenso wie den extremen Etatismus, der Haffner immer wieder zu anerkennenden Bemerkungen über diesen oder jenen Diktator verleitet hat.[10] Manchmal, man denke an die Causa Ulbricht, geriet er sogar ins Schwärmen. Aber die marxistischen Gedankenspiele? Und sein Guerillaenthusiasmus? Auch sie sind, zumal in der abstrakt-theoretischen Form, in der Haffner sich dieser Themen annahm, nicht geeignet, aus ihm einen linken Intellektuellen zu machen. Gegen eine solche Einordnung spricht schon die schlichte Tatsache, daß auf den vielen vorangegangenen Seiten so wenig von der sozialen Frage die Rede gewesen ist. Es waren nun einmal die klassischen Probleme der Politik, das ewige Kräftemessen der Mächte sowie der unauflösbare Antagonismus von individueller Freiheit und Staatsräson, die den Berliner Publizisten zeitlebens umtrieben, nicht die Sorgen und Nöte des kleinen Mannes im Wedding.

Eher war es schon ein Gran von Mitläufertum – und wohl auch von Mitgerissen-Werden –, das ihn Ende der sechziger Jahre zu seinen extremsten Äußerungen veranlaßt haben mag, wie er, der aufgeklärte Agnostiker, ja auch in seinen *Christ und Welt*-Tagen manch fromme Zeile in den Druck gegeben hat. Aber solche konformistischen Anwandlungen waren selten. Ungleich größere Bedeutung als die gelegentlich zu beobachtenden Anpassungsmanöver besaßen hingegen jene starken politischen Erlebnisse, denen Haffner als Teilnehmer des stürmischen 20. Jahrhunderts ausgesetzt war. Der Erste Weltkrieg weckte seine immerwährende Begeisterung für strategische Fragen, der folgenschwere Untergang der Weimarer Demokratie bildete die erklärte oder auch stillschweigende Kulisse für etliche Katastrophenszenarien, und noch Haffners leidenschaftliche Ablehnung der Wiedervereinigung beruhte auf dem unheilvollen Verlauf der deutschen Geschichte vor 1945.[11] Darüber hinaus machten ihn seine Erfahrungen und Eindrücke immer wieder zum Zeitgenossen in jenem ureigentlichen, auf eine Schicksalsgemeinschaft hinweisenden Sinne des Wortes. In den Jahren um den Mauerbau funktionierte er fast wie ein Barometer der West-Berliner Stimmungen, gegen Ende der Adenauer-Ära schwenkte er gleich vielen Kollegen auf einen radikalreformerischen Kurs um, und wie nicht wenige ältere Sympathisanten der Studentenbewegung entwickelte er nach 1970 eine inständige Abneigung gegen alles und jedes, was mit der Außerparlamentarischen Opposition zu tun hatte. Einen Opportunisten wird man ihn deswegen nicht nennen können, erst recht nicht angesichts der diversen Manifestationen der Unabhängigkeit, Standhaftigkeit und Eigenwilligkeit, die er erbracht hat, allen voran sein ungewöhnliches und honoriges Verhalten im «Dritten Reich». Doch auch später war es geradezu ein Muster seines Berufslebens, daß er, sobald ernsthafte Meinungsverschiedenheiten auftraten, mit seinen Arbeitgebern gebrochen und dabei keinen Konflikt gescheut und keine persönliche Beziehung geschont hat, nicht einmal die Freundschaft mit David Astor.

Die diversen Prägungen, die er seiner Herkunft und den Zeitläufen verdankte, liefern allerdings bei weitem nicht genügend Anhaltspunkte, um das Phänomen Haffner erschöpfend zu erklären, ein an und für sich naheliegendes, wenn nicht sogar banales Ergebnis: Wie sollten auch derart allgemeine Einflüsse im Stande sein, ein Leben in so außergewöhnliche Bahnen zu lenken? Als typischer Repräsentant einer Schicht oder Generation kommt der vielseitige Journalist daher schon gar nicht in Frage. Wenn überhaupt, erinnert seine Biographie an einen anderen, schwer einzuordnenden Außenseiter, an Golo Mann nämlich, der in dieser Arbeit ja gelegentlich als Parallelgestalt zu der wechselhaften Hauptfigur in Erscheinung getreten ist. Dennoch besitzt Haffners Werdegang durchaus eine überindividuelle Bedeutung. Daß der tausendfältige Zugriff aller möglichen Strukturen auf die menschliche Existenz keineswegs übermächtig oder grenzenlos ist, hat er jedenfalls oft und eindrucksvoll bewiesen.

Dementsprechend wird man die entscheidenden Antriebskräfte für dieses erstaunliche Leben in Haffners Persönlichkeit suchen müssen, und das nicht einmal lange. Denn von Kindheit an besaß er – das dürfte hinreichend deutlich geworden sein – ein geradezu quecksilbriges Temperament, das ihn für drastische Meinungswechsel anfällig machte und darüber hinaus zum zweifachen Tausch der nationalen Identität sowie zu jenen berühmt-berüchtigten Rochaden befähigte, nach denen in seiner Wahrnehmung beinahe nichts mehr war wie zuvor. Gewissermaßen potenziert wurden Haffners Kehrtwendungen durch die ebenfalls schon früh zu beobachtende Neigung, mit provokanten Zuspitzungen für Aufmerksamkeit, besser noch: für Aufsehen, zu sorgen. In diesem Sinn äußerte sich auch Hans Zehrer, als er im Februar 1964 Axel Springer die Gründe für die befremdlichen Einlassungen des ehemaligen Mitarbeiters zu erläutern suchte. «Ich glaube nicht, daß Sebastian Haffner erpreßt wird oder gekauft ist», heißt es in dem Schreiben des inzwischen entmachteten Chefredakteurs. Vielmehr wolle der abtrünnige Kolumnist «nur immer sehr apart sein» und er habe ihm, Zehrer, «einmal in einer langen Auseinandersetzung gesagt, es käme ihm gar nicht so sehr darauf an, daß, was geschrieben ist, richtig ist, und ob es durchzusetzen ist. Hauptsache sei, daß es die Leute aufrege und zu Diskussionen führe. Und das scheint mir auch bei seiner heutigen Politik die Haupttriebfeder zu sein: immer anders zu sein als die anderen.» Haffner, schloß Zehrer, sei «eigentlich der Prototyp des Feuilletonisten, der ohne politische Verantwortung im Topf der Politik herumrührt, aber gerade deshalb in seiner Wirkung besonders gefährlich ist». Mag diese Einschätzung auch etwas übertrieben sein – ganz und gar gesinnungslos war Haffner ja nicht –, an seiner unbändigen Provokationslust kann kein Zweifel bestehen, ebenso freilich wie an seiner überragenden Argumentations-

und Formulierungsgabe, die ihn nicht nur aus sämtlichen Meinungseskapaden ohne bleibenden Glaubwürdigkeitsverlust hervorgehen, sondern ihn auch das Kunststück seiner Exilkarriere vollbringen ließ. Er war eben, allen Ausrutschern zum Trotz, ein begnadeter intellektueller Akrobat. Nach einem besonders furiosen Auftritt, seiner Abrechnung mit der britischen Politik während der zweiten Berlin-Krise, hat ihn ein ranghoher englischer Beamter, Philip de Zulueta, als «[v]ery gifted; slightly wild» charakterisiert, fraglos eine überaus treffende Einschätzung, und vielleicht ist sogar niemand der Wahrheit über den schillernden Publizisten näher gekommen als jener persönliche Sekretär Harold Macmillans im November 1961.[12]

DANK

Nach einer viele Jahre währenden Arbeit an dieser Biographie ist es dem Verfasser ein tiefes Bedürfnis, sich bei jenen Personen und Institutionen zu bedanken, die die Entstehung dieser Studie gefördert oder sogar ermöglicht haben.

Da es sich bei dem vorliegenden Buch um die gekürzte Fassung einer Dissertation handelt, die im Wintersemester 2009/10 von der Philosophischen Fakultät der Rheinischen Friedrich-Wilhelms-Universität Bonn angenommen wurde, möchte ich zunächst den Vertretern des Instituts für Geschichtswissenschaft, die sich um mich verdient gemacht haben, danken. An erster Stelle habe ich hier meinem verehrten akademischen Lehrer, Professor Dr. Klaus Hildebrand, zu nennen. Er hat diese Arbeit angeregt, lange Zeit mit klugen Ratschlägen begleitet und mich vielfältig unterstützt. Darüber hinaus hat er mich schon seit dem Studium durch das Vorbild überragender Gelehrsamkeit, das er verkörpert, für die Neuere Geschichte und das wissenschaftliche Arbeiten begeistert. Um so bedauerlicher war es, daß er aufgrund einer schweren Erkrankung das abgeschlossene Werk nicht mehr begutachten konnte. In dieser mißlichen Situation haben sich zwei andere Hochschullehrer des verwaisten Doktoranden angenommen. Professor Dr. Joachim Scholtyseck sowie Professor Dr. Dominik Geppert (inzwischen ebenfalls Bonn) haben sich anstandslos bereit erklärt, mir für das Prüfungsverfahren als Betreuer beziehungsweise als Zweitkorrektor zur Verfügung zu stehen. Dafür, wie auch für ihre sonstige Hilfsbereitschaft, bin ich ihnen sehr dankbar. Des weiteren fühle ich mich Professor Dr. Matthias Becher verbunden, der so freundlich war, den Vorsitz der Prüfungskommission zu übernehmen, und schließlich ist mir Dr. Christoph Studt immer ein anteilnehmender Gesprächspartner und hilfreicher Ratgeber gewesen.

Daß ich überhaupt nur wenige Jahre nach Haffners Tod eine wissenschaftliche Untersuchung über ihn in Angriff nehmen konnte, verdanke ich drei weiteren Personen. Die Kinder Sebastian Haffners, Professor Dr. Oliver Pretzel und die Malerin Sarah Haffner, haben mir Zugang zum

Nachlaß ihres Vaters gewährt und mich die Tagebücher Sebastian Haffners einsehen lassen, die mir wichtige Erkenntnisse über die Persönlichkeit meines «Helden» vermittelten. Außerdem konnte ich mich mit Fragen und Anliegen an sie wenden. Entscheidend für meine Forschungen war aber auch die Bereitschaft von Herrn Dr. Jürgen Real (seinerzeit Bundesarchiv Koblenz), mir den noch nicht geordneten Nachlaß Haffners anzuvertrauen und die Papiere des Publizisten zeitweilig nach Koblenz bringen zu lassen. An die Monate, in denen ich, von ihm angeleitet, Haffners Nachlaß erschlossen und ein Findbuch geschrieben habe, denke ich sehr gern zurück.

Zudem haben mich zahlreiche Bibliotheken, Archive und Privatpersonen mit Informationen, Hinweisen und Materialien versorgt, und eine Reihe von Weggefährten Haffners, darunter Neil Ascherson, David Astor (†), Arnulf Baring, Peter Bender (†), Manfred Bissinger, Joachim Fest (†), Hiltgunt Grabler, Arnim von Manikowsky, Peter Merseburger, Gert von Paczensky, Wolf Jobst Siedler, Sir Arthur George Weidenfeld, Gritta Weil, Wolfgang Venohr (†) und Volker Zastrow, haben mit ihren persönlichen Erinnerungen mein Haffner-Bild ergänzt.

Dr. Carsten Kretschmann und Dr. Matthias Oppermann M. A. haben sich die Mühe gemacht, das ursprünglich noch sehr viel umfangreichere Manuskript einer kritischen Lektüre zu unterziehen, und Markus Bodler M. A. hat Teile der Arbeit gelesen. Von ihren Korrekturen und Anregungen habe ich sehr profitiert, aber mindestens ebenso danke ich den Genannten für den immer gewinnbringenden und aufmunternden Gedankenaustausch mit ihnen. Des weiteren bin ich Dr. Georg Schneider für manch sachkundigen Hinweis verbunden sowie Professor Dr. Norbert Frei (seinerzeit Bochum), Professor Dr. Lothar Gall (Frankfurt a. M.) und Professor Dr. Manfred Görtemaker (Potsdam), die mir die Gelegenheit gegeben haben, mein Projekt in ihren Oberseminaren vorzustellen. In diesen Kreisen habe ich manch interessante Anregungen erhalten

Die bischöfliche Studienförderung Cusanuswerk hat einen wichtigen Beitrag zum Entstehen meiner Doktorarbeit geleistet, indem sie mir ein dreijähriges Promotionsstipendium gewährte, an das ich mich dankbar erinnere. Schließlich hat sich der Verlag C. H. Beck erfreulicherweise bereit gefunden, mein Manuskript zu drucken, und namentlich Herrn Dr. Sebastian Ullrich möchte ich für sein engagiertes und immer verständnisvolles Lektorat sehr herzlich danken.

Trotz dieser langen Liste von Wohltätern wurden noch nicht die beiden Menschen erwähnt, die die größten Verdienste um mich und diese Untersuchung erworben haben: meine Eltern. Sie haben von Kindheit an meine geistigen Interessen und Neigungen gefördert, und in der langen Zeit meiner Dissertation mir auf alle erdenkliche Weise beigestanden. Ohne ihre vielfältige und liebevolle Unterstützung hätte die vorliegende Arbeit in dieser Form nicht geschrieben werden können. Wenn Ihnen dieses Buch gewidmet ist, ist es daher nur ein sehr dürftiger Dank für das, was ich von ihnen empfangen durfte.

Bonn, den 11. August 2010 *Jürgen Peter Schmied*

ANHANG

ANMERKUNGEN

Einleitung

1 Peter Bender: Niemals langweilig. In: *Der Tagesspiegel* vom 27. Dezember 1997. Vgl. auch Volker Zastrow: Ein Preuße mit britischem Paß. In: *FAZ* vom 24. Dezember 1987.

2 Edgar Traugott: Anzeige eines neuen Haffner. In: *Nürnberger Zeitung* vom 7. Juli 1979. Vgl. zum Opportunismusvorwurf Erwin Morhard: Sebastian Haffners Umweg. In: *Rheinischer Merkur* vom 8. Mai 1964. Zuletzt hat diese Möglichkeit erwogen: Klaus Wigrefe: Ein wendiger Infotainer. In: *Der Spiegel* vom 1. Juli 2002.

3 Vgl. Hermann Rudolph: Gewagtes Leben. In: *SZ* vom 19./20. Dezember 1987; Rolf Zundel: Kühler Chronist einer bewegten Epoche. In: *Die Zeit* vom 25. Dezember 1987.

4 Vgl. Löwenthal, Laudatio, S. 23; Volker Zastrow: Bildtext. In: *FAZ* vom 16. August 2001.

5 Soukup, Deutscher, S. 193. Vgl. Sebastian Haffner: Bemerkung. In: Ders., Engländer, S. 64.

6 Wilhelm von Sternburg: Lebenslanges Nachdenken über Deutschland. In: *FR* vom 27. Dezember 1997; Peter Steinbach: Der streitbare Geist. In: *Der Tagesspiegel* vom 3. Januar 1999; Anonymus: Tod eines großen Historikers. In: *Stern* vom 7. Januar 1999; Volker Ullrich: Der helle Klang. In: *Die Zeit* vom 7. Januar 1999; Lore Schaumann: Andere Zeiten, andere Vögel! In: *Rheinische Post* vom 15. Dezember 1978.

7 Soukup, Deutscher, S. 298. [Kursivdruck im Original]; Kiecol, Haffner, S. 144. Vgl. auch ebd., S. 102 f., 159 f.

8 Beck, Patriot, S. 128, 231 f. Vgl. Krug, Exil; sowie den Abschnitt «Schriften über Haffner» im Literaturverzeichnis. Siehe oben S. 658.

9 Einen Überblick über die biographischen Tendenzen der letzten Jahrzehnte bieten Christian Klein: Einleitung: Biographik zwischen Theorie und Praxis. Versuch einer Bestandsaufnahme. In: Ders. (Hrsg.): Grundlagen der Biographik. Theorie und Praxis des biographischen Schreibens. Stuttgart – Weimar 2002. S. 1–22; Hans Erich Bödecker: Biographie. Annäherungen an den gegenwärtigen Forschungs- und Diskussionsstand. In: Ders. (Hrsg.): Biographie schreiben. Göttingen 2003. S. 9–63; sowie die weiteren Beiträge in den beiden Sammelbänden. Eine kritische Auseinandersetzung mit den neueren Ansätzen

findet sich bei HANS-CHRISTOF KRAUS: Geschichte als Lebensgeschichte. Gegenwart und Zukunft der politischen Biographie. In: DERS./THOMAS NICKLAS (Hrsg.): Geschichte der Politik. Alte und Neue Wege. München 2007. S. 311–332.

10 Seine für Funk und Fernsehen verfaßten Beiträge konnten hingegen nicht alle eingesehen werden.

11 Neben den Tagebüchern aus den Jahren 1919 bis 1927 sowie Reisenotizen aus dem Jahr 1946 befinden sich im gesperrten Teil des Nachlasses vor allem Haffners literarische Arbeiten aus der Zwischenkriegszeit, darunter auch das Manuskript der *Geschichte eines Deutschen.*

12 Vgl. etwa den Briefentwurf von SEBASTIAN HAFFNER an Nikolaus Lobkowicz [o. D.; November oder Dezember 1980]. NL Sebastian Haffner, N2523/12; oder den Briefentwurf von SEBASTIAN HAFFNER an Thomas Grundmann [o. D.; nach dem 4. Februar 1988]. NL Sebastian Haffner, N2523/56.

13 SEBASTIAN HAFFNER: Bemerkung. In: DERS., Engländer, S. 69. Ein besonders augenfälliges Beispiel für solch eine Wahrnehmungsveränderung ist Haffners Sicht auf die Internierungen von Emigranten durch das britische Innenministerium zu Beginn des Zweiten Weltkrieges. Während er sich zeitnah äußerst kritisch über diese Praxis geäußert hat, beurteilte er ein halbes Jahrhundert später denselben Vorgang sehr milde. Vgl. HAFFNER, Offensive, S. 70; DERS.: Nach einem Jahr. In: *Die Zeitung* vom 12. Mai 1941; DERS.: Originalton. Aus: Gespräch mit Michael Schornstheimer. In: DERS., Geschichte, [Hörbuch].

1. Bürgerlicher Hintergrund und ein ausgefallener Charakter (1907–1933)

1 Vgl. zu den Vornamen seinen britischen Paß. NL Sebastian Haffner, N2523/109; sowie SEBASTIAN HAFFNER: Bemerkung. In: Sebastian Haffner im Gespräch mit Walter Bittermann. Ein Film von Walter Bittermann. Typoskript, S. 19 f. NL Sebastian Haffner, N2523/184. [Ausgestrahlt vom *SWF* am 31. Juli 1981.]; VOLKER ZASTROW: Ein Preuße mit britischem Paß. Sebastian Haffner wird achtzig Jahre alt. In: *FAZ* vom 24. Dezember 1987.

2 Vgl. RAIMUND PRETZEL: Tagebücher 1919–1927. NL Sebastian Haffner, N2523; HAFFNER, Geschichte, S. 60 f., 97–105. [Im folgenden wird immer die Taschenbuchausgabe der Erinnerungen aus dem Jahr 2002 angeführt, da in ihr erstmals die vollständige Fassung des Textes veröffentlicht wurde.]

3 Vgl. LOUIS PRETZEL: Was ich von meinen Vorfahren ... Typoskript [o. D.]. NL Sebastian Haffner, N2523/71; SEBASTIAN HAFFNER: Bemerkung. In: Gespräch mit Hermann Rudolph. Typoskript [o. D.], S. 3 f. NL Sebastian Haffner, N2523/184. [Ausgestrahlt vom *WDR* am 13. Mai 1984.]; OTTO SCHMIDT: Carl Louis Albert Pretzel zum 60. Geburtstage. In: *Allgemeine Deutsche Lehrerzeitung* vom 15. August 1924; JOHANNES TEWS: C. L. A. Pretzel. Zu seinem

60. Geburtstage. In: *Preußische Lehrer-Zeitung* vom 14. August 1924; GÄRTNER: C. L. A. Pretzel. In: *Die Lehrergewerkschaft* vom 5./20. Juli 1950.

4 Vgl. zur Situation der Volksschullehrer im Kaiserreich NIPPERDEY, Geschichte 1866–1918, Bd. 1, S. 537 ff., 542–547; FRANK-LOTHAR KROLL: Kultur, Bildung und Wissenschaft im 20. Jahrhundert. München 2003. S. 4; sowie zum Bevölkerungswachstum Berlins MICHAEL ERBE: Berlin im Kaiserreich (1871–1918). In: Geschichte Berlins. Bd. 2. Hrsg. von WOLFGANG RIBBE. München 1987. S. 691–793, hier: S. 693, 696.

5 –T–: C. L. A. Pretzel. In: *Germania* vom 15. Oktober 1929. Vgl. HAFFNER, Geschichte, S. 98 ff.; DERS.: Bemerkung. In: Gespräch mit Hermann Rudolph. Typoskript [o. D.], S. 4 ff. NL Sebastian Haffner, N2523/184. [Ausgestrahlt vom *WDR* am 13. Mai 1984.]; TEWS, Pretzel; SCHMIDT, Pretzel. Natürlich ist bei solchen Geburtstagartikeln quellenkritische Vorsicht geboten, aber Eigenschaften, die dem Geehrten ganz und gar abgingen, werden bei derartigen Gelegenheiten wohl auch nicht angeführt. Vgl. auch GÄRTNER, Pretzel; sowie G. MENZEL: 100 Jahre Deutscher Lehrerverein. Ein Beitrag zur Geschichte der deutschen Volksschule. Essen 1964. S. 58; BÖLLING, Volksschullehrer, S. 70 f.

6 Vgl. TEWS, Pretzel; BÖLLING, Volksschullehrer, S. 70 f., 85–91; NIPPERDEY, Geschichte 1866–1918, Bd. 1, S. 532–537; LAMBERTI, Politics, S. 13–43.

7 CARL LOUIS ALBERT PRETZEL/E. HYLLA: Neuzeitliche Volksschularbeit. Winke zur Durchführung der preußischen Lehrplanrichtlinien. Unter der Mitwirkung von L. NADOLLE. 7. u. 8. teilweise neubearb. Aufl. Langensalza 1929. S. 5. [Zuerst 1923] Vgl. auch LAMBERTI, Politics, S. 131–150; GEORG KERSCHENSTEINER: Der Begriff der Arbeitsschule. 10. Aufl. München 1953. [Zuerst 1912]; allgemein WOLFGANG SCHEIBE: Die reformpädagogische Bewegung 1900–1932. Eine einführende Darstellung. Mit einem Nachwort von Heinz-Elmar Tenorth. Weinheim – Basel 1999. S. 171–188; sowie C. L. A. PRETZEL: Bücher und Zeitschriften. Pädagogik. In: *Die deutsche Schule* 35 (1931), S. 499–504, hier: S. 503.

8 Vgl. zur DDP BÖLLING, Volksschullehrer, S. 115; den Brief von LOUIS PRETZEL an Ulrich Pretzel vom 27. August 1917. NL Sebastian Haffner, N2523/80; zum Pessimismus die Briefe von EVA WISSMANN an Raimund Pretzel vom 6. April 1934 und vom 2. Mai 1934. NL Sebastian Haffner, N2523/87.

9 Vgl. die Briefe von LOUIS PRETZEL an Ulrich Pretzel vom 19. Juli und 27. August 1917, vom 6. Januar, 2. März 1918 und 11. Juni 1918. NL Sebastian Haffner, N2523/80.

10 Briefe von LOUIS PRETZEL an Ulrich Pretzel vom 9. Oktober 1917 und vom 20. März 1918. NL Sebastian Haffner, N2523/80.

11 Vgl. HAFFNER, Geschichte, S. 97, 100; DERS.: Bemerkung. In: Sebastian Haffner im Gespräch mit Walter Bittermann. Ein Film von Walter Bittermann. Typoskript, S. 5, 28. NL Sebastian Haffner, N2523/184. [Ausgestrahlt vom *SWF* am 31. Juli 1981.]; sowie zur Hausmusik die Weihnachtskarte von CHARLOTTE PRETZEL an Wanda Pretzel vom 19. Dezember 1956. NL Sebastian Haffner, N2523/64; RAIMUND PRETZEL: Tagebücher 1919–1927. Tagebücher NL Sebastian Haffner, N2523.

12 Brief von Louis Pretzel an Ulrich Pretzel vom 29. Mai 1918. NL Sebastian Haffner, N2523/80. Vgl. zu Pretzels Belesenheit Haffner, Geschichte, S. 99; sowie exemplarisch den Brief von Louis Pretzel an Ulrich Pretzel vom 2. März 1918. NL Sebastian Haffner, N2523/80.

13 Raimund Pretzel: Tagebucheintrag vom 20. März 1923. Tagebücher. NL Sebastian Haffner, N2523. Vgl. auch Henning, Bericht, S. 45 f.; Raimund Pretzel: Tagebucheinträge vom 20. und 25. März 1923, vom 28. März, 12. April und 29. Juni 1924. Tagebücher. NL Sebastian Haffner, N2523.

14 Raimund Pretzel: Tagebucheintrag vom 15. Oktober 1920. Tagebücher. NL Sebastian Haffner, N2523. Vgl. zu der Theaterinszenierung das Programm der Aufführung. NL Sebastian Haffner, N2523/46. Vgl. auch Raimund Pretzel: Tagebucheinträge vom 15. Februar, 12. März, 18. März und 8. April 1925. Tagebücher. NL Sebastian Haffner, N2523.

15 Vgl. zu Klabunde Raimund Pretzel: Tagebucheinträge vom 6. und 20. Dezember 1921, vom 22. Juni und vom 4. Juli 1922. Tagebücher. NL Sebastian Haffner, N2523. Zitat zu Lewin: Haffner, Geschichte, S. 155. Vgl. auch den Briefwechsel mit Kurt Lewin aus den Jahren 1933/34. NL Sebastian Haffner, N2523/84; sowie den Beitrag über Daniel (Kurt) Lewin in: Biographisches Handbuch der deutschsprachigen Emigration nach 1933. Hrsg. vom Institut für Zeitgeschichte München u. von der Research Foundation for Jewish Immigration. Unter der Gesamtleitung von Werner Röder und Herbert A. Strauss. Bd. 1. München u. a. 1980. S. 440. Vgl. zu Schwitzke Raimund Pretzel: Tagebucheintrag vom 22. November 1925. Tagebücher. NL Sebastian Haffner, N2523; die Briefe von Heinz Schwitzke an Raimund Pretzel vom 13. April, 6. und 30. Juni sowie vom 2. September 1980. NL Sebastian Haffner, N2523/47. Vgl. zu Caemmerer und Wolff Raimund Pretzel: Adreßliste. Handschriftliches Manuskript [o. D.; 1933/34]. NL Sebastian Haffner, N2523/74; sowie die Briefe von Ernst von Caemmerer an Raimund Pretzel vom 27. November 1933 und vom 2. Januar 1935. NL Sebastian Haffner, N2523/83. Konrad Wolff war zugleich der Sohn von Haffners akademischen Lehrer, dem Juristen Martin Wolff. Vgl. den Briefwechsel mit Konrad Wolff aus den Jahren 1933/34 und 1979–1981. NL Sebastian Haffner, N2523/62; sowie den Beitrag über Konrad Martin Wolff in: Biographisches Handbuch der deutschsprachigen Emigration nach 1933. Hrsg. vom Institut für Zeitgeschichte München u. von der Research Foundation for Jewish Immigration. Unter der Gesamtleitung von Werner Röder und Herbert A. Strauss. Bd. 2. München u. a. 1983. S. 1261 f.

16 Sebastian Haffner: Monatslektüre. In: *Konkret* vom Mai 1964.

17 Wanda Pretzel wird in späteren Darstellungen seines Elternhauses von Haffner kaum erwähnt, gerade im Vergleich zu Louis Pretzel. Vgl. Haffner, Geschichte, S. 60 f.; Ders.: Bemerkung. In: Sebastian Haffner im Gespräch mit Walter Bittermann. Ein Film von Walter Bittermann. Typoskript, S. 5. NL Sebastian Haffner, N2523/184. [Ausgestrahlt vom *SWF* am 31. Juli 1981.] Vgl. zu

ihrer Herkunft WILHELM LEHMANN: Aus meinem Lebenslauf. Handschriftliches Manuskript [o. D.]. NL Sebastian Haffner, N2523/274.

18 Vgl. MENGE, Wilhelm II., S. 52. Wann Haffner von den Absichten seiner Mutter erfahren hat, ist nicht bekannt.

19 Vgl. HAFFNER, Geschichte, S. 60 f.; den Brief von LOUIS PRETZEL an Eva Pretzel vom 4. August 1935. NL Sebastian Haffner, N2523/80; den Brief von LOUIS PRETZEL an Raimund Pretzel vom 12. Februar 1934. NL Sebastian Haffner, N2523/81; sowie allgemein NIPPERDEY, Geschichte 1866–1918, Bd. 1, S. 53.

20 Zitat in den Briefen von WANDA PRETZEL an Raimund Pretzel vom 22. Oktober 1933 und 29. März 1934. NL Sebastian Haffner, N2523/81. Vgl. auch die Briefe von WANDA PRETZEL an Raimund Pretzel 1933–1937, sowie im Wäschepaket den Brief vom 22. Oktober 1933. Ebd.

21 («ketzerische Ideen») RAIMUND PRETZEL: Tagebucheintrag vom 12. September 1920. Tagebücher. NL Sebastian Haffner, N2523. Vgl. auch DERS.: Tagebucheintrag vom 10. Februar 1927. Ebd.; sowie die Briefe von EVA WISSMANN an Raimund Pretzel vom 5. März und 6. April 1934. NL Sebastian Haffner, N2523/87; ebenso die Korrespondenz mit Ulrich Pretzel. NL Sebastian Haffner, N2523/68.

22 Vgl. RAIMUND PRETZEL: Tagebucheinträge vom 17. November 1920, 11. und 20. März und 24. Dezember 1921 sowie vom 24. April 1927. Tagebücher. NL Sebastian Haffner, N2523.

23 RAIMUND PRETZEL: Tagebucheinträge («Vor dem Sturm») vom 30. Dezember 1921, (Hölderlin) 11. Juni 1922 und («noch leben Milliarden Mitmenschen») 24. Juni 1921. Tagebücher. NL Sebastian Haffner, N2523.

24 Vgl. HAFFNER, Geschichte, S. 13–34. Schon 1914 hatte Raimund Pretzel ein Kriegstagebuch angelegt. Vgl. den Umschlag in: NL Ulrich Pretzel, Karton 172. Vgl. auch den Brief von RAIMUND PRETZEL an Ulrich Pretzel vom 7. November 1918; sowie die Briefe von LOUIS PRETZEL an Ulrich Pretzel aus den Jahren 1917 und 1918. NL Sebastian Haffner, N2523/80.

25 Briefe von LOUIS PRETZEL an Ulrich Pretzel vom 29. Mai und 3. Februar 1918. NL Sebastian Haffner, N2523/80.

26 RAIMUND PRETZEL: Tagebucheinträge vom 13. März 1920, 5. Februar 1921 und 10. Mai 1921. Tagebücher. NL Sebastian Haffner, N2523.

27 RAIMUND PRETZEL: Tagebucheinträge vom 3. September 1921 und 6. Juli 1922. Tagebücher. NL Sebastian Haffner, N2523.

28 Vgl. RAIMUND PRETZEL: Tagebucheinträge vom 6. Juli, 13. und 27. September 1922. Tagebücher. NL Sebastian Haffner, N2523.

29 SCHAEFER, Uhren, S. 145. Vgl. auch ZWEIG, Welt, S. 342.

30 RAIMUND PRETZEL: Tagebucheinträge vom 20. und (Thomas Mann) 28. März 1923. Tagebücher. NL Sebastian Haffner, N2523.

31 RAIMUND PRETZEL: Tagebucheinträge vom («bourgeoise Kultur») 1. Juni und («Mangel an Eitelkeit») 10. Juli 1925. Tagebücher. NL Sebastian Haffner, N2523.

32 Vgl. SEBASTIAN HAFFNER: Bemerkung. In: DERS., Engländer, S. 16; FEST,

Freund, S. 47; sowie allgemein Das Scheunenviertel. Spuren eines verlorenen Berlins. Hrsg. vom Verein Stiftung Scheunenviertel. 3. Aufl. Berlin 1999.

33 Henning, Bericht, S. 46. Vgl. auch ebd., S. 43, 46 f.

34 Siedler, Leben, S. 52. Vgl. ebd., S. 52 ff.; sowie zu Steglitz Godefroid, Steglitz, S. 47 ff., 67, 69.

35 Mit diesen Attributen hat Joachim Fest Haffners zweite Frau, Christa Rotzoll, charakterisiert, mit deren Tod für ihn «ein weiteres Stück des alten Berlin» dahingehe. Brief von Joachim Fest an Sebastian Haffner vom 3. Januar 1996. NL Sebastian Haffner, N2523/39.

36 Sebastian Haffner: «… und ihr kneift die Augen zu!» In: *Christ und Welt* vom 24. August 1962. Vgl. auch Ders.: Berlin – Hauptstadt und sonst nichts. In: *Magnum. Die Zeitschrift für das moderne Leben.* [o. D.; April 1962]. 41/1962; Ders.: Brasilia am Rhein. In: *Stern* vom 14. Juni 1964.

37 Raimund Pretzel: Tagebucheinträge vom 29. und 30. April 1924. Tagebücher. NL Sebastian Haffner, N2523. Vgl. auch den Brief von Kurt Lewin an Raimund Pretzel vom 10. Dezember 1933. NL Sebastian Haffner, N2523/82.

38 Vgl. Raimund Pretzel: Tagebucheinträge vom 23. November 1920 und 16. April 1921. Tagebücher. NL Sebastian Haffner, N2523.

39 Raimund Pretzel: Tagebucheintrag vom («Könner») 26. August 1921 und («Pflichten») 25. August 1921. Tagebücher. NL Sebastian Haffner, N2523. Vgl. zum Gallischen Krieg Ders.: Tagebucheintrag vom 19. Februar 1921. Tagebücher. Ebd.

40 Raimund Pretzel: Tagebucheinträge vom («berühmt und genial») 29. August 1925 und («Nichts Geleistet») 18. September 1927. Tagebücher. NL Sebastian Haffner, N2523. [Haffner hat seit Mitte der zwanziger Jahre in persönlichen Manuskripten ein «ss» an Stelle des «ß» gesetzt, eine Schreibweise, die in den folgenden Zitaten kommentarlos übernommen wurde.]

41 Elias Canetti: Die gerettete Zunge. Geschichte einer Jugend. Frankfurt a. M. 1994. S. 243. [Zuerst 1977] Auch Canetti war schon in jungen Jahren sehr von sich überzeugt.

42 Raimund Pretzel: Tagebucheinträge vom 23. August 1920, 24. und 6. März 1921 und («Homer») vom 13. Juni 1922. Tagebücher. NL Sebastian Haffner, N2523.

43 («Pretzelore») Brief von Siegfried Koller an Sebastian Haffner vom 23. Dezember 1987. NL Sebastian Haffner, N2523/21; Raimund Pretzel: Tagebucheintrag vom 14. September 1921. Tagebücher. NL Sebastian Haffner, N2523.

44 Raimund Pretzel: Tagebucheinträge vom 12. September 1920 und 7. Oktober 1921. Tagebücher. NL Sebastian Haffner, N2523.

45 Raimund Pretzel: Tagebucheinträge vom 19. Februar 1921 [Gemeint ist wohl «Sicherheitspolizeihund».], 13. August und 15. September 1923. Tagebücher. NL Sebastian Haffner, N2523. Vgl. auch zur Verlobungsfeier Ders.: Tagebucheintrag vom 18. April 1925. Tagebücher. Ebd.

46 Raimund Pretzel: Tagebucheintrag vom 25. April 1922. Tagebücher. NL Sebastian Haffner N2523. Vgl. Haffner, Geschichte, S. 100 f.; Ders.: Bemer-

kung. In: Sebastian Haffner im Gespräch mit Walter Bittermann. Ein Film von Walter Bittermann. Typoskript, S. 3, 6 f. NL Sebastian Haffner, N2523/184. [Ausgestrahlt vom *SWF* am 31. Juli 1981.]; DERS.: Bemerkung. In: Gespräch mit Hermann Rudolph. Typoskript [o. D.], S. 9 f. NL Sebastian Haffner, N2523/184. [Ausgestrahlt vom *WDR* am 13. Mai 1984.]

47 Vgl. RAIMUND PRETZEL: Pferderenntagebuch [o. D.]. Tagebücher. NL Sebastian Haffner N2523; DERS.: Tagebucheinträge vom 24. April, 30. Mai, 15. und 29. Juni sowie vom 10. Juli 1925 und vom 5. und 23. Dezember 1926. Tagebücher. NL Sebastian Haffner, N2523; HAFFNER, Geschichte, S. 73–76.

48 Vgl. SEBASTIAN HAFFNER: Tagebucheinträge vom 27. Juli und 3. Oktober 1925. Tagebücher. NL Sebastian Haffner, N2523; EBERHARD FADEN: 50 Jahre Schillergymnasium zu Berlin-Lichterfelde 1885–1935. Berlin-Lichterfelde 1935. S. 71; den Matrikeleintrag vom 22. Oktober 1925. Rektorat, 600/116. Archiv der Humboldt Universität zu Berlin; ANNA-MARIA GRÄFIN VON LÖSCH: Der nackte Geist. Die Juristische Fakultät der Berliner Universität im Umbruch von 1933. Tübingen 1999. S. 34 f., 47 f.

49 Vgl. die Akte Raimund Pretzel des Reichsjustizministeriums. BArch Berlin, R 3001, 71184; RAIMUND PRETZEL: Lebenslauf. Archiv der Humboldt Universität zu Berlin; Jur. Fak. 309, Bl. 64; sowie zu seiner Abneigung gegen das Studium DERS.: Tagebucheinträge vom 5. Dezember 1925 und vom 14. November 1926. Tagebücher NL Sebastian Haffner, N2523; SEBASTIAN HAFFNER: Drei Jahre sind genug. In: *Stern* vom 30. Juli 1972.

50 Vgl. RAIMUND PRETZEL: Tagebucheintrag vom 10. Oktober 1926. Tagebücher. NL Sebastian Haffner, N2523; sowie die Briefe von GOETZ KOZUSZEK an Raimund Pretzel vom 12. Juli und 25. August 1926. NL Sebastian Haffner, N2523/83; HAFFNER, Geschichte, S. 79–83; DERS.: Herzensbrecher Rauhbein. In: DERS., Leben, S. 214 ff.; DERS.: Kintoppromantik. In: ebd., S. 346 ff.; DERS.: Opfer des Kostüms. In: ebd., S. 180–183; DERS.: Deine Maske verrät Dich! In: ebd., S. 184 ff.; DERS.: Vom Laster des Rauchens. In: ebd., S. 135–138; DERS.: Fantasie über Getränke. In: ebd., S. 66–70.

51 Vgl. RAIMUND PRETZEL: Trauriger Frühling. In: *Vossische Zeitung* vom 21. April 1927; zum Roman SEBASTIAN HAFFNER: Bemerkung. In: Sebastian Haffner im Gespräch mit Walter Bittermann. Ein Film von Walter Bittermann. Typoskript, S. 4. NL Sebastian Haffner, N2523/184. [Ausgestrahlt vom *SWF* am 31. Juli 1981.]; DERS.: Bemerkung. In: Gespräch mit Hermann Rudolph. Typoskript [o. D.], S. 9. NL Sebastian Haffner, N2523/184. [Ausgestrahlt vom *WDR* am 13. Mai 1984.] Da die von Haffner gemachten Angaben nur sehr vage sind, konnte die veröffentlichte Version des Romans nicht gefunden werden. Das Manuskript befindet sich im gesperrten Teil seines Nachlasses. Vgl. RICHARD KÄMMERLINGS: Das Geheimfach. Die glückliche Entdeckung des Sebastian Haffner. In: *FAZ* vom 20. Oktober 2000.

52 Brief von HEINRICH AUERBACH an Raimund Pretzel vom 15. Januar 1932. NL Sebastian Haffner, N2523/77. Vgl. zu den anderen Manuskripten die Korre-

spondenz mit HEINRICH AUERBACH 1932–1934. NL Sebastian Haffner, N2523/77.

53 Nicht wenige seiner Erzählstoffe hat er sogar aus seinem eigenen Leben oder dem seiner Freunde herausgegriffen. Vgl. den Brief von RAIMUND PRETZEL an Heinrich Auerbach vom 4. Mai 1934. NL Sebastian Haffner, N2523/77; RAIMUND PRETZEL: Ghitta. Bildnis eines weiblichen Charakters dieser Zeit. Typoskript von 1933. NL Sebastian Haffner, N2523/85; sowie den Brief von GHITTA LUDWIG an Raimund Pretzel vom 21. Juli 1933. NL Sebastian Haffner, N2523/83.

54 HAFFNER, Geschichte, S. 103.

2. Die totalitäre Herausforderung (1933–1938)

1 Dieser Meinung waren zumindest die Journalisten Fritz René Allemann und Hellmut Jaesrich. Dargelegt ist der Vorfall in einer Meldung und zwei Leserbriefen, die im *Spiegel* erschienen sind. Vgl. ANONYMUS: Wolfdietrich Schnurre ... In: *Der Spiegel* vom 1. Juni 1960; WOLFDIETRICH SCHNURRE: Im Vorgarten erwischt. In: *Der Spiegel* vom 15. Juni 1960; FRITZ RENÉ ALLEMANN/HELLMUT JAESRICH: Helden. In: *Der Spiegel* vom 29. Juni 1960.

2 («Mittelklassephänomen») EBERHARD KOLB: Die Weimarer Republik. 5., überarb. u. erw. Aufl. München 2000. S. 223. Vgl. ebd., S. 223–226; WINKLER, Weg, Bd. 2, S. 41 f.; FALTER, Wähler, S. 371.

3 Vgl. RICHARD F. HAMILTON: Who voted for Hitler? Princeton 1984. S. 78, 84; GODEFROID, Steglitz, S. 84–87; FALTER, Wähler, S. 372.

4 («Sachlichkeit») ULRICH HERBERT: Best. Biographische Studien über Radikalismus, Weltanschauung und Vernunft 1903–1989. Bonn 1996. S. 42. Vgl. bes. ebd., S. 42–45; WILDT, Generation. Vgl. bes. ebd., S. 41–71.

5 Vgl. HAFFNER, Geschichte, S. 22–25, 54–68, 103.

6 «Er ist nicht gleichschaltbar», heißt es in einem Brief über Pretzel. Brief von KONRAD WOLFF an «Mein lieber Freund ...» vom 6. Februar 1934. NL Konrad Wolff. [Dieser Nachlaß ist nicht verzeichnet.]

7 Vgl. SONTHEIMER, Tatkreis, S. 229–260; DEMANDT, Schleicher, S. 29–110; MENDELSSOHN, Zeitungsstadt, S. 558 f.

8 HAFFNER, Geschichte, S. 196.

9 Ebd., S. 104, 88 f.

10 SEBASTIAN HAFFNER: Kleines Credo. In: DERS., Leben, S. 202–205, hier: S. 202 f.

11 SIEDLER, Leben, S. 114. Vgl. auch FEST, Ich, S. 88.

12 Vgl. HAFFNER, Geschichte, S. 120 f., 145–149, 187–193, 236; DERS.: Bemerkung. In: DERS., Engländer, S. 17; den Brief von LOUIS PRETZEL an Raimund Pretzel vom 8. März 1934. NL Sebastian Haffner, N2523/81.

13 Brief von LOUIS PRETZEL an Raimund Pretzel vom 23. Oktober 1933. NL Seba-

stian Haffner, N2523/81. Vgl. auch GRUCHMANN, Justiz, S. 137 ff.; HAFFNER, Geschichte, S. 234 f.

14 Ebd., S. 227. Vgl. auch den Brief von WANDA PRETZEL an Raimund Pretzel vom 17. Mai 1934. NL Sebastian Haffner, N2523/81; sowie allgemein BÖLLING, Volksschullehrer, S. 203–225; KURT-INGO FLESSAU: Schule der Diktatur. Lehrpläne und Schulbücher des Nationalsozialismus. München 1977. S. 13–21; MAJORIE LAMBERTI: German Schoolteachers, National Socialism, and the Politics of Culture at the End of the Weimar Republic. In: *CEH* 34 (2001), S. 53–82, hier: S. 75.

15 LOUIS PRETZEL: Testament vom 20. Februar 1934. NL Sebastian Haffner, N2523/65. Vgl. den Brief von LOUIS PRETZEL an Ulrich Pretzel vom 12. Juli 1935. NL Sebastian Haffner, N2523/80; die Kondolenzpost vom September 1935. NL Sebastian Haffner, N2523/65; HAFFNER, Geschichte, S. 235; DERS.: Originalton. Aus: Gespräch mit Michael Schornstheimer. In: DERS., Geschichte, [Hörbuch].

16 Brief von ULRICH PRETZEL an Raimund Pretzel vom 19. Mai 1934. NL Sebastian Haffner, N2523/68. Vgl. auch PETER WAPNEWSKI: Erinnerungen an den Lehrer Ulrich Pretzel. In: Gedenkreden auf Ulrich Pretzel (1898–1981). Hamburg 1982. S. 39–59, hier: S. 44; SEBASTIAN HAFFNER: Originalton. Aus: Gespräch mit Michael Schornstheimer. In: DERS., Geschichte, [Hörbuch].

17 RAIMUND PRETZEL: Tagebucheintrag vom 20. Dezember 1921. Tagebücher. NL Sebastian Haffner, N2523. Vgl. auch MITTAG, Bericht, S. 33; HENNING, Bericht, S. 43.

18 Vgl. RAIMUND PRETZEL: Tagebucheintrag vom 2. Februar 1924. Tagebücher. NL Sebastian Haffner, N2523.

19 Vgl. HAFFNER, Geschichte, S. 81 f., 112–115, 149–177, 244–252; die Korrespondenz von KARLA BERNHARDT mit Raimund Pretzel. NL Sebastian Haffner, N2523/89; sowie generell auch den Brief von EVA WISSMANN an Raimund Pretzel vom 9. Februar 1934. NL Sebastian Haffner, N2523/68.

20 HAFFNER, Geschichte, S. 206. Vgl. auch die Korrespondenz von LILLY und GERTRUD JOSEPH mit Raimund Pretzel. NL Sebastian Haffner, N2523/88; die Korrespondenz von KURT LEWIN und Raimund Pretzel. NL Sebastian Haffner, N2523/82; die Korrespondenz von KONRAD WOLFF und Raimund Pretzel. NL Sebastian Haffner, N2523/62.

21 Vgl. GRUCHMANN, Justiz, S. 303 f.; sowie die offizielle Einbestellung Raimund Pretzels durch das Preußische Justizministerium vom 4. Oktober 1933. NL Sebastian Haffner, N2523/75.

22 («das Gefühl der Selbstverantwortung») HAFFNER, Geschichte, S. 278; («in einer Nußschale») ebd. S. 253. Vgl. auch ebd. S. 252–290.

23 Siehe dazu («Falle») Ebd., S. 278; («hübsch») Brief von KONRAD WOLFF an Raimund Pretzel vom 26. November 1933. NL Sebastian Haffner, N2523/62. Vgl. auch HAFFNER, Geschichte, bes. S. 270, 278–285, 288; und allgemein THOMAS KÜHNE: Kameradschaft. Die Soldaten des nationalsozialistischen Krieges und das 20. Jahrhundert. Göttingen 2006.

24 Zeugnis von Oberstaatsanwalt SPIELER vom 14. November 1933. In: Akte von Raimund Pretzel beim Reichsjustizministerium, BArch Berlin, R 3001, 71184.

25 Brief von ULRICH PRETZEL an Raimund Pretzel vom 8. November 1933. NL Sebastian Haffner, N2523/68.

26 Vgl. die Briefe von LOUIS PRETZEL an Raimund Pretzel vom 1. Februar und 26. Mai 1934. NL Sebastian Haffner, N2523/81.

27 Vgl. SEBASTIAN HAFFNER: Die Verantwortung der deutschen Emigration. In: *Die Zeitung* vom 29. März 1941; MANFRED GÖRTEMAKER: Thomas Mann und die Politik. Frankfurt a. M. 2005. S. 187–192.

28 MARGRET BOVERI: Verzweigungen. Eine Autobiographie. Hrsg. und mit einem Nachwort versehen von UWE JOHNSON. München – Zürich 1977. S. 214. Wie Boveri berichtet hat, habe ihr nach dem Krieg Sebastian Haffner gesagt, er und seine Frau hätten es ihr übel genommen, daß sie 1942 aus den USA zurückgekehrt sei. Vgl. ebd., S. 295; sowie GÖRTEMAKER, Leben, S. 168.

29 Vgl. HAFFNER, Geschichte, S. 224–232.

30 Lediglich in seinen Erinnerungen hat er Bedauern darüber geäußert, daß er keine Kampfsportarten, Schmuggeln und dergleichen beherrsche. Vgl. ebd., S. 102.

31 Briefentwurf von SEBASTIAN HAFFNER an Nikolaus Lobkowicz [o. D.; November/Dezember 1980]. NL Sebastian Haffner, N2523/12. Vgl. zur Datierung die Briefe von NIKOLAUS LOBKOWICZ an Sebastian Haffner vom 10. November 1980 und vom 8. Dezember 1980. Ebd.

32 Vgl. zu «Teddy» den Brief von KURT LEWIN an Raimund Pretzel vom 26. Dezember 1933. NL Sebastian Haffner, N2523/82; sowie allgemein den Brief von EVA WISSMANN an Raimund Pretzel vom 2. Mai 1934. NL Sebastian Haffner, N2523/87.

33 Vgl. den Personalbogen. In: Akte von Raimund Pretzel beim Reichsjustizministerium, BArch Berlin, R 3001, 71184; und zu seiner Ankunft in Paris die Rechnung des University-Hotels. NL Sebastian Haffner, N2523/74. Vgl. zur Emigrationsabsicht HAFFNER, Geschichte, S. 224–232; sowie den Brief von HEINRICH AUERBACH an Raimund Pretzel vom 26. Juli 1933. NL Sebastian Haffner, N2523/77. Das Emigrationsvorhaben wird in einem Brief seines Vaters angedeutet, der ihn im Februar 1934 ermahnte, die Arbeit an seiner Dissertation nicht zu vernachlässigen, aber hinzufügte: «(ich weiß natürlich, daß es von Dir aus gesehen, nicht der Hauptzweck war und ist)». Brief von LOUIS PRETZEL an Raimund Pretzel vom 1. Februar 1934. NL Sebastian Haffner, N2523/81.

34 Brief von RAIMUND PRETZEL an Kurt Lewin vom 12. März 1934. NL Sebastian Haffner, N2523/82. [Möglicherweise kam dieser Brief in Haffners Nachlaß, weil er seinen Adressaten verfehlt hat.]

35 Brief von KONRAD WOLFF an «Mein lieber Freund ...» vom 6. Februar 1934. NL Konrad Wolff.

36 Vgl. den Brief von SEBASTIAN HAFFNER an Arthur Koestler vom 3. März 1941. NL Arthur Koestler, MS 2371/1/1, f. 53; die Nachrichten von GERTRUD JOSEPH

an Raimund Pretzel [o. D.]. NL Sebastian Haffner, N2523/74; den Brief von KURT LEWIN an Raimund Pretzel vom 18. April 1934. NL Sebastian Haffner, N2523/82; die Briefe von KONRAD WOLFF an Raimund Pretzel vom 17. und 26. November und 9. Dezember 1933. NL Sebastian Haffner, N2523/62; die Rechnungen des Hotel Foyot und des Hotel de la Paix. NL Sebastian Haffner, N2523/74; sowie das Gesuch von TAMARA VON FRITSCH an das französische Innenministerium vom 29. Mai 1934. NL Sebastian Haffner, N2523/74. Vgl. auch JOSEPH ROTH: Bemerkung. In: Von deutscher Literatur. Eine Stunde mit Joseph Roth von Frédéric Lefèvre. In: JOSEPH ROTH: Werke. Bd. 3. Das journalistische Werk 1929–1939. Hrsg. und mit einem Nachwort von KLAUS WESTERMANN. Köln – Amsterdam 1991. S. 1031–1035, hier: S. 1034. [Zuerst in: *Les Nouvelles Litteraires* (Paris) vom 2. Juni 1934.]

37 Brief von LILLY JOSEPH an Raimund Pretzel vom 14. Mai 1933. NL Sebastian Haffner, N2523/88; Brief von RAIMUND PRETZEL an Kurt Lewin vom 12. März 1934. NL Sebastian Haffner, N2523/82. Vgl. auch WEIDENFELD, Menschen, S. 103.

38 Brief von LOUIS PRETZEL an Raimund Pretzel vom 1. Februar 1934. NL Sebastian Haffner, N2523/81. Vgl. auch den Brief von EVA WISSMANN an Raimund Pretzel vom 2. Mai 1934. NL Sebastian Haffner, N2523/87.

39 («Hals in das Joch») Ebd. Vgl. zur Arbeit an der Dissertation auch den Brief von JOHANNA PRETZEL an Raimund Pretzel vom 10. Mai 1934. NL Sebastian Haffner, N2523/86; den Brief von RAIMUND PRETZEL an Heinrich Auerbach vom 18. Mai 1934. NL Sebastian Haffner, N2523/77; sowie das Promotionsgesuch von RAIMUND PRETZEL vom 7. Dezember 1934. Archiv der Humboldt Universität zu Berlin; Jur. Fak. 309, Bl. 63.

40 Vgl. PRETZEL, Aufwertung.

41 MARTIN WOLFF: R. Pretzel. Die Aufwertung von Fremdwährungsschulden; ein Beitrag zur Theorie der Aufwertung. Gutachten vom 29. Dezember 1934. Archiv der Humboldt Universität zu Berlin; Jur. Fak. 309, Bl. 67 f. Vgl. auch die Promotionsurkunde von Raimund Pretzel; Archiv der Humboldt Universität zu Berlin; Jur. Fak. 309, Bl. 71.

42 Vgl. das Gutachten von Amtsgerichtspräsident BLOCK vom 1. Januar 1935. In: Akte von Raimund Pretzel beim Reichsjustizministerium, BArch Berlin, R 3001, 71184; sowie zur Richterstelle die Briefe vom Amt des Kammergerichtspräsidenten an Raimund Pretzel vom 12. Februar, 15. Mai und 2. Juli 1935. NL Sebastian Haffner, N2523/76.

43 Gutachten von Amtsgerichtspräsident BLOCK vom 1. Januar 1935. In: Akte von Raimund Pretzel beim Reichsjustizministerium, BArch Berlin, R 3001, 71184. Vgl. auch SEBASTIAN HAFFNER: Originalton. Aus: Gespräch mit Michael Schornstheimer. In: DERS., Geschichte, [Hörbuch].

44 Vgl. den Brief des Reichsjustizministers an Raimund Pretzel vom 3. Juni 1936. In: Akte von Raimund Pretzel beim Reichsjustizministerium, BArch Berlin, R 3001, 71184; GRUCHMANN, Justiz, S. 315 ff., 746–930.

45 Möglicherweise war ihm damals daran gelegen, eine Mitgliedschaft im «Bund Nationalsozialistischer Deutscher Juristen» zu umgehen. Vgl. den Brief vom Bund Nat. Soz. Deutscher Juristen an Raimund Pretzel vom 27. November 1933; den Brief vom Reichsbund Deutscher Referendare an Raimund Pretzel vom 12. Dezember 1933; den Brief vom Reichsverband Deutscher Schriftsteller an Raimund Pretzel vom 13. Dezember 1933. NL Sebastian Haffner, N2523/75. Vgl. auch die Akte von Raimund Pretzel bei der Reichskulturkammer SII. BArch Berlin, RKK 2101, Box 0963, File 09; sowie allgemein JAN PIETER BARBIAN: Literaturpolitik im «Dritten Reich». Institutionen, Kompetenzen, Betätigungsfelder. Überarb. und aktual. Ausg. München 1995. S. 193 ff.

46 SEBASTIAN HAFFNER: Rheinsberg, Elegie des Ruhms. In: DERS., Leben, S. 274–281; DERS.: Vom Laster des Rauchens. In: DERS., Leben, S. 135–138.

47 Vgl. den Brief von LOUIS PRETZEL an Raimund Pretzel vom 5. Januar 1934. NL Sebastian Haffner, N2523/81; den Brief von HEINRICH AUERBACH an Raimund Pretzel vom 26. Juli 1933. NL Sebastian Haffner, N2523/77; sowie HAFFNER, Leben.

48 RAIMUND PRETZEL: «Wenn Sie schöne Dinge lieben ...», S. 10. NL Sebastian Haffner, N2523/99. Vgl. auch den Brief von MARTINS an Raimund Pretzel vom 11. Januar 1935. NL Sebastian Haffner, N2523/75.

49 R. P.: Kleines Büchermenü für unterwegs. In: *Die Dame.* Zweites Juniheft 1936; DERS.: Zauber der Geschichte. In: *Die Dame.* Erstes Oktoberheft 1936.

50 Vertrag des Ullstein Verlages mit Raimund Pretzel vom 9. Februar 1937. NL Sebastian Haffner, N2523/84. Vgl. KINDLER, Abschied, S. 206.

51 Vgl. den Vertrag der *Berliner Illustrierten Zeitung* mit Raimund Pretzel vom 13. Juli 1938. NL Sebastian Haffner, N2523/84; RAIMUND PRETZEL: Vierundzwanzig Stunden. Exposé. Typoskript und handschriftliche Ausarbeitung [o. D.]. NL Sebastian Haffner, N2523/85. Ob der Text veröffentlicht wurde, ist nicht bekannt.

52 Vgl. SEBASTIAN HAFFNER: Die Kunst, sich beschenken zu lassen. In: DERS., Leben, S. 169–173.

53 SEBASTIAN HAFFNER: Die Lehre vom Ehekrach. In: DERS., Leben, S. 104–108, hier: S. 105.

54 Vgl. SEBASTIAN HAFFNER: Aller Anfang ist leicht! In: DERS., Leben, S. 10–15; DERS.: Vor den Garderobenschranken ... In: DERS., Leben, S. 125–128.

55 VOLKER ULLRICH: Das ungleiche Duell. In: *Die Zeit* vom 7. September 2000.

56 («Schnuller») HAFFNER, Ehekrach, S. 106; («Kaffee») RAIMUND PRETZEL: Phantasie über Getränke. Typoskript, S. 2. NL Sebastian Haffner, N2523/102.

57 HAFFNER, Anfang; DERS.: Deine Maske verrät dich! In: DERS., Leben, S. 184 ff., hier: S. 184. Vgl. auch DERS.: Vom Wetter. In: ebd., S. 61–65; DERS.: Männliche Eitelkeit. In: ebd., S. 130–134.

58 So behauptet er etwa, daß die Fernseher allmählich die Telefonapparate aus den Haushalten verdrängen würden. Vgl. SEBASTIAN HAFFNER: Der Dämon in der Hörmuschel. In: DERS., Leben, S. 98–102, hier: S. 102.

59 SEBASTIAN HAFFNER: Kleines Credo. In: DERS., Leben, S. 202–205.

60 SEBASTIAN HAFFNER: Die Fensteröffner und Fensterschließer. In: DERS., Leben, S. 120–124, hier: S. 120, 122.

61 Insgesamt ist, was die Möglichkeiten eines «Schreibens zwischen den Zeilen» angeht, wohl Skepsis geboten. Vgl. FREI/ SCHMITZ, Journalismus, S. 132 f.

62 SEBASTIAN HAFFNER: Wer führt, verliert …? In: DERS., Leben, S. 197 ff.; DERS.: Das Leben der Fußgänger. In: ebd., S. 88–91.

63 («Schutzwinkel») BOVERI, Wir, S. 89. Vgl. auch FREI/SCHMITZ, Journalismus, S. 129 f.; EHRKE-ROTERMUND/ROTERMUND, Zwischenreiche, S. 11.

64 RAIMUND PRETZEL: Notizen über Bücher. In: *Die Dame.* Zweites Septemberheft 1936. [Rezension u. a. von JOSEPH CONRAD: Spannung. Berlin 1936.]; RAIMUND PRETZEL: Büchernotizen. In: *Die Dame.* Zweites Märzheft 1938. [Rezension u. a. von FRIEDRICH GEORG JÜNGER: Der Taurus. Hamburg 1937.] Vgl. allgemein MENDELSSOHN, Zeitungsstadt, S. 436–449; Die Dame. Ein deutsches Journal für den verwöhnten Geschmack 1912–1943. Zusammengestellt und hrsg. von CHRISTIAN FERBER. Berlin [o. J.; 1980]. S. 287–413. 1933 soll *Die Dame* mit einer Auflagenhöhe von 32 870 Exemplaren erschienen sein. Vgl. Hundert Jahre Ullstein 1877–1977. Bd. 2. Hrsg. von W. JOACHIM FREYBURG und HANS WALLENBERG. Frankfurt a. M. – Berlin – Wien 1977. S. 256; sowie zur *Koralle* HANS DIETER SCHÄFER: Das gespaltene Bewußtsein. Über deutsche Kultur und Lebenswirklichkeit 1933–1945. 2. Aufl. München – Wien 1982. S. 76.

65 Vgl. SCHAEFER, Uhren. S. 266 f.; HUB NIJSSEN: Der heimliche König. Leben und Werk von Peter Huchel. Nijmegen 1995. S. 113; SEBASTIAN HAFFNER: Bemerkung. In: DERS., Engländer, S. 15; sowie allgemein HANS-ULRICH THAMER: Verführung und Gewalt. Deutschland 1933–1945. Berlin 1994. S. 504–511.

66 SCHAEFER, Uhren, S. 249, Vgl. den Brief von RAIMUND PRETZEL an Kurt Kusenberg vom 4. Januar 1939. NL Kurt Kusenberg; KINDLER, Abschied, S. 205 f.

67 So hat Pretzel auch versucht, den Schriftleiterlehrgang, den er als angehender Redakteur zu durchlaufen hatte, zu umgehen. Vgl. den Brief von RAIMUND PRETZEL an den Präsidenten des Reichsverbandes der Deutschen Presse vom 22. April 1937. NL Sebastian Haffner, N2523/118.

68 ANONYMUS: «Im Sinne der nationalen Regierung». In: *Deutschland Magazin* 7/8 1970; FRITZ J. RADDATZ: «Wir werden weiterdichten, wenn alles in Scherben fällt …» In: *Die Zeit* vom 12. Oktober 1979. Vgl. auch die Akte von Raimund Pretzel bei der Reichskulturkammer SII. BArch Berlin, RKK 2101, Box 0963, File 09. Siehe zum Verhältnis Haffner-Raddatz oben S. 356.

69 SEBASTIAN HAFFNER: Bemerkung. In: Sebastian Haffner im Gespräch mit Barbara Kusenberg. Typoskript [o. D.], S. 1. NL Kurt Kusenberg. Vgl. auch ebd.; BOVERI, Wir, S. 89; FREI/SCHMITZ, Journalismus, S. 52, 131 f.; EHRKE-ROTERMUND/ROTERMUND, Zwischenreiche, S. 194–222; sowie zur Ablehnung einer Schuld HAFFNER, Bismarck, S. 255–258, 268 ff.; DERS.: Bemerkung. In: Sebastian Haffner im Gespräch mit Walter Bittermann. Ein Film von Walter Bitter-

mann. Typoskript, S. 12. NL Sebastian Haffner, N2523/184. [Ausgestrahlt vom *SWF* am 31. Juli 1981.]

70 Haffner, Bismarck, S. 270. Vgl. ebd., S. 254–258, 269 f.

71 Raimund Pretzel: Im Namen des deutschen Volkes. Handschriftliches Manuskript [o. D.; Oktober 1938]. NL Sebastian Haffner, N2523/209. Vgl. zur Entstehungszeit dieses Textes den Brief von Raimund Pretzel an Harald Landry vom 23. Oktober 1938. NL Harald Landry, 2002.13.77/3.

72 Wann sich Erika Schmidt-Landry und Pretzel genau kennengelernt haben, ist nicht bekannt. Sie hat später das Jahr 1935 angegeben, definitiv verbürgt ist der Oktober 1936. Vgl. Erika Pretzel: Krankengeschichte. Handschriftliches Manuskript und Typoskript [o. D.; ca. 1960]. NL Sebastian Haffner, N2523/182; den Brief von Erika Schmidt-Landry und Raimund Pretzel an Harald Landry vom 3. Oktober 1936. NL Harald Landry, 2002.13.98/3. Zu Erika Schmidt-Landry, geb. Hirsch, liegen nur wenige Quellen vor, die zudem häufig jüngeren Datums sind. Abgesehen von diversen Äußerungen Haffners aus den achtziger Jahren, gibt es verschiedene Lebensläufe Erika Pretzels, die Ende der fünfziger, Anfang der sechziger Jahre entstanden sind. Außerdem hat der Antiquar Georg Wiesing-Brandes, der den Nachlaß von Harald Landry gefunden hat, ein Porträt über den ersten Ehemann von Erika Pretzel verfaßt. Vgl. Wiesing-Brandes, Bohemien. (Demnach hieß Landrys Vater mit Geburtsnamen Paul Schmidt, nahm aber später, als er eine Künstlerkarriere einschlug, den Namen Landry an. Vgl. ebd., S. 2. Sein Sohn firmierte zwar in der Regel als Harald Landry, hieß aber offiziell wohl Schmidt-Landry; so nannte sich zumindest seine erste Frau. Ihr gemeinsamer Sohn führte den Namen Peter Schmidt.)

73 Vgl. Erika Pretzel: Abschrift des BWGöd-Antrages vom 21. Dezember 1956; NL Sebastian Haffner, N2523/181; Wiesing-Brandes, Bohemien.

74 Vgl. Sebastian Haffner: Originalton. Aus: Gespräch mit Michael Schornstheimer. In: Ders., Geschichte, [Hörbuch]; Helmut Heiber: Universitäten unterm Hakenkreuz. Teil II. Die Kapitulation der Hohen Schulen. Bd. 1. Das Jahr 1933 und seine Themen. München u. a. 1992. S. 101 f.; Erika Pretzel: Krankengeschichte. Handschriftliches Manuskript und Typoskript [o. D.; ca. 1960]. NL Sebastian Haffner, N2523/182; Wiesing-Brandes, Bohemien.

75 Vgl. Görtemaker, Leben, S. 73; Raimund Pretzel: «In den Jahren 1934 bis 1938 …» Handschriftliches Manuskript, aufgesetzt für Erika Pretzel [o. D.; ca. 1960]. NL Sebastian Haffner, N2523/181; Soukup, Deutscher, S. 51 f., 63; Wiesing-Brandes, Bohemien.

76 Vgl. Sebastian Haffner: Bemerkung. In: Ders., Engländer, S. 18; Gruchmann, Justiz, S. 864–886.

77 Vgl. Sebastian Haffner: Bemerkung. In: Sebastian Haffner im Gespräch mit Walter Bittermann. Ein Film von Walter Bittermann. Typoskript, S. 11. NL Sebastian Haffner, N2523/184. [Ausgestrahlt vom *SWF* am 31. Juli 1981.] Auch der regimekritische Vater Joachim Fests wurde vom Blockwart in bedrohlichen Situationen gewarnt. Vgl. Fest, Ich, S. 322 f.

78 Vgl. SOUKUP, Deutscher, S. 62 ff.; ERIKA PRETZEL: Krankengeschichte. Handschriftliches Manuskript und Typoskript [o. D.; ca. 1960]. NL Sebastian Haffner, N2523/182.

79 SEBASTIAN HAFFNER: Tagebucheintrag vom 18. Juli 1925. Tagebücher. NL Sebastian Haffner, N2523. Auch bei jener Tamara von Fritsch, für die er in Paris entbrannt war, hatte es sich um eine deutlich ältere Frau gehandelt, die ebenfalls bereits geschieden und Mutter war. Vgl. das Gesuch von TAMARA VON FRITSCH an das französische Innenministerium vom 29. Mai 1934. NL Sebastian Haffner, N2523/74.

80 SEBASTIAN HAFFNER: Monatslektüre. In: *Konkret* vom September 1967; Brief von ULRICH PRETZEL an Raimund Pretzel vom 26. Dezember 1969. NL Sebastian Haffner, N2523/68.

81 Der Zustand von Haffners Papieren änderte sich, wie der Verfasser aufgrund seiner Arbeit am Nachlaß weiß, nach ihrem Tod schlagartig. Vgl. auch SARAH HAFFNER, Farbe, S. 14, 18 f.

82 Vgl. den Brief von ERIKA SCHMIDT-LANDRY und RAIMUND PRETZEL an Harald Landry vom 3. Oktober 1936. NL Harald Landry, 2002.13.98/3; ERIKA PRETZEL: Krankengeschichte. Handschriftliches Manuskript und Typoskript [o. D.; ca. 1960]. NL Sebastian Haffner, N2523/182; den Brief von RAIMUND PRETZEL an Erika Schmidt-Landry vom 26. August 1938. Privatbesitz Sarah Haffner; die Aktenvermerke des Home Office vom 16. November 1938 und 2. Februar 1939. National Archives, KV 2/1129; SOUKUP, Deutscher, S. 60–64.

83 Brief von RUDOLF KRÄMER-BADONI an Wolfdietrich Schnurre vom 23. Oktober 1961. NL Sebastian Haffner, N2523/134. Vgl. auch das Telegramm von WOLFDIETRICH SCHNURRE an Sebastian Haffner vom 24. Oktober 1961. NL Sebastian Haffner, N2523/134.

3. Rasante Karriere (1938–1945)

1 Vgl. STEPHAN, Emigration; SPIEL, Psychologie, S. 32.

2 Briefentwurf von SEBASTIAN HAFFNER an Norman Alexander [o. D.; um 1950]. NL Sebastian Haffner, N2523/90. Vgl. auch LAMBERT MARTIN: Der Fall Finck. In: *National-Zeitung. Anzeigeblatt der Stadt Basel* vom 11./12. Februar 1939; JOACHIM RUNGE: Jüterbog. In: *Die Zeitung* vom 15. Mai 1942; A STUDENT OF EUROPE: Germany's Second Revolution. In: *The Observer* vom 30. August 1942. Vgl. COCKETT, Astor, S. 93–97; sowie den Briefentwurf von SEBASTIAN HAFFNER an Marian Malet vom 4. November 1992. NL Sebastian Haffner, N2523/6. Alle Texte, bei denen Haffners Autorschaft unklar ist, werden im folgenden nicht herangezogen.

3 Vgl. den Brief von RAIMUND PRETZEL an Erika Schmidt-Landry vom 26. August 1938. Privatbesitz Sarah Haffner; die Aktenvermerke des Home Office vom 16. November 1938 und 2. Februar 1939. National Archives, KV 2/1129;

Soukup, Deutscher, S. 62 ff.; sowie den Brief von Raimund Pretzel an Harald Landry vom 5. September 1938. NL Harald Landry, 2002.13.77/5. Die große Mehrheit der englischen Bevölkerung bezog 1938 ein Einkommen von weniger als 250 Pfund im Jahr, nach Abzug der Steuern. Noch 1949 gehörte fast die Hälfte aller berufstätigen Briten dieser Gehaltsstufe an. Vgl. Halsey, Trends, S. 75, 93.

4 Vgl. den Brief von Raimund Pretzel an Harald Landry vom 5. September 1938. NL Harald Landry, 2002.13.77/5; den Brief von Raimund Pretzel an Kurt Kusenberg vom 4. Januar 1939. NL Kurt Kusenberg. Soukup, Deutscher, S. 62 ff.

5 Vgl. Sebastian Haffner: Bemerkung. In: Ders., S. 27 f.

6 Brief von Raimund Pretzel an Kurt Kusenberg vom 4. Januar 1939. NL Kurt Kusenberg. Vgl. ebd.

7 Briefe von Raimund Pretzel an Harald Landry vom 13. und 18. Juni 1939. NL Harald Landry, 2002.13.77/6 und 2002.13.77/7.

8 Vgl. die Akte des Home Office vom 6. Mai 1939. National Archives, KV 2/1129/5a und die Akte des Home Office vom 30. Juni 1939. National Archives, KV 2/1129/6a, 6b; sowie den Brief von Raimund Pretzel an Harald Landry vom 13. Juni 1939. NL Harald Landry, 2002.13.77/6.

9 Vgl. Georg Wiesing-Brandes: «Der letzte Bohemien». Zum Nachlaß von Harald Landry. Privatbroschüre [o. D.]; den Brief von Raimund Pretzel an Harald Landry vom 23. Juni 1939. NL Harald Landry, 2002.13.77/8; Mertens, Die Zeitung, S. 53; Payk, Geist, S. 63–76; Carl Zuckmayer: Geheimreport. Hrsg. von Gunther Nickel und Johanna Schrön. Göttingen 2002.

10 Brief von Raimund Pretzel an Kurt Kusenberg vom 4. Januar 1939. NL Kurt Kusenberg. Vgl. Raimund Pretzel: Im Namen des deutschen Volkes! Handschriftliches Manuskript [o. D.; Oktober 1938]. NL Sebastian Haffner, N2523/209; sowie zur Entstehungszeit den Brief von Sebastian Haffner an Harald Landry vom 23. Oktober 1938. NL Harald Landry, 2002.13.77/3.

11 Vgl. den Brief von Raimund Pretzel an Irene Landry vom 28. Januar 1941. NL Harald Landry, 2002.13.188/4; sowie die Briefe von Raimund Pretzel an Harald Landry vom 13., 18. und 23. Juni 1939 sowie vom 5. Juli und 6. Oktober 1939. NL Harald Landry, 2002.13.77/6; 2002.13.77/7; 2002.13.77/8; 2002.13.77/9; 2002.13.77/11.

12 Akte des Home Office vom 30. Juni 1939; Vermerk vom 17. Mai 1939. National Archives, KV 2/1129/6a.

13 Vgl. Warburg, Authors, S. 6 ff.; den Brief von Raimund Pretzel an Harald Landry vom 13. Juni 1939. NL Harald Landry, 2002.13.77/6; die Akte des Home Office vom 30. Juni 1939. National Archives, KV 2/1129/6a; den Brief von Fredric Warburg an das Home Office vom 19. Juli 1948. Secker and Warburg Papers. [Dieser Nachlaß ist nicht verzeichnet.]

14 Haffner, Geschichte, S. 184. Vgl. ebd., S. 184 ff.

15 Vor allem enthält der Text die Aufforderung an die westliche Staatenwelt, den

Nationalsozialisten Einhalt zu gebieten. Vgl. HAFFNER, Geschichte, S. 91 ff., 104 ff., 225 f.; sowie zu seiner Vorgehensweise ebd., S. 13–34, 39–42, 54–68.

16 Vgl. ebd., S. 22–25, 54–72, 268–274.

17 Ebd., S. 90. Vgl. auch WILDT, Generation, S. 25.

18 ZWEIG, Welt, S. 359.

19 HAFFNER, Geschichte, S. 132 f.

20 Vgl. ERIC VOEGELIN: Die politischen Religionen. Wien 1938; RAYMOND ARON: L' avenir des religions séculières. In: *FL* 8 (1944), S. 210–217, 269–277; sowie insgesamt MARKUS HUTTNER: Totalitarismus und säkulare Religionen. Zur Frühgeschichte totalitarismuskritischer Begriffs- und Theoriebildung in Großbritannien. Bonn 1999. S. 110–207; MAIER, Totalitarismus, S. 123–127 sowie für die heutige Beliebtheit BURLEIGH, Zeit.

21 Vgl. zur Verachtung HAFFNER, Geschichte, S. 34–37, 53, 75, 127–130; zu Rathenau und Stresemann ebd., S. 48–53, 68 f., 77, 83 ff.

22 Ebd., S. 35. Vgl. auch ebd., S. 35–38.

23 Ebd., S. 53. Vgl. ebd., S. 91, 119, 128 f.

24 FEST, Freund, S. 53. Vgl. auch JULIUS LEBER: Die Todesursachen der deutschen Sozialdemokratie. In: DERS.: Schriften, Reden, Briefe. Hrsg. von DOROTHEA BECK und WILFRIED F. SCHOELLER. Mit einem Vorwort von Willy Brandt und einer Gedenkrede von Golo Mann. München 1976. S. 179–246, hier: S. 195–201; zu Tucholsky GALLUS, Revolution, S. 19.

25 Vgl. HAFFNER, Geschichte, S. 104 f., 122–133 sowie zum Abbruch den Brief von RAIMUND PRETZEL an Harald Landry vom 6. Oktober 1939. NL Harald Landry, 2002.13.77/11; OLIVER PRETZEL, Nachwort, S. 295 f.

26 SEBASTIAN HAFFNER: Reisetagebuch von 1946. NL Sebastian Haffner, N2523, gesperrter Bestand.

27 ANONYMUS: Vorspann. Zu: JOACHIM RUNGE: Jüterbog. In: *Die Zeitung* vom 15. Mai 1942. [Kursivdruck im Original] Dieser Teil wurde in sechs Folgen als Fortsetzungsbericht in dem wöchentlich erscheinenden Blatt abgedruckt. Vgl. auch JOACHIM RUNGE: Jüterbog. In: *Die Zeitung* vom 22. Mai, 29. Mai, 5. Juni, 12. Juni und 19. Juni 1942.

28 Vgl. OLIVER PRETZEL, Nachwort, S. 299 f.; sowie SEBASTIAN HAFFNER: Der Abschied. In: *Stern* vom 30. März 1983.

29 Brief von RAIMUND PRETZEL an Harald Landry vom 6. Oktober 1939. NL Harald Landry, 2002.13.77/11. Vgl. auch OLIVER PRETZEL, Nachwort, S. 295; WARBURG, Authors, S. 6 f. Ob bei der Entscheidung, die Erinnerungen aufzugeben, auch das Erscheinen des ähnlich angelegten Buches *Dear Monster* im Juli 1939 eine Rolle gespielt hat, ist ungewiß. Immerhin waren Haffner und insbesondere Harald Landry mit dem Autor Albrecht von Fritsch alias Georg René Halkett bekannt. Vgl. HALKETT, Monster, den Brief von RAIMUND PRETZEL an Harald Landry vom 6. Oktober 1939. NL Harald Landry, 2002.13.77/11.

30 Ebd. Vgl. zu Pretzels früherer Linie RAIMUND PRETZEL: Im Namen des deut-

schen Volkes! Handschriftliches Manuskript [o. D.; Oktober 1938]. NL Sebastian Haffner, N2523/209.

31 («Demokraten») Brief von Raimund Pretzel an Harald Landry vom 6. Oktober 1939. NL Harald Landry, 2002.13.77/11. Vgl. auch Lambert Martin: Spanien und die englische Opposition. Typoskript [o. D.; Frühjahr 1939]. NL Sebastian Haffner, N2523/103.

32 Vgl. Buckard, Koestler, S. 168 f.; Alfred Pfaffenholz: Manès Sperber zur Einführung. Hannover 1984. S. 34; Heinrich Mann: Zur Zeit von Winston Churchill. Hrsg., bearb., kommentiert u. mit einem Nachwort versehen von Hans Bach. 2. Aufl. Frankfurt a. M. 2004. S. 113–123.

33 Brief von Raimund Pretzel an Harald Landry vom 6. Oktober 1939. NL Harald Landry, 2002.13.77/11. Vgl. zu ähnlichen zeitgenössischen Ansichten Maier, Totalitarismus, S. 120–123.

34 Brief von Raimund Pretzel an Harald Landry vom 6. Oktober 1939. NL Harald Landry, 2002.13.77/11.

35 Sebastian Haffner: Germany: Jekyll & Hyde. 1939 – Deutschland von innen betrachtet. Übersetzt aus dem Englischen von Kurt Baudisch. Berlin 1996. S. 96, 95. [Vgl. auch Ders.: Germany: Jekyll and Hyde. London 1940. S. 107, 106. Künftig wird immer auf die deutsche Ausgabe verwiesen.]

36 Brief von Raimund Pretzel an Harald Landry vom 6. Oktober 1939. NL Harald Landry, 2002.13.77/11. Vgl. auch Warburg, Authors, S. 7. Haffner hat diesen Vergleich in seinem Text freilich auch selbst bemüht. Vgl. Haffner, Germany, S. 105.

37 Vgl. dazu generell Fromm, Deutschland; Koebner, Das «andere Deutschland», S. 217–238; Später, Vansittart.

38 Parliamentary Debates. House of Commons. 5th series. Bd. 351. Sp. 132. Zitiert nach Fromm, Deutschland, S. 13.

39 Vansittart, Black, («Betrug») S. 31, («heimtückisch») S. 23. Vgl. auch ebd., S. 21–27; sowie allgemein Später, Vansittart, S. 63–75; Norman Rose: Vansittart. Study of a Diplomat. London 1978. Bes. S. 206–214, 244 f.

40 Bertolt Brecht: Das andere Deutschland. In: Ders.: Ausgewählte Werke in sechs Bänden. Bd. 6. Schriften. Frankfurt a. M. 1997. S. 504 f., hier: S. 505. [Zuerst in: *The German American* vom Januar 1944.] Vgl. auch Elisabeth Noss: Aktivistin im amerikanischen Exil. Untersuchungen zu Position und Rolle Erika Manns in den Debatten um Hitler-Deutschland. Unveröffentlichte Magisterarbeit Bonn 2002. S. 107–119; Deborah Vietor-Engländer: ‹I Cannot Prophesy. I Cannot Assert. But I Can Guess. And I Can Warn.› Alfred Kerr in London. In: William Abbey u. a. (Hrsg.): Between Two Languages. German-Speaking Exiles in Great Britain 1933–1945. Stuttgart 1995. S. 77–92, hier: S. 88 f.; sowie zu den deutschfreundlichen Stimmen Fromm, Deutschland, S. 45–50, 77–95; Schweitzer, Deutschlandbilder, S. 214–224; Später, Vansittart, S. 204–210.

41 Vgl. Haffner, Germany, S. 7 f.

42 («zwischen den beiden Extremen») HAFFNER, Germany, S. 137. Vgl. auch ebd., S. 67, 101, 142; sowie FALTER, Wähler, S. 368.

43 Vgl. HAFFNER, Germany, S. 101, 144; sowie zur schwierigen Quellenlage HEHL, Herrschaft, S. 86.

44 Vgl. HEINZ POL: «Germany: Jekyll and Hyde». Ein Buch der Kriegziel-Diskussion. In: *Aufbau* vom 21. März 1941. [Rezension von HAFFNER, Germany.]; sowie zu den verwandten Deutungen ERICH KAHLER: Der deutsche Charakter in der Geschichte Europas. Zürich 1937; VEIT VALENTIN: The German People. Their History and Civilization from the Holy German Empire to the Third Reich. New York 1946; THOMAS MANN: Deutschland und die Deutschen. In: DERS.: Gesammelte Werke. Bd. 11. O. O. 1960. S. 1126–1148. [Zuerst 1945]; insgesamt BERND FAULENBACH: Der «deutsche Weg» aus Sicht des Exils. Zum Urteil emigrierter Historiker. In: *Exilforschung* 3 (1985), S. 11–30, hier: S. 13–16; KOEBNER, Das «andere Deutschland», S. 223 f.; SPÄTER, Vansittart, S. 243–282.

45 HAFFNER, Germany, S. 117. Vgl. ebd., S. 109–112, 115–119.

46 Vgl. HILDEBRAND, Dritte Reich, S. 320 ff.

47 HAFFNER, Germany, S. 11. Vgl. ebd., S. 29 f.

48 Ebd., S. 125. [Übersetzung in Teilen durch den Vf.] Vgl. auch ebd., S. 99 f., 104–112.

49 Ebd., («nicht selbst») S. 157 [Übersetzung durch den Vf.]; («Rosenstrauch») S. 155 [Übersetzung in Teilen durch den Vf.]. Vgl. auch ebd., S. 154 ff.

50 («Feiglinge») Ebd., S. 258. Vgl. auch ebd., S. 258 f., 264 f.; sowie zu den schlechten Umsturzmöglichkeiten im allgemeinen ebd., S. 161–165, 177.

51 Ebd., («Der einzelne») S. 151; («*Mischung*») S. 150. [Kursivdruck im Original]

52 Ebd., («Schwindler») S. 20; («Räuberbande») S. 26; («eroberten Land»), S. 56. Der Passus von Deutschland als «erobertem Land» war Haffner offensichtlich sehr wichtig. Vgl. auch DERS., Offensive, S. 107; sowie zur Korruption der NS-Eliten FRANK BAJOHR: Parvenüs und Profiteure. Korruption in der NS-Zeit. Frankfurt a. M. 2001.

53 HAFFNER, Germany, («unbändiges Selbstbewußtsein») S. 77 [Übersetzung in Teilen durch den Vf.]; («Nihilismus») S. 84. Vgl. zur Hitler-Jugend auch ebd., S. 93–97.

54 Ebd., («Hauptziel») S. 69; («sehr durchschnittliche») S. 83. Vgl. auch HANNAH ARENDT: Eichmann in Jerusalem. A Report on the Banality of Evil. New York 1963.

55 HAFFNER, Germany, S. 75. Vgl. allgemein BAVAJ, Ambivalenz, bes. S. 18–21, 53 f.

56 Vgl. HAFFNER, Germany, S. 95 ff., 142, 207. Immerhin scheinen jene Nationalsozialisten, die gegen Ende des Krieges in Spitzenpositionen aufgerückt sind, tatsächlich weniger ideologisch und dafür stärker technokratisch orientiert gewesen zu sein; und Joseph Goebbels plädierte ohnehin für ein Zusammengehen mit Stalin. Vgl. dazu HILDEBRAND, Dritte Reich, S. 110, 115 f., 118, 290.

57 HAFFNER, Germany, S. 12 f. Vgl. ebd., S. 12 ff.
58 Ebd., S. 20. Vgl. ebd., S. 14–21.
59 HAFFNER, Germany, S. 38. Vgl. ebd., S. 21 f., 38 ff.; DERS., Anmerkungen, S. 8–13, 123–126.
60 Vgl. ebd., S. 95–122; JÄCKEL, Hitlers Weltanschauung. Einzelne Forscher, etwa Hans Mommsen, heben allerdings noch heute «die Substanzlosigkeit der NS-Ideologie» hervor. MOMMSEN, Jekyll & Hyde, S. 291. Vgl. ebd., S. 289–292.
61 Vgl. RUDOLF OLDEN: Hitler. Amsterdam 1935. Bes. S. 94, 149.
62 Vgl. RAUSCHNING, Revolution; DERS.: Gespräche mit Hitler. New York 1940. Vgl. auch THEODOR SCHIEDER: Hermann Rauschnings «Gespräche mit Hitler» als Geschichtsquelle. Opladen 1972; ECKHARD JESSE: Hermann Rauschning. Der fragwürdige Kronzeuge. In: RONALD SMELSER/ENRICO SYRING/RAINER ZITELMANN (Hrsg.): Die braune Elite 2. 21 weitere biographische Skizzen. 2., aktual. Aufl. Darmstadt 1999. S. 193–205; JÜRGEN HENSEL/PIA NORDBLOM: Einführung. In: DIES. (Hrsg): Hermann Rauschning. Materialien und Beiträge zu einer politischen Biographie. Warschau 2002. S. 7–48.
63 RAUSCHNING, Revolution, S. 43. Vgl. HAFFNER, Germany, S. 13 f. Haffner hat Rauschnings Buch in *Germany Jekyll and Hyde* gleich mehrfach gewürdigt, allerdings nicht ganz unkritisch. Vgl. ebd., S. 87, 198 f. Schon im Sommer 1939 war Haffner *Die Revolution des Nihilismus* offensichtlich bekannt gewesen. Vgl. den Brief von RAIMUND PRETZEL an Harald Landry vom 13. Juni 1939. NL Harald Landry, 2002.13.77/6.
64 HAFFNER, Germany, («Tüchtigkeit») S. 46; («Nihilismus») S. 52.
65 RAUSCHNING, Revolution, S. 76 f. Ebenso hat Rauschning, wie später Haffner, den Antisemitismus vor allem als Instrument der Enthumanisierung eingestuft unter anderem als «Zersetzungsmittel bisheriger bürgerlicher Denk- und Wertkategorien», sowie als «Anleitung zum Zynismus». Ebd., S. 42. Die Gewalttäter gehörten zur «Kompanie der Mitschuldigen». Ebd., S. 58.
66 («Preußen») SEBASTIAN HAFFNER: Deutschlands Talente, Deutschlands Mission. In: *FAZ* vom 8. September 2001. [Dieses Zitat findet sich nicht in der gekürzten deutschen Fassung von *Germany: Jekyll & Hyde*. Der gestrichene Text wurde nachträglich in der *FAZ* abgedruckt. Vgl. auch DERS.: Germany: Jekyll and Hyde. London 1940. S. 318.]; («Führungsspitze») DERS.: Germany: Jekyll & Hyde. 1939– Deutschland von innen betrachtet. Berlin 1996. S. 46. Vgl. ebd., S. 46 f.; sowie allgemein KOEBNER, Das «andere Deutschland», S. 224 f.; VANSITTART, Black, S. 23.
67 HAFFNER, Germany, S. 129. Vgl. ebd., S. 130 ff.; sowie KLAUS HILDEBRAND: Erich Eyck. In: HANS-ULRICH WEHLER (Hrsg.): Deutsche Historiker. Bd. 2. Göttingen 1971. S. 98–119, hier: S. 105–109; ERICH EYCK: Bismarck. 3 Bde. Erlenbach – Zürich 1941–44. Bes. Bd. 2, S. 576.
68 HAFFNER, Germany, S. 265, 269. [Kursivdruck im Original]
69 Vgl. SEBASTIAN HAFFNER: Germany: Jekyll and Hyde. London 1940. S. 300–320. [Diese Passage findet sich nicht in der gekürzten deutschen Fassung von

Germany: Jekyll & Hyde. Vgl. DERS.: Deutschlands Talente, Deutschlands Mission. In: *FAZ* vom 8. September 2001.]

70 Vgl. SEBASTIAN HAFFNER: Germany: Jekyll & Hyde. 1939– Deutschland von innen betrachtet. Berlin 1996. S. 273–276.

71 Vgl. FROMM, Deutschland, S. 128 f., 182–188; VANSITTART, Black, S. 55; SPÄTER, Vansittart, S. 161, 183–200; sowie den entsprechenden Hinweis in: BRÜNING, Briefe, S. 422 f.

72 MÖLLER, Exilpublizistik, S. 282. Vgl. auch HEINZ POL: «Germany: Jekyll and Hyde». Ein Buch der Kriegziel-Diskussion. In: *Aufbau* vom 21. März 1941; sowie den Brief von HEINRICH BRÜNING an F. Demuth vom 7. April 1941. In: BRÜNING, Briefe, S. 351.

73 Vgl. RUNGE, Politische Identität, S. 94–96; KARL-GEORG FABER: Johannes Ziekursch. In: HANS-ULRICH WEHLER (Hrsg.): Deutsche Historiker. Bd. 3. Göttingen 1972. S. 109–123, hier: S. 115–119; JOHANNES ZIEKURSCH: Politische Geschichte des Neuen Deutschen Kaiserreichs. 3 Bde. Frankfurt a. M. 1925–1930; bes. Bd. 1. Die Reichsgründung. Frankfurt a. M. 1925. S. 3 f.; KETTENACKER, Einfluß, S. 85; MARKUS BEHMER: «Der Tag danach». Eine Exildebatte um Deutschlands Zukunft. In: DERS. (Hrsg.): Deutsche Publizistik im Exil 1933 bis 1945. Personen – Positionen – Perspektiven. Münster 2000. S. 223–244, hier: S. 231; HELGA GREBING: Was wird aus Deutschland nach dem Krieg? Perspektiven linkssozialistischer Emigration für den Neuaufbau Deutschlands nach dem Zusammenbruch der nationalsozialistischen Diktatur. In: *Exilforschung* 3 (1985), S. 43–58; PAUL, Deutschland.

74 HAFFNER, Germany, S. 200 f. [Kursivdruck im Original] Vgl. insgesamt ebd., S. 199–206.

75 («Lebensstil») Ebd., S. 186. Vgl. ebd., S. 182–191. («Restauration») Ebd., S. 191.

76 Vgl. FREDRIC WARBURG: Geschäftsbuch Nr. 5 für 1946. Secker and Warburg Papers. In seinen Erinnerungen nennt Warburg sogar noch etwas niedrigere Zahlen. Vgl. DERS., Authors, S. 6 ff.

77 HAFFNER, Germany, S. 215; THOMAS MANN: Tagebucheintrag vom 21. Mai 1940. In: DERS.: Tagebücher 1940–1943. Hrsg. von PETER DE MENDELSSOHN. Frankfurt a. M. 1982. S. 80. Vgl. den Brief von THOMAS MANN an Harper & Brothers, Publishers vom 23. Mai 1940. In: Die Briefe Thomas Manns. Regesten und Register. Bd. 2. Hrsg. von HANS BÜRGIN und HANS-OTTO MAYER. Frankfurt a. M. 1980. S. 412; HANS RUDOLF VAGET: *Germany: Jekyll and Hyde.* Sebastian Haffners Deutschlandbild und die Genese von *Doktor Faustus.* In: ECKHART HEFTRICH/HELMUT KOOPMANN (Hrsg.): Thomas Mann und seine Quellen. Frankfurt a. M. 1991. S. 249–271, hier: S. 263–271; sowie den Brief von HEINRICH BRÜNING an F. Demuth vom 7. April 1941. In: BRÜNING, Briefe, S. 351.

78 WICKHAM STEED: Kommentar auf dem Umschlag für HAFFNER, Germany. Vgl. auch ANONYMUS [CRITIC]: A London Diary. In: *The New Statesman and Nation* vom 6. Juli 1940; ANONYMUS: A German on the Nazis. In: *TLS* vom 15. Juni

1940; Alfred L. Rowse: The Problem of the Germans. In: *The Spectator* vom 26. Juli 1940. S. 96.

79 Henry Wickham Steed: The Need for a Policy. In *The Fortnightly* vom Juli 1940. S. 1–10, hier: S. 5 f.

80 Vgl. zur Fertigstellung des Buches den Brief von Erika Pretzel an Irene und Harald Landry vom 12. Februar 1940. NL Harald Landry, 2002.13.77/13. Gemäß einer Notiz des Verlages war das Buch erst im April 1940 fertiggestellt worden, was nun möglicherweise auch die Übersetzung – Haffner hat das Manuskript auf deutsch geschrieben – und das Lektorat einschloß. Vgl. Haffner, Germany, S. 6; sowie zur Internierung Anonymus [Home Office]: «Aliens Employed by The ‹Observer›» vom 6. Juni 1944. National Archives, KV 2/1130/3z.

81 Akte des Home Office vom 22. Juli 1940 mit einem Vermerk vom 2. Februar 1940. National Archives, KV 2/1129/11a. Vgl. allgemein Chappell, Island, S. 26; Michael Seyfert: «His Majesty's Most Loyal Internees»: Die Internierung und Deportation deutscher und österreichischer Flüchtlinge als «enemy aliens». Historische, kulturelle und literarische Aspekte. In: Gerhard Hirschfeld (Hrsg.): Exil in Großbritannien. Zur Emigration aus dem nationalsozialistischen Deutschland. Stuttgart 1983. S. 155–182; Francis L. Carsten: Deutsche Emigranten in Großbritannien 1933–1945. In: Ebd., S. 138–154, hier: S. 147–150.

82 Vgl. zur Internierungszeit Soukup, Deutscher, S. 83 f.; Haffner, Germany, S. 228–231; Ders., Offensive, S. 70; Ders.: Nach einem Jahr. In: *Die Zeitung* vom 12. Mai 1941; Ders.: Originalton. Aus: Gespräch mit Michael Schornstheimer. In: Ders., Geschichte, [Hörbuch]. Vgl. zur neuerlichen Internierung die Akte des Home Office vom 22. Juli 1940 mit entsprechenden Vermerken vom 10. April und 26. Mai 1940. National Archives, KV 2/1129/11a; Warburg, Authors, S. 7; Sarah Haffner, Farbe, S. 41; sowie allgemein Chappell, Island, S. 27 f.; Waltraud Strickhausen: Großbritannien. In: Handbuch der deutschsprachigen Emigration 1933–1945. Hrsg. von Claus-Dieter Krohn u. a. Darmstadt 1998. Sp. 251–270, hier: Sp. 257 f.

83 Mr. John Parker: Internees. Anfrage vom 23. Juli 1940. In: Parliamentary Debates. House of Commons. 5th series. Bd. 363. Sp. 625. Vgl. zu Warburg die Akte des Home Office vom 22. Juli 1940 mit einem entsprechenden Vermerk vom 9. Juli 1940. National Archives, KV 2/1129/11a; sowie zu Bell The Lord Bishop of Chichester, George Bell: Rede in der Debatte vom 6. August 1940. In: Parliamentary Debates. House of Lords. 5th series. Bd. 117. Sp. 123, 127; und allgemein Pütter, Deutsche Emigranten, S. 133; sowie Später, Vansittart, S. 204–210.

84 Brief von Sebastian Haffner an Rudolf Streit-Scherz vom 24. Juni 1969. NL Sebastian Haffner, N2523/164. Vgl. Anonymus [Home Office]: «Aliens Employed by The ‹Observer›» vom 6. Juni 1944. National Archives, KV 2/1130/3z; den Brief von Raimund Pretzel an Irene Landry vom 17. September 1940. NL Harald Landry, 2002.13.188/2.

85 Vgl. LOUISE BURLETSON: The State, Internment and Public Criticism in the Second World War. In: DAVID CESARANI/TONI KUSHNER (Hrsg.): Internment of Aliens in Twentieth Century Britain. London u. a. 1993. S. 102–124, hier: S. 111–116; FRANÇOIS LAFITTE: The Internment of Aliens. London 1988. S. 123–132. [Zuerst 1940] Auch die Unterhausabgeordnete Eleanor Rathbone meinte 1941, Haffner «schulde es der extremen Energie seines Verlegers, daß er jetzt nicht in Australien oder Kanada» sei. Brief von ELEANOR RATHBONE an Arthur Creech Jones vom 20. Februar 1941. NL Arthur Creech Jones, MSS, Brit. Emp. S. 332, Box 7, File 3, f. 88.

86 («Familienkarawane») Brief von RAIMUND PRETZEL an Irene Landry [o. D.; März/April 1941]. NL Harald Landry, 2002.13.188/6. Vgl. zu Richmond ebd.; sowie ANONYMUS [Home Office]: «Aliens Employed by The ‹Observer›» vom 6. Juni 1944. National Archives, KV 2/1130/3z; zum Bombenalarm SARAH HAFFNER, Farbe, S. 42.

87 HANS LOTHAR/SEBASTIAN HAFFNER: Memorandum on «Die Zeitung» vom 9. September 1940. National Archives, FO 371/24424. Umstritten ist allerdings, wer die Idee zur Gründung der *Zeitung* hatte. Vgl. WILHELM STERNFELD: Die Zeitung. Typoskript [o. D.]. NL Wilhelm Sternfeld, EB 75/177, B. III.1; den Briefentwurf von SEBASTIAN HAFFNER an Marian Malet vom 4. November 1992. NL Sebastian Haffner, N2523/6; SEBASTIAN HAFFNER: Bemerkung. In: DERS., Engländer, S. 42 f.

88 MRS. GIBSON: Aktennotiz über Sebastian Haffner vom 5. Oktober 1940. RCont 1, Sebastian Haffner File 1, BBC Written Archive Centre. Vgl. BRUNO ADLER: Frau Wernicke. Kommentare einer «Volksjenossin». Hrsg. und mit einem Nachwort versehen von UWE NAUMANN. Mannheim 1990.

89 Vgl. den Brief von MRS. GIBSON an Sebastian Haffner vom 14. Januar 1941. RCont 1, Sebastian Haffner File 1, BBC Written Archive Centre.

90 SEBASTIAN HAFFNER: Lebenslauf. Handschriftlicher Entwurf. Beiliegend dem Briefentwurf von SEBASTIAN HAFFNER an Kurt Wolterstädt vom 8. April 1964. NL Sebastian Haffner, N2523/128. Vgl. auch ANONYMUS: Bericht [o. D.]. BStU, ZA, MfS – HA IX/11. AF N-II, Bd. 1, 000111–000114; SARAH HAFFNER, Farbe, S. 42; sowie insgesamt PÜTTER, Emigranten, S. 106–137; ULRICH REUSCH: Die Londoner Institutionen der britischen Deutschlandpolitik 1943–1948. Eine behördengeschichtliche Untersuchung. In: *HJb* 100 (1980), S. 318–443, hier: S. 344–352; HOWARD, Crossman, S. 83–107; BAYER, How Dead, S. 101–146.

91 ANONYMUS [Home Office]: «Aliens Employed by The ‹Observer›» vom 6. Juni 1944. National Archives, KV 2/1130/3z. Vgl. auch KLAUS WIEGREFE: «Durch und durch dubios». In: *Der Spiegel* vom 30. Dezember 2002; sowie ANONYMUS: Akte vom 17. September 1946. National Archives, KV 2/1130/32b.

92 Vgl. SEBASTIAN HAFFNER: Lebenslauf. Handschriftlicher Entwurf sowie den beiliegenden Briefentwurf von SEBASTIAN HAFFNER an Kurt Wolterstädt vom 8. April 1964. NL Sebastian Haffner, N2523/128; SEBASTIAN HAFFNER: Eides-

stattliche Versicherung. Typoskript vom 26. Januar 1975. NL Sebastian Haffner, N2523/295.

93 Vgl. den Brief von RAIMUND PRETZEL an Irene Landry vom 27. September 1940. NL Harald Landry, 2002.13.188/3; HAFFNER, Offensive; die Notiz von ALEC WALTER GEORGE RANDALL vom 26. Februar 1941. National Archives, FO 371/26554; GEORGE ORWELL: The Lion and the Unicorn. Socialism and the English Genius. London 1941; sowie BERNARD CRICK: George Orwell. Ein Leben. Frankfurt a. M. 1990. S. 536. [Zuerst engl. 1980]

94 HAFFNER, Germany, S. 236. Vgl. zu der Distanzierung DERS.: Bemerkung. In: DERS., Engländer, S. 41.

95 Vgl. HILDEBRAND, Dritte Reich, S. 66–74; SEBASTIAN HAFFNER: Bemerkung. In: DERS., Engländer, S. 41.

96 HAFFNER, Offensive, S. 9. [Kursivdruck im Original] Vgl. auch ebd., S. 8–17.

97 Ebd., S. 16. [Kursivdruck im Original] Vgl. auch ebd., S. 24–31.

98 («Sieg») Ebd., S. 82. Vgl. auch ebd., S. 75–84; HAFFNER, Germany, S. 226 f.

99 HAFFNER, Offensive, S. 70. Vgl. ebd., S. 121–125; DERS., Germany, S. 225 ff.; DERS.: Realpolitik der Emigration. In: *Die Zeitung* vom 17. April 1941.

100 HAFFNER, Offensive, S. 123 f. Vgl. auch MAJOR KNIGHT: «‹Die Zeitung› and German Refugee Propaganda in U. K.» vom 3. April 1941. National Archives, KV 2/1130/14c.

101 («kaum verlockend») HAFFNER, Germany, S. 245; («new Commenwealth») DERS., Offensive, S. 110. Vgl. auch ebd., S. 108–113.

102 Vgl. MICHAEL FOOT: ‹Offensive against Germany› by Sebastian Haffner. In: *World Review* vom Juni 1941; den Brief von ELEANOR RATHBONE an Arthur Creech Jones vom 20. Februar 1941. NL Arthur Creech Jones, MSS, Brit. Emp. S. 332, Box 7, File 3, f. 88. Vgl. auch MARY D. STOCKS: Eleanor Rathbone. A Biography. London 1949. Bes. S. 277–288, 298 ff.

103 Vgl. FROMM, Deutschland, S. 64–69; PAUL, Deutschland, Sp. 645 ff.; KLAUS VOIGT: Europäische Föderation und europäischer Staatenbund. Die Diskussion im deutschen Exil zur Gestaltung der internationalen Beziehungen nach dem Krieg. In: THOMAS KOEBNER/GERT SAUTERMEISTER/SIGRID SCHNEIDER (Hrsg.): Deutschland nach Hitler. Zukunftspläne im Exil und aus der Besatzungszeit. Opladen 1987. S. 104–122; RAINER BEHRING: Demokratische Außenpolitik für Deutschland. Die außenpolitischen Vorstellungen deutscher Sozialdemokraten im Exil 1933–1945. Düsseldorf 1999. S. 381–391; LOTHAR KETTENACKER: Krieg zur Friedenssicherung. Die Deutschlandplanung der britischen Regierung während des Zweiten Weltkrieges. Göttingen – Zürich 1989; DERS., Einfluß, S. 80–105.

104 ANONYMUS: Auszug aus einer Akte des Foreign Office [Inter-Allied-Committee] vom 14. Januar 1943. National Archives, KV 2/1130/24a. Vgl. auch ANONYMUS: The British Miracle. In: *TLS* vom 8. März 1941; ANONYMUS: Offensive against Germany. In: *The New Statesman and Nation* vom 19. April 1941.

105 Vgl. PAULINE ELKES: Die «Political Warfare Executive». Zur geheimdienstlichen

Aufklärung des deutschen Widerstandes 1943–1944. In: KLAUS-JÜRGEN MÜLLER/DAVID N. DILKS (Hrsg.): Großbritannien und der deutsche Widerstand 1933–1944. Paderborn u. a. 1994. S. 169–187; PÜTTER, Emigranten, S. 108 f.

106 («intelligenter Autor») ALEC WALTER GEORGE RANDALL: Notiz vom 26. Februar 1941. National Archives, FO 371/26554. Vgl. auch ANONYMUS: Germany's Loss. In: *The Daily Telegraph* vom 13. März 1941; SEBASTIAN HAFFNER: This is the Nazi Terror Film. In: *Picture Post* vom 22. März 1941; DERS.: Als Heß kam, konnten die Briten wieder hoffen. In: *Stern* vom 10. April 1974.

107 Dafür wurde *Die Zeitung* von vier auf zwölf Seiten erweitert. Vgl. KRUG, Exil, Bd. 1, S. 105–112, 118; BRINSON/MALET, *Die Zeitung*, S. 216–223, 228; MERTENS, «Die Zeitung», S. 26–31.

108 Vgl. KRUG, Exil, Bd. 1, S. 108 ff.; MÖLLER, Exilpublizistik, S. 272 ff.; BRINSON/MALET, *Die Zeitung*, S. 225–228; MERTENS, «Die Zeitung», S. 46–57; DONAL MCLAUGHLIN: ‹Zur Begleitmusik von Hitlers Bombern›. The German-Language Newspaper *DIE ZEITUNG* in War-Time London (1941–1945). In: *German Life and Letters* 45 (1992), S. 234–238.

109 («größenwahnsinnige Idee») SEBASTIAN HAFFNER: Bemerkung. In: DERS., Engländer, S. 44; («England») DERS.: Die Verantwortung der deutschen Emigration. In: *Die Zeitung* vom 29. März 1941. Vgl. auch DERS.: Realpolitik der Emigration. In: *Die Zeitung* vom 17. April 1941.

110 Vgl. KRUG, Exil, Bd. 1, S. 122 f.; D. S.: Briefe an die Zeitung. Naturalisierung als Ziel. In: *Die Zeitung* vom 22. April 1941; sowie HANS LOTHAR: Die Zukunft der Emigranten. In: *Die Zeitung* vom 13. Mai 1941; KRAUS, Heimkehr, S. 61, 123.

111 Vgl. SEBASTIAN HAFFNER: Die Verantwortung der deutschen Emigration. In: *Die Zeitung* vom 29. März 1941.

112 Vgl. RÖDER, Exilgruppen, S. 111–115; RUNGE, Identität, S. 91.

113 ANONYMUS: «Die Zeitung». In: *Die Arbeit* [Gewerkschafts-Zeitung, London] vom 15. April 1941. Vgl. zur Zerstrittenheit der linken Emigration RÖDER, Exilgruppen; SPÄTER, Vansittart, S. 285–418.

114 Brief von WALTER AUERBACH an Hans Vogel von 23. April 1941. Emigration Sopade Mappe 17, Allgemeine Korrespondenz. Vgl. auch den Brief von J. P. MAYER an Hans Vogel vom 6. Mai 1941. Emigration Sopade Mappe 75, Allgemeine Korrespondenz; ANONYMUS: Schon Krach um «Die Zeitung». In: *Aufbau* vom 2. Mai 1941; BRINSON/MALET, *Die Zeitung*, S. 229–238; RÖDER, Exilgruppen, S. 133; ANTHONY GLEES: Exile Politics during the Second World War. The German Social Democrats in Britain. Oxford 1982. S. 86.

115 CHARLES ALLEN [Metropolitan Police]: Special Report vom 12. April 1941. National Archives, KV 2/1130/15a.; Brief von ALEC WALTER GEORGE RANDALL [Foreign Office] an Mr. Newsam [Home Office] vom Oktober 1941. National Archives, FO 371/26554.

116 SEBASTIAN HAFFNER: Neubau der Welt. In: *Die Zeitung* vom 27. März 1941; DERS.: Die Einheit Europas. In: *Die Zeitung* vom 24. April 1942; DERS.: Nach-

stossen! In: *Die Zeitung* vom 15. Mai 1941. Vgl. DERS.: Götterdämmerung: Akt I. In: *Die Zeitung* vom 13. August 1941.

117 SEBASTIAN HAFFNER: Benghazi. In: *Die Zeitung* vom 5. April 1941; DERS.: Götterdämmerung: Akt I. In: *Die Zeitung* vom 13. August 1941; DERS.: Der Kampf um Zeit. In: *Die Zeitung* vom 22. Oktober 1941.

118 HAFFNER, Offensive, S. 19; DERS.: Neubau der Welt. In: *Die Zeitung* vom 27. März 1941. Vgl. auch DERS.: Perspektive. In: *Die Zeitung* vom 10. April 1941.

119 HAFFNER, Offensive, S. 44. Vgl. auch ebd., S. 42–46.

120 SEBASTIAN HAFFNER: Magna Charta. In: *Die Zeitung* vom 14. März 1941.

121 SEBASTIAN HAFFNER: Die grosse Allianz. In: *Die Zeitung* vom 8. Oktober 1941. Offiziell unterzeichnete der sowjetische Botschafter in Washington, Maxim Litwinow, erst am 1. Januar 1942 die «United Nations Declaration». Vgl. insgesamt FROMM, Deutschland, S. 109–116.

122 («Liquidierung») Brief von RAIMUND PRETZEL an Harald Landry vom 6. Oktober 1939. NL Harald Landry, 2002.13.77/11; die anderen Zitate in: HAFFNER, Germany, S. 262; HANS LOTHAR/SEBASTIAN HAFFNER: Memorandum on «Die Zeitung» vom 9. September 1940. National Archives, FO 371/24424; SEBASTIAN HAFFNER: Die grosse Allianz. In: *Die Zeitung* vom 8. Oktober 1941.

123 Vgl. FROMM, Deutschland, S. 95–108, 158–162.

124 Folgende Autoren und Werke lassen sich in *Germany: Jekyll and Hyde* neben *Die Revolution des Nihilismus* nachweisen: KONRAD HEIDEN: Adolf Hitler. Eine Biographie. 2 Bde. Zürich 1936/37; (vgl. HAFFNER, Germany, S. 59, 221 f.); eine Arbeit des amerikanischen Journalisten Oswald Garrison Villard, die nicht näher identifiziert werden kann; (vgl. ebd., S. 147 f.); Thomas Manns Briefwechsel mit dem Rektor der Universität Bonn von 1936; (vgl. ebd., S. 221 f.). Vgl. zu den ausländischen Meldungen SEBASTIAN HAFFNER: Ausverkauf in Vichy. In: *Die Zeitung* vom 17. Mai 1941; DERS.: Frankreich. In: *Die Zeitung* vom 6. Juni 1941. Vgl. zu den benutzten Agenturen KRUG, Exil, Bd. 1, S. 114; zu den Berichten aus dem «Dritten Reich» SEBASTIAN HAFFNER: Knistern im Gebälk. In: *Die Zeitung* vom 19. Mai 1941; DERS.: Zirkus Goebbels. In: *Die Zeitung* vom 24. September 1941; sowie allgemein STÖBER, Netzwerk, S. 216 ff.

125 Vgl. MAJOR KNIGHT: «‹Die Zeitung› and German Refugee Propaganda in U. K.» vom 3. April 1941. National Archives, KV 2/1130/14c; ANONYMUS [Home Office]: «Aliens Employed by The ‹Observer›» vom 6. Juni 1944. National Archives, KV 2/1130/3z.

126 SEBASTIAN HAFFNER: Originalton. Aus: Gespräch mit Michael Schornstheimer. In: DERS., Geschichte, [Hörbuch]. Vgl. auch BECK, Patriot, S. 59. Dennoch sind seine nachträglichen Aussagen zu diesem Thema in ihrer verwirrenden Widersprüchlichkeit höchst aufschlußreich, zumindest was den Quellenwert von Zeitzeugenbefragungen angeht, denn zwölf Jahre zuvor hat sich Haffner ganz anders geäußert. «Auschwitz habe ich leider, leider geahnt. Ich habe 33 – leider erst 33 – ‹Mein Kampf› gelesen›, erzählte er 1981. SEBASTIAN HAFFNER: Bemerkung. In: Sebastian Haffner im Gespräch mit Walter Bittermann. Ein Film von

Walter Bittermann. Typoskript, S. 15. NL Sebastian Haffner, N2523/184. [Ausgestrahlt vom *SWF* am 31. Juli 1981.]

127 («linksgerichtete Tendenzen») ANONYMUS [Ministry of Information]: Personalbogen Sebastian Haffner vom 13. Februar 1941. National Archives, KV 2/1130/14w; («Stresemann») MAJOR KNIGHT: «‹Die Zeitung› and German Refugee Propaganda in U. K.» vom 3. April 1941. National Archives, KV 2/1130/14c; vgl. zur Redaktionssitzung ANONYMUS: «Miss Ilse and Miss – Dyrenfurth – 55 Goldhurst Terrace, N. W.5» vom 27. April 1941. National Archives, KV 2/1130/15b; ANONYMUS: Akte vom 17. September 1946. National Archives, KV 2/1130/32b; («Reaktionär») ANONYMUS: «Die Zeitung» vom 16. September 1941. National Archives, KV 2/1130/18b. Möglicherweise stammt die letzte Beurteilung von dem sozialistischen Schriftsteller und Publizisten Kurt Hiller, der Haffner grollte, weil dieser einen Artikel von ihm abgelehnt hatte. Vgl. den Brief von KURT HILLER an Eugen Brehm vom 24. Juni 1941. NL Eugen Brehm, ED 228/44, Bd. 44; den Brief von KURT HILLER an Hans Vogel vom 11. Juli 1941. Emigration Sopade, Mappe 54, Allgemeine Korrespondenz; KURT HILLER: Leben gegen die Zeit. Bd. 1. Logos. Reinbek bei Hamburg 1969. S. 339.

128 HANS LOTHAR/SEBASTIAN HAFFNER: Memorandum on «Die Zeitung» vom 9. September 1940. National Archives, FO 371/24424.

129 ANONYMUS: Auszug aus einer Akte des Foreign Office [Inter-Allied-Committe] vom 14. Januar 1943. National Archives, KV 2/1130/24a; ANONYMUS: Akte vom 17. September 1946. National Archives, KV 2/1130/32b.

130 Brief von ALFRED KERR an Richard Friedenthal vom 19. Oktober 1941. Deutscher PEN-Club, Korrespondenz 1941–1942, Fb 213/1, Nr. 10. Vgl. ANONYMUS: Akte vom 17. September 1946. National Archives, KV 2/1130/32b.

131 Vgl. zum *Observer* den Brief von DAVID ASTOR an Thomas Jones, C. H. vom 30. August 1941. Thomas Jones, C. H. Collection, Class Q, Vol. 3, Dok. 87; zum Auswärtigen Amt BRINSON/MALET, *Die Zeitung*, S. 239 f.

132 SEBASTIAN HAFFNER: United States of Europe? The Reintegration of Germany into Europe. In: *World Review* vom August 1942. S. 11–15, hier: S. 13. Vgl. zu der Werteerneuerung ebd., S. 11, 15. Schon in seinen Erinnerungen hatte er darüber spekuliert, daß möglicherweise «ungeheuerliche Mittel wie die physische Destruktion aller mit dem Wolfsbazillus Behafteten» anzuwenden seien. DERS., Geschichte, S. 142. Immerhin gab es auch einige englische Stimmen, die ähnlich radikale Lösungen vorschlugen, und im Oktober 1944 befürworteten achtzig Prozent der britischen Bevölkerung einen harten Frieden. Vgl. SPÄTER, Vansittart, S. 160 ff.

133 Brief von RAIMUND PRETZEL an Irene Landry vom 28. Januar 1941. NL Harald Landry, 2002.13.188/4.

134 Vgl. MAJOR KNIGHT: «‹Die Zeitung› and German Refugee Propaganda in U. K.» vom 3. April 1941. National Archives, KV 2/1130/14c.

135 ANONYMUS: «Alle SS-Männer müssen ausgerottet werden». In: *Völkischer Beobachter* [Norddeutsche Ausgabe] vom 11. Dezember 1942. Helmut Kindler,

Haffners Nachfolger beim Ullstein Verlag, hat zurückblickend berichtet, daß die Gestapo wußte, wer sich hinter dem Pseudonym Sebastian Haffner verbarg. Vgl. Kindler, Abschied, S. 255 f.

136 Vgl. Sebastian Haffner: Deutschland im 3. Kriegsjahr. In: *Die Zeitung* vom 3. Juli 1942; Cockett, Astor, S. 92 f.; Sebastian Haffner: Bemerkung. In: Ders., Engländer, S. 51. Den britischen Behörden gegenüber hat Haffner angegeben, daß er seit dem 16. Juli 1942 nicht mehr bei der *Zeitung* angestellt sei. Vgl. Anonymus [Home Office]: «Aliens Employed by The ‹Observer›» vom 6. Juni 1944. National Archives, KV 2/1130/3z.

137 Vgl. Sebastian Haffner: Bemerkung. In: Sebastian Haffner im Gespräch mit Walter Bittermann. Ein Film von Walter Bittermann. Typoskript, S. 17. NL Sebastian Haffner, N2523/184. [Ausgestrahlt vom *SWF* am 31. Juli 1981.]; den Brief von David Astor an Thomas Jones, C. H. vom 9. Dezember 1942. Thomas Jones, C. H. Collection, Class Q, Vol. 5, Dok. 78.

138 Vgl. Cockett, Astor, S. 94 f., 106, 131; Syré, Deutscher, S. 71 f. Einer Umfrage aus dem Jahr 1950 zufolge gehörten die Leser des *Observer* überwiegend zur Ober- beziehungsweise Mittelschicht. Vgl. Halsey, Trends, S. 566 f.

139 Vgl. Cockett, Astor, S. 70–89; David Ayerst: Garvin of the Observer. London u. a. 1985. S. 270–277.

140 Vgl. Sebastian Haffner: Bemerkung. In: Ders., Engländer, S. 54 f.; Cockett, Astor, S. 95–102.

141 Noch in den ersten Nachkriegsjahren soll David Astor spitze Bemerkungen wegen der zahlreichen deutschen und zentraleuropäischen *Observer*-Redakteure mit dem Hinweis gekontert haben, daß die Wurzeln seiner Familie auf deutsch-amerikanische Emigranten zurückgingen. Vgl. Clark, Worlds, S. 94 f.; sowie zum Cliveden-Set und David Astor Später, Vansittart, S. 107 ff.; Daniel, «Troubled Loyalty», S. 409–440; Cockett, Astor, S. 37–69.

142 Vgl. zur ersten Begegnung von Haffner und Astor ebd., S. 92 f.; Sebastian Haffner: Bemerkung. In: Ders., Engländer, S. 54 f. Joachim Fest hat sich erinnert, daß Astor in den fünfziger Jahren Haffner zu den drei eindruckvollsten Persönlichkeiten gerechnet hat, die er je kennengelernt habe. Vgl. Fest, Freund, S. 21 f. Vgl. zur Vermittlung an den *Observer* den Brief von David Astor an Thomas Jones, C. H. vom 9. Dezember 1942. Thomas Jones, C. H. Collection, Class Q, Vol. 5, Dok. 78; den Brief von David Astor an Thomas Jones, C. H. [o. D.; erhalten am 27. März 1943]. Thomas Jones, C. H. Collection, Class Q, Vol. 5, Dok. 159.

143 Brief von Raimund Pretzel an Irene Landry [o. D.; März/April 1941]. NL Harald Landry, 2002.13.188/6. Vgl. auch den Brief von Raimund Pretzel an Irene Landry vom 28. Januar 1941. NL Harald Landry, 2002.13.188/4.

144 Sebastian Haffner: Originalton. Aus: Gespräch mit Michael Schornstheimer. In: Ders., Geschichte, [Hörbuch]; Anonymus [Home Office]: «Aliens Employed by The ‹Observer›» vom 6. Juni 1944. National Archives, KV 2/1130/3z. Vgl. auch Haffner: Bemerkung. In: Ders., Engländer, S. 55; sowie allgemein

HILDE SPIEL: Das vertauschte Werkzeug. In: DIES.: Kleine Schritte. Berichte und Geschichten. München 1976. S. 48–52; RICHARD DOVE: The Gift of Tongues. German-Speaking Novelists Writing in English. In: WILLIAM ABBEY u. a. (Hrsg.): Between Two Languages. German-Speaking Exiles in Great Britain 1933–1945. Stuttgart 1995. S. 95–115.

145 ANONYMUS [Home Office]: «Aliens Employed by The ‹Observer›» vom 6. Juni 1944. National Archives, KV 2/1130/3z. Vgl. auch WEIDENFELD, Menschen, S. 161.

146 Vgl. SEBASTIAN HAFFNER: Books of the Day. Hitler as Orator of the Day. In: *The Observer* vom 27. September 1942; DERS.: Books of the Day. The Watch on the Rhine. In: *The Observer* vom 11. April 1943; A STUDENT OF EUROPE: Germany's Second Revolution. The Nazis and their Nation. In: *The Observer* vom 30. August 1942. Vgl. zur Verschlüsselung der Autorenschaft COCKETT, Astor, S. 93–96; den Briefentwurf von SEBASTIAN HAFFNER an Marian Malet vom 4. November 1992. NL Sebastian Haffner, N2523/6; SEBASTIAN HAFFNER: Bemerkung. In: DERS., Engländer, S. 56.

147 Vgl. den Brief von DAVID ASTOR an Thomas Jones, C. H. vom 9. Dezember 1942. Thomas Jones, C. H. Collection, Class Q, Vol. 5, Dok. 78. Dennoch ist es überaus fragwürdig, wenn zwei Bände, die angeblich *Observer*-Artikel Haffners versammeln, eine Fülle von Porträts Haffner zuordnen. Vgl. HAFFNER, Schreiben; DERS., Frage.

148 Vgl. A STUDENT OF EUROPE: Students Revolted against Nazism. In: *The Observer* vom 9. Mai 1943; DERS.: What Germany has in Mind? In: *The Observer* vom 13. Februar 1944.

149 A STUDENT OF EUROPE: Germany's Second Revolution. The Nazis and their Nation. In: *The Observer* vom 30. August 1942. [Zitiert nach HAFFNER, Schreiben, S. 9.] Vgl. auch KRUG, Exil, Bd. 1, S. 158.

150 Vgl. A STUDENT OF EUROPE: Germany's Second Revolution. The Nazis and their Nation. In: *The Observer* vom 30. August 1942. Ralf Beck datiert Haffners Gesinnungswandel allerdings schon auf den Anfang des Jahres 1942. Vgl. BECK, Patriot, S. 58.

151 A STUDENT OF EUROPE: Students Revolted against Nazism. In: *The Observer* vom 9. Mai 1943; DERS.: German Army Crisis not over yet. In: *The Observer* vom 30. Juli 1944. Vgl. auch DERS.: Can Germany Stand the Strain? In: *The Observer* vom 4. Februar 1945.

152 Vgl. den Brief von DAVID ASTOR an Thomas Jones, C. H. vom 9. Dezember 1942. Thomas Jones, C. H. Collection, Class Q, Vol. 5, Dok. 78; den Brief von DAVID ASTOR an Thomas Jones, C. H. [o. D.; erhalten am 27. März 1943]. Thomas Jones, C. H. Collection, Class Q, Vol. 5, Dok. 159.

153 Brief von DAVID ASTOR an Ivor Brown vom 17. November 1942. Thomas Jones, C. H. Collection, Class Q, Vol. 5, Dok. 71. Vgl. auch den Brief von DAVID ASTOR an Thomas Jones, C. H. vom 9. Dezember 1942. Thomas Jones, C. H. Collection, Class Q, Vol. 5, Dok. 78.

154 Brief von David Astor an Thomas Jones, C. H. [o. D.; erhalten am 27. März 1943]. Thomas Jones, C. H. Collection, Class Q, Vol. 5, Dok. 159; Brief von David Astor an Thomas Jones, C. H. vom 17. Juni 1943. Thomas Jones, C. H. Collection, Class Q, Vol. 6, Dok. 9.

155 («erstklassige Journalisten») Memorandum von David Astor vom 10. November 1944. Thomas Jones, C. H. Collection, Class Q, Vol. 6, Dok. 187; («Schlachten») Brief von Sebastian Haffner an David Astor vom 5. Mai 1953. NL David Astor.

156 Vgl. Sebastian Haffner: Memorandum vom Oktober 1943. Thomas Jones, C. H. Collection, Class Q, Vol. 6, Dok. 51. [Bei diesem Dokument handelt es sich um ein Typoskript ohne Überschrift sowie ohne Angaben zu Autor und Datum. Eine unbekannte Hand, möglicherweise der Empfänger Thomas Jones, C. H., hat darauf mit Bleistift Haffners Namen und das Datum Oktober 1943 vermerkt. Die darin geäußerten Ideen stehen auch in einer gewissen Kontinuität von Haffners Denken.] Vgl. auch William Waldorf Astor: «Memorandum on War and Peace» vom Dezember 1943. Thomas Jones, C. H. Collection, Class Q, Vol. 1, Dok. 101 [Diese Fassung enthält im Vergleich zu Haffners Text nur geringfügige Änderungen.]; sowie Cockett, Astor, S. 108.

157 Vgl. den Brief von William Waldorf Astor an Thomas Jones, C. H. vom 27. Juni 1944. Thomas Jones, C. H. Collection, Class Q, Vol. 1, Dok. 110; den Brief von William Waldorf Astor an Donald Tyerman vom 29. Juni 1944. Thomas Jones, C. H. Collection, Class Q, Vol. 1, Dok. 113; den Brief von William Waldorf Astor an Donald Tyerman vom 18. Mai 1944. Thomas Jones, C. H. Collection, Class Q, Vol. 6, Dok. 121; den Brief von Donald Tyerman an William Waldorf Astor, [o. D.; Juni 1944]. Thomas Jones, C. H. Collection, Class Q, Vol. 1, Dok. 111; den Brief von David Astor an Thomas Jones, C. H. vom 4. Juli 1944. Thomas Jones, C. H. Collection, Class Q, Vol. 6, Dok. 149.

158 Sebastian Haffner: Memorandum vom Oktober 1943. Thomas Jones, C. H. Collection, Class Q, Vol. 6, Dok. 51. [Unterstreichungen im Original]

159 Vgl. ebd.; Haffner, Germany, S. 267–281; Ders., Offensive, S. 103–112; Ders.: Die Balkan-Tragödie. In: *Die Zeitung* vom 26. Juni 1942.

160 Haffners Thesen wurden verschiedentlich mit denen Kerrs verglichen. Vgl. den Auszug aus einem Brief von David Astor an Anonymus [o. D.; Juli 1944]. Thomas Jones, C. H. Collection, Class Q, Vol. 1, Dok. 116; den Brief von Donald Tyerman an William Waldorf Astor [o. D.; Juni 1944]. Thomas Jones, C. H. Collection, Class Q, Vol. 1, Dok. 111. Vgl. auch Lord Lothian: Pacifism is not enough nor Patriotism either. In: Pacifism is not enough. Collected Lectures and Speeches of Lord Lothian (Philip Kerr). Ed. by John Pinder and Andrea Bosco. With a foreword by the Hon. David Astor. London – New York. 1990. S. 219–263. [Zuerst Burge Memorial Lecture 1935.]; Cockett, Astor, S. 16 ff.; J. R. M. Butler: Lord Lothian (Philip Kerr) 1882–1940. London – New York 1960. S. 206–211; Stefan Schieren: Vom Weltreich zum

Weltstaat. Philip Kerrs (Lord Lothian) Weg vom Imperialisten zum Internationalisten, 1905–1925. O. O. 1996. Wie Haffner ging auch Kerr in seinen Reflexionen davon aus, daß der eigentliche Grund für Kriege im Fehlen eines globalen Gewaltmonopols zu sehen sei. Vgl. LOTHIAN, Pacifism, S. 224 f., 250 f.

161 A STUDENT OF EUROPE: Britain and her Neighbours. In: *The Observer* vom 12. März 1944.

162 A STUDENT OF EUROPE: Partition and Unity. In: *The Observer* vom 17. Dezember 1944. Vgl. auch LARRES, Churchill's, S. 54–77; SCHÖLLGEN, Geschichte, S. 22–25.

163 Brief von DAVID ASTOR an Thomas Jones, C. H. vom 17. Juni 1943. Thomas Jones, C. H. Collection, Class Q, Vol. 6, Dok. 9. Gemeint ist wohl der «Observer – Haffner – David Astor-Kurs». 1948 erwähnte Haffner, daß der *Observer* schon in der ersten Hälfte des Jahres 1943 für eine Eindämmung des sowjetischen Expansionsdranges plädiert habe. Vgl. A STUDENT OF EUROPE: The Defence of Peace. In: *The Observer* vom 21. März 1948.

164 Vgl. den Brief von DAVID ASTOR an Thomas Jones, C. H. vom 17. Juni 1943. Thomas Jones, C. H. Collection, Class Q, Vol. 6, Dok. 9; sowie allgemein FROMM, Deutschland, S. 101 f., 161 f.; SPÄTER, Vansittart, S. 177–180; JONATHAN HASLAM: The Vices of Integrity. E. H. Carr, 1892–1982. London – New York 1999. S. 92–110.

165 («Kreml») A STUDENT OF EUROPE: What Russia has in Mind? In: *The Observer* vom 6. Februar 1944; («Trümpfe») DERS.: Can Germany Stand the Strain? In: *The Observer* vom 4. Februar 1945. Vgl. auch DERS.: What Russia has in Mind? In: *The Observer* vom 6. Februar 1944.

166 Ebd. Vgl. auch ZBYNÊK ZEMAN/ANTONÍN KLIMEK: The Life of Edvard Beneš 1884–1948. Czechoslovakia in Peace and War. Oxford 1997. S. 189 ff.

167 Brief von IVOR BROWN an Thomas Jones, C. H. vom 1. Dezember 1944. Thomas Jones, C. H. Collection, Class Q, Vol. 6, Dok. 196.

168 ANONYMUS: The British Policy in Greece. The Case for –. In: *The Observer* vom 10. Dezember 1944. Vgl. auch ANONYMUS: The British Policy in Greece. – and against. In: *The Observer* vom 10. Dezember 1944. Mehrere Quellen berichten unabhängig voneinander, daß Haffner und Deutscher die Autoren der Artikel waren. Vgl. COCKETT, Astor, S. 97; SYRÉ, Deutscher, S. 128–132. Vgl. zum Hintergrund MARTIN GILBERT: Winston S. Churchill. Bd. 7. Road to Victory, 1941–1945. London 1986. S. 1081–1116; ROBERT FRAZIER: Anglo-American Relations with Greece. The Coming of the Cold War, 1942–47. New York 1991. S. 58–74.

169 Vgl. LÖWENTHAL, Laudatio, S. 11; sowie den Brief von SEBASTIAN HAFFNER an David Astor vom 5. Mai 1953. NL David Astor. Dazu paßt auch die Mitteilung, er habe seine Mitarbeit bei der britischen Feindpropaganda 1944 «wegen politischer Differenzen mit der alliierten Kriegszielpolitik» eingestellt. SEBASTIAN HAFFNER: Lebenslauf. Handschriftlicher Entwurf. Beiliegend dem Briefentwurf von SEBASTIAN HAFFNER an Kurt Wolterstädt vom 8. April

1964. NL Sebastian Haffner, N2523/128. Vgl. zu seiner kritischen Sicht auf die sowjetische Machtpolitik die zahlreichen Artikel über Jugoslawien, unter anderem: A STUDENT OF EUROPE: Yugoslav Partisans' Political Moves. Tito Strengthens his Hand. In: *The Observer* vom 5. November 1944; DERS.: Yugoslavia Faces Political Problem. In: *The Observer* vom 7. Januar 1945; DERS.: Yugoslavs are Seeking a Compromise. In: *The Observer* vom 14. Januar 1945; DERS.: Yugoslavs May Find Early Compromise. In: *The Observer* vom 28. Januar 1945.

170 ANONYMUS: Unconditional Surrender. In: *The Observer* vom 2. April 1944; SEBASTIAN HAFFNER: Tagebucheintrag vom 7. Dezember 1946. NL Sebastian Haffner, N2523, gesperrter Bestand. Vgl. auch A STUDENT OF EUROPE: Design for Peace. In: *The Observer* vom 10. März 1946.

171 Vgl. A STUDENT OF EUROPE: What Russia has in Mind? In: *The Observer* vom 6. Februar 1944; DERS.: Nazi Bid to Cheat Defeat. In: *The Observer* vom 9. Juli 1944.

172 Vgl. A STUDENT OF EUROPE: Can Germany Stand the Strain? In: *The Observer* vom 4. Februar 1945; zum Abrücken von dieser Spekulation DERS.: Behind the Surrenders: What Next in Germany? In: *The Observer* vom 6. Mai 1945; DERS.: Old Gang and New Defeat. In: *The Observer* vom 13. Mai 1945.

173 A STUDENT OF EUROPE: Five Minutes Past Twelve. In: *The Observer* vom 1. April 1945. Vgl. auch DERS.: Germany Waits for Orders. In: *The Observer* vom 29. April 1945.

4. Als Engländer im Kalten Krieg (1945–1953)

1 A STUDENT OF EUROPE: «New Order» Cracks: Hitler Defied. In: *The Observer* vom 20. Dezember 1942; DERS.: Twenty Years of Rods-and Axis. In: *The Observer* vom 25. Oktober 1942.

2 Vgl. SEBASTIAN HAFFNER: Offensive against Germany. London 1941. S. 103–112; DERS.: Memorandum vom Oktober 1943. Thomas Jones, C. H. Collection, Class Q, Vol. 6, Dok. 51; A STUDENT OF EUROPE: What Russia has in Mind? In: *The Observer* vom 6. Februar 1944.

3 A STUDENT OF EUROPE: The Fever of Frontiers. In: *The Observer* vom 20. Mai 1945. Vgl. zu Gebietsabtrennungen auch DERS.: Germany's Eastern Frontiers. In: *The Observer* vom 27. Februar 1944; DERS.: Germany: The French Case. In: *The Observer* vom 16. Dezember 1945; sowie zu Potsdam DERS.: The Plan for Germany. In: *The Observer* vom 5. August 1945.

4 Vgl. MARTIN RAYMOND: Music. In: *The Observer* vom 30. Dezember 1945.

5 Brief von SEBASTIAN HAFFNER an David Astor vom 5. Mai 1953. NL David Astor, Privatbesitz; Briefentwurf von SEBASTIAN HAFFNER an Marian Malet vom 4. November 1992. NL Sebastian Haffner, N2523/6.

6 («anglisiert») SCHAEFER, Feste, S. 47. Vgl. auch SEBASTIAN HAFFNER: Reisetage-

buch von 1946. NL Sebastian Haffner, N2523, gesperrter Bestand; SARAH HAFFNER, Farbe, S. 18; COCKETT, Astor, S. 93, 96.

7 Vgl. GABRIELE CLEMENS: Remigranten in der Kultur- und Medienpolitik der Britischen Zone. In: CLAUS-DIETER KROHN/AXEL SCHILDT (Hrsg.): Zwischen den Stühlen? Remigranten und Remigration in der deutschen Medienöffentlichkeit der Nachkriegszeit. Hamburg 2002. S. 50–65, hier: S. 53 ff.; KRAUS, Heimkehr, S. 65, 68.

8 Vgl. SARAH HAFFNER, Farbe, S. 14, 21; den Briefentwurf von SEBASTIAN HAFFNER an Norman Alexander [o. D.]. NL Sebastian Haffner, N2523/90; die Naturalisierungsurkunde des Home Office für Raimund Pretzel vom 20. September 1948. National Archives, HO 334/219; SEBASTIAN HAFFNER: Bemerkung. In: DERS., Engländer, S. 56.

9 Vgl. zum folgenden Abriß über die internationale Lage Großbritanniens REYNOLDS, Britannia, S. 156–201; BULLOCK, Bevin, S. 3–218.

10 Vgl. REYNOLDS, Britannia, S. 160 ff., 180 ff.

11 Vgl. W. DAVID MCINTYRE: British Decolonization, 1946–1997. When, Why and How did the British Empire Fall? Basingstoke – London 1998. S. 21–37; JOHN DARWIN: The End of the British Empire. The Historical Debate. Oxford – Cambridge (Mass.) 1991.

12 Vgl. zur «Splendid Isolation» und zur Debatte über diesen Begriff KISSINGER, Vernunft, S. 97–104, 186–189; JOHN CHARMLEY: Splendid Isolation? Britain, the Balance of Power and the Origins of the First World War. London 1999; PETER WENDE: Großbritannien 1500–2000. München 2001. S. 89 f.

13 Zitiert nach DAVID GOWLAND/ARTHUR TURNER (Hrsg.): Britain and European Integration 1945–1998. A Documentary History. London – New York 2000. S. 37. [Aus der am Ärmelkanal gelegenen Stadt Dünkirchen wurde im Mai/Juni 1940 der Großteil des englischen Expeditionskorps evakuiert; der Name der Stadt wurde zu einem Synonym für Niederlage und Rückzug.]

14 Vgl. HAFFNER, Offensive, S. 103–112; DERS.: Memorandum vom Oktober 1943. Thomas Jones, C. H. Collection, Class Q, Vol. 6, Dok. 51; A STUDENT OF EUROPE: What Russia has in Mind? In: *The Observer* vom 6. Februar 1944; DERS.: Big Three – or Big Two? In: *The Observer* vom 30. Dezember 1945.

15 A STUDENT OF EUROPE: The Watch on the Ruhr. In: *The Observer* vom 16. September 1945.

16 Vgl. WILFRIED LOTH: Der Weg nach Europa. Geschichte der europäischen Integration 1939–1957. 2. Aufl. Göttingen 1991. S. 28–34; DERS.: Die Teilung der Welt. Geschichte des Kalten Krieges 1941–1955. 5. Aufl. München 1985. S. 194–198; PAPE, Brüder, S. 163–198; VANESSA CONZE: Das Europa der Deutschen. Ideen von Europa in Deutschland zwischen Reichstradition und Westorientierung (1920–1970). München 2005. S. 111–127, 291–321.

17 Vgl. SEBASTIAN HAFFNER: The End of Europe? In: A. G. WEIDENFELD/H. DE C. HASTINGS (Hrsg.): First Spring of Peace. Contact Book. O. O. 1946. S. 7–14.

18 A Student of Europe: General De Gaulle and France. In: *The Observer* vom 3. Juni 1945.

19 A Student of Europe: France, Danger Spot. In: *The Observer* vom 31. Oktober 1948. Vgl. auch Ders.: The Meaning of De Gaulle. In: *The Observer* vom 13. April 1947; zur Haltung des *Observer* Cockett, Astor, S. 107–112; Fest, Freund, S. 21 f.; A Student of Europe: France Will Choose Democracy. In: *The Observer* vom 23. Januar 1944; sowie allgemein Georges-Henri Soutou: De Gaulle's Plans for Postwar Europe. In: Antonio Varsori/Elena Calandri (Hrsg.): The Failure of Peace in Europe 1943–1948. Basingstoke – New York 2002. S. 49–58; Wilfried Loth: De Gaulle und Europa. Eine Revision. In: *HZ* 253 (1991), S. 629–660, hier: S. 630–637.

20 A Student of Europe: France, Danger Spot. In: *The Observer* vom 31. Oktober 1948.

21 Vgl. Haffner, End of Europe?, S. 11, 14; A Student of Europe: The Watch on the Ruhr. In: *The Observer* vom 16. September 1945; Ders.: Dropping the Spanish Pilot. In: *The Observer* vom 6. Januar 1946.

22 Haffner, End of Europe?, S. 11. Vgl. auch ebd., S. 11 f.

23 Ebd., S. 12 f.

24 Hermann Heimpel: Entwurf einer deutschen Geschichte. Eine Rektoratsrede [vom 9. Mai 1953]. In: Ders.: Der Mensch in seiner Gegenwart. Acht historische Essays. 2., erw. Aufl. Göttingen 1957. S. 162–195, hier: S. 173; Haffner, End of Europe?, S. 13.

25 Alexandre Kojève: L' Empire Latin. Esquisse d' une doctrine de la politique française [27 août 1945]. In: *La Regle du Jeu* 1 (1990), S. 89–123, hier: S. 91. Vgl. zu Kojève Müller, Geist, S. 102–110.

26 Haffner, End of Europe?, («Gemeinschaften») S. 12, («Idee», «Leute») S. 14. [Kursivdruck im Original]

27 Vgl. Matthias Oppermann: Raymond Aron und Deutschland. Die Verteidigung der Freiheit und das Problem des Totalitarismus. Ostfildern 2008. S. 457–559.

28 «Antikommunistische Positionen in dem strengen Sinne habe ich nie vertreten, sondern mein Standpunkt ist immer gewesen: Alle Politik ist Machtpolitik und spielt sich zwischen Staaten ab, und der ganze Antikommunismus, oder vorher auch der ganze Antinazismus, das sind vordergründige Sachen, das sind Einkleidungen», meinte Haffner am Ende seines Lebens, und in der Tat hat er diese Position über weite Strecken durchgehalten. Sebastian Haffner: Originalton. Aus: Gespräch mit Michael Schornstheimer. In: Ders., Geschichte, [Hörbuch]. Vgl. auch A Student of Europe: What Russia has in Mind? In: *The Observer* vom 6. Februar 1944; Ders.: Russia's New Aims. In: *The Observer* vom 22. Mai 1949; Ders.: Tito and Moscow. In: *The Observer* vom 15. August 1948.

29 Vgl. Tim Dunne: Inventing International Society. A History of the English School. Basingstoke – London 1998; Heuser, Mentalities, S. 26; Kissinger, Vernunft, S. 548 f. Vgl. allerdings auch Gert Krell: Weltbilder und Weltord-

nung. Einführung in die Theorie der internationalen Beziehungen. 3., erw. Aufl. Baden-Baden 2004. S. 153.

30 SEBASTIAN HAFFNER: Across the Atlantic. In: *The Observer* vom 28. Januar 1951.

31 A STUDENT OF EUROPE: The New Horizon. In: *The Observer* vom 1. Mai 1949. [Kursivdruck im Original] Vgl. auch SEBASTIAN HAFFNER: Auch Moskaus Welt ist nicht mehr heil. In: *Stern* vom 2. Oktober 1975.

32 GADDIS, We, S. 290. [Kursivdruck im Original] Auch wenn manche von Gaddis' Ansichten umstritten sind, so wird doch die Auffassung, die ideologische Komponente des Kalten Krieges müsse stärker akzentuiert werden, von anderen Experten geteilt. Vgl. GEIR LUNDESTAD: How (Not) to Study the Origins of the Cold War. In: ODD ARNE WESTAD (Hrsg.): Reviewing the Cold War. Approaches, Interpretations, Theory. London – Portland (Oreg.) 2001. S. 64–80, hier: S. 64 ff., 69, 72; DOUGLAS J. MACDONALD: Formal Ideologies in the Cold War. Toward a Framework for Empirical Analysis. In: ebd., S. 180–204.

33 A STUDENT OF EUROPE: Big Three – or Big Two? In: *The Observer* vom 30. Dezember 1945; DERS.: Design for Peace. In: *The Observer* vom 10. März 1946. [Zitiert nach HAFFNER, Schreiben, S. 116.] Vgl. zur Zukunft Deutschlands A STUDENT OF EUROPE: The Problem of the Zones. In: *The Observer* vom 10. Juni 1945; DERS.: Reply to Russia: Peace by Division? In: *The Observer* vom 30. September 1945; sowie zur Moskauer Außenministerkonferenz SOUTOU, Guerre, S. 113 f.; BULLOCK, Bevin, S. 206–218.

34 A STUDENT OF EUROPE: Party Freedom Fading in East Germany. In: *The Observer* vom 13. Januar 1946; DERS.: Next Moves in Germany. In: *The Observer* vom 31. März 1946. [Zitiert nach HAFFNER, Schreiben, S. 119.] Vgl. auch A STUDENT OF EUROPE: The Zones of Germany. In: *The Observer* vom 4. August 1946; DERS.: Berlin and Vienna. The Choice. In: *The Observer* vom 8. September 1946.

35 HAFFNER, End of Europe?, S. 10. Vgl. auch ebd., S. 14; sowie zur Politik der USA SOUTOU, Guerre, S. 154 f.

36 Vgl. MARTIN GILBERT: Winston S. Churchill. Bd. 8. ‹Never despair›, 1945–1965. London 1988. S. 197–203; sowie zur Rezeption der Rede LARRES, Churchill's, S. 106.

37 A STUDENT OF EUROPE: Design for Peace. In: *The Observer* vom 10. März 1946.

38 A STUDENT OF EUROPE: Reply to Russia: Peace by Division? In: *The Observer* vom 30. September 1945.

39 SEBASTIAN HAFFNER: The Palace of Words. In: *The Observer* vom 5. Dezember 1948. Vgl. auch A STUDENT OF EUROPE: UNO and the Big Powers. In: *The Observer* vom 10. Februar 1946; HAFFNER, End of Europe?, S. 12.

40 SEBASTIAN HAFFNER: United They Fall. In: *The Observer* vom 16. Januar 1949.

41 Vgl. SCHÖLLGEN, Geschichte, S. 30 f., 35–41, 69; KESSEL, Westeuropa.

42 OUR DIPLOMATIC CORRESPONDENT: The Future of the Straits. In: *The Observer* vom 18. August 1946. Vgl. allgemein BULLOCK, Bevin, S. 224 f., 248 f., 307,

348–352; sowie Frank Ninkovich: Modernity and Power. A History of the Domino Theory in the Twentieth Century. Chicago – London 1994. S. 223.

43 A Student of Europe: Moscow: The Real Result. In: *The Observer* vom 11. Mai 1947. [Zitiert nach Haffner, Schreiben, S. 153.] Vgl. auch Ders.: America's New Frontier. In: *The Observer* vom 16. März 1947; sowie Kessel, Westeuropa, S. 211–256.

44 («Stetigkeit») A Student of Europe: Danube and Dardanelles. In: *The Observer* vom 13. Oktober 1946; («America's Year») Ders.: Abroad: America's Year. In: *The Observer* vom 29. Dezember 1946. Vgl. auch Our Diplomatic Correspondent: The Future of the Straits. In: *The Observer* vom 18. August 1946; sowie allgemein Bullock, Bevin, S. 307.

45 Zitiert nach Robert J. Donovan: Conflict and Crisis. The Presidency of Harry S. Truman, 1945–1948. Columbia – London 1996. S. 284. Vgl. auch Kissinger, Vernunft, S. 483 ff.

46 Vgl. A Student of Europe: America's New Frontier. In: *The Observer* vom 16. März 1947; Ders.: Moscow: The Real Result. In: *The Observer* vom 11. Mai 1947; sowie allgemein Schöllgen, Geschichte, S. 49 f.; Soutou, Guerre, S. 175–181; Dülffer, Europa, S. 40 f.

47 A Student of Europe: The Marshall Plan. In: *The Observer* vom 8. Juni 1947. [Zitiert nach Haffner, Schreiben, S. 154.]; A Student of Europe: Mr. Byrnes and Mr. Burnham. In: *The Observer* vom 16. November 1947.

48 George F. Kennan: The Sources of Soviet Conduct. In: Ders.: American Diplomacy 1900–1950. Chicago 1951. S. 107–128, hier: S. 119. [Zuerst veröffentlicht unter dem Pseudonym «X» in: *Foreign Affairs* (25) vom Juli 1947, S. 566–582.]; («Bibel») Kissinger, Vernunft, S. 486. Vgl. ebd., S. 478–507.

49 Vgl. Bullock, Bevin, S. 329, 395 f.; sowie allgemein Howard, Crossman.

50 A Student of Europe: Abroad: America's Year. In: *The Observer* vom 29. Dezember 1946.

51 Vgl. Ann Lane: Introduction. In: Klaus Larres/Ann Lane (Hrsg.): The Cold War. The Essential Readings. Oxford – Malden 2001. S. 1–16; sowie Geir Lundestad: East, West, North, South. Major Developments in International Politics 1945–1990. 2. Aufl. Oslo 1992. S. 32 ff.; Kissinger, Vernunft, S. 534.

52 («three circles») Wolfram Kaiser: Using Europe, Abusing the Europeans. Britain and European Integration, 1945–63. Basingstoke – London 1996. S. 2. Vgl. zum britischen Großmachtanspruch Bullock, Bevin, S. 348 f.; Kaiser, Europe, S. 2 f.; Larres, Churchill's, S. 104, 148 f.; Clark, Worlds, S. 96 f.; Henry Pelling: Britain and the Marshall Plan. Basingstoke – London 1988. S. 25.

53 Vgl. Bullock, Bevin, S. 413–417; Larres, Churchill's, S. 104, 140–154; sowie Winston S. Churchill: «The Tragedy of Europe». Rede an der Universität Zürich vom 19. September 1946. In: Ders: His Complete Speeches 1897–1963. Bd. 7, 1943–1949. Hrsg. von Robert Rhodes James. New York – London 1974. S. 7379–7382.

54 Memorandum von DAVID ASTOR vom 10. November 1944. Thomas Jones, C. H. Collection, Class Q, Vol. 6, Dok. 187.

55 A STUDENT OF EUROPE: The Marshall Plan. In: *The Observer* vom 8. Juni 1947. [Zitiert nach HAFFNER, Schreiben, S. 158.]; CLARK, Worlds, S. 97. Vgl. ebd., S. 97 ff.; LARRES, Churchill's, S. 104; sowie zu Clark COCKETT, Astor, S. 143 f.

56 A STUDENT OF EUROPE: Europe and the Ruhr. In: *The Observer* vom 27. Juli 1947; DERS.: Caution that Kills. In: *The Observer* vom 17. August 1947; DERS.: Union: Now or Never. In: *The Observer* vom 18. Januar 1948. [Zitiert nach HAFFNER, Schreiben, S. 171.]

57 A STUDENT OF EUROPE: Forward from Paris. In: *The Observer* vom 6. Juli 1947. [Zitiert nach HAFFNER, Schreiben, S. 159.] Vgl. allgemein SOUTOU, Guerre, S. 177–181.

58 Vgl. KIELMANSEGG, Katastrophe, S. 33 f., 37 f.; BULLOCK, Bevin, S. 22, 267 ff., 309; 428–438; SCHÖLLGEN, Geschichte, S. 31; KESSEL, Westeuropa, S. 46–52.

59 Vgl. LARRES, Churchill's, S. 125, 140–143; BULLOCK, Bevin, S. 267 ff.

60 Vgl. A STUDENT OF EUROPE: Next Moves in Germany. In: *The Observer* vom 31. März 1946; SEBASTIAN HAFFNER: The British in Germany. A Profile of C. C. G. In: A. G. WEIDENFELD/H. DE C. HASTINGS (Hrsg.): Grand Perspective. A Contact Book. London 1947. S. 33–39, hier: S. 35; sowie zur Rede Byrnes' SOUTOU, Guerre, S. 152 f.

61 («Rennen») A STUDENT OF EUROPE: The Zones of Germany. In: *The Observer* vom 4. August 1946. [Zitiert nach HAFFNER, Schreiben, S. 133.]; («Potsdam») HAFFNER, British in Germany. S. 35; («Schuß») A STUDENT OF EUROPE: Dismantling Germany. In: *The Observer* vom 5. Oktober 1947. [Zitiert nach HAFFNER, Schreiben, S. 166.] Vgl. auch zur Erholung Westeuropas DERS.: Forward from Paris. In: *The Observer* vom 6. Juli 1947; sowie zur Problematik des Potsdamer Abkommens WINKLER, Weg, Bd. 2, S. 127.

62 A STUDENT OF EUROPE: Paris: Last Chance. In: *The Observer* vom 29. Juni 1947. Vgl. auch DERS.: The Burning House. In: *The Observer* vom 7. März 1948; sowie die zitierten Überschriften DERS.: Caution that Kills. In: *The Observer* vom 17. August 1947; DERS.: Strange Adventure. In: *The Observer* vom 9. Januar 1949; SEBASTIAN HAFFNER: Some Truths are Dangerous. In: *The Observer* vom 20. Januar 1952.

63 Willi Guttman zitiert nach COCKETT, Astor, S. 137.

64 JOHN DOUGLAS PRINGLE: Have Pen. Will Travel. London 1973. S. 140; Brief von ISAAC DEUTSCHER an David Astor vom 15. April 1946. NL Isaac Deutscher, Mappe 114. Vgl. auch SYRÉ, Deutscher, S. 160 f.; SEBASTIAN HAFFNER: Ideology or Power? In: *The Observer* vom 5. Juni 1960.

65 A STUDENT OF EUROPE: Greece: First Stage. In: *The Observer* vom 4. Januar 1948.

66 A STUDENT OF EUROPE: Britain Makes History. In: *The Observer* vom 25. Januar 1948; DERS.: The Burning House. In: *The Observer* vom 7. März 1948. Vgl. zur Rede Bevins auch SOUTOU, Guerre, S. 192 f.

67 A Student of Europe: The Defence of Peace. In: *The Observer* vom 21. März 1948. [Zitiert nach Haffner, Schreiben, S. 178.] Vgl. dazu auch Soutou, Guerre, S. 197 ff.

68 Vgl. Anonymous: Berlin. In: *The Observer* vom 4. April 1948. Haffner hat sich 1988 als Autor des Artikels zu erkennen gegeben. Vgl. Sebastian Haffner: Bemerkung. In: Die Teilung. Typoskript, S. 3–6. NL Sebastian Haffner, N2523/203. [Ausgestrahlt vom *NDR* am 16. Juni 1988.] Vgl. auch Sebastian Haffner: Bemerkung. In: Gespräch mit Hermann Rudolph. Typoskript [o. D.], S. 21. NL Sebastian Haffner, N2523/184. [Ausgestrahlt vom *WDR* am 13. Mai 1984.]

69 A Student of Europe: Peace with Germany. In: *The Observer* vom 5. September 1948. Vgl. auch Sebastian Haffner: Pause for Peace. In: *The Observer* vom 6. Juni 1948; Ders.: Favourable Reception to Currency Reform. In: *The Observer* vom 20. Juni 1948; Ders.: The Besieged City. In: *The Observer* vom 27. Juni 1948.

70 Vgl. zu Frankreich A Student of Europe: France, Danger Spot. In: *The Observer* vom 31. Oktober 1948; sowie Ernst Weisenfeld: Geschichte Frankreichs seit 1945. Von de Gaulle bis zur Gegenwart. 3., völlig neubearb. u. aktual. Aufl. München 1997. S. 57; zu China A Student of Europe: Red Sky in the East. In: *The Observer* vom 6. Februar 1949; sowie Soutou, Guerre, S. 232–236.

71 A Student of Europe: Red Sky in the East. In: *The Observer* vom 6. Februar 1949. Vgl. Ders.: Strange Adventure. In: *The Observer* vom 9. Januar 1949; sowie Dülffer, Europa, S. 66, 68; Cockett, Astor, S. 178–206.

72 A Student of Europe: American Danger. In: *The Observer* vom 20. Februar 1949. [Zitiert nach Haffner, Schreiben, S. 199.] Vgl. auch A Student of Europe: Defence Dangers. In: *The Observer* vom 6. März 1949.

73 A Student of Europe: The Atlantic Treaty. In: *The Observer* vom 20. März 1949.

74 «Die NATO war das erste in Friedenszeiten geschlossene militärische Bündnis in der Geschichte der Vereinigten Staaten», meinte auch Henry Kissinger im Rückblick. Kissinger, Vernunft, S. 489.

75 A Student of Europe: The New Horizon. In: *The Observer* vom 1. Mai 1949.

76 Vgl. ebd.; sowie Ders.: Towards the World State. In: *The Observer* vom 29. Mai 1949.

77 A Student of Europe: A Warning. In: *The Observer* vom 25. Juni 1950. [Zitiert nach Haffner, Frage, S. 28.]

78 Vgl. Wendell L. Wilkie: One World. New York 1943; sowie Heinz Gollwitzer: Geschichte des weltpolitischen Denkens. Bd. 2. Zeitalter des Imperialismus und der Weltkriege. Göttingen 1982. S. 385.

79 Vgl. James Burnham: The Struggle for the World. London 1947; Daniel Kelly: James Burnham and the Struggle for the World. A Life. Wilmington (Del.) 2002. S. 115–147; zu Burnhams Leben insgesamt ebd.; sowie Gary Dorrien: The Neoconservative Mind. Politics, Culture and the War of Ideology.

Philadelphia 1993. S. 19–67; WILLIAM BEVERIDGE u. a.: Towards a Parliament of Man. In: *The Observer* vom 5. Juni 1949; sowie WITTNER, World, S. 44 f., 66–71, 92–96, 160–163.

80 SEBASTIAN HAFFNER: The Battle of Ideas. In: *The Observer* vom 19. November 1950. [Rezension von JAMES BURNHAM: The Coming Defeat of Communism. London 1950; LESLIE PAUL: The Age of Terror. London 1950.] Vgl. auch zur geringeren Verteidigungsbereitschaft der Demokratien A STUDENT OF EUROPE: The Paris Mystery. In: *The Observer* vom 19. Juni 1949.

81 («existierenden Deutschland») A STUDENT OF EUROPE: Bonn and Strasbourg. In: *The Observer* vom 11. September 1949; («großzügig») DERS.: Russia in Germany. In: *The Observer* vom 9. Oktober 1949. [Zitiert nach HAFFNER, Schreiben, S. 225.]; («Stimmung») DERS: Bonn and Strasbourg. In: *The Observer* vom 11. September 1949. [Zitiert nach HAFFNER, Schreiben, S. 214 f.]

82 A STUDENT OF EUROPE: Why Tito Matters? In: *The Observer* vom 23. Oktober 1949. Vgl. auch SOUTOU, Guerre, S. 213–217.

83 A STUDENT OF EUROPE: Asia's Year of Crisis. In: *The Observer* vom 25. Dezember 1949. Haushaltsdefizite schienen ihm daher ein nebensächliches Problem, und mehrfach warb er für eine international koordinierte Wirtschaftspolitik. Vgl. DERS.: This is the Way. In: *The Observer* vom 22. Januar 1950; DERS.: Hope from America. In: *The Observer* vom 26. März 1950.

84 A STUDENT OF EUROPE: Grand Perspective. In: *The Observer* vom 14. Mai 1950. [Zitiert nach HAFFNER, Frage, S. 13 f.]

85 Dieser Masterplan war allerdings auch in den USA keineswegs unumstritten. Vgl. KISSINGER, Vernunft, S. 478–507.

86 Vgl. LARRES, Churchill's, S. 124–137; KISSINGER, Vernunft, S. 501 ff.

87 A STUDENT OF EUROPE: Two Ways with Russia. In: *The Observer* vom 26. Februar 1950.

88 A STUDENT OF EUROPE: Grand Perspective. In: *The Observer* vom 14. Mai 1950. [Zitiert nach HAFFNER, Frage, S. 12, 15.] Jahre später ist Haffner auf dieses Vorhaben noch einmal zurückgekommen. «[D]ie Idee einer atlantischen Union», berichtete er im Dezember 1961, «wurde schon einmal, in den Gründungsjahren der NATO, in einem englischen Kreise, in dem ich mich damals bewegte, ernsthaft erwogen, und ich habe selbst an den unverbindlichen Erkundungsgesprächen, die vor zehn, elf Jahren darüber hin und her gingen, ein wenig teilgenommen. Ich habe noch das unemphatische, eher bedauernde, aber ganz unerschütterliche ‹Unmöglich› der amerikanischen Gesprächspartner im Ohr.» SEBASTIAN HAFFNER: Das ist ein Wort. In: *Die Welt* vom 19. Dezember 1961.

89 A STUDENT OF EUROPE: A Warning. In: *The Observer* vom 25. Juni 1950. [Zitiert nach HAFFNER, Frage, S. 27, 28.]

90 Vgl. SOUTOU, Guerre, S. 236–247; SCHÖLLGEN, Geschichte, S. 69–72; A STUDENT OF EUROPE: No Next Time. In: *The Observer* vom 16. Juli 1950.

91 Vgl. ebd.; A STUDENT OF EUROPE: Danger in Germany. In: *The Observer* vom

3. September 1950; DERS.: Thoughts on Defence. In: *The Observer* vom 10. September 1950.

92 Vgl. SCHWARZ, Ära, 1949–1957, S. 104–118; DOCKRILL, Britain's, S. 6 f., 12–15; LARRES, Churchill's, S. 146; A STUDENT OF EUROPE: American Danger. In: *The Observer* vom 20. Februar 1949.

93 Vgl. BULLOCK, Bevin, S. 763 ff.; LARRES, Churchill's, S. 125; WATT, England, S. 162 ff.; DOCKRILL, Britain's, S. 6 f. Im September 1950 sollte sich Bevin dann doch dazu durchringen, einer deutschen Wiederbewaffnung zumindest prinzipiell zuzustimmen. Vgl. BULLOCK, Bevin, S. 805–808.

94 A STUDENT OF EUROPE: Rearming Germany. In: *The Observer* vom 24. September 1950. [Kursivdruck im Original]; DERS.: Talks with Russia. In: *The Observer* vom 26. November 1950. Vgl. auch zur sowjetischen Demilitarisierungskampagne und ihrer Resonanz BULLOCK, Bevin, S. 817 f.

95 SEBASTIAN HAFFNER: Bemerkung. In: DERS., Engländer, S. 57.

96 Vgl. ebd., S. 56 f.

97 A STUDENT OF EUROPE: Democracy's New Pattern. In: *The Observer* vom 28. Oktober 1945.

98 SEBASTIAN HAFFNER: The Black Market in Europe. In: A. G. WEIDENFELD (Hrsg.): World off Duty. A Contact Book. London 1947. S. 38–41, hier: S. 41.

99 SEBASTIAN HAFFNER: The Battle of Ideas. In: *The Observer* vom 19. November 1950. Vgl. auch A STUDENT OF EUROPE: Asia's Year of Crisis. In: *The Observer* vom 25. Dezember 1949; DERS.: This is the Way. In: *The Observer* vom 22. Januar 1950; DERS.: Grand Perspective. In: *The Observer* vom 14. Mai 1950; DERS.: Poor Rich Country. In: *The Observer* vom 8. Oktober 1950.

100 Vgl. SEBASTIAN HAFFNER: The Battle of Ideas. In: *The Observer* vom 19. November 1950. [Rezension u. a. von JAMES BURNHAM: The Coming Defeat of Communism. London 1950]; DERS.: As Far as it Goes. In: *The Observer* vom 16. Juli 1950. [Rezension von JOHN FORSTER DULLES: War or Peace. London 1950.]; A STUDENT OF EUROPE: Defence of the West. In: *The Observer* vom 21. Mai 1950. [Haffner rekurrierte auf: BASIL LIDDELL HART: Defence of the West. Some Riddles of War and Peace. London u. a. 1950.]; SEBASTIAN HAFFNER: Russia and Communism. In: *The Observer* vom 12. April 1953. [Rezension u. a. von FRANZ BORKENAU: European Communism. London 1953.]

101 SEBASTIAN HAFFNER: Before the War. In: *The Observer* vom 8. Februar 1948. [Rezension von LEWIS BERNSTEIN NAMIER: Diplomatic Prelude 1938–1939. London 1948.] Vgl. zu Namier SPÄTER, Vansittart, S. 45–48, 115 ff., 217–225.

102 SEBASTIAN HAFFNER: Angry Historian. In: *The Observer* vom 19. Oktober 1952. [Rezension von LEWIS BERNSTEIN NAMIER: In the Nazi Era. London 1952.] Vgl. auch SEBASTIAN HAFFNER: Before the War. In: *The Observer* vom 8. Februar 1948.

103 A STUDENT OF EUROPE: Secrets of the July 20 Plot. In: *The Observer* vom 21. Juli 1946. [Zitiert nach HAFFNER, Schreiben, S. 122.] Als Ansprechpartner bei Haffners Recherchen vor Ort werden immer wieder Clarita von Trott zu Solz sowie

Peter und Christabel Bielenberg, also die Witwe und die Vertrauten Adam von Trott zu Solz', angeführt. Vgl. SEBASTIAN HAFFNER: Reisetagebuch von 1946. NL Sebastian Haffner, N2523, gesperrter Bestand; sowie zu Astor DANIEL, «Troubled Loyalty», S. 423–439.

104 Vgl. SEBASTIAN HAFFNER: The Day that Failed to End the War. In: A. G. WEIDENFELD (Hrsg.): The Public's Progress. A Contact Book. London 1947. S. 40–45.

105 («kafkaeske») Brief von SEBASTIAN HAFFNER an Arthur Koestler vom 15. November 1947. NL Arthur Koestler, Mss. 2358/1; A STUDENT OF EUROPE: Berlin and Vienna. The Choice. In: *The Observer* vom 8. September 1946. [Zitiert nach HAFFNER, Schreiben, S. 135 f.]

106 SEBASTIAN HAFFNER: The Uncursed Zone. In: *The Observer* vom 14. September 1947.

107 Vgl. SEBASTIAN HAFFNER: Bemerkung. In: DERS., Engländer, S. 56; sowie seinen ersten und letzten Beitrag MARTIN RAYMOND: Music. In: *The Observer* vom 11. November 1945; DERS.: Music. In: *The Observer* vom 23. Juni 1946.

108 MARTIN RAYMOND: Music. In: *The Observer* vom 28. April 1946. Vgl. ERIKA PRETZEL: Schallplattenverzeichnis. Typoskript [o. D.; 1954]. NL Sebastian Haffner, N2523/93. [Als Haffner 1954 nach Deutschland zurückkehrte, erstellten seine Frau und seine Tochter ein Verzeichnis des kompletten Hausstandes, einschließlich der Bücher und Schallplatten. Vgl. SARAH HAFFNER, Farbe, S. 47.] Vgl. auch zu seiner damaligen Vorliebe ebd., S. 15.

109 Vgl. MARTIN RAYMOND: Music. In: *The Observer* vom 28. April 1946.

110 MARTIN RAYMOND: Music. In: *The Observer* vom 12. Mai 1946.

111 MARTIN RAYMOND: Music. In: *The Observer* vom 23. Juni 1946.

112 MARTIN RAYMOND: Music. In: *The Observer* vom 12. Mai 1946. Vgl. zu seiner Ablehnung der atonalen Musik DERS.: Music. In: *The Observer* vom 28. April und 12. Mai 1946; sowie FEST, Freund, S. 52.

113 MARTIN RAYMOND: Music. In: *The Observer* vom 11. November 1945. Vgl. auch SARAH HAFFNER, Farbe, S. 15.

114 Vgl. ERIKA PRETZEL: Gemäldeverzeichnis. Typoskript [o. D.; 1954]. NL Sebastian Haffner, N2523/93; sowie GEORG WIESING-BRANDES: «Der letzte Bohemien». Zum Nachlaß von Harald Landry. Privatbroschüre [o. D.], S. 6 f.; HALKETT:, Monster, S. 297.

115 SARAH HAFFNER, Farbe, S. 37. Vgl. ebd., S. 15, 30, 44 f.

116 Zitiert nach JANA SIMON: Das fehlende Kapitel. In: *Der Tagesspiegel* vom 30. Januar 2001. Vgl. auch SARAH HAFFNER, Farbe, S. 18 ff., 30, 37, 42.

117 SEBASTIAN HAFFNER: Tagebucheintrag vom 6. Dezember 1946. NL Sebastian Haffner, N2523, gesperrter Bestand. Vgl. auch SYRÉ, Deutscher, S. 67 ff.

118 Vgl. SARAH HAFFNER, Farbe, S. 14 f., 37 f.; ERIKA PRETZEL: Krankengeschichte. Handschriftliches Manuskript und Typoskript [o. D.; ca. 1960]. NL Sebastian Haffner, N2523/182.

119 Vgl. SARAH HAFFNER, Farbe, S. 21; sowie den Brief von SEBASTIAN HAFFNER an David Astor vom 5. Mai 1953. NL David Astor, Privatbesitz.

120 Vgl. den Briefentwurf von SEBASTIAN HAFFNER an Norman Alexander [o. D.; vermutlich nach dem 18. Januar 1952]. NL Sebastian Haffner, N2523/90. Zumindest ungefähr werden diese Angaben von zahlreichen anderen Dokumenten in dieser Mappe bestätigt. Vgl. auch HALSEY, Trends, S. 94.

121 Vgl. den Brief von NORMAN ALEXANDER an Sebastian Haffner vom 13. Januar 1950. NL Sebastian Haffner, N2523/90; sowie zu den weiteren Einnahmequellen, die Auflistung von SEBASTIAN HAFFNER für Norman Alexander. Handschriftliches Manuskript [o. D.; Anfang der fünfziger Jahre]. NL Sebastian Haffner, N2523/90; sowie die Abrechnungen und Buchungsbelege der *BBC* seit 1951 RCont 1, Sebastian Haffner File 1, BBC Written Archive Centre.

122 Zitate bei PRINGLE, Pen, S. 136, 142, 135. Vgl. auch CLARK, Worlds, S. 96 f., 116. Die Schilderung einer Arbeitswoche beim *Observer* ist zumindest übertrieben. Gemäß seinem Arbeitsvertrag mußte Haffner von Donnerstag bis Samstagnacht der Redaktion zur Verfügung stehen. Vgl. den Arbeitsvertrag von The Observer Limited mit Raimund Pretzel vom 1. Oktober 1944. NL Sebastian Haffner, N2523/112.

123 Brief von SEBASTIAN HAFFNER an Arthur Koestler vom 15. November 1947. NL Arthur Koestler, Mss. 2358/1; Brief von ARTHUR KOESTLER an Sebastian Haffner vom 21. November 1947. NL Arthur Koestler, Mss. 2358/1. Vgl. auch ARTHUR KOESTLER: Darkness at Noon. London 1940.

124 Briefentwurf von SEBASTIAN HAFFNER an Norman Alexander [o. D.; vermutlich nach dem 18. Januar 1952]. NL Sebastian Haffner, N2523/90. Vgl. ebd. Unter Haffners Korrespondenz mit seinem Steuerberater finden sich eine Reihe von handschriftlichen Auflistungen der Spesen, die er offensichtlich von der Steuer absetzen wollte. Vgl. die Ausführungen von SEBASTIAN HAFFNER für Norman Alexander. Handschriftliches Manuskript [o. D.; vermutlich nach dem 18. Januar 1952]. NL Sebastian Haffner, N2523/90.

125 Brief von NORMAN ALEXANDER an Raimund Pretzel vom 27. Januar 1950. NL Sebastian Haffner, N2523/90. Vgl. auch den Brief von NORMAN ALEXANDER an Sebastian Haffner vom 17. Juli 1956. NL Sebastian Haffner, N2523/90.

126 Vgl. die Terminauflistungen für Mai und Oktober 1950 von SEBASTIAN HAFFNER für Norman Alexander. Handschriftliches Manuskript [o. D.; vermutlich nach dem 18. Januar 1952]. NL Sebastian Haffner, N2523/90. Ob er seine Gesprächspartner immer eingeladen hat, ist nicht sicher; doch immerhin werden in den Erläuterungen zu seiner Aufstellung auch die Kosten für «guests» erwähnt. Ebd.

127 Ebd. Vgl. auch ebd.; sowie OUR DIPLOMATIC CORRESPONDENT: End of Burma War Near. In: *The Observer* vom 21. Mai 1950.

128 Vgl. den Brief von RAIMUND PRETZEL an William Clark vom 14. Juni 1951. NL William Clark, Box 95, Folio 98; den Brief von RICHARD LÖWENTHAL an Raimund Pretzel vom 27. Januar 1960 [Poststempel]. NL Sebastian Haffner, N2523/47. Vgl. zur größeren Bedeutung der Recherche im britischen Journalismus ESSER, Kräfte, S. 116–120.

129 SEBASTIAN HAFFNER: Notizen «I. Presse national – nicht lokal». Handschriftliches Manuskript [o. D.]. NL Sebastian Haffner, N2523/113. Vgl. auch ESSER, Kräfte, S. 66, 107–116. Diese Behauptung scheint, zumindest was die Luftbrücke betrifft, zu stimmen. Siehe dazu oben S. 131, bes. Anm. 68.

130 Ein Grund für diese Distanz dürfte freilich gewesen sein, daß Haffner ab 1954 in Berlin wohnte und nur selten nach Bonn an den Regierungssitz kam. Siehe dazu oben S. 191 f. Mit Berliner Politikern scheint Haffner um 1960 zwar näher bekannt gewesen zu sein. Auf einen regelmäßigen Umgang mit diesem oder jenem Politiker lassen die überlieferten Briefe jedoch nicht schließen. Vgl. den Brief von EGON BAHR an Sebastian Haffner vom 9. September 1963. NL Sebastian Haffner, N2523/135; den Brief von JOHANN BAPTIST GRADL an Sebastian Haffner vom 26. Februar 1964; den Briefentwurf von SEBASTIAN HAFFNER an Johann Baptist Gradl vom 16. April 1964. NL Sebastian Haffner, N2523/134; den Brief von WILLY BRANDT an Sebastian Haffner vom 22. Oktober 1965. NL Willy Brandt, WBA, A6, Mappe 50.

131 A STUDENT OF EUROPE: Poor Rich Country. In: *The Observer* vom 8. Oktober 1950. Vgl. auch die Terminauflistungen von SEBASTIAN HAFFNER für Norman Alexander. Handschriftliches Manuskript [o. D.; vermutlich nach dem 18. Januar 1952]. NL Sebastian Haffner, N2523/90. Vgl. zu Adenauer etwa KONRAD ADENAUER: Teegespräche 1950–1954. Bearb. von Hanns Jürgen Küsters. Berlin 1984; ROBRECHT, British, S. 133; sowie grundsätzlich zum Einfluß der britischen Presse REYNOLDS, Britannia, S. 42 f.

132 Brief von RAIMUND PRETZEL an William Clark vom 14. Juni 1951. NL William Clark, Box 95, Folio 98.

133 Brief von NORA BELOFF an ihre Mutter vom 20. (fortgesetzt am 23.) Januar 1952. Nora Beloff Letters 1952, NBE/2/8. Vgl. auch den Brief von NORA BELOFF an ihre Mutter vom 31. Januar 1952. Nora Beloff Letters 1952, NBE/2/8.

134 SEBASTIAN HAFFNER: Tagebucheinträge vom 10. Dezember und 7. Dezember 1946. NL Sebastian Haffner, N2523, gesperrter Bestand. Vgl. zu seinen Reisen auch SARAH HAFFNER, Farbe, S. 15; SCHAEFER, Feste, S. 47.

135 SEBASTIAN HAFFNER: Tagebucheintrag vom 8. Dezember 1946. NL Sebastian Haffner, N2523, gesperrter Bestand. Vgl. auch DERS.: Tagebucheinträge vom 7., 8. und 10. Dezember 1946. Ebd.

136 Brief von RAIMUND PRETZEL an William Clark vom 14. Juni 1951. NL William Clark, Box 95, Folio 98. Insofern hatte es also durchaus seine Berechtigung, wenn Haffner 1962 – inzwischen war Dean Rusk amerikanischer Außenminister – eine Einladung Peter von Zahns, die Vereinigten Staaten zu besuchen, unter anderem mit der Begründung ablehnte, angesichts seiner momentanen Wut auf die amtierende Washingtoner Regierung empfinde er kein «großes Verlangen nach persönlicher Kontakterneuerung mit ihren Mitgliedern». Briefentwurf von SEBASTIAN HAFFNER an Peter von Zahn vom 16. April 1962. NL Sebastian Haffner, N2523/135.

137 Haffners Aufenthaltsorte werden jeweils zu Beginn seiner Artikel vermerkt. Vgl.

auch den Brief von Raimund Pretzel an William Clark vom 14. Juni 1951. NL William Clark, Box 95, Folio 98.

138 Vgl. Kissinger, Vernunft, S. 510–530.

139 («Freunden») Sebastian Haffner: Across the Atlantic. In: *The Observer* vom 28. Januar 1951; («sozialistisch») Ders.: What America Wants. In: *The Observer* vom 11. März 1951. [Zitiert nach Haffner, Frage, S. 41.] Vgl. auch Ders.: Americas' Two Minds. In: *The Observer* vom 20. Mai 1951.

140 Vgl. Sebastian Haffner: World Power To-Morrow. In: *The Observer* vom 11. Februar 1951; sowie allgemein Soutou, Guerre, S. 229–232, 241–247.

141 Sebastian Haffner: The Two World Centres. In: *The Observer* vom 17. Juni 1951; Ders.: The World from Canada. In: *The Observer* vom 1. Juli 1951. Tatsächlich hatte Kanada in der Nachkriegszeit einen beachtlichen Aufschwung erlebt. Vgl. Udo Sauter: Geschichte Kanadas. Von der europäischen Entdeckung bis zur Gegenwart. München 1992. S. 201–212.

142 Sebastian Haffner: Some Truths are Dangerous. In: *The Observer* vom 20. Januar 1952. [Kursivdruck im Original]; Ders.: Which Road to Peace? In: *The Observer* vom 11. November 1951. Vgl. zur Beteiligung an der europäischen Armee Ders.: A European Army. In: *The Observer* vom 9. September 1951.

143 Zitate in Sebastian Haffner: Which Road to Peace? In: *The Observer* vom 11. November 1951. Vgl. auch Ders.: World Prospects for 1952. In: *The Observer* vom 30. Dezember 1951; Ders.: Gaitskell or Eisenhower. In: *The Observer* vom 23. September 1951.

144 Sebastian Haffner: Some Truths are Dangerous. In: *The Observer* vom 20. Januar 1952; Ders.: Mr. Kennan is Wrong. In: *The Observer* vom 24. Februar 1952. [In diesem Artikel setzte sich Haffner auseinander mit: George F. Kennan: American Diplomacy 1900–1950. London 1952.]

145 Sebastian Haffner: The International Revolution. In: *The Observer* vom 11. Mai 1952. [In diesem Artikel setzte sich Haffner auseinander mit: Arnold Toynbee/Frank Ashton-Gwatkin (Hrsg.): The World in March, 1939. London 1952.]

146 Vgl. Jürgen Zarusky (Hrsg.): Die Stalin-Note vom 10. März 1952. Neue Quellen und Analysen. München 2002; Manfred Kittel: Genesis einer Legende. Die Diskussion um die Stalin-Noten in der Bundesrepublik 1952–1958. In: *VfZ* 41 (1993), S. 355–389.

147 Vgl. Sebastian Haffner: Free German Elections. In: *The Observer* vom 20. April 1952. Vgl. auch Adomeit, Overstretch, S. 87–92. Wahrscheinlich ging es Stalin sogar darum, die Westdeutschen für die Sowjetunion zu gewinnen. Seine Offerte sollte also letztlich der Bildung eines sozialistisches Gesamtdeutschlands dienen. Vgl. Wettig, Bereitschaft, S. 217–227; Soutou, Guerre, S. 256 f. Vgl. zu der gegenteiligen Auffassung, der zufolge Stalins Offerte ernstgemeint war: Rolf Steininger: Eine vertane Chance. Die Stalin-Note vom 10. März 1952 und die Wiedervereinigung. Eine Studie auf der Grundlage unveröffentlichter britischer und amerikanischer Akten. Berlin – Bonn 1985; Wilfried Loth: Die Sowjet-

union und die deutsche Frage. Studien zur sowjetischen Deutschlandpolitik von Stalin bis Chruschtschow. Göttingen 2007. S. 101–174.

148 Sebastian Haffner: Free German Elections. In: *The Observer* vom 20. April 1952. [Zitiert nach Haffner, Frage, S. 56.; Kursivdruck im Original] Vgl. zur offiziellen Reaktion auch Kipp, Ausbruch, S. 89.

149 Sebastian Haffner: Britain and Germany. In: *The Observer* vom 2. Dezember 1951. [Zitiert nach Haffner, Frage, S. 48, 51.] Vgl. auch Ders.: Germany and Israel. In: *The Observer* vom 7. Oktober 1951.

150 Sebastian Haffner: ‹Cold Peace›: Hopeful Speculations. In: *The Observer* vom 5. Oktober 1952. [Zitiert nach Haffner, Frage, S. 61.] Vgl. ebd.; Ders.: United Europe as Election Issue. Foretaste of Constitution. In: *The Observer* vom 21. September 1952.

151 Sebastian Haffner: ‹Cold Peace›: Hopeful Speculations. In: *The Observer* vom 5. Oktober 1952. [Zitiert nach Haffner, Frage, S. 61.]; Ders.: The End of Seven Years. In: *The Observer* vom 28. Dezember 1952. [Zitiert nach Haffner, Zwischen, («Ende») S. 75, («Sicherheitsgefühl») S. 77, («Invasion») S. 76, («Perfektion») S. 79.]

152 Sebastian Haffner: Problems of Peace. In: *The Observer* vom 26. April 1953. Vgl. One World or None. A Report to the Public on the Full Meaning of the Atomic Bomb. Hrsg. von Dexter Masters/Katharine Way. New York 1946; vgl. dazu auch Wittner, World, S. 63.

153 Brief von Sebastian Haffner an David Astor vom 5. Mai 1953. NL David Astor, Privatbesitz. Vielleicht hat Haffner den Kurs der neugewählten Eisenhower-Regierung, die sich, was Verhandlungen mit dem Kreml anging, ablehnend verhielt, in privaten Äußerungen schärfer kritisiert, als es ihm im *Observer* möglich war. Zumindest eine Quelle deutet darauf hin. Vgl. Cockett, Astor, S. 175.

154 Brief von Haffner an Astor vom 5. Mai 1953. NL David Astor. [Leider ist nur eines dieser Schreiben erhalten geblieben, und auch darin werden die vorangegangenen Vorfälle nur zwischen den Zeilen erwähnt.]

155 Clark, Worlds, S. 95 f.; Pringle, Pen, S. 140; Dunn zitiert nach Cockett, Astor, S. 142.

156 Brief von Haffner an Astor vom 5. Mai 1953. NL David Astor; Clark, Worlds, S. 116.

157 Brief von Nora Beloff an ihre Mutter vom 20. (fortgesetzt am 23.) Januar 1952. Nora Beloff Letters 1952, NBE/2/8.

158 Brief von William Clark an John Douglas Pringle vom 15. Dezember 1953. NL William Clark, Box 105, Folio 187. Vgl. auch Cockett, Astor, S. 143 f.

159 Brief von Haffner an Astor vom 5. Mai 1953. NL David Astor.

160 Ebd. In keinem der Dokumente, die in seinem zugänglichen Nachlaß aufbewahrt werden, von Quellen aus der Kindheit und Jugendzeit einmal abgesehen, gibt er etwas derart Persönliches preis. Bei späteren Krisen mit Vorgesetzten argumentierte Haffner ausschließlich politisch beziehungsweise geschäftlich.

Vgl. z. B. die Briefentwürfe von SEBASTIAN HAFFNER an Giselher Wirsing [o. D.; nach dem 9. November 1962]. NL Sebastian Haffner, N2523/137; oder den Briefentwurf von SEBASTIAN HAFFNER an Hans Zehrer vom 5. Februar 1963. NL Sebastian Haffner, N2523/136.

161 FEST, Freund, S. 46.

162 ANONYMUS: Truce. In: *The Observer* vom 10. Mai 1953. In der Folgezeit hat Haffner nachweislich Ansichten, wie sie in diesem Artikel geäußert werden, vertreten, so daß viel dafür spricht, daß er ihn geschrieben hat, zumal er mit seinen politischen Vorstellungen in der Redaktion isoliert war.

163 WINSTON S. CHURCHILL: Foreign Affairs. Rede vor dem House of Commons vom 11. Mai 1953. In: DERS.: His Complete Speeches 1897–1963. Bd. 8, 1950–1963. Hrsg. von ROBERT RHODES JAMES. New York – London 1974. S. 8475–8485, hier: S. 8484. Vgl. auch ebd., S. 8484 f.; sowie KISSINGER, Vernunft, S. 552.

164 Vgl. JOHN W. YOUNG: Winston Churchill's Last Campaign. Britain and the Cold War 1951–55. Oxford 1996. S. 156–169; LARRES, Churchill's, S. 222–239. Die britischen Diplomaten waren, wie es in einer Aktennotiz vom 26. Mai hieß, freilich davon überzeugt, daß auch nach Stalins Tod «der sowjetische Leopard seine Flecken nicht verändert hat». Zitiert nach KIPP, Ausbruch, S. 93.

165 Brief von WILLIAM CLARK an John Douglas Pringle vom 15. Dezember 1953. NL William Clark, Box 105, Folio 187.

166 Vgl. SEBASTIAN HAFFNER: Not Good Enough. In: *The Observer* vom 19. Juli 1953; DERS.: Sir Winston Churchill. [Ergänzung] In: DERS.: A Book of British Profiles. Compiled from The Observer. Melbourne – London – Toronto. 1954. S. 126.

167 SEBASTIAN HAFFNER: 17th of June 1953. In: *The Observer* vom 21. Juni 1953. [Zitiert nach HAFFNER, Frage, S. 67.] Die britische Diplomatie versuchte dagegen deeskalierend auf die Situation in Deutschland einzuwirken, zumal das Aufkommen starker nationaler Gefühle – auch Haffner hatte in gewisser Weise wie ein Deutscher reagiert – nicht im englischen Interesse war. Vgl. KIPP, Ausbruch, S. 96–101. Für britische Diplomaten hatte auch schon unmittelbar nach dem 17. Juni 1953 festgestanden, daß an erfolgreiche Verhandlungen mit Moskau vorerst nicht zu denken war, während Winston Churchill umgekehrt darum bemüht war, die Bedeutung des Aufstandes herunterzuspielen. Vgl. SOUTOU, Guerre, S. 274 ff.; LARRES, Churchill's, S. 240–262.

168 SEBASTIAN HAFFNER: Reuniting Germany. In: *The Observer* vom 28. Juni 1953. Vgl. auch zu einen früheren Vorbehalten DERS.: Free German Elections. In: *The Observer* vom 20. April 1952.

169 Brief von DAVID ASTOR an Sebastian Haffner vom 21. September 1953. NL David Astor, Privatbesitz.

170 Brief von WILLIAM CLARK an John Douglas Pringle vom 15. Dezember 1953. NL William Clark, Box 105, Folio 187. [Auch wenn Clark in dieser Angelegenheit eindeutig Partei war, scheint seine Deutung der Vorfälle nicht völlig abwegig.]

171 Vgl. HAFFNER, Book. Haffners Vorwort, in dem er auch seine Differenzen mit David Astor anklingen läßt, ist auf den 1. August 1953 datiert. Vgl. DERS.: Preface. Zu: DERS., Book, S. IX–XII, hier: S. XIf.; sowie zu den Spannungen in der Redaktion den Brief von ASTOR an Haffner vom 21. September 1953. NL David Astor; und den Brief von WILLIAM CLARK an John Douglas Pringle vom 15. Dezember 1953. NL William Clark, Box 105, Folio 187.

172 Brief von ASTOR an Haffner vom 21. September 1953. NL David Astor.

173 SEBASTIAN HAFFNER: Between the Cold-War Fronts. 1-The Swedish Success. In: *The Observer* vom 29. November 1953; DERS.: Between the Cold-War Fronts. 2-The Austrian Miracle. In: *The Observer* vom 6. Dezember 1953; DERS.: Between the Cold-War Fronts. 3-The German Question. In: *The Observer* vom 13. Dezember 1953. Vgl. zu den früheren Beiträgen DERS.: ‹Cold Peace›: Hopeful Speculations. In: *The Observer* vom 5. Oktober 1952; DERS.: Reuniting Germany. In: *The Observer* vom 28. Juni 1953.

174 Bericht von ROGER B. STEVENS an Anthony Eden vom 3. Dezember 1953. National Archives, FO 371/106085. Vgl. zur schwedischen Außenpolitik jener Jahre auch SCHOLZ, Undén, S. 391–417.

175 SEBASTIAN HAFFNER: Between the Cold-War Fronts. 1-The Swedish Success. In: *The Observer* vom 29. November 1953.

176 SEBASTIAN HAFFNER: Between the Cold-War Fronts. 2-The Austrian Miracle. In: *The Observer* vom 6. Dezember 1953. [Zitiert nach HAFFNER, Frage, («Historisch») S. 80, («Wien») S. 72, («Kanzler») S. 85.] Vgl. zu Churchill auch LARRES, Churchill's, S. 155–317. Die Westmächte beobachteten den sehr eigenständigen Kurs Julius Raabs, der nach den Wahlen vom Februar 1953 österreichischer Bundeskanzler geworden war, indes mit zunehmendem Mißtrauen. Vgl. GÜNTER BISCHOF: Austria in the First Cold War 1945–55. The Leverage of the Weak. Basingstoke – London 1999. S. 131–137; vgl. allgemein zu den gehörigen Schwierigkeiten, die Raab auf dem Weg zum Staatsvertrag von 1955 zu überwinden hatte: PAPE, Brüder, S. 201–357.

177 SEBASTIAN HAFFNER: Between the Cold-War Fronts. 3-The German Question. In: *The Observer* vom 13. Dezember 1953. [Zitiert nach HAFFNER, Frage, S. 92, 101.] Vgl. ebd.

178 Bericht von ROGER B. STEVENS an Anthony Eden vom 3. Dezember 1953. National Archives, FO 371/106085. Vgl. auch den Bericht von A. NOBLE an Anthony Eden vom 9. Dezember 1953. National Archives, FO 371/106085. Die Kontakte zwischen dem schwedischen Generalstab und den Militärs anderer NATO-Staaten wurden etwa dazu genutzt, um die Verteidigungspläne ihrer Länder aufeinander abzustimmten. Vgl. JUHANA AUNESLUOMA: Britain, Sweden and the Cold War, 1945–54. Understanding Neutrality. Basingstoke – New York 2003. S. 157f. Vgl. allgemein PAPE, Brüder, S. 354f.; GEHLER, Finis, S. 21f., 32ff. Michael Gehler hat abschließend über das Europa des Kalten Krieges festgestellt: «[N]eutral im idealtypischen Sinne des klassischen Völkerrechts waren die Neutralen eigentlich nie.» Ebd., S. 90.

179 *Dagens Nyheter* zitiert nach dem Bericht von ROGER B. STEVENS an Anthony Eden vom 3. Dezember 1953. National Archives, FO 371/106085. (Vgl. zu der Zeitung auch SCHOLZ, Undén, S. 392.); («Commonwealth») SEBASTIAN HAFFNER: Between the Cold-War Fronts. 1-The Swedish Success. In: *The Observer* vom 29. November 1953; («popular») Brief von H. K. LEHMKUHL an William Clark vom 1. Dezember 1953. NL William Clark, Box 105, Folio 153; («wenig») Brief von WILLIAM CLARK an Gunner Unger vom 22. Dezember 1953. NL William Clark, Box 105, Folio 196.

180 Brief von JOHN DOUGLAS PRINGLE an William Clark vom 1. Dezember 1953. NL William Clark, Box 105, Folio 151.

181 Vgl. ANDREAS HILLGRUBER: Alliierte Pläne für eine «Neutralisierung» Deutschlands 1945–1955. Opladen 1987. S. 26 f.; BRUNO THOSS: Modellfall Österreich? Der österreichische Staatsvertrag und die deutsche Frage 1954/55. In: DERS./HANS ERICH VOLKMANN (Hrsg.): Zwischen Kaltem Krieg und Entspannung. Sicherheits- und Deutschlandpolitik der Bundesrepublik im Mächtesystem der Jahre 1953–1956. Boppard 1988. S. 93–136; GÜNTER BISCHOF: Österreichische Neutralität, die deutsche Frage und europäische Sicherheit 1953–1955. In: ROLF STEININGER u. a. (Hrsg.): Die doppelte Eindämmung. Europäische Sicherheit und deutsche Frage in den Fünfzigern. München 1993. S. 133–176, hier: S. 162 f.; GEHLER, Finis, S. 90 f.; PAPE, Brüder, S. 293.

182 Brief von WILLIAM CLARK an John Douglas Pringle vom 15. Dezember 1953. NL William Clark, Box 105, Folio 187.

183 PRINGLE, Pen, S. 139. Vgl. auch WEIDENFELD, Menschen, S. 161.

184 Brief von HAFFNER an Astor vom 5. Mai 1953. NL David Astor. Vgl. zu Deutscher auch COCKETT, Astor, S. 141–144; SYRÉ, Deutscher, S. 160 f.

185 Vgl. SEBASTIAN HAFFNER: Bemerkung. In: DERS., Engländer, S. 56 f. 61, 63.

186 Zumindest hinterließen sie keine Spuren in seinem Nachlaß. Vgl. auch ebd., S. 63; sowie SEBASTIAN HAFFNER: Originalton. Aus: Gespräch mit Michael Schornstheimer. In: DERS., Geschichte, [Hörbuch]; sowie zu seinem Denken CARL GUSTAF STRÖHM: Der Schuh des Propheten. In: *Christ und Welt* vom 6. März 1964.

187 SPIEL, Psychologie, S. 32. [Kursivdruck im Original.] Golo Mann ist es offensichtlich ähnlich wie Haffner ergangen. «Ich habe zeitweise einen redlichen Versuch gemacht, in Amerika Wurzeln zu schlagen, und ich habe vielen Grund den Amerikanern dankbar zu sein; aber es ist mir nicht gelungen. Es ist mir nirgends so ganz gelungen. Das würde ich übrigens teilweise für ein Zeitschicksal halten», erklärte der Historiker Mitte der sechziger Jahre in einem Interview. GOLO MANN: Bemerkung. In: Golo Mann. Historiker mit politischer Leidenschaft. In: GÜNTER GAUS: Zur Person. Porträts in Frage und Antwort. Bd. 2. München 1966. S. 170–187, hier: S. 186. [Ausgestrahlt am 25. Februar 1965.] Vgl. auch SARAH HAFFNER, Farbe, S. 18 f., 46.

188 SARAH HAFFNER, Farbe, S. 40. Vgl. auch ebd., S. 39 f., 46.

189 Vgl. ebd., S. 48 ff. Gestützt werden diese Angaben durch verstreute Hinweise in

Haffners Korrespondenz mit seinem englischen Steuerberater. Vgl. den Briefentwurf von SEBASTIAN HAFFNER an Norman Alexander [o. D.; vermutlich als Antwort auf einen Brief Alexanders vom 7. Juni 1955]; sowie den Briefentwurf von SEBASTIAN HAFFNER an Norman Alexander [o. D.; vermutlich als Antwort auf einen Brief Alexanders vom 24. August 1955]. NL Sebastian Haffner, N2523/90.

190 Vgl. SEBASTIAN HAFFNER: Originalton. Aus: Gespräch mit Michael Schornstheimer. In: DERS., Geschichte, [Hörbuch]. Wie Uwe Soukup berichtet, war noch im Dezember 1953 vorgesehen, daß Haffners Hauptquartier in Bonn sein sollte. Vgl. SOUKUP, Deutscher, S. 185.

5. Abschied in Raten (1954–1961)

1 Vgl. SEBASTIAN HAFFNER: Germans Stiffening on Saar. Bundestag Blow to E. D. C. In: *The Observer* vom 2. Mai 1954; ANONYMUS: Making Peace. In: *The Observer* vom 26. Juni 1955. (Wie aus den Leserbriefen der folgenden Ausgabe hervorgeht, war Haffner der Autor dieses Artikels. Vgl. Letters to the Editor. ‹Making Peace›: Germany's Role. In: *The Observer* vom 3. Juli 1955.)

2 SEBASTIAN HAFFNER: Vortrag vor dem Rhein-Ruhr-Klub in Düsseldorf am 19. Oktober 1955. Typoskript, S. 26. NL Sebastian Haffner, N2523/220. Vgl. zu seinen zurückblickenden Aussagen SEBASTIAN HAFFNER: Bemerkung. In: DERS., Engländer, S. 63 f.; DERS.: Bemerkung. In: Gespräch mit Hermann Rudolph. Typoskript [o. D.], S. 21. NL Sebastian Haffner, N2523/184. [Ausgestrahlt vom *WDR* am 13. Mai 1984.]

3 Vgl. SEBASTIAN HAFFNER: Wir Emigranten. In: *Stern* vom 17. Oktober 1965; sowie DERS.: Originalton. Aus: Gespräch mit Michael Schornstheimer. In: DERS., Geschichte, [Hörbuch]. Vgl. auch KRAUS, Heimkehr, S. 10 ff., 53–57; MERSEBURGER, Brandt, S. 408–421.

4 AMÉRY, Hitler, S. 839. Vgl. zu seinem britischen Image auch HELMUT REUTER: Wenn die Zone anerkannt wird – was dann? Meinungsecho zu einem Artikel von Sebastian Haffner. In: *Die Welt* vom 7. Oktober 1961; ROSITA V. SCHOENTHAL: Aus den Briefen an die Redaktion. «Zwangsehe mit Pankow?» In: *Die Welt* vom 24. Oktober 1961. Vgl. auch zu Mann LAHME, Mann, S. 210–219.

5 Vgl. zu den folgenden Ausführungen GALLUS, Neutralisten, S. 57–264; GEPPERT/WENGST, Neutralität; TREFFKE, Heinemann, S. 86–158; MERSEBURGER, Augstein, S. 170–212; sowie zu Paul Sethe FRIEDEMANN SIERING: Zeitung für Deutschland. Die Gründergeneration der «Frankfurter Allgemeinen». In: LUTZ HACHMEISTER/FRIEDEMANN SIERING (Hrsg.): Die Herren Journalisten. Die Elite der deutschen Presse nach 1945. München 2002. S. 35–86, hier: S. 75–86.

6 FEST, Freund, S. 43.

7 Vgl. ULRICH NOACK: Bismarcks Friedenspolitik und das Problem des deutschen

Machtverfalls. Leipzig 1928; sowie dazu auch KLAUS HILDEBRAND: «System der Aushilfen»? Chancen und Grenzen deutscher Außenpolitik im Zeitalter Bismarcks (1871–1890). In: *Jahrbuch Preußischer Kulturbesitz* 27 (1990), S. 455–475.

8 KARL GEORG PFLEIDERER: Vortrag auf der Sitzung des Bundesvorstands am 22./23. Januar 1954. In: FDP-Bundesvorstand. Die Liberalen unter dem Vorsitz von Theodor Heuss und Franz Blücher. Sitzungsprotokolle 1949–1954. Zweiter Halbband, 1953/54. Bearb. von Udo Wengst. Hrsg. von KARL DIETRICH BRACHER, RUDOLF MORSEY und HANS-PETER SCHWARZ. Düsseldorf 1990. S. 1364; Brief von MARGRET BOVERI an Sebastian Haffner vom 15. Januar 1954. NL Margret Boveri, Mappe 2190/1. Vgl. zu Pfleiderer auch KARL-HEINZ SCHARP: Alternativen zur deutschen Außenpolitik 1952–1955. Karl Georg Pfleiderer und die «Deutsche Frage». In: Aspekte deutscher Außenpolitik im 20. Jahrhundert. Aufsätze Hans Rothfels zum Gedächtnis. Hrsg. von WOLFGANG BENZ und HERMANN GRAML. Stuttgart 1976. S. 211–248; HANS-HEINRICH JANSEN: Karl Georg Pfleiderers Gegenentwürfe zur Deutschlandpolitik Adenauers. In: *HPM* 4 (1997), S. 35–71. [Pfleider hatte anscheinend die deutsche Fassung der Artikel in der *Englischen Rundschau* vom 4., 11. und 18. Dezember 1953 gelesen.] Vgl. zu Boveri auch GÖRTEMAKER, Leben, S. 255–259.

9 Vgl. den Brief von MARGRET BOVERI an Sebastian Haffner vom 24. November 1954. NL Margret Boveri, Mappe 68,2/Bl. 81; sowie SOUTOU, Guerre, S. 293 f.; HANNS JÜRGEN KÜSTERS: Der Integrationsfriede. Viermächteverhandlungen über die Friedenregelung mit Deutschland 1945–1990. München 2000. S. 657–669.

10 SEBASTIAN HAFFNER: Peace Conference Atmosphere in Berlin. In: *The Observer* vom 24. Januar 1954; DERS.: Russia Accepts Principle of Free Elections. Eden Answers Criticism of Plan for Germany. Tempered Hopes in Berlin. In: *The Observer* vom 31. Januar 1954; DERS.: Eden Meets Russia Half Way. Stroke of Diplomatic Realism. In: *The Observer* vom 31. Januar 1954.

11 Vgl. KIPP, Eden, S. 182–201; WINKLER, Weg, Bd. 2, S. 162 f.; SOUTOU, Guerre, S. 293 f.

12 Vgl. SEBASTIAN HAFFNER: Germany Facing Long Deadlock: ‹Sham Fight› in Berlin. In: *The Observer* vom 21. Februar 1954; DERS.: East Germans Were Ready for Concessions. In: *The Observer* vom 4. April 1954.

13 Vgl. HERMANN GRAML: Die Westmächte und die Neutralisierung Deutschlands 1949–1955. In: GEPPERT/WENGST, Neutralität, S. 235–247; KIELMANSEGG, Katastrophe, S. 132–159; LEE, Partnership, S. 23 ff. Vgl. zur Politik der Sowjets außerdem DÜLFFER, Europa, S. 140–143, 175 ff.; HILDERMEIER, Sowjetunion, S. 68; WETTIG, Bereitschaft.

14 Vgl. SEBASTIAN HAFFNER: Allies Hold up Bonn Conscription Law. Possibilities Alarm France. In: *The Observer* vom 28. Februar 1954.

15 Vgl. SCHÖLLGEN, Geschichte, S. 92–95; GÖRTEMAKER, Geschichte, S. 320 ff.; SOUTOU, Guerre, S. 294–301; HANS-HEINRICH JANSEN: Großbritannien, das

Scheitern der EVG und der NATO-Beitritt der Bundesrepublik Deutschland. Bochum 1992; OLAF MAGER: Anthony Eden and the Framework of Security. Britain's Alternatives to the European Defence Community 1951–54. In: BEATRICE HEUSER/ROBERT O'NEILL (Hrsg.): Securing Peace in Europe 1945–62. Thoughts for the post-Cold War Era. Basingstoke – London 1992. S. 125–138.

16 SEBASTIAN HAFFNER: Coalition Backing for Adenauer. Opposition Charge of ‹Abandoning› Unity. In: *The Observer* vom 10. Oktober 1954. Vgl. auch DERS.: West German Split on London Policy. Adenauer Accused: ‹Losing sight of Reunion›. In: *The Observer* vom 26. September 1954; DERS.: Bonn Treaty Doubts Grow. In: *The Observer* vom 21. November 1954; DERS.: ‹German Manifesto› is Launched. In: *The Observer* vom 30. Januar 1955.; DERS.: ‹Austria No Model for W. Germany›. In: *The Observer* vom 24. April 1955.

17 Vgl. SEBASTIAN HAFFNER: No Barter of E. Germany – Grotewohl. In: *The Observer* vom 5. Dezember 1954; DERS.: E. Europe Union Foreshadowed. In: *The Observer* vom 2. Januar 1955.

18 Vgl. SEBASTIAN HAFFNER: Vortrag vor dem Rhein-Ruhr-Klub in Düsseldorf am 19. Oktober 1955. Typoskript, S. 24–26. NL Sebastian Haffner, N2523/220.

19 Vgl. KIELMANSEGG, Katastrophe, S. 493–503; DÜLFFER, Europa, S. 28 f.

20 HAFFNER, Vortrag vor dem Rhein-Ruhr-Klub, S. 1–3. NL Sebastian Haffner, N2523/220. Vgl. zu seinen bewußten Provokationen auch ebd., S. 21; sowie zu der These vom übernationalen Charakter Deutschlands eher bestätigend HAGEN SCHULZE: Gibt es überhaupt eine deutsche Geschichte? Stuttgart 1998. S. 20 ff.; aber auch den Topos von der «verspätete[n] Nation» HELMUT PLESSNER: Die verspätete Nation. Über die politische Verführbarkeit bürgerlichen Geistes. Stuttgart 1959.

21 HAFFNER, Vortrag vor dem Rhein-Ruhr-Klub, S. 26 f. NL Sebastian Haffner, N2523/220.

22 SEBASTIAN HAFFNER: Talks with Germany. In: *The Observer* vom 5. Mai 1957. [Zitiert in Teilen nach HAFFNER, Frage, S. 116.] Vgl. auch DERS.: Fruits of Moscow. In: *The Observer* vom 18. September 1955; DERS.: Bonn Ban on Recognition Criticised. In: *The Observer* vom 11. Dezember 1955; sowie den Briefentwurf von SEBASTIAN HAFFNER an David Astor [o. D.; vermutlich April 1958]. NL Sebastian Haffner, N2523/43. [Wie aus dem undatierten Manuskript hervorgeht, muß es nach dem Oktober 1957 verfaßt worden sein, und vermutlich nahm Haffner darin Bezug auf eine Leitartikelserie David Astors vom Frühjahr 1958. Vgl. ebd.; ANONYMUS: How Can Wars be avoided? In: *The Observer* vom 30. März 1958; ANONYMUS: The Power Basis of Peace. In: *The Observer* vom 6. April 1958; ANONYMUS: First Steps towards Joint Action. In: *The Observer* vom 13. April 1958; sowie COCKETT, Astor, S. 251.] Vgl. zur britischen Außenpolitik KIPP, Eden, S. 336–380; LEE, Partnership, S. 26; GEARSON, Macmillan, S. 21–32.

23 Vgl. SEBASTIAN HAFFNER: Adenauer's Hand in Moscow. In: *The Observer* vom 4. September 1955; DERS.: Fruits of Moscow. In: *The Observer* vom 18. Septem-

ber 1955. Vgl. auch zu seiner exaltierten Bewertung von Adenauers zaghaften Verständigungssignalen Ders.: Bonn Seeking Closer Links with Russia. In: *The Observer* vom 21. Oktober 1956; Ders.: Adenauer Revising Foreign Policy. In: *The Observer* vom 30. Dezember 1956; Ders.: Bonn Does not Want to be Husled. In: *The Observer* vom 15. Dezember 1957; Ders.: Adenauer's Role as ‹Peacemaker›. In: *The Observer* vom 22. Dezember 1957. Vgl. zum Rapallokomplex britischer Diplomaten Lee, Partnership, S. 23 ff.

24 Vgl. Ulrich Lappenküper: Die deutsch-französischen Beziehungen 1949–1963. Von der «Erbfeindschaft» zur «Entente élémentaire». Bd. 1. 1949–1958. München 2001. S. 316–497, 1076–1138.

25 Sebastian Haffner: Adenauer in Trouble over Saar. In: *The Observer* vom 9. Oktober 1955. Vgl. auch Ders.: New Threat to the Saar Agreement. In: *The Observer* vom 14. August 1955; Ders.: Notebook. Emotions v. Reasons in the Saar. In: *The Observer* vom 28. August 1955.

26 («Klima») Sebastian Haffner: Token Strike by 820 000 West Germans. In: *The Observer* vom 23. Januar 1955; («Mischung») Ders.: How Changed is Germany? Four Faces in Half-A-Century. In: *World Jewry* vom April 1958.

27 Sebastian Haffner: Hitler's Janissary Force. In: *The Observer* vom 21. Oktober 1956. Vgl. auch Ders.: The Effect of Reinstating SS Officers. In: *The Observer* vom 9. September 1956; Ders.: Pension for Widow of Mass-Killer. In: *The Observer* vom 31. August 1958.

28 Vgl. Winkler, Weg, Bd. 2, S. 166–179, bes. S. 177 ff.; Görtemaker, Geschichte, S. 196 ff., 249 f.; Axel Schildt: Zwischen Abendland und Amerika. Studien zur westdeutschen Ideenlandschaft der 50er Jahre. München 1999. S. 2 ff.

29 Fritz René Allemann: Bonn ist nicht Weimar. Köln – Berlin 1956. Vgl. zur NS-Thematik Frei, Karrieren; Ders.: Hitlers Eliten nach 1945. In: Ders., Karrieren, S. 303–335, hier: S. 312–316; sowie allgemein Hermann Lübbe: Der Nationalsozialismus im deutschen Nachkriegsbewußtsein. In: *HZ* 236 (1983), S. 579–599.

30 Sebastian Haffner: Germany Today. Handschriftliches Manuskript [o. D.; wahrscheinlich 1959]. NL Sebastian Haffner, N2523/113.

31 Sebastian Haffner: Concerto Politics. In: *The Observer* vom 30. Juni 1957. [Rezension von Paul Weymar: Konrad Adenauer. The Authorised Biography. London 1957.]

32 Ebd.

33 («Wirtschaftswunder») Sebastian Haffner: The End of the Miracle. In: *The Observer* vom 4. Dezember 1955. [Zitiert nach Haffner, Zwischen, S. 84.]; («Bonner Republik») Ders.: Token Strike by 820 000 West Germans. In: *The Observer* vom 23. Januar 1955. Vgl. auch Ders.: Economic Crisis Threat in Bonn. In: *The Observer* vom 11. September 1955; Ders.: Banks Oppose Industry in W. Germany. In: *The Observer* vom 27. Mai 1956; Ders.: Inflation on the Way in W. Germany. In: *The Observer* vom 29. September 1957.

34 Sebastian Haffner: Bertolt Brecht. In: *The Observer* vom 19. August 1956.

[Zitiert nach HAFFNER, Frage, S. 106.] Vgl. auch DERS.: Berlin Rings up the Curtain. In: *The Observer* vom 16. Oktober 1955; sowie zu seiner Schwägerin SARAH HAFFNER, Farbe, S. 50, 53.

35 Vgl. ebd., S. 54; sowie zu Haffners Verständigungsbemühungen SEBASTIAN HAFFNER: Snow on Their Slippers. In: *The Observer* vom 13. Juni 1954.

36 Der Begriff «Tauwetter» geht auf den sowjetischen Schriftsteller Ilja Ehrenburg zurück, wurde dann aber beinahe allgemein verwendet. Vgl. PETER BENDER: Offensive Entspannung. Möglichkeit für Deutschland. Köln – Berlin 1964. S. 20.

37 SEBASTIAN HAFFNER: Testament of a Party Rebel. In: *The Observer* vom 17. März 1957. Harichs Programm wurde, aller Wahrscheinlichkeit nach auf Haffners Betreiben, sogar im *Observer* abgedruckt. Vgl. ebd.; DERS.: East German ‹Treason› Sentences. In: *The Observer* vom 10. März 1957; sowie allgemein zu seinem Entspannungsoptimismus DERS.: Philosophers of East and West Meet. In: *The Observer* vom 4. August 1957. Vgl. zu Harich auch WEBER, DDR, S. 49.

38 Vgl. SEBASTIAN HAFFNER: Third Article: Abolishing War. Typoskript [o. D.], S. 15. NL Sebastian Haffner, N2523/113.

39 Vgl. den Briefentwurf von SEBASTIAN HAFFNER an David Astor [o. D.; vermutlich April 1958]. NL Sebastian Haffner, N2523/43; SEBASTIAN HAFFNER: Atom Agency Makes Good Progress. In: *The Observer* vom 13. Oktober 1957; ANONYMUS: Making Peace. In: *The Observer* vom 26. Juni 1955. [Wie aus den Leserbriefen der folgenden Ausgabe hervorgeht, war Haffner der Autor dieses Artikels. Vgl. Letters to the Editor. ‹Making Peace›: Germany's Role. In: *The Observer* vom 3. Juli 1955.] Vgl. auch LÖWENTHAL, Laudatio, S. 12 f.; sowie allgemein SCHÖLLGEN, Geschichte, S. 86 ff.; DÜLFFER, Europa, S. 26.

40 Vgl. SEBASTIAN HAFFNER: First Article: Nuclear War. Typoskript [o. D.], S. 14. NL Sebastian Haffner, N2523/113; DERS.: Second Article: Limiting War. Typoskript [o. D.], S. 16. NL Sebastian Haffner, N2523/113; sowie allgemein HEUSER, NATO, S. 33–38; SOUTOU, Guerre, S. 276–283; SCHÖLLGEN, Geschichte, S. 86 ff., 130 f.

41 Vgl. ebd., S. 130–133; HEUSER, NATO, S. 71–74, 93–95, 129 f., 148–151; CHRISTOPH BLUTH: Britain, Germany and Western Nuclear Strategy. Oxford 1995. S. 10–104.

42 Vgl. DÜLFFER, Europa, S. 32 f.; GEHLER, Neutralisierungspläne, S. 124–131; THORSTEN CABALO: Eine Rüstungskontrollzone in Mitteleuropa? Pläne für eine regionale Entspannung in Europa vom Ungarn-Aufstand bis zum Teststoppabkommen (1956–1962). In: GUSTAV SCHMIDT (Hrsg.): Zwischen Bündnissicherung und privilegierter Partnerschaft. Die deutsch-britischen Beziehungen und die Vereinigten Staaten von Amerika 1955–1963. Bochum 1995. S. 141–223, hier: S. 157–164, 196–212; GEARSON, Macmillan, S. 26–30; PETER CATTERALL: Foreign and Commonwealth Policy in Opposition. The Labour Party. In: WOLFRAM KAISER/GILLIAN STAERCK (Hrsg.): British Foreign Policy 1955–64.

Contracting Options. Basingstoke – London 2000. S. 89–109, hier: S. 98–102; Hoff, Großbritannien, S. 102–109.

43 Briefentwurf von Sebastian Haffner an David Astor [o. D.; vermutlich April 1958]. NL Sebastian Haffner, N2523/43. Vgl. auch Cockett, Astor, S. 251.

44 Vgl. August H. Leugers-Scherzberg: Von den Stalin-Noten bis zum Deutschlandplan. Die deutsche Sozialdemokratie und der Neutralismus in den 1950er Jahren. In: Geppert/Wengst, Neutralität, S. 45–58, hier: S. 55 f.; Görtemaker, Geschichte, S. 345 ff.

45 Vgl. Kissinger, Weapons; Raymond Aron: De la guerre. In: Ders.: Espoir et peur du siècle. Paris 1957. S. 239–344; Osgood, Limited, S. 20 f., 110; Goold-Adams, Limiting; Paul H. Nitze: Atoms, Strategy and Policy. In: *Foreign Affairs* (34) vom Januar 1956. S. 187–198.

46 Vgl. den Briefentwurf von Sebastian Haffner an David Astor [o. D.; vermutlich April 1958]. NL Sebastian Haffner, N2523/43; Carl Friedrich von Weizsäcker: Die Verantwortung der Wissenschaft im Atomzeitalter. Göttingen 1957. [Ursprünglich gehalten als Festvortrag auf der Mitgliederversammlung des Deutschen Studentenbundes am 29. April 1957.] Haffner hat diesen Aufsatz sowie einen ähnlichen Beitrag Hans Thirrings – Haffners Angaben zufolge handelte es sich dabei ebenfalls um einen Vortrag, den der österreichische Physiker und Friedensaktivist am 28. August 1956 auf dem sechsten Kongreß der Grotius-Gesellschaft für Internationales Recht in München gehalten hat – ins Englische übersetzt, ohne daß es allerdings zu der erhofften Veröffentlichung im *Observer* gekommen wäre. Vgl. Carl Friedrich von Weizsäcker: The Responsibility of Science in the Atomic Age. Typoskript [o. D.]. NL Sebastian Haffner, N2523/114; Hans Thirring: Aggression in the Atomic Age. Typoskript [o. D.]. NL Sebastian Haffner, N2523/114; das ablehnende Memorandum von Alastair Buchan vom 15. August 1957. NL Sebastian Haffner, N2523/111.

47 Vgl. Sebastian Haffner: Introduction; First Article: Nuclear War; Second Article: Limiting War; Third Article: Abolishing War. Typoskript [o. D.]. NL Sebastian Haffner, N2523/113. Vom vierten Artikel ist nur die erste Seite der handschriftlichen Fassung überliefert. Vgl. Ders.: Fourth Article: Realpolitik To-day. Handschriftliches Manuskript [o. D.]. NL Sebastian Haffner, N2523/113. Entstanden ist der dreiteilige Aufsatz vermutlich in der zweiten Hälfte des Jahres 1957. Am Ende des letzten Beitrages setzte sich Haffner mit der zwölfjährigen Geschichte der UNO auseinander. Vgl. Ders., Third Article, S. 13. NL Sebastian Haffner, N2523/113; sowie auch den Brief von Alastair Buchan an Raimund Pretzel vom 2. Oktober 1957. NL Sebastian Haffner, N2523/111. 1958 nahm Haffner dann auf seinen Essay bereits Bezug. Briefentwurf von Sebastian Haffner an David Astor [o. D.; vermutlich April 1958]. NL Sebastian Haffner, N2523/43.

48 Vgl. Haffner, First Article, S. 4–13; Ders., Introduction, NL Sebastian Haffner, N2523/113; sowie Kissinger, Weapons.

49 («Ächtung») HAFFNER, Second Article, S. 7; («Alternative») DERS., First Article, S. 14. Vgl. auch DERS., Second Article, S. 3–6, 8–11. Alle Angaben NL Sebastian Haffner, N2523/113. Freilich hat Haffner bei seinen konventionellen Aufrüstungsvorschlägen nicht ausreichend das große Problem der demokratischen Staaten berücksichtigt, wie sie ihren Bürgern die gewaltigen Anstrengungen, die mit einer solchen Verteidigungspolitik verbunden sein würden, abverlangen sollten. Britische Militärexperten hatten diesen Plan deshalb bereits für «politisch und militärisch undurchführbar» erklärt. GOOLD-ADAMS, Limiting, S. 14.

50 HAFFNER, Second Article, S. 15. NL Sebastian Haffner, N2523/113.

51 Vgl. OSGOOD, War, S. 33–51; HAFFNER, Third Article, NL Sebastian Haffner, N2523/113.

52 Vgl. ebd., S. 1 f., 13–20.

53 Vgl. HEUSER, Mentalities, S. 28; SEBASTIAN HAFFNER: Gedanken zur Zeit. Der Traum von der Weltregierung. Typoskript, S. 5. NL Sebastian Haffner, N2523/195. [Ausgestrahlt vom *NDR* am 18. Dezember 1974.]

54 Vgl. HAFFNER, Third Article, S. 1, 2. NL Sebastian Haffner, N2523/113.

55 HAFFNER, Fourth Article, NL Sebastian Haffner, N2523/113.

56 Haffner hat seinen Beitrag nachweislich David Astor vorgelegt. Vgl. den Briefentwurf von SEBASTIAN HAFFNER an David Astor [o. D.; vermutlich April 1958]. NL Sebastian Haffner, N2523/43.

57 Brief von TRISTAN JONES an Michael Davie vom 30. Juli 1959. Staff File Michael Davie. The Newsroom, OBS/6/1/1/2/1/3. Vgl. auch den Brief von RICHARD LÖWENTHAL an Raimund Pretzel vom 27. Januar 1960 [Poststempel]. NL Sebastian Haffner, N2523/47. Vgl. zu seinen Bonn-Besuchen 1957 die Berichtsorte in SEBASTIAN HAFFNER: No Anti-U. S. Europe, Says Ollenhauer. In: *The Observer* vom 27. Januar 1957; DERS.: Adenauer in Retreat. In: *The Observer* vom 12. Mai 1957.

58 Brief von RAIMUND PRETZEL an Kurt Kusenberg vom 15. August 1956. NL Kurt Kusenberg.

59 («Alterswerk») Brief von RAIMUND PRETZEL an Kurt Kusenberg vom 17. November 1959. NL Kurt Kusenberg. Vgl. zu Bach auch den Brief von KURT KUSENBERG an Raimund Pretzel vom 8. Juli 1958 sowie den beiliegenden Vertrag. NL Sebastian Haffner, N2523/164; sowie zu der deutschen Geschichte den Briefentwurf von SEBASTIAN HAFFNER an Robert Pick (Alfred A. Knopf, Inc.) [o. D.; wahrscheinlich vom 22. April 1959]. NL Sebastian Haffner, N2523/164; den Brief von SEBASTIAN HAFFNER an Fredric Warburg vom 6. April 1960 sowie die Antwort Warburgs vom 8. April 1960. Secker and Warburg Papers; sowie die beiden Briefe von HANS RÖSSNER (R. Piper & Co Verlag) an Sebastian Haffner vom 26. Juli 1960 und vom 23. Juni 1961. NL Sebastian Haffner, N2523/164.

60 Vgl. SEBASTIAN HAFFNER: Cromwell in Despair. In: *The Observer* vom 31. August 1958; DERS.: Looking Back on Munich 1. The Bitter Logic of Appeasement. In: *The Observer* vom 28. September 1958; DERS.: Looking Back on

Munich 2. Appeasement in Ruins. In: *The Observer* vom 5. Oktober 1958; DERS.: The Worst Peace Settlement – and the Last? What Went Wrong at Versailles. In: *The Observer* vom 28. Juni 1959; DERS.: Spain – The Legend and the Reality. In: *The Observer* vom 22. März 1959.

61 Telegramm von DAVID ASTOR an Sebastian Haffner vom 27. August 1958. NL Sebastian Haffner, N2523/43; Brief von ANONYMUS [unleserlich] an Sebastian Haffner vom 26. März 1959. NL Sebastian Haffner, N2523/111. Vgl. als kritische Stimmen GERALD BRONNER: Letters to the Editor. Cromwell. In: *The Observer* vom 7. September 1958; teilweise auch SHEILA GRANT DUFF: Letters the Editor. Czechoslovakia. In: *The Observer* vom 12. Oktober 1958; sowie zu den Verlagsofferten den Brief von ROGER LUBBOCK (Putnam and Co. Ltd.) an Sebastian Haffner vom 24. März 1959; den Brief von ROBERT GUTWILLIG (Herb Jaffe Associates) an Sebastian Haffner vom 2. April 1959; den Brief von ROBERT PICK (Alfred A. Knopf, Inc.) an Sebastian Haffner vom 10. April 1959. Vgl. auch beiliegend die jeweiligen Briefentwürfe von SEBASTIAN HAFFNER [o. D.]. Alle Angaben NL Sebastian Haffner, N2523/164.

62 Briefentwurf von SEBASTIAN HAFFNER an Robert Gutwillig (Herb Jaffe Associates) [o. D.; nach dem 2. April 1959]. NL Sebastian Haffner, N2523/164; Brief von SEBASTIAN HAFFNER an Fredric Warburg vom 6. April 1960. Secker and Warburg Papers.

63 HAFFNER, Spain, in: *The Observer* vom 22. März 1959. Vgl. auch DERS., Cromwell, in: *The Observer* vom 31. August 1958.

64 HAFFNER, Munich 1, in: *The Observer* vom 28. September 1958. [Zitiert nach HAFFNER, Zwischen, S. 58 f., 55.]; DERS., Cromwell, in: *The Observer* vom 31. August 1958.

65 Vgl. GERALD BRONNER: Letters to the Editor. Cromwell. In: *The Observer* vom 7. September 1958.

66 HAFFNER, Cromwell, in: *The Observer* vom 31. August 1958; DERS., Peace Settlement, in: *The Observer* vom 28. Juni 1959. [Zitiert nach HAFFNER, Variationen, S. 143.]

67 HAFFNER, Munich 2, in: *The Observer* vom 5. Oktober 1958. [Zitiert nach HAFFNER, Zwischen, S. 71.] Siehe zur politischen Brisanz oben S. 218 f.; sowie RICHARD ACLAND: Letters to the Editor. Munich. In: *The Observer* vom 12. Oktober 1958; RICHARD PILKINGTON: Letters to the Editor. Munich. In: *The Observer* vom 19. Oktober 1958; ENID LAKEMAN: Letters to the Editor. Munich. In: *The Observer* vom 26. Oktober 1958.

68 HAFFNER, Peace Settlement, in: *The Observer* vom 28. Juni 1959. [Zitiert nach HAFFNER, Variationen, S. 145.]

69 «Aber welche deutsche Regierung konnte die Wiederaufnahme des Krieges und die Erneuerung der Blockade und damit Massenelend verantworten? In dem entscheidenden Telefongespräch mit Ebert am 23. Juni 1919 erklärte Generalleutnant Groener den Kampf ‹nach Anfangserfolgen im Osten› für ‹aussichtslos›; und auf das sollte sich eine verantwortungsbewußte Regierung einlassen?»

So argumentierte gegen Haffners These CARSTEN, Rezension von HAFFNER, Schatten.

70 SEBASTIAN HAFFNER: Mr. Taylors Masterpiece. In: *The Observer* vom 16. April 1961. [Rezension von ALAN JOHN PERCIVALE TAYLOR: The Origins of the Second World War. London 1961.]; SEBASTIAN HAFFNER: Taylor behauptet Hitlers Unschuld am Kriegsausbruch. In: *Christ und Welt* vom 28. April 1961.

71 GERHARD RITTER: Briefe an *Christ und Welt*. Ritter contra Taylor. Zur neuen «Kriegsschuldthese» des englischen Historikers. In: *Christ und Welt* vom 12. Mai 1961. Anscheinend hat sich Ritter zwei Mal an *Christ und Welt* gewandt. Vgl. CORNELISSEN, Ritter, S. 469. Das Schreiben Gerhard Ritters an Giselher Wirsing vom 2. Mai 1961, vermutlich eine erste Fassung des Leserbriefes, liegt veröffentlicht vor. In: Gerhard Ritter. Ein politischer Historiker in seinen Briefen. Hrsg. von KLAUS SCHWABE/ROLF REICHARDT. Unter Mitw. von Reinhard Hauf. Boppard am Rhein 1984. S. 547 f. Neben Ritter kritisierten auch Hugh Trevor-Roper, Gordon Craig, Golo Mann und andere Historiker *The Origins of the Second World War* scharf. Vgl. KATHLEEN BURK: Troublemaker. The Life and History of A. J. P. Taylor. New Haven – London 2000. S. 284–295.

72 («Lieblingshistoriker») SEBASTIAN HAFFNER: Mr. Taylors Masterpiece. In: *The Observer* vom 16. April 1961; («Stachel») SCHWEITZER, Deutschlandbilder, S. 210 f. Vgl. zu Haffners ungebrochener Wertschätzung für Taylor den Brief von SEBASTIAN HAFFNER an Fritz J. Raddatz vom 22. Oktober 1968. NL Sebastian Haffner, N2523/164.

73 SEBASTIAN HAFFNER: Voice of the Third Reich. In: *The Observer* vom 21. Februar 1960. [Rezension von ROGER MANVELL/HEINRICH FRAENKEL: Doctor Goebbels. His Life and Death. London 1960.] Noch Ende der achtziger Jahre zeigte Haffner zumindest eine gewisse Bewunderung für Goebbels propagandistisches Genie. Vgl. HAFFNER, Bismarck, S. 254.

74 SEBASTIAN HAFFNER: Mr. Taylors Masterpiece. In: *The Observer* vom 16. April 1961.

75 HAFFNER, Spain, in: *The Observer* vom 22. März 1959. [Kursivdruck im Original; die *Requetés* waren der militärische Arm der erzkonservativen, streng katholischen Karlistenbewegung.] Vgl. auch bestätigend zu Haffners Deutung ANTONY BEEVOR: Der Spanische Bürgerkrieg. München 2006. S. 530 f., 538 f.

76 Vgl. ANONYMUS: Franco's Spain. In: *The Observer* vom 5. April 1959.

77 Vgl. zum folgenden SCHÖLLGEN, Geschichte, S. 137 ff.; STEININGER, Mauerbau, S. 21–28, 41–59; SOUTOU, Guerre, S. 367–377; GÖRTEMAKER, Geschichte, S. 356; WINKLER, Weg, Bd. 2, S. 189–192.

78 («Dorn») SEBASTIAN HAFFNER: Adenauer Reply to Krushchev. ‹Counter-Measures› if Berlin is Blockaded. E. German Fears for Regime. In: *The Observer* vom 16. November 1958. Vgl. GEORGE BAILEY/SERGEJ A. KONDRATSCHOW/DAVID E. MURPHY: Die unsichtbare Front. Der Krieg der Geheimdienste im Kalten Krieg. Berlin 1997; sowie zu den Motiven der Sowjets auch MARC TRACHTEN-

BERG: A Constructed Peace. The Making of the European Settlement, 1945–1963. Princeton (N.J.) 1999. S. 251–256; VLADISLAV ZUBOK/CONSTANTINE PLESHAKOV: Inside the Kremlin's Cold War. From Stalin to Khrushchev. Cambridge (Mass.) – London 1996. S. 194–203, 248–253. Diese Autoren betonen besonders die defensiven Zielsetzungen der sowjetischen Außenpolitik. Andere Forscher akzentuieren stärker, daß es Chruschtschow um eine Veränderung des Status quo gegangen sei. Vgl. GADDIS, We, S. 138–143; ADOMEIT, Overstretch, S. 100–109; ECKART CONZE: Konfrontation und Détente. Überlegungen zur historischen Analyse des Ost-West-Konflikts. In: *VfZ* 46 (1998), S. 269–282, hier: S. 277 f.; GERHARD WETTIG: Chruschtschows Berlin-Krise 1958 bis 1963. Drohpolitik und Mauerbau. München 2006. S. 31–53. Vgl. auch den Forschungsüberblick bei DÜLFFER, Europa, S. 181 f.; HILDERMEIER, Geschichte, S. 994 f.

79 Brief von SEBASTIAN HAFFNER an Erich Müller-Gangloff vom 21. Februar 1959. NL Erich Müller-Gangloff, EZA 670/463. Vgl. auch den Brief von SEBASTIAN HAFFNER an Axel Springer vom 13. August 1959. NL Axel Springer, ASV-UA; sowie SEBASTIAN HAFFNER: Adenauer Reply to Krushchev. ‹Counter-Measures› if Berlin is Blockaded. E. German Fears for Regime. In: *The Observer* vom 16. November 1958.

80 Brief von SEBASTIAN HAFFNER an Erich Müller-Gangloff vom 21. Februar 1959. NL Erich Müller-Gangloff, EZA 670/463. Vgl. zu Müller-Gangloff TREIDEL, Akademien, S. 118 f., 177 f., 214–218.

81 SEBASTIAN HAFFNER: Agenda for Germany. In: *The Observer* vom 1. Februar 1959. [Zitiert nach HAFFNER, Frage, S. 152.] Vgl. zum Hintergrund SOUTOU, Guerre, S. 372 f.

82 SEBASTIAN HAFFNER: Ideology or Power? In: *The Observer* vom 5. Juni 1960. Vgl. auch DERS.: Agenda for Germany. In: *The Observer* vom 1. Februar 1959; den Brief von DEMS. an John Pringle vom 15. April 1959. NL Sebastian Haffner, N2523/111; SEBASTIAN HAFFNER: The Adenauer View. In: *The Observer* vom 15. November 1959.

83 Vgl. GEARSON, Macmillan, S. 33–78; DERS.: Britain and the Berlin Wall Crisis, 1958–62. In: DERS./KORI SCHAKE (Hrsg.): The Berlin Wall Crisis. Perspectives on Cold War Alliances. Basingstoke – New York 2002. S. 43–72; SABINE LEE: Die zweite Berlin-Krise. Deutsch-britische Beziehungen und die Neudefinierung internationaler Bindungen. In: GUSTAV SCHMIDT (Hrsg.): Zwischen Bündnissicherung und privilegierter Partnerschaft. Die deutsch-britischen Beziehungen und die Vereinigten Staaten von Amerika 1955–1963. Bochum 1995. S. 81–139; MAUER, Macmillan; DANIEL GOSSEL: Briten, Deutsche und Europa. Die Deutsche Frage in der britischen Außenpolitik 1945–1962. Stuttgart 1999. S. 172–222; HOFF, Großbritannien, S. 68–322.

84 Vgl. SEBASTIAN HAFFNER: How Adenauer Sees It. In: *The Observer* vom 12. April 1959.

85 Vgl. zu Macmillans außenpolitischer Strategie HORNE, Macmillan, Bd. 2,

S. 116; REYNOLDS, Britannia, S. 210–221; SABINE LEE: Victory in Europe? Britain and Germany since 1945. Harlow u. a. 2001. S. 78–84, 90–94; sowie zur öffentlichen Meinung in Großbritannien MANDER, Berlin, S. 89 f., 113 f.; WATT, England, S. 200–206; GEARSON, Macmillan, S. 21–32; MAUER, Macmillan, S. 248 ff.; HOFF, Großbritannien, S. 206–322; STEININGER, Mauerbau, S. 349–353; sowie A. E. LEACH: Letters to the Editor. Berlin. In: *The Observer* vom 22. Mai 1960; und ähnliche Leserbriefe in: *The Observer* vom 22. und 29. Mai sowie vom 5. Juni 1960.

86 Vgl. ANONYMUS: Comment. In: *The Observer* vom 12. April 1959.

87 Brief von SEBASTIAN HAFFNER an John Pringle vom 15. April 1959. NL Sebastian Haffner, N2523/111. Vgl. zu Adenauer auch KISSINGER, Vernunft, S. 640; SCHWARZ, Staatsmann, S. 731.

88 SEBASTIAN HAFFNER: The Adenauer View. In: *The Observer* vom 15. November 1959; ANONYMUS: Comments. In: *The Observer* vom 15. November 1959. Vgl. auch den Brief von JOHN PRINGLE an Sebastian Haffner vom 18. April 1959. NL Sebastian Haffner, N2523/111.

89 Brief von DAVID ASTOR an Raimund Pretzel vom 1. April 1960. NL Sebastian Haffner, N2523/43. Vgl. auch SEBASTIAN HAFFNER: The Threat to the Alliance. In: *The Observer* vom 6. März 1960.

90 Vgl. SEBASTIAN HAFFNER: A Plan for Prussia. In: *The Observer* vom 10. April 1960. [Zitiert nach HAFFNER, Frage, S. 171.]; sowie zum sogenannten Österreichplan Adenauers GEHLER, Neutralisierungspläne, S. 113 f.; SCHWARZ, Staatsmann, S. 425–428; VOLKER ERHARD: Adenauers deutschlandpolitische Geheimkonzepte während der zweiten Berlin-Krise 1958–1962. Eine Studie aus den Akten der westlichen Diplomatie. Hamburg 2003. S. 21–94.

91 SEBASTIAN HAFFNER: Germany To-day. The Tiresome Bluff over Berlin. In: *The Observer* vom 25. September 1960. [Zitiert in Teilen nach HAFFNER, Frage, S. 186.] Vgl. auch STEININGER, Mauerbau, S. 163–166.

92 SEBASTIAN HAFFNER: Moskau und der 17. 9. 1961. In: *Die Welt* vom 9. Mai 1961. Vgl. auch DERS.: In der Kurve des Verstehens. In: *Christ und Welt* vom 12. Januar 1962; MANDER, Berlin, S. 125–128; BROCHHAGEN, Nürnberg, bes. S. 268–274; LEE, Partnership, S. 85–91; sowie BAYER, How Dead, S. 167–218.

93 Brief von RICHARD LÖWENTHAL an Raimund Pretzel vom 27. Januar 1960 [Poststempel]. NL Sebastian Haffner, N2523/47. [Edward Crankshaw war der UdSSR-Experte des *Observer*.]

94 («Partisanenbewegung») SEBASTIAN HAFFNER: Facing the Nazi Spectre. In: *The Observer* vom 3. Januar 1960. [Zitiert nach HAFFNER, Frage, S. 156.]; («Nazismus») SEBASTIAN HAFFNER: Q. and A. on West Germany. Glum Thoughts in a Chromium Idyll. In: *The Observer* vom 24. April 1960. Vgl. auch SEBASTIAN HAFFNER: Germany Today. Handschriftliches Manuskript [o. D.; wahrscheinlich 1959]. NL Sebastian Haffner, N2523/113; DERS.: Bonn Hesitates in Nazi Fight. In: *The Observer* vom 10. Januar 1960; DERS.: Thrash Anti-Jew Louts, Says

Adenauer. ‹On-the-Spot Punishment Best Way with Hooligans›. Pledge to Curb Neonazism. In: *The Observer* vom 17. Januar 1960; sowie zur britischen Sicht MANFRED KITTEL: Peripetie der Vergangenheitsbewältigung. Die Hakenkreuzschmierereien 1959/60 und das bundesdeutsche Verhältnis zum Nationalsozialismus. In: *HPM* 1 (1994), S. 49–67, hier: S. 50 ff.; WATT, England, S. 203 f.; BROCHHAGEN, Nürnberg, S. 306–316.

95 HAFFNER, Q. and A. on West Germany, in: *The Observer* vom 24. April 1960; ANONYMUS: The Observer Profile. Herr Strauss. In: *The Observer* vom 28. Mai 1961. Vgl. den dazugehörigen Entwurf SEBASTIAN HAFFNER: «London has an interesting visitor this week-end ...» Handschriftliches Manuskript [o. D.]. NL Sebastian Haffner, N2523/226. Vgl. auch WINFRIED BÖTTCHER: Deutschland aus britischer Sicht 1960–1972. Wiesbaden – Frankfurt a. M. 1972. S. 328, 334; HOFF, Großbritannien, S. 168.

96 HAFFNER, Q. and A. on West Germany, in: *The Observer* vom 24. April 1960.

97 SEBASTIAN HAFFNER: How Adenauer Sees It. In: *The Observer* vom 12. April 1959. Vgl. auch DERS.: Adenauer ‹Wrong› Says Party Group. In: *The Observer* vom 7. Juni 1959; DERS.: Adenauer Weakens His Position. In: *The Observer* vom 7. Juni 1959; DERS.: Adenauer Party Seeks Candidate. In: *The Observer* vom 14. Juni 1959; sowie allgemein SCHWARZ, Staatsmann, S. 502–526.

98 Vgl. ebd., S. 464, 489 f., 532 f.; LEE, Partnership, S. 120–176, bes. S. 174 ff.; SEBASTIAN HAFFNER: The Adenauer View. In: *The Observer* vom 15. November 1959.

99 SEBASTIAN HAFFNER: New Power Rising in Europe. In: *The Observer* vom 6. Dezember 1959.

100 Vgl. SEBASTIAN HAFFNER: Economic Plan Collapses in East Germany. Fears of Revolution if Living Standard Falls. Political Unrest. In: *The Observer* vom 10. Februar 1957; DERS.: Khrushchev Draws the New Line. In: *The Observer* vom 13. Juli 1958; DERS.: Mass Flight from East Germany. In: *The Observer* vom 24. August 1958; sowie STEFAN BERGER/DARREN LILLEKER: Blutrünstige Diktatur, das bessere Deutschland oder Stolperstein auf dem Weg zu einer friedlichen Koexistenz? Die DDR im Blick der britischen Labour Party, 1949–1973. In: ARND BAUERKÄMPER (Hrsg.): Britain and the GDR. Relations and Perceptions in a Divided World. Berlin – Wien 2002. S. 235–265; HOFF, Großbritannien, S. 131–163, bes. S. 155 f., 197 f., sowie 307–314.

101 Vgl. SEBASTIAN HAFFNER: Q. and A. on East Germany. A State of the Party. In: *The Observer* vom 1. Mai 1960; DERS.: Ideology or Power? In: *The Observer* vom 5. Juni 1960; sowie generell auch ROBRECHT, British, S. 131.

102 ANONYMUS: Profile. Boss of East Germany. In: *The Observer* vom 7. Dezember 1958. [Zitiert nach HAFFNER, Frage, S. 143.] In Haffners Nachlaß ist das maschinenschriftliche Manuskript eines Ulbricht-Porträts erhalten geblieben, das ein halbes oder ganzes Jahr vorher entstanden sein muß. Einige Passagen dieses Textes sind wortwörtlich in die später veröffentlichte Druckfassung übernommen worden, so daß er wohl als der Autor des Artikels gelten kann. Vgl.

SEBASTIAN HAFFNER: Profile. Walter Ulbricht. Typoskript [o. D.; 1957/58]. NL Sebastian Haffner, N2523/113.

103 SEBASTIAN HAFFNER: Q. and A. on East Germany, in: *The Observer* vom 1. Mai 1960. [Zitiert nach HAFFNER, Zwischen, S. 94, 99 f., 100.]; DERS.: A Plan for Prussia. In: *The Observer* vom 10. April 1960. [Zitiert nach HAFFNER, Frage, S. 171.] Vgl. auch zu Shdanows Kulturpolitik HILDERMEIER, Geschichte, S. 716–723.

104 Vgl. SEBASTIAN HAFFNER: Vortrag vor dem Rhein-Ruhr-Klub in Düsseldorf am 19. Oktober 1955. Typoskript. NL Sebastian Haffner, N2523/220; TREIDEL, Akademien, S. 214 f.; zu den «Königswinter-Konferenzen» die Teilnehmerliste des Deutsch-Englischen Gespräches «Im Kraftfeld zwischen West und Ost» vom 14.–18. April 1955. PA AA, B 11, Bd. 1019; das Telegramm von DAVID ASTOR an Sebastian Haffner vom 28. Februar 1961. NL Sebastian Haffner, N2523/43; sowie allgemein RALPH UHLIG: Die Deutsch-Englische Gesellschaft 1949–1983. Der Beitrag ihrer «Königswinter-Konferenzen» zur britisch-deutschen Verständigung. Göttingen 1996; WATT, England, S. 207; zum «Kongreß für die Freiheit der Kultur» den Brief von BEREND VON NOTTBECK an Sebastian Haffner vom 10. November 1960. NL Sebastian Haffner, N2523/50; den Brief von JOHN A. CONWAY an Sebastian Haffner vom 19. Mai 1961. NL Sebastian Haffner, N2523/50; FEST, Freund, S. 24 f. In den einschlägigen Untersuchungen wird Haffner allerdings nicht oder nur am Rande erwähnt. Vgl. MICHAEL HOCHGESCHWENDER: Freiheit in der Offensive. Der Kongreß für Kulturelle Freiheit und die Deutschen. München 1998; FRANCES STONOR SAUNDERS: Wer die Zeche zahlt … Der CIA und die Kultur im Kalten Krieg. Berlin 2001; VOLKER R. BERGHAHN: America and the Intellectual Cold Wars in Europe. Shepard Stone between Philanthropy, Academy, and Diplomacy. Princeton – Oxford 2001. S. 130 f.

105 KLAUS MEHNERT: Ein Deutscher in der Welt. Erinnerungen 1906–1981. Stuttgart 1981. S. 325. Vgl. auch allgemein ANONYMUS: Die Werner-Höfer-Schau. In: *Der Spiegel* vom 9. Dezember 1959; GEISLER, Nazis, S. 239–246; NINA VERHEYEN: Fernsehschule der Vernunft? Der *Internationale Frühschoppen* (1952–1987) in emotionsgeschichtlicher Perspektive. In: FRANK BÖSCH/MANUEL BORUTTA (Hrsg): Die Massen bewegen. Medien und Emotionen in der Moderne. Frankfurt – New York 2006. S. 264–283; sowie zu Haffner SOUKUP, Deutscher, S. 187 f. Demnach war Haffner erstmals im Januar 1954 als Gast beim *Internationalen Frühschoppen*, und einhundert weitere Auftritte sollten folgen. Der früheste Hinweis in Haffners Nachlaß auf seine Mitwirkung ist eine Abrechnung des *WDR* für die Sendung vom 16. Februar 1958. NL Sebastian Haffner, N2523/153.

106 Vgl. SEBASTIAN HAFFNER: Die abwärts laufende Rolltreppe. In: *Die Welt* vom 27. Juli 1959; DERS.: Der letzte Friedensvertrag? In: *Der Monat* (11) vom August 1959. S. 3–10. [In beiden Fällen handelt es sich um Übersetzungen aus dem *Observer*.]

107 Vgl. SEBASTIAN HAFFNER: Gibt es noch eine Berlin-Krise? In: *Christ und Welt* vom 14. Januar 1960. Anscheinend war Haffner der Nachfolger für Sabina Lietzmann, die bisher aus Berlin berichtet hatte. Vgl. den Brief von HERMANN HÖNIG an Sabina Lietzmann vom 4. Juni 1959. NL Sebastian Haffner, N2523/137. Vgl. außerdem SEBASTIAN HAFFNER: Atemnot der Zonenkirche. In: *Christ und Welt* vom 28. Januar 1960; DERS.: Machtwahn eines Landvogts. In: *Christ und Welt* vom 17. März 1960; DERS.: Englands Hauptinteresse gilt Afrika. In: *Christ und Welt* vom 18. Februar 1960; DERS.: Commonwealth in der Schwebe. Zum Treffen der britischen Völkerfamilie in London. In: *Christ und Welt* vom 28. April 1960.

108 Vgl. ULRICH FRANK-PLANITZ: Die Zeit, die wir beschrieben haben. Zur Geschichte der Wochenzeitung «Christ und Welt». In: BRUNO HECK (Hrsg.): Widerstand – Kirche – Staat. Eugen Gerstenmaier zum 70. Geburtstag. Frankfurt a. M. – Berlin – Wien 1976. S. 146–169, hier: S. 152 f.; CLAUDIA LEPP: Tabu der Einheit? Die Ost-West-Gemeinschaft der evangelischen Christen und die deutsche Teilung (1945–1969). Göttingen 2005; UDO WENGST: Neutralistische Positionen in der CDU und in der FDP in den 1950er Jahren. In: GEPPERT/WENGST, Neutralität, S. 33–44, hier: S. 37 ff.; WINKLER, Weg, Bd. 2, S. 165, 173 f.

109 Vgl. den Brief von ERNST J. CRAMER an Sebastian Haffner vom 7. April 1960; sowie den von FRICKE und ADLER ausgestellten Mitarbeitervertrag für Sebastian Haffner vom 27. April 1960. NL Sebastian Haffner, N2523/136. Bis Mitte März 1961 hatte *Die Welt* erst einen Artikel Haffners im Jahr 1961 gedruckt. Vgl. DERS.: Des Kommunismus neue Kleider. In: *Die Welt* vom 21. Januar 1961. Vgl. auch den Brief von HANS ZEHRER an Sebastian Haffner vom 15. Juni 1960 und den Brief von RAMSEGER an Sebastian Haffner vom 18. Oktober 1960. NL Sebastian Haffner, N2523/136; sowie den Briefentwurf von SEBASTIAN HAFFNER an Donald McLachlan vom 15. November 1961. NL Sebastian Haffner, N2523/147; SEBASTIAN HAFFNER: Vom Schimpfen in der Politik. In: *Die Welt* vom 19. November 1960.

110 Vgl. SCHWARZ, Springer, S. 254–262, 284 ff., 357 f.; KRUIP, «Welt»-«Bild», S. 155–182, bes. S. 173 ff.

111 Vgl. SCHWARZ, Springer, S. 292 ff., 332–336, 351 f.; MERSEBURGER, Brandt, S. 343–395.

112 Brief von SEBASTIAN HAFFNER an Fredric Warburg vom 6. April 1960. Secker and Warburg Papers.

113 Vgl. den von FRICKE und ADLER ausgestellten Mitarbeitervertrag für Sebastian Haffner vom 27. April 1960. NL Sebastian Haffner, N2523/136. Der durchschnittliche Wochenlohn eines männlichen Industriearbeiters lag im Mai 1960 bei etwas über 130 DM. Vgl. das Statistische Jahrbuch für die Bundesrepublik Deutschland. Stuttgart – Mainz 1961. S. 498. Über seine sonstigen Einkünfte in dieser Zeit ist zwar nichts Näheres bekannt, außer daß Sarah Haffner in ihren Erinnerungen berichtet, ihr Vater habe, als er nach Berlin wechselte, sogar

noch eine Gehaltserhöhung bekommen. Vgl. SARAH HAFFNER, Farbe, S. 46. Aber selbst wenn Haffner damals noch weiterhin das 1949 vereinbarte Gehalt von 2 500 Pfund bezog, hätte er, den Wechselkursen zufolge, allein vom *Observer* ein Jahresgehalt von knapp 30 000 DM erhalten. Vgl. das Statistische Jahrbuch, 1961, S. 393; sowie den Briefentwurf von SEBASTIAN HAFFNER an Norman Alexander [o. D.; vermutlich nach dem 25. Februar 1952]. NL Sebastian Haffner, N2523/90. Vgl. zu Höfer auch ANONYMUS: Die Werner-Höfer-Schau. In: *Der Spiegel* vom 9. Dezember 1959.

114 Vgl. zu seiner Arbeit für die Nachrichtenagentur des *Observer* den Brief von TED FARRELL an Sebastian Haffner vom 7. Juli 1961. NL Sebastian Haffner, N2523/111; den Brief von RONALD HARKER an Sebastian Haffner vom 13. Juli 1961. NL Sebastian Haffner, N2523/111; sowie den Briefentwurf von SEBASTIAN HAFFNER an George Clare [o. D.; August, September oder Oktober 1961]. NL Sebastian Haffner, N2523/147.

115 Brief von RONALD HARKER an Sebastian Haffner vom 13. Juli 1961. NL Sebastian Haffner, N2523/111. Vgl. zu den Absagen ebd.; sowie den Brief von PAUL FERRIS an Sebastian Haffner vom 14. März 1961. NL Sebastian Haffner, N2523/111; sowie zu Haffners Verhalten generell auch den Brief von JOHN BIGGS an Sebastian Haffner vom 18. Mai 1960; sowie den Antwortentwurf von SEBASTIAN HAFFNER an John Biggs [o. D.]. NL Sebastian Haffner, N2523/112.

116 Vgl. SONTHEIMER, Tatkreis, S. 229–260; WALTER STRUVE: Hans Zehrer as a Neoconservative Elite Theorist. In: *AHR* 70 (1965), S. 1035–1057; DEMANDT, Schleicher, S. 29–110; SCHILDT, Deutschlands, S. 345 f.

117 Vgl. DEMANDT, Schleicher, S. 112–123; MENDELSSOHN, Zeitungsstadt, S. 558 f.

118 Vgl. GISELHER WIRSING: Der maßlose Kontinent. Roosevelts Kampf um die Weltherrschaft. Jena 1942; JOSEPH GOEBBELS: Tagebucheintrag vom 11. März 1942. In: DERS.: Tagebücher. Im Auftrag des Instituts für Zeitgeschichte und mit Unterstützung des Staatlichen Archivdienstes Rußlands hrsg. von ELKE FRÖHLICH. Teil II. Diktate 1941–1945; Bd. 3, Januar-März 1942. München u. a. 1994. S. 448–455, hier: S. 455; FREI/SCHMITZ, Journalismus, S. 173–180; WEISS, Journalisten, S. 264 ff.; SCHILDT, Deutschlands, S. 347–351.

119 Vgl. ebd., S. 352–360, 363; FREI/SCHMITZ, Journalismus, S. 178 ff.; WEISS, Journalisten, S. 262 ff.; HANS B. VON SOTHEN: Hans Zehrer als politischer Publizist nach 1945. In: FRANK-LOTHAR KROLL (Hrsg.): Die kupierte Alternative. Konservatismus in Deutschland nach 1945. Berlin 2005. S. 125–178; sowie zu Fried, der eigentlich Ferdinand Friedrich Zimmermann hieß: FERDINAND FRIED: Der Aufstieg des Juden. Goslar 1937; SCHILDT, Deutschlands, S. 347–350; WEISS, Journalisten, S. 271.

120 Vgl. HAFFNER, Geschichte, S. 196; DERS.: Q. and A. on West Germany. Glum Thoughts in a Chromium Idyll. In: *The Observer* vom 24. April 1960.

121 Vgl. WINKLER, Weg, Bd. 2, S. 175; DEMANDT, Schleicher, S. 227–231; KRUIP, «Welt»-«Bild», S. 88 ff., 185; SCHWARZ, Springer, S. 360 f.

122 SEBASTIAN HAFFNER: «Man ist ja vom deutschen Fernsehen ...». Typoskript

vom Mai [1961]. NL Sebastian Haffner, N2523/226. Vgl. den Nachdruck des Interviews unter dem Titel: «Globke und die Juden». In: *Der Spiegel* vom 10. Mai 1961. [Ausgestrahlt in *Die Rote Optik* vom 28. April 1961, *NDR*.]; sowie allgemein ERIK LOMMATZSCH: Hans Globke (1898–1973). Beamter im Dritten Reich und Staatssekretär Adenauers. Frankfurt a. M. – New York 2009.

123 SEBASTIAN HAFFNER: Machtwahn eines Landvogts. In: *Christ und Welt* vom 17. März 1960; DERS.: Nichts in der Zone konsolidiert sich. In: *Christ und Welt* vom 29. Dezember 1960. Vgl. auch Haffners Berichte über die Provinzialsynode DERS.: Atemnot der Zonenkirche. In: *Christ und Welt* vom 28. Januar 1960; DERS.: Die Kirche will überstehen. In: *Christ und Welt* vom 4. Februar 1960; DERS.: Bereit, versöhnlich zu sein. Zum Abschluß der gesamtdeutschen Synode in Berlin. In: *Christ und Welt* vom 3. März 1960.

124 Vgl. SEBASTIAN HAFFNER: Atemnot der Zonenkirche. In: *Christ und Welt* vom 28. Januar 1960; DERS.: Vom Letzten, den die Hunde beißen. In: *Christ und Welt* vom 11. August 1960; DERS.: Ulbricht rentiert sich für Moskau schlecht. In: *Christ und Welt* vom 11. November 1960.

125 («Meister») SEBASTIAN HAFFNER, Der Zonenstaat rieselt aus. In: *Christ und Welt* vom 20. Oktober 1960; («Bajonette») DERS.: Nichts in der Zone konsolidiert sich. In: *Christ und Welt* vom 29. Dezember 1960.

126 SEBASTIAN HAFFNER: Warum eigentlich Gipfeltreffen? Diplomatie kennt keinen Märchenzauber. In: *Die Welt* vom 14. Mai 1960. Dementsprechend war Haffner, ähnlich wie Konrad Adenauer, sehr erleichtert, als Chruschtschow das Gipfeltreffen platzen ließ. Vgl. DERS.: Atempause für Berlin. In: *Christ und Welt* vom 26. Mai 1960; STEININGER, Mauerbau, S. 151–160; SCHWARZ, Staatsmann, S. 557–562. Vgl. zum Appeasement-Argument auch SEBASTIAN HAFFNER: Die Alliierten auf schiefer Ebene. In: *Christ und Welt* vom 15. September 1960; DERS.: Berlin Ban Success Worries Germans. Allied Reaction is Criticised. In: *The Observer* vom 4. September 1960; DERS.: East Germans End Berlin Status. Soviet Sector Belongs to Us, Says Minister. In: *The Observer* vom 11. September 1960.

127 Vgl. ALISTAIR HORNE: Macmillan 1894–1956. The Official Biography. Bd. 1. London 1988. S. 112–121; DERS., Macmillan, Bd. 2, S. 116–136, bes. S. 128, 134; KISSINGER, Vernunft, S. 618–634; STEININGER, Mauerbau, S. 191–199.

128 («Verwirrungsdiplomatie») SEBASTIAN HAFFNER: Atempause für Berlin. In: *Christ und Welt* vom 26. Mai 1960. Vgl. auch DERS.: Machtpolitik mit neuen Regeln. Das Gleichgewicht ist stabiler geworden. In: *Die Welt* vom 28. Mai 1960; zum Weltkondominium DERS.: Warum eigentlich Gipfeltreffen? Diplomatie kennt keinen Märchenzauber. In: *Die Welt* vom 14. Mai 1960; sowie allgemein HILDERMEIER, Geschichte, S. 994.

129 SEBASTIAN HAFFNER: Originalton. In: *Hand aufs Herz* vom 14. November 1961, *NDR*. Zitiert nach dem Film von RAJAN AUTZE: Deutsche Lebensläufe. Sebastian Haffner. Videoarchiv RBB, 109498. [Ausgestrahlt vom *SFB* Fernsehen am 6. November 2002.] Vgl. auch SEBASTIAN HAFFNER: Ideology or Power? In: *The Observer* vom 5. Juni 1960.

130 FEST, Freund, S. 25. Der *Welt*-Journalist Hans Schueler soll Haffner später in einer Polemik sogar einen «‹Star von McCarthyschem Zuschnitt unter den berufsmäßigen Kommunistenfressern›» genannt haben. Zitiert nach GERT VON PACZENSKY: Zeuge im publizistischen Prozeß um Axel Springers Pressemacht. In: *Frankfurter Hefte* (22) vom November 1967. S. 733–740, hier: S. 736.

131 SEBASTIAN HAFFNER: Eine ganze klinische Literatur. In: *Civis* (7) vom 20. Januar 1961. S. 157 f., hier: S. 158. Vgl. auch SCHLAMM, Grenzen, S. 169; zu Schlamm PETERS, Ideologie, S. 305–312. Auch in anderen Fragen vertraten Haffner und Schlamm damals ähnliche Meinungen. Vgl. HODENBERG, Konsens, S. 177 f.; PAYK, Mobilisierung, S. 122 f.

132 Vgl. GESINE SCHWAN: Antikommunismus und Antiamerikanismus in Deutschland. Kontinuität und Wandel nach 1945. Baden-Baden 1999. S. 19–27, 35–41; WINKLER, Weg, Bd. 2, S. 175.

133 SEBASTIAN HAFFNER: Im Gleichschritt: Links … Unsere Fortschrittler. In: *Die Welt* vom 15. Juli 1961.

134 Vgl. SEBASTIAN HAFFNER: In der Kurve des Verstehens. In: *Christ und Welt* vom 12. Januar 1962; REYNOLDS, Britannia, S. 221–226.

135 Vgl. SEBASTIAN HAFFNER: Englands Hauptinteresse gilt Afrika. In: *Christ und Welt* vom 18. Februar 1960; DERS.: Commonwealth in der Schwebe. Zum Treffen der britischen Völkerfamilie in London. In: *Christ und Welt* vom 28. April 1960.

136 SEBASTIAN HAFFNER: Des Kommunismus neue Kleider. In: *Die Welt* vom 21. Januar 1961. Vgl. auch DERS.: England wird wieder härter. Aber noch immer wird die öffentliche Stimmung von Rückzugsgläubigkeit beherrscht. In: *Christ und Welt* vom 10. November 1961; DERS.: In der Kurve des Verstehens. In: *Christ und Welt* vom 12. Januar 1962. In einem Interview vom Februar 1989 hat sich Haffner sehr freimütig über seine damaligen Ansichten und sein Verhältnis zu David Astor geäußert. «Was uns aber innerlich entfremdet hatte, war seine Rassenpolitik, die nämlich grundsätzlich anti-weiß und pro-schwarz war», erinnerte sich Haffner. «David Astor war auch der erste, der in der Welt die große Kampagne gegen Südafrika anfing, die ich nie mitgemacht habe. Ich habe immer gesagt, was sollen denn die weißen Südafrikaner machen, sie haben sich einen sehr tüchtigen Staat gebaut, und wenn sie da zur ewigen Minderheit verdammt würden, hätten sie das Los der Juden in Deutschland.» DERS.: Bemerkung. In: DERS., Engländer, S. 58.

137 («Dauerjahrmarkt») SEBASTIAN HAFFNER: Bereit, versöhnlich zu sein. Zum Abschluß der gesamtdeutschen Synode in Berlin. In: *Christ und Welt* vom 3. März 1960; («Nazi») DERS.: Wer braut etwas zusammen? Noch mehr zur Diffamierung der deutschen Intellektuellen. In: *Christ und Welt* vom 27. Januar 1961. [Kursivdruck im Original]; («Revolution») DERS.: Des Kommunismus neue Kleider. In: *Die Welt* vom 21. Januar 1961.

138 SEBASTIAN HAFFNER: Profile. Miracle Man – Professor Ludwig Erhard. Typoskript [o. D.], S. 2. NL Sebastian Haffner, N2523/226. Dieses Porträt muß

im Mai oder Juni 1959 entstanden sein. Vgl. den beiliegenden Brief von SHEILA REYNOLDS an Sebastian Haffner vom 9. Juni 1959. NL Sebastian Haffner, N2523/226.

139 SEBASTIAN HAFFNER: Germany To-day. Rival Heirs to the Grand Old Man. In: *The Observer* vom 4. September 1960. Vgl. auch DERS.: Ein Kronprinz aus der Provinz? In: *Die Welt* vom 27. Juni 1960; DERS.: Kanzler-Komplimente für Willy Brandt. In: *Christ und Welt* vom 21. Januar 1960.

140 («Organismus») SEBASTIAN HAFFNER: Eine kranke Opposition. In: *Die Welt* vom 28. März 1961. Vgl. dazu auch DERS.: Ein Kronprinz aus der Provinz? In: *Die Welt* vom 27. Juni 1960; zum Lohn für die programmatische Annäherungen DERS.: End of Neutralism in W. Germany. Brandt Turns Party Westwards. In: *The Observer* vom 19. Juni 1960; DERS.: Macht es der SPD nicht zu schwer. In: *Christ und Welt* vom 30. Juni 1960; DERS.: Moskau und der 17. 9. 1961. In: *Die Welt* vom 9. Mai 1961; sowie zum Berliner Lokalpatriotismus DERS.: Auch die SPD hat ihre Nachfolgefrage. In: *Christ und Welt* vom 10. Februar 1961; sowie WINKLER, Weg, Bd. 2, S. 198f; MERSEBURGER, Brandt, S. 343–395.

141 DR. PRATSCH: Briefe an «Christ und Welt». Was verstehen Sie unter einem «Intellektuellen»? In: *Christ und Welt* vom 24. Februar 1961. [Leserbrief zu SEBASTIAN HAFFNER: Wer braut etwas zusammen? Noch mehr zur Diffamierung der deutschen Intellektuellen. In: *Christ und Welt* vom 27. Januar 1961.] Vgl. auch SEBASTIAN HAFFNER: Kanzler-Komplimente für Willy Brandt. In: *Christ und Welt* vom 21. Januar 1960; DERS.: Macht es der SPD nicht zu schwer. In: *Christ und Welt* vom 30. Juni 1960; DERS.: Auch die SPD hat ihre Nachfolgefrage. In: *Christ und Welt* vom 10. Februar 1961; sowie zu Springer MERSEBURGER, Brandt, S. 343 f.; MÜNKEL, Brandt, S. 53–66; SCHWARZ, Springer, S. 333–341.

142 Vgl. HANSJAKOB STEHLE: Adenauer, Polen und die Deutsche Frage. In: JOSEF FOSCHEPOTH (Hrsg.): Adenauer und die Deutsche Frage. Göttingen 1988. S. 80–98.

143 SEBASTIAN HAFFNER: Polen ist Mode geworden. Zum deutsch-polnischen Verhältnis. In: *Christ und Welt* vom 3. März 1961. Vgl. die Briefe an «*Christ und Welt*». In: *Christ und Welt* vom 7. April 1961. Ende der fünfziger Jahre muß *Christ und Welt* Golo Mann noch in aller Schärfe für seine ostpolitischen Verzichtsappelle gerügt haben; Haffner genoß also offensichtlich eine gewisse Meinungsfreiheit und das Wohlwollen der Redaktion. Vgl. LAHME, Mann, S. 308 f.; sowie zum allgemeinen Meinungsklima GLAAB, Deutschlandpolitik, S. 231–245.

144 Vgl. STEININGER, Mauerbau, S. 191–199.

145 («Alternative») SEBASTIAN HAFFNER: Atempause für Berlin. In: *Christ und Welt* vom 26. Mai 1960; («Sinn») DERS.: Berlin – What Can Be Done? A Memorandum Prepared for Mr. Axel Springer. Typoskript, 1961. NL Axel Springer, ASV-UA. [Haffner nimmt darin verschiedentlich Bezug auf das Wiener Gipfeltreffen.]

146 Vgl. allgemein KRUIP, «Welt»-«Bild», S. 260; SCHWARZ, Springer, S. 343–347; sowie den Brief von A. VOLLHARDT an Sebastian Haffner vom 3. August 1961. NL Sebastian Haffner, N2523/135; und die Kopie eines Briefes von AXEL SPRINGER an William Proxmire [Senator von Wisconsin] vom 26. Juni 1961. Haffner erhielt dieses Schreiben in der Anlage eines Briefes von AXEL SPRINGER an Sebastian Haffner vom 3. September 1979. NL Sebastian Haffner, N2523/51. Vgl. auch ANONYMUS: Brandt: Konferenz mit 52 früheren Weltkriegsmächten erwägenswert. In: *Die Welt* vom 8. Juli 1961; SEBASTIAN HAFFNER: Friedenskongreß in Berlin. In: *Die Welt* vom 4. Juli 1961; ANONYMUS: Adenauer: Abrüstung wichtiger als ein Friedensvertrag. In: *Die Welt* vom 10. Juli 1961.

147 ANONYMUS: Comment. In: *The Observer* vom 9. Juli 1961. Vgl. auch ANONYMUS: Berlin. In: *The Observer* vom 18. Juni 1961; sowie SEBASTIAN HAFFNER: Now East Germany Faces Four Crises. In: *The Observer* vom 9. Juli 1961.

148 SEBASTIAN HAFFNER: Friedenskongreß in Berlin. In: *Die Welt* vom 4. Juli 1961. Vgl. DERS.: Berlin – What Can Be Done? A Memorandum Prepared for Mr. Axel Springer. Typoskript, 1961. NL Axel Springer, ASV-UA; DERS.: Warnung vor dem heimlichen Gift der Kapitulation. Berliner Salami – Berliner Kongreß. In: *Christ und Welt* vom 16. Juni 1961; DERS.: Die Flucht vor Ulbrichts Stärke. In: *Christ und Welt* vom 21. Juli 1961.

149 Vgl. ROBERT STEPHENS: Towards a Solution of Berlin. In: *The Observer* vom 30. Juli 1961; den Briefentwurf von SEBASTIAN HAFFNER an Tristan Jones [o. D.; 31. Juli 1961]; sowie den Briefentwurf von SEBASTIAN HAFFNER an David Astor [o. D.; 31. Juli 1961]. NL Sebastian Haffner, N2523/112.

150 Brief von DAVID ASTOR an Raimund Pretzel vom 6. September 1961. NL Sebastian Haffner, N2523/43; Brief von JOHN PRINGLE an Raimund Pretzel vom 2. August 1961. NL Sebastian Haffner, N2523/111. Vgl. auch den Brief von FRED TOMLINSON an Raimund Pretzel vom 6. September 1961. NL Sebastian Haffner, N2523/111.

151 Brief von DAVID ASTOR an Raimund Pretzel vom 5. Juni 1987. NL Sebastian Haffner, N2523/43. Vgl. FEST, Freund, S. 46 f.

152 Vgl. den Brief von SEBASTIAN HAFFNER an Erich Müller-Gangloff vom 21. Februar 1959. NL Erich Müller-Gangloff, EZA 670/463; und den Briefentwurf von SEBASTIAN HAFFNER an Erich Müller-Gangloff [o. D.; 25. Mai 1964]. NL Sebastian Haffner, N2523/135; sowie FEST, Freund, S. 35–39.

153 Brief von SEBASTIAN HAFFNER an David Astor vom 5. Mai 1953. NL David Astor, Privatbesitz. Vgl. auch NEAL ASCHERSON: Obituary. Stern words from Berlin: Sebastian Haffner. In: *The Guardian* vom 14. Januar 1999; PETER BENDER: Ein Leben voller Wendungen. In: *Der Tagesspiegel* vom 29. Januar 1999.

154 SEBASTIAN HAFFNER: Bemerkung. In: DERS., Engländer, S. 57.

155 ROTZOLL, Frauen, S. 85.

156 *Bild* vom 16. August 1961. Zitiert nach SCHWARZ, Springer, S. 348. [Kursivdruck im Original] Vgl. auch STEININGER, Mauerbau, S. 261–277; MERSEBURGER, Brandt, S. 396–406; WOLFRUM, Mauer, S. 46 ff.

157 Vgl. Steininger, Mauerbau, S. 224–229; Sebastian Haffner: If Ulbricht blocks the safety valve ... In: *The Observer* vom 6. August 1961.

158 Sebastian Haffner: Noch einmal davongekommen? In: *Die Welt* vom 15. August 1961. Vgl. ebd.; sowie Ders.: The Thirteenth of August. An Inquest of Defeat. Typoskript [o. D.], S. 5. NL Sebastian Haffner, N2523/221.

159 Vgl. Glaab, Deutschlandpolitik, S. 225–229. Einer *Emnid*-Umfrage vom September 1961 zufolge hielt nur ein Prozent der westdeutschen Bevölkerung das Krisenmanagement der USA und der anderen Westmächte für «ausgesprochen falsch». Ebd., S. 226.

160 Sebastian Haffner: Germany, Russia and the West. In: *Encounter* (17) vom Oktober 1961. S. 62–67, hier: S. 62, 63, 67. [Zitiert nach Haffner, Zwischen, S. 123 (Kursivdruck im Original.), S. 124, 135.]

161 («Wutausbruch») David Marquand: Germany and the East. In: *The Guardian* vom 23. Februar 1962; («Mr. Haffner») Memorandum von Philip F. de Zulueta für Harold Macmillan vom 1. November 1961. National Archives, PREM 11/3357. Vgl. auch Anonymus: To One via Two. In: *The Economist* vom 30. September 1961; Dominique Auclères: Faut-il perdre l'Allemagne pour garder Berlin-Ouest par tous les moyens? Demande un éminent journaliste britannique. In: *Le Figaro* vom 4. Oktober 1961; F. M.: Kontroverse in der britischen Presse um Berlin. In: *NZZ* (Abendausgabe) vom 3. Oktober 1961. Auf die Stellungnahme der *Sunday Times* wird sowohl im Artikel der *NZZ* als auch in dem Brief von Melvin J. Lasky an Sebastian Haffner vom 6. Oktober 1961. NL Sebastian Haffner, N2523/139 hingewiesen.

162 Anonymus: To One via Two. In: *The Economist* vom 30. September 1961.

163 Brief von Egon Bahr an Sebastian Haffner vom 5. November 1960. NL Sebastian Haffner, N2523/135. [Bahr bezog sich auf: Sebastian Haffner: Ulbricht trotzt Chruschtschow. In: *Christ und Welt* vom 3. November 1960.] Vgl. auch den Brief von Giselher Wirsing an Sebastian Haffner vom 20. April 1960. NL Sebastian Haffner, N2523/137. Adenauer fand allerdings, nachdem er im September 1960 einen Artikel von Haffner gelesen hatte, daß dieser «ein merkwürdiger Mann» sei – vielleicht, weil sich dessen Überlegungen überraschenderweise mit seinen eigenen deckten. Brief von Konrad Adenauer an Axel Springer vom 18. September 1960. In: Ders.: Briefe 1959–1961. Bearb. von Hans Peter Mensing. Paderborn u. a. 2004. S. 183. [Springer hatte Adenauer eine Zusammenfassung von Haffners «Plan for Prussia» vom April 1960 geschickt.]

164 Brief von Hans Paeschke an Sebastian Haffner vom 16. Dezember 1960. NL Sebastian Haffner, N2523/164. Vgl. auch den Brief von Dems. an Sebastian Haffner vom 6. April 1960. NL Sebastian Haffner, N2523/164. Zumindest *Die Welt* zeichnete sich nämlich ebenfalls durch eine ausführliche und sehr kritische DDR-Berichterstattung aus. Vgl. Demandt, Schleicher, S. 188 ff., 194.

165 Vgl. die Telegramme von Axel Springer an Konrad Adenauer, Heinrich Krone, Erich Mende, Heinrich von Brentano, Franz-Josef Strauß und Walter C. Dowling vom 15. August 1961. NL Axel Springer, ASV-UA. Hingewiesen

wurde jeweils auf: SEBASTIAN HAFFNER: Noch einmal davongekommen? In: *Die Welt* vom 15. August 1961.

166 Brief von WILLY BRANDT an Sebastian Haffner vom 7. September 1961. NL Sebastian Haffner, N2523/135.

167 Vgl. den Brief von AXEL SPRINGER an Sebastian Haffner vom 28. August 1961. NL Axel Springer, ASV-UA; den redaktionellen Vorspann zu SEBASTIAN HAFFNER: Stöße, Püffe und Tiefschläge. In: *Die Welt* vom 10. Oktober 1961; den Briefentwurf von SEBASTIAN HAFFNER an Ulrich Lohmar [o. D.; vermutlich vom 13. Dezember 1961]. NL Sebastian Haffner, N2523/162; sowie die beiden Briefe von E. RAEDERSCHEIDT an Sebastian Haffner vom 16. November und 23. November 1961. NL Sebastian Haffner, N2523/135.

168 Zitiert nach ANONYMUS: Die Werner-Höfer-Schau. In: *Der Spiegel* vom 9. Dezember 1959. Vgl. zur Vorstellung in der *Welt* letztmals den redaktionellen Vorspann zu: SEBASTIAN HAFFNER: Großmacht mit zwei Köpfen. In: *Die Welt* vom 3. Juli 1962.

169 «Der berühmte Ausspruch [...] epitomisierte dieses Mißverständnis.» SEBASTIAN HAFFNER: Frösteln vor dem Gipfel. In: *Die Welt* vom 31. Oktober 1960; («impressiv») DERS.: Rede auf dem «Forum für eine deutsche Politik der Mitte und der Verständigung» vom 6. und 7. Juni 1964. Typoskript, S. 10. NL Sebastian Haffner, N2523/197. Vgl. zum Selbstverständnis britischer Kolumnisten ESSER, Kräfte, S. 335 f., 475 f.; sowie zum englischen Image der *Welt* KRUIP, «Welt»-«Bild», S. 241 ff.

170 SEBASTIAN HAFFNER: Die Hauptstadt unserer Epoche. In: *Christ und Welt* vom 21. Juli 1961. Vgl. auch STEININGER, Mauerbau, S. 277 ff.; SCHWARZ, Staatsmann, S. 660–671.

171 («gefoltert») SEBASTIAN HAFFNER: Noch einmal davongekommen? In: *Die Welt* vom 15. August 1961; LÖWENTHAL, Laudatio, S. 13. Haffner selbst bestätigte dies, wenn er zurückblickend feststellte: «Der Entschluß hierzubleiben reifte langsam, ungefähr während der zweiten Berlin-Krise. Andererseits sah ich mich auch nicht zum ‹Observer› zurückkehren, denn es gab zu viele Meinungsverschiedenheiten über die Gesamtrichtung.» SEBASTIAN HAFFNER: Bemerkung. In: DERS., Engländer, S. 64. Allerdings hat er gleichzeitig betont, damals noch sehr englisch gedacht zu haben. Vgl. ebd., S. 63 f. Noch 1966, während der Fußballweltmeisterschaft, hat Haffner ein anderes Mal bemerkt, habe er auf Seiten der Engländer gestanden. Vgl. VOLKER ZASTROW: Ein Preuße mit britischem Paß. In: *FAZ* vom 24. Dezember 1987.

6. Von rechts nach links (1961–1963)

1 Vgl. KISSINGER, Vernunft, S. 636 ff.; BIERMANN, Kennedy; MÜNGER, Kennedy, S. 116.

2 Vgl. GALLUS, Neutralisten, S. 267 f., 307 f.; PETER SIEBENMORGEN: Gezeiten-

wechsel. Aufbruch zur Entspannungspolitik. Bonn 1990. S. 347–371; EIBL, Politik, S. 149–154; GEIGER, Atlantiker.

3 Ende des Jahres 1961 sagte Haffner einen Beitrag für die Zeitschrift *Neue Gesellschaft* zum «Thema ‹Macht und Ohnmacht der Demokratie›» ab, da ihm diese Materie «unter dem Druck ständiger sorgenvoller Beschäftigung mit der Außenpolitik etwas entglitten» sei. Briefentwurf von SEBASTIAN HAFFNER an Ulrich Lohmar [o. D.; vermutlich vom 13. Dezember 1961]. NL Sebastian Haffner, N2523/162.

4 Vgl. DETJEN, Loch, S. 81 ff.; HEINRICH POTTHOFF: Im Schatten der Mauer. Deutschlandpolitik 1961 bis 1990. Berlin 1999. S. 20–30.

5 SEBASTIAN HAFFNER: «Auf der Flucht erschossen». In: *Christ und Welt* vom 22. Juni 1962. Eine ganz ähnliche Argumentation findet sich in einem undatierten Vermerk Egon Bahrs für Willy Brandt. Vgl. MERSEBURGER, Brandt, S. 431 f.; sowie weiterhin SEBASTIAN HAFFNER: Noch ist es nicht zu spät. Chruschtschow gibt der westlichen Politik eine Chance des Aufholens. In: *Christ und Welt* vom 27. Oktober 1961; DERS.: Die Tragik Lucius D. Clays. In: *Christ und Welt* vom 20. April 1962; DERS.: Nicht mit der Mauer leben. In: *Christ und Welt* vom 29. Juni 1962; DERS.: Über Berlin zieht ein neues Tief auf. In: *Christ und Welt* vom 20. Juli 1962; DERS.: In die Ferien mit verwelkten Hoffnungen. In: *Christ und Welt* vom 27. Juli 1962.

6 («Trommler») J. R.: Die Wandlung des Sebastian Haffner. In: *Der Kurier* vom 18. April 1963; («Die Zeit») SEBASTIAN HAFFNER: Berlin – Hauptstadt und sonst nichts. In: *Magnum. Die Zeitschrift für das moderne Leben.* [o. D.; April 1962]. 41/1962; («Heldentum») DERS.: Die Berliner «Piloten der Menschlichkeit». In: *Christ und Welt* vom 13. Juli 1962. Vgl. auch DETJEN, Loch, S. 81–163.

7 HAFFNER, «Piloten der Menschlichkeit», in: *Christ und Welt* vom 13. Juli 1962. Seine Kritik an den Westdeutschen war allerdings etwas ungerecht. Vgl. GLAAB, Deutschlandpolitik, S. 218–225.

8 SEBASTIAN HAFFNER: Die westliche Allianz und der 13. August. Vortrag im Rahmen des 12. Barsinghausener Gesprächs vom 6.–8. Oktober 1961. Überarb. Typoskript, S. 3. NL Sebastian Haffner, N2523/221. Vgl. auch HANNES KASCHKAT: Ohne Risikobereitschaft keine Offensive. In: *Der Tagesspiegel* vom 11. Februar 1962.

9 HAFFNER, Die westliche Allianz, S. 18 f. NL Sebastian Haffner, N2523/221. Vgl. auch allgemein DERS.: Eine Vernunftehe. In: *Die Welt* vom 26. Juni 1962; sowie zu der Veranstaltung im besonderen WALTER GÜNZEL: Wunschträume verflogen. Vertriebene diskutieren über Aussöhnung mit Polen. In: *Die Welt* vom 9. Oktober 1961.

10 («Braut») HAFFNER, Die westliche Allianz, S. 10. NL Sebastian Haffner, N2523/221. Vgl. ebd., S. 11–15.

11 Ebd., S. 17. Vgl. auch SEBASTIAN HAFFNER: Was geschieht, wenn …? In: *Die Welt* vom 3. Oktober 1961.

12 SEBASTIAN HAFFNER: Zwangsehe mit Pankow? In: *Die Welt* vom 17. Oktober

1961. Vgl. auch HERBERT VON BORCH: Was erwarten die Vereinigten Staaten von Bonn? In: *Die Welt* vom 12. Oktober 1961; KISSINGER, Vernunft, S. 638; MÜNGER, Kennedy, S. 116.

13 SEBASTIAN HAFFNER: Handel ist so angenehm harmlos. In: *Die Welt* vom 16. Januar 1962. Vgl. auch DERS.: Trotz allein ist keine Politik. In: *Die Welt* vom 9. Januar 1962; sowie allgemein KORDULA KÜHLEM: Hans Kroll (1896–1967). Eine diplomatische Karriere im 20. Jahrhundert. Düsseldorf 2008. S. 484–593; STEININGER, Mauerbau, S. 325–328; EIBL, Politik, S. 139–142.

14 SEBASTIAN HAFFNER: Vergleichsverhandlungen. In: *Die Welt* vom 27. Februar 1962. Vgl. auch EIBL, Politik, S. 141 f.

15 SEBASTIAN HAFFNER: Welche Chancen hat die deutsche Außenpolitik? Vortrag im Rahmen des 47. Pyrmonter Unternehmergesprächs am 13. März 1962. Typoskript, S. 17. NL Sebastian Haffner, N2523/221.

16 SEBASTIAN HAFFNER: Ulbricht bereitet den Bürgerkrieg vor. In: *Christ und Welt* vom 2. Februar 1962.

17 Vgl. SEBASTIAN HAFFNER: Die SED und die deutsche Zukunft. In: *Christ und Welt* vom 20. April 1962; DERS.: Nun die Kartoffelschlacht. In: *Christ und Welt* vom 18. Mai 1962; DERS.: Pankows Ernährungsbankrott. In: *Christ und Welt* vom 6. Juli 1962; DERS.: Knapp an Ideen und Kartoffeln. In: *Christ und Welt* vom 19. Oktober 1962.

18 Vgl. GEIGER, Atlantiker, S. 149–161; MÜNGER, Kennedy, S. 153–175; STEININGER, Mauerbau, S. 341–345; EIBL, Politik, S. 110–117. Vgl. auch die verschiedenen Erklärungen für den Geheimnisverrat bei SCHWARZ, Staatsmann, S. 744 f.; KÖHLER, Adenauer, S. 1152; STEININGER, Mauerbau, S. 344.

19 SEBASTIAN HAFFNER: «Die vereinbarung zwischen adenauer und kennedy ...». Typoskript für *Die Welt* vom 17. April 1962, S. 3, 5. NL Sebastian Haffner, N2523/259. [In diesem Typoskript sind alle Substantive klein geschrieben.] Vgl. auch DERS.: Don Camillo und Peppone. In: *Die Welt* vom 6. Februar 1962; den Briefentwurf von SEBASTIAN HAFFNER an Peter von Zahn vom 16. April 1962. NL Sebastian Haffner, N2523/135; sowie allgemein MÜNGER, Kennedy, S. 156f; KÖHLER, Adenauer, S. 1151–1155; STEININGER, Mauerbau, S. 345 f.

20 («technischen Gründen») Brief von [unleserlich] an Adolf von Thadden vom 29. Oktober 1962. NL Sebastian Haffner, N2523/163. Vgl. zum Vorwandcharakter dieser Entschuldigung auch den Brief von HANS ZEHRER an Axel Springer vom 3. Dezember 1962. NL Axel Springer, ASV-UA; sowie zum Veröffentlichungsangebot den Brief von [ADOLF] VON THADDEN an Sebastian Haffner vom 7. November 1962. NL Sebastian Haffner, N2523/163.

21 Telegramm von GERHARD SCHRÖDER an Sebastian Haffner vom 24. April 1962. NL Sebastian Haffner, N2523/135. [Er nahm Bezug auf: SEBASTIAN HAFFNER: Der Weg ist noch weit. In: *Die Welt* vom 24. April 1962.]; FRANZ JOSEF STRAUSS: Aus Briefen an die Redaktion. Politische atlantische Union. In: *Die Welt* vom 4. Januar 1962; Brief von KONRAD ADENAUER an Franz-Josef [sic!] Strauß vom 24. Juli 1962. NL Konrad Adenauer, III/43. [Er nahm Bezug auf:

SEBASTIAN HAFFNER: Am Nerv des Bündnisses. In: *Die Welt* vom 24. Juli 1962.] Vgl. auch ERNST ACHENBACH: Bemerkung auf der Sitzung des Bundesvorstands und der Bundestagsfraktion am 6. Oktober 1961. In: FDP-Bundesvorstand, Sitzungsprotokolle 1960–1967, S. 257; sowie den Brief von FRITZ BAADE an Sebastian Haffner vom 20. Dezember 1961. NL Sebastian Haffner, N2523/134.

22 Vgl. SEBASTIAN HAFFNER: Welche Chancen hat die deutsche Außenpolitik? Vortrag im Rahmen des 47. Pyrmonter Unternehmergesprächs am 13. März 1962. Typoskript. NL Sebastian Haffner, N2523/221; den Brief des Pressereferenten der «Bundesvereinigung der Deutschen Arbeitgeberverbände» an Sebastian Haffner vom 4. Mai 1962. NL Sebastian Haffner, N2523/226; den Brief vom Bezirksamt Charlottenburg an Sebastian Haffner vom 8. Dezember 1961. NL Sebastian Haffner, N2523/159; die Briefe vom Ring Christlich-Demokratischer Studenten an Sebastian Haffner vom 12. Oktober und 15. Dezember 1961. NL Sebastian Haffner, N2523/159; die Briefe vom Sozialdemokratischen Hochschulbund Berlin an Sebastian Haffner vom 17. Oktober 1961 und vom 3. Februar 1962 und den Antwortentwurf von SEBASTIAN HAFFNER [o. D.]. NL Sebastian Haffner, N2523/159; die Briefe von CHRYSOSTOMUS ZODEL an Sebastian Haffner vom 26. Oktober, 17. November und 29. Dezember 1961. NL Sebastian Haffner, N2523/162; sowie die Briefe von MELVIN J. LASKY an Sebastian Haffner vom 17. Januar und 11. April 1962. NL Sebastian Haffner, N2523/139.

23 Briefentwurf von SEBASTIAN HAFFNER an Ulrich Lohmar [o. D.; vermutlich vom 13. Dezember 1961]. NL Sebastian Haffner, N2523/162; Briefentwurf von SEBASTIAN HAFFNER an Dieter Cyron vom 16. April 1962. NL Sebastian Haffner, N2523/134.

24 Briefentwurf von SEBASTIAN HAFFNER an Herrn Dr. Kurz (DVA) vom 26. Juli 1962. NL Sebastian Haffner, N2523/164. Vgl. auch die Korrespondenz von SEBASTIAN HAFFNER mit Donald McLachlan und George Clare von 1961 und 1962. NL Sebastian Haffner, N2523/147; die Korrespondenz von SEBASTIAN HAFFNER mit A. KNAUS (Ullstein) an Sebastian Haffner von 1961 und 1962 sowie den beiliegenden, am 28. Februar 1962 unterzeichneten Verlagsvertrag. NL Sebastian Haffner, N2523/164.

25 Vgl. den Briefentwurf von SEBASTIAN HAFFNER an Donald McLachlan vom 12. Januar 1962. NL Sebastian Haffner, N2523/147.

26 SEBASTIAN HAFFNER: «Deutschland, Berlin und die weltpolitische Lage». Vortrag vor der «Bundesvereinigung der Deutschen Arbeitgeberverbände» [o. D.; vermutlich vom April 1962]. Druckfahnen, Sp. 41. NL Sebastian Haffner, N2523/226.

27 Vgl. DÜLFFER, Europa, S. 46, 78 f.; WENGER, Peril, S. 181–196; MÜNGER, Kennedy, S. 40 f.; MAHNCKE, Mitwirkung, S. 93 ff. SCHÖLLGEN, Geschichte, S. 168 f.

28 («Jeder stirbt», «Jeder weiß») SEBASTIAN HAFFNER: Auch in einem Bündnis ist

jeder sich selbst der Nächste. In: *Die Welt* vom 9. Juni 1962. Vgl. auch DERS.: Gleichgewicht der Ohnmacht. In: *Die Welt* vom 8. Mai 1962; FINGER, Strauß, S. 205–209; MAHNCKE, Mitwirkung, S. 88 ff., 113 f., 118 f.; sowie zur Ablehnung einer westdeutschen Atombewaffnung im In- und Ausland WOLFRUM, Bundesrepublik, S. 184–188, 323 f.; SCHÖLLGEN, Geschichte, S. 180 f.

29 («Irrlicht») SEBASTIAN HAFFNER: Heute Patt – morgen matt? In: *Die Welt* vom 5. Dezember 1961; («Verbrechen») DERS.: Atomtests bannen den Atomtod. In: *Die Welt* vom 6. März 1962. Nach allem, was bekannt ist, hat es einen ernstzunehmenden sowjetischen Rüstungsvorsprung zu dieser Zeit nie gegeben. Vgl. MÜNGER, Kennedy, S. 128; WENGER, Peril, S. 242 f. Vgl. zum Widerspruch GERTRUD BÜNNER, ERNST EHRMANN, RUTH STAAT und RUDOLF KREIS: Aus Briefen an die Redaktion. Atomtests. In: *Die Welt* vom 26. März 1962. Haffner ließ sich davon nicht beirren. Er ging davon aus, daß alle schwelenden Konflikte des Ost-West-Gegensatzes in Kriege umschlagen würden, sollte das Moment der atomaren Abschreckung wegfallen, und nannte dementsprechend zehn Tage später, diesmal allerdings in *Christ und Welt*, «Abrüstung für jeden, der Augen hat, zu sehen, […] [den] sichersten Weg zum Weltkrieg». SEBASTIAN HAFFNER: Abrüstung bis aufs Messer. In: *Christ und Welt* vom 23. März 1962.

30 SEBASTIAN HAFFNER: «Deutschland, Berlin und die weltpolitische Lage». Vortrag vor der «Bundesvereinigung der Deutschen Arbeitgeberverbände» [o. D.; vermutlich vom April 1962]. Druckfahnen, Sp. 39. NL Sebastian Haffner, N2523/226. Haffner hat diese Ansichten offensichtlich von Fritz Baade, dem ehemaligen Direktor des Kieler Instituts für Weltwirtschaft, übernommen. Vgl. den Brief von FRITZ BAADE an Sebastian Haffner vom 20. Dezember 1961; sowie das beiliegende Typoskript vom 18. Dezember 1961. NL Sebastian Haffner, N2523/134.

31 Vgl. DETJEN, Loch, S. 93 f.; LARGE, Berlin, S. 429; WOLFRUM, Mauer, S. 65 f.; SEBASTIAN HAFFNER: «… und ihr kneift die Augen zu!» In: *Christ und Welt* vom 24. August 1962; DERS.: Warnung vor dem Dreimächtestatus. In: *Christ und Welt* vom 12. Oktober 1962.

32 SEBASTIAN HAFFNER: Geduldete Brutalität. In: *Die Welt* vom 21. August 1962; DERS.: Der Lohn des Nachgebens. In: *Christ und Welt* vom 31. August 1962.

33 Brief von ERNST J. CRAMER an Sebastian Haffner vom 31. August 1962. NL Sebastian Haffner, N2523/136. Auch Egon Bahr muß über Haffners Hetze entsetzt gewesen sein. Vgl. SCHWARZ, Springer, S. 354.

34 SEBASTIAN HAFFNER: Wenn in einer Stadt ein Unrecht geschieht – muß ein Aufruhr sein. In: *Bild* [Berliner Ausgabe] vom 25. August 1962. [Gekürzter Nachdruck von SEBASTIAN HAFFNER: «… und ihr kneift die Augen zu!» In: *Christ und Welt* vom 24. August 1962.] Das Zitat stammt aus: BERTOLT BRECHT: Der gute Mensch von Sezuan. In: DERS.: Ausgewählte Werke in sechs Bänden. Bd. 2. Stücke 2. Frankfurt a. M. 1997. S. 190–295, hier: S. 233. [UA 1943] Vgl. zu Springer auch GERHARD NAEHER: Axel Springer. Mensch, Macht, Mythos. Erlangen – Bonn – Wien 1991. S. 152 f.

35 HANS WALLENBERG: Aide mémoire vom 25. August 1962. NL Axel Springer, Box 38. ASV-UA. Vgl. zu Wallenberg KRUIP, «Welt»-«Bild», S. 88 f., 168–182, 194 f., 223.

36 SEBASTIAN HAFFNER: Kain, wo ist dein Bruder Abel? Typoskript [o. D.; Juni 1963], S. 1. NL Sebastian Haffner, N2523/221. Vgl. ebd., S. 5 f.; sowie allgemein zu *Christ und Welt* WEISS, Journalisten, S. 266.

37 Vgl. SEBASTIAN HAFFNER: Nicht weniger ernst. In: *Die Welt* vom 30. Oktober 1962; sowie allgemein MÜNGER, Kennedy, S. 223–228; BIERMANN, Kennedy, S. 192–211; SCHÖLLGEN, Geschichte, S. 162–168.

38 SEBASTIAN HAFFNER: Nicht weniger ernst. In: *Die Welt* vom 30. Oktober 1962. Vgl. auch DERS.: Gefährliche Schadenfreude. In: *Die Welt* vom 9. Oktober 1962.

39 SEBASTIAN HAFFNER: Frankreich ist wieder da. In: *Die Welt* vom 20. Februar 1962.

40 SEBASTIAN HAFFNER: Zu früh gejubelt. In: *Die Welt* vom 23. Januar 1962. Der Franzose Jean Monnet etwa glaubte an den Zusammenhang von ökonomischer und politischer Integration. Vgl. SCHWARZ, Ära 1949–1957, S. 96–104. Vgl. auch zum Optimismus im Sommer 1962 SEBASTIAN HAFFNER: Zweimal «andererseits». In: *Die Welt* vom 10. Juli 1962; sowie SCHWARZ, Staatsmann, S. 750–763.

41 SEBASTIAN HAFFNER: Der Sturz Europas. In: *Die Welt* vom 14. August 1962. Haffner, der eingefleischte Gegner der Dekolonisation, wertete die Flucht der französischstämmigen Algerier als eine «der größten Tragödien unserer Zeit». Ebd. Vgl. zu de Gaulle und Adenauer HANS-DIETER LUCAS: Europa vom Atlantik zum Ural? Europapolitik und Europadenken im Frankreich der Ära Charles de Gaulle (1958–1969). Bonn 1992; SCHÖLLGEN, Geschichte, S. 177–192; SCHWARZ, Staatsmann, S. 729.

42 Vgl. SEBASTIAN HAFFNER: Zwischen zwei Stühlen. In: *Die Welt* vom 30. Januar 1962; DERS.: Der Sommer-Adenauer in Berlin. In: *Christ und Welt* vom 11. Mai 1962; DERS.: Ohne S und ohne C. In: *Die Welt* vom 12. Juni 1962.

43 SEBASTIAN HAFFNER: Zwischen den Stühlen. In: *Die Welt* vom 30. Januar 1962. Vgl. auch DERS.: Stöße, Püffe und Tiefschläge. In: *Die Welt* vom 10. Oktober 1961; sowie allgemein WINKLER, Weg, Bd. 2, S. 206 f.; SCHWARZ, Staatsmann, S. 671–699.

44 («Parteien») SEBASTIAN HAFFNER: «Deutschland, Berlin und die weltpolitische Lage». Vortrag vor der «Bundesvereinigung der Deutschen Arbeitgeberverbände» [o. D.; vermutlich vom April 1962]. Druckfahnen, Sp. 46. NL Sebastian Haffner, N2523/226; («überflüssig») DERS.: Ohne S und ohne C. In: *Die Welt* vom 12. Juni 1962.

45 HAFFNER, «Deutschland, Berlin und die weltpolitische Lage», Sp. 45 f. NL Sebastian Haffner, N2523/226. Vgl. auch ebd., Sp. 44 f.

46 («Kinderglauben») SEBASTIAN HAFFNER: Atomtests bannen den Atomtod. In: *Die Welt* vom 6. März 1962; («Zwergstammes») DERS.: Widersprüche. In: *Die*

Welt vom 16. Oktober 1962; («Sozialismus») DERS.: Nun die Kartoffelschlacht. In: *Christ und Welt* vom 18. Mai 1962; («ganz normale») DERS.: Geduldete Brutalität. In: *Die Welt* vom 21. August 1962. Eine ganz ähnliche Kritik an linksgerichteten Auffassungen zur Dritten Welt und der DDR übte auch Konrad Adenauer. Vgl. KONRAD ADENAUER: Teegespräche 1961–1963. Bearb. von Hans Peter Mensing. Berlin 1992. S. 99.

47 ANONYMUS [CONRAD AHLERS]: Bedingt abwehrbereit. In: *Der Spiegel* vom 10. Oktober 1962. Vgl. zum Verlauf der *Spiegel*-Affäre MERSEBURGER, Augstein, S. 213–289; DAVID SCHOENBAUM: Ein Abgrund von Landesverrat. Die Affäre um den «Spiegel». O. O. 2002. [Zuerst 1968]; REGINA SCHMIDT/EGON BECKER: Reaktionen auf politische Vorgänge. Drei Meinungsstudien aus der Bundesrepublik. Frankfurt a. M. 1967. S. 25–66; SCHWARZ, Ära 1957–1963, S. 261–273, 287.

48 Manifest von 49 Schriftstellern und anderen Künstlern vom 28. Oktober 1962. Zitiert nach SEIFERT, Spiegel Affäre, Bd. 2, S. 383. [Ursprünglich abgedruckt in: *Die Welt* vom 31. Oktober 1962.] Vgl. dazu auch BÖSCH, Protest, S. 98–102; LIEHR, Aktion, S. 140–158; allgemein WINKLER, Weg, Bd. 2, S. 210; GÖRTEMAKER, Geschichte, S. 385 f.; sowie speziell zur Kampagne des *Spiegel* gegen Strauß FINGER, Strauß, S. 188–205.

49 SEBASTIAN HAFFNER: Kommentar. In: *Panorama* vom 4. November 1962, *NDR*. Zitiert nach SEIFERT, Affäre, Bd. 2, S. 418 f. Vgl. zur Reaktion der Regierung auf diese Sendung HODENBERG, Konsens, S. 310–315.

50 FEST, Freund, S. 28.

51 Vgl. HANS ZEHRER: Aktennotiz vom 5. November 1962. Typoskript. NL Sebastian Haffner, N2523/136; DEMANDT, Schleicher, S. 196 f.

52 SEBASTIAN HAFFNER: Die Stunde der Prüfung. In: *SZ* vom 8. November 1962.

53 Vgl. WINKLER, Weg, Bd. 2, S. 211 ff. Exemplarisch verdichtet hat sich diese Auseinandersetzung in Stellungnahmen des Historikers Gerhard Ritter, Jahrgang 1888, und des Politikwissenschaftlers Karl Dietrich Bracher, geboren 1922. Vgl. die Leserbriefe von GERHARD RITTER vom 10. und 16. November 1962 sowie den Leserbrief von KARL DIETRICH BRACHER vom 13. November 1962 an die *FAZ*. Abgedruckt in SEIFERT, Affäre, Bd. 2, S. 401–405. Vgl. auch LIEHR, Aktion, S. 171–182.

54 GISELHER WIRSING: Im Spiegel des Nihilismus. Die Staatsaffäre. In: *Christ und Welt* vom 9. November 1962.

55 Briefentwurf von SEBASTIAN HAFFNER an Giselher Wirsing [o. D.; nach dem 9. November 1962]. NL Sebastian Haffner, N2523/137. [Wolfgang Höpker war stellvertretender Chefredakteur bei *Christ und Welt* und hatte wie Wirsing bis 1945 eine Führungsposition bei den *Münchner Neuesten Nachrichten* innegehabt. Vgl. HODENBERG, Journalisten, S. 287.] Die Quellenlage ist in dieser Angelegenheit etwas verwirrend, da in Haffners Nachlaß zwei undatierte Entwürfe eines Kündigungsbriefes an Wirsing erhalten geblieben sind. Vielleicht wurde nur einer von beiden abgeschickt, vielleicht gar keiner. Denkbar wäre auch, daß

Haffner zunächst den einen verfaßte und mit dem zweiten auf ein ausführliches Schreiben Giselher Wirsings antwortete, der Haffner zu einer Fortsetzung seiner Mitarbeit bewegen wollte. Vgl. die Briefentwürfe von SEBASTIAN HAFFNER an Giselher Wirsing [o. D.; nach dem 9. November 1962]; sowie den Brief von GISELHER WIRSING an Sebastian Haffner vom 14. November 1962. NL Sebastian Haffner, N2523/137.

56 («Abgrund») KONRAD ADENAUER: Redebeitrag. In: Die Verhandlungen des Deutschen Bundestages vom 7. November 1962. 4. Wahlperiode, 45. Sitzung. Zitiert nach JÜRGEN SEIFERT (Hrsg.): Die Spiegel Affäre. Bd. 1. Die Staatsmacht und ihre Kontrolle. Unter Mitarbeit von Alfred Grosser und Jürgen Seifert. Olten – Freiburg i. Brsg. 1966. S. 307–376, hier: S. 333. Vgl. auch SCHWARZ, Ära 1957–1963, S. 271–288; WINKLER, Weg, Bd. 2, S. 209 f.

57 Vgl. HANS MATHIAS KEPPLINGER: Publizistische Konflikte. In: JÜRGEN WILKE (Hrsg.): Mediengeschichte der Bundesrepublik Deutschland. Bonn 1999. S. 698–719, hier: S. 706. In ihrer Geschlossenheit und Bedeutung überbewerten sollte man diese Proteste allerdings nicht. Das Medienecho war keineswegs so einhellig und regierungskritisch wie teilweise behauptet. Vgl. ebd., S. 703.

58 ERICH MENDE: Bemerkung auf der Sitzung des Bundesvorstands und der Bundestagsfraktion am 19. November 1962. In: FDP-Bundesvorstand, Sitzungsprotokolle 1960–1967, S. 374. Vgl. auch «Staatsgeheimnis in der Schublade». Aus Werner Höfers Fernseh-Diskussion «Internationaler Frühschoppen» [vom 11. November 1962]. In: *Der Spiegel* vom 21. November 1962; SEIFERT, Affäre, Bd. 2, S. 206; sowie BÖSCH, Protest, S. 107.

59 SEBASTIAN HAFFNER: The End of the Affair. The «Spiegel» Case in Retrospect. In: *Encounter* (20) vom März 1963. S. 62–67, hier: S. 62.

60 Vgl. SEBASTIAN HAFFNER: Des Kanzlers Gepäck. In: *Die Welt* vom 13. November 1962; DERS.: Das Vertrauen der Bürger. In: *Die Welt* vom 20. November 1962.

61 Brief von HANS ZEHRER an Axel Springer vom 3. Dezember 1962. NL Axel Springer, ASV-UA. Vgl. SEBASTIAN HAFFNER: Europa nach links. In: *Die Welt* vom 5. Dezember 1962. [Dieser Artikel erschien erst in der Mittwochsausgabe der *Welt*, nicht wie gewohnt am Dienstag.]

62 SEBASTIAN HAFFNER: Des Kanzlers Gepäck. In: *Die Welt* vom 13. November 1962. Vgl. auch DERS.: Europa im Hintertreffen. In: *Die Welt* vom 18. Dezember 1962; sowie SCHWARZ, Staatsmann, S. 773, 814 f., 840–853. In der Tat fühlte sich Kennedy in seinem Kurs bestätigt, und den westeuropäischen Regierungschefs hatte der Alleingang des amerikanischen Präsidenten in der Kuba-Krise unangenehm ihre Bedeutungslosigkeit vor Augen geführt. Vgl. MÜNGER, Kennedy, S. 229–232, 235–240.

63 SEBASTIAN HAFFNER: Das kleinere Übel. In: *Die Welt* vom 22. Januar 1963. Vgl. auch MERSEBURGER, Brandt, S. 448 f.; sowie zur Verteidigungspolitik SEBASTIAN HAFFNER: Die Pause nutzen. In: *Die Welt* vom 11. Dezember 1962.

64 Vgl. ANONYMUS: Vorspann. Zu: SEBASTIAN HAFFNER: Das kleinere Übel. In: *Die Welt* vom 22. Januar 1963; den Brief von HENRI NANNEN an Sebastian

Haffner vom 18. Dezember 1962. NL Sebastian Haffner, N2523/124; ANONYMUS: Redaktionelle Vorbemerkung zu: SEBASTIAN HAFFNER: So einfach ist das nicht, Herr Schlamm. In: *Stern* vom 27. Januar 1963; den Brief von HANS ZEHRER an Sebastian Haffner vom 1. Februar 1963. NL Sebastian Haffner, N2523/136.

65 Brief von HANS ZEHRER an Axel Springer vom 3. Dezember 1962. NL Axel Springer, ASV-UA. Vgl. auch den Briefentwurf von SEBASTIAN HAFFNER an Hans Zehrer vom 5. Februar 1963. NL Sebastian Haffner, N2523/136.

66 Vgl. den Briefentwurf von SEBASTIAN HAFFNER an Hans Zehrer vom 5. Februar 1963; sowie den Brief von HANS ZEHRER an Sebastian Haffner vom 8. Februar 1963. NL Sebastian Haffner, N2523/136. Während *Die Welt* ihm für seine wöchentlichen Artikel monatlich 2 500 DM zahlte (vgl. den Brief von FRICKE und ADLER an Sebastian Haffner vom 1. Dezember 1961. NL Sebastian Haffner, N2523/136), sollte er beim *Stern* für einen vierzehntäglichen Kommentar monatlich 3 000 DM erhalten und für seine wöchentlichen Kolumnen schließlich 5 000 DM. Vgl. die Briefe von HENRI NANNEN an Sebastian Haffner vom 18. Dezember 1962 und vom 11. April 1963. NL Sebastian Haffner, N2523/124. Vgl. auch zur Unabhängigkeit des Kolumnisten bei der *Welt* und beim *Stern* den Brief von SEBASTIAN HAFFNER an Dieter Harrach vom 7. Juni 1966. NL Sebastian Haffner, N2523/131.

67 SEBASTIAN HAFFNER: Das Signal aus Berlin. In: *Stern* vom 10. März 1963. Vgl. DERS.: Fellenz und Frauenhofer oder Grenzen des Vergessens. In: *Stern* vom 10. Februar 1963; DERS.: Sind die Deutschen Amerikaner? In: *Stern* vom 24. Februar 1963.

68 Vgl. J. R.: Die Wandlung des Sebastian Haffner. In: *Der Kurier* vom 18. April 1963; SEBASTIAN HAFFNER: Die Sorgen der Deutschen. Panorama-Gespräch mit Sebastian Haffner In: *Konkret* vom Juni 1963. [Ausgestrahlt in *Panorama* vom 22. April 1963, *NDR*.]

69 GÜNTER KERTZSCHER: Unsere Meinung zu Haffners Standpunkt. In: *Neues Deutschland* vom 19. Mai 1963; J. R.: Die Wandlung des Sebastian Haffner. In: *Der Kurier* vom 18. April 1963.

70 Vgl. ebd.; RENÉ LOBRÉ: Orakel der Ausländer hoch im Kurs. In: *Wochen Echo* vom 13. März 1964; KLAUS HOFF: Haffner entlarvt sich als Anwalt des Mörders. In: *Welt am Sonntag* vom 22. Mai 1966. Auch Axel Springer glaubte anscheinend, Haffner werde erpreßt oder bestochen. Vgl. den Brief von HANS ZEHRER an Axel Springer vom 26. Februar 1964. NL Hans Zehrer, N1311/27.

71 SEBASTIAN HAFFNER: Mut zur Niederlage. In: *Konkret* vom April 1963. [Gekürzte Mitschrift aus der Sendung *Unteilbares Deutschland* vom 9. März 1963, *SFB*.]

72 Vgl. SEBASTIAN HAFFNER: Bemerkung. In: *Zur Sache* vom 22. Januar 1964, *ZDF*. Zitiert nach KARL-EDUARD VON SCHNITZLER: Zur Sache Bonn. *Der Schwarze Kanal* vom 27. Januar 1964. Broschüre [o. D.; Januar/Februar 1964]. NL Sebastian Haffner, N2523/128; sowie SEBASTIAN HAFFNER: Die Sorgen der

Deutschen. *Panorama*-Gespräch mit Sebastian Haffner In: *Konkret* vom Juni 1963. [Ausgestrahlt in *Panorama* vom 22. April 1963, *NDR*.] Einen ganz ähnlichen Gesinnungswandel vollzogen auch Willy Brandt, Egon Bahr und viele Intellektuelle. Vgl. MERSEBURGER, Brandt, S. 439 ff.; VOGTMEIER, Bahr, S. 25–58, bes. S. 56 ff.; sowie JOACHIM SCHOLTYSECK: Mauerbau und Deutsche Frage. Westdeutsche Intellektuelle und der Kalte Krieg. In: GEPPERT/HACKE, Streit, S. 69–90, hier: S. 74–83.

73 Vgl. SEBASTIAN HAFFNER: So tun als ob. In: *Stern* vom 21. April 1963.

74 Brief von ARMIN MOHLER an Sebastian Haffner vom 11. November 1962. NL Sebastian Haffner, N2523/135. Vgl. zur Politisierung der Gesellschaft und den Veränderungen in den Medien DIETRICH THRÄNHARDT: Geschichte der Bundesrepublik Deutschland 1949–1990. Erw. Neuausg. Frankfurt a. M. 1996. S. 151 f., 341; HODENBERG, Journalisten, S. 298–310; DIES., Konsens, S. 293–360; FRANK BÖSCH: Öffentliche Geheimnisse. Die verzögerte Renaissance des Medienskandals zwischen Staatsgründung und Ära Brandt. In: BERND WEISBROD (Hrsg.): Die Politik der Öffentlichkeit – Öffentlichkeit der Politik. Politische Medialisierung in der Geschichte der Bundesrepublik. Göttingen 2003. S. 125–150, hier: S. 139 ff.

75 Vgl. GUDRUN KRUIP, «Welt»-«Bild», S. 108 ff.; DEMANDT, Schleicher, S. 191 ff.; SCHWARZ, Springer, S. 356–368; den Brief von PETER VON ZAHN an Sebastian Haffner vom 29. März 1962 und den beiliegenden Brief von PETER VON ZAHN an Hans Zehrer vom 15. März 1962. NL Sebastian Haffner, N2523/135; sowie allgemein JOCHEN HOFFMANN/ULRICH SARCINELLI: Politische Wirkung der Medien. In: WILKE, Mediengeschichte, S. 720–749, hier: S. 724 ff.

76 SEBASTIAN HAFFNER: The End of the Affair. The «Spiegel» Case in Retrospect. In: *Encounter* (20) vom März 1963. S. 62–67, hier: S. 67.

7. «Die Information als Provokation» oder die hohe Kunst der Glaubwürdigkeit (1963–1966)

1 Brief von HENRI NANNEN an Sebastian Haffner vom 18. Dezember 1962. NL Sebastian Haffner, N2523/124.

2 NANNEN, Interview, S. 59.

3 Vgl. SCHWERIN, Nannen, S. 68 f.; SCHREIBER, Nannen, S. 244.

4 Vgl. ebd., S. 240–258; SCHWERIN, Nannen, S. 33 f.

5 Brief von HENRI NANNEN an Sebastian Haffner vom 18. Dezember 1962. NL Sebastian Haffner, N2523/124.

6 Vgl. SCHWERIN, Nannen, S. 24–33; SCHREIBER, Nannen, S. 267, 272 f.; NANNEN, Interview, S. 49, 54; sowie allgemein HODENBERG, Konsens, S. 95–99, 194 ff., 298.

7 CARL GUSTAF STRÖHM: Der Schuh des Propheten. In: *Christ und Welt* vom 6. März 1964; NANNEN, Interview, S. 58; Brief von SEBASTIAN HAFFNER an Ernst Bloch vom 26. Oktober 1966. NL Sebastian Haffner, N2523/134.

8 Neben dem monatlichen Fixum von 5 000 DM bezog Haffner für seine Serien stattliche Sonderzahlungen, zum Beispiel 3 000 DM für eine Folge der Reihe *Der Teufelspakt*. Vgl. den Brief von Henri Nannen an Sebastian Haffner vom 11. April 1963, sowie die entsprechenden Überweisungsbescheinigungen vom Oktober und November 1967. NL Sebastian Haffner, N2523/124. Vgl. auch zur politischen Offenheit des *Stern* den Briefentwurf von Sebastian Haffner an Gerd Bucerius vom 16. Januar 1966. NL Sebastian Haffner, N2523/124; sowie Nannen, Interview, S. 52.

9 Vgl. Schlamm, Grenzen, S. 169; sowie allgemein Anonymus: Friede seiner Masche. In: *Der Spiegel* vom 1. Mai 1963; Peters, Ideologie; Payk, Mobilisierung.

10 Vgl. Erich Kuby: Rosemarie. Des deutschen Wunders liebstes Kind. Stuttgart 1958. [Verfilmt im gleichen Jahr unter dem Titel «Das Mädchen Rosemarie».]; sowie allgemein Schreiber, Nannen, S. 267, 272 ff.; Schwerin, Nannen, S. 31 f.; Hodenberg, Konsens, S. 366, bes. Anm. 11. Siehe zu von Paczensky auch oben S. 279 f.

11 Vgl. Hildebrand, Geschichte, S. 44, 95; Wolfrum, Bundesrepublik, S. 279.

12 Vgl. Schwerin, Nannen, S. 87 f.; Bitterli, Mann, S. 286–295, bes. S. 294.

13 Nannen, Interview, S. 55.

14 Vgl. Sebastian Haffner: Geteilt in alle Ewigkeit? In: *Stern* vom 24. März 1963.

15 Willy Brandt: Stellungnahme zum Haffner-Artikel [o. D.; März/April 1963]. NL Sebastian Haffner, N2523/123. Brandts Entgegnung wurde nicht vom *Stern* abgedruckt, weshalb der Berliner Regierende Bürgermeister sie einige Wochen später Haffner zugesandt hat. In seinem Anschreiben wies Brandt auf das große Aufsehen hin, das Haffners Beitrag erregt habe. Vgl. den Brief von Willy Brandt an Sebastian Haffner vom 23. April 1963. NL Sebastian Haffner, N2523/123; sowie zu Brandts Ostpolitik im allgemeinen Merseburger, Brandt, S. 430–485; Winkler, Weg, Bd. 2, S. 217 ff.

16 Willy Brandt: Begegnungen und Einsichten. Die Jahre 1960–1975. Hamburg 1976. S. 84.

17 Sebastian Haffner: Geteilt in alle Ewigkeit? In: *Stern* vom 24. März 1963.

18 Sebastian Haffner: Die Deutschen und ihre Kommunisten. In: *Stern* vom 5. Mai 1963.

19 Matthias Walden: Die Deutschen und ihre Kolumnisten. In: *Quick* vom 26. Mai 1963. [Walden rekurrierte auf Max von Schenkendorff: Freiheit. In: Ders.: Gedichte. Hrsg. von F. M. Kircheisen. Berlin 1913. S. 72 ff.] Vgl. auch zu Walden Kruip, «Welt»-«Bild», S. 112 f.; sowie zu *Quick* Wolf Schneider: Die Gruner + Jahr Story. Ein Stück deutsche Pressegeschichte. München – Zürich 2000. S. 19, 64.

20 Sebastian Haffner: Justizreform an Haupt und Gliedern. In: *Stern* vom 30. Juni 1963. Das Verfahren wurde Anfang des Jahres 1964 eingestellt. Vgl. den Brief des Leitenden Oberstaatsanwalts am Landgericht Hamburg an Sebastian Haffner vom 19. Februar 1964 sowie die beiliegende Korrespondenz. NL Sebastian Haffner, N2523/260.

21 SEBASTIAN HAFFNER: Das Land des Jubelns. In: *Stern* vom 21. Juli 1963. Vgl. dazu auch ANDREAS W. DAUM: Kennedy in Berlin. Politik, Kultur und Emotionen im Kalten Krieg. Paderborn u. a. 2003; KIELMANSEGG, Katastrophe, S. 357.

22 Vgl. ANONYMUS: Zuviel gejubelt? Sebastian Haffner – damals und heute. In: *Bild* vom 16. Juli 1963. [Der *Stern* erschien immer einige Tage vor dem Datum, das auf der Titelseite angegeben wurde und das hier stets angeführt wird.]; HEINRICH ALBERTZ: Lieber Sternleser. In: *Stern* vom 4. August 1963; ANONYMUS: Stern-Verleger Bucerius korrigiert seinen Kolumnisten Haffner. In: *SZ* vom 19. Juli 1963; ANONYMUS: Stars und Stern. In: *Deutsche Zeitung* vom 20. Juli 1963; sowie zu Bucerius RALF DAHRENDORF: Liberal und unabhängig. Gerd Bucerius und seine Zeit. München 2000.

23 SEBASTIAN HAFFNER: Bemerkung. In: *Zur Sache* vom 22. Januar 1964, *ZDF*. Zitiert nach KARL-EDUARD VON SCHNITZLER: Zur Sache Bonn. *Der Schwarze Kanal* vom 27. Januar 1964. Broschüre [o. D.; Januar/Februar 1964]. NL Sebastian Haffner, N2523/128. Vgl. auch ANONYMUS: Mit Ulbricht reden? Haffner kontra Guttenberg – Aus einer Fernsehdiskussion. In: *Die Zeit* vom 7. Februar 1964.

24 KARL-EDUARD VON SCHNITZLER: Bemerkung. In: Zur Sache Bonn. *Der Schwarze Kanal* vom 27. Januar 1964. Broschüre [o. D.; Januar/Februar 1964]. NL Sebastian Haffner, N2523/128; H-R.: Lieber ohne Haffner. In: *Kölnische Rundschau* vom 24. Januar 1964; Brief von HANS ZEHRER an Axel Springer vom 26. Februar 1964. NL Hans Zehrer, N1311/27. Vgl. auch ANONYMUS: Mit Ulbricht reden? Haffner kontra Guttenberg – Aus einer Fernsehdiskussion. In: *Die Zeit* vom 7. Februar 1964; sowie generell MARION GRÄFIN DÖNHOFF/RUDOLF WALTER LEONHARDT/THEO SOMMER: Reise in ein fernes Land. Bericht über Kultur, Wirtschaft und Politik in der DDR. 2. Aufl. Hamburg 1964; JANSSEN/KUENHEIM/SOMMER, Zeit, S. 140–150.

25 Briefe von HENRI NANNEN an Sebastian Haffner vom 18. Dezember 1962 und vom 8. Mai 1964. NL Sebastian Haffner, N2523/124. Vgl. auch zur Kritik an Haffner J. R.: Halbe Demokratie? In: *Der Kurier* vom 8. Februar 1964; CARL GUSTAF STRÖHM: Der Schuh des Propheten. In: *Christ und Welt* vom 6. März 1964; PETER WILHELM: Haffners Leit-«Stern». In: *Echo der Zeit* vom 11. März 1964; RENÉ LOBRÉ: Orakel der Ausländer hoch im Kurs. In: *Wochen Echo* vom 13. März 1964.

26 Briefentwurf von SEBASTIAN HAFFNER an Henri Nannen [o. D.; Mai 1964]. NL Sebastian Haffner, N2523/124. [Der zitierte Satz ist allerdings durchgestrichen worden.] Insgesamt liegen mehrere handschriftliche Briefentwürfe Haffners auf Nannens Schreiben vom 8. Mai 1964 vor. Die Antwort des Chefredakteurs vom 20. Mai 1964 legt nahe, daß Haffner wohl eher einen konzilianteren Entwurf abgeschickt hat. Vgl. die Briefentwürfe von SEBASTIAN HAFFNER an Henri Nannen [o. D.; Mai 1964]; sowie den Brief von HENRI NANNEN an Sebastian Haffner vom 20. Mai 1964. NL Sebastian Haffner, N2523/124.

27 Brief von HENRI NANNEN an Sebastian Haffner vom 15. Dezember 1964. NL Sebastian Haffner, N2523/124. Vgl. auch die Briefe von HENRI NANNEN an

Sebastian Haffner vom 20. und 28. Mai 1964. NL Sebastian Haffner, N2523/124. Allerdings hat Haffner das Thema seiner Kolumne natürlich jeweils mit Henri Nannen abgesprochen. Vgl. SEBASTIAN HAFFNER: Wenn de Gaulle ein Deutscher wäre. In: *Stern* vom 16. August 1964.

28 WILLIAM S. SCHLAMM: «Halt's mi z'ruck!» In: *Stern* vom 21. April 1963. Vgl. auch SEBASTIAN HAFFNER: So einfach ist das nicht, Herr Schlamm. In: *Stern* vom 27. Januar 1963; sowie zu den Organisationsproblemen den Briefentwurf von SEBASTIAN HAFFNER an Henri Nannen vom 12. April 1963; sowie den Brief von HENRI NANNEN an Sebastian Haffner vom 16. April 1963. NL Sebastian Haffner, N2523/124.

29 Brief von HENRI NANNEN an Sebastian Haffner vom 16. April 1963. NL Sebastian Haffner, N2523/124; ANONYMUS: Friede seiner Masche. In: *Der Spiegel* vom 1. Mai 1963.

30 Briefentwurf von SEBASTIAN HAFFNER an Gert von Paczensky vom 22. August 1963. NL Sebastian Haffner, N2523/124. Vgl. auch den Brief von HENRI NANNEN an Sebastian Haffner vom 16. April 1963. NL Sebastian Haffner, N2523/124. Erst im Frühjahr 1965 wurde Haffners Kolumne in die hinteren Bereiche der Zeitschrift verlagert. Vgl. BECK, Patriot, S. 334 ff.

31 Vgl. die Briefe von HENRI NANNEN an Sebastian Haffner vom 12. und 20. Mai 1964. NL Sebastian Haffner, N2523/124; sowie SEBASTIAN HAFFNER: Monatslektüre. In: *Konkret* vom Mai 1964. Bezeichnenderweise konnte Haffner seine Rezensionen 1982 als Essays veröffentlichen. Vgl. DERS., Zeitgeschichte.

32 Vgl. die entsprechenden Überweisungsdurchschläge. NL Sebastian Haffner, N2523/142.

33 («Industriefeudalismus») SEBASTIAN HAFFNER: Monatslektüre. In: *Konkret* vom April 1966; («Küsten») DERS.: Monatslektüre. In: *Konkret* vom Juli 1965. Vgl. auch zu seinen literarischen Vorlieben DERS.: Monatslektüre. In: *Konkret* vom Februar 1965.

34 («abstempeln») Brief von HENRI NANNEN an Sebastian Haffner vom 12. Mai 1964. NL Sebastian Haffner, N2523/124; («Kampfblatt» und «Sicherheit des Urteils») FEST, Verzweiflung, S. 249 f.; («Vertriebene») MANFRED BISSINGER: Sind Vertriebene Nazis? In: *Konkret* vom Mai 1964; («keine parlamentarische Opposition») ULRIKE MEINHOF: Die Herausforderung und die Antwort. In: *Konkret* vom Mai 1964. Vgl. auch allgemein RÖHL, Kommunismus; GALLUS, Zeitschriftenporträt; KNABE, Charme, S. 320 ff.

35 Haffner hatte Nannen am 8. Mai 1964 vorgeschlagen, eine Serie über den Ersten Weltkrieg zu schreiben. Vgl. den Briefentwurf von SEBASTIAN HAFFNER an Henri Nannen [o. D.; 8. Mai 1964]. NL Sebastian Haffner, N2523/124. Siehe dazu auch oben S. 345–349. Vgl. zu seinem Erfolg bei den Lesern auch die Briefentwürfe von SEBASTIAN HAFFNER an Henri Nannen [o. D.; Mai 1964]. NL Sebastian Haffner, N2523/124; sowie NANNEN, Interview, S. 58; VOLKER ZASTROW: Ein Preuße mit britischem Paß. Sebastian Haffner wird achtzig Jahre alt. In: *FAZ* vom 24. Dezember 1987.

36 («Ein-Mann-Betrieb») Brief von SEBASTIAN HAFFNER an Rita Simon vom 1. April 1969. NL Sebastian Haffner, N2523/135; Briefentwurf von SEBASTIAN HAFFNER an G. Schmige vom 27. November 1963. NL Sebastian Haffner, N2523/127.

37 («Seelsorger») Briefentwurf von SEBASTIAN HAFFNER an Frau Michels vom 27. November 1963. NL Sebastian Haffner, N2523/130; («Ausweg») Brief von KARL WIEMANN an Sebastian Haffner vom 12. November 1963. NL Sebastian Haffner, N2523/127. Vgl. auch den Briefentwurf von SEBASTIAN HAFFNER an Karl Wiemann vom 12. Februar 1964. Ebd.; sowie (Student aus Gießen) den Briefentwurf von SEBASTIAN HAFFNER an Rolf Eiken vom 23. Mai 1964. NL Sebastian Haffner, N2523/130.

38 Vgl. MATTHIAS WALDEN: Die Deutschen und ihre Kolumnisten. In: *Quick* vom 26. Mai 1963; ELISABETH NOELLE/ERICH PETER NEUMANN (Hrsg.): Jahrbuch der öffentlichen Meinung 1965–1967. Allensbach – Bonn 1967. S. 331 f.

39 («Publizist») KLAUS BRESSER: Ist de Gaulle ein Unglück? WDR-Gespräch über unsere Außenpolitik. In: *Kölner Stadt-Anzeiger* vom 6. Mai 1963. Vgl. auch SEBASTIAN HAFFNER: Wir Emigranten. In: *Stern* vom 17. Oktober 1965; HASELOFF, Stern, S. 893.

40 ERNST W. RUDOLPH: Sebastian macht's möglich. Wiedervereinigung à la Haffner. In: *Kurier* vom 20. April 1964. Vgl. auch J. R.: Halbe Demokratie? In: *Kurier* vom 8. Februar 1964; CARL GUSTAF STRÖHM: Der Schuh des Propheten. In: *Christ und Welt* vom 6. März 1964; ERNST CRAMER: Die seltsame Wandlung des S. Haffner. In: *Die Welt* vom 2. Oktober 1967.

41 («Krückstock») SEBASTIAN HAFFNER: Haltet den Dieb! In: *Stern* vom 27. Juni 1965; («Schweinerei») DERS.: Lebenslänglich in U-Haft? In: *Stern* vom 11. August 1963; DERS.: Und nun endlich ein wahres Wort über «Disengagement». Handschriftliches Manuskript und Typoskript [o. D.]. NL Sebastian Haffner, N2523/260; DERS.: Dünngemacht. In: *Stern* vom 10. November 1963. Vgl. allgemein auch HASELOFF, Stern, S. 959.

42 SEBASTIAN HAFFNER: Glauben und dran glauben lassen oder Die Sorgfaltspflicht der Informanten. In: *Stern* vom 20. Oktober 1963. Vgl. zur *Panorama*-Affäre HODENBERG, Konsens, S. 336 f. Vgl. auch zu Goethe SEBASTIAN HAFFNER: Hinten, weit, in der Türkei. In: *Stern* vom 12. April 1964; DERS.: Wer hat Angst vor der NPD? In: *Stern* vom 4. Dezember 1966; zu Bismarck DERS.: Der Mantel Gottes. In: *Stern* vom 23. Mai 1965; DERS.: Der alte Mann und der Friede. In: *Stern* vom 10. April 1966; sowie etwa zu dem Dichter Paul Fleming DERS.: … und eh man dir's gebeut. In: *Stern* vom 28. Februar 1965.

43 ANONYMUS: Betr.: Dokumentation Sebastian Haffner vom 31. August 1966. Dossier. Abgedruckt in: ANONYMUS: Deutsche Geheimdienste. Von Guillaume bis Böhm. In: *Wirtschaftswoche* vom 15. November 1974. Vgl. zu dem Verfasser SCHMIDT-EENBOOM, Undercover, S. 24 f.; sowie allgemein UDO ULFKOTTE: Verschlußsache BND. 3. Aufl. München – Berlin 1997. S. 77–90.

44 ANONYMUS: Unsere Meinung. In: *Mittag* vom 23. Mai 1966. Vgl. auch J. R.: Die Wandlung des Sebastian Haffner. In: *Der Kurier* vom 18. April 1963.

45 HERMANN SCHWANN: Einführung zu der Rede Sebastian Haffners auf der Jahreshauptversammlung der «Vereinigung Deutsche Nationalversammlung» vom 18. April 1964. Typoskript, S. 3. NL Sebastian Haffner, N2523/196. Vgl. auch zu dem Rückert-Zitat SEBASTIAN HAFFNER: Apropos Rußland – China. In: *Stern* vom 28. Juli 1963; DERS.: Die im Irrtum verharren. In: *Stern* vom 26. Januar 1964; FRIEDRICH RÜCKERT: Gesammelte Gedichte. Bd. 2. Erlangen 1836. S. 408.

46 ANONYMUS: Betr.: Dokumentation Sebastian Haffner vom 31. August 1966. Dossier. Abgedruckt in: ANONYMUS: Deutsche Geheimdienste. Von Guillaume bis Böhm. In: *Wirtschaftswoche* vom 15. November 1974. [Großdruck im Original]

47 («Material») Briefentwurf von SEBASTIAN HAFFNER an Mira von Kühlheim vom 26. Juli 1963. NL Sebastian Haffner, N2523/127; («Maison de France») Briefentwurf von SEBASTIAN HAFFNER an Karl-Eduard von Schnitzler vom 16. April 1964. NL Sebastian Haffner, N2523/128. Vgl. auch Haffners Stasi-Akte: BStU, ZA, MfS – HA IX/11. AF Pressemappe; ZA, MfS – HA IX/11. AF Z I, Bd. 3; ZA, MfS – HA IX/11. AF N-II, Bd. 1, Bd. 2; ZA, MfS – F 16/HVA; ZA, MfS – F 22/HVA; allerdings auch KNABE, Charme, S. 464, Anm. 163. Vgl. auch ANONYMUS: Demokratie hängt vom außerparlamentarischen Kampf ab. In: *Neues Deutschland* vom 15. Juni 1965; ANONYMUS: Haffner: Bonns Stärkepolitik für immer gescheitert. In: *Neues Deutschland* vom 1. Juli 1965; ANONYMUS: «Kriegsvorbereitungen ruinieren unsere Finanzen». In: *Neues Deutschland* vom 9. November 1965. Eine Vielzahl weiterer zustimmender Presseartikel aus der DDR findet sich in Haffners Nachlaß. NL Sebastian Haffner, N2523/228. Vgl. zu seinen Ostkontakten auch den Briefentwurf von SEBASTIAN HAFFNER an Herrn Mochalski [Name nicht eindeutig zu entziffern.] vom 16. April 1964. NL Sebastian Haffner, N2523/135; sowie KLAUS WIEGREFE: Ein wendiger Infotainer. In: *Der Spiegel* vom 1. Juli 2002.

48 Vgl. KIELMANSEGG, Katastrophe, S. 199.

49 Vgl. SCHREIBER, Nannen, S. 264 f.; JANSSEN/KUENHEIM/SOMMER, Zeit, S. 129–139; RÖHL, Kommunismus, S. 508 f.

50 Briefentwurf von SEBASTIAN HAFFNER an Herrn Mochalski [Name nicht eindeutig zu entziffern.] vom 16. April 1964. NL Sebastian Haffner, N2523/135. Vgl. auch FEST, Verzweiflung, S. 256; sowie die Nichterwähnung Haffners bei RÖHL, Kommunismus, S. 508–519, 548–603.

51 Vgl. den Brief von PETER MERSEBURGER an Sebastian Haffner vom 25. Januar 1966. NL Sebastian Haffner, N2523/150. Vgl. die entsprechenden Rechnungen und die jeweilige Korrespondenz in NL Sebastian Haffner, N2523/150; N2523/151; N2523/152; FEST, Freund, S. 28 ff.; sowie zur wachsenden Verbreitung des Fernsehens HODENBERG, Konsens, S. 93; KIELMANSEGG, Katastrophe, S. 426.

52 Vgl. zum Callgirlring SEBASTIAN HAFFNER: *Berliner Fenster* vom 23. Februar

1967, *SFB*. Videoarchiv RBB, 203465/3; zu den Interpreten DERS.: *Berliner Fenster* vom 21. Oktober 1965, *SFB*. Videoarchiv RBB, 203086/2; sowie zu den tuschartigen Thesen etwa DERS. In: *Berliner Fenster* vom 24. Februar 1966, *SFB*. Videoarchiv RBB, 203162/3.

53 Vgl. WOLF JOBST SIEDLER: Wir waren noch einmal davongekommen. Erinnerungen. München 2004. S. 166.

54 Brief von SEBASTIAN HAFFNER an Gert von Paczensky vom 2. Juni 1966. NL Sebastian Haffner, N2523/144. Vgl. zu Paczensky und zum folgenden auch GERT VON PACZENSKY: Journalist mit Appetit. O. O. 2003. S. 100–115, 166 f., 185–203, 207–233; HODENBERG, Konsens, S. 305 f.; GERHARD LAMPE: Panorama, Report und Monitor. Geschichte der politischen Fernsehmagazine 1957–1990. Konstanz 2000. S. 25 f., 41–80.

55 («Zeitschrift, die man») SEBASTIAN HAFFNER: Wehners Eiertanz. In: *Stern* vom 30. Oktober 1966; («Lesern helfen») GERT VON PACZENSKY: Vielen Dank, lieber Leser ... In: *Deutsches Panorama* vom Februar 1966. Vgl. zum guten Verhältnis Haffner/Paczensky den Briefentwurf von SEBASTIAN HAFFNER an Gert von Paczensky vom 22. August 1963. NL Sebastian Haffner, N2523/124; sowie zu Engelmann KNABE, Charme, S. 254, 306–318.

56 Vgl. SEBASTIAN HAFFNER: Die Gruppe 47 und die Politik. [Verlaufsskizze des Dokumentarfilms] Typoskript [o. D.]. NL Hans-Werner Richter, 72/86/527; DERS.: German Report. An Intelligentsia of Demolition Men. In: *New Society* vom 17. Juni 1965; sowie zu seinem Image WOLFGANG HICKS: Das war's. In: *Die Welt* vom 30. September 1967.

57 Vgl. zu Walden den Brief von MATTHIAS WALDEN an Sebastian Haffner vom 4. Mai 1964. NL Sebastian Haffner, N2523/135; und den Briefentwurf von SEBASTIAN HAFFNER an Matthias Walden vom 24. Mai 1964. NL Sebastian Haffner, N2523/135; sowie zu Schlamm den Brief von SEBASTIAN HAFFNER an H. M. Hieronimi vom 6. September 1966. NL Sebastian Haffner, N2523/141. Im August 1963 dachte Haffner darüber nach, ob er nicht auch für *Die Zeit* arbeiten könne, verwarf diese Möglichkeit aber sofort wieder. «Ich fürchte, ich vertrage mich mit Marion Dönhoff nicht.» Briefentwurf von SEBASTIAN HAFFNER an Gert von Paczensky vom 22. August 1963. NL Sebastian Haffner, N2523/124. [Der Satz ist allerdings durchgestrichen.] Vgl. auch die Attacken auf Dönhoff in SEBASTIAN HAFFNER: Neujahrsrede an die deutsche Nation. In: *Stern* vom 10. Januar 1965; DERS.: Der Mensch ist kein Hund. In: *Stern* vom 9. Februar 1969.

58 Brief von WILLY BRANDT an Sebastian Haffner vom 22. Oktober 1965. NL Willy Brandt, WBA, A6, Mappe 50. Vgl. auch den Brief von EGON BAHR an Sebastian Haffner vom 9. September 1963. NL Sebastian Haffner, N2523/135; sowie zu Bahr VOGTMEIER, Bahr, S. 59–95; den Brief von JOHANN BAPTIST GRADL an Sebastian Haffner vom 26. Februar 1964; den Briefentwurf von SEBASTIAN HAFFNER an Johann Baptist Gradl vom 16. April 1964. NL Sebastian Haffner, N2523/134; sowie zu Gradl GRAU, Strom, S. 522 ff.

59 Vgl. die Briefe von HERMANN SCHWANN an Sebastian Haffner vom 1. September 1964, vom 15. Juni 1965 und vom 27. August 1965. NL Sebastian Haffner, N2523/135; sowie zu Schwann GALLUS, Neutralisten, S. 271 ff. Vgl. auch SEBASTIAN HAFFNER: Rede auf der Jahreshauptversammlung der «Vereinigung Deutsche Nationalversammlung» vom 18./19. April 1964. Typoskript. NL Sebastian Haffner, N2523/196; DERS.: Rede auf dem «Forum für eine deutsche Politik der Mitte und der Verständigung» vom 6. und 7. Juni 1964. Typoskript. NL Sebastian Haffner, N2523/197.

60 Vgl. den Briefentwurf von SEBASTIAN HAFFNER an Werner Hofmann vom 24. Mai 1964. NL Sebastian Haffner, N2523/134; sowie den Briefentwurf von SEBASTIAN HAFFNER an Klaus Vack vom 17. Juli 1964. NL Sebastian Haffner, N2523/159.

61 («Freunde Ulbrichts») GALLUS, Neutralisten, S. 284. [Zunächst waren es Sozialdemokraten, die dieses Schlagwort prägten.] Vgl. allgemein ebd., S. 280–286; sowie zur DDR-Verstickung HEIKE AMOS: Die Westpolitik der SED 1948/49–1961. «Arbeit nach Westdeutschland» durch die Nationale Front, das Ministerium für Auswärtige Angelegenheiten und das Ministerium für Staatssicherheit. Berlin 1999. S. 234–242, 310.

62 Briefentwurf von SEBASTIAN HAFFNER an Karl Wiemann vom 12. Februar 1964. NL Sebastian Haffner, N2523/127. Vgl. zur erwogenen Parteigründung auch ebd.; den Briefentwurf von SEBASTIAN HAFFNER an G. Schmige vom 27. November 1963. NL Sebastian Haffner, N2523/127; sowie eine unbetitelte Meldung in: *Deutsche Zeitung* vom 30. Mai 1963.

63 («Parteien») Briefentwurf von SEBASTIAN HAFFNER an Werner Hofmann vom 24. Mai 1964. NL Sebastian Haffner, N2523/134; («Professorenpartei») SEBASTIAN HAFFNER: Monatslektüre. In: *Konkret* vom April 1965.

64 CARL GUSTAF STRÖHM: Der Schuh des Propheten. In: *Christ und Welt* vom 6. März 1964; ERWIN MORHARD: Sebastian Haffners Umweg. In: *Rheinischer Merkur* vom 8. Mai 1964; Briefentwurf von SEBASTIAN HAFFNER an Erich Müller-Gangloff [o. D.; 25. Mai 1964]. NL Sebastian Haffner, N2523/135.

65 FRANZ JOSEF STRAUSS: Rede vom 17. Juli 1965 auf dem Parteitag der CSU in Nürnberg. Zitiert nach HILDEBRAND, Erhard, S. 97. Vgl. auch HARALD BIERMANN: Ideologie statt Realpolitik. Kleindeutsche Liberale und auswärtige Politik vor der Reichsgründung. Düsseldorf 2006; WINKLER, Weg, Bd. 2., S. 142 f.

66 SEBASTIAN HAFFNER: Neujahrsrede an die deutsche Nation. In: *Stern* vom 10. Januar 1965. [Haffner rekurrierte auf: MARION GRÄFIN DÖNHOFF: Provinz Europa? Ohne Amerika würden wir geistig verkümmern. In: *Die Zeit* vom 18. Dezember 1964.]; Brief von ERICH MÜLLER-GANGLOFF an Sebastian Haffner [o. D.; April/Mai 1964]. NL Sebastian Haffner, N2523/135. Vgl. zu den Reaktionen auf die Fernsehsendung den Brief von HEINZ SCHMIDT-FABER an Peter Merseburger vom 19. Januar 1966. NL Sebastian Haffner, N2523/150. [Ausgestrahlt wurde die Sendung am 18. Januar 1966. Vgl. auch die entspre-

chende Rechnung des *NDR* für Sebastian Haffner vom 14. Januar 1966. NL Sebastian Haffner, N2523/150.]

67 Sebastian Haffner: Monatslektüre. In: *Konkret* vom April 1966. [Rezension von Ernst Niekisch: Politische Schriften. Köln 1965.]; Ders.: Ernst Niekisch. In: Venohr, Porträts, («Gegenspieler»), S. 269; («Theoretiker der Weltrevolution»), S. 281 f. [Anfang der achtziger Jahre wurde der Beitrag dann in den Band *Preußische Profile* aufgenommen. Vgl. Haffner/Venohr, Profile.]

68 Vgl. Birgit Rätsch-Langejürgen: Das Prinzip Widerstand. Leben und Wirken von Ernst Niekisch. Bonn 1997; Friedrich Kabermann: Widerstand und Entscheidung eines deutschen Revolutionärs. Leben und Denken von Ernst Niekisch. Köln 1973.

69 Vgl. ebd., S. 15; Görtemaker, Leben, S. 258; Payk, Geist, S. 106 ff.; Hildebrand, Erhard, S. 429.

70 Sebastian Haffner: Bemerkung. In: Protokoll der Bergedorfer Gespräche zu Fragen der freien industriellen Gesellschaft am 2. Dezember 1963, S. 29. NL Sebastian Haffner, N2523/223; Ders.: Neujahrsrede an die deutsche Nation. In: *Stern* vom 10. Januar 1965. Vgl. zum Bergedorfer Gesprächskreis Metzler, Konzeptionen, S. 253–259.

71 Sebastian Haffner: 12 Thesen zur Deutschlandpolitik. In: *Konkret* vom März 1965. Vgl. auch Ders.: Apropos Rußland – China. In: *Stern* vom 28. Juli 1963; Ders.: Kommunismus ohne Internationale. In: *Stern* vom 11. Oktober 1964; Ders.: Das Rätsel von Ussuri. In: *Stern* vom 30. März 1969; Ders.: Nach Prag nun Peking? In: *Stern* vom 24. August 1969.

72 («Atlantischen Gemeinschaft») Sebastian Haffner: Monatslektüre. In: *Konkret* vom September 1965; («Mühlstein» und «Switzerland») Ders.: Going into Europe. In: *Encounter* (20) vom März 1963. S. 75 f. Vgl. zum Scheitern von UNO und europäischer Einigung Ders.: Einsturz. In: *Stern* vom 26. September 1965; Ders.: Bemerkung. In: Protokoll der Bergedorfer Gespräche zu Fragen der freien industriellen Gesellschaft am 2. Dezember 1963, S. 29. NL Sebastian Haffner, N2523/223; sowie zu dem Disraeli-Zitat Paul Smith: Disraeli. A Brief Life. Cambridge – New York – Melbourne 1996. S. 162 f.

73 («Jede echte») Sebastian Haffner: Kommunismus ohne Internationale. In: *Stern* vom 11. Oktober 1964; («Es wird immer») Ders.: Der Mantel Gottes. In: *Stern* vom 24. Mai 1965. Vgl. auch Ders., Todsünden, S. 22; Ders.: Monatslektüre. In: *Konkret* vom Juni 1964.

74 («Gaullist») Sebastian Haffner: Wenn de Gaulle ein Deutscher wäre. In: *Stern* vom 16. August 1964; («Endpunkt») Carlo Schmid: Erinnerungen. Bern – München – Wien 1979. S. 751. Vgl. zu Haffner auch Klaus Bresser: Ist de Gaulle ein Unglück? WDR-Gespräch über unsere Außenpolitik. In: *Kölner Stadt-Anzeiger* vom 6. Mai 1963; zu den sogenannten «Gaullisten» in den Unionsparteien Kielmansegg, Katastrophe, S. 189; allgemein Geiger, Atlantiker; sowie zu de Gaulles Spott Hildebrand, Erhard, S. 172

75 William S. Schlamm: Ein deutscher de Gaulle? In: *Welt am Sonntag* vom

7. März 1965. Zitiert nach DERS.: Am Rande des Bürgerkriegs. Berlin 1970. S. 8–11. Schlamm freilich maß der Staatsideologie der Sowjetunion sehr wohl Bedeutung bei. Vgl. ebd.; sowie zu Mohler LAAK, Gespräche, S. 259 f.

76 («Lieblingsthema») HODENBERG, Konsens, S. 383. Vgl. ebd., S. 383 f.; KIELMANSEGG, Katastrophe, S. 193 f.

77 («Fiktionspolitik») SEBASTIAN HAFFNER: So tun als ob. In: *Stern* vom 21. April 1963; («Marshallplan») DERS.: Neujahrsvorsatz, fortgesetzt. In: *Stern* vom 19. Januar 1964. Vgl. auch DERS.: Rede auf der Jahreshauptversammlung der «Vereinigung Deutsche Nationalversammlung» vom 18. April 1964. Typoskript, S. 35–40. NL Sebastian Haffner, N2523/196; sowie zu den «Passierscheinabkommen» MERSEBURGER, Brandt, S. 450–457.

78 SEBASTIAN HAFFNER: Die bedingungslose Integration. In: KARL DIETRICH BRACHER (Hrsg.): Nach 25 Jahren. Eine Deutschland-Bilanz. 2. Aufl. München 1970. S. 9–27, hier: S. 25. Vgl. auch SEBASTIAN HAFFNER: Ausgerechnet Rumänien. In: *Stern* vom 25. September 1966; EIBL, Politik, S. 257–278; sowie allgemein TORSTEN OPPELLAND: Gerhard Schröder (1910–1989). Politik zwischen Staat, Partei und Konfession. Düsseldorf 2002.

79 SEBASTIAN HAFFNER: ... und eh man dir's gebeut. In: *Stern* vom 28. Februar 1965. Vgl. auch HILDEBRAND, Erhard, S. 111–118; SCHÖLLGEN, Geschichte, S. 216 ff.

80 SEBASTIAN HAFFNER: Kraftprobe ohne Kraft. In: *Stern* vom 28. März 1965.

81 SEBASTIAN HAFFNER: Dünngemacht. In: *Stern* vom 10. November 1963.

82 Vgl. HILDEBRAND, Erhard, S. 22f, 83 ff., 172 f.; SCHÖLLGEN, Geschichte, S. 169 ff., 238 ff.

83 SEBASTIAN HAFFNER: Wendemarke. In: *Stern* vom 18. August 1963; DERS.: Das Jahr der Kehrtwendung. In: *Stern* vom 5. Januar 1964.

84 («Wahnsinn») SEBASTIAN HAFFNER: Der 8. Mai. In: *Stern* vom 17. Mai 1965; («selbstmörderisch») DERS.: Respekt vor dem Alten. In: *Stern* vom 28. August 1966. Vgl. auch DERS.: So haben wir nicht gewettet. In: *Stern* vom 13. März 1966.

85 («Friedensblock») SEBASTIAN HAFFNER: Der Mantel Gottes. In: *Stern* vom 24. Mai 1965; («appeasement um jeden Preis») PETER GRAF KIELMANSEGG: Das Buch der Woche. Typoskript, S. 4. NL Sebastian Haffner, N2523/294. [Rezension von HAFFNER, Überlegungen; ausgestrahlt vom *HR* am 17. August 1980.]

86 Vgl. HODENBERG, Konsens, S. 282–360.

87 Vgl. ebd.; sowie MOSES, Intellectuals, bes. S. 160–185.

88 KARL JASPERS: Wohin treibt die Bundesrepublik? Tatsachen, Gefahren, Chancen. München 1966. Vgl. zu Augstein MERSEBURGER, Augstein, S. 170–212. Siehe zu von Paczensky oben S. 279 f.

89 Vgl. PHILIPP-CHRISTIAN WACHS: Der Fall Theodor Oberländer (1905–1998). Ein Lehrstück deutscher Geschichte. Frankfurt a. M. – New York 2000; WOLFRUM, Bundesrepublik, S. 342–350; DERS., Waffe, S. 110 ff.; DETLEF SIEGFRIED: Zwischen Aufarbeitung und Schlußstrich. Der Umgang mit der

NS-Vergangenheit in den beiden deutschen Staaten 1958 bis 1969. In: Axel Schildt/Detlef Siegfried/Karl Christian Lammers (Hrsg.): Dynamische Zeiten. Die 60er Jahre in beiden deutschen Gesellschaften. Hamburg 2000. S. 77–113, hier: S. 78–99, 101, 108; sowie allgemein Kielmansegg, Katastrophe, S. 353 f.; Hildebrand, Erhard, S. 135 f., 202 f., 210, 237 ff., 420–424.

90 Sebastian Haffner: Justizreform an Haupt und Gliedern. In: *Stern* vom 30. Juni 1963. Vgl. zur Kampagne der DDR sowie zur Rezeption in der Bundesrepublik Marc von Miquel: Ahnden oder amnestieren? Westdeutsche Justiz und Vergangenheitspolitik in den sechziger Jahren. Göttingen 2004. S. 27–142; sowie zu Haffners sonstiger Kulanz Sebastian Haffner: Fellenz und Frauendorfer oder Grenzen des Vergessens. In: *Stern* vom 10. Februar 1963; Ders.: Neues Unrecht. In: *Stern* vom 15. September 1963. Im Februar 1965 wandte sich Haffner allerdings entschieden gegen eine Verjährung von NS-Verbrechen. Vgl. Ders.: Mord bleibt Mord. In: *Stern* vom 14. Februar 1965.

91 Vgl. Sebastian Haffner: Neues Unrecht. In: *Stern* vom 15. September 1963; Ders.: Mord bleibt Mord. In: *Stern* vom 14. Februar 1965; sowie Fritz Bauer: Justiz als Symptom. In: Hans Werner Richter (Hrsg.): Bestandsaufnahme. Eine deutsche Bilanz 1962. Sechsunddreißig Beiträge deutscher Wissenschaftler, Schriftsteller und Publizisten. München – Wien – Basel 1962. S. 221–232, hier: S. 222.

92 («Obrigkeitsstaat») Sebastian Haffner: Justizreform an Haupt und Gliedern. In: *Stern* vom 30. Juni 1963; («Willkürherrschaft») Ders.: Ein antidemokratisches Manifest. In: *Stern* vom 24. November 1963; («Staatsgeheimnis») Ders.: Blind in den Abgrund. In: *Stern* vom 12. April 1965; («Autorität») Ders.: Woran sind die Deutschen krank? In: *Stern* vom 29. November 1964. Vgl. zu seinen Vorschlägen für eine Strafrechtsreform auch Ders.: Lebenslänglich in U-Haft? In: *Stern* vom 11. August 1963; sowie zur Wirkung von Haffners Einlassungen Jörg Requate: Standespolitik als Gesellschaftspolitik. Zur Debatte um den Reformbedarf der Justiz in den 60er Jahren. In: Axel Schildt/Detlef Siegfried/Karl Christian Lammers (Hrsg.): Dynamische Zeiten. Die 60er Jahre in beiden deutschen Gesellschaften. Hamburg 2000. S. 424–443, hier: S. 429 ff.

93 Vgl. Michael Schneider: Demokratie in Gefahr? Der Konflikt um die Notstandsgesetze. Sozialdemokratie, Gewerkschaften und intellektueller Protest 1958–1968. Bonn 1986; Wolfgang Kraushaar: Die Furcht vor einem «neuen 33». Protest gegen die Notstandsgesetzgebung. In: Geppert/Hacke, Streit, S. 135–150.

94 Sebastian Haffner: 1932. In: *Stern* vom 6. Juni 1965; Ders.: Unheimlich. In: *Stern* vom 30. Mai 1965; («gute Nacht!») H. Wagner: Stern Briefe. In: *Stern* vom 20. Juni 1965. Vgl. auch Harry Fink u. andere Leser: Stern Briefe. In: *Stern* vom 20. Juni 1965.

95 Vgl. allgemein Kielmansegg, Katastrophe, S. 428–431.

96 Vgl. Sebastian Haffner: Das Signal aus Berlin. In: *Stern* vom 10. März 1963; Ders.: Vier Punkte für die Opposition. In: *Stern* vom 16. Februar 1964; Ders.:

Erhard-Dämmerung. In: *Stern* vom 31. Juli 1966, DERS.: Erhards Ermächtigungsgesetz. In: *Stern* vom 2. Oktober 1966; sowie allgemein GÖRTEMAKER, Geschichte, S. 438–443; AUGUST H. LEUGERS-SCHERZBERG: Die Wandlungen des Herbert Wehner. Von der Volksfront zur Großen Koalition. Berlin – München 2002. S. 278–286, 308–313, 329–339.

97 («Grundsolides») SEBASTIAN HAFFNER: Monatslektüre. In: *Konkret* vom April 1965. Vgl. zu Brandt DERS.: Die im Irrtum verharren. In: *Stern* vom 26. Januar 1964; DERS.: Weder – noch! In: *Stern* vom 22. November 1964; DERS.: Die ängstlichen Deutschen. In: *Stern* vom 8. Mai 1966; zur Verteidigung der Emigranten DERS.: Wir Emigranten. In: *Stern* vom 17. Oktober 1965; sowie zu den Vorwürfen gegen Brandt MERSEBURGER, Brandt, S. 478 f.

98 SEBASTIAN HAFFNER: Monatslektüre. In: *Konkret* vom April 1965.

99 SEBASTIAN HAFFNER: Die Deutschen brauchen keine großen Männer. Zu Adenauers Abschied. In: *Stern* vom 20. Oktober 1963. Vgl. zu Adenauers Ansehen SCHWARZ, Staatsmann, S. 853–868; sowie zu Haffners Kritik an Höcherl und Lübke SEBASTIAN HAFFNER: Der Amtseid der Minister. In: *Stern* vom 13. Oktober 1963; DERS.: Bluff mit Verfassungsverrat. In: *Stern* vom 29. Mai 1966.

100 SEBASTIAN HAFFNER: Der Adenauer hatte recht. In: *Stern* vom 1. August 1965; («Blähungen») DERS.: Respekt vor dem Alten. In: *Stern* vom 28. August 1966; («Michaelis») DERS.: Weder – noch! In: *Stern* vom 22. November 1964; («Pfuscher») SEBASTIAN HAFFNER: Monatslektüre. In: *Konkret* vom September 1966.

101 SEBASTIAN HAFFNER: Kanzler ohne Opposition. In: *Stern* vom 17. November 1963; («Schulklasse») DERS.: Fall Seebohm – Fall Erhard. In: *Stern* vom 7. Juni 1964. Vgl. auch DERS.: Das Njet aus Bonn. In: *Stern* vom 8. März 1964; DERS.: Wenn man nicht aufpaßt. In: *Stern* vom 15. März 1964.

102 SEBASTIAN HAFFNER: Rede auf der Jahreshauptversammlung der «Vereinigung Deutsche Nationalversammlung» vom 18. April 1964. Typoskript, S. 7, 30. NL Sebastian Haffner, N2523/196.

103 SEBASTIAN HAFFNER: Monatslektüre. In: *Konkret* vom März 1966.

104 SEBASTIAN HAFFNER: Monatslektüre. In: *Konkret* vom September 1966.

105 SEBASTIAN HAFFNER: Zum Fall Havemann. In: *Stern* vom 5. April 1964. Vgl. allgemein WEBER, DDR, S. 67.

106 SEBASTIAN HAFFNER: Bemerkung. In: Sebastian Haffner im Gespräch mit Walter Bittermann. Ein Film von Walter Bittermann. Typoskript, S. 28. NL Sebastian Haffner, N2523/184. [Ausgestrahlt vom *SWF* am 31. Juli 1981.] Vgl. auch FEST, Freund, S. 31.

107 Brief von SEBASTIAN HAFFNER an die Europäische Verlagsanstalt GmbH [ohne namentliche Anrede] vom 4. Juli 1966. NL Sebastian Haffner, N2523/164. Vgl. auch den Briefentwurf von SEBASTIAN HAFFNER an Andreas J. Meyer vom 16. April 1968. NL Sebastian Haffner, N2523/164.

108 Vgl. die Briefe von KURT KUSENBERG an Sebastian Haffner vom 16. September 1965, vom 7. April und 19. August 1966 sowie den Verlagsvertrag zwischen Haffner und dem Rowohlt Taschenbuch Verlag vom 11. Oktober 1965. NL Se-

bastian Haffner, N2523/164. Vgl. HAFFNER, Churchill. Vorabgedruckt in elf Folgen unter dem Titel «Churchills Leben», beginnend im *Deutschen Panorama* vom Oktober 1966, endend im *Deutschen Panorama* vom 16. Februar 1967.

109 Vgl. PETER DE MENDELSSOHN: Churchill. Sein Weg und seine Welt. Bd. 1. Erbe und Abenteuer. Die Jugend Winstons Churchills 1874–1914. Freiburg i. Brsg. 1957. Vgl. dazu auch PAYK, Geist, S. 290–300, bes. S. 296 f., 339 f.

110 Vgl. HAFFNER, Churchill, S. 41–46, 80–83.

111 Ebd., S. 161 f. Vgl. auch ebd., S. 46–50, 53–59.

112 Ebd., S. 28 f.

113 ARMIN MOHLER: Loblied auf den strategischen Dämon. In: *Die Welt* vom 24. April 1967. [Rezension von HAFFNER, Churchill.] Vgl. auch HAFFNER, Churchill, S. 28–31, 33–37, 60–75, 106–155.

114 GEOFFREY BEST: Churchill. A Study in Greatness. London – New York 2001. S. 330. Vgl. auch JONATHAN ROSENBERG: Before the Bomb and After: Winston and the Use of Force. In: JOHN LEWIS GADDIS u. a. (Hrsg.): Cold War Statesmen Confront the Bomb. Nuclear Diplomacy since 1945. Oxford u. a. 1999. S. 171–193, hier: S. 172 ff.

115 HAFFNER, Churchill, («Fehleinschätzung»), S. 144, («Faschist») S. 85. Vgl. zum Bombenkrieg auch ROLF HOCHHUTH: Soldaten. Nekrolog auf Genf. Tragödie. Reinbek bei Hamburg 1967; zum Verhältnis Haffner/Hochhuth SEBASTIAN HAFFNER: Der Papst, der schwieg. In: *Stern* vom 7. April 1963; sowie zum britischen Faschismus CHRISTINA BUSSFELD: «Democracy versus Dictatorship»: Die Herausforderung des Faschismus und Kommunismus in Großbritannien 1932–1937. Paderborn u. a. 2001. S. 70–79. Vgl. aber auch zu Churchills Sympathiebekundungen für Mussolini HANS WOLLER: Churchill und Mussolini. Offene Konfrontation oder geheime Kooperation. In: *VfZ* 49 (2001), S. 563–594, hier: S. 566–576.

116 BOVERI, Selbstüberhebung, S. 391.

117 HAFFNER, Der neue Krieg, («Schlüsselbüchern») S. 5, («weltverändernden Entdeckungen») S. 6, («größtes Ereignis») S. 9. Haffner hatte die Oktoberrevolution das «wichtigste Ereignis des 20. Jahrhunderts» genannt. DERS.: Monatslektüre. In: *Konkret* vom Mai 1965.

118 SEBASTIAN HAFFNER: Caesar nach Hitler. In: *Merkur* (37) vom Januar 1983. S. 89–94, hier: S. 94. Vgl. des weiteren SEBASTIAN HAFFNER: Ein Wort für Stalin. In: *Stern* vom 17. März 1963; DERS.: Monatslektüre. In: *Konkret* vom August 1965; zu Haffners Personenkult generell FEST, Freund, S. 30; sowie zu den revolutionären Momenten im Mao-Essay HAFFNER, neue Krieg, S. 22, 27–32.

119 Vgl. zu Mao und Clausewitz ebd.; S. 14–22; zur Bagatellisierung der Grausamkeiten ebd., S. 21; sowie zur Kritik an seinen Ausführungen über Clausewitz BEATRICE HEUSER: Clausewitz lesen! Eine Einführung. München 2005. S. 178 ff.

120 SEBASTIAN HAFFNER: Monatslektüre. In: *Konkret* vom Juni 1966. [Rezension

von ANDREAS HILLGRUBER: Hitlers Strategie. Politik und Kriegführung 1940–1941. Frankfurt a. M. 1965.] Vgl. zu den Verkehrstoten SEBASTIAN HAFFNER: Noch Spaß am Auto? In: *Stern* vom 29. August 1965.

121 Vgl. SEBASTIAN HAFFNER: Monatslektüre. In: *Konkret* vom Mai 1964. [Rezension von THOMAS MANN: Doktor Faustus.]; SEBASTIAN HAFFNER: Monatslektüre. In: *Konkret* vom Februar 1966 [Rezension von THOMAS MANN: Briefe 1948–1955 und Nachlese. Hrsg. von ERIKA MANN. Frankfurt a. M. 1965.]; sowie allgemein FEST, Freund, S. 36.

122 SEBASTIAN HAFFNER: Monatslektüre. In: *Konkret* vom Februar 1965.

123 Vgl. SEBASTIAN HAFFNER: Die Weisheit Henry Fords. In: *Stern* vom 16. Juni 1963.

124 SEBASTIAN HAFFNER: Noch Spaß am Auto? In: *Stern* vom 29. August 1965. Vgl. allgemein KIELMANSEGG, Katastrophe, S. 424 ff.; zu Haffners Fahrkünsten SOUKUP, Deutscher, S. 186 f.; sowie die Unterlagen zu Verkehrsstrafen und Unfällen sowie die zahlreichen Rechnungen für Reparaturen. NL Sebastian Haffner, N2523/179, N2523/180.

125 SEBASTIAN HAFFNER: Sie werden schon sehen, wohin das führt. In: *Deutsches Panorama* vom Mai 1966. [Nachdruck unter dem Titel: Unser sinkender Lebensstandard. In: DERS., Variationen, S. 326–335.]

126 SEBASTIAN HAFFNER: Schwarz und Weiß. In: *Stern* vom 5. September 1965; («Absurd») HELMUT KOSSODO: Stern Briefe. In: *Stern* vom 26. September 1965. Vgl. auch zum Ku-Klux-Klan ARMIN E. MRUCK: Stern Briefe. In: *Stern* vom 26. September 1965.

127 SEBASTIAN HAFFNER: Wider die allgemeine Sex-Pflicht. In: *Deutsches Panorama* vom Februar 1966. Vgl. allgemein zur Geschlechterthematik KIELMANSEGG, Katastrophe, S. 400–407.

128 («Resignation») SEBASTIAN HAFFNER: Warum sie heiraten. In: *Deutsches Panorama* vom April 1966; («Weltrekordleistung») DERS.: Ist die Ehe morgen tot? In: *Stern* vom 28. Januar 1968; («Polygamie») DERS.: Das Sterben der Ehe. In: CHRISTA ROTZOLL (Hrsg.): Emanzipation und Ehe. 2. Aufl. München 1969. S. 11–31, hier: S. 28 f. [Zuerst 1968] Vgl. auch SEBASTIAN HAFFNER: Gebt den Müttern ein Gehalt! In: *Deutsches Panorama* vom Juli 1966.

129 HAFFNER, Das Sterben der Ehe; («unglückliche Frau») DERS., Müttern ein Gehalt, In: *Deutsches Panorama* vom Juli 1966. Vgl. zum allgemeinen Trend KIELMANSEGG, Katastrophe, S. 429.

130 Brief von ERIKA PRETZEL an Sigmund Neumann vom 16. Januar 1959. NL Sebastian Haffner, N2523/181. Vgl. auch JANA SIMON: Das fehlende Kapitel. In: *Der Tagesspiegel* vom 30. Januar 2001.

131 Vgl. zur Wohnung den Brief der Preußischen Vermögensverwaltung-Aktiengesellschaft an das Bezirksamt Zehlendorf vom 4. Oktober 1957. NL Sebastian Haffner, N2523/165; zum Tod Erika Pretzels den Brief von ULRICH PRETZEL an Raimund Pretzel vom 26. Dezember 1969. NL Sebastian Haffner, N2523/68; sowie zum familiären Hintergrund SARAH HAFFNER: Eine andere Farbe. Ge-

schichten aus meinem Leben. Berlin 2001. S. 70, 75; den Brief von Erika Pretzel an Raimund Pretzel vom 25. August 1964. NL Sebastian Haffner, N2523/63; zu Haffners Reisen den Briefentwurf von Sebastian Haffner an Johann Baptist Gradl vom 16. April 1964. NL Sebastian Haffner, N2523/134.

132 Vgl. die Postkarte von Christa Rotzoll an Sebastian Haffner vom 26. August 1960. NL Sebastian Haffner, N2523/13. Haffner hat auch schon in den sechziger Jahren bei längeren Hamburg-Aufenthalten bei Rotzoll gewohnt, die ihrerseits berichtet hat, sie habe ihren ersten Mann, allerdings erfolglos, zur Scheidung anstiften wollen. Vgl. die Anschrift auf dem Brief von Sebastian Haffner an Hans Werner Richter vom 28. August [?] 1964. NL Hans Werner Richter, 72/86/527; Christa Rotzoll: Frauen und Zeiten. Porträts. München 1991. S. 132. [Zuerst 1987]

133 («anständiger Mann») Haffner, Das Sterben der Ehe, S. 28; («zu Hause») Ders.: Der Mann und die Herrlichkeit. In: *Deutsches Panorama* vom März 1966.

134 («Selbstmitleid») Sarah Haffner, Farbe, S. 51; («aufmüpfige Künstlerin») zitiert nach Jana Simon: Das fehlende Kapitel. In: *Der Tagesspiegel* vom 30. Januar 2001; («achtbaren») Sebastian Haffner: Immer feste druff ... auf die Jugend! In: *Deutsches Panorama* vom September 1966.

135 Vgl. Volker Zastrow: Ein Preuße mit britischem Paß. Sebastian Haffner wird achtzig Jahre alt. In: *FAZ* vom 24. Dezember 1987.

136 («Knallfrosch») Sebastian Haffner: Bemerkung. In: Sebastian Haffner im Gespräch mit Walter Bittermann. Ein Film von Walter Bittermann. Typoskript, S. 27. NL Sebastian Haffner, N2523/184. [Ausgestrahlt vom *SWF* am 31. Juli 1981.]; («Schmähpost») Sebastian Haffner: Originalton. In: *Berliner Fenster* vom 24. Februar 1966, *SFB*. Videoarchiv RBB, 203178/3. Sogar zeitgenössisch ist die Bezeichnung «Knallfrosch» belegt. Ders.: Rede auf dem «Forum für eine deutsche Politik der Mitte und der Verständigung» vom 6. und 7. Juni 1964. Typoskript, S. 1. NL Sebastian Haffner, N2523/197.

137 Brief von Peter Merseburger an Sebastian Haffner vom 3. August 1965. NL Sebastian Haffner, N2523/150. Vgl. auch Sebastian Haffner: Monatslektüre. In: *Konkret* vom Oktober 1964; Ders.: Rede auf dem «Forum für eine deutsche Politik der Mitte und der Verständigung» vom 6. und 7. Juni 1964. Typoskript, S. 6 ff. NL Sebastian Haffner, N2523/197.

138 («Wucht») Briefentwurf von Sebastian Haffner an G. Schmige vom 27. November 1963. NL Sebastian Haffner, N2523/127; («taktisch») Briefentwurf von Sebastian Haffner an Frau Michels vom 27. November 1963. NL Sebastian Haffner, N2523/130.

8. «Der Besuch des liberalen Onkels bei den jungen Linken»? (1966–1969)

1 Haffner über sein Engagement bei *Konkret.* SEBASTIAN HAFFNER: Originalton. Aus: Gespräch in Zwei – Konrad Franke im Gespräch mit Sebastian Haffner. Schallarchiv RB, 0261576. [Ausgestrahlt von *RB* am 31. Januar 1988.]

2 PETER GLOTZ: Von Heimat zu Heimat. Erinnerungen eines Grenzgängers. 2. Aufl. Berlin 2005. S. 116 f.; VOLKER ZASTROW: Ein Preuße mit britischem Paß. In: *FAZ* vom 24. Dezember 1987.

3 Vgl. zu den folgenden Ausführungen GILCHER-HOLTEY, Bewegung; DIES.: Kritische Theorie und Neue Linke. In: DIES. (Hrsg.): 1968. Vom Ereignis zum Gegenstand der Geschichtswissenschaft. Göttingen 1998. S. 168–187; WOLFRUM, Bundesrepublik, S. 329–342; HILDEBRAND, Erhard, S. 368–383; GÖRTEMAKER, Geschichte, S. 475–491; SIMON KIESSLING: Die antiautoritäre Revolte der 68er. Postindustrielle Konsumgesellschaft und säkulare Religionsgeschichte der Moderne. Köln – Weimar – Wien 2006. Von den neueren Gesamtdarstellungen akzentuiert Norbert Frei besonders den freiheitlichen Impetus der Revolte von 1968, während Götz Aly vor allem die totalitären Züge der Jugendbewegung hervorhebt und Wolfgang Kraushaar den aufbegehrenden Studenten eine romantische Sehnsucht nach Ursprünglichkeit und Natürlichkeit zuschreibt. Vgl. NORBERT FREI: 1968. Jugendrevolte und globaler Protest. Bonn 2008. Bes. S. 216 f.; ALY, Kampf, S. 115–120, bes. S. 169–174; KRAUSHAAR, Achtundsechzig, S. 253–285.

4 Vgl. RÖDDER, Bundesrepublik, S. 212.

5 SEBASTIAN HAFFNER: Das Signal aus Berlin. In: *Stern* vom 10. März 1963; DERS.: Das Selbsttor der SPD. In: *Stern* vom 18. Dezember 1966. Vgl. auch DERS.: Erhards Ermächtigungsgesetz. In: *Stern* vom 2. Oktober 1966.

6 Vgl. WINKLER, Weg, Bd. 2, S. 239 f.; HILDEBRAND, Erhard, S. 241–259.

7 SEBASTIAN HAFFNER: Parlamentsbankrott. In: *Stern* vom 26. Mai 1968; DERS.: Freiheit auf Abruf. In: *Stern* vom 28. April 1968. Vgl. auch DERS.: Kommt der Faschismus wieder? In: *Deutsches Panorama* vom 25. Mai 1967; DERS.: Sieg der Untertanen. In: *Stern* vom 16. Juni 1968.

8 FEST, Dilemma, («Popanzcharakter») S. 421, («Schindluder») S. 422, («gegenwärtige Regime») S. 431. Vgl. auch ebd., S. 433; sowie zu seiner angeblichen Unabhängigkeit DERS., Ich, S. 359–363.

9 SEBASTIAN HAFFNER: Monatslektüre. In: *Konkret* vom April 1967. Vgl. auch DERS.: Wozu das Wahlrecht ändern? In: *Stern* vom 22. Januar 1967; DERS.: Wer ist schon Herr Kohl? In: *Stern* vom 13. August 1967; sowie PHILIPP GASSERT: Kurt Georg Kiesinger 1904–1988. Kanzler zwischen den Zeiten. München 2006. S. 593 f.; WINKLER, Weg, Bd. 2, S. 240 ff., 252.

10 SEBASTIAN HAFFNER: Die FDP am Scheidewege. In: *Stern* vom 2. April 1967. Vgl. DERS.: Wozu das Wahlrecht ändern? In: *Stern* vom 22. Januar 1967; DERS.:

Das kann ins Auge gehen. In: *Stern* vom 14. Januar 1968; DERS.: Monatslektüre. Ein CDU-mehrheitsbildendes Wahlrecht. In: *Konkret* vom September 1968. Vgl. allgemein auch HILDEBRAND, Erhard, S. 352–365.

11 Vgl. SEBASTIAN HAFFNER: Die FDP am Scheidewege. In: *Stern* vom 2. April 1967; HENRI NANNEN: Offener Brief an eine kleine Partei. In: *Stern* vom 9. April 1967; ERICH MENDE: Von Wende zu Wende 1962–1982. München – Berlin 1986. S. 256 f.; GÖRTEMAKER, Geschichte, S. 470–474; SCHWERIN, Nannen, S. 91–116.

12 SEBASTIAN HAFFNER: Ich bin gegen ein NPD-Verbot. In: *Stern* vom 20. Oktober 1968. Vgl. zur NPD auch DERS.: Hecht im Karpfenteich. In: *Stern* vom 24. April 1966; DERS.: Wer hat Angst vor der NPD? In: *Stern* vom 4. Dezember 1966; DERS.: Steuergeld für NPD und DKP? In: *Stern* vom 22. Dezember 1968.

13 SEBASTIAN HAFFNER: Monatslektüre. In: *Konkret* vom Februar 1967; SEBASTIAN HAFFNER: Monatslektüre. In: *Konkret* vom April 1967. Vgl. auch SEBASTIAN HAFFNER: Ist die Bundesrepublik zu retten? In: *Stern* vom 5. Mai 1968.

14 («dümmer») SEBASTIAN HAFFNER: Warum sind Politiker dümmer? In: *Stern* vom 18. August 1968. Vgl. zur Kritik an der politischen Klasse auch DERS.: Im Dutzend billiger. In: *Stern* vom 3. September 1967. DERS.: Geflügel für Wertpapiere. In: *Stern* vom 24. September 1967. («Diese Generation») DERS.: Mord an der Zukunft? In: *Stern* vom 25. Februar 1968. Vgl. zur «skeptischen Generation» HELMUT SCHELSKY: Die skeptische Generation. Eine Soziologie der deutschen Jugend. Düsseldorf – Köln 1957; sowie als Korrektiv zu Haffner HACKE, Philosophie, S. 27–35; MOSES, Intellectuals, S. 58–65.

15 FEST, Freund, S. 53.

16 Vgl. SEBASTIAN HAFFNER: Schiller macht's möglich. In: *Stern* vom 31. August 1969; DERS.: Worum es bei der Wahl geht. In: *Stern* vom 28. September 1969. Vgl. auch allgemein HILDEBRAND, Erhard, S. 320–323, 402 f.

17 («Heimat») SEBASTIAN HAFFNER: Fängt sich die SPD? In: *Stern* vom 7. April 1968; («Friedenspolitik») DERS.: Grassierende Schwindsucht. In: *Stern* vom 20. Juli 1969; («Mittelparteien») DERS.: Fängt sich die SPD? In: *Stern* vom 7. April 1968. Vgl. DERS.: Worum es bei der Wahl geht. In: *Stern* vom 28. September 1969. Vgl. auch zu seiner Kritik an der SPD in den vorangegangenen Jahren DERS.: Ist die SPD am Ende? In: *Stern* vom 22. Oktober 1967; DERS.: Die Toten reiten schnell. In: *Stern* vom 19. Mai 1968.

18 SEBASTIAN HAFFNER: ‹Kampfbund Schwarz-Weiß-Rot›. In: *Stern* vom 23. März 1969; DERS.: Die beste NPD, die es je gab. In: *Stern* vom 1. Juni 1969. Vgl. auch DERS.: Das große Duell. In: *Stern* vom 6. Juli 1969; DERS.: Strauß und der Rechtsstaat. In: *Stern* vom 17. August 1969; DERS.: Worum es bei der Wahl geht. In: *Stern* vom 28. September 1969; sowie die Kritik von ARTHUR RATHKE: Haffner mit der braunen Brille. In: *Stern* vom 22. Juni 1969.

19 Vgl. GASSERT, Kiesinger, 69–87, 105–149, 176–190, 243–256, 333–336, 480–492, sowie zu Haffners Kritik an Kiesinger in der Ausgabe des *Berliner Fensters*

vom 25. April 1968 ANONYMUS: Zum Berliner Fenster hinaus. In: *Funk-Korrespondenz* vom 14. Juni 1968.

20 SEBASTIAN HAFFNER: Nachwort zu einer Ohrfeige. In: *Stern* vom 24. November 1968. Vgl. zu Haffners Warnung vor einer Wahl Kiesingers 1966 DERS.: Wer hat Angst vor der NPD? In: *Stern* vom 4. Dezember 1966. [Die Kolumne dürfte, wie immer, einige Tage früher erschienen sein, als es das auf der Titelseite angegebene Datum besagt.]; zu seiner vergleichsweise freundlichen Einschätzung Kiesingers DERS.: Dürftige Antwort aus Bonn. In: *Stern* vom 2. Juli 1967, zum geforderten prinzipiellen Amtsverzicht für ehemalige Nationalsozialisten DERS.: Mord an der Zukunft? In: *Stern* vom 25. Februar 1968; DERS.: Ist die Bundesrepublik zu retten? In: *Stern* vom 5. Mai 1968; sowie zum Hintergrund GASSERT, Kiesinger, S. 631 ff., 648–659; zum allgemeinen Ansehen Kiesingers WINKLER, Weg, Bd. 2, S. 268; HODENBERG, Konsens, S. 373–382. Anders als Haffner äußerte sich Henri Nannen, der eingedenk seiner eigenen Vergangenheit um Nachsicht für nationalsozialistische Mitläufer wie Kiesinger und ihn selbst warb. Vgl. ebd., S. 381.

21 Brief von SEBASTIAN HAFFNER an Franz Barsig vom 4. Mai 1968. NL Sebastian Haffner, N2523/152. Vgl. auch zur Autorität der Studentenbewegung GILCHER-HOLTEY, Bewegung, S. 56 f.; sowie zur einseitigen Verteilung der Vorwürfe GASSERT, Kiesinger, S. 522; HARTMUT SOELL: Helmut Schmidt 1918–1969. Vernunft und Leidenschaft. München 2003. S. 173; TORBEN LÜTJEN: Karl Schiller (1911–1994). «Superminister» Willy Brandts. Bonn 2007. S. 53 f.

22 SEBASTIAN HAFFNER: Bemerkungen. In: DERS., Engländer, S. 68 f. Vgl. zu Nannen SCHMIDT-EENBOOM, Undercover, S. 178–196; SCHREIBER, Nannen, S. 71–155; zu Höfer UWE KAMMANN: Spätschoppen. Der Fall Werner Höfer. In: LUTZ HACHMEISTER/FRIEDEMANN SIERING (Hrsg.): Die Herren Journalisten. Die Elite der deutschen Presse nach 1945. München 2002. S. 213–237; GEISLER, Nazis, S. 248–251.

23 SEBASTIAN HAFFNER: Der Bundespräsident. In: *Stern* vom 27. Februar 1966. Vgl. auch DERS., Bismarck, S. 269 f.; sowie zum Hintergrund RUDOLF MORSEY: Heinrich Lübke. Eine politische Biographie. Paderborn u. a. 1996. S. 505–535. Demnach waren die Baupläne, die Norden vorlegte, wohl tatsächlich von Lübke. Viel spricht allerdings dafür, daß der Aktendeckel, der die Zeichnungen erst einem Konzentrationslager zuordnete, gefälscht worden ist. Vgl. ebd., S. 513. Außerdem hatte Lübke Mitte der dreißiger Jahre fast zwei Jahre im Gefängnis verbracht, was ihn vom Gros der Deutschen wohl abhob. Vgl. ebd., S. 89–117.

24 SEBASTIAN HAFFNER: Ist die SPD am Ende? In: *Stern* vom 22. Oktober 1967. Vgl. auch DERS.: Wer ist schon Herr Kohl? In: *Stern* vom 13. August 1967; DERS.: Die Richtung stimmt nicht. In: *Stern* vom 7. Januar 1968; sowie zur Kampagne gegen Lübke SCHREIBER, Nannen, S. 290–294; MORSEY, Lübke, S. 536–572.

25 («Manifestationen») SEBASTIAN HAFFNER: Immer feste druff … auf die Jugend!

In: *Deutsches Panorama* vom September 1966. Noch im Mai 1967 hatte er sich, was die Gefahr eines faschistischen Regimes in der Bundesrepublik anging, ziemlich zurückhaltend geäußert. Vgl. DERS.: Kommt der Faschismus wieder? In: *Deutsches Panorama* vom 25. Mai 1967; sowie zum Hintergrund LARGE, Berlin, S. 455 ff.; RICHTER, Opposition, S. 35 ff.; KIELMANSEGG, Katastrophe, S. 326 f.; SCHUSTER, Albertz, S. 199–226.

26 Vgl. HELMUT MÜLLER-ENBERGS/CORNELIA JABS: Der 2. Juni 1967 und die Staatssicherheit. In: *Deutschland Archiv* 42 (2009), S. 395–400; FREI, Presse, S. 401; GILCHER-HOLTEY, Bewegung, S. 66 f.; LARGE, Berlin, S. 457 ff.; SCHUSTER, Albertz, S. 227–247.

27 SEBASTIAN HAFFNER: Die Nacht der langen Knüppel. In: *Stern* vom 25. Juni 1967.

28 WERNER KLÜPPELHOLZ: Stern Briefe. In: *Stern* vom 23. Juli 1967. Ob die von der Redaktion getroffene Auswahl repräsentativ ist, muß natürlich offen bleiben. Vgl. auch Stern Briefe. In: *Stern* vom 9. Juli 1967; in: *Stern* vom 16. Juli 1967; in: *Stern* vom 23. Juli 1967; in: *Stern* vom 6. August 1967.

29 KLAUS-PETER SCHULZ: Antwort an Sebastian Haffner. In: *Stern* vom 16. Juli 1967. Vgl. auch KAJO-EB: Strafanträge gegen Haffner. In: *Telegraf* vom 29. Juli 1967; sowie eine entsprechende Meldung in: *Die Welt* vom 29. Juli 1967; GERHARD E. GRÜNDLER: Briefe an die Herausgeber. Haffners Kolumne mit Vorspann von Bucerius. In: *FAZ* vom 31. August 2001; SOUKUP, Deutscher, S. 256.

30 ST.: Amoklauf. In: *Berliner Morgenpost* vom 20. Juni 1967 [Der *Stern* erschien, wie erwähnt, immer einige Tage vor dem auf der Titelseite angegebenen Datum.]; FELIX VON ECKARDT: Der Fall Sebastian Haffner. In: *Die Welt am Sonntag* vom 25. Juni 1967. Vgl. auch ANONYMUS: Vorspann. Zu: Ebd. In: *Die Welt am Sonntag* vom 25. Juni 1967.

31 ANONYMUS: Vorspann. Zu: SEBASTIAN HAFFNER: Die Nacht der langen Knüppel. In: *Stern* vom 25. Juni 1967; ULRICH MAURACH/BERNARD LARSON [Dokumentation]: Ein Kopfschuß im freien Teil der Stadt. In: *Stern* vom 18. Juni 1967. Der zitierte Vorspann soll vom Verleger des *Stern*, Gerd Bucerius, gegen den Willen der Redaktion Haffners Kolumne vorangestellt worden sein. Vgl. GERHARD E. GRÜNDLER: Briefe an die Herausgeber. Haffners Kolumne mit Vorspann von Bucerius. In: *FAZ* vom 31. August 2001.

32 Vgl. HODENBERG, Konsens, S. 401–407; FREI, Presse, S. 401; SCHWERIN, Nannen, S. 58–61; BERND SÖSEMANN: Die 68er Bewegung und die Massenmedien. In: JÜRGEN WILKE (Hrsg.): Mediengeschichte der Bundesrepublik Deutschland. Bonn 1999. S. 689 f.; OTTO WALTER HASELOFF: Stern. Strategie und Krise einer Publikumszeitschrift. Mainz 1977. Stern, S. 934 f.; JÜRGEN WILKE: Leitmedien und Zielgruppenorgane. In: DERS., Mediengeschichte, S. 302–329, hier: S. 321; SCHREIBER, Nannen, S. 308 ff. Neuerdings wird betont, daß gerade die Berichterstattung durch die Massenmedien zur Breitenwirkung der Revolte beigetragen habe. Vgl. KRAUSHAAR, Achtundsechzig, S. 68.

33 SEBASTIAN HAFFNER: Die Bestie erwacht. In: *Stern* vom 10. März 1968. Vgl. zu dieser Kundgebung vom 21. Februar 1968 KOENEN, Jahrzehnt, S. 63 f.; KRAUSHAAR, Kleinkrieg, S. 1088 f.

34 Brief von SEBASTIAN HAFFNER an Hans A. Nikel vom 6. September 1966. NL Sebastian Haffner, N2523/162. Vgl. auch den Brief von HANS A. NIKEL an Sebastian Haffner vom 29. Juli 1966. NL Sebastian Haffner, N2523/162. *Bild*-Schlagzeile zitiert nach GÖRTEMAKER, Geschichte, S. 486. Vgl. dazu auch GERHARD FELS: Der Aufruhr der 68er. Zu den geistigen Grundlagen der Studentenbewegung und der RAF. Bonn 1998. S. 157–163; KRAUSHAAR, Kleinkrieg, S. 1085 f.

35 SEBASTIAN HAFFNER: Worum geht es im Fall Springer? In: *Stern* vom 2. Oktober 1967. Vgl. auch DERS.: Morgen wieder Hauptstadt? In: *Stern* vom 20. August 1967; DERS.: Der Papiertiger. In: *Stern* vom 8. Februar 1970; sowie allgemein GILCHER-HOLTEY, Bewegung, S. 68–71; KRAUSHAAR, Massenmedien, S. 325 ff.; SCHWARZ, Springer, S. 425–444; SCHREIBER, Nannen, S. 309; ULRIKE MEINHOF: Enteignet Springer! In: DIES.: Dokumente einer Rebellion. 10 Jahre konkret-Kolumnen. Hamburg 1972. S. 75. [Zuerst in: *Konkret* vom September 1967.]; HODENBERG, Konsens, S. 409 f.; FREI, Presse, S. 401 f.

36 SEBASTIAN HAFFNER: Ist die Bundesrepublik zu retten? In: *Stern* vom 5. Mai 1968. Vgl. zu ähnlichen Vergleichen in Veröffentlichungen der Studenten STUART J. HILWIG: The Revolt against the Establishment. Students versus the Press in West Germany and Italy. In: CAROLE FINK/PHILIPP GASSERT/DETLEF JUNKER (Hrsg.): 1968. The World Transformed. Cambridge u. a. 1998. S. 321–349, hier: S. 328; sowie allgemein NICK THOMAS: Protest Movements in 1960s West Germany. A Social History of Dissent and Democracy. Oxford – New York 2003. S. 165–181; KOENEN, Jahrzehnt, S. 128; und zum Einfluß der rechtsextremen *Deutschen Nationalzeitung* auf den Attentäter KRAUSHAAR, Massenmedien, S. 327–331.

37 JOSEF SCHNEE/BRUNO GÄBLER/JOHANNES RIBUTSCH: Stern Briefe. In den Wind geredet. In: *Stern* vom 26. Mai 1968. Interessanterweise lag ausgerechnet in den zuletzt zitierten Beschimpfungen sogar eine indirekte Rechtfertigung zumindest von Haffners genereller Kritik, weist doch die Wortwahl der beiden Widersacher, «Parasit» und «entartet», auf bedenkliche mentale Kontinuitäten hin. Vgl. zu ähnlichen Presseartikeln KAI HERRMANN: Goebbels' Nachfahren. In: *Die Zeit* vom 26. April 1968.

38 Brief von SEBASTIAN HAFFNER an Franz Barsig vom 4. Mai 1968. NL Sebastian Haffner, N2523/152. Vgl. zu dem Vorgang ebd.; ANONYMUS: Zum Berliner Fenster hinaus. In: *Funk-Korrespondenz* vom 14. Juni 1968. NL Sebastian Haffner, N2523/192; Co.: Barsig: Haffner hat manipuliert. In: *Die Welt* vom 31. Mai 1968; N.: Haffners Solo geht zu Ende. In: *Welt am Sonntag* vom 2. Juni 1968; OEV.: Unwahrheit. In: *Bayern Kurier* vom 8. Juni 1968; OTTO KÖHLER: Tollwutbekämpfung. In: *Der Spiegel* vom 29. Juli 1968.

39 SEBASTIAN HAFFNER: Die Bestie erwacht. In: *Stern* vom 10. März 1968. Vgl.

auch DERS.: Ist die Bundesrepublik zu retten? In: *Stern* vom 5. Mai 1968; zu seiner Arbeitsüberlastung den Briefentwurf von SEBASTIAN HAFFNER an Andreas J. Meyer vom 16. April 1968. NL Sebastian Haffner, N2523/164; die zahlreichen Einladungen zu Vorträgen und Podiumsdiskussionen in NL Sebastian Haffner, N2523/161; zu seinen Rundfunkaktivitäten NL Sebastian Haffner, N2523/150 und 152.

40 FEST, Dilemma, («Weitaus beunruhigender») S. 430, («Landauf, landab») S. 428.

41 Vgl. etwa zum parallelen Aufschwung der Studentenbewegung und der NPD WINKLER, Weg, Bd. 2, S. 254; sowie zur Politisierung der Gesellschaft WOLFGANG DONSBACH: Journalismus und journalistisches Berufsverständnis. In: WILKE, Mediengeschichte, S. 489–513, hier: S. 497.

42 JÜRGEN HABERMAS: Diskussionsbeitrag auf dem Kongreß «Hochschule und Demokratie» am 9. Juni 1967 in Hannover. Abgedruckt in: DERS., Schriften I–IV, S. 214 f., hier: S. 214. Vgl. KOENEN, Jahrzehnt, S. 24 ff.; GILCHER-HOLTEY, Bewegung, S. 67–71; RICHTER, Opposition, S. 35–55.

43 SEBASTIAN HAFFNER: Mord an der Zukunft? In: *Stern* vom 25. Februar 1968; DERS.: Die Bestie erwacht. In: *Stern* vom 10. März 1968; DERS.: Der Mensch ist kein Hund. In: *Stern* vom 9. Februar 1969. [Haffner rekurrierte auf MARION GRÄFIN DÖNHOFF: Ohne Gnade. In: *Die Zeit* vom 17. Januar 1969.] Vgl. zum Selbstenthüllungsargument auch ALY, Kampf, S. 43.

44 («Totalitarismus der Demokratie») SEBASTIAN HAFFNER: Monatslektüre. Geld, Geist und Macht. In: *Konkret* vom 19. Mai 1969. [Kursivdruck im Original]; DERS.: Monatslektüre. In: *Konkret* vom Juli 1967 («Großbetrieb»). Vgl. zu Rosa Luxemburg SEBASTIAN HAFFNER: Monatslektüre. «Ich war, ich bin, ich werde sein.» In: *Konkret* vom 13. Januar 1969. Zu Marcuse DERS.: Monatslektüre. In: *Konkret* vom Juli 1967; FEST, Freund, S. 37 f.; KLAUS HARPPRECHT: Vorwort. Zu: HAFFNER, Variationen, S. 17 f.; sowie zu seiner Kritik an Marcuse SEBASTIAN HAFFNER: Monatslektüre. In: *Konkret* vom September 1967. [Rezension von HERBERT MARCUSE: Triebstruktur und Gesellschaft. Ein philosophischer Beitrag zu Sigmund Freud. Frankfurt a. M. 1965.]. Vgl. auch zu Augstein RUDOLF AUGSTEIN: Knüppel frei? In *Der Spiegel* vom 22. April 1968; PETER MERSEBURGER: Rudolf Augstein. Biographie. München 2007. S. 398–401.

45 SEBASTIAN HAFFNER: Die Welt von 1967. In: *Stern* vom 8. Januar 1967. Vgl. auch ALY, Kampf, S. 104–115; sowie zur maoistischen Kulturrevolution JUNG CHANG/JON HALLIDAY: Mao. Das Leben eines Mannes, das Schicksal eines Volkes. München 2005. S. 655–710; zu den Opferzahlen ebd., S. 710; HANS-PETER SCHWARZ: Das Gesicht des Jahrhunderts. Monster, Retter und Mediokritäten. Berlin 1998. S. 338.

46 Brief von PETER SCHILINSKI an Sebastian Haffner vom 9. Januar 1969. NL Sebastian Haffner, N2523/160; Brief von SEBASTIAN HAFFNER an Peter Schilinski vom 23. Januar 1969. NL Sebastian Haffner, N2523/160. Vgl. zu Schilinski GRETCHEN DUTSCHKE: Wir hatten ein barbarisch schönes Leben. Rudi Dutschke. Eine Biographie. 3. Aufl. Köln 1996. S. 154 f. Vgl. auch das Tele-

gramm von ULRIKE MEINHOF an Sebastian Haffner vom 10. Februar 1968. NL Sebastian Haffner, N2523/142; sowie den Brief von WERNER HOFMANN an Sebastian Haffner vom 26. Mai 1968; den Brief von WOLFGANG ABENDROTH an Sebastian Haffner vom 8. Juni 1968; den Brief von GISELA MANN an Sebastian Haffner vom 8. Januar 1969; den Brief von SEBASTIAN HAFFNER an Gisela Mann vom 23. Januar 1969; sowie die dem Brief von WERNER HOFMANN an Sebastian Haffner vom 26. Mai 1968 beiliegenden Materialien. Alle Dokumente: NL Sebastian Haffner, N2523/121.

47 Vgl. SARAH HAFFNER, Farbe, S. 85–88; MAO TSE-TUNG: Theorie des Guerillakrieges oder Strategie der Dritten Welt. 105.–108. Tsd. Reinbek bei Hamburg 1976; sowie zu der rororo-Reihe AXEL SCHILDT: Materieller Wohlstand – pragmatische Politik – kulturelle Umbrüche. Die 60er Jahre in der Bundesrepublik. In: DERS./DETLEF SIEGFRIED/KARL CHRISTIAN LAMMERS (Hrsg.): Dynamische Zeiten. Die 60er Jahre in beiden deutschen Gesellschaften. Hamburg 2000. S. 21–53, hier: S. 41; UWE BERGMANN/RUDI DUTSCHKE/WOLFGANG LEFÈVRE/BERND RABEHL: Rebellion der Studenten oder Die neue Opposition. Eine Analyse. Reinbek bei Hamburg 1968; BAHMAN NIRUMAND: Persien, Modell eines Entwicklungslandes oder Die Diktatur der Freien Welt. Nacherinnerungen von Hans Magnus Enzensberger. Reinbek bei Hamburg 1967.

48 Titelankündigungen von *Konkret* vom Januar 1966, vom November 1966 und vom Juli 1967. Zitiert nach RÖHL, Kommunismus, S. 475. Vgl. auch ebd., S. 473 f.; GALLUS, Zeitschriftenporträt, S. 233 f., 242.

49 SEBASTIAN HAFFNER: Nachwort zu einer Ohrfeige. In: *Stern* vom 24. November 1968; («Er spinnt») SEBASTIAN HAFFNER: Monatslektüre. In: *Konkret* vom September 1965; («liberaler Scheißer») SEBASTIAN HAFFNER: Monatslektüre. Apropos Habermas. In: *Konkret* vom 16. Juni 1969. Vgl. dazu auch ALY, Kampf, S. 190.

50 HARPPRECHT, Vorwort, S. 18.

51 SEBASTIAN HAFFNER: Rückblick und Selbstkritik. Handschriftliches Manuskript [o. D.; Oktober 1975]. NL Sebastian Haffner, N2523/260. Siehe zu dieser Quelle auch oben S. 335. In bezug auf den Historiker und Geschichtsphilosophen Arnold Toynbee hat Haffner sogar einmal von «einer Art unbekümmerter Altersfreiheit, die keine Rücksichten mehr zu nehmen braucht, und die in aller Ruhe und Würde radikaler und unabhängiger, ausschweifender zu denken wagt als die engagierte Jugend», geschwärmt. DERS.: Monatslektüre. Sein und Bewußtsein. In: *Konkret* vom 18. Juni 1970.

52 GÜNTER GAUS: Widersprüche. Erinnerungen eines linken Konservativen. O. O. 2004. S. 247 f.

53 SEBASTIAN HAFFNER: Rückblick und Selbstkritik. Handschriftliches Manuskript [o. D.; vermutlich Oktober 1975]. NL Sebastian Haffner, N2523/260. [Der Text liegt in mehreren Fassungen vor; warum es nicht zu einer Veröffentlichung kam, ist nicht bekannt.] Vgl. zu der Bootsmetapher THOMAS MANN: Brief an Karl Kerényi vom 20. Februar 1934. In: DERS.: Gesammelte Werke in 12 Bde. Bd. 11. Reden und Aufsätze. Bd. 3. Frankfurt a. M. 1960. S. 630 ff., hier: S. 632.

54 SEBASTIAN HAFFNER: «Einig nur im Katastrophenfall». In: *Konkret* vom 25. August 1969.

55 SEBASTIAN HAFFNER: Monatslektüre. In: *Konkret* vom Januar 1968.

56 SEBASTIAN HAFFNER: Originalton. In: *Berliner Fenster* vom 30. März 1967, *SFB*. Videoarchiv RBB, 203504/3. Vgl. auch DERS.: Monatslektüre. In: *Konkret* vom Mai 1967.

57 SEBASTIAN HAFFNER: «Nicht gedacht soll seiner werden.» In: *Stern* vom 19. November 1967. Natürlich war diese Meinung unhaltbar, und Haffner hat zweieinhalb Jahre später selbst bemerkt, daß in den meisten kommunistischen Ländern «eine Heldenverehrung» herrsche, «die die des romantischen europäischen 19. Jahrhunderts weit in den Schatten stellt». DERS.: Gedanken zur Zeit. Helden und Heldenverehrung. Typoskript, S. 3 f. NL Sebastian Haffner, N2523/193. [Ausgestrahlt vom *NDR* am 27. April 1969; Nachdruck unter dem Titel: Helden und Heldenverehrung. In: DERS., Variationen, S. 251–256.] Vgl. auch zum strukturell bedingten Mangel an Innovationsfähigkeit sowie zu einem Schauprozeß vom Januar 1966 HILDERMEIER, Sowjetunion, S. 81, 85.

58 SEBASTIAN HAFFNER: Alles schon dagewesen. In: *Stern* vom 4. August 1968; DERS.: Prager Winter. In: *Stern* vom 5. Januar 1968. Vgl. auch DERS.: Warnung an Bonn. In: *Stern* vom 22. September 1968; sowie allgemein SCHÖLLGEN, Weltpolitik, S. 230–233; DÜLFFER, Europa, S. 64.

59 SEBASTIAN HAFFNER: Warnung an Bonn. In: *Stern* vom 22. September 1968; DERS.: Dubceks Sturz. In: *Stern* vom 4. Mai 1969. Vgl. auch DERS.: Germany: Fear Tempers Triumph. In: *New Statesman* vom 6. September 1968; sowie zum Hintergrund GASSERT, Kiesinger, S. 664–672; HANS-PETER SCHWARZ: Die Regierung Kiesinger und die Krise in der ČSSR 1968. In: *VfZ* 47 (1999), S. 159–186, hier: S. 167–172, 176 ff., 180 ff.; KROEGEL, Anfang, S. 249–258.

60 Vgl. GASSERT, Kiesinger, S. 555–559; WINKLER, Weg, Bd. 2, S. 258 f.; KROEGEL, Anfang, S. 141–168; HILDEBRAND, Erhard, S. 333 f.

61 («dürftige Anwort») SEBASTIAN HAFFNER: Dürftige Antwort aus Bonn. In: *Stern* vom 2. Juli 1967; («Ich kann das nicht finden») DERS.: Bonn lügt sich in die eigene Tasche. In: *Stern* vom 15. Oktober 1967. Vgl. auch DERS.: Fragt das Volk! In: *Stern* vom 29. Oktober 1967, sowie zur unionsinternen Kritik an Kiesinger GASSERT, Kiesinger, S. 580.

62 Vgl. SEBASTIAN HAFFNER/GEORG ARMIN: Die deutsche Flotte im ersten Weltkrieg. Typoskript, S. 7. NL Sebastian Haffner, N2523/203. [Ausgestrahlt in *Panorama* am 30. Januar 1967, *NDR*.]; DERS.: Wende der Außenpolitik? In: *Stern* vom 19. Februar 1967; DERS.: Falscher Ehrgeiz. In: *Stern* vom 5. März 1967; DERS.: Ist die Bundesrepublik zu retten? In: *Stern* vom 5. Mai 1968, DERS.: Warum Anerkennung der DDR? In: *Stern* vom 13. April 1969. Charakteristischerweise hatte sich Haffner damit weitgehend jenen Katalog von Forderungen zu eigen gemacht, den Ende April 1967 vierundzwanzig kommunistische Staaten auf einer Konferenz in Karlsbad aufgestellt hatten und der als «Ulbricht-Doktrin» bekannt wurde. Vgl. KIELMANSEGG, Katastrophe, S. 195 f.

63 SEBASTIAN HAFFNER: Unsere stumpfen Zähne. In: *Stern* vom 7. Juli 1968. Vgl. auch DERS.: Doppelt versichert? In: *Stern* vom 9. April 1967; DERS.: Das Atompatt wankt. In: *Stern* vom 3. Dezember 1967; DERS.: Vietnam und Berlin. In: *Stern* vom 3. März 1968; DERS: Europas schlechte Nerven. In: *Stern* vom 24. März 1968; DERS.: Warum in Berlin? In: *Stern* vom 23. Februar 1969; DERS.: Bilanz einer Beinah-Krise. In: *Stern* vom 16. März 1969; sowie allgemein HILDEBRAND, Erhard, S. 333; KROEGEL, Anfang, S. 228–234.

64 SEBASTIAN HAFFNER: Hände weg vom Nahost-Konflikt! In: *Stern* vom 18. Juni 1967. Vgl. allgemein HILDEBRAND, Erhard, S. 309; DÜLFFER, Europa, S. 81.

65 SEBASTIAN HAFFNER: Der Weltraum-Pakt. In: *Stern* vom 3. August 1969. Vgl. DERS.: Mao braucht Amerika. In: *Stern* vom 2. Mai 1971; sowie zur Sehnsucht der Deutschen nach einer Schweizer Existenz und den expandierenden Wohlfahrtsstaaten HILDEBRAND, Erhard, S. 41, 101 f. 425 ff.

66 Vgl. KISSINGER, Vernunft, S. 706–740, u. bes. zur Rolle der Medien S. 733 ff., 738 f.; sowie SCHÖLLGEN, Geschichte, S. 205–209, 234 ff., 267 f.

67 Vgl. HILDEBRAND, Erhard, S. 308 ff.; GILCHER-HOLTEY, Bewegung, S. 35–49; DOMINIK GEPPERT: Die Freiheitsglocke. In: ETIENNE FRANÇOIS/HAGEN SCHULZE (Hrsg.): Deutsche Erinnerungsorte, Bd. 2. 2., durchgeseh. Aufl. München 2002. S. 238–252; GÖRTEMAKER, Geschichte, S. 483; LARGE, Berlin, S. 455 ff.

68 Vgl. SEBASTIAN HAFFNER: Originalton. In: *Berliner Fenster* vom 16. Dezember 1965, *SFB*. Videoarchiv RBB, 203133/2; DERS.: Bis fünf Minuten nach zwölf. In: *Stern* vom 10. September 1967; DERS.: Das Atompatt wankt. In: *Stern* vom 3. Dezember 1967; DERS.: Vietnam und Berlin. In: *Stern* vom 3. März 1968. DERS.: Verlieren können. In: *Stern* vom 17. März 1968; sowie zur Studentenbewegung GILCHER-HOLTEY, Bewegung, S. 37–40; und zur übrigen Gesellschaft DÜLFFER, Europa, S. 81; WOLFRUM, Bundesrepublik, S. 330 f.

69 SEBASTIAN HAFFNER: Wilhelm III. In: *Stern* vom 24. Juli 1966. Vgl. auch DERS.: Originalton. In: *Berliner Fenster* vom 16. Dezember 1965, *SFB*. Videoarchiv RBB, 203 133/2. Vgl. zum Krüger-Telegramm HILDEBRAND, Das vergangene Reich, S. 179 f.

70 Außerdem verwies er auf den chinesischen Befreiungskampf gegen die japanische Besatzungsherrschaft und den holländischen Rückzug aus Indonesien. Vgl. SEBASTIAN HAFFNER: Bis fünf Minuten nach zwölf. In: *Stern* vom 10. September 1967.

71 Ebd. Dementsprechend kritisierte Haffner auch Israel, weil es die im Sechstagekrieg eroberten Gebiete, darunter den Gaza-Streifen und die Golan-Höhen, besetzt hielt. Aus seiner Sicht hätte Israel besser auf diese «altmodisch[e] Faustpfandpolitik» verzichtet und sich in seine Ausgangsstellungen zurückgezogen. Denn: «Von einem Faustpfand, das einem in der Faust explodiert, läßt man besser die Finger.» DERS.: Siegt Israel sich zu Tode? In: *Stern* vom 19. Januar 1969.

72 Vgl. SCHÖLLGEN, Geschichte, S. 234 f., 267 f.; KISSINGER, Vernunft, S. 731–740;

CHRISTOPH ROHDE: Hans J. Morgenthau und der weltpolitische Realismus. Wiesbaden 2004. S. 246–279.

73 («intellektuelles Armutszeugnis») SEBASTIAN HAFFNER: Bis fünf Minuten nach zwölf. In: *Stern* vom 10. September 1967; («gekränkte Großmacht-Eitelkeit») DERS.: Vietnam und Berlin. In: *Stern* vom 3. März 1968; («Daß die Amerikaner») DERS.: Vietnam: Die große Wende. In: *Stern* vom 1. Dezember 1968. Vgl. auch KISSINGER, Vernunft, S. 742–774.

74 SEBASTIAN HAFFNER: Vorsicht! Friedensgefahr! In: *Stern* vom 2. März 1969. [Kursivdruck im Original] Vgl. auch DERS.: Der törichte Wettlauf. In: *Stern* vom 14. Mai 1967; sowie allgemein RICHARD REEVES: President Nixon. Alone in the White House. New York u. a. 2002. S. 26–47.

75 Vgl. SEBASTIAN HAFFNER: Hände weg vom Nahost-Konflikt! In: *Stern* vom 18. Juni 1967; DERS.: Vietnam und Berlin. In: *Stern* vom 3. März 1968.

76 Vgl. zum britischen EWG-Beitritt SEBASTIAN HAFFNER: Mit oder gegen England? In: *Stern* vom 4. Juni 1967; DERS.: Zwischen zwei Feuern. In: *Stern* vom 26. November 1967; sowie allgemein HILDEBRAND, Erhard, S. 307, 317–320; und zum Zustand der USA SEBASTIAN HAFFNER: Der kranke Riese. In: *Stern* vom 21. Januar 1968; DERS.: Vietnam und Berlin. In: *Stern* vom 3. März 1968; DERS.: Die Flucht aus dem Dollar. In: *Stern* vom 31. März 1968; DERS.: Olympisches Orakel. In: *Stern* vom 3. November 1968.

77 SEBASTIAN HAFFNER: Die sieben Todsünden des Deutschen Reiches. Abgedruckt in sieben Folgen, beginnend im *Stern* vom 11. Oktober 1964, endend im *Stern* vom 22. November 1964. [Im folgenden wird auf die Buchversion verwiesen: DERS., Todsünden.]; DERS.: Der Teufelspakt. Abgedruckt in zwölf Folgen, beginnend im *Stern* vom 15. Oktober 1967, endend im *Stern* vom 31. Dezember 1967. [Buchversion: DERS., Teufelspakt.]; DERS.: Der große Verrat. Abgedruckt in zwölf Folgen, beginnend im *Stern* vom 22. September 1968, endend im *Stern* vom 8. Dezember 1968. [Buchversion: DERS., Revolution.]; DERS.: Der Selbstmord des Deutschen Reiches. Abgedruckt in zehn Folgen, beginnend im *Stern* vom 28. September 1969, endend im *Stern* vom 30. November 1969. [Buchversion: DERS., Selbstmord.]

78 Vgl. zu den Fehlern der Reichsleitung HAFFNER, Todsünden, S. 117–142; sowie zu Haffners Kritik an der Flottenpolitik ebd., S. 15 f.

79 Vgl. ebd., S. 29 f., 37 f.; HILDEBRAND, Das vergangene Reich, S. 314.

80 HAFFNER, Todsünden, S. 118; ENNO VON LÖWENSTERN: Alle sind hineingeschlittert. Typoskript für die *Deutsche Welle* [o. D.], S. 7 f. NL Sebastian Haffner, N2523/258 [Rezension von HAFFNER, Todsünden]. Daß sich Westdeutschland 1964 in einer ganz anderen internationalen Konstellation befand als das Kaiserreich am Vorabend des Ersten Weltkrieges, wurde von Haffner folglich nur am Rande erwähnt. Vgl. HAFFNER, Todsünden, S. 138 f.; sowie zu dieser Tendenz allgemein SCHLIE, Geschichte, S. 404 f.

81 («Imponierend») NACHUM ORLAND: Die Lehren des Ersten Weltkrieges. In: *FAZ* vom 24. März 1983; («Was hier zu erzählen bleibt») HAFFNER, Todsünden,

S. 89; («alfresco-Gemälde») BOVERI, Selbstüberhebung, S. 390. Nicht mit dem Osmanischen Reich, wie Haffner seine Leser glauben machen wollte, sondern mit Italien war Deutschland 1914 verbündet, stellte Boveri zum Beispiel richtig, sowie, natürlich, mit Österreich-Ungarn. Vgl. ebd., S. 390.

82 SEBASTIAN HAFFNER: Monatslektüre. In: *Konkret* vom September 1964.; DERS.: Monatslektüre. Bonn ist doch Weimar. In: *Konkret* vom August 1968.

83 SEBASTIAN HAFFNER: Monatslektüre. In: *Konkret* vom September 1964. Vgl. zu seinen Vorbehalten auch DERS.: Monatslektüre. In: *Konkret* vom Juni 1966. [Rezension von ANDREAS HILLGRUBER: Hitlers Strategie. Politik und Kriegführung 1940–1941. Frankfurt a. M. 1965.]

84 FISCHER, Griff, («Verkennung») S. 855, («historische Verantwortung») S. 97; SEBASTIAN HAFFNER: Monatslektüre. In: *Konkret* vom September 1964. Haffner hat sich auch in seinem Buch explizit auf Fischer berufen. Vgl. HAFFNER, Todsünden, S. 44.

85 Innerhalb der ersten sechs Verkaufsmonate setzte der Nannen Verlag über 3700 Exemplare ab, in der zweiten Hälfte des Jahres 1966 immerhin noch einmal über 10 000 Bücher. Vgl. die beiden Honorarabrechnungen der Nannen Verlag GmbH für Sebastian Haffner vom 18. Februar 1966 und vom 24. Februar 1967. NL Sebastian Haffner, N2523/164.

86 («Unterstellungen und Verleumdungen») WOLFGANG WILL: Die Todsünden des Sebastian Haffner. In: *Der Mittag* vom 6. Juli 1965; («Nest beschmutzen») RUDOLF AUGSTEIN: Liebe Spiegel-Leser. In: *Der Spiegel* vom 11. März 1964. Vgl. zur Fischer-Kontroverse GROSSE KRACHT, Zunft, S. 47–67; IMANUEL GEISS: Zur Fischer-Kontroverse – 40 Jahre danach. In: MARTIN SABROW/ RALPH JESSEN/KLAUS GROSSE KRACHT (Hrsg.): Zeitgeschichte als Streitgeschichte. Große Kontroversen seit 1945. München 2003. S. 41–57; KONRAD H. JARAUSCH: Der nationale Tabubruch. Wissenschaft, Öffentlichkeit und Politik in der Fischer-Kontroverse. In: Ebd., S. 20–40; CHRISTOPH CORNELISSEN: Gerhard Ritter. Geschichtswissenschaft und Politik im 20. Jahrhundert. Düsseldorf 2001. S. 597–622; HELMUT BÖHME: «Primat» und «Paradigmata». Zur Entwicklung der bundesdeutschen Zeitgeschichtsschreibung am Beispiel des Ersten Weltkrieges. In: HARTMUT LEHMANN (Hrsg.): Historikerkontroversen. Göttingen 2000. S. 87–139.

87 LÖWENTHAL, Laudatio, S. 17; HAFFNER, Selbstmord, S. 16.

88 Vgl. ebd., S. 17 f.; HAFFNER, Teufelspakt, S. 101–113.

89 Ebd., S. 134. Vgl. zu den referierten Entwicklungen in den dreißiger Jahren ebd., S. 83–90; zu den wahren Gründen für die brutale Modernisierung der UdSSR und die stalinistischen Säuberungen sowie zur Einschätzung Hitlers durch Stalin HILDERMEIER, Sowjetunion, S. 35–45, 126 f., 135 f.; sowie zur Einstellung der Bundesbürger gegenüber der UdSSR GLAAB, Deutschlandpolitik, S. 341 f.

90 HAFFNER, Selbstmord, S. 119. Vgl. ebd., S. 100, 107–110.

91 Ebd., S. 8. Vgl. auch SOUKUP, Deutscher, S. 260 f.

92 Brief von Henri Nannen an Sebastian Haffner vom 3. Oktober 1967. NL Sebastian Haffner, N2523/124. Vgl. auch Haffner, Teufelspakt [1988]; sowie zur Kritik an dem Buch Giselher Schmidt: Besprechung. Typoskript [o. D.; 1988]. NL Sebastian Haffner, N2523/293. [Ausgestrahlt vom *HR* am 29. November 1988.]

93 Haffner, Teufelspakt, S. 7.

94 Vgl. zu den konservativen Partnern der Sowjets ebd., S. 11–16, 58–62, 74–77, 90; sowie zum Wutanfall Henri Nannen: Lieber Sternleser. In: *Stern* vom 19. November 1967. Haffner hatte der Sowjetunion vorgeworfen, den Beitrag des Kaiserreiches an der Entstehung der Sowjetunion zu unterschlagen: «Das Kaiserreich und seine Erben bis hin zur heutigen Bundesrepublik mögen für Lenins Erben der Teufel sein: Aber ohne diesen Teufel hätte es vor fünfzig Jahren keine Oktoberrevolution gegeben und gäbe es heute keine Sowjetunion. Auch bei ihrer Schöpfung hatte der Teufel seine Hand im Spiel.» Haffner, Teufelspakt, S. 22. Vgl. auch ebd., S. 9–22.

95 Vgl. Andreas Wirsching: Die Weimarer Republik. Politik und Gesellschaft. München 2000. S. 1–9.

96 Haffner, Revolution, («kleinen Dicken») S. 87; («primitiven Gewaltmenschen») S. 166; («bolschewistische Gefahr») S. 115. Vgl. auch zu dem Vorwurf, Ebert habe eine echte Demokratisierung verhindert ebd., bes. S. 210–219.

97 Vgl. Eberhard Kolb: Die Arbeiterräte in der deutschen Innenpolitik 1918–1919. Düsseldorf 1962. Allerdings wurde die demokratische Einstellung der Rätebewegung auch in Frage gestellt. Vgl. Jesse/Köhler, Revolution, S. 18–22.

98 Vgl. Winkler, Wendepunkt, S. 37–42; Haffner, Revolution, S. 210 ff.

99 («Kein längerer Bürgerkrieg») Sebastian Haffner: Spain – The Legend and the Reality. In: *The Observer* vom 22. März 1959. Vgl. auch Jesse/Köhler, Revolution, S. 20 f.; Winkler, Wendepunkt, S. 41 f.

100 Vgl. zur Tagesaktualität seiner Darstellung Sebastian Haffner: Das Selbsttor der SPD. In: *Stern* vom 18. Dezember 1966; Ders.: Revolution, S. 218 f.; Harpprecht, Vorwort, S. 16; Imanuel Geiss: SPD-Führer in revolutionärer Situation. In: *FR* vom 7. Oktober 1969. [Rezension von Haffner, Revolution]; Sabrow, Zeitgeschichte, S. 121. Vgl. zur Popularität des Rätegedankens in den sechziger Jahren sowie zu Haffner Vorbehalten Peter von Oertzen: Betriebsräte in der Novemberrevolution. Düsseldorf 1963; Kraushaar, Achtundsechzig, S. 145–149; Sebastian Haffner: Monatslektüre. Alle Macht den Räten? In: *Konkret* vom 4. November 1968.

101 («Diese Serie») Hans Jürgen Hertlein: stern briefe. In: *Stern* vom 12. Januar 1969. Haffner stützte sich sowohl auf Rosenbergs bereits 1928 veröffentlichtes Buch *Entstehung der Weimarer Republik* (Vgl. Sebastian Haffner: Monatslektüre. In: *Konkret* vom September 1964; Ders., Revolution, S. 12.) als auch auf dessen Studie *Geschichte der Deutschen Republik* von 1935. (Vgl. Arthur Rosenberg: Geschichte der Weimarer Republik. Frankfurt a. M. 1961. [Zuerst 1935]; Haffner, Revolution, S. 54. Vgl. auch allgemein Jürgen John: Das Bild

der Novemberrevolution 1918 in Geschichtspolitik und Geschichtswissenschaft der DDR. In: HEINRICH AUGUST WINKLER (Hrsg.): Weimar im Widerstreit. Deutungen der ersten deutschen Republik im geteilten Deutschland. München 2002. S. 43–84, hier: S. 47; ALEXANDER ABUSCH: Der Irrweg einer Nation. Ein Beitrag zum Verständnis deutscher Geschichte. Berlin (Ost) 1946. S. 228–232; GALLUS, Revolution, S. 19–23; HEINRICH AUGUST WINKLER: Kein Bruch mit Lenin. Die Weimarer Republik im Geschichtsbild von SED und PDS. In: DERS.: Streitfragen der deutschen Geschichte. Essays zum 19. und 20. Jahrhundert. München 1997. S. 107–122, hier: S. 115. Anderweitig heißt es bei Winkler: «Wissenschaftlich nicht diskussionswürdig ist die These, die von der marxistisch-leninistischen Geschichtsschreibung bis heute vertreten wird und von Sebastian Haffner [...] in bemerkenswert undifferenzierter und polemischer Weise übernommen worden ist.» DERS.: Die Sozialdemokratie und die Revolution von 1918/19. Ein Rückblick nach sechzig Jahren. Berlin – Bonn 1979. S. 72. Fußn. 64. Demgegenüber vertritt Martin Sabrow die Ansicht, daß die «zeithistorische Forschung» zwar «Haffners Zuspitzungen relativiert» habe, aber «den von ihm popularisierten Weg weitergegangen» sei. SABROW, Zeitgeschichte, S. 121.

102 SEBASTIAN HAFFNER: Tagebucheintrag vom 14. September 1921. Tagebücher. NL Sebastian Haffner, N2523; DERS., Geschichte, S. 35 f. Vgl. auch MENGE, Wilhelm II., S. 55; SEBASTIAN HAFFNER: Fragebogen. In: *FAZ* Magazin vom 3. Februar 1984. Die mäßigenden Einlassungen, zu denen er sich gelegentlich durchrang, wirken im Vergleich zu seinen entschiedenen Verurteilungen seltsam halbherzig. Vgl. DERS.: Nachwort zur Neuausgabe vom Januar 1979. In: DERS.: Der Verrat. Deutschland 1918/19. 4. Aufl. Berlin 2000. S. 201–204, hier: S. 201.

103 Vgl. HAFFNER, Geschichte, S. 38 f., 42, 53, 89 ff., 119 f., 127–132; DERS.: Originalton. In: Die ungeliebte Republik. Gespräch mit Hans Mayer und Manès Sperber. In: HAFFNER, Variationen [Hörbuch]; sowie allgemein zu seiner Analysetechnik DERS.: Monatslektüre. In: *Konkret* vom September 1964.

104 («Haß») JESSE/KÖHLER, Revolution, S. 13; («Biedermänner») HAFFNER, Geschichte, S. 35. So ist in seinen Tiraden «die klassenmäßig[e] Begrenztheit des preußischen Beamtensohnes» gesehen worden. WIRSCHING, Rezension, S. 409. Vgl. auch PETER-CHRISTIAN WITT: Friedrich Ebert. Parteiführer, Reichskanzler, Volksbeauftragter, Reichspräsident. 4. Aufl. Bonn 2008. S. 18; ECKHARD JESSE: Friedrich Ebert und das Problem der Handlungsspielräume in der deutschen Revolution 1918/19. In: RUDOLF KÖNIG/HARTMUT SOELL/HERMANN WEBER (Hrsg.): Friedrich Ebert und seine Zeit. Bilanz und Perspektiven der Forschung. München 1990. S. 89–110, hier: S. 90.; HENNING KÖHLER: Deutschland auf dem Weg zu sich selbst. Eine Jahrhundertgeschichte. Stuttgart – Leipzig 2002. S. 202 f.

105 Vgl. SEBASTIAN HAFFNER: Die Welt von 1967. In: *Stern* vom 8. Januar 1967; DERS.: Ein Jahr nach Adenauer. In: *Stern* vom 21. April 1968; DERS.: Vorsicht!

Friedensgefahr! In: *Stern* vom 2. März 1969; DERS.: Die großen Männer. In: *Stern* vom 18. Mai 1969; sowie abschätzig zu Kiesinger DERS.: Bonner Halb und Halb. In: *Stern* vom 27. August 1967.

106 Dabei handelte es sich ursprünglich um Fernsehporträts, die Haffner für *stern tv* verfaßt hat. Vgl. SEBASTIAN HAFFNER: Theodor Fontane. Ein Deutsches Porträt; Friedrich Engels. Ein Deutsches Porträt; Wilhelm II. Ein Deutsches Porträt; Ernst Niekisch. Ein Deutsches Porträt. Typoskripte [o. D.] NL Sebastian Haffner, N2523/269. Später wurden sie in einem von Wolfgang Venohr herausgegebenen Sammelband vereinigt. Vgl. Haffners entsprechende Beiträge in VENOHR, Porträts. Anfang der achtziger Jahre wurden diese Beiträge dann in den Band *Preußische Profile* aufgenommen. Vgl. HAFFNER/VENOHR, Profile. Vgl. allerdings seine zeittypische Kritik an Bismarcks Innenpolitik SEBASTIAN HAFFNER: Otto von Bismarck. In: VENOHR, Porträts, S. 161–177, hier: S. 170, 173 ff.

107 SEBASTIAN HAFFNER: Kaiser Wilhelm II. In: WOLFGANG VENOHR (Hrsg.): Preußische Porträts. Hamburg 1969. S. 221–238, hier: S. 226 f. Auch von jedem negativen Beigeschmack sprach Haffner die Epoche frei. Selbstverständlich sei Wilhelm «kein blutrünstiger Gewaltmensch» gewesen, erläutert er, und auch die Deutschen nahm er ausdrücklich von dem Vorwurf aus, eine «Untertanenhysterie» ausgebildet zu haben. Ebd., S. 228. Vgl. zu seiner sonstigen Kritik an Wilhelm II. SEBASTIAN HAFFNER: Die Deutschen brauchen keine großen Männer. Zu Adenauers Abschied. In: *Stern* vom 20. Oktober 1963; DERS.: Wilhelm III. In: *Stern* vom 24. Juli 1966; DERS.: Ist die Bundesrepublik zu retten? In: *Stern* vom 5. Mai 1968.

108 Brief von SEBASTIAN HAFFNER an Fritz J. Raddatz vom 22. Oktober 1968. NL Sebastian Haffner, N2523/164. Außerdem nannte er bei dieser Gelegenheit noch einmal seine Vorbilder: «Es ist etwas, was ich in England gelernt zu haben glaube, bei Macaulay, Belloc, Churchill, Taylor und Trevor-Roper, und was in Deutschland, wie gesagt, ziemlich ausgestorben ist; hier gibt es auf diesem Gebiet eigentlich nur die zähe, fussnotenübersäte akademische Abhandlung auf der einen Seite und die billige, unseriöse Sensationsmache auf der andern.» Ebd.

109 Brief von RUDOLF STREIT-SCHERZ an Sebastian Haffner vom 3. Juli 1969. NL Sebastian Haffner, N2523/164. Vgl. auch den Brief von SEBASTIAN HAFFNER an Fritz J. Raddatz vom 22. Oktober 1968. NL Sebastian Haffner, N2523/164. «Das Buch ist doch weitgehend für ein anderes Publikum bestimmt als die STERN-Serie, also auch für das Vorgebildete und Kritische», hatte der zuständige Lektor bereits zu Beginn der Zusammenarbeit mit Haffner bemerkt und auf die Notwendigkeit hingewiesen, die «STERN-Rhetorik, die sich vor allem in Wiederholungen, allzu effektvollen Verdoppelungen und Repetieren bereits früher erwähnter historischer Fakten bemerkbar macht», auszumerzen. Brief von GERT WOERNER an Sebastian Haffner vom 9. Januar 1969. NL Haffner, N2523/164. Außerdem hat Haffner den Anfangsteil beträchtlich erweitert, um in die historischen Hintergründe einzuführen. Vgl. HAFFNER, Revolution, S. 11–53. Es war wohl hauptsächlich Haffners Wunsch, den Titel in *Die ver-*

ratene Revolution abzuändern. Vgl. den Brief von GERT WOERNER an Sebastian Haffner vom 24. Juni 1969. NL Haffner, N2523/164. Vgl. zum Programm des Verlages ROBERT JUNGK: Die große Maschine. Auf dem Weg in eine andere Welt. Bern – München – Wien 1966; ARTHUR KOESTLER: Diesseits von Gut und Böse. Bern – München – Wien 1965; DERS.: Der göttliche Funke. Der schöpferische Akt in Kunst und Wissenschaft. Bern – München – Wien 1966 [Zuerst engl. 1964]; ARTHUR M. SCHLESINGER JR.: Das erschütterte Vertrauen. Bern – München – Wien 1969.

9. Aussöhnung mit der Wirklichkeit (1969–1975)

1 Hausmitteilung von HEINRICH JAENECKE an Manfred Bissinger vom 3. Oktober 1975. NL Sebastian Haffner, N2523/260; SEBASTIAN HAFFNER: Finger weg von Spanien! Handschriftliches Manuskript [o. D.; Oktober 1975]. NL Sebastian Haffner, N2523/260. Vgl. zum Hintergrund BERNECKER, Geschichte, S. 211; PAUL PRESTON: Franco. A Biography. London 1993. S. 775 f.

2 HEINRICH JAENECKE: Brennt morgen Spanien? In: *Stern* vom 2. Oktober 1975; SEBASTIAN HAFFNER: Finger weg von Spanien! Handschriftliches Manuskript [o. D.; Oktober 1975]. NL Sebastian Haffner, N2523/260. Wie beliebig Haffners Argumentationen waren, verrät der Umstand, daß er den zitierten Satz zunächst mit der Bemerkung enden lassen wollte: «… und wirtschaftlichen Fortschritt, ganz anders als in Portugal unter Salazar.» Ebd. Dem Einwand, er kritisiere die kommunistischen Diktaturen zu wenig, trat Jaenecke intern mit dem fragwürdigen Hinweis entgegen, Spanien gehöre zur «Familie», die Sowjetunion liege dagegen «außerhalb unseres Koordinatensystems». Hausmitteilung von HEINRICH JAENECKE an Manfred Bissinger vom 3. Oktober 1975. NL Sebastian Haffner, N2523/260.

3 Hausmitteilung von HEINRICH JAENECKE an Manfred Bissinger vom 3. Oktober 1975. NL Sebastian Haffner, N2523/260. Vgl. auch SEBASTIAN HAFFNER: Finger weg von Spanien! Handschriftliches Manuskript [o. D.; Oktober 1975]. NL Sebastian Haffner, N2523/260.

4 Vgl. BERNECKER, Geschichte, S. 255–262; BEEVOR, Bürgerkrieg, S. 538 f.

5 BARING, Machtwechsel.

6 SEBASTIAN HAFFNER: Gedanken zur Zeit. Ist die bürgerliche Revolution zu Ende? Typoskript, S. 3. NL Sebastian Haffner, N2523/194. [Ausgestrahlt vom *NDR* am 6. Juni 1971; Nachdruck unter dem Titel: Ist die bürgerliche Revolution zu Ende? In: DERS., Variationen, S. 237–243.] Vgl. auch zur Popularität des Marxismus KURT SONTHEIMER: Das Elend unserer Intellektuellen. Linke Theorie in der Bundesrepublik Deutschland. Hamburg 1976.

7 SEBASTIAN HAFFNER: Gedanken zur Zeit. Ist die bürgerliche Revolution zu Ende? Typoskript, S. 3. NL Sebastian Haffner, N2523/194. [Ausgestrahlt vom *NDR* am 6. Juni 1971; Nachdruck unter dem Titel: Ist die bürgerliche Revolution zu Ende? In: DERS., Variationen, S. 237–243.]

8 Vgl. als Korrektiv zu Haffners Ansichten HILDEBRAND, Dritte Reich, S. 170–185, 203 ff.; ARON, Mystery, S. 35 f.; insgesamt STANLEY PAYNE: Geschichte des Faschismus. Aufstieg und Fall einer europäischen Bewegung. München – Berlin 2001; sowie BAVAJ, Ambivalenz.

9 SEBASTIAN HAFFNER: Monatslektüre. Lenin und Stalin. In: *Konkret* vom 23. April 1970. «Wer aber vom Kapitalismus nicht reden will, sollte auch vom Faschismus schweigen», postulierte Horkheimer 1939. MAX HORKHEIMER: Die Juden und Europa. In: DERS.: Gesammelte Schriften. Bd. 4. Schriften 1936–1941. Hrsg. von ALFRED SCHMIDT. Frankfurt a. M. 1988. S. 308–331, hier: S. 308 f. [Zuerst veröffentlicht in: *Zeitschrift für Sozialforschung* 8 (1939), S. 115–137.] Vgl. zum Hintergrund HILDERMEIER, Sowjetunion, S. 22 f.

10 Der orthodoxe Kommunist Schleifstein versuchte bezeichnenderweise die Differenzen zwischen Lenin und Stalin herunterzuspielen, während der Trotzkist Mandel an dieser Frontstellung begreiflicherweise festhielt. Vgl. JOSEF SCHLEIFSTEIN/ERNEST MANDEL/HARRY RISTOCK: Lenin – ein Versager? Diskussion über Sebastian Haffners Artikel «Lenin und Stalin». In: *Konkret* vom 21. Mai 1970; sowie den redaktionellen Vorspann zu diesen Beiträgen. Vgl. auch zum Terror unter Lenin MARKUS WEHNER: Stalinismus und Terror. In: STEFAN PLAGGENBORG (Hrsg.): Stalinismus. Neue Forschungen und Konzepte. Berlin 1998. S. 365–390, hier: S. 368 f.; STEFAN PLAGGENBORG: Revolutionskultur. Menschenbilder und kulturelle Praxis in Sowjetrußland zwischen Oktoberrevolution und Stalinismus. Köln – Weimar – Wien 1996. S. 351 f.

11 Brief von SEBASTIAN HAFFNER an Paul B. Neuhöffer vom 25. Juli 1966. NL Sebastian Haffner, N2523/163.

12 SEBASTIAN HAFFNER: Gedanken zur Zeit. Lenin oder die Tragödie der Realpolitik. Typoskript, S. 2. NL Sebastian Haffner, N2523/193. [Ausgestrahlt vom *NDR* am 24. Mai 1970; Nachdruck unter dem Titel: Wladimir I. Lenin. Realpolitiker der Revolution. In: DERS., Variationen, S. 257–263.]

13 Ebd., S. 3.

14 Ebd., S. 3, 7. Vgl. auch zur *Appassionata* ebd., S. 1.

15 WALTER W. KRAUSE: Leila liebt Bomben statt Männer. In: *Stern* vom 29. März 1970. Vgl. auch allgemein HASELOFF, Stern, S. 270 ff.

16 Teile der ursprünglich geplanten Serie mit dem vorläufigen Titel «1870/71» sind als Typoskripte in Haffners Nachlaß erhalten geblieben. Nach einem kurzen Vorspann schilderte er zunächst eingehend die Politik Napoleons III., dann die Schlacht von Sedan aus französischer Sicht, dann die Gründung der Dritten Republik. Vgl. SEBASTIAN HAFFNER: Serie 1870/71. Erste Folge. Der weiche Diktator; Zweite Folge. Das Drama von Sedan; Dritte Folge. [Ohne Titel]. Typoskripte [o. D.; 1970]. NL Sebastian Haffner, N2523/261. Möglicherweise hat Haffner die Serie nicht rechtzeitig fertigstellen können, denn sein Bruder Ulrich Pretzel schickte ihm erst Mitte Juli 1970 eine Literaturliste, die ein Doktorand des Hamburger Historikers Fritz Fischer für Haffner zusammengestellt haben muß. Vgl. den Brief von ULRICH PRETZEL an Raimund

Pretzel vom 15. Juli 1970 sowie die beiliegende Literaturliste. NL Sebastian Haffner, N2523/68.

17 («Museum») SEBASTIAN HAFFNER: Serie 1870/71. Erste Folge. Vorspann. Typoskript [o. D.; 1970], S. 2. NL Sebastian Haffner, N2523/261. Vgl. auch ebd., S. 1 ff. («Kernenergie») SEBASTIAN HAFFNER: Die Pariser Kommune. In: DERS., Variationen, S. 83–134, hier: S. 84. [Zuerst abgedruckt als fünfteilige Serie unter dem Titel «Paris brennt» in den Ausgaben des *Stern* vom 14. März 1971 bis zum 11. April 1971.]

18 («Mackie Messer», «Bande») SEBASTIAN HAFFNER: Falsche Solidarität. In: *Stern* vom 20. Februar 1972. Vgl. auch DERS.: Blutiges Spiel. In: *Stern* vom 4. Juni 1972. Immerhin gab Haffner seine frühere Bekanntschaft mit Ulrike Meinhof zu. «Ja, auch ich habe Ulrike Meinhof ein bißchen gekannt und zu Zeiten ganz gern gehabt», räumte er eingangs seiner *Stern*-Kolumne vom 20. Februar 1972 ein. «Aber meine Sympathie war bereits erschöpft, als sie aus weiblicher Rachsucht das Bett ihres geschiedenen Ehemanns bepinkeln ließ.» Vgl. zur *Bild*-Zeitung «Baader-Meinhof-Bande mordet weiter». Schlagzeile in: *Bild* vom 23. Dezember 1971. Zitiert nach BÖLL, Geleit, S. 26. Viele andere Kommentatoren verwendeten den neutraleren Begriff der «Gruppe». Vgl. auch die einzelnen Beiträge in dem angeführten Band; sowie zum Hintergrund BARING, Machtwechsel, S. 381 f.; PETERS, Irrtum, S. 189–273; AUST, Komplex; JÄGER, Innenpolitik 1969–1974, S. 78–83; HERFRIED MÜNKLER: Guerillakrieg und Terrorismus. Begriffliche Unklarheit mit politischen Folgen. In: WOLFGANG KRAUSHAAR (Hrsg.): Die RAF und der linke Terrorismus. Bd. 1. Hamburg 2006. S. 78–102.

19 HEINRICH BÖLL: «Will Ulrike Gnade oder freies Geleit?» In: *Der Spiegel* vom 10. Januar 1972. Zitiert nach BÖLL, Geleit, S. 27–33. Vgl. zur Diskussion HANS MATHIAS KEPPLINGER/MICHAEL HACHENBERG/HERMANN FRÜHAUF: Struktur und Funktion eines publizistischen Konflikts. In: *Publizistik* 22 (1977), S. 14–34; sowie allgemein KIELMANSEGG, Katastrophe, S. 338 f.; KOENEN, Jahrzehnt, S. 392 f.

20 SEBASTIAN HAFFNER: Falsche Solidarität. In: *Stern* vom 20. Februar 1972. Immerhin waren 1971 sechs Prozent der Bevölkerung bereit, ein verfolgtes Mitglied der RAF für eine Nacht aufzunehmen. Vgl. JÄGER, Innenpolitik 1974–1982, S. 85; sowie ebd., S. 81 ff.; KIELMANSEGG, Katastrophe, S. 338 f.; KOENEN, Vesper, S. 321 ff.

21 Vgl. SEBASTIAN HAFFNER: Ohne Rücksicht auf Verluste. In: *Stern* vom 9. Juli 1972. Haffner bezog sich dabei auf diverse Pannen bei der Fahndung. Er kritisierte besonders, daß Polizisten in Zivilkleidung ermittelten und in einem Fall von holländischen Touristen für Räuber gehalten worden waren. Vgl. ebd.; AUST, Komplex, S. 227.

22 SEBASTIAN HAFFNER: Blutiges Spiel. In: *Stern* vom 4. Juni 1972. Vgl. auch DERS.: «Spiel mit Begriffen». Typoskript [o. D.; 1972]. NL Sebastian Haffner, N2523/214. Vgl. zur Berichterstattung des Springer Verlages KRAUSHAAR,

Kleinkrieg, S. 1100 ff.; SCHWARZ, Springer, S. 508 f., 523, 530; sowie zur Kritik an Springer HEINRICH BÖLL: Die verlorene Ehre der Katharina Blum oder wie Gewalt entstehen und wohin sie führen kann. Erzählung. Köln 1974; aber auch HENRI NANNEN: Für Fälscher kein Pardon. In: *Stern* vom 26. November 1972; SCHWARZ, Springer, S. 541 f.

23 Vgl. zu den persönlichen Gründen der Terroristen PETERS, Irrtum, S. 157–168; KARIN WIELAND: a. In: WOLFGANG KRAUSHAAR/JAN PHILIPP REEMTSMA/KARIN WIELAND: Rudi Dutschke, Andreas Baader und die RAF. Hamburg 2005. S. 51–99; zur Bedeutung des Faschismusvorwurfs KIELMANSEGG, Katastrophe, S. 342; WINKLER, Weg, Bd. 2, S. 304; KRAUSHAAR, Achtundsechzig, S. 175; sowie zu Dutschke WOLFGANG KRAUSHAAR: Rudi Dutschke und der bewaffnete Kampf. In: DERS./JAN PHILIPP REEMTSMA/KARIN WIELAND: Rudi Dutschke, Andreas Baader und die RAF. Hamburg 2005. S. 13–50. So war Dutschke Ende der sechziger Jahre selbst an der Planung von zwei Sprengstoffanschlägen beteiligt, die allerdings nicht durchgeführt wurden. Vgl. ebd., S. 22–28.

24 SEBASTIAN HAFFNER: Gedanken zur Zeit. Ist die bürgerliche Revolution zu Ende? Typoskript, («Kronprinzen») S. 5, («Schulen»), S. 6. NL Sebastian Haffner, N2523/194. [Ausgestrahlt vom *NDR* am 6. Juni 1971; Nachdruck unter dem Titel: Ist die bürgerliche Revolution zu Ende? In: DERS., Variationen, S. 237–243.] Vgl. auch DERS.: Monatslektüre. Ist die bürgerliche Revolution zu Ende? In: *Konkret* vom 1. Juli 1971; DERS.: Monatslektüre. Was ist eine Revolution? In: *Konkret* vom 24. September 1970; DERS.: Deutschland, deine guten Seiten. Der Sieg der Demokratie. In: *Stern* vom 22. Oktober 1972. Vgl. zu einer ähnlichen Deutung der Studentenbewegung als bürgerliche Revolution JÜRGEN HABERMAS: Brief an Kurt Sontheimer vom 19. September 1977. Abgedruckt in: DERS., Schriften I–IV. Frankfurt a. M. 1981. S. 367–387, bes. S. 367, 382 ff.

25 SEBASTIAN HAFFNER: Paris brennt. Abgedruckt in fünf Folgen, beginnend im *Stern* vom 14. März 1971, endend im *Stern* vom 11. April 1971. Im folgenden wird verwiesen auf: DERS.: Die Pariser Kommune. In: DERS., Variationen, S. 83–134.

26 Vgl. allgemein TOMBS, Paris; DAVID A. SHAFER, The Paris Commune French Politics Culture and Society at the Crossroads of the Revolutionary Tradition and Revolutionary Socialism. Basingstoke – New York 2005; JACQUES ROUGERIE: Paris libre 1871. Paris 1971; sowie zu Thiers HAFFNER, Kommune, S. 89; TOMBS, Paris, S. 185 f.

27 HAFFNER, Kommune, S. 112. Vgl. auch ebd., S. 83. Auch Robert Tombs zufolge war das Programm der Kommune eher auf politische Veränderungen ausgerichtet, während die wirtschaftlichen Maßnahmen vage geblieben seien. Daß die Mietzahlungen ausgesetzt und Betriebe sozialisiert wurden, räumt allerdings auch er ein. Vgl. TOMBS, Paris, S. 79, 92 ff.; sowie zu Lefebvre MICHEL TREBITSCH: Henri Lefebvre. In: JACQUES JULLIARD/MICHEL WINOCK (Hrsg.): Dictionnaire des intellectuels français. Les personnes, les lieux, les moments. Paris 1996. S. 691 f.; HENRI LEFEBVRE: La proclamation de la Commune. Paris 1965.

28 Vgl. zum späteren politischen Engagement der Kommunarden TOMBS, Paris,

S. 188–191; SHAFER, Paris, S. 148. Vgl. auch KARL MARX: Adresse des Generalrats über den Bürgerkrieg in Frankreich. In: DERS.: Der Bürgerkrieg in Frankreich. Mit Einleitung und Anmerkungen von A. Conrady. Berlin 1920. S. 67–117, hier: S. 116 f. [Zuerst 1871]; sowie LENIN, Pariser Kommune.

29 HAFFNER, Kommune, S. 130. Vgl. auch ebd., S. 132 ff.; zum Hintergrund TOMBS, Paris, S. 177–183; sowie WLADIMIR ILJITSCH LENIN: Die Lehren der Kommune. In: DERS., Pariser Kommune, S. 13–17, hier: S. 15. [Zuerst in: *Auslandszeitung* vom 23 März 1908.]

30 SEBASTIAN HAFFNER: Sire, geben sie Gedankenfreiheit! In: *Stern* vom 12. März 1972. Vgl. zu den «K-Gruppen» KOENEN, Jahrzehnt, S. 257–315; sowie zu dem Regierungserlaß und der Kampagne dagegen WINKLER, Weg, Bd. 2, S. 301 f.; KIELMANSEGG, Katastrophe, S. 334–337.

31 («parlamentarisch-demokratischen Mitteln») SEBASTIAN HAFFNER: Lohn der Angst. In: *Stern* vom 14. März 1971. Vgl. zum Hintergrund WINKLER, Weg, Bd. 2, S. 302f; KIELMANSEGG, Katastrophe, S. 296; BARING, Machtwechsel, S. 355–358, 362 f.; JÄGER, Innenpolitik 1969–1974, S. 34–42; GÖRTEMAKER, Geschichte, S. 519–525.

32 Vgl. zum Hintergrund KOENEN, Jahrzehnt, S. 164–167; RÖDDER, Bundesrepublik, S. 28 ff.

33 SEBASTIAN HAFFNER: Sex ja – Porno nein. In: *Stern* vom 8. November 1970. Haffner hat sich diesbezüglich weitgehend der Position der FDP angeschlossen, die auf eine strikte Trennung von Recht und Moral hinauswollte. Vgl. KIELMANSEGG, Katastrophe, S. 380; sowie allgemein JÄGER, Innenpolitik 1969–1974, S. 147 f. Vgl. außerdem zur Sterbehilfe SEBASTIAN HAFFNER: Ein Recht auf den Tod. In: *Stern* vom 15. Februar 1973; zu den Feiertagen DERS.: Ärger mit Feiertagen. In: *Stern* vom 14. Juni 1973.

34 Vgl. GANTE, § 218, S. 125 ff.; SCHREIBER, Nannen, S. 357; sowie zu Haffner als Patriarch SARAH HAFFNER: Originalton. In: CHRISTIAN WALTHER: Mit scharfer Zunge. Sebastian Haffner wird 90. Eine Dokumentation. Videoarchiv WDR, 0274168. [Ausgestrahlt vom *WDR* Fernsehen am 5. Januar 1998.]

35 SEBASTIAN HAFFNER: Gebärzwang ist unsittlich. In: *Stern* vom 13. Juni 1971. Vgl. auch DERS.: Der Fötus ist kein Mensch. In: *Stern* vom 8. August 1971; DERS.: Kampfansage aus Rom. In: *Stern* vom 5. März 1972; allgemein die Selbstbezichtigungen in: *Stern* vom 6. Juni 1971; WOLFRUM, Bundesrepublik, S. 405 f.; sowie GANTE, § 218. Vgl. zu den verbreiteten Selbstbezichtigungen auch von Männern ebd., S. 127; sowie als Korrektiv zu den von Haffner angegebenen Abtreibungszahlen ebd., S. 237 ff. Welchen realen Hintergrund Haffners Abtreibungsgeständnis hat, ist nicht bekannt.

36 Haffner hat das zumindest selbst berichtet. Vgl. MENGE, Wilhelm II., S. 52.

37 Vgl. HELMUT KOHL: Erinnerungen 1930–1982. München 2004. S. 335; BARING, Machtwechsel, S. 744 f.

38 («Lumpenproletariat») SEBASTIAN HAFFNER: Gebärzwang ist unsittlich. In: *Stern* vom 13. Juni 1971; («Fertiggericht») DERS.: Die Ehe wird anders. In: *Stern*

vom 24. Januar 1971; («Kindergarten», «Stadt- und Industriegesellschaften») DERS.: Monatslektüre. Frauen und Männer. In: *Konkret* vom 25. März 1971. Vgl. allgemein zu den Emanzipationsprozessen RÖDDER, Bundesrepublik, S. 25–30; KIELMANSEGG, Katastrophe, S. 401–404.

39 SEBASTIAN HAFFNER: Monatslektüre. Frauen und Männer. In: *Konkret* vom 25. März 1971. Vgl. zu ähnlichen Ansichten auch DERS.: Die böse «gute alte Zeit». In: *Stern* vom 6. April 1977. [Nachdruck unter dem Titel: Über die industrielle Revolution. In: DERS., Variationen, S. 315–325.]; sowie zum Reaktionär DERS.: Originalton. Aus: Gespräch mit Michael Schornstheimer. In: DERS., Geschichte, [Hörbuch].

40 Vgl. SEBASTIAN HAFFNER: Gedanken zur Zeit. Ketzereien zur Bildungsreform. Typoskript. NL Sebastian Haffner, N2523/195. [Ausgestrahlt vom *NDR* am 17. Juni 1973.] Beinahe gleichlautend hat den Beitrag vier Wochen später der *Stern* abgedruckt, der normalerweise großen Wert auf die Exklusivität seiner Artikel legte. Vgl. DERS.: Zuviel Sperrmüll in der Schule. In: *Stern* vom 19. Juli 1973.

41 Vgl. ebd. Einige Jahre später mußte Haffner dann allerdings konstatieren, daß die «kulturelle Erbauung» im Absterben begriffen sei. SEBASTIAN HAFFNER: Die böse «gute alte Zeit». In: *Stern* vom 6. April 1977. [Nachdruck unter dem Titel: Über die industrielle Revolution. In: DERS., Variationen, S. 315–325.]

42 Vgl. SEBASTIAN HAFFNER: Gedanken zur Zeit. Ketzereien zur Bildungsreform. Typoskript. NL Sebastian Haffner, N2523/195. [Ausgestrahlt vom *NDR* am 17. Juni 1973.] Vgl. auch allgemein LUDWIG VON FRIEDEBURG: Bildungsreform in Deutschland. Geschichte und gesellschaftlicher Widerspruch. Frankfurt a. M. 1989. S. 454 f.; KIELMANSEGG, Katastrophe, S. 381 ff.

43 SEBASTIAN HAFFNER: Zuviel Sperrmüll in der Schule. In: *Stern* vom 19. Juli 1973.

44 SEBASTIAN HAFFNER: Monatslektüre. Angebot ohne Nachfrage. In: *Konkret* vom 26. März 1970. Vgl. allgemein WOLFRUM, Bundesrepublik, S. 241; sowie zum Einsetzen dieses Trends in den fünfziger Jahren METZLER, Konzeptionen, S. 62–80. Die Triumphe der Weltraumfahrt hat Haffner allerdings stets mit großer Reserve kommentiert, da er in ihnen keinen rechten Nutzen für die Menschheit erkennen konnte. Vgl. SEBASTIAN HAFFNER: Pionier oder Versuchskaninchen. Der Weltraum kann auch ohne Astronauten entdeckt werden. In: *Die Welt* vom 15. April 1961; DERS.: Der törichte Wettlauf. In: *Stern* vom 14. Mai 1967; DERS.: Der enttäuschende Mond. In: *Stern* vom 7. Januar 1969.

45 («Schicksal») SEBASTIAN HAFFNER: Gedanken zur Zeit. Wissenschaft und Pseudowissenschaft. Typoskript, S. 1. NL Sebastian Haffner, N2523/194. [Ausgestrahlt vom *NDR* am 2. Januar 1972.]; («Computer») DERS.: Deutschland, deine guten Seiten. Zweimal Deutschland und keine Feinde. In: *Stern* vom 5. November 1972. Vgl. zu Napoleon JOHANN WOLFGANG VON GOETHE: Unterredung mit Napoleon. 1808 September. In: DERS.: Werke. Hamburger Ausgabe in 14 Bänden. Bd. 10. Autobiographische Schriften II. München

1998. S. 543–547, hier: S. 546; sowie zu Rathenau WALTHER RATHENAU: Rede auf der Tagung des Reichsverbandes der deutschen Industrie. Gehalten in München am 28. September 1921. In: DERS.: Gesammelte Reden. Berlin 1924. S. 241–264, hier: S. 264.

46 SEBASTIAN HAFFNER: Gedanken zur Zeit. Über den Fortschritt. Typoskript, S. 4. NL Sebastian Haffner, N2523/193. [Ausgestrahlt vom *NDR* am 7. Dezember 1969; Nachdruck unter dem Titel: Über den Fortschritt. In: DERS., Variationen, S. 346–352.]

47 SEBASTIAN HAFFNER: Deutschland, deine guten Seiten. Zweimal Deutschland und keine Feinde. In: *Stern* vom 5. November 1972.

48 Vgl. KISSINGER, Vernunft, S. 662–665.

49 SEBASTIAN HAFFNER: Ein Buch – zwei Meinungen. Typoskript, S. 8. NL Sebastian Haffner, N2523/202. [Ausgestrahlt vom *NDR* am 18. Dezember 1970; Rezension, zusammen mit WALTER GÖRLITZ, von HANS-ULRICH WEHLER: Bismarck und der Imperialismus. Köln – Berlin 1969.] Vgl. dazu allgemein auch GROSSE KRACHT, Zunft, S. 80–90.

50 «Ein subjektives Element läßt sich, scheint mir, aus der Geschichtsschreibung nicht eliminieren. Das verhindert wahrscheinlich, daß sie je zur exakten Wissenschaft wird. Aber das macht sie auch so interessant», hatte Haffner bereits Ende des Jahres 1970 festgestellt. SEBASTIAN HAFFNER: Ein Buch – zwei Meinungen. Typoskript, S. 8. NL Sebastian Haffner, N2523/202. [Ausgestrahlt vom *NDR* am 18. Dezember 1970.]

51 SEBASTIAN HAFFNER: Monatslektüre. Aufstand der Moleküle. In: *Konkret* vom 4. November 1971.

52 Vgl. KIELMANSEGG, Katastrophe, S. 372 f., 442 ff.; METZLER, Konzeptionen, insbesondere S. 261–418; TIM SCHANETZKY: Die große Ernüchterung. Wirtschaftspolitik, Expertise und Gesellschaft in der Bundesrepublik 1966 bis 1982. Berlin 2007. S. 55–160.

53 («Plan») SEBASTIAN HAFFNER: Ohne Plan geht es nicht. In: *Stern* vom 4. Oktober 1970; («Gemeinwirtschaft») DERS.: Ernste Krisensignale. In: *Stern* vom 28. November 1971. Vgl. zu Schacht DERS.: Droht eine schwere Wirtschaftskrise? In: *Stern* vom 24. Oktober 1971.

54 Vgl. SEBASTIAN HAFFNER: Ernste Krisensignale. In: *Stern* vom 28. November 1971.

55 SEBASTIAN HAFFNER: Deutschland, deine guten Seiten. Am Anfang war das Wirtschaftswunder. In: *Stern* vom 15. Oktober 1972.

56 Der Chefredakteur berief sich dabei auf die Meinung eines Lesers. NANNEN, Interview, S. 55.

57 («Großkapitalisten», «Unternehmerpresse») SEBASTIAN HAFFNER: Ernste Krisensignale. In: *Stern* vom 28. November 1971; («Gemeinwohl», «totaler Marktwirtschaft») DERS.: Ohne Plan geht es nicht. In: *Stern* vom 4. Oktober 1970; («Verbrechen») DERS.: Ein wirtschaftspolitisches Stalingrad. In: *Stern* vom 6. September 1970. Vgl. zum Wohnungsmarkt auch JÄGER, Innenpolitik 1969–

1974, S. 141; sowie zur Problematik des «Gemeinwohl»-Begriffs MICHAEL STOLLEIS: Gemeinwohlformeln im nationalsozialistischen Recht. Berlin 1974.

58 SEBASTIAN HAFFNER: Monatslektüre. Jakob und Esau. In: *Konkret* vom 13. November 1969. Vgl. zur Sympathie westdeutscher Intellektueller für die DDR KIELMANSEGG, Katastrophe, S. 629–659; sowie zu den Verhältnissen in der DDR ebd., S. 604, 611; WEBER, DDR, S. 167 f.

59 («Mord») SEBASTIAN HAFFNER: Fluchthelfer sind keine Helden. In: *Stern* vom 2. August 1973; («Antikommunismus») DERS.: Abgestandene Propaganda. In: *Stern* vom 13. September 1970.

60 («Lupe», «Narrenfreiheit») SEBASTIAN HAFFNER: Nach uns die Sintflut. In: *Stern* vom 18. Juni 1972; («ärmer») DERS.: Deutschland, deine guten Seiten. Am Anfang war das Wirtschaftswunder. In: *Stern* vom 15. Oktober 1972; («Hochleistungen») DERS.: Deutschland, deine guten Seiten. Zweimal Deutschland und keine Feinde. In: *Stern* vom 5. November 1972.

61 («Altpreußisches») HAFFNER, Deutschland, deine guten Seiten, 15. Oktober 1972; («konservative Element») DERS., Deutschland, deine guten Seiten, 5. November 1972. «Die heile Welt der DDR» lautete der Titel eines Films, den Haffner und Rotzoll für den *NDR* geschrieben haben. Vgl. den Brief von SEBASTIAN HAFFNER an Ludwig Schubert vom 27. Februar 1973. NL Sebastian Haffner, N2523/150 [Ausgestrahlt vom *NDR* am 19. Februar 1973.]; sowie OSWALD SPENGLER: Preußentum und Sozialismus. München 1920.

62 Vgl. zum folgenden KIELMANSEGG, Katastrophe, S. 200–212; RÖDDER, Bundesrepublik, S. 35–43, 124; BARING, Machtwechsel, S. 197–358; LINK, Außen- und Deutschlandpolitik 1969–1974, S. 163–282.

63 Vgl. zur Opposition im Bundestag GRAU, Strom; JÄGER, Innenpolitik 1969–1974, S. 62–67; LINK, Außen- und Deutschlandpolitik 1969–1974, S. 206–213; zu den Bedenken des Auslands ebd., S. 238–241; BARING, Machtwechsel, S. 260–263; KISSINGER, Vernunft, S. 810–814; sowie allgemein MARKUS BERNATH: Wandel ohne Annäherung. Die SPD und Frankreich in der Phase der Neuen Ostpolitik. Baden-Baden 2001; sowie zum hohen Tempo Brandts bei den Verhandlungen VOGTMEIER, Bahr, S. 123 ff.; MERSEBURGER, Brandt, S. 601 f.

64 Vgl. zum Werben für ein zügigeres Tempo SEBASTIAN HAFFNER: De facto ein Fortschritt. In: *Stern* vom 25. Januar 1970; zu den Gegenleistungen DERS.: Wer zu kurz springt, fällt herein. In: *Stern* vom 26. April 1970; sowie ANONYMUS: Haffner: Nichtanerkennung ist suspendierte Kriegserklärung. In: *Neues Deutschland* vom 25. April 1970. [Der *Stern* erschien, wie erwähnt, stets einige Tage vor dem auf der Titelseite angegebenen Datum.]

65 SEBASTIAN HAFFNER: Die Wunde muß heilen. In: *Stern* vom 7. Juni 1970. Vgl. zum internationalen Entspannungsprozeß LINK, Außen- und Deutschlandpolitik 1969–1974, S. 233–238.

66 SEBASTIAN HAFFNER: What Brandt is up to? In: *New Statesman* vom 6. März 1970. Vgl. zu Bahr VOGTMEIER, Bahr, S. 80–95, 350–357; LINK, Außen- und

Deutschlandpolitik 1969–1974, S. 278 f.; GALLUS, Neutralisten, S. 296–306; TIMOTHY GARTON ASH: Im Namen Europas. Deutschland und der geteilte Kontinent. München – Wien 1993. S. 124. Gerade in dem Wunsch, die bestehenden Verhältnisse grundlegend zu überwinden, ist denn auch der Unterschied zwischen der deutschen Ostpolitik und der amerikanischen Entspannungspolitik zu sehen, die auf verbesserte Beziehungen zum Ostblock und Konfliktbereinigung, aber eben nicht auf eine Veränderung des Status quo abzielte. Allerdings haben die westdeutschen Verhandlungsführer zumindest gegenüber Ost-Berlin und Moskau an ihrer Verbundenheit mit den USA keinen Zweifel gelassen. Vgl. SAROTTE, Dealing, S. 174 ff.

67 Vgl. zu seinem Lob für die friedenstiftende Politik Brandts SEBASTIAN HAFFNER: Die Wunde muß heilen. In: *Stern* vom 7. Juni 1970; DERS.: Was will Barzel in Moskau? In: *Stern* vom 12. Dezember 1971; DERS.: Wo Bismarck und Adenauer scheiterten. In: *Stern* vom 1. Oktober 1972; sowie zu Berlin DERS.: Pokern um Berlin. In: *Stern* vom 14. Februar 1971; DERS.: Fluchthelfer sind keine Helden. In: *Stern* vom 2. August 1973. Tatsächlich gab es, abgesehen von kleineren Spannungen, bis zum Fall der Mauer keine internationalen Krisen um Berlin mehr. Vgl. KISSINGER, Vernunft, S. 813 f.

68 Vgl. WOLFRUM, Bundesrepublik, S. 372–375, 396 ff.; JÄGER, Innenpolitik 1969–1974, S. 63, 66, 86–91; LINK, Außen- und Deutschlandpolitik 1969–1974, S. 220ff; BARING, Machtwechsel, S. 504 f.; GÖRTEMAKER, Geschichte, S. 506–515; MERSEBURGER, Brandt, S. 612–616, 640 ff.; sowie CHRISTOPH SCHNEIDER: Der Warschauer Kniefall. Ritual, Ereignis und Erzählung. Konstanz 2006.

69 MANFRED BISSINGER/JOCHEN STEINMAYR: Der Tag, als der Kanzler kam. In: *Stern* vom 29. März 1970. Vgl. zur Berichterstattung des *Stern* allgemein SCHWERIN, Nannen, S. 125–131, 140–149; MÜNKEL, Brandt, S. 104–110; sowie zu dem Besuch Brandts in der DDR GÖRTEMAKER, Geschichte, S. 557 f.; MERSEBURGER, Brandt, S. 602–605; SAROTTE, Dealing, S. 42–54.

70 Vgl. SEBASTIAN HAFFNER: Wie wir Deutsche Deutschland verspielten. In: *Stern* vom 29. März 1970; DERS.: Die Anerkennung der DDR. In: *Neue Rundschau* 81 (1970), S. 433–447, hier: S. 443; DERS.: Moskau plant auf lange Sicht. In: *Stern* vom 19. September 1971.

71 («keinen Gegenwind») SEBASTIAN HAFFNER: Klimawechsel. In: *Stern* vom 5. Juli 1970. Vgl. auch zum angeblichen Wohlwollen Moskaus DERS.: Brandt's double triumph. In: *New Statesman* vom 14. August 1971; DERS.: Was will Barzel in Moskau? In: *Stern* vom 12. Dezember 1971; sowie zur Bagatellisierung der Oppositionskritik DERS.: Die Leidtragenden. In: *Stern* vom 5. September 1971; DERS.: Moskau plant auf lange Sicht. In: *Stern* vom 19. September 1971. Vgl. zu den Einwänden der Opposition ANSELM TIGGEMANN: Die CDU/CSU und die Ost- und Deutschlandpolitik 1969–1972. Zur «Innenpolitik der Außenpolitik» der ersten Regierung Brandt/Scheel. Frankfurt a. M. u. a. 1998; GRAU, Strom; JÄGER, Innenpolitik 1969–1974, S. 62–67; sowie zum allgemeinen Optimismus

bezüglich der Neuen Ostpolitik Hodenberg, Konsens, S. 383–396; Münkel, Brandt, S. 86–119; Schwerin, Nannen, S. 140–149.

72 Vgl. Link, Außen- und Deutschlandpolitik 1969–1974, S. 190–224, 232 f.

73 Sebastian Haffner: Die DDR ist jetzt ein Partner. In: *Stern* vom 24. Dezember 1972. Vgl. Ders.: Warum stockt die Ostpolitik? In: *Stern* vom 11. Oktober 1973; Ders.: Bonns dummer Streich. In: *Stern* vom 1. August 1974.

74 («Spionenköder», «Hochstapelei») Sebastian Haffner: Was hatte die DDR überhaupt davon? In: *Stern* vom 9. Mai 1974. [Der Artikel dürfte wie immer bereits einige Tage früher erschienen sein; Brandt hatte schon am 6. Mai seinen Rücktritt erklärt, und Haffners Beitrag ist erkennbar mit der Intention geschrieben, diesen Schritt zu verhindern.] Vgl. zu dem Vorgang Merseburger, Brandt, S. 720–738; Wolfrum, Geschichte, S. 416–422; sowie zu den Zielen der Stasi Peter Siebenmorgen: «Staatssicherheit» der DDR. Der Westen im Fadenkreuz der Stasi. Bonn 1993. S. 124 f. Einige Monate später hat Haffner gemutmaßt, daß die Affäre Guillaume von der SPD-Spitze in die Wege geleitet worden sei und die bundesdeutschen Geheimdienste sich dabei als williges Werkzeug zur Verfügung gestellt hätten. Vgl. Sebastian Haffner: Wem dienen eigentlich die Geheimdienste? In: *Stern* vom 17. Oktober 1974. Brandt hat eine ähnliche Verschwörungstheorie in seinen «Notizen zum Fall G» entwickelt, die zwischen Mai und September 1974 entstanden sein müssen. Vgl. Willy Brandt: Erinnerungen. Mit den «Notizen zum Fall G.» Berlin – Frankfurt a. M. 1994. S. 513–538; sowie Soell, Schmidt, 1969 bis heute, S. 319–332.

75 («böswilligen Unfug») Sebastian Haffner: Der Friede hat Vorfahrt. In: *Stern* vom 27. September 1973. Vgl. auch Christopher Andrew/Wassili Mitrochin: Das Schwarzbuch des KGB. Moskaus Kampf gegen den Westen. Berlin 1999. S. 416 f.; sowie zu Breschnews Herrschaft Hildermeier, Sowjetunion, S. 85 f.

76 Sebastian Haffner: Die DDR ist jetzt ein Partner. In: *Stern* vom 24. Dezember 1972. Vgl. zur DDR auch Rödder, Bundesrepublik, S. 43.

77 («unverbesserlicher Wiedervereiniger») Sebastian Haffner: Monatslektüre. In: *Konkret* vom September 1965; («Normalisierung») Ders.: Deutschland, deine guten Seiten. Das Ende des Nationalismus. In: *Stern* vom 29. Oktober 1972. Vgl. auch zu den Chancen einer Verständigung mit der DDR Ders.: Angst vor der Nation. In: *Stern* vom 13. August 1972; Ders.: Die DDR ist jetzt ein Partner. In: *Stern* vom 24. Dezember 1972.

78 Sebastian Haffner: Die schwere Geburt des Deutschen Reiches. In: *Stern* vom 17. Januar 1971. Vgl. zu den Kontinuitäten in der deutschen Geschichte seit 1871 auch Ders.: Gedanken zur Zeit. Sedantag. Typoskript, S. 5 f. NL Sebastian Haffner, N2523/194. [Ausgestrahlt vom *NDR* am 30. August 1970; Nachdruck unter dem Titel: Sedantag. In: Ders., Variationen, S. 76–82.]; sowie Ders.: Ein Buch – zwei Meinungen. Typoskript, S. 7. NL Sebastian Haffner, N2523/202. [Ausgestrahlt vom *NDR* am 6. Januar 1970; Rezension, zu-

sammen mit WALTER GÖRLITZ, von FRITZ FISCHER: Krieg der Illusionen. Die deutsche Politik von 1911–1914. Düsseldorf 1969.] Vgl. auch HAFFNER, Germany, S. 126–131, 160 f., 265–269.

79 Gustav Heinemann zitiert nach WOLFRUM, Geschichtspolitik, S. 260; FABIAN VON SCHLABRENDORFF: Heinemann und das Deutsche Reich. In: *Die Welt* vom 6. Februar 1971. Vgl. auch SEBASTIAN SCHUBERT: Abschied vom Nationalstaat? Die deutsche Reichsgründung 1871 in der Geschichtspolitik des geteilten Deutschlands von 1965 bis 1974. In: HEINRICH AUGUST WINKLER (Hrsg.): Griff nach der Deutungsmacht. Zur Geschichte der Geschichtspolitik in Deutschland. Göttingen 2004. S. 230–265, hier: S. 247–256; sowie WOLFRUM, Geschichtspolitik, S. 258–267.

80 Vgl. ebd., S. 258–267, 272–296, 303–316; sowie zu Heinemann allgemein TREFFKE, Heinemann.

81 Die Anregungen des Bundespräsidenten aufgreifend, forderte Haffner Anfang März 1970, den westdeutschen Geschichtsunterricht einem Paradigmenwechsel zu unterziehen und das bisherige Prinzip, «‹Krieg gut, Revolution schlecht›», umzukehren. Es könne nicht sein, daß in den westdeutschen Schulen ein Geschichtsbild verbreitet werde, das aus der Zeit des Kaiserreiches stamme. SEBASTIAN HAFFNER: Der ungehobene Schatz. In: *Stern* vom 1. März 1970.

82 DOLF STERNBERGER: Verfassungspatriotismus. In: DERS.: Verfassungspatriotismus. Gesammelte Werke. Bd. 10. Frankfurt a. M. 1990. S. 13–16. [Zuerst in: *FAZ* vom 23. Mai 1979.] Vgl. auch WOLFRUM, Geschichtspolitik, S. 286–296; sowie SEBASTIAN HAFFNER: Der Erfolg des Grundgesetzes. In: DERS., Variationen, S. 200 f. [Ausgestrahlt vom *HR* am 22. Mai 1974.]

83 («Menschheit») SEBASTIAN HAFFNER: Deutschland, deine guten Seiten. Das Ende des Nationalismus. In: *Stern* vom 29. Oktober 1972. Vgl. zur Beharrungskraft des Nationalen DERS.: Europa ohne Happy-End. In: *Stern* vom 5. November 1972; sowie DERS.: Der Stöpsel in der Badewanne. In: *Stern* vom 21. Februar 1971; DERS.: Mao braucht Amerika. In: *Stern* vom 2. Mai 1971; DERS.: Gedanken zur Zeit. Der Traum von der Weltregierung. Typoskript. NL Sebastian Haffner, N2523/195. [Ausgestrahlt vom *NDR* am 18. Dezember 1974.] Vgl. zur These vom Ende des Nationalstaats KARL DIETRICH BRACHER: Die deutsche Diktatur. Entstehung, Struktur, Folgen des Nationalsozialismus. 5., verb. Aufl. Köln 1976. S. 544; WOLFRUM, Geschichtspolitik, S. 312 ff.; WINKLER, Weg, Bd. 2, S. 434–439.

84 Vgl. GÖRTEMAKER, Geschichte, S. 550–556; JÄGER, Innenpolitik 1969–1974, S. 67–76.

85 Vgl. zu den angeblichen Gemeinsamkeiten mit der SED SEBASTIAN HAFFNER: Brandt's double triumph. In: *New Statesman* vom 14. August 1970; DERS.: Die Leidtragenden. In: *Stern* vom 5. September 1971; zu den rechtsextremen Tendenzen DERS.: Flucht nach vorn. In: *Stern* vom 25. Oktober 1970; DERS.: Monatslektüre. Wohin geht die CDU? In: *Konkret* vom 28. Januar 1971; zum empfohlenen Umschwenken auf den Regierungskurs DERS.: Die CDU auf dem Holzweg. In:

Stern vom 23. April 1972; Ders.: CDU – was nun? In: *Stern* vom 26. November 1972.

86 («Wahlbetrug») Sebastian Haffner: Neuwahlen jetzt! In: *Stern* vom 26. März 1972; («Heuchelei», «Vertrauenskrise») Ders.: Heuchelei in Bonn. In: *Stern* vom 9. April 1972; («Schmutzige Wäsche») Ders.: Schmutzige Wäsche von gestern. In: *Stern* vom 20. Juni 1973. Vgl. auch Ders: CDU – was nun? In: *Stern* vom 26. November 1972; sowie zum Vorgehen der CDU Görtemaker, Geschichte, S. 553; Jäger, Innenpolitik 1969–1974, S. 73; und der SPD Winkler, Weg, Bd. 2, S. 298 f. Vgl. auch zur Haltung des *Stern* in der Bestechungsaffaire Schwerin, Nannen, S. 136–140; Schreiber, Nannen, S. 337–343.

87 («Lob- und Preisorgane») Anonymus: «stern»-Rezept für Huckepack. In: *Bayernkurier* vom 13. November 1971; («Kassandra») -Ü-: Wie Manna. In: *Lübecker Nachrichten* vom 3. Juni 1971; («milde Inflation», «glänzender Erfolg») Sebastian Haffner: Die zweite Halbzeit entscheiden die Frauen. In: *Stern* vom 11. Juli 1971; («optimale Position») Ders.: Wo Bismarck und Adenauer scheiterten. In: *Stern* vom 1. Oktober 1972.

88 Vgl. Görtemaker, Geschichte, S. 562 f.; Merseburger, Brandt, S. 652–656; Baring, Machtwechsel, S. 489–509; Kielmansegg, Katastrophe, S. 289; Jäger, Innenpolitik 1969–1974, S. 86 f.; Münkel, Brandt, S. 173–178, 272–285; Sebastian Haffner: Mein Vorschlag zur Wahl. In: *Stern* vom 19. November 1972. Interessanterweise hat Haffner später aber behauptet, nur einmal im Leben SPD gewählt zu haben, nämlich am 5. März 1933. Vgl. Volker Zastrow: Gesprächsprotokoll vom 25. November 1987. Typoskript. NL Sebastian Haffner, N2523/9.

89 Sebastian Haffner: Deutschland, deine guten Seiten. In: *Stern* vom 8. Oktober 1972; Ders.: Deutschland, deine guten Seiten. Am Anfang war das Wirtschaftswunder. In: *Stern* vom 15. Oktober 1972; Ders.: Deutschland, deine guten Seiten. Der Sieg der Demokratie. In: *Stern* vom 22. Oktober 1972; Ders.: Deutschland, deine guten Seiten. Das Ende des Nationalismus. In: *Stern* vom 29. Oktober 1972; Ders.: Deutschland, deine guten Seiten. Zweimal Deutschland und keine Feinde. In: *Stern* vom 5. November 1972; Willy Brandts Slogan zitiert nach Winkler, Weg, Bd. 2, S. 309. Selbst Klaus Harpprecht, der Redenschreiber Brandts, äußerte im Rückblick, Haffner habe 1972 «Brandts Kanzlerschaft mit einem wahren Hymnus bejubel[t]», und meinte damit wohl diese Serie. Harpprecht, Vorwort, S. 16.

90 («das beste») Sebastian Haffner: «Das mußte einmal gesagt werden». In: *Stern* vom 8. Oktober 1972; («Spannweite») Haseloff, Stern, S. 395.

91 Haffner, Deutschland, deine guten Seiten, 8. Oktober 1972.

92 («gutmütige Nüchternheit») Haffner, Deutschland, deine guten Seiten, 29. Oktober 1972; («Flugzeuge») Ders., Deutschland, deine guten Seiten, 8. Oktober 1972. Vgl. auch zur Kulanz der Westdeutschen ebd.

93 Vgl. zu Adenauer als Vaterfigur Haffner, Deutschland, deine guten Seiten, 29. Oktober 1972; zu Brandt als Nachfolger Adenauers Haffner, Deutschland, deine guten Seiten, 22. Oktober 1972.

94 («Zweistaatlichkeit») SEBASTIAN HAFFNER: Gedanken zur Zeit. Die Bundesrepublik wählt den Frieden. Typoskript, S. 6. NL Sebastian Haffner, N2523/194. [Ausgestrahlt vom *NDR* am 31. Dezember 1972.] Vgl. ebd., S. 6 f.; sowie zu den sozialen Veränderungen DERS.: Das Jahr der Deutschen. In: *Stern* vom 31. Dezember 1972; sowie RÖDDER, Bundesrepublik, S. 22–30.

95 Vgl. SEBASTIAN HAFFNER: «Das mußte einmal gesagt werden». In: *Stern* vom 8. Oktober 1972.

96 («Herrschernatur») SEBASTIAN HAFFNER: Wie nun weiter? In: *Stern* vom 16. Mai 1974; («Mauerbau») DERS.: Rückblick und Selbstkritik. Handschriftliches Manuskript [o. D.; Oktober 1975]. NL Sebastian Haffner, N2523/260. Vgl. zu Ulbricht auch DERS.: Der preußische Sachse. In: *Stern* vom 28. Juni 1973.

97 («Erfolg des Grundgesetzes») SEBASTIAN HAFFNER: Der Erfolg des Grundgesetzes. In: DERS., Variationen, S. 196–222. [Ausgestrahlt vom *HR* am 22. Mai 1974.]; («jede englische und französische Regierung») DERS.: Die gutwilligen Deutschen. In: *Stern* vom 27. Dezember 1974; («tapferes Volk») DERS.: Nein, wir sind keine Weltmacht. In: *Stern* vom 16. Januar 1975.

98 Vgl. zur Anerkennung für die CDU SEBASTIAN HAFFNER: Wer sind die besseren Demokraten? In: *Stern* vom 14. Februar 1974; DERS.: Der Erfolg des Grundgesetzes, Variationen, S. 212; zur Kritik am ostpolitischen Kurs der Union DERS.: Wie nun weiter? In: *Stern* vom 16. Mai 1974; DERS.: Die gutwilligen Deutschen. In: *Stern* vom 27. Dezember 1974; zum Lob für Helmut Schmidt DERS.: Bei Halbzeit null zu null. In: *Stern* vom 20. Juni 1974.

99 SEBASTIAN HAFFNER: Die gutwilligen Deutschen. In: *Stern* vom 27. Dezember 1974. Vgl. auch zum Image Schmidts RÖDDER, Bundesrepublik, S. 54; GÖRTEMAKER, Geschichte, S. 578–581; sowie zu den parteiinternen Grabenkämpfen JÄGER, Innenpolitik 1974–1982, S. 21–24; SOELL, Schmidt, 1969 bis heute, S. 528–557.

100 SEBASTIAN HAFFNER: Deutschland, deine guten Seiten. In: *Stern* vom 8. Oktober 1972; DERS.: Die Deutschen und Hitler. In: WALTER KEMPOWSKI (Hrsg.): Haben Sie Hitler gesehen? Deutsche Antworten. München 1973. S. 99–118, hier: S. 118.

101 Vgl. KIELMANSEGG, Katastrophe, S. 342 ff.; KOENEN, Vesper, S. 323–338; AUST, Komplex, S. 301–309.

102 SEBASTIAN HAFFNER: Noch haben wir den Rechtsstaat. In: *Stern* vom 21. November 1974. «Ich bin für den Rechtsstaat», schrieb Haffner in seiner nie veröffentlichten Abschiedskolumne vom Oktober 1975. «Die Hauptgefahr für ihn sehe ich heute in Anwälten, die die Justiz sabotieren, und Journalisten, die sie dabei unterstützen.» DERS.: Rückblick und Selbstkritik. Handschriftliches Manuskript [o. D.; Oktober 1975]. NL Sebastian Haffner, N2523/260. Vgl. auch zu den Erwägungen, härtere Maßnahmen in der Terrorismusbekämpfung anzuwenden DERS.: Der unsichtbare Kriegsschauplatz. In: *Stern* vom 13. März 1975; DERS.: Stammheim und kein Ende. In: *Stern* vom 21. August 1975.

103 («Sezessionisten») HACKE, Philosophie, S. 25. Vgl. ebd., S. 94–134; RICCARDO BAVAJ: Verunsicherte Demokratisierer. «Liberal-kritische» Hochschullehrer und die Studentenrevolte von 1967/68. In: GEPPERT/HACKE, Streit, S. 151–168; MOSES, German Intellectuals, S. 186–218; METZLER, Konzeptionen, S. 282–288; JERRY Z. MULLER: German Neo-Conservatism, ca. 1968–1985. Hermann Lübbe and Others. In: JAN-WERNER MÜLLER (Hrsg.): German Ideologies since 1945. Studies in the Political Culture of the Bonn Republic. New York – Basingstoke 2003. S. 161–184; BRACHER, Politik, S. 317 f.; STEPHAN SCHLAK: Wilhelm Hennis. Szenen einer Ideengeschichte der Bundesrepublik. München 2008. S. 146–187; ULRIKE QUADBECK: Karl Dietrich Bracher und die Anfänge der Bonner Politikwissenschaft. Baden-Baden 2008. Bes. S. 280–291; LAHME, Mann, S. 370 ff., 391–401.

104 SEBASTIAN HAFFNER: Die Krise fängt erst an. In: *Stern* vom 31. Januar 1974. Vgl. auch DERS.: Kann das auch bei uns passieren? In *Stern* vom 10. Januar 1974; sowie zu der allgemeinen Dienstpflicht DERS.: Dienstpflicht für alle? In: *Stern* vom 10. Mai 1973; DERS.: Wenn alle dienen, ist allen gedient. In: *Stern* vom 26. September 1974.

105 Vgl. SCHÖLLGEN, Geschichte, S. 298–305.

106 Vgl. RÖDDER, Bundesrepublik, S. 34 f., 48–51, 120 ff.; WOLFRUM, Bundesrepublik, S. 422–427; KAI F. HÜNEMÖRDER: Kassandra im modernen Gewand. Die umweltpolitischen Mahnrufe der frühen 1970er Jahre. In: FRANK UEKÖTTER/JENS HOHENSEE (Hrsg.): Wird Kassandra heiser? Die Geschichte falscher Ökoalarme. Wiesbaden – Stuttgart 2004. S. 78–97; RÜDIGER GRAF: Die Grenzen des Wachstums und die Grenzen des Staates. Konservative und ökologische Bedrohungsszenarien der frühen 1970er Jahre. In: GEPPERT/HACKE, Streit, S. 207–228, bes. S. 210 ff.; JENS HOHENSEE: Der erste Ölpreisschock 1973/74. Die politischen und gesellschaftlichen Auswirkungen der arabischen Erdölpolitik auf die Bundesrepublik Deutschland. Stuttgart 1996. Bes. zu den Preissteigerungen S. 78.

107 («tropfenweise») SEBASTIAN HAFFNER: Es wird ernst. In: *Stern* vom 29. November 1973; («Krise») DERS.: Die Krise fängt erst an. In: *Stern* vom 31. Januar 1974; («Kolonie») DERS.: Wollen wir eine arabische Kolonie werden? In: *Stern* vom 6. Februar 1975.

108 Vgl. SCHÖLLGEN, Geschichte, S. 298–302; KISSINGER, Vernunft, S. 816 ff.; WINKLER, Weg, Bd. 2, S. 318 f.; LINK, Außen- und Deutschlandpolitik 1969–1974, S. 241–266.

109 («Grundlage unserer Existenz», «Beutewert») SEBASTIAN HAFFNER: Deutschland braucht Amerika. In: *Stern* vom 21. März 1974; («Friedenszwang») DERS.: Nie so wertvoll wie heute. In: *Stern* vom 4. April 1974. «In der Nato ist heute mehr europäische Zukunft als in der Europäischen Gemeinschaft», meinte Haffner sogar. Ebd. Vgl. zur günstigen Positionierung der Bundesrepublik DERS.: Bonn ist kein Zwerg mehr. In: *Stern* vom 12. April 1973; DERS.: Heiratsanträge von Ost und West. In: *Stern* vom 30. Mai 1973; DERS.: Der Friede

bricht aus. In: *Stern* vom 12. Juli 1973; sowie zur Kritik an der französischen Politik DERS.: Die französische Krankheit. In: *Stern* vom 21. Februar 1974.

110 («Gewaltverbrechen») SEBASTIAN HAFFNER: Die Saat der Gewalt. In: *Stern* vom 26. September 1971. Vgl. zu Nixon DERS.: Die Affäre Nixon. In: *Stern* vom 8. August 1974; DERS.: Kein Friede in Nahost. In: *Stern* vom 7. November 1974; DERS.: Die Weltmacht USA ist führerlos. In: *Stern* vom 14. November 1974.

111 SEBASTIAN HAFFNER: Jetzt um Gottes willen keinen Antiamerikanismus. In: *Stern* vom 10. April 1975.

112 Vgl. zum Weltkondominium SEBASTIAN HAFFNER: Deutschland braucht Amerika. In: *Stern* vom 21. März 1974; DERS.: Nie so wertvoll wie heute. In: *Stern* vom 4. April 1974; DERS: Warum Nixon und Breschnew nicht weiterkommen. In: *Stern* vom 11. Juli 1974; zum Abrücken von dieser Vision DERS.: Der kalte Krieg kommt nicht wieder. In: *Stern* vom 30. Januar 1975; sowie allgemein LINK, Außen- und Deutschlandpolitik 1969–1974, S. 243 f., 266.

113 SEBASTIAN HAFFNER: Will Moskau wirklich eine neue Berlin-Krise? In: *Stern* vom 28. Mai 1975. Vgl. zum Hintergrund die Verbalnote der UdSSR an den Generalsekretär der Vereinten Nationen vom 12. Mai 1975. In: Dokumente zur Berlin-Frage 1967–1986. Hrsg. von HANS HEINRICH MAHNKE. München 1987. S. 415 f.; zu Portugal SEBASTIAN HAFFNER: Portugal liegt uns näher als Vietnam. In: *Stern* vom 17. April 1975; DERS.: Schlimme Aussichten für Portugal. In: *Stern* vom 24. Juli 1975; sowie allgemein GARTHOFF, Détente, S. 538–541.

114 Brief von MANFRED BISSINGER an Sebastian Haffner vom 7. Oktober 1975. NL Sebastian Haffner, N2523/260. Vgl. auch SEBASTIAN HAFFNER: Finger weg von Spanien! Handschriftliches Manuskript [o. D.; Oktober 1975]. NL Sebastian Haffner, N2523/260; das *Stern*-Statut vom 19. Mai 1969. NL Sebastian Haffner, N2523/124; zu dem Statut HODENBERG, Konsens, S. 431–436; sowie zu Bissinger SCHREIBER, Nannen, S. 350 ff.

115 Briefentwurf von SEBASTIAN HAFFNER an Henri Nannen [o. D.; 5. Oktober 1975]. NL Sebastian Haffner, N2523/260. [Der Satz, er sei zum Pausieren aufgefordert worden, ist von Haffner wieder durchgestrichen worden, was jedoch nicht heißen muß, daß dergleichen nicht vorgekommen ist.] Schon im Frühjahr 1974 hatte Haffner eine Kontroverse mit Peter Koch, dem Ressortleiter «Deutsche Politik», über die Frage ausfechten müssen, ob die Redaktion Kolumnen Haffners unterdrücken dürfe, wenn sie deren Meinung nicht teile. Vgl. den Briefentwurf von SEBASTIAN HAFFNER an Manfred Bissinger [o. D.; 8. bis 12. Oktober 1975]. NL Sebastian Haffner, N2523/260.

116 SEBASTIAN HAFFNER: Rückblick und Selbstkritik. Handschriftliches Manuskript [o. D.; Oktober 1975]. NL Sebastian Haffner, N2523/260.

117 Vgl. den Briefentwurf von SEBASTIAN HAFFNER an Henri Nannen [o. D.; 5. Oktober 1975]. NL Sebastian Haffner, N2523/260; sowie den Vertrag mit dem Gruner + Jahr Verlag vom 23. Dezember 1975. NL Sebastian Haffner, N2523/3. Danach sollte Haffner lebenslang ein Ruhegeld von 1 500 DM erhalten. Außerdem blieb ihm ein öffentlicher Rauswurf erspart, wie ihn etwa sein Vorgänger

William S. Schlamm hatte erleiden müssen. Allerdings ist auch Haffners Abschiedskolumne aus ungeklärten Gründen nie erschienen. Vgl. zum Linksruck des *Stern* HODENBERG, Konsens, S. 418 f., 422 f., 427; SCHREIBER, Nannen, S. 304–319.

118 AUSTIN J. APP: Die Selbstentlarvung des Sebastian Haffner. In: *Deutsche National Zeitung* vom 6. Dezember 1974. Vgl. auch DERS.: Haffners schreckliche Vergangenheit. In: *Deutsche National Zeitung* vom 13. Dezember 1974; ANONYMUS: Sebastian Haffner heißt in Wahrheit Raimund Pretzell. [sic!] In: *Deutsche National Zeitung* vom 17. Januar 1975; ANONYMUS: Sebastian Haffner gesteht: Ich bin Raimund Pretzel. In: *Deutsche National Zeitung* vom 7. Februar 1975. In einem Prozeß vor dem Landgericht Hamburg wurde der *National Zeitung* die weitere Verbreitung von Unwahrheiten über Haffner untersagt. Vgl. das Urteil des Landgerichts Hamburg vom 11. April 1975. NL Sebastian Haffner, N2523/295. Die Verleumdungen beruhten größtenteils auf einer Darstellung des Buchautors Hans Frederik. Vgl. HANS FREDERIK: Das Ende einer Legende. Die abenteuerlichen Erlebnisse des Towarischtsch Alexander Busch. München 1971. S. 70 f. Vgl. zu seinem sinkenden Bekanntheitsgrad auch ELISABETH NOELLE-NEUMANN (Hrsg.): Allensbacher Jahrbuch der Demoskopie 1974–1976. Wien – München – Zürich 1976. S. 68.

119 Vgl. zu *Konkret* SEBASTIAN HAFFNER: Monatslektüre. Schwäne auf dem Lande. In: *Konkret* vom 13. Januar 1972. Inwieweit sein Rückzug freiwillig war oder nicht, steht dahin. Klaus Rainer Röhl behauptet in seinen Erinnerungen, Haffners Rückzug habe mit den sich verändernden Machtverhältnissen innerhalb der Redaktion zu tun gehabt. Allerdings brachen die Richtungskämpfe zwischen dem Herausgeber Röhl und dem orthodoxen Kommunisten Hermann Gremliza erst im Frühjahr 1973 offen aus, also mehr als ein Jahr nachdem Haffner seinen letzten Beitrag für die Zeitschrift geschrieben hatte. Vgl. KLAUS RAINER RÖHL: Fünf Finger sind keine Faust. Mit einem Nachwort von Jochen Steffen. Köln 1974. S. 444 f.; GALLUS, Zeitschriftenporträt, S. 236 ff. Vgl. auch zu den «Gedanken der Zeit» und dem *Vorwärts* SEBASTIAN HAFFNER: Wissenschaft und Pseudowissenschaft. In: *Vorwärts* vom 20. Januar 1972. [Ausgestrahlt vom *NDR* am 2. Januar 1972 unter dem Titel: Gedanken zur Zeit. Wissenschaft und Pseudowissenschaft.]; SEBASTIAN HAFFNER: Der Traum von Weltregierung ist endgültig ausgeträumt. In: *Vorwärts* vom 9. Januar 1975. [Ausgestrahlt vom *NDR* am 18. Dezember 1974 unter dem Titel: Gedanken zur Zeit. Der Traum von der Weltregierung.]

120 SEBASTIAN HAFFNER: Gedanken zur Zeit. Über den Fußballfrieden. Typoskript, S. 9. NL Sebastian Haffner, N2523/195. [Ausgestrahlt vom *NDR* am 16. Juni 1974.] Vgl. zur Änderung des Meinungsklimas HODENBERG, Konsens, S. 361–439; WOLFRUM, Bundesrepublik, S. 504–514. 1973 konnte im *Stern* etwa eine Eloge auf Walter Ulbricht erscheinen, wie sie in den sechziger Jahren in dem systemkritischen Kampfblatt *Konkret* gestanden hatte. Man sieht daran auch, daß das Redaktionsstatut, wenn es um kommunistische Diktatoren ging,

sehr viel großzügiger ausgelegt wurde als bei anderen Regimes. Vgl. SEBASTIAN HAFFNER: Der preußische Sachse. In: *Stern* vom 28. Juni 1973; DERS.: Monatslektüre. In: *Konkret* vom September 1966.

121 SEBASTIAN HAFFNER: J. W. von Goethe/Otto von Bismarck. In: WERNER HÖFER (Hrsg.): Je ferner die Zeiten ... Weltgestalten in Streitgesprächen. München u. a. 1974. S. 79–99, hier: («Menschenschlächter», «Abnormste») S. 92, («wahre Despotismus») S. 98.

122 SEBASTIAN HAFFNER: Rückblick und Selbstkritik. Handschriftliches Manuskript [o. D.; Oktober 1975]. NL Sebastian Haffner, N2523/260.

10. Später Gipfel (1975–1999)

1 GUSTAV SEIBT: Anmerkungen zum Jahrhundert. Zum Tode des Historikers Sebastian Haffner. In: *Berliner Zeitung* vom 4. Januar 1999; VOLKER ULLRICH: Der helle Klang. Ein Nachruf auf Sebastian Haffner, den großen Stilisten und begnadeten Geschichtserzähler. In: *Die Zeit* vom 7. Januar 1999; ANONYMUS: Tod eines großen Historikers. In: *Stern* vom 7. Januar 1999.

2 Telegramm von RUDOLF AUGSTEIN an Sebastian Haffner vom 23. Dezember 1997; sowie den Brief von HELMUT KOHL an Sebastian Haffner vom 23. Dezember 1997. Beide NL Sebastian Haffner, N2523/4. Vgl. auch den Brief von ROMAN HERZOG an Sebastian Haffner vom 22. Dezember 1997; den Brief von RUDOLF SCHARPING an Sebastian Haffner vom 23. Dezember 1997; den Brief von THEO WAIGEL an Sebastian Haffner vom 27. Dezember 1997. Alle NL Sebastian Haffner, N2523/4; sowie WOLF JOBST SIEDLER: Wahrheit ohne Schmuck. In: *FAZ* vom 27. Dezember 1997; MECHTHILD KÜPPER: Der empfindsame Zeitgenosse. In: *SZ* vom 27. Dezember 1997; WILHELM VON STERNBURG: Lebenslanges Nachdenken über Deutschland. In: *FR* vom 27. Dezember 1997.

3 Vgl. zu Haffners Verwunderung FEST, Freund, S. 42 f. Siehe zu seinen früheren Versuchen oben S. 193–198, 242; sowie zu dem Zerwürfnis mit Raddatz oben S. 356.

4 HAFFNER, Geschichte, S. 272 f. Vgl. ebd., S. 271–274; sowie KARL LANGE: Marneschlacht und deutsche Öffentlichkeit 1914–1939. Eine verdrängte Niederlage und ihre Folgen. Düsseldorf 1974. S. 128–160; ANNIKA MOMBAUER: Helmuth von Moltke and the Origins of the First World War. Cambridge u. a. 2001. S. 258 ff.

5 Vgl. den Vertrag zwischen dem Paul List Verlag und Sebastian Haffner vom 5. Dezember 1975. NL Sebastian Haffner, N2523/188; sowie den Brief von SEBASTIAN HAFFNER an Franz Peter Wirth vom 15. Juli 1976. NL Sebastian Haffner, N2523/305. Schon im Oktober 1975, bei seinem Abschied vom *Stern*, berichtete er Henri Nannen von seinem neu belebten Interesse für Militärgeschichte. Vgl. den Briefentwurf von SEBASTIAN HAFFNER an Henri Nannen [o. D.; Anfang Oktober 1975]. NL Sebastian Haffner, N2523/260. Vgl. auch SEBASTIAN HAFFNER:

Verdun. In: *Stern* vom 16. Juni 1976; DERS.: Zum Septemberkrieg von 1939. In: *Merkur* (33) vom September 1979. S. 893–902; DERS.: Vorwort. Zu: JANUSZ PIEKALKIEWICZ: Der Zweite Weltkrieg. Düsseldorf – Wien 1985. S. 9 ff.

6 Vgl. SEBASTIAN HAFFNER: Generale. Anatomie der Marneschlacht. Archiv ZDF, 0011761400. [Ausgestrahlt vom *ZDF* am 29. April 1977.]

7 Vgl. SEBASTIAN HAFFNER: Unstreitig ist ... Typoskript [o. D.], S. 3 ff. NL Sebastian Haffner, N2523/305; DERS.: Generale. Ursprünglich hatte Haffner noch auf einen zweiten Themenkomplex eingehen wollen, nämlich den Vorwurf, Moltke habe Schlieffens ursprünglichen Plan nicht richtig umgesetzt und fatalerweise den rechten Flügel zugunsten des Heereszentrums geschwächt. Vgl. DERS.: Unstreitig ist ... Typoskript [o. D.], S. 1 ff., 12. NL Sebastian Haffner, N2523/305. Vgl. zum Hintergrund auch DIETER STORZ: «Dieser Stellungs- und Festungskrieg ist scheußlich!» Zu den Kämpfen in Lothringen und den Vogesen im Sommer 1914. In: HANS EHLERT/MICHAEL EPKENHANS/GERHARD P. GROSS (Hrsg.): Der Schlieffenplan. Analysen und Dokumente. Paderborn u. a. 2006. S. 161–204, hier: S. 161, 201 f., bes. Anm. 217; sowie ANNIKA MOMBAUER: Der Moltkeplan: Modifikation des Schlieffenplans bei gleichen Zielen? In: Ebd., S. 79–99, hier: S. 81 f., 94 f.

8 («Antimilitaristisches Kabarett») Brief von SEBASTIAN HAFFNER an Franz Peter Wirth vom 15. Juli 1976. NL Sebastian Haffner, N2523/305. Vgl. auch die sorgfältigen Charakterisierungen der Figuren SEBASTIAN HAFFNER: Unstreitig ist ... Typoskript [o. D.], S. 6. NL Sebastian Haffner, N2523/305; sowie zu den Marnetaxis DERS.: Generale. Nicht von ungefähr hat Haffner, was das Gefühlsleben des beteiligten Beobachters angeht, Kriege gerne mit Fußballspielen verglichen. Vgl. DERS., Geschichte, S. 20 f.; DERS.: Gedanken zur Zeit. Über den Fußballfrieden. Typoskript. NL Sebastian Haffner, N2523/195. [Ausgestrahlt vom *NDR* am 16. Juni 1974.]

9 Mit diesen Worten empfahl der amerikanische Journalist und Herausgeber des Magazins *Encounter*, Melvin Lasky, Raymond Aron die Lektüre der *Anmerkungen zu Hitler*. Brief von MELVIN J. LASKY an Raymond Aron vom 25. Oktober 1979. NL Raymond Aron, Karton 127. Vgl. auch ARON, Mystery, S. 38–41; DERS.: L'homme Hitler. In: *L'Express* [Édition internationale] vom 31. Mai 1980. [Rezension von SEBASTIAN HAFFNER: Un certain Adolf Hitler. Paris 1979.]

10 Vgl. KINDLER, Abschied, S. 205 f., 552; sowie FEST, Freund, S. 40. Bereits im Februar 1978 wurde ein Kapitel der *Anmerkungen zu Hitler* vorabgedruckt und das Buch für April des Jahres angekündigt. Vgl. SEBASTIAN HAFFNER: Hitlers Leistungen. In: *Merkur* (32) vom Februar 1978. S. 130–145.

11 Vgl. HAFFNER, Germany, S. 11–37; DERS., Selbstmord; sowie DERS.: Hitler's Janissary Force. In: *The Observer* vom 21. Oktober 1956; DERS., Teufelspakt, S. 80–110. Vgl. auch FEST, Freund, S. 32–35. Angeblich soll Haffner selbst lange Zeit mit dem Gedanken gespielt haben, eine Hitler-Biographie zu schreiben, aber immer wieder vor der Fülle des Materials zurückgeschreckt sein. Vgl. ebd., S. 31 f.

12 («dem Ziel absoluter Macht») HAFFNER, Germany, S. 11, («nicht überzeugend») ebd., S. 13; («Kapitulation») DERS.: Books of the Day. The watch on the Rhine. In: *The Observer* vom 11. April 1943. [Rezension u.a. von FRANZ LEOPOLD NEUMANN: Behemoth. The Structure and Practice of National Socialism. London 1942.] Vgl. zu den Parallelen zwischen *Germany: Jekyll and Hyde* und den *Anmerkungen zu Hitler* auch MOMMSEN, Jekyll, S. 294.

13 SEBASTIAN HAFFNER: Hitler mit 80. In: *Stern* vom 27. April 1969. Vgl. auch FEST, Hitler, S. 25.

14 SEBASTIAN HAFFNER: Das Thema. Typoskript [o. D.; 1973], S. 10 NL Sebastian Haffner, N2523/210. [Rundfunkrezension von FEST, Hitler, 1973.] Vgl. zum Lob für Fests Analyse Hitlers ebd., S. 2–8, 19. Eine ähnliche Kritik wie Haffner äußert auch HEINRICH SCHWENDEMANN: Zwischen Abscheu und Faszination. Joachim C. Fests Hitler-Biographie als populäre Vergangenheitsbewältigung. In JÜRGEN DANYEL/JAN-HOLGER KIRSCH/MARTIN SABROW (Hrsg.): 50 Klassiker der Zeitgeschichte. Göttingen 2007. S. 127–131, hier: S. 128.

15 Vgl. zu den verschiedenen Kritikpunkten SEBASTIAN HAFFNER: Das Thema. Typoskript [o. D.; 1973], S. 9–18. NL Sebastian Haffner, N2523/210. [Rundfunkrezension von FEST, Hitler, 1973.]; sowie DERS.: Der Aufstieg und Fall einer Höhlenexistenz. In: *Vorwärts* vom 11. Oktober 1973. Vgl. zum Problem des politischen Bekenntnisses GROSSE KRACHT, Zunft, S. 84 ff.; sowie zur Modernisierungsthese RALF DAHRENDORF: Demokratie und Sozialstruktur in Deutschland. In: DERS.: Gesellschaft und Freiheit. Zur soziologischen Analyse der Gegenwart. München 1961. S. 260–299; auch DAVID SCHOENBAUM: Die braune Revolution. Eine Sozialgeschichte des Dritten Reiches. Köln – Berlin 1966; FEST, Hitler, S. 1032–1040. Warum sich Fest später an «überaus beifällige Besprechungen» seiner Biographie durch Haffner erinnert hat, ist angesichts von Haffners Vorwürfen schleierhaft. FEST, Freund, S. 39.

16 («großen Revolutionäre») HAFFNER, Anmerkungen, S. 96; («tagespolitischer Zweck») LÖWENTHAL, Laudatio, S. 19. Vgl. zur Moderne im «Dritten Reich» HAFFNER, Anmerkungen, S. 48 ff.

17 FEST, Freund, S. 40. Vgl. auch ebd., S. 32.

18 («Geniestreich») PETER BENDER: Niemals langweilig. In: *Der Tagesspiegel* vom 27. Dezember 1997; («Allerprägnanteste») SEBASTIAN HAFFNER: Bemerkung. In: Protokoll zur ersten Beratersitzung zum Projekt des *BR* «Zweiter Weltkrieg». Typoskript [o. D.; vor dem 4. März 1982], S. 74. Vgl. zur Datierung den beiliegenden Brief von HENRIC L. WUERMLING an Sebastian Haffner vom 4. März 1982. NL Sebastian Haffner, N2523/215.

19 HAFFNER, Anmerkungen, S. 30. Vgl. zum fehlenden Privatleben ebd., S. 9–15, 31 f.; sowie zu den Anfängen von Hitlers politischer Karriere ebd., S. 18–30. Vgl. zu Hitlers Unfähigkeit, persönliche Beziehungen zu entwickeln, auch HAMANN, Wien, S. 513–529.

20 Vgl. HAFFNER, Anmerkungen, 34–48. Vgl. zur Vereinnahmung der Bevölkerung, auch der Arbeiterschaft WINKLER, Weg, Bd. 2, S. 41 f. Die Verbindung

zwischen ökonomischem Aufschwung und Kriegsvorbereitung hat Haffner allerdings niedriger veranschlagt, als es in der heutigen Forschung getan wird. Vgl. Kielmansegg, Hitler, S. 712; Hildebrand, Dritte Reich, S. 12 f., 27 f., 55–58.

21 Vgl. Haffner, Anmerkungen, S. 54–61; sowie Gerhard Schreiber: Hitler-Interpretationen 1923–1983. Ergebnisse, Methoden und Probleme der Forschung. 2., verb. Aufl. Darmstadt 1988. S. 71 f. Gegen die These, Hitler habe den Staat zerstört, ist mit Recht eingewandt worden, daß das Regime noch bis in die letzten Tage funktionierte und der Diktator selbst noch im Berliner Führerbunker eine bemerkenswerte Befehlsgewalt besaß. Vgl. Kielmansegg, Hitler, S. 713.

22 Vgl. Haffner, Anmerkungen, S. 66–76, 80–94.

23 Vgl. ebd., S. 95–122.

24 Vgl. ebd., S. 123–154, 179 f.; sowie zu den Weltherrschaftsplänen Hitlers ebd., S. 59 ff. 113, 115 f. Vgl. zur diesbezüglichen Diskussion über die Zielsetzungen Hitlers Marie-Luise Recker: Die Außenpolitik des Dritten Reiches. München 1990. S. 57 f.; sowie zu den Schwierigkeiten, 1940 Frieden zu schließen Hildebrand, Das vergangene Reich, S. 700–704.

25 Vgl. Haffner, Anmerkungen, S. 155–182.

26 Ebd., S. 204. Vgl. auch ebd., S. 183–201; Haffner, Germany, S. 55, sowie zum Hintergrund und den Motiven für die Westoffensive im Dezember 1944 Hildebrand, Dritte Reich, S. 106–113.

27 («knetbare Masse») Haffner, Anmerkungen, S. 22 f.; («angeborenen Buckel») ebd., S. 15. Vgl. zur Bewunderung für dieses Bild Joachim Fest: Sebastian Haffners Anmerkungen zu Hitler. In: *FAZ* vom 16. Juni 1978; sowie Hamann, Wien, S. 496–512.

28 Mann, Sebastian, S. 457; Peter Diehl-Thiele: Was man vom Dritten Reich wissen sollte. In: *SZ* vom 20. Juli 1978; Fest: Sebastian Haffners Anmerkungen, in: *FAZ* vom 16. Juni 1978.

29 Vgl. zur «Hitler-Welle» Eberhard Jäckel: Rückblick auf die sogenannte Hitler-Welle. In: *GWU* 28 (1977), S. 695–710; Olaf Blaschke: Zeitgeschichte gestalten: Verleger und Lektoren. In: Frank Bösch/Constantin Goschler (Hrsg): Public History. Öffentliche Darstellungen des Nationalsozialismus jenseits der Geschichtswissenschaft. Frankfurt – New York 2009. S. 219–251, hier: S. 246 ff.; sowie John Toland: Adolf Hitler. Bergisch Gladbach 1977; Rudolph Binion: «… und daß ihr mich gefunden habt». Hitler und die Deutschen. Eine Psychohistorie. Stuttgart 1978; David Irving: Hitler und seine Feldherren. Frankfurt a. M. – Berlin – Wien 1975.

30 Andreas Hillgruber: Laudatio auf Sebastian Haffner. Typoskript [o. D.; 20. November 1983], S. 1, 4. NL Andreas Hillgruber, Privatbesitz. Vgl. auch Klaus Hildebrand: Rezension von Haffner, Anmerkungen. In: *HZ* 230 (1980), S. 492–496.

31 Gerhard Lange: War Hitler kein Diener der Oberklasse? Zu einem neuen

Buch von Sebastian Haffner. Typoskript. NL Sebastian Haffner, N2523/257. [Ausgestrahlt von *Radio DDR 1* am 3. Juli 1978.] Vgl. auch GÖSTA VON UEXKÜLL: Kein Beitrag zur Aufklärung über Hitler. In: *Deutsche Volkszeitung* vom 5. Oktober 1978; sowie zum Hintergrund HEHL, Herrschaft, S. 55; HENRY ASHBY TURNER, JR.: German Big Business and the Rise of Hitler. New York – Oxford 1985.

32 KLAUS-JÖRG RUHL: Mit der Witterung des Geistes. In: *Deutsche Zeitung* vom 6. Oktober 1978; JEAN AMÉRY: Verbrecher: ja – Verräter: nein. In: *Die Zeit* vom 16. Juni 1978.

33 HAFFNER, Anmerkungen, S. 183 f. [Kursivdruck im Original]

34 («Führergläubige») Ebd., S. 46; («osteuropäisches Gewächs») ebd., S. 16; («Hereingeschneiter») ebd., S. 203. Vgl. auch ebd., S. 117 ff., 175 ff., 201 f.; sowie zu den Kontinuitäten über das Jahr 1933 HILDEBRAND, Dritte Reich, S. 136–139.

35 («Neigung zum Widerspruch») JOACHIM FEST: Sebastian Haffners Anmerkungen zu Hitler. In: *FAZ* vom 16. Juni 1978; («homöopathisch») SEBASTIAN HAFFNER: Bemerkung. In: Protokoll zur ersten Beratersitzung zum Projekt des *BR* «Zweiter Weltkrieg». Typoskript [o. D.; vor dem 4. März 1982], S. 27. NL Sebastian Haffner, N2523/215.

36 Vgl. ALBERT SPEER: Einige Anmerkungen zu Sebastian Haffner «Anmerkungen zu Hitler». Typoskript [o. D.], S. 3–9. NL Sebastian Haffner, N2523/19. Anscheinend hat Speers Verleger, Wolf Jobst Siedler, Haffner das Manuskript zugeschickt. Vgl. den Brief von WOLF JOBST SIEDLER an Sebastian Haffner vom 23. Juli 1980. NL Sebastian Haffner, N2523/55.

37 ARMIN MOHLER: Zum Hitler-Bild. In: *Criticón* vom Januar-Februar 1979. Vgl. zu Mohler LAAK, Gespräche, S. 256–262; MÜLLER, Geist, S. 151–154. Vgl. auch DIWALD, Geschichte; sowie zur Debatte um sein Buch FLORIAN ROTH: Die Idee der Nation im politischen Diskurs. Die Bundesrepublik zwischen neuer Ostpolitik und Wiedervereinigung (1969–1990). Baden-Baden 1995. S. 151 ff.

38 Vgl. DIWALD, Geschichte, S. 163 ff.; HAFFNER, Anmerkungen, S. 155–165; EMIL MAIER-DORN: Anmerkungen zu Sebastian Haffner. 3. Aufl. Großaitingen 1986. Vgl. auch zu Kindler KINDLER, Abschied, S. 138–148, 459–479; FRITZ J. RADDATZ: Vom Buch- zum Bierverlag. In: *Die Zeit* vom 29. Mai 1981; WOLFRAM SCHÜTTE: Wage Mut. Der deutsche Verleger Helmut Kindler feiert heute seinen 85. Geburtstag. In: *FR* vom 3. Dezember 1997.

39 WEHLER, Gesellschaftsgeschichte, Bd. 4, S. 937. Vgl. zu der Kontroverse HEHL, Herrschaft, S. 60–66; KERSHAW, NS-Staat, S. 112–147; sowie allgemein ebd., S. 18–38; HILDEBRAND, Dritte Reich, S. 166–192.

40 HANS MOMMSEN: Nationalsozialismus: In: Sowjetsystem und demokratische Gesellschaft. Eine vergleichende Enzyklopädie. Bd. 4. Freiburg i. Brsg. 1971. Sp. 695–713, hier: Sp. 702; NORMAN RICH: Hitler's War Aims. Ideology, the Nazi State, and the Course of Expansion. Bd. 1. New York 1973. S. 11; BRACHER, Kontroversen, S. 85.

41 HAFFNER, Anmerkungen, S. 124. Haffner hat den Terminus «Hitlerismus» selbst verwendet. Ebd., S. 99, 109. Wenige Monate später fand er allerdings nichts dabei, während einer Podiumsdiskussion Hans Mommsen zuzustimmen. SEBASTIAN HAFFNER: Bemerkung. In: Hitler heute, S. 56.

42 Vgl. BRACHER, Kontroversen, S. 62–66; KLAUS HILDEBRAND: Nationalsozialismus oder Hitlerismus? In: MICHAEL BOSCH (Hrsg.): Persönlichkeit und Struktur in der Geschichte. Düsseldorf 1977. S. 55–61; HANS MOMMSEN: Nationalsozialismus oder Hitlerismus? In: ebd., S. 62–71, hier: S. 66, 70; MARTIN BROSZAT: Der Staat Hitlers. Grundlegung und Entwicklung seiner inneren Verfassung. München 1969. S. 363–402, 438 ff.; sowie allgemein HEHL, Herrschaft, S. 60–66; und neuerdings BURLEIGH, Zeit, S. 187 f.

43 Vgl. MOMMSEN, Hitlerismus, S. 66; MARTIN BROSZAT: Hitler und die Genesis der «Endlösung». Aus Anlaß der Thesen von David Irving. In: *VfZ* 25 (1977), S. 739–775, hier: S. 752 f.; DAVID IRVING: Hitler's War. London u. a. 1977; sowie allgemein KERSHAW, NS-Staat, S. 148–206, 213 ff.; HEHL, Herrschaft, S. 66–77.

44 Vgl. zu Hitlers großer Autorität HAFFNER, Anmerkungen, S. 58 f., 64 f.; sowie zur Ablehnung der Thesen Irvings, ebd., S. 173; sowie allgemein HILDEBRAND, Dritte Reich, S. 186, 275.

45 Vgl. KERSHAW, NS-Staat, S. 207–245; JÄCKEL, Hitlers Weltanschauung. Schon 1960 hatte freilich Hugh Trevor-Roper darauf aufmerksam gemacht, daß Hitlers außenpolitische Zielsetzungen bereits seit den zwanziger Jahren feststanden. Vgl. HUGH TREVOR-ROPER: Hitlers Kriegsziele. In: *VfZ 8* (1960), S. 121–133.

46 («der Marx des Hitlerismus») HAFFNER, Anmerkungen, S. 96; (ab: «die gesamte Weltgeschichte aus einem Punkte») ebd., S. 109 f.

47 Jean Améry vermutete, Haffners absolute Parallelisierung der marxistischen und nationalsozialistischen Theorie könnte «im heimlichen Vergnügen an provokanter Formulierung hingesetzt worden sein». JEAN AMÉRY: Verbrecher: ja – Verräter: nein. In: *Die Zeit* vom 16. Juni 1978. Vgl. zum Zeitgeist allgemein BRACHER, Politik, S. 291–294, 329 f., 362–374; KIELMANSEGG, Katastrophe, S. 549 f.

48 («‹Sozialisierung der Menschen›») HAFFNER, Anmerkungen, S. 50; («in der Reihe der Diktatoren») ebd., S. 77 f. Vgl. auch ebd., S. 50–53.

49 GERHARD LANGE: War Hitler kein Diener der Oberklasse? Zu einem neuen Buch von Sebastian Haffner. Typoskript. NL Sebastian Haffner, N2523/257 [Ausgestrahlt von *Radio DDR 1* am 3. Juli 1978); LÖWENTHAL, Laudatio, S. 22; JOACHIM FEST: Sebastian Haffners Anmerkungen zu Hitler. In: *FAZ* vom 16. Juni 1978.

50 («Ersatzreligionen») SEBASTIAN HAFFNER: Bemerkung. In: Ein Gespräch mit Sebastian Haffner über sein Buch «Anmerkungen zu Hitler». In: *Stuttgarter Nachrichten* vom 30. August 1978; («ja auch ‹rechts›») DERS.: Wie man eine Republik kaputtmacht. In: *Stern* vom 20. Januar 1983. Vgl. zur theoretischen Einordnung von Kommunismus und Nationalsozialismus auch HILDEBRAND, Dritte Reich, S. 152–163, 170–184; KERSHAW, NS-Staat, S. 39–79.

51 («Stuhlgang») HAFFNER, Anmerkungen, S. 160; («die erfolgreichen Eroberer») ebd., S. 163. Vgl. zur Vergeblichkeit des linken Widerstandes auch ebd., S. 75 f.

52 Zitiert aus GK: «Jury hat Heine preisgegeben». Bürgerinitiative schrieb an OB Bungert. In: *Rheinische Post* vom 13. Dezember 1978.

53 MANN, Sebastian, S. 461 f. Vgl. ebd., S. 466; sowie EDWARD CRANKSHAW: Exorcising Hitler. In: *The Observer* vom 17. Juni 1979. [Rezension von SEBASTIAN HAFFNER: The meaning of Hitler. London 1979.]

54 HAFFNER, Anmerkungen, S. 99. Vgl. auch ebd., S. 98 f., 123; sowie zum Fehlen staatsmännischer Qualitäten ebd., S. 130–142. Letzteren Gedanken hat Haffner anscheinend einer Studie des Historikers John Lukacs entlehnt. Vgl. SEBASTIAN HAFFNER: Der Krieg, den Hitler fast gewann. In: *Die Zeit* vom 19. August 1977. [Rezension von JOHN LUKACS: The last European War 1939/41. London 1977.]

55 JEAN AMÉRY: Hitler und wir. Offener Brief an Sebastian Haffner. In: *Merkur* (32) vom August 1978. S. 838–841, hier: S. 839 ff. [Kursivdruck im Original; Améry hatte sich bereits im Juni 1978 in der *Zeit* das Recht vorbehalten, noch einmal auf Haffners Buch zurückzukommen. Vgl. DERS.: Verbrecher: ja – Verräter: nein. In: *Die Zeit* vom 16. Juni 1978.] Vgl. allgemein auch IRENE HEIDELBERGER-LEONARD: Jean Améry. Revolte in der Resignation. Biographie. Stuttgart 2004; sowie zur verbreiteten Dämonisierung Hitlers JOACHIM FEST: Hitler. Eine Biographie. 2. Aufl. Berlin 1999. S. 13.

56 MARTIN BROSZAT: Plädoyer für eine Historisierung des Nationalsozialismus. In: *Merkur* (39) vom Mai 1985. S. 373–385.

57 Vgl. zum Zusammenhang von der Kriegserklärung an die USA und der Entscheidung zum Judenmord HAFFNER, Anmerkungen, S. 177–180; LEENDERT JOHAN HARTOG: Der Befehl zum Judenmord. Hitler, Amerika und die Juden. Bodenheim 1997; CHRISTIAN GERLACH: Die Wannsee-Konferenz, das Schicksal der deutschen Juden und Hitlers politische Grundsatzentscheidung, alle Juden Europas zu ermorden. In: DERS.: Krieg, Ernährung, Völkermord. Forschungen zur deutschen Vernichtungspolitik im Zweiten Weltkrieg. Hamburg 1998. S. 85–166, hier besonders: S. 126 f., 117–136; TOBIAS JERSAK: Die Interaktion von Kriegsverlauf und Judenvernichtung. Ein Blick auf Hitlers Strategie im Spätsommer 1941. In: *HZ* 268 (1999), S. 311–374, hier besonders: S. 365, 372 f. Haffners übergreifende These, der zufolge der Diktator Ende des Jahres 1941, als er sich die USA auch offiziell zum Gegner machte, nicht mehr an die Möglichkeit eines Gesamtsieges geglaubt habe, ist dagegen mehrfach kritisiert worden. Vgl. HAFFNER, Anmerkungen, S. 147–154, 178–181; KARL-DIETRICH ERDMANN: Erläuterungen [o. D.]; beiliegend dem Brief von HELMUT LEMKE an Sebastian Haffner vom 3. März 1980. NL Sebastian Haffner, N2523/19; ALAN BULLOCK: The Hitler Addiction. In: *The New York Review* vom 17. Juli 1980. Vgl. zur seltenen Wertschätzung des Hitler-Buches durch Wissenschaftler HILDEBRAND, Dritte Reich, S. 187 f.; JOHN LUKACS: Hitler. Geschichte und Geschichtsschreibung. München 1997. S. 48 ff. Bezeichnenderweise fanden die

Anmerkungen zu Hitler keinen Eingang in einen jüngst erschienenen Band über Klassiker der Zeitgeschichte, dafür aber sein politisch umstrittenes Buch über *Die verratene Revolution*. Vgl. SABROW, Zeitgeschichte.

58 Bei Kershaw tauchen die *Anmerkungen zu Hitler* zumindest im Literaturverzeichnis auf, seine beiden Kollegen hielten nicht einmal das für nötig. Vgl. IAN KERSHAW: Hitler 1889–1936. Stuttgart 1998; DERS.: Hitler. 1936–1945. Stuttgart 2000; BURLEIGH, Zeit; RICHARD J. EVANS: Das Dritte Reich. Aufstieg. München 2004; DERS.: Das Dritte Reich. Diktatur. (2 Teilbde.) München 2006; DERS.: Das Dritte Reich. Krieg. München 2009. Siehe zu Haffners Bewunderung für die englische Geschichtsschreibung oben S. 194, 347.

59 Vgl. zu den Verkaufszahlen und den Auslandslizenzen den Brief von TRAUT FELGENTREFF an Sebastian Haffner vom 12. November 1979; sowie den Brief von H. J. REIBER an Sebastian Haffner vom 28. April 1980. NL Sebastian Haffner, N2523/55. Vgl. auch die Bestsellerlisten «Sachbücher» in: *Der Spiegel* vom 24. Juli 1978 und vom 21. Mai 1979. In der Jahresgesamtwertung von .1979 kamen die *Anmerkungen zu Hitler* auf Platz zwei, hinter: CHRISTIANE F.: Wir Kinder vom Bahnhof Zoo. Nach Tonbandprotokollen aufgeschrieben von Kai Hermann und Horst Rieck. Hamburg 1978. Vgl. die Jahresbestseller 1979 «Sachbücher» in: *Der Spiegel* vom 7. Januar 1980. Vgl. auch die Leserbriefe in: NL Sebastian Haffner, N2523/19; des weiteren ANONYMUS: Schein. In: *Bunte* vom 14. September 1978; den Brief von ERNST JÜNGER an Joseph Breitbach vom 3. März 19XX [unleserlich; 1979 oder 1980]. NL Sebastian Haffner, N2523/19; zu Brendel den Brief von KONRAD WOLFF an Sebastian Haffner vom 27. Mai 1979. NL Sebastian Haffner, N2523/62; sowie den Brief von JOHANNES STEINHOFF an den Kindler Verlag vom 18. September 1979. NL Sebastian Haffner, N2523/19.

60 Vgl. HAFFNER, Preußen.

61 («Krebsgeschwür») HAFFNER, Germany, S. 128 f.; («Militärkaste») A STUDENT OF EUROPE: German Army Crisis not over yet. In: *The Observer* vom 30. Juli 1944. Vgl. zu Friedrich II. und Bismarck HAFFNER, Germany, S. 275; sowie zur allgemeinen Verurteilung Preußens während des Zweiten Weltkrieges CLARK, Iron, S. XIX, 670–675; sowie zum preußischen Anteil am Attentat vom 20. Juli 1944 ebd., S. 667 ff.

62 Vgl. zu Haffners Kritik an Augstein den Brief von JOACHIM FEST an Sebastian Haffner vom 20. Juni 1969. NL Sebastian Haffner, N2523/146; SEBASTIAN HAFFNER: Gedanken zur Zeit. Helden und Heldenverehrung. Typoskript. NL Sebastian Haffner, N2523/193. [Ausgestrahlt vom *NDR* am 27. April 1969; Nachdruck unter dem Titel: Helden und Heldenverehrung. In: DERS., Variationen, S. 251–256.]; sowie RUDOLF AUGSTEIN: Preußens Friedrich und die Deutschen. Frankfurt a. M. 1968. Vgl. zu Bismarck SEBASTIAN HAFFNER: Otto von Bismarck. In: VENOHR, Porträts, S. 161–177; sowie zur Restaurationszeit HAFFNER, Preußens Krise, S. 103 ff.

63 («Siegermächte von 1813/15») HAFFNER, Preußen, S. 220; («verspätete Wunsch

eines Kunststaats») ebd., S. 218. Vgl. zu den Übereinstimmungen zwischen *Preußen ohne Legende* und seinem Aufsatz von 1968 HAFFNER, Preußens Krise, S. 78–87, 102 ff., 107; DERS., Preußen, S. 124–128, 181, 278 (jeweils in dieser Reihenfolge).

64 («Staat ohne Eigenschaften») Ebd., S. 74; («ein Staatskunstwerk») SEBASTIAN HAFFNER: Die Selbstzerstörung Preußens. Anmerkungen zu einem kontroversen Geschichtsbild. Typoskript, S. 3 f. NL Sebastian Haffner, N2523/206. [Ausgestrahlt vom *BR* am 28. Juli 1981; Nachdruck unter dem Titel: Preußens kurze Geschichte. In: DERS., Variationen, S. 39–53.] Vgl. auch HAFFNER, Preußen, S. 21, 82–85. Haffners Ansichten stützt weitgehend auch CLARK, Iron, S. 233, 427–435. Vgl. zu Treitschke und Droysen FELIX GILBERT: Johann Gustav Droysen und die preußisch-deutsche Frage. München – Berlin 1931; JÖRN RÜSEN: Johann Gustav Droysen. In: HANS-ULRICH WEHLER (Hrsg.): Deutsche Historiker. Bd. 2. Göttingen 1971. S. 7–23, hier besonders: S. 15; GEORG IGGERS: Heinrich von Treitschke. In: HANS-ULRICH WEHLER (Hrsg.): Deutsche Historiker. Bd. 2. Göttingen 1971. S. 66–80, hier besonders: S. 70 f., 76.

65 («goldenen Preußenlegende») HAFFNER, Preußen, S. 21; («das lange Werden») ebd., S. 40; («gummiartigen Ausdehnungsfähigkeit» und «wie bestellt») ebd., S. 128; («kleine Großmacht») ebd., S. 116. Vgl. auch zur unterschiedlichen Christianisierung und Kolonisierung ebd., S. 42–45; zum Aufstieg Preußens dank seines ideologischen Defizits ebd., S. 72–84; sowie zur besonderen Ausdehnungsfähigkeit Preußens ebd., S. 72 f., 116–129. Vgl. zu letzterem kritisch CARSTEN, Rezension von HAFFNER, Schatten.

66 («Zweivölkerstaat») HAFFNER, Preußen, S. 126; («Rationalstaat») ebd., S. 128; («Luther als Papst») ebd., S. 278; («Anfang von Preußens Ende») ebd., S. 266; («rauhe Vernunftstaat») ebd., S. 55. Vgl. zum angeblichen Ende der preußischen Geschichte nach 1871 besonders ebd., S. 340 ff.

67 («schwarzen Preußenlegende») Ebd., S. 21. Vgl. zu den Historikern mit kritischem Preußenbild ebd., S. 341; FRANZ MEHRING: Gesammelte Schriften. Bd. 9. Die Lessing-Legende. Berlin [Ost] 1963. [Zuerst 1893]; FRANZ SCHNABEL: Das Problem Bismarck. In: LOTHAR GALL (Hrsg.): Das Bismarck-Problem in der Geschichtsschreibung nach 1945. Köln – Berlin 1971. S. 97–118. [Zuerst 1949]; zu Hintze und Schoeps OTTO HINTZE: Die Hohenzollern und ihr Werk. Fünfhundert Jahre vaterländischer Geschichte. 5. Aufl. Berlin 1915; HANS-JOACHIM SCHOEPS: Die Ehre Preußens. Rede zum 250. Gründungstag des preußischen Staates im Auditorium Maximum der Universität Erlangen am 18. Januar 1951. In: DERS.: Üb' immer Treu und Redlichkeit. Preußen in Geschichte und Gegenwart. Düsseldorf 1978. S. 43–83; DERS.: Preußen. Geschichte eines Staates. Frankfurt a. M. – Berlin 1966; FRANK-LOTHAR KROLL: Geistesgeschichte in interdisziplinärer Sicht. Der Historiker Hans-Joachim Schoeps. In: DERS.: Das geistige Preußen. Zur Ideengeschichte eines Staates. Paderborn u. a. 2001. S. 219–240, hier besonders: S. 234 ff. Siehe zur Praxis der Unterschlagungen auch oben S. 471, bes. auch Anm. 158.

68 Vgl. Haffner, Preußen, S. 75–84.

69 George Peabody Gooch: Friedrich der Große. Herrscher, Schriftsteller, Mensch. Mit einem Geleitwort von Willy Andreas. Göttingen 1951. S. 23. Vgl. auch Johannes Kunisch: Friedrich der Große. Der König und seine Zeit. 5. Aufl. München 2005. S. 185–197, bes. 197; zum Hintergrund der schlesischen Händel insgesamt ebd., S. 159–250, 329–441; sowie zur unterschiedlichen Bewertung von Friedrichs Verhalten Theodor Schieder: Über den Beinamen «der Große» – Reflexionen über historische Größe. Opladen 1984. Vortrag bei der Rheinisch-Westfälischen Akademie der Wissenschaften: Geisteswissenschaften. S. 11–33, hier: S. 29 ff.

70 Haffner, Preußen, S. 117. Vgl. auch ebd., S. 118 f. Vgl. Haffner bestätigend Paul W. Schroeder: The Transformation of European Politics 1763–1848. Oxford 1994, der die hohe Gewaltbereitschaft im europäischen Staatensystem des 18. Jahrhunderts betont; sowie Horst Möller: Fürstenstaat oder Bürgernation. Deutschland 1763–1815. Berlin 1994. S. 23; Clark, Iron, S. 196.

71 Anonymus: The Return of Fritz. In: *The Economist* vom 23. August 1980. [Rezension von Sebastian Haffner: The Rise and Fall of Prussia. London 1980.]

72 («Frage nach den sozialen Kosten») Michael Stürmer: Rezension von Haffner, Preußen. Typoskript [o. D.], S. 4. NL Sebastian Haffner, N2523/298. [Ausgestrahlt vom *HR*.]; («methodische Handwerkszeug») Michael Stürmer: Preußen: Mythos und Widerspruch. In: *SZ* vom 20/21. Januar 1979; («Preußen als Legende») Hans-Jürgen Puhle/Hans-Ulrich Wehler: Vorbemerkung. Zu: Dies. (Hrsg.): Preußen im Rückblick. Göttingen 1980. S. 7 ff., hier: S. 8. Vgl. zur Benachteiligung der Juden Walter Demel: Reich, Reformen und sozialer Wandel 1763–1806. Stuttgart 2005. S. 238; Clark, Iron, S. 258 ff.

73 Haffner, Preußen, S. 85. Vgl. auch ebd., S. 82.

74 («lange Sterben») Ebd., S. 336. Vgl. auch ebd., S. 336–349. Vgl. zum Widerspruch gegen die These vom frühen Ende Preußens Manfred Schlenke: Vom Ende und Fortleben Preußens. In: Ders. (Hrsg.): Preußische Geschichte. Eine Bilanz in Daten und Deutungen. 2., durchgeseh. Aufl. Freiburg i. Brsg. – Würzburg 1991. S. 262–272, hier: S. 262 ff.; Horst Möller: Das Ende Preußens. In: Wolfgang Böhme (Hrsg.): Preußen – eine Herausforderung. Karlsruhe 1981. S. 100–114; sowie Wehler, Preußen, S. 95; Hans-Jürgen Puhle: Preußen. Entwicklung und Fehlentwicklung. In: Ders./Hans-Ulrich Wehler (Hrsg.): Preußen im Rückblick. Göttingen 1980. S. 11–42, hier: S. 32–42. Verschiedene Wissenschaftler haben auch darauf hingewiesen, daß es im «Dritten Reich» zu einer enormen Aufwertung des Hohenzollernstaates gekommen sei, insbesondere in der Anfangszeit der nationalsozialistischen Herrschaft. Vgl. Schlenke, Ende, S. 264–267; Theodor Schieder: Hier müßte ein völlig neuer Ansatz gefunden werden. Klare Vorstellungen, vielseitige Bewertungen: Ein Gutachten Theodor Schieders zur Preußen-Ausstellung des Jahres 1981. In: *FAZ* vom 2. März 2002. [Das Original befindet sich in Schieders Nachlaß im Bundesarchiv und entstand 1978.]

75 Christopher Clark: Bemerkung. In: «Ein Bollwerk der Demokratie». In: *Der Spiegel* vom 13. August 2007. Zugleich hat Clark in seinem Buch besonders auf die Offenheit der Geschichte hingewiesen, die von Sozialhistorikern vernachlässigt werde. Vgl. Ders., Iron, bes. S. XIX–XXV.

76 Wolf Jobst Siedler: Reden über Preußen an die Gebildeten unter seinen Verächtern. In: *FAZ* vom 10. Februar 1979. Vgl. auch Wolfgang Stribrny: Preußen ist nicht tot – Gedanken zu neuen Büchern. In: *Erbe und Auftrag* vom Mai/Juni 1979. S. 66–70; sowie zu den Fehlern und Ungenauigkeiten den Brief von Wolfgang Petri an Sebastian Haffner vom 13. Dezember 1979; und den Brief von Walter Leisering an die Redaktion der Goldmann Taschenbücher vom 11. November 1981. NL Sebastian Haffner, N2523/45.

77 Vgl. dazu generell Wolfrum, Geschichtspolitik, S. 316–325; Joachim Rohlfes: Das Interesse an Preußen. Eine Nachlese zum ‹Preußenjahr›. In: *GWU* 33 (1982), S. 523–549; Gavriel D. Rosenfeld: A Mastered Past? Prussia in Postwar German Memory. In: *German History* 22 (2004), S. 505–535, hier: S. 508–516.

78 Vgl. zu Preußen als Idee Hans-Joachim Schoeps: Was war Preußen? In: Ders.: Üb' immer Treu und Redlichkeit. Preußen in Geschichte und Gegenwart. Düsseldorf 1978. S. 9–42, hier: S. 40 ff.; als Obrigkeitsstaat Hans-Ulrich Wehler: Nicht verstehen – der Preußennostalgie widerstehen! In: Ders.: Preußen ist wieder chic ... Politik und Polemik in zwanzig Essays. Frankfurt a. M. 1983. S. 67–71; als «Land der unbegrenzten Möglichkeiten» Bernt Engelmann: Preußen. Land der unbegrenzten Möglichkeiten. München 1979. Vgl. auch zur ostdeutschen Traditionspflege und zu Engelmann Wolfrum, Geschichtspolitik, S. 323; Knabe, Charme, S. 306–318. Vereinzelt wurde in Publikationen sogar vor preußischen Tendenzen in der Bundesrepublik gewarnt. Vgl. Christian Graf von Krockow: Warnung vor Preußen. Berlin 1981. S. 176–201; Martin Greiffenhagen: Die Aktualität Preußens. Fragen an die Bundesrepublik. Frankfurt a. M. 1981. S. 146 f.

79 («Präzeptoren-Rolle») Heinz Verführt: Viele Gesichter einer Legende. Am Lack gekratzt und am Ruhm poliert. In: *Kölner Stadt-Anzeiger* vom 25. August 1981; («Kolumnist im Großformat») Joachim Günther: Die Legende Preußen – alt und neu. Zu Sebastian Haffners illustriertem Groß-Essay. In: *Der Tagesspiegel* vom 28. Januar 1979; («Frechheit») Christian Graf von Krockow: Ein Essay in preußischem Stil. Sebastian Haffners bemerkenswerte Anti-Legende. In: *Die Zeit* vom 2. März 1979. Während die *Anmerkungen zu Hitler* in der broschierten Ausgabe nur DM 14,80 kosteten, betrug der Subskriptionspreis des Preußenbuches DM 65, der endgültige Verkaufspreis DM 78. Vgl. Sebastian Haffner: War Friedrich der Große wirklich der Große? In: *Stern* vom 9. November 1978. Vgl. zu den Verkaufszahlen Anonymus: Von Kopf bis Fuß auf Preußen eingestellt. In: *Stern* vom 6. August 1981; sowie zu den Plazierungen in den Sachbuch-Ranglisten *Buchreport* vom 5. Januar 1979; *Börsenblatt für den deutschen Buchhandel* vom 16. März 1979; und die Bestsellerlisten «Sachbuch» in: *Der Spiegel* vom 26. März 1979 und vom 2. April 1979.

80 Vgl. Sebastian Haffner: Ein Mann mit Augenmaß. In: *Stern* vom 15. Juli 1976; Ders.: Gustav Stresemann. Ein deutscher Realist. In: Ders., Variationen, S. 292–300. [Zuerst veröffentlicht in: *Stern* vom 24. Mai 1978.]; Ders., Anmerkungen, S. 57–61, 136–142.

81 Vgl. Wolfgang Venohr: Vorbemerkung. Zu: Ders., Dokumente, S. 3–6, hier: S. 3.

82 («Ulrich von Hutten») Ebd., S. 5. [Kursivdruck im Original]; («SACHE DES DEUTSCHEN VOLKES») ebd., S. 6. [Hervorhebungen im Original] Vgl. zu den diversen nationalrevolutionären Kreisen Gallus, Neutralisten, S. 397–429.

83 Sebastian Haffner: Bemerkung. In: Venohr, Dokumente, S. 20. Vgl. auch ebd., S. 19 ff., 28 ff.; sowie Edward Gibbon: The Decline and Fall of the Roman Empire. Bd. 1. Chicago u. a. 1952. S. 32. [Zuerst 1776]

84 Sebastian Haffner/Hellmut Diwald: Bemerkungen. In: Venohr, Dokumente, S. 75 f.

85 Vgl. Diwald, Geschichte, S. 163 ff.; sowie die für Diwald erstellte Gedenkschrift Rolf-Josef Eibicht (Hrsg.): Hellmut Diwald. Sein Vermächtnis für Deutschland, sein Mut zur Geschichte. Tübingen – Zürich – Paris 1994.

86 Vgl. zu Schmidt Jäger, Innenpolitik 1974–1982, bes.: S. 9–14; Haffner, Überlegungen.

87 («Abschaffung von Regierung») Ebd., S. 71; («Pflanzschulen») ebd., S. 72; («die richtige Zahl von Parteien») ebd., S. 105; («Die Wirklichkeit») ebd., S. 112; («bundesrepublikanische Wähler») ebd., S. 113.

88 Ebd., S. 109 f. Vgl. auch ebd., S. 44; sowie zu den Rissen im Regierungsbündnis Jäger, Innenpolitik 1974–1982, S. 121 f.

89 («Braun, Rot und Grün») Sebastian Haffner: Überlegungen eines Wechselwählers. Inhaltsverzeichnis. Handschriftliches Manuskript [o. D.]. NL Sebastian Haffner, N2523/222. Vgl. auch Ders., Überlegungen, S. 119–134.

90 Vgl. Görtemaker, Geschichte, S. 620–652; Kielmansegg, Katastrophe, S. 303 ff., 345–353; Winkler, Weg, Bd. 2, S. 349–352; Wolfrum, Bundesrepublik, S. 504–514; Bracher, Politik, S. 329 f., 383–388; Jäger, Innenpolitik 1974–1982, S. 89–97, 149–166; Jens Ivo Engels: Naturpolitik in der Bundesrepublik. Ideenwelt und politische Verhaltensstile in Naturschutz und Umweltbewegung. Paderborn u. a. 2006. S. 209–416.

91 («reine Protest- und Störpartei») Haffner, Überlegungen, S. 120; («über die Juden») ebd., S. 130; («Gemütsverfassung») ebd., S. 127. Vgl. auch Ders.: Looking Back on the ’70s. In: *Encounter* (54) vom März 1980. S. 40 ff., hier: S. 42. Negiert hat Haffner das Problem der Umweltverschmutzung indes keineswegs. Den sich abzeichnenden Rohstoffmangel werde der Mensch aber durch Erfindungen kompensieren, und die Atomkraft habe sich bis jetzt als äußerst sichere Energiequelle erwiesen. Selbst wenn es eines Tages zu einem Unfall kommen sollte, werde das nicht die Auslöschung der Menschheit bedeuten, argumentierte Haffner 1980. Vgl. Ders., Überlegungen, S. 127 ff., 132 f.

92 («Frauenkneipen») SEBASTIAN HAFFNER: Looking Back on the '70s. In: *Encounter* (54) vom März 1980. S. 40 ff., hier: S. 42. [Zitiert nach HAFFNER, Zwischen, S. 252.] Vgl. zu West-Berlin LARGE, Berlin, S. 462–465; und zum feministischen Engagement seiner Tochter SARAH HAFFNER, Farbe, S. 94–99. Vgl. zur Geringschätzung der GRÜNEN und anderer alternativer Gruppen, insbesondere ihrer Ziele HAFFNER, Dankrede, S. 28 f.; DERS., Überlegungen, S. 126 f. «Was man heute ‹Political correctness› nennt, fand Haffner lächerlich», hat Arnulf Baring dementsprechend Jahre später berichtet. ARNULF BARING: Anmerkungen zu Haffner. In: *Die Welt* vom 4. Januar 1999.

93 («besten aller heute denkbaren») HAFFNER, Dankrede, S. 26. Vgl. zur Bundesrepublik JÄGER, Innenpolitik 1974–1982, S. 14–24, 82–89, 112 f., 167, 263–272; KIELMANSEGG, Katastrophe, S. 332–337, 340–344, 355.

94 («Berufsverbote») HAFFNER, Überlegungen, S. 123; («13 Millionen Naziwähler») ebd., S. 39. Vgl. dazu auch ebd., S. 23 ff.; sowie zu seiner positiven Bewertung der Antiterrorpolitik der Bundesregierung DERS., Dankrede, S. 29.

95 SEBASTIAN HAFFNER: Das Nachleben Roms. In: DERS., Variationen, S. 31–38, hier: S. 37, 38. [Anscheinend ist der Aufsatz im August 1976 entstanden und war als Beitrag für den *Stern* gedacht. Vgl. DERS.: Typoskript [o. D.]. NL Sebastian Haffner, N2523/261.] Vgl. auch DERS.: Looking Back on the '70s. In: *Encounter* (54) vom März 1980. S. 40 ff., hier: S. 42; sowie zu seiner Reaktion auf die verprügelten Polizisten DERS., Dankrede, S. 27.

96 («Staatsinteresse und die Interessen des einzelnen Bürgers») HAFFNER, Überlegungen, S. 97 f.; («die beste aller denkbaren Staatsformen») ebd., S. 74; («im Staatsbewußtsein der Bundesbürger») DERS.: Müssen Könige sein? In: *Stern* vom 2. September 1976. Vgl. zur Debatte über «Unregierbarkeit» WILHELM HENNIS/PETER GRAF KIELMANSEGG/ULRICH MATZ (Hrsg.): Regierbarkeit. Studien zu ihrer Problematisierung. Bd. 1. Stuttgart 1977; DIES. (Hrsg.): Regierbarkeit. Studien zu ihrer Problematisierung. Bd. 2. Stuttgart 1979; sowie JÄGER, Innenpolitik 1974–1982, S. 51–63; METZLER, Konzeptionen, S. 404–411.

97 Vgl. HAFFNER, Überlegungen, S. 142–153, 176.

98 («kein neuer Hitler») Ebd., S. 160. («Intellekt, Energie») ebd., S. 154; («mit Schmidt am Steuer») ebd., S. 160. Vgl. zu den unterschiedlichen Wesensarten der Politiker ebd., S. 157 ff. Strauß cholerischer Charakter war in der Tat ein Manko des christdemokratischen Kandidaten, das sogar einer seiner wenigen intellektuellen Fürsprecher, Golo Mann, anerkannte. Vgl. BITTERLI, Mann, S. 420 f.; sowie zur verbreiteten Kritik an Strauß JÜRGEN WILKE/CARSTEN REINEMANN: Kanzlerkandidaten in der Wahlkampfberichterstattung. Eine vergleichende Studie zu den Bundestagswahlen 1949–1998. Köln – Weimar – Wien 2000. S. 83–92; JÄGER, Innenpolitik 1974–1982, S. 166–173, bes. 170.

99 Vgl. SCHÖLLGEN, Geschichte, S. 345–354; WERNER LINK: Außen- und Deutschlandpolitik 1974–1982, Stuttgart – Mannheim 1987, S. 295–305.

100 Vgl. FISCHER, Interesse, S. 58–97; GARTHOFF, Détente, S. 1088–1093; KLAUS

WIEGREFE: Das Zerwürfnis. Helmut Schmidt, Jimmy Carter und die Krise der deutsch-amerikanischen Beziehungen. O. O. 2005. S. 252–277, 328–369; LINK, Außen- und Deutschlandpolitik 1974–1982, S. 305–341, 353–383; WIRSCHING, Abschied, S. 79–106; SOELL, Schmidt, 1969 bis heute, S. 709–772, 837–858.

101 («Routinemäßig») SEBASTIAN HAFFNER: Bemerkung. In: Diskussionsprotokoll der Konrad-Adenauer-Stiftung. Typoskript [o. D.; August 1979], S. 25. NL Sebastian Haffner, N2523/229. [Vgl. zur Datierung den beiliegenden Brief von KLAUS GOTTO an Sebastian Haffner vom 16. November 1979. NL Sebastian Haffner, N2523/229.] Vgl. auch ebd., S. 24; sowie HAFFNER, Überlegungen, S. 161–176.

102 PAUL WILHELM WENGER: Der sonderbare Haffner-Appell. In: *Rheinischer Merkur/Christ und Welt* vom 20. Juni 1980; RAINER BARZEL: Wenn die Meinung Fakten ersetzt ... In: *Die Welt* vom 12. Juli 1980; KURT SONTHEIMER: Das Thema. Typoskript, S. 1. NL Sebastian Haffner, N2523/294 [Rezension, ausgestrahlt vom *SFB* nach dem 10. Juli 1980]; HERMANN SCHEER: Irrtümer eines «Wechselwählers». In: *Vorwärts* vom 11. September 1980.

103 SEBASTIAN HAFFNER: Bemerkung. In: «Ein Volk kann nicht von ewiger Reue leben». In: *Die Welt* vom 20. April 1989. Vgl. zum Protest des Lesers den Brief von GERHARD EBEL an Sebastian Haffner vom 20. Juli 1980. NL Sebastian Haffner, N2523/33.

104 («ein äußerst schwer bestimmbares Konzept») SEBASTIAN HAFFNER: Mr. Kennan is Wrong. In: *The Observer* vom 24. Februar 1952. Vgl. auch die vorausschauende Einschätzung von ALOIS MERTES: Bemerkung. In: Diskussionsprotokoll der Konrad-Adenauer-Stiftung. Typoskript [o. D.; August 1979], S. 32 ff. NL Sebastian Haffner, N2523/229; sowie allgemein FISCHER, Interesse, S. 77–92; SCHÖLLGEN, Geschichte, S. 364; KIELMANSEGG, Katastrophe, S. 233–242, 248–252.

105 («ein überwältigendes Friedensbedürfnis») SEBASTIAN HAFFNER: Nachwort 1981. Zu: DERS., Todsünden [1981], S. 143–158, hier: S. 156; («realitätsblinden Pazifismus») ebd., S. 157. Einige Jahre später meinte er sogar: «Als wir hier die SS-20 und die Pershings hatten, da war in Deutschland große Kriegsangst. Die habe ich damals überhaupt nicht geteilt. Ich hatte das Gefühl, je näher die Supermächte mit ihren Raketen aufeinander zu rücken, um so weniger kann es Krieg geben, denn die wissen, schon der erste Zug ist für jeden von uns vernichtend.» DERS.: «Ich sehe das Ende des 40jährigen Friedens». In: *Stern* vom 5. April 1990. Vgl. auch zur Friedensbewegung WIRSCHING, Abschied, S. 79–106.

106 SEBASTIAN HAFFNER: Zweifel an Freund und Feind. Deutschland zwischen den Supermächten. Typoskript, S. 17. NL Sebastian Haffner, N2523/206. [Ausgestrahlt vom *BR* am 7. September 1982; Nachdruck unter dem Titel: Deutschland zwischen den Supermächten. In: DERS., Variationen, S. 223–236.] Vgl. zu seinen Warnungen vor einer Einmischung außerhalb des Bündnisgebietes, also

etwa in Afghanistan oder Polen ebd., S. 18 f.; sowie zu den Neutralisierungsplänen einiger Bundesbürger WINKLER, Weg, Bd. 2, S. 418 f.

107 («Auch eine CDU-Regierung») SEBASTIAN HAFFNER: Nachwort 1981. Zu: DERS.: Todsünden [1981], S. 156; («eine staatstreue demokratische Rechte») DERS.: Wie man eine Republik kaputtmacht. In: *Stern* vom 20. Januar 1983. Vgl. auch DERS.: Die Machtergreifung Hitlers. Wie konnte es dazu kommen? Typoskript, S. 2 f. NL Sebastian Haffner, N2523/206. [Ausgestrahlt vom *BR* am 16. Januar 1983; Nachdruck unter dem Titel: Hitlers Machtergreifung. In: DERS., Variationen, S. 151–172.]

108 («Ablehnung des Staates») SEBASTIAN HAFFNER: Wie man eine Republik kaputtmacht. In: *Stern* vom 20. Januar 1983; («kaputtfunktionieren») HERBERT DUNKER: Stern Briefe. Ein starkes Stück. In: *Stern* vom 17. Februar 1983. Vgl. auch die Kommentare von BURKHARD MÖLLER und von ARNO WALPRECHT: Stern Briefe. Ebd.

109 SEBASTIAN HAFFNER: Brauchen wir noch eine liberale Partei? In: *Stern* vom 11. November 1982. Vielmehr sah Haffner inzwischen von Wirtschafts- beziehungsweise Medienmächten eine ernsthafte Gefahr für die Gesellschaft ausgehen. Vgl. ebd.

110 KARL CARSTENS: Sehr geehrter Herr Haffner. Mitteilung der Pressestelle des Bundespräsidenten vom 16. Dezember 1982. Einer Meldung der *Welt* zufolge beruhte das Mißgeschick auf einer fehlerhaften Archivangabe. Vgl. ANONYMUS: Geburtstage. In: *Die Welt* vom 27. Dezember 1982; sowie das Telegramm von HELMUT KOHL an Sebastian Haffner vom 16. Dezember 1982; und die übrigen Schreiben in NL Sebastian Haffner, N2523/15.

111 («mit seinen kritischen Schriften» (Johann-Heinrich-Merck-Preis)) Verleihungsurkunde vom 16. Oktober 1980. NL Sebastian Haffner, N2523/307. Vgl. auch KLAUS BUNGERT: Rede. In: Verleihung des Heine-Preises 1978 an Sebastian Haffner. Düsseldorf 1978. S. 3–7; zum Bundesverdienstkreuz die Verleihungsurkunde vom 15. Juni 1979. NL Sebastian Haffner, N2523/307; zur Ablehnung des Bundesverdienstkreuzes den entsprechenden Vorgang in den Jahren 1971/72, PA AA, B 8, Bd. 1498. [Für den damals noch ausländischen Staatsbürger Haffner war das Auswärtige Amt zuständig.]; sowie zum «Literaturpreis der Stadt Bad Wurzach» die Verleihungsurkunde vom 20. November 1983. NL Sebastian Haffner, N2523/307.

112 Vgl. den Brief von WOLFGANG HESS an Sebastian Haffner vom 4. Januar 1988; den Brief von AXEL NELKEN an Sebastian Haffner vom 21. November 1985; den Brief von MONIQUE BACH an Sebastian Haffner vom 15. Mai 1994. NL Sebastian Haffner, N2523/1 bzw. 52; den Brief von MARIO LÖHR an Sebastian Haffner vom 14. April 1989. NL Sebastian Haffner, N2523/19; sowie generell NL Sebastian Haffner, N2523/1, N2523/2, N2523/10, N2523/50, N2523/52.

113 FRANK-PLANITZ, Vorbemerkung, S. 8. Vgl. die Briefe von WOLF JOBST SIEDLER an Sebastian Haffner vom 13. März 1980, vom 29. April 1980 und vom 26. März 1987. NL Sebastian Haffner, N2523/55; sowie die Korrespondenz um

eine beabsichtigte Publikation von Stephan Stolze und besonders den Brief von SIEGFRIED UNSELD an Sebastian Haffner vom 8. Juli 1980. NL Sebastian Haffner, N2523/58; SEBASTIAN HAFFNER: Vorwort. Zu: STEPHAN STOLZE: Innenansicht. Eine bürgerliche Kindheit 1938–1945. O. O. [Frankfurt a. M.] 1981. S. 7–11. Ein einstiger Schulfreund, Heinz Schwitzke, ging Haffner sogar um eine Empfehlung für sein Buch an, die anscheinend auf dem Buchdeckel abgedruckt werden sollte. Vgl. die Briefe von HEINZ SCHWITZKE an Sebastian Haffner vom 13. April und 30. Juni 1980. NL Sebastian Haffner, N2523/47. Vgl. zu Haffners Image in den sechziger Jahren den Brief von RUDOLF STREIT-SCHERZ an Sebastian Haffner vom 3. Juli 1969. NL Sebastian Haffner, N2523/164.

114 Vgl. die Briefe von GÜNTER DESCHNER an Sebastian Haffner vom 3. September und vom 16. September 1980 sowie die Briefe von WOLFGANG VENOHR an Sebastian Haffner vom 20. November 1980 und vom 20. Januar 1981. NL Sebastian Haffner, N2523/8; HAFFNER, Todsünden [1981]; JÜRGEN MERSCHMEIER: Die ‹Todsünden› der Deutschen dürfen nicht wiederholt werden. Diskussion zur Neuauflage eines Buchs von Sebastian Haffner. In: *Kölnische Rundschau* vom 28. August 1981.

115 Brief von HELMUT KINDLER an Sebastian Haffner vom 28. Oktober 1980; Briefentwurf von SEBASTIAN HAFFNER an Helmut Kindler [o. D.; vermutlich vom 9. Dezember 1980]. NL Sebastian Haffner, N2523/8. Vgl. auch HELMUT KINDLER: Betrifft: Sebastian Haffner. Typoskript [nach dem 8. September 1982]. Archiv, Kindler Verlag; sowie zu Haffners Verbundenheit zu Kindler FRANK-PLANITZ, Vorbemerkung, S. 8. Vgl. zu der zweitrangigen Veröffentlichung im Lübbe Verlag HAFFNER/VENOHR, Wunder.

116 («Wilhelminischen Miniaturen») Briefe von WOLF JOBST SIEDLER an Sebastian Haffner vom 13. März und 29. April 1980. NL Sebastian Haffner, N2523/8; («Verteidigung des Kapitalismus») Briefentwurf von SEBASTIAN HAFFNER an Helmut Kindler [o. D.; vermutlich vom 9. Dezember 1980]. NL Sebastian Haffner, N2523/55; («Meine Zeit») HELMUT KINDLER: Betrifft: Sebastian Haffner. Typoskript [nach dem 8. September 1982]. Archiv, Kindler Verlag.

117 Vgl. vor allem ebd.; zu den gesundheitlichen Problemen auch den Brief von KURT LIEBELT an Sebastian Haffner vom 28. Februar 1980. NL Sebastian Haffner, N2523/61; sowie zu dem Eindruck, seine Einwände seien vorgeschützt auch den Brief von CARL GUSTAF RATJEN an Sebastian Haffner vom 18. August 1980. NL Sebastian Haffner, N2523/56.

118 Briefentwurf von SEBASTIAN HAFFNER an Helmut Kindler [o. D.; vermutlich vom 9. Dezember 1980]. NL Sebastian Haffner, N2523/8. Vgl. auch HELMUT KINDLER: Betrifft: Sebastian Haffner. Typoskript [nach dem 8. September 1982]. Archiv, Kindler Verlag; sowie das Protokoll zur ersten Beratersitzung zum Projekt des *BR* «Zweiter Weltkrieg». Typoskript [o. D.; vor dem 4. März 1982], S. 2; NL Sebastian Haffner, N2523/215.

119 («zuviel Entrüstung») SEBASTIAN HAFFNER: Nachwort zur Neuausgabe [Januar

1979]. In: DERS., Verrat, S. 201–204, hier: S. 201. Vgl. auch DERS.: Die deutsche Revolution 1918/19. Wie war es wirklich? Ein Beitrag zur deutschen Geschichte. München 1979; DERS.: 1918/19. Eine deutsche Revolution. Reinbek bei Hamburg 1988; sowie HAFFNER/VENOHR, Profile. Haffners Beiträge wurden allesamt aus einem schon 1969 erschienenen Band entnommen. Vgl. VENOHR, Porträts. In die Auflage der *Preußischen Profile* von 1986 ist dann erstmals sein Porträt Philipp von Eulenburgs aufgenommen worden, das Haffner 1977 im *Merkur* veröffentlicht hatte. Vgl. SEBASTIAN HAFFNER: Philipp zu Eulenburg. In: DERS./WOLFGANG VENOHR: Preußische Profile. Erw. Neuausgabe. Frankfurt a. M. – Berlin 1986. S. 197–218. [Nachdruck von SEBASTIAN HAFFNER: Der letzte Bismarckianer. Zur politischen Korrespondenz Eulenburgs. In: *Merkur* (31) vom November 1977. S. 1093–1106.]

120 («Es ist mit Meinungen») HAFFNER, Zeitgeschichte, S. 7 [JOHANN WOLFGANG VON GOETHE: Maximen und Reflexionen [Nr. 413]. In: DERS.: Werke. Hamburger Ausgabe in 14 Bde. Bd. 12. München 1998. S. 365–547, hier: S. 421.] Vgl. auch HAFFNER, Todsünden [1981]; HAFFNER/VENOHR, Wunder; HAFFNER, Schatten; DERS., Teufelspakt [1988].

121 («Gekleidet ist er») BRA: Friedensbewegung zu emotional. In: *Ruhr-Nachrichten* [Dortmund] vom 20. Oktober 1981; («geschaltet und gewaltet») Brief von VILMA STURM an Sebastian Haffner vom 24. April 1980. NL Sebastian Haffner, N2523/10. Vgl. auch ALFRED STARKMANN: Walsrode ist keine Provinz. In: *Die Welt* vom 27. Mai 1980; THE: Hang zum Frieden ist größer als nationales Machtstreben. Historiker Sebastian Haffner referierte in Aurich. In: *Ostfriesische Nachrichten* vom 4. Dezember 1981; CAP: Sebastian Haffner stieß Türen zum besseren Verständnis auf. In: *Harzkurier* vom 18. Mai 1981.

122 Vgl. Hitler heute; Gemeinsame Vergangenheit? Zum Streit über das Verhältnis von Sozialisten und Nationalsozialisten. Typoskript [o. D.]. NL Sebastian Haffner, N2523/200. [Ausgestrahlt vom *WDR* Fernsehen am 31. Oktober 1979.]; das Diskussionsprotokoll der Konrad-Adenauer-Stiftung. Typoskript [o. D.; August 1979]. NL Sebastian Haffner, N2523/229; sowie zu seiner früheren Kritik an der CDU SEBASTIAN HAFFNER: Monatslektüre. Wohin geht die CDU? In: *Konkret* vom 28. Januar 1971.

123 («Es gibt ein Maß») PETER BENDER: Ein Leben voller Wendungen. In: *Der Tagesspiegel* vom 29. Januar 1999; («intensiver Leser Ihrer Bücher») Brief von HELMUT KOHL an Sebastian Haffner vom 16. März 1982 sowie die Notiz von Haffner. NL Sebastian Haffner, N2523/7; («Immer trockene Brötchen») ANONYMUS: Kohl: Immer trockene Brötchen. In: *Bild* vom 13. April 1985. [Mutmaßlich handelte es sich bei der Lektüre des Kanzlers um: HAFFNER, Schatten.] Vgl. zu Springer den Brief von AXEL SPRINGER an Sebastian Haffner vom 3. September 1979. NL Sebastian Haffner, N2523/51; sowie zu Jenninger allgemein WIRSCHING, Abschied, S. 484. Wie Haffner ein halbes Jahr später zu Protokoll gab, hatte er sofort gemerkt, daß Jenninger sein Hitler-Buch gelesen hatte. «Und in der Tat habe ich keine bedeutenden sachlichen Einwände, auch wenn ich manches ganz anders

formuliert hätte.» SEBASTIAN HAFFNER: Bemerkung. In: «Ein Volk kann nicht von ewiger Reue leben». In: *Die Welt* vom 20. April 1989. Vgl. auch den Brief von RUDOLF AUGSTEIN an Sebastian Haffner vom 23. Januar 1989. NL Sebastian Haffner, N2523/8.

124 Vgl. den Brief von HANS FILBINGER an Sebastian Haffner vom 4. Juli 1980. NL Sebastian Haffner, N2523/275; ARNIM VON MANIKOWSKY: «Normalerweise mit dem Tode geahndet ...». In: *Stern* vom 20. Juli 1978; sowie allgemein zum Fall Filbinger JÄGER, Innenpolitik 1974–1982, S. 128 f. Vgl. zu Haffner als Entlastungszeuge auch den Brief von FRITZ GÜRTNER an Sebastian Haffner vom 27. Februar 1980. NL Sebastian Haffner, N2523/31.

125 Vgl. SEBASTIAN HAFFNER: Der Nationalstaat in der Mitte. Ein abgeschlossenes Kapitel deutscher Geschichte. In: *FAZ* vom 30. April 1983; «Ein Volk kann nicht von ewiger Reue leben». In: *Die Welt* vom 20. April 1989; den Brief von RUDOLF AUGSTEIN an Sebastian Haffner vom 23. Januar 1989. NL Sebastian Haffner, N2523/8; SEBASTIAN HAFFNER: Zeitgeschichtliche Doppelperspektive. In: *Merkur* (36) vom Oktober 1982. S. 1017–1021. [Rezension von ARNULF BARING: Machtwechsel. Stuttgart 1982.]; SEBASTIAN HAFFNER: Caesar nach Hitler. In: *Merkur* (37) vom Januar 1983. S. 89–94. [Rezension von CHRISTIAN MEIER: Cäsar. Berlin 1982.]; SEBASTIAN HAFFNER: Rede anläßlich der Präsentation des Buches «Bismarck. Der weiße Revolutionär» von Lothar Gall am 11. September 1980. Typoskript. NL Sebastian Haffner, N2523/210; DERS.: Bismarck – der verkannte Revolutionär. In: *Stern* vom 23. Oktober 1980. [Rezension von LOTHAR GALL: Bismarck. Der weiße Revolutionär. Frankfurt a. M. – Berlin – Wien 1980.]; SEBASTIAN HAFFNER: Friedensangebot an die Deutschen. In: *Die Zeit* vom 13. März 1981. [Rezension von GORDON A. CRAIG: Deutsche Geschichte 1866 bis 1945. Vom Norddeutschen Bund bis zum Ende des Dritten Reiches. München 1980.]

126 («meistgelesenste Historiker») BS: Haffner ließ preußische Geschichte lebendig werden. In: *Allgemeine Zeitung* vom 22. Oktober 1981; («Denken Sie an alle diese Staatsmänner») SEBASTIAN HAFFNER: Bemerkung. In: Hitler heute, S. 51. Vgl. auch FEST, Freund, S. 42 f.; sowie zu den Ansprachen durch Fremde den Brief von KURT LIEBELT an Sebastian Haffner vom 28. Februar 1980. NL Sebastian Haffner, N2523/61.

127 Vgl. ROLF ZUNDEL: Kühler Chronist einer bewegten Epoche. Das merkwürdige Leben eines Journalisten, der Politik mitgestaltete. In: *Die Zeit* vom 25. Dezember 1987. Siehe zu seiner Abneigung gegen alles Prätentiöse oben S. 462.

128 («Der neue Haffner») HANSJÖRG N. SCHULTZ: Zwei zu eins für den Kanzlerwahlverein der SPD. In: *Stuttgarter Zeitung* vom 2. August 1980; («der Mann mit dem goldenen Füllfederhalter») PAUL NOACK: Von neuen Büchern. Typoskript, S. 12. NL Sebastian Haffner, N2523/294. [Ausgestrahlt vom *BR* am 14. September 1980.] Vgl. auch die Kritik von KURT SONTHEIMER: Das Thema. Typoskript, S. 1. NL Sebastian Haffner, N2523/294. [Ausgestrahlt vom *SFB* nach dem 10. Juli 1980.]; sowie zur Krise des Buchmarktes auch OLAF BLASCHKE: Ge-

schichtspublikationen in Deutschland und Großbritannien seit 1945. Probleme des Vergleichs, Tendenzen und offene Fragen. In: DERS./HAGEN SCHULZE (Hrsg): Geschichtswissenschaft und Buchhandel in der Krisenspirale? Eine Inspektion des Feldes in historischer, internationaler und wirtschaftlicher Perspektive. München 2006. S. 97–122, hier: S. 99 ff., 105–110.

129 («Ich habe immer nur» und «Man kann sehr leicht») SEBASTIAN HAFFNER: Bemerkungen. In: DERS., Engländer, S. 64. Vgl. zu einer mittleren Verteidigungslinie DERS.: Originalton. Aus: Gespräch in Zwei – Konrad Franke im Gespräch mit Sebastian Haffner. Schallarchiv RB, 0261576. [Ausgestrahlt von *RB* am 31. Januar 1988.]; das Bekenntnis zu den Liberalen bei VOLKER ZASTROW: Ein Preuße mit britischem Paß. In: *FAZ* vom 24. Dezember 1987; sowie zu pauschalen Urteilen CARSTEN, Rezension von HAFFNER, Schatten. VOLKER ULLRICH: Lust an der brillanten Pointe. Sebastian Haffners Variationen zur Geschichte und Politik. In: *SZ* vom 3. Juli 1985.

130 («Haffner-Sucht») CHRISTIAN GRAF VON KROCKOW: Unabhängig und eigenwillig. In: *Die Zeit* vom 23. August 1985; («Seine Eloquenz») BERND RUDOLPH: Haffners historisch-politische Variationen. In: *Der Tagesspiegel* vom 27. Oktober 1985. Vgl. auch ARNULF BARING: Plauderton mit Tiefgang. In: *FAZ* vom 26. August 1985.

131 Brief von HANS-PETER SCHWARZ an Sebastian Haffner vom 13. Oktober 1981. NL Sebastian Haffner, N2523/59. Vgl. auch den Brief von LOTHAR GALL an Sebastian Haffner vom 14. September 1980. NL Sebastian Haffner, N2523/59; den Brief von THEODOR SCHIEDER an Sebastian Haffner vom 1. Oktober 1979. NL Sebastian Haffner, N2523/45. Als sich Theodor Schieder mit großer Verspätung für eine Rezension Haffners bedanken wollte, lobte er zwar ausführlich *Preußen ohne Legende*, aber natürlich hat er in seiner Biographie über Friedrich den Großen Haffners Buch nicht angeführt. Vgl. ebd. SEBASTIAN HAFFNER: Die Tragödie Europas. In: *Die Zeit* vom 20. Oktober 1978. [Rezension von THEODOR SCHIEDER: Staatensystem als Vormacht der Welt 1848–1918. Frankfurt a. M. – Berlin – Wien 1978.]; sowie THEODOR SCHIEDER: Friedrich der Große. Ein Königtum der Widersprüche. Frankfurt a. M. – Berlin – Wien 1983. Viele Haffner-Zitate finden sich dagegen bei GREGOR SCHÖLLGEN: Jenseits von Hitler. Die Deutschen in der Weltpolitik von Bismarck bis heute. Berlin 2005. S. 19, 105, 120, 122, 146, 374.

132 («ungeschickte Größe») HAFFNER, Bismarck, S. 15; DOMINIK GEPPERT/UDO WENGST: Einleitung. Zu: DIES., Neutralität, S. 9–16, hier: S. 9; HILDEBRAND, Das vergangene Reich, S. 874. Vgl. zur Ablehnung der Ehrenpromotion JOACHIM GÜNTNER: Fixiert aufs Datum. Der Streit um Sebastian Haffner geht weiter. In: *NZZ* vom 22. August 2001.

133 («die Berufshistoriker beschämt») WEHLER, Preußen, S. 92; («Haffners vielgelesene Legendensammlung») ECKART KLESSMANN: Mit Fritzens Krückstock. Eine Anti-Rezension. In: *Die Zeit* vom 24. Oktober 1980. [Rezension von HAFFNER/VENOHR, Profile, 1980.] Vgl. auch MOMMSEN, Jekyll, S. 295 f.

134 («Volksschullehrer») VOLKER ZASTROW: Ein Preuße mit britischem Paß. In: *FAZ* vom 24. Dezember 1987; («Regenwürmern») SEBASTIAN HAFFNER: Bemerkung. In: Hitler heute, S. 128. Zuvor hatte Werner Maser seine These vorgestellt, daß Hitler in Frankreich einen Sohn gezeugt habe. Vgl. WERNER MASER: Hitler-Forschung im Detail. Der Fall des Jean Loret. In: Ebd., S. 110–124. Vgl. zu Haffners Selbstbewußtsein auch SEBASTIAN HAFFNER/EBERHARD JÄCKEL/DAVID IRVING: Bemerkungen. In: Ebd., S. 57–61; sowie generell KRETSCHMANN, Vergangenheit, S. 88 ff.

135 Brief von SEBASTIAN HAFFNER an Klaus Hildebrand vom 22. August 1981. NL Sebastian Haffner, N2523/6. Vgl. auch den Brief von ULRIKE NETENJAKOB an Sebastian Haffner vom 28. September 1987 sowie die beiliegende Liste. NL Sebastian Haffner, N2523/8.

136 Brief von SEBASTIAN HAFFNER an Herrn Eck vom 22. August 1981. NL Sebastian Haffner, N2523/8. Vgl. zu seinen Vermögensverhältnissen den Brief von ULRICH DÖRSCHNER/JÖRG MÜLLER an Sebastian Haffner vom 18. März 1994; sowie den beiliegenden Einkommenssteuerbescheid vom 16. März 1994. NL Sebastian Haffner, N2523/3; zum nicht abgelieferten Aufsatz KLAUS HILDEBRAND/REINER POMMERIN (Hrsg.): Deutsche Frage und europäisches Gleichgewicht. Festschrift für Andreas Hillgruber zum 60. Geburtstag. Köln – Wien 1985.

137 Briefentwurf von SEBASTIAN HAFFNER an Nikolaus Lobkowicz [o. D.; November/Dezember 1980]. NL Sebastian Haffner, N2523/12. [Vgl. zur Datierung die Briefe von NIKOLAUS LOBKOWICZ an Sebastian Haffner vom 10. November 1980 und vom 8. Dezember 1980. Ebd.]; Brief von SEBASTIAN HAFFNER an Peter Glotz vom 22. August 1981. NL Sebastian Haffner, N2523/12. Vgl. zum Familientag der Bismarcks den Brief von PHILIPP VON BISMARCK an Sebastian Haffner vom 25. Juni 1982. NL Sebastian Haffner, N2523/38.

138 Vgl. die Porträts SEBASTIAN HAFFNER im Gespräch mit Walter Bittermann. Ein Film von Walter Bittermann. Typoskript. NL Sebastian Haffner, N2523/184. [Ausgestrahlt vom *SWF* am 31. Juli 1981.]; SEBASTIAN HAFFNER im Gespräch mit Hermann Rudolph. Typoskript [o. D.]. NL Sebastian Haffner, N2523/184. [Ausgestrahlt vom *WDR* am 13. Mai 1984.]; zum vierzigsten Jahrestag der Luftbrücke Vor 40 Jahren. Die Teilung. Typoskript. NL Sebastian Haffner, N2523/203. [Ausgestrahlt vom *NDR* am 18. Juni 1988.]; zu den Anfragen von Wissenschaftlern HAFFNER, Engländer, S. 11–70; sowie den Briefentwurf von SEBASTIAN HAFFNER an Marian Malet vom 4. November 1992. NL Sebastian Haffner N2523/6.

139 Vgl. zu seinen Kindern RICHARD KÄMMERLINGS: Das Geheimfach. Die glückliche Entdeckung des Sebastian Haffner. In: *FAZ* vom 20. Oktober 2000; JANA SIMON: Das fehlende Kapitel. In: *Der Tagesspiegel* vom 30. Januar 2001; den nicht vorhandenen Freunden SEBASTIAN HAFFNER: Originalton. Aus: Gespräch mit Michael Schornstheimer. In: DERS., Geschichte, [Hörbuch]; den Schulkameraden die Briefe von HEINZ SCHWITZKE an Sebastian Haffner vom 13. April und vom 30. Juni 1980. NL Sebastian Haffner, N2523/47; sowie die

Briefe von Kurt Liebelt an Sebastian Haffner. NL Sebastian Haffner, N2523/61; zur Brieffaulheit und Konrad Wolff die Briefe von Konrad Wolff an Sebastian Haffner vom 9. April und 17. November 1979 und vom 25. Januar und 31. März 1980. NL Sebastian Haffner, N2523/62.

140 Peter Bender: Ein Leben voller Wendungen. In: *Der Tagesspiegel* vom 29. Januar 1999. Vgl. auch den Brief von Wolf Jobst Siedler an Sebastian Haffner vom 26. März 1987. NL Sebastian Haffner, N2523/8; Fest, Freund, S. 42–45, 51 f.; den Brief von Marcel Reich-Ranicki an Sebastian Haffner vom 6. Juni 1980. NL Sebastian Haffner, N2523/56; den Brief von Arnulf Baring an Sebastian Haffner vom 20. Dezember 1996. NL Sebastian Haffner, N2523/20.

141 («Berufsdorf») Christa Rotzoll: Frauen und Zeiten. Porträts. München 1991. S. 132. [Zuerst 1987]; («junge Mann») Brief von Peter Merseburger an Sebastian Haffner vom 27. Dezember 1982. NL Sebastian Haffner, N2523/15; («Sie war stets begierig») Marcel Reich Ranicki: Frauen und Zeiten. Generationsstoff: Zum Tode der Journalistin Christa Rotzoll. In: *FAZ* vom 30. Dezember 1995. Vgl. auch Rotzoll, Frauen, S. 112–153; Rdh: Sie machte süchtig. Zum Tod der Berliner Feuilletonistin Christa Rotzoll. In: *Der Tagesspiegel* vom 31. Dezember 1995; den Brief von Joachim Fest an Sebastian Haffner vom 3. Januar 1996. NL Sebastian Haffner, N2523/39.

142 («vor mir stürbe») Sebastian Haffner: Fragebogen. In: *FAZ* Magazin vom 3. Februar 1984. Vgl. auch die Postkarte von Christa Rotzoll an Sebastian Haffner vom 26. August 1960. NL Sebastian Haffner, N2523/13; Helmut Kindler: Betrifft: Sebastian Haffner. Typoskript [o. D.; nach dem 8. September 1982]. Archiv, Kindler-Verlag; sowie den Briefentwurf von Sebastian Haffner an Thomas Grundmann [o. D.; nach dem 4. Februar 1988]. NL Sebastian Haffner, N2523/56; Ernst-Robert-Curtius-Preis für Essayistik 1988. Dokumente und Ansprachen. Bonn 1988.

143 («Geburtshelfer») Haffner, Bismarck, S. 330. Vgl. ebd., S. 329 f.; sowie Sebastian Haffner: Von Bismarck zu Hitler. Gesprächsprotokolle vom September 1985. NL Sebastian Haffner, N2523/252 und N2523/253; Volker Zastrow: Rezension von Haffner, Bismarck. Typoskript, S. 1 f. NL Sebastian Haffner, N2523/291. [Ausgestrahlt vom *WDR* am 8. Oktober 1987.]

144 («zentrales Problem») Löwenthal, Laudatio, S. 23; («trauere») Haffner, Dankrede, S. 26. Er habe sich allerdings dazu durchgerungen, die Bundesrepublik und die Zweistaatlichkeit als vorteilhafte Lösungen für Deutschland und Europa anzunehmen, erklärte Haffner unmittelbar danach. Vgl. ebd.; sowie zu seiner langjährigen Beschäftigung mit der deutschen Geschichte Haffner, Bismarck, S. 329.

145 Brief von Sebastian Haffner an Fredric Warburg vom 6. April 1960. Secker and Warburg Papers.

146 («Das soll uns nie») Haffner, Bismarck, S. 24. Vgl. auch ebd., S. 21–47.

147 Michael Stürmer: Preußens Erbe und Hitlers Schuld. In: *FAZ* vom 15. März 1988. Vgl. auch Haffner, Bismarck, S. 51.

148 Haffner, Bismarck, S. 77. Vgl. auch ebd., S. 71–77; George F. Kennan: Bismarcks europäisches System in der Auflösung. Die französisch-russische Annäherung 1875 bis 1890. Frankfurt a. M. – Berlin – Wien 1981; Hillgruber, Großmacht, S. 22–30; Lothar Gall: Otto von Bismarck. Der weiße Revolutionär. Berlin – Frankfurt a. M. 1995. S. 592–641. [Zuerst 1980]

149 Vgl. zur Vorkriegsära Haffner, Bismarck, S. 91–110; zur englischen Neutralität ebd., S. 113–122; Arnulf Baring: Bemerkung. In: Sebastian Haffner: Von Bismarck zu Hitler. Gesprächsprotokoll vom 11. September 1985, S. 162 f. NL Sebastian Haffner, N2523/252; zur Feindseligkeit der anderen Mächte Stefan Schmidt: Frankreichs Außenpolitik in der Julikrise 1914. Ein Beitrag zur Geschichte des Ausbruchs des Ersten Weltkrieges. München 2009; Paul W. Schroeder: The Life and Death of the Long Peace. Austro-German-Russian Relations 1763–1914. In: Ulrich Lappenküper/Joachim Scholtyseck/Christoph Studt (Hrsg.): Masse und Macht im 19. und 20 Jahrhundert. Studien zu Schlüsselbegriffen unserer Zeit. München 2003. S. 27–49; Schröder, Marinekonvention, S. 706 ff.

150 Sebastian Haffner: Bemerkung. In: Ders.: Von Bismarck zu Hitler. Gesprächsprotokoll vom 13. September 1985, S. 214 f. NL Sebastian Haffner, N2523/252. Vgl. auch insgesamt Haffner, Bismarck, S. 113–199; zur Unausweichlichkeit der deutschen Niederlage ebd., S. 122 ff., 144 f.; sowie zur Revolution 1918/19 ebd., S. 158–173.

151 («wie man im Schachspiel sagt») Ebd., S. 181. Vgl. zur internationalen Situation auch ebd., S. 180–183; zur Abgrenzung der Epochen ebd., S. 203; sowie zu seinen Vorarbeiten Sebastian Haffner: Deutschland zwischen den Kriegen. 1919 bis 1939. Sechs Geschichtsperioden in zwanzig Jahren. In: Ders., Zwischen, S. 15–27. [Anscheinend ist der Aufsatz 1981 entstanden. Vgl. Ders.: Typoskript [o. D.] sowie den beiliegenden Brief von Margret Wolgast an Sebastian Haffner vom 27. August 1981. NL Sebastian Haffner, N2523/261.]; Sebastian Haffner: Die Machtergreifung Hitlers. Wie konnte es dazu kommen? Typoskript. NL Sebastian Haffner, N2523/206. [Ausgestrahlt vom *BR* am 16. Januar 1983; Nachdruck unter dem Titel: Hitlers Machtergreifung. In: Ders., Variationen, S. 151–172.]; Ders.: The Worst Peace Settlement – and the Last? What Went Wrong at Versailles. In: *The Observer* vom 28. Juni 1959.

152 Vgl. Haffner, Bismarck, S. 249 f., 254–258, 267–270; Fritz J. Raddatz: «Wir werden weiterdichten, wenn alles in Scherben fällt …» Der Beginn der deutschen Nachkriegsliteratur. In: *Die Zeit* vom 12. Oktober 1979; sowie zum Memoirenverzicht Sebastian Haffner: Bemerkung. In: Ders., Engländer, S. 64; Brief von Dems. an Herrn Zimmermann vom 22. August 1981. NL Sebastian Haffner, N2523/31.

153 («Von großen Männern») Rudolf Augstein: «Ja, wenn Hitler nicht Hitler gewesen wäre». In: *Der Spiegel* vom 4. April 1988. Vgl. auch den Brief von Fritz Fischer an Sebastian Haffner vom 1. Dezember 1987. NL Sebastian Haffner,

N2523/11; CHRISTIAN GRAF VON KROCKOW: Die programmierte Katastrophe. In: *Deutsche Allgemeine Zeitung* vom 21. Februar 1988.

154 Vgl. allgemein HILDEBRAND, Dritte Reich, S. 313 ff.; FRITZ FISCHER: Bündnis der Eliten. Zur Kontinuität der Machtstrukturen in Deutschland 1871–1945. Düsseldorf 1979; WEHLER, Kaiserreich, S. 238 f.; sowie speziell zum Sozialimperialismus ebd., S. 172–184; 192–200.

155 («Führer der Opposition») SEBASTIAN HAFFNER: Man wird nicht sagen können ... Typoskript [o. D.], S. 4 f. NL Sebastian Haffner, N2523/210. [Rezension von ANDREAS HILLGRUBER: Der zweite Weltkrieg 1939–1945. Kriegsziele und Strategie der Großen Mächte. Stuttgart u. a. 1982. In der gedruckten Fassung des Artikels wurde das überschwengliche Lob Haffners stark abgeschwächt. Vgl. SEBASTIAN HAFFNER: Das Ungeheuerliche aus der Vogelschau. In: *Die Zeit* vom 22. Oktober 1982.]; («einigen Erklärungsmodellen») HAFFNER, Bismarck, S. 13; («Frankreich mit seiner Dreyfus-Affäre») ebd., S. 87 f. Vgl. auch ebd., S. 11 ff.

156 Vgl. zur Kritik an Haffners Darstellung ARNULF BARING: Bemerkung. In: SEBASTIAN HAFFNER: Von Bismarck zu Hitler. Gesprächsprotokoll vom 9. September 1985, S. 130 f. NL Sebastian Haffner, N2523/252; zu Haffners Erwähnungen der inneren Probleme des Kaiserreichs SEBASTIAN HAFFNER: Bemerkungen. In: DERS.: Von Bismarck zu Hitler. Gesprächsprotokoll vom 2. September 1985, S. 9 f.; sowie Gesprächsprotokoll vom 9. September 1985, S. 131 f. NL Sebastian Haffner, N2523/252.

157 HAFFNER, Bismarck, S. 15. Vgl. ebd., S. 14–17, 53.

158 («kritische Größenordnung») KURT GEORG KIESINGER: Rede vor dem Bundestag am 17. Juni 1967. Zitiert nach GASSERT, Kiesinger, S. 563; («zum Standardrepertoire») VOLKER ULLRICH: Die günstige Chance von 1918 nur schlecht genutzt. In: *Die Zeit* vom 6. November 1987; («Haute Vulgarisation») IGNAZ MILLER: Kontinuierlich in den Abgrund? Sebastian Haffners Rückblick auf Deutschland. In: *NZZ* vom 19. März 1988. Vgl. auch DAVID P. CALLEO: Legende und Wirklichkeit der deutschen Gefahr. Neue Aspekte zur Rolle Deutschlands in der Weltgeschichte von Bismarck bis heute. Bonn 1980. S. 290. [Zuerst am. 1978]; sowie HILLGRUBER, Großmacht, S. 15, 112. Es war nichts anderes als Effekthascherei, wenn Haffner zu Beginn seines Buches behauptete, die Frage, warum das Reich so viele Kriege produziert habe, sei bisher noch nicht beantwortet worden. Vgl. HAFFNER, Bismarck, S. 10. Auf Andreas Hillgruber hat er in seiner Abhandlung kein einziges Mal verwiesen, obwohl er in einem Interview erklärt hat, daß er diesen Historiker, «der ausgezeichnete Sachen geschrieben hat über *Die Gescheiterte Großmacht*, ein Buch, das mir sehr viele Anregungen für mein eigenes Buch gegeben hat», daß er ihn «sehr hochstelle und verehre». SEBASTIAN HAFFNER: Originalton. Aus: Gespräch in Zwei; Schallarchiv RB, 0261576.

159 («Großmachtinstinkt») HAFFNER, Bismarck, S. 15; («bei bestem Willen») ebd., S. 66 f. Vgl. auch ebd., S. 10–15; sowie SEBASTIAN HAFFNER: Die Anerkennung der DDR. In: *Neue Rundschau* 81 (1970), S. 433–447, hier: S. 442.

160 (*«das Deutsche Reich muß verschwinden»*) HAFFNER, Germany, S. 269. [Kursivdruck im Original] Vgl. DERS., Bismarck, S. 305–325; DERS.: Nachwort 1981. Zu: DERS., Todsünden [1981], S. 147, 150; sowie zu Andreotti GIAN ENRICO RUSCONI: Deutschland – Italien, Italien – Deutschland. Geschichte einer schwierigen Beziehung von Bismarck bis zu Berlusconi. Paderborn u. a. 2006. S. 254 ff.

161 («Lebenslüge») Zitiert nach MERSEBURGER, Brandt, S. 831. Der Begriff stammt freilich von Egon Bahr. Vgl. ebd., S. 830–835; WINKLER, Weg, Bd. 2, S. 472. Vgl. zum Abrücken von der Wiedervereinigung allgemein KIELMANSEGG, Katastrophe, S. 546–552; WOLFGANG JÄGER/INGEBORG VILLINGER: Die Intellektuellen und die deutsche Einheit. 2. Aufl. Freiburg i. Brsg. 1997; SCHWARZ, Trompeten, S. 683–704; HACKER, Irrtümer, bes. S. 298–313, 321–324; sowie zu Kohl WIRSCHING, Abschied, S. 621–624.

162 Vgl. zur Fortsetzung der Entspannungspolitik HACKER, Irrtümer S. 288; WINKLER, Weg, Bd. 2, S. 418 f.; WIRSCHING, Abschied, S. 616–619; zum Ende des Nationalstaats WINKLER, Weg, Bd. 2, S. 436–440, 476–479, 527 f., 538 ff., 594 f.; HACKER, Irrtümer, S. 371 ff.; SCHWARZ, Trompeten, S. 700 f.; zu Grass WINKLER, Weg, Bd. 2, S. 540 f.; keine Nation GORDON A. CRAIG: Über die Deutschen. München 1982. S. 319 f., 341; abgeschlossene Gemeinwesen WINKLER, Weg, Bd. 2, S. 435–438.

163 («eben die deutsche») SEBASTIAN HAFFNER: Die doppelten Deutschen. In: *Stern* vom 27. Februar 1975. Vgl. WOLFGANG VENOHR: Die Legende von der großen Reichsmisere. In: *Die Welt* vom 28. November 1988; VOLKER ZASTROW: Bemerkung. In: SEBASTIAN HAFFNER: Von Bismarck zu Hitler. Gesprächsprotokoll vom 27. September 1985, S. 427–434. NL Sebastian Haffner, N2523/253; VOLKER ZASTROW: Vom Scheitern des Deutschen Reiches. Historische Tatsache oder Notwendigkeit? Einige Einwände gegen Sebastian Haffners These. Typoskript vom Februar 1987, S. 6 f. NL Sebastian Haffner, N2523/42.

164 RAINER ZITELMANN: Von der Reichsgründung bis zum Untergang. Sebastian Haffners Rückblick auf die Geschichte Deutschlands. In: *SZ* vom 12/13. März 1988. [Rezension von HAFFNER, Bismarck.] Einen ähnlichen Kritikpunkt hatte wohl auch Michael Stürmer im Auge, als er formulierte: «So kommt es, daß dieses Buch wie die ungeduldige Skizze eines Künstlers wirkt, der die Idee festhält, die These sucht, um alles übrige, Detail und Farbe, später einzusetzen – oder nie.» MICHAEL STÜRMER: Preußens Erbe und Hitlers Schuld. Sebastian Haffners großer Essay. In: *FAZ* vom 15. März 1988. [Rezension von HAFFNER, Bismarck.]

165 RAINER ZITELMANN: Von der Reichsgründung bis zum Untergang. Sebastian Haffners Rückblick auf die Geschichte Deutschlands. In: *SZ* vom 12/13. März 1988. [Rezension von HAFFNER, Bismarck.]; SEBASTIAN HAFFNER: Bemerkung. In: DERS.: Von Bismarck zu Hitler. Gesprächsprotokoll vom 4. September 1985, S. 56. NL Sebastian Haffner, N2523/252.

166 Vgl. IGNAZ MILLER: Kontinuierlich in den Abgrund? In: *NZZ* vom 19. März

1988; BRUCH, Größe, S. 608; sowie zu Haffners Geschichtsdarstellungen generell SCHLIE, Geschichte, S. 404 f.; FEST, Freund, S. 44 f., 52 f.

167 HAFFNER, Bismarck, S. 67. Vgl. ebd., S. 72–80. Vgl. zur Kritik KLAUS HILDEBRAND: Deutsche Außenpolitik 1871–1918. München 1989. S. 121; SCHRÖDER, Marinekonvention.

168 («Denkformen und Zielsetzungen») FISCHER, Griff, S. 12; («In der Anfälligkeit für autoritäre Politik») WEHLER, Kaiserreich, S. 238 f. Vgl. HILLGRUBER, Großmacht, S. 113; KLAUS HILDEBRAND: Hitlers Ort in der Geschichte des preußisch-deutschen Nationalstaates. In: *HZ* 217 (1973), S. 584–632; sowie allgemein DERS., Dritte Reich, S. 309 f.

169 HAFFNER, Bismarck, S. 271. Vgl. zum Antisemitismus ebd., S. 276; sowie zu Haffner und Fritz Fischer SEBASTIAN HAFFNER: Nachwort 1981. Zu: DERS., Todsünden [1981], S. 157.

170 Vgl. HAFFNER, Bismarck, S. 248 ff., 254–258, 271 f.

171 («Wandel in Kontinuität») HAFFNER, Bismarck, S. 272. Vgl. ebd., S. 272 f.; sowie zum Bruchpunkt WEHLER, Gesellschaftsgeschichte, Bd. 4, S. 988, 991; sowie zur direkten Kritik an seiner These VOLKER ZASTROW: Bemerkung. In: SEBASTIAN HAFFNER: Von Bismarck zu Hitler. Gesprächsprotokoll vom 25. September 1985, S. 399. NL Sebastian Haffner, N2523/253; RAINER ZITELMANN: Von der Reichsgründung bis zum Untergang. In: *SZ* vom 12/13. März 1988.

172 («ein unerklärlich von außen Hereingeschneiter») HAFFNER, Anmerkungen, S. 203; («auf die Deutschen herabgeregnet») DERS.: Bemerkung. In: DERS.: Von Bismarck zu Hitler. Gesprächsprotokoll vom 25. September 1985, S. 399. NL Sebastian Haffner, N2523/253. Vgl. auch VOLKER ZASTROW: Bemerkung. In: ebd., S. 399.

173 HAFFNER, Bismarck, S. 248 f. Vgl. auch ebd., S. 247–250.

174 («Daß die Lust an der brillanten Pointe») VOLKER ULLRICH: Die günstige Chance von 1918 nur schlecht genutzt. In: *Die Zeit* vom 6. November 1987; («geschichtsmächtigen Zauberer») RUDOLF AUGSTEIN: «Ja, wenn Hitler nicht Hitler gewesen wäre». In: *Der Spiegel* vom 4. April 1988; («Menschheitstraum») SEBASTIAN HAFFNER: Thomas Mann. In: WOLFGANG VENOHR (Hrsg.): Ungeliebte Deutsche. Hamburg 1971. S. 187–198, hier: S. 193 f. Vgl. zu den Verkaufszahlen und Auslandslizenzen den Brief von KARL H. BLESSING an Sebastian Haffner vom 5. April 1988. NL Sebastian Haffner, N2523/8; sowie die Briefe von ERIKA FUCHS an Sebastian Haffner vom 4. und 8. Dezember 1987, und vom 8. Januar, 18. und 22. April sowie vom 6. Juni 1988 sowie die beiliegenden Verträge. NL Sebastian Haffner, N2523/188; zu den Glückwunschartikeln HERMANN RUDOLPH: Gewagtes Leben. Sebastian Haffner und seine Wandlungen durch acht Jahrzehnte. In: *SZ* vom 19./20. Dezember 1987; VOLKER ZASTROW: Ein Preuße mit britischem Paß. Sebastian Haffner wird achtzig Jahre alt. In: *FAZ* vom 24. Dezember 1987; zur Ehrenprofessur ANONYMUS: Sebastian Haffner erhielt Titel Professor ehrenhalber. In: *Der Tagesspiegel* vom 15. Januar 1988.

175 Briefentwurf von SEBASTIAN HAFFNER an Thomas Grundmann [o. D.; nach dem 4. Februar 1988]. NL Sebastian Haffner, N2523/56.

176 («Ich sehe das Ende des 40jährigen Friedens» bis «böse Dialektik am Werk») SEBASTIAN HAFFNER: «Ich sehe das Ende des 40jährigen Friedens». In: *Stern* vom 5. April 1990; («nun mal was ziemlich Unglückliches») DERS.: «Ich traue dem deutschen Nationalismus nicht so ganz». In: *Das Magazin. Tages-Anzeiger und Berner Zeitung* vom 29./30. Dezember 1989. Vgl. zu Golo Mann LAHME, Mann, S. 433 f.

177 («Ich muß wirklich sagen») HAFFNER, Ich sehe, in: *Stern* vom 5. April 1990; («1914 hieß») DERS.: Ein neuer «Tag von Potsdam»? In: *Stern* vom 15. August 1991. Vgl. auch zu den Auswanderungsplänen DERS.: Originalton. Aus: Gespräch mit Michael Schornstheimer. In: DERS., Geschichte [Hörbuch]; sowie zu den politischen Befürchtungen DERS., Ich traue, in: *Das Magazin. Tages-Anzeiger und Berner Zeitung* vom 29./30. Dezember 1989; sowie zu den Gesprächen Modrows in Bonn Mitte Februar 1990 ANDREAS RÖDDER: Deutschland einig Vaterland. Die Geschichte der Wiedervereinigung. München 2009. S. 190 f.

178 («den bisher besten aller sowjetischen Generalsekretäre») TILL RAETHER/PATRICK KUSTER: Überlegungen eines «Volksschullehrers». Ein Gespräch mit Sebastian Haffner. Typoskript [o. D.]. NL Sebastian Haffner, N2523/227; («Ob man ein so kompliziertes riesiges Machtgebilde») HAFFNER, Ich traue, in: *Das Magazin. Tages-Anzeiger und Berner Zeitung* vom 29./30. Dezember 1989; («wenn Großmächte zu gutmütig werden») HAFFNER, Ich sehe, in: *Stern* vom 5. April 1990. Vgl. zu Gorbatschow auch MENGE, Wilhelm II., S. 53; PETER BENDER: Niemals langweilig. In: *Der Tagesspiegel* vom 27. Dezember 1997.

179 («größte Blamage») MENGE, Wilhelm II., S. 55. Vgl. SEBASTIAN HAFFNER: Von Bismarck zu Hitler. Ein Rückblick. München 2001. S. 333 f.

180 Vgl. zum Revolutionsbuch SEBASTIAN HAFFNER: Der Verrat. Deutschland 1918/19. Berlin 1993; PETER BENDER: Niemals langweilig. In: *Der Tagesspiegel* vom 27. Dezember 1997; zu *Germany: Jekyll and Hyde* HAFFNER, Germany; ELKE SCHUBERT: Ein Krieg gegen die Liebenden. In: *SZ* vom 4. Dezember 1996; GERHARD E. GRÜNDLER: Werft doch nicht alle in einen Topf. In: *Die Welt* vom 7. Dezember 1996; sowie zu den Geburtstagsartikeln CHRISTIAN WALTHER: Knallfrösche liefern. In: *taz* vom 27./28. Dezember 1997; VOLKER ULLRICH: Ein gelassener Unruhestifter. In: *Die Zeit* vom 26. Dezember 1997.

181 Vgl. zur Buchpräsentation PETER STEINBACH: Der streitbare Geist. In: *Der Tagesspiegel* vom 3. Januar 1999; zu den Krankheiten und Gebrechen Abrechnungen von U. KRÜGER für Sebastian Haffner sowie den Brief von OECKINGHAUS/STOLPER an U. Krüger vom 6. April 1993. NL Sebastian Haffner, N2523/3; MENGE, Wilhelm II., S. 53; zu seiner Abkapselung den Brief von JOACHIM FEST an Sebastian Haffner vom 3. Januar 1996. NL Sebastian Haffner, N2523/39; den Brief von ARNULF BARING an Sebastian Haffner vom 14. Januar 1996. NL Sebastian Haffner, N2523/39; sowie zum Tod seiner Frau MENGE, Wilhelm II., S. 55.

182 Vgl. ebd., S. 56, 58; Fest, Freund, S. 51 f.; sowie zu der Aussage an seinem neunzigsten Geburtstag Arnulf Baring: Anmerkungen zu Haffner. In: *Die Welt* vom 4. Januar 1999.

183 («Ich bin kein Christ») Sebastian Haffner: Originalton. Aus: Gespräch mit Michael Schornstheimer. In: Ders., Geschichte [Hörbuch]. Vgl. zu Haffners Religiosität auch Menge, Wilhelm II., S. 57; zur Musik Jana Simon: Das fehlende Kapitel. In: *Der Tagesspiegel* vom 30. Januar 2001; sowie zum Leiden Peter Bender: Ein Leben voller Wendungen. In: *Der Tagesspiegel* vom 29. Januar 1999.

Epilog

1 Vgl. Haffner, Geschichte [2000].

2 Volker Ullrich: Das ungleiche Duell. In: *Die Zeit* vom 7. September 2000; Franziska Augstein: Wer wußte je das Leben recht zu fassen? In: *FAZ* vom 31. August 2000; Wirsching, Rezension, S. 408 f. Vgl. als positive Stimme aus der Wissenschaft auch Michael Burleigh: Irdische Mächte, göttliches Heil. Die Geschichte des Kampfes zwischen Politik und Religion von der Französischen Revolution bis in die Gegenwart. München 2008. S. 609.

3 Vgl. Sebastian Haffner: Das Gift der Kameradschaft. In: *Die Zeit* vom 16. Mai 2002; Eine ganz neue Wehrmachtsdebatte. Ist Kameradschaft Gift oder Glück? In: *Bild* vom 17. Mai 2002; «Kameraden sind mehr als Freunde». In: *Bild* vom 18. Mai 2002; sowie zu den Verkaufszahlen Klaus Wigrefe: Ein wendiger Infotainer. In: *Der Spiegel* vom 1. Juli 2002.

4 Joschka Fischer: Bemerkung. In: Wer nur den lieben Gott läßt würfeln. In: *FAZ* vom 17. Februar 2001. Vgl. auch Johannes Rau: Rede zum Gedenktag für die Opfer des Nationalsozialismus im Deutschen Bundestag in Berlin am 26. Januar 2001. In: Reden und Interviews des Bundespräsidenten Johannes Rau. Bd. 2.2., 1. Januar – 30. Juni 2001. Berlin 2001. S. 57–67, hier: S. 65; sowie die Neuerscheinungen Haffner, Schreiben; Ders., Frage; Ders., Engländer; Ders., Leben; Soukup, Deutscher; Kiecol, Haffner.

5 («in den letzten Jahren») Henning Köhler: Anmerkungen zu Haffner. In: *FAZ* vom 16. August 2001; («für Deutschland ein Glücksfall») Uwe Wittstock: Haffners Hellsicht. In: *Die Welt* vom 14. August 2001. Vgl. auch zu der Kritik von Jürgen Paul Alex Rühle: Obduktionsbericht. In: *SZ* vom 13. August 2001; zum Gutachten des BKA Volker Ullrich: Widerlegt. In: *Die Zeit* vom 8. November 2001; sowie zu den weiteren Verteidigern Haffners Joachim Güntner: Schlecht belegte Vorwürfe. Aufregung um Sebastian Haffner. In: *NZZ* vom 15. August 2001; rueh.: Schlammschlacht. In: *SZ* vom 18./19. August 2001; Peter Bender: Briefe an die Herausgeber. Ehrabschneidend über Sebastian Haffner. In: *FAZ* vom 23. August 2001.

6 («kein Weiser») Köhler, Anmerkungen, in: *FAZ* vom 16. August 2001; («vom Grundrecht des Geistes») Volker Zastrow: Bildtext. In: *FAZ* vom 16. August 2001; («wendiger Infotainer») Klaus Wigrefe: Ein wendiger Infotainer. In:

Der Spiegel vom 1. Juli 2002. Vgl. auch DERS.: «Durch und durch dubios». In: *Der Spiegel* vom 30. Dezember 2002; VOLKER ZASTROW: Widerspruch. In: *FAZ* vom 7. September 2001.

7 Vgl. ELISABETH NOELLE/ERICH PETER NEUMANN (Hrsg.): Jahrbuch der öffentlichen Meinung 1968–1973. Allensbach – Bonn. 1974. S. 183. Hier scheint sich auch eine Eigenart des Mediums Fernsehen bemerkbar zu machen, das seinen Kommentatoren zwar eine große Breitenwirkung sichert, ihnen aber einen eher flüchtigen Nachruhm beschert. Vgl. zur Bedeutung von Haffners Geschichtsessays auch WOLF JOBST SIEDLER: Wahrheit ohne Schmuck. In: *FAZ* vom 27. Dezember 1997; sowie zu dem Haffner-Diktum «Ohne Hitler kein Israel» HAFFNER, Anmerkungen, S. 183.

8 SEBASTIAN HAFFNER: Monatslektüre. «Ich war, ich bin, ich werde sein.» In: *Konkret* vom 13. Januar 1969.

9 («ein energischer Machtmensch») ARNULF BARING: Anmerkungen zu Haffner. In: *Die Welt* vom 4. Januar 1999; («keine Kolumnistentugend») SEBASTIAN HAFFNER: Rückblick und Selbstkritik. Handschriftliches Manuskript [o. D.; Oktober 1975]. NL Sebastian Haffner, N2523/260 («die Unumwundenheit») DERS.: Hommage à Reich-Ranicki. In: WALTER JENS (Hrsg.): Literatur und Kritik. Aus Anlaß des 60. Geburtstages von Marcel Reich-Ranicki. Stuttgart 1980. S. 58–62, hier: S. 58. 1959 schrieb Haffner etwa an Axel Springer, der ihm zu einem Beitrag gratuliert hatte: «Ich kann nur hoffen, dass mein Artikel, der ja auch in mehreren Zeitungen Amerikas, Englands und des Commonwealth erschienen ist, einen kleinen Beitrag dazu geleistet hat, der derzeitigen appeasement-tendenz [sic!] entgegenzuwirken und die Unhaltbarkeit der deutschen Teilung wieder ins Bewusstsein zu rücken.» Brief von SEBASTIAN HAFFNER an Axel Springer vom 13. August 1959. NL Axel Springer, ASV-UA.

10 («durch und durch ein Bürger») BARING, Anmerkungen, in: *Die Welt* vom 4. Januar 1999; («radikale Liberalismus») LÖWENTHAL, Laudatio, S. 14.

11 Gegenüber Joachim Fest soll Haffner sogar einmal behauptet haben, der Untergang der Weimarer Republik habe bei ihm und seiner Generation einen regelrechten «‹Knacks›» hinterlassen. FEST, Freund, S. 50.

12 («Ich glaube nicht») Brief von HANS ZEHRER an Axel Springer vom 26. Februar 1964. NL Hans Zehrer, N1311/27; («very gifted; slightly wild») Memorandum von P. F. DE ZULUETA für Harold Macmillan vom 1. November 1961. Biographical Note on Sebastian Haffner. National Archives, PREM 11/3357.

ABKÜRZUNGSVERZEICHNIS

AHR	The American Historical Review
APO	Außerparlamentarische Opposition
APuZ	Aus Politik und Zeitgeschichte
ARD	Arbeitsgemeinschaft der öffentlich-rechtlichen Rundfunkanstalten der Bundesrepublik Deutschland
BArch	Bundesarchiv
BDC	Berlin Document Center
BBC	British Broadcasting Company
BBF/DIPF	Bibliothek für Bildungsgeschichtliche Forschung des Deutschen Instituts für Internationale Pädagogische Forschung (Berlin)
BND	Bundesnachrichtendienst
BStU	Bundesbehörde für die Unterlagen des Staatssicherheitsdienstes der ehemaligen Deutschen Demokratischen Republik, Berlin.
BWGöD	Bundesgesetz zur Wiedergutmachung nationalsozialistischen Unrechts für Angehörige des öffentlichen Dienstes
CDU	Christlich Demokratische Union Deutschlands
CEH	Central European History
C. H.	Order of the **C**ompanions of **H**onour
CSU	Christlich-Soziale Union
DDP	Deutsche Demokratische Partei
DDR	Deutsche Demokratische Republik
DFU	Deutsche Friedens-Union
DKP	Deutsche Kommunistische Partei
DM	Deutsche Mark
DVA	Deutsche Verlags-Anstalt
E.	Eastern
E & D	Jahrbuch Extremismus und Demokratie
EG	Europäische Gemeinschaft
EKD	Evangelische Kirche in Deutschland
ETA	Euzkadi Ta Azkatasuna
EWG	Europäische Wirtschaftsgemeinschaft
FAZ	Frankfurter Allgemeine Zeitung
FDP	Freie Demokratische Partei
FL	La France Libre
FR	Frankfurter Rundschau

FRAP	El Frente Revolucionario Antifascista y Patriótico
GWU	Geschichte in Wissenschaft und Unterricht
HJb	Historisches Jahrbuch
HPM	Historisch Politische Mitteilung
HR	Hessischer Rundfunk
HZ	Historische Zeitschrift
KGB	Komitet Gossudarstwennoi Besopasnosti (Komitee für Staatssicherheit)
KPdSU	Kommunistische Partei der Sowjetunion
MGM	Militärgeschichtliche Mitteilungen
NATO	North Atlantic Treaty Organization
NDR	Norddeutscher Rundfunk
NL	Nachlaß
NPD	Nationaldemokratische Partei Deutschlands
NS	Nationalsozialistisch
NSDAP	Nationalsozialistische Deutsche Arbeiterpartei
NZZ	Neue Zürcher Zeitung
ÖTV	Gewerkschaft Öffentliche Dienste, Transport und Verkehr
PA AA	Politisches Archiv des Auswärtigen Amtes
PEN	Poets, Essayists, Novelists
RAF	Rote-Armee-Fraktion
RB	Radio Bremen
SAS	turmabteilung
SDS	Sozialistischer Deutscher Studentenbund
SED	Sozialistische Einheitspartei Deutschlands
SFB	Sender Freies Berlin
SOPADE	Sozialdemokratische Partei Deutschlands im Exil
SPD	Sozialdemokratische Partei Deutschlands
SS	Schutzstaffel
SWF	Südwestrundfunk
SZ	Süddeutsche Zeitung
taz	die tageszeitung
TLS	The Times Literary Supplement
UA	Uraufführung
UdSSR	Union der Sozialistischen Sowjetrepubliken
UNO	United Nations Organization
USA	United States of America
V.	Versus
VDNV	Vereinigung (Verein) Deutsche Nationalversammlung
VfZ	Vierteljahrshefte für Zeitgeschichte
ZDF	Zweites Deutsches Fernsehen
Zpar	Zeitschrift für Parlamentsfragen

QUELLEN- UND LITERATURVERZEICHNIS

Ein ausführliches Verzeichnis finden Sie unter www.chbeck.de/haffner.

I. Quellen

A Ungedruckte Quellen

1. Akten

Archiv der Humboldt Universität zu Berlin.
Matrikelbuch, Rektorat, 600/116.
Jur. Fak., Bd. 309.

BBC Written Archive Centre, Reading.
RCont 1, Sebastian Haffner File 1.

Bundesarchiv.
Personalakte Raimund Pretzel, R 3001, 71184.
Personalakte Raimund Pretzel, ehemals BDC, RKK 2101, Box 0963, File 09.

Bundesbehörde für die Unterlagen des Staatssicherheitsdienstes der ehemaligen Deutschen Demokratischen Republik, Berlin.
ZA, MfS – HA IX/11. AF Pressemappe.
ZA, MfS – HA IX/11. AF Z I, Bd. 3.
ZA, MfS – HA IX/11. AF N-II, Bd. 1, Bd. 2.
ZA, MfS – F 16/HVA.
ZA, MfS – F 22/HVA.

National Archives, Kew.
FO 371/24424
FO 371/26554
FO 371/106085
HO 334/219
INF 1/119
KV 2/1129
KV 2/1130
PREM 11/3357

Politisches Archiv des Auswärtigen Amtes, Berlin.
B 8, Bd. 1498.
B 11, Bd. 1019.

2. Nachlässe

NL Konrad Adenauer	Stiftung Bundeskanzler-Adenauer-Haus, Rhöndorf.
NL Raymond Aron	École des hautes études en sciences sociales, Paris. Centre de recherches politiques Raymond Aron.
NL David Astor	Privatbesitz.
NL Margret Boveri	Staatsbibliothek zu Berlin, Handschriftenabteilung.
NL Willy Brandt	Archiv der sozialen Demokratie. Friedrich-Ebert-Stiftung, Bonn.
NL Eugen Brehm	Institut für Zeitgeschichte, München.
NL William Clark	Bodleian Library, Oxford. Department of Special Collections and Western Manuscripts.
NL Arthur Creech Jones	Rhodes House Library, Oxford.
NL Isaac Deutscher	International Institute of Social History, Amsterdam.
NL Sebastian Haffner	Bundesarchiv.
NL Andreas Hillgruber	Privatbesitz.
NL Thomas Jones, C. H.	The National Library of Wales, Aberystwyth.
NL Arthur Koestler	The University of Edinburgh, Library. Special Collections.
NL Kurt Kusenberg	Privatbesitz.
NL Harald Landry	Deutsches Literaturarchiv, Marbach.
NL Erich Müller-Gangloff	Evangelisches Zentralarchiv, Berlin.
NL Ulrich Pretzel	Staats- und Universitätsbibliothek, Hamburg.
NL Hans-Werner Richter	Stiftung Archiv der Akademie der Künste, Berlin.
NL Secker and Warburg	The University of Reading, Library.
NL Axel Springer	Unternehmensarchiv Axel Springer Verlag, Berlin.
NL Wilhelm Sternfeld	Deutsches Exilarchiv 1933–1945. Deutsche Bibliothek, Frankfurt a. M.
NL Konrad Wolff	International Piano Archives at Maryland, University of Maryland.
NL Hans Zehrer	Bundesarchiv.

3. Korrespondenzen und einzelne Dokumente

Nora Beloff Letters	The Newsroom, London. The Guardian, Archive and Visitor Centre.
Michael Davie, Staff File	The Newsroom, London. The Guardian, Archive and Visitor Centre.

Deutscher PEN-Club, Korrespondenz 1941–1942.	Institut für Zeitgeschichte, München.
Emigration Sopade; Allgemeine Korrespondenz	Archiv der sozialen Demokratie. Friedrich-Ebert-Stiftung, Bonn
Helmut Kindler, Typoskript von 1982.	Kindler Verlag, Reinbek bei Hamburg

4. Ungedruckte Schriften

HENNING, Hans: Bericht über das Schuljahr 1924/25 des Königsstädtischen Gymnasiums Berlin. Bibliothek für Bildungsgeschichtliche Forschung des Deutschen Instituts für Internationale Pädagogische Forschung, Berlin.

MITTAG, A.: Bericht über das Schuljahr Ostern 1921–1922 des Königsstädtischen Gymnasiums Berlin. Bibliothek für Bildungsgeschichtliche Forschung des Deutschen Instituts für Internationale Pädagogische Forschung, Berlin.

WIESING-BRANDES, Georg: «Der letzte Bohemien». Zum Nachlaß von Harald Landry. Privatbroschüre [o. D.]. Privatbesitz.

5. Radio- und Fernsehbeiträge

Interview mit der Geschichte. Karl der Große. Videoarchiv RB, V300003096. [Ausgestrahlt von *RB* am 4. August 1965.]

Berliner Fenster vom 21. Oktober 1965, *SFB*. Videoarchiv RBB, 203086/2.

Berliner Fenster vom 16. Dezember 1965, *SFB*. Videoarchiv RBB, 203133/2.

Berliner Fenster vom 24. Februar 1966, *SFB*. Videoarchiv RBB, 203162/3.

Berliner Fenster vom 23. Februar 1967, *SFB*. Videoarchiv RBB, 203465/3.

Berliner Fenster vom 30. März 1967, *SFB*. Videoarchiv RBB, 203504/3.

HAFFNER, SEBASTIAN: Generale. Anatomie der Marneschlacht. Archiv ZDF, 0011761400. [Ausgestrahlt vom *ZDF* am 29. April 1977.]

Die ungeliebte Republik. Gespräch mit Hans Mayer und Manès Sperber. In: SEBASTIAN HAFFNER: Historische Variationen. Reden und Gespräche. [Hörbuch] München 2001. [Ausgestrahlt vom *NDR* am 13. Mai 1979.]

Gespräch in Zwei – Konrad Franke im Gespräch mit Sebastian Haffner. Schallarchiv RB, 0261576. [Ausgestrahlt von *RB* am 31. Januar 1988.]

Gespräch mit Michael Schornstheimer. In: SEBASTIAN HAFFNER: Geschichte eines Deutschen. Die Erinnerungen 1914–1933. [Hörbuch] München 2001. [Ausgestrahlt vom *HR* am 5. Dezember 1993.]

WALTHER, CHRISTIAN: Mit scharfer Zunge. Sebastian Haffner wird 90. Eine Dokumentation. Videoarchiv WDR, 0274168. [Ausgestrahlt vom *WDR* am 5. Januar 1998.]

AUTZE, RAJAN: Deutsche Lebensläufe. Sebastian Haffner. Videoarchiv RBB, 109498. [Ausgestrahlt vom *SFB* am 6. November 2002.]

B Gedruckte Quellen

1. Schriften Sebastian Haffners

a) Monographien und Sammelbände

PRETZEL, RAIMUND: Die Aufwertung von Fremdwährungsschulden. Ein Beitrag zur Theorie der Aufwertung. Berlin 1936.

HAFFNER, SEBASTIAN: Germany: Jekyll and Hyde. London 1940.

DERS.: Germany: Jekyll & Hyde, 1939. Deutschland von innen betrachtet. Übersetzt aus dem Englischen von Kurt Baudisch. Berlin 1996. [**Zitierte Fassung**]

DERS.: Offensive against Germany. London 1941.

DERS. (Hrsg.): A Book of British Profiles. Compiled from The Observer. Melbourne – London – Toronto. 1954.

DERS.: Die sieben Todsünden des Deutschen Reiches. Grundfehler deutscher Politik nach Bismarck damals und auch heute. Hamburg 1965. **[Zitierte Fassung]**

DERS.: Die sieben Todsünden des Deutschen Reiches im Ersten Weltkrieg. Bergisch Gladbach 1981.

DERS.: Winston Churchill. Reinbek bei Hamburg 1967.

DERS.: Winston Churchill. 16. Aufl. Reinbek bei Hamburg 1999. **[Zitierte Fassung]**

DERS: Der Teufelspakt. Fünfzig Jahre deutsch-russische Beziehungen. Reinbek bei Hamburg 1968. **[Zitierte Fassung]**

DERS.: Der Teufelspakt. Die deutsch-russischen Beziehungen vom Ersten zum Zweiten Weltkrieg. Zürich 1988.

DERS.: Die verratene Revolution. Deutschland 1918/19. München u. a. 1969. **[Zitierte Fassung]**

DERS.: Der Verrat. Deutschland 1918/19. 4. Aufl. Berlin 2000.

DERS.: Der Selbstmord des Deutschen Reiches. Bern – München – Wien o. J. [1970].

DERS.: Anmerkungen zu Hitler. München 1978.

DERS.: Preußen ohne Legende. Ein Stern-Buch. Hamburg 1978.

DERS.: Überlegungen eines Wechselwählers. München 1980.

DERS./WOLFGANG VENOHR: Preußische Profile. Königstein/Ts. 1980.

DIES.: Preußische Profile. 2. Aufl. München 2001. **[Zitierte Fassung]**

DIES.: Das Wunder an der Marne. Rekonstruktion der Entscheidungsschlacht des Ersten Weltkriegs. Bergisch Gladbach 1982.

HAFFNER, SEBASTIAN: Zur Zeitgeschichte. 36 Essays. München 1982.

DERS.: Im Schatten der Geschichte. Historisch-politische Variationen aus zwanzig Jahren. Stuttgart 1985.

DERS.: Historische Variationen. Mit einem Vorwort von Klaus Harpprecht. Stuttgart – München 2001. **[Zitierte Fassung]**

DERS.: Von Bismarck zu Hitler. Ein Rückblick. München 1987. **[Zitierte Fassung]**

DERS.: Zwischen den Kriegen. Essays zur Zeitgeschichte. Berlin 1997.

DERS.: Geschichte eines Deutschen. Die Erinnerungen 1914–1933. Stuttgart – München 2000.

DERS.: Geschichte eines Deutschen. Die Erinnerungen 1914–1933. München 2002. **[Zitierte Fassung]**

DERS.: Schreiben für die Freiheit. 1942–1949. Als Journalist im Sturm der Ereignisse. Hrsg. von RAINER NITSCHE. Berlin 2001.

DERS.: Die deutsche Frage. 1950–1961. Von der Wiederbewaffnung bis zum Mauerbau. Hrsg. von RAINER NITSCHE. Berlin 2002.

DERS.: Als Engländer maskiert. Ein Gespräch mit Jutta Krug über das Exil. Mit einer Nachbemerkung von Uwe Soukup. Stuttgart – München 2002.

DERS.: Das Leben der Fußgänger. Feuilletons 1933–1938. Hrsg. von JÜRGEN PETER SCHMIED. München – Wien 2004.

b) Aufsätze

DERS.: The End of Europe? In: A. G. WEIDENFELD/H. DE C HASTINGS (Hrsg.): First Spring of Peace. Contact Book 1. O. O. 1946. S. 7–14.

DERS.: The British in Germany. A Profile of C. C. G. In: A. G. WEIDENFELD/H. DE C. HASTINGS (Hrsg.): Grand Perspective. A Contact Book. London 1947. S. 33–39.

DERS.: Preface. Zu: DERS. (Hrsg.): A Book of British Profiles. Compiled from The Observer. Melbourne – London – Toronto. 1954. S. IX–XII.

DERS.: Cromwell in Despair. In: *The Observer* vom 31. August 1958.

DERS.: Looking Back on Munich 1. The Bitter Logic of Appeasement. In: *The Observer* vom 28. September 1958.

DERS.: Looking Back on Munich 2. Appeasement in Ruins. In: *The Observer* vom 5. Oktober 1958.

DERS.: The Worst Peace Settlement – and the Last? What Went Wrong at Versailles. In: *The Observer* vom 28. Juni 1959. [Nachdruck unter dem Titel: Der letzte Friedenvertrag? In: *Der Monat* (11) vom August 1959. S. 3–10; in: Der Vertrag von Versailles. Mit Beiträgen von Sebastian Haffner u. a. München 1978. S. 416–427; unter dem Titel: Der Vertrag von Versailles. In: DERS.: Historische Variationen. Mit einem Vorwort von Klaus Harpprecht. Stuttgart – München 2001. S. 135–150.]

DERS.: Spain – The Legend and the Reality. In: *The Observer* vom 22. März 1959.

DERS.: Der neue Krieg. In: MAO TSE-TUNG: Theorie des Guerillakrieges oder Strategie der Dritten Welt. Reinbek bei Hamburg 1966. S. 5–34.

DERS.: Preußens Krise und Wandlung. In: HANS-JOACHIM NETZER (Hrsg.): Preußen. Porträt einer politischen Kultur. München 1968. S. 77–134.

DERS.: Das Sterben der Ehe. In: CHRISTA ROTZOLL (Hrsg.): Emanzipation und Ehe. 2. Aufl. München 1969. S. 11–31. [Zuerst 1968]

DERS.: Die Pariser Kommune. In: DERS: Historische Variationen. Mit einem Vorwort von Klaus Harpprecht. Stuttgart – München 2001. S. 83–134. [Zuerst 1971]

DERS.: Der Erfolg des Grundgesetzes. In: DERS.: Historische Variationen. Mit einem Vorwort von Klaus Harpprecht. Stuttgart – München 2001. S. 196–222. [Zuerst 1974.]

DERS.: Dankrede. In: Verleihung des Heine-Preises 1978 an Sebastian Haffner. Düsseldorf 1978. S. 25–35.

DERS.: Nachwort 1981. Zu: DERS.: Die sieben Todsünden des Deutschen Reiches im Ersten Weltkrieg. Bergisch Gladbach 1981. S. 143–158.

2. Schriften anderer Autoren sowie Selbstzeugnisse, Akteneditionen, und Dokumentationen

ARON, RAYMOND: Is There a Nazi Mystery? In: *Encounter* (54) vom Juni 1980. S. 29–41.

BÖLL, HEINRICH: Freies Geleit für Ulrike Meinhof. Ein Artikel und seine Folgen. Zusammengestellt von Frank Grützbach. Köln 1972.

BOVERI, MARGRET: Wir lügen alle. Eine Hauptstadtzeitung unter Hitler. Olten – Freiburg i. Brsg. 1965.

BRÜNING, HEINRICH: Briefe und Gespräche 1934–1945. Hrsg. von CLAIRE NIX unter der Mitarbeit von Reginald Phelps und George Pettee. Stuttgart 1974.

CLARK, WILLIAM: From Three Worlds. Memoirs. London 1986.

DIWALD, HELLMUT: Geschichte der Deutschen. Frankfurt a. M. – Berlin – Wien 1978.

FDP-Bundesvorstand. Die Liberalen unter dem Vorsitz von Erich Mende. Sitzungsprotokolle 1960–1967. Bearb. von Reinhard Schiffers. Hrsg. von KARL DIETRICH BRACHER, RUDOLF MORSEY und HANS-PETER SCHWARZ. Düsseldorf 1993.

FEST, JOACHIM: Das Dilemma des studentischen Romantizismus. In: *Neue Rundschau* 79 (1968), S. 421–434.

JOACHIM FEST: Die Verzweiflung des Gedankens. Extempore über Ulrike Meinhof. In: DERS.: Begegnungen. Über nahe und ferne Freunde. Reinbek bei Hamburg 2004. S. 249–270.

DERS.: Ich nicht. Erinnerungen an eine Kindheit und Jugend. 3. Aufl. Reinbek bei Hamburg 2006.

GOOLD-ADAMS, RICHARD: On Limiting Atomic Wars. Hrsg. vom Royal Institute of International Affairs. London – New York 1956.

HABERMAS, JÜRGEN: Kleine politische Schriften I–IV. Frankfurt a. M. 1981.

HAFFNER, SARAH: Eine andere Farbe. Geschichten aus meinem Leben. Berlin 2001.

HALKETT, GEORGE RENÉ: The Dear Monster. 2. Aufl. London 1939.

Hitler heute. Gespräche über ein deutsches Trauma. Hrsg. u. bearb. von GUIDO KNOPP. Aschaffenburg 1979.

KISSINGER, HENRY A.: Nuclear Weapons and Foreign Policy. New York 1957.

LENIN, WLADIMIR ILJITSCH: Über die Pariser Kommune. Ein Sammelband. 3. Aufl. Berlin (Ost) 1958.

MANDER, JOHN: Berlin. Unterpfand der Freiheit. Frankfurt a. M. – Bonn 1962.

NANNEN, HENRI: Interview mit Roland H. Wiegenstein. In: ROLAND H. WIEGENSTEIN/FRITZ J. RADDATZ (Hrsg.): Interview mit der Presse. 12 internationale Zeitungen stellen sich vor. Reinbek bei Hamburg 1964. S. 49–62.

PRINGLE, JOHN DOUGLAS: Have Pen. Will Travel. London 1973.

RAUSCHNING, HERMANN: Die Revolution des Nihilismus. Kulisse und Wirklichkeit im Dritten Reich. Erg. u. verb. Aufl. [16. –19. Tsd.] Zürich – New York [o. J.; 1938].

ROTZOLL, CHRISTA: Frauen und Zeiten. Porträts. München 1991. [Zuerst 1987]

SCHAEFER, ODA: Auch wenn Du träumst, gehen die Uhren. Lebenserinnerungen. 3. Aufl. München 1970. [Zuerst 1970]

DIES.: Die leuchtenden Feste über der Trauer. Erinnerungen aus der Nachkriegszeit. München 1977.

SCHLAMM, WILLIAM S.: Die Grenzen des Wunders. Ein Bericht über Deutschland. Zürich 1959.

SEIFERT, JÜRGEN (Hrsg.): Die Spiegel Affäre. Bd. 2. Die Reaktion der Öffentlichkeit. Unter Mitarbeit von Thomas Ellwein, Manfred Liebel und Inge Negt. Olten – Freiburg i. Brsg. 1966.

SIEDLER, WOLF JOBST: Ein Leben wird besichtigt. In der Welt der Eltern. Berlin 2000.

SPIEL, HILDE: Psychologie des Exils. In: DIES.: Kleine Schritte. Berichte und Geschichten. München 1976. S. 27–47.

VANSITTART, ROBERT: Black Record. Germans Past and Present. London 1941.

VENOHR, WOLFGANG (Hrsg.): Preußische Porträts. Hamburg 1969.

DERS.: Dokumente deutschen Daseins. 500 Jahre deutsche Nationalgeschichte 1445–1945. Königstein/Ts. 1980.

WARBURG, FREDRIC: All Authors are equal. The Publishing Life of Fredric Warburg 1936–1971. London 1973.

WATT, DONALD C.: England blickt auf Deutschland. Deutschland in Politik und öffentlicher Meinung Englands seit 1945. Tübingen 1965.

WEIDENFELD, GEORGE: Von Menschen und Zeiten. Die Autobiographie. Wien – München 1995.

ZWEIG, STEFAN: Die Welt von Gestern. Erinnerungen eines Europäers. Frankfurt a. M. 1997. [Zuerst 1942]

3. Presseorgane

Allgemeine Deutsche Lehrerzeitung
Allgemeine Zeitung
Aufbau
Bayern Kurier
Berliner Morgenpost
Berliner Zeitung
Bild

Börsenblatt für den deutschen Buchhandel
Buchreport
Bunte
Christ und Welt
Criticón
Das Magazin. Tages-Anzeiger und Berner Zeitung
Der Kurier
Der Spiegel
Der Tagesspiegel
Deutsche Zeitung
Deutsche National Zeitung
Deutsche Volkszeitung
Deutschland Magazin
Die Arbeit [Gewerkschafts-Zeitung, London]
Die Dame
Die Lehrergewerkschaft
Die Neue Zeitung
Die Welt
Die Zeit
Die Zeitung
Echo der Zeit
Englische Rundschau
FAZ
FAZ Magazin
FR
Germania
Harzkurier
Kölner Stadt-Anzeiger
Kölnische Rundschau
Konkret
Le Figaro
L'Express
Magnum. Die Zeitschrift für das moderne Leben
Mittag
National-Zeitung. Anzeigeblatt der Stadt Basel
Neues Deutschland
New Society
New Statesman
Nürnberger Zeitung
NZZ
Ostfriesische Nachrichten
Picture Post
Preußische Lehrer-Zeitung

Quick
Rheinischer Merkur
Rheinische Post
Ruhr-Nachrichten
Stern
Stuttgarter Nachrichten
SZ
taz
Telegraf
The Daily Telegraph
The Economist
The Guardian
The New Statesman and Nation
The New York Review
The Observer
The Spectator
TLS
Völkischer Beobachter
Vorwärts
Vossische Zeitung
Welt am Sonntag
Wirtschaftswoche
Wochen Echo
World Review

II. Literatur

A Schriften über Haffner

AMÉRY, JEAN: Hitler und wir. Offener Brief an Sebastian Haffner. In: *Merkur* (32) vom August 1978. S. 838–841.

BECK, RALF: Der traurige Patriot. Sebastian Haffner und die Deutsche Frage. Berlin 2005.

BONDY, FRANÇOIS: Laudatio auf Sebastian Haffner. In: Deutsche Akademie für Sprache und Dichtung. Jahrbuch 1980. S. 43–46.

BOVERI, MARGRET: Zwischen Selbstüberhebung und Selbstkasteiung. In: *Merkur* (20) vom April 1966. S. 384–392. [Rezension von SEBASTIAN HAFFNER: Die sieben Todsünden des Deutschen Reiches. Grundfehler deutscher Politik nach Bismarck damals und auch heute. Hamburg 1965; ARMIN MOHLER: Was die Deutschen fürchten. Angst vor der Politik, Angst vor der Geschichte, Angst vor der Macht. Stuttgart 1965.]

BRUCH, RÜDIGER VOM: Ungeschickte Größe? Sebastian Haffners Historisierung des Deutschen Reiches. In: *Merkur* (42) vom Juli 1988. S. 602–609. [Rezension von SEBASTIAN HAFFNER: Von Bismarck zu Hitler. Ein Rückblick. München 1987.]

CARSTEN, FRANCIS L.: Rezension von SEBASTIAN HAFFNER: Im Schatten der Geschichte. Historisch-politische Variationen aus zwanzig Jahren. Stuttgart 1985. In: *MGM* 39 (1986), S. 131 ff.

FEST, JOACHIM: Der fremde Freund. Die Widersprüche des Sebastian Haffner. In: DERS.: Begegnungen. Über nahe und ferne Freunde. Reinbek bei Hamburg 2004. S. 21–54.

FRANK-PLANITZ, ULRICH: Vorbemerkung. Zu: SEBASTIAN HAFFNER: Im Schatten der Geschichte. Historisch-politische Variationen aus zwanzig Jahren. Stuttgart 1985. S. 7 f.

HARPPRECHT, KLAUS: Vorwort. Zu: SEBASTIAN HAFFNER: Historische Variationen. Stuttgart – München 2001. S. 7–19.

KIECOL, DANIEL: Haffner für Eilige. Berlin 2002.

KIELMANSEGG, PETER GRAF: Ein Hitler für die Jugend? In: *Merkur* (32) vom Juli 1978. S. 709–714. [Rezension von SEBASTIAN HAFFNER: Anmerkungen zu Hitler. München 1978.]

KRETSCHMANN, CARSTEN: Vergangenheit für die Gegenwart. Das Bismarck-Bild im Werk Sebastian Haffners. In: ANDY HAHNEMANN/DAVID OELS (Hrsg.): Sachbuch und populäres Wissen im 20. Jahrhundert. Frankfurt a. M. u. a. 2008. S. 81–96.

KRUG, JUTTA: Exil in Großbritannien am Beispiel von Sebastian Haffner (1938–1945). Unveröffentlichte Diplomarbeit. 2 Bde. München 1990.

LÖWENTHAL, RICHARD: Laudatio. In: Verleihung des Heine-Preises 1978 an Sebastian Haffner. Düsseldorf 1978. S. 8–24.

MAIER-DORN, EMIL: Anmerkungen zu Sebastian Haffner. 3. Aufl. Großaitingen 1986.

MANN, GOLO: Sebastian Haffners «Anmerkungen zu Hitler». In: DERS.: Zeiten und Figuren. Schriften aus vier Jahrzehnten. Frankfurt a. M. 1994. S. 457–466. [Zuerst in: *Der Spiegel* vom 24. Juli 1978.]

MENGE, MARLIES: Wilhelm II. war immerhin der Kaiser. In: DIES.: Spaziergänge. Berlin 2000. S. 52–58. [Zuerst in: *Die Zeit* vom 26. September 1997.]

MÖLLER, HORST: Exilpublizistik in Großbritannien. Sebastian Haffner und Die Zeitung. In: GERHARD A. RITTER/PETER WENDE (Hrsg.): Rivalität und Partnerschaft. Studien zu den deutsch-britischen Beziehungen im 19. und 20. Jahrhundert. Paderborn u. a. 1999. S. 267–284.

MOMMSEN, HANS: Jekyll & Hyde. Zu Sebastian Haffners früher Hitler-Deutung. In: GERHARD A. RITTER/PETER WENDE (Hrsg.): Rivalität und Partnerschaft. Studien zu den deutsch-britischen Beziehungen im 19. und 20. Jahrhundert. Paderborn u. a. 1999. S. 285–296.

PRETZEL, OLIVER: Nachwort. In: SEBASTIAN HAFFNER: Geschichte eines Deutschen. Die Erinnerungen 1914–1933. München 2002. S. 292–304.

SABROW, MARTIN: Zeitgeschichte als politische Aufklärung. Sebastian Haffners Buch über die Novemberrevolution als Diagnose der «deutschen Krankheit». In JÜRGEN DANYEL/JAN-HOLGER KIRSCH/MARTIN SABROW (Hrsg.): 50 Klassiker der Zeitgeschichte. Göttingen 2007. S. 118–122.

SCHLIE, ULRICH: «Geschichte Deutschlands als Teil privater Lebensgeschichte». Ein Rückblick auf die Haffner-Welle. In: *HZ* 278 (2004), S. 399–415.

SOUKUP, UWE: Ich bin nun mal ein Deutscher. Sebastian Haffner. Eine Biographie. Berlin 2001.

STÖBER, RUDOLF: Das Netzwerk des Exils. Die Deutschlandberichte der Sopade und Sebastian Haffners Germany: Jekyll & Hyde im Vergleich. In: MARKUS BEHMER (Hrsg.): Deutsche Publizistik im Exil 1933 bis 1945. Personen – Positionen – Perspektiven. Münster 2000. S. 211–222.

VAGET, HANS RUDOLF: *Germany: Jekyll and Hyde.* Sebastian Haffners Deutschlandbild und die Genese von *Doktor Faustus.* In: ECKHART HEFTRICH/HELMUT KOOPMANN (Hrsg.): Thomas Mann und seine Quellen. Frankfurt a. M. 1991. S. 249–271.

WIRSCHING, ANDREAS: Rezension von SEBASTIAN HAFFNER: Geschichte eines Deutschen. Die Erinnerungen 1914–1933. Stuttgart – München 2000. In: *E & D* 13 (2001), S. 408 f.

B Forschungsliteratur und Sachbücher

ADOMEIT, HANNES: Imperial Overstretch: Germany in Soviet Policy from Stalin to Gorbachev. An Analysis Based on New Archival Evidence, Memoirs and Interviews. Baden-Baden 1998.

ALY, GÖTZ: Unser Kampf. 1968 – ein irritierter Blick zurück. Bonn 2008. [Lizenzausgabe für die Bundeszentrale für politische Bildung]

AUST, STEFAN: Der Baader-Meinhof-Komplex. München 1989.

BARING, ARNULF: Machtwechsel. Die Ära Brandt-Scheel. Stuttgart 1982.

BAVAJ, RICCARDO: Die Ambivalenz der Moderne im Nationalsozialismus. Eine Bilanz der Forschung. Mit einem Vorwort von Klaus Hildebrand. München 2003.

BAYER, KAREN: «How Dead is Hitler?» Der britische Starreporter Sefton Delmer und die Deutschen. Mainz 2008.

BEEVOR, ANTONY: Der Spanische Bürgerkrieg. München 2006.

BERNECKER, WALTHER L.: Spaniens Geschichte seit dem Bürgerkrieg. 3., neubearb. u. erw. Aufl. München 1997.

BIERMANN, HARALD: John F. Kennedy und der Kalte Krieg. Die Außenpolitik der USA und die Grenzen der Glaubwürdigkeit. Paderborn u. a. 1997.

BITTERLI, URS: Golo Mann. Instanz und Außenseiter. Eine Biographie. Berlin 2004.

BÖLLING, RAINER: Volksschullehrer und Politik. Der Deutsche Lehrerverein 1918–1933. Göttingen 1978.

BÖSCH, FRANK: Später Protest. Die Intellektuellen und die Pressefreiheit in der frühen Bundesrepublik. In: DOMINIK GEPPERT/JENS HACKE (Hrsg.): Streit um den Staat. Intellektuelle Debatten in der Bundesrepublik 1960–1980. Göttingen 2008. S. 91–112.

BRACHER, KARL DIETRICH: Zeitgeschichtliche Kontroversen. Um Faschismus, Totalitarismus, Demokratie. München 1976.

DERS.: Politik und Zeitgeist der siebziger Jahre. In: DERS./WOLFGANG JÄGER/WERNER LINK: Geschichte der Bundesrepublik Deutschland. Republik im Wandel. Die Ära Brandt. 1969–1974. Stuttgart – Mannheim 1986. S. 283–406.

BRINSON, CHARMIAN/MARIAN MALET: *Die Zeitung.* In: WILLIAM ABBEY u. a. (Hrsg.): Between Two Languages. German-speaking Exiles in Great Britain 1933–1945. Stuttgart 1995. S. 215–243.

BROCHHAGEN, ULRICH: Nach Nürnberg. Vergangenheitsbewältigung und Westintegration in der Ära Adenauer. Hamburg 1994.

BUCKARD, CHRISTIAN: Arthur Koestler. Ein extremes Leben. 1905–1983. München 2004.

BULLOCK, ALAN: Ernest Bevin. Foreign Secretary 1945–1951. New York – London 1983.

BURLEIGH, MICHAEL: Die Zeit des Nationalsozialismus. Eine Gesamtdarstellung. Frankfurt a. M. 2000.

CHAPPELL, CONNERY: Island of Barbed Wire. The Remarkable Story of World War Two Internment on the Isle of Man. London 1984.

CLARK, CHRISTOPHER: Iron Kingdom. The Rise and Downfall of Prussia, 1600–1947. London 2006.

COCKETT, RICHARD: David Astor and The Observer. London 1991.

CORNELISSEN, CHRISTOPH: Gerhard Ritter. Geschichtswissenschaft und Politik im 20. Jahrhundert. Düsseldorf 2001.

CRICK, BERNARD: George Orwell. Ein Leben. Frankfurt a. M. 1990. [Zuerst engl. 1980]

DANIEL, SILVIA: «Troubled Loyalty»? Britisch-deutsche Debatten um Adam von Trott zu Solz 1933–1969. In: *VfZ* 52 (2004), S. 409–440.

DEMANDT, EBBO: Von Schleicher zu Springer. Hans Zehrer als politischer Publizist. Mainz 1971.

DETJEN, MARION: Ein Loch in der Mauer. Die Geschichte der Fluchthilfe im geteilten Deutschland 1961–1989. München 2005.

DOCKRILL, SAKI: Britain's Policy for West German Rearmarment 1950–1955. Cambridge u. a. 1991.

DÜLFFER, JOST: Europa im Ost-West-Konflikt 1945–1991. München 2004.

EHRKE-ROTERMUND, HEIDRUN/ERWIN ROTERMUND: Zwischenreiche und Gegenwelten. Texte und Vorstudien zur ‹Verdeckten Schreibweise› im «Dritten Reich». München 1999.

EIBL, FRANZ: Politik der Bewegung. Gerhard Schröder als Außenminister 1961–1966. München 2001.

ESSER, FRANK: Die Kräfte hinter den Schlagzeilen. Englischer und deutscher Journalismus im Vergleich. Freiburg – München 1998.

FALTER, JÜRGEN W.: Hitlers Wähler. München 1991.

FEST, JOACHIM C.: Hitler. Eine Biographie. Frankfurt a. M. – Berlin – Wien 1973.

FINGER, STEFAN: Franz Josef Strauß. Ein politisches Leben. München 2005.

FISCHER, FRANK: «Im deutschen Interesse». Die Ostpolitik der SPD von 1969 bis 1989. Husum 2001.

FISCHER, FRITZ: Griff nach der Weltmacht. Die Kriegszielpolitik des kaiserlichen Deutschland 1914/18. Düsseldorf 1961.

FREI, NORBERT: Die Presse. In: WOLFGANG BENZ (Hrsg.): Die Geschichte der Bundesrepublik Deutschland. Bd. 4. Kultur. Aktual. u. erw. Neuausg. Frankfurt a. M. 1989. S. 370–416.

DERS./JOHANNES SCHMITZ: Journalismus im Dritten Reich. 3., überarb. Aufl. München 1999.

FREI, NORBERT: Karrieren im Zwielicht. Hitlers Eliten nach 1945. Frankfurt – New York 2001.

FROMM, HERMANN: Deutschland in der öffentlichen Kriegszieldiskussion Großbritanniens 1939–1945. Frankfurt a. M. – Bern 1982.

GADDIS, JOHN LEWIS: We now know. Rethinking Cold War History. Oxford – New York 1997.

GALLUS, ALEXANDER: Die Neutralisten. Düsseldorf 2001.

DERS.: Zeitschriftenporträt: konkret. In: *E & D* 13 (2001), S. 227–249.

DERS.: Die vergessene Revolution von 1918/19 – Erinnerung und Deutung im Wandel. In: DERS. (Hrsg.): Die vergessene Revolution von 1918/19. Göttingen 2010. S. 14–38.

GANTE, MICHAEL: § 218 in der Diskussion. Meinungs- und Willensbildung 1945–1976. Düsseldorf 1991.

GARTHOFF, RAYMOND L.: Détente and Confrontation. American-Soviet Relations from Nixon to Reagan. Überarb. Aufl. Washington 1994.

Gassert, Philipp: Kurt Georg Kiesinger 1904–1988. Kanzler zwischen den Zeiten. München 2006.

Gearson, John P. S.: Harold Macmillan and the Berlin Wall Crisis 1958–62. The Limits of Interests and Force. Basingstoke – London 1998.

Gehler, Michael: Finis Neutralität? Historische und politische Aspekte im europäischen Vergleich: Irland, Finnland, Schweden, Schweiz und Österreich. O. O. 2001.

Ders.: Neutralität und Neutralisierungspläne für Mitteleuropa? Österreich, Ungarn, Tschechoslowakei und Polen. In: Dominik Geppert/Udo Wengst (Hrsg.): Neutralität – Chance oder Chimäre? Konzepte des Dritten Weges für Deutschland und die Welt 1945–1990. München 2005. S. 105–131.

Geiger, Tim: Atlantiker gegen Gaullisten. Außenpolitischer Konflikt und innerparteilicher Machtkampf in der CDU/CSU 1958–1969. München 2008.

Geisler, Michael E.: Nazis Into Democrats? The *Internationale Frühschoppen* and the Case of Werner Höfer. In: *Tel Aviver Jahrbuch für deutsche Geschichte* 31 (2003), S. 231–252.

Geppert, Dominik/Wengst, Udo (Hrsg.): Neutralität – Chance oder Chimäre? Konzepte des Dritten Weges für Deutschland und die Welt 1945–1990. München 2005.

Geppert. Dominik/Hacke, Jens (Hrsg.): Streit um den Staat. Intellektuelle Debatten in der Bundesrepublik 1960–1980. Göttingen 2008.

Gilcher-Holtey, Ingrid: Die 68er Bewegung. Deutschland – Westeuropa – USA. München 2001.

Glaab, Manuela: Deutschlandpolitik in der öffentlichen Meinung. Einstellungen und Regierungspolitik in der Bundesrepublik Deutschland 1949 bis 1990. Opladen 1999.

Godefroid, Annette: Steglitz. Berlin 1989.

Görtemaker, Heike B.: Ein deutsches Leben. Die Geschichte der Margret Boveri. 1900–1975. München 2005.

Görtemaker, Manfred: Geschichte der Bundesrepublik Deutschland. Von der Gründung bis zur Gegenwart. München 1999.

Grau, Andreas: Gegen den Strom. Die Reaktion der CDU/CSU-Opposition auf die Ost- und Deutschlandpolitik der sozial-liberalen Koalition 1969–1973. Düsseldorf 2005.

Grosse Kracht, Klaus: Die zankende Zunft. Historische Kontroversen in Deutschland nach 1945. Göttingen 2005.

Gruchmann, Lothar: Justiz im Dritten Reich 1933–1940. Anpassung und Unterwerfung in der Ära Gürtner. München 1988.

Hacke, Jens: Philosophie der Bürgerlichkeit. Die liberalkonservative Begründung der Bundesrepublik. Göttingen 2006.

Hacker, Jens: Deutsche Irrtümer. Schönfärber und Helfershelfer der SED-Diktatur im Westen. 3. Aufl. Berlin – Frankfurt a. M. 1992.

HALL, IAN: The International Thought of Martin Wight. New York – Basingstoke 2006.

HALSEY, A.H. (Hrsg.): Trends in British Society since 1900. A Guide to the changing social Structure of Britain. London – Basingstoke 1972.

HAMANN, BRIGITTE: Hitlers Wien. Lehrjahre eines Diktators. München – Zürich 1996.

HASELOFF, OTTO WALTER: Stern. Strategie und Krise einer Publikumszeitschrift. Mainz 1977.

HEHL, ULRICH VON: Nationalsozialistische Herrschaft. München 1996.

HEUSER, BEATRICE: NATO, Britain, France and the FRG. Nuclear Strategies and Forces for Europe, 1949–2000. Basingstoke – London 1997.

DIES.: Nuclear Mentalities? Strategies and Beliefs in Britain, France and the FRG. Basingstoke – London 1998.

HILDEBRAND, KLAUS: Geschichte der Bundesrepublik Deutschland. Von Erhard zur Großen Koalition 1963–1969. Mit einem einleitenden Essay von Karl Dietrich Bracher. Stuttgart – Wiesbaden 1984.

DERS.: Das vergangene Reich. Deutsche Außenpolitik von Bismarck bis Hitler 1871–1945. 2. Aufl. Stuttgart 1996.

DERS.: Das Dritte Reich. 6., neubearb. Aufl. München 2003.

HILDERMEIER, MANFRED: Geschichte der Sowjetunion 1917–1991. Entstehung und Niedergang des ersten sozialistischen Staates. München 1998.

DERS.: Die Sowjetunion 1917–1991. 2. Aufl. München 2007.

HILLGRUBER, ANDREAS: Die gescheiterte Großmacht. Eine Skizze des Deutschen Reiches 1871–1945. Düsseldorf 1980.

HODENBERG, CHRISTINA VON: Die Journalisten und der Aufbruch zur kritischen Öffentlichkeit. In: ULRICH HERBERT (Hrsg.): Wandlungsprozesse in Westdeutschland. Belastung, Integration, Liberalisierung 1945–1980. Göttingen 2002. S. 278–311.

DIES.: Konsens und Krise. Eine Geschichte der westdeutschen Medienöffentlichkeit 1945–1973. Göttingen 2006.

HOFF, HENNING: Großbritannien und die DDR 1955–1973. Diplomatie auf Umwegen. München 2003.

HOWARD, ANTHONY: Crossman. The Pursuit of Power. London 1990.

JÄCKEL, EBERHARD: Hitlers Weltanschauung. Entwurf einer Herrschaft. Tübingen 1969.

JÄGER, WOLFGANG: Die Innenpolitik der sozial-liberalen Koalition 1969–1974. In: KARL DIETRICH BRACHER/WOLFGANG JÄGER/WERNER LINK: Geschichte der Bundesrepublik Deutschland. Republik im Wandel. Die Ära Brandt. 1969–1974. Stuttgart – Mannheim 1986. S. 15–160.

DERS.: Die Innenpolitik der sozial-liberalen Koalition 1974–1982. In: DERS./WERNER LINK: Geschichte der Bundesrepublik Deutschland. Republik im Wandel. Die Ära Schmidt. 1974–1982. Mit einem abschließenden Essay von Joachim C. Fest. Stuttgart – Mannheim 1987. S. 9–272.

JANSSEN, KARL-HEINZ/HAUG VON KUENHEIM/THEO SOMMER: Die Zeit. Geschichte einer Wochenzeitung 1946 bis heute. München 2006.

JESSE, ECKHARD/HENNING KÖHLER: Die deutsche Revolution 1918/19 im Wandel der historischen Forschung. In: *APuZ* (45) vom 11. November 1978. S. 3–23.

KAISER, WOLFRAM: Using Europe, Abusing the Europeans. Britain and European Integration, 1945–63. Basingstoke – London 1996.

KERSHAW, IAN: Der NS-Staat. Geschichtsinterpretationen und Kontroversen im Überblick. Erw. u. bearb. Neuausg. Reinbek bei Hamburg 1999.

KESSEL, MARTINA: Westeuropa und die deutsche Teilung. Englische und französische Deutschlandpolitik auf den Außenministerkonferenzen von 1945 bis 1947. München 1989.

KETTENACKER, LOTHAR: Der Einfluß der deutschen Emigranten auf die britische Kriegszielpolitik. In: GERHARD HIRSCHFELD (Hrsg.): Exil in Großbritannien. Zur Emigration aus dem nationalsozialistischen Deutschland. Stuttgart 1983. S. 80–105.

KIELMANSEGG, PETER GRAF: Nach der Katastrophe. Eine Geschichte des geteilten Deutschland. Berlin 2000.

KIESSLING, SIMON: Die antiautoritäre Revolte der 68er. Postindustrielle Konsumgesellschaft und säkulare Religionsgeschichte der Moderne. Köln – Weimar – Wien 2006.

KIPP, YVONNE: Eden, Adenauer und die deutsche Frage. Britische Deutschlandpolitik im internationalen Spannungsfeld 1951–1957. Paderborn u. a. 2002.

DIES.: Willkommener Ausbruch ostdeutschen Freiheitsstrebens oder Störfaktor? Der 17. Juni 1953 im Urteil der britischen Regierung. In: ARND BAUERKÄMPER (Hrsg.): Britain and the GDR. Relations and Perceptions in a Divided World. Berlin – Wien 2002. S. 83–111.

KISSINGER, HENRY A.: Die Vernunft der Nationen. Über das Wesen der Außenpolitik. O. O. 1996. [Zuerst engl. 1994]

KNABE, HUBERTUS: Der diskrete Charme der DDR. Stasi und Westmedien. Berlin – München 2001.

KOEBNER, THOMAS: Das «andere Deutschland». Zur Nationalcharakteristik im Exil. In: MANFRED BRIEGEL/WOLFGANG FRÜHWALD (Hrsg.): Die Erfahrung der Fremde. Kolloquium des Schwerpunktprogramms «Exilforschung» der Deutschen Forschungsgemeinschaft. Weinheim u. a. 1988. S. 217–238.

KÖHLER, HENNING: Adenauer. Eine politische Biographie. Frankfurt a. M. – Berlin 1994.

KOENEN, GERD: Das rote Jahrzehnt. Unsere kleine deutsche Kulturrevolution 1967–1977. 2. Aufl. Köln 2001.

DERS.: Vesper, Ensslin, Baader. Urszenen des deutschen Terrorismus. Köln 2003.

KRAUS, MARITA: Heimkehr in ein fremdes Land. Geschichte der Remigration nach 1945. München 2001.

KRAUSHAAR, WOLFGANG: 1968 und die Massenmedien. In: *Archiv für Sozialgeschichte* 41 (2001), S. 317–347.

DERS.: Kleinkrieg gegen einen Großverleger. Von der Anti-Springer-Kampagne der APO zu den Brand- und Bombenanschlägen der RAF. In: DERS. (Hrsg.): Die RAF und der linke Terrorismus. Bd. 2. Hamburg 2006. S. 1075–1116.

DERS.: Achtundsechzig. Eine Bilanz. Berlin 2008.

KROEGEL, DIRK: Einen Anfang finden! Kurt Georg Kiesinger in der Außen- und Deutschlandpolitik der Großen Koalition. München 1997.

KRUIP, GUDRUN: Das «Welt»-«Bild» des Axel Springer Verlags. Journalismus zwischen westlichen Werten und deutschen Denktraditionen. München 1999.

LAAK, DIRK VAN: Gespräche in der Sicherheit des Schweigens. Carl Schmitt in der politischen Geistesgeschichte der frühen Bundesrepublik. Berlin 1993.

LAHME, TILMAN: Golo Mann. Biographie. Frankfurt a. M. 2009.

LAMBERTI, MAJORIE: The Politics of Education. Teachers and School Reform in Weimar Germany. New York – Oxford 2002.

LARGE, DAVID CLAY: Berlin. Biographie einer Stadt. München 2002.

LARRES, KLAUS: Churchill's Cold War. The Politics of Personal Diplomacy. New Haven – London 2002.

LEE, SABINE: An Uneasy Partnership. British-German Relations between 1955 and 1961. Bochum 1996.

LIEHR, DOROTHEE: Von der Aktion gegen den SPIEGEL zur SPIEGEL-Affäre. Frankfurt a. M. u. a. 2002.

LINK, WERNER: Außen- und Deutschlandpolitik in der Ära Brandt 1969–1974. In: KARL DIETRICH BRACHER/WOLFGANG JÄGER/WERNER LINK: Geschichte der Bundesrepublik Deutschland. Republik im Wandel. Die Ära Brandt. 1969–1974. Stuttgart – Mannheim 1986. S. 163–282.

DERS.: Außen- und Deutschlandpolitik in der Ära Schmidt 1974–1982. In: WOLFGANG JÄGER/WERNER LINK: Geschichte der Bundesrepublik Deutschland. Republik im Wandel. Die Ära Schmidt. 1974–1982. Mit einem abschließenden Essay von Joachim C. Fest. Stuttgart – Mannheim 1987. S. 275–432.

MAHNCKE, DIETER: Nukleare Mitwirkung. Die Bundesrepublik Deutschland in der atlantischen Allianz 1954–1970. Berlin – New York 1972.

MAIER, HANS: «Totalitarismus» und «Politische Religionen». Konzepte des Diktaturvergleichs. In: ECKHARD JESSE (Hrsg.): Totalitarismus im 20. Jahrhundert. Eine Bilanz der internationalen Forschung. 2., erw. Aufl. Bonn 1999. S. 118–134. [Lizenzausgabe für die Bundeszentrale für politische Bildung]

MAUER, VICTOR: Macmillan und die Berlinkrise 1958/59. In: *VfZ* 44 (1996), S. 229–256.

MENDELSSOHN, PETER DE: Zeitungsstadt Berlin. Menschen und Mächte in der Geschichte der deutschen Presse. 2., erw. u. überarb. Aufl. Frankfurt a. M. – Berlin – Wien 1982.

MERSEBURGER, PETER: Willy Brandt, 1913–1992. Visionär und Realist. Stuttgart – München 2002.

DERS.: Rudolf Augstein. Biographie. München 2007.

MERTENS, RALF: «Die Zeitung». Eine deutschsprachige Exilzeitung in London 1941–1945. Unveröffentlichte Magisterarbeit. Kiel 1996.

METZLER, GABRIELE: Konzeptionen politischen Handelns von Adenauer bis Brandt. Politische Planung in der pluralistischen Gesellschaft. Paderborn u.a. 2005.

MOMMSEN, HANS: Nationalsozialismus oder Hitlerismus? In: MICHAEL BOSCH (Hrsg.): Persönlichkeit und Struktur in der Geschichte. Düsseldorf 1977. S. 62–71.

MORSEY, RUDOLF: Heinrich Lübke. Eine politische Biographie. Paderborn u.a. 1996.

MOSES, ANTHONY DIRK: German Intellectuals and the Nazi Past. Cambridge u.a. 2007.

MÜLLER, JAN-WERNER: Ein gefährlicher Geist. Carl Schmitts Wirkung in Europa. Mit einem Vorwort von Michael Stolleis. Darmstadt 2007.

MÜNGER, CHRISTOF: Kennedy, die Berliner Mauer und die Kubakrise. Die westliche Allianz in der Zerreißprobe 1961–1963. Paderborn u.a. 2003.

MÜNKEL, DANIELA: Willy Brandt und die «Vierte Gewalt». Politik und Massenmedien in den 50er bis 70er Jahren. Frankfurt – New York 2005.

NIPPERDEY, THOMAS: Deutsche Geschichte 1866–1918. Bd. 1. Arbeitswelt und Bürgergeist. München 1994.

OSGOOD, ROBERT E.: Limited War Revisited. Boulder (Col.) 1979.

PAPE, MATTHIAS: Ungleiche Brüder. Österreich und Deutschland 1945–1965. Köln – Weimar – Wien 2000.

PAUL, GERHARD: Deutschland nach Hitler. Neuordnungspläne im deutschen Exil. In: Handbuch der deutschsprachigen Emigration 1933–1945. Hrsg. von CLAUS-DIETER KROHN u.a. Darmstadt 1998. Sp. 638–660.

PAYK, MARCUS M.: Antikommunistische Mobilisierung und konservative Revolte. William S. Schlamm, Winfried Martini und der «Kalte Bürgerkrieg» in der westdeutschen Publizistik der späten 1950er Jahre. In: THOMAS LINDENBERGER (Hrsg.): Massenmedien im Kalten Krieg. Akteure, Bilder, Resonanzen. Köln – Weimar – Wien 2006. S. 111–137.

DERS.: Der Geist der Demokratie. Intellektuelle Orientierungsversuche im Feuilleton der frühen Bundesrepublik: Karl Korn und Peter de Mendelssohn. München 2008.

PETERS, BUTZ: Tödlicher Irrtum. Die Geschichte der RAF. Berlin 2004.

PETERS, SUSANNE: Zwischen Ideologie und Demagogie. William S. Schlamm und die Qual des Friedens. In: FRANK-LOTHAR KROLL (Hrsg.): Die kupierte Alternative. Konservatismus in Deutschland nach 1945. Berlin 2005. S. 299–322.

PÜTTER, CONRAD: Deutsche Emigranten und britische Propaganda. Zur Tätigkeit deutscher Emigranten bei britischen Geheimsendern. In: GERHARD HIRSCHFELD (Hrsg.): Exil in Großbritannien. Zur Emigration aus dem nationalsozialistischen Deutschland. Stuttgart 1983. S. 106–137.

REQUATE, JÖRG: Standespolitik als Gesellschaftspolitik. Zur Debatte um den Reformbedarf der Justiz in den 60er Jahren. In: AXEL SCHILDT/DETLEF SIEG-

FRIED/KARL CHRISTIAN LAMMERS (Hrsg.): Dynamische Zeiten. Die 60er Jahre in beiden deutschen Gesellschaften. Hamburg 2000. S. 424–443.

REYNOLDS, DAVID: Britannia Overruled. British Policy and World Power in the Twentieth Century. 4. Aufl. London – New York 1995.

RICHTER, PAVEL A.: Die Außerparlamentarische Opposition in der Bundesrepublik Deutschland 1966–1968. In: INGRID GILCHER-HOLTEY (Hrsg.): 1968. Vom Ereignis zum Gegenstand der Geschichtswissenschaft. Göttingen 1998. S. 35–55.

ROBRECHT, ANTJE: British Press Correspondents in Post World War II Germany. In: FRANK BÖSCH/DOMINIK GEPPERTHrsg.): Journalists as Political Actors. Transfers and Interactions between Britain and Germany since the late 19th Century. Augsburg 2008. S. 124–139.

RÖDDER, ANDREAS: Die Bundesrepublik Deutschland 1969–1990. München 2004.

RÖDER, WERNER: Die deutschen sozialistischen Exilgruppen in Großbritannien 1940–1945. Ein Beitrag zur Geschichte des Widerstands gegen den Nationalsozialismus. 2., verb. Aufl. Bonn-Bad Godesberg 1973.

RÖHL, BETTINA: So macht Kommunismus Spaß! Ulrike Meinhof, Klaus Rainer Röhl und die Akte KONKRET. Hamburg 2006.

RUNGE, GERLINDE: Politische Identität und nationale Geschichte. Wirkungsabsichten liberaler Exilpublizistik in Großbritannien 1938 bis 1945. In: MANFRED BRIEGEL/WOLFGANG FRÜHWALD (Hrsg.): Die Erfahrung der Fremde. Kolloquium des Schwerpunktprogramms «Exilforschung» der Deutschen Forschungsgemeinschaft. Weinheim u. a. 1988. S. 87–120.

SAROTTE, MARY ELISE: Dealing with the Devil. East Germany, Détente, and Ostpolitik, 1969–1973. Chapel Hill – London 2001.

SCHILDT, AXEL: Deutschlands Platz in einem «christlichen Abendland». Konservative Publizisten aus dem Tat-Kreis in der Kriegs- und Nachkriegszeit. In: THOMAS KOEBNER/GERT SAUTERMEISTER/SIGRID SCHNEIDER (Hrsg.): Deutschland nach Hitler. Zukunftspläne im Exil und aus der Besatzungszeit. Opladen 1987. S. 344–369.

SCHLENKE, MANFRED: Vom Ende und Fortleben Preußens. In: DERS. (Hrsg.): Preußische Geschichte. Eine Bilanz in Daten und Deutungen. 2., durchgeseh. Aufl. Freiburg i. Brsg. – Würzburg 1991. S. 262–272.

SCHMIDT-EENBOOM, ERICH: Undercover. Der BND und die deutschen Journalisten. 2. Aufl. Köln 1998.

SCHÖLLGEN, GREGOR: Geschichte der Weltpolitik von Hitler bis Gorbatschow 1941–1991. München 1996.

SCHOLZ, MICHAEL F.: Östen Undén und die DDR. In: *VfZ* 41 (1993), S. 391–417.

SCHREIBER, HERMANN: Henri Nannen. Drei Leben. 3. Aufl. München 1999.

SCHRÖDER, STEPHEN: Die englisch-russische Marinekonvention. Das Deutsche Reich und die Flottenverhandlungen der Tripelentente am Vorabend des Ersten Weltkriegs. Göttingen 2006.

SCHUSTER, JACQUES: Heinrich Albertz – der Mann, der mehrere Leben lebte. Eine Biographie. Berlin 1997.

SCHWARZ, HANS-PETER: Geschichte der Bundesrepublik Deutschland. Die Ära Adenauer 1949–1957. Mit einem einleitenden Essay von Theodor Eschenburg. Stuttgart – Wiesbaden 1981.

DERS.: Die Ära Adenauer. Epochenwechsel 1957–1963. Mit einem einleitenden Essay von Johannes Gross. Stuttgart – Wiesbaden 1983.

DERS.: Adenauer. Der Staatsmann 1952–1967. Stuttgart 1991.

DERS.: Mit gestopften Trompeten. Die Wiedervereinigung Deutschlands aus der Sicht westdeutscher Historiker. In: *GWU* 44 (1993), S. 683–704.

DERS.: Axel Springer. Die Biografie. 2. Aufl. Berlin 2008.

SCHWEITZER, CARL-CHRISTOPH: Britische Deutschlandbilder im Zweiten Weltkrieg. In: GERHARD A. RITTER/PETER WENDE (Hrsg.): Rivalität und Partnerschaft. Studien zu den deutsch-britischen Beziehungen im 19. und 20. Jahrhundert. Paderborn u. a. 1999. S. 203–225.

SCHWERIN, JULIANE GRÄFIN VON: Henri Nannen, der Stern und die Ostpolitik der sozial-liberalen Koalition. Hamburg o. J. [1999].

SHAFER, DAVID A.: The Paris Commune. French Politics, Culture and Society at the Crossroads of the Revolutionary Tradition and Revolutionary Socialism. Basingstoke – New York 2005.

SOELL, HARTMUT: Helmut Schmidt. 1969 bis heute. Macht und Verantwortung. München 2008.

SONTHEIMER, KURT: Der Tatkreis. In: *VfZ* 7 (1959), S. 229–260.

SOUTOU, GEORGES-HENRI: La Guerre de Cinquante Ans. Les relations Est-Ouest 1943–1990. O. O. 2001.

SPÄTER, JÖRG: Vansittart. Britische Debatten über Deutsche und Nazis 1902–1945. Göttingen 2003.

STEININGER, ROLF: Der Mauerbau. Die Westmächte und Adenauer in der Berlinkrise 1958–1963. München 2001.

STEPHAN, ALEXANDER: Die intellektuelle, literarische und künstlerische Emigration. In: Handbuch der deutschsprachigen Emigration 1933–1945. Hrsg. von CLAUS-DIETER KROHN u. a. Darmstadt 1998. Sp. 30–46.

SYRÉ, LUDGER: Isaac Deutscher. Marxist, Publizist, Historiker. Sein Leben und Werk 1907–1967. Hamburg 1984.

TOMBS, ROBERT: The Paris Commune 1871. London – New York 1999.

TREFFKE, JÖRG: Gustav Heinemann. Wanderer zwischen den Parteien. Eine politische Biographie. Paderborn u. a. 2009.

TREIDEL, RULF JÜRGEN: Evangelische Akademien im Nachkriegsdeutschland. Gesellschaftspolitisches Engagement in kirchlicher Öffentlichkeitsverantwortung. Stuttgart – Berlin – Köln 2001.

WEBER, HERMANN: Die DDR 1945–1990. 3., überarb. u. erw. Aufl. München 2000.

WEHLER, HANS-ULRICH: Das Deutsche Kaiserreich 1871–1918. Göttingen 1973.

DERS.: Preußen ist wieder chic. Der Obrigkeitsstaat im Goldrähmchen. In: *Der Monat* (31) vom Oktober/November 1979. S. 92–96.

DERS.: Deutsche Gesellschaftsgeschichte. Bd. 4. Vom Beginn des Ersten Weltkriegs bis zur Gründung der beiden deutschen Staaten 1914–1949. München 2003.

WEISS, MATTHIAS: Journalisten: Worte als Taten. In: NORBERT FREI: Karrieren im Zwielicht. Hitlers Eliten nach 1945. Frankfurt – New York 2001. S. 241–299.

WENGER, ANDREAS: Living with Peril. Eisenhower, Kennedy, and Nuclear Weapons. Lanham u. a. 1997.

WETTIG, GERHARD: Bereitschaft zu Einheit und Freiheit? Die sowjetische Deutschland-Politik 1945–1955. München 1999.

WILDT, MICHAEL: Generation des Unbedingten. Das Führungskorps des Reichssicherheitshauptamtes. Hamburg 2002.

WILKE, JÜRGEN (Hrsg.): Mediengeschichte der Bundesrepublik Deutschland. Bonn 1999. [Lizenzausgabe für die Bundeszentrale für politische Bildung]

WINKLER, HEINRICH AUGUST: Ein umstrittener Wendepunkt: Die Revolution von 1918/19 im Urteil der westdeutschen Geschichtswissenschaft. In: DERS. (Hrsg.): Weimar im Widerstreit. Deutungen der ersten deutschen Republik im geteilten Deutschland. München 2002. S. 33–42.

DERS.: Der lange Weg nach Westen. Bd. 2. Deutsche Geschichte vom «Dritten Reich» bis zur Wiedervereinigung. 4., durchgeseh. Aufl. München 2002.

WIRSCHING, ANDREAS: Abschied vom Provisorium 1982–1990. München 2006.

WITTNER, LAWRENCE S.: One World or None. A History of the World Nuclear Disarmarment Movement through 1953. Stanford 1993.

WOLFRUM, EDGAR: Geschichtspolitik in der Bundesrepublik Deutschland. Der Weg zur bundesrepublikanischen Erinnerung 1948–1990. Darmstadt 1999.

DERS.: Geschichte als Waffe. Vom Kaiserreich bis zur Wiedervereinigung. Göttingen 2001.

DERS.: Die Bundesrepublik Deutschland 1949–1990. Stuttgart 2005.

DERS.: Die Mauer. Geschichte einer Teilung. München 2009.

BILDNACHWEIS

Abb. 1 – S. 21 Familie Haffner vor dem Krieg © Bundesarchiv Berlin, NL Haffner N 2523/237–2

Abb. 2 – S. 24 Familie Haffner im Ersten Weltkrieg © Bundesarchiv Berlin Berlin, NL Haffner N 2523/233–19

Abb. 3 – S. 28 Klassenfoto September 1924 © Bundesarchiv Berlin, NL Haffner N 2523/234–25

Abb. 4 – S. 30 Haffner als 16-Jähriger © Bundesarchiv Berlin, NL Haffner N 2523/234–56

Abb. 5 – S. 35 Haffner als Dandy 1932 © Bundesarchiv Berlin, NL Haffner N 2523/231–1

Abb. 6 – S. 38l Sebastian Haffner mit Kurt Lewin beim Fotografieren © Bundesarchiv Berlin, NL Haffner N 2523/235–4

Abb. 7 – S. 38r Sebastian Haffner mit Teddy im Tennisclub © Familie Haffner, Bild entnommen aus: Uwe Soukup, Ich bin nun mal Deutscher. Sebastian Haffner. Eine Biographie, Berlin 2001

Abb. 8 – S. 41 Haffner in Jüterbog © Bundesarchiv Berlin, NL Haffner N 2523/234–32

Abb. 9 – S. 44 Mit Freunden in Paris © Familie Haffner, Bild entnommen aus: Uwe Soukup, Ich bin nun mal Deutscher. Sebastian Haffner. Eine Biographie, Berlin 2001

Abb. 10 – S. 54l Stiefsohn Peter © Bundesarchiv Berlin, NL Haffner N 2523/241–1

Abb: 11 – S. 54r Porträt von Erika Pretzel © Bestand Sarah Haffner

Abb. 12 – S. 59 Haffner mit Fotoapparat © Bundesarchiv Berlin, NL Haffner N 2523/241–12

Abb. 13 – S. 80 Fredric Warburg, © Angus McBean, Bild entnommen aus: Fredric Warburg, An Occupation for Gentlemen, London 1959

Abb. 14 – S. 82 Sarah Haffner und Oliver Pretzel © Bestand Sarah Haffner

Abb. 15 – S. 99 David Astor und Adam von Trott zu Solz, Bild entnommen aus: Richard Cockett, David Astor and The Observer, London 1991

Abb. 16 – S. 111 Haffner in Uniform beim ersten Besuch in Deutschland 1946 © Bundesarchiv Berlin, NL Haffner N 2523/230–134

Abb. 17 – S. 119 Haffner 1946 mit Mutter und Schwester © Bundesarchiv Berlin, NL Haffner N 2523/234–26

Abb. 18 – S. 135 Porträt Haffner © Bundesarchiv Berlin, NL Haffner N 2523/230–135

Abb. 19 – S. 144 Quartett © Bundesarchiv Berlin, NL Haffner N 2523/233–23

Abb. 20 – S. 147 Familie Haffner in Wimbledon auf dem Sofa, 1950 © Bestand Sarah Haffner.

Abb. 21 – S. 161 William Clark beim Handstand © Tony McGrath, Bild entnommen aus: Richard Cockett, David Astor and The Observer, London 1991

Abb. 22 – S. 175 Bild mit Paul Sethe © Bundesarchiv Berlin, NL Haffner N 2523/232–69

Abb. 23 – S. 192 Haffner müde © Bundesarchiv Berlin, NL Haffner N 2523/230–17

Abb. 24 – S. 210 Internationaler Frühschoppen © Bundesarchiv Berlin, NL Haffner N 2523/232–10

Abb. 25 – S. 215 Giselher Wirsing © Süddeutsche Zeitung Photo/Fosch

Abb. 26 – S. 233 Haffners Welt-Kolumne © Axel Springer Verlag Infopool

Abb. 27 – S. 251 Hans Zehrer © ullstein-bild/Wieczorek

Abb. 28 – S. 257 Karikatur Sein neuer Standpunkt © Hans Bierbrauer, zur Verfügung gestellt vom Presse- und Informationsamt der Bundesregierung

Abb. 29 – S. 267 Haffner in Fernsehsendung 22. 1. 1964 © Bundesarchiv Berlin, NL Haffner N 2523/230–16

Abb. 30 – S. 272 Röhl und Meinhof, Bild entnommen aus: Klaus Rainer Röhl, Fünf Finger sind keine Faust, München 1998

Abb. 31 – S. 278 Haffner in der Maske am 22. 1. 1964 © Bundesarchiv Berlin, NL Haffner N 2523/230–47

Abb. 32 – S. 297 Karrikatur mit Grass, Die Welt 30. 9. 1967 © Wolfgang Hicks, zur Verfügung gestellt von Axel Springer Verlag Infopool

Abb. 33 – S. 308 Porträt Haffner ironisch © Bundesarchiv Berlin, NL Haffner N 2523/230–10

Abb. 34 – S. 317 Bild Haffners in Konkret Monatslektüre, Bild entnommen aus: konkret

Abb. 35 – S. 329 Werbung des STERN mit Haffner in der ZEIT, Anzeigenseite zur Verfügung gestellt von Die Zeit – Archiv

Abb. 36 – S. 333 Sebastian Haffner bei Demonstration auf dem Kudamm 1968 © Bundesarchiv Berlin, NL Haffner N 2523/232–31

Abb. 37 – S. 348 Sendung: Fragen an die Geschichte © Bundesarchiv Berlin, NL Haffner N 2523/232–12

Abb. 38 – S. 368 Haffner mit Conrad Ahlers in einem Gymnasium 12.1.71 © Bundesarchiv Berlin, NL Haffner N 2523/232–10

Abb. 39 – S. 384 Haffner mit Egon Bahr © Bundesarchiv Berlin, NL Haffner N 2523/232–100

Abb. 40 – S. 387 Nannen bei Breschnew © Stern/Ihrt, Bild entnommen aus: Hermann Schreiber, Henri Nannen, Drei Leben, München 1999

Abb. 41 – S. 393 Haffner mit Brandt beim Empfang des israelischen Botschafters 12.1.66 © Bundesarchiv Berlin, NL Haffner N 2523/232–95

Abb. 42 – S. 406 Haffner im Lehnstuhl © Bundesarchiv Berlin, NL Haffner N 2523/231–15
Abb. 43 – S. 411 Porträt Helmut Kindler, Bild entnommen aus: Helmut Kindler, Zum Abschied ein Fest. Die Autobiographie eines deutschen Verlegers, München 1991
Abb. 44 – S. 430 Haffner im Kostüm des 18. Jahrhunderts © Bundesarchiv Berlin, NL Haffner N 2523/232–2
Abb. 45 – S. 440 Haffner mit Helmut Diwald © Bundesarchiv Berlin, NL Haffner N 2523/232–7
Abb. 46 – S. 453 Haffner bei Buchpräsentation mit Fest u. a. © Bundesarchiv Berlin, NL Haffner N 2523/232–94
Abb. 47 – S. 459 Cover „Von Bismarck zu Hitler" – Coverfoto © Isolde Ohlbaum, Bild entnommen aus: Uwe Soukup, Ich bin nun mal Deutscher. Sebastian Haffner. Eine Biographie, Berlin 2001
Abb. 48 – S. 463 Haffner mit Marcel Reich-Ranicki © Bundesarchiv Berlin, NL Haffner N 2523/232–4
Abb. 49 – S. 481 Haffner mit Rotzoll © Bundesarchiv Berlin, NL Haffner N 2523/230–37

REGISTER

Abusch, Alexander 354
Acheson, Dean 137
Adenauer, Konrad 151, 157, 175, 177, 179–181, 184, 187, 202–205, 207 f., 211, 222 f., 225, 229, 231 f., 234 f., 240 f., 247, 253 f., 259, 282, 286, 289, 295 f., 309, 324, 346, 383, 395 f., 465, 488
Adorno, Theodor W. 312
Ahlers, Conrad 249, 252, 368
Albertz, Heinrich 267, 323
Allemann, Fritz René 183
Améry, Jean 173, 419, 427
Andreotti, Giulio 472
Aragon, Louis 421
Arendt, Hannah 73
Armstrong, Neil 340
Aron, Raymond 63, 117, 188
Astor, David 98–102, 104–106, 126, 130, 132, 142 f., 151 f., 159, 161 f., 164 f., 168 f., 181, 187, 193, 204, 206, 222, 226–228, 488
Attlee, Clement 112, 125
Auerbach, Heinrich 31
Auerbach, Walter 91
Augstein, Franziska 483
Augstein, Rudolf 174, 249 f., 253, 268, 274, 279, 291 f., 326, 331, 349, 407, 430, 457, 469, 477

Baader, Andreas 365, 398
Bach, Johann Sebastian 15, 69, 145, 193, 294, 304, 482
Bachmann, Josef 326
Bahr, Egon 231, 267, 280, 381, 383 f., 387, 447, 462, 473
Baring, Arnulf 457, 460, 464 f., 467, 470, 486 f.
Barsig, Franz 327 f.
Bartlett, Vernon 79
Barzel, Rainer 293, 391–393, 448
Baum, Vicki 47
Beck, Ralf 11
Beecham, Thomas 146
Beethoven, Ludwig van 22, 110, 145, 364, 482
Bell, George 81
Belloc, Hilaire 194
Beloff, Nora 151
ben-Natan, Asher 393
Bender, Peter 10, 456, 464, 473, 482
Bene, Edvard 105
Berger, Senta 372
Bernhardt, Karla 39
Beveridge, William H. 97, 134
Bevin, Ernest 95, 128, 131, 139
Binion, Rudolph 418
Bismarck, Otto von 52, 76, 157, 175, 184, 258, 275, 298, 316, 355, 364, 376, 389, 392 f., 395, 405, 414, 429 f., 432, 438 f., 457–459, 461, 465–467, 470, 472, 474, 476–478, 480
Bissinger, Manfred 326, 359, 387, 403
Bloch, Ernst 262
Bobrowski, Johannes 51
Böcklin, Arnold 22
Böll, Heinrich 274, 303, 366, 392, 398
Bondy, François 464

Borchardt, Rudolf 20
Borkenau, Franz 141
Bosl, Karl 348
Boveri, Margret 42, 53, 176, 284, 301, 347
Bracher, Karl Dietrich 399, 422
Brahms, Johannes 145
Brandt, Karl 100
Brandt, Willy 51, 89, 173, 212, 223, 225, 228 f., 232, 247, 254 f., 264 f., 267, 280, 294, 318, 361, 373, 380, 382–384, 386, 390, 392 f., 395–397, 444, 447, 473
Brecht, Bertolt 69, 184 f., 245
Brede, Jam 348
Brendel, Alfred 428
Brentano, Heinrich von 232
Breschnew, Leonid 386 f., 479
Broszat, Martin 422 f., 427 f.
Brown, Ivor 102, 106, 159
Brüning, Heinrich 79
Bucerius, Gerd 267 f., 271, 324, 462
Burleigh, Michael 422, 428
Burnham, James 134, 141
Butterfield, Herbert 117
Byrnes, James Francis 128

Caemmerer, Ernst von 20
Calleo, David P. 471
Carlyle, Thomas 194
Carr, Edgar Hallett 105, 117
Carstens, Karl 451
Carter, Jimmy 446
Castro, Fidel 283
Chamberlain, Neville 68, 142, 195, 218
Chodowiecki, Daniel 146
Chruschtschow, Nikita 171, 185, 195, 199–201, 205 f., 212, 219, 224–226, 228–230, 239, 246, 255, 264, 266
Churchill, Winston 87, 89, 92 f., 95, 104, 106 f., 120, 126, 128, 137, 139, 163 f., 166, 194, 197, 299–302, 355, 415
Clark, Christopher 436
Clark, William 127, 151 f., 159–161, 163–165, 168 f.
Clausewitz, Carl von 302
Cohn-Bendit, Daniel 334 f.
Cramer, Ernst J. 216, 245, 250
Crankshaw, Edward 206
Crossman, Richard 84, 124 f.
Cromwell, Oliver 193–195, 300, 413
Cuno, Wilhelm 29

Dahrendorf, Ralf 413
Dalton, Hugh 139
Dehler, Thomas 174
Delmer, Sefton 84
Demosthenes 321
Deutscher, Isaac 98, 102, 106, 130, 148, 169
Diehl-Thiele, Peter 418
Diepgen, Eberhard 478
Dietrich, Marlene 89
Dirks, Walter 182
Disraeli, Benjamin 285
Diwald, Hellmut 421, 438–440
Dönhoff, Marion Gräfin 268, 274, 280, 283, 291, 331, 472
Dönitz, Karl 107
Dostojewski, Fjodor M. 146
Dowling, Walter C. 232
Droysen, Gustav 431
Dubček, Alexander 337 f.
Duensing, Erich 323
Dürer, Albrecht 294
Dulles, John F. 141, 152, 265
Dunn, Cyril 160
Dutschke, Rudi 326, 333, 367, 440

Ebert, Friedrich 63, 313, 352–355, 467
Eckardt, Felix von 324
Eden, Anthony 160, 167, 176
Ehlers, Hermann 211

Ehrenburg, Ilja 421
Eich, Günter 50
Eichmann, Adolf 73, 291
Einsiedel, Wolfgang von 46, 89
Eisenhower, Dwight D. 122, 151, 186, 219, 235
el-Nasser, Gamal Abd 287
Engelmann, Bernt 280, 437, 456
Engels, Friedrich 437, 439
Ensslin, Gudrun 365, 367, 398
Enzensberger, Hans Magnus 250, 280
Erhard, Ludwig 222, 288, 295 f., 319
Erler, Fritz 174, 293
Erzberger, Matthias 18, 23
Evans, Richard 428
Eyck, Erich 76

Farah Diba 322
Fechter, Peter 244 f., 249
Fest, Joachim 36, 64, 227, 250, 314, 328, 330 f., 410–415, 418, 425, 451, 453, 458, 463
Feuchtwanger, Lion 57
Filbinger, Hans 457
Finletter, Thomas K. 152
Fischer, Fritz 347–349, 469, 475 f.
Fischer, Joschka 484
Fontane, Theodor 22, 462
Franco, Francisco 193, 360, 403, 410
Frank, Leonhard 24
Frank-Planitz, Ulrich 452
Freisler, Roland 324
French, John 409
Freud, Sigmund 55, 377, 443
Fried, Ferdinand 214
Friedeburg, Ludwig von 374 f.
Friedmann, Anneliese (Ps. «Sybille») 270
Friedrich II., der Große 68, 76, 300, 355, 429 f., 432–435, 439 f., 479
Friedrich Wilhelm I. 433
Frimer, Tamara 148
Frisch, Max 303
Fritsch, Albrecht von (alias Georg René Halkett) 146
Fritsch, Tamara von 43 f.
Furtwängler, Wilhelm 110, 146
Fyvel, Tosco R. 84

Gaddis, John Lewis 118
Gaitskell, Hugh 187
Gall, Lothar 457, 460
Garbo, Greta 48
Garvin, James Louis 98
Gaulle, Charles de 114, 116, 207, 219, 230, 235, 247, 286, 301, 344, 355
Gaus, Günter 334 f.
Genscher, Hans-Dietrich 450
George, Stefan 19 f.
Gerstenmeier, Eugen 211
Gibbons, Edward 439
Gieseking, Walter 110, 463
Gilels, Emil 463
Globke, Hans 216 f.
Glotz, Peter 311, 462
Goebbels, Joseph 46, 52, 74, 86, 197 f., 214, 320, 327, 410
Göring, Hermann 74, 91, 323
Goethe, Johann Wolfgang von 22, 275, 304, 375, 405, 455
Gollancz, Victor 60
Gooch, George Peabody 434
Gorbatschow, Michael 479 f.
Gradl, Johann Baptist 280
Grass, Günter 80, 280, 303, 473
Guevara, Ernesto (Ché) 283, 312
Gütt, Dieter 485
Guillaume, Günter 385 f.
Gundolf, Friedrich 20
Guttenberg, Karl Theodor Freiherr von und zu 84, 267 f., 379

Habermas, Jürgen 330
Haffner, Sarah (d. i. Margaret Pretzel) 55, 79 f., 82, 145–148, 170, 185, 307, 333, 482

Halifax, Edward Frederick Lord 91
Hallstein, Walter 179
Hamann, Brigitte 417
Hamilton, Alexander 138
Hammarskjöld, Dag 168
Harich, Wolfgang 185, 186
Harpprecht, Klaus 334
Hase, Annemarie 83
Havemann, Robert 298
Haydn, Joseph 482
Hegel, Georg Wilhelm 98, 331, 469
Heimpel, Hermann 116
Heinemann, Gustav 174, 211, 315, 319, 388 f.
Hennis, Wilhelm 399
Herrendoerfer, Christian 410
Hertling, Georg Graf von 18
Herzog, Werner 336
Heß, Rudolf 88, 91
Heuss, Theodor 18
Hicks, Wolfgang 297
Hildebrand, Klaus 418, 422, 456, 475
Hildebrandt, Dieter 280
Hiller, Kurt 89
Hillgruber, Andreas 303, 418, 453, 456, 461, 470 f., 475
Himmler, Heinrich 423
Hindenburg, Paul von 295, 395, 426, 448, 476
Hintze, Otto 433
Hirsch, Kurt 58
Hitler, Adolf 9, 33 f., 36, 50–52, 61–63, 66 f., 69–76, 79, 85–87, 90–93, 98, 107, 116, 118, 142, 155, 169, 184, 194, 196 f., 201, 206 f., 216, 248 f., 283, 292–295, 299 f., 303, 305, 313, 319 f., 346, 349–351, 355, 362, 389, 395, 402, 405, 410–429, 432, 435–439, 446, 451 f., 456–459, 461, 465 f., 470, 474–480, 483–485
Ho Chi Minh 283, 285, 312, 341
Hobsbawm, Eric 482
Hochhuth, Rolf 301
Höfer, Werner 14, 210, 213, 232, 321, 405, 485
Höcherl, Hermann 295
Hölderlin, Friedrich 22
Höpker, Bernd 214, 252
Hofmannsthal, Hugo von 38
Homer 27
Honecker, Erich 473
Horkheimer, Max 312, 363
Huchel, Peter 50
Hulton, Edward 87 f.
Hupka, Herbert 224

Ibsen, Henrik 185
Irving, David 418, 423

Jäckel, Eberhard 423
Jäckh, Ernst 53
Jaenecke, Heinrich 359 f.
Jaksch, Wenzel 84
Jaspers, Karl 291, 311
Jenninger, Philipp 457
Jessup, Philip 151
Joffre, Joseph 409
Johnson, Lyndon B. 289, 341–343
Johnson, Uwe 250, 303
Jones, Thomas 102
Joseph, Gertrud («Teddy») 38 f., 43
Joseph, Lilly 44
Jünger, Ernst 428
Jünger, Friedrich Georg 50
Jungk, Robert 357

Kästner, Erich 51
Kafka, Franz 165
Kahler, Erich 70
Kaiser, Jakob 174
Kant, Immanuel 331
Kapp, Wolfgang 23
Kaub, Hannelore 348
Keller, Gottfried 22

Kennan, George F. 124, 137, 155, 187, 466
Kennedy, John F. 219, 225, 229, 235, 240–242, 246, 254, 266
Kerr, Alfred 68, 95
Kerr, Philip, 11th Marquess of Lothian 104
Kerrl, Hanns 39
Kerschensteiner, Georg 17
Kershaw, Ian 428
Kertzscher, Günter 257
Keynes, John Maynard 113
Khaled, Leila 364
Kiecol, Daniel 11
Kiesinger, Kurt Georg 319 f., 327, 338 f., 471
Kimche, Jon 98, 101, 106
Kindler, Helmut 51, 410 f., 421, 453 f., 464
King-Hall, Stephen 87, 96
Kissinger, Henry 188 f., 401, 429
Klabunde, Erich 19
Klarsfeld, Beate 319 f., 334
Kleist, Heinrich von 185
Klessmann, Eckart 461
Kluck, Alexander von 409
Kluge, Alexander 336
Kluncker, Heinz 399
Knoeringen, Waldemar von 84
Koch, Peter 387
Koch, Thilo 485
Köhler, Henning 484 f.
Koeppen, Wolfgang 51
Koestler, Arthur 43, 66, 149, 357
Kogon, Eugen 182, 274, 280, 291, 311
Kohl, Helmut 407, 450 f., 456 f., 473, 479, 482
Kojève, Alexandre 116
Kolb, Eberhard 353
Korn, Karl 51, 284
Kossygin, Alexei 336
Kracauer, Siegfried 52
Krämer-Badoni, Rudolf 56
Krockow, Christian Graf von 437, 460, 469
Kroll, Hans 239
Krugs, Jutta 11
Kuby, Erich 263, 291
Kühlmann, Richard von 18
Kühlmann-Stumm, Knut von 293
Kunisch, Johannes 434
Kurras, Karl-Heinz 322
Kusenberg, Kurt 51 f., 58, 60, 192 f.

Lafontaine, Oskar 473
Landau, Frank (d. i. Kurt Lewin) 19 f., 38 f., 43 f.
Landry, Harald 53, 58, 60, 65 f., 99, 146
Landry, Irene 84, 99
Lange, Horst 50, 151
Lassalle, Ferdinand 437
Lauritzen, Lauritz 320
Leber, Julius 64
Lefebvre, Henri 369
Lehmann, Wilhelm 20
Lenin, Wladimir Iljitsch 194, 351, 355, 362–364, 370, 414, 422
Lernet-Holenia, Alexander 482
Lewin, Kurt *siehe Frank Landau*
Liddell Hart, Basil 141
Lloyd George, David 300
Lippman, Walter 150
Lobkowicz, Nikolaus 462
Löwenthal, Gerhard 485
Löwenthal, Richard 84, 168, 206, 234, 349, 414, 425, 465
Lothar, Hans 83, 89 f., 95
Lovett, Robert A. 152
Ludwig, Emil 68
Lübbe, Gustav 452 f.
Lübbe, Hermann 399
Lübke, Heinrich 232, 295, 321, 342
Lüttwitz, Walther von 23
Luft, Friedrich 51
Lundberg, Arne 165

Luther, Martin 432, 439, 469
Luxemburg, Rosa 312, 331

MacArthur, Douglas 152 f.
Macmillan, Harold 180, 190, 202, 218, 229 f., 490
Mahler, Gustav 145
Mandel, Ernest 363
Mann, Erika 68, 89
Mann, Golo 174, 264, 356, 399, 417, 426, 451, 478, 489
Mann, Heinrich 66
Mann, Thomas 20, 24 f., 42, 57, 60, 70, 79 f., 88 f., 173 f., 299, 303 f., 335, 478, 489
Mao Tse-tung 132, 194, 283, 285, 299, 301 f., 312, 331, 333, 355, 365, 413 f., 422, 440
Marcuse, Herbert 312, 331
Maria Theresia 433 f.
Marx, Karl 55, 63, 312, 361, 370, 375 f.
Marshall, George C. 123–126
McCarthy, Joseph 117
McNamara, Robert 242
Mehnert, Klaus 210, 214
Meier, Christian 457
Meinhof, Ulrike 272 f., 278, 281, 326, 332, 334, 365–367, 398
Meins, Holger 398
Mende, Dietrich 89
Mende, Erich 253, 315
Mendelssohn, Peter de 60, 299
Menge, Marlies 481 f.
Merseburger, Peter 309
Mertes, Alois 456
Messiaen, Olivier 145 f.
Metternich, Clemens Wenzel von 72, 355
Meysel, Inge 392
Michaelis, Georg 295
Michelangelo 22
Miksche, Ferdinand Otto 224
Miller, Ignaz 471
Modrow, Hans 479
Mohler, Armin 259, 286, 301, 421
Molotow, Wjatscheslaw 67, 105, 127, 177
Moltke, Helmuth von 408 f.
Mommsen, Hans 421–423, 461, 473
Morgenthau, Hans J. 124, 343
Mosley, Oswald 301
Mozart, Wolfgang Amadeus 15, 22, 69, 145 f., 304, 482
Mühsam, Erich 51
Müller-Gangloff, Erich 200 f., 227, 283
Münzer, Thomas 439
Mussolini, Benito 78, 155, 362, 424 f.

Namier, Lewis B. 141 f.
Nannen, Henri 255, 261–264, 268–270, 273 f., 291, 315, 321, 325, 351 f., 354, 378, 387, 403 f.
Napoleon I. 78, 110, 138, 300, 364, 375, 414
Napoleon III. 369
Neumann, Franz 412
Niekisch, Ernst 283 f., 286, 437
Niemöller, Martin 311
Nietzsche, Friedrich 50
Nipperdey, Thomas 399
Nirumand, Bahman 333
Nitze, Paul 188
Nixon, Richard 343, 386, 401 f.
Noack, Ulrich 175
Norden, Albert 321
Noske, Gustav 313, 352, 354 f.
Nuffield, William Morris, Lord 57–59

Oberländer, Theodor 291
Ohlbaum, Isolde 458
Ohnesorg, Benno 322, 324
Olden, Rudolf 74 f.
Orwell, George 84, 97
Osborne, John 221
Oskar (d. i. Hans Bierbrauer) 257

Paczensky, Gert von 259, 261, 263, 270, 279 f., 291, 304
Paeschke, Hans 231
Pahl-Rugenstein, Manfred 281
Pahlewi, Reza 322
Papen, Franz von 293
Parker, John 81
Paul, Jürgen 484
Paulus, Friedrich 107
Payer, Friedrich von 18
Pfleiderer, Karl Georg 175 f.
Pinter, Harold 221
Pretzel, Bernd 20 f., 27, 29, 144
Pretzel, Carl Louis Albert 15–24, 36, 37, 44–46
Pretzel, Erika 13, 52–56, 58 f., 81, 110 f., 146–148, 170, 176, 273, 306 f.
Pretzel, Eva 20–22, 45, 144
Pretzel, Friedrich 16
Pretzel, Johanna 144
Pretzel, Margaret *siehe Sarah Haffner*
Pretzel, Oliver Robert Louis 58, 82, 146, 170
Pretzel, Ulrich 18, 20–24, 29, 37, 40, 55, 144
Pretzel, Wanda 15, 20–22, 119, 170, 242
Priestley, John B. 86 f.
Pringle, John 130, 148 f., 160, 169, 203, 227
Puhle, Hans-Jürgen 436

Raabe, Wilhelm 20
Rachmaninoff, Sergei 145
Raddatz, Fritz J. 51, 356, 408, 468
Radford, Arthur W. 186
Raffael 22
Rapacki, Adam 187
Rathbone, Eleanor 87
Rathenau, Walther 23 f., 63 f., 375
Rau, Johannes 484
Rauschning, Hermann 75
Reger, Max 20
Reich-Ranicki, Marcel 463 f., 486
Reichenheim, Julius 89
Reuter, Ernst 323
Reuter, Fritz 19
Ribbentrop, Joachim von 67
Rich, Norman 422
Riemeck, Renate 281
Rilke, Rainer Maria 44
Ristock, Harry 363
Ritter, Gerhard 196 f., 349
Röhl, Klaus Rainer 272
Roosevelt, Franklin D. 91, 93, 106, 134, 415
Rosenberg, Arthur 354
Roth, Joseph 44, 52
Rotzoll, Christa 228, 307, 380, 464, 481
Rückert, Friedrich 276
Rusk, Dean 152, 240 f., 255

Sacharow, Andrej 386
Sandys, Duncan 187
Sartre, Jean-Paul 398
Schacht, Hjalmar 378
Schaefer, Oda 24, 50, 111, 151
Scheel, Walter 315, 380
Scheer, Hermann 448
Scheffel, Josef Viktor von 22
Scheidemann, Philipp 18
Schelsky, Helmut 317
Scheuch, Erwin K. 399
Schieder, Theodor 460
Schilinski, Peter 332
Schiller, Friedrich 185, 375
Schiller, Karl 318, 320, 377
Schlabrendorff, Fabian von 389
Schlamm, William S. 220, 261, 263, 269 f., 280, 286
Schleifstein, Josef 363
Schleicher, Kurt von 214, 293
Schlesinger jr., Arthur M. 357
Schlöndorff, Volker 336

Schmidt, Helmut 361, 397, 441, 444, 446 f., 450 f.
Schmidt, Peter 53–55, 58, 146, 170
Schmidt-Landry, Erika *siehe Erika Pretzel*
Schmidt-Landry, Harald *siehe Harald Landry*
Schneider, Romy 372
Schnitzler, Karl-Eduard von 84, 268, 277
Schnurre, Wolfdietrich 33, 56
Schoeps, Hans-Joachim 433
Scholl, Hans und Sophie 42, 462
Schopenhauer, Arthur 331
Schröder, Gerhard 235, 239, 241, 254, 262, 287, 319
Schubert, Franz 22
Schulz, Klaus-Peter 324
Schumacher, Kurt 174, 281
Schumann, Robert 145
Schuschnigg, Kurt 479
Schwarz, Hans-Peter 460
Schwarzer, Alice 372
Schwitzke, Heinz 20
Schwann, Hermann 276, 281
Seibt, Gustav 407
Seiffert, Wolfgang 453
Sethe, Paul 156, 174 f., 263, 274, 284
Shakespeare, William 23, 185
Shaw, George Bernard 185
Siedler, Wolf Jobst 25 f., 36, 279, 436, 452, 454, 463
Smend, Rudolf 30
Sommer, Theo 268, 472
Sontheimer, Kurt 390, 399, 448
Sophokles 19
Soukup, Uwe 10 f., 350, 480
Speer, Albert 420
Spengler, Oswald 50, 380
Sperber, Manès 33, 66
Spiel, Hilde 170
Springer, Axel 211 f., 214, 223, 225, 228, 232, 245, 254, 256, 268, 323, 325–327, 366, 456, 489
Stalin, Josef 66, 93, 105, 118, 122, 125, 127, 134–137, 154, 156, 164, 206, 302, 305, 350, 355, 360, 362–364, 410, 415, 424 f.
Steed, Henry Wickham 79, 89, 95
Steinbach, Peter 11
Steinhoff, Johannes 428
Stephens, Robert 226
Sternberger, Dolf 52, 390
Sternburg, Wilhelm von 11
Stevens, Roger B. 167 f.
Stevenson, Louis 71
Stoiber, Edmund 482
Stoph, Willi 239, 338
Strauß, Franz Josef 187, 207, 223, 232, 241, 243, 247, 249, 252–254, 263, 282 f., 286, 382, 399, 446
Strauss, Richard 145
Streit-Scherz, Rudolf 81, 357
Stresemann, Gustav 63, 94, 184, 392, 438
Ströhm, Carl Gustaf 262
Stürmer, Michael 435, 466

Tagore, Rabindranath 28
Taylor, A. J. P. 194, 196 f.
Thadden, Adolf von 241, 245
Thierack, Otto 100
Thiers, Adolphe 369 f.
Thiess, Frank 42
Thirring, Hans 188
Tito, Josip 136
Toland, John 418
Toscanini, Arturo 146
Toynbee, Arnold 155, 190
Treitschke, Heinrich von 431
Trevor-Roper, Hughes 194
Trott zu Solz, Adam von 98 f., 142 f.
Trotzki, Leo 312
Truman, Harry S. 123, 152
Tschaikowsky, Peter 145

Tschechowa, Vera 372
Tucholsky, Kurt 51 f., 437

U Nu 150
Uexküll, Gösta von 259, 280, 419
Uhlig, Hans 89
Ulbricht, Walter 208 f., 217, 228 f., 239 f., 249, 281, 288, 298, 302, 309, 339, 396, 410, 487
Ullrich, Volker 11, 407, 483
Ulrich von Hutten 439

Valentin, Veit 70
Vansittart, Robert Gilbert, Lord 68, 70, 77, 79, 97
Venohr, Wolfgang 438 f., 452 f., 455, 461, 474
Vermeer, Jan 146
Voegelin, Eric 63

Wagner, Richard 145
Walden, Matthias 266 f., 274, 280
Waldorf Astor, Lord William 97–99, 102
Wallenberg, Hans 245
Walser, Martin 250
Walter, Bruno 146
Warburg, Fredric 59–61, 65, 67, 79–82, 84, 193 f., 465
Wavell, Archibald 92
Wehler, Hans-Ulrich 376 f., 435 f., 461, 469, 475
Wehner, Herbert 294, 313
Weidenfeld, Arthur George 115
Weinstein, Adelbert 243
Weizsäcker, Carl Friedrich von 188
Wenger, Paul Wilhelm 448
Werfel, Franz 19
Westphalen, Karl Graf von 281
Weyland, Ulrich 429
Wight, Martin 117
Wilhelm II. 295, 316, 342, 345, 351, 356, 395, 467
Wilkie, Wendell 134
Wilson, Harold 124 f.
Winkler, Heinrich August 353, 451, 456, 473
Wirsching, Andreas 484
Wirsing, Giselher 214 f., 231, 252
Wirth, Franz Peter 409
Wißmann, Eva 144
Wolf, Hugo 145
Wolff, Konrad 20, 43, 463
Wolff, Martin 30, 39, 45

Zahn, Peter von 259, 485
Zastrow, Volker 465, 467, 474, 476 f.
Zehrer, Hans 214 f., 250 f., 254, 256, 268, 489
Ziekursch, Johannes 77
Zitelmann, Rainer 474
Zuckmayer, Carl 60
Zulueta, Philip de 490
Zweig, Stefan 62

AUS DEM VERLAGSPROGRAMM

Biographien

Christian Buckard
Arthur Koestler
Ein extremes Leben 1905–1983
2004. 416 Seiten mit 34 Abbildungen. Gebunden

Lothar Gall
Walther Rathenau
Portrait einer Epoche
2009. 298 Seiten mit 51 Abbildungen. Gebunden

Eberhard Kolb
Gustav Stresemann
2003. 128 Seiten. Paperback
C.H.Beck Wissen in der Beck'schen Reihe Band 2315

Stephan Schlak
Wilhelm Hennis
Szenen einer Ideengeschichte der Bundesrepublik
2008. 280 Seiten mit 11 Abbildungen. Gebunden

Irmtrud Wojak
Fritz Bauer 1903–1968
Eine Biographie
2., durchgesehene Auflage. 2009. 638 Seiten mit 24 Abbildungen. Leinen

Reinhard Mehring
Carl Schmitt
Aufstieg und Fall
2009. 750 Seiten mit 43 Abbildungen. Gebunden

Verlag C.H.Beck München